| DATE DUE | | | |
|---|---|---|---|
| | | | |
| | | | |
| | | | |
| | | | |
| | | | |
| | | | |
| | | | |
| | | | |
| | | | |
| | | | |
| | | | |
| | | | |
| | | | |

De Boor-Newald

Geschichte der deutschen Literatur

Band VII/1

# GESCHICHTE
# DER DEUTSCHEN LITERATUR

VON DEN ANFÄNGEN BIS ZUR GEGENWART

BEGRÜNDET VON

HELMUT DE BOOR †

UND RICHARD NEWALD †

SIEBENTER BAND / ERSTER TEIL

C. H. BECK'SCHE VERLAGSBUCHHANDLUNG
MÜNCHEN MCMLXXXIII

# DIE DEUTSCHE LITERATUR ZWISCHEN FRANZÖSISCHER REVOLUTION UND RESTAURATION

VON

GERHARD SCHULZ

ERSTER TEIL

DAS ZEITALTER
DER FRANZÖSISCHEN REVOLUTION
1789–1806

C. H. BECK'SCHE VERLAGSBUCHHANDLUNG
MÜNCHEN MCMLXXXIII

CIP-Kurztitelaufnahme der Deutschen Bibliothek

*Geschichte der deutschen Literatur von den
Anfängen bis zur Gegenwart* / begr. von Helmut de
Boor u. Richard Newald. – München : Beck
    Früher u. d. T.: Boor, Helmut de: Geschichte der
    deutschen Literatur von den Anfängen bis zur
    Gegenwart
NE: Boor, Helmut de [Begr.]
Bd. 7. → Schulz, Gerhard: Die deutsche Literatur
zwischen Französischer Revolution und Restauration
*Schulz, Gerhard:*
Die deutsche Literatur zwischen Französischer
Revolution und Restauration / von Gerhard Schulz
– München : Beck
    (Geschichte der deutschen Literatur von den
    Anfängen bis zur Gegenwart ; Bd. 7)
Teil 1. Das Zeitalter der Französischen
Revolution : 1789–1806. – 1983.
    ISBN 3 406 00727 9

ISBN 3 406 00727 9

© C.H.Beck'sche Verlagsbuchhandlung (Oscar Beck) München 1983
Druck: Druckerei Georg Appl, Wemding
Printed in Germany

# INHALTSÜBERSICHT

WERKE

# VORWORT

«Denn er war», so schreibt Goethe über seinen Wilhelm Meister, «am Ende doch ein Deutscher, und diese Nation gibt sich gern Rechenschaft von dem, was sie tut». Sollten also nicht am Eingang einer deutschen Literaturgeschichte, in der noch dazu Wilhelm Meister und sein Dichter einen bedeutenden Platz einnehmen, die Prinzipien und Gesinnungen, von denen sie bestimmt wird, gründlich erläutert werden? Aber dieses Buch wurde nicht in Deutschland geschrieben, und so scheint es dem Verfasser genug, wenn er im Vorwort lediglich auf ein paar Dinge hinweist, die er nicht gern mißverstanden sähe.

Der vorliegende Band ist der erste einer zweibändigen Geschichte der deutschen Literatur, die sich mit der Zeit zwischen 1789 und 1815 befaßt und außerdem die Spätwerke jener Autoren betrachtet, die in diesen Jahren zu schreiben begonnen haben. Das Vierteljahrhundert zwischen dem Beginn der Französischen Revolution und dem Ende der Napoleonischen Kriege hat meiner Ansicht nach in der deutschen Literatur genügend historische Konsistenz, um als Einheit betrachtet werden zu können, als eine Einheit allerdings ohne jeden Mythos und ohne regierenden Schlüsselbegriff. Durch ihn würde dem Tatsächlichen nur Gewalt angetan werden. So habe ich denn zu Anfang des Buches versucht, die Umrisse dieser Epoche nachzuzeichnen, und auch einige von den Gründen angeführt, die mich zu Abgrenzungen gegenüber Früherem und Späterem veranlaßt haben. Der Einschnitt zwischen dem ersten und zweiten Band hingegen ist von geringerer Tiefe, auch wenn sich damals manche gewichtige Veränderungen in der politischen wie intellektuellen Szene Deutschlands vollzogen. Ich will aber nicht suggerieren, daß es in der einen Epoche sozusagen zwei Unterepochen gegeben habe. Jeder Chronist ist genötigt, seine Stoffmassen zu organisieren und zu unterteilen, und seine Entscheidungen müssen zuweilen pragmatisch sein, auch wenn er gern höhere Gründe dafür angeben würde.

Die Epochenbegriffe, an die wir uns gewöhnt haben, sortieren die Fülle des Vorhandenen zuweilen recht willkürlich und pauschal, so daß wir oft die Bäume vor lauter Wald nicht mehr sehen. Da keine andere Periode der deutschen Literatur so ausführlich erforscht worden ist wie die hier betrachtete, ist wohl auch keine andere in so feste Begriffssysteme gezwängt worden wie eben diese. Wer nun einen Blick auf das Inhaltsverzeichnis wirft, wird sehen, daß ich darauf verzichtet habe, die für diese Zeit üblichen Kategorien «Klassik» und «Romantik» als Einteilungsprinzipien zu übernehmen. Das ist im zweiten Kapitel der *Einleitung* ausführlicher begründet worden. Deshalb ge-

nügt es wohl an dieser Stelle, wenn ich ausdrücklich sage, daß es nicht meine
Absicht ist, diese beiden Begriffe – und zusätzliche wie zum Beispiel «Spätaufklärung», die man zur Differenzierung ergänzt hat –, aus der Literaturgeschichte rigoros zu verbannen. Wohl aber glaube ich, daß sie nicht zurei-
chen, die Literatur dieser Jahrzehnte sowohl in ihrer äußeren Fülle wie in ihrem inneren Reichtum und in ihrer ganzen Lebenskraft zu erfassen. Ich be-
zeuge dabei ausdrücklich meine Hochachtung vor jenen meiner Vorgänger,
die mit großer Sachkenntnis und ebenso großem Scharfsinn diesen Begriffen
erst Inhalt gegeben haben. Sie haben uns Zusammenhänge und Gegensätze
sehen gelehrt, die vorher nicht bekannt waren. Aber die Begriffe sind allmählich erstarrt. Statt sie als nützliche Abstraktionen um der Literatur willen zu
betrachten, liest man die Literatur nur noch um ihretwillen und versucht,
in Schillers Worten, «die unendliche Kunst» in ein «Symbolum» hineinzu-
bannen. Häufig genug werden also die Begriffe, Stempeln gleich, den Kunstwerken und Autoren aufgedrückt und überhaupt so großzügig und gedan-
kenlos verwendet, daß es mir an der Zeit zu sein scheint, sie wieder in die
Rolle zurückzudrängen, die sie ursprünglich hatten spielen sollen als Bezeichnungen für gewisse Gemeinsamkeiten in sprachlichen Kunstwerken
unter genau zu bestimmenden historischen Umständen – Gemeinsamkeiten, die jedoch nicht zugleich schon die Essenz eines Kunstwerkes bezeichnen.

Für mich ist Literaturgeschichte zuallererst Geschichte der Literatur: der
Romane, Novellen, Gedichte, Tragödien und Komödien – der guten und
schlechten –, der Reiseberichte und Pamphlete, der Essays und Aphorismen.
Politische und soziale Geschichte, Philosophie und Biographik betrachte ich
als Hilfswissenschaften des Literarhistorikers, die ihn dabei unterstützen, seine Texte aus verschiedenen Perspektiven zu betrachten. Nur allzuoft hat er
sich jedoch vor ihren Wagen spannen lassen, so daß Literatur dann nichts anderes darstellte als den etwas unseriösen, aber dafür unterhaltsamen Bilder-
bogen zur Veranschaulichung der ernsteren Probleme solcher ernsteren
Wissenschaften, und nur der Bezug auf sie konnte auch der Literatur etwas
von der Würde dieser Ernsthaftigkeit verleihen. Aber Literatur hat ihre eigene, selbständige Geschichte und ist etwas für sich Existierendes, das von
Jahrzehnt zu Jahrzehnt, von Jahrhundert zu Jahrhundert weitergereicht
wird und zumeist von größerer Dauer und Solidität ist als die Konstruktionen derjenigen, die Geschichte zu machen versuchen, so mächtig sie auch in
ihrer Zeit erscheinen mögen.

Natürlich hat jeder Chronist selektiv zu verfahren, aber ich glaube, daß
die Freiheit von vorgeprägten Begriffen es ermöglicht, daß man die Auswahl
der Betrachtungsweisen den Besonderheiten der einzelnen Werke anpaßt,
um auf das historisch Bedeutende und Wirksame aufmerksam zu machen.
Denn Literatur verstehen zu wollen heißt doch wohl nichts anderes, als ihr
aus immer neuen Gesichtspunkten Fragen zu stellen und bereit zu sein, auf-

merksam auf das zu hören, was sie zu sagen hat auch wenn es mit den eigenen gehüteten und gepflegten Meinungen nicht übereinstimmt.

Der Aufbau des Buches ist übersichtlich, wie ich hoffe. Die beiden Kapitel der *Einleitung* blicken, wie gesagt, auf die Epoche als ganzes und gehen den Verbindungen zwischen Literatur und Zeitgeschichte, Gesellschaftsgeschichte, Ideengeschichte sowie den besonderen Bedingungen literarischer Produktion in Deutschland nach. In dem ersten der zwei Kapitel des Abschnittes *Grundlagen* werden die Auswirkungen jenes großen, die ganze Epoche bestimmenden Ereignisses der Französischen Revolution auf deutsche Schriftsteller betrachtet. Das andere Kapitel gilt den vielfältigen Wechselwirkungen zwischen der Literatur und den Theorien der Philosophen, Historiker, Theologen, Naturwissenschaftler und Ästhetiker in Deutschland, die allesamt damals reiche Ernte einbrachten. Bei der Darstellung der *Werke* schließlich habe ich mich für die Einteilung nach Gattungen entschieden, um Unabhängigkeit gegenüber den Begriffen zu behalten und der Literatur als Sprachkunst ihren eigenen Rang zu geben. Die Nützlichkeit einer solchen Entscheidung muß sich durch sich selbst erweisen. Daß der Wechsel der Perspektiven dem Leser ein volleres Bild von der Literatur dieser Jahre vermittle und ihm auch manches Neue zeige, ist mein Wunsch.

Ich habe mich nicht gescheut, ausführlich zu sein. Summarische Urteile über literarische Texte besitzen wir reichlich genug. Im Kopfe des Lesers, der selbst den Text nicht mehr vor Augen hat, werden sie leicht zu Vorurteilen. Es schien mir deshalb keine Beleidigung meiner Leser, wenn ich bei weniger geläufigen Werken an den Inhalt erinnert habe und auch immer wieder auf den Text als Beleg zurückgegangen bin. Gelegentlich fand ich es vertretbar, auf das gleiche Werk unter verschiedenen Blickwinkeln zurückzukommen. Das Register wird als Hinweis darauf hilfreich sein. Zitiert habe ich nach den zuverlässigsten verfügbaren Ausgaben, zumeist den kritischen, soweit sie existieren. Sie sind in der Bibliographie verzeichnet. Daß in der Orthographie der Zitate Modernisiertes und Originales nebeneinander stehen, war dabei unvermeidlich. Ich habe jedenfalls nicht die Patina des Altertümlichen getilgt, wo sie uns überliefert ist; einer Literaturgeschichte steht das sicher an.

Eine Auseinandersetzung mit der Sekundärliteratur auf diesem reich bestellten Felde wird niemand erwarten. In der Bibliographie sind die wichtigsten Titel verzeichnet; allen denen, von denen ich gelernt habe, zolle ich an dieser Stelle Dank. Vielleicht sollte ich noch hinzufügen, daß es nicht meine Absicht war, ein biographisches Nachschlagewerk in diese Literaturgeschichte einzuarbeiten. Ich habe jedoch die Lebensumstände meiner Autoren – insbesondere dort, wo man sie nicht ohne weiteres als bekannt voraussetzen kann – nach Maßgabe der Wichtigkeit für das Verständnis der Werke dargestellt. Die Lebensdaten aller genannten Personen sind im Register verzeichnet. Der zweite Band wird außerdem eine Zeittafel für die ganze Periode enthalten.

Insgesamt hoffe ich, daß ich meinen Lesern genügend Freiheit gegenüber den Werken gelassen habe, damit sie zu eigenem Weiterdenken angeregt werden. Ich würde meine Arbeit ihres wichtigsten Sinnes beraubt sehen, wenn sie nicht zu den Texten zurückführte. Gehütet habe ich mich jedoch vor aller raschen Aktualisierung. Es ist erstaunlich, wie viele Erscheinungen unserer Zeit ihren Ursprung in den Gedanken und Auseinandersetzungen jener Tage haben, aber zugleich sind seitdem eben doch zwei Jahrhunderte – und ereignisträchtige dazu – vergangen. Wir sollten uns deshalb nicht scheuen, die Literaturgeschichte auch einmal wie ein Museum zu betreten. Ich weiß, daß eine solche Vorstellung für die Literatur im allgemeinen als verpönt gilt, während wir sie für Musik und bildende Kunst als selbstverständlich annehmen. Aktualität der Literatur erreicht man jedoch nicht dadurch, daß man die Gestalten einer vergangenen Epoche umkostümiert in den Gewändern unserer Tage erscheinen läßt, sondern dadurch, daß man sie leben läßt und leben sieht in ihrer eigenen Welt. Auf diesem Grund und Boden erst entfalten sie im Guten und Bösen, in Glück und Leiden, Erkenntnis und Irrtum ihre volle Menschlichkeit, und die allerdings ist für uns wirklich aktuell und soll es auch sein. Meine verschiedenen Versuche, die Literatur sich in Kritiken, Beobachtungen und Selbstbeobachtungen der Autoren spiegeln zu lassen, ist von solchen Überlegungen bestimmt.

Mir ist bei meiner Arbeit vielfältige Hilfe zuteil geworden. Ich danke es meiner Universität, der University of Melbourne, daß ich in einer Atmosphäre der Toleranz und des Verständnisses habe arbeiten können. Bei meinen Kollegen im Department of Germanic Studies fand ich viel freundliche Nachsicht und bei den Bibliothekaren der Universitätsbibliothek unbegrenzte Hilfsbereitschaft. Das Australian Research Grants Committee hat mir über Jahre hinweg bereitwillig Mittel zur Verfügung gestellt, durch die ich Hilfe insbesondere für bibliographische Ermittlungen erwerben konnte und auch die Kopien manches schwer zugänglichen Textes. Der Stiftung Volkswagenwerk schließlich bin ich für ein Akademie-Stipendium zutiefst verpflichtet. Ich hätte nicht gewußt, wie die Arbeit sonst zu Ende zu führen gewesen wäre.

Dem Deutschen Literaturarchiv in Marbach, seinem Direktor Bernhard Zeller und seinen Bibliothekaren gebührt ein besonderer Dank für Gastfreundschaft und zuverlässige Unterstützung in den verschiedenen Stadien der Arbeit. Bedeutende Hilfe wurde mir außerdem zuteil durch das Freie Deutsche Hochstift in Frankfurt am Main und die Universitätsbibliothek München. Wertvollen Rat empfing ich von den Kollegen Christian Grawe (Melbourne), Ernst Keller (Melbourne), Walther Killy (Wolfenbüttel), William J. Lillyman (Irvine), Richard Samuel (Melbourne) und Gero von Wilpert (Sydney). Bei all den großen und kleinen Problemen, die ein solches Unternehmen mit sich bringt, war Denise Ryan (Melbourne) stets unermüdlich und geduldig zur Hand. Ihr gilt mein herzlicher Dank, und danken möchte ich auch Ingrid Barker (Melbourne) für die große Sorgfalt, die sie dem Manuskript der Bibliographie hat angedeihen lassen.

Zu der Zeit, da diese Sätze geschrieben werden, ist es 195 Jahre her, daß Goethe in der damals noch kleinen italienischen Provinzhauptstadt Caserta nördlich von Neapel ein paar Bemerkungen über seine eben abgeschlossene *Iphigenie* aufzeichnete, und da dieses Vorwort hier mit einem Goethe-Zitat beginnt, so möge es denn mit der Berufung auf die gleiche Autorität auch abgeschlossen werden. Anmaßend und blasphemisch fast ist freilich der Vergleich einer Literaturgeschichte mit einem so großen, schönen, bewegenden Kunstwerk, aber der Chronist weiß nicht, wie er seine Gefühle beim Abschluß der eigenen Arbeit besser ausdrücken könnte als in den Worten, die Goethe über sein Drama in der *Italienischen Reise* notierte «So eine Arbeit wird eigentlich nie fertig, man muß sie für fertig erklären, wenn man nach Zeit und Umständen das mögliche getan hat».

Melbourne, im August 1982                                    Gerhard Schulz

EINLEITUNG

# ERSTES KAPITEL

# DEUTSCHE VERHÄLTNISSE 1789–1815

## 1. Das Zeitalter

Weit hatten sich im Europa des 18. Jahrhunderts die Gedanken von der persönlichen Würde des Menschen und seinem Anspruch auf Freiheit verbreitet. «Aufklärung» hieß das Losungswort der Denkenden; sie sei, so definierte Kant 1784 in seiner *Beantwortung der Frage: Was ist Aufklärung?*, «der Ausgang des Menschen aus seiner selbst verschuldeten Unmündigkeit» und zugleich die Aufforderung an ihn, «sich seines Verstandes ohne Leitung eines anderen zu bedienen». Die Definitionen, Vorstellungen und Konzepte der Philosophen waren Teil eines sehr viel umfassenderen Entwicklungsvorgangs, durch den innerhalb der folgenden zwei Jahrhunderte das Gesicht der Erde und die Lebensweise der Menschen in einem Maße umgestaltet wurden wie nicht in tausend Jahren zuvor. Naturwissenschaftliche Entdeckungen im 18. Jahrhundert ermöglichten die Ausbildung der modernen Maschinentechnik und die weitgehende Herrschaft des Menschen über die Natur, so daß ein Gott entbehrlich zu werden schien. Der Weg zu den Antipoden wurde endgültig erschlossen und damit die Erde als ganzes greifbar für politischen wie ökonomischen Unternehmungsgeist. In der neuen Welt Amerikas entstand ein bürgerlicher Staat ohne feudale Privilegien, und auch auf dem alten Kontinent, in Frankreich, beseitigte man schließlich die jahrhundertealte Herrschaft der Geburtsrechte. Mit dem Anspruch auf die Freiheit, Gleichheit und Brüderlichkeit aller Menschen errichtete man dort einen Staat, dessen Wirklichkeit freilich weit hinter den erstrebten Idealen zurückblieb. Dennoch entwickelten sich hier erste Muster für demokratische Regierungsformen, die ebenso tief auf die kommende Zeit einwirkten wie die Entdeckungen und Gedanken der Forscher und Philosophen.

Die Deutschen spielten bei den Veränderungen in Europa eine verhältnismäßig stille Rolle. Politische und große, sich über Kontinente erstreckende ökonomische Aktivitäten waren dem aus vielen Ländern und Ländchen zusammengesetzten Mosaik des Heiligen Römischen Reiches Deutscher Nation nicht gegeben. Wohl aber bildete sich darin im Laufe des 18. Jahrhunderts eine nationale Kultur heraus, die in Wissenschaft, Philosophie, Musik, Kunst und Literatur den Deutschen nicht nur eine geistige Identität gab, sondern in der folgenden Zeit auch tief und weit auf andere Nationen gewirkt hat.

Die Jahre zwischen 1789 und der Restaurationszeit nach dem Sieg der europäischen Staaten über das Frankreich Napoleons gelten als ein Goldenes Zeitalter der deutschen Literatur. Es war eine außerordentliche, eine reiche Zeit, aber gewiß keine Zeit schwelgerischer Geistesfreuden und leichten, paradiesischen Poetenlebens. Dieses Goldene Zeitalter deutscher Literatur war vielmehr in seiner tagtäglichen Realität eine Zeit der Kriege, der wirtschaftlichen Krisen und politischen Veränderungen, unsicher schwankend zwischen der Bewahrung von Altem und der Hoffnung auf Neues, der Verachtung behaglicher Sicherheit und der Furcht vor Anarchie.

> Alles regt sich, als wollte die Welt, die gestaltete, rückwärts
> Lösen in Chaos und Nacht sich auf, und neu sich gestalten

schreibt Goethe 1797 in seinem Epos *Hermann und Dorothea* und kennzeichnet damit treffend eine deutsche Grundstimmung dieser Jahre.

Unmittelbar hineingezogen in die Turbulenzen der Politik wurden die deutschen Staaten durch die Koalitionskriege, die 1792 begannen und in denen die französische Revolutionsarmee gegen die Armeen der europäischen Fürsten als der Verteidiger des Ancien régime ins Feld trat.

Der erste Koalitionskrieg erstreckte sich über die Jahre 1792 bis 1797 und begann mit Feldzügen der Österreicher und Preußen gegen Frankreich. England, das um den Ausbau seines Commonwealth bemüht war, die Niederlande, Spanien, Portugal und das gesamte deutsche Reich traten später hinzu. Der junge korsische General Napoleon Bonaparte errang seine ersten militärischen Lorbeeren in Italien, bis der Frieden zu Campoformio im Oktober 1797 ein vorläufiges Ende der Kriegshandlungen brachte, ohne daß es der Koalition im mindesten gelungen war, der neuen Republik die Kraft zu nehmen; sie begann im Gegenteil, ihre Macht über Europa auszubreiten. Ein viel gefährlicherer Feind ihrer Errungenschaften war jedoch in ihrem Inneren entstanden. Der zweite Krieg von 1798 bis 1802 wurde zu einem Triumph Napoleon Bonapartes, der im Staatsstreich des 18. Brumaire (9. November) 1799 im Alter von 30 Jahren zum Ersten Konsul der Republik erhoben wurde. In den nächsten Jahren mußten Österreicher, Russen, Engländer, Portugiesen und Italiener zahlreiche Niederlagen einstecken und beträchtliche Konzessionen in den Friedensbeschlüssen von Lunéville (9. Februar 1801) und Amiens (27. März 1803) machen. Preußen war seit 1797 neutral geblieben. 1804 krönte sich Napoleon zum Kaiser der Franzosen und setzte so auch formal der Republik ein Ende. 1805 traten in einem dritten Krieg England, Rußland, Schweden und Österreich gegen ihn an, aber sie vergrößerten nur seine Macht. In der letzten, vierten Koalition zwischen Preußen und Rußland wurde schließlich das Schicksal Preußens besiegelt. Im Juli 1806 hatte Napoleon den Rheinbund aus ihm ergebenen deutschen Staaten gegründet; am 6. August 1806 trat Franz II. von der Würde eines deutschen Kaisers zurück und deklarierte auf diese Weise das Ende des Heiligen Römischen Reiches Deutscher Nation, das längst aus einer Vielzahl selbständiger Länder bestand. Am 14. Oktober siegten französische Truppen bei Jena und Auerstedt über das preußische Heer, und am 27. Oktober schließlich zog Napoleon in Berlin ein. Mit dem Frieden von Tilsit (9. Juli 1807) war er auf der Höhe seiner Triumphe. Danach begannen die Aufstände der eroberten Länder gegen ihn, nicht mehr als Kriege einer Koalition des Ancien régime gegen die Republik, sondern als Befreiungskriege besetzter und ausgeplünderter Länder gegen die Fremdlinge auf ihrem Boden. Im Juni 1815 erlebte Napoleon seine letzte Niederlage bei Waterloo. In den gleichen Tagen aber wurde bereits auf dem Wiener Kongreß der Deutsche Bund gegründet als Institution zur Bewahrung alter Herrschaftsverhältnisse im einstigen Heiligen Römischen Reiche, und die Heilige Allianz zwischen Zar, österreichischem Kaiser und preußischem König am 26. September 1815 versah die Restauration mit dem Segen der Christlichkeit in ganz Europa.

Diese zweieinhalb Jahrzehnte aber waren zugleich die Zeit, in der in deutscher Sprache Kunstwerke entstanden, wie sie dieses Land zuvor nicht in solcher Reichhaltigkeit gesehen hatte. Es waren Werke, die ihm Selbstbewußtsein gaben in einem Augenblick, da es politisch gänzlich zerfiel. Denn es handelte sich nicht einfach um Dichterträume, mit denen man sich über eine schlechte Wirklichkeit so rasch und weit wie möglich hinwegtrösten wollte, sondern es war Literatur mit dem ganz bestimmten Ziel, der Zeit Herr zu werden, sie zu interpretieren in Vergangenheit und Gegenwart, um sie für die Zukunft zu verändern. Auf die Verantwortlichkeit der Intellektuellen vor Zeit und Geschichte lief denn auch Schillers Mahnung an seine Studenten hinaus, die er, sieben Wochen vor dem Bastillesturm, am 26. Mai 1789 in seiner Antrittsrede als Professor der Geschichte vor Jenaer Studenten aussprach:

> «Ein edles Verlangen muß in uns entglühen, zu dem reichen Vermächtnis von Wahrheit, Sittlichkeit und Freyheit, das wir von der Vorwelt überkamen und reich vermehrt an die Folgewelt wieder abgeben müssen, auch aus *unsern* Mitteln einen Beytrag zu legen, und an dieser unvergänglichen Kette, die durch alle Menschengeschlechter sich windet, unser fliehendes Daseyn zu befestigen. Wie verschieden auch die Bestimmung sey, die in der bürgerlichen Gesellschaft Sie erwartet – etwas dazu steuern können Sie alle!»

So entstand am Ausgang des 18. Jahrhunderts in Deutschland das einzigartige Phänomen einer Nationalkultur bei fehlender Nation, eines ideellen Weltbürgertums in der Enge deutscher Provinzen.

In das turbulente Geschehen der Jahre zwischen 1789 und 1815 wurde jeder der Autoren auf seine Weise verstrickt, und niemand lebte im Elfenbeinturm. Allein schon die Abhängigkeit von den regierenden Fürsten und Königen nötigte dazu, sich politische Verhältnisse bewußt zu machen, und später war es die Gegenwart des Krieges. Er brachte die unmittelbare Konfrontation mit den politischen Bewegungen der Zeit.

Im August 1792 bewegten sich die Heere der vereinigten Österreicher, Preußen, Hessen und der französischen Emigranten auf die Grenze des revolutionären Frankreich zu, unter ihnen im sächsisch-weimarischen Kontingent Goethe. In Mainz traf er im Freundeskreis den Schriftsteller Georg Forster, der von 1772 bis 1775 den englischen Kapitän James Cook auf seiner Weltumsegelung begleitet und den deutschen Bürgern in ihren engen Residenz- und Universitätsstädten zuerst Kunde vom Inselparadies Otaheiti in der Südsee gegeben hatte. Den Wunsch nach Freiheit und Selbstbestimmung brachte Forster aus der Weite der Welt mit, durch ihn war er zum Republikaner geworden. An die Begegnung mit Forster und seinen wie den eigenen Freunden im August 1792 erinnert sich Goethe in der *Campagne in Frankreich* (1822):

«Die Freiheit eines wohlwollenden Scherzes auf dem Boden der Wissenschaft und Einsicht verlieh die heiterste Stimmung. Von politischen Dingen war die Rede nicht, man fühlte, daß man sich wechselseitig zu schonen habe: denn wenn sie republikanische Gesinnungen nicht ganz verleugneten, so eilte ich offenbar mit einer Armee zu ziehen, die eben diesen Gesinnungen und ihrer Wirkung ein entschiedenes Ende machen sollte.» Die Armee mußte sich jedoch nach dem Artillerieduell von Valmy im September 1792 wieder zurückziehen, und Goethe überlieferte selbst von sich die Worte, die er damals im Kreise von Offizieren gesprochen habe: »Von hier und heute geht eine neue Epoche der Weltgeschichte aus, und ihr könnt sagen, ihr seid dabeigewesen». Bald darauf besetzten die Franzosen Mainz, wo Georg Forster als Präsident des Jakobinerklubs entscheidenden Anteil an der Errichtung der ersten Republik auf deutschem Boden, des «Rheinisch-deutschen Freistaats» hatte, während ihm Caroline Böhmer, die spätere Frau August Wilhelm Schlegels und danach des Philosophen Schelling, die Wirtschaft führte, im Gerücht verrufen als «amie du Citoyen Forster».

Knapp ein Jahr später standen die Heere der Koalition erneut vor Mainz und mit ihnen wiederum Goethe, aber unter den preußischen Truppen auch der fünfzehnjährige Gefreiter-Korporal Heinrich von Kleist. Forster war kurz vorher nach Paris gereist, wo er ein Jahr später starb. Die Stadt Mainz wurde im Juli 1793 von den Alliierten erobert und der Republik ein blutiges Ende gemacht.

Das Nebeneinander und auch der Wechsel von Fronten und Gesinnungen war charakteristisch für das Deutschland dieser Jahre. Die rasche Veränderung politischer Bündnisse und Koalitionen, die fremde Truppen im Lande oft über Nacht von Verbündeten zu Feinden machte und umgekehrt, der Entschädigungs- und Länderhandel nach den Friedensschlüssen und später dann vor allem Napoleons Pakte mit deutschen Fürsten bis zur Bildung des Rheinbundes 1806 und der formellen Auflösung des Heiligen Römischen Reiches ließen klare Identifikationen und Parteibildungen nicht leicht aufkommen, besonders da sich Frankreich selbst von den ersten Idealen der Revolution immer mehr entfernte. Es ist deshalb gut zu begreifen, wie gerade unter den Deutschen, angeregt durch die verschiedenen Friedensschlüsse, Konzepte für eine radikale Umgestaltung ganz Europas entstehen konnten und als Triebkräfte dafür eben nicht nur Machtinteressen, sondern ethische Verbindlichkeiten herbeigewünscht wurden. Kants philosophischer Entwurf *Zum ewigen Frieden* (1795/96), Görres' *Der allgemeine Friede, ein Ideal* (1798), Novalis' Rede *Die Christenheit oder Europa* (1799), Schillers Gedichtkonzept *Deutsche Größe* (1801) oder Hölderlins dunkle und umstrittene *Friedensfeier* (um 1802) sind aus solchem Boden hervorgewachsen, wie manche anderen größeren oder kleineren Pläne, Projekte oder poetischen Wünsche neben ihnen. Novalis' Hoffnungen auf den preußischen König Friedrich Wilhelm III. und die Königin Luise, wie er sie in seiner Staatsschrift *Glauben und Liebe* (1798) ausdrückte, waren speziell durch Preußens Neutralität seit 1797 motiviert. Denn eben durch das vorübergehende Zurücktreten von der Szene des Krieges war Preußen zum Fokus für manche hohen, über staatliche und nationale Interessen hinausreichenden Erwartungen deutscher Intellektueller geworden, und Berlin entwickelte sich in diesen Jahren zu einem geistigen Zentrum Deutschlands.

Drastisch änderten sich die Verhältnisse erst mit dem Sieg Napoleons über Österreich in der Schlacht bei Austerlitz und über Preußen bei Jena und Auerstedt. Damit war das gesamte deutsche Sprachgebiet militärisch oder durch politische Bündnisse unter die Oberhoheit Frankreichs gebracht. In den nächsten Jahren organisierten die Politiker den militärischen und die Dichter wie Philosophen den ideellen Widerstand gegen die fremde Herrschaft. In Preußen waren es vor allem die vom Reichsfreiherrn Heinrich Friedrich Karl vom und zum Stein entworfenen Reformen zur Bauernbefreiung (1807), zur Selbstverwaltung der Städte und Gemeinden (1808), zur Gewerbefreiheit (1808) und schließlich zur Judenemanzipation (1812), die den Bürger stärker für den Staat engagieren sollten. Nach Steins von Napoleon geforderter Entlassung Ende 1808 aus dem preußischen Staatsdienst wurden die Reformen allerdings nur zögernd und eingeschränkt vom Fürsten Karl August von Hardenberg fortgeführt. Wilhelm von Humboldt, der Freund Schillers und Bewunderer Goethes, selbst Philologe und Philosoph von Rang, erneuerte das preußische Bildungswesen von der Grundschule bis zum Gymnasium, und vor allem durch ihn kam es 1810 auch zur Gründung der Berliner Universität, deren erster Rektor Johann Gottlieb Fichte wurde. Unter den Dichtern hatte zuerst Friedrich Schlegel 1807 die Abkehr von «eitlem Wortgeklinge» und den Preisgesang des «teutschen Nahmens» gefordert. Einen Tag nach der Schlacht bei Aspern (22. Mai 1809), in der Napoleons Nimbus als «Unüberwindlicher» einen beträchtlichen Schlag erhalten hatte, schritt Heinrich von Kleist mit patriotischen Gedichten in der Hand über das Schlachtfeld. Fichte hielt im Winter 1807 auf 1808 in Berlin seine *Reden an die deutsche Nation*, Jean Paul veröffentlichte 1808 eine *Friedens-Predigt an Deutschland*, und von den Lyrikern wie Dramatikern kam ebenfalls vielfacher patriotischer Widerhall. Eichendorff schloß sich der Lützowschen Freischar an, und auch Friedrich de la Motte Fouqué, einer der populärsten Autoren der Zeit, meldete sich als Kriegsfreiwilliger. Goethe aber dichtete 1814 zur Rückkehr des preußischen Königs Friedrich Wilhelm III. nach Berlin ein freundlich-höfliches Festspiel, *Des Epimenides Erwachen*, in dem er den legendären kretischen Priester die Zeiten der Kämpfe und Zerstörungen überschlafen, am Ende aber als Seher für die Zukunft seiner Nation erwachen läßt:

> Ich sehe nun mein frommes Hoffen
> Nach Wundertaten eingetroffen;
> Schön ist's, dem Höchsten sich vertraun
> Er lehrte mich das Gegenwärtige kennen;
> Nun aber soll mein Blick entbrennen,
> In fremde Zeiten auszuschaun.

Fremde Zeiten nahten sich in der Tat. Mit dem Ende der Napoleonischen Herrschaft waren für Europa die kriegerischen Jahre vorüber, und es begann eine Zeit der äußeren Ruhe und der inneren Konflikte, die sich in Deutschland vor allem aus der beständigen Gegenwirkung zwischen ökonomischer Entwicklung und der Restauration alter politischer Machtkonstellationen entwickelten. Die wachsende Macht der Technik, die Industrialisierung – auch wenn sie sich in Deutschland Zeit ließ – und die sich rasch vergrößernde gesellschaftliche Produktion reduzierten Bedeutung und Rolle des Individuums und des Persönlichen überhaupt, so daß Kunst und Literatur als das Werk einzelner in eine gänzlich andere Situation gerieten. Die neue, deutsche «Kunstperiode», von der zum erstenmal im Jahre 1803 die Zeitschrift *Apollon* gesprochen hatte – Heinrich Heine hat dem Begriff später Popularität verschafft –, die Zeit also, in der Gedanken und Kunstwerke ernsthaft als ein Mittel, wenigstens ein deutsches Mittel, zur Veränderung der Welt betrachtet werden konnten, war vorüber.

In seinem letzten Roman, dem fragmentarischen *Komet* (1820–22), der im Deutschland zu Anfang der Französischen Revolution spielt, läßt Jean Paul einige Gefängnisinsassen einen Ausbruchsplan machen, einen Plan, wie er es nennt, zur «Aufhebung der Selberleibeigenschaft, nämlich zu diesem Stürmen der Bastille von innen heraus». Sinnbildlich lassen sich die philosophischen und literarischen Mühen vieler Deutscher in der Epoche zwischen 1789 und 1815 nicht besser ausdrücken. Man darf solche Versuche nicht mit Ironie, Tadel oder Bedauern registrieren und bestenfalls mit der «Misere» in deutschen Landen erklären. Über Ironie und Selbstkritik verfügten die einsichtigeren Deutschen damals schon selbst in reichem Maße, und wir können in dieser Hinsicht wenig hinzutragen, was seinerzeit nicht schon gesagt und gedacht wurde. Gleichzeitig aber war auch die Erkenntnis verbreitet, daß – wie Golo Mann es in seiner *Deutschen Geschichte des neunzehnten und zwanzigsten Jahrhunderts* (1958) treffend zusammengefaßt hat – England oder Frankreich sich eben nur so entfalten konnten, wie sie es taten, weil Deutschland gerade nicht so war wie sie. Aus dieser Erkenntnis des Andersseins der Deutschen in ihren staatlichen und ökonomischen Verhältnissen erwuchs der Wunsch, gleichweit von nationaler Überheblichkeit und Unterwürfigkeit entfernt, einen eigenen Beitrag zur Verbesserung menschlicher Existenzbedingungen in Europa und – da es sich damals noch als in der Mitte der Welt liegend betrachten konnte – auch für die ganze Menschheit zu leisten. Einen solchen Beitrag empfand man als genauso nötig wie die Errichtung einer Republik und die Erschließung des Erdballs.

## 2. Abgrenzungen: Literatur und Geschichte

### Kontinuität

Nur der Historiker kann mit gutem Gewissen von Epochen reden. Entdekkungen, Kriege, Revolutionen und Regentschaften setzen deutliche Zäsuren in den Ablauf der Geschichte und lassen so eine plausible Gliederung der ständig fließenden Zeit zu. Auch in der Welt der Literatur gibt es bedeutende Ereignisse, aber ihre Wirkung läßt sich nicht mit der gleichen Konkretheit bestimmen und festhalten, so sehr auch einzelne Bücher oder Autoren hervorragen mögen. In der unendlichen Kette von Erscheinungsjahren und dem unablässigen Ineinandergreifen von Geburts- und Todesdaten scheint es keine Möglichkeit zum Ziehen von Trennungslinien zu geben. Gelegentlich bilden sich Schulen oder Freundschaftsbünde, die einige Jahre bestehen, aber gemessen an dem festen Zeitgerüst der Historie bleiben dennoch alle Einteilungen der Literaturgeschichte willkürlich. Kunstwerke entstehen aus dem Zusammenwirken vieler Kräfte: persönliche Fähigkeiten, Neigungen, Antriebe und Anlagen eines Autors, seine Wünsche und Erwartungen wirken in ihnen, aber ebenso die vielartigen Umstände, unter denen er lebt, und natürlich auch die Tradition einer Sprache und Literatur, in der er steht und auf die er willentlich oder unwillentlich reagiert. Jedes Kunstwerk nimmt darüber hinaus jedoch ein eigenes Leben an, löst sich von seinem Urheber, transzendiert die geschichtlichen Ursprünge und wirkt in jeweils besondere Weise auf Zeitgenossen und spätere Zeiter. Eine derartige Mannigfaltigkeit von Aspekten macht alle Kategorisierungen schwer, wenn nicht überhaupt fragwürdig. Aber dennoch sind historische Abgrenzungen als Hilfskonstruktion unentbehrlich, nicht nur zum Überschauen eines sonst völlig Unüberschaubaren, sondern auch zum Verständnis des Eigentümlichen eines Werkes in Parallele oder im Gegensatz zu anderen Werken. Ohne die Ordnungsversuche der Literaturgeschichte fehlte dem Werkverständnis und der Interpretation das Bewußtsein von gerade jener Vielzahl von Aspekten, die wiederum der literaturgeschichtlichen Darstellung so große Schwierigkeiten bereiten.

Das Jahr 1789 ist als Zäsur für die deutsche Literaturgeschichte ein willkürliches, aus der Geschichte einer anderen Nation entlehntes Datum aber da die Ereignisse in Frankreich die Geschichte und mit ihr das intellektuelle Leben der folgenden fünfundzwanzig Jahre in ganz Europa bestimmend prägten, ist diese Zäsur die unanfechtbarste überhaupt in dieser Zeit. Man darf nur nicht erwarten, daß über Nacht etwas anderes begann und sich ein Bruch in der großen Kontinuität literarischer und überhaupt aller geistigen Entwicklung vollzog.

Nach den Angaben in Hambergers und Meusels *Das gelehrte Teutschland oder Lexikon der jetzt lebenden teutschen Schriftsteller,* das zwischen 1795 und 1806 in 5. Auflage erschien, gab es 1789 in Deutschland zwischen 6 000 und 7 000 Autoren. Damit waren allerdings Verfasser von Druckwerken im weitesten Sinne gemeint, also von Werken der verschiedensten Wissenschaftszweige und der Politik, Theologie, Freimaurerei, Justiz, Wirtschaft, Musik oder auch von Übersetzungen. Aber selbst die Zahl der Verfasser schöngeistiger Literatur war beträchtlich. Zum Zeitpunkt der Französischen Revolution befanden sich die meisten jener deutschen Autoren noch am Leben und zum Teil auch bei voller Schaffenskraft, die seit der Mitte des Jahrhunderts der deutschen Literatur Aufmerksamkeit, Rang und Ansehen verschafft hatten, und zwar sowohl innerhalb wie außerhalb des Reiches. Von den bedeutendsten waren lediglich Gellert 1769 und Lessing – im Alter von 52 Jahren – 1781 gestorben.

Als im Jahr 1789 der junge Däne Jens Baggesen nach Deutschland reiste, um Schriftstellern dort Verehrung und Bewunderung entgegenzubringen, war seine erste Station Eutin und Johann Heinrich Voß. Dann ging es nach Hamburg zu Klopstock, zu Matthias Claudius in Poppenbüttel und zu Heinrich Wilhelm Gerstenberg in Altona. In Hannover wurde Adolph von Knigge besucht, in Göttingen Gottfried August Bürger und in Bad Pyrmont Friedrich Heinrich Jacobi. Erst auf dem Rückweg ein Jahr später kam er nach Weimar und Jena, wo er Wieland, Herder und Schiller traf, nur Goethe erreichte er nicht. Baggesens Reiseziele und Reisebegegnungen drücken gewiß einen persönlichen Geschmack aus, aber sie waren auch in gewissem Maße charakteristisch für die literarische Szene in Deutschland zu dieser Zeit.

Klopstock und Wieland standen 1789 in ihrem sechsten beziehungsweise siebenten Lebensjahrzehnt und hatten die kreativste Zeit ihres Lebens hinter sich. Aber sie blieben literarisch produktiv, genossen weite Verehrung als Begründer einer neuen deutschen Literatur und spielten als Freunde oder Anreger jüngerer Autoren eine bedeutende Rolle. In bescheidenerem Umfang galt das auch für Johann Wilhelm Ludwig Gleim, der einst mit seinen *Preußischen Kriegsliedern in den Feldzügen 1756 und 1757 von einem Grenadier* (1758) zum poetischen Helden des Siebenjährigen Krieges geworden war und der dann bis zu seinem Tode 1803 in Halberstadt als «Vater Gleim» zum Wallfahrtsziel und Helfer mancher literarischen Anfänger wurde. Gerstenberg war einer der Wegbereiter Shakespeares in Deutschland gewesen und hatte mit seiner Tragödie *Ugolino* (1768) nach einer Episode aus Dantes *Divina Commedia* der Sturm-und-Drang-Dichtung wesentliche Impulse gegeben. In Berlin war Karl Wilhelm Ramler, einer der Lehrmeister antikisierender Odendichtung, Direktor des Königlichen Nationaltheaters, und dort lebte auch Friedrich Nicolai, der Verleger und Schriftsteller, der einst mit Lessing und Moses Mendelssohn die *Briefe, die neueste Literatur betreffend* (1759–65) herausgegeben hatte, in denen Lessing zuerst das Lob Shakespeares verkündete. Nicolais *Allgemeine Deutsche Bibliothek* (1765–1806) galt als eines der bedeutendsten Organe der Aufklärung in Deutschland, wenngleich Nicolai selbst seit seiner platten Parodie auf Goethes *Werther* mehr und mehr zum Spottziel der Jüngeren geworden war. Zur gleichen Altersgruppe wie Klopstock, Gleim, Nicolai, Wieland und Gerstenberg gehörte schließlich auch Sophie von La Roche, die Jugendfreundin Wielands, die sich mit ihrer *Geschichte des Fräuleins von Sternheim* (1771) zur herausragenden deutschen Schriftstellerin des Jahrhunderts erhoben hatte und in deren Obhut in den achtziger Jahren ihr Enkel Clemens Brentano aufwuchs. Goethe hatte ihrem Haus schon in seiner Wetzlarer Zeit nahegestanden.

Das literarische Leben Deutschlands um das Jahr 1789 bestimmten jedoch vor allem jene Schriftsteller, die erst nach dem Ende des Siebenjährigen Krieges mit eigenständigen Leistungen hervorgetreten und deren literarische Arbeiten als vielartige Reaktionen auf die Verhältnisse anzusehen waren, die sich durch die Auseinandersetzung zwischen zwei großen Staaten innerhalb des Heiligen Römischen Reiches gebildet hatten. Aus ihren Werken war der Wunsch nach nationaler Identität als Grundlage für eine Literatur in deutscher Sprache ablesbar, von der gerade der siegreiche Preußenkönig Friedrich II. wenig hielt, wie er 1780 in seiner Schrift *De la littérature allemande* öffentlich bekannt hatte. Außerdem ging es ihnen um die wirkungsvolle Integration des dritten Standes und mit ihm des bürgerlichen Dichters in das Gefüge des absolutistischen Staates, damit aber auch um die Forderungen nach Aufklärung, Gleichheit und Freiheit, was dort, wo man auf taube Ohren stieß, sich zum entschiedenen Protest gegen alle Tyrannei entwickelte. Erscheinungsformen solcher literarischen Tätigkeit waren eine rasch anwachsende bürgerliche Erzählliteratur und Publizistik, ein vorwiegend dramatischer Protest «In Tyrannos» und eine lyrische, stark an Klopstock, aber ebenso an der Volksdichtung orientierte Besinnung auf nationale Traditionen, volkstümliche Formen und natürliche Werte. Zu den Erzählern gehörten auf einer breiten Skala zwischen seriöser, vor allem vom englischen Roman angeregter Auseinandersetzung mit den deutschen Verhältnissen und einer populären, zum Teil trivialen Unterhaltung Autoren wie Moritz August von Thümmel, Johann Timotheus Hermes, Heinrich Jung-Stilling, Theodor Gottlieb Hippel, Johann Gottwerth Müller, Johann Heinrich Campe, Johann Heinrich Pestalozzi, Johann Carl Wezel, Johann Martin Miller und, mit ihren Hauptwerken in den achtziger Jahren, dann noch Christian Gotthilf Salzmann, Wilhelm Friedrich von Meyern, der Freiherr Adolph Knigge, Karl Philipp Moritz und Wilhelm Heinse. Als Publizisten, Kritiker, Wissenschaftler und Philosophen waren vor allem Johann Gottfried Herder, Georg Christoph Lichtenberg und Georg Forster hervorgetreten; Friedrich Heinrich Jacobi hatte seine philosophischen Erörterungen in Romanform gekleidet. Goethe stellte von Anfang an seine Vielseitigkeit unter Beweis: in

Lyrik, Epik und Dramatik kamen von ihm die entscheidenden und zukunfts-
trächtigsten Anstöße der Zeit. Sein *Werther* (1774) wurde nicht nur das international bekannteste, sondern auch wohl eines der weitsichtigsten deutschen
literarischen Werke des ganzen Jahrhunderts. In der Dramatik traten neben
seinen *Götz von Berlichingen* (1773) die Stücke von Friedrich Maximilian
Klinger – sein Schauspiel *Sturm und Drang* (1776) gab später den Gruppen-
begriff für den gesamten literarischen Protest der Zeit her –, von Friedrich
Müller, dem sogenannten Maler Müller, von Jakob Michael Reinhold Lenz
und schließlich als Jüngstem auch von Friedrich Schiller. In der Lyrik hatte
außer Goethe Gottfried August Bürger durch seine volkstümliche Balladendichtung frühen Ruhm erworben, und ihm standen Dichter des Hainbundes
wie Johann Heinrich Voß nahe, der sich in den achtziger Jahren dann durch
seine mustergültige Übersetzung Homers auszeichnete, oder der Graf Friedrich Leopold zu Stolberg. Auch Matthias Claudius, der volkstümlich-didak-
tische Lyriker und Publizist des *Wandsbecker Boten,* gehörte zu ihrer Generation.

Alle diese Autoren bildeten die deutsche Literatur im Jahre 1789, und
wenn auch niemand außer Goethe und Schiller in den kommenden Jahren
ein umfangreiches eigenes, über das bisher Geleistete wesentlich hinausge-
hendes Werk schuf, so hatten doch die meisten auf diese oder jene Art Einfluß im literarischen Leben der Zeit und wurden von den Jüngeren in Zustimmung oder Ablehnung beachtet. Einige allerdings starben bald nach
1789: Lenz 1792, Moritz 1793, Bürger und Forster 1794, Hippel und Knigge
1796. Forster blieb jedoch durch sein jakobinisches Engagement und seinen
Versuch, Schriftstellertum mit republikanischer Praxis zu verbinden, besonders den jüngeren Zeitgenossen in Erinnerung, und Bürger, der mit der Ausgabe seiner Gedichte 1789 zum entscheidenden Anreger der deutschen So-
nettdichtung in den neunziger Jahren geworden war, wurde zugleich auch
zum Objekt wesentlicher literarischer Polemiken von Schiller und Johann
Heinrich Voß. Moritz gab mit seinem *Anton Reiser,* dessen letzter Band
posthum 1794 erschien, ein Vorbild für den Bildungs- und Entwicklungsroman der kommenden Jahre und lieferte überdies mit seiner *Götterlehre oder
Mythologische Dichtungen der Alten* (1791) viel Rüstzeug für künftige klassizistische Literatur. Herder vollendete zwischen 1793 und 1797 eines seiner
Hauptwerke, die *Briefe zur Beförderung der Humanität.* Ähnlich wie bei ihm
war auch für Moritz August von Thümmels großes Zeitdokument, die *Reise
in die mittäglichen Provinzen von Frankreich im Jahr 1785 bis 1786*
(1791–1805), der Anstoß erst durch die Französische Revolution gegeben
worden. Der Maler Müller erlebte um 1808 in Arnims und Brentanos *Zeitung für Einsiedler* eine Renaissance; Ludwig Tieck edierte 1811 eine drei-
bändige Ausgabe seiner Werke und 1828 auch die Werke von Lenz. An Lessing, Jacobi und Forster entwickelte der junge Friedrich Schlegel seine
Scharfsicht als Kritiker und seine Vorstellungen von der Aufgabe eines

Schriftstellers in Deutschland. Heinse und Klinger publizierten ebenso wie Jung-Stilling in der Zeit um die Jahrhundertwende eine Anzahl von Romanen, und Jung-Stilling wurde sogar noch für den Zaren Alexander I. geistiger Bürge einer Spiritualisierung von Realpolitik in der Heiligen Allianz. Wie Jung-Stilling verstrickte sich auch Claudius mehr und mehr in pietistische Frömmigkeit und Mystizismus. Graf Friedrich Leopold von Stolberg setzte Signale mit seiner Konversion zum Katholizismus im Jahre 1800, während sein einstiger Freund Johann Heinrich Voß in seinem Kampf gegen alles Katholische die Vorstellung von einer obskurantistischen Romantik in Deutschland aus der Taufe hob.

## Neuanfänge

Die Kontinuität der literarischen Entwicklung in Deutschland vor der Mitte des 18. Jahrhunderts bis in die kriegerische Epoche zwischen 1789 und 1815 hinein ist eine offenbare Tatsache, und die Literaturgeschichte dieser Epoche bleibt unvollständig und verzerrt, wenn man sich solcher Kontinuität nicht bewußt ist. Zugleich aber vollzogen sich in den Jahren um 1789 im literarischen Leben Deutschlands Veränderungen, die es berechtigt erscheinen lassen, hier einen Einschnitt zu setzen. Dafür sprechen zunächst einige äußere Symptome. Bis zum Auftreten Schillers mit seinen *Räubern* (1781) war seit der Jahrhundertmitte in Deutschland nahezu jedes Jahr wenigstens ein nennenswerter, perspektivenreicher junger Autor hervorgetreten. Das setzte sich in den achtziger Jahren nicht mehr fort. Gewiß wurden Schriftsteller wie Wilhelm Heinse durch seinen Künstlerroman *Ardinghello* (1787) und Karl Philipp Moritz durch die Lebensgeschichte des *Anton Reiser* (1785–94) bekannt. Aber unter den literarischen Anfängern dieser Zeit dominierten andere Namen: es waren August von Kotzebue, August Wilhelm Iffland, Christiane Benedicte Naubert, August Heinrich Lafontaine, August Meißner, Christian August Vulpius, Karl Gottlob Cramer, Karl Große und Friedrich Eberhard Rambach, bei dem der junge Tieck in die Schule ging. Mit anderen Worten: In den achtziger Jahren traten jene Autoren zum erstenmal hervor, die in Deutschland eine breite, volkstümliche, oft didaktische und vorwiegend triviale Unterhaltungsliteratur zur vollen Blüte brachten. Erst nach 1789 kam es dann in rascher Folge wieder zum Auftreten neuer Autoren, die an die Literatur und ihre Leser höchste Ansprüche stellten. Dazu gehörten Jean Paul – dessen Anfänge in den achtziger Jahren unbeachtet geblieben waren – Hölderlin, Tieck, Wackenroder, Friedrich Schlegel, Novalis, Brentano, Arnim und danach Kleist, Fouqué, Hoffmann und Eichendorff, um nur die bekanntesten zu nennen.

Das gilt deutlich für das Jahrzehnt nach der Französischen Revolution im Unterschied zu demjenigen davor. Um 1780 begann die versuchte Integration des dritten Standes in das literarische Bild der deutschen Gesellschaft zur trivialen Bestätigung des Existierenden herabzusinken. Der Protest des Sturmes und Dranges hatte die Verhältnisse nicht ändern können. Wohl fand zwar ein Buch wie Goethes *Werther* Widerhall in ganz Europa, wohl hatten seine deutschen Leser dem Helden Denkmäler gebaut oder waren ihm gar zu Goethes Verdruß in den Freitod gefolgt, aber da die Umstände, aus denen Werthers Leiden zu einem nicht unbeträchtlichen Teil hervorwuchsen, dieselben blieben oder aber sich in der Gefährlichkeit ihrer Widersprüche milderten, war mit einer so tiefgreifenden Analyse auch die literarische Darstellung dieser Umstände und ihrer Wirkung auf die Leser erschöpft. Goethe hatte sich 1786 für zwei Jahre nach Italien zurückgezogen und erst von dorther neue Impulse empfangen. *Iphigenie auf Tauris* (1787) und *Egmont* (1788) erhielten im Süden ihre endgültige Form, und die diffizilen Verhältnisse zwischen dem Künstler, der Gesellschaft und dem größeren Ganzen eines Sittengesetzes, wie sie im *Torquato Tasso* (1790) zur Sprache kamen und für die der Hof von Weimar kaum die nötige Sichtweite geboten hätte, ließen sich erst darstellen, nachdem Goethe sie von außen betrachtet hatte. In Schiller vollzog sich ein Übergang vom jugendlichen Aufbegehren und der Gesellschaftskritik in seinen frühen Dramen zur Reflexion auf die Geschichte und auf die Kunst, wofür schon die lange, wechselvolle Entstehungsgeschichte des *Don Carlos* (1787) Zeugnis ablegt. Die ersten Ergebnisse manifestierten sich in seiner *Geschichte des Abfalls der vereinigten Niederlande* (1788) und in den großen, die Zeitgenossen zu Beifall und Widerspruch herausfordernden Gedichten *Die Götter Griechenlands* (1788) und *Die Künstler* (1789). Die Tendenz zur Erweiterung der Aussichten über die deutsche Gegenwart hinaus fand sich auch bei anderen Autoren in Theorie und Praxis, teils als Fernblick, Rückblick oder Blick ins Innere, teils aber auch als Flucht aus Deutschland oder vor der Literatur. Heinrich Jung-Stilling begab sich auf das unausmeßbare Territorium pietistischer Schwärmerei. Der Maler Müller zog sich nach Italien zurück, Lenz und Klinger gingen nach Rußland. Voß lebte in der kleinen Welt seiner norddeutschen Idyllen und in der großen des Homer. Graf Stolberg veröffentlichte 1788 seine Utopie *Die Insel*:

> «Viele Meere trennen von euch das Inselchen, in welchem ich mir und einigen Freunden Lauben gegen die Last und Hitze des Tages gepflanzt habe. Wenn wir träumen, so träumen wir in unserm Eigenthum.»

Es war eine Zeit der Fluchten, der Stagnation, der Erschöpfungen und Banalisierungen, des Zögerns und zugleich der Suche, der Vorbereitung zu neuen Zielen und neuer, von veränderten Voraussetzungen ausgehender künstlerischer Tätigkeit. Bald sollte das Bild von der Morgenröte eines neuen Tages eine der beliebtesten Metaphern für Poeten und Philosophen werden.

In solchem Sinne bezeichnet also die Zeit um 1789 durchaus eine Zäsur zwischen zwei sehr fruchtbaren Abschnitten in der deutschen Literaturgeschichte. Der Wandlungsprozeß, der sich in den achtziger Jahren deutlich vorbereitet hatte, erhielt durch die Ereignisse in Frankreich entscheidenden Nachdruck und bestimmtere Richtung.

## «Eine Epoche die sobald nicht wiederkehrt»

Das Ziel deutscher intellektueller und künstlerischer Anstrengungen der Jahre nach 1789 war nicht, die Wiederholung der französischen Ereignisse auf deutschem Boden vorzubereiten oder auch nur eine Art deutsches Substitut zu suchen, sondern im Bewußtsein einer eigenen geschichtlichen und geistigen Tradition eigene, deutsche Bahnen einzuschlagen, damit der Menschenwürde auf dem Gebiet des Heiligen Römischen Reiches ihr volles Wohnrecht gegeben werde. Was jedoch einfach klingt, war in Wirklichkeit eine Fülle höchst widerspruchsvoller individueller Reaktionen deutscher Schriftsteller auf Eigenes und Fremdes, Deutsches und Französisches, auf Politik und Literatur, Krieg und Philosophie. Nicht jeder Autor strebte außerdem gleichermaßen nach einem solchen Ziel. Im Gegenteil: Nur wenige waren wirklich zutiefst daran beteiligt, und es gab außerdem eine breite Wertskala zwischen Schiller und Benedicte Naubert oder Goethe und seinem Schwager Christian August Vulpius, dem Verfasser des *Rinaldo Rinaldini*. Was allerdings im weiten Bereich der Leistungen des menschlichen Intellekts und seiner künstlerischen Ausdrucksfähigkeiten letzten Endes zählt, sind allein die neuen Gedanken. Nur was das Wissen des Menschen von sich selbst und von der Welt, in der er lebt, erweitert, hat Aussicht darauf, in die Geschichte einzugehen. Neue Gedanken äußern sich jedoch in der Kunst nicht abstrakt wie in der Philosophie und durchweg rational faßbar wie in den Naturwissenschaften. Neue Gedanken in der Literatur sind neue Sichtweisen des Lebens in allen seinen Bereichen und Verknüpfungen, ausgedrückt durch die Handlungen und die Bildersprache der Dramen, Romane, Erzählungen und Gedichte. In deren Aufnahme und in der Anteilnahme daran, im ästhetischen Genuß also erweitert der Leser seine Erfahrungen. Jede wissenschaftliche Disziplin vermittelt neue Ideen, aber nur die Kunst kann, wie das Leben selbst, Erfahrungen möglich machen. Nicht ein beschreibbarer Gehalt also bezeichnet das Neue, sondern Drama, Roman, Erzählung oder Gedicht sind im gelungenen Falle selbst, als Ganzes, als Kunstwerk, das Neue. Form läßt sich nicht vom Inhalt trennen, denn Literatur insgesamt ist nichts anderes als eine Form des Denkens, des Denkens in einer ästhetischen Form, die zu den Formen, in denen alles Lebendige existiert, im Verhältnis steht.

Von den älteren Schriftstellern, die bereits vor 1789 auf die deutsche Literatur Einfluß genommen und sich Ansehen erworben hatten, waren es in erster Linie Goethe und Schiller, die eine bedeutende Rolle im literarischen Leben nach 1789 spielten, die in dieser Zeit einige ihrer Hauptwerke schrieben und von denen dann auch starke Impulse auf die jüngeren Autoren ausgingen. Wie sich dabei die Rolle Weimars und Jenas als geistiger Zentren mit den Persönlichkeiten und Leistungen der beiden, ihrem Einfluß auf Fürsten, Verleger und Rezensenten verband, gehört im einzelnen zum Gegenstand dieser Literaturgeschichte. Für die Abgrenzung der ganzen Periode gegen frühere und spätere Zeiten ist jedoch die Feststellung wichtig, daß zwischen ihnen und der folgenden Autorengeneration – den Schlegels, Jean Paul, Hölderlin, Novalis, Tieck, Hoffmann, Brentano, Kleist oder Arnim – enge Bindungen bestanden. Die Jüngeren blickten verehrend auf die Älteren, aber es gab auch Reaktionen der Abwehr, wo Vorbilder zu dominierend geworden waren. Wie immer die Beziehungen geartet sein mochten: Die einen lassen sich nicht ohne die anderen denken, sondern bilden erst zusammen das literarische Leben dieser Tage. Die Jüngeren antworten immer wieder auf die Gedanken und Werke der Älteren, und Goethe vor allem war es, der seinerseits von den Jüngeren auf neue fruchtbare Felder gewiesen wurde. Auch von Herder, Wieland und Klopstock gingen bedeutende künstlerische, philosophische wie persönliche Anregungen aus, so daß also insgesamt vor allen Unterschieden unter den maßgeblichen, das heißt originellen, reichen, kreativen deutschen Autoren dieser Jahre eine Korrespondenz und Zusammengehörigkeit bestand, wie es sie in gleicher Weise und Intensität vorher nicht gegeben hatte und nachher auch nicht wieder gab. Deshalb sind alle Unterscheidungen einzelner Gruppen und Generationen innerhalb dieser Zeit nur von sekundärer Bedeutung und oft nur ein Spiel mit Begriffen. Denn die gemeinsame Existenz in der bewegten historischen Epoche zwischen Bastillesturm und Waterloo verband sie alle; sie verband sie mit oder gegen ihre Absicht, mit oder wider ihr Wissen – wie die Mannschaft eines Schiffes im Sturm.

Ein Ende der Fahrt ist dann allerdings nicht zu bestimmen, denn weder scheiterte das Schiff, noch erreichte es die Insel der Seligen. Die Weltgeschichte ging ihren Gang ins 19. Jahrhundert hinein, die Maler malten, die Komponisten komponierten und die Dichter dichteten. Mit anderen Worten: Für eine Literaturgeschichte der Zeit um 1800 bietet die Abgrenzung zum 19. Jahrhundert nahezu unüberwindliche Schwierigkeiten. Georg Büchner und Ludwig Börne starben 1837, nicht weniger als fünf Jahre vor Clemens Brentano und ganze zwanzig Jahre vor Joseph von Eichendorff, und auch Heinrich Heine war schon ein Jahr vor Eichendorff tot. Tieck, die Grimms, Uhland, Kerner lebten über die Jahrhundertmitte hinaus, und Goethe starb erst zwei Jahre nach der Pariser Julirevolution von 1830. Damit scheint sich allerdings nur zu wiederholen, was ähnlich auch für das Jahr 1789 und seine Schriftsteller zutraf und was letztlich für jeden Querschnitt durch die Zeit zu gelten scheint, der Junge und Alte gleichermaßen berührt. Tatsächlich gibt es jedoch einen bemerkenswerten Unterschied zwischen dem Verhältnis der Generationen zueinander in der Zeit vor 1815 und danach, denn nach 1815 hören jene für die vorausgehenden zweieinhalb Jahrzehnte so charakteristischen Bindungen und Korrespondenzen zwischen Äl-

teren und Jüngeren auf zu existieren. Zwar verehrte die neue junge Generation weiterhin Goethe, liebte wohl auch die Gedichte Eichendorff oder las
Jean Paul und setzte ihm, wie Börne das mit seiner Grabrede für ihn tat, ein
Denkmal. Aber man distanzierte sich doch auch grundsätzlich von dieser
vorausgegangenen Zeit und machte sich zu deren kritischen Historikern.
Heine veröffentlichte 1833 seine *Romantische Schule*, Theodor Echtermeyer
und Arnold Ruge sechs Jahre später ihr kritisches «Manifest» *Der Protestantismus und die Romantik* (1839). Was auch immer man an Bewunderung und
Respekt für die Literatur der Älteren empfand – man gehörte nicht mehr zu
ihnen, lebte in einer anderen Zeit, in der ihr Werk mehr und mehr zu einem
historischen Gegenstand geworden war und in der man vor allem die Vorstellungen hinsichtlich der Wirksamkeit von Kunst, aus denen dieses Werk in
weitem Maße entstanden war, nicht mehr akzeptieren konnte. Das Wort
«Kunstperiode» nahm ironische Untertöne an. Daß man dabei oft wesentliche Züge und Aussichten dieser Werke aus der Distanz verkannte, vielleicht
sogar verkennen wollte, und in der Polemik das Kind mit dem Bade aus-
schüttete, ist eine andere Sache und zugleich das Recht alles Neuen und
Jungen.

Die Gedanken der Zeit, die, wie Bouterwek es nannte, mit «einer neuen
Art zu philosophieren» begonnen hatte, wurden in den Spätwerken der einzelnen Autoren fortgeführt, teilweise als Pflege einer Erbschaft, teilweise als
wehmütige Erinnerung, teilweise aber auch in lebendiger Auseinandersetz-
zung mit den Phänomenen der neuen Zeit. Das gilt vor allem für Goethe als
einem der Ältesten unter ihnen, dem es zeitlebens gelungen war, geistig beweglich und jung zu bleiben, und der mit *Wilhelm Meisters Wanderjahre*
(1821) und dem zweiten Teil des *Faust* (1832) nicht nur alte Projekte zu Ende
brachte, sondern zugleich auch in ihnen kritisch und verstehend auf Probleme und Konflikte der kommenden Periode reagierte und so zur Höhe einer
Weltübersicht kam, die in der deutschen Literatur nicht ihresgleichen hat. In
ihm transzendierte sich die «Kunstperiode» in erster Linie. Aber auch
E. T. A. Hoffmann, von Goethe nicht geschätzt, war sich des Übergangs der
Zeiten bewußt. Nach seinen Anfängen um 1809 waren für ihn die Jahre zwischen 1815 und seinem Tode 1822 sogar die produktivsten. Von Hingabe
und Liebe zur Kunst und vom Wunsch nach geistiger Beherrschung der Existenz getragen, konnte er doch als praktizierender Jurist nicht die Augen vor
jener Wirklichkeit verschließen, die allen solchen Absichten in wachsendem
Maße gunstlos entgegenstand, und er führte im Gestalten von Widersprüchen manche Künstlerhoffnungen ad absurdum.

Jean Pauls Romanwerk endete mit dem *Komet* (1820–22), einer Art Parodie des Bildungsromans, jener besonderen deutschen epischen Errungenschaft der neunziger Jahre. Tieck versuchte sich in realistischen Erzählungen
zwischen romantischer Vergangenheit und einer sehr praktischen Gegenwart, ohne doch im gleichen Maße noch den Nerv der Zeit zu berühren, wie

ihm das mit seinen frühen Werken um 1800 gelungen war. Fouqué übte sich unverdrossen im Verfassen von Ritter- und Heldengeschichten oder ebensolchen Dramen, worüber er völlig in Vergessenheit geriet. Eichendorff sammelte das in frühen Jahren Gedichtete, setzte sich in Erzählungen im Geiste der Vergangenheit mit Erscheinungen des Neuen auseinander und wurde vor allem zu einem der ersten Literaturhistoriker der Romantik aus den eigenen Reihen. Brentano hatte nach 1817 zunächst der Dichtung den Abschied gegeben, schrieb später dann Frühes ins Religiöse um, wurde eine Zeitlang katholischer Erbauungsschriftsteller und konnte sich dennoch und in alledem bis zu seinem Tod 1842 nie ganz der Verführung zum freien Dichtertum, das ihn einst begeistert hatte, entziehen. Immerhin galten er, Friedrich Schlegel, Görres und Adam Müller durch ihr Bekenntnis zur katholischen Kirche und ihr Engagement für eine katholische Politik als Förderer und Ideologen der repressiven Heiligen Allianz und jener politischen Restauration und «Demagogenverfolgung», deren Druck seit den Karlsbader Beschlüssen 1819 rasch wuchs. Die Kluft zwischen ihnen und den Autoren des «Jungen Deutschland», die sich gegen Zensur und alle anderen Formen geistiger Beschränkung wehrten, war unüberbrückbar. Mehr noch: Es entstand auf diese Weise der Eindruck, als würden mit der restaurativen Politik tatsächlich die Gedanken von einst konsequent in die Tat umgesetzt. Besonders Schlegels Name legte diese Folgerung nahe, denn er war in den neunziger Jahren wesentlich an der Entwicklung des Romantischen in Deutschland beteiligt gewesen, und Adam Müller berief sich in seinen Staatstheorien ausdrücklich immer wieder auf Novalis. Auf diese Weise entstand eine verbreitete undifferenzierte Ablehnung der Ideen jener vorausgegangenen Zeit – oder aber auch eine auf einengender Interpretation beruhende Sympathie mit ihnen.

Hinzu kam, daß gerade das Werk einiger der bedeutendsten Autoren zwischen 1789 und 1815 nur fragmentarisch bekannt war und ihr Rang und Reichtum noch nicht begriffen wurde. Das galt für Friedrich Hölderlin, von dessen Werk erst das 20. Jahrhundert durch sorgfältige Editionsarbeit eine Vorstellung bekommen hat. Es galt ebenso für Heinrich von Kleist, dessen Dramen sich erst im Laufe des 19. Jahrhunderts allmählich auf der Bühne durchsetzten. Auch Brentanos Lyrik – seine literarisch bedeutendste Leistung – war nur teilweise und in Bruchstücken oder verstümmelt zugänglich und ist bis heute noch nicht völlig bekannt geworden. Von Novalis schließlich gab es das ganze 19. Jahrhundert hindurch lediglich zwei kleine, von Friedrich Schlegel und Ludwig Tieck zusammengestellte Bände und einen schmalen Ergänzungsband, so daß von dem Umfang seines Denkens, der erst aus dem großen theoretischen Werk erschließbar wird, kaum eine Spur sichtbar war. Zudem war er früh schon in die Hände von Verehrern gefallen, die in ihrer Hingabe an die katholische Kirche und später an die politisch-religiösen Ansichten der Heiligen Allianz Gedanken von ihm entstellend

oder verengend in Anspruch nahmen, so daß er in den Augen der jungen
Schriftsteller des Vormärz, die gegen die Metternichsche restaurative Politik
und speziell gegen die Entmündigung durch eine strenge politische Zensur
aufbegehrten, zu einer Art Propheten und Heiligen dieser Reaktion verkümmerte. Daß man ihn jedoch auch damals schon anders gelesen hat, verrät
Görres' Klage über einige «jakobinische Sentenzen und Metaphern» der
Burschenschaften, «die zum Teil Goethe und Novalis verantworten müssen».

Für die Jahre nach 1815 entsteht jedenfalls der Eindruck einer Diskontinuität auf der ganzen Linie als absoluter Gegensatz zu jener prinzipiellen
Gemeinsamkeit und wechselseitigen, wenn auch nicht immer zustimmenden
Anteilnahme, die besonders für die Jahre nach 1793 in Deutschland gegolten
hatte. Solche Diskontinuität darf natürlich nicht darüber hinwegtäuschen,
daß auch nach 1820 oder 1830 die jüngeren Autoren ohne die Leistungen der
älteren nicht denkbar gewesen wären. Man übernahm literarische Mittel,
entwickelte Gedanken weiter und erkannte nach und nach manche Verwandtschaften und Verpflichtungen. Aber Geist und Kultur existierten in der
Biedermeierzeit zwischen 1815 und 1848 doch unter anderen Voraussetzungen als in den zweieinhalb Jahrzehnten davor. Die sich nach und nach in
Deutschland ausbreitende Industrie mit ihren neuen sozialen, ökonomischen, politischen wie psychologischen Konfliktsituationen zwang dem
Künstler eine andere Rolle auf als jene, die er in der vorausgegangenen, aus
dem aufklärerischen Geiste des 18. Jahrhunderts hervorgewachsenen Zeit
zwischen Revolution und Restauration in Anspruch nehmen konnte. Als
Präzeptoren und Lehrer, als «Wahrsager und Priester, Gesetzgeber und Ärzte», wie Novalis das einmal sah, waren die Dichter gewiß nicht mehr denkbar. Nicht mehr sah man, wie Adam Müller, die Poesie als «eine kriegführende Macht, bei allen Welthändeln zugegen», und nicht mehr erfaßten die
Poeten, wie einst Hölderlin, «des Vaters Strahl» «mit eigner Hand», um ihn
«dem Volk ins Lied gehüllt» als «himmlische Gabe» zu reichen. In seinem
französischen Vorwort zur *Lutezia* entwirft Heinrich Heine im März 1855
zwischen Angst und Hoffnung die Vision einer zukünftigen Gesellschaft
ohne Armut, aber auch ohne Poesie. Trauer und Schmerz ergreifen ihn ob
des möglichen Verlustes, aber sein Entschluß ist doch eindeutig:

> «Gesegnet sei der Kolonialwarenhändler, der einst aus meinen Gedichten Tüten drehen wird, um Kaffee oder Tabak für die armen, guten alten Weiber hineinzuschütten, die sich vielleicht in unserer jetzigen Welt der Ungerechtigkeit eine solche Annehmlichkeit hätten versagen müssen – fiat justitia, pereat mundus!»

Es ist eine Entscheidung, die jener vorhergehenden Zeit nicht hätte zu eigen
sein können – nicht weil man sich elitärer fühlte, sondern weil man auf eine
unmittelbarere Wirkung der Kunst und des Denkens in einer immer noch
überschaubaren Wirklichkeit hoffen zu dürfen glaubte.

Das Empfinden, mit der Niederlage Napoleons, mit der Heiligen Allianz
und der Gründung des Deutschen Bundes nicht nur historisch, sondern auch
im Bereiche der künstlerischen Wirksamkeit eine neue Epoche betreten zu
haben, war allgemein. «Niemand kennt sich mehr, niemand begreift das Element worin er schwebt und wirkt, niemand den Stoff den er bearbeitet»,
schreibt Goethe am 6. Juni 1825 an Zelter, und er fährt dann fort:

> «Reichtum und Schnelligkeit ist was die Welt bewundert und wornach
> jeder strebt; Eisenbahnen, Schnellposten, Dampfschiffe und alle mögli-
> che Fazilitäten der Kommunikation sind es worauf die gebildete Welt
> ausgeht, sich zu überbieten, zu überbilden und dadurch in der Mittel-
> mäßigkeit zu verharren. [...] Eigentlich ist es das Jahrhundert für die fä-
> higen Köpfe, für leichtfassende praktische Menschen, die, mit einer ge-
> wissen Gewandtheit ausgestattet, ihre Superiorität über die Menge füh-
> len, wenn sie gleich selbst nicht zum Höchsten begabt sind. Laß uns so-
> viel als möglich an der Gesinnung halten in der wir herankamen, wir
> werden, mit vielleicht noch wenigen, die Letzten sein einer Epoche die
> sobald nicht wiederkehrt.»

Das neue, andere, industriell-technologische Zeitalter läßt sich samt den
äußeren Gemeinsamkeiten und inneren Fremdheiten, die es schuf, nicht besser kennzeichnen als mit diesen Worten.

Ungelöst für den sondernden und aufteilenden Literaturhistoriker bleibt
allerdings die Frage nach abgrenzenden Daten. Weder das Kriegsende 1815
noch die französische Juli-Revolution 1830 sind auch nur annähernd plausible Einschnitte für die deutsche Literaturgeschichte, so sehr sie zusammen
mit den ihnen folgenden historisch-politischen Veränderungen die literarische Produktion beeinflußt haben mögen. Noch weniger brauchbar aber
sind biographische Grenzen wie Goethes Tod 1832, der allenfalls – und davon machte Heine bei seiner Definition der «Kunstperiode» Gebrauch – einen symbolischen Wert besitzt. Brauchbar für die Bezeichnung des Ausgangs
dieses Abschnitts der deutschen Literatur erweist sich deshalb am ehesten die
Umschreibung mit den historischen Begriffen der Heiligen Allianz und der
Restauration, durch die wenigstens im großen die zeitliche Ausdehnung dieses Endes begreifbar wird und die auch zugleich als Begriffe für die versuchte
Wiederherstellung alter staatlicher Verhältnisse in veränderter sozialer und
ökonomischer Situation die grundlegenden Widersprüche in sich begreifen,
mit denen sich die Schriftsteller verschiedener Generationen auf verschiedene Art konfrontiert sahen. Denn letzten Endes wird hier die Scheidung zwischen den Zeiten eine Scheidung zwischen Personen sein müssen, und daß es
keine engen, lebendigen Kontakte zwischen den Generationen mehr gab,
war eines der wesentlichsten Merkmale der neuen Zeit und trug außerdem
zum langsamen Versiegen einzelner Tendenzen bei.

Wo jedoch sortiert werden muß, bleibt als Hilfsmittel die Beobachtung, daß das Datum der ersten eigenständigen Leistung, wie sie sich aus dem Zusammenwirken von Talent und Umständen ergibt, einen Autor gegen oder mit seinem Willen in eine Bahn bringt, in der er sich in Zukunft zwar weit bewegen, die er aber nie mehr ganz verlassen kann, ohne seine Identität als Künstler zu verlieren. Wer erst nach Waterloo, Wiener Kongreß und Wartburgfest zu schreiben begann, hatte seinen Fuß schon auf dem Boden neuer Verhältnisse und ist nicht mehr jener Literatur zuzurechnen, die der Gegenstand der vorliegenden Darstellung ist. Fragt man nach Namen, so ließe sich, um nur ein Beispiel zu nennen, an Zacharias Werner oder Kleist auf der einen und Franz Grillparzer auf der anderen Seite denken: Grillparzers Erstling *Die Ahnfrau* wurde 1817 uraufgeführt, und mit dem Fluch der Mächte des Erbes und der Umwelt darin waren schon die Götter des späteren 19. Jahrhunderts beschworen. Auch Karl Immermanns Anfänge reichen in das gleiche Jahr 1817 zurück, in dem zugleich Arnims historischer Roman *Die Kronenwächter* erschien, der auf die Hoffnung hinauslief, «daß die Krone Deutschlands nur durch geistige Bildung erst wieder errungen werde», wie Arnim es selbst ausdrückte. Immermanns Zeitromane haben dann solcher Hoffnung kritisch-pessimistisch die Realität des restaurativen Deutschland entgegengehalten.

## 3. Kleinstaaterei und Kulturnation

*Deutschland – aber wo liegt es?*

Deutschland – aber wo liegt es? Die Frage hatten sich Goethe und Schiller in einem Epigramm ihrer *Xenien* (1797) gestellt und das Land nicht finden können, denn «wo das gelehrte beginnt, hört das politische auf». Das war Ironie über weltferne Gelehrte und geistesferne Politiker, aber es war zugleich auch nicht bloß Ironie. Das Deutschland, von dem am Ende des 18. Jahrhunderts gesprochen werden konnte, existierte auf den Karten und Atlanten nur in sehr unbestimmten Umrissen. Gewiß gab es bis zum Jahre 1806 immerhin noch das Heilige Römische Reich Deutscher Nation, aber schon im *Urfaust* aus den frühen siebziger Jahren hatte Goethe seinen Studenten Frosch in Auerbachs Keller singen lassen:

> Das liebe heilge römsche Reich
> Wie hälts nur noch zusammen.

Es hielt längst nicht mehr zusammen, denn die Reichsmacht, die der Kaiser in Wien vertrat, war geschrumpft zu ein paar repräsentativen und juristischen Institutionen, zu Amtsvollmachten wie Adelserhebungen und Titelverleihungen und zu Vereinbarungen, an die sich kaum noch jemand gebunden fühlte. Im Jahre der Französischen Revolution bestand dieses Reich aus mehr als 300 souveränen Territorialstaaten, aus Königreichen, Kurfürstentümern, Herzogtümern, Fürstentümern und außerdem noch vielen kleineren eigenständigen politisch-konfessionellen Einheiten wie Bistümern, Grafschaften, Ritterschaften oder Balleien. Am Ende des Dreißigjährigen Krieges war die Macht der Territorialfürsten über das Reich besiegelt worden, und seitdem war sie nur noch gewachsen.

Daß sich dieser deutsche Partikularismus hemmend und lähmend auf die ökonomische und soziale Entwicklung des ganzen Landes auswirken mußte, ist offensichtlich. Gesamtstaatliche Anarchie verband sich mit Machtfülle und absolutistischer Willkür im einzelnen. Friedrich Engels hat einmal erklärt: «Es muß schwer sein, in der ganzen Weltgeschichte eine Klasse aufzufinden, die durch so lange Zeit so arm an Geist und Kraft und so überschwenglich reich an menschlicher Verworfenheit gewesen ist, wie die deutschen Fürsten vom fünfzehnten bis zum achtzehnten Jahrhundert». Das mag als ein allzu pauschales parteiliches Urteil aus späterer Zeit erscheinen, gegen das sich bedeutende Ausnahmen nennen lassen, aber es gibt hinreichend zeitgenössische Stimmen, die es bekräftigen. 1799 schrieb zum Beispiel der sächsische Adlige Hans Georg von Carlowitz an seinen Freund Friedrich von Hardenberg, den Dichter Novalis, ihn zur Teilnahme an der Landespolitik auffordernd: «Du bist der einzige mir bekannte Mensch, dem ich zutraue, daß er eine ganze Generation erheben und die verhaßte Stimme des Egoismus, der Dummheit und Brutalität unterdrücken könnte; Du allein würdest uns von der Verachtung retten, die wir verdienen». Daß manche Landesfürsten sich als «Brüder» mit Dichtern und Philosophen in den Freimaurerlogen trafen, änderte in der Praxis wenig und lieferte bei aller subjektiven Aufrichtigkeit einzelner Regenten doch zumeist nicht mehr als ein aufklärerisches Alibi. In der Armee des Freimaurers Friedrich II. von Preußen waren Spießrutenlaufen und körperliche Züchtigungen gang und gäbe. In jedem Falle war der Fürst oberster Gerichtsherr. Steuern schröpften die Untertanen, Zollschranken behinderten Verkehr und Handel; verschiedene Währungen, Maße und Gewichte erschwerten die wirtschaftliche Kommunikation, und schlechte Straßen wie die vielen Grenzen beschränkten und belasteten auch die persönlichen Verbindungen. Da es schließlich keine Hauptstadt gab, «in der sich die gute Gesellschaft des gesamten Deutschland zusammenfindet», so hatte, wie Madame de Staël in ihrem Buch *Über Deutschland* (1813) feststellte, auch der gesellschaftliche Geist wenig Macht: «Die Herrschaft des Geschmacks und die Waffe des Spotts sind ohne Einfluß».

In der Literatur zwischen 1789 und 1815 ist nun allerdings von Deutschland, Deutschheit, deutscher Nation und einer nationalen Kultur viel die Rede; aber die Voraussetzungen und das Verständnis dieser Begriffe decken sich nicht ohne weiteres mit den Definitionen einer späteren Zeit. Die politische Einheit der deutschen Nation war konkret damals nicht vorstellbar. Niemand hatte sie in der Vergangenheit erfahren und noch in der Erinnerung bewahrt; jeder war unter den existierenden Verhältnissen aufgewachsen wie bereits viele Generationen vor ihm. Man mußte tatsächlich bis zum Mittelalter oder wenigstens zu dessen spätem Rand zurückgehen, um überhaupt einen historischen Begriff deutscher Reichseinheit anschaulich fassen zu können. Real vorstellbar war aber auch nicht, wie die gegenwärtige Masse von größeren oder kleineren Machtzellen je zu einem Staatsorganismus zusammenwachsen sollte, in dem allein umgreifende Veränderungen in Regierungsform, Gesellschaft, Wirtschaft und Verkehr stattfinden könnten. Ein anderes Distichon Goethes und Schillers über den «Deutschen Nationalcharakter» faßt daher die Situation treffend zusammen:

> Zur Nation euch zu bilden, ihr hoffet es, Deutsche, vergebens;
> Bildet, ihr könnt es, dafür freyer zu Menschen euch aus.

Bis zu solchem Ziel war es ein weiter Weg, und was immer man von den Zielen und Aufgaben Deutschlands und der Deutschen in dieser Zeit sagte, man sagte es von einem Ganzen, von dessen politischer Erscheinungsform man sich kein Bild machen konnte und das in der damaligen Gegenwart sichtbar zusammengehalten wurde nur durch das Band der gemeinsamen Sprache und einer gemeinsamen kulturellen Tradition. Der Akzent auf dem Geistigen verstärkte sich noch im wechselnden Miteinander und Gegeneinander deutscher Staaten während der Koalitionskriege und des Krieges gegen Napoleon. Gerade durch Napoleon jedoch wurden manche Absurditäten der Kleinstaaterei beseitigt, und im Kampf gegen ihn wiederum nahmen die Forderungen nach einer politischen Einheit aller Deutschen bestimmtere Umrisse an. Das Schwarz der Uniformen, das Rot der Kragenspiegel und das Gold der Knöpfe der Lützowschen Freischar erschien bald darauf wieder in der Trikolore der deutschen Burschenschaften und einer bürgerlichen deutschen Republik. Wie immer in Kriegszeiten fehlte es zugleich nicht an der Hysterisierung nationalen Denkens, so wenig am Ende auch herauskam. Erst nach und nach entstanden im 19. Jahrhundert schließlich die äußeren Nötigungen zu dem, was 1871 tatsächlich zu einem neuen deutschen Reich wurde und sich dann innerhalb eines Dreivierteljahrhunderts selbst in die Zerstörung und neue Aufteilung führte.

Für die Literaturgeschichte sind die Grenzen Deutschlands im Jahr 1789 nicht die Grenzen irgendwelcher politischen Konstruktionen. Die Literatursprache – das Hochdeutsch, das mitteldeutsch-meißnisch-lutherischen Ursprungs war – hatte allerdings bereits mit Gottscheds *Grundlegung einer deutschen Sprachkunst* (1748) Eingang in den kaiserlichen Hof zu Wien gefunden, ebenso wie später Johann Christoph Adelungs *Deutsche Sprachlehre* (1781), sein *Umständliches Lehrgebäude der Deutschen Sprache* (1782) und sein *Versuch eines vollständigen grammatisch-kritischen Wörterbuches der Hochdeutschen Mundarten, besonders der oberdeutschen*, das in erster Auflage zwischen 1774 und 1786 in Leipzig erschien und überhaupt zum maßgeblichen deutschen Wörterbuch der Zeit wurde. Mit der wachsenden Bedeutung Preußens und vor allem Berlins nicht nur als Regierungsstadt, sondern ebenso als deutsches Kulturzentrum konsolidierte sich das Hochdeutsche auch in Norddeutschland. Es stellte um 1800 nicht mehr nur die Sprache der Lutherbibel und eines regionalen Sprachausgleichs für die Landesadministration dar, sondern vor allem eine nationale Kultursprache, die Sprache also einer Literatur und Philosophie, die seit der Mitte des 18. Jahrhunderts vorwiegend im mitteldeutschen Raum entstanden war. Denn in Deutschland waren eben Nationalsprache und Nationalkultur nicht Blüte und Frucht einer geeinten Nation, wie das für die anderen großen Länder Europas zutraf, sondern die Einheit der Nation entstand zuerst in der gemeinsamen Sprache und literarischen Kultur, und die politisch-ökonomische folgte viel später, ohne sich im übrigen an die Bilder, Wünsche und Pläne der Dichter und Denker zu halten.

Was die anderen deutschsprachigen Regionen angeht, so hat natürlich auch die eidgenössische Schweiz innerhalb dieser weiteren Grenzen der deutschen literarischen Kultur ihren Platz, denn nicht nur ist Hochdeutsch seine Literatursprache, und es waren von dort durch Bodmer und Breitinger, Haller, Geßner und Lavater im Laufe des 18. Jahrhunderts wesentliche Beiträge zu Theorie und Praxis einer deutschen Nationalliteratur geleistet worden, nicht nur kamen von daher in der Folgezeit bedeutende Autoren und einflußreiche Anregungen, sondern die Schweiz war auch seit Albrecht von Hallers *Die Alpen* (1729) ein immer wiederkehrender, vielgestaltig verklärter, real gesehener oder erträumter Wohnort der Freiheit für die Deutschen. Das Reich gab wiederum umgekehrt erst den Schweizer Schriftstellern ihre größere Öffentlichkeit. Österreich aber war ohnehin Teil und Wien als kaiserliche Residenzstadt Zentrum des Heiligen Römischen Reiches. Dort hatte sich zur Zeit Josephs II. eine eigene Aufklärungsliteratur entwickelt, und am Anfang des 19. Jahrhunderts wurde es zeitweiliger oder ständiger Wohnsitz bedeutender Schriftsteller wie Clemens Brentano, Friedrich Schlegel oder Adam Müller.

Was rückte überhaupt die Vorstellung von einer einheitlichen deutschen Nation in den Gesichtskreis deutscher Intellektueller zu dieser Zeit? Ging es um einen größeren Wirkungskreis, um ein größeres Echo auf die eigenen Gedanken und Werke? Ging es um materielle Verbesserung des Lebens, um größere Tätigkeitsräume oder politische Aktion? Wollte man in nationaler Identität geachtet sein wie andere europäische Nationen, denen man mit geistigen Leistungen allmählich würdig an die Seite treten konnte – wobei man in erster Linie an Frankreich und England, dann aber auch aus der Perspektive ihrer großen Geschichte an Italien, Spanien und Griechenland dachte? Sollten schließlich erst im Bezug auf ein nationales Ganzes die eigenen Gedanken und Werke zu rechtem Menschen- und Weltverständnis heranwachsen? Die Motivationen überkreuzen sich im Denken und in den Werken der einzelnen Autoren, aber etwas von diesen Fragen berührte sie alle auf diese oder jene Weise.

Die stärkste Nötigung, über den eigenen Partikularismus hinauszudenken und hinauszustreben, kam von ener großen Umwälzung aller Lebensverhältnisse in Europa und Nordamerika, die durch die wissenschaftlichen, technischen, ökonomischen, politischen wie gedanklichen Entdeckungen, Revolutionen und Veränderungen dieses Jahrhunderts hervorgerufen wurde. Es war das Jahrhundert, in dem die Dampfkraft zum erstenmal effektiv menschliche Arbeitskraft ersetzte, wodurch die Menschheit tatsächlich einen in seinen Konsequenzen noch unausdenkbar großen Schritt über sich hinaustat: 1769 baute James Watt die erste brauchbare Dampfmaschine, und 1790 entstand das erste Walzwerk in England. Es war das Jahrhundert der ersten Höhenflüge: 1783 erhoben sich in Frankreich die Brüder Montgolfier mit einem Heißluftballon, und Jean Paul hat sich als einer der ersten Autoren davon dichterisch inspirieren lassen. 1771 entdeckte Carl Wilhelm Scheele den Sauerstoff, und 1774 machte unabhängig davon Joseph Priestley auf anderem Wege die gleiche Entdeckung, die die Grundlage für eine wissenschaftliche Verbrennungstheorie schuf, von der wiederum die Technologie der Dampfmaschinen und Motoren abhing ebenso wie weite Bereiche der modernen Chemie und Physiologie. Gegen Ende des Jahrhunderts wurden einfache Erscheinungsformen der Elektrizität wissenschaftlich erforscht und erste Möglichkeiten ihrer Nutzung entwickelt – Coulomb, Galvani, Volta und, in Jena, Johann Wilhelm Ritter sind die damit verbundenen Namen. Um die gleiche Zeit entstanden auf amerikanischem und französischem Boden die ersten bürgerlichen Republiken. An die Stelle des absolutistischen Merkantilismus, bei dem der Staat der größte Unternehmer war, traten neue Wirtschaftsformen, die private Initiativen des bürgerlichen Kaufmanns förderten, aber zugleich auch neue Abhängigkeiten von der sehr viel unpersönlicheren Macht des Geldmarktes schufen. Das erste Papiergeld wurde ausgegeben, das Goethe im *Faust* vom Teufel erfinden läßt. In Deutschland stellte man 1780 den ersten Rübenzucker her, und die Kartoffel entwickelte sich zum Volksnahrungsmittel für große Menschenscharen. Schließlich gab es auch die ersten wirksamen Impfungen gegen Pocken – 1796 durch Edward Jenner –, womit unter anderem eine Voraussetzung für die sichere Existenz der Menschen in Massen und also für die Entstehung und das Anwachsen von Industriestädten geschaffen wurde. Gedanken über eine weitergehende allgemeine Menschenverbrüderung waren das Privileg der Aufklärung, die den Umwälzungen der Zeit nicht nur ein theoretisches Gerüst gab, sondern in Hoffnung auf eine Wechselwirkung von Tat und Gedanken auch die Ideale allgemeiner Toleranz, Glückseligkeit und eben einer Weltbrüderschaft freier Menschen an den Horizont malte.

Deutschland war in seiner schwerfälligen, sterilen staatlichen und wirtschaftlichen Organisation hauptsächlich in der Lage, die intellektuellen Bewegungen aufzunehmen, fortzuentwickeln und eigene Beiträge in diesen Bereichen zu leisten. Was in Philosophie, Kunst, Literatur, Technik, Naturwissenschaft, Medizin und Politik außerhalb der deutschen Grenzen vorging, wurde weithin sorgfältig registriert, verfolgt und über manche geistige Mutation auf Eigenes zu beziehen versucht. Was immer man vom Nachteil des staatlich zerfallenen Deutschland und von der Kleinheit seiner Partikeln sagen muß, geistige Beschränktheit und Informationsenge war damit nicht von vornherein verbunden. Korrespondenzen über den ganzen damals bekannten Erdball hinweg waren keine Seltenheit für deutsche Gelehrte. Inländische und ausländische Journale oder Rezensionsorgane unterrichteten rasch und sorgfältig über das Neueste in vielen Wissenschaftszweigen, und der Aufenthalt in anderen Ländern gehörte zumindest für die Wohlhabenderen zu einem festen Teil ihrer Ausbildung. Andere wieder – wie Kant, Schiller, Jean Paul oder Novalis – haben allerdings nie deutschen Boden verlassen und sind auch im Lande selbst nur wenig herumgekommen, obwohl sie im Geiste häufig genug außerhalb seiner Grenzen lebten. Selbst Goethe ist nie in Hamburg, Wien, Paris oder London gewesen, und ebenso ist ihm wie den meisten seiner deutschen Zeitgenossen das verehrte Griechenland verschlossen geblieben, das unter der Türkenherrschaft jener Tage touristisch wenig attraktiv und sicher war. Finanzielle Sorgen, gesundheitliche Rücksichten, politische Konstellationen, Schwierigkeiten des Verkehrs auf rauhen Straßen und in Kutschen, die vor der Witterung wenig geschützt waren, gehörten zu den Behinderungen, während andererseits Kriege oder Revolutionen die Bewegung des einzelnen oft nur wenig beschränkten, da sie sich damals noch zuverlässig an gewisse Orte und Schlachtfelder hielten, die man umgehen konnte. Auch blieben persönliche Belange entschieden von staatlich-politischen getrennt, was für die nationalen oder totalitären Staaten einer späteren Zeit nicht mehr denkbar war. Von 1808 bis 1827, also auch in den Jahren des deutschen Krieges gegen Frankreich, lebte zum Beispiel der Preuße Alexander von Humboldt seiner Studien wegen in Paris, half seinem Land in einigen diplomatischen Missionen, sein König ließ ihm dorthin auch seine Staatspension überweisen, und Napoleon bezeigte dem deutschen Wissenschaftler seinen Respekt.

In keinem Falle läßt sich jedenfalls das Deutschland am Ausgang des 18. Jahrhunderts mit den Maßstäben des 20. Jahrhunderts messen. Weder den brutalen und in seinen Launen und Lüsten schamlos offenen Machtgenuß einzelner Fürsten kann sich eine spätere Zeit ganz faßbar machen, noch auch die Tatsache, daß ein anderer Fürst für Jahrzehnte als Mäzen in zwei winzigen deutschen Städten von zusammen kaum mehr als 11000 Einwohnern nahezu sämtliche bedeutenden Geister seiner Zeit für Jahre oder gar Jahrzehnte zu versammeln vermochte. Wesentlich ist jedenfalls, das Deutschland des Absolutismus insgesamt nicht als ein Bündel totalitärer Staaten zu verstehen, in denen rigorose Machtausübung jeweils bis in die innerste Sphäre des einzelnen eingedrungen wäre und ihn tatsächlich an jeder offiziell unerwünschten Information und an jeder Erkenntnissuche gehindert hätte. Erst wenn man sich zurückdenkt in die anderen Umstände einer anderen, vergangenen Zeit, wird man deren Meinungen, Gedanken und Leistungen auf eine Weise begreifen, die das Denken auch der Gegenwart des Betrachters fördert und nicht nur seine Vorurteile bestärkt.

Warum also rückte die Vorstellung von einer einheitlichen deutschen Nation so ausdrücklich in den Gesichtskreis deutscher Intellektueller dieser Zeit? Was konnte Deutschland versprechen, das Preußen, Sachsen, Sachsen-Weimar, Bayern, Württemberg, Österreich oder Reuß-Schleiz und Schwarzburg-Sondershausen zu erfüllen nicht in der Lage waren? Das 18. Jahrhundert brachte, wie gesagt, in den großen Staaten Europas den Übergang von der Agrarwirtschaft zur Industriegesellschaft und damit zu jenem technologischen Zeitalter, das seitdem andauert. Metropolen wuchsen zusehends. Ende des 18. Jahrhunderts hatte London 300 000 Einwohner, Paris 670 000 und Neapel 450 000. Die größten deutschen Städte waren im Vergleich dazu klein. In der Kaiserstadt Wien lebten 240 000 Menschen, in Berlin 170 000, in Hamburg 130 000, während Dresden mit 61 000, München mit 48 000, Frankfurt mit 42 000 und Leipzig mit 32 000 noch Mittelstädte waren, von Weimar mit 7 000 und Jena mit 4 300 ganz zu schweigen. Mit dem Aufstieg Preußens zur stärksten Macht innerhalb des deutschen Staatengebildes wuchs Berlin zwar zusehends an, aber es blieb doch bis weit ins 19. Jahrhundert hinein – wie die meisten anderen deutschen Städte – vorwiegend Regierungs-, Residenz- und Beamtenstadt. Die industrielle Revolution wurde in Deutschland nur schleppend übernommen, denn in der politischen, sozialen und ökonomischen Struktur des Landes änderte sich wenig oder nichts. Die Fürsten stützten sich weiterhin auf ihre feudalen Rechte und Besitzansprüche, und sie bestimmten merkantilistisch die Wirtschaftspolitik ihrer Länder. Die fortdauernde Kleinheit der Verhältnisse lief schließlich auch auf eine Verkleinerung der großen Ideen des 18. Jahrhunderts und auf deren Reduzierung ins Banale hinaus. Das ist vor allem bei der Diskussion der Aufklärung unter der jüngeren Generation um 1800 nicht zu übersehen, denn das Aufgeklärtsein hatten sich längst zahlreiche Territorialherren als modischen Schmuck umgehängt, um mit solcher Dekoration ihren Vorteil desto entschiedener zu betreiben.

In E.T.A. Hoffmanns Märchen *Klein Zaches* (1819) bittet der einstige Kammerdiener und jetzige Minister seinen Fürsten Paphnutius, Herr über ein Ländchen ohne Städte und nur mit «freundlichen Dörfern», in großer Szene als imaginierter Marquis Posa: «Sire! – führen Sie die Aufklärung ein!» Und er rät ihm dazu:

> «Sehen Sie, [...] gnädigster Herr! – die Wirkung Ihres fürstlichen Edikts wegen der Aufklärung würde vielleicht verstört werden auf häßliche Weise, wenn wir nicht damit eine Maßregel verbinden, die zwar hart scheint, die indessen die Klugheit gebietet. – Ehe wir mit der Aufklärung vorschreiten, d. h. ehe wir die

Wälder umhauen, den Strom schiffbar machen, Kartoffeln anbauen, die Dorf-
schulen verbessern, Akazien und Pappeln anpflanzen, die Jugend ihr Morgen-
und Abendlied zweistimmig absingen, Chausseen anlegen und die Kuhpocken
einimpfen lassen, ist es nötig, alle Leute von gefährlichen Gesinnungen, die keiner Vernunft Gehör geben und das Volk durch lauter Albernheiten verführen,
aus dem Staate zu verbannen.»

Hoffmanns kleine Satire illustriert treffend die deutsche Situation der Zeit. Die Stän-
degesellschaft war noch weitgehend unerschüttert. Das von den Residenzen, Höfen
und Höfchen abhängige Bürgertum der Beamten und Angestellten beugte sich der
Ränge, Würden und Vorteile halber gern ins System. Die Potenzierung der Höfe
brachte auch eine Potenzierung der Untertänigkeit, und die Ideale der Aufklärung zusammen mit Schillers ernster, großer Forderung nach Gedankenfreiheit wurden umgewendet in die Legitimation des Bestehenden und benutzt als ein Vorwand zur Per-
petuierung der Unmündigkeit – Spott und Kritik richteten sich nicht nur nach oben. In
seinem Tagebuch einer Reise aus dem Jahre 1798, die ihn unter anderem zu Fichte,
Goethe, Jean Paul und Kant führte, notiert sich der pfälzische Schulmann und Theologe Johann Friedrich Abegg als bemerkenswert die Ansicht eines Bekannten über auf-
klärerisch-philanthropische Pädagogen wie Christian Gotthilf Salzmann in Schnep-
fenthal. Sie seien

«ärgere Jugend-Verderber [...] als Sokrates nach der Meynung der orthodoxen
Griechen war. Alles wird darauf angelegt, den Egoismus der Zeit durch Erziehung zu verewigen. Nichts soll die Jugend hören und lernen, als was sie umgibt
und was ihr *nützen* kann. Das *Schöne* für sich, die Freude des Untersuchens, des
*Findens,* der *Wahrheit* gilt ihnen wenig. Damit lockt man keinen todten Hund
aus dem Loch! sprechen sie.»

Und der Bekannte fügt seine Ansicht hinzu:

«Lieber noch das andere Extrem! Je mehr du Knabe, lernst, was du nicht unmittelbar brauchen kannst, desto besser für dich!»

Das ist gewiß ungerecht gegenüber den Absichten der Philantropisten wie eben Salzmann oder Johann Heinrich Campe, die eine im Rousseauschen Sinne vom Kinde ausgehende natürliche Erziehung jener eingefahrenen, alten Methode entgegensetzen
wollten, in der nach Zuchtmeisterart der Wille des Kindes zuerst gebrochen werden
mußte, ehe es erzogen werden konnte. Aber das Beispiel illustriert immerhin die weitgehende Verflachung ursprünglich bedeutender Absichten und deren Adaption an das
Gegebene sowie das Aufkommen von Gegenreaktionen.

Obwohl es die Tendenz der modernen Industriegesellschaft war, die Rolle
der Geburt hinter diejenige des Besitzes zurücktreten zu lassen, wobei der
Begriff des Standes dann allmählich in den einer Klasse überging, blieben die
sozialen Strukturen in Deutschland noch lange Zeit unangetastet. In der
Realität bestanden Adel und Bürgertum allerdings aus einem bunten Gewirr
von Rängen und Lebensformen. Neben den Monstren, wie sie Engels kenn-
zeichnete und wie sie Schiller oder Schubart sehr persönlich kennenlernen
mußten, gab es gerade im Hochadel eine Reihe von Fürsten, die sich einen
Ruf als Förderer aufgeklärter Ideen erworben hatten, allen voran Friedrich II. von Preußen und der österreichische Joseph II., der bis 1790 deutscher Kaiser war. Die panegyrische Dichtung auf ihn reicht von Klopstock,
Johann Nepomuk Michael Denis und Karl Wilhelm Ramler bis zum jungen

Novalis, der an diesem Thema seine ersten poetischen Fingerübungen und politischen Denkversuche machte. Daneben gab es jenen verworfenen, geistig verkümmerten Duodezadel der kleinen Residenzen, den Jean Paul oder E. T. A. Hoffmann schildern, und es gab die Ausnahmen bedeutender Mäzene, wofür der Weimarer Hof das große Beispiel bot. Es gab den Dienstadel an den verschiedenen Fürstenhöfen und auch den kleinen Landadel, den Eichendorff später in verklärter Erinnerung als gemütvoll herzlich beschrieben hat, der aber in Wirklichkeit oft wenig an Bildungsmangel und Roheit hinter den Knechten und Mägden zurückstand, über die er herrschte.

Eine ähnliche bunte Palette stellte auch das Bürgertum dar, das in seiner Überzahl ein Bürgertum der Beamten und Staatsdiener an den vielen Höfen war und das schon vom Anstellungsverhältnis her zur Integration in die gesellschaftliche Hierarchie und also zu Untertänigkeit und Ergebenheit genötigt wurde. Effektiv reichte die Tätigkeit von der Wahrnehmung hoher Staatsämter und akademischer Lehrstühle bis zu den unübersehbar vielfältigen, mit üppigen Titeln versehenen Posten in der Verwaltung des fürstlichen oder geistlichen Besitzes und den Lehrer- oder Pastorenstellen. Das reiche Patriziat, aus dem Goethe und Brentano stammten, gab es nur beschränkt und vor allem in den großen Reichsstädten. Kaufleute verfingen sich in der Entwicklung ihrer Handelsbeziehungen immer wieder im Grenzennetz der Kleinstaaterei und der merkantilistischen Regulationen ihres jeweiligen Fürsten; nur in den Reichs- und Hansestädten waren ihnen freiere Entwicklungsmöglichkeiten gegeben. Das führte dazu, daß der soziale Status des Kaufmanns – wenn nicht Titel ihn anhoben – relativ niedrig blieb und die beschränkte Aktivität auch kaum anziehend für viele geistig beweglichen Bürgersöhne war. Auf diese Weise bildete sich in Deutschland sogar eine regelrecht kapitalfeindliche Ideologie heraus, die von ganz entgegengesetzten Seiten der Gesellschaft genährt wurde: von oben, um jeder das merkantilistische Feudalsystem aufbrechenden Entwicklung vorzubeugen, und vor seiten der jungen bürgerlichen Intellektuellen, da mit dem Gelderwerb kein Gewinn an gesellschaftlichem Einfluß verbunden war. Die Verachtung des Geldes wurde ein dominierendes Thema in der deutschen Literatur zwischen 1789 und 1815. «Ums Himmels willen», sagt der Kaufmannssohn Wilhelm Meister ärgerlich zu seiner Mutter, «ist denn alles unnütz, was uns nicht unmittelbar Geld in den Beutel bringt, was uns nicht den allernächsten Besitz verschafft?» – und er fand viele Gleichgesinnte unter den Helden der deutschen Romane dieser Zeit, deren Ziel die Herrschaft über ein größeres Reich der Ideen war.

Die geldverachtenden, gedankenvollen und tatenarmen jungen Intellektuellen wie Wilhelm Meister und seine vielen Verwandten in der Literatur und in der Realität waren jedoch zugleich die konsequentesten Schüler der Aufklärung in Deutschland. Aus dem Bürgertum oder dem niederen Adel hervorgewachsen, stießen sie immer wieder auf die deutschen Schranken, die ihnen in jeder praktischen Wirksamkeit gesetzt waren. Ihre Bildung ermöglichte ihnen nicht nur zu erkennen, wie antiquiert die staatlichen Verhältnisse waren, unter denen sie lebten, sondern sie gab ihnen auch den kritischen Blick frei auf die Veränderungen und Umwälzungen, die außerhalb ihres Landes vorgingen und die ebensosehr auf die Befreiung von Grenzen, Privilegien und Vorurteilen gerichtet waren, wie sie zugleich in der Praxis wiederum die Ideale korrumpierten. Diese Vorgänge – philosophische, naturwissenschaftliche, politische, soziale – auf sich selbst und ihr Land zu beziehen, die Zeitverhältnisse aus höherem und weiterem Blickpunkt mit Scharfsicht und Sensibilität zu analysieren, dabei den Besonderheiten der eigenen Situation auch positive Aspekte und Kräfte abzugewinnen und in der Abstraktion der Philosophie oder im Bilde der Dichtung Antworten für die kommende Zeit zu versuchen: das waren Absicht und Leistung der deutschen Intellektuellen in dieser Zeit.

Noch einmal jedoch: Was rückte die Vorstellung von einer einheitlichen deutschen Nation in ihren Gesichtskreis? Die Aufklärung, die von England und Frankreich ihren Ausgang genommen hatte und sich im Laufe des 18. Jahrhunderts über das ganze zivilisierte Europa und die Vereinigten Staaten in der neuen Welt ausbreitete, hatte nichts Geringeres zum Ziel als die Befreiung der Menschheit von aller körperlichen und geistigen Sklaverei. Damit aber lehrte sie bei aller Weltbürgerlichkeit zugleich ein Denken im Maßstab des Vaterlandes. Denn erst der aufgeklärte Mensch in einer aufgeklärten Welt hatte wirklich ein Vaterland, also ein Land, dem er als freier Bürger und nicht nur als Untertan eines Fürsten angehörte, der den eigenen Interessen entsprechend nur regional dachte und seine Armee zum Beispiel aus zusammengeworbenen Söldnern bilden ließ. Für den deutschen Autor konnte das Vaterland offensichtlich nicht die Grafschaft oder das Königreich sein, in dem er zufällig lebte, sondern nur jenes Land als ganzes, das ihm durch seine Sprache eine Identität innerhalb der anderen Nationen gab. Denn beide ergänzten sich schließlich, die «Deutschheit», wie ein damals in Mode kommendes Wort lautete, und die Menschheit. Die Parallele der Wortbildung verweist schon auf die Bedeutung des neuen Wortes: Gemeint war ein idealer Zusammenschluß, kein realpolitischer, der nicht denkbar war. Damals, in den Jahren nach der Französischen Revolution, entstand die Idee von den Deutschen als einer Kulturnation, von einer Nation also, die in ihren kulturellen Leistungen existierte, mit diesen Leistungen aber dann auch einen eigenen Beitrag innerhalb der großen Bewegung der Zeit leisten wollte, von dem die anderen Nationen profitieren konnten, wie die Deutschen von deren Erkenntnissen, Gedanken und Taten gelernt hatten. Durch geistige Tätigkeit, durch produktives Denken und Gestalten überwand man das scheinbar Unüberwindliche der deutschen Enge und Rückständigkeit. Goethes und Schillers Distichon vom deutschen Nationalcharakter fordert eben das und weist jede politische Lösung zurück.

Daß sich eine derartige Forderung oder Hoffnung allerdings nur für eine begrenzte Zeit der Krisen und des Wandels erhalten konnte, daß sie überdies in den verschiedenen Erscheinungsformen bei den einzelnen Autoren verschieden akzentuiert auftrat und mit anderen Zusätzen reich gemischt war, versteht sich von selbst. Auch wurden, wie schon angedeutet, manche kulturnationalen und humanitären Ziele in den Napoleonischen Kriegen sinnverkehrend zu militant nationalistischen und konkret tagespolitischen umgedeutet. Aber die bedeutendsten literarischen Werke der Zeit zwischen 1789 und 1815 sind doch wesentlich aus der Absicht auf die Schaffung einer deutschen Kulturnation als Summe einer nationalen Kultur hervorgegangen, die empfunden wurde als wirksamer, spezifisch deutscher Beitrag zu den großen Umwälzungen, deren Zeuge man war und an denen man mehr als nur passiv und beobachtend Anteil nehmen wollte. Wie die Sprache Lessings, Klopstocks, Wielands, Goethes, Schillers, Hölderlins, Kleists oder Hoffmanns die Enge der heimatlichen Dialekte überwand, so sollte in den Werken selbst und durch ihre Rezeption in den Köpfen der Empfangenden jenes geistige Deutschland entstehen, in dem die Deutschen dann tatsächlich am sichersten und am meisten zum Wohle der Menschheit existiert haben, was sich von ihren politischen Existenzformen gewiß nicht sagen läßt.

Beispiele für solche Vorstellungen von einem geistig-kulturellen Deutschland finden sich allenthalben in der Literatur der Zeit, so daß Friedrich Schlegel schon 1797 ironisch summieren konnte:

«Die Deutschen, sagt man, sind, was Höhe des Kunstsinns und des wissenschaftlichen Geistes betrifft, das erste Volk in der Welt. Gewiss; nur gibt es sehr wenige Deutsche.»

In seinem Aufsatz über Georg Forster, den er im gleichen Jahr als *Fragment einer Karakteristik der deutschen Klassiker* veröffentlicht hatte, war er selbst um eine genauere Definition dieser deutschen Besonderheit bemüht gewesen; er bestimmte sie in großer Scharfsicht als eine vom Bürgertum getragene nationale Errungenschaft der jüngsten Zeit:

«Alle echte, eigne und gemeinschaftliche *Bildung*, welche noch irgend in Deutschland gefunden wird, ist, wenn ich so sagen darf, von heute und gestern, und ward fast allein durch *Schriften* entwickelt, genährt, und unter den Mittelstand, den gesundesten Theil der Nation, verbreitet. Das allein ist Deutschheit; das ist die heilige Flamme, welche jeder Patriot, hell und stark zu erhalten und zu vermehren, an seinem Theil streben sollte!»

Auf das Ziel solcher Deutschheit verwies Novalis in seinem kontroversen Essay *Die Christenheit oder Europa*, den er 1799 den Freunden in Jena vorlas. «Deutschland», so heißt es da,

«geht einen langsamen aber sichern Gang vor den übrigen europäischer Ländern voraus. Während diese durch Krieg, Spekulation und Partei-Geist beschäftigt sind, bildet sich der Deutsche mit allem Fleiß zum Genossen einer höhern Epoche der Kultur, und dieser Vorschritt muß ihm ein großes Übergewicht über die ander[n] im Lauf der Zeit geben.»

Und im Jahre 1801, inspiriert wohl vom Frieden zu Lunéville, machte sich Schiller Aufzeichnungen zu einem Gedicht «Deutsche Größe», das er aber dann nie vollendet hat. «Deutsches Reich und deutsche Nation sind zweierlei Dinge», heißt es darin. Und weiter:

> «Die Majestät des Deutschen ruhte nie auf dem Haupt seiner Fürsten. Abgesondert von dem politischen hat der Deutsche sich seinen eigenen Werth gegründet, und wenn auch das Imperium untergienge, so bliebe die deutsche Würde unangefochten.»

Schillers ganzes humanitäres Ethos drückt sich in jenen Notizen am Ende aus, in denen er das für «den Deutschen» Erwünschte und doch kaum Vorstellbare in Worte zu fassen und zu gestalten versucht:

> Er ist erwählt von dem Weltgeist, während des Zeitkampfs
> an dem ewgen Bau der Menschenbildung zu arbeiten,
> zu bewahren was die Zeit bringt,
> Daher hat er bisher Fremdes sich angeeignet
> und es in sich bewahrt,
> Alles was schätzbares bei andern Zeiten
> und Völkern aufkam, mit der Zeit
> entstand und schwand, hat er aufbewahrt
> es ist ihm unverloren, die Schätze von Jahrhunderten.
>
> Nicht im Augenblick zu glänzen und
> seine Rolle zu spielen sondern den großen
> Prozeß der Zeit zu gewinnen. Jedes Volk
> hat seinen Tag in der Geschichte, doch
> der Tag des Deutschen ist die Aernte der
> ganzen Zeit – wenn der Zeiten Kreis sich
> füllt, und des Deutschen Tag wird scheinen
> Wenn die Scha[ren] sich vereinen
> In der Menschheit schönes Bild!

Zu Schillers humanitärem Ethos gehört jedoch auch die kritische Aufrichtigkeit gegenüber den eigenen Ideen, und deshalb ist die «Deutsche Größe» wohl Fragment geblieben.

Daß die Deutschen in diesen Jahren Stimmen hervorgebracht haben, die es verdienten, weithin gehört zu werden und die dann auch wirklich gehört wurden, steht nicht zu bezweifeln. Daß sich andererseits die Wirklichkeit nicht unmittelbar von guten Gedanken den Weg weisen läßt, ist ebenfalls eine Tatsache. Über diesen Zwiespalt geht kein Weg hinaus. Wo man die Vereinigung von Theorie und Praxis versuchte, führte sie meist zur Korrumpierung der Gedanken, die irgendeine sehr uniideale Gegenwart verklären und legitimieren sollten. Dafür ist gerade die deutsche Geschichte nach 1815 reich an Beispielen. Wer der deutschen Literatur um 1800 gerecht werden will, wird diesen Zwiespalt als dauernd akzeptieren müssen. Erst dann erweisen die Gedanken ihre Kraft und Bedeutung.

*Literaturlandschaft*

Merkwürdig an der Entstehung einer international wirksamen und geachteten deutschen Kultur in diesen Jahren bleibt, daß sie offensichtlich ein Produkt gerade des aller Entwicklung so hinderlichen deutschen Partikularismus darstellt, und zwar nicht nur – was keiner Erklärung bedürfte – als eine kritische Reaktion darauf, sondern in viel direkterem Sinne. Eben jene Schicht produktiver, zumeist bürgerlicher Intellektueller, die die Träger dieser Kultur waren, wurde ihrerseits erst eigentlich hervorgebracht durch die deutsche Vielstaatigkeit und den Repräsentationswillen seiner Fürsten, auch wenn diese dabei solche Konsequenzen kaum zu ihren Absichten zählten.

Charakteristisch für die kulturelle Szene des deutschsprachigen Gebiets ist bis auf den heutigen Tag die reiche Streuung von kulturellen Institutionen. Galerien, Opernhäuser, Theater, Orchester oder Bibliotheken von Rang finden sich an den verschiedensten Orten und nicht nur, wie in zentralistisch strukturierten Ländern, vorwiegend in einer Hauptstadt. Die Mehrzahl der Territorialfürsten im 17. und 18. Jahrhundert hatte ihren Ehrgeiz und den Schweiß wie das Blut ihrer Untertanen daran gesetzt, dem Hof der französischen Könige wenn nicht an Größe, so doch an Glanz und Üppigkeit gleichzukommen. Die Akzente waren verschieden gesetzt, reflektierten den Geschmack der Regierenden und ließer Traditionen entstehen. Wien als ein Zentrum der Musik und des Theaters ist ein Beispiel dafür; Joseph II. hatte 1776 das Wiener Burgtheater sogar zum Nationaltheater erhoben.

Daß aber auch das Desinteresse der Regierenden zum Teil seine förderlichen Seiten haben kann, hat Friedrich Schlegel 1808 in einer Rezension am Beispiel Friedrichs des Großen gezeigt. Die Verachtung des Preußenkönigs für deutsche Kultur und seine Protektion alles Französischen habe schließlich auch zum besten der deutschen Literatur ausgeschlagen, denn «wenn der alte König mit der ihm eignen durchgreifenden Kraft alle schon damals vorhandenen Elemente des rege gewordenen deutschen Geistes ergriffen, und in einen Brennpunkt vereinigt hätte, so möchten wir statt unsrer freien deutschen Art und Kunst wohl irgend ein zwanghaftes Not- und Zwitterwesen von einer provinziellen preußischen Litteratur bekommen haben, wodurch denn das Emporkommen des Bessern auf lange Zeit hätte gehemmt werden können».

Neben den Künsten war es die Gelehrsamkeit, mit der man sich teils zieren wollte, die man teils aber auch einfach brauchte, um nützliche Beamte für den eigenen Staatsapparat und die Förderung der Wirtschaft heranzuziehen. Die Vermittlung von Wissen und die Suche nach weiterem, neuen Erkenntnissen entwickeln dann allerdings zumeist eine Eigenbewegung, die sich nicht mehr ohne weiteres jene schmalen, glatten Bahnen entlanggleiten läßt, die dafür ursprünglich gedacht waren. Weltliche und geistliche Herren gründeten jedenfalls im 17. und 18. Jahrhundert in Deutschland zahlreiche Bildungsinstitutionen, plazierten sie aber mit Vorliebe außerhalb ihrer Residenzstädte in eine andere größere Stadt ihres Landes oder Ländchens. So gab es schließlich im Jahre 1789 im Bereich des Heiligen Römischen Reiches nicht weniger als 44 Universitäten, große und kleine, bedeutende oder unbedeutende, aber jedenfalls Einrichtungen zur Vermittlung von Erkenntnissen und damit vielfältig Urheber jener Eigenbewegung des Wissens und Erkennens, deren Ergebnisse und Ziele nicht a priori vorzuschreiben waren. Großbritannien verfügte zur gleichen Zeit über sechs Universitäten, und über Frankreich schreibt Madame de Staël: «Paris, das die Elite des Landes in sich vereinigt, nimmt dem Rest alles Interessante.»

Die hohe literarische Kultur Deutschlands in den Jahrzehnten um 1800 war also im Grunde ein Produkt, wenn auch keineswegs das Verdienst der deutschen Kleinstaaterei, sie wurde wesentlich von jener Schicht von Intellektuellen getragen, die an den zahlreichen höheren Bildungsinstitutionen der Territorialstaaten studiert hatten. Besonders von Universitäten wie Leipzig und Göttingen waren schon im Laufe des 18. Jahrhunderts wesentliche Anregungen für das literarische Leben ausgegangen, und Universitäten formten sich dann auch nach 1789 für kürzere oder längere Zeit zu Zentren des geistigen Lebens, an denen sich Gruppen mit gemeinsamen Bestrebungen bildeten. Jena und Berlin waren die großen Treffpunkte, und neben ihnen Halle, Heidelberg oder Landshut, um nur einige zu nennen. In eben diesen Jahren kam das Wort von den Deutschen als dem Volk der Dichter und Denker in Kurs, nachgewiesen zuerst 1782 bei Johann Karl August Musäus, dem weimarischen Schriftsteller und Märchenerzähler, und dann bei Jean Paul und Madame de Staël. Von nationaler Überheblichkeit war darin nichts enthalten, denn dazu gab es zur Zeit gewiß keinen Anlaß; es stellte nur eine griffige Formel für Verhältnisse dar, die sich in diesen Jahren mit der Tendenz auf eine deutsche Kulturnation herausgebildet hatten.

Der Eindruck einer derartigen literarisch-geistigen Elevation der Deutschen wurde noch dadurch verstärkt, daß die Blütezeiten anderer europäischer Literaturen zum Teil schon beträchtlich zurücklagen, man sich aber gerade zu ihnen auch in Beziehung setzte. Die italienische Literatur hatte ihre große Zeit in der Renaissance gehabt mit Dante, Petrarca, Boccaccio, Ariosto, Aretino und Tasso, und die Deutschen des ausgehenden 18. Jahrhunderts erinnerten sich gerade ihrer besonders nachdrücklich, während es von den Autoren der Gegenwart lediglich Goldoni und Gozzi waren, deren Ruhm ins Internationale wuchs. Spanien hatte im 16. und 17. Jahrhundert geglänzt mit Cervantes, Góngora, Tirso de Molina, Lope de Vega und Calderon, und man war bestrebt, auch sie wiederzuentdecken und der Gegenwart neu zuzuführen. Gleiches geschah seit Lessing schließlich mit dem elisabethanischen England und seiner größten, alles überragenden Gestalt, mit Shakespeare. Er wurde zur umfänglichsten und gewinnreichsten deutschen literarischen Landnahme des ganzen Jahrhunderts, gipfelnd in der Übersetzung seiner Werke durch August Wilhelm Schlegel, die 1797 mit *Romeo und Julia* begann.

Ohne das erzählerische Modell des englischen Romans ist die deutsche Romandichtung, die sich im Laufe des 18. Jahrhunderts entfaltete und dann mit *Wilhelm Meisters Lehrjahren* (1794–95) einen eigenen Romantyp hervorbrachte, nicht denkbar. Einflüsse Sternes auf Jean Paul sind oft bis ins Detail nachweisbar. Aber zugleich schuf der englische Roman mit Robinson Crusoe, Tom Jones, Clarissa Harlowe oder der Familie des Landpastors von Wakefield auch Archetypen und Mythen bürgerlicher Tüchtigkeit, Tugendhaftigkeit, Familienbindung und einer offenen Gesellschaft, die jenseits aller nachweisbaren Einflüsse tief auf die deutsche Literatur der Zeit wirkten. Zum Zeitpunkt der Französischen Revolution jedoch war hingegen das englische literarische Leben insgesamt in ruhigere Gewässer geraten. 1789 ist zwar das Jahr von William Blakes erster Buchveröffentlichung, der *Liedern der Unschuld (Songs of Innocence)*, und man machte auf ihn sehr bald in deutschen Journalen aufmerksam, aber Dichter wie Wordsworth, Coleridge, Scott, Byron, Shelley oder Keats traten doch erst mit Wesentlichem hervor, als sich die kontinentale Kulturnation bereits gebildet hatte. Zum Teil gingen sie sogar bei den Deutschen in die Schule. Nur Jane Austen hatte ihre Romane von der neuen englischen Gesellschaft am Übergang zum industriellen Zeitalter allein für sich in der Stille eines kleinen Landsitzes wachsen lassen: *Stolz und Vorurteil* war 1813 erschienen. es dauerte jedoch lange, bis ihr Werk öffentliche Achtung fand.

Bei den Franzosen löste die revolutionäre Wirklichkeit die Literatur ab. Corneille, Racine und Molières Tätigkeit lagen länger als ein Jahrhundert zurück. Danach hatten sich dann eher die Dichter als Denker oder die Denker als Dichter Ruhm erworben, aber gerade die Kombination von beiden in den Romanen Voltaires, Diderots oder Rousseaus übte auf die deutsche Literatur besondere Wirkung aus. Denn noch vor dem Englischen war man mit dem Französischen vertraut und kannte den *Zadig* (1747) oder *Candide* (1759) des Voltaire, *Die neue Heloise* (1761) oder den *Emile* (1762) von Rousseau und Diderots *Jakob und sein Herr* (posth. dt. 1792, frz. 1796) so gut, wie man seine antiken Klassiker kannte. Das ausgehende Jahrhundert wurde in Frankreich jedoch eine Zeit der kleineren und mittleren Talente oder der exzeptionellen Figuren wie des Marquis de Sade, bis mit Stendhal und Victor Hugo der Roman des modernen bürgerlichen Realismus einsetzte, von dem Goethe in den letzten Jahren seines Lebens noch teils beifällig, teils abweisend Notiz nahm.

Alles in allem ergibt sich also in der Tat das Bild einer deutschen literarischen Hegemonie in Europa zwischen 1789 und 1815, und es wird zugleich deutlich, warum die deutschen Autoren auch bewußt darauf zuarbeiteten; denn was Italien, Spanien, Großbritannien und Frankreich an kulturellem Gewicht und Glanz bisher schon reich gewährt worden war, das hatten die

Deutschen noch vor sich. Über ihre politische und ökonomische Retardation sollte sich nun die Kulturnation erheben. Daß dieser Versuch gelang, lag an dreierlei: an der literarischen Windstille anderwärts in Europa, die für die Deutschen eine Art Herausforderung schuf, an der Kleinstaaterei, die jede gesellschaftliche Wirksamkeit im großen beschnitt und behinderte, während sie mittelbar durch die Vielzahl ihrer Bildungsinstitutionen eine Dominanz des Kulturell-Geistigen förderte. Und es lag schließlich an Goethe.

Goethe war ohne Zweifel der Mittelpunkt des geistigen Lebens im Deutschland um 1800 und in Novalis' Ansicht sogar «der wahre Statthalter des poetischen Geistes auf Erden». Was immer man zu Recht einwenden mag gegen die Überbetonung der Rolle dieser einen Person in einem ganzen Zeitalter, wie immer man zu Recht skeptisch sein darf gegen den Epochennamen einer «Goethezeit», durch den von vornherein die Leistungen anderer denen des einen untergeordnet werden – zu Goethe liefen alle Straßen der Literatur und von ihm gingen sie wieder aus. Ihm schickte man seine Werke, ihn wollte man sprechen und treffen, von ihm wollte man beurteilt sein, seine Souveränität wurde in den verschiedensten Lagern akzeptiert, ihn zog man in strittigen Kunstsachen als Schiedsrichter heran, ihn schließlich nahm man sich als Muster und Vorbild in der eigenen Produktion, auch wo man unzufrieden mit ihm war und ihn übertreffen wollte. Wenn man, wie es damals mehrfach geschah, eine Ahnenkette der Größten in der europäischen Literatur aufstellte, die von Dante über Shakespeare und Cervantes bis in die Gegenwart reichte, dann war es klar, daß Goethe der einzige sein konnte, der sich auf gleicher Höhe ihr einfügte.

> «Der Charakter der aesthetischen Bildung unsres Zeitalters und unsrer Nazion verräth sich selbst durch ein merkwürdiges und grosses Symptom. *Göthens* Poesie ist die Morgenröthe echter Kunst und reiner Schönheit»,

schreibt der junge Friedrich Schlegel in seinem Aufsatz *Über das Studium der Griechischen Poesie* (1795–96), und den Jüngeren erschien Goethe, wie es 1799 Schlegels spätere Frau Dorothea Veit in einem Brief ausdrückte, als «die alte göttliche Exzellenz» – obwohl er damals gerade erst fünfzig geworden war. Seinerseits war Goethe an der Verbindung zu den Jüngeren und an ihrer Arbeit interessiert, wenngleich er sich ihnen gegenüber manche Verkennung zuschulden kommen ließ – Hölderlin und Kleist sind die berühmtesten Beispiele. Aber ein späteres Jahrhundert kann leichter urteilen als die Betroffenen in der Befangenheit der jeweiligen Gegenwart. Wie kein anderer Deutscher hat sich Goethe jedenfalls über diese Befangenheit zu erheben versucht, und seine Deutschen hat er im übrigen auch wie kein anderer gekannt. Es geht bei der Beschreibung seiner Rolle im geistigen Leben der Zeit nicht darum, seine Werke von vornherein über die Werke der anderen zu stellen; in der Literaturgeschichte müssen sie immer neu neben sie treten und dann ihren Rang erweisen. Es geht vielmehr darum, seine Bedeutung als Persönlichkeit einzuschätzen. Goethe war Anreger, Förderer, Wegbereiter und zu großartigen Einsichten und Ausblicken fähig; Literaturpapst aber ist er nie gewesen, denn er blieb bis ins hohe Alter hinein beweglich und aufnahmebereit für Neues. Ihm gelang, aus seinen Anlagen, Leistungen und einer glücklichen Lenkung und Bewältigung seiner Lebensumstände eine Autorität zu entwickeln, die ihn zum Repräsentanten der sich bildenden deutschen Kulturnation im Inland und Ausland werden ließ. Damit machte er deren Existenz auch denen sichtbar, für die Kultur fremd oder nur eben als Repräsentanz zugänglich war, die aber gerade über die reale Macht im Lande verfügten. Daß dergleichen das Distanzhalten und die Notwendigkeit zu Diplomatie einschloß, versteht sich von selbst. Was den Engländern der König und London, den Franzosen Napoleon und Paris waren, das wurde den Deutschen tatsächlich Goethe und Weimar.

In ihren Betrachtungen *Über Deutschland* nennt Madame de Staël Goethes *Wilhelm Meister* ein Buch «voll sinnreicher und geistvoller Erörterungen. Man könnte ein philosophisches Werk ersten Ranges daraus machen, wenn nicht eine Romanintrige hineingewoben wäre, deren Nutzen nicht aufwiegt, was man durch sie verliert». Das war zwar übertrieben und wohl sogar ein wenig bösartig, denn Goethes Fähigkeit zu reicher, plastischer Menschengestaltung hebt den Leser immer wieder hinweg über alles Disputieren, Reflektieren und Philosophieren, aber dennoch traf die französische Beobachterin einen Zug der deutschen Literatur und speziell der Romanliteratur dieser Zeit. Das war die Tendenz zur Intellektualisierung der Kunst, zu ihrer Umwandlung in ein Forum von Ansichten und Meinungen über Kunst und Welt, statt primär zur Darstellung von menschlichen Verhältnissen, von Personen und Aktionen. Darunter hat die Popularität der deutschen Literatur stets zu leiden gehabt, und im Vergleich mit Robinson Crusoe, Tom Jones oder Julien Sorel sind Wilhelm Meister, Hyperion oder Heinrich von Ofterdingen in der Tat etwas schwerfällige, meditative Helden geblieben. Aber es war der Preis, der für eine Kunst auf der höchsten Stufe ästhetischer, philosophischer und historischer Einsicht in die vielartigen Konsequenzen der großen Umwandlungen der Zeit bezahlt werden mußte. Solche Einsicht wiederum war aber nur möglich, weil sich das Denken und Empfinden der Dichter wie ihrer Helden nicht auf Schritt und Tritt an einer ihnen gegenüber offenen Wirklichkeit messen konnte noch zu messen brauchte. So kam es in der deutschen Literatur zu einer Sensibilität und Tiefe der Reflexion, wie sie keine andere Literatur damals aufzuweisen hatte.

Die Intellektualisierung der deutschen Literatur nach 1789 nahm also letztlich ihren Ausgang von den äußeren Verhältnissen des Landes. Sie wurde vorangetrieben durch die philosophischen wie ästhetischen Theoriebildungen in den frühen neunziger Jahren, also vor allem durch die Auseinandersetzung mit Kant in Schillers ästhetischen Schriften und dann besonders durch Fichte, den großen philosophischen Beweger der ganzen Zeit, dessen Spuren sich in der Sprache wie im Denken der folgenden zwei oder drei Jahrzehnte in Fülle finden. Schiller und Fichte waren beide Professoren in Jena. Das bedeutete, daß die Literatur ihren Nährboden an den Universitäten fand, wie es bereits in der ersten Hälfte des Jahrhunderts in gewissem Umfang schon einmal bei Gottsched und Gellert in Leipzig der Fall gewesen war. Damit aber entstand ein spezifisch deutsches Phänomen. Daß die meisten Autoren eine akademische Ausbildung besaßen oder wenigstens eine Zeitlang an einer Universität studiert hatten, war noch nichts Besonderes und traf auch auf die Schriftsteller anderer Länder zu. Aber die Deutschen blieben dann auch hinfort vorwiegend in intellektuellen Berufen tätig, während etwa die Engländer angesehene Stellungen in der Gesellschaft als Staatssekretäre, Kaufleute, Magistratsrichter, Ärzte, Drucker oder Pastoren einnahmen. «Indem der Deutsche schreiben muß, um Professor zu werden, geht der Engländer zur See, um Erfahrungen zu sammeln», hatte Justus Möser 1781 geschrieben. Unter den Franzosen wurden Voltaire und Diderot zu Freunden und Beratern europäischer Fürsten, und in der Académie française war ihnen auch ein würdiges nationales Forum gegeben. Bei den Deutschen bildete nur Goethe eine Art europäischer Ausnahme in seinem Verhältnis zur Gesellschaft im großen, und Herder war hoher geistlicher Beamter im kleinen Sachsen-Weimar. Forster, Schiller, August Wilhelm und Friedrich Schlegel, Görres, die Brüder Grimm, Uhland und sämtliche Philosophen von Rang – Fichte, Schelling, Hegel und Schleiermacher – waren jedoch Universitätsprofessoren. Hölderlin und Jean Paul hatten Hofmeisterstellen, bis der eine sich von den Bindungen der Gesellschaft überhaupt befreite und der andere genügend durch seine Bücher verdiente, daß er sich als unabhängig empfinden konnte. Freier Schriftsteller war unter den bekannteren Autoren außer Jean Paul eigentlich nur noch Ludwig Tieck. Clemens Brentano konnte sich zeitlebens auf das umfängliche väterliche Vermögen stützen, und die Gutsherren Arnim, Eichendorff und Fouqué hatten im Grundbesitz ihre ökonomische Sicherheit. Dem ärmeren Adligen Heinrich von Kleist mißlang der Versuch, sich als Schriftsteller selbständig zu machen. Bürgerliche Berufe außerhalb eines Lehramts besaßen nur zwei: Friedrich von Hardenberg (Novalis) als Salinenassessor und E. T. A. Hoffmann als Jurist.

Die jüngeren Autoren nach 1789 waren schon auf den Universitäten mit den Gedanken und Bewegungen der Zeit vertraut geworden, und zwar nicht nur mit den aus der Aufklärung hervorwachsenden kopernikanischen Wendungen der Philosophie oder den neuen Konzepten des Geschichtsverständnisses, wie sie Schiller lehrte, sondern ebenso mit den verschiedenen naturwissenschaftlichen Entdeckungen und neuen Ansichten. Hardenberg-Novalis hatte eine gründliche Ausbildung in Chemie, Physik und Geologie für seinen Beruf erhalten. Mit Schellings Schriften seit 1797 begann die eigentliche deutsche Naturphilosophie, und der Physiker Johann Wilhelm Ritter, der in seinem *Beweis, dass ein beständiger Galvanismus den Lebensprocess in dem Thierreich begleite* (1798) enthusiastisch-hymnisch die große Einheit der Natur verkündete, gehörte zum engsten Jenaer Freundeskreis um Novalis, die Schlegels, Schelling und Tieck. Auch Ludwig Achim von Arnim begann als Naturwissenschafter. Sie alle konnten aber wiederum auf Goethe blicken, der seit den frühen neunziger Jahren mit Studien zur Optik, Farbenlehre und zur Entwicklungstheorie als einer Metamorphose der Pflanzen und Tiere beschäftigt war.

Die deutsche Literatur zwischen Französischer Revolution und Restaurationszeit ist also auf dem Hintergrund eines solchen allgemeinen intellektuellen Lebens zu sehen, das an den Universitäten zu Hause war und dort zu verschiedenen literarischen Gruppenbildungen oder ästhetischen Programmen führte, die der Kunst neue Möglichkeiten und Aufgaben in einer Zeit umfassender Wandlungen anzuweisen versuchten. Jena bildete sich aus als das erste bedeutende Zentrum dafür, während Weimar eher einen Ort gesellschaftlicher Repräsentanz der Kultur darstellte – zwei Städte in einem Herzogtum, das in der Mitte Deutschlands im Spannungsfeld zwischen den alten und neuen Mächten, zwischen Reich, Sachsen und Preußen lag. Daneben trat mehr und mehr Berlin als erhofftes reales Zentrum der Kulturnation, wie es Weimar politisch nie werden konnte. Die Gründung der Berliner Universität (1810) nach dem Plan Wilhelm von Humboldts und mit Fichte als erstem Rektor war eine Gründung aus dem Geiste Jenas. Aber die Hoffnungen blieben unerfüllt, denn wenn sich auch in den Salons der Henriette Herz oder der Rahel Varnhagen für einige Zeit die Männer des Geistes mit denen der Politik bei schwachem Tee und ein paar Rosinen trafen, so kam es dennoch nicht zu einer Union von Geist und Macht, wie es die vorübergehende Erwartung zum Beispiel von Novalis war, als er 1798 nach der Thronbesteigung des jungen preußischen Königspaares die Deutschen des ewigen Friedens wegen nach Berlin blicken hieß.

## Die Rolle des Schriftstellers

Situation und Verhältnisse eines deutschen Schriftstellers in den neunziger Jahren des 18. Jahrhunderts hat niemand genauer beschrieben als Goethe. In einem kleinen Aufsatz, der 1795 in den *Horen* unter dem Titel *Literarischer Sansculottismus* erschien und in dem er der Frage nachgeht, warum es in Deutschland noch keinen klassischen Nationalautor gebe, zeichnet Goethe ein anschauliches Bild, das sich zu zitieren lohnt:

> «Nirgends in Deutschland ist ein Mittelpunkt gesellschaftlicher Lebensbildung, wo sich Schriftsteller zusammenfänden und nach einer Art, in einem Sinne, jeder in seinem Fache sich ausbilden könnten. Zerstreut geboren, höchst verschieden erzogen, meist nur sich selbst und den Eindrücken ganz verschiedener Verhältnisse überlassen; von der Vorliebe

für dieses oder jenes Beispiel einheimischer oder fremder Literatur hingerissen; zu allerlei Versuchen, ja Pfuschereien genötigt, um ohne Anleitung seine eigenen Kräfte zu prüfen; erst nach und nach durch Nachdenken von dem überzeugt, was man machen soll; durch Praktik unterrichtet, was man machen kann; immer wieder irregemacht durch ein großes Publikum ohne Geschmack, das das Schlechte nach dem Guten mit ebendemselben Vergnügen verschlingt; dann wieder ermuntert durch Bekanntschaft mit der gebildeten, aber durch alle Teile des großen Reichs zerstreuten Menge; gestärkt durch mitarbeitende mitstrebende Zeitgenossen: so findet sich der deutsche Schriftsteller endlich in dem männlichen Alter, wo ihn Sorge für seinen Unterhalt, Sorge für eine Familie sich nach außen umzusehen zwingt und wo er oft mit dem traurigsten Gefühl durch Arbeiten, die er selbst nicht achtet, sich die Mittel verschaffen muß, dasjenige hervorbringen zu dürfen, womit sein ausgebildeter Geist sich allein zu beschäftigen strebt.»

Daß Goethe selbst im Begriffe stand, ein klassischer deutscher Nationalautor zu werden, war eine andere Frage. Er mochte sich im Augenblick noch weiter davon entfernt glauben, als er tatsächlich war. Gewiß konnte er noch nicht auf jene Dichterpopularität hoffen, die er in Italien erlebt hatte, als er klassische Verse vom Volke gesungen hörte. Gewiß gab es in seiner Nation nicht jene «großen Begebenheiten», die mit ihren Folgen «in einer glücklichen und bedeutenden Einheit» standen, wie er das für alle Klassizität als nötig ansah. Gewiß war es ihm schwer, «mit dem Vergangnen wie mit dem Gegenwärtigen zu sympathisieren» und in seiner Nation schon jenen «hohen Grad der Kultur» zu finden, der ihm «seine eigene Bildung leicht» machte. Gewiß konnte man schließlich «einen vortrefflichen Nationalschriftsteller» auch nur von einer einigen Nation fordern. Aber gerade er wurde in diesen Jahren weit über eine schmale Schicht von Gebildeten hinaus zum klassischen, das heißt «vortrefflichen» Repräsentanten einer eigentümlich deutschen Kulturnation, die er selbst gegen alle widrigen äußeren Umstände, teils aber auch erst durch sie zu schaffen half. Denn so wenig schon die bedeutendere Literatur dieser Jahre breite Kreise erreichte – äußere Symptome für das Wachsen eines nationalen Kulturbewußtseins und eines kulturellen Nationalbewußtseins gab es durchaus. Wenn auch die politischen Bedingungen für den klassischen Nationalautor in Goethes Definition unerfüllt blieben und er sie nicht einmal erfüllt sehen wollte, so konnte er doch hoffnungsvoll gegen die kleinen Lichter der «Halbkritiker» sagen: «Der Tag ist angebrochen und wir werden die Läden nicht wieder zumachen.»

«In Teutschland wurde nie mehr gelesen, als jetzt», schreibt der sächsische Privatgelehrte und Journalist Johann Adam Bergk in einem mehr als vierhundertseitigen Buch über *Die Kunst, Bücher zu lesen*, das 1799 in Jena erschien. Aber er fügt sogleich hinzu:

«Allein der größte Theil der Leser verschlingt die elendesten und geschmacklosesten Romane mit einem Heißhunger, wodurch man Kopf und Herz verdirbt.»

Im Lauf des 18. Jahrhunderts und im Zuge der Aufklärung hatten die Fähigkeiten des Lesens und Schreibens tatsächlich breitere Kreise der Bevölkerung erreicht und demzufolge das Lesepublikum der Bücher vergrößert. Allerdings blieb die Zahl der Lesenden immer noch recht gering im Verhältnis zur Gesamtbevölkerung. Immerhin kam es in diesen Jahren des ausgehenden Jahrhunderts aber zu einem derart zunehmenden Interesse an Literatur, daß Bücher wie dasjenige Bergks oder auch das ihm vorausgehende des Freiherrn Knigge *Über Schriftsteller und Schriftstellerey* (1793) überhaupt auf Interesse und Absatz rechnen konnten. Ihr Ziel war pädagogischer Natur, und es ging aus derartigen didaktischen Versuchen ein Qualitätsbewußtsein von Literatur hervor, das zu der Vorstellung führte, echte Kunst sei für alle da und es bestehe auch eine Wechselwirkung zwischen ihr und einem guten Staat. Bergk folgert aus seinem Urteil:

> «Allein so lange unsere Erziehung und unsere Staatsverfassungen nicht mehr die Selbstthätigkeit und die Freiheit begünstigen, als sie es jezt thun, wird auch unsere Lektüre keinen andern Gang und keine andere Richtung nehmen».

Der Gedanke Bergks von einem inneren Bezug zwischen Kunst und der Selbsttätigkeit wie Freiheit des Staatsbürgers war nicht nur eine schöne, wenn auch etwas allgemeine Forderung, sondern er war zugleich die Spiegelung eines größeren Entwicklungsvorgangs innerhalb der Kunst selbst und im Hinblick auf ihre Adressierung. Es war ein Vorgang, den man zugespitzt als die Republikanisierung der Kunst in bezug auf ihre Wirkungsmöglichkeiten bezeichnen kann. Dieser Prozeß hatte in Deutschland mit der Aufklärung begonnen und nahm nun an Umfang und Intensität rasch zu. Die allmähliche Lösung der Theater, Opern und Konzerte vom Hofe trug dazu bei. Ein Nationaltheater, nach dem man vielerorts strebte, war kein Hoftheater mehr, und eine Beethovensche Symphonie war nicht mehr für ein Hofkonzert im kleinen Kreise bestimmt. Die Kunst trat nach und nach vor eine große bürgerlich-staatsbürgerliche Öffentlichkeit. Das verringerte allerdings die Probleme der Künstler nicht, es veränderte sie nur, denn anstelle eines bestimmten, mehr oder weniger sachverständigen oder launischen Mäzens stand ihm nun ein mehr oder weniger sachverständiges und oft ebenso launisches, aber unüberschaubares Publikum gegenüber. Allerdings trat gerade in Deutschlands politisch und sozial hybrider Situation eine solche scharfe Scheidung kaum ein, und der Künstler sah sich oft genug gefangen zwischen beiden Fronten. Die «Subordination der Kunst unter den Willen des Hofes», wie Wackenroder seinen Kapellmeister Joseph Berglinger in den *Herzens-*

*ergießungen eines kunstliebenden Klosterbruders* (1797) klagen läßt, blieb
weithin bestehen und verband sich dann mit der Nötigung zur Subordination
unter den banalen Geschmack eines bürgerlich-philiströsen Publikums, das
sich in den gegebenen Verhältnissen «die Selbstthätigkeit und die Freiheit»,
wie Bergk sie forderte, keineswegs angelegen sein ließ.

Dreierlei wuchs in der deutschen Literatur aus solcher Lage hervor: er-
stens die Propagierung der hohen Bedeutung von Kunst und Künstler für das
Fortschreiten der Menschheit; zweitens der Versuch zur Förderung eines
kritischen Bewußtseins von künstlerischer Qualität durch die Entwicklung
eines historischen – nicht mehr normativen – Kunstverständnisses, denn sich
verändernde Verhältnisse bedurften auch neuer Wertvorstellungen; und
drittens schließlich die Darstellung der Künstler- und Intellektuellenproble-
matik, die sich aus dem spezifisch deutschen Dilemma ergab. Es waren Ziele,
Themen und Aufgaben, die um so aktueller wurden, je mehr sich das literarische Leben entfaltete, je mehr man Bücher schrieb, druckte und las. Davon
wurde die anspruchsvollere deutsche Literatur um 1800 entscheidend motiviert und setzte sich auf diese Weise einen eigenen Wertmaßstab gegenüber
der Trivialliteratur, die sich allenfalls mit didaktischen oder moralistischen
Ansprüchen begnügte, sonst aber mit ihren Geschichten, Romanen, Dramen
und Balladen immer wieder dieselben Kreise zog wie der Bücherkolporteur,
der mit seinem Karren von Haus zu Haus ging.

Neue Formen der Buchverbreitung und Popularisierung des Lesens entstanden rasch, wozu vor allem die sogenannten Lesegesellschaften zählten,
also private Zirkel, die, nach extensiver Lektüre strebend, ihre Bücher untereinander austauschten und sie auch nach gemeinsamer Absprache erwarben.
Für das Ende des 18. Jahrhunderts hat man in Hunderten von deutschen
Städten die Existenz solcher Lesegesellschaften festgestellt, die im einzelnen
oft ausgeprägte Spezialinteressen besaßen oder entwickelten, sich in Leseka-
binetten trafen und Mitglieder aus den verschiedenen Schichten der Bevölkerung umschlossen, obwohl sie natürlich insgesamt vom städtischen Bürgertum getragen wurden. Leihbibliotheken blühten auf und richteten sich
durchaus auch für den gehobenen Bedarf ein – E.T.A. Hoffmann zum Beispiel hat sich einen beträchtlichen Teil seiner literarischen Kenntnisse aus einer derartigen Institution in Bamberg erworben. Verlegerpersönlichkeiten
traten ins Licht nicht nur als Kaufleute, sondern auch als Sachverständige
oder als Freunde und Mäzene der Autoren. Sie waren auf den Ruf ihres
Hauses bedacht, verbesserten Druckbild und Ausstattung ihrer Bücher und
nahmen nicht selten an literarischen Parteiungen teil. Hierher gehören Namen wie der von Johann Friedrich Cotta, der in den neunziger Jahren seinen
Verlag in Tübingen aufzubauen begann, Schillers *Horen* (1795–1797) und
dann die wiederholten Gesamtausgaben Goethes, Herders und Schillers verlegte und mit dem unter seinem Patronat in Stuttgart herausgegebenen *Mor-
genblatt für gebildete Stände* (ab 1807) auch in den Streit für und wider das

Romantische eingriff. Der Verleger Johann Friedrich Unger in Berlin hatte als gelernter Form- und Stempelschneider eine neue, schönere und klarere Frakturschrift entwickelt, in der bei ihm Goethes *Wilhelm Meister* zuerst erschien. Georg Andreas Reimer machte sein Haus in Berlin zu einem intellektuellen Treffpunkt für die Besten des geistigen Lebens dort, und in seiner Realschulbuchhandlung erschienen Werke von Novalis, Jean Paul, Tieck, Hoffmann, Kleist, Wilhelm von Humboldt und die Schlegelsche Übersetzung Shakespeares. In Leipzig, das sich zum Zentrum des Buchgewerbes ausbildete, etablierten sich am Ausgang des 18. Jahrhunderts Friedrich Arnold Brockhaus, Georg Joachim Göschen, der selbst Ambitionen als Romanschriftsteller hatte, und in Gemeinschaft die beiden Verleger Breitkopf und Härtel. In Hamburg schließlich war es Friedrich Christoph Perthes, der mit der Begründung der ersten Sortimentsbuchhandlung den Buchvertrieb und die Buchzirkulation in ein neues, effektives System brachte. Neben den angesehenen Verlegern gab es freilich in Zeiten, da noch kein Copyright existierte, auch zahlreiche Raubdrucker und außerdem regelrechte, von anonymen Lohnschreibern besetzte Literaturfabriken als Produktionsstätten für die reichlich geforderte Kolportageliteratur. Auf diese Weise lernte der junge Ludwig Tieck sein Handwerk.

Zensurbeschränkungen existierten überall, und die Verleger konnten Wunsch und Willen ihres jeweiligen Landesherrn nicht aus den Augen lassen. Aber der deutsche Partikularismus hatte auch hier eine nützliche Seite, da der Wille des einen Fürsten nicht notwendig der des anderen sein mußte und es auch Rivalitäten zwischen ihnen gab, ganz abgesehen von dem Vorhandensein der freien Reichsstädte. So fand schließlich nahezu alles irgendwo in Deutschland seinen Drucker und Verleger.

Außer den hemmungslos produzierenden Verfassern populärer Unterhaltungsliteratur wie Kotzebue oder August Lafontaine vermochten allerdings, wie bereits angedeutet, nur wenige Autoren von der Schriftstellerei zu leben. Auflagen und Honorare waren dazu allgemein noch zu gering. Aber Lessing war mit dem Entschluß, freier Schriftsteller zu sein, vorangegangen, auch wenn er auf die Stütze eines Amtes am Ende nicht verzichten konnte. Durch ihn, und dann durch Klopstock und Wieland, war immerhin das Phänomen eines in seinen Prinzipien unabhängigen und selbständigen deutschen Autors entstanden, das nun in der Zeit der Formierung der Kulturnation für das Berufsbild von großer Bedeutung wurde. Charakteristisch für einen Autor dieses neuen Typs waren Versuche zum Wirken in die Breite nicht nur durch die eigenen Schriften, sondern auch durch die Gründung und Herausgabe von Journalen und Zeitschriften, teils als Programmorgane, teils aber auch als geistige Sammelpunkte. Wieland hatte hier das Modell mit seinem *Teutschen Merkur* geschaffen, den er von 1773 bis 1810 edierte und in dem sich nahezu alle mehr oder weniger bedeutenden Autoren der Zeit trafen. Schiller gab von 1785 bis 1793 die *Thalia* heraus, danach die *Horen*. Goethe folgte von 1798 bis 1800 mit den *Propyläen* und Herder von 1801 bis 1803 mit der *Adrastea*. Zur gleichen Zeit gründeten die jüngeren Autoren in fast unübersehbarer Fülle ihre eigenen Journale, von denen vielleicht das *Athenaeum* der Brüder Schlegel und die Zeitschriften Heinrich von Kleists die bekanntesten geblieben sind. Manche Namen sind der Literaturgeschichte überhaupt nur durch Herausgebertätigkeiten erhalten, so vor allem der des Komponisten Johann Friedrich Reichardt, der, nachdem er wegen jakobinischer Sympathien eine Anstellung am preußischen Hof verloren hatte und in Halle Salineninspektor geworden war, in Zeitschriften wie *Deutschland* (1796) und *Lyceum der schönen Künste* (1797) dem jungen Friedrich Schlegel ein Forum für seine Gedanken gab, aber auch Herder, Voß und August Wilhelm Schlegel zu Beiträgern hatte und damit zwei der politisch wie literarisch interessantesten kleineren Journale der Zeit ins Leben rief.

Daß durch die Lektüre politischer Schriften die Bildung auch in «die niedrigere Volks-Classe» eindringe, behauptet hoffnungsvoll das *Schleswigsche Journal* im Jahre 1793, und es erklärt:

> «In mancher Hand, die sonst blos nach empfindsamen Romanen griff, oder zwischen Humpen, Rüden, Sauen und Mondschein wühlte, findet man iezt mit unter nicht selten ein Buch, das vielleicht manchen gesunden Begriff allgemeiner machen kann. Die politische Leserei hält der Romanleserei so ziemlich das Gleichgewicht, durch die erste wird doch mancher wenigstens zu weitern Nachdenken über wichtige Gegenstände gereitzt.»

Und im *Journal des Luxus und der Moden* heißt es zur gleichen Zeit noch euphorischer:

> «Vom Regenten und Minister an bis herab zum Holzspalter auf der Straße und dem Bauer in der Dorfschenke, von der Dame an der Toilette bis zur Scheuer-Magd in der Küche, ließt jezt Alles Zeitung.»

Wieland schließlich nennt bereits 1791 die Schriftsteller

> «die eigentlichen *Männer der Nation,* denn ihr unmittelbarer Wirkungskreis ist ganz Deutschland; sie werden überall gelesen, ihre Schriften dringen nach und nach bis in die kleinsten Städte, und durch sie fängt es bereits selbst in solchen Gegenden an zu tagen, auf welchen vor fünfundzwanzig Jahren noch die dickste Finsternis lag».

Von besonderer Bedeutung in der Rezeption der Literatur und in den literarischen Fehden des Tages wurden die verschiedenen Referatenorgane, die sich teilweise zu regelrechten Machtinstrumenten entwickelten. Von 1785 bis 1803 erschien in Jena die *Allgemeine Literatur-Zeitung* sechsmal wöchentlich mit einem zusätzlichen «Intelligenz-Blatt» – also Kulturnachrichten – das zweimal in der Woche herauskam. Wissenschaftliche wie schöngeistige Publikationen wurden kritisch angezeigt durch einen liberalen Mitarbeiterkreis, der von Kant und Schiller über Fichte bis zu den Schlegels reichte. 1804 wandelte sie sich zur *Jenaischen Allgemeinen Literatur-Zeitung,* während einer der ersten Herausgeber, der Weimarische Hofrat Christian Gottfried Schütz, das Unternehmen im preußischen Halle, wohin er übergesiedelt war, als *Hallesche Allgemeine Literatur-Zeitung* fortsetzte. Daneben gab es selbstverständlich noch eine Anzahl anderer regionaler Organe dieser Art. Aber die Jenaer Zeitung blieb lange die führende, besonders da ihr Kurs und ihre Rezensenten von 1804 an für mehr als zehn Jahre wesentlich von Goethe bestimmt wurden, dessen Einfluß dadurch aber auch umgekehrt weiteres Gewicht bekam. Alle diese Zeitschriften trugen jedenfalls ihren Teil dazu bei, daß sich ein kritisches Bewußtsein unter Lesenden wie Schreibenden bildete, daß daraus eine Art intellektueller Öffentlichkeit entstand und daß schließlich der Schriftsteller als direkter oder – durch seine Schriften – indirekter Urheber dieser Unternehmungen und Anstrengungen einen hohen Rang innerhalb der lesenden Nation einzunehmen begann. In Jean Pauls *Siebenkäs* (1796–97) erhebt der Schulrat Stiefel den Romanhelden «zum einzigen Wesen, [...] das einen Rezensenten noch übertrifft – zu einem Autor».

Damit ist noch einmal in der Ironie bestätigt, was sich in der deutschen Geschichte nach der Französischen Revolution im Ernst beobachten ließ: das wachsende und sich rasch ausbreitende Interesse an geistig-künstlerischen Leistungen, der Respekt vor ihnen und der Wille zu ihrer Förderung Sie bilden zusammen den Grund und Boden für jene literarische Kultur, die sich in den folgenden Jahren in großer Dichte und Stärke ausbreitete. In den Werken der Schriftsteller fanden weit über das hinaus, was in der deutschen Wirklichkeit vorging, die großen Bewegungen der Zeit ihren Niederschlag, in ihnen erfuhren sie Artikulation und kritisches Verständnis, und sie ließen endlich in kleineren und größeren Dimensionen auf die guten oder schlechten, hoffnungsvollen oder gefährlichen Konsequenzen dieser Veränderungen ausblicken. Denn, um noch einmal Johann Adam Bergk zu zitieren:

«Durch die Bücher hat der Mensch einen neuen Sinn erhalten, vermöge welcher er die Lust- und Trauerspiele der Welt im Ganzen übersehen kann, und die geheimsten Triebfedern der Spieler gewahr wird.»

ZWEITES KAPITEL

# KRAFTFELDER UND TENDENZEN

## *1. Methodisches*

Die deutsche Literatur um 1800 ist von der Literaturwissenschaft mit einem dichten Netz von Begriffen überzogen worden. Durch kunstvolle Verknüpfung philosophischer und ästhetischer Abstraktionen mit Zeit- und Ortsbestimmungen hat man immer wieder versucht, den literarischen Reichtum in Kategorien einzufangen. Spätaufklärung, Klassik, Frühromantik, Hochromantik und Spätromantik sowie Jenaer, Heidelberger, Berliner oder Münchner Romantik gehören zum beliebten Begriffsarsenal für diese Zeit. Die Unzufriedenheit mit einem derartigen Verfahren hält jedoch an, besonders da offenbar wird, daß gerade einige der bedeutendsten Autoren – Jean Paul, Hölderlin und Kleist – immer wieder durch die Maschen der Begriffsnetze fallen und in diesen gängigen Kategorien nicht unterzubringen sind. Es fragt sich deshalb, was Literaturgeschichte überhaupt hinsichtlich einer begrifflichen Sortierung ihres Materials zu tun habe, denn zweifellos ist es ihr Geschäft, Zusammenhänge sichtbar zu machen, wo sie bestehen, und das Einzelne auf Größeres und Allgemeineres in den Koordinaten des Raumes und der Zeit zu beziehen, so wie das die Aufgabe aller Geschichtsschreibung ist. Muß es sich jedoch Literaturgeschichte angelegen sein lassen, Systeme zu schaffen, in denen sich jedes Werk und jeder Autor an einem festen Platz unterbringen lassen? Solchem Vorhaben steht allein schon die einfache Tatsache entgegen, daß ein Kunstwerk im doppelten Sinne einzigartig ist. Es ist das Werk eines einzelnen Menschen, dessen Wesen sich wie das Wesen jedes Menschen der begrifflichen Definition entzieht, eben weil es singulär ist; und es ist auch als Kunstwerk in Relation zu seinem Schöpfer einzigartig, ein zweitesmal von ihm nicht hervorzubringen, ja sogar ein eigenes Leben ihm gegenüber annehmend, das er selbst nicht kontrollieren kann, und zwar bereits bei seiner Entstehung wie später dann in seiner Wirkung. Diese Tatsachen könnten Literaturgeschichte von vornherein zunichte machen, wenn ihnen nicht eine andere, ebenso sichere gegenüberstünde, nämlich die von der Bindung des Menschen und seiner Leistung an die Zeit und an den geographischen, nationalen und gesellschaftlichen Raum. Bindungen und Zusammenhänge bilden sich zwischen dem Autor und der Welt, die ihn umgibt. Sie bilden sich heraus als private und öffentliche Beziehungen, als solche zu literarischen oder politischen Gruppen, zu Traditionen, zu eigensprachiger

oder fremder Literatur und zu gewissen geistigen Tendenzen einer ganzen
Epoche. Hinzu kommen aber auch Verhältnisse, in die das Werk selbst tritt,
wenn es sich von seinem Autor zu lösen im Begriffe ist oder bereits ge öst hat,
also Verhältnisse zu Zensoren, Verlegern, Kritikern und allgemein zum Publikum verschiedener Zeiten – Verhältnisse, die gängig mit Begriffen wie
Produktion, Distribution und Rezeption zu fassen versucht werden. Das Geschäft der Literaturgeschichte besteht nun darin, zwischen der Scylla einer
künstlichen Systematisierung und der Charybdis einer bloßen Aufreihung
von Titeln und Namen hindurchzusteuern, die Einzigartigkeit des Kunstwerks zu achten und doch zugleich jene Zusammenhänge herzustellen und
aufzuweisen, in denen dieses Werk wie sein Schöpfer stehen. Es geht in ihr
nicht darum, aus Fallstudien allgemeingültige Gesetze abzuleiten, die es bei
der Einzigartigkeit eines jeden Kunstwerks nicht geben kann, sondern vielmehr zu versuchen, aus dem wechselseitigen Bezug des einzelnen zu anderem einzelnen das Wesen und den Wert der Werke als neuer ästhetischer
Ideen und Erfahrungen innerhalb des historischen Prozesses verständlich zu
machen. Nicht Systematisierung ist ihre Absicht, sondern Anleitung zur Differenzierung, und Sammelbegriffe sind nur sinnvoll, solange sie diesem
Zweck dienen. Je perfekter ein Begriffssystem für sich selbst ist, desto gewaltsamer wird gewöhnlich mit dem Kunstwerk verfahren.

Solche Erkenntnis soll nicht zu klassifikatorischem Defätismus verführen.
Denn natürlich gibt es sehr wohl zusammenfaßbare Tendenzen und Strömungen im intellektuellen und künstlerischen Leben einer Zeit, die in vielfacher Wechselwirkung mit deren ökonomischen, politischen und sozialen Zuständen und Prozessen stehen und die auch von den Zeitgenossen oft schon
erkannt und begrifflich erfaßt worden sind. Für das 18. Jahrhundert gilt das
zum Beispiel für den Begriff *Aufklärung,* der nicht nur retrospektiv philosophische, theologische und politische Tendenzen zusammenschließt, sondern
der auch seine eigene Zeit schon beherrschte und selbst in das Alltagsge-
spräch der Bürger ebenso wie in gewisse tatsächliche Pläne oder aber Re-
nommierprogramme der Fürsten eindrang. Damit wurde er allerdings nicht
selten einem Bedeutungswandel unterworfen, der seinen ursprünglichen
Sinn manchmal geradezu ins Gegenteil verkehrte. Dennoch kann heute für
das kritische Studium des europäischen 18. Jahrhunderts auf den Begriff Aufklärung nicht verzichtet werden, solange bedacht wird, was auch für verwandte Epochenbegriffe gilt: daß sie statische Namen für fortlaufende Prozesse, für etwas sich ständig Wandelndes sind.

Gerade in der deutschen Literaturgeschichte der Periode um 1800 haben
jedoch Bezeichnungen wie Aufklärung, Sturm und Drang, Klassik oder Romantik ein starkes Eigenleben angenommen, mit dem mehr und mehr verdeckt wurde, daß Literatur in erster Linie für sich selbst existiert und nicht als
Beitrag zu irgendeiner Bewegung. Mehr noch: Die Historiker haben die Begriffe gern in einen dialektischen Streit miteinander gesetzt, so daß sie all-

mählich das Ansehen von regelrechten Parteiprogrammen bekamen, in deren Namen dann Aufklärer, Stürmer und Dränger, Klassiker oder Romantiker gegeneinander zu Felde zogen. Es war dann nur noch ein Schritt, solchen Scharen die Feldzeichen des Fortschritts oder der Reaktion, der «Aufklärung» oder «Gegenaufklärung», der Revolution oder Konterrevolution in die Hand zu geben, um aus dem Versuch einer möglichst objektiven Gliederung ein sehr subjektives Werturteil wachsen zu lassen. Nichts ist weiter von der historischen Wahrheit entfernt als derartige Vorstellungen und Schlußfolgerungen. Bestimmend für die deutsche Literatur zwischen 1789 und 1815 zum Beispiel ist die gemeinsame Existenz der Autoren in einer Periode großer politischer und geistiger Krisen und die gemeinsame Anteilnahme daran über alle Unterschiede des Alters, der Ansichten, Neigungen und Interessen hinweg, so daß das Verbindende zumeist sehr viel größer als das Trennende war. Aber jenes ist freilich der Betrachtung aus zeitlicher Ferne weniger zugänglich als das Unterscheidende, da es als selbstverständlich vorausgesetzt wurde, denn unter Zeitgenossen gibt es nicht selten eine Art unausgesprochenen Einverständnisses, das der Historiker erst rekonstruieren muß, wenn er nicht in die Luft bauen will.

Unter den für das 18. und frühe 19. Jahrhundert gebrauchten Begriffen sind *Aufklärung* und *Romantik* die einzigen, die europäische Dimensionen besitzen und die im übrigen auch schon zu ihrer Zeit, wenn auch keineswegs eindeutig, verwendet wurden. Das eine Wort trat aus der Philosophie hervor und umfaßte nach und nach Theologisches, Ästhetisches, Naturwissenschaftliches sowie Politisches und Soziales bis hin zu volkspädagogischen Programmen. Das andere kam aus dem Bereich der Ästhetik und ist trotz mancher Erweiterungsversuche nur dort wirklich heimisch geblieben. In keinem Falle handelte es sich um irgendwelche festumrissenen Konzepte, denen man sich verschreiben konnte oder die sich gar in eine Art dialektisches Verhältnis zueinander setzen ließen. Es waren und sind Bezeichnungen für Entwicklungsvorgänge und Kraftfelder im intellektuellen Leben, das nie stillsteht. Dies aber bedeutet, daß sich die Begriffsinhalte fortgesetzt wandelten, sich ausbreiteten, abnahmen, erweiterten, verengten, in anderes übergingen. Eine Art dialektische Bewegung vollzog sich also innerhalb dessen, was die Begriffe umfassen, und nicht zwischen ihnen als Ganzem. So sind jene Gedanken und Vorstellungen, die unter dem Begriff «Romantik» gebündelt werden, nicht schlechterdings der Gegensatz und die Aufhebung dessen, was unter «Aufklärung» verstanden wird, sondern eher dessen Fortsetzung und Weiterentwicklung unter veränderten historischen Verhältnissen, wobei die Übergänge fließend bleiben.

Für die Praxis der Literaturgeschichtsschreibung bedeutet das, den Begriffen jedes Eigenleben zu versagen und nicht *die* Aufklärung oder *die* Klassik gegen *die* Romantik in den Streit gehen zu lassen, und es bedeutet auch den Verzicht auf jede Personalisierung. Es gibt schlechterdings keine Aufklärer oder Romantiker – und Klassiker gibt es nur im Bücherschrank. Selbst wo sich einzelne Autoren als Angehörige einer Schule verstanden, blieben sie immer nur Teil eines größeren, unter den Schulbegriff nicht zu fassenden Ganzen. Es gab zwischen 1789 und 1815 in Deutschland eine Fülle von bedeutenden Schriftstellern, die an den intellektuellen Bewegungen und Entdeckungen des Jahrhunderts lebhaft Anteil nahmen und sie auf entscheidende Weise fortführten und förderten. Teilweise gehörten sie für eine gewisse, meist sehr kurze Zeit literarischen Gruppen an, teilweise usurpierten sie die Begriffe für ihre eigenen Gedanken und Pläne, teilweise blieben sie aber auch von vornherein allein und nur in loser Verbindung mit anderen. «Außenseiter» gab es jedoch nicht – es ist ein irrelevantes Wort, mit dem man nur die Vergangenheit gegenüber einem starren Begriffssystem zu kompensieren versucht hat.

Den sich verändernden, in ihrer Bedeutung schwankenden Epochen- und Gruppenbezeichnungen gegenüber bieten für die Literaturgeschichte allein zwei Bereiche einen objektiven Halt: für den Zeitablauf ist es die Geschichte und für den ästhetischen Aspekt sind es die Gattungsbegriffe. In beiden bestehen für Autoren und Werke die größten Gemeinsamkeiten. Natürlich lassen sich auch hier sofort Einschränkungen machen, die sich insbesondere auf das eigenartige Verhältnis eines Kunstwerks der Geschichte gegenüber beziehen. Mag die Französische Revolution noch so zukunftsträchtig gewesen sein, so bleibt sie doch ein zeitgebundenes Ereignis, das nur als ein Stück Vergangenheit studiert werden kann. Verse Goethes oder Hölderlins hingegen verraten zwar durchaus die Bindung an ihre Zeit, aber sie stehen dennoch einem Leser späterer Zeit als Kunstwerke zu unmittelbarer Verfügung. Er kann sich auf sie beziehen, sich selbst und sein Fühlen und Denken in ihnen artikuliert sehen, ohne von historischem Interesse motiviert zu sein Allerdings ist auch er wiederum ein historisch bedingtes Wesen, und die Historizität der Literatur erweist sich gerade darin, daß man Werke vergangener Zeit wiederentdeckte, als man ihrer bedurfte. Um 1800 war das die Literatur des deutschen Mittelalters und des Barock, um 1880 waren es die Dichter des Sturm und Drang sowie Georg Büchner, in den fünfziger und sechziger Jahren dieses Jahrhunderts kam es zum breiten Interesse für jakobinische Literatur, und die Werke von Autoren wie Hölderlin oder Kleist erleben immer wieder Phasen neuer Aufmerksamkeit. Produktion und Rezeption eines Kunstwerks hängen jedenfalls direkt von der geschichtlichen Situation ab, in seiner Verfügbarkeit jedoch transzendiert es sie. Diese Doppelheit der Perspektiven hat der Literaturhistoriker nicht nur zu akzeptieren, sie bildet sogar den besonderen Reiz seiner Arbeit.

Einwände lassen sich auch gegen eine Behandlung von Literatur innerhalb von Gattungen erheben. Gerade um 1800 und immer wieder danach gab es zahlreiche Versuche, die Gattungsgrenzen aufzuheben und eine Art «Universalpoesie» zu schaffen, die sich als «Poesie der Poesie» über alle Regeln und Begriffe als ein Ausdruck absoluter Freiheit erhob. Die literarischen

Realisierungen solcher Ideen allerdings erwiesen sich dann als ziemlich resistent gegenüber allzu himmelstürmerischen Projekten, und bis heute sind die Grundformen literarischer Kommunikation durch die Selbstaussage in der Lyrik, durch die Darstellung im Drama und durch das Erzählen von Vorgefallenem weithin unerschüttert geblieben. Selbstverständlich hat es auch Übergänge und Mischformen gegeben und wird sie weiter geben, ebenso wie es insbesondere im Bereich der Publizistik Ausdrucksformen gibt, die sich in die traditionellen Gattungsbegriffe nicht einordnen lassen. Aber aus der Zusammenschau von historischer Perspektive und gattungsästhetischer Betrachtung läßt sich immerhin das Bild der Literatur einer Zeit auf eine Weise wiedergegeben, die es unabhängig von der Zufälligkeit subjektiver Begriffsdefinitionen macht.

## 2. Aufklärung

### Was ist Aufklärung?

Grundlage des Denkens und künstlerischen Gestaltens in Deutschland am Ausgang des 18. Jahrhunderts bilden weithin jene Vorstellungen und Konzepte, die unter dem Begriff der *Aufklärung* zusammengefaßt sind. Kant hatte Aufklärung als «Ausgang des Menschen aus seiner selbst verschuldeten Unmündigkeit» definiert und war dabei von dem Naturrecht und damit dem natürlichen Anspruch auf Freiheit und Selbstbestimmung ausgegangen, zu dessen Durchsetzung dem Menschen der Verstand gegeben worden sei. Seine «ursprüngliche Bestimmung» bestand nun eben darin, diesen Verstand zu gebrauchen, «seine [...] Erkenntnisse zu erweitern, von Irrtümern zu reinigen, und überhaupt in der Aufklärung weiter zu schreiten». Anders ausgedrückt: Aufklärung war der Prozeß der Emanzipation des Menschen zu einer freien Existenz, würdig der Gabe des Verstandes und der Vernunft, die ihm Gott über alle anderen Naturwesen hinaus verliehen hatte. Kant machte also Aufklärung zu einem kontinuierlichen, keineswegs auf sein Zeitalter allein bezogenen welthistorischen Gesamtprozeß, der von einzelnen Zeitaltern der Aufklärung schließlich zu einem «aufgeklärten Zeitalter» führen sollte. In diesem weiten Sinne ist der Begriff vor allem seit Hegels umfassender Analyse in der *Phänomenologie des Geistes* (1807) häufig gebraucht worden, so etwa von Max Horkheimer und Theodor W. Adorno in ihrer einflußreichen Studie über die *Dialektik der Aufklärung* (1944), in der sie den Begriff mit dem fernen Ziel gleichsetzen, «von den Menschen die Furcht zu nehmen und sie als Herren einzusetzen». Es kann kein Zweifel sein, daß damit die dominierende Denkrichtung innerhalb des ganzen historischen Komplexes Aufklärung richtig bezeichnet wird, aber andererseits verleitet solch weite Perspektive auch dazu, die historischen Bezüge, Inhalte und Vorstellungen zu übersehen, wie sie den Zeitgenossen des 18. Jahrhunderts vor Augen standen und worauf sie reagierten. Aufklärung wurde damals zu einem beliebten Schlagwort, das man allerorts im Munde führte, und nicht jede Auseinandersetzung mit ihr, nicht jede Kritik an ihr bedeuten schon eine Absage an das große Fernziel. Nicht jede Fortführung aufklärerischer Gedanken war wiederum bereits ein Bekenntnis zu fortschreitender Freiheit und Selbstbestimmung, sondern oft genug das Gegenteil, wie Horkheimer und Adorno triftig gezeigt haben.

Aufklärung im engeren historischen Sinne ist der Begriff für tiefgreifende Revolutionen des Denkens in Europa, die im 17. Jahrhundert vorwiegend in England begannen und dann auf den Kontinent übergriffen. In Frankreich und Deutschland entfalteten sie sich zur Blüte im 18. Jahrhundert, und die Französische Revolution erschien vielen als die den Gedanken folgende Tat. Zu dieser Zeit erreichte die Aufklärung, was die Hervorbringung neuer Ideen anging, tatsächlich ihr Ende, denn wo immer ihre Gedanken kompetent fortgedacht wurden, waren sie zugleich eine Auseinandersetzung mit der revolutionären und postrevolutionären Wirklichkeit Frankreichs zwischen 1789 und 1815, die, wie alle Realität, bald mit den eigenen Ideaen in Widerstreit geriet. Der Begriff hingegen glimmte, wie es in Jean Pauls *Flegeljahren* (1804–05) heißt, häufig nur «als ein eingeklemmter angezündeter Strick» fort, «an welchem an öffentlichen Orten jedes Tabakskollegium seine Köpfe anzündet».

Hoffnungen und Ziele der Aufklärung lassen sich im weitesten Sinne durchaus mit den Forderungen der französischen Revolutionäre nach Freiheit, Gleichheit und Brüderlichkeit identifizieren und damit in Korrespondenz setzen zur Etablierung des Bürgertums als Klasse auf dem Wege zur ökonomischen wie politischen Herrschaft. Die Wirtschaft des freien Marktes und der Handelsverträge setzte die Gleichheit aller Beteiligten voraus, und der Wunsch nach Akkumulation von Kapital ließ den Unterschied von Nationalitäten oder Religionen belanglos werden. Wie im Handel, so konnte auch in der Politik nur der Vertrag die einzige vernünftige Basis für ein geordnetes staatliches Zusammenleben bieten, wodurch die Nötigung zu republikanischen und demokratischen Regierungsformen verstärkt wurde. Der Bürger setzte sich über die Privilegien des ersten und zweiten Standes hinweg und erhob sich auf dieser Stufe seines Mündigwerdens zum Menschheitsbefreier mit dem Ziel einer endlichen Glückseligkeit für alle: Sie war, wie Kant es in seiner Abhandlung *Zum ewigen Frieden* (1795) ausdrückte, der «allgemeine Zweck des Publikums».

Das Wort «Aufklärung» faßt allerdings in historischer Bedeutung einen vielgestaltigeren geistigen Entwicklungsprozeß zusammen, als es der Bezug auf die Losungen der Französischen Revolution erkennen läßt; er ist reich an Facetten, und in ihm lösen Reaktionen und Gegenreaktionen einander ständig ab und ergänzen einander. Aufklärung war philosophischen Ursprungs

und blieb ihrem Wesen nach eine Bewegung des Denkens, die in die verschiedensten Bereiche des intellektuellen, künstlerischen und politischen Lebens ausstrahlte. An ihrem Anfang stehen große Namen in der Geschichte
der europäischen Philosophie wie Francis Bacon, Thomas Hobbes, René
Descartes, John Locke, Gottfried Wilhelm Leibniz und Christian Thoma-
sius. Ihre bedeutendsten Träger im Laufe des 18. Jahrhunderts waren ebenfalls in erster Linie Philosophen: bei den Engländern der Earl of Shaftesbury,
George Berkeley und David Hume und bei den Franzosen Montesquieu,
Voltaire und Diderot. Von ihren Ursprüngen her war die Aufklärung ratio-
nalistisch und sensualistisch gewesen, hatte nur das von den Sinnen Erfaßba-
re als erkennbar zugelassen und Gott, Geschichte und Gesellschaft vor dem
Richterstuhl der Vernunft geprüft. Die Wissenschaften lösten sich von der
Theologie, die Naturforschung erlebte einen bedeutenden Aufschwung,
ebenso die philosophische Kritik an Orthodoxie und Dogmatismus, und die
Kritik am Alten, Vorausgegangenen bildete zugleich auch den Ausgangspunkt einer neuen, historischen Weltbetrachtung. Die Bestimmung neuer
Werte und Verhältnisse für das sich befreiende Individuum kam hinzu: Es
bedurfte der gesellschaftlichen Bindungen zu anderen befreiten Individuen
in der Formation des Staates, es bedurfte der politischen und ökonomischen
Einrichtungen zur Wahrung und zum Schutze seiner Interessen, es bedurfte
der Harmonie seines kritischen Verstandes mit der Sinnenwelt, den Empfindungen und Gefühlen, und es bedurfte schließlich auch einer metaphysischen Sicherheit. Denn neben dem Triumph der Freiheit steht immer die Nötigung, allein zu sein. «Höllenfahrt der Selbsterkänntnis» hat Johann Georg
Hamann, der kryptische Kritiker und Fortführer der Aufklärung, das auf
den Weg zur «Vergötterung» führende Verfahren des Aufklärens genannt,
das bereits irrationalistische wie nihilistische Schlußfolgerungen im Keime in
sich trug. So entwickelte sich jedenfalls in der Geschichte aufklärerischen
Denkens ein reiches Muster von Wegen und Strömen, die einander über-
kreuzten oder in verschiedene Richtungen auseinanderliefen, die sich aber
letztlich doch alle in dem Verständnis trafen, zum Ausgang aus der «Unmündigkeit» zu leiten.

Nach Leibniz' universaler Weltinterpretation hatte die Aufklärung einen
langsamen Weg in Deutschland genommen. Die beiden bedeutendsten deutschen Philosophen der folgenden Jahre – Gottsched und Christian Wolff –
waren eher Popularisatoren und Adaptoren als originale Geister gewesen.
Spezifisch eigene deutsche Beiträge entstanden erst wieder von der Jahrhundertmitte an und zumeist, wenn auch nicht ausschließlich, in der Nähe von
Kunst und schöner Literatur. Lessing ging hier auf dem breiten Felde der
Kritik wie der eigenen dichterischen Schöpfung voran, und sein später, ein
Jahr vor seinem Tode veröffentlichter Entwurf einer *Erziehung des Menschengeschlechts* (1780) zur «völligen Aufklärung» und «Reinigkeit des Her-
zens» kann sehr wohl als die deutsche geschichtsphilosophische Summe des

ganzen Zeitalters betrachtet werden und ist auch in seinem prophetischen Charakter rasch und nachdrücklich von den Jüngeren aufgegriffen worden. Wie Lessing, so hatte auch Johann Gottfried Herder als Literaturkritiker begonnen, um von da aus auf jenes Gebiet überzugehen, das er im Titel einer frühen Arbeit selbst einmal als «Philosophie der Geschichte zur Bildung der Menschheit» bezeichnet hatte, zu dem Gebiet also, das dann später Kulturgeschichte, Kulturphilosophie und Kulturanthropologie genannt wurde. In seinen *Ideen zur Philosophie der Geschichte der Menschheit* (1784–1791) brachte Herder die Geschichte der Völker in einen auf die «Beförderung der Humanität» gerichteten Zusammenhang und bahnte zugleich einer dialektischen Geschichtskonzeption den Weg durch die Betrachtung der einzelnen Völker als einer Art kollektiver Individuen in einem naturhaften Kreislauf: Kulturen entstanden und vergingen, während die Menschheit als Ganzes vorwärtsschritt.

Durch die Entwicklung historischer Perspektiven begann auch ein neues Bewußtsein von den Werten der Vergangenheit und insbesondere von der Bedeutung des anfänglich als dunkle Zeit verachteten Mittelalters, denn dorthin konnten die europäischen Nationalstaaten die Geschichte ihres Selbstbewußtwerdens zurückleiten, während die gepriesenen klassischen Modelle Athens und Roms doch hauptsächlich geschichtsloses Bildungsgut waren, zu denen es von der Nationalgeschichte aus keine Brücke gab. Die Besinnung auf nationale Traditionen widersprach ohnehin nicht den weltbürgerlichen Visionen und Hoffnungen der Aufklärung. Wie der bürgerliche Kaufmann einen starken Nationalstaat als Stütze brauchte, um mit der Welt im großen in Beziehung treten zu können, so brauchte der bürgerliche Autor vor allem anderen eine nationale Öffentlichkeit, die jene Sprache verstand und sprach, in der er sich ausdrückte, die seine Werke lesen und an die Welt weitergeben konnte. In Frankreich gehörte vor allem Montesquieu zu denen, die nach einer historischen Begründung der erstrebten Freiheit ihres Staates in den fernen Anfängen der Nation suchten. Die Literaten gingen dabei mit den Philosophen zusammen. In England hatte Bischof Percy 1765 eine erste Sammlung alter Volksballaden herausgegeben, und der Schotte Macpherson bewegte mit seinen fiktiven nordischen Sagen von *Ossian* (1760–65) ganz Europa zu Schauern und Tränen. Die Mode der *gothic novels* entstand bei den Briten zur gleichen Zeit, als in Deutschland Herder und Goethe deutsche Art, gotische Baukunst sowie Ossian und Shakespeare feierten (*Von deutscher Art und Kunst*, 1773). Denn nach den Worten des jungen Goethe «zum Schäkespears Tag» (1771) wallte in dessen Theater «die Geschichte der Welt vor unsern Augen an dem unsichtbaren Faden der Zeit vorbey».

Shakespeare, das Mittelalter und dazu der Orient sowie die Stanzendichtung der italienischen Renaissance hatte Wieland in seinem *Oberon* (1780) zu einem «romantischen Heldengedicht in zwölf Gesängen» verschmolzen, nicht als Verklärung des Vergangenen, sondern als freies, ironisches Spiel

aufgeklärter Phantasie mit einer großen kulturellen Tradition. Mit dem
Wunderbaren hatte auf gleiche Weise bereits das französische Feenmärchen,
das wiederum orientalische Vorbilder besaß, sein Spiel getrieben, und Wieland brachte es in seiner Sammlung *Dschinnistan* (1786–89) mit der er auf die
Märchendichtung der Folgezeit einen beträchtlichen Einfluß ausübte, den
deutschen Lesern nahe. Internationale Volksdichtung als Dichtung natürlicher, einfacher, in ihrer freien Menschlichkeit jedoch unterdrückter Menschen sammelte Herder in seinen *Volksliedern* (1778–79), während sich
Klopstock und die Dichter des Hainbunds für die germanische Bardendichtung begeisterten und sie nachschufen. Klopstocks nationaler Ruhm wiederum war durch seinen *Messias* (1748–73) begründet worden, in dem er als
deutscher Homer Christus zum Helden eines Hexameter-Epos gemacht hatte und auf diese Weise deutsche Sprache, antike Form, christliches Traditi-
onsbewußtsein, religiösen Enthusiasmus und aufklärerische Säkularisation,
mit dem Gottessohn als Literaturhelden, in ein recht revolutionäres ästhetisches Bündnis zusammenbrachte.

Den hohen Rang der Kunst, den Klopstock auf diese Weise festlegte, hatte zu gleicher Zeit Alexander Gottlieb Baumgarten in seiner *Aesthetica*
(1750–58) zu begründen versucht. Im philosophischen Zeitalter erschien sie
ihm als die Form sinnlicher Erkenntnis und damit nicht nur anderen Er-
kenntnisformen gleichgesetzt, sondern diesen sogar übergeordnet, da sie
auch die Bereiche jenseits des Verstandes, also das Fühlen, Empfinden, die
Intuition und den Geschmack mit einbezog und sie mit ihm versöhnte. Damit
jedoch wurden erste Voraussetzungen geschaffen für jene hohe Einschätzung der Kunst, die am Ende des Jahrhunderts für eine kurze Zeit die Gedanken junger Autoren bestimmte. Auch Johann Joachim Winckelmann hatte in den fünfziger Jahren einen bedeutenden Beitrag in dieser Richtung geleistet, wenn er in seinen *Gedanken über die Nachahmung der griechischen
Werke in der Malerei und Bildhauerkunst* (1755) Belehrung, aber zugleich
auch ästhetisches Vergnügen als den «gedoppelten Endzweck» der Künste
bezeichnete und ihr Ideal in der Darstellung des harmonischen, also in seinen
Verhältnissen ausgeglichenen, in sich und um sich freien Menschen sah.

Der herausragende Philosoph der Aufklärung in Deutschland war bei alledem Immanuel Kant. Er faßte die bedeutendsten Ströme des europäischen
Denkens zusammen und leitete sie in neue Richtung. Die «kopernikanische
Wendung», die er in seiner Erkenntnistheorie der *Kritik der reinen Vernunft*
(1781) vornahm, bestand in der Rückweisung des empirisch Gegebenen an
das Subjekt: In ihm lagen die Kategorien, mit denen die Wirklichkeit zu erfassen war, und nicht außer ihm. Das Bewußtsein schrieb die Gesetze solcher
Aneignung vor, und von ihm allein ging dann auch der Imperativ sittlichen
Verhaltens und alle Urteilskraft aus. Es war eine letzte Konsequenz aufklärerischer Emanzipation des Individuums, auf der dann alle folgende Philosophie, Ethik und Ästhetik aufbaute.

*Literarische Leitbilder*

Das Verhältnis zwischen Aufklärung und Literatur ist nicht nur das zwischen philosophischer Lehre und deren Illustration in literarischer Anschauung. Im Laufe des 18. Jahrhunderts traten in der europäischen Literatur eine Reihe von Leitbildern oder Mythen hervor, die zwar zutiefst den philosophischen Tendenzen des Zeitalters verbunden waren, aber zugleich fern von allen didaktischen Zwecken Eigenständigkeit und Eigenleben besaßen und auf diese Weise literarische Traditionen schaffen halfen. Dazu gehören in erster Linie die großen Mythen vom *homo oeconomicus* und vom *homo scientificus*, von bürgerlicher Tüchtigkeit und bürgerlichem Erkenntnisstreben, von Robinson Crusoe und Faust. Robinson Crusoe – Daniel Defoes Buch erschien 1719 – lebt als unfreiwilliger Einsiedler siebenundzwanzig Jahre lang auf einer tropischen Insel, und sein ganzes Trachten und Mühen ist darauf eingestellt, auf seinem Eiland nach und nach jene zivilisatorischen, ökonomischen und schließlich auch gesellschaftlichen Verhältnisse wiederzuerschaffen, die er in England hatte verlassen müssen. Die Verhältnisse, unter denen er lebt, sind sein eigenes Werk, er hat sie für sich geschaffen, und ihr Zustand liegt in seinen Händen, wie es auch die deistische Theologie der Aufklärung für das Verhältnis zwischen Gott, Schöpfung und Mensch behauptete. Am Ende steht Robinsons Rückkehr in die Welt: Sein englischer konstitutioneller Monarch hat ihn als Gouverneur über die Insel eingesetzt, und sie wird auf diese Weise nun für den großen nationalen Markt der «commercial society» nutzbar gemacht werden. Für seine Zeitgenossen war er so ein Musterbild bürgerlicher Tüchtigkeit; aber die Entrückung auf eine Insel wurde bald auch zum Symbol der Zivilisationskritik, und beide Züge mischen sich in wechselnder Weise in den zahlreichen Robinsonaden, die Defoes Buch folgten.

Faust hingegen, der deutsche Magier an der Grenze zwischen Mittelalter und Neuzeit, war den frühen, aufs Praktische zielenden Denkern der Aufklärung zunächst eine fremde Gestalt. Erst seine deutschen Landsleute brachten sein Bild zu neuem Sinn und tieferer Bedeutung. Es war Lessing, der im 17. Literaturbrief vom 16. Februar 1759, in dem er Gottscheds klassizistischer Vorliebe für Corneille und Racine den großen und noch weithin ungeschätzten Engländer Shakespeare entgegensetzte, von einem Faust-Drama Kunde gab, das zu schreiben er sich vorgenommen hatte. Lessings Ziel, so hat später ein Freund über das verlorengegangene Drama berichtet, sei in dem Satz ausgedrückt gewesen, der am Schluß der Engel den Teufeln zurufe: «Triumphiert nicht [...] Ihr habt nicht über Menschheit und Wissenschaft gesiegt; die Gottheit hat dem Menschen nicht den edelsten der Triebe gegeben, um ihn ewig unglücklich zu machen!» Der Drang, in der Suche nach Erkenntnis vorwärtszuschreiten und die Verhältnisse zu beherrschen, in denen der Mensch existiert, ist die Essenz des Faust-Mythos. Ihn hat Goethe in allen Höhen und Tiefen, Hoffnungen und Zweifeln dargestellt als Mythos eines Menschen, der sich in einer unvollkommen und letztlich unerkennbar bleibenden Welt dennoch selbst zum Herrscher einzusetzen versucht. Der Faust-Mythos führte den einzelnen Menschen an die äußersten Grenzen seiner Möglichkeiten. Aufklärerisches Denken in seiner ganzen Dialektik wurde durch ihn hinübergeführt in das neue Zeitalter der Maschinen und Massen, des scheinbaren Triumphes über die Natur, und das Gute der Selbstbefreiung verband sich in ihm zugleich untrennbar mit dem Bösen der Macht, durch das alle Errungenschaften des Aufklärens immer wieder zunichte gemacht werden konnten.

Wie die literarischen Mythen und Leitbilder des 18. Jahrhunderts oft deutlicher als die Abstraktionen der Philosophen zeigen, bedeutete Aufklärung also nicht einfach die Vorstellung von einem geradlinigen, unentwegten Vorwärtsschreiten der Menschheit in paradiesische Gefilde hinein, sondern vielmehr das Bewußtwerden und den Wunsch zur Freisetzung jener Kräfte, mit denen die Natur den Menschen begabt hatte, damit er sie gebrauche, um durch sie solcher Gaben würdig zu leben. Man sah sich im Prozeß eines allgemeinen Hellerwerdens, und jeder Denkende war von der Besonderheit seines Zeitalters gegenüber allen vergangenen überzeugt, aber ebenso von der Verantwortung gegenüber dem kommenden durchdrungen. Drei Dinge waren es schließlich, die aller Aufklärung zugrundelagen und die, von dort ausgehend, auch die Grundlage alles Denkens der folgenden Zeit bildeten: die Vorstellung von der gottgegebenen Einzigartigkeit des Menschen als Vernunftwesen, von seiner prinzipiellen Gleichheit gegenüber allen anderen menschlichen Individuen sowie die Vorstellung von einem historischen Prozeß, in dem sich die Menschheit fortbewegte und der zugleich ein Prozeß der Vervollkommnung war, der Entwicklung vom Niederen zum Höheren, von der Tierheit zur Göttlichkeit. Individualismus, Historismus und Perfektibilismus waren die großen gedanklichen Errungenschaften des Zeitalters.

Zu den genannten literarischen Leitbildern trat 1774 ein weiteres, deutsches hinzu: Goethes Roman von den *Leiden des jungen Werthers*. Hoffnungen und Probleme, die aus den Grundvorstellungen der Aufklärung hervorgingen, durchzogen und bewegten dieses Buch, und die Geschöpfe des Dichters trugen darin Konflikte aus, deren Ausmaß erst nach und nach begreifbar wurde, als spätere Autoren sie in ihren eigenen Werken aufgriffen und auseinanderlegten. Werthers Leiden exponieren die Probleme des aufklärerischen Individualismus in reinster Form. Den Briefkonversationen der Vorbilder Richardson und Rousseau folgte hier der Briefmonolog eines jungen deutschen Intellektuellen als die Geschichte seines Alleinseins gegenüber sich selbst, gegenüber der Geliebten, der Gesellschaft, der Natur und schließlich auch gegenüber Gott. Es war die Geschichte von den Höhen und Tiefen, von Triumph und Verzweiflung des Individuums im Prozeß seiner Befreiung.

Werther ist das auf sich selbst reflektierende Individuum und ist es im Extrem, zwischen dem Gefühl der Allmacht und der Ohnmacht hin- und hergerissen. Äußerste Sensitivität ist in ihm mit äußerster Intellektualität gepaart, wie der Wille zu liebender Hingabe mit einsichtslosem Egoismus. Im Verhältnis zum anderen Geschlecht erweist sich das am deutlichsten, denn Werther wird von seiner Lotte nicht durch einen starren Standeskodex getrennt wie Rousseaus Liebende, sondern er erwählt sich eine Frau, die er als die Verlobte eines anderen Mannes von vornherein nicht bekommen kann und die auch seine Liebe nicht nach seinem Verständnis erwidert. Dennoch vermag er sie momentan an sich zu ziehen, indem er – für sie beide unbewußt – einen Befreiungsprozeß auch in ihr auslöst. Lotte ist für Werther das Weibliche in allen seinen Liebesmöglichkeiten: Die Geliebte erscheint ihm zugleich in ruhiger, überlegener Mütterlichkeit wie als teilnehmende, schwesterliche Gefährtin seines Fühlens und Denkens. Die Wahl einer Unerreichbaren wird dadurch verständlicher. Werthers Liebe erhebt aber auf diese Weise auch Lotte über die ihr zugedachte Rolle als bürgerliche Ehefrau und Hausmutter hinaus, und obwohl die Vernunft der Frau die Realisierung solcher Träume unter den gegebenen Umständen zurückweisen muß, hat man tatsächlich Grund, bei Werthers Tod auch «für Lottens Leben» zu fürchten, denn sie wird mit einem Bewußtsein ihres Wertes zurückgelassen, mit dem sie in ihrer Umwelt wenig anfangen kann. Die psychologische Befreiung der Frau von einer sozial streng umrissenen, dem Manne untergeordneten Rolle und ihre Erhöhung zur Gefährtin, ja überlegenen Lenkerin des Mannes wurde in vielen geistigen und sexuellen Spielarten ein wesentliches Thema in den Romanen und Dramen der Jahrhundertwende, wie sie auch eine Reihe von Intellektuellen dieser Zeit zum Gegenstand ihrer Lebenspraxis machten.

Den Leiden Lottes entsprechen die Werthers selbst, nur sind bei ihm die Leidensbereiche vervielfältigt und gesteigert. Er steht allein in der Gesellschaft, seiner individuellen Kraft und seiner besonderen Fähigkeiten bewußt, ohne unter den gegebenen Bedingungen einer Standesgesellschaft öffentlich wirken und die erweckten Kräfte, das ihm Gegebene und von ihm selbst in sich Erkannte nutzen zu können. Werthers Frustrationen deuten auf einen doppelten Konflikt der Zeit: auf den spezifisch deutschen der immobilen sozialen Verhältnisse, die dann auch nach der Französischen Revolution und zu Zeiten des *Wilhelm Meister* immobil blieben, entfernt aber auch schon auf die wachsende Trennung zwischen Innenleben und Außenwelt, die durch die zunehmende Komplexität und Arbeitsteilung im modernen Staatswesen in den folgenden Jahrzehnten beträchtlich intensiviert wurde. Frau, Heim und Familie entwickelten sich zum Hort menschlich warmer Gefühle, während Arbeit und bürgerliche Tätigkeit des Mannes hingegen draußen im «feindlichen Leben» vor sich zu gehen hatten, wie Schiller das in seinem *Lied von der Glocke* (1799) formelhaft zusammenfaßte. In der Wertherschen Welt und Zeit ist solche Tendenz bereits deutlich erkennbar, und seine eigenen Leiden wie diejenigen Lottes sind in einer derartigen, sich entwickelnden Gegensätzlichkeit zwischen kleiner Familie und großer, fremder Gesellschaft in gewichtigem Maße begründet. Gegen solche Trennung richtet sich ein Teil von Werthers starkem und verworrenem Aufbegehren.

Selbstbewußtsein und Einsamkeit des Individuums geben auch der Natur eine dualistische Rolle ihm gegenüber. Für Werther ist die Natur einmal das All, dem man sich liebend einfügt, dann aber auch eine harte, kalte Fremde, die den Menschen ausstößt und noch weiter in die Isolation treibt. In ähnlichem Sinne bildet Natur im Verständnis der Aufklärung das Objekt des Erkennens, das sich der Mensch als Wissenschaftler und Techniker für seine Zwecke zueignet, aber es bleibt auch unerforschliche Schöpfung, die sich ihr Wesen nicht mit Hebeln und Schrauben abzwingen läßt, wie sich der nach Erkenntnis strebende Faust resigniert eingestehen muß, und die nur immer neue geheimnisvolle, gespenstische und gefährliche Seiten enthüllt, die der naive Mensch kaum geahnt hatte. Der Wandel in Werthers Lektüreinteressen von Homer zu der düsteren schottischen Balladenwelt des *Ossian* (1760–65) hat damit zu tun, denn es war auch ein Wandel von der hellen zur dämonischen Natur, der den Weg über die friedvoll-sanfte arkadische Natur der bürgerlichen Idylle einschließt, die sich Werther und seine Freunde als Wunschbild einer Gemeinschaft tugendhafter Menschen des dritten Standes aus Goldsmiths *Landpfarrer von Wakefield* (1766) herauslasen.

Die Freiheit des Individuums bedeutete aber schließlich auch eine dualistische Rolle gegenüber jener Wesenheit, in der man alles Nichtwissen, alles Glauben und Hoffen summierte. Absolute Gotterfülltheit und absolute Gottverlassenheit waren die Pole, zwischen denen die denkenden Menschen des Zeitalters der Aufklärung in ihren religiösen Überzeugungen hin und her schwankten wie Werther auch. Denn neben dem pantheistischen Gefühl des Aufgehens in das göttliche Ganze des Universums, in dem Werther seine Seele als «Spiegel des unendlichen Gottes» empfindet, steht der biblische Ausruf «Mein Gott! mein Gott! warum hast du mich verlassen?» Mit diesem Ausruf, den Werther von sich selbst ausgehen läßt, setzt er sich mit dem Gottessohn gleich. Er versucht, sich ins Göttliche zu erheben, indem er die christliche Passion säkularisiert und mit den eigenen Leiden identifiziert. Die Verklärung des bürgerlichen Helden zum Schmerzensmann wurde eine der häufigsten Mythen in der deutschen Literatur der folgenden Zeit. In ihr waren die Leiden an den anderen Menschen ebenso unterzubringen wie diejenigen an sich selbst, wenn dem Ich schließlich bei seiner Gottähnlichkeit bange wurde. Die Skala für das Umdenken der Verhältnisse zwischen dem einzelnen und Gott reichte im übrigen vom anfänglichen Deismus, der Gott nur mehr noch als Schöpfer, aber nicht mehr als Regent der Welt anerkannte, über den allumarmenden, das Göttliche republikanisierenden Pantheismus, der Gott in die Natur verlegte und so eine Art innerweltlicher Transzendenz herstellte, bis zu den letzten Konsequenzen des Atheismus oder Nihilismus, des Versuches zu neuen Religionen und schließlich der Wiederherstellung alter Glaubensverhältnisse.

Seinen Tod betrachtet Werther schließlich als eine Verschreibung auf die Zukunft: «Ich gehe voran!» Alle Leiden werden relativiert, wenn man sie in einen auf Erlösung gerichteten Ablauf stellt. Am Ende steht hier allerdings nicht der Himmel der Religionen, sondern das Bild einer bürgerlichen Urfamilie, in der alles Getrennte zusammenfindet. Was ihn jenseits des Todes erwartet, ist für Werther nicht nur der «Vater» – sein und Lottens gemeinsamer Vater – sondern auch Lottens Mutter «Wir werden sein! wir werden uns wieder sehn! Deine Mutter sehn! ich werde sie sehen, werde sie finden, ach und vor ihr mein ganzes Herz ausschütten! Deine Mutter, dein Ebenbild.» Der Säkularisation der Passion tritt die Säkularisation des Himmels bei und die Verweltlichung, ja Verbürgerlichung religiöser Erlösungshoffnungen, wie sie nur aufgeklärtes Denken hervorbringen konnte. In der Literatur der künftigen Zeit wurden solche Hoffnungen dann auf vielgestaltige Weise in Mythen der Religion gekleidet vorgestellt, so daß ihr säkularer Gehalt dem bloßen Auge kaum erkennlich ist.

Aufklärung ist also alles in allem keine begrenzte literarische Bewegung, neben die oder gegen die andere Bewegungen auftraten – Empfindsamkeit, Rokoko, Sturm und Drang oder ähnliches. Solche Bezeichnungen haben ihr gewisses Recht, wenn sie, genau definiert, bestimmte Gruppeninteressen oder Gemeinsamkeiten literarischer Texte in Form wie Inhalt benennen. Aufklärung hingegen ist ein Vorgang, der alle geistig-künstlerischen Äußerungen des Jahrhunderts umschließt oder, gegen das Ende zu, zumindest motiviert. Zur Aufklärung gehören alle jene Phänomene, die sich der Mensch mit wachsender Mündigkeit einhandelte und die Werther in seine tragischen Verstrickungen trieben. Mit dem, was auf ihn einstürmte und ihn bewegte, war für ihn zu seiner Zeit kein Fertigwerden, und so waren seine Leiden auch weniger eine Passion als eine Krankheitsgeschichte. Aber als sich nach der Revolution in Paris auch die äußere Welt in Chaos auflöste, begannen die deutschen Dichter zusammen mit ihren Helden nach neuen Ordnungen zu suchen, in die sich das Gewonnene vielleicht einbringen und fruchtbar fortführen ließ.

### 3. Klassizismus und Klassik

Unter den die Kunst und Literatur des 18. Jahrhunderts zusammenfassenden Begriffen spielen *Klassizismus* und *Klassik* eine bedeutende Rolle. Der eine bezeichnet eine allgemeine, in den verschiedensten Formen und zu den verschiedensten Zeiten auftretende Erscheinung, während der andere im Zusammenhang der deutschen Literaturgeschichte hauptsächlich die literarischen, ästhetischen, wissenschaftlichen und kulturpolitischen Arbeiten und Gedanken Goethes und Schillers in den Jahren um 1800 benennen soll.

Klassizismus ist das Aufblicken zu antiken Vorbildern in Kunst und Literatur. Da jedoch Kunst und Literatur im Verhältnis stehen zu Denken, Glauben, Geschichte und gesellschaftlichen Lebensformen, bedeutet Klassizismus allerdings mehr als die Imitation kanonischer Formen. Zur Antike gehörten Tempel, Skulpturen und reichbemalte Vasen, gehörten die Epen Homers und Vergils, die Dramen von Aischylos, Sophokles, Euripides, Aristophanes und Plautus sowie die Gesänge von Pindar und Horaz, und es gehören dazu auch die Schriften der Philosophen und Historiker, also die Werke von Sokrates, Plato, Aristoteles, Herodot und Plutarch. Durch all dies war ein großes Panorama vergangenen Lebens auf die Nachwelt gekommen, die es aus immer neuen Perspektiven betrachtete. «Jeder hat noch in den Alten gefunden, was er brauchte, oder wünschte; vorzüglich sich selbst», lautet eines der Fragmente, die Friedrich Schlegel 1798 in seinem *Athenæum* veröffentlichte.

Die Geschichte des Klassizismus ist so alt wie die Geschichte der nachantiken Kultur. Neben Verehrung, Imitation und Adaptation traten jedoch immer auch Protest und Abwehr, wo Neues im Namen des Alten erstickt und unterdrückt werden sollte. Einen demonstrativen «Streit der Alten und der Neuen» hatte es am Ausgang des 17. Jahrhunderts in Frankreich gegeben, die sogenannte *Querelle des anciens et des modernes*. In einer Akademierede auf Ludwig XIV. hatte Charles Perrault 1687 den Fortschritt seiner Zeit in Wissenschaften und Produktion gegenüber einer statuarisch verklärten alten Kultur hervorgehoben. Daran entzündete sich der Streit, dessen bedeutendster Sprecher auf seiten der «Alten» Nicolas Boileau war. Was die «Alten» den «Modernen» entgegenhielten, war nicht nur die bleibende Vorbildhaftigkeit der Werke antiker Dichtung, sondern auch die damit verbundene Überzeugung, daß die moderne Dichtung solche Größe kaum mehr erreichen und schon gar nicht übertreffen könne. Der Gegenwart fehle jenes ungebrochene Menschentum, das aus den Schriften der Antike spreche. Die Position der «Alten» enthielt also eine gesellschaftskritische Note im Zeitalter absolutistischer Machtherrlichkeit des Sonnenkönigs, zu dessen Verteidigung die «Modernen» antraten, wenngleich deren Einstellung zu geschichtlicher Entwicklung natürlich die realistischere war. Der Streit löste sich auf im Geschichtsbild der Aufklärung, in dem jeder Kultur und jeder Epoche ihr eigenes Recht innerhalb des Fortschreitens der Menschheit zugestanden wurde. Klassizismus verband sich nach und nach mit dem Historismus. Die Ansicht, daß die antike Literatur zumindest formal unübertroffen bleibe, war damit jedoch nicht prinzipiell erschüttert, wie sich in den ästhetischen Reflexionen des 18. Jahrhunderts bis zu Kant zeigte. In der Tat waren die Dramen und Epen der Griechen die ersten großen dichterischen Leistungen in der europäischen Kultur überhaupt gewesen; sie sprachen noch immer unmittelbar zur Gegenwart, und was aus anderen Kulturen und Traditionen allmählich bekannt wurde, konnte ihren Rang nicht beeinträchtigen.

In Deutschland hatte es bisher eine *Querelle* nicht gegeben, weil die Deutschen keine klassizistische Literatur und Ästhetik besaßen, mit der sie sich hätten auseinandersetzen können. Gottsched hatte vielmehr, als er eine neue deutsche Literatur etablieren wollte, die Werke der französischen Klassiker zur Nachahmung empfohlen, und erst mit Lessing und Winckelmann begann eine deutsche Diskussion über Wert und Bedeutung antiker Kunst, aber nun bereits auf einem historischen Standpunkt, den die Franzosen erst als Folge ihrer *Querelle* erreichten. Denn Lessings Interpretation der Aristotelischen Ästhetik des Dramas in seiner *Hamburgischen Dramaturgie* (1767–69) war nichts anderes als die Interpretation von Kunstnormen aus den historischen Bedingungen des antiken Theaters und zugleich eine kritische Untersuchung, inwieweit solche Normen noch als brauchbar betrachtet werden konnten für eine deutsche Literatur der Gegenwart, die sich nicht auf eine eigene, überregionale Tradition stützen konnte.

In seinen *Gedanken über die Nachahmung der griechischen Werke in der Malerei und Bildhauerkunst* (1755) hatte auch Winckelmann die Griechen in ihrer eigenen Zeit zu betrachten gesucht, um daraus Perspektiven für das Verständnis der weiteren Entwicklung europäischer Kunst abzuleiten. Wenn er jedoch «edle Einfalt und stille Größe» «allgemeine vorzügliche Kennzeichen der griechischen Meisterstücke» nannte, so war eine solche Charakterisierung mehr als nur eine historische Erklärung griechischer Kunst. Hier wurde deutlich das Interesse für das Kunstwerk von außen nach innen verlagert: Kunst als Form war Ausdruck eines Seelenzustandes und damit der freie, selbständig denkende und fühlende Mensch der eigentliche Gegenstand aller Kunst und Kunstinterpretation. Zugleich entstand aber auch mit den beiden Begriffen «Einfalt» und «Größe» die Vorstellung von einer idealen Verfassung dieses freien Menschen: ihm entsprach die «große und gesetzte Seele», die in der Tiefe «allezeit ruhig bleibt, die Oberfläche mag noch so wüten». Was Winckelmann hier entwarf, war das Bild einer Harmonie von «schöner Seele» und «schönem Körper», vom Menschen, der in Einklang mit sich und seiner Welt lebt, aber in einem errungenen, keinem naiv vorgegebenen Einklang. Größe und Adel konnten sich erst in Kämpfen und Leiden erweisen, wofür in Winckelmanns Sicht besonders die Skulptur des ringenden Laokoon die anschaulichste Illustration darstellte. An ihr haben nach Winckelmann auch Lessing, Herder, Goethe und Schiller wesentliche Züge ihrer Kunstanschauungen demonstriert. Denn allein die Kunst konnte ein solches Gleichgewicht von Leiden und Größe, Oberfläche und Tiefe gestalten als Forderung an die Wirklichkeit, die in der Zeit befangen immer dahinter zurückbleiben mußte. Winckelmanns berühmte Formel bezeichnete also zuerst und zunächst ein Kunstideal.

Aber die Welt ist für Kunstideale nur aufnahmebereit, wenn sie ihr entsprechen. Was den Klassizismus in der zweiten Hälfte des 18. Jahrhunderts förderte, das war eben doch die Verbindung, die der einzelne zwischen sich und der Kunst herstellte, soweit er für sie empfänglich war beziehungsweise es durch seine Stellung sein konnte. Vierzig Jahre nach Winckelmanns Schrift hat Goethe in seinem Roman *Wilhelm Meisters Lehrjahre* den sozialen Ort dieses Ideals noch einmal genau bezeichnet, wenn er seinen Helden nach der «harmonischen Ausbildung» seiner «Natur» verlangen läßt, die ihm unter den deutschen Verhältnissen sein Bürgerstand versagte und die allein dem «Edelmann» gegönnt war. Der Bezug auf die Antike war Teil der bürgerlichen Emanzipation. Das geschah freilich auf verschiedene Weise – bei Klopstock in der Übernahme antiker Formen für die moderne Gefühlswelt der Empfindsamkeit und nach der Französischen Revolution auch für die politischen Tageskämpfe, bei Wieland in teils ernster, teils ironischer Reflexion auf den Zusammenhang zwischen Leben und Kunst in den antiken Republiken oder aber in der parodistischen Antikisierung deutscher Schildbürger zu klassischen Abderiten. Seit 1781 veröffentlichte Johann Heinrich Voß seine Übersetzungen von Homer, Vergil, Horaz und Ovid und wurde damit zum bedeutendsten deutschen Vermittler antiker Literatur überhaupt – seine Arbeit hat für sich selbst klassischen Rang behalten. Den Geist, der ihn dabei beseelte, demonstrierte Voß in den eigenen kleinen Epen in homerischem Stil (*Die Leibeigenen* und *Die Freigelassenen*, 1785; *Luise*, 1795), denn durch die antike Form wurden holsteinische Leibeigene, zwischen Not und Hoffnung lebend, ebenso wie eine brave Landpastorenfamilie den Helden Homers beigeordnet und so zumindest zur literarischen Bürgerfreiheit erhoben.

Die Neubelebung des Klassizismus und die bürgerliche Interpretation der Antike waren ein europäisches Phänomen in der zweiten Hälfte des 18. Jahrhunderts, das den von Rousseau inspirierten Protestbewegungen wie dem deutschen Sturm und Drang durchaus nicht prinzipiell widersprach, wie die Übergänge von einem zum anderen zeigen. So war zum Beispiel Goethes Hinwendung zu klassischen Stoffen und Formen in der frühen Weimarer Zeit nicht Abkehr von Früherem, sondern schlüssige Fortsetzung eines begonnenen Weges. Novalis aber schreibt 1798, die Rolle Goethes als des «wahren Statthalters des poetischen Geistes auf Erden» sowohl anerkennend wie einschränkend: «Er hat in der deutschen Literatur das getan, was Wedgwood in der englischen Kunstwelt getan hat – er hat, wie die Engländer, einen natürlich ökonomischen und einen durch Verstand erworbenen edeln Geschmack.»

Die Bemerkung von Novalis – vielleicht durch *Hermann und Dorothea* angeregt und jedenfalls die spätere Kritik am *Wilhelm Meister* vorbereitend – erlaubt von einem einzigen Punkt her einen Blick auf die ganze Komplexität des Klassik-Verständnisses dieser Jahre. Josiah Wedgwood war der Begründer der englischen Tonwarenindustrie, der in den sechziger Jahren ein eigenes Industriestädtchen Etruria gründete und dort etrurische Vasen sowie andere antike Keramik nachbilden ließ, antike Formen also für das bürgerliche Wohnzimmer zubereitete. Suchten die Deutschen in der Antike etwas in ihrer Gegenwart nicht Vorhandenes, so waren die Engländer bestrebt, das Vorhandene auszuschmücken und sich im Besitz schöner Formen selbst zu bestätigen. Es war ein Unterschied, der Novalis entging. Selbstbestätigung ist jedoch ein sehr wesentlicher Aspekt in der Geschichte des Klassizismus, wie gerade das englische Beispiel deutlich zeigt. Josiah Wedgwood nahm 1771 John Flaxman in seine Dienste, der Englands bedeutendster klassizistischer Bildhauer wurde und der für Wedgwoods Töpferei neben Reliefporträts eine Fülle antiker Motive und Ornamente schuf, die dann auf Vasen, Broschen, Salzfässern, Teekannen, Terrinen, Parfümflaschen und Messergriffen das bürgerliche Interieur zierten und erhoben. Von der Technik ausgehend, die er sich in dieser Arbeit angeeignet hatte, schuf Flaxman aber auch Illustrationen zu Homer und Dante (1793) sowie zu Aischylos (1795), die August Wilhelm Schlegel in einem programmatischen Aufsatz im zweiten Band des *Athenaeum* (1799) als Vorbild für eine neue, romantische Kunst vorstellte. Gemeint war eine Kunst, in der die «Zeichen» des Künstlers etwas den «Hieroglyphen» der Dichter Ähnliches waren: «Die Phantasie wird aufgefordert zu ergänzen, und nach der empfangenen Anregung selbständig fortzubilden, statt daß das ausgeführte Gemählde sich durch entgegen kommende Befriedigung gefangen nimmt.»

Die Wirkung von Flaxmans Schaffen war für die deutsche Literaturgeschichte nicht ohne Ironie. Wenige Wochen vor Schlegels Aufsatz war das erste Stück des zweiten Bandes von Goethes Zeitschrift *Propyläen* erschienen, in dem dieser eine Preisaufgabe zur Illustration einer Szene aus der *Ilias* ausschrieb mit der Bemerkung, die «Kunst der Alten» habe sich in dem Werke Homers «eine Welt geschaffen, wohin sich jeder ächte moderne Künstler so gern versetzt, wo alle seine Muster, seine höchsten Ziele sich befinden». Hinzugefügt wird aber eine ausdrückliche Warnung vor Flaxman, dessen Kupferstiche zur *Ilias* zwar «geistreich gefaßt» seien, «doch ist Anordnung sowohl als die Zeichnung sehr fehlerhaft». Im selben Augenblick, da Goethe von dem englischen Klassizisten zurücktritt, wurde dieser also an die Wiege eines romantischen Kunstverständnisses geholt. Differenzpunkt war jedoch nicht der antike Stoff, sondern die Art seiner Behandlung, die auf unterschiedlichen Auffassungen von der Aufgabe und Wirkungsweise der Kunst insgesamt beruhte, denn an Wert und Rang der Antike wurde auch bei August Wilhelm Schlegel nicht gerüttelt.

Der ästhetische Klassizismus und die damit verbundene Popularisierung antiker

Kultur durch die Kunst trugen weithin in Europa Früchte und machten Klassisches um die Jahrhundertwende zu einer allgemeinen Modeerscheinung. In der Damenmode zum Beispiel emanzipierte man sich von Schnürbrust und Unterröcken: Das Gewand ließ die Gestalt des Körpers durchscheinen, ganz so, wie man es an den antiken Skulpturen – den «Antiken» in der Sprache der Zeit – studieren konnte. Die Haare wurden hochgesteckt, und an den Füßen trug man flache, geschnürte Sandalen. Johann Gottfried Schadows Gruppe der beiden mecklenburgischen Prinzessinnen Friederike und Luise (1795) repräsentiert diesen Stil auf das vollendetste, und Novalis bemerkte dazu in seinen politischen Fragmenten *Glauben und Liebe:* «Die Gruppe von Schadow sollte die gute Gesellschaft in Berlin zu erhalten suchen, eine Loge der sittlichen Grazie stiften und sie in dem Versammlungssaale aufstellen.» König Friedrich Wilhelm III. jedoch, Ehemann der einen dieser beiden griechischen Grazien, sorgte mit dem previlo-quenten Bekenntnis «Mir fatal» dafür, daß die Marmorgruppe eingekistet wurde und – wenigstens für lange Zeit – vergessen blieb. Der Siegeszug der «Gräkomanie» war jedoch nicht aufzuhalten, und der Held von Jean Pauls *Flegeljahren* (1804–05) beobachtet, «daß sogar gemeine Mägde etwas vom Jahrhundert hatten und ihre Schürzen so weit und griechisch in die Höhe banden, daß ein geringer Unterschied zwischen ihnen und den vornehmsten Herrschaften verblieb».

Der Klassizismus im ausgehenden 18. Jahrhundert erfuhr durch politische Vorgänge und Ereignisse noch besonderen Nachdruck. Schon Schillers Fiesco hatte sich als Republikaner «an antiken Szenen» erhitzt, und als Johann Heinrich Campe in der ersten Revolutionszeit nach Paris kam, schrieb er enthusiastisch: «Ob es wirklich wahr ist, [...] daß ich in Paris bin? Daß die neuen Griechen und Römer, die ich hier um und neben mir zu sehen glaube, wirklich vor einigen Wochen noch Franzosen waren?» (*Briefe aus Paris,* 1790). In unzähligen großen und kleinen Analogien griff das revolutionäre Frankreich selbst auf die Geschichte der römischen Republik zurück, um die politischen Ziele durch den Bezug auf eine Tradition nicht nur zu legitimieren, sondern ihnen auch Anschaulichkeit zu geben. Die politische Geschichte Roms wurde in den Fraktionskämpfen zur politischen Mythologie. Cäsar, Brutus und den Gracchen galt besondere Verehrung, und 1791 errichtete man in Paris aus der einstigen Kirche der heiligen Genoveva ein Panthéon français. Auch das war Teil des europäischen Klassizismus dieser Jahre.

Wenn in Paris Jacques David sein – klassizistisches – Gemälde «Horatierschwur» (1784/85) benutzte, um daraus Haltungen und Ausdruck der Gestalten auf sein Bild vom Ballhausschwur (1791/92) zu übertragen, so tat er im Grunde dasselbe, was Josiah Wedgwood schon früher mit Flaxmans antiken Vignetten für das bürgerliche Eßgeschirr und Johann Heinrich Voß mit Homers Hexametern für das Leben seines Landpastors von Grünau und dessen Tochter Luise getan hatte. Was im übrigen vor dem 18. Brumaire den französischen Republikanern Brutus war, das wurde ihnen danach Julius Cäsar. Denn auch Napoleon hat die klassizistische Stilisierung noch fortgesetzt, ebenso wie die Gräkomanie der Mode in den Empirestil überging.

Rom war das Modell einer streitbaren, prinzipienbewußten Republik, deren Überreste und Denkmäler noch zu besichtigen waren. Seit Winckelmann zogen Dichter und Künstler in großen Scharen nach Italien, während der General Bonaparte 1797 mit dem Friedensvertrag von Tolentino eine Art Gegenbewegung initiierte und viele der bedeutendsten und kostbarsten Kunstwerke Italiens nach Paris bringen ließ, ähnlich wie wenige Jahre später der Graf Elgin die Akropolis plünderte und die «Elgin Marbles» nach England schaffte. Zwischen Rom und Griechenland bestand jedoch für die da-

malige Zeit ein entscheidender Unterschied. Rom hatte sich lebendig fortent-
wickelt, die Antike absorbiert, war Hauptstadt der Christenheit geworden
und im übrigen verhältnismäßig leicht zugänglich. Das antike Griechenland
hingegen war der Inbegriff für eine ferne, gänzlich untergegangene Kultur.
Seit dem Beginn des 16. Jahrhunderts war es unter türkischer Herrschaft, seiner einstigen Vergangenheit völlig entfremdet. Im 18. Jahrhundert war Athen
ein Landstädtchen von der Größe Weimars. Zugänglich war das Land kaum,
und vor Byron, der 1824 im Freiheitskampf der Griechen gegen die Türken
starb, hat kein Dichter von Rang griechischen Boden betreten. Wenn Goethe
seine Iphigenie von Tauris aus aufs Meer blicken läßt, «das Land der Griechen mit der Seele suchend», so war das nicht nur sinnbildlicher Ausdruck
für eine klassizistische Kunstprogrammatik, sondern als Sinnbild auch historisch zwangsläufig, denn die deutschen Dichter waren noch sehr viel entschiedener von diesem Griechenland getrennt als Iphigenie von den Ihren.
Griechenland ließ sich für die Modernen überhaupt nur noch mit der Seele
suchen, während Goethe in Italien immerhin «auf klassischem Boden begeistert» die «Vor- und Mitwelt» in glücklicher Einheit empfinden konnte. Lediglich in Sizilien konnten er und manche anderen deutschen Italienpilger
unmittelbar den Überresten griechischer Kultur begegnen, die sich im
8. Jahrhundert v. Chr. dorthin ausgebreitet hatte. Aufstände seit 1770 hatten
allerdings auf die Existenz einer unterdrückten Nationalität in Griechenland
aufmerksam gemacht, und Hölderlin hat in seinem *Hyperion* (1797–99) eigenes, deutsches Leiden an Erniedrigung und Fremdheit auf die Griechen eben
dieser Jahre übertragen. Von hier ging dann ein kontinuierlicher Strom von
Sympathie durch die deutsche Literatur der nächsten beiden Jahrzehnte.
1807 schreibt Görres, eine Parallele zwischen der Fremdherrschaft über
Deutschland und Griechenland ziehend: «Es würde kläglich sein, wenn je
die Achtung und die Liebe für griechischen Sinn und griechische Kunst unter
uns aussterben sollte, besonders itzt, wo beide Nationen sich wenigstens im
Unglück gleich geworden sind.» Und in den zwanziger Jahren waren es
dann Adelbert von Chamisso und Wilhelm Müller – der «Griechenmüller» –,
die dem Lord Byron wenn auch nicht praktisch, so doch immerhin poetisch
im Unabhängigkeitskampf der Griechen zur Seite traten.

Die Geschichte des Klassizismus im 18. Jahrhundert stand also in engem
Zusammenhang mit der Etablierung des Bürgertums in den Staaten Europas,
aber sie hat viele Facetten und läßt sich nicht als etwas Einheitliches ansehen,
dem dann am Jahrhundertende eine antiklassizistische, romantische Bewegung gegenübergetreten wäre. Was immer sich an Differenzierungen, Ge-
genüberstellungen und «Querelles» zwischen antik und modern, klassisch
und romantisch entwickelte, das entwickelte sich auf der Grundlage klassischer Bildung. Von klassischer Mythologie und klassischer Welt überhaupt
war jedermann durchtränkt, der nur im mindesten auf Bildung Anspruch erhob, wurde doch an den Schulen und Universitäten Bildung hauptsächlich in

den klassischen Sprachen vermittelt. Latein war seit dem Mittelalter die Verkehrssprache aller Gelehrsamkeit; erst seit dem Beginn des 18. Jahrhunderts wurde auf deutschen Universitäten auch Deutsch daneben als Vorlesungssprache eingeführt. Akademisches Literaturstudium bedeutete nichts anderes als das Studium antiker Rhetorik und der antiken Klassiker; hier lagerd e Muster und das Bildarsenal des Denkens und Argumentierens, und in der Topographie der Homerischen Epen kannte sich ein deutscher Student damals zweifellos besser aus als in der verworrenen Struktur seines Vaterlandes.

Die literarischen Auseinandersetzungen der neunziger Jahre wurden oft in Journalen ausgetragen, deren Titel ein Tummelplatz klassischer Bildung waren, ohne daß sie schon einen Schluß auf die Positionen ihrer Beiträger zugelassen hätten. Parallel zu Goethes *Propyläen* erschien das *Athenaeum* der Brüder Schlegel. Schiller gab nacheinander eine *Thalia* und dann *Die Horen* heraus. Friedrich Schlegels erste Fragmente wurden in Johann Friedrich Reichardts *Lyceum der schönen Künste* abgedruckt. Wieland edierte ein *Attisches Museum* und Jenaer Studenten um August Klingemann versammelten sich zu einem kurzlebigen Journal *Memnon*. Die Tendenz setzte sich in der ersten Dekade des neuen Jahrhunderts fort. Brentanos Geliebte und spätere Frau Sophie Mereau, eine Bewunderin Schillers, publizierte einen *Kalathiskos*, Ludwig Tiecks Schwager Johann Christian August Bernhardi einen *Kynosarges*, August Bode eine *Polychorda*, Kleist den *Phöbus*, Leo von Seckendorff einen *Prometheus* und Johann Gustav Büsching ein *Pantheon*. In der Politik waren es nach der Revolution die Journale *Brutus, Eudämonia* und *Eleo,* die sich auf klassische Würde stützten.

Die Gegenüberstellung von Antike und Gegenwart wurde öffentliches Streitobjekt unter deutschen Schriftstellern durch Schillers großes Gedicht «Die Götter Griechenlands», das 1788 in Wielands *Teutschem Merkur* erschien. Der entgötterten Moderne, die sich nur noch philosophisch einen transzendenten Gott denken konnte, stellte Schiller die «schöne Welt» antiker Harmonie von Menschen und Göttern als eine Zeit der Humanität gegenüber:

> Da die Götter menschlicher noch waren,
> Waren Menschen göttlicher.

Schillers Verse, die Hölderlins und Novalis' lyrische Darstellung der Antike tief beeinflußten, führten eine Interpretation der antiken Kultur als Urbild einer humanen Gesellschaft fort, die weniger polemisch bereits in Goethes *Iphigenie* zum Ausdruck gekommen war. Das Inhumane, Chaotische und Chthonische, das die Antike in ihrer Mythologie bereitstellte, war dort nur noch als Gefahr an den Grenzen oder als leises, untergründiges Beben spürbar gewesen, während es Schiller dann ganz beiseite setzte. Unterstützt wurde eine solche Interpretation von wissenschaftlicher Seite vor allem durch Karl Philipp Moritz, von dem Goethe in seiner *Italienischen Reise* aus Rom berichtete, er studiere dort «die Antiquitäten» und werde sie «zum Gebrauch der Jugend und zum Gebrauch eines jeden Denkenden vermenschlichen und von allem Büchermoder und Schulstaub reinigen». Das Ergebnis von Moritz' Studien war seine *Götterlehre* (1791, 2.Aufl. 1795), die nicht nur ein wirkungsreiches, weit verbreitetes, sondern auch ein bedeutendes Buch darstellt. «Das Gebildete» habe, so schreibt Moritz darin, bei den Alten immer den Vorzug gehabt, «und die ungeheuren Wesen, welche die Phantasie schuf, entstanden nur, um von der in die hohe Menschenbildung eingehüllten Götterkraft besiegt zu werden». Das bezog sich freilich auf die mythologischen Dichtungen, nicht auf die Mythen selbst, die eher einen gegenteiligen Eindruck vermittelten. Denn gerade an das «Grenzenlose, Chaotische, Ungebildete» der Titanen und besonders des Saturnus habe die Phantasie die Vorstellungen von einem Goldenen Zeitalter geheftet, in dem «noch Freiheit und Gleichheit» herrschten, während unter der Alleinherrschaft des Jupiter «auf die armen Sterblichen» wenig Rücksicht genommen worden sei: «sie sind den Göttern oft ein Spiel: ihnen bleibt nichts übrig, als sich der eisernen Notwendigkeit und dem unwandelbaren Schicksal zu fügen, dessen Oberherrschaft sich über Götter und Menschen erstreckt». Letzteres war ein Verweis auf Goethes Prometheus-Ode, die Moritz in seinen Text eingefügt hatte; die ganze Bemerkung aber besaß deutliche politische Untertöne in den Jahren der Französischen Revolution. In seiner Einleitung warnte Moritz jedoch «vor allen voreiligen historischen Ausdeutungen» der mythologischen Dichtungen, denn die Dichtungen im Unterschied zu den Mythen standen für ihn über den Konflikten der Menschen, Titanen und Götter untereinander. Seine Kunstanschauung ist in einem einzigen Satz zusammengefaßt:

> «Ein wahres Kunstwerk, eine schöne Dichtung ist etwas in sich Fertiges und Vollendetes, das um sein selbst willen da ist und dessen Wert in ihm selber und in dem wohlgeordneten Verhältnis seiner Teile liegt [...]».

Harmonie existierte also nicht in der Antike selbst, wie noch Schillers Gedicht suggerierte, sondern allein im Kunstwerk und musterhaft eben in den mythologischen Dichtungen der Alten.

Die Bedeutung von Moritz' Gedanken liegt darin, daß sie eine Brücke herstellen zwischen der Antike und einer Theorie von den Aufgaben und der Leistungsfähigkeit der Kunst in der Gegenwart. Nicht nur bestanden hier Parallelen zu Kants *Kritik der Urteilskraft* mit ihrer Lehre von der Freiheit des Schönen und vom interesselosen Wohlgefallen an ihm, sondern es wurden in der Forderung nach Autonomie für die Kunst auch Grundlagen geschaffen, auf denen dann Schiller in seinen ästhetischen Schriften mit der Lehre von einem «Staat des schönen Scheins» weiterbauen konnte. Nicht zu vergessen ist freilich, daß Moritz' Deutung der mythologischen Dichtungen als «Sprache der Phantasie» zugleich Anregungen bot für die jüngeren Autoren in ihrer Suche nach einer neuen Mythologie und einer Freisetzung der

Phantasie als kreativer Kraft, auch wenn er selbst sich entschieden vor einer Vorstellung der Kunst als «Hieroglyphe» für Unbekanntes oder nicht Ausdrückbares distanzierte.

Der Klassizismus war am Ende des 18. Jahrhunderts die am stärksten wirksame Tradition für Kunst und Kunsttheorie. Worin auch immer die Gegensätze, Unterschiede oder Nuancen zwischen den einzelnen Richtungen und Ansichten bestanden, so gingen doch alle literaturtheoretischen Standortbestimmungen von der Antike als ihrem archimedischen Punkt aus. Noch in Carl Friedrich von Rumohrs *Geist der Kochkunst* (1823) wird die Unbefangenheit der homerischen Gastmahle oder «Schlachtfeste» und die «englische oder vielmehr homerische Art zu braten» gefeiert, wenngleich er auch den «sehr saftigen und reinschmeckenden Otaheitischen Braten» aus dem Steinofen lobt. Der Bann, den die alten Kulturen auf Europa ausübten, wurde erst dann endgültig gebrochen, als angesichts der modernen Industriestädte und der Fragmentierung menschlicher Existenz darin die Hoffnungen auf eine Einheit von Kunst und Leben ihre letzte Aussicht verlor. Erst dann hatte für die «Götter im Exil» die letzte Stunde geschlagen, und sie mußten «am Ende schmählich zu Grunde» gehen, wie Heine 1853 schrieb.

Es sind hier einige Bemerkungen über den Gebrauch des Wortes «klassisch» und seiner Ableitungen anzuschließen. Als «classici» wurden im alten Rom die Angehörigen der höchsten Steuerklasse bezeichnet; später nannte man auch erstklassige Schriftsteller so, die «scriptores classici». Die Bedeutungsgeschichte des Wortes im Deutschen ist reich und vielfältig, denn je weiter man von der antiken Kultur abrückte, ohne sie als Modell aufzugeben, desto mehr nahm das Wort einen doppelten Sinn, und zwar den historischen von «antik» und den normativen von «musterhaft» an. «Musterhaft» und «antik» wuchsen zeitweilig als Synonyme zusammen, und eine Bedeutungssträhne hat diesen Sinn bis auf den heutigen Tag behalten. Goethe, Schiller, Herder und andere ihrer Zeitgenossen haben «klassisch» zumeist in diesem doppelten Sinne gebraucht, wobei über die Bedeutung im einzelnen nur aus dem Kontext zu entscheiden ist. «Klassizität» war das Substantiv zu «klassisch» im normativen Sinne «vorbildlich, musterhaft, kanonisch». Im Sinne von «schön, maßvoll, edel, harmonisch» bezog sich «klassisch» jedoch auf das Substantiv «Klassik», das schließlich die stiltypologische Bezeichnung wurde für eine historische Periode von mustergültiger Kunst, die in das öffentliche Leben einer bestimmten Epoche integriert war, also eben das, was für das antike Griechenland und Rom gegolten hatte oder was man darüber zumindest aus den überlieferten Schriften herauslas, was aber Goethe ausdrücklich für die deutsche Kultur seiner eigenen Zeit als nicht existent und nicht einmal wünschenswert ansah. Daß «Klassizismus» sich dann auf die spätere Verehrung der antiken Klassik bezog, ist bereits gesagt worden. Der «Klassiker» schließlich muß sich bis heute in die beiden Bedeutungen von «klassisch» teilen: als Bezeichnung für einen Autor von normativer Bedeutung und als die für den Beiträger zu einer literarischen Blütezeit. Der Sinn schwankt jedoch immer wieder, weshalb es sich empfiehlt, das Wort in einer Literaturgeschichte außer in ganz konkret definierten Fällen zu vermeiden, Goethes Rat in seinem Aufsatz *Literarischer Sansculottismus* entsprechend:

> «Wer mit den Worten, deren er sich im Sprechen oder Schreiben bedient, bestimmte Begriffe zu verbinden für eine unerläßliche Pflicht hält, wird die Ausdrücke: *klassischer Autor, klassisches Werk* höchst selten gebrauchen.»

In der deutschen Literaturgeschichte changiert der Begriff «Klassik» in verschiedenen Bedeutungen. Was zunächst einmal damit bezeichnet wird, ist der Klassizismus Goethes seit der *Iphigenie* und den Erfahrungen der italienischen Reise sowie dann, daraus hervorgehend, das Programm einer ästhetischen Bildung und Erziehung, das Goethe in Verbindung mit Schiller in den neunziger Jahren entwickelte und wofür die Auseinandersetzung mit antiker Kunst eine besondere Rolle spielte. Das Wort hatte also als «Weimarer Klassik» zunächst historische Bedeutung. Zugleich jedoch wurde der Begriff inhaltlich mit gewissen Tendenzen der Goetheschen und Schillerschen Kunstprogrammatik selbst identifiziert, insbesondere mit der Tendenz, die Kunst zur Vermittlerin eines humanitären Ethos im gesellschaftlichen Leben zu machen. Daraus entstand eine weitere, größere Bedeutung für den Begriff Klassik, und zwar die einer humanistischen Ideologie oder – in extremen Deutungen – einer weltlichen Religion, in welchem Zusammenhang dann zum Beispiel vom «faustischen Glauben» (H. A. Korff) die Rede war. Daß damit die Grenzen literarhistorischer Forschung überschritten wurden, ist offenbar, denn man entfremdete Literatur gerade jenem Bereich, in dem sie allein existiert: dem ästhetischen. Es ist immer wieder ein besonderes Anliegen des «Klassikers» Schiller gewesen, die ästhetische Autonomie des Kunstwerks gegenüber allen Ansprüchen einer zeitlichen Moral und Religion zu verteidigen.

Um den Klassik-Begriff deutlicher zu profilieren, entwickelte die Literaturwissenschaft die Vorstellung einer dem Klassischen diametral gegenüberstehenden Romantik, die dann alles zu absorbieren hatte, was man vom jeweils eigenen Gesichtspunkt nicht unter das Klassische einordnen konnte oder wollte. Gegensatzpaare wie «Vollendung» und «Unendlichkeit» (F. Strich), Humanismus und Christlichkeit, Rationalität und Irrationalität, Form und Unform entstanden als Charakteristika, und daraus wieder ganze von einem «Geist der Goethezeit» (H. A. Korff) dialektisch bewegte Systeme. Ihr Vorteil war es, daß sie zu einer sehr viel differenzierteren Betrachtung einzelner Texte von gewissen umfassenden, verbindenden Ideen her führten. Aber sie trugen zugleich auch die Gefahr des Automatismus der Werturteile in sich. Weniger die Systemgründer als ihre Nachfolger sahen die literari-

schen Werke nur noch als Illustration und Exemplifikation selbstdefinierter
Stil- und Epochenbegriffe an und legten die Literatur ans Gängelband der
Philosophie. Werturteile ergaben sich schon allein dadurch, daß man der
«Klassik» eine «Vorklassik» mit den Werken Klopstocks, Lessings und Wielands zuordnete, wie übrigens der «Romantik» auch eine «Vorromantik».
Oft hängte man den Begriffspaaren politische Wertvorstellungen wie «Fortschritt» und «Reaktion» (Georg Lukács) an, so daß es unter bestimmten politischen Machtkonstellationen dazu kam, daß «Romantik» als finsterer Obskurantismus verdammt und weithin unterdrückt wurde. Die «Klassiker»
Goethe und Schiller hingegen entwickelten sich mehr und mehr zu Figuren
der politischen Kulturrepräsentation, deren sich die Deutschen besonders
dort demonstrativ bedienten oder bedienen, wo sich ihre Politik am stärksten
von dem tatsächlichen Humanismus dieser Männer unterscheidet.

Daß es Gemeinsamkeiten unter Zeitgenossen gibt, ist ein ebensolcher Gemeinplatz wie die Feststellung, daß sich die Jüngeren von den Älteren unterscheiden und auch unterscheiden müssen, wenn sie nicht zu Epigonen ver-
kümmern wollen. Aber nichts ist weiter von der historischen Wahrheit entfernt als die Suggestion von Parteien- und Ideologiebildungen in der deutschen Literatur um 1800. Viele Tendenzen und Interessen liefen ineinander
oder gegeneinander. Zum Beispiel war die Skepsis Herders und Wielands
gegenüber Goethe und Schiller oft beträchtlich. Diese wiederum standen den
Werken Jean Pauls oder Hölderlins fremd gegenüber, während das Interesse
insbesondere Goethes für die als Ausprägung romantischer Konzepte gelten-
den Arbeiten der Brüder Schlegel sowie Arnims und Brentanos groß und
nicht ohne Einfluß auf seine eigene weitere Entwicklung war.

Diese Verhältnisse lassen sich insgesamt durch die Betrachtung des literarischen Weimar um die Jahrhundertwende genauer analysieren als unter
dem vorgegebenen Begriff einer Klassik, den die damaligen Zeitgenossen
weder kannten noch suchten, der in der Geschichte seines späteren Ge-
brauchs Bedeutungen angenommen hat, die mit den historischen Gegebenheiten nicht mehr übereinstimmten und der außerdem schließlich einer so
schmalen Basis abgewonnen war, daß er mit so universalen, wenn auch nicht
immer unproblematischen Begriffen wie Aufklärung oder Romantik nicht
auf gleicher Stufe stehen kann.

## 4. Romantik

«Ach teurer Freund», sagt Fortunat in Eichendorffs Roman *Dichter und ihre
Gesellen* (1834), «ich wollte, die Romantik wäre lieber gar nicht erfunden
worden!» Man ist geneigt, diese Ansicht mit dem Helden eines «romantischen» Romans zu teilen, denn was in der Tat ist anzufangen mit einem Begriff, der in der deutschen Literatur so verschiedene Künstlerpersönlichkei-

ten wie Jean Paul, Hölderlin, Novalis, Friedrich Schlegel, Tieck, Brentano, Kleist, E. T. A. Hoffmann oder Eichendorff umschließen soll? Außerhalb Deutschlands ist es üblich, dieser Liste auch noch Goethe, Schiller und Heine hinzuzufügen, während manche deutsche literaturhistorische Schulen geneigt sind, Jean Paul, Hölderlin, Kleist oder Hoffmann daraus zu streichen. In der englischen Literatur gelten Blake, Keats, Coleridge, Wordsworth, Shelley, Byron, Scott und Jane Austen als Romantiker, in Frankreich Madame de Staël, Chateaubriand, Stendhal, Hugo, Dumas und Nerval, in Italien Leopardi und Manzoni, in Rußland Puschkin, Lermontow, Gogol und Dostojewski. Insgesamt sind es also Autoren aus der Zeitspanne von mehr als einem Jahrhundert, die dieser Begriff zusammenfassen soll. In der Musik bezeichnet man sogar alle tonale Musik zwischen Beethoven und Richard Strauß als romantisch, und ähnlich großzügig bleibt die Anwendung des Begriffes auf dem Gebiete der bildenden Kunst. Kann also wirklich ein einziges Wort Wesentliches und Gemeinsames in dem Werk so vieler verschiedener Künstler aus verschiedenen Nationen und in verschiedenen Sprachen oder Formen ausdrücken?

Von dem Begriff *Romantik* geht eine merkwürdige Faszination aus, die Historiker und Ästhetiker bis auf den heutigen Tag gehindert hat, ihn über Bord zu werfen, anstatt sich in immer neuen Begriffsbestimmungen zu versuchen. Zu diesem Reiz hat entschieden beigetragen, daß «Romantik» – wie auch «Aufklärung» – neben der Bedeutung als Epochenbezeichnung noch einen allgemeineren, jenseits des Historischen stehenden Sinn besitzt. Bedeutete Aufklärung zugleich alles Wissendwerden schlechthin, die fortschreitende Erkenntnis der Welt als Mittel zu ihrer Beherrschung und damit den Weg des Menschen zu seiner Unabhängigkeit und Freiheit, so wird der allgemeine Sinnkreis von «romantisch» mit Synonymen wie «utopisch», «phantastisch», «märchenhaft», «wunderlich», «träumerisch», «schwärmerisch», «visionär», «erdenfern» oder auch «illusorisch», «geisterhaft» und «überspannt» umschrieben. In solchem typologischen und nicht historischen Sinn mit Untertönen des Sentimentalen und Irrationalen existiert das Wort in der Alltagssprache weiter, und die Konfusion ist groß, die sich bei der Vermischung der beiden Anwendungsweisen ergibt. Romantik rückte auf diese Weise leicht in die Gegnerschaft zur Aufklärung, und es entstanden in den Vorstellungen der Historiker Fronten und Kampftruppen, die es in Wirklichkeit nie gegeben hat.

Die Etymologie von «Romantik» geht auf ein altfranzösisches Wurzelwort «romanz» zurück, das die romanische Volkssprache im Gegensatz zum Latein der Gelehrten bezeichnete und wovon die provenzalischen Vers- und Prosaerzählungen in dieser Sprache im Laufe der Zeit den Namen «romance», also «Romanzen» bekamen. Auch der «Roman» ging später aus solchem sprachlichen Kern hervor, und als zuerst der Engländer Thomas Baily 1650 das Adjektiv «romantick» verwandte, da bedeutete es nichts anderes als «wie in einem Roman», das heißt erdichtet und phantasievoll. Das Wort breitete sich rasch über die europäischen Sprachen aus und trug in sich zum Teil noch den älteren philologischen Sinn – «in romanischer Sprache» –, in erster Linie aber den poetischen, also alles das, was in den Geschichten fürs Volk, den Ritter- und Abenteuerromanen, an hohen und tiefen Gefühlen, an tollen Gefahren und seligen Freuden, an Wildem, Phantastischem und Schönem jenseits aller Begriffe vorkam. Von diesem letzteren Wortsinn aus entwickelte sich die Bedeutungssträhne des Träumerischen und Schwärmerischen, ja schließlich des Unheimlichen und Okkulten, wie aber auch die für zarte und subtile Seelenregungen und für das Sentimentale. Der typologische Gebrauch des Wortes läßt noch heute solche Vorläuferschaft erkennen, und im angelsächsischen Buchhandel werden weiterhin triviale Liebesromane als «romantic novels» klassifiziert, wie sie sich im Verhältnis zu ihren Vorgängern aus alter Zeit wohl auch nur an der Oberfläche geändert haben mögen. Zugleich rückte jedoch mit der wachsenden Entfernung von der Zeit, in der die alten Romanzen und Romane spielten, auch die ganze Ritterzeit und überhaupt das Mittelalter in die Atmosphäre und den Geruch des Romantischen.

Daneben entstand jedoch im Laufe des 17. und 18. Jahrhunderts noch eine spezifische Bedeutungslinie, die von der Wissenschaft sorgfältig nachgezeichnet worden ist. Landschaften, wie sie in den Reisebüchern beschrieben wurden, begann man «romantisch» zu nennen, wenn sich in ihnen der Gegensatz zu einer überzivilisierten, von moralischen und ständischen Vorurteilen befangenen Wirklichkeit suchen und finden ließ. Die Sehnsucht richtete sich auf das ferne exotische Inselparadies Otaheiti ebenso wie auf die rauhe, stolze Einsamkeit der Alpen und ihre freien Bewohner, auf Blumen, Palmen und die Weisheit Indiens oder auf die milde Waldlandschaft Mitteleuropas. Der Begriff erhielt auf diese Weise eine kultur- und gesellschaftskritische Dimension, wie sie mit allen utopischen Vorstellungen seit alters her verbunden ist. Zugleich gewann das Wort an Ernsthaftigkeit, und als es kurz vor 1800 in Deutschland zur Bezeichnung einer neuen Kunst wurde, da stand es definitiv in Zusammenhang mit dem Wunsch nach einem reicheren, erfüllteren und harmonischeren Leben gegenüber den Beschränkungen und Konflikten der Gegenwart.

Von den Autoren und Künstlern, die man heute mit mehr oder weniger gutem Grund unter den historischen Begriff der Romantik einzuordnen pflegt, ist das Wort «romantisch» in einer Fülle von Bedeutungen verwendet worden. Gängig war es als einfaches oder substantiviertes Adjektiv zu Roman und Romanze, aber es drückte auch die anderen, im Laufe seiner Geschichte entstandenen Bedeutungen aus, so daß es nie einen eindeutigen Sinn angenommen hat. Die Substantive «Romantik» und «Romantiker» waren deutsche Neubildungen um 1800, aber sie schwankten im Gehalt, den jeder einzelne ihnen gab; Novalis hatte sie eingeführt als Benennung für eine bestimmte, ihm vorschwebende neue Romankunst. Erst in den literarischen Fehden nach 1800 wurden dann «Romantik» und «Romantiker» zu Bezeichnungen für gewisse Tendenzen und Gruppierungen jüngerer Autoren, die man damit angreifen und herabsetzen wollte, die aber oft kaum etwas miteinander zu tun hatten und sich zum Teil auch untereinander befehdeten. Für Johann Heinrich Voß in Heidelberg war zum Beispiel damit in erster Linie die allmähliche Zurückstellung antiker Formen gemeint, denen seine Lebensarbeit gegolten hatte, und für ihn als norddeutschen Protestanten auch das Interesse am Katholizismus, zu dem sein einstiger Freund Friedrich Leopold Stolberg 1800 konvertiert war. Erst mit solchem polemischen Weg fanden die Begriffe schließlich als Epochen- und Gruppenbezeichnungen Eingang in die Literaturgeschichten, wobei sie sich einen beständigen Wechsel von Auf- und Abwertungen gefallen lassen mußten.

Nur wenige haben damals unter dem Romantischen jeweils das gleiche verstanden oder überhaupt eine von Nebenbedeutungen freie Vorstellung davon gehabt, so daß sich der Zeitgebrauch des Wortes eigentlich nur um-

schreiben, aber nicht definieren läßt. Wenn Goethe etwa seinen Werther den
Garten, in dem er sich nächtlich von Lotte und Albert verabschiedet, ein
«Plätzchen» nennen läßt, «das wahrhaftig eins von den romantischsten ist,
die ich von der Kunst hervorgebracht gesehen habe», so liegt in dem Wort
bereits ein Hintersinn, der ihm größeres Gewicht gibt, als es beim ersten Lesen den Anschein hat. Denn dieser «Schauplatz [...] von Seligkeit und
Schmerz», von höchsten und tiefsten Gefühlen, ist Kunst und Natur zugleich: Die kunstvoll arrangierte natürliche Natur des englischen Gartens reflektiert den Wunsch des Menschen, das Ungeplanteste zu planen und das
Freie und Natürliche zu schaffen als Folie und Ausdruck seines Wunsches
nach einem freien, natürlichen Leben. Nicht von Stimmung allein ist also hier
die Rede, sondern auch von den Zielen der Kunst, wie sie später Friedrich
Schlegel und Novalis ausführlich unter dem Begriff des Romantischen entwickelten. Für Novalis wurde der englische Garten eine Art «potenzierten
Erdbodens» und romantisierter Natur auf dem Wege zur «Regeneration des
Paradieses». Denn die Welt, meinte er, müsse romantisiert werden, damit
man ihren ursprünglichen Sinn wiederfinde und damit die Menschheit wis-
send und aus aufgeklärter Selbsterkenntnis heraus wieder mit sich und ihrer
Umwelt in Harmonie leben könne, wie es einst in der Mythe vom Garten
Eden vor aller Geschichte im Zustand der Naivität der Fall gewesen sein sollte. Friedrich Schlegel stellte in einem seiner *Athenaeums*-Fragmente (1798)
der Literatur eine entsprechende Aufgabe, wenn er die «romantische Poesie
[...] eine progressive Universalpoesie» nannte, deren Bestimmung es nicht
nur sein sollte,

> «alle getrennte Gattungen der Poesie wieder zu vereinigen, und die
> Poesie mit der Philosophie und Rhetorik in Berührung zu setzen. Sie
> will, und soll auch Poesie und Prosa, Genialität und Kritik, Kunstpoesie
> und Naturpoesie bald mischen, bald verschmelzen, die Poesie lebendig
> und gesellig, und das Leben und die Gesellschaft poetisch machen».

Da aber Zukunft und Paradies nur in immer neue Fernen rücken, wenn man
ihnen näherzukommen glaubt, so erscheint denn auch das Romantische zugleich als «das Schöne ohne Begrenzung oder das *schöne* Unendliche», wie
Jean Paul es in seiner *Vorschule der Ästhetik* (1804) sah: Es ist «das Verhältnis
unserer dürftigen Endlichkeit zum Glanzsaale und Sternenhimmel der Unendlichkeit» und «das Ahnen einer größern Zukunft, als hienieden Raum
hat». Dergleichen bahnte den Weg für E.T.A. Hoffmanns Vorstellung von
der Musik als der «romantischsten aller Künste», «da ihr Vorwurf nur das
Unendliche sei, die geheimnisvolle, in Tönen ausgesprochene Sanskritta der
Natur, die die Brust des Menschen mit unendlicher Sehnsucht erfülle». Nur
war Hoffmanns Unendliches in seiner Unergründlichkeit schon nicht mehr
bedingungslos schön: Die Fratzen des Wahnsinns spuken, wie man weiß,
durch sein «unbekanntes romantisches Geisterreich».

Ganz anders als alle diese Variationen eines Wortverständnisses klingt es dagegen, wenn Wieland rund sechs Jahre nach dem *Werther* zu Begnn seines *Oberon* (1780) die Musen aufforderte, ihm den Hippogryphen «zum Ritt ins alte romantische Land» zu satteln. Was Wieland hier cem Worte «romantisch» unterlegt und was er auch in seiner Vorrede erklärt, ist der Bezug auf die Romanzen und ursprünglich «romanischen» Ritterbücher des 12., 13. und 14. Jahrhunderts, also generell auf das europäische Mittelalter im Kontrast zur klassischen Antike. In dieser Bedeutung wurde das Wort in Deutschland um 1800 ein wesentliches Instrument für die literarische Identitätsbildung jüngerer Autoren.

«Den Zweifel, welcher sich hie und da noch regt, ob es denn wirklich eine romantische, d. h. eigenthümlich moderne, nicht nach den Mustern des Alterthums gebildete, und dennoch nach den höchsten Grundsätzen für gültig zu achtende, nicht bloß als wilde Naturergießung zum Vorschein gekommene, sondern zu ächter Kunst vollendete, nicht bloß national und temporär interessante, sondern universelle und unvergängliche Poesie gebe: diesen Zweifel, sage ich, hoffe ich befriedigenc zu heben.»

Das verspricht August Wilhelm Schlegel am Beginn des dritten Teils seiner *Vorlesungen über schöne Litteratur und Kunst,* die er im Winter 1803 und 1804 in Berlin hielt. Diesem dritten Teil gab er den Titel «Geschichte der romantischen Literatur»: Es war die Geschichte europäischer Literatur vom Mittelalter bis zur Gegenwart, vom Nibelungenlied bis zu Goethe. Vielfach wurde «romantisch» damals in diesem Sinne gebraucht und als ergänzende Differenzierung in die deutsche «Querelle» zwischen Antike und Moderne in den neunziger Jahren eingeführt. Wenn Schiller zum Beispiel für die Werkausgabe von 1805 zur *Jungfrau von Orleans* den Untertitel «Eine romantische Tragödie» hinzufügte, dann war europäische Geschichte in diesem Sinne gemeint – ein rein ästhetischer Begriff ist das Romantische für ihn nie gewesen – und er machte zugleich eine Verbeugung vor dem Publikum, dem das Wort «romantisch» immer häufiger in den Titeln, Untertiteln und Texten der Unterhaltungsliteratur begegnete. In seiner Vieldeutigkeit und Suggestivität war das Romantische von dieser Sphäre her zu einem modischen Schlagwort geworden. Jean Paul erklärte 1804 in seiner *Vorschule der Ästhetik:* «Ursprung und Karakter der ganzen neuern Poesie läßt sich so leicht aus dem Christentum ableiten, daß man die romantische ebenso gut die christliche nennen könnte.» In späteren Auflagen hat er es allerdings bei dieser Definition nicht bewenden lassen, sondern noch eine «indische» und eine «nordische Romantik» hinzugefügt. Christliches Mittelalter im Gegensatz zu dem antiken Stoff der *Penthesilea* war auch gemeint, wenn Kleist 1808 sein «großes historisches Ritterschauspiel» *Das Käthchen von Heilbronn* ein Stück in der «romantischen Gattung» nannte. Und als Goethe 1810 «Stanzen

zur Erklärung eines Maskenzugs» unter dem Titel *Die romantische Poesie*
schrieb, erschienen für ihn darin als «Gestalten der modernen Poesie» die
Minnesänger und Heldendichter des Mittelalters zusammen mit den Sagen-
gestalten des Nordens, wie sie die deutsche mittelalterliche Dichtung vermittelte.

Mittelalter und Romantik verbanden sich in den Vorstellungen des breiten
Lesepublikums besonders durch eine große Anzahl populärer Romane, wie
etwa diejenigen Fouqués, oder die der Trivialliteratur, die sich ohnehin
reichlich mit dem Attribut «romantisch» schmückte. Flache Historien- oder
Zauberstücke blühten üppig auf der Schauspiel- wie Opernbühne, so daß
reichlich dafür gesorgt war, Romantik bei den Geschmacksbewußteren in
Mißkredit zu bringen. Unter dem Schein des Anspruchsvolleren hatten sich
außerdem auch parasitäre Erscheinungen herausgebildet. Graf Loeben zum
Beispiel entschloß sich 1807 unter dem tiefen Eindruck, den Novalis' Werk
auf ihn machte, dessen unvollendeten Roman *Heinrich von Ofterdingen* auf
seine Art zu vollenden, indem er einen eigenen Helden mit Novalisschen
Sprachfloskeln und Bildern vollud, ohne deren Sinn zu erfassen, und ihn
durch alle jene Erlebnisse zu führen versuchte, die Novalis in Planskizzen für
seinen Heinrich vorgehabt hatte. Loebens *Guido* (1808) wurde auf diese
Weise zwar Fortführung, aber auch schon Parodie des früheren Buches. Als
schließlich Novalis' Essay *Die Christenheit oder Europa* (1799) mit seinem
verklärten Bild eines idealen Mittelalters 1826 zum erstenmal an die Öffentlichkeit kam, zu einer Zeit, da gerade entschiedene Anstrengungen zum Ausbau des Kölner Doms gemacht wurden, schien sich für die kritischeren Betrachter die Einheitlichkeit des Romantischen in Deutschland von seinen frühesten Anfängen an klar exponiert zu haben. So beantwortete Heinrich Heine in seiner Darstellung der *Romantischen Schule* (1835) in Deutschland die
selbstgestellte Frage nach deren Wesen mit dem Satz:

> «Sie war nichts anders als die Wiedererweckung der Poesie des Mittel-
> alters, wie sie sich in dessen Liedern, Bild- und Bauwerken, in Kunst
> und Leben manifestiert hatte. Diese Poesie aber war aus dem Christen-
> tum hervorgegangen, sie war eine Passionsblume, die dem Blute Christi
> entsprossen.»

Die Fernblicke und utopischen Visionen der neunziger Jahre waren hinter
dem Bild einer Kunst, die sich als Propagierung der Restauration interpretieren ließ, versunken und vergessen. Zu einem beträchtlichen Teil waren sie
nicht einmal an die Öffentlichkeit gekommen, denn die Schriften von Novalis, Friedrich Schlegel, Hölderlin und Brentano sind, wie schon erwähnt wurde, in ihrem vollen Umfang überhaupt erst dem 20. Jahrhundert bekanntgeworden. Der Begriff «Romantik» ist also durch seine eigene Mehrdeutigkeit
wie durch ideologische Interpretationen aus sehr verschiedenen Perspektiven
immer belastet gewesen. Dennoch läßt er sich aus der europäischen Kultur-

geschichte an der Wende zum Industriezeitalter nicht mehr wegdenken, und aus dieser geschichtlichen Situation empfängt er auch seine spezifische Bedeutung.

«Romantik» ist eine Bezeichnung für bestimmte historische Erscheinungen im Bereiche der Kunst. Damit unterscheidet sich der Begriff prinzipiell von dem der «Aufklärung», der eine philosophisch inspirierte Phase in der Entwicklung des modernen Europa und seiner Kultur bezeichnet. Die Philosophie von der Befreiung des Individuums und seiner Einsetzung als Herrscher über sich selbst und die Natur hatte gesamtgesellschaftliche Relevanz und strahlte auf viele Gebiete aus, auf Staatslehre, Religion, Naturwissenschaften und, unter anderem, eben auch auf die Kunst. Selbst dort, wo die Autonomie der Kunst ausdrücklich deklariert wurde, wie etwa in der Ästhetik Kants oder Schillers, war sie nur Teil eines größeren Denksystems. «Romantik» hingegen ist primär immer ein ästhetischer Begriff gewesen, und die Philosophie wurde nur sekundär zu seiner Bestimmung und Erweiterung in den Dienst gestellt. Alle daraus wieder abgeleiteten Anwendungen des Begriffes auf die Staats-, Rechts- und Naturwissenschaften, auf Theologie, Medizin oder Geschichte, sind sogar nur tertiärer Art. Derivate wie «romantische Medizin» oder «politische Romantik» verweisen zwar richtig auf die Absichten einer Reihe von Schriftstellern in dieser Zeit, aus dem ästhetischen Begriff des Romantischen einen neuen Universalismus abzuleiten, aber sie bezeichnen nur deren Wünsche, keine wissenschaftsgeschichtlichen Tatsachen. In die Fachhistorien hat der Begriff Romantik deshalb gemeinhin und zu Recht keine Aufnahme gefunden oder hat dort, wo es geschah, lediglich Verwirrung gestiftet. Denn wenn man Romantik als einen Dachbegriff für die verschiedensten Zweige und Bereiche des intellektuellen Lebens einer ganzen Zeit benutzte, gab man dem Begriff eine Statik und Allgemeinheit, die er weder besaß noch verkraften konnte. Wenn sich zum Beispiel ein politischer Fürsprecher der Restauration wie Adam Müller einzelne Novalissche Gedanken zu seinen Zwecken entlieh, so wurde er damit ebensowenig romantisch, wie Novalis, der 1801 starb, damit restaurativ wurde.

Der ästhetische Ursprung und das ästhetische Fundament des Begriffes Romantik bilden gerade für seinen Inhalt eine entscheidende Voraussetzung, denn allen darunter zu fassenden Kunstbestrebungen ist gemeinsam, daß sie sich selbst nicht mehr als Teil einer größeren philosophisch bestimmbaren Gesamtbewegung empfinden, sondern den Primat der Kunst über alle Erscheinungsformen des geistigen und gesellschaftlichen Lebens behaupten. Für Kant oder Schiller gab es immer jenseits der Kunst das Moralgesetz, dessen Macht das künstlerische Spiel als Mittel ästhetischer Erziehung erfahrbar werden ließ. Kunst in romantischem Sinne dagegen ist absolutes Reservat der Freiheit; in ihr allein kann sich das freie Individuum mit seinem ganzen Reichtum an Gedanken und Gefühlen erfahren, in ihr seine Schöpferkraft empfinden, und das sowohl im Machen, also im Produzieren eines Kunstwerkes, wie idealerweise auch im Mitmachen, im aktiven und kreativen Rezipieren. Deshalb war dem literarischen Experiment und dem Fragmentarischen Tür und Tor geöffnet. Unter dem Begriff des Romantischen tritt die Kunst also der Wirklichkeit gegenüber, entweder um sie sich anzueignen, sie «poetisch» zu machen, oder aber um sie durch Gegenbilder eines größeren Ganzen vom Standpunkt der Kunst und des Künstlers zu kritisieren und in ihrer Unzulänglichkeit zu enthüllen.

Es ist unter solchen Voraussetzungen fragwürdig, von einer «Vorromantik» ungefähr seit der Mitte des 18. Jahrhunderts zu sprechen. Das, was sich als das Romantische bezeichnen läßt, waren künstlerische Reaktionsweisen auf äußere, historische Situationen und auf innere Widersprüche im aufgeklärten Denken. Natürlich beginnen solche Reaktionen nicht über Nacht, genausowenig wie die Voraussetzungen dafür über Nacht entstanden. Aber nennt man Rousseau, Hamann, Herder oder auch Goethe «Vorromantiker», so sind es im selben Sinne auch Klopstock mit seinem enthusiastischen Christentum des *Messias,* Lessing mit der nationalen Gesinnung seiner *Minna von Barnhelm* oder Wieland mit seinem Oberon-Ritt ins «alte romantische Land». Das Irreführende eines derartigen Begriffs besteht also darin, daß man die Eltern nach den Kindern benennt und das breite Panorama der Literaturgeschichte auf einen späteren Terminus hin verengt, wobei noch dazu ein Bruch zwischen zwei Richtungen oder Bewegungen impliziert wird, den es nie gegeben hat. Denn der aufklärerische Glaube an das Fortschreiten der Menschheit zu einem besseren Zustand ist unter dem Vorzeichen des Romantischen nirgends prinzipiell aufgegeben worden, auch wenn die Fragen hinsichtlich seiner Berechtigung wuchsen. Auf diesem Glauben beruhte schließlich auch die mit dem Romantischen identifizierte Überzeugung von der absoluten Macht der Kunst.

Nirgends jedoch existiert das Romantische in der Kunst an und für sich. Es gibt kaum etwas, das sich in den europäischen Literaturen nicht in bestimmten Situationen und Mischungen unter diesem Begriff fassen ließe: Kosmopolitismus und Nationalismus, Weltflucht und Gesellschaftlichkeit, Klassizismus und Christianismus, Vergangenheitssehnsucht und Zukunftsschwärmerei, Traum und Ironie, Revolutionsenthusiasmus und Royalismus. Jedes dieser Phänomene hat für sich allein nichts mit Romantik zu tun, sondern läßt sich erst im Kontext eines Kunstwerkes oder eines Kunstprogramms an einem ganz bestimmten historischen und nationalen Ort damit in Verbindung bringen. Denn auch künstlerische Programme für das Romantische haben stets nur kleine Gruppen und auch diese lediglich für kurze Zeit bestimmt, wobei dann die daraus hervorgegangenen Werke den Programmen nicht einmal durchaus entsprachen, sondern entweder hinter den Erwartungen zurückblieben oder aber in andere Richtung weit über sie hinausgingen. Mit einem Wort: Es gibt keine Romantik als nach einem ästhetischen Programm oder Grundgesetz ablaufende Periode, und es gibt erst recht keine Romantiker. Wie zu allen Zeiten haben auch damals die Künstler in verschiedener und keineswegs immer konsequenter Weise auf ihre Welt reagiert, haben zum Teil Moden geprägt oder imitiert, zum Teil unabhängig von ihnen gearbeitet und sich gerade darin oft besonders als Kinder ihrer

Zeit erwiesen. Die Vorstellung, es habe in Deutschland und anderswo in Europa so etwas wie eine romantische Schule gegeben, muß fallengelassen werden. Eher ließe sich schon von zahlreichen «Schuler» oder «Romantiken» sprechen als individuellen, oder kollektiven nationalen Erscheinungen über kürzere oder längere Zeiträume hinweg. Ganz sicher sollte «Romantik» ohne Artikel verwendet werden. Am präzisesten aber ist es, vom «Romantischen» zu sprechen, das als ein substantiviertes Adjektiv weder auf eine Epochenbezeichnung noch auf einen Parteinamen Anspruch erhebt, das die Vielfalt von Erscheinungsformen in sich faßt und zugleich das Einende aller der damit charakterisierten Kunstanstrengungen ausdrückt. Denn die Einheit in der Vielheit des Romantischen besteht darin, daß einer in Arbeitsteiligkeit, wissenschaftliche Spezialisierung, soziale Differenzierung und komplexe Herrschaftsverhältnisse sich auflösenden Realität des entstehenden industriellen Zeitalters die Kunst als ein Lebenselement des Menschlichen, Humanen gegenübergestellt wurde.

Dieses Romantische – das läßt sich über alle spezifischen Charakterisierungen hinweg feststellen – ist Kunst einer Übergangszeit zwischen dem Projektieren einer allgemeinen Menschheitsbefreiung im Zeitalter der Aufklärung auf dem politischen Hintergrund des Absolutismus und der sich in ihren verschiedenen nationalen Erscheinungsformen herausbildenden bürgerlichen Industriegesellschaft. Unter dem Begriff des Romantischen werden also zahlreiche, oft entgegengesetzte Tendenzen zusammengefaßt: solche zur Fortführung aufklärerischer Ideale unter den neuen historischen Bedingungen, solche zum kritischen Abstandnehmen von diesen Idealen und zur Herausbildung anderer Leitbilder für die kommende Zeit, solche zur verachtenden Abweisung der entstehenden politischen und ökonomischen Verhältnisse oder auch zu einem totalen Wertrelativismus, schließlich aber auch Versuche zur Darstellung, Interpretation und damit zur Lösung vieler sich entwickelnder Konflikte, die schon in den Grundgedanken und Grundüberzeugungen der Aufklärung angelegt waren. In dieser Vielseitigkeit von Reaktionsweisen und Tendenzen liegt die Anziehungskraft des Begriffes Romantik, aber auch seine schwere Bestimmbarkeit beruht darauf. Die gerade Landstraße einer vorindustriellen Gesellschaft mündet sozusagen in die moderne Stadt mit ihrem Gewirr von Straßen, Gassen und Plätzer.

Die künstlerischen Reaktionsmöglichkeiten werden ebenso vielfältig, wie die Welt unüberschaubar wird, mit der romantische Kunst im Zusammenhang steht. Bis zum 18. Jahrhundert war es der Intelligenz eines einzelnen immerhin noch möglich, die verschiedensten Techniken handwerklicher oder manufektureller Produktion zu verstehen oder zu verschiedenen Wissenschaften zugleich nennenswerte Beiträge zu leisten. Goethe ist das beste Beispiel dafür mit seinen Arbeiten im Bereiche der Biologie, Geologie und Physik, und Novalis' Idee einer Enzyklopädistik als einer wissenschaftlichen Zusammenschau aller Wissenschaften und deren wechselseitiger Erklärung mutet wie eine beschwörende Geste an, den Zusammenhang der Dinge zu erhalten in einer sich zerspaltenden Welt. Denn das Unübersichtlichwerden des Ganzen betraf nicht nur die Natur, sondern auch Staat und Wirtschaft, deren Funktion bisher von der sichtbaren Gestalt des jeweiligen Herrschers und seinen intellektuellen wie moralischen Qualitäten beziehungsweise dem Mangel daran leicht deduzierbar war. Die moderne, bürgerliche Industriegesellschaft dagegen wird bestimmt von der Technik im Verband mit den Naturwissenschaften, vom Finanzkapital und der Herrschaftsform der Demokratie, insgesamt also von wesentlich anonymen Kräften. Spezialisierung in Fachwissenschaften, Arbeitsteilung und die Unüberschaubarkeit der Machtausübung kennzeichnen sie. Daß man sich aus der Perspektive der Zeit allerdings solcher Erklärungen insgesamt noch keineswegs bewußt sein konnte, führte eben zu jenem Reichtum an Reaktions-, Seh- und Denkweisen, von denen das Romantische geprägt wird. Es ist außerdem nicht verwunderlich, daß gerade in Deutschland, wo der politische und ökonomische Wandlungsprozeß langsamer verlief als anderswo, die Künstler fern von der Überwältigung durch große Realitäten besonders feine Organe für die menschlichen Wirkungen des Kommenden mit seinen Verwicklungen, Versprechungen und Bedrohungen ausbilden konnten. Es war unsicher, was die Zukunft für das mündig gewordene Ich bereithielt: noch größere Triumphe oder seinen Untergang. Was jedoch alle vereinte, war die Empfindung, am Beginn von etwas Neuem, Anderem zu stehen.

In seiner *Phänomenologie des Geistes* stellte Hegel 1807 fest:

> «Es ist übrigens nicht schwer zu sehen, daß unsre Zeit eine Zeit der Geburt und des Übergangs zu einer neuen Periode ist. Der Geist hat mit der bisherigen Welt seines Daseins und Verstellens gebrochen und steht im Begriffe, es in die Vergangenheit hinab zu versenken, und in der Arbeit seiner Umgestaltung. Zwar ist er nie in Ruhe, sondern in immer fortschreitender Bewegung begriffen. Aber wie beim Kinde nach langer stiller Ernährung der erste Atemzug jene Allmählichkeit des nur vermehrenden Fortgangs abbricht – ein qualitativer Sprung –, und jetzt das Kind geboren ist, so reift der sich bildende Geist langsam und stille der neuen Gestalt entgegen, löst ein Teilchen des Baues seiner vorgehenden *Welt* nach dem andern auf, ihr Wanken wird nur durch einzelne Symptome angedeutet; der Leichtsinn wie die Langweile, die im Bestehenden einreißen, die unbestimmte Ahnung eines Unbekannten sind Vorboten, daß etwas anderes im Anzuge ist. Dies allmähliche Zerbröckeln, das die Physiognomie des Ganzen nicht veränderte, wird durch den Aufgang unterbrochen, der, ein Blitz, in einem Male das Gebilde der neuen Welt hinstellt.»

Hegels prophetischer Enthusiasmus teilt etwas von dem allgemeinen Enthusiasmus der Zeit mit, der dann allerdings, wie Hegel andeutet, oft genug durch den Widerpart der Skepsis und des Ennui kompensiert wurde. Seine Zeitinterpretation im Bilde der Dialektik, als Zeit eines Umschlags und qualitativen Sprunges entsprach im übrigen der vieler seiner Zeitgenossen. Die Heraufkunft des Neuen erfaßte man nicht mehr in der linearen Vorstellung wachsender Erziehung und Aufklärung, sondern in eschatologischen Begriffen, also in der Vorstellung von etwas Hereinbrechendem, nicht allmählich Erworbenem und Errungenem. Hegel übertreibt natürlich als Beteiligter, wenn er den Unterschied zum Voraufgehenden besonders betont, um das Eigene und die eigene Zeit zu profilieren. Seine in der Geburtsmetapher enthaltene Vorstellung dialektischen Fortschreitens ist vor allen Dingen nicht auf die späteren Epochenbegriffe der Literaturgeschichte übertragbar, und Hegel identifizierte auch keineswegs die neue Zeit mit dem Begriff Romantik. Romantik blieb ihm durchaus eine Bezeichnung für bestimmte Kunstformen, die er dann später in se ner *Ästhetik* kritisch untersucht hat.

Versuche, die heraufkommende Zeit als Ganzes mit dem Begriff des Romantischen in Beziehung zu setzen, um sich auf diese Weise ideell über alles Arbeitsteilige und Trennende zu erheben, gab es allerdings durchaus, und von hier rührt auch die allgemeinere Anwendung des Begriffes her. Friedrich Schlegels Universalpoesie, mit der Welt und Gesellschaft «romantisiert» und harmonisiert werden sollten, gehört dazu ebenso wie Novalis' Ansätze zu einer Enzyklopädie als intellektueller Kombinationskunst und Schellings Idee von einer «Weltseele» als «Hypothese der höhern Physik zur Erklärung des allgemeinen Organismus». In allem verband sich Philosophie mit ästhetischen, naturwissenschaftlichen, medizinischen, sozialen oder politischen Gedanken, Beobachtungen und Erkenntnissen. Gerade in der Natur fand man das Denkmuster der Dialektik, des Fortschreitens zu Höherem durch Polarität und Gegensätze bestätigt. Man fühlte sich zum Beispiel inspiriert von dem System der Heilkunst, das der schottische Arzt John Brown aus der Dialektik von Mangel und Übermaß im Haushalt des Körpers entwickelt hatte, und Dialektik der Natur bestätigte auch Johann Wilhelm Ritter mit seinen Studien zur Elektrochemie. Sein Buch über den Galvanismus (1793) schloß er ganz im philosophischen Sinne seiner Jenaer Freunde mit einem Hymnus auf das All ab, das man nun zu erkennen und erfassen beginne. Aber solcher die verschiedenen Wissensgebiete zusammenschließende Universalismus blieb auf eine kleine Gruppe von Personen und einen sehr beschränkten Zeitraum begrenzt. Die Naturphilosophie, die daraus hervorging, zeigte sich den Anforderungen des naturwissenschaftlich-technischen Zeitalters keineswegs gewachsen, und die Fortschritte der Disziplinen selbst wurden durch spekulative Konzepte eher gehindert als gefördert. Verständlich war solches Konzeptualisieren in Deutschland allerdings, denn eben in der geistigen Durchdringung der Bewegungen der Zeit und im Aufweisen großer Zusammenhänge und Ziele sah die Kulturnation am ehesten ihre Rechtfertigung gegenüber den stärker im Realen beschäftigten europäischen Nationen. Aber wie

immer man die verschiedensten Bereiche aufeinander bezog und zu verschmelzen versuchte – vorstellbar blieb das Wunschbild von einer Harmonie
der Welt letztlich nur in den Metaphern und Visionen der Künstler. Wo sie
von dort wieder in die Praxis zurückgeholt wurden, waren sie verengt, ver-
einseitigt und entstellt.

Übergänge zeichnen sich außerdem dadurch aus, daß in ihnen die Gestalten in ständig anderem Licht erscheinen, und besonders eine Zeit, die sich an
dialektisches Denken gewöhnte, wird sich nicht leicht in einfachen Definitionen fassen lassen. Nur aus dem Kontext von genau bestimmten Werken oder
theoretischen Zusammenhängen sind generelle Schlüsse möglich. Es gehört
im übrigen bereits zum Romantischen in der Literatur, daß Bilder oder
Handlungen hinsichtlich ihrer Bedeutung und Bewertung beträchtlich zu
schwanken beginnen. Der Mensch auf dem Wege zu Naturbeherrschung
und Selbsterkenntnis schwingt sich eben nicht nur zu göttlichen Triumphen
auf, sondern muß sich auch in Hamanns Sinn zu einer Höllenfahrt bereitma-
chen. Daran hat sich auch in der folgenden Zeit nicht viel geändert.

GRUNDLAGEN

# DRITTES KAPITEL

## DEUTSCHE LITERATUR
## UND FRANZÖSISCHE REVOLUTION

### *1. Philosophie und Revolution*

Die Französische Revolution hat dem deutschen intellektuellen Leben Impulse gegeben wie kein anderes politisches Ereignis. Während sie hingegen aus der Ferne einer späteren Zeit wie ein geschichtlicher Augenblick erscheint, war sie für die Augenzeugen selbst ein langwieriger, verwickelter Prozeß, der sich über rund zehn Jahre hinzog. Versuche mit neuen Regierungsformen lösten einander ab: konstitutionelle Monarchie, parlamentarische Demokratie und Diktatur. Methoden der Machtausübung schwankten zwischen Königsmord, der Einsetzung staatsbürgerlicher Selbstverantwortlichkeit und allgemeinem, blutigem Terror. Politischer Zynismus und Egoismus vermengten sich mit leidenschaftlichem Patriotismus und dem Kult der Vernunft, ohne daß die Grenzen zwischen politischen Motiven und Emotionen immer scharf zu ziehen gewesen wären. Das ganze Geschehen wurde bald von dem Rauch des Krieges umhüllt, der allmählich Europa zu überziehen begann und der sich auch noch weiter ausbreitete, als die Revolution bereits in der Einsetzung eines neuen Monarchen ihr äußeres Ende gefunden hatte. Spricht man also von der Wirkung der Französischen Revolution auf die Deutschen oder, was auf dasselbe hinausläuft, von deren Reaktion auf die sich in Frankreich vollziehende Geschichte, so wird man jeweils genau nach Ort und Zeit dieser Wirkungen und Reaktionen zu unterscheiden haben und dabei auch an die Kommunikationsprobleme eines vortechnischen Zeitalters denken müssen. Friedrich Schiller zum Beispiel bekam seine Urkunde als Ehrenbürger der Französischen Republik erst 1798 zugestellt, sechs Jahre nach deren Ausfertigung und zu einem Zeitpunkt, da die Unterzeichner bereits in jener Revolution umgekommen waren, deren Ehren sie einst verliehen hatten. Nachrichten reisten langsam und veränderten Inhalt und Gestalt auf dem Wege, und man wußte dementsprechend von Frankreich immer nur das, was man wegen der beschränkten Informationsmöglichkeiten wissen konnte, ganz abgesehen davon, daß Informationen natürlich vielfach auch bewußt entstellt oder verhindert wurden.

Die Französische Revolution erschien den Deutschen unter vielerlei Vorzeichen und in vielerlei Gestalt. Wer sich zu den philosophischen Grundgedanken der Aufklärung von der Gleichheit aller Menschen und ihrem Anspruch auf Freiheit bekannte, sah in den revolutionären Losungen *égalité, fraternité* und *liberté* die Erfüllung lange gehegter Hoffnungen: Die Gedanken wurden zur Tat. Der weitere Verlauf der Revolution bildete dann die intellektuelle Herausforderung, Methoden zu erdenken, durch die dem eigenen Land die gleichen Errungenschaften gesichert, dabei aber die französischen Gefahren und Zerstörungen vermieden wurden. Andere dagegen sahen ihren Zweifel an der Perfektibilität des Menschengeschlechts bestätigt, der unter allem aufklärerischen Optimismus geschlummert hatte. Für prinzipielle Gegner war die Revolution das Chaos schlechthin, das dazu herausforderte, das Alte unter allen Umständen zu bewahren oder aber zu etwas gänzlich anderem vorzustoßen. Die Übergänge zwischen den einzelnen Fronten und Positionen waren dabei breiter als deren reine Manifestationen.

In einigen deutschen Provinzen ermutigte die Revolution zu dem Versuch, besonders drückende Verhältnisse abzuschütteln. In Sachsen kam es 1790 zu einem Bauernaufstand, der – wenn auch ohne Aussicht auf Erfolg – eine große Anzahl von Dörfern und Städten erfaßte. Auch in Schlesien, Mecklenburg und Bayern entstanden vorübergehende Unruhen gegen die Feudalherrschaft. Konsequenteres aber vollzog sich nur unter dem unmittelbaren Einfluß der Franzosen, also im Westen des Reiches. Als im März 1793 französische Truppen Mainz besetzten, gründeten deutsche Jakobiner die erste Republik auf deutschem Boden, die sie sogleich ans republikanische Frankreich anschließen wollten. Der Versuch zerbrach wenige Wochen später, als die Alliierten Mainz einschlossen und – im Juli – wieder einnahmen. Richtungskämpfe hatten den deutschen Klub schon vorher erschüttert, wie überhaupt jede Revolution neben den aufrichtig und klar Motivierten auch Hitzköpfe, Wirrköpfe, Abenteurer und Machiavellisten mit hochschwemmt, die nicht selten die Oberhand bekommen, ganz abgesehen davon, daß die politische Praxis auch die Aufrechten oft in Kollision mit ihren Theorien und Idealen bringt.

Links des Rheines, in den französisch besetzten Territorien Köln, Bonn und Koblenz, die 1797 – für kurze Zeit – als eine Cisrhenanische Republik proklamiert wurden, bedeutete die Revolution nicht nur neue, republikanische Herrschaft, sondern auch fremde Okkupation, also Militärherrschaft mit ihrer menschlichen wie wirtschaftlichen Misere. Die Besatzungsmacht errichtete überdies nach und nach eine Funktionärsbürokratie, die sich in ihrer Willkür, Korruption, Bereicherungssucht und Selbstherrlichkeit in nichts von den früheren Herrschern unterschied. Der junge Joseph Görres zum Beispiel verlor im Kampf dagegen allmählich seinen ganzen revolutionären Idealismus. Rechts des Rheins und in der Mitte Deutschlands waren es wiederum Flüchtlingszüge aus dem linksrheinischen Gebiet, wie Goethe sie in *Hermann und Dorothea* beschrieben hat, die für die Bevölkerung weithin das Bild der Französischen Revolution prägten als Urheber von Not und aller Art menschlichen Elends. Aber es gab auch zahlreiche adlige französische Emigranten, die reichen beweglichen Besitz gerettet hatten und mit ihren Ansprüchen und ihrem Dünkel den einheimischen Bürgern rasch zur Last wurden. Durch Napoleon wurde schließlich das Land als Ganzes mit Krieg überzogen, so daß sich antirevolutionäre Gesinnung als Antifranzosentum und deutscher Patriotismus zeigen konnte, in welch letzterem man sich dann mit einstigen jakobinischen Patrioten traf, während gerade Revolutionsskeptiker wie Goethe auch Skeptiker des Patriotismus blieben.

Die meisten deutschen Intellektuellen der Zeit, die Schriftsteller, Gelehrten und Philosophen, haben die Revolution in ihren Anfängen als eine letzte

Konsequenz aufklärerischen Denkens betrachtet und begrüßt. Sie bedeutete für sie eine Bestätigung der Erwartung, Denken und Schreiben könne die Welt nicht nur interpretieren, sondern sie auch verändern. Diese Folgerung war für ein Land von besonderer Wichtigkeit, das seine politisch-ökonomische Unterentwicklung mit einer hohen geistigen Kultur kompensieren konnte. So bedeutete die Französische Revolution zwar nicht den Beginn einer neuen Epoche für die Deutschen, was sie als Ereignis in einem fremden Land auch schwerlich sein konnte, wohl aber Ermutigung zur Fortsetzung des begonnenen Weges in die «Morgenröte» einer neuen Zeit hinein: das Bild ist, wie früher erwähnt, bei fast jedem deutschen Schriftsteller in den frühen neunziger Jahren zu finden.

Nun sind allerdings «Morgenröte» oder «neuer Tag» und «neues Zeitalter» im Grunde nur poetische Metaphern für keineswegs eindeutige Sachverhalte. Jede Revolution erhebt den Anspruch, nicht nur neue Machtverhältnisse zu schaffen, die Dinge also nicht nur anders zu machen, sondern zugleich auch besser. Dabei bezieht sich dieses Bessermachen nicht allein auf die materiellen Bedingungen der menschlichen Existenz, sondern auf diese als Ganzes, auf die Harmonie des einzelnen mit der Gesellschaft und auf die Erfüllung seiner Glückserwartungen. Der Anspruch von Revolutionen läuft also gewöhnlich darauf hinaus, daß die Menschen durch sie in Zukunft nicht nur besser leben, sondern auch besser sein werden. Das materielle Ziel verbindet sich mit einem moralischen. Gerade hier aber gibt es immer wieder die meisten Enttäuschungen und muß es sie geben, da sich das eine Ziel auf vom Menschen geschaffene und daher auch durch ihn veränderbare Verhältnisse bezieht, das andere jedoch auf seine Natur, die ihm gegeben ist, die keiner geschichtlichen Entwicklung unterliegt und auf die er auch nur in begrenztem Maße in der Herausbildung seiner Persönlichkeit Einfluß hat.

Diese Problematik aller Revolutionen wird nun für das europäische Denken zum erstenmal an der Französischen Revolution deutlich offenbar. Denn sie, die auf die Beseitigung des Ancien régime in Frankreich gerichtet war und eine neue, bürgerlich-kapitalistische Staats- und Wirtschaftsform zur Folge hatte, wurde doch eben auch als das praktische Resultat philosophischer Anstrengungen betrachtet. Man sah sie als Folge eines Denkens an, in dessen Zentrum das Individuum als freies Wesen stand, eines Wesens, das die Kraft, gut zu sein, in sich trug. Moral und Freiheit bedingten einander und legten so den Grund zu allen Rechten des einzelnen in der gesellschaftlichen Formation. Diese Philosophie war nicht nur eine französische Angelegenheit, sondern an ihr hatten in verschiedenem Maße englische, deutsche, spanische und russische Philosophen Anteil. Das monumentale Gebäude der Kantischen Philosophie – die *Kritik der reinen Vernunft* war 1781, die *Kritik der praktischen Vernunft* 1788 erschienen – konnte geradezu als eine Summe vieler dieser Denkanstrengungen betrachtet werden. So erschien die Französische Revolution zahlreichen Intellektuellen auch außerhalb Frankreichs als «ihre» Revolution, als von ihnen indirekt mitbewirkt, und gerade Kants Sympathien für die Franzosen, die er trotz aller Bedenken im einzelnen bis an sein Lebensende beibehielt, sind auf einem solchen Gefühl spiritueller Teilhabe gegründet. Die Franzosen selbst haben diese Vorstellung mit ihren Ehrenbürgerbriefen für Klopstock, Schiller, Pestalozzi, Campe, Washington, Kościuszko, Payne und andere gefördert und ihr Publizität verschafft.

Tatsächlich waren viele Revolutionäre in Paris philosophisch motiviert, feierten mit Berufung auf Rousseau und Voltaire die aufklärerische Tradition ihres Landes und zelebrierten für kurze Zeit einen Kult der Vernunft als neue Religion. Die Revolution war also zum erstenmal in der europäischen Geschichte mit einer Ideologie verbunden, und zwar mit einer, die nicht auf den Sturz eines einzelnen Herrschers, sondern auf die Beseitigung von Herrschaft überhaupt gerichtet war. Der universale Anspruch der Philosophie konnte sich nicht mit Veränderungen in der politischen und ökonomischen Realität begnügen, er zielte auf die Befreiung der Menschheit. Davon rührt denn auch die Bewertung der Revolution als einer prinzipiell guten und progressiven historischen Tat her, wie sie seit der Französischen Revolution im europäischen politischen Denken weithin Schule gemacht hat. Philosophie als Ideologie des freien Subjekts entthronte in einem Zeitalter der Aufklärung und Säkularisation die Religion als Legitimation menschlicher Herrschaft. Staatliche Ordnung sollte sich hinfort nur noch aus dem Gesellschaftsvertrag freier und gleicher Menschen herstellen. Ihre Transzendenz des Gegenwärtigen aber erhielt die Philosophie dadurch, daß sie sich als Interpretation von Geschichte verstand, und zwar von der Geschichte als Fortschritt, so daß sich politische Aktion als Übergang in ein neues, höheres Stadium deuten und rechtfertigen ließ. Die Philosophie als Welterklärerin und Weltveränderin wurde zum staatstragenden Konzept.

Deutsches idealistisches Denken um 1800 folgte in weitestem Maße diesen Voraussetzungen, auch dort übrigens, wo man sich von der Französischen Revolution selbst distanzierte. Seine Kulmination fand dieser Idealismus später in Marx' 11. Feuerbach-These aus dem Jahre 1845 mit der Kritik des jüngeren Philosophen an den älteren: «Die Philosophen haben die Welt nur verschieden *interpretiert;* es kommt aber darauf an, sie zu *verändern.*» Kant hat gegen eine solche, mit dem ominösen «aber» das Ende aller Philosophie einläutenden Meinung in seiner Schrift *Zum ewigen Frieden* (1795) schon im voraus erinnert: «Daß Könige philosophieren, oder Philosophen Könige würden, ist nicht zu erwarten, aber auch nicht zu wünschen; weil der Besitz der Gewalt das freie Urteil der Vernunft unvermeidlich verdirbt.» Das zeigte sich denn auch rasch im Verlauf der Französischen Revolution.

Daß politisches Handeln seine eigene Dynamik hat und sich Forderungen der Philosophie nur begrenzt beugt, ist eine sehr allgemeine Erfahrung, aber sie mußte gerade dort besonders ans Licht treten, wo das Handeln von vornherein mit nichts anderem als den Forderungen der Philosophie legitimiert werden sollte. Außer acht gelassen werden muß in diesem Zusammenhang der Streit der Historiker über das, was denn nun tatsächlich die Französische Revolution vor der Geschichte darstellt: ein notwendiges und folgerichtiges Ereignis in einem großen historischen Kausalzusammenhang oder eine von Zufällen und der momentanen Konstellation politischer sowie ökonomischer Vorgänge bedingte Kette von Geschehnissen, deren endliche Ergebnisse auch auf andere Art und Weise zu erreichen gewesen wären. Die Positionen dieses Streits sind schon früh von Alexis de Tocqueville und Karl Marx abgesteckt worden und bestimmen bis in die Gegenwart die Interpretationen der Revolution in ihrem Ablauf. Für die Betrachtung deutscher literarischer Reaktionen ist auf jeden Fall das Bewußtsein von zwei grundsätzlich verschiedenen Deutungsmöglichkeiten der Revolution unentbehrlich, wenn nicht jede Ansicht und jede Reaktionsweise auf das Streckbett einer Ideologie gespannt, sondern in ihrem tatsächlichen historischen Kontext verstanden werden soll.

Eine von Tocqueville ausgehende und in jüngster Zeit vor allem von François Furet weiterentwickelte Sicht der Revolution würde besonders den deutschen Kritikern der Vorgänge in Frankreich recht geben, die in verschiedenem Maße entweder von vornherein Distanz gegenüber Gewaltaktionen einnahmen, wie das insbesondere für Goethe und Schiller zutrifft, oder die sich nach anfänglich oft tiefreichenden Sympathien mehr und mehr enttäuscht abwandten, als die Revolution in ihr radikalstes Stadium trat. Das gilt insbesondere für Wieland, Klopstock, Herder, Jean Paul und Hölderlin. Die marxistische Sicht konstatiert hingegen in allen solchen Fällen einen Sieg der deutschen Misere über die geschichtliche Weitsicht. Spießbürgerliche Ängstlichkeit und lahmer Konservatismus hätten selbst die sonst ihrem Jahrhundert weit vorausblickenden besten Deutschen in die Knie gezwungen und sie mehr oder weniger freiwillig ihren Frieden mit den deutschen Zuständen machen lassen, wenn sie nicht, wie etwa Hölderlin, an solchen Widersprüchen zerbrachen. Die eigentlichen Helden der Stunde sind in dieser Sicht die jakobinischen Schriftsteller, die die Revolution als nicht nur unvermeidliche, sondern folgerichtige Tat empfanden, um die hohen Ziele der Aufklärung durchzusetzen und eine auf Freiheit und Gleichheit beruhende Gesellschaft zu gründen. Jakobinische Enttäuschung hätte dort, wo sie auftrat, dann eher darin ihre Ursachen gehabt, daß die Revolution nicht weit genug ging, daß sie lediglich die Bourgeoisie als Klasse etablierte und daß also die Ansätze zur Beseitigung aller Klassenherrschaft, wie sie in der Jakobinerdiktatur enthalten waren, mit dem Sturze Robespierres zunichte wurden.

Die deutsche Literaturgeschichtsschreibung ist lange Zeit den in der Literatur der Revolutionszeit aufgeworfenen politischen Fragen gänzlich aus dem Wege gegangen, indem sie von einem konservativen Standpunkt aus die sogenannte jakobinische Literatur, also die Streitschriften, Gedichte, Agitationsstücke und Aufrufe grundsätzlich übersah und sie als Tagesliteratur, was sie denn auch war, aus der geschichtlichen Übersicht ausschloß. Das hat insbesondere in den letzten zwei Jahrzehnten zu Gegenreaktionen geführt, wobei Literatur gleichfalls wieder nach einem politischen Standpunkt sortiert wurde und statt der literarischen Aussagekraft und Bedeutung eines Werkes die im übrigen schwer zu definierende Progressivität des Autors der einzige Maßstab war.

Einverständnis zwischen den Meinungslagern dürfte wohl insgesamt darin bestehen, daß in der Französischen Revolution zum erstenmal in großem Maße demokratische Herrschaftsformen ausprobiert wurden, die Präfigurationen jener vielfältigen Variationen des Begriffes Demokratie bildeten, wie sie das 20. Jahrhundert kennengelernt hat und noch weiter kennenlernt. Auch deren Widersprüche traten in der Französischen Revolution zum erstenmal ans Licht: Es sind die Widersprüche, die sich unter dem Zeichen der Demokratie zwischen humanitärem Ethos und politischer Pragmatik, zwischen freiheitlicher Ideologie und rigorosem Machtegoismus ergeben und die eben auf die prinzipielle Frage zurückführen, ob durch die Veränderung von Herrschaftsformen und Lebensverhältnissen tatsächlich auch bessere Menschen entstehen oder nicht. Es kann nicht Sache der Literaturgeschichte sein, diese Frage zu entscheiden; sie kann lediglich versuchen, den Stimmen der Zeit offene Ohren zu verschaffen und nicht durch Voreingenommenheit oder Denkklischees von vornherein Erkenntnis zu verhindern.

Legitimation der Macht durch die Ideen der Philosophie und durch den Willen eines als Wählermenge auftretenden Volkes führte zu einem gewaltigen Aufschwung der Rhetorik. Die Sprache wurde zu einem Instrument politischer Wirksamkeit; sie drückte die Nah- und Fernziele aus, sie war das Mittel der Überredung, mit der die einzelnen Macht- und Interessengruppen sich durch Berufung auf den Volkswillen gegeneinander durchzusetzen versuchten, und sie stellte schließlich die Formeln bereit, mit deren Hilfe die Freunde gekennzeichnet und die Gegner denunziert wurden. Die Demokratie erwies sich in der Französischen Revolution zum erstenmal als eine Herrschaft durch Sprachregelung.

Damals entstand im Französischen ein eigener politischer Wortschatz, in dem durch Neuprägungen und Bedeutungsverschiebungen die philosophisch-moralischen Voraussetzungen mit der politischen Realität in Übereinstimmung gebracht werden sollten, um die Öffentlichkeit auf diese Weise im Sinne von Machtgruppen zu lenken, wobei die Philosophie dann nicht selten die Rolle eines Religionsersatzes annahm. Aus Kirchen wurden «Vernunftstempel», man sprach von «salut public», also öffentlichem Heil, und religiöse Qualitäten wurden gelegentlich auch dem einen oder anderen Revolutionsführer zugelegt, was all das so Bezeichnete aus dem Bereich der Fehlbarkeit, des Widerspruches und der Kritik rückte. Deutsche Zeitschriften brachten damals Listen der französischen Neologismen und versuchten sie einzudeutschen, aber auch kritisch zu kommentieren und als Euphemismen zu entlarven. Das letztere galt besonders für jene zynischen Ausdrücke, wie sie im Zusammenhang mit einigen Greueltaten in der Zeit der Revolutionskämpfe verwendet worden waren: «republikanische Heuraten» zum Beispiel, bei denen man Paare entkleidete, zusammenband und ins Wasser

warf, um sie zu ertränken, oder «patriot sche Schiffahrt», be der Gegner, vorwiegend
Frauen und Kinder, gefesselt in Schiffe gesetzt wurden, die man dann versenkte. Das
fanatisch antirevolutionäre Journal *Eudämonia* berichtete sogar von «revolutionären
Stiefeln», die sich angeblich Barère und St. Just aus den Häuten von Guillotinierten
haben anfertigen lassen. Abgesehen von den Gruppenbezeichnungen wie «Sansculot-
ten», «Jakobiner», «Aristokraten» oder «Monarchisten» gingen damals in den deutschen Sprachgebrauch auch Wörter wie «Freiheitsbaum», «Pressefreiheit» oder das
«Septembrisieren» ein, das letztere ein von Anacharsis Cloots geprägtes Wort, das sich
auf die Septembermorde des Jahres 1792 bezog und nach Cloots' Erklärung bedeutete,
daß man «die Sichel der Gleichheit umhergehen lasse».

Wichtiger noch als die Neubildungen waren die Umwertungen oder Neudeutungen
von konventionellen Wörtern im Sinne einer politischen Gesamtphilosophie oder
Ideologie. In einem Aufsatz «Ueber den Mißbrauch der Worte, und den Unbestand
der Begriffe, während der Revolution» heißt es 1795 in den liberalen, vieler ehemaligen Mainzer «Klubbisten» das Wort gebenden *Beyträgen zur Geschichte der Französischen Revolution*, das sich in der Sprache der Revolution mit Hilfe von sieben bis acht
Wörtern eine Umwandlung sämtlicher Begriffe vollzogen habe oder vollziehen lasse.
Dazu gehörten Wörter wie «Nation», «patriotisch» oder «revolutionär», die als positive Begriffe nicht nur den Bezug zur Philosophie herstellten, sondern in Komposita
oder als Beiwörter auch die Grundwörter umwerteten und die damit bezeichneten Sachen oder Handlungen legitimierten, also unanfechtbar machten. Ein Mord konnte als
«patriotische» Tat akzeptabel, die Rede eines politischen Gegners, als «konterrevolu-
tionär» gebrandmarkt, ein todeswürdiges Verbrechen sein. Das Ethos von Gleichheit,
Freiheit und Brüderlichkeit wurde auf diese Weise gerade in seiner scheinbaren
Durchsetzung annihiliert – erste Beispiele politischer Sprachlenkung.

Die deutschen Reaktionen auf die Französische Revolution reflektieren
auf einer breiten Skala der Ansichten und Einstellungen diese Erscheinungen
und Vorgänge. Eine simple Einteilung der Beobachter oder Beteiligten in
tapfere Jakobiner, gegenrevolutionäre Dunkelmänner und ängstliche Kon-
formisten ist allerdings nicht möglich, auch wenn es natürlich von jeder Sorte
charakteristische Exemplare gab. Je bedeutender jedoch ein Autor ist, desto
weniger paßt er in vorfabrizierte Kategorien. Zu unterscheiden ist außerdem
genau zwischen den Zeitpunkten der einzelnen Zeugnisse, denn die Meinungen wandelten sich mit der geschichtlichen Entwicklung, also einmal mit
dem Übergang der «philosophischen Republik» – wie eine Zeitschrift das revolutionäre Frankreich nannte – zu einer kriegführenden, und zum anderen
mit der zunehmenden Unvereinbarkeit zwischen den 1789 erklärten Menschenrechten und der Schreckensherrschaft von 1793/94, in der schließlich,
um Büchners Danton zu zitieren, die Revolution ihre eigenen Kinder fraß.
Natürlich kommen auch soziale Stellung und persönliche Erfahrungen oder
Anlagen als meinungsbeeinflussende Faktoren hinzu. Banalität oder Subtili-
tät bei der Erfassung politischer Dichotomien findet sich jedenfalls auf der
ganzen Breite der Reaktionen, wobei die Differenz zwischen manch wacker
reimendem Jakobiner und Georg Forster, der als politisch Denkender und
Handelnder ein Opfer der Zeit wurde, ebenso groß war wie die zwischen
Kotzebue und Goethe auf seiten der Kritiker und Gegner der Revolution.

Im folgenden soll nun ein Überblick über die wesentlichsten unmittelbaren

Zeugnisse für die Auseinandersetzung deutscher Schriftsteller mit den Ideen und Ereignissen der Revolution gegeben werden. Mittelbar gehört die gesamte Literatur der neunziger Jahre und noch einer beträchtlichen Zeit danach in diesen Zusammenhang. Goethes Epik, Schillers Dramatik oder Hölderlins Lyrik sind ohne den Hintergrund der französischen Geschehnisse nicht denkbar. Über diese Werke kann jedoch, um ihrer Komplexität gerecht zu werden, erst in den Kapiteln die Rede sein, die den literarischen Texten gewidmet sind. Hier geht es vorerst allein um Ansichten und Einstellungen, wie sie in Texten, in Liedern, Dramen, Erzählungen, Reden, Essays oder Aufrufen zum Ausdruck kommen als Teil der politischen Auseinandersetzungen des Tages. Es handelt sich jedoch um nichts Beiläufiges, sondern um einen substantiellen Teil der geistigen Produktion Deutschlands in diesen Jahren, ohne dessen Kenntnis sich auch die über das politisch Aktuelle hinausdenkenden Theorien oder die literarischen Kunstwerke nicht in ihren rechten Proportionen begreifen lassen.

## 2. Revolutionsliteratur

Die Französische Revolution hat in Deutschland eine unübersehbare Fülle von Literatur hervorgebracht. Zeitschriften, Pamphlete, Flugblätter, Lieder, Schauspiele, Erzählungen und Romane nahmen die Ereignisse in Frankreich auf, um zu informieren, zu erklären, zu agitieren, zu begeistern, zu kritisieren, zu verurteilen und zu verdammen. Es war eine aufgeklärte, eine schreibfreudige Nation, die sich zu Worte meldete und eine lesebereite Öffentlichkeit fand oder erst bildete. Gewiß darf der Einfluß manch kleiner und kleinster Blättchen nicht überschätzt werden, denn bis zu dem Millionenpublikum moderner Medien war es noch ein langer Weg. Aber wenn sich um 1800 die deutsche Kulturnation in den Werken ihrer großen Dichter und Philosophen auf der Höhe ihres politischen Denkens manifestierte, dann tat sie es mit dieser Literatur in der Breite. Die Vielzahl der Publikationen schuf damals ein breites Forum für die Diskussion.

Literatur, die für den Tag geschrieben wird, die Meinungen bilden oder verändern, propagieren oder zu Handlungen veranlassen will, ist in ihrer Wirkung auch zumeist auf diesen Tag beschränkt. Wenn die Anlässe verschwinden, ist sie nur noch von historischem Interesse, es sei denn, daß ein Autor von der Gestaltungskraft und menschlichen Einsicht eines Klopstock den Tagesanlaß auf allgemeinere Verhältnisse des Menschen hin durchschaut und solche Erkenntnis im Kunstwerk anschaulich macht. Das geringere Talent erliegt dagegen zumeist dem Gemeinplatz oder dem historischen Detail. Das führt dazu, daß solche literarischen Äußerungen rasch vergessen werden, obwohl gerade sie erst den Zeitgrund sichtbar machen, aus dem auch die Werke höheren Anspruchs und größerer Dauer hervorwachsen und auf den sie sich in vielfacher ästhetischer und historischer Reflexion beziehen.

Inzwischen hat die sogenannte Jakobinerliteratur größere Aufmerksamkeit gefunden, wodurch ein breites Spektrum des literarisch-politischen Meinungsaustauschs im Deutschland nach der Französischen Revolution sichtbar geworden ist. Problematisch bleibt nur der Begriff «Jakobinerliteratur» selbst, der das Interesse auf eine bestimmte politische Richtung festlegt, die eher den Überzeugungen späterer Forscher als der historischen Tatsachen entspricht. Die erste Schwierigkeit besteht im Wort «Jakobiner», das zwar nach 1789 gang und gäbe war, sei es nun als Bekenntnis oder als Denunziation, das aber angesichts der Vielzahl persönlicher Meinungen zu einer Zeit, da es noch keine politischen Parteien gab, und angesichts der ständigen Veränderung der Revolution selbst keine definierbare Bestimmtheit besitzt. Im gegenwärtigen Sprachgebrauch bezeichnet es denn auch nur sehr allgemein den republikanisch Gesinnten, wobei oft weit auseinanderliegende Meinungen und Einstellungen darunter zusammengefaßt werden. Die andere Schwierigkeit mit dem Begriff «Jakobinerliteratur» besteht darin, daß die literarischen Mittel und Verfahren auf der ganzen Breite der politischer Skala im wesentlichen dieselben waren, ganz gleich ob nun ein Pamphlet gegen oder für die Hinrichtung des Königs eintrat oder ein Theaterstück gegen oder für die Franzosen agitierte. Nicht selten wurden ja auch die ehemaligen Freunde zu Skeptikern oder Gegnern wie im Falle Klopstocks oder Görres'. Die Literaturgeschichte, die primär mit literarischen Texten, nicht mit Gesinnungen zu tun hat, kann deshalb nicht von vornherein politisch sortieren, sondern ist auf den neutralen Begriff «Revolutionsliteratur» angewiesen.

Revolutionsliteratur verfolgt einen unmittelbaren agitatorischen Zweck; sie will dazu beitragen, Meinungen zu bilden, will spezielle Mißstände exponieren und Anleitung zu politischem Handeln sein. Daß sie sich dabei von jener Literatur unterscheidet, in der ein Autor seine Erfahrungen in den Zusammenhang einer größeren existentiellen Problematik zu stellen versucht, ist offenbar. Flugblattverse, die in den Koalitionskriegen zum Friedensschluß aufrufen, müssen etwas anderes sein als Hölderlins «Friedensfeier», wenn sie ihre Absicht erfüllen sollen. Der Unterschied ist also nicht einfach der zwischen guter und schlechter Literatur, sondern zwischen zwei ganz verschiedenen Literaturtypen, denen man mit pauschalen Qualitätsurteilen nicht beikommt.

Revolutionsliteratur richtet sich unmittelbar an die Öffentlichkeit; sie verlangt Publizität, wie ein häufig gebrauchter Ausdruck der Zeit lautete. Kant hat in seinem Entwurf *Zum ewigen Frieden* (1795) Publizität sogar in eine «*transzendentale Formel* des öffentlichen Rechts» eingeschlossen: «Alle auf das Recht anderer Menschen bezogene Handlungen, deren Maxime sich nicht mit der Publizität verträgt, sind unrecht.» In einer republikanischen Staatsform muß idealerweise die Öffentlichkeit die Rechtfertigungsinstanz aller Handlungen sein; was man vor ihr verbirgt, widerspricht dem Grundsatz des Republikanismus.

Während der Besetzung von Mainz ging zum Beispiel Georg Forster in der Wochenschrift *Der Patriot* ausführlich auf die «Fragen des Redakteurs der mainzer Nationalzeitung in Nr. 193 und 194 vom 20. und 21. Dezember 1792» ein, die auf Kritik an der Absendung ungewählter Deputierter der Mainzer Bürgerschaft nach Paris hinausliefen. Seiner detaillierten Verteidigung schickt Forster im nächsten Heft die Bestätigung der «vollkommnen Publizität unserer republikanischen Gesellschaften» nach. Schon früher, als es um den Vorschlag aus den eigenen Reihen ging, geheime Mitglieder zur Bespitzelung der Bevölkerung aufzunehmen, hatte man den «Abscheu der Gesellschaft der Freiheit und der Gleichheit zu Mainz gegen alles, was das Gepräge des Verborgenen zu tragen scheint», ausdrücklich bekannt. Solche Abwehr von Vorwürfen und Tendenzen erweist zu gleicher Zeit die Gefahren und Grenzen der neuen Herrschaft. Je größer und umfassender der Anspruch einer Philosophie ist, desto größer sind auch die Versuchungen, ja Nötigungen, sie in der Praxis zu hintergehen, um sie rein zu erhalten. Es bedurfte in Mainz der moralischen Kraft politischer Idealisten wie Georg Forster, um die Reinheit der Gedanken nicht dem Vorteil der Praxis zu opfern.

Für die Literatur bedeutete der Grundsatz der Publizität, daß man die öffentliche Meinung für die eigenen Ansichten und Ziele zu gewinnen und alle Gegner als Verführer und Verschwörer anzuprangern hatte. Republikanismus und Öffentlichkeit bildeten also eine untrennbare Einheit, und nicht nur Republikaner, sondern auch Antirepublikaner waren genötigt, von dieser Tatsache Kenntnis zu nehmen. Ein solches Bestreben nach Rechtfertigung vor der Öffentlichkeit führte gelegentlich zu grotesken Konstellationen. In Straßburg etwa ließ der ehemalige Mönch Eulogius Schneider als öffentlicher Ankläger Scharen von Menschen zur Guillotine verdammen, während er gleichzeitig in Gedichten die hohen Ideale der Gleichheit, Freiheit und Brüderlichkeit feierte.

Zu den Urhebern der Revolutionsliteratur gehörten nicht nur berufliche Schriftsteller, sondern auch Männer der Politik und vor allem jene Vielzahl enthusiastischer Laien, die in ruhigeren Zeiten ihre Frühlings- oder Liebesgedichte aus dem Grundstock vorhandener Bilder, Metaphern, Topoi, Reime und Versformen zu komponieren pflegen, nun aber, unter der Anforderung der Stunde, die Schlagwörter und Losungen der Bewegungen und Gegenbewegungen in Strophen brachten. Von ihnen rührten zumeist auch die vielen anonymen Zeitschriften- oder Flugblattgedichte her.

Einer der Hauptumschlagplätze für die Revolutionsliteratur, für die Gedichte, Lieder, Reden, Aufrufe, Glaubensbekenntnisse, Briefe, Reiseberichte, Aphorismen, Dialoge und selbst für manche politischen Theaterstücke waren die vielen größeren, kleinen und kleinsten Journale und Almanache dieser Jahre, von denen manche über ein ganzes Jahrzehnt hin fortliefen, andere es nur zu ein oder zwei Jahrgängen brachten. «Sind nicht jetzt der Zeitungen, der Monatsschriften, der fliegenden Blätter so viel, aus denen wir uns unterrichten, an denen wir unsern Verstand üben können!» läßt Goethe

seinen Breme in den *Aufgeregten* (1793) sagen. Georg Forster hat einmal die
Journale «die Vehikel der allgemeinen Aufklärung» genannt, und Görres
wollte mit seinem *Rothen Blatt* «die Metamorphose der Gesinnungen und
Meynungen unserer Mitbürger» bewirken, denn «Publizität, der mächtige
Hebel, der das Geisterreich in Bewegung setzt», war ihm sogar das Haupt-
mittel zu «unserer politischen und moralischen Regeneration». Zumindest
boten also die Zeitschriften ein Medium des Meinungsaustauschs, wo
viele für viele schreiben konnten und auf diese Weise ein öffentliches, allgemein deutsches Interesse entstand, das allerdings in der weiteren historischen
Entwicklung wieder zurückgedrängt wurde. Aber für die fernere sprachliche
Kommunikation der Deutschen waren sie immerhin von Bedeutung, denn
hier wurde die Bildungs- und Literatursprache der zweiten Hälfte des
18. Jahrhunderts in breitere Kreise getragen. Wie breit freilich diese Kreise
tatsächlich waren, läßt sich heute nicht mehr berechnen, da kaum Auflagenzahlen vorliegen.

Das Meinungspanorama der Zeitschriften sowie die Verschiedenheit ihrer
literarischen und kulturellen Ambitionen war groß. Widmeten sich die einen
unmittelbar politischen Zwecken, so standen andere, etwa die Zeitschriften
Johann Friedrich Reichardts, *Deutschland* (1796) und das *Lyceum der schönen
Künste* (1797), den literarischen Streitfragen oft näher als der politischen Argumentation.

Eine der frühesten war das von Joachim Heinrich Campe begründete *Braunschwei-
gische Journal* (1788–91), das von 1792 bis 1793 unter dem Titel *Schleswigsches Journal*
fortgesetzt wurde. Campe war von Anfang an ein entschiedener Bewunderer der Französischen Revolution. Im August 1789 war er mit Wilhelm von Humboldt nach Frankreich gereist und hatte von dort aus begeistert in *Briefen aus Paris zur Zeit der Revolution geschrieben* (1790) von den neuen Menschen berichtet, die er aus der neuen Freiheit
entstehen zu sehen glaubte. Campes Journal bezeichnet deutlich den Übergang von
philosophisch-theologischer zu politischer Aufklärung unter dem Einfluß der Vorgänge in Frankreich, einen Übergang, der sich damals vielfach unter deutschen Intellektuellen vollzog und damit die katalytische Wirkung der Revolution von dieser Seite her
deutlich macht. War Campes Zeitschrift zunächst allgemeiner erzieherischen Grundsätzen verschrieben, so nahm sie nach 1789 einen politisch aggressiven Ton an, der sogar zum Ausweichen vor der Zensur nach Hamburg, also zur Begründung des *Schleswigschen Journals* nötigte. Dieses trat entschieden gegen die Behinderung der Schreib-
und Denkfreiheit auf, brachte im ersten Band zwei Übersetzungen der Marseillaise,
die eine davon von Johann Heinrich Voß mit beigegebenen Noten, brach dann aber
nach der Hinrichtung Ludwigs XVI. mit der Praxis der Revolution, so sehr es die
Theorie, die zu ihr geführt hatte, aufrechterhielt.

Die Zahl der streng jakobinischen Zeitschriften, die es damals in Deutschland gab,
wird auf rund zwanzig geschätzt; allein in Mainz haben zur Zeit der Besetzung und
Republik nicht weniger als fünf existiert, darunter der von Georg Christian Gottlob
Wedekind herausgegebene *Patriot* (1792–93), in dem Georg Forster seine letzten grö-
ßeren politischen Beiträge veröffentlichte. Forster selbst war zugleich Herausgeber der
*Neuen Mainzer Zeitung*. Seine «Parisischen Umrisse» aus den letzten Monaten in
Frankreich erschienen in den *Friedens-Präliminarien* (1793–96) Ludwig Ferdinand
Hubers, der aus dem Nachlaß Forsters auch eine Reihe anderer später politischer

Schriften brachte. Huber gab danach noch zwei Jahre lang die Zeitschrift *Humaniora* (1796–97) heraus, die eine Fortsetzung der *Beyträge zur Geschichte der Französischen Revolution* (1795–96) war, deren Herausgeber Peter Paul Usteri seinerseits das Journal *Klio* (1795–96) begonnen hatte, das dann, wiederum von Huber, als *Neue Klio* (1796–98) fortgesetzt wurde und zu den interessantesten, geistig bewegtesten Journalen dieser Jahre gehört. Das Nebeneinander verschiedener Zeitschriften unter der Leitung eines Herausgebers verweist also auf die Absicht, ein möglichst breites Lesepublikum durch verschieden gestaltete Publikationen zu erreichen.

Im Bereich der seit 1794 okkupierten linksrheinischen Gebiete entstanden einige nahezu allein von einzelnen Herausgebern geschriebene Zeitschriften, wie die des ehemaligen Mönchs Franz Theodor Biergans, der 1795 seinen *Brutus oder Der Tyrannenfeind* publizierte – «eine Zehntags-Schrift um Licht und Patriotismus zu verbreiten». Biergans nimmt darin in einem Gedicht geziemend seinen «Abschied von der Theologie»:

> Gute Nacht, leb wohl du dicke fette Kunst!
> Viel zu lang hast du mit Poßen mich betrogen,
> Fort dein ganzes Wortgepräng ist blauer Dunst
> Dunst, womit am Gängelband du mich gezogen.

Die Alternative ist bezeichnenderweise klassisch:

> Ja Apollo dir will ich mein Leben weih'n
> Dir und deinen trauten Holden Pierinnen,
> Immer will ich euch die schönsten Veilchen streu'n,
> Stäts an eurem Busen tändeln, ihn minnen.

> Wann die Kette dann an meinen Lenden klirrt,
> Dann sollst Clio du mir Trost vom Parnaß schicken,
> Wann mein eingesperrter Geist noch Freiheit girt,
> Dann laß' mich von weitem nur dein Antlitz blicken.

Die großen geistigen Auseinandersetzungen der Zeit über die Menschheitserneuerung im Zeichen der Antike und des Christentums finden hier eine vergnügliche und gemütlich-klassizistische Popularversion.

Biergans' Journal brachte den ersten publizistischen Beitrag des jungen, jesuitisch erzogenen Joseph Görres. 1798 gründete dieser dann seine eigene Zeitschrift, *Das Rothe Blatt*, gewidmet «Den Vätern und Pflegvätern der Eudämonia, der ganzen Aristokraten, Zeloten und Obskurantenbande». Mit der *Eudämonia* (1795–98) bezeichnete dabei Görres die wohl am ausgesprochensten antirevolutionäre Zeitschrift dieser Jahre, deren Grundüberzeugung war, «daß der *französische Jacobinismus* und die *illuminirte Freimaurerei der Deutschen* – nichts anders als Mann und Weib sind, aus deren Umarmung die französische Revolution, und die gegenwärtige neufränkische Republik hervorgegangen sind». Unter solcher Voraussetzung erschien die ganze deutsche intellektuelle Kultur seit den Anfängen der Aufklärung, also von Lessing und Mendelssohn bis zu den Freimaurern Wieland, Goethe und Fichte als Zuträger des Verfalls; nur Schiller wird gelobt, offenbar weil er nie Mitglied der Weimarer Loge geworden war.

Das höchste Niveau unter den konservativen Zeitschriften hatte zweifellos Friedrich Gentz' *Historisches Journal* (1799–1800), das, hauptsächlich von ihm selbst geschrieben, aus der Analyse wirtschaftlicher und politischer Zusammenhänge seine politischen Theorien entwickelt. Es ist bezeichnend für die deutsche Situation, in der es zu keiner Veränderung der politisch-sozialen Realitäten kam, daß die bedeutendsten Publizisten nach der Jakobinerdiktatur und der Thermidor-Wende der Revolution dem konservativen Lager angehört haben oder zu ihm stießen: Friedrich Gentz, Joseph Görres, Friedrich Schlegel und Adam Müller.

## *Jakobinerliteratur*

Wie das Panorama der Publizistik der neunziger Jahre bereits gezeigt hat, lassen sich außer an den Extremen die politischen Neigungen und Sympathien einzelner Organe wie auch einzelner Persönlichkeiten nicht leicht kategorisieren. Wenn dennoch im folgenden gesondert über die republikanische Literatur im größeren Zusammenhang der Revolutionsliteratur gesprochen werden soll, so deshalb, weil besonders die prorevolutionären Schriften der frühen Revolutionsjahre die besten Traditionen aufklärerischen Denkens fortsetzten und zur Auseinandersetzung mit den großen Zeitkonflikten beitrugen, während die revolutionskritischen nur mehr unmittelbare Gegenreaktionen darstellten, ehe sich gegen Ende der neunziger Jahre eigentliche konservative Theorien und Konzepte herausbildeten. Bedenken gegen die allzu große Pauschalität der Begriffe «Jakobiner» und «Jakobinismus» sind bereits vorgebracht worden; im Sinne von Republikaner und Republikanertum haben sie jedoch ihren Gebrauchswert.

Der Jakobinerklub als Inbegriff des radikalsten Flügels des revolutionären Bürgertums war ursprünglich aus dem Klub der bretonischen Abgeordneten hervorgegangen, nachdem er im Oktober 1789 unter dem Namen «Gesellschaft der Freunde der Verfassung» in das Pariser Jakobinerkloster in die Rue Saint-Honoré übergesiedelt war. Ihm gehörten in der Folgezeit eine Reihe jener Revolutionsführer an, die aus der Ferne späterer Zeiten überhaupt als Inbegriff der Revolution betrachtet worden sind, also Robespierre, Danton, Saint-Just, Marat und Hébert. Die Prinzipien des Jakobinismus, daß Revolution und Demokratie gelenkt werden müssen, wenn sie zum Wohle des planlos und spontan agierenden Volkes ausschlagen sollen, führten zu der Schrekkensherrschaft von 1793/94. Nach dem Sturz Robespierres wurde der Klub aufgelöst. Er war im Grunde die Vorform einer modernen totalitären Partei, deren Möglichkeiten wie Gefahren er in nuce zeigte.

Die Jakobinerklubs, deren Zentren im deutschen Sprachgebiet im Westen und Süden lagen, die es aber auch in Norddeutschland und Österreich gab, variierten beträchtlich in ihrem Radikalismus und ihren politischen Zielen. Während in Straßburg Eulogius Schneider eine Guillotine errichten ließ und ihr auch eine gute Zahl von Opfern zuführte, waren die Mainzer Jakobiner eher darauf bedacht, nun tatsächlich nach den besten aufklärerischen Prinzipien einen republikanischen Staat zu errichten. In anderen Städten des Heiligen Römischen Reiches bestand der Jakobinismus oft nurmehr in intellektuell-rhetorischen Bekundungen. Die relative Harmlosigkeit vieler deutscher Sympathisanten der Revolution verhinderte freilich nicht eine durch Zeitungen und Flugblätter geförderte antijakobinische Hysterie. So gab es nach einem Bericht in der Zeitschrift *Genius der Zeit* vom Februar 1795 eine Broschüre mit dem Titel *Laterne für die Deutschfranzosen*, in der unter anderem das Mitleid mit französischen Gefangenen als ein nahezu «sicheres Criterium des Jacobinismus» angesehen wurde. Nach der Wiedereinnahme von Mainz im Juli 1793 kam es zu Mißhandlungen und Grausamkeiten gegen die gefangenen Mitglieder des Jakobinerklubs, die cen sansculottischen Ausschreitungen in Frankreich in nichts nachstanden.

Auf dem Boden der philosophischen Grundlegung politischer Ziele entwickelte sich in den Jahren nach der Französischen Revolution in Deutschland eine breite und reiche republikanische Redekunst, von der in den Zeitungen, Zeitschriften und Flugblättern der Zeit viel überliefert ist – ein bemerkenswertes Arsenal für das Studium des Zusammenhangs zwischen Politik, Rhetorik und Literatur. Die Gebildeten dieses Jahrhunderts waren ausnahmslos literarisch erzogen worden, und ihre Ausdrucksformen wurden geprägt von jenen antiken Klassikern, die sie von frühester Jugend an gründlich hatten lesen und lernen müssen. Hier nun trat die Bildung aus den Schulräumen hinaus unter das Volk.

Die philosophischen Grundlagen der Revolution unterstützten dabei die Anwendung der Rhetorik, denn sie nötigten zum Bezug auf das Allgemeinere, Größere, zur «Amplificatio». Wenn Georg Wedekind als einstiger Mainzer Jakobiner 1795 die Herausgabe der *Rheinischen Zeitung* ankündigt, so tut er es mit dem Satz: «Eine gute Zeitung soll ein Tagebuch der Geschichte der Menschheit, besonders der vaterländischen Geschichte seyn», und die knappe Anzeige von kaum mehr als 700 Wörtern enthält zugleich eine den Satz erläuternde ganze Geschichtsphilosophie:

> «*Geschichte* soll nicht Hererzählung von Nichtswürdigkeiten, nicht Biographie von einzelnen Menschen, von Kaisern, Königen, Fürsten und Generälen, sondern Geschichte von *Völkern* seyn [...] Von einzelnen Menschen spricht die Geschichte nie, um von ihnen zu sprechen, sondern um zu zeigen, was Völker durch einzelner Menschen Einfluß, Gutes und Böses erfahren können.»

Und er fügt hinzu:

> «So suchten Voltaire, Robertson, Hume, Schiller, Gibbon, und einige andere Gelehrte Geschichte zu schreiben: aber so suchten Könige gewiß nie sie vortragen zu lassen. Sie liebten die Geschichte, wie die bildenden Künste, nur dann, wenn sie sich, durch Verewigung des Aberglaubens und der Knechtschaft, erniedrigte.»

Es ist eine Äußerung, die nicht nur die Tendenz republikanischer Rhetorik auf Amplifikation und allgemeinere Gesetze erweist, sondern die auch inhaltlich belegt, wie hier auf der Grundlage des aufklärerischen Axioms von der Gleichheit aller Menschen die Aufzuklärenden, also das Volk, selbst zum agierenden Teil der Geschichte gemacht werden. Ähnlich wie Wedekind leitet der Straßburger Jakobiner Friedrich Butenschön seine «Erfahrungen in

den fürchterlichsten Tagen der fränkischen Revolution» aus dem Jahre 1796
mit allgemeinen philosophischen Betrachtungen ein. «Selbst im stolzen Jahrhundert der Aufklärung» beugte sich «jeder Edle gern vor *Horaz* und *Kant*»,
und Butenschöns ungebrochenes Bekenntnis zur Revolution wird von großen Perspektiven her erklärt:

> «Das alte Gebäu ist umgestürzt, Materialien zu einem neuen im edlern,
> humanern Style liegen fertig, wer wird so thörigt seyn, und die schönen,
> neuen Quader liegen lassen, um aus dem alten, wurmstichigen, zer-
> schmetterten Gebälk sich eine Wohnung zu bereiten, die in kurzer Zeit
> unfehlbar wieder zusammen fallen und ihre Bewohner erschlagen
> muß?»

Zu den bedeutendsten Leistungen jakobinischer Rhetorik zählen vor allem
die letzten Reden und Schriften Forsters, auf die noch einzugehen ist, und
diejenigen des jungen Joseph Görres. Schon als Sechzehnjähriger war Görres 1792, begeistert von den Idealen der Revolution, nach Mainz gegangen,
um dort die erste Republik auf deutschem Boden selbst zu erleben. Im
Herbst 1794 hatten die Franzosen das ganze linke Rheinufer mit Ausnahme
des inzwischen wieder verlorengegangenen Mainz besetzt; deutsche Repu-
blikaner- oder Patrioten-Klubs entstanden, und 1797 wurde von ihnen der
Entschluß zur Gründung einer eigenen cisrhenanischen Republik gefaßt.
Nach dem Staatsstreich vom 18. Fructidor (4. September 1797) forderte Paris
jedoch den völligen Anschluß an Frankreich. Der Friedenskongreß von Ra-
statt, der Ende 1797 begann, legte die schon in früheren Friedensverhandlun-
gen von Preußen und Österreich konzedierte Abtretung linksrheinischer Gebiete an Frankreich endgültig fest und konsolidierte damit die unmittelbare
französische Macht über das Gebiet. In dieser Zeit begann Görres seine jour-
nalistische Tätigkeit, zuerst mit einem umfangreichen Pamphlet *Der allgemeine Friede, ein Ideal* (Januar 1798) und dann mit seinen beiden Zeitschriften *Das Rothe Blatt* (Februar–September 1798) und *Der Rübezahl* (Oktober
1798–März 1799).

In seinen Zeitschriften legt Görres seine republikanischen Überzeugungen dar und
bezieht sie auf die tägliche Praxis eines nun tatsächlich republikanisch gewordenen
deutschen Landes. Sein «Glaubensbekenntnis» im *Rothen Blatt* lautet: «Ich glaube an
ein immerwährendes Fortschreiten der Menschheit zum Ideale der Kultur und Humanität». Aber was ihm die Aufrechterhaltung dieses Glaubens schwer machte, waren
nicht mehr die Fürsten und Pfaffen, sondern die Revolutionäre selbst, die sich häufig
als ebenso korrupt erwiesen wie die einstigen Herrscher und die überdies im französisch gewordenen Koblenz nun eher die Gesellschaft des noch gebliebenen Adels suchten als die der republikanisch gesinnten schlichten deutschen Bürger. Was Görres hier
durchmachte, war die alte und immer wieder neue Erfahrung politischer Idealisten:
das Dilemma zwischen reiner Lehre und besudelter Praxis. Ein beträchtlicher Teil seiner beiden Zeitschriften ist diesem Thema gewidmet. Mit ihm erregte er Anstoß bei
den neuen Herren, so daß er den Titel seines Journals wechseln mußte, und sein un-
beugsames Beharren auf den Idealen führte schließlich zu dem raschen Ende des zwei-

ten Unternehmens. Die ethische Motivierung publizistischer Tätigkeit verkündet sein «Glaubensbekenntnis» im Einklang mit dem schon früher zitierten Bekenntnis zur Publizität, dem republikanischen Respekt vor der Öffentlichkeit:

> «Ich glaube, daß bis zu dem Augenblicke, wo alle unsere öffentliche Fonktionärs nur aus dem Grunde brav sind, weil sie brav sein wollen, ein Surrogat der fehlenden Grundsätze ausgefunden werden muß, das sie antreibt, brav zu handeln, weil sie brav handeln müssen. Dies Surrogat ist die Publizität.»

In solchem Sinne hat der Publizist Joseph Görres seine Arbeit zu allen Zeiten verstanden. Seine Hoffnung auf die «Fonktionärs» der Französischen Revolution gab er jedoch auf, als er 1800 als Teilnehmer einer Deputation rheinischer Patrioten in Paris gewesen war, in dem sich gerade Napoleon zur Macht verholfen hatte. Die *Resultate meiner Sendung nach Paris* (1800) und seine Botschaft an die Deutschen waren:

> «Am Ende des achtzehnten Jahrhunderts erhob sich das Frankenvolk in die Region einer höhern Bestimmung, es that großes, leistete was es vermogte, aber gewaltsam herabgerißen von Zeit und seiner innern Natur, erreichte es nicht das Ziel, dem es entgegenstrebte. Generationen der Folgezeit studiert seine Fehler und seine Irrthümer, und vollendet was es zuerst zu denken wagte!»

Seine Opposition gegen die französische Bourgeoisie von der Seine und vom Rhein wuchs sich später zur Opposition gegen alle pragmatische Politik aus und trieb ihn in den Jahren der Restauration in das Lager einer stark konservativen katholischen Bewegung.

In seinen Erinnerungen an die frühen Tage der Revolution berichtet Friedrich Butenschön von seiner ersten, enthusiastischen Begegnung mit französischen Truppen und fügt dann hinzu: «Dieser Anblick machte mich gar zum Dichter. Auf meinem einsamen Kämmerlein schrieb ich eine Ode.» Die Neigung, den Gedanken und Gefühlen sowohl Allgemeingültigkeit wie Dauer zu geben, indem man sie in lyrische Form goß, hatte unter dem Einfluß einer sich ausbreitenden literarischen Bildung im 18. Jahrhundert beträchtlich zugenommen. Die Popularisierung antiker Formen durch Klopstock wie die Aufwertung und kreative Fortführung der Volksdichtung durch Herder, Goethe und Bürger animierten viele Talente zum Selberdichten, und die wachsende Anzahl von Zeitungen, Zeitschriften und Almanachen bot geeignete Verbreitungsmittel. Es vollzog sich eine sanfte Republikanisierung der Literatur, die zu einer unübersehbaren Fülle von guten und schlechten Gedichten führte. In Zeiten großer politischer Bewegung, also hoher Emotionalität, mußte sich eine solche Tendenz nur noch verstärken in Verbindung mit dem Wunsch, möglichst breite Kreise mit der eigenen Stimme zu erreichen. Im Gefolge der Französischen Revolution entstand also in Deutschland eine beträchtliche Anzahl politischer Gedichte, die angreifen, überreden, verspotten oder begeistern wollten. Sie erschienen in Zeitschriften, auf Flugblättern oder wurden dem Charakter von Volksdichtung entsprechend zuweilen nur in Abschriften oder mündlich verbreitet. Die dominierende Form war dabei das Lied, das als eine Art säkularisierter Gemeindegesang das Gefühl für die Ideen und Losungen der Politik aktivieren und sie in Bildern faßbar machen sollte, dabei sowohl über die strenge Logik philosophischer Prinzipien wie über die Rationalität politischer Entscheidungen hinwegführend. Im Chor geht der einzelne in einem größeren Ganzen auf, so daß das Lied zu allen Zeiten ein entscheidendes Mittel religiöser wie politischer Massenbeeinflussung dargestellt hat.

Das hervorragendste Lied der ganzen Revolution und wohl der wirkungsvollste politische Gesang aller Zeiten war Rouget de Lisles «Marseillaise» vom Juli 1792. Butenschön nennt «den letzten Vers» dieser «bis in alle Ewigkeit merkwürdigen Hymne» ein «Meisterstück innigen Gefühls»: «Ich war späterhin dabei, wo ganze Heere ihn kniend sangen, und weiß wie allmächtig er wirkte.» Auch für die Deutschen wurde sie ein Grundtext revolutionärer Lyrik, und sie in die eigene Sprache zu übertragen gehörte zu den vorrangigsten Ambitionen republikanisch Gesinnter. Wedekinds *Patriot* wird 1792 mit einer Übertragung durch den Schweizer Revolutionär Rudolf Suter eröffnet:

> Auf! auf! ihr Freiheitssöhne, Brüder
> auf! und umarmt den frohen Tag!

Eine weitere Übersetzung folgte in einer der nächsten Nummern. Kaum eine republikanische Zeitschrift, die nicht ein oder zwei Übertragungsversuche in ihren Jahrgängen enthielte. Auch Weiterdichtungen wurden unternommen. Im *Schleswigschen Journal* vom Februar 1793 steht – mit Notenbeigabe – der «Hymnus der Freiheit» von Johann Heinrich Voß nach dem «Marsch der Marseiller»:

> Sei uns gegrüßt, du holde Freiheit!
> Zu dir ertönt froh der Gesang!

Voß erhob im übrigen noch öfters seine Stimme in diesen Jahren, um Freiheit, Vaterlandsliebe und Weltbürgertum zu besingen.

Auch das populäre Revolutionslied «Ça ira» erfuhr verschiedene Eindeutschungen, so von Gotthold Friedrich Stäudlin, dem schwäbischen Lyriker und Förderer Hölderlins. Überhaupt ist ja die Anknüpfung an Bekanntes ein wesentliches Merkmal politischer Agitationsdichtung. Da sie nicht in erster Linie individueller Ausdruck individueller Erfahrung ist, sondern die Verkündung allgemeiner Überzeugungen zum Ziel hat, ist der Bezug auf bereits Gängiges, dessen Übernahme, Adaption oder Parodierung eine gute Voraussetzung für die erstrebte Absicht. Außerdem empfängt besonders der Laiendichter dadurch einen formalen Halt. Mehrfach wurden Gedichte Schillers, zum Beispiel seine Ode «An die Freude» und «Die Künstler», Modell für revolutionäre Umdichtung. Luthers «Ein feste Burg» gab die Form her für ein «Lied der Republik», und auch Gedichte von Claudius und Bürger erhielten Kontrafakturen. Ein Leserbrief vom Februar 1796 an das Journal *Genius der Zeit* würdigt Mozarts *Zauberflöte*, tadelt aber den Text von Papagenos Vogelfänger-Arie als einen der «allerelendesten», um anschließend mitzuteilen: «Dieser Tage hörte ich dann aus einem sehr schönen Munde zum Klavier die nachfolgenden Strophen zu Mozarts Musik nach der bekannten Melodie.» Dieser Ankündigung aus der Atmosphäre bürgerlicher Häuslichkeit folgt ein Revolutionslied des einstigen Mainzer Jakobiners Friedrich Lehne («Wohl mir, ich bin ein freier Mann»). Man wird sich also den deutschen Republik-Enthusiasmus besonders gegen Ende der neunziger Jahre nicht ohne den Rahmen einer konsolidierten Bürgerlichkeit vorzustellen haben. Lehne, einer der fruchtbarsten politischen Lyriker der Zeit, der 1792 das «Hohe Bundeslied der Jakobiner» verfaßt hatte, widmete aus Anlaß des Friedens von Campoformio 1797 mit politischem Spürsinn ein Gedicht «Dem Helden Napoleon Buonaparte», in dem er ihn – verständlicherweise – als «Friedegeber» feiert, aber ihn dann auch als «stärkern Bruder» noch über Hannibal und Brutus stellt und in den begeisterten Ruf ausbricht: «Wie doch *Einer* alles kann». Massenenthusiasmus und Personenkult sind niemals weit voneinander entfernt.

Die gedanklichen Grundlagen der Revolutionslyrik bestanden wie diejenigen der Publizistik in den allgemeinen philosophischen Vorstellungen und Metaphern der Aufklärung, ganz gleich ob es sich nun um Kampflieder, Bekenntnisgedichte, Satiren oder Panegyrik handelte, denn Lehnes Napoleon war 1797 immerhin noch Freiheitsheld und «Schrekken der Despoten». Ein «Freiheitslied» Rudolff Suters beginnt mit einer der beliebtesten poetischen Vorstellungen dieser Jahre, mit dem Lobpreis der «goldnen Zeit» und läßt dann die Freiheitsgöttin lichtbringend zur Erde niedersteigen: Elysium wird hergestellt, die Welt wird zum Vaterland aller, die allgemeine Gleichheit produziert «Menschenglück und Ruh», Harmonie herrscht zwischen Gebirge und Ebene, aller Schmerz ist «in Ewigkeit» vergessen, und Zeit und Raum sollen am Ende aufgehoben sein in der Vorstellung eines großen Paradieses. Das Lied ist ein guter Beleg dafür, wie die politische Agitationslyrik nicht losgelöst von der anderen Dichtung der Zeit existiert, sondern ihre Vorstellungen – hier diejenigen vom Ende der Geschichte und dem Beginn einer ewigen goldenen Zeit – mit ihr teilt; die Parallele zu Bildern und Gedanken bei Hölderlin und Novalis liegt auf der Hand.

Am Ausgang des 18. Jahrhunderts, das dem deutschen Publikum ein bürgerliches Bühnenrepertoire von hohem Rang gebracht hatte, galt das Theater, um in Schillerschen Termini zu sprechen, als ein Ort allgemeiner Rührung und Erschütterung und, idealerweise, als eine moralische Anstalt. Es lag deshalb nahe, sich seiner auch zur unmittelbaren politischen Agitation zu bedienen. Bald nach der Revolution schossen deshalb eine ganze Anzahl von Stücken für oder gegen die Revolution aus dem Boden, die vom jeweiligen parteilichen Standpunkt politisches Verhalten oder Versagen und seine Konsequenzen zur Belehrung vorführten. Zu einer abwägenden und kritischen Auseinandersetzung mit den Problemen der Revolution, wie sie vor allem in

Schillers großen Geschichtsdramen und in Stücken wie Goethes *Natürlicher Tochter* vor sich ging, war zunächst nicht Zeit. Jetzt ging es um Angriff oder Verteidigung in der Sphäre politischer Aktualität. Das Wechselspiel des Dialogs als die bestimmende Ausdrucksform des Dramas bildete dabei eine Grundform der Argumentation. Als einfachste Abart davon finden sich in den Zeitschriften häufig Dialoge, die zwar nicht zur Aufführung bestimmt waren, aber die Form katechetischen Erörterns von Argumenten weithin populär machten.

Von da zu aufführbaren Dialogspielen war es nur ein Schritt. Im Mainzer *Patriot* erschien zum Beispiel 1793 eine Szene aus einem Lustspiel *Der Aristokrat in der Klemme,* in dem ein republikanisch gesinnter Arzt – Wedekind mag Pate gestanden haben – einem Baron die Ziele der «Gesellschaft der Volksfreunde», also der Jakobiner, klarzumachen versucht. Der Adel werde seine Privilegien verlieren, erklärt der Arzt, worauf der Dialog dann fortfährt:

> *Baron:* Was bleibt uns denn übrig?
> *Arzt:* Die heiligen Rechte des Bürgers und des Menschen.
> *Baron:* Was gingen uns die an? Die werden uns nicht bereichern. Wissen Sie daß ich vier Landgüter in der Gegend habe?
> *Arzt:* Die bleiben Ihnen, wenn Sie Steuern bezahlen, so gut wie der fleißige Bauer, der nur eine kleine Hütte hat.

Die kleine Szene ist charakteristisch für die Agitationsweise eines großen Teils der Jakobinerdramatik. Sie demonstriert deutlich sowohl den Privilegien-Egoismus des Adligen, der sich einem allgemeinen Gesetz der Gleichheit nicht unterwerfen will, wie die Bemühungen des deutschen Jakobiners um einen Ton von Versöhnlichkeit, die in der Anerkennung der Gleichheit aller Menschen gegründet ist und damit auch dem Adligen sein Bürgerrecht zugesteht. Die «demokratischen Schriftsteller» sollten dazu beitragen, den «Volkscharakter» zu bilden, hieß es in der Vorrede, was im deutschen Kontext bedeutete, daß man um Sympathien bei einem möglichst großen Sektor der Bevölkerung einschließlich dem Adel, insbesondere dem Landadel, warb. Ein Teil der prorevolutionären Dramatik war denn auch darauf gerichtet, dem Publikum allgemein die Furcht vor der Revolution zu nehmen und den absoluten Rechtsstandpunkt der Revolutionäre zu betonen. So wird etwa in einem anonymen Straßburger Revolutionsstück von 1792 die Verträglichkeit zwischen Katholizismus und Revolution herausgehoben (*Die Aristokraten in Deutschland*). Gleichzeitig erweisen sich einige arrogante emigrierte französische Adlige als hochstapelnde ehemalige Bedienstete, wodurch dem tatsächlichen Adel noch wie im Mainzer Dialog eine Tür in die neue Bürgerlichkeit offengelassen wird. In einem anderen Stück – *Die Rebellion* (1790) – erscheint am Ende sogar der gnadebringende Abgesandte eines Fürsten, der die von den Rebellierenden erstrebte Gerechtigkeit herzustellen versichert, wenngleich sich einer der Aufbegehrenden seine Zweifel gegenüber der Wirksamkeit eines solchen Versprechens vorbehält.

Neben die direkte politische Agitation traten Satire (*Der klägliche König,* 1792) oder Komödie (*Der Freiheitsbaum,* 1796), aber zur Darstellung von tieferen menschlichen Konflikten, die sich aus dem Zusammenstoß zwischen Ideal und Wirklichkeit, zwischen ideologischen Forderungen und menschlichen Neigungen sowie aus den Widersprüchen politischen Handelns an sich ergeben, kam es verständlicherweise nicht. Erzählende Prosa ist das für politische Agitation am wenigsten geeignete Genre. Der still lesende einzelne, der sich in die Phantasiewelt eines epischen Werkes hineinbegibt, bleibt für sich und wird durch die Lektüre nicht schon in die Gemeinschaft Handelnder eingeschlossen, auf die alle Agitation zielt. Die dominierenden Prosaformen der Revolutionsliteratur sind deshalb Pamphlet, Aufruf, Brief, Bericht oder knappe satirische Fabel. Dennoch gehören zur republikanischen Literatur zwei Schriftsteller, die durch umfangreiche Prosawerke damals eine nennenswerte, wenn auch nur kurzlebige Wirkung hervorriefen. Der eine ist Adolph Freiherr Knigge, der andere Johann Andreas Georg Friedrich Rebmann.

Knigge war seit den achtziger Jahren mit Theaterstücken und einer Reihe von populären Romanen (*Geschichte Peter Clausens,* 1783–85; *Geschichte des armen Herrn von Mildenburg,* 1789–97; *Die Reise nach Braunschweig,* 1792) hervorgetreten. 1788 erschien der berühmte Leitfaden *Über den Umgang mit Menschen,* der Knigges Namen im Deutschen Unsterblichkeit verschaffte, wenngleich das, was man unter dem Titel in späterer Zeit anbot, längst nicht mehr von den volkserzieherischen Absichten des Autors getragen war, sondern zumeist nur starre Etikette-Vorschriften konservierte. Knigge hatte mit seinem Buche die Absicht gehabt, aufklärerisch zu wirken, das heißt den in seinen Verhältnissen eingeschränkten deutschen Bürger ein wenig zu jenem «freien Anstand» und jener Weltläufigkeit zu bringen, die Goethes Wilhelm Meister so sehr am Adel bewunderte.

Knigge, der das «von» aus seinem Namen strich, aber betont den «Freiherrn» beibehielt, den er dadurch auf seinen wörtlichen Sinn zurückführte, gehörte dem Illuminatenorden an und war ein erklärter Freund der Französischen Revolution. In mehreren Pamphleten und drei größeren Prosawerken hat er solchen Sympathien Ausdruck gegeben. *Benjamin Noldmann's Geschichte der Aufklärung in Abyssinien,* 1791 in zwei Bänden erschienen, ist ein umfangreicher Staatsroman. Darin wird den unter Adelsprivilegien heruntergekommenen europäischen Verhältnissen das Reich eines aufgeklärten afrikanischen Herrschers gegenübergestellt, das zwar dann ebenfalls seine Krisen durchmacht, aber am Ende sich doch einem aufgeklärten Verfassungsentwurf unter den «allgemeinen Begriffen von bürgerlicher Freyheit und Gesetzgebung» öffnet. Noldmann und sein Vetter Joseph Wurmbrand, die dabei Entwicklungshilfe geleistet haben, kehren im «Junius 1789» nach Deutschland zurück mit der Mahnung des Negus: «Ihr könnt vielleicht Eurem Vaterlande noch sehr nützlich werden; es scheint, als wenn bald Zeiten kommen würden, wo man auch dort des Raths und der Hülfe verständiger, vorurtheilsfreyer und vorsichtiger Männer bedürfen wird.» 1792 folgte diesem Buch *Josephs von Wurmbrand politisches Glaubensbekenntniß mit Hinsicht auf die französische Revolution und deren Folgen* sowie ein satirischer Entwurf von Grundsätzen eines antiaufklärerischen, antirevolutionären «Pinsel-Ordens» unter dem Titel *Des seligen Herrn Etatsraths Samuel Conrad von Schaafskopf hinterlassene Papiere.* Diese

Schriften brachten Knigge die nachdrückliche Aufmerksamkeit der Zensur, aber ebenso viel Zustimmung ein; die erste Auflage von Wurmbrands *Glaubensbekenntniß* soll in kurzer Zeit vergriffen gewesen sein.

Rebmann sah sich ebenfalls verschiedentlich von der Zensur und den Gerichten wegen seiner Gesinnungen und seiner schriftstellerischen Tätigkeit verfolgt: Man beschuldigte ihn, «Propagandist und Illuminat zu seyn». 1796 ging er nach Paris und kam dann erst zwei Jahre später auf ein Amt unter dem französischen Direktorium in Mainz zurück. Sein Roman *Hans Kiekindiewelts Reisen in alle vier Weltteile* (1795), von dem bereits ein Jahr nach seinem Erscheinen eine zweite Auflage herauskam, verbindet Satire mit Exotik. Nicht eine bessere Welt in der Ferne wird beschrieben, sondern die Verhältnisse anderswo spiegeln die Misere absolutistischer Machtausübung in Deutschland wider – bei den Monopotanern besteht zum Beispiel der Nationalcharakter in nichts als ihrer «Lakaiengeduld». Nur die amerikanischen Freistaaten stehen am Ende im Licht des Besseren da.

Überblickt man die deutsche Revolutionsliteratur der neunziger Jahre, so sieht man vor sich eine Fülle von Schriften, Gedichten und Dramen, deren Wert hauptsächlich darin besteht, daß sie Dokumente für den Versuch sind, Sprachkunst in den Dienst des politischen Handelns zu stellen. Es sind zwei Bereiche, die sich nicht von vornherein ausschließen, was am deutlichsten ein Kampflied wie die «Marseillaise» zusammen mit seinen vielen Übersetzungen beweist. Widersprüche jedoch entstehen dort, wo die Ziele, zu denen der Agitationsdichter ehrlichen Herzens zu überreden versucht, nicht mehr mit den realen Prinzipien der Handelnden übereinstimmen. Dieses Dilemma war hinsichtlich der französischen Ereignisse im Deutschen um so fühlbarer, weil die Fracht an Idealen groß war, die man in die Politik einbrachte, während die Möglichkeit, sie in der eigenen Praxis anzuwenden und damit zu überprüfen oder auch nur in Frage zu stellen, kaum existierte. Wo es geschah, wie im Falle von Görres, zerbrachen die Ideale bald. Literatur aber, die die Ideale unberührt von den Realitäten weiterhin besang, erschöpfte sich bald in Gemeinplätzen und verlor mit dem Wahrheitsgehalt ihre Lebenskraft.

Auch wenn man die Breitenwirkung der Jakobinerdichtung nicht überschätzen darf, so war hier doch zum erstenmal seit den Bauernkriegen und der Reformationszeit in Deutschland wieder eine politische Tagesliteratur entstanden, die eigene Traditionen mit fremden Vorbildern, besonders aus Frankreich, verband und Mitteilungsformen politischer Gedanken schuf, die bald darauf in den napoleonischen Kriegen und später im Vormärz ihre Nachfolge und weitere Anwendung fanden. Die unmittelbare Erbin der Jakobinerliteratur war jedenfalls die patriotische Literatur der Jahre zwischen 1806 und 1815. Autoren wie Görres führen die Verbindung sogar in Personalunion vor Augen. Der Begriff des Patriotismus war außerdem erst durch die jakobinische Literatur recht populär gemacht worden. Allerdings war damit ausdrücklich die Assoziation mit der Revolution ohne Rücksicht auf Nationalität gemeint; Patriotismus war identisch mit internationaler Brüderlichkeit, ohne daß deshalb auf die nationalen Eigenheiten verzichtet zu werden brauchte. Als jedoch Napoleon seine französischen Truppen über ganz

Europa schickte, kamen sie als französische Patrioten, denen dann notgedrungen deutsche Patrioten gegenübertraten. Auf diese Weise lebten Worte fort, die aber unter dem Zwang der Geschichte allmählich Verschiedenes bezeichneten.

Die Überzeugung der meisten deutschen jakobinischen Schriftsteller in der Revolutionszeit hat Ludwig Ferdinand Huber im Rückblick auf die «Resultate der Revolution» 1797 in den Satz zusammengefaßt: «Der Fortschritt der Aufklärung war der Grund dieser Revolution: er mußte auch deren Garantie seyn.» Die realistisch Beobachtenden und Denkenden unter ihnen konnten sich jedoch der Erfahrung nicht verschließen, daß die Sphäre der politischen Aktionen noch sichererer Garantien bedurfte, als es die Ideen und Ideale waren. In der Diskussion der Philosophen über die Möglichkeiten eines «ewigen Friedens» wurde deshalb die Frage nach den Garantien für die Herrschaft des Idealen zu einem zentralen Thema.

*Gegen die Revolution*

Zwischen den ausdrücklich jakobinisch-republikanischen und den konservativen Positionen gab es im Deutschland der neunziger Jahre eine breite Skala von Meinungen und Ansichten, in denen die deutsche Situation gegen die französische, der Nutzen revolutionärer Gewalt gegen deren Schaden und das Ideal gegen die Wirklichkeit abgewogen wurden. Das belegen vor allem die vielfältigen Auseinandersetzungen mit der Revolution durch bedeutende Autoren wie Klopstock, Wieland, Goethe, Schiller, Jean Paul, Hölderlin, Friedrich Schlegel oder Novalis. Zur eigentlichen Revolutionsliteratur hingegen, also zu einer auf unmittelbare Wirkung abzielenden politischen Literatur, gehörte jedoch eine eindeutig antirevolutionäre Opposition, deren Mittel sich allerdings von denen ihrer Gegner nur wenig unterschieden. Sie bediente sich der gleichen Ausdrucksformen und Darstellungsmethoden wie die jakobinische Seite, also im publizistischen Bereiche der Aufrufe, Manifeste, Pamphlete, Flugblätter, Briefe und Reiseberichte, die teils für sich erschienen, teils in Zeitschriften mit der entsprechenden politischen Grundeinstellung wie die bereits erwähnte *Eudämonia*.

In der Lyrik wurde kaum eines der großen Ereignisse vor der Kanonade bei Valmy und der Hinrichtung des Königs bis zum Ende Robespierres («Bluthund, Bluthund, du mußt sterben») unkommentiert gelassen. Auch hier sind Kontrafakturen üblich, so nach dem Volkslied «Zu Straßburg auf der Schanz'»: «Bei Valmy auf der Höh'/Da ging das Unglück an». Dem revolutionären Kampflied steht das Soldatenlied gegenüber, durch das die Truppen der Koalitionsarmeen begeistert werden sollten. Schauerballaden berichten von den Greueln in Paris, und Satiren richten sich gegen die Mißgriffe und Exzesse der neuen Führer. Von Matthias Claudius erschien in der *Eudämonia* eine «Fabel» über die Aufhebung der Zensur unter den Tieren:

Der schöne Spruch war kaum gesprochen,
Da war auch Deich und Damm gebrochen.
Die klügern Widder schwiegen still,
Laut aber wurden Frosch und Crocodill,
Seekälber, Scorpionen, Füchse,
Kreutzspinnen, Paviane, Lüchse,
Kautz, Natter, Fledermaus und Staar.
Und Esel mit dem langen Ohr etc.
Die schrieben alle nun und lieferten Tractate
Vom Zipperlein und von dem Staate;
Vom Luftballon und vom Altar [...]

worauf denn der Ruf nach der Rückkehr des «Brummel-Bären» als Zensor wieder laut wird. Es ist ein Argument, das Claudius wenig Ehre macht und das er kaum mit bedeutenderen Autoren hat teilen können. So fehlt denn auch der antirevolutionären Literatur überhaupt jener Reiz, den die jakobinische Literatur bei allen Unvollkommenheiten immerhin darin hatte, daß sie die Gedanken eines ganzen Jahrhunderts aufnahm und sie auf die sich verändernde Wirklichkeit zu beziehen versuchte, auch wenn sie dabei oft kaum mehr als prinzipielle Widersprüche deutlich machte.

Das wird noch sichtbarer im Bereiche der Dramatik. Die Zahl von antirevolutionären Agitationsstücken wird auf rund sechzig geschätzt, obwohl nur noch ein Drittel davon textlich überliefert ist. In einem «tragi-komischen Schauspiel» *Die Mainzer Clubisten zu Königstein* wurden 1793 nach der Besetzung von Mainz durch die Alliierten die einstigen Mainzer Jakobiner wegen ihres Lebenswandels verhöhnt, insbesondere Georg Forster, dessen Ehe damals zerbrach und dem in Mainz Caroline Böhmer, die spätere Frau August Wilhelm Schlegels und Schellings, eine Zeitlang die Wirtschaft geführt hat. Angriffe auf die persönlichen Verhältnisse der Gegner ersetzen die politische Argumentation, und in Stücken wie *Die Mainzer Illuminaten* (1793) werden sogar die brutalen Übergriffe gegen die gefangenen Jakobiner höhnisch gebilligt.

Von den etablierten Autoren waren es August von Kotzebue und August Wilhelm Iffland, die sich ausdrücklich an der literarischen Agitation gegen die Revolution beteiligten mit Stücken, die der Banalität der anonymen Dramatik in nichts nachstehen.

Kotzebues 1791 erschienenes «politisches Lustspiel» *Der weibliche Jacobiner-Clubb* ist eine belanglose Farce, in der eine republikanisch denkende Mutter schließlich zur Einwilligung in die Ehe ihrer Tochter mit einem Aristokraten genötigt wird und «alle schönen Weiber» als die echte Nationalversammlung ausgerufen werden.

Ifflands fünfaktiges Trauerspiel *Die Kokarden* (1791) versucht hingegen, der politischen Situation aus deutscher Perspektive eine ernstere Seite abzugewinnen. In einem kleinen deutschen Fürstentum fällt der regierungstreue Geheimrat Bangenau zusammen mit einigen Honoratioren der Stadt einem lokalen Aufstand zum Opfer. Dabei stellt sich der ursprünglich republikanische Sohn Franz beim Ausbruch von Gewalt schützend vor seinen Vater: Die Familienbande sind die stärkeren. Als Vater des Staates tritt am Ende der Fürst selbst auf, mit einer Aufzählung seiner Wohltaten das Volk für sich gewinnend und damit die Ruhe wiederherstellend. Die Aufrührer, bereits unter sich zerstritten, erwartet Strafe; ihr Anführer ist bezeichnenderweise ein Intellektueller und Herausgeber eines «Journals über Menschenrechte», der sich vom Fürsten sagen lassen muß: «Aufklärung – ist ein Geschenk des Weisen an die Menschheit. Wer aber unter diesem Namen die Völker verwirrt – ist ein Mörder – der bist du!»

Bezeichnend an der Argumentation Ifflands, der sein Stück auf Bitten Kaiser Leopolds II. geschrieben hat, ist die Darstellung des Intellektuellen als des Störers im Staate. Hier scheiden sich die Geister, denn wie kritisch sich manche deutschen Intellektuellen in diesen Jahren über die Revolution auch äußerten, sie blieben dennoch mit den Resultaten aufklärerischen Denkens verbunden, wenn sie sich nicht, wie Iffland, selbst entmündigten. Der zweite Aspekt, der in Ifflands Drama besonders deutlich zutage tritt, ist die Beschwörung der Familie als Schutzwall gegen die neue Gleichheitsphilosophie. Tatsächlich reflektierte gerade die Literatur der folgenden Zeit entschiedene Veränderungen im Bereiche der Familienstruktur mit der Tendenz auf eine Aufhebung strenger patriarchalischer Bindungen. Goethes Wilhelm-Meister-Romane bieten die bedeutendste Anschauung dafür. In Ifflands Stück wird dagegen Familienkonservatismus mit einer banalen politischen Nutzanwendung sichtbar; nicht nur privaten Patriarchalismus sieht man bedroht, sondern vor allem den staatlichen Paternalismus des Fürsten als «Landesvaters».

Es ist bezeichnend, daß sich ein Beitrag in Rebmanns republikanisch eingestelltem Journal *Das neue graue Ungeheuer* 1795 ausdrücklich gegen die «unpassende Parallele» zwischen Staat und Familie verwahrt. In einem Grundtext des Konservatismus dieser Jahre, in Edmund Burkes *Reflections on the Revolution in France* (1790), wurde die Idee des Staates in der Monarchie metaphorisch auf die Liebesbindung in der Familie bezogen, und der Vergleich zwischen Familie und Staatsverband spielte in diesem Sinne im deutschen Denken der folgenden Jahre eine bedeutende Rolle. Das Stigma des Konservativen freilich läßt sich nicht allen solchen Gedanken von vornherein auflegen, denn sie implizierten zum Teil, daß der Fürst die Rolle eines Bürgers unter Bürgern einnehmen sollte. In Ifflands Stück kann allerdings von einer ernsten Auseinandersetzung mit solcher Problematik nicht die Rede sein; es bleibt banal, sentimental und in seiner Gesinnung servil.

Das Bedeutendste, was in Deutschland literarisch aus der Gegnerschaft zur Revolution hervorgegangen ist, sind die publizistischen Leistungen von Friedrich Gentz, über die bei der Betrachtung der Entwürfe zu einem «ewigen Frieden» noch zu sprechen sein wird. Gentz' Einfluß auf das politische Denken und zum Teil auch Handeln war bis in die Jahre der Heiligen Allianz und der Restauration von großem Gewicht. Die deutsche politische Situation, die weitere Entwicklung in Frankreich sowie die ganz Europa überziehenden Kriege Napoleons begünstigten überhaupt die konservative Seite der Publizistik. Das ist wohl auch einer der Gründe, weshalb Werk und Persönlichkeit Georg Forsters, des bedeutendsten republikanischen Publizisten dieser Jahre, so rasch in Vergessenheit gerieten.

## 3. Georg Forster

Unter den deutschen Schriftstellern, die sich zur Französischen Revolution bekannt und sich auch für sie persönlich engagiert haben, ist Johann Georg Adam Forster die herausragende Gestalt. Friedrich Schlegel, der erste, der Forster und seinem Werk eine ausführliche und eindringliche Würdigung in einem Essay aus dem Jahre 1797 zuteil werden ließ, hat ihn einen «vortrefflichen *gesellschaftlichen* Schriftsteller» genannt:

> «In andern, auch den besten deutschen Schriften, fühlt man Stubenluft. Hier scheint man in frischer Luft, unter heiterm Himmel, mit einem gesunden Mann, bald in einem reizenden Thal zu lustwandeln, bald von einer freien Anhöhe weit umher zu schauen. Jeder Pulsschlag seines immer thätigen Wesens strebt *vorwärts.* Unter allen noch so verschiednen Ansichten seines reichen und vielseitigen Verstandes, bleibt *Vervollkommnung* der feste, durch seine ganze schriftstellerische Laufbahn herschende Grundgedanke; ohngeachtet er darum nicht jeden Wunsch der Menschheit für sogleich ausführbar hielt.»

Forster, so führt Schlegel weiter aus, nehme «alle Gegenstände im Großen und Ganzen», wodurch sein Werk «Weltbürgerlichkeit», «Geselligkeit» und «echte Popularität» erhalte. Seine Grundbegriffe seien Erkennung und Anerkennung der unerschütterlich notwendigen Gesetze der Natur im Verein mit der Fähigkeit des menschlichen Geistes, sich auf dem Boden dieser Gesetze immer weiter und weiter zu vervollkommnen. Das Ziel seines Denkens ist in Schlegels Satz bezeichnet: *«Ein lebendiger Begriff von der Würde des Menschen ist in seinen Schriften gleichsam überall gegenwärtig».*

Schlegels Interesse für Forster war von seinem eigenen Konzept einer «romantischen Poesie» als «progressiver Universalpoesie» sowie von seinen Definitionsversuchen des Begriffes «Republikanismus» bestimmt, die beide auf das Ideal einer gesellschaftsbildenden Literatur durch die Verschmelzung von «Poesie und Prosa, Genialität und Kritik, Kunstpoesie und Naturpoesie» hinausgingen. Forster als Verfasser von nicht-fiktionaler Prosa und «Kritik» bot ihm dafür ein wesentliches Beispiel. Aber Schlegels Charakteristik blieb nicht bei der Nutzanwendung für eigene Gedanken haften, sondern führte zu einer Darstellung von Forsters Wesen und Bedeutung, die wohl im einzelnen, aber nicht im ganzen je übertroffen worden ist.

Forsters Leben wurde von zwei historischen Ereignissen geprägt: von der zweiten Weltreise des Kapitäns James Cook in den Jahren von 1772 bis 1775 und von der Mainzer Republik 1792/93.

Forster, 1754 in der Nähe von Danzig geboren, war schon früh mit seinem Vater, dem Dorfpfarrer und Naturwissenschaftler Johann Reinhold Forster, gereist und dann 1770 mit den Eltern nach England übergesiedelt. Zwei Jahre später durfte er siebzehn-

jährig als Gehilfe des Vaters an Cooks Entdeckungsfahrt in die Südsee teilnehmen, die
auf den noch unbekannten großen Südkontinent, die «terra australis», gerichtet war,
an ihm jedoch vorbeiführte und stattdessen vor allem ausführliche Nachrichten über
das pazifische Inselparadies Tahiti mit nach Europa zurückbrachte. 1777 veröffentlichte Georg Forster seinen Reisebericht *A Voyage round the World, in His Britannic
Majesty's Sloop, Resolution, commanded by Capt. James Cook, during the Years 1772, 3, 4*
und im selben Jahr, «für den deutschen Leser vermehrt», den ersten Band der deutschen Fassung *Johann Reinhold Forster's Reise um die Welt,* deren zweiter Band 1780
folgte.

Forsters Reisebeschreibung konnte nicht nur sachliches Interesse beanspruchen; sie war eine schriftstellerische Leistung ersten Ranges sowohl stili-
stisch wie auch hinsichtlich der gedanklichen Durchdringung und Organisation des riesigen Erfahrungsmaterials. Ihre Wirkung auf die weitere Reiseliteratur, und nicht einmal nur auf die des deutschen Sprachgebiets, ist kaum
abzuschätzen. Eine einzigartige Gelegenheit war hier einem jungen Manne
gegeben worden, der sich ihr bis ins letzte gewachsen und würdig zeigte.

Bei seinem Weltbericht ging Forster von den großen Perspektiven aufklärerischen Denkens aus, in dem er aufgewachsen war. Die Aufmerksamkeit
auf die Gesetze der Natur und das Streben nach Vervollkommnung, die
Schlegel später als Grundbegriffe seines Werkes hervorhob, sah Forster hier
zum erstenmal in ihrer Verbindung, aber auch in ihrem Gegensatz. Denn bei
der Begegnung mit den freundlichen, geselligen, liebenswerten Insulanern
der Südsee fand er nicht nur Bestätigung für die Beziehungen zwischen milder Natur und milder Gesinnung, sondern er fand bei ihnen auch Demorali-
sierung und Korruption, die durch die ersten europäischen Entdecker eingeleitet worden waren, da sie zusammen mit höherer Zivilisation und fortge-
schrittenem Denken auch Besitz- und Machtvorstellungen mitbrachten, die
in dieser Welt bisher unbekannt gewesen waren.

Forsters Annäherung an die Insel Tahiti ist die Annäherung an ein Paradies:

> «Ein Morgen war's, schöner hat ihn schwerlich je ein Dichter beschrie-
> ben, an welchem wir die Insel *O-Tahiti,* 2 Meilen vor uns sahen. Der
> Ostwind, unser bisheriger Begleiter hatt sich gelegt; ein vom Lande we-
> hendes Lüftchen führte uns die erfrischendsten und herrlichsten Wohl-
> gerüche entgegen und kräuselte die Fläche der See. Waldgekrönte Ber-
> ge erhoben ihre stolzen Gipfel in mancherley majestätischen Gestalten
> und glühten bereits im ersten Morgenstrahl der Sonne. Unterhalb der-
> selben erblickte das Auge Reihen von niedrigern, sanft abhängenden
> Hügeln, die den Bergen gleich, mit Waldung bedeckt, und mit ver-
> schiednem anmuthigen Grün und herbstlichen Braun schattirt waren.
> Vor diesen her lag die Ebene, von tragbaren Brodfrucht-Bäumen und
> unzählbaren Palmen beschattet, deren königliche Wipfel weit über jene
> empor ragten. Noch erschien alles im tiefsten Schlaf; kaum tagte der
> Morgen und stille Schatten schwebten noch auf der Landschaft dahin.»

Solch meisterliche Beschreibungskunst gab den rousseauistischen Träumen vieler junger Deutscher Realität und Authentizität. «Freunde kommt, laßt uns entfliehen / Den Fesseln, die Europa beut, / Zu Unverdorbnen nach Tahiti ziehen», dichtete 1788 der junge Novalis; 1777 hatten bereits Gerstenberg, Voß, Miller, Claudius und Stolberg dort eine Art Poetenkolonie gründen wollen, und 1788 erschien Friedrich Leopold von Stolbergs Utopie *Die Insel*. Auch Heinses italienischer Künstleroman *Ardinghello und die glückseeligen Inseln* (1787) bediente sich des Bildes von einem utopischen Inselstaat.

Für Forster jedoch blieb ein Widerspruch. Nicht nur zeigten sich unter den glücklichen Insulanern manche menschlichen Schwächen, sondern es war auch für den im Denken der Aufklärung groß gewordenen Beobachter unleugbar, daß die Entdecker die fortgeschrittenere Denkweise und Kultur besaßen, selbst wenn sie als Kolonisatoren kamen, mit der Syphilis im Gefolge. So schreibt der Europäer am Schluß:

> «Durch die Betrachtung dieser verschiedenen Völker, müssen jedem Unpartheyischen die Vortheile und Wohlthaten, welche Sittlichkeit und Religion über unsern Welttheil verbreitet haben, immer deutlicher und einleuchtender werden. Mit dankbarem Herzen wird er jene unbegreifliche Güte erkennen, welche ihm ohne sein Verdienst einen wesentlichen Vorzug über so viele andere Menschen gegeben, die ihren Trieben und Sinnen blindlings folgen, denen die Tugend noch nicht einmal dem Namen nach bekannt, und für deren Fähigkeiten der Begrif von einer allgemeinen Harmonie des Weltgebäudes viel zu hoch ist, als daß sie daraus den Schöpfer gehörig erkennen sollten.»

Es blieb der Widerspruch zwischen dem Recht des Fortschrittes in der Idee und den realen Ungerechtigkeiten. So nahm Forster selbst nicht an der letztlich von ihm initiierten Tahiti-Schwärmerei deutscher Dichter teil, und er behielt bei aller prinzipiellen Bejahung europäischer Errungenschaften eine tiefe Skepsis hinsichtlich der tatsächlichen Überlegenheit der weißen Männer. Er hat diesen Widerspruch im Denken nie auflösen können, auch nicht, als er ihm ein zweitesmal begegnete, wo es um den Gegensatz zwischen Idealität und Realität im Fortgang der Französischen Revolution ging. Denn dort wiederholte sich in den unmittelbaren Kämpfen des Tages die Herausforderung, nicht zu Vergangenem oder Niedrigerem zurückzukehren, Prinzipien des Progresses zu bejahen und doch nicht die Augen gegenüber der Entstellung und Korruption der Ideale zu verschließen.

Nach der Rückkehr von der Weltreise ist Forster in verschiedenen Ämtern tätig gewesen, zunächst, 1778, auf einer Professur in Kassel, dann, 1783, als Professor der Naturgeschichte an der Universität Wilna und schließlich, von 1788 an, als Universitätsbibliothekar in Mainz. Während dieser Zeit war er als Schriftsteller rege tätig, teils seine Beobachtungen und Erfahrungen auf der Weltreise weiter ausarbeitend, teils in Aufsätzen zu literarischen, ästhetischen, philosophischen und pädagogischen Fragen Stellung nehmend.

Seine bedeutendste Buchveröffentlichung in diesen Jahren waren die *Ansichten vom Niederrhein, von Brabant, Flandern, Holland, England und Frankreich, im April, Mai und Junius 1790* (1791), wiederum also ein Reisebuch, aber diesmal in eine Gegend, die keine exotischen Entdeckungen versprach. Ging es in der *Reise um die Welt* darum, den heimischen Lesern Kunde von einer gerade erst bekanntwerdenden Welt zu bringen, zu der sie ganz ohne Rücksicht auf Besitz oder Status einfach keinen Zugang hatten und demzufolge auch keine anderen Informationsmöglichkeiten, so ging es hier darum, ein leicht zugängliches Gebiet nicht nur zu schildern, sondern auch zu interpretieren, das heißt den Leser in seinem Wirklichkeitsverständnis zu bilden und zu erziehen. Gewiß gehörte auch die Sättigung von Neugier mit zu den Zielen einer Reisebeschreibung, denn Reisen war damals mit Umständen verbunden, die nicht jeder ohne weiteres auf sich nehmen konnte oder wollte, aber das war nicht Forsters Hauptabsicht.

Die im Titel seines Buches angegebene Reise unternahm Forster in Gemeinschaft mit dem jungen Alexander von Humboldt, und sie führte ihn dann weiter nach England sowie, auf dem Rückweg, kurz nach Paris im ersten Jahre der Revolution. Forsters Buch ist in der Form von Briefen an seine Frau Therese, Tochter des Göttinger Philologen Christian Gottlieb Heyne, verfaßt, die er 1785 geheiratet hatte. Die Ehe wurde später brüchig, als eine Neigung zwischen Therese und Forsters Freund, dem sächsischen Legationssekretär Ludwig Ferdinand Huber, entstand. Ihn heiratete Therese nach Forsters Tod. Huber gab in den Jahren nach der Revolution verschiedene Zeitschriften heraus, unter anderem die bereits genannten *Friedens-Präliminarien*, in denen er Forsters letzte Schriften aus Paris veröffentlichte. Therese Huber betätigte sich seit 1794 als Schriftstellerin mit einer Reihe von Novellen, darunter – auf Forsters Spuren – die erste deutsche Erzählung über Australien unter dem Titel *Abenteuer auf einer Reise nach Neuholland* (1801).

Mit seinen *Ansichten vom Niederrhein* folgte Forster der Tradition der literarischen Reisebriefe, wie sie in Frankreich Montesquieu und in England Sterne geübt hatten. Was ihn davon unterschied, war das sehr viel stärkere wissenschaftliche Interesse, das den Verfasser unter dem Einfluß Herderscher Gedanken dazu brachte, die einzelnen beobachteten Phänomene in einen größeren Zusammenhang zu stellen und die wechselseitige Einwirkung von geographischer Situation, Klima, Bodenbeschaffenheit, Regierungsform, sozialen Verhältnissen sowie religiösen Traditionen zur Erklärung und dem Verständnis des einzelnen herauszuarbeiten. Hier liegt wesentlich das «Gesellschaftliche», das Friedrich Schlegel so betont an Forsters schriftstellerischer Leistung hervorgehoben hat. Bei Forster führt zum Beispiel die Beobachtung des Brennholzmangels zur Vision einer allgemeinen europäischen Energiekrise, die «die Völker von Europa in hellen Haufen über jene barbarischen Weltteile hinzuströmen» veranlassen werde, wo es noch Holz in Hülle und Fülle gebe. Die Kompensation eines ökonomischen Mangels wird also mit den Zivilisations- und Kolonisationswünschen des aufgeklärten christlichen Europa gegenüber den «Barbaren» in eine weitsichtige Relation gesetzt.

Forsters Reisebericht vom Niederrhein ist von der Überzeugung getragen, daß der Mensch dort am weitesten von der ihm zustehenden Würde und der von ihm erstrebten Vollkommenheit entfernt ist, wo er am meisten unter-

drückt wird, wo, mit anderen Worten, Despotie und «hierarchische Seelen-
tyrannei» herrschen, wie Forster das besonders bei seinen Betrachtungen
über Brüssel und Brabant verzeichnet. Arbeit und bürgerliche Freiheiten hingegen sind die Grundlage aller weiteren Perfektibilität des Menschen. Ihr
dient besonders die Kunst, der Forster bei seinen Schilderungen Kölns und
der Düsseldorfer Galerie viel Aufmerksamkeit widmet. Sie rufe «das erhöhte,
reflektierte Selbstgefühl hervor, welches aus der Erwägung der in Menschen
wohnenden Schöpferkraft» entspringe. So schaffe sie eber sosehr «Bilder des
Wirklichen» wie «Bilder des Möglichen». Das letztere hatte er bereits 1789 in
dem *Fragment eines Briefes an einen deutschen Schriftsteller über Schillers* «Göt-
*ter Griechenlands»* als Schillers eigentliche künstlerische Leistung bezeichnet;
ihm selbst blieb in den *Ansichten vom Niederrhein* letztlich ein Zweifel über
den Vorzug des einen oder anderen – ein Zweifel, den er, wie er selbst bekennt, nicht lösen konnte. Es ist die Dichotomie, mit der sich jeder deutsche
Schriftsteller dieser Jahre auseinanderzusetzen hatte und die dann angesichts
der weitgehenden Stagnation im Wirklichen zumeist die Entscheidung für
das Mögliche brachte. Für Forster jedoch war es bald nicht mehr die Entscheidung des Schriftstellers, sondern des Handelnden, die ihn in neue Dichotomien führte.

In Belgien spürte Forster zugleich die ersten Wirkungen der Revolution,
und hier taucht auch die Frage nach der Berechtigung von Gewalt auf, die
dann für seine Tätigkeit als Republikaner von so großer Wichtigkeit werden
sollte. «Allein von der ruhigen, bescheidenen, ohne alle äußere Gewalt, bloß
durch Gründe sanft überredenden Vernunft ist Rettung zu erwarten», heißt
es einmal, und an anderer Stelle wird die Verantwortung der Aufklärung für
Revolutionen strikt abgelehnt: «Was Revolutionen im Staat hervorbringt, ist
gänzlich unabhängig von dem jedesmaligen Grade der Einsicht des revoltie-
renden Volkes»; die Revolution erscheint als eine Art Naturereignis, wie ein
Gewitter hervorgerufen von einem Übermaß an Spannung durch Unterdrük-
kung und Aberglauben. Es ist eine bemerkenswerte Wendung, mit der Forster hier den alten Widerspruch zwischen Idee und Realität des Fortschrittes
aufnimmt und ihn zu einer Lösung zu führen versucht, indem er die Gewalt
als Ausnahmeerscheinung deklariert. Insgesamt zeigen also seine *Ansichten
vom Niederrhein* ein Stück europäischer Welt im Zustand langsamer, aber
entschiedener Veränderung und Bewegung, deren Ergebnisse, wie Forster
feststellt, «durch keine Macht mehr vertilgbar» sein werden.

Bevor ihn die politische Tätigkeit in Mainz ganz in Anspruch nahm, wandte sich
Forster noch einmal der exotischen Sphäre zu. Er übersetzte 1791 die englische Übertragung des indischen Schauspiels *Sacontala oder der entscheidende Ring* von Kalidasa
ins Deutsche und fügte ausführliche, aufschlußreiche Anmerkungen über den historischen Kontext des Stückes und seine Symbolik bei. Mit diesem zarten Liebesdrama aus
dem 5.Jahrhundert öffnete er vor allem den deutschen Schriftstellern ganz neue poetische Darstellungsmittel und Anschauungsweisen. Dokumente der Wirkung sind von
Goethe, Schiller, Herder, Novalis und Friedrich Schlegel bekannt; der letztere ist

dann mit seinen Studien des Sanskrit und der indischen Mythologie weiter auf diesen Spuren gegangen und hat im Verein mit anderen Forschern dieser Jahre die deutsche Indologie aus solchen Anregungen heraus begründet.

Die Kanonade von Valmy am 20. September 1792, die den Augenzeugen Goethe zu prophetischen Worten über eine neue Epoche der Weltgeschichte anregte, führte zum Sieg französischer Truppen und ihrem Vormarsch nach Deutschland hinein. Am 21. Oktober 1792 wurde Mainz besetzt und zwei Tage später dort auf Anregung General Custines ein Jakobinerklub als «Gesellschaft der Freunde der Freiheit und Gleichheit» gegründet. Ein paar Tage noch zögerte Forster, die Richtigkeit einer solchen Gründung bezweifelnd; dann trat er am 5. November dem Klub bei, seinen Einstand mit einer Rede *Über das Verhältnis der Mainzer gegen die Franken* gebend, die in der Forderung gipfelte, die Franken endlich sehen zu lassen, «wie die Freiheit auch deutsche Männer begeistern kann»: «So laßt euch nicht länger zurückhalten von dem Recht, das euch gebührt, und tretet männlich und fest zum Handeln hervor, mit dem stolzen Bewußtsein, *daß die Herrschaft dem ganzen Volke gehört!*» Die Ideale sollten Wirklichkeit werden, die Verkümmerung des Menschen durch den Despotismus ein Ende haben.

Forster, der bald Präsident des Klubs wurde, begann eine intensive publizistische Tätigkeit, mit der er seine praktische Arbeit als Vizepräsident der Administration von Mainz verband, die ihn allerdings nicht selten in Gegensatz zur französischen Befreiungs- und Besatzungsmacht brachte. Im März 1793 fanden Wahlen zu einem «Rheinisch-deutschen Nationalkonvent» statt, dessen Vizepräsident wiederum Forster wurde: Die Mainzer Republik war errichtet. Am 25. März sandte der Konvent eine Delegation von drei Mainzern mit Forster als dem Leiter nach Paris, um dort den Anschluß der Republik an Frankreich zu betreiben. Nur einer von den dreien – der Kaufmann Patocki – ist später wieder nach Deutschland zurückgekehrt. Der andere, Adam Lux, kam als leidenschaftlicher Verteidiger der Marat-Mörderin Charlotte Corday und ihrer Tat im November 1793 unter die Guillotine; Forster selbst starb am 10. Januar 1794 in Paris, wohl an einer neu aufgelebten Krankheit aus der Zeit der Weltreise. Die Mainzer Republik hatte im übrigen schon im Juli 1793 mit der Besetzung der Stadt durch die Koalitionsarmee ihr Ende gefunden.

Die Form von Forsters publizistischen Arbeiten in diesen Jahren war den äußeren Umständen angemessen, unter denen sie entstanden und für die er sie bestimmte; es handelte sich vor allem um Aufrufe, Reden und Briefe. Nur aus dem Nachlaß sind noch einige größere Aufsätze und Abhandlungen bekannt geworden. Die Reden wurden teils als Flugblätter verteilt, teils in den neugegründeten Zeitungen und Zeitschriften abgedruckt. Ein Fragment aus der zitierten «Rede über das Verhältnis der Mainzer zu den Franken, welche am 15. November 1792 von ihm in der Gesellschaft der Freunde der Freiheit und der Gleichheit gesprochen wurde», steht in der ersten Nummer von

Georg Wedekinds *Patriot,* und dort findet sich auch die – ergänzende – Bemerkung, «ieder wakre Mainzer» müsse «den Tag preisen, wo Forster in den Club stieg»:

> «Mehr, als kein deutscher Gelehrter (denn die meisten, vorzüglich die nordischen, machen sich als gedungene Söldner ein Geschäft daraus, die Rechte der Menschheit philosophisch zu zertreten) kann Forster zum Wohl der ganzen nach Freiheit durstenden Welt wirken; sein Geist ist bekannt, sein Herz schlägt warm für Bruderliebe.»

Was Forster bei seiner Wendung von der Theorie zur politischen Praxis beseelte, war das Gefühl, die philosophischen Forderungen nach Recht, Freiheit und einem endlichen Glück für alle Menschen – Forderungen, die schon sein Beobachten und Nachdenken auf der Weltreise bestimmt hatten – würden sich nun in der Wirklichkeit durchsetzen lassen, zwar nicht mit einem Schlage, aber doch immerhin Schritt für Schritt, und damit die Menschheit dem Ideal der Vollkommenheit näherbringen. Was ihn vor den anderen deutschen Intellektuellen der Zeit unterschied, war sein persönliches Schicksal, das ihn in eine Situation führte, in der ihm tatsächlich die Gelegenheit zum Handeln gegeben, ja regelrecht aufgedrängt wurde. Es ist müßig, darüber zu spekulieren, wie Forster sich verhalten hätte, wenn er etwa in Wilna geblieben wäre; daß er kein vollblütiger Politiker war, zeigen die Skrupel in den Schriften seiner letzten Lebenszeit.

Aus den Pariser Monaten stammt der große Aufsatz *Über die Beziehung der Staatskunst auf das Glück der Menschheit,* den Huber 1794 in den *Friedens-Präliminarien* veröffentlichte. Auch wenn Forster darin letztlich nicht zu einem festen, logisch fundierten Konzept vorstoßen kann, ist diese Schrift doch der Höhepunkt seiner philosophischen Meditation über das Politische.

Das Glück, auf das der Titel schon verweist und das eines der wesentlichsten Ziele aufklärerischen Denkens war, bestimmt Forster darin, historistisch denkend, als eine Verheißung, deren Wert davon abhängt, von wem sie verkündet wird. An die «Despoten», an «Fürsten und Priester» gerichtet heißt es: «Anstatt uns Glück zu verheißen, laßt eure alleinige Sorge sein, die Hindernisse wegzuräumen, die der freien Entwicklung unserer Kräfte entgegenstehen.» Aufgabe der Staatskunst sei es vor allem, den Menschen zur *Selbstgemäßheit*, zu «Selbstkenntnis und richtiger Selbstbeurteilung» zu führen und alles das einzudämmen oder zu beseitigen, was dazu dient, «ihn von sich selbst zu entfremden». Forster trifft hier in der Tat mit äußerster Präzision einen Hauptpunkt des Nachdenkens der ganzen Zeit über das Wesen des freien Menschen jenseits der Standesschranken. Wilhelm Meisters Aufbegehren gegen die Beschränkungen in der Bildung und Entwicklung eines Bürgersohnes, Fichtes Konzept einer freien Tathandlung, Wilhelm von Humboldts liberale Vorstellungen von den Grenzen der Wirksamkeit des Staates sowie das Lebensverständnis von Hölderlins, Friedrich Schlegels oder Novalis' Romanhelden gehen in diese gleiche Richtung.

Die Menschheit, so argumentiert Forster weiter, sei auf dem Wege zur Vervollkommnung, obwohl «man die schönen Träume von idealischer Vollkommenheit den Schwärmern überlassen könne, ohne deshalb an der Sache der Freiheit, oder, welches gleichbedeutend ist, der Vernunft und Sittlichkeit zu verzweifeln.» Denn die Geschichte ist nicht ohne Rückschläge, die «eine höhere Instanz der Weltregierung» über alles Menschenwerk verhänge. Hier liegt der Punkt seiner Argumentation, in der Forster einem dialektischen Gesamtverständnis der Geschichte am nächsten kommt, ohne doch dazu durchzubrechen. Fichte schärfte in diesen Wochen und Monaten gerade erst das philosophische Verständnis dafür, und es bedurfte dann Jüngerer wie Novalis, Friedrich Schlegel, Hölderlin und Hegel, um es auszubilden und durchzusetzen. Forster dagegen, der sich unter den geschichtlich Agierenden befand, führte sein Denken von der Geschichte vielmehr auf die Gegenwart zurück, hierbei allerdings einen Widerspruch heraufbeschwörend, den er wiederum selbst nicht lösen konnte und der allerdings auch der Widerspruch aller auf politisches Handeln abzielenden Exposition von Idealen geblieben ist. Glück, so schreibt er, sei im Grunde keine Sache der Zukunft, sondern etwas, das für das Hier und Jetzt zu erstreben sei: «Mit welchem Rechte darf die Nachwelt ihr Glück auf Kosten des Glücks der vorhergegangenen Generationen verlangen? Ist es nicht natürlicher und gerechter, daß jedermann für sein eignes Beste sorge, da ohnedies das Gute, welches die Vorfahren stiften, den Nachkommen zustatten kommt?» Glück jedoch, und das ist Forsters gedankliche Volte, mit der er zum Ausgangspunkt zurückkehrt und die ihm auch erlaubt, eine ungenügende Gegenwart – unter der prinzipiellen Voraussetzung der Freiheit – in sein Glückskonzept einzubeziehen, sei schließlich nur ein Scheinbild, für das besser und konkreter das Wort «Menschenwürde» zu setzen sei, denn diese bedinge, ja bedeute jenes. Die Gefahr einer solchen Argumentation besteht darin, daß «Menschenwürde» ein noch subjektiverer Begriff als Glück ist und sich leicht dazu mißbrauchen läßt, jedes nur politisch Gewünschte damit abzusegnen. Das lief zwar Forster im tiefsten Wesen zuwider, aber in Paris konnte er solche Praxis sehr wohl beobachten.

Forster war kein Philosoph strenger Provenienz; man solle «nie über einzelne Worte mit ihm mäkeln», hat Friedrich Schlegel geschrieben. Es hat ihm insgesamt an der Kraft zur letzten geistigen Durchdringung und Interpretation der Erscheinungen gefehlt, und dies führte ihn in Verbindung mit der Entschlossenheit, seine politischen und moralischen Prinzipien nicht aufzugeben, in seiner Pariser Zeit in tiefe innere Verstrickungen. Das kommt vor allem in seinen Briefen aus Paris und in den *Parisischen Umrissen* zum Ausdruck, die Huber sogleich in den *Friedens-Präliminarien* veröffentlichte. «Er ist der Revolution, wie man sehen wird, auf keine Weise abgeneigt, wiewohl er sie aus einem ganz besondern Gesichtspunkt in Schutz zu nehmen scheint. Ein eigentlicher Jakobiner ist er indeß nicht», heißt es dort in einer «Anmerkung des Einsenders» der *Parisischen Umrisse*. Das konnte als Verzuckerung des Inhalts für die deutschen Leser oder zur Ablenkung der Zensoren gemeint sein, denn Forster war in Paris durchaus ein Mitglied des Jakobinerklubs. Aber mehr als dies sollte die Bemerkung wohl die Fiktion dieser Briefe bestärken. Denn Forster schrieb sie nicht als persönliche Mitteilungen, sondern nahm die Rolle eines französischen Revolutionärs an, der diese Mitteilungen nach Deutschland sandte. Es ist also Rollenprosa und damit ein literarisches Werk, nicht aber Wort für Wort das politische Testament seines Autors, der in seinen privaten Briefen oft beträchtlich abweichende Ansichten ausgedrückt hat. Im übrigen gilt für die *Parisischen Umrisse* ganz jene Schlegelsche Charakteristik Forsterscher Schreibkunst, daß er nämlich «französische Eleganz und Popularität des Vortrags, und englische Gemeinnützigkeit, mit deutscher Tiefe des Gefühls und des Geistes vereinigte».

Forster entwickelt in den *Umrissen* eine Verteidigung der Revolution angesichts der zur vollen Blüte gediehenen Terrorherrschaft. Auch weiterhin ist sie ihm, wie es in den *Ansichten vom Niederrhein* hieß, eine «Naturerscheinung», «nichts rein Intellektuelles, nichts rein Vernünftiges». Aber das sich ausbreitende Bewußtsein von der prinzipiellen Gleichheit der Menschen hatte doch das Mißverhältnis zwischen Unterdrückern und Unterdrückten sichtbarer gemacht. In diesem Sinne sieht er die Französische Revolution als Teil einer größeren «*Revolution der sittlichen Bildung und Entwickelung des Menschengeschlechts*», die sich jedoch nicht überall mit Gewalt ereignen müsse – besonders für Deutschland wird das kategorisch abgelehnt – die aber, «als Werk der Vorsehung» im Sinne des Lessingschen Planes zur «Erziehung des Menschengeschlechts», auch nicht rückgängig zu machen sei. Denn die Menschheit stehe in einem unaufhaltsamen Prozeß der «moralischen Emanzipation», der Vervollkommnung – eine Überzeugung, die Forster über manche Zweifel hinsichtlich der Segnungen des Fortschritts hinweg immer aufrechterhalten hat. Sie entsprach der eingangs erwähnten allgemeinen aufklärerischen Hoffnung vieler intellektueller Freunde der Revolution, der Mensch möge durch ihre Errungenschaften und neuen Freiheiten nicht nur besser leben, sondern eben auch besser werden. Dazu findet der fiktive Verfasser der *Umrisse* die entsprechenden Beispiele im Paris dieser Tage, ausgehend von dem Gedanken, daß Freiheit die Menschenwürde herstelle und der Garant dieser Freiheit der Volkswille sei, wie es schon in der Mainzer Rede geheißen hatte. Auf dieser ideologischen Grundlage wird insgesamt die Verteidigung dessen aufgebaut, was in Frankreich geschah.

Die Republik, heißt es, existiere nicht «in diesem oder jenem Kopfe», also in Danton, Robespierre oder Hébert, sondern in der öffentlichen Meinung, die «hundert Dolche» für jeden «neuen Cromwell» bereithalte und «jeden Volksverräter» schneller verurteile als das Revolutionstribunal. Ungerechtigkeiten verlören ihr «Empörendes, ihr Gewalttätiges, ihr Willkürliches», wenn sie von dieser Öffentlichkeit «in letzter Instanz» gebilligt und entschieden würden. Selbst die engsten Familienbindungen müßten dabei den Notwendigkeiten der Revolution weichen. Im sechsten *Umriß* wird deshalb von jenen Eltern erzählt, die als «patriotische Jury» über ihre zur Konterrevolution übergelaufenen Söhne zu Gericht zu sitzen hatten:

«Zwischen Bürgersinn und Elternliebe erhob sich der wunderbare Kampf – oder darf ich Kampf nennen, was eigentlich ein Zusammenschmelzen beider Gefühle in ein unnennbares war? Die Überzeugung von der Strafbarkeit ihrer Kinder sprach augenblicklich das Todesurteil im Herzen selbst der Väter und Mütter; und zu gleicher Zeit behauptete der Schmerz über den Verlust ihrer Lieblinge seine traurigen Rechte. Ihre Tränen stürzten unaufhaltsam hervor; aber das Vaterland und die Gerechtigkeit forderten ihre Opfer. Unter lautem Weinen und Schluch-

zen schrien die unglücklichen Väter und Mütter mit einer sie selbst be-
täubenden leidenschaftlichen Heftigkeit: ‹Fort zum Tode mit ihnen!
Auf den Richtplatz! Sie haben's verdient!› – Es blieb kein trocknes Auge
weder im Konvent noch unter den Tausenden von Zuschauern.»

Hat sich Forster mit diesem leidenschaftlich Partei nehmenden Erzähler
identifiziert? Daß er an der prinzipiellen Berechtigung der Gewalt zur
Durchsetzung der Prinzipien der Revolution festhielt, daran ist nicht zu
zweifeln, und die *Parisischen Umrisse* geben keine weitere Spezifikation
dazu. Sie sind in der Fiktion die Bekenntnisse eines konsequenten französischen Revolutionärs. Ein paar Monate vorher hatte Forster sich selbst allerdings gefragt, ob diese Prinzipien bei solchen Opfern nicht doch Gefahren
und neue Unterdrückungen heraufbeschwörten, von denen sich seine Gegenwart noch kaum Vorstellungen machen konnte. Denn was in seinen *Parisischen Umrissen* vorgezeichnet wird, ist die Theorie einer auf der Ideologie
vom allbeherrschenden Volkswillen gegründeten Revolution, die dort ihre
Fragwürdigkeit erweist, wo der Volkswille als manipulierbar erkannt wird,
lenkbar und leitbar durch politische Gruppen und Führer, die sich der Ideologie vom Volkswillen zur Machtausübung bedienen. Bei dem raschen
Wechsel in der politischen Führung im damaligen Frankreich und bei dem
Fehlen von Parteien mit klaren politischen Programmen war die Möglichkeit, daß aus der Befreiungsideologie einst das Machtinstrument von totalitären Diktaturen oder Oligarchien geschmiedet werden könnte, noch
schwer zu denken, obwohl die Jakobinerdiktatur bereits einen deutlichen
Vorgeschmack dafür gegeben hatte. Es belegt aber jedenfalls Forsters Weitsicht und feines Gespür für politische Entwicklungen, wenn er in einem Brief
vom 16. April 1793 an Therese von seiner Enttäuschung über die Pariser Realitäten berichtet, über die «herzlosen Teufel» um ihn herum, die den Idealen
der Revolution so weit entfernt stünden wie die einstigen Despoten. Er
fürchtet sogar, die Vernunft werde einst ein «ärgerer» Despot werden, als
diejenigen es waren, die sich auf das frühere Recht der Geburt und der physischen Macht stützten:

> «Wenn die Menschen erst die ganze Wirksamkeit dieses Instruments
> kennen werden, welche Hölle um sich her werden sie dann schaffen! Je
> edler das Ding und je vortrefflicher, desto teuflischer der Mißbrauch.
> Brand und Überschwemmung, die schädlichen Wirkungen von Feuer
> und Wasser, sind nichts gegen das Unheil, das die Vernunft stiften
> wird.»

Die später geschriebenen *Parisischen Umrisse* sind dadurch, daß sie einem fiktiven Schreiber zugehören, solcher Furcht und solcher Skepsis enthoben, indem sie die Überzeugung von der Höherentwicklung der Menschheit und
von der Revolution als einem notwendigen französischen Schritt dazu be-

schwörend verteidigen. Daß die tiefste Schwäche der Theorie in einer Fetischisierung der politischen Aktion lag, geht allerdings auch aus ihnen hervor, wenn es im ersten *Umriß* in einer in sich selbst zurücklaufenden Definition heißt: «Die Revolution ist *die Revolution*». Forster selbst bewahrte der Tod vor der Nötigung zu einer noch tiefergreifenden Revision seiner Erwartungen.

## 4. Die Dichter und die Revolution

Mit der Vision einer Welterschütterung begann William Blake sein mächtiges Epos *The French Revolution* (1791). An Inspiration durch die Geschichte fehlte es damals den Poeten nicht, aber für die epische Überschau stand man freilich noch den Dingen zu nahe. Blakes Werk blieb Fragment, und Probleme der Form haben auch den deutschen Autoren Schwierigkeiten bereitet, wenn sie die politischen Ereignisse in die Bilder der Dichtung zu übersetzen versuchten. Dennoch haben die Ereignisse in Frankreich und später auch im Westen Deutschlands vielfältige Spuren im Werk der meisten deutschen Schriftsteller hinterlassen, und nicht selten wurde ihnen die Revolution zum Angelpunkt für neue Gedanken oder zum Anstoß neuer literarischer Tätigkeit.

In seinem berühmt gewordenen 216. *Athenaeum*-Fragment aus dem Jahre 1798 konstatiert Friedrich Schlegel:

> «Die Französische Revoluzion, Fichte's Wissenschaftslehre, und Goethe's Meister sind die grössten Tendenzen des Zeitalters. Wer an dieser Zusammenstellung Anstoss nimmt, wem keine Revoluzion wichtig scheinen kann, die nicht laut und materiell ist, der hat sich noch nicht auf den hohen weiten Standpunkt der Geschichte der Menschheit erhoben.»

Die provokative Kombination belegt Schlegels hohe Einschätzung geistiger Leistungen; vom Wechselverhältnis zwischen den Bereichen der Politik und des Geistes ist bei ihm allerdings nicht ausdrücklich die Rede, obwohl die Beziehung der verschiedenen Sphären des Denkens und Handelns untereinander einer seiner Lieblingsgedanken war. In diesem Falle aber wäre ein solches Wechselverhältnis schwer zu fassen gewesen, denn wohl waren die Werke des Philosophen Fichte und des Dichters Goethe nicht denkbar ohne die Anregung durch den historischen Vorgang, wiederum stellten sie aber auch nicht einfach eine Reaktion darauf dar. Die Produkte der Schreibenden bringen in Schlegels Verständnis etwas Eigenständiges «in die Geschichte der Menschheit» ein, das sie den politischen Geschehnissen gleichberechtigt macht.

Eine derartige Feststellung ist schon allein deshalb bedeutsam und bedenkenswert, weil man nicht selten die deutsche Literatur und Philosophie der neunziger Jahre als eine Art von idealistischer Kompensation für die in Deutschland nicht ausgeführte oder ausführbare politische Revolution ansieht. Dadurch wird jedoch das Verständnis der Werke dieser Zeit von vornherein beträchtlich eingeschränkt. Die eigene Tradition, in der die deutschen Gedanken und Kunstwerke stehen, tritt in den Hintergrund, und mit der patronisierenden Anerkennung von Philosophie und Kunst dieser Jahre als einer, allerdings leider unzulänglichen, Ersatzrevolution wird zugleich eine Vorstellung von der Revolution als idealer und tugendhaftester Handlungsweise der Weltgeschichte kolportiert, die mit den wahren Ursachen und Folgen weder der Französischen Revolution noch irgendeiner Revolution im Einklang steht.

Die Reaktion deutscher Autoren auf die Französische Revolution darzustellen, hieße dennoch nichts anderes als die Geschichte der deutschen Literatur dieser Zeit zu schreiben. Ein Überblick im Zusammenhang dieses Kapitels muß sich auf einige charakteristische Beispiele beschränken. Dabei sollen zuerst zwei ältere Autoren – Klopstock und Wieland – betrachtet werden, von denen der eine unter den französischen Ereignissen neu zum Dichter erwachte, während der andere als Publizist in seiner Analyse der politischen Vorgänge eine geradezu prophetische Scharfsicht an den Tag legte. Goethes politische Einstellung ist ein beliebter Gegenstand von Kontroversen, bei denen er gewöhnlich schlecht abschneidet. Gerade in seinem Verhältnis zur Französischen Revolution ist sie jedoch am ehesten und gerechtesten zu erfassen. Die literarischen Werke hingegen, in denen sie ihren reifsten Ausdruck fand, lassen sich der literarischen Tradition wegen, in der sie stehen, erst im größeren Zusammenhang ihrer Gattung ausführlich betrachten. Ähnliches gilt für Schiller und seine Dramen, für Jean Paul und seine Romane sowie für Hölderlin und sein gesamtes Werk. Es geht also zunächst nicht um Werkinterpretation, sondern um das Aufweisen von «Tendenzen», wie Schlegel es nannte, die dann in der Literatur der Folgezeit vielfach in die Breite gewirkt haben.

In einen Überblick gehört schließlich auch die populäre oder triviale, in die Breite wirkende Literatur. Von Iffland und Kotzebue, den beiden fruchtbarsten Dramatikern der Zeit, war bereits die Rede. August Lafontaine hat als einer der beliebtesten Erzähler dieser Jahre ebenfalls seinen Beitrag zum Thema Französische Revolution geleistet, und die Betrachtung des Falles Charlotte Corday in der Literatur gibt schließlich anhand eines Stoffes ein Beispiel für die Auseinandersetzung mit dem Thema der Französischen Revolution in verschiedenen Formen und auf sehr unterschiedlichem literarischem Niveau.

*Klopstocks Revolutionslyrik*

Als Friedrich Gottlieb Klopstock die Ende 1788 verfügte Berufung der französischen Generalstände in einer alkäischen Ode mit dem Titel «Die Etats généraux» feierte, war er ein Mann von vierundsechzig Jahren. Sein literarischer Ruhm hatte rund vierzig Jahre früher mit den ersten Gesängen des *Messias* und den frühen Oden begonnen. Politisches Interesse war ihm von Anfang an nicht fremd gewesen. Teils hatte er im Stil der Fürstenpanegyrik seines Jahrhunderts Lob und Tadel an weltliche Herrscher verteilt, teils – um die Tradition deutscher Sprache bemüht – vaterländische Themen zum Gegenstand seiner Dichtung gemacht, teils schließlich seine Sympathien für die um ihre Unabhängigkeit kämpfenden Amerikaner bekannt. Dennoch war es seit dem Abschluß des *Messias* 1773 stiller um ihn geworden. Der Göttinger Hain verehrte ihn als seinen großen Inspirator, aber er selbst hatte sich Gegenständen zugewandt, die abseits von der großen Straße literarischer Entwicklung lagen – dem Entwurf einer *Gelehrtenrepublik* (1774), Gedanken zur Dichtung, Sprache und Orthographie sowie einer Bardendichtung «für die Schaubühne» über Hermann den Cherusker. Die Französische Revolution jedoch machte ihn noch einmal zum großen Lyriker. In einem halben Hundert von Gedichten – etwa ein Viertel seiner lyrischen Gesamtproduktion – folgte er ihrem Verlauf mit tiefer, leidenschaftlicher Anteilnahme und schuf auf diese Weise ein Stück deutscher politischer Dichtung, das in seinem Zusammenhang bis heute noch nicht anerkannt worden ist.

Die Ode über die Generalstände beginnt mit den folgenden Zeilen

> Der kühne Reichstag Galliens dämmert schon,
> Die Morgenschauer dringen den Wartenden
> Durch Mark und Bein: o komm, du neue,
> Labende, selbst nicht geträumte Sonne!

Es ist das Bild des Tagesanbruchs, das hier wohl zum erstenmal in der deutschen Literatur auf die sich wandelnden französischen Verhältnisse angewandt wird, wie dann später so oft in Dichtung, Philosophie und Pamphletistik. Klopstocks Bewunderung der Franzosen – er segnet die Kraft, die es ihm ermöglicht hat, «nach sechzigen» noch dieses Erlebnis zu haben – wird durch verschiedene Züge bestimmt, die er in der Revolution zu Tage treten sieht. Die grundlegenden davon sind die auf der menschlichen Gleichheit beruhende Achtung vor dem einzelnen als freiem Staatsbürger, die Anerkennung eines Gesetzes – nicht eines Despoten – als Herrscher, die Erklärung der Menschenrechte, die Verdammung des Eroberungskrieges sowie schließlich die aus seinem Patriotismus hervorwachsende Empfindung von deutscher Unzulänglichkeit gegenüber solchen Entwicklungen. «Und wir?» fragt er in der Ode «Kennet euch selbst», um dann fortzufahren: «Ach, ich frag' umsonst; ihr verstummet, Deutsche!» Ähnlich heißt es in der La Roche-foucauld gewidmeten Elegie «Sie, und nicht Wir»:

> Ach, du warest es nicht, mein Vaterland, das der Freiheit
> Gipfel erstieg, Beispiel strahlte den Völkern umher.

Klopstocks gesellschaftliches Idealbild, dessen Verwirklichung er durch die geschichtlichen Vorgänge jenseits des Rheins anfangs näherkommen sah, ist wohl am schönsten in «Kennet euch selbst» gekennzeichnet. Wie einst in der «Frühlingsfeier» von 1759 ist ein Gewitter Durchgangsstadium zum neuen Frieden zwischen Himmel und Erde, Mensch und Natur:

> Nach dem Wetter atmen sie kaum, die Lüfte, die Bäche
> Rieseln, vom Laube träufelt es sanft,
> Frische labet, Gerüch' umduften, die bläuliche Heitre
> Lächelt, das Himmelsgemälde mit ihr;
> Alles ist reg' und ist Leben und freut sich! die Nachtigall flötet
> Hochzeit; liebender singet die Braut!
> Knaben umtanzen den Mann, den kein Despot mehr verachtet,
> Mädchen das ruhige säugende Weib.

Es ist das Bild einer bürgerlichen Idylle, das Klopstock hier entwirft, einer Menschenfamilie in natürlicher Welt, die auch Gotteswelt ist, in der das «ruhige säugende Weib» als eine Art weltlicher Madonna erscheint. Selbst die Vernunft, «des Gesetzes Mutter» –

> [...] das weiser
> Ist, wohltätiger, menschlicher ist,
> Durch das endlich der Traum eintraf, der so lange geträumt ward
> Von der goldenen Zeit [...]

– auch die Vernunft kam «vom Himmel» («Die Verwandlung»). Mit «Gesetz» ist dabei übrigens in Klopstocks eigenem Sprachgebrauch wie in dem der Zeit konkret die Verfassung gemeint, die in Paris am 14. Juli 1790 beschworen wurde und die statt der Privilegien von einst der neue Herrscher über alle sein sollte. So nahm Klopstock Bilder, Vorstellungen und Gedanken seiner Zeit auf und reichte sie im poetischen wie politischen Kontext der jüngeren Generation von Dichtern weiter.

Klopstocks politische Gedichte zeigen noch einmal den lyrischen Meister in seiner ganzen Bildkraft; ein gewisser Altersstil, der sich bei ihm inzwischen herausgebildet hatte, ist entweder verdrängt oder erweist sich nur durch die strengere Durchführung der Gedanken im Gedicht. «Das gräßlichste aller Ungeheuer, der Krieg, wird an die Kette gelegt!» («Sie, und nicht Wir»), ohne Gesetz «werden die Herrschenden Wilde, Löwen oder entzündetes Kraut» («Der Freiheitskrieg»), und den Geist der Freiheit sieht der fürchtende Fürst als «hundertarmigen Riesen, hundertäugigen Riesen» («Der Fürst und sein Kebsweib»). Bald freilich, nachdem «durchgehauen, zuckten im Sande die kleinen Schlangen» der Privilegierten, erhob sich die neue Schlange des «Jakoberklubs»:

> Treibt ihr die Riesenschlang' in die Höhle nicht
> Zurück, und wälzt nicht Felsen dem Schlund vor,
> So wird ihr Geiferbiß die Freiheit,
> Welch' ihr erschuft, in den Staub euch stürzen.

> («Die Jakobiner»)

Damit aber entfloh «die Wonne, versanken der Glücklichen Inseln in die Tiefe des Meeres» («Die Verwandlung»). Klopstock wurde in seiner Lyrik insgesamt ein lebhaft Anteil nehmender kritischer Chronist der Revolution, die er von Anfang an so sehr zu seiner Sache gemacht hatte.

Mit Stolz hatte er 1792 die Ernennung zum Ehrenbürger Frankreichs durch die Nationalversammlung entgegengenommen, die ihn «zum Mitbürger Washingtons» machte – Klopstocks Sympathien für die amerikanische Unabhängigkeit und Freiheit waren ein starkes Motiv in seiner politischen Dichtung. In der Ode «Die zweite Höhe» hat er 1797 rückblickend die Verleihung der französischen Bürgerschaft kommentiert: «Freude war's mir, mein neues Vaterland, daß du Bürger mich nanntest.» Bei dem französischen Innenminister Roland bedankte er sich sogleich mit den Worten: «Es ist unmöglich die Ehre zu verdienen, die einem Ausländer widerfährt, der von der französischen Nationalversammlung mit dem Bürgertitel beschenkt wird. Das einzige, was ihn bis auf einen gewissen Grad dessen würdig machen kann, ist sein vor dieser einzigen unsterblichen Erhebung vorhergehender Civismus.» Diesem Schreiben fügte er seine Ode «Der Freiheitskrieg» bei, in der er, sich auf das Koblenzer Manifest des Herzogs von Braunschweig indirekt beziehend, die Versuche der europäischen Koalition verurteilte, jenes Volk, «das der Ziele Letztem vor allen Völkern sich naht», von seiner «furchtbaren Höh'» durch «Feuer und Schwert» herunterzustürzen. Klopstocks Oden «Die Etats généraux» und «Der Fürst und sein Kebsweib» waren schon 1790 übersetzt in Pariser Zeitungen erschienen, und man war seitdem auf den deutschen Dichter aufmerksam geblieben.

Klopstock hat seine Sympathien für das, was um 1789 in Frankreich geschah, nie aufgegeben, aber er hat sich gleichzeitig auch entschieden von einer weiteren Entwicklung dissoziiert, die den Prinzipien seines «Civismus» widersprach, derentwegen er sich ursprünglich dafür begeistert hatte. Er geriet in jenes Dilemma zwischen dem moralischen und dem politischen Anspruch der Revolution, in das allgemein die beobachtenden deutschen Intellektuellen in den folgenden Jahren gerieten. Wenn die Handelnder sich für die Realpolitik und gegen die Philosophie entscheiden mußten, so stand es den Beobachtenden frei, das Umgekehrte zu tun. Der Kernsatz für Klopstocks Enttäuschung steht in der Ode «Mein Irrtum», wo es in der Anrede an die Freiheit heißt:

> Bist du nicht Schöpferin mehr? oder sind sie
> Nicht umschaffbar, die du entfesseltest?
> Ist ihr Herz Fels und ihr Auge
> Nacht, zu sehn, wer du bist?

Es ist die zeitlose Frage nach der möglichen Veränderbarkeit und Besserung des Menschen durch die politische und soziale Veränderung seiner Verhältnisse. Klopstock markiert mit seiner Frage die Stunde der Wahrheit dieser Revolution im Hinblick auf die euphorischen Proklamationen, mit denen sie in die Geschichte getreten war. Seine Antwort ist die Erkenntnis: «Handlung und Wort sind getrennt, als trennten sie Berge». Die Realität, der Mensch als Wilder, hat das Ideal desavouiert, aber es nicht ausgelöscht: «Menschenelend soll mich zum Menschenfeinde nicht machen» («Die Denkzeiten»).

Wie Klopstock beredt war in der Verkündung neuer Freiheit, so ist er es im anderen Teil seiner Revolutionslyrik in der Darstellung des Verrats an den einstigen Zielen. Jean Baptiste Carrier, als jakobinisches Mitglied des Nationalkonvents 1793 mit der Niederschlagung des Aufstands in der Vendée betraut, hatte dort als Hinrichtungsform die bereits genannten «Wasserehen» oder «republikanischen Heuraten» erfunden, damit in Klopstocks Vision die Idylle freier Bürgerlichkeit und ihre Grundlage, die Familie, verhöhnend und zerstörend:

> Jünglinge tanzten und Mädchen nach Flötenspiel am Gestade;
>   Er entbrannte mit Wut, in dem Strom
> Sie zu töten. Bindet sie, brüllet' er, Henker, zusammen!

So in der Ode «Die Vergeltung», einer Art «Todesfuge» aus dem Jahre 1795. Der zur Freiheit und Vernunft fähige Mensch wandelt sich durch die Gewalt wieder zurück zum Wilden und Kannibalen, zum «Hottentotten» in den anthropologischen Vorstellungen von Klopstocks Zeit, so daß «am Fest der Sanskulottiden» auch eine «Hottentottade» gesungen wird:

> U = amp Marat, wir beten dich an,
> [...]
> Pandämonion war der Tempel, eh', Marat, du einzogst;
>   Aber du kamst, und er ward Pantheon, Marat Gha = ip!
> Lebe die Clubbergmunicipalguillotinoligokra-
>   Tierepublik! und Gha = ip schütz' uns vor Hunger und Pest!

Das steht in der Elegie «Das Neue» (1793), die noch einmal in ihrem Gang das Bild des Tanzes der Jugend beschwört, der dann durch die «gräßliche, blinde, blutige Mißgeburt» des neuen Staates vernichtet wird. Aus den einstigen Revolutionären waren neue «Hochverräter der Menschheit» («Das Denkmal») und «entstirnte Freiheitsvertilger» («Auch die Nachwelt») geworden. Was allerdings «ganze lange Jahrhunderte» gereift war, um als wahrhaft Neues und Gutes hervorzubrechen, konnte dennoch insgesamt nicht vernichtet sein; Wildheit war Rückfall, aber nichts Unvermeidliches: «Die Freiheit trägt Ketten nur, ist nicht entflohn.» Sinnentsprechend klingt denn auch «Das Neue» als eines von Klopstocks prinzipiellsten politischen

Gedichten in einer Aufforderung an Charlotte Corday zum Tyrannenmord aus – die Tat selbst, kurz vor der Abfassung des Gedichtes vollführt hatte dem Dichter die Inspiration zum Glauben an das Überleben der Idee verschafft. Darüber wird noch im Zusammenhang mit dem Corday-Stoff zu sprechen sein.

Neben der Anprangerung von neuer, revolutionärer Unmenschlichkeit richtete sich Klopstocks besonderer Zorn gegen den Verrat am Beschluß der Nationalversammlung vom Mai 1790, keinen Eroberungskrieg mehr zu führen. Krieg war ihm «das würfelnde, kalte Scheusal, der Menschheit Schande» («Die zweite Höhe»), und als 1795, nach dem Sturz Robespierres und nach dem Frieden von Basel, die Franzosen den Krieg gegen England, Österreich und Italien fortsetzten, um durch Eroberungen die wirtschaftlichen Verhältnisse des eigenen Landes zu bessern, verkündete er ihnen in der Ode «Das Versprechen» den Beifall allein der Raubtiere, um sie auf diese Weise an die einstige humane Verheißung des Friedens zu mahnen, die er nicht für untergegangen in den Kämpfen hielt:

> Wenn ihr auch ganz das Gebäu des Staates umstürzetet, mußte
> Dennoch die nievernommene, die menschliche, edle Verheißung
> Unerschüttert stehn in der Mitte der großen Trümmer,
> Stehn wie der Fels im Ozean!

Von Sympathien für das nachthermidorianische Frankreich hielt ihn dessen weitere kriegerische Politik zurück.

Klopstocks Revolutionslyrik ist ein gutes Beispiel dafür, wie wenig sich im Hinblick auf die Einstellung deutscher Autoren gegenüber der Französischen Revolution pauschale Urteile aufstellen lassen. In seiner Ansicht über die französischen Verhältnisse war Klopstock gewiß kein ängstlicher Pfahlbürger, und er schreckte nicht vor der Gewalt zurück, bloß weil sie Gewalt war. Aber es entging ihm ebensowenig, wie häufig sich Gewalt hinter aller Rhetorik nur noch durch sich selbst legitimierte. Deshalb konnte er auch als Künstler in seinem Bereiche, wenn er in ihm bleiben wollte, letztlich nichts anderes tun als seine Gedanken und Ideale der Wirklichkeit gegenüberzustellen und eins am anderen zu messen. Klopstock reflektierte als Dichter, also in Bildern, Metaphern und den großen syntaktischen Entwürfen seiner Gedichte, die in klassischer Form moderne Weltdichtung boten. Ziel seines Schreibens war stets das Bewegen menschlichen Gefühls, zu dessen Entdeckern in der deutschen Literatur er selbst mit seiner frühen Dichtung zählte, eines Bewegens allerdings, das in aller Gefühlskraft zugleich «heller im Sittlichen» sah («An die Dichter meiner Zeit»), also unter dem Zügel der moralischen Bestimmung des Menschen stand. Auch künstlerisch forderte ein solches Ziel Realitätsbewußtsein und Genauigkeit. «Darstellung gebietet festen, hingehefteten Forscherblick», riet er 1795 den jungen Dichtern seiner Zeit («Die Ratgeberin»).

Klopstocks Revolutionsgedichte sind schöne Bekundungen eines fühlenden Menschen, der zugleich ein politisch denkender war. In ihnen wird Zeitgeschichte erfaßt und kommentiert, und ihre Wahrheiten und Erkenntnisse sind von einer Art, daß sie über die Grenzen ihrer Epoche hinaus bemerkenswert bleiben. Man wird in der Geschichte der deutschen Lyrik bis auf Walther von der Vogelweide zurückgehen müssen, wenn man einen vergleichbaren Zyklus politischer Dichtung finden will, und erst Heinrich Heine hat dann später wieder politische Dichtung auf dieser Höhe geschaffen.

## Wielands politische Publizistik

Wie Klopstocks Ruhm, so beruht auch der von Christoph Martin Wieland auf den Werken eines früheren Lebensabschnittes.

Unter dem Eindruck des *Messias* hatte Wieland in den fünfziger Jahren des Jahrhunderts seine dichterische Laufbahn mit religiösen Epen begonnen, war aber dann unter dem Einfluß antiker Literatur und der französischen wie englischen Aufklärung bald zu weltlich-gesellschaftlichen Themen übergegangen. Seine Verserzählungen aus einer utopisch-arkadischen Antike machten ihn populär. Mit der *Geschichte des Agathon* (1766–67) wurde er einer der Väter des deutschen Bildungsromans, in seiner Satire *Geschichte der Abderiten* (1774) exponierte er nach seiner eigenen Absicht die «Albernheiten und Narrheiten des ganzen Menschengeschlechts, besonders unserer Nation und Zeit», und im großen Stanzen-Epos *Oberon* (1780), einem «romantischen Heldengedicht in zwölf Gesängen», führte er die deutschen Leser mit humaner Kraft und ironischer Leichtigkeit ins Mittelalter zur Zeit der Kreuzzüge, in den Orient und schließlich in die Welt Shakespeares hinein, dessen Werke er in deutsche Prosa übersetzt hatte. Aus dem Orient stammten die meisten jener zahlreichen Märchen, die Wieland 1786 bis 1789 in drei Bänden unter dem Titel *Dschinnistan, oder Auserlesene Feen- und Geister-Mährchen* herausgab, teils aus französischen Überlieferungen übersetzt, teils «neu erfunden», wie er es nannte; von ihnen ging ein starker Einfluß auf die Bilderwelt der romantischen Poesie in Deutschland aus. Überhaupt beruht Wielands Bedeutung zu einem beträchtlichen Teil in dem Einfluß, den er mit seinen Schriften wie mit seiner ganzen Person auf die Entwicklung der deutschen Literatur ausübte. Immer wieder hat er sich bis in sein hohes Alter fördernd junger Autoren angenommen, so noch Heinrich von Kleists, der bei ihm Ende 1802 Unterkunft, Verständnis und Ermunterung fand. Zwei äußere Faktoren sind mit diesem Einfluß Wielands verknüpft: Er wohnte seit 1772 in Weimar beziehungsweise in dessen unmittelbarer Nähe auf seinem Gut Oßmannstädt und trug damit selbst zu Weimars Entwicklung als literarischem Zentrum bei, und er gab seit 1773 den *Teutschen Merkur* heraus, den er zur führenden Literaturzeitschrift Deutschlands machte, so «daß man durch mehrere Jahre hin sich des Merkurs als Leitfadens in unserer Literaturgeschichte bedienen kann», wie Goethe 1813 in seiner Trauerrede «Zu brüderlichem Andenken Wielands» würdigend erklärte. Auf den Seiten dieses Journals traten eine gute Anzahl von Schriftstellern zum erstenmal an die Öffentlichkeit; manche literarische Fehden wurden darin ausgetragen, wobei Wieland in großer Liberalität verschiedenen Ansichten Raum gab, und auch die Zeitereignisse erschienen darin, so wie sie von den Köpfen deutscher Intellektueller reflektiert wurden.

Wieland war einer der bedeutendsten Publizisten seiner Zeit, und zwar nicht nur auf literarischem, sondern auch auf politischem Gebiet. Politisches Interesse hatte ihn bereits Anfang der siebziger Jahre zu seinem Staatsroman *Der Goldne Spiegel oder Die Könige von Scheschian* (1772) inspiriert, in dem er im Gewande orientalischer Erzählung reale und ideale politische Verhältnisse erörterte. Wunschbild ist darin eine aufgeklärte Monarchie, die Despotie und Machtmißbrauch in Schach hält, die aber allerdings am Ende von einer Revolution des Volkes über den Haufen geworfen wird. «Der namenlose König, der letzte und verdienstloseste von Tifans Abkömmlingen, wurde, mit den wenigen die ihn nicht verlassen hatten, in seinem eigenen Palast eingekerkert, und, bei einem mißlungenen Versuch zu entfliehen, der Wut des Pöbels Preis gegeben.» Eine Gruppe Machtgieriger reißt die Herrschaft an sich, zerfällt jedoch in Parteikämpfen, bis endlich das «zerrüttete und an seinen selbstmörderischen Wunden sich verblutende Scheschian» gänzlich auseinanderbricht und als Staat zu existieren aufhört.

So vorbereitet stand Wieland vor der Französischen Revolution. Gerade als Autor des *Goldnen Spiegels* begrüßte er sie in ihren Anfängen, denn im alten Frankreich sah er politische und klerikale Despotie zusammen mit wirtschaftlicher Misere in einem Maße gesteigert, daß die Befreiung davon in seinem eigenen aufklärerischen Weltverständnis unvermeidlich und notwendig war, wie ja auch die Revolution in Scheschian erst unter dem «verdienstlosesten» und namenlosen Nachfolger des aufgeklärten Fürsten Tifan, eines chinesischen Joseph II., vor sich gegangen war. Wieland hat sich in zahlreichen Aufsätzen und Kommentaren zur Revolution geäußert, vor allem im *Teutschen Merkur*, der seit 1790 bis zum Ende 1810 den Titel *Neuer Teutscher Merkur* trug. Diese Aufsätze sind weniger deswegen von Bedeutung, weil sich in ihnen die wachsende Enttäuschung an der Revolution und ihren Trägern spiegelt, als vielmehr wegen der oft erstaunlichen politischen Scharfsicht und Weitsicht, die Wieland darin an den Tag legt, ähnlich wie das schon für den *Goldnen Spiegel* zutraf. Daß ihn der gute Blick für die in der Gegenwart verborgenen Ansätze zu Zukünftigem auch bei seinem literarischen Urteil als Herausgeber des *Merkur* und als Förderer junger Autoren geleitet hat, war bereits angedeutet worden.

Verbreitung von Wissen sah er als die politische Aufgabe des Schriftstellers an, denn Dummheit war das Fundament des Aberglaubens und des «tyrannischen Despotismus». In diesem Sinne hat sich Wieland stets für Pressefreiheit eingesetzt, und in diesem Sinne waren ihm auch von ihren philosophischen Prinzipien her die Losungen der Revolution sympathisch. Aber gleichzeitig betonte er doch immer wieder die grundsätzliche Andersartigkeit der deutschen Verhältnisse nicht nur hinsichtlich der partikularen Struktur des Reiches, sondern auch hinsichtlich des geistigen Fortschritts, den diese partikulare Struktur durch die Liberalität einzelner Regenten möglich gemacht hatte.

«Wo ist ein Volk in Europa das sich einer nähern Anlage zu immer zunehmender Verbesserung seines Zustandes, eines größern Flors der Wissenschaften, mehrerer, oder vielmehr, so vieler und so gut eingerichteter öffentlicher Erziehungsanstalten, Schulen und Universitäten,

einer größern Denk- und Preßfreiheit, und, was eine natürliche Folge
von diesem allem ist, einer hellern und ausgebreitetern Aufklärung zu
rühmen hätte, als die Teutschen im Ganzen genommen?»

– so schreibt er in den *Betrachtungen über die gegenwärtige Lage des Vaterlandes* vom Januar 1793. Es ist seine Beschreibung der Kulturnation Deutschland, zu deren Entstehen er entschieden beigetragen hatte, die er deshalb
aber, wie andere deutsche Intellektuelle auch, nicht durch unbedachte politische Aktionen aufs Spiel gesetzt sehen mochte. «Freilich liegt in manchen
Gegenden das Joch des politischen und religiösen Despotism noch hart genug auf den Hälsen des Volkes», aber, so fährt Wieland fort, die Deutschen
seien noch nicht an die Stelle gelangt, wohin sie allein «durch rechtmäßige
Mittel zu streben schuldig sind, und zu gelangen gute Hoffnung haben». Es
ist einer der verbreitetsten Gedanken dieser Zeit, den Wieland hier in einen
knappen, genauen Satz zusammenfaßt. Er drückt Erwartungen von der potentiellen oder tatsächlichen Liberalität deutscher Fürsten aus, wofür Weimar nun wirklich einen überzeugenden Anlaß gab, und er verweist auf jene
Kultur, die bürgerliche Wissenschaftler, Schriftsteller, Künstler und Musiker
damals unter diesen Bedingungen geschaffen hatten oder schufen und durch
die sie sich in den Mittelpunkt europäischer Kultur gestellt sahen. Seine
Schlußfolgerung für Deutschland ist:

> «Jeder gewaltsame Versuch, den Fortschritten des menschlichen Gei-
> stes, unter dem Vorwande des Mißbrauchs, der von der Freiheit der
> Vernunft gemacht werde, Einhalt zu tun, würde jetzt nicht nur mora-
> lisch, sondern selbst fysisch unmöglich sein. Das Reich der Täuschung
> ist zu Ende, und die Vernunft allein kann nunmehr die Übel heilen, die
> der Mißbrauch der Vernunft verursachen kann.»

Zu Ende gegangen aber war das «Reich der Täuschung» mit der Jakobiner-
herrschaft in Frankreich. Was Wieland daran abstieß, war nicht so sehr die
Anwendung von Gewalt als Mittel der Politik; es war ihm, wie er in einem
Brief an K. L. Reinhold vom 22. Juli 1792 bekannte, immer noch besser erschienen, daß «Einer umkomme», als daß die Ideale von Freiheit und Gleichheit unterdrückt würden und damit «das ganze Volk verderbe». Was er jedoch vor allem mit tiefer Mißbilligung beobachtete, war die scheinbar überraschende Tatsache, daß gerade in der Jakobiner-Ideologie der «religiöse
Despotism» wieder sein Haupt erhob, da nämlich «der politische Glaube
dem religiösen gleicht». So enthüllte sich für Wieland bereits in den Anfängen dieser auf philosophischen Prämissen gegründeten politischen Bewegung bereits der ganze Mechanismus totalitärer Partei-Ideologie. Denn obwohl die «Stifter und Verfechter dieser neuen Religion» «die Völker mit gar
süßen und freundlichen Worten zum Reich der Freiheit einladen: so haben
sie doch die große Maxime, keinen andern Glauben neben sich zu dulden,

mit Mohamed und den Theodosiern gemein. Wer nicht mit ihnen ist, ist wider sie. Wer ihren Begriff von Freiheit und Gleichheit nicht für den einzigen wahren erkennt, ist ein Feind des menschlichen Geschlechts.» Wieland erkennt hinter dieser neuen Religion den Plan einer Weltrevolution zur «Befreiung aller Völker des Erdbodens», wobei die utopische Ferne eines solchen Plans nicht nur jede gewünschte gegenwärtige Aktion rechtfertigt, weil sie sich nicht zu diesem fernen Ziel konkret, wohl aber ideell in Beziehung setzen läßt, und er sieht, daß die «schwärmerische, nach neuen Dingen dürstende Jugend aus den kultivierten Klassen» das leichteste Opfer eines solchen Blendspiels sein werde. Gleichzeitig aber bringt der neue Glaube seine Philosophie «auf so wenige und massive Grundsätze [...], daß der gröbste Taglöhner scharfsinnig genug ist, sie in wenig Minuten zu fassen».

In solcher Weise sah Wieland die Jakobiner-Ideologie als einen Verrat an den Grundprinzipien der aufklärerischen Philosophie, zu der er sich in seinen Schriften immer wieder bekannte. In den Parteikämpfen der Revolution und schließlich in den «brutalen, barbarischen und diabolischen Atrozitäten» der Terrorherrschaft ging es deshalb letztlich gar nicht mehr um die Durchsetzung von Prinzipien, sondern um Machtkämpfe vor «Fakzionen», denen in keiner Weise am Wohl und Besserwerden des Menschen gelegen war. Der Intellektuelle hatte unter diesem neuen Regime weniger auf Freiheit zu hoffen, als zu fürchten, daß er schließlich «von irgend einem Günstling und Abgott des Pöbels tyrannisiert» werde. So jedenfalls heißt es in einem «Göttergespräch» mit dem Titel *Für und Wider* aus dem Februar 1793, also nach der Hinrichtung Ludwigs XVI. 1791 war bereits eine Sammlung *Neue Göttergespräche* erschienen, und Wieland hat diese dem Lukian, den er ins Deutsche übertragen hatte, nachgebildete Form auch weiterhin häufig als Kommentar zur Zeitgeschichte aus der höheren Perspektive eben der «Götter» und einer Reihe mit ihnen konversierender historischer Gestalten benutzt.

In einem Dialog von 1798 aus seinen *Gesprächen unter vier Augen*, die 1799 als Buch erschienen, kommt Wieland dann zu dem Schluß, daß aus der politischen Anarchie der Parteikämpfe schließlich ein Diktator als letzte Auskunft der Politik hervorgehen werde, und es hat Wieland geradezu den Ruf eines politischen Propheten eingetragen, daß er ihn bereits im März 1798, anderthalb Jahre vor dem 18. Brumaire, beim Namen nennt: «Buonaparte». Denn als ein Glücksfall der Geschichte vereinige er die besten Eigenschaften eines solchen in sich:

«[...] ein liebenswürdiger junger Mann, von großem hohen Geist, von den größten Talenten im Krieg und Frieden, von unermüdlicher Tätigkeit, von eben so viel Klugheit als Mut, von dem festesten Karakter, von reinen Sitten, einfach und prunklos in seiner Lebensart, immer Meister von sich Selbst, ohne irgend eine Schwachheit, wobei ein andrer ihn fassen könnte, zugleich offen und verschlossen, sanft und heftig geschmeidig und hart, mild und unerbittlich, jedes zu seiner Zeit, kurz ein Mann [...], wie es in jedem Jahrhundert kaum Einen gibt, und dessen Genius alle andre in Respekt zu halten und zu überwältigen wüßte.»

Aber Wieland war kein Prophet, sondern nur ein aufmerksamer Beobachter seiner Gegenwart, und er hat in seinem Urteil geschwankt wie diese selbst. Es lag ihm nicht daran, politische Theorien zu bieten oder zu widerlegen. Er sah sich als «teutscher Patriot», der das «ganze Teutsche Reich» als sein Vaterland liebte, eben jenes Reich, das nur in seiner Kultur wirklich existierte, die er mitgeschaffen hatte und die zu erhalten er beitragen wollte. Den Regenten dieses Landes riet er, mehr Freiheit zu gewähren – «je freiern Spielraum man den einzelnen Kräften eines emporstrebenden Volkes lasse, desto unschädlicher sei sogar der Mißbrauch dieser Freiheit». Idealen wie Goldenen Zeitaltern und seligen Inseln stand er mit Skepsis gegenüber ohne den Glauben aufzugeben an die Vernunft, «die große Springfeder der Menschheit».

Von solcher Einstellung sind auch seine Alterswerke geprägt, der zu Ende des ersten nachchristlichen Jahrhunderts spielende Roman *Agathodämon* (1799), der das Motiv des Tyrannenmordes aufnimmt und in dem Wieland sich besonders mit den ihn von seinen literarischen Anfängen an interessierenden Fragen religiöser Freiheit befaßt, sowie der Roman *Aristipp und einige seiner Zeitgenossen* (1800–01), der ein breites Zeitgemälde der griechischen Spätklassik im 4. Jahrhundert entwirft und Wieland noch einmal Gelegenheit bietet, die philosophischen, theologischen, ästhetischen und politischen Probleme seiner eigenen Zeit und seines eigenen Lebens in dem großen Panorama einer vergangenen Welt vorzuführen, zu erörtern und aus der Distanz zu überschauen.

## Goethe

Wie kein anderer deutscher Autor dieser Zeit hat Goethe scharfen Tadel ob seiner Abneigung gegenüber den Vorgängen im revolutionären Frankreich einstecken müssen, zu Lebzeiten schon und dann immer wieder von Biographen und Literarhistorikern. Der große Herr von Weimar habe, olympierhaft über den Ereignissen thronend, kein Ohr und keinen Blick gehabt für die Gründe und die Notwendigkeit der Insurrektion. Stattdessen habe er, Fürstendiener der er war, aus Botmäßigkeit und bürgerlicher Angst dem Konservatismus und der Gegenrevolution das Wort geredet, ja sogar an den Feldzügen der Koalition gegen Frankreich teilgenommen und alles in allem ein Bild von jenem unpolitischen Deutschen geboten, der bei aller geistigen Penetrationsgabe und künstlerischen Kraft doch schließlich vor der Wirklichkeit versagt und sich seiner Obrigkeit ergeben unterwirft, möge sie tun was sie wolle.

Nun stützen sich zwar solche Ansichten tatsächlich auf manche kritischen Äußerungen Goethes über die Revolution, aber er selbst hat bis ins hohe Alter hinein und somit bis in eine Zeit, da Frankreich längst wieder Monarchie geworden war, versucht, dieses Bild zu korrigieren. Denn wie keinen anderen deutschen Autor trafen Goethe die französischen Ereignisse im Kern seines ganzen Denkens, seiner Vorstellung vom Menschen als Naturwesen und Gesellschaftswesen, das dem Gang einer großen Entwicklung unterworfen war. Früh ausgebildete Gedanken und Vorstellungen wurden zur Prüfung und Bewährung herausgefordert, und alle weitere Arbeit kam ohne ein eigenes Verständnis der neuen Zeitverhältnisse nicht aus. Will man im Urteil über Goethes Einstellung zur Französischen Revolution über Allgemeines hinausdringen, so ist zu bedenken, daß seine wesentlichen Reaktionen auf die Zeitgeschichte nicht in publizistischer, sondern in fiktionaler Form erfolgten und daß dazu wiederum nicht nur ein paar für den Augenblick geschriebene Stücke gehören, sondern vor allem die beiden Romane über *Wilhelm Meister,* das Epos *Hermann und Dorothea,* der *Faust* in seiner ganzen weltgeschichtlichen Weite und ein so subtil politisches Drama wie die *Natürliche Tochter,* alles in allem also eben jene Werke, die die literarische Hauptarbeit seiner zweiten Lebenshälfte ausmachen. In ihnen liegt der Ertrag von Goethes Auseinandersetzung mit der Revolution, und Anklage oder Verteidigung einer persönlichen Haltung löst sich auf vor dem ständig zu erneuernden Versuch, diesen bedeutenden Schriften näherzukommen. An dieser Stelle hier kann also nur von Propädeutischem die Rede sein.

Zur Revolution hat sich Goethe, wie gesagt, nicht als politischer Publizist geäußert; das war nicht sein Metier. Im Unterschied zu Klopstock, Wieland und einer großen Anzahl anderer Deutscher hat er aber auch nicht eine Entwicklung von anfänglicher Begeisterung zu späterer Verdammung durchgemacht. Skeptisch und zurückhaltend war er von Anfang an, aber wie er keinen frühen Enthusiasmus zeigte, so später, als die Gewalttätigkeiten überhandnahmen, auch keine lautstarke Verachtung. Viel eher hat er sich nach und nach einem realistischen weltgeschichtlichen Verständnis der Ereignisse genähert und sie in größere Dimensionen zu stellen verstanden, stets allerdings als kreativer Autor und nicht als politischer Philosoph. Erwartet man das letztere von ihm, so wird man immer so enttäuscht bleiben, wie man gern sein möchte.

Von August bis Oktober 1792 begleitete Goethe den Herzog Carl August auf dem ersten alliierten Feldzug gegen Frankreich, «nicht so wütend [...] wie andere, die nach Frankreich hineinstürmten» und deshalb gelegentlich gar für einen heimlichen Republikaner gehalten. Seine Aufzeichnungen über diese Reise, 1822 unter dem Titel *Campagne in Frankreich 1792* veröffentlicht, geben den Eindruck eines distanzierten Kriegstouristen, der das Tagesgeschehen notiert, human Anteil nimmt an beobachtetem Unglück, zwischen den Fronten optische Studien treibt und über künstlerische Erfahrungen und Pläne nachdenkt. Die letzteren Tätigkeiten sind allerdings nicht Ausdruck der Gleichgültigkeit, sondern eher Versuche, sich auf festes Land zu setzen, wenn ihm im Wechsel zwischen «Ordnung und Unordnung, Erhalten und Verderben» keine Geschichtsphilosophie hilft. Es entspricht der inneren Logik dieser Aufzeichnungen, daß Goethe am Ende die eigenen literarischen Werke kommentiert, in denen er die «französische Staatsumwälzung» zum Thema gemacht hatte.

Noch ein zweitesmal hat Goethe dann am Kriege teilgenommen, und zwar von Mai bis August 1793, als die Koalitionstruppen Mainz belagerten und einnahmen. Solche wenn auch nur passive Beteiligung an der gewaltsamen Auflösung der ersten deutschen Republik hat seinem Bild als konservativem Gegner der Revolution noch weitere dunkle Striche hinzugefügt, obwohl er selbst in der *Belagerung von Mainz* (1822) von seinem Eintreten für fliehende Mainzer gegenüber einer lynchlustigen Menge berichtet.

In langen Gesprächen mit Eckermann hat sich noch der alte Mann gewehrt, Fürstendiener und Feind des Volkes gewesen zu sein: «Als ob damit etwas gesagt wäre!» Die Verhältnisse eines Weimarer Hofes gaben in der Tat keinen Anlaß zu aufsässigem Verhalten, und sie sind in ihrer Liberalität auch von späteren Staatsverhältnissen nicht leicht übertroffen worden, schon gar nicht in Deutschland. Seine Grundüberzeugung hinsichtlich aller Veränderungen hat Goethe Eckermann gegenüber am 27. April 1825 ausgesprochen:

> «Jedes Gewaltsame, Sprunghafte, ist mir in der Seele zuwider, *denn es ist nicht naturgemäß*. Ich bin ein Freund der Pflanze, ich liebe die Rose als das Vollkommenste was unsere deutsche Natur als Blume gewähren kann; aber ich bin nicht Thor genug um zu verlangen, daß mein Garten sie mir schon jetzt, Ende April, gewähren soll.»

Seit seiner Rückkehr aus Italien im Juni 1788 hatte Goethe sich in Weimar mehr und mehr naturwissenschaftlichen Studien zugewendet. Ansätze zu seiner späteren Farbenlehre enthielten die *Beyträge zur Optik* (1791), und in der Abhandlung *Versuch die Metamorphose der Pflanzen zu erklären* (1790) entstand das Konzept einer Entwicklungstheorie, mit der er, mochte sie nun im einzelnen wissenschaftlich haltbar sein oder nicht, seiner Zeit weit voraus war. Die unmittelbare Erfahrung einer Verbindung von klassischer Kunst und gegenwärtiger südlicher Welt hatte ihm in Italien auch den Entwicklungsgedanken in den Sphären der Kunst wie des Lebens überhaupt nahegebracht, wovon zunächst vor allem seine *Römischen Elegien* (1790) Zeugnis ablegten und dann seine dichterischen Arbeiten der folgenden Zeit überhaupt. Solchen Grundvorstellungen gegenüber hatten politische Revolutionen als notwendige, integrale und zukunftsträchtige Agenzien der Geschichte einen schweren Stand, denn der Begriff der Gewalt stand für ihn dem der natürlichen Entwicklung entgegen. Das bedeutete freilich nicht, daß Goethe die Unvermeidlichkeit und Notwendigkeit einer Revolution für Frankreich nicht eingesehen hätte; ein «Freund des Bestehenden», so sagte er im Januar 1824 zu Eckermann, sei er nie gewesen, und große Revolutionen seien außerdem «nie Schuld des Volkes [...], sondern der Regierung». Was ihm von

Anfang an unangemessen schien und was auch in dem Gleichnis von der Rose zum Ausdruck kommt, war der damalige Versuch, auf Deutschland übertragen zu wollen, was für Deutschland nicht geboten und in Deutschland auch nicht zu machen war.

In dem polemischen Aufsatz *Literarischer Sansculottismus* (1795) erörtert Goethe die Bedingungen, unter denen ein «klassischer Nationalautor» entstehen könne, und bestimmt sie in der äußeren und inneren nationalen Einheit eines großen Landes. Solcher Begriffsbestimmung folgen zwei Sätze, die man Goethe immer wieder als eine Art literarischen Landesverrats und borniert-egoistischer Rückständigkeit angekreidet hat. Der deutschen Nation dürfe es nämlich, meint Goethe, nicht «zum Vorwurfe gereichen, daß ihre geographische Lage sie eng zusammenhält, indem ihre politische sie zerstückkelt». Und als Folgerung: «Wir wollen die Umwälzungen nicht wünschen, die in Deutschland klassische Werke vorbereiten könnten.» Über den Begriff des Klassischen ist an früherer Stelle gesprochen worden. Hier ist auf die Bedenken zu blicken, die Goethe gegen ein durch revolutionäre Aktion geeintes Deutschland und wohl auch gegen dieses überhaupt, zumindest unter der Voraussetzung des gesellschaftlichen Bildungsstandes seiner gegenwärtigen Staatsbürger, erhebt. Die kritische Analyse der Deutschen durchzieht als ein Leitthema sein ganzes späteres Werk, vor allem die Prosaschriften bis hin zu *Wilhelm Meisters Wanderjahren,* wo sie einen beherrschenden Gedanken bildet und sogar das Buch selbst in seiner pädagogischen Aufgabe motiviert. Auch seine Gespräche dieser Zeit sind voll von vergleichenden Bemerkungen über seine Landsleute und andere europäische Nationen, und immer wieder schneiden die Deutschen dabei im Gesellschaftlichen schlecht ab wegen ihres Mangels an «allgemeiner Durchbildung», «Übereinstimmung» und Geschmack, ihrer «Philisterey», Mittelmäßigkeit und Beflissenheit. Die Furcht, dergleichen massiert als große Nation zu sehen, war nicht unbegründet, und solchen Mangel zu beheben, hat er, der von allen deutschen Schriftstellern seiner Zeit wohl die größte praktische politische Erfahrung besaß, immer als seine Aufgabe angesehen.

Soweit es um die Unreife der deutschen Verhältnisse für revolutionäre Veränderungen ging, teilten viele andere deutsche Intellektuelle Goethes Ansicht. Wieland zum Beispiel hat Ähnliches zum Ausdruck gebracht, und auch Forster schrieb in seinen *Parisischen Umrissen* 1793 den kategorischen Satz: das Volk «dort loslassen, diese ungemessene, unberechnete Kraft auch in Deutschland in Bewegung setzen das könnte jetzt nur der *Feind des Menschengeschlechts* wünschen». Darüber hinaus aber hat Goethe in äußerster Schärfe und Knappheit das letzte und tiefste Dilemma der Revolution erfaßt, um das auch die Gedanken der anderen immer wieder kreisen, ganz gleich ob sie sich prinzipiell zur Revolution bekannten wie Forster oder ihr prinzipiell distanziert gegenüberstanden wie Wieland. Seine Erkenntnis hat Goethe in zwei seiner *Venetianischen Epigramme* ausgedrückt, die zwar erst 1795 erschienen, aber bereits früher entstanden waren. Das eine faßt Zustimmung zur historischen Notwendigkeit und Bedenken gegen die entfesselten Kräfte in eins:

> Frankreichs traurig Geschick, die Großen mögen's bedenken!
> Aber bedenken fürwahr sollen es Kleine noch mehr.
> Große gingen zu Grunde: doch wer beschützte die Menge
> Gegen die Menge? Da war Menge der Menge Tyrann.

Das andere aber trifft in zwei Zeilen den innersten Kern seiner und jeder Skepsis gegenüber dem Gebrauch humaner Ideale zur Rechtfertigung der Tagespolitik:

> Alle Freiheitsapostel, sie waren mir immer zuwider,
> Willkür suchte doch nur jeder am Ende für sich.

Dreierlei also kennzeichnet Goethes Einstellung zur Französischen Revolution. Aus seinen wissenschaftlichen Studien war die Überzeugung hervorgewachsen, daß evolutionäre Entwicklungsgesetze die Natur bestimmten und alles Gewaltsame und Revolutionäre solcher Evolution untergeordnet und deren Ausnahme ist. Dem ordnete sich das politische Urteil zu, daß gewaltsame Veränderungen im Deutschland seiner Zeit nicht nötig noch wünschenswert waren. Die Besonderheiten und Errungenschaften der Kulturnation Deutschland wären dadurch eher aufs Spiel gesetzt als gefördert worden, denn weder die politischen Verhältnisse noch die gesellschaftliche Bildung hätten die Garantie geboten, daß «Umwälzungen» den Deutschen zum besten ausgeschlagen wären. Die letzte und dritte Komponente von Goethes Revolutionsskepsis aber bestand in seiner Menschenbeobachtung und Menschenkenntnis, die es ihm wahrscheinlich machte, daß die neuen Herrscher von Grund auf nicht bessere und altruistischere Menschen sein würden als die Regenten vor ihnen. So wenig er den Glauben an das Gute im Menschen je aufgegeben hat, so wenig hat er sich über Realitäten Illusionen gemacht; sein *Faust* ist die weiteste und abgründigste Darstellung dieser Dialektik.

Goethes Einschätzung der Französischen Revolution läßt deren ausdrückliche Anerkennung als ein Ereignis offen, mit dem Europa in ein ganz neues Stadium seiner Geschichte eintrat und eine republikanische Regierungsform begann, die später in vielen Abwandlungen das Modell demokratischer Regierung überhaupt werden sollte, allerdings auch schon deren Abarten und Selbstzerstörungen im Keime demonstrierte. Das berühmte Wort, das Goethe in seiner *Campagne in Frankreich* (1822) als eigenen Kommentar angesichts der Kanonade von Valmy am 20. September 1792 zitiert – «von hier und heute geht eine neue Epoche der Weltgeschichte aus, und ihr könnt sagen, ihr seid dabei gewesen» –, war eher der Ahnung eines Augenblicks entsprungen als historischer Analyse. Goethe war weder Prophet noch Propagandist, und er besaß nicht die Ambition, geschichtsphilosophisch zu bewältigen, was damals kaum zu bewältigen war; als Schriftsteller wollte er nichts als seinen Landsleuten in den Bildern der Literatur persönliche Lebenserfahrung zu vermitteln.

Anfang 1791 hatte Goethe die Leitung des Weimarer Hoftheaters übernommen, und seine dramatischen Versuche in den nächsten zwei oder drei Jahren waren zunächst darin begründet, daß er seinem Publikum aktuelle Unterhaltung und Belehrung auf dessen eigenem Niveau bieten wollte. Der andere Grund für diese Arbeiten jedoch bestand darin, daß ihm damals alles, was ihn «innerlich beschäftigte, [...] immerfort in dramatischer Gestalt» erschien. So lag es für ihn doppelt nahe auch seinem Nachdenken über die Ereignisse der Gegenwart dramatische Gestalt zu geben. Hier jedoch kam es zu einem Zusammenstoß zwischen Talent, Form und Stoff, den Goethe erst behob, als er sich der Epik und Erzählung zuwandte.

An einer dramatischen Darstellung der sogenannten Halsbandaffaire im Paris von 1785, durch die die Autorität des Königtums beträchtlich erschüttert wurde, hatte Goethe bereits seit 1787 gearbeitet. Zuerst war ein Opernlibretto beabsichtigt, das von Johann Friedrich Reichardt komponiert werden sollte, aber dann kam es doch zu einem eigenen Stück, dem Lustspiel *Der Groß-Cophta*, das Ende 1791 in Weimar aufgeführt wurde und im nächsten Jahr als Buch erschien.

Das Stück hat mit der Französischen Revolution nicht mehr zu tun als die Halsbandaffaire selbst, deren Vorgänge Goethe in ein deutsches Milieu überträgt. Wenn das Werk im Zusammenhang seiner Revolutionsstücke überhaupt genannt wird, so deshalb, weil Goethe sich mit ihm sozusagen in Gegenwartsdramatik einübte. Die inneren Beziehungen zum Stoff dagegen lagen eher anderswo als bei der Tagespolitik. Der nach dem Kardinal Prinz Rohan modellierte Domherr, der Betrogene im Stück, lebt am Ort des Geschehens, weil er «durch sein unkluges Betragen» – seine Liebe zu einer Prinzessin – vom Fürstenhofe entfernt worden war. Er ist Tasso im Exil. Das poetische Spiel mit der Symbolik geheimer Gesellschaften, also speziell der Illuminaten und der Goethe vertrauten Freimaurerei, trat als weiteres Goethe interessierendes Motiv hinzu. Der Aufstieg vom Schüler zum Gehilfen und schließlich Meister, der im Stücke teils ernsthaft, teils ironisch diskutiert wird, bot ihm bald darauf den äußeren Rahmen für seinen *Wilhelm Meister*. Der sich als erwarteter Groß-Cophta und falscher Messias enthüllende Graf war außerdem deutlich dem Zauberer und Betrüger Cagliostro nachgebildet, dessen Familie Goethe auf seiner Italienreise besucht und dessen abenteuerliches Leben kurz vorher Schiller zu seinem Fragment gebliebenen Roman *Der Geisterseher* (1787–89) angeregt hatte. Nur in der Exponierung der Menschen als Egoisten wie in der Erkenntnis von ihrer Verführbarkeit durch Hochstapler und Heilsverkünder lag schließlich der Kommentar zur Zeitpolitik, den Goethe mit diesem Stücke geben wollte. Aber es waren zu viele und disparate Motive, als daß daraus ein organisches Ganzes hätte werden können.

Erst mit der Farce *Der Bürgergeneral* nahm Goethe dann unmittelbar zur Revolution Stellung. Am 16. April 1793 spielte man in Weimar die Komödie *Die beiden Billets* von Anton Wall alias Christian Leberecht Heyne, eine Woche später Walls eigene Fortsetzung *Der Stammbaum* und zehn Tage danach, am 2. Mai, die in dieser kurzen Zeit geschriebene zweite Fortsetzung:

Goethes Stück. Es war also eine Augenblicksarbeit mit stereotypen Charakteren, einlinig in der dramatischen Entwicklung und grobkörnig in der politischen Argumentation, nicht unähnlich den Agitationsstücken der Revolutionsliteratur.

Gevatter Schnaps befördert sich mit einer gefundenen französischen Uniform zum jakobinischen Bürgergeneral und inszeniert einen Dorfaufstand, um sich in dessen Schatten ein Frühstück im Hause von Häusler Märten zu sichern. Die Metapher schrumpft zur Wirklichkeit, wenn Schnaps von der «sauer-süßen Milch der Freiheit und Gleichheit» spricht, die er verzehren will, und darin besteht dann auch schon Goethes Ironie. Der liberal gesinnte Orts-Edelmann beendet die Szene mit einer friedenstiftenden Botschaft:

> «In einem Lande, wo der Fürst sich vor niemand verschließt; wo alle Stände billig gegeneinander denken; wo niemand gehindert ist, in seiner Art tätig zu sein; wo nützliche Einsichten und Kenntnisse allgemein verbreitet sind – da werden keine Parteien entstehen. Was in der Welt geschieht, wird Aufmerksamkeit erregen; aber aufrührerische Gesinnungen ganzer Nationen werden keinen Einfluß haben.»

Goethe hat das Stück Zeugnis seines «ärgerlich guten Humors» genannt, und zu seinem Lobe läßt sich hinzufügen, daß er durch die äußerste Trivialität der Vorgänge eine damals sehr verbreitete Anti-Jakobiner-Hysterie eindämmen half. Mit einer literarischen Bewältigung eines geschichtlichen Ereignisses freilich hatte das Stück nichts zu tun. Die weitere Fortsetzung, die Schiller 1805, kurz vor seinem Tode, in Vereinbarung mit Goethe entwarf, eliminierte denn auch das zeitgeschichtliche Element und zielte hauptsächlich auf eine Übung in der Komödientechnik.

Je näher Goethe zu künstlerischer Reflexion über die Revolution kam, desto weiter entfernte er sich von der dramatischen Form. Das bewies deutlich sein nächstes Revolutionsstück, das an den entscheidendsten und bedeutendsten Stellen Fragment geblieben ist: *Die Aufgeregten.* Auch dieses Stück hatte eine literarische Anregung, Ludvig Holbergs *Der politische Kannengießer* (1722), das Goethe am 17. März 1792 in Weimar hatte aufführen lassen. Zu solcher Bühnenreife ist sein eigenes Stück nicht gediehen, es blieb unvollendet liegen und erschien erst 1817 – damals, nach den napoleonischen Kriegen, nicht zuletzt als Selbstverteidigung gedacht gegenüber dem immer wieder auftauchenden Vorwurf seines Aristokratismus und politischen Desinteresses. Goethe hat das Drama als sein «politisches Glaubensbekenntniß» der Revolutionszeit erklärt, ein Bekenntnis, das sich zugespitzt in dem Wunsch bezeichnen läßt, der Adel möge demokratisch und das Bürgertum adlig denken und handeln lernen.

Das Motiv, das die Handlung in Gang setzt, ist allerdings nicht weit von dem Schnapsschen Milchtopf entfernt: Der junge Sohn einer Gräfin, die zur Zeit Paris besucht, hat sich eine Wunde geschlagen, die zu heilen man nach dem Chirurgus und Bader Breme von Bremenfeld ausschickt, der starke und echte jakobinische Neigungen hat und ein reger Leser der einschlägigen «Zeitungen und Monatsschriften» ist. Bremes geplante Rebellion fällt später jedoch in sich selbst zusammen, als die Gräfin mit aufgeklärten Ideen und dem Entschluß zu sozialer Gerechtigkeit aus dem revolutionären Paris zurückkehrt. Der Verlauf erklärt die Sinnbildlichkeit des Ausgangsmotivs: Die Wunde, die der junge Graf erhalten hat, kann vom bürgerlichen Arzt geheilt werden, wenn nur erst der Gedanke einer Rebellion vertrieben ist. Goethe hat in das Stück noch einen betrügerischen Amtmann verwoben und, als letzte Instanz in der Ferne, einen gütigen, gerechten Fürsten, mit dessen Unterstützung sogar der Jakobiner Breme rechnet. Durch derartige Stereotypie entfernt sich das Stück in seinen ausgeführten Teilen oft nur wenig von der konstruierten Simplizität des *Bürgergenerals*. Was *Die Aufgeregten* dennoch darüber erhebt, sind die Charaktergestaltungen der Gräfin, eines Hofrats, Luises, der Nichte Bremes, und, bis zu einem gewissen Grade, Bremes selbst, der in seinem Beginnen immerhin nicht nur materiell motiviert ist wie Schnaps, der Bürgergeneral. Die zurückgekehrte Gräfin veranstaltet sogar eine «Nationalversammlung» mit allen Beteiligten, die freilich auf Grund der verschiedenen Temperamente im Chaos endet. Erst am Ende, auf einer Art Naturtheater mit verfallenem Schloß, kommt es zur Harmonie zwischen Volk, «Aufgeregten» und Adel. Gerade diese beiden Szenen – «Nationalversammlung» und Schluß – hat Goethe jedoch nur erzählt, nicht dramatisch gestaltet. Die Diskrepanz zwischen deutscher Realität, Französischer Revolution und idealem Gesellschaftsfrieden war so groß, daß die Phantasie des Dichters wie des Zuschauers überfordert gewesen wäre, wenn alles in die zeitliche und räumliche Begrenzung eines Bühnenstückes und seiner dadurch ebenfalls begrenzten Charaktere hätte zusammengebündelt werden sollen.

Noch ein weiteres Mal hat Goethe einen Ansatz zur dramatischen Gestaltung von Ereignissen auf dem Hintergrund der Französischen Revolution gemacht, aber nicht mehr als zwei Szenen ausgeführt. Es war das Fragment *Das Mädchen von Oberkirch* (1795/96), der Anfang einer Tragödie im Straßburg der Revolutionszeit. Es ist bemerkenswert, daß Goethe vom Lustspiel und der Farce zum «politischen Drama» der *Aufgeregten* und nun schließlich zur Tragödie überging, um Weltgeschichte und Kunst miteinander in Verbindung zu bringen. Aber das Dilemma blieb: Wenn die deutschen Verhältnisse nicht den Stoff zu einer politischen Tragödie hergaben, so die französischen Ereignisse nicht den zu einer Komödie. In der *Natürlichen Tochter* (1803) wurden dann zwar die durch die Revolution ausgelösten Konflikte noch einmal zum Gegenstand eines Dramas, und diesmal eines bedeutenden und gelungenen, aber es war kein Zeitstück mehr, sondern Menschenschicksal in der verfremdeten Atmosphäre einer anonymen Welt und auch sprachlich distanziert durch den Vers. Es war eine der großen ästhetischen Erfahrungen Goethes – und auch Schillers – in diesen Jahren, daß die Prosa, die man einer deutschen Dramengestalt – einer Gräfin, einem Fürsten, Hofrat, Magister oder Barbier – in den Mund legen konnte, nicht ausreichte, um die eigenen Erkenntnisse in jenen Dimensionen darzustellen, die allein der sich rasch und groß verändernden Zeit angemessen waren. Hier bot sich der Vers als bedeutendes Mittel zur Objektivierung an, den Schiller zum Beispiel für seinen *Wallenstein* 1797 erleichtert aufgriff, nachdem er das Werk in Prosa begonnen hatte und über das Bewußtsein der Unzulänglichkeit nicht hinweggekommen war. Goethe hatte bereits 1793 nach den vorausgegangenen

Übungen in klassischen Metern – den *Römischen Elegien* und *Venetianischen Epigrammen* – eine politische Satire in Hexametern erzählt, den *Reineke Fuchs* (1794), und er fand dann als moderner Homeride schließlich in *Hermann und Dorothea* (1798) die rechte Form zur glücklichen Verschmelzung deutscher Gegenwart, Französischer Revolution und weltgeschichtlicher Perspektive. Die doppelte Möglichkeit zum Zurücktreten von der darzustellenden Wirklichkeit durch die Distanz des Verses und die Überlegenheit des Erzählers über seine Gestalten ermöglichten dieses Gelingen Die Prosa hob sich Goethe hinfort für die bürgerliche Erzählkunst der Novelle und des Romans auf. 1795 erschienen in Schillers *Horen* die *Unterhaltungen deutscher Ausgewanderten*, die schon im Titel den Verweis auf die Unruhen der Koalitionskriege enthielten, denn die Ausgewanderten, die sich darin Geschichten und Märchen erzählen, hatte die französische Armee von linksrheinischen Besitzungen vertrieben. Ein Prosawerk war schließlich auch jenes Buch, das Friedrich Schlegel in Rang und historischer Bedeutung der Französischen Revolution gleichsetzte: der Roman *Wilhelm Meisters Lehrjahre* (1795–96).

### Andere Autoren

Mit Georg Forsters Teilnahme an der revolutionären Bewegung und seinem Bekenntnis zur Revolution, mit Goethes grundsätzlichen Bedenken gegen alle gewaltsamen Veränderungen, mit Klopstocks Enttäuschung über die Beschmutzung hoher Ideale und mit Wielands kritischer Analyse der Techniken revolutionärer Machtausübung ist die Skala der Reaktionsmöglichkeiten deutscher Schriftsteller auf die Französische Revolution im großen und ganzen abgesteckt. Dazwischen gibt es viele Schattierungen, Variationen und Kombinationen je nach Alter, Ort, Persönlichkeit und gesellschaftlicher Rolle einzelner Autoren. Friedrich Schiller zum Beispiel, seit 1789 Professor der Geschichte in Jena und seit 1792 Ehrenbürger der französischen Nation, war, wie Goethe später Eckermann im Vertrauen mitteilte, «weit mehr ein Aristokrat [...] als ich». In der Tat gibt es selbst aus den Anfängen der Revolution keine ausdrücklichen und uneingeschränkten Sympathiebekundungen von ihm, und seine grundsätzliche Einstellung hat er am 13. Juli 1793 – zufällig der Tag, an dem Charlotte Corday Marat ermordete – in einem Brief an seinen Gönner, den dänischen Herzog Friedrich Christian von Schleswig-Holstein-Augustenburg zum Ausdruck gebracht:

> «Der Versuch des französischen Volks, sich in seine heiligen Menschenrechte einzusetzen, und eine politische Freiheit zu erringen, hat bloß das Unvermögen und die Unwürdigkeit desselben an den Tag gebracht, und nicht nur dieses unglückliche Volk, sondern mit ihm auch einen beträchtlichen Theil Europas, und ein ganzes Jahrhundert, in Barbarey und Knechtschaft zurückgeschleudert. Der Moment war der

günstigste, aber er fand eine verderbte Generation, die ihn nicht werth war, und weder zu würdigen noch zu benutzen wußte. Der Gebrauch, den sie von diesem großen Geschenk des Zufalls macht und gemacht hat, beweist unwidersprechlich, daß das Menschengeschlecht der vormundschaftlichen Gewalt noch nicht entwachsen ist, daß das liberale Regiment der Vernunft da noch zu frühe kommt, wo man kaum damit fertig wird, sich der brutalen Gewalt der Thierheit zu erwehren, und daß derjenige noch nicht reif ist zur *bürgerlichen* Freiheit, dem noch so vieles zur *menschlichen* fehlt.»

Die Sätze sind von fundamentaler Bedeutung für Schiller und sein Denken und Schreiben bis zum Ende seines Lebens. Daß sich der Autor von *Kabale und Liebe* (1784) und der *Geschichte des Abfalls der vereinigten Niederlande von der Spanischen Regierung* (1788) zu Menschenrechten und bürgerlicher Freiheit bekannte, bedarf des Hervorhebens nicht. Wenn für Goethe die Revolution eine Besonderheit und Katastrophe der Natur war, so für Schiller ein Zufall und Ausnahmefall der Geschichte, Resultat des Zusammenwirkens vieler einzelner Vorgänge, von denen keiner an und für sich die Tendenz auf ein solches Ereignis hatte, alle zusammen aber unter besonderen Umständen dann doch dazu führen konnten. Jeder geschichtliche Augenblick, hatte er in seiner Antrittsvorlesung *Was heißt und zu welchem Ende studiert man Universalgeschichte?* (1789) argumentiert, sei «das Resultat vielleicht *aller* vorhergegangenen Weltbegebenheiten: die *ganze* Weltgeschichte würde wenigstens nöthig seyn, dieses einzige Moment zu erklären» – nämlich daß man sich am 26. Mai 1789 abends um sechs in Jena mit Schiller zum verständigen und begeisterten Anhören seiner Vorlesung über eben dieses Thema zusammengefunden habe. Das gleiche Zusammenspiel von Zufall und Notwendigkeit im menschlichen Erleiden und Handeln ist dann das Thema seiner großen Geschichtsdramen geworden, des *Wallenstein* vor allem und der *Maria Stuart*, aber auch der *Jungfrau von Orleans*, des *Wilhelm Tell* und des *Demetrius*. Sie alle sind auf die Beobachtung geschichtlichen Handelns während der Französischen Revolution unter den Voraussetzungen von Schillers persönlichem Geschichtsverständnis aufgebaut, und sie alle berühren in verschiedener Weise die politischen Grundfragen der Zeit, die Fragen nach der Legitimation der Macht, nach der Rolle des einzelner und der Massen und nach den inneren wie äußeren Antriebskräften von Politik und Geschichte.

In Schillers Brief an den Herzog ist der Hinweis auf die Notwendigkeit zur «menschlichen», inneren Freiheit enthalten, die den Menschen erst empfänglich mache für die «bürgerliche» Freiheit und das Regiment der Vernunft als Ziel der Geschichte, das ihr Sinn gibt. Diese Frage nach der Priorität der inneren Entwicklung über die äußere ist besonders in die kunsttheoretischen Überlegungen der großen ästhetischen Abhandlungen eingegangen,

und der siebente Brief *Über die ästhetische Erziehung des Menschen* (1795)
stellt Schillers erste große Summe seiner Ansichten über die Französische Revolution dar. Die Totalität und Harmonie seiner Natur zwischen den Trieben und dem sittlichen Bewußtsein, die der Mensch im Prozeß seiner wachsenden Welterkenntnis, Weltbeherrschung und Arbeitsteilung verloren habe,
müsse, so argumentiert Schiller, erst wiederhergestellt werden, ehe man «der
politischen Schöpfung der Vernunft ihre Realität» verbürgen könne. Andernfalls werde das Verhältnis zwischen Freiheit und Unterdrückung lediglich wechseln, aber nicht in der Herrschaft der Freiheit aufgehoben werden:

> «Man wird in andern Welttheilen in dem Neger die Menschheit ehren,
> und in Europa sie in dem Denker schänden. Die alten Grundsätze wer-
> den bleiben, aber sie werden das Kleid des Jahrhunderts tragen, und zu
> einer Unterdrückung, welche sonst die Kirche autorisirte, wird die Phi-
> losophie ihren Nahmen leihen.»

Das ist nicht nur die scharfsinnigste und prägnanteste Exposition der Gefahren einer sich auf philosophische Grundsätze stützenden Revolution, es sind
zugleich Sätze, deren prophetische Kraft wohl erst ein späteres Jahrhundert
einzusehen gelernt hat. Über die aus solcher Analyse hervorgehenden Vorschläge Schillers zur Überwindung der Krise des modernen Menschen und
seines berechtigten Anspruchs auf Freiheit durch «höhere Kunst» und
«ästhetische Erziehung» wird im Zusammenhang mit den Kunsttheorien der
Zeit zu sprechen sein.

All die Darstellungen, Schilderungen und Erwähnungen Frankreichs und
der Revolution, all die Hinweise und Anspielungen darauf, so wie sie sich in
der damaligen deutschen Literatur fanden, lassen sich nicht zusammenstellen
und vorführen. Lichtenberg bemerkt einmal in einem Aphorismus, er möchte
das Verhältnis der Zahlen sehen, «wie oft das Wort Revolution in den acht
Jahren von 1781–1789 und in den acht Jahren von 1789–1797 in Europa ausgesprochen und gedruckt worden ist», und er kommt auf die Vermutung, es
würde schwerlich «geringer sein als 1 : 1 000 000». Romane, Erzählungen,
Dramen, Gedichte oder Autobiographien zeugen immer wieder davon, wie
tief die deutschen Intellektuellen und Künstler samt ihrem Publikum davon
bewegt wurden.

Unter den Sturm-und-Drang-Rebellen fand sich manche elementare Sympathie mit der Revolution. Schubart (†1791) und Bürger (†1794) erlebten
noch dankbar, wie ihre antidespotischen, freiheitsdurstigen Gedichte aus
früherer Zeit neu aufgegriffen und als Revolutionslieder paraphrasiert wurden.

Der seit 1780 in russischen Diensten stehende Offizier Friedrich Maximilian Klinger, der einst mit seinem Drama *Sturm und Drang* (1776) der ganzen
Bewegung den Namen gegeben hatte, veröffentlichte 1798 in Leipzig die *Geschichte eines Teutschen der neusten Zeit*, in der er einen jungen Adligen na--

mens Ernst von Falkenberg mit seiner deutschen Umgebung brechen und
nach Paris gehen läßt, wo ihm dann allerdings wegen einer Denunziation die
Guillotine droht. Deshalb kehrt er in die Heimat zurück und lebt dort
verachtet, einsam und resigniert, einem Rousseauschen Naturideal hingegeben, nicht viel anders als es bald darauf dem Eremiten Hyperion in Griechenland in Hölderlins Roman gehen sollte.

Zu den deutschen Schriftstellern mit republikanischen Neigungen gehörte
Johann Gottfried Herder, obwohl er einmal in den *Briefen zur Beförderung
der Humanität* (1793–97) von sich schrieb, er habe nie «mit hüpfender Freude» an der Revolution Anteil genommen. Aber dem «14. Juli 1790», dem
ersten Jahrestag der Erstürmung der Bastille, widmete er immerhin diese
Verse:

> Rings um den hohen Altar siehst cu die Franken zu Brüdern
> Und zu Menschen sich weihn; Göttliches, heiliges Fest!
> Wie spricht Jehovah zum Volk? Spricht er in Donner und Blitzen?
> Milder kommt er hinab; Wasser des Himmels entsühnt
> Weihend die Menge zum neuen Geschlecht mit der Taufe der Mensch-
> Vierzehnder Julius, dich sehn unsre Enkel einmal!            [heit.

Die Pläne zu einem «ewigen Frieden», die er in den letzten seiner Humanitätsbriefe entwarf, bezogen jedoch die Erfahrung mit der Terrorherrschaft
mit ein und stehen im Rahmen einer Kulturanthropologie, die bereits über
die europäische Perspektive hinausblickt.

Unter den jüngeren Autoren sind insbesondere zwei zu nennen, in deren
Werk die Französische Revolution nicht nur deutliche, kräftige Zeichen hinterlassen hat, sondern für die sie eine ausgesprochen katalytische Wirkung
besaß: Jean Paul Friedrich Richter und Friedrich Hölderlin. Bei beiden ist
das Pendel literaturwissenschaftlicher Aufmerksamkeit auf diese Bezüge
weit in die Extreme ausgeschwungen. Ist Jean Paul für die einen Idylliker,
Humorist und religiöser Schwärmer, so für andere ein regelrechter Revoluti-
onsdichter, und sehen die einen in Hölderlin vorwiegend den Flüchtling aus
seiner Welt in ein erträumtes Griechenland der Schönheit und Harmonie, so
erscheint er in den Vorstellungen anderer als ein politischer Mensch mit entschieden jakobinischen Grundsätzen. Die Wahrheit liegt, soweit sie die Personen betrifft, wohl in der Mitte; die Werke selbst lassen sich als reiche, bedeutende Kunstschöpfungen ohnehin nicht nach dem Wunschdenken von
Interpreten abstempeln.

Als die Französische Revolution begann, lebte Jean Paul sechsundzwan-
zigjährig in Hof, ein erfolgloser Verfasser von Satiren und Hofmeister ohne
Amt in einer kleinen Stadt unter kleinen Leuten. Was partikularistische
Enge, landesherrliche Despotie und Not, Armut sowie geistige Unmündig-
keit bedeuteten, war ihm aus eigener Erfahrung reichlich bekannt. Alle seine
Romane und Erzählungen sprechen davon eine beredte Sprache.

In der bereits 1791 entworfenen, aber erst 1795 im *Quintus Fixlein* veröffentlichten Erzählung über *Des Rektors Florian Fälbel's und seiner Primaner Reise nach dem Fichtelberg* steht nach Bemerkungen über «Rebellionen und Regierungsformen» der bitter-ironische Satz über den Horizont und die Ohnmacht deutscher bürgerlicher Intellektueller besonders der lehrenden Profession: «Männer spielen oder defendieren nie Insurgenten gegen Landesväter und Mütter, Männer, die sämtlich fleißig und kränklich in ihren verschiedenen Klassen von acht bis eilf Uhr dozieren, und die zwar Republiken erheben, aber offenbar nur die zwei bekannten auf klassischem Grund und Boden, und das nur wegen der lateinischen und griechischen Sprache.» Aus einer solchen Situation und Erkenntnis ist Jean Pauls Bemerkung in einem Brief an den Freund Christian Otto vom 2. Juli 1799 gegründet, er sei seit seinem achtzehnten Jahr Republikaner gewesen.

Was die großen Romane Jean Pauls von der *Unsichtbaren Loge* (1793) über *Hesperus* (1795), *Siebenkäs* (1796–97), *Titan* (1800–03) bis zu den *Flegeljahren* (1804–05) kennzeichnet, das ist die genaue Abbildung der deutschen Verhältnisse mit den Intrigen, Bosheiten und dem Dünkel der Adelswelt, den bürgerlichen Ambitionen oder Absurditäten und den Sorgen der ganz kleinen Städter oder Dörfler. Dieses Bild deutscher Gegenwart ist allerdings bei Jean Paul nie statisch, sondern immer bewegt durch die Versuche seiner Helden, sich über die Verhältnisse aufzuschwingen und ihrer Herr zu werden. Dabei finden sich oft ganz direkte Verweise auf die gleichzeitigen großen politischen Veränderungen in Frankreich. Im *Siebenkäs* zum Beispiel veranstalten die kleinen Leute von Kuhschnappel ein Michaelis-Kirchweih-Volksfest, bei dem der Fleischer ausdrücklich zum «Septembrisierer» wird und sogar «ohne Hosen», «blos im weißen Fries-Rock seines Weibes» umherläuft. Im *Titan* erwägt Graf Albano, später Thronfolger des regierenden Fürsten von Hohenfließ, auf seiten der Republikaner in Frankreich zu kämpfen. Mit einem bürgerlichen Jugendfreund hatte er früher schon, noch ohne Kenntnis seiner Herkunft und einstigen Bestimmung, «am Zeitungstage der niedergerissenen Bastille» ein «Bundesfest» veranstaltet, und in Rom, also inmitten der Ruinen einer in den deutschen Schulen nur des Lateins wegen erhobenen Republik, reifte dann, wie gesagt, der Entschluß heran, in «Galliens Freiheitskrieg» und für ihn einzutreten. Aber wie Albano am Ende doch lieber ein aufgeklärter deutscher Fürst wird, so wandelte sich auch Jean Pauls Verhältnis zur Revolution zwischen Bastillesturm und Konsulat beträchtlich. Das belegt sein «Halbgespräch» über Charlotte Corday aus dem Jahre 1800, das im Zusammenhang mit den anderen literarischen Gestaltungen dieses Stoffes noch zu betrachten sein wird.

Wie die Romane Jean Pauls, so ist auch das Werk Friedrich Hölderlins zwar immer auf die zeitgeschichtlichen Ereignisse bezogen, aber dringt doch zugleich über sie hinaus in metapolitische Bereiche von bisher nie Gedachtem und kaum Ausdrückbarem. Hölderlin war 1789 neunzehn Jahre alt. Aus der vorthermidorianischen Zeit gibt es deshalb von ihm nur wenige nennenswerte dichterische Äußerungen mit politischer Thematik, zum Beispiel seine Hymnen «an die Menschheit» oder «an die Freiheit». Es wäre in der Tat wenig zu einem jungen Intellektuellen an ihm gewesen, wenn er in einer so bewegten Zeit nicht einigen Enthusiasmus für das Neue aufgebracht hätte. Von da bis zu politischem Aktivismus im Dienste der Revolution ist es allerdings noch ein großer Schritt. In die Tübinger Stiftsjahre vor 1793 gehen jedoch schon die Anfänge des *Hyperion* zurück, in dem Hölderlin sich intensiv mit den Hoffnungen und Enttäuschungen revolutionären Handelns auseinandersetzte, obwohl damit nicht schon das Hauptthema des Buches bezeichnet ist. Ähnlich wie im Falle von Jean Paul ist es bei ihm unmöglich revolutionäre Tendenzen als wesentliche Aussage aus seinem Werk herauszupräparieren, ohne dem Werk bei einem solchen Verfahren zugleich das Leben zu nehmen.

Die Eleven des Tübinger Stifts hatten von ihren Anfängen an die Aktionen jenseits des Rheins begeistert verfolgt, und Schelling, der damals mit Hölderlin und Hegel im Stift ein Zimmer teilte, soll wie so mancher andere Deutsche die Marseillaise übersetzt haben. Aus der Gemeinschaft der drei ist vor allem jenes *Älteste Systemprogramm des deutschen Idealismus* (um 1795) hervorgegangen, das eines der visionärsten Dokumente dieser Zeit darstellt.
Die biographische Forschung hat außerdem Verbindungen Hölderlins zu jakobinischen Kreisen festgestellt, obwohl es sich eher um persönliche Freundschaften und nicht um Gesinnungsgemeinschaften gehandelt hat. Zu diesen Freunden gehörte Gotthold Friedrich Stäudlin, ein schwäbischer Dichter und Herausgeber eines Musenalmanaches. Er hat Hölderlins erste Gedichte veröffentlicht und später auch dessen persönliche Beziehung zu Schiller herstellen geholfen. Stäudlin war Anfang der neunziger Jahre mit einer Reihe profranzösischer Gedichte hervorgetreten und darauf in harte Kämpfe mit der Zensur geraten. Ächtung und die Ausweisung aus Württemberg trugen dazu bei, daß er sich 1796 den Tod gab. Für Hölderlins politische Sympathien ihm gegenüber gibt es allerdings keinen Beleg. Auch Hölderlins Freund Isaac von Sinclair, der ihm in Homburg zeitweilig Schutz und Heimstatt bot, stand in enger Beziehung zu republikanischen Kreisen und wurde 1805 in ein Landesverratsverfahren verwickelt.

Hölderlin selbst war zu politischem Aktivismus nicht geneigt und sah frühzeitig die Gefahren des ideologiegelenkten Terrorismus. Davor legt sein *Hyperion* (1797–99) Zeugnis ab. Schon nach der Tat der Charlotte Corday hatte er seinem Bruder geschrieben: «Daß Marat, der schändliche Tyrann, ermordet ist, wirst Du nun auch wissen. Die heilige Nemesis wird auch den übrigen Volksschändern zu seiner Zeit den Lohn ihrer niedrigen Ränke und unmenschlichen Entwürfe angedeihen lassen.» In diesem Sinne begrüßte er den Sturz Robespierres und assoziierte sich mit der Gironde in dem Wunsch, die Idee der Menschenrechte weder dem Terror noch den Feinden der Revolution zu opfern. Hölderlins entschiedenstes auf sein Land bezogenes Bekenntnis ist in jenem Brief vom 10. Januar 1797 an Johann Gottfried Ebel enthalten, in dem er ein Bild der Widersprüche seiner Gegenwart zwischen

Altem und Neuem, Kultur und Roheit zeichnet, ihren Verfall brandmarkt, um dann doch zu dem Schluß zu kommen: «Aber so soll es sein! Dieser Charakter des bekannteren Teils des Menschengeschlechts ist gewiß ein Vorbote außerordentlicher Dinge. Ich glaube an eine künftige Revolution der Gesinnungen und Vorstellungen, die alles Bisherige schamrot machen wird.» Sein Deutschland, so hofft er, werde viel zu ihr beitragen können. Darin ist Hölderlins eigenes Verständnis des Begriffes Revolution zusammengefaßt.

Wenn Hölderlin allerdings eine Versöhnung der Widersprüche in dem letztlich immer wieder an eine sichtbare und vorstellbare Realität geknüpften sprachlichen Kunstwerk kaum gelingen konnte – wovon unter anderem die Arbeit an seinem unvollendet gebliebenen Drama *Der Tod des Empedokles* (1798–1800) einen Beleg gibt –, so waren solcher Versöhnung im Gebiete des reinen Denkens keine Schranken gesetzt. Mit anderen Worten: Die Philosophie hat in Deutschland zu bewältigen versucht, was die Literatur nicht zeigen konnte. Kant und Fichte waren hier in den neunziger Jahren die großen Beweger, der eine, indem er aus seiner Überzeugung von der moralischen Überlegenheit des Menschen über seine Naturtriebe ein Konzept des «ewigen Friedens» entwarf, der andere, indem er nach Schriften zur Verteidigung der Französischen Revolution in der *Wissenschaftslehre* mit den Vorstellungen einer dialektischen Aufhebung der Gegensätze die geistigen Instrumente zu solchem Zwecke bereitstellte. Hölderlins Zimmerkameraden Schelling und Hegel haben dann diese Gedanken in große philosophische Systeme gefaßt und dem neuen Jahrhundert mit sehr gegensätzlichen Akzenten weitergegeben.

Es ist bezeichnend, daß die Auseinandersetzung mit der Französischen Revolution bei den jüngeren Schriftstellern, vor allem bei Friedrich Schlegel und Novalis, auf philosophischem Gebiet erfolgte und in die Dichtungen erst auf dem Umweg über die Theorie Eingang fand. Wo philosophische Neigungen und Fähigkeiten nicht ausgeprägt waren, wie etwa bei Tieck und Wackenroder, ist es bei ein paar frühen Bekundungen der Begeisterung geblieben, denen dann ein Werk folgte, das keine unmittelbaren Spuren einer politischen Auseinandersetzung mehr aufwies, sowenig es ihm an Zeitkritik mangelte.

### Populäre Literatur

Zu den vielen und bunten Darstellungen, die deutsche Schriftsteller damals von der Revolution und von Revolutionärem gaben, gehören auch jene, die in rasch zerlesenen Exemplaren auf dem Wege über die Leihbibliotheken und Lesegesellschaften von Hand zu Hand gingen. Immerhin war das Romanlesen gerade erst in Mode gekommen, so daß in der Sozialgeschichte die neunziger Jahre gern eine Zeit der Leserevolution in Deutschland genannt werden, so unangemessen auch der wortspielerische Bezug auf das große politische Ereignis ist. Den bedeutenderen Autoren wurden die Werke kaum aus der Hand gerissen. Wielands *Teutscher Merkur* hatte höchstens 800 bis 1000 Leser, und das war schon viel für eine anspruchsvolle Zeitschrift. Von Klopstocks Gedichten erschienen zunächst nur einige wenige in dem einen oder anderen kleineren Journal. Goethes *Bürgergeneral* war nur ein paarmal aufgeführt worden, und die *Aufgeregten* wurden erst vierundzwanzig Jahre nach ihrer Entstehung gedruckt. Wenn schließlich Jean Paul mit seinen Romanen ein verhältnismäßig großes Publikum gewann, dann nicht des politischen Gehalts wegen, sondern weil er darin in eine bisher ungekannte und unartikulierte Welt kompliziertester menschlicher Gefühle und Empfindungen vordrang. Das große Publikum sah in den Theatern vorwiegend Kotzebue und Iffland, und es las mit Vorliebe Autoren wie Lafontaine, den wohl fruchtbarsten und talentiertesten populären Erzähler dieser Zeit. Sein 1795 anonym in der Voss'schen Buchhandlung in Berlin erschienener Roman *Klara du Plessis und Klairant. Eine Familiengeschichte Französischer Emigrierten* ist das bekannteste und in seiner Art auch bedeutendste Beispiel für die Spiegelung der Französischen Revolution in diesem Bereich der deutschen Literatur. Von der anhaltenden Wirkung des Buches zeugt unter anderem, daß es der junge Eichendorff noch 1807 in Heidelberg nicht nur verschlang, sondern auch zu den Stätten der Handlung andächtig pilgerte und mit Görres, der den Roman ebenfalls schätzte, Gespräche darüber führte.

Das Thema einer Liebesgeschichte zwischen Menschen verschiedener Stände war ein Thema des Jahrhunderts – auch im zu gleicher Zeit erscheinenden *Wilhelm Meister* spielte es eine Rolle –, aber nicht jeder deutsche Autor wagte sich wie Lafontaine in eine Umwelt hinein, die er aus eigener Anschauung nicht kannte: in das Frankreich dieser Tage.

Die Handlung des Romans ist geschickt angelegt: Klairant, Sohn eines Pächters aus dem dritten Stande und Neffe eines Priors aus dem zweiten, liebt Klara, die Tochter des Vicomte du Plessis aus dem ersten. Die Liebe wird erwidert, aber die Standesschranken machen alle weiteren Beziehungen bis zum Ausbruch der Revolution irreal. Erst als der Adel aufgehoben ist, kann Klairant seiner Klara versichern: «Wir sind glücklich! Du bist mein! ich bin dir gleich! Danke Gott, denn du hast aufgehört mehr zu seyn als ein Mensch. Ich bin, was du bist.» Der Verlauf der Revolution trennt jedoch die beiden wieder, ehe sie sich verbinden können. Der Vicomte emigriert mit seiner Familie, Klairant tritt der revolutionären Armee bei. Beide Liebenden jedoch werden von ihrer neuen Sphäre abgestoßen, der eine von der Fragwürdigkeit politischer Motive und dem Terror, die andere von der Arroganz, Hartherzigkeit und Geschichtsblindheit des eigenen Standes. Die Versuche zur Vereinigung scheitern, und als endlich eine Lösung möglich zu sein scheint, ist es zu spät: Klara stirbt den Liebestod an innerem Leiden, Klairant verschwindet, um dann lediglich noch einmal Lafontaine zu treffen, dem er seine Briefschaften zur Verarbeitung in diesem Roman übergibt.

Es gibt zwei Arten von Unterhaltungsliteratur: Die eine bietet eine von vornherein irreale Welt, in die sich der Leser versenken soll, um über die eigene mit ihren Unzulänglichkeiten und Konflikten hinausgehoben zu werden; die andere Art dagegen führt ihn mitten in die Gegenwart hinein, greift möglichst viele der heißen Eisen und Probleme auf und suggeriert dem Leser dadurch das Gefühl, er mache sich mit Hilfe des Autors zum Meister über sie. Zur letzteren Art gehört die Versicherung des Autors, daß das Erzählte authentisch und wahr sei. Es ist das Verfahren, das Lafontaine hier benutzt, wenn er der Vermittler, Arrangeur und Kommentator wirklicher Dokumente zu sein vorgibt, so überzeugend übrigens, daß eine schlesische Lesegesellschaft ihm eine Spende von hundert Talern mit der Bitte um Weiterleitung an den verlassenen Klairant schickte.

Lafontaine ist ein umsichtiger Erzähler, der Charaktere schildern und entwickeln kann, und der Umfang seines Geschichtsverständnisses macht es ihm durchaus möglich, historische Positionen zu charakterisieren und Konflikte herauszubilden. Die Beschränktheit und Illusion der adligen Emigranten in Koblenz, dem «klein Paris», wird sehr anschaulich dargestellt: Nach einem Sieg der Koalitionsarmee verstand man aus ihrer Menge nur die Worte «Opera, Theater, Ball, Boulevard». Und dabei, vermerkt Lafontaine kopfschüttelnd, haben sie fast alle «Verwandte in den Gefängnissen sitzen, und Verwandte bei der Armee, die geblieben seyn konnten». Auch Klairants Widersprüche werden faßbar gemacht, wenn er sich als Befreiter innerlich weigert, in dieses Koblenz zu seiner Geliebten zu gehen: «Er konnte seine Liebe gegen Klaren mit seiner Liebe zu seinem Vaterlande nicht vereinigen.» Selbst der verzweifelte Ausweg, den Klairant dann in einem Briefe vorschlägt, hat seinen Grund in den Ideen des Jahrhunderts:

> «Ach, Klara, sie kämpfen, sie toben, sie streiten gegen einander um Güter, die sie nicht kennen, um Schattenbilder, die sie Glück nennen. Unsre einfachen Herzen kannten das Glück. Ach wir waren geboren, um uns irgendwo in der Patriarchenwelt, oder in Indien auf einer Flur, oder an einem Brunnen zu begegnen, uns zu lieben, in den Schatten eines Baums uns eine Hütte zu bauen, da in den einfachen Sitten eines Naturvolkes zu leben und zu sterben. Weh uns beiden, daß wir uns in diesem wütenden Gedränge von Unmenschen trafen, die den Rang anbeten, und Gold Glück nennen, die Tugend auf das Theater, und die Liebe in die Romanen verbannen, und keiner Klage ein mitleidiges Ohr gönnen, als die der Dichter singt!»

Es ist eine interessante und bezeichnende Passage. Rousseausche Natursehnsucht spiegelt sich in ihr ebenso wie die Bilder von Urszenen und vom friedlichen otaheitischen Inselvolk oder dem blumenreichen Indien der *Sacontala*. Die biblische Hütte wird den Palästen, also dem Streben nach «Rang» und «Gold», gegenübergesetzt, und so wird eine Gegenwelt entworfen, deren Beschränkung nicht in erster Linie darin liegt, daß sie aus so vielen Sehnsüchten zusammengesetzt ist, sondern daß sie schließlich das letzte, weiter nicht durchdachte Auskunftsmittel des Autors bleibt, der «mitleidig» diese Liebesgeschichte «singt». Politik wird ihm zu einem allgemeinen Verhängnis, das den Menschen zermalmt und gegen das er nicht angehen kann. Die Liebe hingegen ist ein privates Glück in erträumter Idylle, ohne daß es einen Bezug zwischen dem einen und dem anderen Bereich gäbe. So privatisiert sich Lafontaines Roman am Ende, Gefühl und Denken entfernen sich voneinander, und die Tragik, die sich aus dem Zusammenprall historischer Kräfte und persönlicher Neigungen ergeben hatte, zerschmilzt in sentimentaler Klage und erbaulicher Mahnung:

> «Lieber Gott! was sind doch des Menschen Schicksale! Da sitz ich jetzt oft auf Klarens Grabe, lese die Briefe, die sie und der arme Klairant geschrieben haben, und lerne hier Geduld und Ergebung in die Führung des Geschicks»,

heißt es schlicht in den Schlußworten des Erzählers, und der Autor Lafontaine weiß auch nicht im Roman als ganzem zu weiterer Erkenntnis vorzudringen.

## 5. Der Fall Charlotte Corday

Als am 13. Juli 1793 dem Pariser Nationalkonvent mitgeteilt wurde, daß Jean Paul Marat eben von einer jungen Calvadossierin namens Charlotte Corday erstochen worden sei, sagte der Abgeordnete Guiraud von der Sektion *Le Contrat Social* zu dem Abgeordneten Jacques-Louis David, einem der bedeutendsten Künstler des Landes, hier gebe es für ihn ein Bild zu malen. Am 14. November des gleichen Jahres wurde das fertige Bild dem Konvent übergeben: Marat zusammengesunken in der Wanne, in der er einer Hautkrankheit wegen saß, das Licht auf den Zügen des Leidens und der Ruhe gegen einen Hintergrund von Nacht, der die Hälfte des Bildes füllt, in der einen Hand des Toten noch die Feder, mit der er an einer Geldanweisung für eine Kriegerwitwe geschrieben hatte, in der anderen den trügerischen Brief, mit dem sich die Corday Einlaß verschafft hatte, das Tintenfaß als einzige Reliquie auf einer Holzkiste, die als Schreibtisch diente, der Dolch tief unten am Boden als das Werkzeug der Unterwelt, ein paar Blutstropfen, das fast verborgene Wundmal und um den Kopf des Schmerzensmannes eine Stirnbinde als Krone. Die Revolution hatte ihren Märtyrer. Seine Asche wurde ins Pantheon gebracht, aber anderthalb Jahre später, als die Machtgruppen der Revolution wechselten, wieder «depantheonisiert». Das Bild wurde aus dem Konvent entfernt. Denn Marat war eine kontroverse Gestalt und ist es den Geschichtsschreibern bis heute geblieben. Viele Zeitgenossen sahen in ihm die Inkarnation der Schreckenszeit, einen Menschen von Machtlust getrieben und krank von Ehrgeiz. Andererseits war er aber auch ein ernstzunehmender Theoretiker der Revolution, der sein Handeln durch große Ziele vor der Geschichte zu legitimieren suchte, und er war ein Mann des Volkes, ein «ami du peuple», wie er selbst eine von ihm herausgegebene Zeitung nannte. Wenn sein Bild in der Geschichte finsterer geblieben ist als das manches anderen politischen Radikalen, lag das nicht zuletzt an den Motiven und der Persönlichkeit seiner Mörderin.

Die erste, leidenschaftliche Verklärung der Charlotte Corday kam von jenem Adam Lux, der im März 1793 zusammen mit Georg Forster und J. P. Patocki vom Rheinisch-deutschen Nationalkonvent in Mainz nach Paris entsandt worden war, um dort den Anschluß der ersten deutschen Republik an Frankreich zu betreiben. Aber Mainz wurde bald darauf von den Koalitionstruppen belagert und fiel zehn Tage nach dem Mord an Marat in ihre Hände. Gerade am Tage dieses Mordes hatte Lux einen Aufruf an die Pariser publiziert, in dem er sie auf die Gefahr aufmerksam machte, die er nach dem Staatsstreich vom 31. Mai, nach der Entmachtung der Girondisten und dem Beginn der Jakobinerdiktatur für das Vaterland als Ganzes und für die Aufrechterhaltung der republikanischen Ideale von Freiheit, Gleichheit und Brüderlichkeit entstehen sah. Vier Tage später war er Zeuge der Hinrichtung Charlotte Cordays, sah sie in einer wirklich bewegenden, mutigen Weise fest und ruhig in den Tod gehen und las die letzten, bekenntnishaften Briefe, die sie nun ebenso wie ihr Opfer zur Märtyrerin machten. Denn obwohl Charlotte Cordays Sympathien den girondistischen Freunden aus der Normandie gehören mochten, die sich zum Aufstand gegen Paris sammelten, so war zugleich offensichtlich, daß sie ohne Auftrag und Hintermänner und nur aus persönlicher Entscheidung und patriotischem Enthusiasmus gehandelt hatte, gerade um den Bürgerkrieg und eine Zerstörung des Landes zu verhindern. Außerdem war sie bereit, für das Unethische ihrer Tat auch mit dem eigenen Leben zu bezahlen. So war es nicht schwer, in ihrem Tod eine triumphale Verklärung eines Humanitätsideals zu sehen, das durch die Herrschaft der Guillotine im Blut ertränkt zu werden drohte. Lux feierte dementsprechend in einer zweiten an die Pariser gerichteten Schrift Charlotte Corday als eine Heldin «größer als Brutus». Die Schrift brachte ihn selbst am 4. November 1793 auf das Schafott.

Lux' Bekenntnis wurde auf deutsch sogleich in der *Minerva* veröffentlicht, wie überhaupt die Tat der Corday ein weites Echo in Deutschland fand. Denn gerade die Deutschen wurden von der dieser Tat innewohnenden Widersprüchlichkeit betroffen, spiegelte sie doch eigene Widersprüche und Unsicherheiten im Verständnis und in der Interpretation der Vorgänge im westlichen Nachbarland, das zu bekriegen die eigenen Truppen ausgezogen waren. Die Sympathien lagen zumeist auf seiten Charlotte Cordays – außer bei den ganz ausgemachten Feinden der Revolution, die Opfer wie Mörderin verdammten. Zu den kritischen Stimmen zählten Gottlieb Benedikt Schirachs *Politisches Journal,* Christoph Girtanners *Politische Annalen,* aber auch das *Journal des Luxus und der Moden* von Kraus und Bertuch. Wenn man dort die «gallische Furie» verurteilte, so vor allem wegen eines politischen Aktivismus, den man für gefährlich hielt, ganz abgesehen davon, daß er «teutschen Schönen» nicht anstand. Wie schon das Beispiel von Lux zeigte, kam die Bewunderung für die Corday vor allem von der prinzipiell republikanisch gesinnten Seite der deutschen Schriftsteller. Georg Wedekind, einer der hervorragenden Mainzer Jakobiner, hat Lux' Einstellung sorgfältig analysiert und verteidigt, und Sympathiezeugnisse sind auch von Männern wie Georg Friedrich Rebmann und Johann Friedrich Reichardt bekannt. Man feierte die Corday als «das Ideal einer republikanischen Seele» und reihte sie in die Schar legendärer Tyrannenmörder ein. Mit Brutus hatte sie sich selbst bereits in ihren Abschiedsbriefen verglichen, ganz im Sinne der klassizistischen Metaphorik, die das republikanische Frankreich als Legitimation für sich in Anspruch nahm. Judith, Jaël, Arria, Jeanne d'Arc und Wilhelm Tell wurden allenthalben in Verbindung mit ihr genannt. Für Lux freilich war sie «größer als Brutus» und für den anonymen Verfasser eines Artikels in der *Deutschen Monathsschrift* «höher als Jeanne d'Arc», nicht nur weil sie aus eigener staatsbürgerlicher Verantwortlichkeit zu handeln glaubte, sondern weil sie dabei auch den eigenen Tod von vornherein mit einkalkuliert hatte. So erschien sie auf dem Hintergrund von Marats tatsächlicher Verantwortung für zahlreiche Hinrichtungen und seiner Forderung nach einer zeitweiligen Diktatur als einer der neuen, von der Revolution hervorgebrachten Menschen, die für die Ideale mit der Tat und dem Leben einzustehen bereit waren. Damit ist selbstverständlich nicht schon die Täterpsychologie von Charlotte Corday oder die historische Rolle von Marat bezeichnet: es sind vielmehr nur die Vorstellungen und Urteile der Zeit, die damals literarisch wirksam wurden.

Die ersten bedeutenden Dokumente für Charlotte Corday in der deutschen Literatur sind einige Oden von Klopstock. Auch von seinem Altersgefährten Johann Wilhelm Ludwig Gleim, dem «Vater Gleim» in Halberstadt, gibt es drei Gedichte zu diesem Thema, die aber über konservative rhetorische Deklamation nicht hinausgelangen. Die Tat der Corday ist bei Gleim Rache für den Tod der Königin sowie eine Warnung an Danton und Robespierre, zugleich aber auch Aufforderung an einen neuen Shakespeare, sich des Stoffes anzunehmen. Von solchen konservativen Gemeinplätzen war Klopstock weit entfernt. Marat erschien ihm als die Symbolfigur für die Entgleisungen und Verirrungen der Revolution, ein von Machtlust getriebener Mensch, der eine unkontrollierbare Volkswut entfesselte, die als eine Art Kulturrevolution gerade das zerstörte, was sie zu verteidigen vorgab. So jedenfalls tritt er in den bereits früher erwähnten Oden «Die Erscheinung», «Die Denkzeiten» und «Das Neue» – alle aus dem Jahre 1793 – auf, wobei die letztere in einer Aufforderung an Charlotte Corday zu ihrer Tat ausklang, also in deren nachträglicher Segnung. In der Ode «Die beiden Gräber» läßt Klopstock dann allerdings die Corday und den 1792 an einem

Steinwurf aus der Menge gestorbenen Herzog Louis Alexandre La Rochefou-
cauld, der 1789 zum dritten Stand übergetreten war, über die Sinnlosigkeit
ihres Todes klagen. Klopstocks ganze Sympathie für Charlotte Corday – ihr
Bild war in seinem Zimmer in einer Art kleinem Schrein aufgestellt – kommt
jedoch in der Ode «Mein Irrtum» zum Ausdruck, jenem bewegenden Bild
seiner tiefen Enttäuschung über die Besudelung der Ideale durch die Wirklichkeit. Die Frage an die Freiheit:

> Bist du nicht Schöpferin mehr? oder sind sie
> Nicht umschaffbar, die du entfesseltest?

beantwortet er allein mit dem Verweis auf die «Männin Corday». Sie ist ihm
Bestätigung der Hoffnung, daß der befreite Mensch auch ein anderer, besse-
rer sein könne, der sich nicht mehr und nicht wieder versklaven lassen werde.
Sie ist ihm, wenn auch nur erst in einem einzelnen Exemplar, der neue
Mensch, der das philosophische Ideal durch sein Handeln nicht desavouiert,
sondern erfüllt.

Auch Wieland erhob seine Stimme zu Marats Tod. Ein Anonymus hatte
ihm für den *Neuen Teutschen Merkur* einen kleinen Aufsatz über «Scharlotte
Korday» gesandt, der die Tat der «edlen Mörderin» in schwungvoller Rhetorik pries, eine ausgeschmückte Übersetzung ihrer Briefe an den Abgeordneten Barbaroux und an ihren Vater enthielt und schließlich in den Appell an
den Geist der Verewigten ausklang, «in Preußens und Oesterreichs mächtige
Fürstenherzen» den Mut ihrer eigenen, im «Feuer des Patriotismus geläuter-
ten Tugend» einzuhauchen, damit diese die «Sache der Unschuld [...] ver-
fechten» und auf solche Weise französische Verhältnisse und mithin eine
Corday in Deutschland gar nicht erst entstehen ließen. In einer Fußnote hatte Wieland zwar seine Zweifel ausgedrückt an der Wirksamkeit solcher
Wünsche, «die uns andern unbedeutenden Weltbürgern im Augenblicke un-
freywilliger Herzensergießungen zuweilen entfahren», aber der Beitrag interessierte ihn doch immerhin als «merkwürdige psychologische Erscheinung» und Reaktion «einer sehr unschuldigen und biederherzigen teutschen
Seele». Denn im Grunde lag – trotz aller eingestandenen Sympathien für die
Ideale der Revolution – seine eigene Vorstellung von einer besonderen, kul-
turinspirierten und evolutionären deutschen Entwicklung, wie er sie in seinen
eigenen politischen Schriften dieser Zeit zum Ausdruck brachte, gar nicht so
prinzipiell von der Einstellung dieses Verfassers hier entfernt.

Wieland fügt nun dem Aufsatz noch einige eigene «Anmerkungen» hinzu,
in denen er die von der Tat der Charlotte Corday aufgeworfenen Fragen tiefer zu erfassen sucht. Marat sei, so argumentiert Wieland, immerhin «ein
*Mensch* – ein elender kranker Mensch» gewesen, der im übrigen aus der sichersten und «völligsten Überzeugung» handelte, daß er «sich um sein Volk
und um die ganze Menschheit unendlich verdient mache». Selbst wenn sich
Frankreich in einem Zustand völliger Anarchie befände – «welches sich doch

wohl so schlechterdings nicht behaupten läßt» –, «so würde doch eine Ge-
waltthat, welche jedem exaltierten Kopfe das Recht gäbe, jeden vermeinten
Feind des Vaterlandes aus dem Weg zu räumen, durch das Moralgesetz allein, dessen allgemeine Verbindlichkeit von positiven Gesetzen ganz unabhängig ist, für unerlaubt erklärt». Ein kategorischer, auf der Respektierung
der gleichen Rechte des anderen beruhender Imperativ wird also hier dem
terroristischen, aus politischen Idealen hervorgegangenen Gewaltakt als Kritik aus humanistischer Sicht entgegengesetzt. Dennoch läßt sich für Wieland
auch Charlotte Corday von diesem Standpunkt aus retten und verteidigen.
Die Besonderheit ihres Falles bestehe nämlich darin, daß sich die Täterin
freiwillig der Strafe auslieferte und so das Moralgesetz, das sie verletzt hatte,
hochhielt. Wäre sie nach der Tat oder aus dem Kerker entflohen, wie sie es
gekonnt hätte, so wäre es, wie Wieland schreibt, bei einem dreifachen Gefühl
geblieben: «Ich hätte die Gerechtigkeit der göttlichen Nemesis angebetet,
den Elenden bedauert, den die Natur zu meinem Bruder gemacht hatte, so
wenig ehrenvoll mir auch die Verwandtschaft war, und der Enthusiastin
zwar das Glück, der Guillotine entgangen zu seyn, herzlich gegönnt, aber
ohne damit die Handlung, womit sie solche verdient hatte, gut zu heißen.»
So aber habe die Täterin durch die freiwillige Hingabe ihres eigenen Lebens
das Sittengesetz öffentlich anerkannt, das sie aus politischen Gründen verlet-
zen zu müssen geglaubt habe. Heinrich von Kleist, der Schützling Wielands,
hat eine solche Problematik später in seinem *Michael Kohlhaas* aufgegriffen.

Allerdings bleibt für Wieland zunächst noch der Zweifel, ob die Todesbe-
reitschaft der Corday vielleicht nichts anderes als «französische Eitelkeit» in
der Seele «einer romantischen çi-devant Demoiselle» gewesen sei oder ein zu
fanatischer Leidenschaft gesteigerter Patriotismus, der ebenfalls aufhöre,
«eine verdienstliche Tugend zu seyn». Erst der französische Originaltext der
letzten Briefe Charlotte Cordays in seinem «simpeln, gelassenen, prunklosen
Ton» und die Sachlichkeit, ja «Kaltblütigkeit» der jungen Frau, soweit es das
eigene Schicksal betrifft, ermöglichten ihm die Bewunderung für die «nor-
mannische Heldin», «wenn wir es nicht lieber bloß bey dem, was uns das Gefühl für sie sagt, bewenden lassen wollen».

Auf Wielandscher Höhe bewegten sich die zeitgenössischen dramatischen
Behandlungen des Stoffes nicht. Wenn der von Gleim beschworene neue
Shakespeare nicht ans Licht trat, so lag das freilich auch am Stoffe selbst, der
sich bei genauerem Hinsehen viel weniger zur dramatischen Gestaltung eignete, als das von dem dramatischen Ereignis her der Fall zu sein schien. Denn
wenn Charlotte Corday allein gehandelt hatte, so konnte ein dramatisches
Geschehen nur Bewegungskraft bekommen, wenn sie Marat als ihren Gegenspieler bekam und beide sich vor den Augen des Zuschauers profilieren
konnten. Handelte sie wiederum als Werkzeug einer Gruppe, so fiel gerade
das weg, was sie in den Augen der meisten Bewunderer als etwas besonderes
erscheinen ließ: ihr eigener, freier Entschluß zur Tat und zu deren Sühne.

Die Motivation der tatsächlichen Corday, die nach ihren eigenen Bekenntnissen aus einem nicht tief reflektierten, aber starken Verantwortungsgefühl
für den Frieden ihres Landes gehandelt hatte, gab nicht viel für einen sich
über fünf Akte erstreckenden Konflikt her, ganz abgesehen davon, daß ihr
ruhiger, triumphierender Gang zum Tode sich auf der Bühne kaum darstellen ließ. So wandten sich dem Stoff denn auch nur geringere Talente zu, die
solche Gefahren nicht von vornherein erkannten.

Als erster deutscher Autor schrieb der Freiherr Renatus Carl von Senckenberg 1794 als «Arbeit zweyer Sommermorgen» ein Bühnenwerk zum Thema: *Charlotte Corday oder die Ermordung Marats dramatisirt*, das 1797 in
Frankfurt am Main erschien. Ein kleines lateinisches Hexameter-Epos über
*Carolina Cordaea* hatte er gleichzeitig verfaßt.

Senckenberg geht in nichts über die allgemeinen zeitgenössischen Versuche zur Be-
gründung und Rechtfertigung der Tat hinaus. Brutus, Jeanne d'Arc, Judith und Jaël
werden zitiert, Marat erscheint als neuer Diktator, der einen neuen Despotismus an
die Stelle des vergangenen gesetzt hat, und Charlotte ist die Republikanerin, die das
Ende der zweiten Tyrannei einleiten will. Im richtigen Gefühl für die dramatischen
Möglichkeiten gibt Senckenberg der Verteidigung seiner Heldin vor der «peinlichen
Commission» und dem Revolutionsgericht großen Raum, ohne ihr freilich Farbe und
Tiefe verleihen zu können. Nur ganz leicht klingt das Thema an, das eigentlich gerade
dieser Stoff in einer Zeit des wachsenden Selbstbewußtseins der Frauen nahelegte: die
Selbstverwirklichung der Frau durch die große Tat. «Ich selbst will mir Alles seyn», be-
kennt Charlotte an einer Stelle, und an einer anderen sagt der Vater verwundert:
«Mädchen, du bist sonderbar in der Vater-, in der Männer-, und in der Vaterlandsliebe; aber du bist unwiderstehlich.» Aber die Ansätze werden nicht weiterentwickelt.
Senckenbergs interessanteste Szene ist der vorletzte, zehnte Auftritt seines Stückes,
ein Gespräch Charlottes mit einem Priester, dessen Trost sie, den Quellen entsprechend, ablehnt und mit dem sie in Wielands Sinne, wenn auch nicht in seinem Umfang
über die moralische Rechtfertigung ihrer Tat spricht, ohne den Geistlichen freilich zu
anderer Einsicht als dieser bringen zu können: «So lebt dann wohl, unbegreifliche
Charlotte! staunenswerthes Mittelding zwischen einer Heldin und einer Verbrecherin!
der höchste Richter wolle euch wie Jaël und Judith richten!»

Komplexer als Senckenbergs Werk war schon das ebenfalls anonym erschienene Drama Heinrich Zschokkes aus dem gleichen Jahre. Es trägt den
Titel: *Charlotte Corday oder die Rebellion von Calvados. Ein republikanisches
Trauerspiel in vier Akten. (Aus den Zeiten der französischen Revolution.) In
Jamben*. In seine gesammelten Schriften hat Zschokke das Werk nicht aufgenommen. Seine *Metapolitischen Ideen*, die er 1796 in der Zeitschrift *Humaniora* veröffentlichte, bekunden Zschokkes republikanische Gesinnung in
diesen Jahren. Vaterland heißt ihm darin der Staat, «in welchem man mit
dem Gefühl der Freiheit» lebt, während er das Land, in dem man «für das
Heil und Gelüst der regierenden Klasse wohnt», ein «Herrenland» ist. Und
er setzt hinzu: «Unser Geburtsland ist nicht immer unser Vaterland.»
Zschokke, von Geburt Magdeburger, hatte sich 1796 nach einer Frankreich-
Reise in der Schweiz niedergelassen und aus Paris die Überzeugung mitge-

bracht, die jetzige, girondistische «französische Regierung trägt den Geist der Humanität vorzugsweise, und verdient in der Hinsicht als Muster aufgestellt zu werden». Sein Stück war allerdings bereits vor seiner Reise entstanden, aber es war von der gleichen grundsätzlichen Einstellung getragen.

Zschokke stellt deshalb auch die Tat Charlotte Cordays in den größeren historisch-politischen Zusammenhang des girondistischen Aufstands der Provinzen gegen die von den Jakobinern usurpierte Zentralgewalt in Paris, in einen Zusammenhang also, aus dem sie ja auch tatsächlich entsprungen war. Konsequent schließt sein Stück deshalb mit dem Mord an Marat, also der politischen Tat. Zschokke verzichtet auf eine Verklärung der Corday durch Szenen über Gericht, Kerker und Hinrichtung, aber da er ihr vorher kein geistiges Gewicht zu geben vermag, bleibt sie ausführendes Organ. Marat wiederum kommt nicht über die Gestalt eines zynischen Hämlings hinaus, obwohl Zschokke gelegentlich versucht, die Zwiespältigkeit seiner Persönlichkeit zu fassen, indem er ihn seine Ambitionen aussprechen läßt («Wer hat denn für die Rechte der / Vernunft schon mehr gekämpft, schon glücklicher / Das alte, graue Vorurteil bekriegt, / Als ich?»). Aber auch der girondistische Aufstand entfaltet nicht seine eigene historische Bewegung, da ja der eigentliche Held des Dramas Charlotte Corday sein soll, und die hineingeflochtene Liebeswerbung Corbignis, eines Offiziers der Nationalgarde, ist durch ihre Umständlichkeit den Ertrag nicht wert, den sie zur Charakterisierung von Charlottes patriotischer Asketik einbringt. Zschokkes Stück zerbricht an solcher Vielsträhnigkeit und hat seinen Reiz heute nur noch in diesen oder jenen Einzelzügen, zum Beispiel in einer Umdichtung von Schillers Ode «An die Freude» zu einem Freiheitslied, das die Corday abends in einer Weinlaube zur Harfe singt, oder in einer jener Nachdichtungen der Marseillaise, wie sie damals gang und gäbe waren.

Literarisch interessanter als Zschokkes Stück ist die Tragödie *Charlotte Corday* von Engel Christine Westphalen. Das Werk erschien, wiederum anonym, 1804 in Hamburg. Das Vorbild Schillers und insbesondere der *Braut von Messina* in diesem «Trauerspiel in fünf Akten mit Chören» ist unübersehbar, ebenso aber auch eine Eigenständigkeit in der Behandlung des Stoffes.

Charlotte Corday steht im Mittelpunkt als eine Frau, die handelnd in das bisher den Männern vorbehaltene Spiel der Politik eingreift. Wenn ihr Vater einen Widerspruch zwischen «Heldenmuth» und «Weiblichkeit» behauptet, so antwortet ihm die Tochter: «Meinst Du, es könnte beides nicht zusammen / Bestehn, mein lieber Vater?» Die Autorin hat diesen frauenemanzipatorischen Zug durch einen besonderen Kunstgriff verstärkt, und zwar durch die Einführung des Mainzer Delegierten Lux – hier Luchs, ähnlich wie Mortimer angesichts der Maria Stuart, von Charlotte Corday in ekstatische Begeisterung versetzt wird, sie im Gefängnis besucht und ihr dadurch zur Flucht verhelfen will, daß er mit ihr die Rolle tauscht. Das gibt eine weitere Gelegenheit für Charlotte Corday, Mut und Entsagen zu zeigen, und für Luchs, sie zu bewundern. Der ganze letzte Akt, der nach Charlottes Tod spielt, ist von einer solchen Erhöhung der Frau durch die Bewunderung der Männer – Luchs', des Advokaten Cheveau Lagarde und Charlottes Bruder Antoine – getragen. Luchs und Antoine werden am Schluß für ihr Bekenntnis zu der Toten verhaftet und sollen ihr offensichtlich nachfolgen.

Ihre Zeitgenossenschaft mit romantischer Literatur und insbesondere dem Werk der Karoline von Günderrode, zu dem es auch sprachliche Affinitäten gibt, verrät die Autorin, wenn sie ihre Heldin «die leise Harmonie des grossen All's» beschwören läßt, die durch die wilden Kämpfe der Männer gestört sei. Die Grenze ihrer Gestaltungskraft zeigt sich freilich darin, daß sie solche Themen nicht durchführt. Kühn von ihr ist es, Robespierre, Danton und Marat zusammen in einem Gespräch auf die Bühne zu bringen und Marat danach in einem langen Monolog sein Machtstreben bekunden zu lassen. Der eigentliche gedankliche Kern des Stückes liegt jedoch in dessen dramatischem Zentrum, in der Tat selbst, die in der zweiten Szene des dritten Aktes geschieht. Allein im Raume mit Marat, den sie eben getötet hat, empfindet Charlotte Corday sich plötzlich in tiefer Verwirrung – «Nur im Widerspruch / Erscheint mein *Ich* mit meinem innern *Selbst*» – denn kindlich-unschuldig hat sie bisher keinem Tier etwas zuleide tun können. Jetzt aber erkennt sie, daß gerade sie deshalb von der «ew'gen Güte» ausgewählt war, so zu handeln, um den moralischen Charakter der Tat zu demonstrieren. So entschließt sie sich, nicht zu fliehen, sondern zu bleiben, um die letzte Einheit zwischen Handeln und Denken, freiem Gedanken, freiem Entschluß und freier Tat zu zeigen. Auch das ist freilich weder eine zureichende Rechtfertigung eines politischen Mordes noch eine klar durchdachte Argumentation, es verrät aber zumindest, wie hier immerhin in Ansätzen eine bestimmte dramatische Bewältigung des großen Stoffes versucht wurde.

Friedrich Schiller hat das Drama der Engel Christine Westphalen mit «Zweifel und Bangigkeit», aber auch großer «Neugier» in die Hand genommen, wie er im Juli 1804 Goethe mitteilt, sich dann aber nicht mehr weiter dazu geäußert. Er selbst hatte ebenfalls in der Zeit nach 1799 den Plan zu einer «Charlotte Corday-Tragödie» gehabt, ihn aber nicht ausgeführt, sondern, mit sicherem Blick für die dramatischen Möglichkeiten eines Stoffes, verwandte Themen in zwei anderen Dramen behandelt: in der *Jungfrau von Orleans* und im *Wilhelm Tell*. Im letzteren war es das Thema des Tyrannenmordes, das zum Corday-Stoff Beziehungen hatte, aber hier in einer sehr viel schlüssigeren Weise dargestellt werden konnte. Denn einmal hatte der Tyrann den Täter persönlich angegriffen und damit sich selbst außerhalb des Moralgesetzes gestellt, und zum anderen war der Täter zugleich Handelnder innerhalb eines größeren politischen Zusammenhangs, einer Bewegung, die ganz eindeutig auf Freiheit, Gleichheit und Brüderlichkeit für ihr Land gerichtet war. Der Mord selbst brauchte jedoch nicht aus der politischen Notwendigkeit, sondern nur aus der den einzelnen treffenden Inhumanität des Herrschenden gerechtfertigt zu werden.

Auf ähnliche Weise vermeidet die *Jungfrau von Orleans* die Problematik von Charlotte Cordays Motiven, obwohl Johanna mit ihr viele Züge gemeinsam hat. Auch sie ist eine junge Französin aus der Provinz und weit davon entfernt, eine politisch reflektierende Emanzipierte zu sein. Auch sie setzt über die Vater- und Männerliebe die Vaterlandsliebe, zu deren Motivierung sie eben nur ihrem Jahrhundert entsprechend Visionen hat, die übrigens der ehemaligen Klosterschülerin Corday auch im 18. Jahrhundert noch gut angestanden hätten. Und auch sie gibt schließlich für den Gang der guten Sache ihr Leben hin, aber unter sehr viel verwickelteren, psychologisch reicheren Umständen, die gerade aus dem Widerspruch zwischen politischer Mission und menschlicher Neigung und der daraus resultierenden Schonung eines Gegners hervorgehen. Auch sind hier wie im *Tell* durch nationale Trennungslinien Freund und Feind deutlicher voneinander abgesetzt als das in den Parteikämpfen innerhalb der Französischen Revolution möglich war. Der Corday-Stoff hat mit wenigen Ausnahmen auch weiterhin kein gutes Schicksal gehabt. 1820 schrieb August von Platen einen kleinen Einakter *Marats Tod*, dessen interessantester Teil ein Dialog zwischen Marat und Danton über die Psychologie revolutionären Handelns ist, die dann das große Thema von Büchners *Dantons Tod* wurde. Vor Peter Weiss' *Die Verfolgung und Ermordung Jean Paul Marats* (1964) verzeichnet die Geschichte des Corday-Stoffes – auch außerhalb Deutschlands – dann nur noch Entwürfe, Ansätze, Versuche und selten ein vollendetes Werk, das aber Aufmerksamkeit weder erringen konnte noch verdiente.

Ein Dokument gibt es jedoch noch in der deutschen Literatur, das unter dem Vorwand einer Erzählung des Falles die vielen Fäden, die sich in Charlotte Cordays Tat verknoten, bloßzulegen und darzustellen vermag. Es ist Jean Pauls kleiner Aufsatz aus dem Jahre 1799 *Der 17. Juli oder Charlotte Corday*, der dann in einer erweiterten Fassung in *Dr. Katzenbergers Badereise* (1809) unter dem Titel *Über Charlotte Corday. Ein Halbgespräch am 17. July* aufgenommen wurde und in dieser Form auch in die Werkausgaben eingegangen ist. Der 17. Juli ist der Tag der Hinrichtung der Corday, und das Gespräch ereignet sich aus Anlaß einer kleinen Feier, die der «regierende Graf von -ß» veranstaltet, der «selber in Paris so lange bei dem Niederreißen der Bastille» mitgehandelt habe, «als die Stadt noch nicht in eine größere durch die Bergpartei verkehrt war». Ein Halbgespräch ist es, weil mit ihm die Erzählung der Vorfälle dieses Tages verbunden ist, die der Autor unternimmt, nachdem er mit dem Grafen und seinem kantianischen Regierungspräsidenten einige der Probleme des Falles erörtert hat.

Es liegt nahe, im Grafen von -ß Albano, den Fürsten von Hohenfließ und Heiden von Jean Pauls Roman *Titan* zu sehen, das Gespräch über Charlotte Corday würde dann andeuten, daß ihm die frühen republikanischen Ideale nicht vergangen sind. Jean Pauls eigene Einstellung gegenüber der Französischen Revolution in ihrem Verlauf ist durch die Bemerkung über Bastille und Bergpartei, also die Jakobiner, deutlich bezeichnet. Aus dieser Parteinahme für die Gironde resultieren auch seine Sympathier für Charlotte Corday und ihre Tat. Aber wie schon bei Wieland bleibt auch bei Jean Paul das Bewußtsein der Unrechtmäßigkeit bestehen, und zwar sowohl des Mordes wie des mit der Tat einkalkulierten «Selbstmordes» durch die unvermeidliche Todesstrafe. Das Gespräch läuft nun darauf hinaus, daß Graf und Autor die «unbedingten Moral-Mandata ohne Klausel», wie sie der Regierungspräsident als Kantianer vertritt, als unzureichend exponieren. Da der Mensch ohnehin sterben müsse, so könne ihm das Moralgesetz lediglich sein Leben verlängern; es komme aber darauf an, was man damit anfange. Dieser gefährlichen Argumentation entzieht sich der Regierungspräsident schließlich durch Flucht, wobei er ein heraufziehendes Gewitter zum Vorwand nimmt. Auf dessen Hintergrund bleiben die beiden Corday-Enthusiasten mit der Überzeugung unter sich, daß die Corday sehr wohl ein sittlicher Mensch sei, denn zunächst einmal habe sie nicht in persönlichem Interesse «als Bürgerin einen Staatsbürger» getötet, sondern «als Kriegerin in einem Bürgerkriege einen Staatsfeind» durchbohrt. Das ist allerdings ein Argument, das sich Jean Paul erst aus der Retrospektive herausnimmt.

Für den Handelnden selbst gilt etwas anderes: «In jeder weitgreifenden Handlung wagt das Herz, wenn nicht sich, doch sein Glück; nur wenigen Glücklichen hat das Schicksal ein reines Verhältnis zum Thun beschieden, aller guter Wille der Absicht reicht nicht aus, da wir, obwohl nicht für den Erfolg, aber doch für dessen *Berechnung,* die oft eine des Unendlichen ist, zu stehen haben.» Sinn dieser Beobachtung ist, daß sich das menschliche Handeln in seiner Vielfältigkeit und seinen Verwicklungen vom Handelnden nicht überschauen läßt. Auch ein Moralgesetz kann ihm dabei nur passiv helfen, indem es sein Handeln beschränkt. Entscheidend aber bleibt für Jean Paul, daß dennoch gehandelt wird. Das aber kann, wie sich aus den folgenden Gedanken zeigt, nur im Blick auf ein hohes Ziel geschehen, das er so beschreibt: «Wir wollen die Stadt Gottes nicht blos bewohnen, sondern auch vergrößern.» Mit anderen Worten: Jean Paul romantisiert hier den Corday-Stoff, indem er ihm eine chiliastische Tendenz gibt. In geradezu Nietzschescher Sprache verkündet der Graf, daß der «Hochmensch» oder «Übermensch» als «Feuer-Reformator» die «Jahrhunderte des trägen Werdens» durch eine Kraft ersetzen müsse, «welche jedesmal fällend und bauend zugleich ist. Wer nun diese Kraft besitzt, hat das Gefühl derselben oder den Glauben und darf unternehmen, was für den Zweifler Vermessenheit und Sünde wäre bei seinem Mangel des Glaubens und folglich auch der Kraft». Und der Autor fügt hinzu: «Es muß [...] etwas Höheres zu suchen geben, als blos Recht, d.h. nicht Unrecht thun.» In diesem Sinne erscheint also den beiden Charlotte Corday als eine Leitgestalt ihres Jahrhunderts, als eine Freiheitsheldin, die aus «verletzter Geistes-Majestät» – denn «jeder Despot tastet in meinem körperlichen Leben nur mein geistiges an» – handelt und somit wie wenige andere ein Zeichen setzt und Hoffnung gibt.

Zum vollen Verständnis solcher Gedanken ist es allerdings nötig, die deutsche Situation der Zeit im Auge zu behalten und als Verkünder eines derartigen Ideals einen regierenden Herrn zu sehen, der selbst wiederum ein Jean Paulsches Ideal verkörperte, das dieser in seinem großen Roman nicht ohne kritische Distanz betrachtet hat. Den besonderen deutschen Aspekt hat Jean Paul überdies noch dadurch hervorgehoben, daß er in seine Erzählung den Abgeordneten Lux mit aufnimmt, den ersten Inspirierten der Corday. Von der Guillotine, unter der die Corday fällt, geht der Blick des Erzählers am Schluß auf ihn und von da auf seine Landsleute: «Du aber, edler Mainzer, gehe nun mit deiner entbrannten Seele heim und sage noch einmal die kühne Wahrheit und kehre dann auf dieses Sterbegerüste zurück! – Und niemand von uns weine über die Hohe, sondern opfere wie sie, was Gott von ihm begehrt, es sei das Leben oder weniger!» Diese Worte trugen Jean Paul die schwärmerische Liebe von Lux' Tochter Maria ein.

Der Fall Charlotte Corday reflektiert in den verschiedenen literarischen Darstellungen deutsche Erwartungen und Befürchtungen gegenüber der Französischen Revolution. Die Tendenz Klopstocks, Wielands und Jean Pauls, in Charlotte Corday das Modell eines neuen, durch die Freiheit hervorgebrachten Menschen zu sehen, ist dabei die wichtigste. Eine solche Veränderung des Menschen im Inneren konnte als Gewinn aufklärerischer Emanzipationsphilosophie betrachtet und damit auch für Deutschland als möglich und nutzbar angesehen werden, wie sich gerade im Enthusiasmus des Jean Paulschen regierenden Grafen zeigt. Denn in Deutschland gab es hinsichtlich allen gesellschaftlichen und menschlichen Fortschritts überhaupt nur einzeln Handelnde.

Eine solche Interpretation der Cordayschen Tat war jedoch nur reflektierend möglich, also im Gedicht, in der Erzählung oder der Abhandlung, die jeweils verschiedene Standpunkte von Aktion und Betrachter explizit machten. Dem Drama, das unmittelbar Vorgänge vorführen wollte, verschloß sich der Stoff. In der Französischen Revolution war sinnfällig und real der einzelne Herrscher entthront und exekutiert worden. Das republikanische System bestand hinfort in einem Gegeneinander von Gruppeninteressen, in dem der einzelne nur noch als Funktionär eine wenn auch oft entscheidende Rolle spielte. Zur dramatischen Darstellung einer solchen Situation war eine Technik zu entwickeln, die erst Georg Büchner gelang. Eine Verbindung zwischen Revolution und Einzeltat, wie sie die Deutschen besonders berühren mußte, konnte ihren Stoff nur in einer älteren Geschichte finden, und Friedrich Schiller hat einer solchen deutschen Synthese besonders im *Tell* entsprechenden Ausdruck verliehen.

VIERTES KAPITEL

THEORETISCHE GRUNDLAGEN
FÜR DIE LITERARISCHE ENTWICKLUNG NACH 1789

*1. Einführung*

«In den letzten Jahren des abgeschiedenen Säculums» habe unter den Deutschen, so schreibt Franz Horn 1813 in seiner Übersicht über *Die schöne Litteratur Deutschlands, während des achtzehnten Jahrhunderts,* eine regelrechte «philosophisch-ästhetische Revolution» begonnen. Schon Friedrich Schlegels Gleichsetzung von Französischer Revolution, Fichtes Wissenschaftslehre und Goethes *Wilhelm Meister* 1798 im 216.*Athenaeums*-Fragment hatte Ähnliches gemeint. Kants *Kritik der Urteilskraft,* Fichtes *Wissenschaftslehre,* Schellings frühe naturphilosophische Werke und Hegels erste Aufsätze, die Kunstphilosophie Schillers, Goethes verschiedene Arbeiten zu Naturwissenschaft, Kunst und Literatur und schließlich Friedrich Schlegels Jugendschriften sowie seine symphilosophischen Entwürfe in Gemeinsamkeit mit Novalis traten damals hervor als bedeutende und auf lange Zeit fortwirkende Konzepte, die dem Denken, insbesondere dem Kunstverständnis, neue Richtungen wiesen. Das alles eine Revolution zu nennen, war jedoch eher ein Spiel mit Worten, denn das Ziel aller Revolutionen – der Umsturz des Alten – war nicht im gleichen Maße wie in der Politik die Absicht dieser Anstrengungen des Geistes.

Zwar muß jeder, der etwas Neues denken und schaffen will, über Altes hinausgehen und ihm seine Grenzen weisen, aber alle die Philosophen und Theoretiker, die im letzten Jahrzehnt des 18.Jahrhunderts in Deutschland Neues dachten und Bedeutendes schufen, waren in vielfältiger Weise mit der Tradition des europäischen Denkens dieses ganzen Jahrhunderts verbunden und empfanden sich auch als in solcher Tradition stehend. Das schloß nicht aus, daß es entschiedene Gegnerschaften gab und daß auch zuweilen radikal mit Vorherigem gebrochen wurde. Aber der Begriff einer Gedankenrevolution führt zu falschen Vorstellungen über die tatsächliche historische Kontinuität in der Entwicklung des Denkens wie der Wissenschaften und Künste überhaupt.

Das festzustellen ist für Deutschland aus verschiedenen Gründen nötig. Der eine dieser Gründe besteht in der verbreiteten Ansicht, daß die Deutschen, weil sie in der politischen Praxis dazu nicht imstande gewesen seien, die Französische Revolution sozusagen im Geistigen zu vollziehen – oder eher:

zu kompensieren – versucht hätten. Darin sind Spuren der Wahrheit enthalten, aber die Verzahnung zwischen Denken, Handeln und den äußeren Verhältnissen einer Zeit läßt sich mit so einfachen Formeln nicht fassen. Es steht außer Zweifel, daß die Vorgänge in Frankreich entscheidenden Anstoß für deutsche philosophische und ästhetische Konzepte gegeben haben, aber es steht ebenso zweifellos fest, daß solche Konzepte auch aus eigenständig deutschen Traditionen und Tendenzen gespeist wurden.

Ebenso wie die Französische Revolution ist auch das deutsche Denken in den neunziger Jahren nur Teil eines größeren Prozesses, in dem sich Europa zur modernen Industriegesellschaft wandelte. Gerade wegen der vielen Wurzeln und Zweige ist dieses deutsche Denken jedoch schwer zu beschreiben. Denn neben den unmittelbaren politischen Reaktionen auf Zeitereignisse stehen Geschichtsvorstellungen, die weit in das 18. Jahrhundert zurückreichen und erst allmählich umgeformt werden unter dem Eindruck von Jahren der Revolution und, was die Deutschen angeht, vor allem des Krieges, in den sie selbst hineingezogen wurden.

Gesellschaftliche Wandlungen ebenso wie Wandlungen im Familienverband gingen im Zusammenhang mit dem Mündigwerden des Bürgertums vor sich. Auf dem Gebiete der Naturwissenschaften wurden wichtige Entdeckungen gemacht, die geeignet waren, das Verständnis des Menschen von sich selbst und von seiner Macht über die Natur grundsätzlich zu verändern, und religiöse Konsequenzen aus solchen Veränderungen lagen auf der Hand. Die Herausbildung eines dialektischen Weltverständnisses – wohl eine der bedeutsamsten und folgenreichsten Errungenschaften deutschen Denkens in dieser Zeit – hatte ihre Veranlassung gerade darin, einer solchen Situation gedanklich Herr zu werden, und zwar durch die Vorstellung von einer Totalität der Welt, die aber nur als unablässiger Prozeß der Bewegung von einander Widersprechendem faßbar wurde.

So revolutionär viele dieser Gedanken im einzelnen waren, auf den geschlossenen Begriff einer «Gedankenrevolution» läßt sich das, was damals gedacht wurde, nicht bringen. Man muß sich, wenn man das Denken dieser Zeit verstehen will, eher einen Begriff zu machen versuchen von den Denkern selbst, von den Philosophen und Schriftstellern, die ihre Kunst und ihr Handwerk theoretisch auf festen Boden zu stellen bemüht waren. Die Aufklärung, aus deren Schule sie alle kamen, hatte es prinzipiell für möglich erachtet, die Welt als Ganzes im System zu fassen und zu verstehen, obwohl Kant hier das erste große Fragezeichen gesetzt hatte, indem er das verstehende Subjekt auf sich selbst und seine Verständnisgrenzen zurückverwies und ihm ein an sich nicht faßbares Objekt gegenüberstellte. Aber das war nicht als Entmutigung und Erkenntnispessimismus gedacht gewesen, sondern eher als eine Aufforderung an den Menschen, sich selbst und seine äußeren wie inneren Fähigkeiten ernster zu nehmen. So wurde diese Botschaft zunächst auch verstanden; durch Kants Schriften inspirierte Erkennt-

niskrisen wie diejenige Heinrich von Kleists ereigneten sich erst später. Die
Jahre nach 1789 waren von einem starken Optimismus getragen im Hinblick
auf eine neue Zeit, in deren Anbruchsjahren man sich zu befinden glaubte. Es
war ein Hoffnungsenthusiasmus und eine Zukunftsgläubigkeit, in die sich
der Mensch zweihundert Jahre später kaum noch versetzen kann. Gegründet
war dieser Enthusiasmus in der realistischen Beobachtung vieler Veränderungen, selbst in dem politisch und gesellschaftlich unbeweglichen Heiligen
Römischen Reich. Das Echo der Literatur zum Beispiel nahm zu mit der zunehmenden Fähigkeit zu lesen. Schiller und Fichte hatten als akademische
Lehrer begeisterte Zuhörerkreise in Jena. Studenten oder Schulmeister bega-
ben sich auf Pilgerfahrten, um bei ihnen und bei Goethe, Wieland, Jean Paul
oder Kant anzuklopfen und diese Großen des Geistes zu sehen und zu sprechen. Diese verschlossen sich nicht, hielten ein offenes Haus und standen
auch in enger Beziehung mit anderen Autoren. Einige der bedeutendsten
theoretischen Leistungen dieser Jahre waren entweder regelrechte Gemein-
schaftsarbeiten wie das *Älteste Systemprogramm des deutschen Idealismus* von
Hegel, Schelling und Hölderlin, die symphilosophischen Fragmente und
Projekte von Novalis und Friedrich Schlegel, oder sie waren in engem geistigen Austausch entstanden, wovon als einzigartiges Dokument vor allem der
Briefwechsel zwischen Goethe und Schiller Zeugnis ablegt. Das alles geschah
in dem ständigen Bewußtsein der engen deutschen Lebenssphäre und aller
ihrer sozialen und politischen Beschränkungen, ja es geschah gerade ihret-
wegen, und es geschah in jenem Bewußtsein, das Herder in einem seiner
*Briefe zur Beförderung der Humanität* so ausgedrückt hat: «Der Philosophie
und Kritik hat man nirgend den Weg versperren können; sie arbeitet sich
überall durch; sie wird in allen guten Köpfen rege.»

Bemerkenswert ist allerdings zunächst die Dominanz des Theoretischen
über das literarische Werk. Schillers große Dramen entstanden erst auf der
Grundlage seiner ästhetischen Schriften, und Friedrich Schlegel und Novalis
hatten erst ihre Theorien einer neuen, romantischen Literatur entworfen, ehe
sie versuchten, sie in eigenen Romanen fruchtbar zu machen. Auch Goethes
literarische Arbeiten dieses Jahrzehnts, so wenig sie umgesetzte Philosophie
sind, lassen sich nicht ohne die eigenen naturwissenschaftlichen Studien und
die ästhetischen Diskussionen mit Schiller denken. Selbst bei Autoren wie
Jean Paul und Hölderlin, bei denen der Primat schöpferischer Arbeit über
jede theoretische Fundamentierung offen zu Tage liegt, war der Einfluß gerade der Fichteschen Philosophie und überhaupt der philosophischen Auseinandersetzungen ihrer Zeit so stark, daß ihre Schriften erst auf diesem
Hintergrund verständlich werden. Waren also die Deutschen nicht so sehr
Dichter und Denker, wie die damals aufgekommene Formel lautete, sondern
eher Denker als Dichter und erst als Denker dann allenfalls Dichter? Die
Theorielust und Theorielast ist bekannt als ein Zug deutscher intellektueller
Tradition und speziell der deutschen Literatur. Gerade die neunziger Jahre

des 18. Jahrhunderts sind eines der wichtigsten Quellgebiete dafür. Denn eben der Zukunftsoptimismus und Bildungsenthusiasmus in den Schriften dieser Jahre, die eine Mobilisierung des Lesers bewirken sollten, aber eines Lesers, der nicht als große Gesellschaft, sondern nur als eine Menge sozial disparater Einzelpersonen existierte, eben dieser Optimismus und Enthusiasmus erforderte es, sich zunächst einmal prinzipiell Gedanken zu machen, was sich mit Philosophie und Kunst überhaupt erreichen ließ, welche Ziele man sich setzen sollte oder konnte und welcher Mittel man sich schließlich zu solchem Zwecke und unter solchen Umständen bedienen konnte.

## 2. «Zum ewigen Frieden»: Entwürfe der Philosophen

Am 5. April 1795 schloß der nachmalige Staatskanzler Karl August von Hardenberg im Auftrage des preußischen Königs Friedrich Wilhelm II mit Frankreich, das sich nach dem Sturz Robespierres als bürgerliche Republik konsolidierte, den Sonderfrieden von Basel ab. Preußen, das sich in Zweifrontenkämpfen nach Westen und nach Osten – gegen die aufständischen Polen – militärisch und wirtschaftlich erschöpft hatte, verzichtete auf das linke Rheinufer und stimmte der Neutralisierung Norddeutschlands zu. Damit war in einem beträchtlichen Teil des deutschen Reichsgebiets für die kommenden zehn Jahre der Friede eingekehrt, wenngleich der Krieg in Europa weiterging. Die Opfer der ersten sieben Jahre Krieg allein auf seiten der Koalitionsmächte hat man auf 140000 Tote und 200000 Verwundete geschätzt. Es lag also für die Philosophen nahe, von der Tatsache eines Teilfriedens zu abstrahieren und den Hoffnungen auf einen größeren, allgemeinen Frieden die feste Gestalt von durchdachten Plänen und Entwürfen zu geben. Daß Kultur nur im Frieden gedeihen kann, ist eine Binsenweisheit, aber sie bleibt von elementarer Wichtigkeit für diejenigen, die sich zwischen dem Feuer von Fronten gefangen sehen. Bedeutende intellektuelle und künstlerische Anstrengungen wurden in den kommenden Jahren in Deutschland gemacht, um einem Zeitalter des dauernden Friedens den Weg zu bahnen; sie reichten von praktisch-juristischen Vorschlägen bis zu den Gestaltungen von Utopien einer ewigen Goldenen Zeit. Zeit und Ewigkeit, Chaos und Friede warden polare Kategorien, die zahlreiche philosophische und literarische Werke dieser Jahre durchziehen oder sie ganz und gar bestimmen.

Einen besonderen Anstoß dazu gab in Deutschland Kants kleine Schrift *Zum ewigen Frieden,* die 1795 erschien und ein kaum überblickbares Echo fand. Die Formel selbst war schon seit dem Beginn des Jahrhunderts geläufig, als ein französischer Geistlicher namens Charles-Irénée Castel, Abbé de Saint-Pierre, in den Jahren von 1712 bis 1717 ein groß angelegtes *Projet pour rendre la paix perpétuelle en Europe (Entwurf zur Herbeiführung des ewigen Friedens in Europa)* veröffentlichte, das auf die Bildung einer europäischen

Staatenallianz gerichtet war. Friedrich II. von Preußen soll später, als sich der Abbé um sein Interesse bewarb, spöttisch bemerkt haben, daß sich die Sache sehr leicht machen ließe; man brauche nichts weiter als die Einwilligung Europas und ein paar andere derartige Kleinigkeiten. Diesen, allen philosophischen Projekten gegenüber möglichen Vorwurf, die Realitäten zu mißachten, hatte Kant fest im Sinne, als er an seinen eigenen Entwurf ging.

## Kant

Immanuel Kant ist die alles überragende Gestalt in der deutschen Philosophie des 18. Jahrhunderts – ein intellektueller Asket und geselliger Hagestolz im heimatlichen Königsberg, das er sein Lebtag nicht verlassen hat. Die fundamentale Bedeutung seines Denkens wird heute oft kaum noch wahrgenommen. Kant hatte in den achtziger Jahren seine kritische Philosophie entwickelt; in ihren drei Teilen, der *Kritik der reinen Vernunft* (1781), der *Kritik der praktischen Vernunft* (1788) und der *Kritik der Urteilskraft* (1790), suchte er die allein dem Menschen eigenen Kräfte des Erkennens, Handelns und Urteilens zu bestimmen und ihre Gesetze wie Grenzen im Hinblick auf jene drei großen Wertbegriffe festzulegen, die als Ziel aller menschlichen Anstrengung in der Philosophie und Literatur der folgenden Zeit geradezu formelhaft als die Trinität des «Wahren, Guten und Schönen» bezeichnet wurden. In der Verweisung des Menschen auf sich selbst, in der Bewußtmachung seiner Grenzen hinsichtlich des Erkennens, seiner Verantwortlichkeit hinsichtlich des Handelns und seiner besonderen Stellung als Geisteswesen in der Natur hinsichtlich seines Urteilens hatte er der Philosophie in der Tat eine «kopernikanische Wendung» gegeben. Er hatte das Individuum für frei erklärt und der Welt gegenübergestellt, in der es sich in seiner besonderen Rolle gegenüber allen anderen Naturwesen behaupten mußte, und die Aufgabe, die er der Kunst dabei zuschrieb, wurde zur Voraussetzung alles weiteren Nachdenkens über Ästhetik.

Kant hat sich als ein Philosoph der Aufklärung im umfassendsten und gewichtigsten Sinne dieses Wortes empfunden. Als ihr großes Instrument hatte er 1783 den «Hang und Beruf zum *freien Denken*» bezeichnet, den die Natur dem Menschen eingegeben habe. In diesem Sinne war ihm Aufklärung auch ein metahistorischer Begriff, ein Synonym für Fortschritt und Vervollkommnung der Menschheit überhaupt.

Man hat von Kant berichtet, er habe «mit ganzer Seele die Sache der Franzosen» geliebt und sich auch durch «alle die Ausbrüche der Immoralität» an seiner Vorliebe für das repräsentative System nicht irre machen lassen. Von ihm selbst ist aus dem Jahre 1798 das Wort überliefert: «Wenn ich auch nicht fest glaube, daß die französische Republik bestehen werde, so verdienen doch die Franzosen großen Dank; sie haben Ideen in Bewegung gebracht, verbreitet, die nicht mehr auszutilgen seyn werden. Wie bei der Schöpfung

alles chaotisch aufgerollt war, so auch durch die Revolution: nun schwebt
der Geist Gottes darüber und wird nach und nach scheiden und ordnen.»
Die Dichotomien von Chaos und Ordnung, Krieg und Frieden hatten ihn
drei Jahre vorher als Einundsiebzigjährigen zu jenem «philosophischen Entwurf» inspiriert, dem er mit der ihm eigenen subtilen Ironie den Titel *Zum
ewigen Frieden* gegeben hat: «Ob diese satirische Überschrift auf dem Schil-
de jenes holländischen Gastwirts, worauf ein Kirchhof gemalt war, die *Menschen* überhaupt, oder besonders die Staatsoberhäupter, die des Krieges nie
satt werden können, oder wohl gar nur *die* Philosophen gelte, die jenen süßen Traum träumen, mag dahingestellt sein.» Es ist der erste Satz der Abhandlung, die, einen tatsächlichen politischen Kontrakt mit Präliminarrarti-
keln, Definitivartikeln, Zusätzen und Anhängen parodierend, sein eigenes
Bild von der möglichen Pazifizierung der Welt durch die Kraft des moralisch
handelnden Menschen zeichnet. Dabei ist es ihm daran gelegen, die «bisher
fälschlich so genannten Friedensschlüsse» – wie eben denjenigen zu Basel –
als «Waffenstillstände» zu enthüllen, während der «ewige Friede» eine Aufgabe sei, die erst nach und nach gelöst werden könne, wenngleich «die Zeiten, in denen gleiche Fortschritte geschehen, hoffentlich immer kürzer werden».
    Eine sichere Grundlage des Friedens ist für Kant die republikanische Ver-
fassung eines jeden Staates, denn die Bürger selbst würden nicht über sich einen Krieg beschließen, den sie persönlich zu führen und zu erleiden haben.
Dabei unterscheidet er allerdings zwischen republikanisch und demokratisch. Das erstere umschließt für ihn alle Staatsformen, in denen die Bürger
nach den Prinzipien ihrer Freiheit, Gleichheit und «der Abhängigkeit aller
von einer einzigen gemeinsamen Gesetzgebung» in einem vertraglichen, ver-
fassungsmäßigen Verhältnis zur Regierung stehen, während er unter dem
letzteren allein die «Volksgewalt» nach dem Muster der französischen Nationalversammlung versteht. Bürgerliche Gleichheit möchte Kant nun auch
auf das Verhältnis der Staaten untereinander übertragen sehen, das Völker-
recht «auf einen *Föderalismus* freier Staaten» gründen und auf diese Weise
eine Art «*Völkerbund*, der aber gleichwohl kein Völkerstaat sein müßte», ins
Leben rufen. In der frühesten Morgendämmerung der modernen industriellen Welt wird also hier schon jenes Auskunftsmittel zur Erhaltung des Friedens vorgeschlagen, über das diese Welt auch zweihundert Jahre später nicht
hinausgekommen ist. Kant überhöht diesen Vorschlag sogar noch mit der
«Idee eines Weltbürgerrechts» angesichts des zunehmenden Verkehrs der
Menschen auf der gesamten Erde und auf Grund der Beobachtung, «daß die
Rechtsverletzung an *einem* Platz der Erde an *allen* gefühlt wird». Es ist ein
Satz, dessen Tragweite nachempfunden werden muß, wenn man die großen
Veränderungen verstehen will, die sich damals im Bewußtsein der Menschen
von ihrem Verhältnis zu dem Globus, auf dem sie lebten, und in ihren geo-
graphischen wie historischen Begriffen vollzogen.

Kants Entwurf erhält seine Bedeutung allerdings nicht nur durch die staatsrechtlichen Vorschläge, die darin gemacht werden, sondern vor allem auch durch seine Überlegungen, wodurch solche Vorschläge zu sichern und zu garantieren seien. Denn über die «Bösartigkeit der menschlichen Natur» machte er sich keine Illusionen. Gerade diese Natur jedoch, der Lebenswille und die Selbstsucht der einzelnen wie der Völker, der «Mechanism in den menschlichen Neigungen», scheint ihm bei dem sich erweiternden Weltverkehr, beim sich ausbreitenden «Handelsgeist» und dem Einfluß der «Geldmacht» eine erste, entscheidende Garantie des ewigen Friedens zu sein, da aus ihm der Wunsch nach einer gesetzlichen Beschränkung solcher Mechanismen entstehen muß. Dazu hat nun allerdings als zweites noch die dem Menschen eigene praktische Vernunft, die Moralität seines Handelns hinzuzutreten, wenn eine Wirkung erreicht werden soll. «Der Grenzgott der Moral,» heißt es im *Anhang*, «weicht nicht dem Jupiter (dem Grenzgott der Gewalt); denn dieser steht noch unter dem Schicksal, d. i. die Vernunft ist nicht erleuchtet genug, die Reihe der vorherbestimmenden Ursachen zu übersehen, die den glücklichen oder schlimmen Erfolg aus dem Tun und Lassen der Menschen, nach dem Mechanism der Natur, mit Sicherheit vorher verkündigen (obgleich ihn dem Wunsche gemäß hoffen) lassen.» Kant geht hier auf das Grundprinzip seiner Moralphilosophie zurück, eben auf jene Selbstverantwortlichkeit zu moralischem Handeln, die der Mensch sich in einem kategorischen Imperativ aus Selbstschutz, aber zugleich auch aus der Fähigkeit, über sein Handeln zu reflektieren, auferlegt. «Das moralische Prinzip im Menschen erlöscht nie», heißt es, und die Vernunft wachse «durch immer fortschreitende Kultur», denn «die reinen Rechtsprinzipien haben objektive Realität» und sind in der besonderen Geistnatur des Menschen, seiner ursprünglichen Gleichheit und seinem Wollen zur Freiheit begründet. Sie sind – in Kants Verständnis – keine Träume der Philosophen.

Was die Philosophen angeht, so ist ihre Rolle deutlich in einem «Geheimen Artikel zum ewigen Frieden» festgelegt: Ihre Maximen «über die Bedingungen der Möglichkeit des öffentlichen Friedens» seien von den Staaten zu Rate zu ziehen, die sich zum Kriege rüsten. Auch möge man die Männer des Geistes öffentlich sprechen lassen. Daß jedoch, wie es hieß, «Könige philosophieren, oder Philosophen Könige würden, ist nicht zu erwarten, aber auch nicht zu wünschen; weil der Besitz der Gewalt das freie Urteil der Vernunft unvermeidlich verdirbt».

Kants Entwurf ist keine Utopie, sondern eine nüchterne Analyse von politischen Realitäten und ein ebenso sachlich-nüchterner Vorschlag eines Intellektuellen, aus dem Chaos Ordnung und aus dem Krieg Frieden werden zu lassen. Sachlichkeit, Nüchternheit und die Distanz der parodierenden Form des Werkes dürfen allerdings nicht über die humane Leidenschaft des Denkers und Schriftstellers Kant hinwegtäuschen, die bei genauerem Lesen auch aus der Kraft seines Stils und der klaren Tiefe seines Ausdrucks faßbar wird.

Das Thema, das ihn hier bewegte – Geist und Macht, Moral und Politik – ist ein zeitloses, aber zugleich auch eines, das neben ihm viele seiner bedeutenden Zeitgenossen besonders stark bewegte aus unmittelbar gegebenem Anlaß. Denn zum erstenmal schickte sich der Mensch an, aus eigener Verantwortlichkeit öffentlich seine Verhältnisse zu regeln und zu lenken, ohne sich auf Gottesgnadentum beziehungsweise den Schein davon zu berufen.

Kants Schrift fand sogleich den weitesten Widerhall unter seinen Zeitgenossen. Sie sei «ein goldenes Büchlein», heißt es in Peter Paul Usteris Journal *Beyträge zur Geschichte der französischen Revolution* und: «Daß es da ist, das Büchlein, sehe ich unter allen für jetzt möglichen Fortschritten *zum ewigen Frieden*, als einen der wichtigsten und entscheidendsten an.» August Henrings *Genius der Zeit*, Ludwig Ferdinand Hubers *Klio* und Johann Friedrich Reichardts *Deutschland* brachten ausführliche Rezensionen. Reichardt gibt dem ersten Band seiner Zeitschrift sogar ein Motto daraus, und er berichtet, das Buch sei «kurz nach seiner Erscheinung ins Französische übersetzt, und auch in Frankreich mit Bewunderung aufgenommen worden», so wie es «sich höchstwahrscheinlich bald in den Händen der gebildeten Menschen aller Europäischen Länder befinden» werde.

Neben der direkten Reaktion standen die indirekten, also die Versuche der verschiedensten Autoren, Kants Gedanken fortzuspinnen, ihnen eigene entgegenzusetzen oder zumindest, durch Kant angeregt, das Thema als Aufgabe für die Gegenwart weiterzuführen, denn wie unabhängig und selbständig auch oft die eigenen Entwürfe sein mochten, sie hatten doch immer Kants Überlegungen zur Voraussetzung, die in das Bewußtsein jedes deutschen Intellektuellen eingegangen waren, mochte er sich ihrer nun weiterhin bedienen wollen oder nicht.

## Herder

Unter die bedeutenderen Schriften zum Thema Frieden in dieser Zeit gehören Herders sieben «Gesinnungen der großen Friedensfrau», die er als den 119. seiner *Briefe zur Beförderung der Humanität* veröffentlichte.

Johann Gottfried Herder lebte seit 1776 in Weimar, wohin ihn Goethe, der Freund der Straßburger Studentenzeit, hatte berufen lassen. Dort wurde er Generalsuperintendent und damit ranghöchster Geistlicher der Stadt, später auch Vize-Konsistorialpräsident mit dem Versprechen, die Präsidentenstelle zu bekommen, sobald sie frei werde. Herder blieb freilich ein unbefriedigter Mann. Persönliche Spannungen im Verhältnis mit Goethe, die Last von Amtsgeschäften bei einer Fülle von schriftstellerischen Plänen und Konzepten und manche häuslichen Schwierigkeiten trugen dazu bei. Der Anteil jedoch, den persönliche Anlagen, private Umstände und öffentliche Verhältnisse bei einer solchen Unerfülltheit haben, läßt sich schwer im einzelnen abwägen. Sicher ist, daß bei Herder über alles Persönliche hinaus eine tiefe Unzufriedenheit mit den gesellschaftlichen und politischen Verhältnissen seiner Zeit bestand, die ihn trotz hoher Ämter doch seiner Bürgerlichkeit wegen immer nur zu einem Menschen zweiter Ordnung machten und ihn überdies einer stärkeren Wirksamkeit als Schriftsteller auf eine größere Öffentlichkeit beraubten. 1787 entwarf er im Auftrag des Markgrafen Karl Friedrich von Baden die «Idee zum ersten patriotischen Institut für den Allgemeingeist Deutschlands», aber das Unternehmen einer deutschen Akademie, die ein Mittelpunkt des geistigen Lebens werden sollte, blieb in ihren Anfängen stecken, und die Denkschrift wurde nicht einmal gedruckt.

In den Jahren von 1784 bis 1791 hat Herder sein geschichtsphilosophisches Hauptwerk geschrieben, die *Ideen zur Philosophie der Geschichte der Menschheit,* die in einem wahrhaft gewaltigen Bogen von den Uranfängen der Erde als «Stern unter Sternen» über deren geographische Organisation und die Entwicklung der einzelnen Völker hinweg bis zur Bestimmung des Wesens und der Pflicht des Menschen in der Gegenwart am Schnittpunkt zwischen Vergangenheit und Zukunft führen. Als einziges Naturwesen stehe der Mensch «über allen zur Erde Gebückten» aufrecht da, «mit dem Hut der Freiheit gekrönt und mit dem Gurt des Himmels gegürtet», und so habe er seinen Weg fortzusetzen, nicht zurück, nicht im Kreise, sondern vorwärts. Es muß ihm

> «eine Stufe bevorstehn, die so dicht an ihm und doch über ihm so erhaben ist, als er, mit dem edelsten Vorzuge geschmückt, ans Tier grenzet. Diese Aussicht, die auf allen Gesetzen der Natur ruhet, gibt uns allein den Schlüssel seiner wunderbaren Erscheinung, mithin die einzige *Philosophie der Menschengeschichte.*»

Diese Besonderheit des Menschen, nicht nur zu sein, sondern beständig vorwärtszuschreiten zu Höherem, macht das aus, was Herder als Humanität verstand.

Aus solchen gedanklichen Voraussetzungen heraus sah Herder auf die Französische Revolution mit Zustimmung und Erwartung, denn auch für ihn existierte nur «*ein* Stand im Staate, *Volk* (nicht Pöbel), zu ihm gehört der König sowohl als der Bauer, jeder auf seiner Stelle, in dem ihm bestimmten Kreise». Der Satz steht in einer Sammlung von «Briefen, die Fortschritte der Humanität betreffend», die Herder 1792 niederschrieb, die aber fragmentarisch blieb und zu ihrer Zeit nicht veröffentlicht wurde, teils aus Rücksicht auf Schwierigkeiten, die ihm daraus entstehen mochten, teils weil auch bei ihm wie bei vielen anderen deutschen Intellektuellen die Enttäuschung einsetzte, als in Frankreich der Terror zu regieren begann. Die Arbeit daran wurde jedoch nicht aufgegeben, sondern ging ein in Herders letztes großes geschichtsphilosophisches Werk, seine *Briefe zur Beförderung der Humanität* (1793–97).

Mit diesen Briefen führte Herder seine *Ideen* in die Gegenwart hinüber, denn deren geschichtliche Überschau hatte beim Beginn der Neuzeit bei den Entdeckungen und der Entfaltung des «Handelsgeistes» geendet. Zugleich gab ihm jedoch die freiere Form von Briefen – einer fiktionalen Korrespondenz zwischen einigen Freunden – die Möglichkeit, auf die Systematik einer historisch-philosophischen Darstellung zu verzichten und sich auf jene Themen und Probleme zu konzentrieren, die ihn und seine Zeit besonders berührten. Dazu gehörte Politisches, Zeitgeschichtliches, Religiöses, Literarisches, Ästhetisches, Naturhistorisches und natürlich wiederum Geschichtsphilosophisches zusammen mit den Gedanken zu einem «ewigen Frieden». Tenor der ganzen Sammlung war wie in den *Ideen* die Überzeugung von dem Vorwärtsschreiten der Geschichte zur Humanität und war das Empfinden, in der «Morgenröte eines schönen werdenden Tages zu stehen».

Herders «Gesinnungen der großen Friedensfrau» – 1797 im letzten, zehnten Teil der *Briefe* veröffentlicht – waren weniger ein Seitenstück zu Kants Schrift als deren Gegenstück. Herder, der einst in Königsberg Kants Student gewesen war, hatte ein distanziertes Verhältnis zu ihm, seitdem Kant die *Ideen* zwar ausführlich, aber so ironisch-kritisch besprochen hatte, daß die Rezension einem Verriß gleichkam. Wo Kant von Postulaten deduzierte, macht Herder nun konkrete Vorschläge, wo Kant die praktische Wirkung aus der Theorie ableitete, geht Herder – wie später auch in seinen Gedanken zur Ästhetik in der *Kalligone* – vom Menschen in seiner konkreten Existenz aus.

Herders Titel – «Zum ewigen Frieden. Eine Irokesische Anstalt» – besaß wie derjenige Kants eine gewisse Ironie. Das Bild der «Friedensfrau» war von ihm, dem Kulturanthropologen, tatsächlich einer irokesischen Mythe entnommen, in der die Nationen der kriegführenden Männer schließlich eine Nation zur «Frau» erklären, auf deren Rat dann zu hören sei. Wenn Herder auch an dieser Stelle nicht ausdrücklich die Parallele zu Deutschland zieht, so ergibt sich doch aus der ganzen Argumentation der *Briefe*, wie sehr bei der Wahl dieser Friedensmythe der Gedanke an das eigene Land als einem Reich der Mitte, das als ganzes nur in seiner Kultur und damit in seinem Beitrag zum Fortschritte der Humanität existierte, mitgespielt hat.

Die sieben Gesinnungen selbst sind dann so einfach wie überzeugend: «Abscheu gegen den Krieg», «Verminderte Achtung gegen Heldenruhm», «Abscheu der falschen Staatskunst», «Geläuterter Patriotismus», «Gefühl der Billigkeit gegen andre Nationen», Empörung über «Handelsanmaßungen», also ökonomischer Piraterie, und schließlich «Tätigkeit» – ein Paragraph, der mit dem schönen Satz eingeleitet wird: «Endlich der *Kornstengel* in der Hand der *Indischen Frau* ist selbst eine Waffe gegen das Schwert.»

Herders Gedankengänge haben keine chiliastische Tendenz. Die Heranziehung einer irokesischen Mythe und der Verweis auf die indische Frau besitzen eine andere, konkretere Bedeutung. Denn seinen Friedensgesinnungen schließt er in den nächsten Briefen Erörterungen über die Rolle Europas bei der Sicherung einer friedlichen Welt an. «Intellectuelle Kräfte» seien deutlich der Vorzug der Europäer in den letzten Jahrhunderten gewesen, aber was so sei, müsse nicht so bleiben. «Warum sollte der westliche Winkel unsres Nord-Hemisphärs die Cultur allein besitzen? und besitzet er sie allein?» Europa habe seine Blütezeit hinter sich:

> «Die Blüthe welket, sobald sie ausgeblühet hat; sie lässet aber auch Frucht nach. Wäre also die höchste Äußerung intellectueller Kraft unsre Bestimmung, so forderte eben diese von uns, dem künftigen, uns unbekannten Äon einen guten Saamen nachzulassen, damit wir nicht als weichliche Mörder sterben.»

Was Herder hier am Ausgang des 18. Jahrhunderts aus seinem organischen Geschichtsverständnis schließt, sind Gedankengänge, für die Europa erst sehr viel später volles Verständnis bekommen hat. Europa, so meint Herder, habe mit der Ausbreitung seiner Kultur wie seiner Macht der Welt großen Fortschritt, aber auch Exploitation und «Lasterthaten» gebracht; seiner Kultur kann es sich deshalb erst «durch Verstand und Güte» würdig erweisen, im besten Sinne jener Religion, die es zu der seinen gemacht hat: «Das Christenthum gebietet die reinste Humanität auf dem reinsten Wege.» Der Satz steht im letzten, 124. Briefe zur Beförderung der Humanität, und war Herders praktisches Vermächtnis an die Nationen seines Kontinents zu dem Thema eines «ewigen Friedens». Kants Akzeptierung einer «radicalen bösen Grundkraft im menschlichen Gemüth und Willen» lehnte der Theologe Herder als Element bei der Sicherung eines ewigen Friedens prinzipiell ab. Ihm ging es vielmehr darum, alle guten Kräfte in den Menschen zu wecken und zu vereinen, getreu der Losung seines praktischen Christentums: «Niemand für sich allein, jeder für Alle!»

*Fichte*

Unter den jüngeren Philosophen war es zunächst Johann Gottlieb Fichte, der, mit einer ausführlichen Rezension in Niethammers *Philosophischem Journal,* auf Kants Schrift reagierte. Sie erschien 1796, zu einer Zeit also, als Fichte das eigene Gedankengebäude seiner «Wissenschaftslehre» bereits entworfen und dargelegt hatte.

Im Mai 1794 hatte Fichte zweiunddreißigjährig das Amt eines Professor supernumerarius an der Universität Jena angetreten als Nachfolger des dezidierten Kantianers Karl Leonhard Reinhold, der einen Lehrstuhl in Kiel angenommen hatte. Fichte ging der Ruf voraus, der «mutigste Verteidiger der Menschenrechte» zu sein, ein Ruf, der vor allem auf seiner Rede *Zurückforderung der Denkfreiheit von den Fürsten Europens, die sie bisher unterdrückten* und seinem *Beitrag zur Berichtigung der Urtheile des Publicums über die französische Revolution* beruhte. Beide Schriften waren 1793 erschienen, und

Fichte brachte als Sohn eines Bandwebers aus Rammenau in der Oberlausitz auch hinreichend persönliche Erfahrung zum Thema Freiheit und Unfreiheit, Gleichheit und Ungleichheit mit. In den folgenden zwei Jahren trat Fichte dann mit jenen Werken an die Öffentlichkeit, die ihm weithin Anerkennung als tiefem, originellem Denker verschafften. Es waren seine verschiedenen Abhandlungen über die «Wissenschaftslehre», mit denen er hoffte, die Philosophie von der Utopie zur Wissenschaft zu führen.

Noch vor Beginn seiner Vorlesungen in Jena war «als Einladungsschrift zu seinen Vorlesungen über diese Wissenschaft» ein Bändchen *Über den Begriff der Wissenschaftslehre oder der sogenannten Philosophie* erschienen, im selben Jahr 1794 kam die *Grundlage der gesamten Wissenschaftslehre als Handschrift für seine Zuhörer* heraus, und es folgten dann noch verschiedene «Einleitungen» zu seinem neuen System.

Fichtes Entschiedenheit, ja Radikalität in seinen frühen politischen Schriften ließ nichts zu wünschen übrig. Die anonym erschienene Rede über die Denkfreiheit von 1793 trug als Ort und Datum auf dem Titel die Angabe «Heliopolis, im letzten Jahre der alten Finsterniß». Französische Vorgänge, die allgewaltige Vorstellung von der Morgenröte eines neuen Tags, die man zu sehen glaubte, und der Ausblick auf eine Sonnenstadt in einer hellen Zukunft verbinden sich darin entsprechend und symbolkräftig. An die Fürsten ging der Appell, nicht gütig, sondern gerecht zu sein, was gleichbedeutend war mit dem Schutz der Freiheit des Denkens, denn: «*Frei* denken zu können ist der auszeichnende Unterschied des Menschenverstandes vom Thierverstande.»

Man beurteilt Fichtes frühe Schriften unzureichend, wenn man in ihnen lediglich auf den historischen Augenblick gerichtete Pamphlete eines freiheitsdurstigen jungen Mannes sieht, der dann später zusammen mit dem Lehramt seine feste geistige Heimat im esoterischen Diskurs der Philosophie fand. Diese Schriften stehen vielmehr am Ursprung seiner ganzen Philosophie, legen ihre Wurzeln bloß und erklären im übrigen auch, warum die bald darauf folgenden Abstraktionen der *Wissenschaftslehre,* denen heute kaum noch jemand ihre dynamische Kraft ansieht, besonders auf die jüngeren Zeitgenossen Fichtes eine so ungeheuere und profunde Wirkung ausübten. Sie ging bis in den literarischen und sogar alltäglichen Sprachgebrauch hinein.

Fichtes philosophische Lehre beruht auf seiner Überzeugung von der Fähigkeit des Menschen, frei zu denken. Gemeint ist damit nicht eine Bestätigung der allgemeinen Forderung eines Marquis Posa nach Gedankenfreiheit, sondern die Feststellung einer grundsätzlichen Anlage im Menschen, die er nur erst zu gebrauchen lernen muß. Fichte hat in seiner Philosophie der deutschen Sprache eine Reihe neuer Wörter gegeben; die beiden bekanntesten und verbreitetsten davon summieren zugleich schon formelhaft diese Lehre, und zwar die Begriffe des «Ich» und der «Tathandlung». Kaum ein Autor der Zeit hat sich diesem «Ich» entziehen können, das im Deutschen bis dahin nur ein sehr beschränktes Dasein geführt hatte. ¯Jean Paul schuf, von Fichte beeinflußt, in seinen Doppelgänger-Freunden Siebenkäs und Leibgeber-Schoppe in den Romanen *Siebenkäs* und *Titan* einen regelrechten Mythos des Ich, und die philosophischen Experimente der Fichte-Schüler und Adepten wie Friedrich Schlegel oder Novalis sind durchsetzt von dem Worte. Hundert Jahre später hat Sigmund Freud dann, dem Vorbilde folgend, mit dem «Es» die deutsche Sprache um ein weiteres sinnschweres substantiviertes Pronomen bereichert.

Im Vergleich mit der Wirkung des Wortes «Ich» war die «Tathandlung» von begrenzterem Effekt, aber wenn Don Quijote von la Mancha in Ludwig Tiecks Übersetzung von 1799 zwei spanischen Dorfschönen erklärt: «Ich sollte mich nicht zu erkennen geben, bis meine Tathandlungen in Eurem Dienste mich kenntlich machten», so war das durchaus ein Stück popularisierter Fichte für schmunzelnde Leser.

Neue Wörter setzen sich durch, wenn ein Bedürfnis dafür vorhanden ist. Fichtes Unabhängigkeitserklärung des Ich und die Definition seines Wesens als Tat und Handlung traf einen Nerv der Zeit. Es war kein Wunder, daß Friedrich Schlegel die *Wissenschaftslehre,* in der dieses Wesen und diese Rolle des Ich auseinandergelegt wurden, neben die Französische Revolution stellte. In seinem *Beitrag zur Berichtigung der Urtheile über die französische Revolution* hat Fichte die Voraussetzungen seiner Lehre in einfacher Form und auf dem sozialen Hintergrund seiner Zeit klar dargelegt. Wenn es um ein verbindliches sittliches Gesetz, um die Grundrechte des Menschen gehe, so müsse man, heißt es dort, von den historisch bedingten Interessen der Menschen zurücktreten – «die Frage vom Recht gehört gar nicht vor den Richterstuhl der Geschichte». Zurückzugehen sei vielmehr auf die «reine ursprüngliche Form» unseres Selbst, «wie es ohne alle Erfahrung seyn würde. Die Schwierigkeit dabei scheint nur die zu seyn, allen fremdartigen Zusatz aus unserer Bildung abzusondern, und die ursprüngliche Form unseres Ich rein zu bekommen.» Sei man in der Lage, diesen Denkakt zu vollziehen, so habe man den Ausgangspunkt für alle Gesetze unseres Sollens und Handelns, denn man kommt dann bei der Erkenntnis an: «Jeder Mensch ist von Natur frei, und niemand hat das Recht, ihm ein Gesetz aufzulegen, als Er sich selbst.»

Fichte hat aus diesem Ansatz in seiner Philosophie die verschiedensten Folgerungen abgeleitet – erkenntnistheoretische in der *Wissenschaftslehre,* kulturanthropologische und historische in seinen *Vorlesungen über die Bestimmung des Gelehrten* (1794) sowie juristische und staatstheoretische in seiner *Grundlage des Naturrechts* (1796). In der *Wissenschaftslehre* vollzog er zuerst den seine Stellung in der Geschichte der Philosophie bestimmenden Schritt über Kant hinaus, indem er dessen Ding an sich aufhob, das dem denkenden Subjekt selbständig gegenüberstand und äußerer Anstoß des Geistes war. Diesen Anstoß verlegte er in das Ich selbst, das sich als Subjekt alles scheinbar Objektive nur zur Selbstbeschränkung, als Nicht-Ich, setzte, um es sich in einem dialektischen Prozeß erkennend anzueignen. Es war die «Tathandlung» des Ich, in der es zum Bewußtsein seiner selbst kam. Daraus folgt die Bestimmung des Menschen, wie Fichte sie in den *Vorlesungen über die Bestimmung des Gelehrten* ausdrückt: «Die vollkommene Übereinstimmung des Menschen mit sich selbst, und – damit er mit sich selbst übereinstimmen könne – die Übereinstimmung aller Dinge außer ihm mit seinen nothwendigen praktischen Begriffen von ihnen, – den Begriffen, welche bestimmen, wie sie seyn *sollen*, – ist das letzte höchste Ziel des Menschen.» Es war ein weitgefaßter Auftrag an seine Zeitgenossen, diese Übereinstimmung einzuleiten, wo immer sie tätig waren, und ihr Handeln angesichts dieses Zieles zu prüfen. Eine beträchtliche Anzahl junger deutscher Intellektueller hat sich diesen Auftrag zu Herzen genommen.

Aus Fichtes Voraussetzungen ergab sich allerdings auch, daß ihm das Bild des ewigen Friedens anders erscheinen mußte, als es sich Kant gedacht hatte. In seiner Rezension referiert er zwar den Kantischen Entwurf voller Respekt und Anerkennung, aber er korrigiert ihn auch in einzelnen Punkten und setzt vor allem eine historische Perspektive hinzu, die Kant in seiner auf allgemeine Postulate der praktischen Vernunft gerichteten Sicht nicht hatte. In seiner Ich-Definition hatte Fichte zwar ausdrücklich von der Geschichte zu abstrahieren versucht, aber das Handeln des Ich vollzog sich dann doch letzthin allein als Geschichte. Dementsprechend erinnert Fichte Kant gegenüber daran, daß bis zum gegenwärtigen Zeitpunkt nicht die Selbstkontrolle des kategorischen Imperativs, sondern eher Chaos und Krieg gewissen Teilen der Menschheit die größeren Vorteile zu versprechen scheinen. Ursache dafür sei die ungleiche Verteilung des Besitzes unter Ständen und Familien sowie im großen unter Staaten, so daß einigen immer die Aussicht bleibe, sich «durch Beraubung der anderen» zu bereichern oder sich im Staatsverband durch «die Unterdrückung fremder Völker und Welttheile [...] eine stets fließende, ergiebige Hülfsquelle» zu verschaffen. Das leitet Fichte dann zu der Schlußfolgerung: «Unsere Staaten sind für» – ideale – «Staaten insgesammt noch zu jung.» Es ist eine sowohl Kant wie Herder gegenüber sehr viel realistischere Einschätzung der tatsächlichen Verhältnisse europäischer Staaten am Beginn des industriellen Zeitalters und eines kolonialen Imperialismus.

Fichtes Hoffnungen beruhen jedoch auf der fortschreitenden Umverteilung des Besitzes und der ebenso fortschreitenden Kultur. Als Zeichen dafür nimmt er die Existenz des «blühenden nordamerikanischen Freistaats» und die «große europäische Staatenrepublik» als «Werkstätte der Cultur». Frankreich, das für die Umverteilung des Besitzes gerade Beträchtliches geleistet hatte, bleibt zu diesem Zeitpunkt – 1796 – bezeichnenderweise unerwähnt. Wenn diese Modelle sich überzeugend weiterentwickelten, werde sich, so hofft Fichte, der ewige Friede einstmals von selbst einstellen.

In der *Bestimmung des Gelehrten* hatte er bereits festgestellt, daß Ideale unerreichbar bleiben; erreichbar sei allein das, was der Mensch durch Tätigkeit
und «im Stande der Cultur» erschaffen könne. Aus der Tathandlung der
Wissenschaftslehre entwickelte er seine praktische Philosophie, denn die
Kraft zum Handeln war nicht nur im Begriff des Ichs enthalten, sondern bestimmte sein ganzes Wesen: Der Mensch muß vorwärts. Sein «goldenes Zeitalter» liege deshalb auch nicht, wie Rousseau vermutet habe, in der Vergangenheit, sondern in der Zukunft. Im Stande der Natur und des Paradieses
könne der Mensch, dessen Wesensgesetz Tätigkeit ist, nicht bleiben – «er
geht gewiß heraus; er bricht auf jede Gefahr den Apfel der Erkenntniß; denn
unvertilgbar ist ihm der Trieb eingepflanzt, Gott gleich zu seyn». Auch Kant
hatte in seinen geschichtsphilosophischen Schriften (*Idee zu einer allgemeinen
Geschichte in weltbürgerlicher Absicht,* 1784, und *Mutmaßlicher Anfang der
Menschengeschichte,* 1786) den Triadismus der biblischen Mythe von der Vertreibung aus dem Paradies und der Rückkehr dahin sowie die dieser Mythe
innewohnende Dialektik bemüht, um auf einen «verborgenen Plan der Natur» in der Höherentwicklung der Menschheit hinzuweisen. Aber was dort
geheime Absicht Gottes war, war bei Fichte offene Aufgabe des Menschen.
In der immanenten Dialektik des Ichs allein lag für Fichte die beste, wenn
auch nicht absolut sichere Garantie eines ewigen Friedens.

## *Friedrich Schlegel*

Die Leidenschaft des jungen Friedrich Schlegel war die Literatur. In Literaturkritik und Literaturtheorie leistete er sein Bedeutendstes; wo er sich in seinen späteren Jahren in das Politische begab, geschah das nicht immer zu seinem Ruhm. Aus seiner Frühzeit jedoch, aus dem Jahre 1796, da er vierund-
zwanzigjährig aus Berlin nach Jena umzusiedeln im Begriffe war, stammt ein
Aufsatz, der ein Recht darauf hat, als Beitrag zur Zeitdiskussion um den ewigen Frieden betrachtet zu werden. Er trägt den Titel *Versuch über den Begriff
des Republikanismus. Veranlaßt durch die Kantische Schrift zum ewigen Frieden* und erschien im dritten Band von Johann Friedrich Reichardts Journal
*Deutschland,* eben jenem Journal, das mit einem Motto aus Kants Schrift begonnen hatte.

Schlegel errichtet seine Argumentation auf dem Ungenügen an Kants Entwurf, der ihm nur «das *Minimum der bürgerlichen Freiheit*» zu enthalten
scheint. «Das Maximum würde eine absolute Gleichheit der Rechte und Verbindlichkeiten der Staatsbürger seyn, und also aller Herrschaft und Abhängigkeit ein Ende machen.» Deshalb geht er als Schüler Fichtes von der These
aus: «*Gemeinschaft der Menschen soll seyn,* oder *das Ich soll mitgetheilt werden*», was für ihn Fundament und Objekt aller Politik ist; seine Vorstellungen
von der geselligen Rolle und gesellschaftlichen Aufgabe der Literatur haben
hier eine Wurzel. Aber da der einzelne und das Allgemeine «durch eine un-

endliche Kluft von einander geschieden» seien, bleibe nur, den «Willen der Mehrheit» als «Surrogat des allgemeinen Willens», der nicht faßbar ist, anzusehen. Die Schlußfolgerung daraus ist: «Der Republikanismus ist also nothwendig demokratisch.» Und: «Der universelle und vollkommene Republikanismus, und der ewige Friede sind unzertrennliche Wechselbegriffe.» Das war eine deutliche Kritik an Kant, der die aufgeklärte Monarchie der «Volksmacht», wie er es nannte, bei der Durchsetzung seines großen Zieles vorzog, und es war ein Gedanke, der Schlegel sogleich den Ruf der Radikalität eintrug, besonders da er auch noch eine «transitorische Diktatur» zur Erreichung eines solchen Zieles als eine durchaus akzeptable republikanische Möglichkeit ansah.

Dergleichen war allerdings nicht in erster Linie als Exkulpation der Jakobiner gedacht, sondern vielmehr als Versuch, geschichtliche Erfahrung für das Verständnis der Gegenwart nutzbar zu machen. Denn seit 1794 hatte Schlegel Beiträge zur klassischen Philologie veröffentlicht, und ungefähr zur gleichen Zeit wie sein Aufsatz zum Republikanismus entstand auch seine große, für sein Literaturverständnis programmatische Abhandlung *Über das Studium der Griechischen Poesie*. Nun war zwar vom Anfang der Revolution an die Berufung auf die antiken Republiken als Parallelen zum republikanischen Frankreich eine beliebte intellektuelle und rhetorische Übung. Aber solche Berufung geschah doch gewöhnlich in einer unhistorischen Weise, also als allgemeiner Vergleich, während Schlegel hier ein tatsächliches Geschichtsbild andeutet, indem er die «Alten» und die «Modernen» differenzierend einander gegenüberstellt und dadurch nicht nur zu Parallelen, sondern zu einem sehr viel komplizierteren Wechselverhältnis von Fortschritt und Rückschritt kommt. «An *Gemeinschaft der Sitten* ist die politische Kultur der Modernen noch im Stande der Kindheit gegen die der Alten», schreibt er, und er fügt hinzu: «Die Unkenntniss der politischen Bildung der Griechen und Römer ist die Quelle unsäglicher Verwirrung in der Geschichte der Menschheit, und auch der politischen Philosophie der Modernen sehr nachtheilig, welche von den Alten in diesem Stücke noch viel zu lernen haben.»

Die «*Garantie*» für den ewigen Frieden sieht er dementsprechend auch nicht wie Kant in den Ursachen des «*Phänomens* der Immoralität», also der Erbsünde, sondern in der Beobachtung der Geschichte selbst. Ob der von der Vernunft geforderte ewige Frieden möglich sei oder nicht, lasse sich nur aus der Geschichte erfragen. «Nur aus den *historischen Prinzipien der politischen Bildung,* aus der *Theorie der politischen Geschichte,* läßt sich ein befriedigendes *Resultat über das Verhältniss der politischen Vernunft und der politischen Erfahrung* finden.» Schlegels Gedanken bezeichnen damit einen bedeutsamen Übergang von den Kantischen oder Herderschen Schlüssen, die aus der empirischen Beobachtung der politischen und geschichtlichen Wirklichkeit abgeleitet waren, zu einer neuen Ansicht. Aber Schlegel war zugleich auch beeinflußt von beiden, von Kants großem «Plan der Natur» und von Herders

Vorstellungen eines organischen Wachsens und Vergehens einzelner Kulturen. Sah man diese Philosophen jedoch durch die Brille der Fichteschen Ich-Dialektik an, so entstand ein größerer, noch unerforschter Zusammenhang. Fichte hatte angesichts des aus eigener Kraft zur Gottgleichheit drängenden Ichs bereits eine Interpretation der Gegenwart aus einem historischen Zusammenhang versucht; Schlegel forderte nun eine Theorie der Geschichte, in der das Studium der Vergangenheit konstitutiv die Planung der Zukunft leiten könne, woraus sich dann auch allein die Hoffnung auf eine friedliche Weltrepublik ableiten ließ. In solchen politischen Anschauungen verbanden sich seine Erfahrungen aus dem Studium der Antike mit seinen Gedanken und Plänen zu neuen Formen und Aufgaben der Literatur. Romantischer Universalismus und romantische Eschatologie scheinen hinter der Auseinandersetzung um ein politisch-philosophisches Konzept auf.

## Görres

Auch der junge Joseph Görres hat in seinen jakobinischen Tagen die Stimme zum Thema eines dauernden Friedens erhoben. Das Büchlein *Der allgemeine Frieden, ein Ideal* war seine erste selbständige Publikation und erschien in Koblenz «im VI. Jahre der Fränkischen Republik», also 1798. Als «ein deutscher Republikaner» widmete es Görres «der Fränkischen Nation». Dies geschah auf dem Hintergrund des Versuches deutscher Jakobiner, die von den französischen Truppen besetzten linksrheinischen Gebiete zu einer eigenen cisrhenanischen Republik zu machen, ein Versuch, der schließlich scheiterte und zu Görres' tiefer Enttäuschung über den Verlauf der Revolution beitrug.

Bis ins Detail hinein erörtert er die Rechte und Pflichten von Siegern und Besiegten, wobei ihm selbstverständlich ist, daß vom Sieger die humane, demokratisierende Kraft auszugehen habe. Die Menschheit, die «eben jetzt erst ihre Persönlichkeit zu fühlen beginnt», war in ihrer geschichtlichen Entwicklung auf Freiheit und Selbstbestimmung gerichtet. Von solch aufklärerischer Überzeugung ging Görres aus, und er hat sie im Grunde nie aufgegeben, obwohl er sie später an Orten zu bestätigen suchte, wo sie gewiß nicht mehr zu bestätigen war. Drei Dinge jedoch sind bemerkenswert, die als Eigenes die praktischen Vorschläge philosophisch untermauern sollten. Das erste war seine Vorstellung von einem auf Herderschem Boden gewachsenen organischen Staatskonzept, dementsprechend die Staaten sich nach und nach «zu pflanzenähnlichen Stämmen» organisierten. Naturphilosophische Spekulationen, in die er sich bald hineingab, melden sich hier an. Das zweite war sein Bekenntnis «zum Stand der höchsten Kultur» als «Endsprosse der Stufenleiter» der Menschheit, also ein spezifisch deutsches Bewußtsein von einem kulturellen Auftrag. Und drittens war es seine Feststellung, die Kirche sei «ein völliges Analogon des Staates». Das war hier als Kritik des einstigen Schülers eines Jesuitengymnasiums an den politischen Ansprüchen der ka-

tholischen Kirche gemeint und nicht, wie der Protestant Novalis das bald
darauf tat, auf die Gründung einer neuen Kirche als geistlicher Garantie eines ewigen Friedens gerichtet. Gerade weil aber Görres diesen Schritt nicht
vollzog, ist es ihm später leichter gefallen, den Staat auch als Analogon der
Kirche zu bestimmen.

## Novalis

Unter allen Entwürfen zum ewigen Frieden hat Novalis' Essay *Die Christenheit oder Europa* das schwerste Schicksal gehabt. Mochte man auch an dem
Realitätswert der anderen Vorschläge zweifeln und die von ihren Schöpfern
berufenen Garantien in Frage stellen, so waren sie doch unmißverständlich in
ihrer Argumentation. Bei Novalis hingegen war das Mißverständnis des Textes sozusagen schon werkimmanent. Denn hier erhob nicht ein professioneller
Philosoph die Stimme, auch wenn Novalis durch Studium und Neigung
eine solide philosophische Grundlage hatte; seinem ganzen Wesen nach war
er Dichter. Er dachte also mit Vorliebe in Bildern und Metaphern und nicht
in abstrakten Begriffen, obwohl er auch sie als Handwerkszeug gut zu handhaben wußte. In der *Christenheit* lieh er sich nun seine Metaphern aus der
Geschichte, denn immerhin ging es um ein geschichtsphilosophisches Konzept. Aber Geschichte hat ihre Tatsachenwerte, und wenn man ihre Ereignisse metaphorisiert, riskiert man Verwirrung. Die zweite Schwierigkeit dieses
Essays bestand darin, daß er nicht als sachliches, legalistisches, wissenschaftliches oder, wie im Falle Herders, ganz persönliches Dokument daherkam,
sondern im Stil einer prophetischen Predigt. Beides zusammen führte wiederum dazu – und das war die Ursache noch weiterer Mißverständnisse –,
daß das Werk nicht zu seiner Zeit veröffentlicht wurde, sondern erst in einer
Zeit bekannt wurde, da unter den gänzlich anderen Bedingungen der Heiligen Allianz die Gedanken des Aufsatzes in einem falschen Licht erschienen.
Und doch hat man es mit einer der originellsten Schriften der späten neunziger Jahre zu tun.

«Novalis» – der Neuland Gewinnende – nannte sich der kursächsische Sa-
linenbeamte Friedrich von Hardenberg seit seinen ersten beiden Fragment-
veröffentlichungen *Blüthenstaub* und *Glauben und Liebe* im Jahre 1798. Als
Zwanzigjähriger hatte er 1792 den gleichaltrigen Friedrich Schlegel kennengelernt, und gemeinsam entwickelte man dann Gedanken zu einer geistigen
Durchdringung aller Erscheinungen, Gedanken, die darauf hinzielten, die
Einheit hinter der Vielfalt zu erkennen und die Erkenntnisse als Mittel zur
Umgestaltung der Wirklichkeit zu benutzen. Es war eine Art potenzierter
und angewandter Wissenschaftslehre, die ihnen damals vorschwebte. In die-
sem Zusammenhang spielten Religion und Geschichte selbstverständlich eine
bedeutende Rolle; Religion bei Novalis um so mehr, als er in pietistischer
Tradition aufgewachsen war und aus der Erfahrung des Todes naher Ange-

höriger auch zu früher Auseinandersetzung mit den Grenzen der menschlichen Existenz veranlaßt wurde. Gleichzeitig jedoch hatten unter den jungen deutschen Intellektuellen Schriften wie Kants *Die Religion innerhalb der Grenzen der bloßen Vernunft* (1793) und Fichtes *Appellation an das Publicum* (1799) – seine Verteidigung gegen den Vorwurf des Atheismus – religiöse Problematik in den Mittelpunkt des Interesses gerückt, wie überhaupt Fichtes Konzeption der scheinbar unbegrenzten Möglichkeiten des Ichs die Frage auch nach dessen Schranken aufkommen ließ. Eine besondere Rolle spielte in dieser Verbindung die Schrift des Berliner Pfarrers Friedrich Schleiermacher mit dem Titel *Über die Religion. Reden an die Gebildeten unter ihren Verächtern.* Sie erschien im Herbst 1799 und wurde ein unmittelbares Vorbild für Novalis' Essay. *Die Christenheit oder Europa* wurde Anfang November 1799 in Jena im Freundeskreis vor Tieck, Schelling, Ritter und den Brüdern Schlegel vorgetragen. Schelling verfaßte sogleich eine Parodie darauf in Knittelversen, das *Epikurisch Glaubensbekenntnis Heinz Widerporstens,* und man war sich schließlich unsicher, was man von allem veröffentlichen sollte. Auf Goethes Rat, den man als Schiedsrichter anrief, blieb beides ungedruckt. Novalis' Essay kam erst 1826, fünfundzwanzig Jahre nach dem Tode seines Verfassers, an die Öffentlichkeit.

Novalis' Schrift ist eindeutig auf die Verhältnisse der Zeit um 1799 bezogen. Frankreich dehnte seine kriegerischen Unternehmungen in die Schweiz, nach Italien und Ägypten aus, und Österreich, Rußland und England hatten einen neuen Koalitionskrieg begonnen. Papst Pius VI. war von den Franzosen gefangengenommen worden und im August 1799 im französischen Exil gestorben. Daß auch für die Deutschen weitere kriegerische Unruhen vor der Tür standen, war abzusehen. In solcher Situation schrieb Novalis seinen Entwurf zum ewigen Frieden, der durch verschiedene Zitate im Text seinen Ausgang von Kants Schrift deutlich belegt. Zu den Anregungen gehörte freilich auch anderes, das einen jungen offenen Geist damals bewegte: Lessings Erziehungsplan des Menschengeschlechts, Herders Ideen von einer organischen Entwicklung der Geschichte, Fichtes Ich-Dialektik, Schlegels Kontrastierung von Antike und Moderne sowie die kritische Auseinandersetzung Edmund Burkes mit der Französischen Revolution.

Novalis' eigener Vorschlag ist nun, als Garantie für den erstrebten Frieden nicht eine offenbar wirkungslose praktische Vernunft und die Hoffnungen auf das Gute oder Böse im Menschen zu nehmen, sondern den Glauben, das Christentum als religiöse Instanz. Novalis läßt allerdings keinen Zweifel daran, daß er ein zukünftiges Christentum meint und nicht etwa die Kirche seiner Tage, aber das Besondere gegenüber den anderen Entwürfen war immerhin, daß hier nicht von etwas schlechterdings Unbekanntem die Rede war, sondern von etwas, das es bereits gab, wenn auch auf einer als unvollkommen betrachteten Stufe. Gegenüber der praktischen Vernunft war also hier von Realem die Rede. Daraus wiederum entstand der Verweis auf die

Geschichte, wie ihn schon Fichte und Schlegel in ihren Reaktionen auf Kant einbezogen hatten. Zugleich aber übernahm Novalis für seinen Entwurf jene Vorstellung vom Ablauf der Geschichte in drei Phasen, die in der biblischen Mythe von der Verstoßung aus dem Paradies und der Rückkehr dahin angelegt war und die Kant in seinen geschichtsphilosophischen Schriften zur sinnbildlichen Darstellung des Entwicklungsganges der menschlichen Vernunft benutzt hatte. Allerdings ging es Novalis nicht darum, die Weltgeschichte im großen in drei Phasen zu unterteilen, sondern vielmehr den Dreischritt als ein Denkmuster zu verwenden, mit Hilfe dessen Zerstörungen, Negationen und Widersprüche als geschichtlich notwendig gedacht und verstanden werden konnten. Fichte war in der Abstraktion auf gleiche Art und Weise mit der Ich-Dialektik seiner Wissenschaftslehre verfahren.

Hatte Friedrich Schlegel im Ausblick auf die Zukunft antike Vergangenheit und moderne Gegenwart aufeinander bezogen, so entwarf Novalis ein Bild, das ganz auf die neuere europäische Geschichte seit der Ausbreitung des Christentums beschränkt war, auf jene Periode also, die in seinem und in Schlegels Sprachgebrauch häufig und mit besonderem Bezug auf ihre Kunst die romantische genannt wurde. Das Muster ist einfach und klar. In den Anfängen der Christenheit im mittelalterlichen Europa hatten die Menschen im Einklang mit sich selbst und mit der Welt gelebt, und aus der Sicherheit des Glaubens wuchs «das gewaltige Emporstreben, aller andern menschlichen Kräfte, die harmonische Entwickelung aller Anlagen; die ungeheure Höhe, die einzelne Menschen in allen Fächern der Wissenschaften des Lebens und der Künste erreichten und der überall blühende Handelsverkehr mit geistigen und irdischen Waaren, in dem Umkreis von Europa und bis in das fernste Indien hinaus». Solche Harmonie löste sich jedoch auf, als der Drang nach Wissen die Grenzen des Glaubens zu überspringen versuchte. In einem großen historischen Bogen verbindet Novalis Reformation, Aufklärung und Französische Revolution als die Stufen eines Erwachsenwerdens der Menschheit, die sich selbst durch die Erkenntnis aus dem Paradies ihres Glaubens vertreibt. Glauben und Liebe weichen den Forderungen nach Wissen und Haben. Gerade das Regiment der letzteren aber scheint nun zu den Hoffnungen auf die baldige Heraufkunft eines dritten Zustands neuer Harmonie Anlaß zu geben. Das wird von Novalis zunächst in verschlüsselten Anspielungen gesagt, die die besondere Rolle der Kulturnation Deutschland betreffen. «Das Höchste in der Physik» sei jetzt vorhanden, heißt es – gemeint sind Goethes naturwissenschaftliche Studien, die gegenüber dem analytischen Positivismus aufklärerischer Wissenschaft den Gesichtspunkt der Entwicklung und eines größeren Ganzen eingeführt hatten. Ein anderer «Bruder» hat einen neuen «Schleier» für die Heilige, die Religion, «gemacht» – Schleiermachers Reden sind also zur Hand. Merkwürdig war außerdem in den blutigsten Zeiten der Französischen Revolution «der Versuch einer großen eisernen Maske [...] unter dem Namen Robespierre [,] in der Religion den Mittelpunkt und die Kraft der Republik» zu suchen – gemeint ist dessen Kult des höchsten Wesens. Überhaupt sei «wahrhafte Anarchie [...] das Zeugungselement der Religion», und von deren zunehmender Macht und Rolle ist schließlich in dem gewaltigen rhetorischen Schluß des Essays die Rede. Denn «auf dem Standpunkt der Kabinetter, des gemeinen Bewußtseyns ist keine Vereinigung», kein Friede, sondern nur ein Waffenstillstand denkbar:

> «Es wird so lange Blut über Europa strömen bis die Nationen ihren fürchterlichen Wahnsinn gewahr werden, der sie im Kreise herumtreibt und von heiliger Musik getroffen und besänftigt zu ehemaligen Altären in bunter Vermischung treten, Werke des Friedens vornehmen, und ein großes Liebesmahl, als Friedensfest, auf den rauchenden Wahlstätten mit heißen Tränen gefeiert wird. Nur die Religion kann Europa wieder aufwecken und die Völker sichern, und die Christenheit mit neuer Herrlichkeit sichtbar auf Erden in ihr altes friedenstiftendes Amt installiren.»

Novalis' Essay ist der letzte, äußerste Versuch, den Perfektibilitätsgedanken der Aufklärung zur Herbeiführung eines dauernden Friedenszustands aufrechtzuerhalten, bevor die napoleonischen Kriege solche Hoffnungen für lange Zeit zunichte machten. Denn so sehr Novalis sich auch als Kritiker der Aufklärung gab, so sehr übernahm er doch von ihr und speziell von Lessing den Gedanken eines göttlichen Erziehungs- und Heilsplanes für die Menschheit. Nur wies er ihr, historisch-dialektisch denkend, einen Platz und eine Funktion im Geschichtsablauf zu. Das Ideal, das ihm vorschwebte, war im übrigen nicht die Aufhebung des Wissens zugunsten des Glaubens, sondern die Vereinigung von beidem – ein Diskussionspunkt in der Philosophie der Zeit, zu dem sich damals auch Fichte und Hegel äußerten. Aus der Sicht einer späteren Zeit erscheint Novalis' Ideal deshalb realistischer, als es für lange Zeit den Anschein hatte, denn gerade die fehlende moralische Kontrolle über die absolute Herrschaft des Wissens ist ein tiefes Problem jener Epoche geworden, die in den Tagen des Naturwissenschaftlers Friedrich von Hardenberg begann und als technisches Zeitalter fortdauert.

Auch die Kritik an der Französischen Revolution war nicht schlechterdings rückständige Verkennung des Gangs der Geschichte, sondern hatte, da sie in der Zeit des Konsulats erfolgte, ihre guten Gründe angesichts der beschränkten oder gar zweifelhaften Ergebnisse der einstigen großen Umwälzungen. Novalis' Absicht war die Ortsbestimmung des Menschen zwischen Vergangenheit und Zukunft, und das historistische Denken des 18. Jahrhunderts hatte ihm den Weg dafür gebahnt. Ein neues Zeitalter sah er von innen her allmählich entstehen. In der Berufung auf den Glauben als Garantie-Instanz vollzog er allerdings einen Schritt, der ihn über die Positionen der gesamten kritischen Philosophie hinausführte und der sehr wohl entweder zur Rückkehr in eine traditionelle Kirche oder aber zu nihilistischer Enttäuschung führen konnte und bei manchen seiner Zeitgenossen, die die Voraussetzungen des Denkens mit ihm teilten, geführt hat. Bei ihm selbst ward die Verschmelzung von Religion und Geschichte in seinem Essay durch den «Zauberstab der Analogie» zur Literatur, also eine nur parabolisch demonstrierte Versicherung, daß noch Hoffnung auf Frieden bestehe. Parabolisch war auch Lessing in seiner *Erziehung des Menschengeschlechts* vorgegangen, aber dort lagen seine Vergleichsgegenstände, die jüdische und die christliche Religion, immerhin noch in der Übergangszone zwischen Mythe und Geschichte. Novalis hingegen griff zu historisch genau Umrissenem, ja zur Zeitgeschichte, und er benutzte sie einer von ihm und Friedrich Schlegel entwickelten Theorie von romantischer Kunst entsprechend, die bei den Lesern nicht vorausgesetzt werden konnte. Die poetische Phantasie von einem Mittelalter, wie es nicht war, sowie die Verbindung der romantischen Einheit des modernen Europa mit der Kritik an Reformation, Aufklärung und Revolution und schließlich die Feier einer neuen Kirche förderten unvermeidlich die Mißdeutung dieser Schrift als Dokument des Obskurantismus. Als das ist sie denn auch zu Zeiten der Heiligen Allianz und später immer wieder oberflächlich gelesen worden.

## Gentz

Die tatsächlichen Vorläufer und Herolde der Heiligen Allianz waren von anderer Natur als Novalis, der feinsinnig und kühn denkerischen Abenteuern und poetischen Experimenten nachging, um den Menschen über sich hinauszuführen. Unter den konsequenten Kritikern und Gegnern von Aufklärung und Revolution war damals in Deutschland Friedrich Gentz der klügste und seriöseste. Nach einer kurzen, raschen Begeisterung für den Bastillesturm hatte er sich bald in das Lager des Konservatismus begeben; 1793 übersetzte er Edmund Burkes *Betrachtungen über die französische Revolution* aus dem Jahre 1790 – eine Kritik der Französischen Revolution vom Gesichtspunkt des parlamentarischen Systems der englischen Monarchie aus – und gab sie mit Anmerkungen und einer eigenen Abhandlung heraus. Von 1795 bis 1798 edierte er in Berlin eine *Neue teutsche Monathsschrift* und von 1799 bis 1800 sein *Historisches Journal*. Beide Zeitschriften wurden nahezu gänzlich von ihm geschrieben und enthielten an erster Stelle nicht politische Rhetorik, sondern fundierte Kommentare zu zeitgeschichtlichen Vorgängen sowie gründliche ökonomische Analysen. Scharf und wohl als erster sah er den Übergang von Grundeigentum in Geldeigentum als Charakteristikum des neuen Frankreich und machte sich diesen Verhältnissen gegenüber zum Verteidiger insbesondere der englischen Monarchie, von der er auch – ebenso wie von der preußischen – finanziell gefördert wurde.

Die letzte Nummer seines *Historischen Journals* vom Dezember 1800 besteht aus einem Aufsatz *Über den ewigen Frieden* als Summe der Erfahrung eines nüchternen Realpolitikers, dem aus seinen Beobachtungen die feste Erkenntnis erwachsen ist, daß die Natur «den ewigen Frieden für ein Unding» erklärt habe. Denn alle Garantien seien unwirksam, solange es nicht ein Zwangsinstrument für sie gebe, aber gerade dies trage dann in sich schon wieder den Keim zum Widerstand und zu neuen Kriegen. Die Garantie des ewigen Friedens ist also «eine Idee, die sich selbst widerspricht». Im übrigen sei alle Natur Kampf, und gerade «der Krieg hat den menschlichen *Geist* auf tausend Wegen entwickelt und gebildet» als Ansporn zu «den wichtigsten Erfindungen in den Wissenschaften und Künsten, zur Ausbreitung, Erhöhung und Verfeinerung der Industrie», zur Verbesserung der Verkehrsverhältnisse und generell zur «Erweiterung und Belebung jeder Art von menschlicher Thätigkeit». Um jedoch seine zerstörende Wirkung einzudämmen, schlägt Gentz die Bildung von «großen Reichen» in Europa vor, so daß die Zahl der möglichen Kriegführenden und damit der Kriege immer geringer werde. Damit machte er sich zu einem Propheten der Nationalstaaten und ihrer Bündnispolitik im 19. Jahrhundert, nur daß die Rechnung hinsichtlich der Kriege ohne eine Vorstellung von den Möglichkeiten der modernen Technik gemacht wurde, die die Grundlagen dafür schuf, daß wenige große Kriege mehr als sämtliche begrenzten zerstören können.

Der außenpolitischen Entwicklung habe eine innenpolitische zu entsprechen. Frieden, so argumentiert Gentz, werde erst allgemeiner werden, wenn die Bürger eines jeden Staates in «harmonischem Einverständnis» mit ihren Herrschern lebten und unter den Staaten ein «System des politischen Gleichgewichts» existiere – «mit einem Worte, wenn, so weit die menschliche Gesellschaft reicht, gerechte und weise Regenten, über gebildete, genügsame und sittliche Völker herrschen, dann, aber auch nur dann, werden der Kriege weniger seyn». Dies alles habe sich bereits im Europa des 18. Jahrhunderts angebahnt, die Revolution aber habe solche Entwicklung unterbrochen und zurückgeworfen und zu dem «grausamsten Weltkrieg» geführt, «der je die Gesellschaft erschütterte und auseinander riß». Deshalb werde auch Krieg noch lange die Losung auf Erden bleiben: Man könne diese Wahrheit «nicht oft und nicht laut genug der hochmüthigen Philosophie des Tages predigen, damit sie sich nicht mit verderblicher Sorglosigkeit dem süßen Wahn einer zunehmenden Vervollkommnung des menschlichen Geschlechts überlasse». Der Bann der Aufklärung und der Hoffnungen auf einen ewigen Frieden wird hier gebrochen; die Philosophie, so scheint es, ist auf den Boden der Tatsachen zurückgeholt.

Gentz' Ansichten waren weder zynisch noch prinzipiell neu. Der Gedanke vom «Antagonism» als Triebkraft der gesellschaftlichen Entwicklung hatte schon Kants *Idee zu einer allgemeinen Geschichte in weltbürgerlicher Absicht* zugrunde gelegen, und er wohnte auch der Fichteschen Dialektik inne. Kant hatte sogar ausdrücklich dem Krieg eine vorantreibende Rolle zugeschrieben und überdies den Vorschlag zur Entwicklung eines Gleichgewichts der politischen Kräfte gemacht. Gentz' entschiedene Ablehnung der Französischen Revolution hatte ihre Wurzeln bei Burke. Seine bedingte Akzeptierung einiger Ergebnisse der Aufklärung könnte sogar in positivem Kontrast zu Novalis' schneidender Kritik daran erscheinen. Aber die Details erhalten einen anderen Wert, wenn man sie im Hinblick darauf betrachtet, was Gentz von allen anderen Friedensphilosophen seiner Zeit trennt. Für sie alle gab es einen großen Prozeß der Vervollkommnung der Menschheit, innerhalb dessen zum Beispiel der Kantsche «Antagonism» oder Aufklärung und Revolution bei Novalis historisch notwendig waren und ihren festen Stellenwert hatten. Erst hier bei Gentz hatte ein solcher humaner Universalismus aufgehört zu sein; erst hier fand die Aufklärung ein Ende und eine prinzipielle Gegnerschaft.

In ihrem einfachsten Sinne bedeutete Aufklärung die Befreiung des Menschen zur Selbstbestimmung durch den Gebrauch der Vernunft. Sie sollte, wie Kant das ausgedrückt hat, eine «Reform der Denkungsart» einleiten, die zu einer Reform der Lebensweise führen konnte. Der Verstand trat an die Stelle aller Mythen und Mystifikationen, Wissen an die Stelle des Glaubens. Die Jenseitserwartungen der Religion wurden säkularisiert auf die Geschichte übertragen und die Vervollkommnung der Menschheit durch die Ausbreitung der Vernunftherrschaft zum Ziel gesetzt. Gerade deshalb konnte Aufklärung allerdings nicht in ihren rationalistischen Pioniertagen stehenbleiben, sondern mußte sich nach Mitteln zur Erreichung und Sicherung dieses Zieles umsehen. Die Geschichte der europäischen Philosophie im 18. Jahrhundert ist die Widerspiegelung einer solchen Weiterentwicklung.

Der Friedensgedanke war ein fester Bestandteil sowohl des Christentums wie der Aufklärung. Friede auf Erden und Wohlgefallen für die Menschheit hatten die himmlischen Heerscharen laut bei der Geburt des Heilands verkündet. Es bestand also in dieser Hinsicht kein Widerspruch zwischen Philosophie und Religion. In einer durch und durch christlichen Zeit und Gesellschaft wurde denn auch bald die Kraft des Glaubens als ein Mittel einbezogen, das den Fortschritt nicht nur bewirken, sondern vor allem auch gegenüber den Angriffen aus dem Bereiche der Naturtriebe und des damit verbundenen Aberglaubens sichern und garantieren sollte. Man versteht die Wendung zu Religion, Glauben und neuen Mythologien am Ausgang des 18. Jahrhunderts falsch, wenn man sie als Negation der Aufklärungsphilosophie betrachtet. Hier ging es viel eher darum, die im Glauben kultivierte Irrationalität als Schutz für die Vernunftherrschaft gegenüber den Angriffen des unkontrolliert Irrationalen einzusetzen, das nun einmal Bestandteil der menschlichen Natur war und bleibt. Wurde Kants objektiver Idealismus mit seinem juristisch gefaßten Sittengesetz durch Herders praktisch-humanistisches Christentum kompensiert, so Fichtes subjektiver Idealismus durch die Forderung von Novalis nach einer neuen christlichen Religion. Es vollzog sich also kein Bruch mit der Aufklärung, sondern nur ihre notwendige Fortentwicklung auf dem Hintergrund großer geschichtlicher Ereignisse.

Dennoch gab es natürlich starke Unterschiede zwischen Kant und den Jüngeren. Kants Denken war transzendental und hatte im Hinblick auf Politik und Geschichte seinen festen Grund in der Überzeugung von der Wirksamkeit eines Sittengesetzes in der Brust des Menschen. Seine Überlegungen zum ewigen Frieden ergaben sich daraus folgerichtig, aber sie standen nicht im Zentrum seines Systems. Erst durch Fichtes Setzung eines im Handeln zu sich selbst kommenden Ich wurde chiliastisches Denken in der Philosophie neu belebt; die Geschichte strebte einem besseren, höheren Zustand in der Selbstverwirklichung des Ich zu. Es waren Gedanken, die in einer Zeit großer Krisen begierig aufgegriffen wurden. Novalis erwog sogar eine «politische Wissenschaftslehre», und sein Aufsatz *Die Christenheit oder Europa*, in dem davon die Rede ist, war nicht mehr nur die Nutzanwendung einer Philosophie, sondern diese selbst. Zu einem tatsächlichen Umschlag und Bruch mit den Grundüberzeugungen der Aufklärung kam es hingegen erst dort, wo das Denken sich seiner Freiheit begab und sich wieder den Dogmen von Institutionen unterwarf. Das geschah nach 1800 bei der Konversion oder Reversion einiger Intellektueller zur katholischen Kirche oder, wie zu sehen war, bei Friedrich Gentz durch die Unterwerfung unter die Realpolitik eines Ancien régime europäischer Fürsten.

### 3. Tendenzen des Zeitalters

«Das letzte Zehent des vergangenen Jahrhunderts» hat Goethe 1820 in einem Rückblick auf die *Einwirkung der neueren Philosophie* als eine für sich besonders bedeutende Epoche bezeichnet. Sie war es nicht nur für ihn, sie war es auch durch ihn und sie war allgemein von tiefgreifender Bedeutung für die Entwicklung europäischen Denkens und deutscher Literatur. Nicht nur Konzepte zum Weltfrieden und philosophische Systeme wurden entworfen, sondern es kam im Zusammenhang damit auch zu neuen Vorstellungen über die Verhältnisse des Menschen zu Geschichte und Gesellschaft, zu Natur, Gott und Kunst. Neubestimmungen des Koordinatensystems seiner physischen wie geistigen Existenz wurden eine Aufgabe des Tages, und die Skala der Versuche reichte vom Ephemeren bis zum grundsätzlich Gültigen. Zu bedenken ist dabei zweierlei. Nichts war so prinzipiell neu, als daß es nicht seine Wurzeln in Vorausgehendem gehabt hätte, denn die Entwicklung des Denkens ist ein kontinuierlicher Prozeß, auch wenn hin und wieder ein größerer Schritt gemacht wird. Zum anderen aber: Es gab und gibt keinen Dachbegriff mehr für alle diese Tendenzen und Erträge des Denkens, so wie es der Begriff der Aufklärung für die Zeit davor gewesen war. Das Zeitalter, das damals begann, war das Zeitalter republikanischer Staats- und bürgerlicher Lebensformen, das Zeitalter von Naturwissenschaft und Technik, von Industrie und der ökonomischen Herrschaft Europas über den Erdball. Es wurde nicht mehr von einer begrifflich zu bezeichnenden geistigen Bewegung getragen oder geleitet, sondern unterstand der Selbstbewegung und Dialektik der einzelnen Tendenzen und ihrer Manifestationen in der Realität. Man muß sich deshalb mit der Sichtung der Vielfalt begnügen, darf die Erscheinungen ordnen, bündeln und werten, aber nicht erwarten, daß sie sich alle noch in das Haus eines großen Begriffs fügen können.

Allerdings war gerade die Einheit hinter der Vielfalt damals Absicht und Ziel vieler intellektueller Mühen. Die Philosophie der Aufklärung hatte die Welt ins System und auf geistige Begriffe zu bringen versucht, nicht um des Systems oder der Begriffe willen, sondern um mit der Erkenntnis operieren zu können und die Menschheit verwärts zu bringen. «Die Phil[osophie] kann kein Brod backen – aber sie kann uns Gott, Freyheit und Unsterblichkeit verschaffen – welche ist nun practischer – Phil[osophie] oder Oeconomie», notiert Novalis 1798 als Schüler Kants in seinen Materialien zu einer großen Enzyklopädie nicht nur des Wissens, sondern des Denkens. Die Entdeckung einfacher, universell wirksamer Gesetze in der Natur schien sogar eine noch über die Ordnungen der Aufklärung hinausgehende universelle Weltinterpretation zu fördern. Aber hier entstanden Kollisionen zwischen Idee und Wirklichkeit; Enttäuschungen traten neben die Erhebungen und Skepsis neben den Glauben. Das freilich macht gerade diese Zeit für den späteren Betrachter besonders faszinierend. Wenn man von Abenteuern des Geistes sprechen darf, so ereigneten sie sich hier, und vieles, was damals gedacht und geschrieben wurde, ist erst von einem späteren Jahrhundert in seiner Tragweite und Relevanz oder aber auch in seinen Irrungen und seiner Gefährlichkeit erkannt worden.

## Geschichte

Fortschritt war der große Motor aufklärerischen Geschichtsdenkens, und die Vervollkommnung des Menschen, die Beförderung der Humanität seine Aufgabe. Rousseaus Kritik an den offensichtlichen Schäden der Zivilisation, wie er sie in der Mitte des 18. Jahrhunderts laut und wirkungsvoll hervorgebracht hatte, konnte von dieser Aufgabe nicht ablenken, sondern förderte ein historistisches Geschichtsverständnis, das jedes Phänomen aus den Verhältnissen einer bestimmten Zeit und eines gegebenen geographischen und gesellschaftlichen Raumes zu erklären versuchte. In Deutschland leistete Herder auf diesem Gebiet in seinen *Ideen zur Philosophie der Geschichte der Menschheit* grundlegende Arbeit, aber wo ihm darin im Zweifel an den Errungenschaften der Zivilisation die Betrachtung glücklicher Naturzustände zu schwärmerisch geriet, mahnte ihn Kant an das feste Gesetz des «unaufhörlichen Fortschreitens»:

«Meint der Herr Verfasser wohl: daß, wenn die glücklichen Einwohner von Otaheite, niemals von gesitteteren Nationen besucht, in ihrer ruhi-

gen Indolenz auch tausende von Jahrhunderten durch zu leben bestimmt wären, man eine befriedigende Antwort auf die Frage geben
könnte, warum sie denn gar existiren und ob es nicht eben so gut gewesen wäre, daß diese Insel mit glücklichen Schafen und Rindern, als mit
im bloßen Genusse glücklichen Menschen besetzt gewesen wäre?»

Die menschliche Existenz habe, das ist Kants Botschaft, ihren Sinn und ihre
Rechtfertigung allein in der Weiterentwicklung, nicht im Festhalten an einfachem Glück. Eine Geschichtsvorstellung, die Widersprüche und die Negation früherer Zustände einschließt und akzeptiert, wird hinter dieser klaren,
scharf gefaßten Beobachtung bereits sichtbar.

Wenn Kant in seinen Betrachtungen zur Geschichte durchaus der Philosophie ihren «Chiliasmus», ihren Wunsch nach einem tausendjährigen Reich
des ewigen Friedens zugestand, so blieb Herder in dieser Hinsicht weiterhin
zurückhaltend. Das hatten bereits seine «Gesinnungen der großen Friedensfrau» gezeigt. In seinen *Briefen zur Beförderung der Humanität* verwarf er
dann ausdrücklich jeden «utopischen Plan nach unbewiesenen Grundsätzen», auch wenn diese mit «den Namen Freiheit, Aufklärung, höchste
Glückseligkeit der Völker» glänzten und blendeten. Als Gesetz und Maßstab
der Geschichte bestimmt er aus seiner historistischen Ansicht und christlichen Gesinnung heraus vielmehr den «unangestrengt milden *Sinn der
Menschheit*», die «*Mäßigung* der Völker», während jeder «Übermuth seine
*Nemesis* hinter sich habe»: «Dies *Maas der Nemesis,* nach feineren oder größeren Verhältnissen angewandt, ist der einzige und ewige Maasstab aller
Menschengeschichte.» Herders Vorstellungen laufen also auf eine Art kategorischen Imperativ in der Geschichte hinaus, durch den die Ausbreitung der
Humanität gesichert werden soll und der für ihn vor allem in der Botschaft
des Christentums enthalten ist. Seine Kritik an Geschichtsutopien galt jedoch
nicht in erster Linie Kant, auch wenn er dessen *Ewigen Frieden* mit im Sinne
gehabt haben mag, sondern dem geschichtsutopischen Denken der Zeit nach
der Französischen Revolution überhaupt. Herder setzte sich damals in be-
tonten Gegensatz zu dem spekulativen Denken der jungen Intellektuellen
dieser Jahre, das ihm durch seinen Sohn August unmittelbar ins Haus getragen wurde, obwohl gerade diese Generation dann immer wieder aus seinen
Schriften Anregungen geschöpft hat.

In seiner Zurückhaltung gegenüber allem Chiliasmus traf er sich mit
Friedrich Schiller, der wie er das Sinnbild einer Nemesis in das Zentrum seines Geschichtsverständnisses stellte. Gustav Adolf, so heißt es in der *Geschichte des Dreißigjährigen Kriegs,* habe «auch in der Fülle seines Glücks die
richtende Nemesis» geehrt, während Wallenstein in seiner Überhebung ihr
Opfer wurde. Die Erstausgabe seines Dramas über Wallenstein wollte Schiller ursprünglich mit einer Nemesis-Vignette schmücken. Schiller, seit 1789
Professor für Geschichte in Jena, hatte dieses Amt mit einer Vorlesung über

Zweck und Ziel des Geschichtsstudiums begonnen, nachdem er sich bereits als Historiograph mit einer *Geschichte des Abfalls der vereinigten Niederlande von der Spanischen Regierung* (1788) ausgezeichnet hatte. Zwischen 1791 und 1793 kam dazu die *Geschichte des Dreißigjährigen Kriegs* sowie seine Jenaer Vorlesungen «über Völkerwanderung, Kreuzzüge und Mittelalter», von denen er einen Teil zusammen mit einer Reihe kleinerer Schriften 1792 veröffentlichte. Die Tendenz seiner Geschichtsvorstellungen kommt wohl am deutlichsten in dem Aufsatz *Etwas über die erste Menschengesellschaft nach dem Leitfaden der mosaischen Urkunde* (1790) zum Ausdruck, in dem er, an Kants Abhandlung *Mutmaßlicher Anfang der Menschengeschichte* anschließend, sich im Bilde der Paradiesmythe zur Progression des Menschen bekennt: «Aus einem Paradies der Unwissenheit und Knechtschaft sollte er sich, wär es auch nach späten Jahrtausenden zu einem Paradies der Erkenntniß und der Freiheit hinaufarbeiten.» Aber die Paradiese haben Schiller nie wirklich beschäftigt, sondern allein der steinige Weg zwischen ihnen.

Schillers Geschichtsbild ist Teil seiner ästhetischen Philosophie dieser Jahre und nicht davon zu trennen. In ihm war nicht eigentlich ein Geschichtsphilosoph am Werk, sondern ein Dichter, der sich mit den Begriffen der Philosophie in seiner Zeit und seinem Handwerk orientieren wollte, auch wenn er durchaus als professioneller Historiker auftrat. Die *Geschichte des Dreißigjährigen Kriegs* hatte Schiller vorwiegend als einen Kampf zwischen zwei Heerführern, Gustav Adolf von Schweden und Albrecht von Wallenstein dargestellt, wobei der letztere durchaus als die negative, allein von persönlichem Ehrgeiz getriebene Gestalt erschien. Allerdings ging es Schiller in diesem Kriege auch um die Würde deutscher Nation im Verband eines sich erneuernden Europa sowie um Religion und Glaubenskrisen, um Sinn oder Unsinn des Zerstörens und Mordens – alles Dinge also, die seiner eigenen Zeit mindestens ebenso nahe standen wie dem vorausgehenden Jahrhundert, so daß Historiographie immer auch Erörterung eigener Problematik war. Was Schiller jedoch im innersten bewegte, das waren die Schicksale von einzelnen und damit der Durchblick durch die Geschehnisse auf das Wesen des Menschen. Es war der Weg von der Geschichte zur Literatur.

Gerade das Interesse für den Menschen an sich führte Schiller dann jedoch wieder auf die Frage nach einem Sinn der Geschichte zurück. Dort nämlich, wo er über den Tod seiner Helden Gustav Adolf und Wallenstein berichtet, kehrt sich sein bisheriges Urteil über sie um. Wallenstein enthüllt aus der Perspektive einer späteren Zeit seine Größe, und Gustav Adolf wird als eine potentielle Gefahr gerade für das «Heiligthum Deutscher Verfassung» erkannt. Das führt Schiller zu dem folgenden Kommentar:

«Die Geschichte, so oft nur auf das freudenlose Geschäft eingeschränkt, das einförmige Spiel der menschlichen Leidenschaft aus einander zu legen, sieht sich zuweilen durch Erscheinungen belohnt, die gleich einem kühnen Griff aus den Wolken in das berechnete Uhrwerk der menschlichen Unternehmungen fallen, und den nachdenkenden Geist auf eine höhere Ordnung der Dinge verweisen.»

Damit verbindet sich Schiller dem philosophischen Jahrhundert, in dem er lebte, und der Ethik seines Lehrmeisters Kant. Geschichte ist kein Spiel des Zufalls; der geschichtliche Zufall ist vielmehr Teil einer Ordnung, die nur für den einzelnen an seinem geschichtlichen Ort nicht übersehbar ist. Über den Zufall hinaus «schwingt sich die *Vernunft*, ihre Würde fühlend, zu den übersinnlichen Quellen desselben auf, und ein anderes System von Gesetzen, worin sich die kleinliche Schätzung der Dinge verliert, erscheint vor ihrem erweiterten Blicke». Die «Nemesis» tritt in Aktion. Eine Geschichtsteleologie oder gar ein auf große Synthesen gerichteter Chiliasmus war jedoch Schillers Sache nicht. Dazu war er zu lebhaft an den dramatischen Kämpfen zwischen historischen Personen und Kräften interessiert. Nur die Kunst stand ihm über den Polaritäten der Geschichte, und allein in «aesthetischen Urtheilen» bekannte sich die Menschheit zur guten Sache. Aus solchen Voraussetzungen wuchsen seine Geschichtsdramen der kommenden Jahre, aber auch die Gegensätze zu dem Kreis um die Brüder Schlegel, selbst wenn dort manche persönliche Aversionen mit hineinspielten. Schillers Geschichtsverständnis bedeutete jedenfalls eine Revision, wenn auch keine Zurücknahme des aufklärerischen Perfektibilitätsgedankens, demgegenüber die geschichtsutopischen Entwürfe der jüngeren Autoren als die letzte Vollendung der Aufklärung erscheinen mußten.

Im Begriffe des Aufklärens ist sowohl Tätigkeit wie geschichtlicher Ablauf, der auf ein Ziel gerichtet ist, eingeschlossen. Das praktische Sittengesetz Kants sowie Lessings Plan zu einer Erziehung des Menschengeschlechts waren die reinste, anschaulichste Ausprägung dieser beiden Aspekte aufklärerischer Philosophie, und auf sie bezog man sich auch in den neunziger Jahren überall und immer wieder. Fichtes Philosophie eines sich selbst setzenden Ich gab darüber hinaus der Pflicht des Subjekts zum Handeln weiteren Nachdruck. Dort, wo sich Geschichte sichtbar in großen Aktionen vollzog, wuchs außerdem der Wunsch, ihren Gesetzen und ihrem Sinn nachzugehen. Die neuen Gesichtspunkte der Zeit hat theoretisch wohl am klarsten Schelling in seiner Deduktion des Begriffs der Geschichte im *System des transzendentalen Idealismus* (1800) erfaßt. Geschichte, so argumentiert er dort, läßt sich im eigentlichen Sinne nur das nennen, was freies, also bewußtes menschliches Handeln ist und sich über den periodischen Ablauf von immer wiederkehrenden Naturereignissen erhebt. Handeln wiederum schließt ein, daß man ein Ziel oder Ideal vor Augen hat, und so entsteht Geschichte nach Schelling dort, wo dieses Ideal durch den einzelnen in den Grenzen seiner Zeit zwar erstrebt, aber erst «durch die Gattung ausgeführt werden kann». Das führt Schelling zu dem weiteren Schluß, «daß jedes folgende Individuum gerade da eingreife, wo das vorhergegangene aufhörte, daß also zwischen den sich sukzedierenden Individuen Kontinuität, und wenn das, was im Progressus der Geschichte realisiert werden soll, etwas nur durch Vernunft und Freiheit Mögliches ist, Tradition oder Überlieferung möglich sei».

Was in Schellings Deduktion von so besonderer Bedeutung ist, das ist dieser letzte Verweis auf die Geschichte als Tradition und damit auch auf die Notwendigkeit, einen Blick zurück zu tun, um vorwärtsschreiten zu können. Aus aufklärerischem Fortschrittsdenken und Rousseauschem Kulturpessimismus entstand ein neues Geschichtsbild, wie es der Herdersche Historismus schon vorbereitet hatte. Schelling fügt sogleich die Anschauung hinzu, unter der sich die Phantasie eine solche Deutung der Geschichte vorstellen kann und durch die zugleich eigene Tradition enthüllt wird. Die Mythologie lasse, so heißt es, «die Geschichte mit dem ersten Schritt aus der Herrschaft des Instinkts in das Gebiet der Freiheit, mit dem Verlust des goldenen Zeitalters, oder mit dem Sündenfall, d.h. mit der ersten Äußerung der Willkür beginnen», und für die Philosophen ende dann die Geschichte «mit dem Vernunftreich, d.h. mit dem goldenen Zeitalter des Rechts, wenn alle Willkür von der Erde verschwunden ist, und der Mensch durch Freiheit an denselben Punkt zurückgekehrt sein wird, auf welchen ihn ursprünglich die Natur gestellt hatte». Geschichte ist demzufolge die Vereinigung von Freiheit und Gesetzmäßigkeit «oder das allmähliche Realisieren eines nie völlig verlorenen Ideals».

Schelling faßt hier mit dem Modell einer sich in drei Phasen vollziehenden Geschichte Vorstellungen zusammen, die sich in den Werken deutscher Schriftsteller dieser Zeit in allen Schattierungen wiederfinden. Die beiden großen Traditionen europäischen Denkens treffen sich darin: die klassische mit dem Bilde vom einstigen und künftigen Goldenen Zeitalter verbindet sich mit der christlichen vom verlorenen und wiederzufindenden Paradies und einem neuen Gottesreich. Novalis' Essay *Die Christenheit oder Europa* war eines der sinnfälligsten Beispiele für eine derartige Geschichtsbetrachtung mit Hilfe alter Mythen, die zu einer neuen Mythologie verschmolzen werden sollten. Geradezu formelhaft durchzieht die Spannung zwischen Vergangenheit, Gegenwart und Zukunft auch Jean Pauls großen Staatsroman *Titan* (1800), in dem der Autor die in ihrer Zeit befangenen Leser seiner Tage mahnt:

«Vergangenheit und Zukunft aber – die beide kein Mensch erleben kann, weil sie nur zwei verschiedene Dichtungsarten unsers Herzens sind, eine Ilias und Odyssee, ein verlornes und wiedergefundenes Miltons-Paradies – wollt Ihr gar nicht anhören und heranlassen, um nur taubblind in einer *tierischen* Gegenwart zu nisten.»

Und Heinrich von Kleist hat 1810 dann in seinem Aufsatz *Über das Mario-nettentheater* Ausstoßung aus dem Paradies und die Suche nach einer Rück-kehr dorthin zur Parabel seiner gesamten Kunst- und Lebensanstrengungen gemacht. Verwandtes findet sich überdies in großer Zahl bei Hölderlin, Friedrich Schlegel, Brentano, Eichendorff und Hoffmann – um nur ein paar der wichtigeren Namen in der deutschen Literatur dieser Zeit zu nennen, und die Dualität von Erinnerung und Erwartung oder «Ahnung und Gegen-wart», wie der Titel von Eichendorffs erstem Roman lautet, zeigt sich über-all.

In Verbindung mit den Vorstellungen und Mythologemen von vergange-ner und kommender Zeit kommt auch der Begriff Romantik wieder ins Spiel. Weder die antike Erwartung eines neuen Goldenen Zeitalters noch die christliche Paradieseshoffnung haben jedoch ihrem Wesen nach etwas damit zu tun; sie lassen sich erst mit ihnen verbinden, wenn sie, wie Jean Paul es ausdrückte, «zwei verschiedene Dichtungsarten unsers Herzens» werden, also poetische Metaphern hinsichtlich der Aufgaben, die einer neuen, «ro-mantischen» Kunst von ihren ersten Theoretikern und Praktikern gestellt wurden. Schellings Geschichtsdeduktion hingegen läßt sich mit dem Begriff Romantik nicht fassen, ebensowenig wie das für die Fortführung solcher Ge-danken im 19. Jahrhundert durch den jüdischen Chiliasmus von Moses Heß und den daraus hervorgehenden politisch-ökonomischen Chiliasmus von Karl Marx möglich ist.

Die Mutation aufklärerischen Geschichtsdenkens in den neunziger Jahren hatte verschiedene Ursachen. Die im Entstehen begriffenen europäischen Nationalstaaten, die sich gerade in diesen Jahren in Kriegen gegeneinander und miteinander ihrer Identität zu versichern suchten, schufen ein geistiges Klima, das allem Interesse für die Geschichte der eigenen Nation förderlich war, ohne daß freilich schon von einem Patriotismus oder Nationalismus ge-redet werden kann, wie er dann in den napoleonischen Kriegen ausbrach. Für Deutschland, das seine Identität überhaupt nur in seiner Kultur suchen und finden konnte, bot sich aber die Geschichte als besondere Stütze für die aktuellen Versuche zur geistigen Bildung der Nation an. Dabei fügte sich dem Blick auf nationale Traditionen die christliche Eschatologie gut an, denn eine ihrer stärksten Wurzeln war der Pietismus, der seinerseits wieder im Laufe des 18. Jahrhunderts einen starken patriotischen Einschlag ange-nommen hatte und zum Beispiel mit dem Wort «Vaterland» als himmlischer oder auch irdischer Heimat ein doppeltes Spiel trieb.

Der antike Chiliasmus hatte gleichfalls einen aktuellen Akzent, der beson-ders deutlich in dem Dialog *Alexis oder Von dem goldenen Weltalter* des fran-zösisch schreibenden Holländers Franz Hemsterhuis zum Ausdruck kommt, von dem dann wieder bedeutende Wirkungen auf Novalis und Friedrich Schlegel ausgegangen sind. Das Werk wurde bereits 1787, im Jahr seines Er-scheinens, von Friedrich Heinrich Jacobi ins Deutsche übertragen. Darin wird nun der Zustand des Menschen nach seinem Abfall als der des Krieges und der Herrschaft bezeichnet wobei die Versuche zur Bewältigung der Natur auch den Kampf des einen gegen den anderen im Zeichen erstrebten Besitzes mit sich brachten:

> «Sobald er [...] den Himmel maß, die Meere beschiffte, und, um seine Gestalt zu schmücken, seine Brüder zu vertilgen, oder Zeichen seines vermeinten Eigenthums zu prägen, die Metalle aus dem Schooße der Erde grub; sobald er Staaten bildete, Gesetze ordnete, und, um das Maß des Lächerlichen voll zu machen, es sich einfallen ließ, daß ein Einziger der Eigenthumsherr von einer Million seines Gleichen seyn könnte; sobald dieses erstaunliche Wesen, das nur seit seinem Fall Amphibium, im Grunde aber ein Wesen von einer homogenen Existenz war, sich zu gleicher Zeit an den beiden äußersten Enden seiner Natur halten wollte,»

sobald also dies geschehen sei, mußten auch «alle jene Thorheiten, Gräuel und Unordnungen, jene Ungereimtheiten und Widersprüche» sich hervortun, die den Menschen der Gegenwart prägten, ihm zugleich aber auch durch seine Fähigkeit, sich durch Selbsterkenntnis über die animalische Existenz zu erheben, «auf das vollkommenste den Adel und die Unveränderlichkeit seiner Natur beweisen, und daß seine Ausartung nur in einer zufälligen Erscheinung bestehe». Denn Hemsterhuis war der Aufklärung fest verbunden.

Das Interessante an seiner Beschreibung der zweiten Phase menschlicher Geschichte, also der Zeit nach dem Fall aus der «homogenen Existenz» ist nicht nur, daß er den Besitztrieb allgemein für die Störung des ursprünglichen Friedens verantwortlich macht, sondern daß er speziell auf die «Metalle», das Geld als wichtigem Faktor dabei verweist. Was als Kritik des Ancien régime geschrieben war, ließ sich zehn Jahre später durchaus als Kritik eines «nouveau régime» lesen und blieb damit von Aktualität, wie besonders antikapitalistische Gedanken im Werk von Novalis zeigen, die von Hemsterhuis' Schriften angeregt wurden.

Insgesamt führte die Vorstellung eines Geschichtsablaufs in drei Phasen – einer harmonisch-paradiesischen Urgesellschaft, einer Phase des gesellschaftlichen Antagonismus und zuletzt einer Zeit der Wiederkehr harmonischer Zustände als Leistung der Vernunft – in der Periode des Übergangs zur modernen Industriegesellschaft zu mannigfaltigen Entwürfen für neue Idealzustände, aber auch zur Beobachtung und Beschreibung zahlreicher Erscheinungsformen der Entfremdung des Menschen von sich selbst und von der Natur, deren Teil er war. Spätere Erlösungslehren und insbesondere der dialektischem Denken verpflichtete Marxismus haben aus diesem Arsenal reichlich geschöpft, auch wenn sie es um der Demonstration eigener Originalität willen gern verleugneten.

Das Geschichtsbewußtsein dieser Zeit brachte es gleichzeitig mit sich, daß man sich mehr und mehr ein Bild von der Vergangenheit zu machen versuchte, teils um ihrer selbst und der eigenen Tradition willen, teils um sie der Gegenwart gegenüberzustellen. Das führte zum Beispiel bei Hölderlin und beim jungen Friedrich Schlegel zu einem neuen Interesse an der antiken Kultur, in der die Rolle der Kunst bei der Einrichtung einer harmonischen Gesellschaft vorbildlich gewesen zu sein schien. Es führte aber auch zum Interesse an der eigenen, christlichen Tradition, für die Novalis eine Phase homogener Existenz in seinem Bild vom Mittelalter konstruierte. Antike und Christentum, Altertum und Moderne wurden als Bildungskräfte verschiedener Art erkannt und differenziert, und die Kunst des christlichen Europa als Kunst eines romantischen Zeitalters den klassischen Modellen der historisch zu Ende gegangenen Antike entgegengesetzt.

Definition und Wiederentdeckung romantischer Tradition waren jedoch nicht identisch mit der Verehrung des Mittelalters. Die Beschäftigung mit ihm geht weit in das 18. Jahrhundert zurück und findet sich in der Geschichte der deutschen Literatur bereits bei Bodmer und Breitinger um 1750 oder bei Goethe und Herder um 1770, ehe sich Wackenroder, Tieck und Novalis in den neunziger Jahren darauf besannen. Außerdem war es ein allgemeiner Zug der Zeit, der nicht nur die Deutschen betraf. Der «gotische Roman» blühte in England schon seit Horace Walpoles *Burg von Otranto* (1764) und ebenso hatten sich in Deutschland die Ritterromane und -geschichten längst vor 1790 ausgebreitet, so daß Tiecks Übersetzung von *Leben und Thaten des scharfsinnigen Edlen Don Quixote von la Mancha* (1799–1801), also einer Parodie spätmittelalterlicher Ritterbücher, die Konsumenten der Modelektüre unmittelbar herausforderte. Wie Tiecks Beispiel außerdem zeigt, war die Mittelalterrezeption im Zeichen des Romantischen nicht eine Sache blinder Verehrung.

Die Besinnung auf die geschichtlichen Anfänge gehörte zur Herausbildung von nationalem Selbstbewußtsein, wie es die europäischen Nationen für ihre staatliche und ökonomische Wirksamkeit in der Gegenwart brauchten. Die große Popularität der Romane Walter Scotts in England zum Beispiel hatte darin ihren Grund. Den Deutschen erschien das Mittelalter außerdem als Zeit der Einheit von Kunst und Staat, wofür das Bild des Sängers am Hofe stand: Novalis' *Ofterdingen* sollte nach ersten Plänen mit dem Sängerkrieg auf der Wartburg schließen. Zugleich war es eine Zeit staatlicher Einheit gewesen – im Kontrast zur Gegenwart, in der das aus dem Mittelalter ererbte Heilige Römische Reich zerfiel. Die Identifikation zwischen Romantik und Mittelalter jedoch, wie sie etwa Heinrich Heine in seiner *Romantischen Schule* vornahm, war eine Sache späterer Polemik. Denn insgesamt war letztlich das Interesse der Zeit am Mittelalter keineswegs so ausschließlich, wie es später erschien. Das bürgerliche 16. Jahrhundert, das 1790 durch die Veröffentlichung von Goethes *Faust*-Fragment erneut in die Aufmerksamkeit der Literaturinteressierten gerückt war, erhielt als Zeit der Handwerker und Künstler, der Meistersänger und Albrecht Dürers in den Schriften Tiecks, Wackenroders, Arnims oder Hoffmanns weite Publizität, während Brentano das Barock des 17. Jahrhunderts neu erschloß. In seiner und Arnims Sammlung *Des Knaben Wunderhorn* (1806–08) verbanden sich deutsche Geschichte mehrerer Jahrhunderte mit deutscher Volkstradition zu einem einzigartigen Dokument der Vereinigung von Geschichte und Poesie.

## Staat und Gesellschaft

Staatstheorien bildeten einen entscheidenden Bestandteil der Aufklärungsphilosophie, denn wer Rang und Rolle des freien Menschen neu definieren wollte, mußte auch dessen gesellschaftliche Organisationsformen einer Revision unterziehen. Geprägt wurden alle diese Theorien vom Gedanken des Gesellschaftsvertrags zwischen freien Individuen; von Theorie zu Theorie verschieden waren hingegen die Vorschläge zur Repräsentation der Meinungen und zur Wahrung der natürlichen Rechte. Kants Schrift *Zum ewigen Frieden* hatte dem Vertragsgedanken erneut Nachdruck gegeben, aber die Französische Revolution mit ihren verschiedenen Stadien politischer Machtverteilung regte besonders unter den Jüngeren weitergehende Spekulationen an. In seinen Vorlesungen *Über die Bestimmung des Gelehrten* verkündete Fichte: «Der Staat geht, ebenso wie alle menschlichen Institute, die bloße Mittel sind, auf seine eigene Vernichtung aus: *es ist der Zweck aller Regierung, die Regierung überflüssig zu machen.*» Sechs Jahre später jedoch entwarf er das Modell eines «geschlossenen Handelsstaats», in dem der Staatsbürger praktisch nur noch ein Gefangener war; lediglich Gelehrte und Künstler sollten reisen dürfen (*Der geschlossene Handelsstaat. Ein philosophischer Entwurf,* 1800). Friedrich Schlegel erklärte in seinem *Versuch über den Begriff des Republikanismus*: «Der Staat soll seyn, und soll republikanisch seyn.» Im *Ältesten Systemprogramm* Hegels, Schellings und Hölderlins wurde dagegen vom Staat gesagt, er sei keine Idee,

> «weil der Staat etwas *Mechanisches* ist, sowenig als es eine Idee von einer *Maschine* gibt. Nur was Gegenstand der *Freiheit* ist, heißt *Idee.* Wir müssen also auch über den Staat hinaus! – Denn jeder Staat muß freie Menschen als mechanisches Räderwerk behandeln; und das soll er nicht; also soll er *aufhören.*»

Novalis verurteilte in *Glauben und Liebe* (1798) zwar ebenfalls alle «maschinistische Administration» und erklärte, kein Staat sei «mehr als Fabrik verwaltet worden, als Preußen seit Friedrich Wilhelm des Ersten Tode», aber er kam zu ganz anderen Schlüssen als die drei Schwaben:

> «Ein großer Fehler unserer Staaten ist es, daß man den Staat zu wenig sieht. Überall sollte der Staat sichtbar, jeder Mensch, als Bürger charac-

terisirt sein. Ließen sich nicht Abzeichen und Uniformen durchaus einführen?»

Solche Widersprüche und Gegensätze waren nicht prinzipiell unversöhnbar,
da sie in erster Linie einen Ausdruck intellektuellen Experimentierens bildeten. Die verschiedenen Ansichten hingen oft nur von dem Blickwinkel ab,
unter dem man in einem gewissen Augenblick den Gegenstand betrachtete.
Was Novalis aus Anlaß der Thronbesteigung Friedrich Wilhelms III. von
Preußen schrieb, mußte sich deshalb von der in große utopische Fernen gehenden Perspektive des *Systemprogramms* grundsätzlich unterscheiden, ebenso wie Fichtes Gedanken aus den Tagen kurz nach dem 9. Thermidor von
denen, die er zu einer Zeit hatte, als Napoleons Truppen bei Marengo die
Österreicher schlugen.

Zwei der am stärksten kontrastierenden Schriften zum Gedanken des
Staates waren Wilhelm von Humboldts *Ideen zu einem Versuch, die Gränzen
der Wirksamkeit des Staats zu bestimmen,* die 1792 geschrieben, aber erst 1851
veröffentlicht wurden, und Novalis' *Glauben und Liebe, oder Der König und
die Königin* aus dem Jahre 1798. Humboldts erster, wesentlicher Grundsatz
lautet:

> «Der Staat enthalte sich aller Sorgfalt für den positiven Wohlstand der
> Bürger, und gehe keinen Schritt weiter, als zu ihrer Sicherstellung ge
> gen sich selbst, und gegen auswärtige Feinde nothwendig ist; zu keinem
> andren Endzwekke beschränke er ihre Freiheit.»

Dieser liberale, aus dem Vertragsgedanken der Aufklärung hervorgegangene
Grundsatz reduzierte die Rolle des Staats zu einer bloßen Schutzfunktion.
Humboldt besaß zwei Veranlassungen dafür: Einmal hatte er als preußischer
Staatsbürger staatliche Vormacht über das Leben des einzelnen in den verschiedensten beschränkenden Auswirkungen erlebt, und zum anderen war er
aus seiner humanistischen Bildung heraus überzeugt, daß in jedem Menschen – wie in Goethes «Urpflanze» – die Kraft angelegt war, sich selbst frei
zu einer harmonischen Existenz zu entwickeln. Der Mensch, der für andere
zu denken und zu handeln beanspruche, stehe im Verdacht, «aus Menschen
Maschinen» machen zu wollen, folgert Humboldt. Der «wahre Zweck des
Menschen», wie ihn die Vernunft vorschreibt, sei hingegen «die höchste und
proportionirlichste Bildung seiner Kräfte zu einem Ganzen». Als Analogie
für eine solche Bildung wählt Humboldt in der Tat – und das ist bezeichnend
für den Beziehungsreichtum intellektueller Bestrebungen der Zeit – Goethes
*Versuch die Metamorphose der Pflanzen zu erklären* (1790), worin Goethe die
Entwicklung der Pflanze in ihren verschiedenen Stufen und Erscheinungsformen auf die im Keim enthaltenen Anlagen, sozusagen auf ihr Grundgesetz, zurückführt. Für die Entwicklung des Menschen bedeutet das in Humboldts Verständnis, daß er selbst die in verschiedenen Perioden seines Lebens

geübten Fähigkeiten und Kräfte zu vereinen und auszubilden versuchen müsse. Was jedoch im Individuum «die Verknüpfung der Vergangenheit und der Zukunft mit der Gegenwart wirkt, das wirkt in der Gesellschaft die Verbindung mit anderen». Eben diese Verbindung nicht zu bewirken, sondern lediglich zu sichern, sei einzige Aufgabe des Staates: «Das höchste Ideal des Zusammenexistirens menschlicher Wesen wäre mir dasjenige, in dem jedes nur aus sich selbst, und um seiner selbst willen sich entwikkelte.» Beschränkungen gebe es für den Menschen nur «durch die Gränzen seiner Kraft und seines Rechts», und so wäre es am Ende «seegenvoll, wenn das Menschengeschlecht Ein Mensch wäre». Man bemerkt als Voraussetzung für Humboldts humanistische Idee von der Rolle des Staates bei der Entwicklung des Menschengeschlechts das historische Denken der Zeit, das Vergangenheit, Gegenwart und Zukunft zu integrieren versucht. Daneben steht die Erkenntnis von der gegenwärtig durch staatliche Macht und Konvention unterdrückten freien Ausbildung menschlicher Fähigkeiten und Kräfte, also vom Verlust seiner Homogenität, und schließlich findet sich auch der besonders in den Naturwissenschaften wirksame Gedanke von einer einzigen, alle Erscheinungen bestimmenden Gesetzmäßigkeit angewendet, der auch der Mensch unterstehe. Humboldt, der sich in anderen Schriften verschiedentlich mit der Rolle der Geschlechter in der Gesellschaft befaßt hat, führt im Zusammenhang mit einer solchen aus dem Naturstudium hergeleiteten Ansicht den Geschlechtsunterschied als ein förderndes Element in seine Theorie ein und betrachtet die Familie als eine Art natürlichen Lebensgrund für einen humanen Fortschritt. Auf sie solle deshalb der Staat so wenig als möglich Einfluß haben, ebenso wie der Familie als Erziehungsinstitution vor allen staatlichen Institutionen der Vorrang gegeben wird. Von hier aber ist es dann im Grunde nur noch ein Schritt zu dem Bilde einer Weltfamilie, das Novalis bald darauf vorschwebte.

Garantie für die Realisierung seines Konzeptes ist für Humboldt die Kraft der «aufgeklärteren religiösen und philosophischen Ideen» selbst, die sich, wenn auch nicht unmittelbar, so doch nach und nach «der ganzen Nation bis in ihre geringsten Individua hin» mitteilten. Aus dieser Überzeugung ist später Humboldts Idee der Universität hervorgegangen, auf der die Wissenschaft allein durch sich selbst erzieherisch wirken sollte. Bildung durch das Geistige, durch Wissenschaft, Philosophie und Kunst ist jedenfalls Humboldts großer Motor des Fortschreitens, wie es überhaupt dem allgemeinen Streben deutscher Intellektueller in den neunziger Jahren entsprach. Bemerkenswert ist, daß er ausdrücklich den Staat, dem er eine defensive, praktische Aufgabe beimißt, von der Nation unterscheidet – «die Staatsverfassung und der Nationalverein sollten, wie eng sie auch ineinander verwebt sein mögen, nie miteinander verwechselt werden» – und das «freie Wirken der Nation unter einander» dasjenige nennt, «welches alle Güter bewahrt, deren Sehnsucht die Menschen in eine Gesellschaft führt».

Humboldts Staatsschrift adaptiert auf diese Weise den Vertragsgedanken der Aufklärung für die deutschen Verhältnisse nach 1789 und gibt eine politische Theorie der Kulturnation Deutschland. In der Betonung organischer Entfaltung sowie in der Rolle von Familie und Nation gegenüber dem Staat finden sich aber auch Ansätze für die Staatstheorien der folgenden Jahre und Jahrzehnte. Im Vergleich zu Humboldts nüchterner Abhandlung wirkt Novalis' rhapsodische Fragmentsammlung *Glauben und Liebe* nicht wie ein staatstheoretisches Werk. In der Tat wird hier wie auch in der *Christenheit oder Europa* poetische Metaphorik eingesetzt, um politische Gedanken zu vermitteln. Metaphorisiert werden sogar Personen der Zeitgeschichte – König Friedrich Wilhelm III. und Königin Luise von Preußen –, die dann diesen wohlgemeinten Gedanken konsterniert und verständnislos gegenüberstanden. Novalis hatte in seinem und Friedrich Schlegels Sinn Geschichte «romantisiert», das heißt mit der Freiheit des Künstlers behandelt in der Absicht, ihren eigentlichen Sinn herauszuschälen. Romantisch war also das Verfahren, nicht aber waren es die Gedanken an sich, die ganz verschiedene Quellen hatten und dann auch wieder in ganz verschiedene Richtungen auseinandergeflossen sind.

Novalis war zu seinen Aufzeichnungen durch den Regierungsantritt des jungen preußischen Königs Ende 1797 angeregt worden, wenngleich das nicht mehr als ein Denkanstoß war, da es ihm nicht darum ging, einem Herrscher ein realisierbares Programm vorzuschlagen, sondern vielmehr die Idee des Staates neu zu bestimmen. Dennoch war die Entscheidung des sich hinter dem Pseudonym Novalis verbergenden sächsischen Adligen Friedrich von Hardenberg, einen preußischen König zur Darstellung seiner Ideen über den idealen Herrscher zu benutzen, nicht zufällig. Schon Friedrich II. hatte den Ruf eines zumindest um Aufklärung bemühten Herrschers auf sich gezogen, und das Allgemeine Landrecht von 1794 leitete auf naturrechtlicher Grundlage rechtsstaatliche Verhältnisse in Preußen ein – eine Errungenschaft, deren sich Kursachsen noch nicht rühmen konnte. Außerdem befand sich Preußen immerhin seit 1795 im Friedenszustand mit Frankreich, während Österreich, Rußland und England den Kampf gerade wieder aufgenommen hatten.

Novalis formulierte seine Ideen provokativ in überraschenden Analogien, Paradoxen und Feststellungen. Die «maschinistische Administration» des bisherigen Preußen hatte er wie Humboldt abgelehnt. An ihre Stelle sollte nun ein neues Staatsbewußtsein treten, denn im Staat erst konnte der Mensch zu sich selbst kommen. Das veranlaßt Novalis zu der Forderung: «Alle Menschen sollen thronfähig werden. Das Erziehungsmittel zu diesem fernen Ziel ist ein König.» Der König wird ihm in diesem Sinne «das gediegene Lebensprinzip des Staats», also eine Art Mittler, der durch seine Existenz wie durch sein Beispiel die Menschen über sich hinaus führen und ihre Vervollkommnung in der Gemeinschaft bewirken soll. Aus diesem Grunde erklärt Novalis auch seine Sympathien für die Monarchie, die insbesondere auf die Anregungen zurückgehen, die er aus Edmund Burkes Gegenüberstellung von Französischer Revolution und englischer konstitutioneller Monarchie gewonnen hatte. Aber das Bekenntnis zur Monarchie wird durch die Behauptung ergänzt: «Der ächte König wird Republik, die ächte Republik König seyn.»

Novalis' Gedanken sind nicht Ausdruck eines regressiven Konservatismus, obwohl die Form, in die er sie kleidete, zu solchen Interpretationen einläd. Wenn romantische Literatur sündigte, so tat sie es vor allem in der Überforderung poetischer Bildersprache, die Novalis «Tropen- und Räthselsprache» nannte. Der Staat jedenfalls, von dem er hier redete, war nicht dieselbe gesellschaftliche Organisationsform, die Humboldt mit diesem Begriffe bezeichnete, sondern viel eher das, was Humboldt unter Familie und Nation als Erziehungsfaktoren verstand. Dem König stellte Novalis ausdrücklich die Aufgabe, sich selbst zu bilden und durch die eigene Bildung auf die Nation zu wirken. Und es war schließlich die königliche Ehe, die ihm als das überzeugendste Symbol für eine harmonische Staatsordnung galt: «Wenn die Taube, Gesellschafterin und Liebling des Adlers wird, so ist die goldne Zeit in der Nähe oder gar schon da, wenn auch noch nicht öffentlich anerkannt und allgemein verbreitet.» In der «Familienform» hat Novalis überhaupt das beste Gleichnis für den idealen Staat gesehen, dessen empirische Formen sich ihm in einer äußersten, letzten Vision auflösen. In einer ebenfalls 1798 gemachten Notiz schreibt er: «Die Poësie bildet die schöne Gesellschaft – die Weltfamilie – die schöne Haushaltung des Universums».

Was Novalis mit Humboldt verbindet, ist die aufklärerische Grundtendenz zur Vervollkommnung des Menschen, zu seiner «Thronfähigkeit», und es sind Bildung sowie Familiengemeinschaft als Mittel dazu. Von einer prinzipiellen Dominanz des Staates als eines Organismus, eines höheren Naturwesens über den einzelnen ist bei Novalis nicht die Rede. Erst die Staatsphilosophie nach 1800 hat dann unter dem Eindruck äußerer Verhältnisse solche Konzepte entwickelt. In der Intention stand Novalis Humboldt auch nahe, wenn er den König als «Künstler der Künstler» und somit als einen geistigen Menschen betrachtete, dessen Bildung ausstrahlend auf seine Untertanen wirke. Aber die Einkleidung solcher Gedanken in das Lob eines deutschen Fürstenehepaars setzte ihn doch unvermeidlich in Gegensatz zu Humboldts Theorie vom freien, nach immanenten Gesetzen sich entwickelnden Individuum, auch wenn er sich Sätze wie «Nur seinen eigenen Gesetzen soll der Mensch gehorchen» notierte. Unter den gegebenen Verhältnissen war Humboldts Erwartung freilich ebenso utopisch wie diejenige des Novalis, der Friedrich Wilhelm III. lediglich zu dem Kommentar veranlaßte: «Von einem König wird mehr verlangt als er zu leisten fähig ist.»

Interessant in diesem Zusammenhang ist, daß auch Friedrich Gentz durch sehr viel praktischere Vorschläge mit dem König Schwierigkeiten bekam, hier jedoch wegen des präskriptiven Tons seines *Sendschreibens an Friedrich*

*Wilhelm III. am 16. November 1797*, das noch Ende 1797 in Berlin erschien. Ob Novalis es gekannt hat, ist nicht zu ermitteln. Gentz jedenfalls bot dem König gleichfalls Ratschläge an, die aber durchaus nur auf die Liberalisierung der gegenwärtigen Zustände gerichtet waren, um sie desto sicherer zu bewahren. So forderte er ein starkes Heer, Reduktion der Staatsabgaben und stattdessen Förderung privaten Unternehmertums, «bürgerliche Freiheit unter einer monarchischen Verfassung» und schließlich, daß das königliche Privatleben «aller stillen und häuslichen Tugenden reinstes Vorbild» sei. Novalis' fundamentale Gedanken haben keinen stärkeren Kontrast als Gentz' pragmatischen, wirtschaftlich allerdings durchaus weitsichtigen Konservatismus. Nur im Wunsch nach der Musterhaftigkeit des Königspaars trafen sie sich.

Die Hervorhebung der Familie und ihrer Rolle für den gesellschaftlichen Bildungsprozeß war jedoch nicht ohne weiteres als Regression in monarchische Denkformen zu verstehen. Humboldts Konzept macht das deutlicher als Novalis' Verbindung von Ideal und Realität, die stets Mißverständnissen ausgesetzt blieb. Regressives lag nur dort vor, wo die Analogie zwischen Familie und Staat im praktischen Sinne hergestellt wurde, weshalb sich, wie bei der Betrachtung antirevolutionärer Literatur schon angedeutet wurde, ein anonymer Verfasser in Rebmanns demokratischem Journal *Das neue graue Ungeheuer 1795* entschieden gegen eine solche Analogie wehrte. Fürsten «Landesväter» zu nennen sei nichts als «ein dichterisches Compliment, das vielleicht manchem armen Schlucker von Poeten aus der Noth hilft, aber den Philosophen nicht irre machen muß, jedes Ding in seinem wahren Licht zu betrachten», in dem denn auch die Landesväter eher Rabenväter genannt zu werden verdienten.

Aber Familienbewußtsein hatte zugleich eine emanzipatorische Note. Sich als Familie zu empfinden, war bisher ein Vorrecht des Adels gewesen, und die Redensart, jemand sei «von Familie» hat sich in diesem Sinne noch lange in der deutschen Sprache erhalten. Diesem dynastischen Familienbewußtsein stellte jedoch das Bürgertum im Laufe der Zeit seine eigene, auf Recht und Tugend gegründete Familiengesinnung gegenüber. Lessing hatte in *Emilia Galotti* eine erste große deutsche Kollision dieser beiden Anschauungen auf die Bühne gebracht. In der Literatur der neunziger Jahre ging es jedoch weniger um Kollisionen der Stände als um eine der vorangeschrittenen Aufklärung und Bildung entsprechende ideale Integration beider, für die besonders Goethes Roman *Wilhelm Meisters Lehrjahre* reichliches Anschauungsmaterial lieferte, und zwar sowohl für die Erwartungen wie Beschränkungen unter den deutschen Verhältnissen. Wie aktuell man Goethes Darstellung in diesem Sinne empfand, kommt unter anderem dadurch zum Ausdruck, daß Novalis sein *Glauben und Liebe* damit schließt, daß er die Jugendgeschichte der Königin Luise als «weibliche Lehrjahre» dargestellt wissen will und hinzusetzt: «Mir kommt Natalie» – also Wilhelm Meisters adlige Verlobte –

«wie das zufällige Porträt der Königin vor. Ideale müssen sich gleichen». Es ist verständlich, daß ein preußischer Monarch für derartige poetische und gesellschaftliche Kühnheiten wenig Sinn haben konnte. Mit der zunehmenden Trennung zwischen Haus und Arbeitsort war im Laufe des 18. Jahrhunderts die bürgerliche Kleinfamilie entstanden, die als Kern nur noch Eltern und Kinder umschloß, im Gegensatz zum ganzen «Haus», das einst die Großfamilie des Handwerksmeisters und einen mitarbeitenden Kreis von Verwandten und Angestellten darstellte. Die Sensibilität und Sensitivität in bezug auf zwischenmenschliche Beziehungen, das feinere Gespür für die Nuancen menschlichen Empfindens und die Reflexion auf das Verhältnis von Bewußtem und Unbewußtem, wie sie die Literatur in immer stärkerem Maße herausbildete, ist nur auf dem Hintergrund einer solchen Entwicklung der bürgerlichen Familienstruktur denkbar. Als äußeres Symptom für diese wachsende Intimität setzte sich in den neunziger Jahren der Übergang vom «Sie» zum «Du» im Umgang der Kinder mit den Eltern allmählich durch. Bei Goethe, Hölderlin oder Brentano aus dem süddeutschen Raum dominierte noch die formelle Anrede; Novalis in Mitteldeutschland sprach dagegen in seinen Briefen die Eltern bereits in der vertraulicheren Anredeform an.

Neben restauratives und progressives Familienverständnis trat nun allerdings noch eine dritte Perspektive: die kritische Analyse eben dieser bürgerlichen Familie selbst. Im ganzen Stolze seiner Tugend war Odoardo Galotti einem Prinzen gegenübergetreten, dem Familie nur Festigung und Erweiterung der dynastischen Macht, aber nicht menschliche Bindung bedeutete. Eben die auf Tugend gegründete bürgerliche Familiengemeinschaft schuf jedoch gerade durch strenge, patriarchalische Hausväter bald ihre eigenen Institutionalisierungen, die die Gefühle ebenfalls beschränkten oder pervertierten. Bereits Werther hatte sich hier als Gefangener empfunden, und die Erzählungen Tiecks sowie später diejenigen Hoffmanns setzten das Thema fort, während die Idyllen von Voß oder Matthias Claudius die Stärke der bürgerlichen Familie feierten und Goethe in *Hermann und Dorothea* auf dem Hintergrund der Französischen Revolution ein Idealbild ihrer evolutionären Kraft entwarf.

Aufklärung bedeutete jedoch nicht nur Emanzipation des Mannes, sondern auch des weiblichen Geschlechts. In der bürgerlichen Sphäre wurde jedenfalls aus der Frau als Gattin und Hausmutter allmählich die gleichberechtigte Partnerin des Mannes – zumindest in den Gedanken einiger weiterblikkenden und wagemutigeren Geister und zuweilen auch in ihrem Leben. Solche Entwicklung zeigt sich in der Literatur besonders dadurch, daß die Frau nun in ein und demselben Werk in verschiedenen Rollen zugleich erscheint. Den suchenden Romanhelden wie Werther, Hyperion oder Julius in Schlegels *Lucinde* ist sie nicht nur Geliebte, sondern ebenso Mutter, Schwester, Schützerin, Führerin, Heilige und Madonna.

Mit solcher Universalisierung des Frauenbildes ging folgerichtig die Zerstörung sexueller Tabus einher. Nicht nur eine erotisch getönte Verehrung der Mutter oder Schwester, sondern auch die regelrecht inzestuöse Liebe zwischen Geschwistern sowie zwischen Eltern und Kindern findet sich verschiedentlich bei Tieck, Novalis oder Hoffmann, und Brentano baute sogar seine große Dichtung der *Romanzen vom Rosenkranz* (um 1810) auf einen ganzen Stammbaum der Geschwisterliebe auf. Von hier schließlich ging der Weg dann zu zahlreichen verführerischen und zerstörerischen freien weiblichen Individuen, allen voran die Zauberin Lore Lay. Gewiß spielt bei manchen Werken da und dort Autobiographisches mit hinein, aber es bedarf immer erst bestimmter Voraussetzungen in der Geschichte des Denkens, unter denen es einem Künstler möglich wird, seine persönlichen Erfahrungen und Erlebnisse auf eine Bewußtseinsstufe zu bringen, auf der er sie artikulieren kann. Gleichzeitig wurde aber auch die Ehe zum ernsten Thema bedeutender Dichtungen, so in Jean Pauls *Siebenkäs* (1796–97), Friedrich Schlegels *Lucinde* (1799), Kleists *Amphitryon* (1807), Goethes *Wahlverwandtschaften* (1809) und Arnims *Armut, Reichtum, Schuld und Buße der Gräfin Dolores* (1810).

Allgemein wuchs unter dem Aspekt befreiter Ich-Du-Beziehungen das Bewußtsein von der größeren Bedeutung der Sexualität, wobei sich die Wertskala von der Identifikation mit Gott als der höchsten Verkörperung der Liebe bis zur Aufgabe an unbekannte, unbeherrschbare dämonische Mächte erstreckte. Endzeitvorstellungen wurden im Bilde sexueller Vereinigung und der Androgynie erfaßt, wozu dann Apokalypse, Mystik, Alchemie und der Pietismus ihr sinnliches Vokabular und ihre metaphorische Sprechweise liehen. Sexualität sollte auf diese Weise zugleich von ihrem rein prokreativen Zweck befreit und zum Symbol ekstatischer Liebesvereinigung werden. Novalis' *Hymnen an die Nacht* geben das bedeutendste Beispiel dafür.

Aus der christlichen Mythologie adoptierte man schließlich neben dem historischen Drei-Phasen-Gang von Paradies zu Paradies für die ideale gesellschaftliche Lebensform nicht selten die Mythe von der heiligen Familie, und sie steht auch unausgesprochen, aber gut erkennbar hinter Novalis' Staatsschrift, die immerhin «Glauben und Liebe» als Prämissen ihrer Erwartung bezeichnete: «Wer den ewigen Frieden jetzt sehn und lieb gewinnen will, der reise nach Berlin und sehe die Königin.» Von Nationalistischem, wie es die Zeit nach 1800 in Deutschland kannte, waren diese Gedanken noch so frei wie diejenigen seiner Zeitgenossen, die allesamt in größere Fernen zu blicken suchten.

## Mensch und Natur

Natur war eines der großen Losungsworte des 18. Jahrhunderts. Aus der Natur war der Mensch hervorgegangen, aus ihr leitete er seine Rechte auf Gleichheit und Freiheit ab, und seine Vervollkommnung in der Geschichte konnte man, wie Kant erwog, sogar «als die Vollziehung eines verborgenen Plans der Natur ansehen». Im Menschen nämlich war die Fähigkeit zur Vernunft angelegt, mit der er sich über den Instinkt erheben und sich sogar zum Beherrscher der Natur machen konnte. Kant hatte diese Erwartungen aus seinen eigenen frühen wissenschaftlichen Studien zur «Naturgeschichte» geschöpft, denn was anfangs nur eine allgemeine Empfindung der Einheit von Mensch, Natur und Universum war, das glaubte man mehr und mehr auch wissenschaftlich begründen zu können. Das 18. Jahrhundert wurde jedenfalls auch ein Jahrhundert bedeutender naturwissenschaftlicher Entdeckungen, auf denen die gesamte moderne Technologie errichtet werden konnte. Manche deutsche Schriftsteller der Zeit hatten eine naturwissenschaftliche Ausbildung oder zumindest entschiedene naturwissenschaftliche Interessen und nahmen passiv oder oft auch aktiv an dem Ausbau neuer Erkenntnisse teil. Allen voran ging Goethe, dessen Hauptbeschäftigung und Ehrgeiz zuzeiten allein den Naturwissenschaften galt, aber auch Novalis, Schelling, Arnim und Görres befaßten sich produktiv in Studien oder Publikationen mit den Problemen der Wissenschaft.

Was die beiden Entdeckungen von Sauerstoff und Elektrizität nahelegten, war die Aussicht, daß ein einziges großes Gesetz alle Erscheinungen der Natur bestimmte. Beiden lag Polarität zugrunde, in der Verbrennung die Polarität von Stickstoff und Sauerstoff und in der Elektrizität die Spannung von positivem und negativem Pol. Das Gegeneinanderwirken von Gegensätzen und eine daraus hervorgehende neue Kraft führten deshalb zu Spekulationen über ein allgemeines dialektisches Grundgesetz der Natur, wofür Fichtes Wissenschaftslehre mit ihrer Ich-Dialektik im übrigen einen guten philosophischen Nährboden hergab. So brach zum Beispiel der Jenaer Physiker Johann Wilhelm Ritter, der maßgebliche Entdeckungen im Bereiche der galvanischen Elektrizität gemacht hatte, in seinem durchaus wissenschaftlich gehaltenen Buch *Beweis, dass ein beständiger Galvanismus den Lebensproces in dem Thierreich begleite* (1798) am Ende in hymnische Prophetie aus:

«Wo ist eine Sonne, wo ist ein Atom, die nicht Theil wäre, der nicht gehörte zu diesem *Organischen ALL, lebend in keiner Zeit, jede Zeit fassend in sich?* – Wo bleibt denn der Unterschied zwischen den Theilen des Thieres, der Pflanze, dem Metall und dem Steine? – Sind sie nicht sämmtlich Theile des großen *All-Thiers, der Natur? –* Ein allgemeines bisher noch nicht gekanntes *Naturgesetz* scheint uns entgegen zu leuchten!»

Und Schelling, der mit Ritter, Novalis und den Schlegels zum Jenaer Freundeskreis gehörte, veröffentlichte im gleichen Jahr sein Buch *Von der Weltseele,* das er im Untertitel «eine Hypothese der höhern Physik zur Erklärung des allgemeinen Organismus» nannte. Als wissenschaftlicher Amateur wurde er durch diese und eine Reihe anderer früherer Schriften zum Begründer einer spekulativen Naturphilosophie, die den Tatsachen oft großzügig gegenüberstand und sich in verschiedenen Abarten in den nächsten drei Jahrzehnten ausbreitete, bis sie vor der konsolidierten Naturwissenschaft kapitulierte.

Auch Goethe war im Grunde als Amateur an die Natur herangetreten, nur stand er als Pragmatiker den Spekulationen der jüngeren Naturphilosophen trotz mancher innerer Gemeinsamkeiten skeptisch gegenüber. Goethe hatte 1790 seinen *Versuch die Metamorphose der Pflanzen zu erklären* veröffentlicht und im Jahre darauf die *Beyträge zur Optik,* den Beginn seiner umfangreichen Studien zur Farbenlehre. Eine Anzahl kleinerer Arbeiten folgte, die zum Teil allerdings erst sehr viel später veröffentlicht wurden.

Goethe verstand seine naturwissenschaftlichen Studien nicht als interessante Beiläufigkeiten, sondern als ernste Arbeit zur Beseitigung überholter Anschauungen. «In unserm Jahrzehend, wo die verjährtesten Rechte bezweifelt und angegriffen werden», schreibt er in der Einleitung zu den *Beyträgen zur Optik,* werde man es verzeihlich finden, «wenn jemand die Dokumente untersucht, auf welche eine wichtige Theorie ihren Besitz gegründet hat». Das ging auf die Newtonsche Farbenlehre, der er seine eigene, auf den Streit von Licht und Finsternis gegründete entgegenstellen wollte: «Wirkung und Gegenwirkung beider ist nicht zu verkennen.» Wie in anderen Bereichen der Natur, so schien auch hier eine einfache Polarität als Grundgesetz zu herrschen, die in der Optik die Farben hervorrief, wie sie anderswo die Entwicklung und Ausbildung des ursprünglich Angelegten verursachte. Polarität und Steigerung waren die Goetheschen Begriffe, die die gesetzliche Bewegung aller Naturprozesse bezeichnete.

Goethe betrachtete die Natur als ein Ganzes, dem man sich verstehend nähern und dessen objektive Grundgesetze man erkennen konnte, wenn man einzelne Bereiche auf die ihnen zugrundeliegenden Gesetzlichkeiten hin untersuchte. Ziel seines *Versuchs die Metamorphose der Pflanzen zu erklären* war, «die mannigfaltigen besondern Erscheinungen des herrlichen Weltgartens auf ein allgemeines einfaches Prinzip zurückzuführen». Es bestand für ihn darin, daß sich die Pflanze – als «Urpflanze» – in «regelmäßiger Metamorphose» entwickelte, indem sie alles das, was im Keim bereits angelegt war, stufenweise herausbildete. Den Keim sah Goethe bildlich als «Blatt», dessen Struktur sich dann in den anderen Teilen der Pflanze, in Stengel, Kelch, Blüte, Frucht und Samen zugleich wiederholte und variierte. «Zusammenziehung und Ausdehnung» waren die dabei beobachteten Verfahrensweisen der Natur, die Goethe zu jener Definition des Begriffes Metamorphose führten, bei der sein Blick auf die Natur als Einheit des Niedersten und Höchsten am deutlichsten wird. Die «regelmäßige» oder «fortschreitende» Metamorphose steige «durch Umwandlung einer Gestalt in die andere, gleichsam auf einer geistigen Leiter, zu jenem Gipfel der Natur, der Fortpflanzung durch zwei Geschlechter, hinauf». Die dialektische Bewegung verbindet sich mit einer historischen, auf Höherentwicklung gerichteten Sicht, aus der sich schließlich eine Ahnung vom Gesamtgang des Lebens im «organischen Reich» überhaupt gewinnen läßt, wo sich die Pflanze «zuletzt im Baum dauernd und starr, das Tier im Menschen zur höchsten Beweglichkeit und Freiheit verherrlicht».

Es ist begreiflich, daß die von Fichte inspirierten jungen Naturphilosophen in Goethe eines ihrer großen Vorbilder und – nach einem Wort von Novalis – als «das Höchste in der Physik» betrachten konnten, denn über alle fachwissenschaftliche Kenntnis hinaus war er schließlich auch der Dichter, der ganz bewußt von einem höheren, gesamtphilosophischen Gesichtspunkt aus auf die Natur blickte, statt die Wissenschaft nur an und für sich zu betreiben, und dessen Begriffe oft auch poetischer Metaphorik mit ihrem großen Assoziationsfeld näherkamen als der Rigorosität wissenschaftlicher Terminologie. Goethe allerdings legte großen Wert darauf, nicht mit einem spekulativen Naturphilosophen verwechselt zu werden. Sein Studium beginne er mit der Beobachtung «empirischer Phänomene», schrieb er 1798 (*Erfahrung und Wissenschaft*), die er zu «wissenschaftlichen Phänomenen» zu erheben suche, indem er mit Hilfe von Versuchen Zusammenhänge und Folgen konstatiere. Erst dann lasse sich zum «reinen Phänomen» vorstoßen, das nicht mehr isoliert dastehe, sondern deutlich Teil eines Ganzen sei. «Um es darzustellen bestimmt der menschliche Geist das empirisch Wankende, schließt das Zufällige aus, sondert das Unreine, entwickelt das Verworrene, ja entdeckt das Unbekannte.» Solche Empirie war der Grundzug von Goethes Morphologie, deren Ziel nicht die Beschreibung von festen Gestalten, sondern die Erkenntnis von Phänomenen, also von etwas sich ständig Veränderndem war, von «schwankenden Gestalten» sozusagen, wie es im *Faust* heißt. Den Vorgang des Sich-Wandelns selbst aber faßte er gern mit dem Doppelbegriff von Gestaltung-Umgestaltung oder aber dem einfachen der Bildung. Damit jedoch wird der Bezug zur anderen großen Sphäre seiner Tätigkeit, der künstlerischen, offenbar.

Im Vergleich zur rein experimentellen und rationalistischer modernen Naturwissenschaft enthalten Goethes Untersuchungen durchaus spekulative Elemente. Aber sein Blick auf das Ganze der Natur hat gerade angesichts des Zerfalls in immer engere und in ihren Konsequenzen unüberschaubar gewordene Spezialdisziplinen seine Bedeutung behalten. Für Goethe war Natur nicht nur das wissenschaftlich Berechenbare und praktisch nutzbar zu Machende, sondern etwas Größeres, zu dem der Mensch selbst gehört und das mithin seiner Macht Grenzen setzt. Eine solche Betrachtungsweise in ihrer Verbindung von Wissenschaft und Ethik ist immerhin angetan, Bescheidenheit zu lehren und vor Hypertrophien zu warnen. Dabei hat Goethe sich selbst enthalten, seine Naturerkenntnisse in unmittelbaren Analogien auf andere Bereiche des Lebens und Denkens zu übertragen und damit zu überziehen. Allerdings war seine Einstellung gegenüber der Französischen Revolution von der Überzeugung einer gesetzmäßigen Entwicklung der Geschichte nach den Prinzipien der Natur getragen, die in seinem Blick Sprünge und Revolutionen nicht kannte. Sein Ausharren bei Abraham Gottlob Werners neptunistischer Theorie der Erdentstehung hat ihn später sogar empirische Erkenntnisse beiseite setzen lassen. Aber die breiten Applikationen und Analogien Schellings oder Novalis', die diese von naturwissenschaftlichen Beobachtungen machten, waren nicht seine Sache.

Gerade diese allgemeine Anwendung einzelner, aber auf Größeres verweisender Erkenntnisse jedoch war es, was die jüngeren, unter den Eindrücken der Revolution herangewachsenen deutschen Intellektuellen faszinierte und ihnen als notwendig für die Interpretation und Veränderung ihrer Welt erschien. Im *Ältesten Systemprogramm* steht der Wunsch: «Ich möchte unsrer langsamen, an Experimenten mühsam schreitenden Physik einmal wieder Flügel geben», und diese Kritik an einem mit der Verflachung und Popularisierung der Aufklärung entstandenen Wissenschaftspositivismus wird ergänzt durch die Zielangabe: «Wenn die Philosophie die Ideen, die Erfahrung die Data angibt, können wir endlich die Physik im Großen bekommen, die ich von spätern Zeitaltern erwarte.» Die Gesamtschau auf Natur, Staat, Gesellschaft, Kunst und Religion, von der solche «Physik im großen» ein integrierter Teil sein sollte, bestand dann im *Systemprogramm* selbst, das auf nichts weniger aus war, als die Entwicklung der Menschheit eben in ein «System» zu bringen und unter eine erkannte Gesetzmäßigkeit zu stellen.

In seinen verschiedenen naturphilosophischen Schriften der Frühzeit hat insbesondere Schelling dann diese Ansätze weiter ausgeführt (*Ideen zu einer Philosophie der Natur*, 1797; *Von der Weltseele*, 1798; *Erster Entwurf eines Systems der Naturphilosophie*, 1799). Von Fichte und Spinoza ausgehend, auf den damals Friedrich Heinrich Jacobi mit einer Schrift *Über die Lehre des Spinoza in Briefen an Moses Mendelssohn* (1785) erneut aufmerksam gemacht hatte, nahm auch Schelling eine letzte Einheit allen Seins, ein «Ureines», ein aller Trennung vorausgehendes «absolutes Ich» an, das sich zum selbstbewußten Geist hin entwickelte. Natur war ihm in solchem Zusammenhang das Medium dieses Entwicklungsprozesses: Sie symbolisierte den Geist, der sich in ihr erkennen soll: «Die äußere Welt liegt vor uns aufgeschlagen, um in ihr die Geschichte unseres Geistes wieder zu finden.» Das führte ihn in der *Weltseele* dazu, aus Einzelbeobachtungen eine «Continuität der anorgischen und der organischen Welt» zu konstruieren, wodurch «die ganze Natur zu einem allgemeinen Organismus verknüpft» werde, dessen Wesen er dann mit dem Begriff einer «gemeinschaftlichen Seele der Natur», eben der «Weltseele», zu bestimmen versuchte.

Schelling belebte auf diese Weise d e aristotelische Vorstellung von einem organischen Zusammenhang der Natur und förderte eine Moce, die zur analogischen Übertragung des Organismus-Begriffes auf ander Bere che wie Staatslehre, Geschichte oder Kunst führte. Das geschah zum Beispie bei Joseph Görres, der als Lehrer der Physik in Koblenz 1803 *Aphorismen über die Organonomie* veröffentlichte – Goethe sprach mit leichter Ironie vor ih-nen als «Organomanie». Oder es geschah bei Adam Müller, der 1804 mit dem Mut des Dilettanten den ersten Teil einer *Lehre vom Gegensatz* heraus-brachte, in dem der Gedanke vom organischen Zusammengehören des En-gegengesetzten in der Natur vielfältige politische, ästhetische und religiöse Anwendung finden sollte. Hier erst werden die Folgerungen gezogen und Anwendungen gemacht, die gern als «romantische», organische Natur- und Staatsauffassung bezeichnet werden. Sie waren in Schellings Denkansatz an-gelegt und lassen auch seine wie Görres' weitere Entwicklung zu religiösem Mystizismus als nicht inkonsequent erscheinen. Aber der Ausgangspunkt war ein in jeder Hinsicht revolutionär gedachtes Programm. Beides zusam-men läßt sich jedenfalls unter dem Begriff des Romantischen nicht schlüssig unterbringen, denn es handelte sich nicht um notwendige, sondern um per-sönliche Konsequenzen, die aus verschiedensten biographischen und histori-schen Ereignissen motiviert waren. Gleiches gilt übrigens für das eindeutig regressive Staatskonzept Adam Müllers, das dem von Novalis diametral ge-genübersteht. Müller war ein interessanter Eklektiker, aber gewiß keine Schlüsselfigur für das Romantische. Überhaupt wurde damals in Naturwis-senschaften und Philosophie viel eklektisiert und hypothesiert. Man besaß naturwissenschaftliche Kenntnisse, philosophische Konzepte und literarische Ambitionen, wobei dann Wissenschaftlichkeit und Dilettantismus in reicher Mischung nebeneinander existierten oder durcheinandergingen. Die Suche nach Analogien innerhalb der Natur ebenso wie zwischen Geistigem und Natürlichem gehörte – zusammen mit der spielerischen Lust an der kühn-sten Verknüpfungen – zu den beliebtesten intellektuellen Beschäftigungen. Vom «Zauberstab der Analogie» hatte Novalis gesprochen, und ein Meister in dessen Anwendung wurde Görres, der in einer Betrachtung aus dem Jahre 1805 die Situation so zusammenfaßt:

> «Wie von außen die Welt in große Massen sich zusammen gezogen hat,
> so hat sich auch der Gesichtskreis der inneren Welt erweitert, das Ge-
> müt ist tragisch geworden, nur große Eindrücke mögen ihm Rührung
> abgewinnen, nur großen Gefühlen ist es noch gern und leicht beweg-
> lich; der Verstand aber hat sich frei und fessellos erweitert, und das gan-
> ze Erdenrund umspielt er mit seiner Tätigkeit.»

Die Gedanken der Naturphilosophie spiegeln sich auch in den verschiedens-ten Variationen in der Literatur wider, teils in Abhängigkeit von der Philo-sophie, teils in eigenständiger Entfaltung. Novalis' Fragment eines Naturromans *Die Lehrlinge zu Sais* (1798) sollte aus dem Bezug auf alte ägyptische Mysterien die Verbindung von Religion, Natur und gesellschaftlichem Leben vorführen. Hölderlins Hyperion findet in der Natur die Ruhe vor allen Verfolgungen der Welt:

> «Lebendige Töne sind wir, stimmen zusammen in deinem Wohllaut, Natur! wer reißt den? wer mag die Liebenden scheiden? – [...] Wie der Zwist der Liebenden, sind die Dissonanzen der Welt. Versöhnung ist mitten im Streit und alles Getrennte findet sich wieder.»

Die Liebe zwischen Julius und Lucinde in Friedrich Schlegels Roman *Lucinde* erfüllt sich im «Paradies der Natur». Blumen werden ein beliebtes Zeichen für die schöne Verbindung zwischen Natürlichem und der Kunst oder, bei Brentano, irdisches Komplement zu den Sternen. Der Bezug auf die Elemente, auf Erde, Äther, Wasser und Feuer oder Licht, läuft in der dichterischen Metaphorik zusammen zum Bild einer göttlichen Natur vor und über aller Geschichte. Hölderlins Dichtung ebenso wie Goethes *West-östlicher Divan* (1819) haben diese Vorstellungen in besonderer Tiefe ausgebildet. Novalis wiederum stellt in seinen *Hymnen an die Nacht* (1800) den Menschen in den Prozeß der Naturgeschichte hinein: Er macht ihn zum Teil eines Entwicklungsprozesses vom Stein über die Pflanze und das Tier bis hin zur intellektuellen Selbstanschauung, die ihn auf dieser höchsten Stufe dann aber zugleich zum Fremdling der anderen Natur gegenüber macht, der im Fichteschen Sinne schließlich als das sich selbst erkennende Ich zu deren Beherrschung und «Erlösung» bestimmt ist. Natur erhält auf diese Weise geradezu den Status einer innerweltlichen Transzendenz, die übrigens schon Werther in seinen pantheistischen Phantasien empfunden hatte, nur daß man jetzt glaubte, mit seinen euphorischen Hoffnungen auf wissenschaftlicher Erkenntnis fußen zu können.

Außer Johann Wilhelm Ritter gehörte von der naturwissenschaftlichen Seite her Franz Xaver Baader mit seinen Schriften *Vom Wärmestoff* (1786) und den *Beyträgen zur Elementar-Phisiologie* (1797) zu den beliebtesten, weil spekulativ geneigten Anregern. Vor allem aber reüssierte in Deutschland der schottische Arzt John Brown, dessen *System der Heilkunde* 1796 in einer deutschen Übersetzung erschien und ihn zum Vater der gesamten sogenannten «romantischen» Medizin in Deutschland machte, deren Hauptvertreter Andreas Röschlaub, Carl August Eschenmayer und Christian Heinrich Pfaff waren. Browns Lehre, die durch Schellings Vermittlung noch ein gutes Stück in das 19. Jahrhundert hinein wirkte, hatte deshalb eine so außerordentliche Wirkung, weil sie den Gedanken der Polarität auf die Vorgänge im menschlichen Körper übertrug und daraus die Krankheitsursachen ableitete. Nach Browns Lehre erhielt der Mensch mit seiner Geburt eine bestimmte Menge Erregbarkeit, die auf von außen wirkende Potenzen reagierte. Aus dem Zusammenspiel zwischen beidem entstand «Erregung», auf der nach Brown das ganze Leben beruhte. Gleichgewicht bedeutete Gesundheit, zu schwache Erregung führte zu «Asthenie», zu starke zu «Sthenie», unter welche beiden Kategorien dann Brown sämtliche Krankheiten rubrizierte. Zur Behebung zu starker Sthenie kam in diesem Zusammenhang das Opium in größerem Umfang als Medizin zur Anwendung. Zum erstenmal rückte also das Nervensystem deutlich in das Zentrum einer Krankheitslehre, und die Nerven wurden zu einer Art Brücke zwischen Geist und Körper. Novalis sah sogar alle Krankheit als «Seelenkrankheit» an, hervorgerufen durch den Sündenfall des Bewußtseins: «Unsere Krankh[eiten] sind alle Phaenomene erhöhter Sens[ibilität], die in höhere Kräfte übergehn will. Wie der Mensch Gott werden wollte, sündigte er.»

Eine andere populäre, aber Brown entschieden ablehnende und auf der Hypothese einer Lebenskraft aufbauende medizinische Theorie war die des Jenaer Arztes Christoph Wilhelm Hufeland, die 1797 unter dem Titel *Die Kunst das menschliche Leben zu verlängern* erschien, in späteren Auflagen aber dann den Titel *Makrobiotik* bekam, unter dem sie bekannt wurde. Auch hier war der Blick auf das Ganze der Natur gerichtet, als deren Krone der Mensch betrachtet wurde. Im Menschen trafen sich «alle in der übrigen Natur zerstreut wirkenden Kräfte». Leben war «ein beständiger Wechsel von Destruction und Restauration», und die Kunst der Makrobiotik bestand darin, die aufeinander wirkenden Kräfte und Elemente im Gleichgewicht zu halten, indem man «die harmonische Ausbildung aller Kräfte» förderte. Wo immer man also hinsieht, findet man in diesen Jahren dominierend die Denkfigur einer in Gegensätzen fortschreitenden Entwicklung der Natur, die im Sinne aufklärerischer Philosophie von niederen Stufen zu höheren führte und einen mit sich und seiner Welt in Harmonie lebenden Menschen zum Ziel hatte.

Daß in Verbindung damit erste Ansätze zur Psychologie als Wissenschaft entstanden, gehört ebenfalls zu den Grundzügen dieser Zeit. Einer ihrer Pioniere außerhalb des Bereiches der Fachmedizin war Karl Philipp Moritz, der sich mit dem *Magazin für Erfahrungsseelenkunde* (1783–93) speziell dem Zusammenhang zwischen Seele und gesellschaftlicher Existenz des Menschen zuwandte, wie er es parallel als Künstler auch in seinem Entwicklungsroman *Anton Reiser* (1785–94) tat. Im übrigen hat das aus der Auseinandersetzung mit den Hypertrophien des Rationalismus hervorwachsende, vor allem von der Kunst reflektierte Interesse für die seelisch Kranken, Irren oder geistig Gestörten allmählich zu einem besseren Verständnis ihrer Leiden und deren Ursachen beigetragen, auch wenn man, wie das Schicksal Hölderlins zeigt, in der Praxis noch weit von dem human Wünschbaren entfernt war. Aber gerade aus dem Universalitätsstreben, den Versuchen zur Bestimmung der Einheit von Mensch und Natur heraus entdeckte man um 1800 auch den geteilten Menschen und seine Konflikte in einer immer arbeitsteiliger werdenden Welt oder erhielt zumindest eine erste Ahnung von solchen Konflikten.

Wie in einem Schmelztiegel kommen die verschiedenen Naturtheorien der Zeit im Werk von Novalis zusammen, in seinen theoretischen Aufzeichnungen wie in seiner literarischen Produktion. «Ritter ist Ritter und wir sind nur Knappen», schrieb er Anfang 1799 an Caroline Schlegel. Aber auf Ritter, Baader und Schelling bezogen fügte er dann hinzu:

> «Das Beste in der Natur sehn indeß diese Herrn doch wohl nicht klar. Fichte wird hier noch seine Freunde beschämen – und *Hemsterhuis* ahndete diesen *heiligen* Weg zur Physik deutlich genug. Auch in Spinotza lebt schon dieser göttliche Funken des Naturverstandes. *Plotin* betrat, vielleicht durch Plato erregt, zuerst mit ächtem Geiste das Heiligthum – und noch ist nach ihm keiner wieder so weit in demselben vorgedrungen. In manchen ältern Schriften klopft ein geheimnißvoller Pulsschlag und bezeichnet eine Berührungsstelle mit der unsichtbaren Welt – ein Lebendigwerden. Göthe soll der *Liturg* dieser Physik werden – er versteht vollkommen den Dienst im Tempel. Leibnitzens Theodicee ist immer ein herrlicher Versuch in diesem Felde gewesen. *Etwas ähnliches* wird die künftige Physik – aber freilich in einem höhern Style.»

Die ganze Ahnengalerie seiner Naturauffassung hat Novalis in diesen wenigen Sätzen zusammengestellt, und es liegt nahe, ihn vor allen anderen seiner Altersgenossen des Eklektizismus zu zeihen. Novalis war vom Fach. Als sächsischer Salinenbeamter Friedrich von Hardenberg hatte er zwei Jahre lang auf der Bergakademie Freiberg Bergbau und Naturwissenschaften studiert, nachdem er vorher schon von dem wohlangesehenen Chemiker Johann Christian Wiegleb eine Grundausbildung in dessen Disziplin bekommen hatte. Solche Sachkenntnis gibt seinen Gedanken über die Natur ihr besonderes Gewicht – so spekulativ sie oft sind, so wenig sind sie doch verschwommen. Bei genauerer Betrachtung erweisen sie ihren festen Grund.

Novalis hat kein System der Naturphilosophie entworfen. Am nächsten kam dem sein Plan zu einer «Enzyklopädie» in den Aufzeichnungen seines *Allgemeinen Brouillons*, das zusammenhängend erst lange nach seinem Tode bekannt wurde. Es waren Materialien zu einem Buche, das «eine scientifische Bibel» werden sollte. Überall werden also in dieser «heiligen Physik» Analogien zwischen Naturwissenschaft und Religion gebildet. Das 18. Jahrhundert war ein Jahrhundert der wissenschaftlichen Enzyklopädistik und Erfassung der Natur gewesen, ein Jahrhundert der botanischen, zoologischen, mineralogischen Systeme. Darüber wollte Novalis jedoch sein eigenes Projekt erheben und im Analogieverfahren das Bewegungsgesetz aller Wissenschaften und damit auch Richtung und Ziel der Entwicklung menschlicher Erkenntnis überhaupt darzustellen versuchen. Der Plan war monumental und mußte Fragment bleiben, auch wenn Novalis nicht schon als Neunundzwanzigjähriger gestorben wäre. Das Projekt ist der äußerste Versuch in seiner Zeit, einer allmählich in Spezialisierung zerfallenden Wissenschaft am

Eingang des Industriezeitalters noch eine innere Einheit abzugewinnen und damit der Forschung eine ethische Motivation zu geben und sie nicht dem Selbstlauf zu überlassen. Erst aus den Erfahrungen des 20. Jahrhunderts läßt sich bestätigen, daß ein solcher Versuch kein eitles Spiel war, sondern aus der Ahnung von den Gefahren einer Wissenschaft ohne Ethos und geistiges Zentrum heraus geschah, so gering auch die Möglichkeit war, tatsächlich etwas zu bewirken.

«Zur Wissenschaft ist der Mensch nicht allein bestimmt – der Mensch muß *Mensch* sein – zur Menschheit ist er bestimmt – Universaltendenz ist dem eigentlichen Gelehrten unentbehrlich», heißt es in einer naturwissenschaftlichen Aufzeichnung von Novalis. Darauf bezieht sich seine Idee von der Natur. Sie ist «ein enzyklopädischer systematischer Index oder Plan unsers Geistes». Ähnlich hatte Schelling die Natur als unbewußten Geist interpretiert. In ihrem Studium und in der Erkenntnis ihrer Gesetze jedenfalls gewann der Mensch nicht nur Annehmlichkeiten und Macht, sondern er kam zu sich selbst, begriff sich zugleich als Teil und als Meister der Natur und wurde der aus Bewußtsein und Vernunft Handelnde. Natur war also nichts in sich Ruhendes, sondern etwas Schaffendes – ein Gedanke, zu dem Novalis besonders aus der neuplatonischen Philosophie Plotins Anregungen erhielt. An diesem Punkt mündete jedoch die Naturphilosophie wie alle auf Erlösung und eine letzte Phase endgültiger Harmonie und Freiheit gerichtete Ideologie in Religion. Daraus erklärt sich der Begriff der «heiligen Physik» bei Novalis und auch der Gedanke von einer «Moralisierung» oder Aufhebung der Natur: «Einst soll keine Natur mehr sein – in eine Geisterwelt soll sie allmählich übergehn.»

Das Werk von Novalis ist reich an solchen Endzeitvorstellungen. Aus dem Bild von einer künftigen «*Ehe von Natur und Geist*» entsteht der schöne Satz: «Die Liebe ist der Endzweck der *Weltgeschichte* – das Unum des Universums.» Für die Fortsetzung des *Heinrich von Ofterdingen* war ein Gedicht mit dem Titel «Die Vermählung der Jahrszeiten» bestimmt, das die Aufhebung der Natur in einem Endzustand der Liebesvereinigung versinnbildlicht, und die Stufenleiter der Schöpfung von der anorganischen zur organischen Welt bekommt in den Plänen zu eben dieser Fortsetzung eine universale und zugleich eschatologische Dimension: «Menschen, Tiere, Pflanzen, Steine und Gestirne, Flammen, Töne, Farben müssen hinten zusammen, wie Eine Familie oder Gesellsch[aft], wie Ein Geschlecht handeln und sprechen.» Hier liegt auch der Punkt, wo der Begriff «Romantik» seinen Sinn erhält. «Romantisieren» bedeute, so definiert Novalis im *Allgemeinen Brouillon*, «Absolutisierung – Universalisierung – *Klassifikation* des individuellen Moments», und er verweist in diesem Zusammenhang auf Märchen und auf Goethes *Wilhelm Meister*. Wo immer er den Ausdruck gebraucht, ist er stets in seiner letzten Konsequenz auf die literarische, die «poetische» Tätigkeit bezogen. «Der *Poet*», heißt es im *Brouillon*, verstehe «die Natur besser, wie der wissenschaftliche Kopf». Nur die Kunst kann mit ihren Metaphern und Symbolen jene Tendenz zur Aufhebung der Vereinzelung und zu einem harmonischen Endzustand wenn nicht darstellen, so doch durch ihre Sprache im Leser evozieren und damit eine alle bisherige Kunst übertreffende Aufgabe haben. Theorie geht also wie schon in *Glauben und Liebe* und *Die Christenheit oder Europa* in Kunst über und erhält bei Novalis allein darin ihre letzte Legitimation. Erst aus dem Eingehen von Philosophie und Naturanschauung in die Kunst entsteht also Romantik in diesen Jahren. Zu den Beispielen gehören Novalis' *Die Lehrlinge zu Sais* (1798), wo aus dem Bezug auf alte ägyptische Mysterien die Verbindung von Religion, Natur, Philosophie und gesellschaftlichem Leben vorgeführt werden sollte. Auch in Friedrich Schlegels *Lucinde*, Hölderlins *Hyperion* oder den Gedichten des jungen Brentano kommt es zu einer solchen «romantisierten», das heißt künstlerischen Interpretation der Natur aus der Sicht einer «Physik im Großen» (*Systemprogramm*).

Aber gerade die Erkenntnislust in der Naturbetrachtung, die durch die verschiedenen Entdeckungen um 1800 so viele neue Impulse erhielt, führte auch zu gegenteiligen Reaktionen. Denn jede Wissenschaft ist im Grunde unendlich: Alles Erkannte verweist nur immer auf neues Unbekanntes. Dem Gefühl des Wissens und der Vertrautheit steht jeweils Zweifel gegenüber, und Triumph und Angst ergänzen einander, sowohl was das Objekt Natur wie das Subjekt des erkennenden Ichs anbetrifft. Für die Literatur der Zeit ist es deshalb bezeichnend, daß Naturmetaphern – oft sogar bei ein und demselben Autor – verschiedene Werte haben können. Der Wald ist Refugium oder Labyrinth, der Berg exponiert je nach der Perspektive Höhe oder Tiefe, der Fluß transportiert zum Ziel oder reißt in die Tiefe, das Meer ist die Unendlichkeit des alles lösenden und auflösenden Elements oder das unübersehbare Ungeheuer Ozean. Tal, Schlucht und Felsenwand können Schutz bieten oder isolieren, und der Sturz vom Felsen in den Abgrund kann tödlich sein für den Einsamen, der auf dem Gipfel steht oder zu ihm hinaufstrebt. Die Lyrik Brentanos oder Eichendorffs ist für eine derartige Wertvariation der Metaphern ebenso charakteristisch wie die Malerei der Zeit.

Ganz und gar entfaltet sich der Wertrelativismus hinsichtlich der immer genauer erforschten und dadurch immer neue unbekannte Dimensionen enthüllenden Phänomene des Ichs und der Natur in den Werken Jean Pauls, E. T. A. Hoffmanns und Heinrich von Kleists. Das scheinbar Bekannte und Verwandte öffnet sich ins Unbekannte, Undurchschaubare und Unbeherrschbare. Die Suche nach «geheimen geistigen Prinzipien», wie Hoffmann es ausdrückte, stand in Beziehung mit dem Zeitinteresse an Mesmerismus und Siderismus, und Bücher wie Gotthilf Heinrich Schuberts *Ansichten von der Nachtseite der Naturwissenschaft* (1808) oder *Die Symbolik des Traums* (1814) hatten eine tiefe Wirkung auf die dichtenden Zeitgenossen. In der Neigung zum Parapsychologischen, zum Somnambulen, Geister- und

Gespensterhaften wurden Tendenzen fortgesetzt, die schon in der Aufklärung angelegt und für die ein Buch wie Schillers *Der Geisterseher* (1788) und in der Realität Scharlatane und Magiergestalten wie die des Grafen Cagliostro bezeichnend waren. Was aber dort eher als allgemeine äußere Abart einer immer weiter dringenden Erkenntnis erscheinen mochte, war hier das Ergebnis einer tiefen künstlerischen Exploration des Menschen im Verhältnis zur Natur als «Index» seines Geistes. Denn das Parapsychologische bei Jean Paul, Hoffmann oder Kleist ist immer Metapher für Psychologisches: Gegenstand war das Ich an der Schwelle einer neuen Zeit.

## Religion

Aufklärung bedeutete, Licht in das Dunkel von Mythen und Religionen zu lassen, aber sie bedeutete nicht schlechterdings deren Aufhebung oder Beseitigung. Wie in den Naturwissenschaften so riefen auch hier die Antworten neue Fragen hervor. Das Wechselspiel von Glauben und Wissen stellte, wie schon festgestellt, ein dominierendes Thema in der Philosophie am Ausgang des Jahrhunderts der Säkularisation dar. Nicht wenige von jenen Deutschen, die damals das Denken ihrer Zeit vorwärts brachten, kamen aus theologischem Hause oder waren selbst Theologen. Lessing, die Brüder Schlegel, Schleiermacher und Schelling waren Pastorensöhne, Herder war der höchste Geistliche von Sachsen-Weimar, und Schleiermacher, um 1800 Prediger an der Berliner Charité, wurde zum führenden Theologen seiner Zeit. Hölderlin, Hegel und Schelling bekamen am Tübinger Stift eine theologische Ausbildung, und nur der religiöseste von allen – Novalis – war Jurist und Naturwissenschaftler.

Daß das Nachdenken über Gott Teil der Reflexion des Menschen über sich selbst ist, bedarf keiner Erklärung. Obwohl nun der christliche Gott in seiner metaphysischen Existenz ferner erschien als einstmals der sehr leibhaftige Olymp, der sich frei und sichtbar unter die Menschen gemischt zu haben schien, erwies gerade das Christentum in einem Zeitalter, das für die Rechte und Freiheiten des Individuums stritt, seine besondere, gegenüber der Antike fortgeschrittene Rolle. Denn es war die Religion des für sich existierenden Menschen, der sich in Gotteskindschaft dem Vater im himmlischen Vaterland verbunden sah, wie Goethe das seinen Werther empfinden läßt. Wenn in der Aufklärung der einzelne Mensch zur Mündigkeit gelangte, so führten die Wurzeln solcher Freisetzung des Individuums in der Tat bis zu jener Religion zurück, in der das moderne Europa überhaupt erst zum Selbstbewußtsein kam. Die Identifikation zwischen der Christenheit und Europa war keine bloße poetische Fiktion.

Die Schlußfolgerungen eines aufgeklärten Jahrhunderts gingen allerdings beträchtlich über den ursprünglichen Geist des Christentums hinaus oder hinweg, denn im Prinzip waren sie eben säkular. Das einzelne, mündige Ich setzte sich mit Christus auf eine Stufe und gab damit die für das Christentum prinzipielle Glaubenstatsache des stellvertretenden Leidens Christi auf. Werther hatte die Seelenaufschwünge und Gefahren, zu denen eine solche Einstellung führte, anschaulich einem großen Leserkreis vorgestellt, und Goethes selbstbewußter, schöpferischer, den Göttern trotzender Prometheus wurde ebenfalls Demonstrationsobjekt für religiöse Konsequenzen. Friedrich Heinrich Jacobi hatte 1785 in seiner Schrift *Über die Lehre des Spinoza in Briefen an Herrn Moses Mendelssohn* Goethes Ode als Beleg für eine spinozistisch-pantheistische Religiosität abgedruckt und von Lessings Zustimmung zu Ode und Gesinnung berichtet. Jacobi vertrat demgegenüber den Standpunkt, daß Spinozismus letztlich Atheismus sei, er dagegen an «eine verständige persönliche Ursache der Welt» glaube. Um der Gefahr zu entgehen, daß die Vernunft sich selbst zum Gotte mache, vollzog er, wie er selbst schrieb, «einen Salto mortale» aus dem Erkennen zum Glauben. Mit dieser Schrift und mit den weiteren Polemiken gegen Kant und dessen Schrift über *Die Religion innerhalb der Grenzen der bloßen Vernunft* (1793), in der er die Religion als Inbegriff menschlicher Pflichten bezeichnete, sowie gegen Fichte und Schelling wurde Jacobi zum Anreger weitgespannter theologischer Diskussionen in den neunziger Jahren. Er machte auf Hemsterhuis aufmerksam und förderte auch ein erneutes Interesse an Spinoza, so sehr er sich gegen ihn stellte. Spinozas Weltbild, das auf dem Wesen einer sich in beständiger Bewegung und Veränderung befindenden Substanz beruhte, wurde eine bedeutsame Voraussetzung für das Entstehen von dialektischen Entwicklungslehren, wie sie in den naturwissenschaftlichen Schriften Goethes und in Hegels Weltkonzept zum Ausdruck kamen.

Jacobis Warnung vor der Hypertrophie des freien Subjekts war weitsichtig, aber brachte ihn in Gegensatz zu Fichte und seinen Schülern, obwohl manche gerade ihrerseits darauf ausgingen, das Unendliche oder Absolute auf ihre Art zu erfassen. Am Ende seiner Rezension von Jacobis Roman *Woldemar* (2. Aufl. 1796) schrieb Friedrich Schlegel:

> «Woldemar ist also eigentlich eine Einladungsschrift zur Bekanntschaft mit Gott, und das *theologische Kunstwerk* endigt, wie alle moralischen Debauchen endigen, mit einem Salto mortale in den Abgrund der göttlichen Barmherzigkeit.»

Damit zeichnete Friedrich Schlegel zwar auch sein eigenes Schicksal vor, aber für die nächsten Jahre verstanden er und seine Freunde unter dem Begriffe «Religion», als deren Sprache sie die Poesie betrachteten, eher die Steigerung und Vollendung dessen, was Jacobi unter Atheismus begriffen hatte.

Die Positionen sind nicht leicht auf einen oder zwei Nenner zu bringen. Unter dem Einfluß von Meinungen und Diskussionen ebenso wie unter demjenigen von besonderen persönlichen Erfahrungen – etwa bei Hölderlin und Novalis – waren sie in stetigem Wechsel begriffen, so daß sich nur eine Reihe von Tendenzen festhalten läßt. Was Jacobi als philosophisch-theologisches Problem im Verfolg der Aufklärung aufgegriffen hatte, wurde in den Jahren nach der Französischen Revolution zuweilen zum politischen. Fichtes Verwarnung 1798 durch den sächsischen Kurfürsten wegen angeblicher atheistischer Äußerungen war ein solches Symptom. Novalis empfahl Fichtes Verteidigungsschrift *Appellation an das Publicum* (1799) – «Eine Schrift, die man erst zu lesen bittet, ehe man sie confiscirt» – einem Freunde und empörte sich über die «Unterdrückungsplane» «unserer Regierungen und Pfaffen» zu einer Zeit, da er selbst geistliche Lieder schrieb. Die Theologie, die ihn dabei inspirierte, war allerdings wesentlich von der orthodoxen Lehrmeinung einer Kirche verschieden, obwohl sie von einem ihrer Repräsentanten kam: von Friedrich Schleiermacher.

Schleiermachers fünf Reden *Über die Religion* (1799) «an die Gebildeten unter ihren Verächtern», wie es im Untertitel hieß, waren von bedeutendem Einfluß auf das Denken gerade der jungen Intellektuellen in Deutschland, da sie Fichtes Unabhängigkeitserklärung des Ich von seiten der Theologie her ergänzten. Für Schleiermacher bedeutete Religion ein Verbundensein mit einer höheren Welt, das sich jeder dogmatischen Bestimmung entzog. Auf diese Weise öffnete sich die Religion zur schöpferischen Tätigkeit des Geistes schlechthin:

> «Sie ist kein Sklavendienst und keine Gefangenschaft; auch hier sollt Ihr Euch selbst angehören, ja dies ist sogar die einzige Bedingung, unter welcher Ihr ihrer teilhaftig werden könnt. Jeder Mensch, wenige Auserwählte ausgenommen, bedarf allerdings eines Mittlers, eines Anführers, der seinen Sinn für Religion aus dem ersten Schlummer wecke und ihm eine erste Richtung gebe, aber dies soll nur ein vorübergehender Zustand sein; mit eignen Augen soll dann jeder sehen und selbst einen Beitrag zutage fördern zu den Schätzen der Religion, sonst verdient er keinen Platz in ihrem Reich und erhält auch keinen.»

War das eine ausdrückliche Bestätigung der Freiheit des Ichs, so folgte die Bestätigung seiner Kreativität in der Bemerkung, daß jede heilige Schrift nur «ein Mausoleum der Religion» sei, was zu der Schlußfolgerung führt: «Nicht der hat Religion, der an eine heilige Schrift glaubt, sondern, welcher keiner bedarf und wohl selbst eine machen könnte.» Es war die theologische Vollmacht für die romantische Universalpoesie von Friedrich Schlegel und Novalis.

Schleiermachers Gedanken blieben natürlich durchaus die eines Christen, aber in seinen weiteren Betrachtungen nehmen doch Bilder der Religion wie das der heiligen Familie oder des leidenden Christus bereits poetische Qualitäten an, also den Charakter von letztlich austauschbarer Metaphern, wie Schleiermacher auch den «Despotismus» einer Religion ablehnte. Das in diesen Jahren sich ausbreitende Interesse an nordischen, orientalischen und asiatischen Religionen und Mythen, das durch Weltreisende wie Forster und durch Kulturhistoriker wie Herder gefördert worden war, erhielt hier Unterstützung von seiten der christlichen Theologie selbst. Es war eine Tendenz, die zugleich indirekt gegen die Oberherrschaft antiker Mythologie in der Literatur gerichtet war.

In anderer Hinsicht bestätigte und förderte Schleiermacher auch jene Tendenzen, die Novalis in der Auseinandersetzung mit Fichte und im philosophischen Austausch mit Friedrich Schlegel entwickelt hatte und die unter dem Begriff eines «magischen Idealismus» in die Literaturgeschichte eingegangen sind. 1797 war Hardenbergs junge Braut Sophie von Kühn gestorben, und in dem Tagebuch aus der Zeit dieser Todeserfahrung erwog er die Möglichkeit, allein aus der Kraft seines Bewußtseins heraus, also aus freiem Willensentschluß ihr nachzusterben. Wenn ihm das gelang, so hoffte er, «daß ich durch meinen Tod der Menschheit eine solche Treue bis in den Tod vorführe – Ich mache ihr gleichsam eine solche Liebe möglich». Das war seine große Entdeckung von der potentiellen Mittlerschaft eines jeden Menschen im Gegensatz zur alleinigen Mittlerschaft Christi in der christlichen Religion, bei der Schleiermacher immerhin blieb, selbst wenn er sie beträchtlich einschränkte. Novalis wollte jedoch ganz und gar das subjektive Bewußtsein als Herrn über Leben und Geschichte einsetzen und mit der Kraft des Geistes die Widersprüche menschlicher Existenz sowohl im metaphysischen wie im gesellschaftlichen Sinne aufheben. Solchen Versuch hat er stets als einen unendlichen Prozeß verstanden oder, wie er es ausdrückte, den «Anfang einer wahrhaften *Selbstdurchdringung des Geistes* die nie endigt».

Bei diesen Vorstößen ins Unmeßbare und Unbekannte handelte es sich um Gedankenexperimente, auch wenn man ihnen gelegentlich den Anstrich von Religionsgründungen gab. So erwogen Novalis und Friedrich Schlegel in ihrer Korrespondenz Projekte zu einer neuen Bibel, einem neuen Evangelium und einer neuen Religion, die, wie Schlegel schreibt, über «Philosophie und Poesie» hinausgehen und Eigenständigkeit behaupten sollte (2. 12. 98). Aber was immer an kühnen Hypothesen dabei entstand, es blieb auf die Erfahrungen und intellektuellen Erwartungen einzelner bezogen und damit weiterhin der Kunst und Philosophie als Ausdrucksbereichen individuellen Denkens und Gestaltens am stärksten verbunden. Ihre bedeutsamste Realisation erhielten diese Experimente deshalb auch in der Literatur, für die man nach neuen Mythologien suchte, um die Ansprüche des Intellekts sichtbar zu machen. Im *Ältesten Systemprogramm* wird am Ende eine «neue Religion» der «allgemeinen Freiheit und Gleichheit der Geister» gefordert, deren Ideen aber erst dann für das Volk wirksam werden konnten, wenn man sie «ästhetisch, d. h. mythologisch» machte. Daraus ergab sich die Forderung: «Wir müssen eine neue Mythologie haben», so daß «Weise», «Priester» und «Volk» einander verstünden und zusammenwüchsen. In ähnlichem Sinne hat auch Friedrich Schlegel die Ästhetisierung der Mythologien und Religionen gefordert und in der Literatur zu praktizieren versucht. Dabei kam es freilich zu Übergängen von einer mythologischen Einkleidung politischer Hoffnungen, wie im *Systemprogramm,* zur versuchten Sichtbarmachung eines neuen Transzendenzbewußtseins aus dem Selbstgefühl des freien Individuums. In jedem Fall begab man sich jedoch auf einen schmalen Grat zwischen dem «Abgrund der göttlichen Barmherzigkeit» und demjenigen der Verzweiflung und der Leere. Die meisten Wanderer gerieten in den einen oder den anderen, wenn sie ihren Weg weiterzugehen versuchten und nicht über die magische Formel Goethes verfügten, nämlich «das Erforschliche zu erforschen und das Unerforschliche ruhig zu verehren».

Jean Paul war es, der das Territorium religiöser Erwartungen und Enttäuschungen am weitesten übersah und in seinem Werk kartographierte. Auf frühe Todeserfahrungen geht seine *Rede des todten Christus vom Weltgebäude herab, daß kein Gott sei,* zurück, die er 1796 seinem Roman *Siebenkäs* voranstellte. Die Rede, 1789 konzipiert als «Des todten Shakespear's Klage unter todten Zuschauern in der Kirche, dass kein Gott sei», ist eine bild- und sprachmächtige Traum-Vision des Nichts als letzter Folge des sich von allen Bindungen befreit denkenden Menschen. «Niemand ist im All so sehr allein als ein Gottesläugner», heißt es im «Vorbericht» des Autors, und Christus selbst klagt angesichts der auferstehungsbereiten Menschen von seiner Reise durch die Welten: «Starres stummes Nichts! Kalte, ewige Nothwendigkeit! Wahnsinniger Zufall! [...] Wie ist jeder so allein in der weiten Leichengruft des All! Ich bin nur neben mir – O Vater! o Vater! wo ist deine unendliche Brust, daß ich an ihr ruhe?» Selbstzerstörung bildet die letzte Hoffnung der absoluten Freiheit: «Ach wenn jedes Ich sein eigner Vater und Schöpfer ist, warum kann es nicht auch sein eigner Würgengel sein?», und das Grauen des Nichts wird nur aufgefangen durch das Erwachen aus dem Traum und die Möglichkeit des Glaubens in der «frohen vergänglichen Welt».

Im folgenden Jahr 1797 fügte er seiner Vision des Nihilismus und der Warnung vor ihm noch die aus Abhandlung und Gespräch gemischte kleine Schrift *Das Kampaner Thal oder über die Unsterblichkeit der Seele* hinzu, eine Polemik vor allem gegen Kant und Fichte. In solcher Gegnerschaft traf Jean Paul sich mit Friedrich Heinrich Jacobi, der bald darauf im Atheismus-Streit um Fichte mit einem offenen Brief gegen diesen auftrat. Jacobis Prämisse darin war: «Gott ist, und ist *außer mir, ein lebendiges, für sich bestehendes Wesen,* oder Ich bin Gott.» Das letztere aber hatte nicht nur erkenntnistheoretische, sondern auch moralische Konsequenzen, denn «das *Gute –* Was ist es? – Ich habe keine Antwort, wenn kein Gott ist». So wurde für ihn die Dialektik der Fichteschen Wissenschaftslehre ein «Wissen des Nichts» ein «Idealismus, den ich *Nihilismus* schelte». Damit war das Stichwort für eine Konsequenz idealistischen Denkens gegeben, die aus seiner weiteren Entwicklung nicht mehr wegzudenken war.

Jean Paul empfand die Verwandtschaft von Jacobis Gedanken mit seinen eigenen in der Christus-Rede und im *Kampaner Thal.* In der ersteren hatte er zu zeigen versucht, wie «das ganze geistige Universum [...] durch die Hand des Atheismus zersprengt und zerschlagen» werde «in zahllose quecksilberne Punkte von Ichs». Im *Kampaner Thal* entzündete sich sein Argument für die Unsterblichkeit vor allem an der Auseinandersetzung mit einem Hauskaplan, der der kritischen Philosophie anhing. Ihm gegenüber behauptet Jean Paul die Existenz eines «inneren Universums», das «noch herrlicher und bewundernswerter ist als das äußere», einem «Universum der *Tugend*, der *Schönheit* und der *Wahrheit*», das jenseits der Geschichte im Menschen existierte als «pflegende Gotteshand», die «den innern Menschen (den Säugling des äußern) führt und nährt» und auf diese Weise auch seine Unsterblichkeit garantiert. Es war eine Gedankenführung, in der sich die Schlüsse, wie Jean Paul selbst schreibt, zu Gefühlen verdichteten und deren letztes Ziel darin bestand, daß die reichen psychologischen Erfahrungen, die ein auf die Emanzipation des Individuums gerichtetes Jahrhundert mit sich gebracht hatte, dem mechanistischen Denken einer arbeitsteiligen Zeit gegenüber geschützt und bewahrt wurden.

Die Erkenntnis von der engen Nachbarschaft zwischen Psychologie und Religion war eine Frucht des Jahrhunderts der Aufklärung, und Jacobis Philosophie bezeichnet den Punkt, wo diese Erkenntnis in der Theorie manifest wird. Zum Dank für die Geistesgemeinschaft widmete Jean Paul im März 1800 seinem «geliebten Friedrich Heinrich Jacobi» die kleine Polemik *Clavis Fichtiana seu Leibgeberiana*, die als komischer Anhang zum *Titan* veröffentlicht wurde und eine Demonstration des Nihilismus an der zum Fichteaner gewordenen Gestalt des Leibgeber aus den Romanen *Siebenkäs* und *Titan* war.

Jean Pauls Religiosität war nicht an das christliche Dogma gebunden und ihm gegenüber besonders deshalb widerstandsfähig, weil sie sich auf Psychologie, also auf Menschenbeobachtung und insbesondere auf ein menschliches Transzendenzgefühl gründete, nicht jedoch auf philosophische Konstruktion oder Spekulationen, die auf dem Weg über den Wunsch nach neuen Kirchen und Mythologien oft unversehens bei den alten landeten. In solcher realen Fundierung des Glaubens traf sich Jean Paul mit Johann Gottfried Herder. Mit dem «vom Staat etc. gebognen und wundgeriebnen» Generalsuperintendenten und Vize-Konsistorialpräsidenten teilte er republikanische Sympathien und manche Antipathie oder Zurückhaltung gegenüber Goethe und dem Weimarer Musenhof. Vor allem aber waren beide eins in der Gegnerschaft gegen Kant und Fichte, mit denen sich auch Herder um die Jahrhundertwende in verschiedenen Schriften kritisch auseinandersetzte. Von Jacobi hatte Herder sich einst wegen dessen Verurteilung des Spinozismus distanziert, aber die alte Freundschaft in den neunziger Jahren wieder aufleben lassen, ohne freilich seine positive Einstellung zu Spinoza zu ändern. In einer Neuauflage der zuerst 1787 erschienenen Dialoge *Gott* (1800) strich er dennoch, wie Jean Paul an Jacobi schrieb, aufgrund der neuen gemeinsamen Gegnerschaft «den kleinsten Seitenblick gegen Dich weg». Es blieb allerdings lediglich eine Gemeinsamkeit der Fronten. Herders eigene religiöse Überzeugung lag, hierin Jean Paul ähnlich, in der «Gottesnatur» des Menschen begründet, worauf das «königliche Gesetz der Freiheit» ruhte, das für ihn, den Geistlichen, identisch mit dem Geist des Christentums war. «Er trägt auf seinen zarten Zweigen außer denen der Früchte die Consistorialwäsche», die der Staat mit dem Amte an ihm «zum Trockner» aufgehängt habe, schrieb Jean Paul an Jacobi, und er fügt hinzu: «Ach welchen Cederngipfel würd' er treiben außerhalb der Kanzeldecke und Sessionsstube!»

Welche Widersprüche im übrigen manche dieser theologischer Auseinandersetzungen mit sich brachten, erweist sich am Beispiel des Atheismus-Streits von 1799. Als Fichte staatlich gemaßregelt wurde, fand er Sympathien bei Novalis, der gerade die Rolle eines allerdings ideal gedachten Monarchen herausgestellt hatte, und Unterstützung bei Goethe, dem Freunde des Herzogs. Angegriffen hingegen wurde er nicht nur von Jacobi, sondern auch von Herder und Jean Paul, deren politische Einstellung sie über geistige Differenzen hinweg eigentlich auf die Seite Fichtes hätte genötigt haben sollen. Persönliche Freundschaften oder Abneigungen ebenso wie politische, philosophische oder religiöse Gemeinsamkeiten und Meinungsunterschiede flossen nicht überall rein zusammen. Immerhin hebt sich jedoch in den neunziger Jahren als neues, bewegendes Element deutlich Fichte und seine Schule junger Philosophen und Dichter heraus, die seine Ich-Dialektik wie auf Geschichte, Staat, Gesellschaft und Natur, so auch auf die Religion anzuwenden und, aus vielen anderen Quellen gespeist, weiterzuentwickeln suchten. Dort, wo diese Tendenzen in den Bereich der Literatur übergingen, entstand eben das, was von einigen der jungen Adepten selbst als Romantik bezeichnet wurde, wobei religiöse Metaphorik als Teil einer «neuen Mythologie» dann noch eine besondere ästhetische Rolle spielte.

Unter den biblischen Mythen und Bildern gehörten dazu vor allem im *Alten Testament* Sündenfall und Vertreibung aus dem Paradies, aus dem *Neuen Testament* die heilige Familie sowie die Passion Christi als Leidensgeschichte eines Menschen auf dem Wege durch die feindliche Welt ins himmlische Vaterland und schließlich aus der *Offenbarung des Johannes* die Mythen von der Hochzeit des Lammes und der Gottesstadt, dem neuen Jerusalem, die beide als Ausdruck eschatologischer Hoffnungen mit dem Bilde des antiken Goldenen Zeitalters zusammenliefen. Denn natürlich waren es nicht die biblischen Mythen allein, in die man seine Erkenntnisse, Leiden und Hoffnungen projizierte. Was an Vergleichbarem aus dem antiken Bildungsgut bekannt war, wurde, wie gesagt, weitergeführt, und zugleich suchte man nach Verwandtem auf dem weiten Gebiet religiöser Mythen überhaupt, um ganz im Sinne des Universalismus dieser Jahre aus den Beziehungen der Religionen untereinander zur Vorstellung einer Art von Weltreligion zu kommen. Eine solche Religiosität war ganz offensichtlich nicht die schlichte Frömmigkeit, die manchmal in dieser Zeit gesucht oder simuliert wurde, sondern ein intellektueller Versuch, die Bilder, Mythen und Visionen der Religionen dazu zu benutzen, anders noch nicht artikulierbare Erkenntnisse und Erwartungen einer Übergangszeit poetisch sichtbar zu machen. Die germanische Mythologie wurde herangezogen, in Dichtungen benutzt und verbreitet, und ebenso die Religionen des Ostens, also Persiens, Indiens und Ostasiens. In allen Fällen handelte es sich aber weder um Synkretismus noch um Religionsforschung, auch wenn die letztere als Nebenprodukt einen neuen, starken Auftrieb erhielt. Dominierend war vielmehr die ästhetische Einstellung zu den Religionen und Mythologien, denn die Wege einer Religiosität, die über die Religionen hinausgehen wollte, um dem Zerfall und der Zersplitterung eines einheitlichen Weltbildes entgegenzuwirken, führte allein zur Kunst.

Allerdings gab es danach, wie schon angedeutet, auch Rückwege zur Barmherzigkeit der alten Kirchen. Friedrich Schlegel, Adam Müller, Zacharias Werner und zwei Brüder von Novalis, die als Rostorf und Sylvester dichteten, traten im ersten Jahrzehnt des neuen Jahrhunderts zur katholischen Kirche über; Clemens Brentano, aus katholischem Hause stammend, kehrte nach jugendlichem Schweifen demonstrativ zu ihr zurück; Görres und Eichendorff waren ihr immer treu geblieben. Katholische Sympathien fanden sich auch bei Autoren wie dem Grafen Loeben und im Landshuter Kreis, wobei man sich gern auf den Protestanten Novalis berief, dessen Neigungen zum Katholizismus man aus seinen Schriften herauslesen zu können glaubte. Solche Sympathien, Konversionen und Reversionen konnten sicherlich die Gegenreaktionen gegen eine Ästhetisierung von Gott und Welt sein, die sich unter den Anforderungen der Zeit im Leben der einzelnen nicht mehr bewährte oder die zu fassen und zu tragen sie ihrer ganzen psychischen Konstitution nach nicht angelegt waren. Aber es war kein Generationssymptom – der Graf Friedrich Leopold von Stolberg war 1800 als Fünfzigjähriger der erste Konvertit unter den Literaten dieser Zeit und danach um Proselyten bemüht –, und man wird sich hüten müssen, in solchen Entscheidungen schon eine Art historischer Notwendigkeit zu erblicken.

## 4. Kunsttheorien

Wie Philosophie, Theologie, Geschichts-, Staats- und Naturwissenschaften, so erhielt im letzten Jahrzehnt des 18. Jahrhunderts auch die Ästhetik neue Richtungen und Ziele. Damals wurden Fundamente gelegt, auf denen alle weitere Kunsttheorie bis in die Gegenwart bauen konnte. Am Anfang des Jahrzehnts stand Kants *Kritik der Urteilskraft* (1790), in der er die Folgerungen für die Kunst aus seinem System der kritischen Philosophie zog. Unter dem Einfluß seiner Gedanken entstanden dann in den Jahren zwischen 1792 und 1796 Schillers große ästhetische Abhandlungen, die überleiteten zur

Kooperation mit Goethe und einem Programm literarischer Nationalerziehung. Parallel dazu schrieb Herder seine scharf gegen die «kritisch-idealistischen Transscendentalphilosophen» gerichtete *Kalligone* (1300), womit insbesondere Kant getroffen werden sollte. Ganz neue Gedanken von einer selbständigen, naturunabhängigen modernen Kunst traten in der frühen Schriften Friedrich Schlegels und in seinen Fragmenten der «Symphilosophie» mit Novalis hervor. August Wilhelm Schlegel gab erste Zusammenfassungen in verschiedenen Vorlesungsreihen, deren früheste die Jenaer Vorlesungen über *Philosophische Kunstlehre* aus dem Jahre 1798 waren. Weitere folgten dann in den kommenden Dekaden in Berlin, Wien und Bonn. Tieck und Wackenroder versuchten, aus der Perspektive der bildenden Kunst das Wesen der Kunst überhaupt neu zu erfassen, und auch Hölderlin drang in knappen, komplexen Überlegungen tief in ästhetisches Neuland vor. Schelling schließlich krönte sein *System des transzendentalen Idealismus* (1800) mit einer Apotheose der Kunst; seine Gedanken setzte er in einer eigenen *Philosophie der Kunst* (1802–03) fort, die dann allerdings unvollendet blieb. Übersichten über die verschiedenen Tendenzen wie Jean Pauls *Vorschule der Ästhetik* (1804) und August Wilhelm Schlegels schon erwähnte Vorlesungen kamen hinzu. Hegels *Ästhetik* schließlich, die in Vorlesungsnachschriften aus der Zeit von 1820 bis 1829 überliefert ist, stellte nicht nur eine Summe des Vorausgegangenen dar, sondern versuchte auch, es an das Jahrhundert der industriellen Revolution weiterzugeben.

Mit solch formidablem Aufgebot an Literatur- und Kunsttheorie hat weder damals noch später irgendeine andere europäische Nation aufzuwarten gehabt. Der Empiriker Goethe besaß also Grund, seinen Landsleuten damals «weniger Philosophie und mehr Thatkraft, weniger Theorie und mehr Praxis» zu wünschen. Das ist nun freilich nicht als Einschränkung jenes reichen Ertrags an Einsichten zu Literatur und Kunst gemeint, der zwischen 1790 und 1829, zwischen Kant und Hegel eingebracht wurde. Eingeschränkt werden muß jedoch die Vorstellung, daß die Theorie Gesetze aufstellte, nach denen man dann die Kunstwerke produzierte. Auch das war zwar hin und wieder der Fall, aber bedeutendere Werke der Zeit waren, selbst wenn sie von Literaturtheoretikern geschrieben wurden, nicht einfach die Umsetzung von Theorie in Praxis. Das ist zu bedenken bei Schillers Dramen oder Novalis' Gedichten, von Goethe oder Hölderlin gar nicht zu reden. Friedrich Schlegels Ideal, daß Kunst und Theorie einander durchdringen mögen, blieb ein Ideal. Ebenso ist zu bedenken, daß die Kategorien der Theorie, zum Beispiel die Begriffe der Klassizität oder des Romantischen, des Naiven oder Sentimentalischen sich nirgends mit den künstlerischen Werken völlig decken. Alle Theorie strebt zum System, jedes Kunstwerk entzieht sich ihm immer wieder.

Das Jahrhundert der Aufklärung war ein philosophisches Jahrhundert, in dem man aus der geistigen Sichtung und Ordnung der Welt auch die Erkenntnis von ihrer weiteren Entwicklung gewinnen zu können glaubte. Auch die Kunst konnte deshalb nicht ausgeschlossen werden bei einer universalen Weltinterpretation, besonders da sie als kreative Tätigkeit des Geistes der Philosophie näherstand als den anderen Disziplinen, die ihren Gegenstand immerhin von außen bezogen oder sich auf Äußeres richteten. In den Anfängen der Aufklärung war Kunst und speziell Literatur zwar häufig noch dem «docere et monere» der lateinisch-humanistischen Tradition gefolgt, indem sie Lehrhilfe für die Prinzipien und Erkenntnisse der Philosophie leisten sollte, aber je mehr der einzelne Mensch in der Totalität seines Denkens und Fühlens Gegenstand der Philosophie wurde, desto mehr sah man in der Kunst eine Erkenntnisform eigener Art. Vor allem Alexander Gottlieb Baumgarten war es, der in seiner *Aesthetica* (1750–58) die Kunst als «schönes Denken» und als intuitives, dem rationalen Denken analoges Erkennen bestimmte. Auf diese Weise wurde Kunst in die aller aufklärerischen Systematik zugrunde liegende Vorstellung von der Einheit der Welt und des Lebens einbezogen und ihr eine neue Würde und Bedeutung jenseits einer didaktischen und erbaulichen Aufgabe verliehen.

Kants *Kritik der Urteilskraft* wuchs aus diesem Boden hervor. Zwischen der reinen Vernunft des Erkennens und der praktischen Vernunft des Handelns existierte die Urteilskraft als Mittelglied, von den Gefühlen der Lust und Unlust bestimmt. Man versteht den großen Einfluß Kants auf seine Zeit nicht, wenn man seine Philosophie nicht zugleich als Psychologie versteht, die das als frei erklärte, selbstverantwortliche Individuum in seinem Denken und Empfinden untersuchte und das sprachliche Handwerkszeug schuf, um dessen Aktionen und Reaktionen zu erfassen. Lust und Unlust waren für Kant an Wohlgefallen und Mißfallen und das Wohlgefallen wiederum an das Schöne geknüpft. Kants Grundgedanke dabei war, das Schöne nicht Interessen unterzuordnen, sondern es den Hervorbringungen der Natur entsprechend für frei zu erklären. Schönheit als das Kunstschöne war Produkt des Genies, das den Schöpfungsakt der Natur auf der Stufe des Geistes wiederholte, zwar absichtslos schuf, aber gerade dadurch jene Höhe erwies, zu der sich der Mensch als sittliches Wesen aufzuschwingen in der Lage war. Die Lust des Schöpfers übertrug sie auf den Rezipienten der Kunst, der sie mit Lust aufnahm. Als Geistesprodukt aber bildete sie zugleich eine «ästhetische Idee», eine «Vorstellung der Einbildungskraft, die viel zu denken veranlaßt, ohne daß ihr doch irgendein bestimmter Gedanke, d.i. *Begriff*, adäquat sein kann, die folglich keine Sprache völlig erreicht und verständlich machen kann». Aus solcher Voraussetzung hat dann Kant die Schönheit als «Symbol der Sittlichkeit» hergeleitet, denn letztlich waren für den Vater des kategorischen Imperativs Schönheit und Kunst doch nur denkbar in einem großen teleologischen Zusammenhang, auch wenn er ästhetische und teleologische Urteilskraft voneinander unterschied. Aber sittliche Symbolik war immerhin nur mögliche Wirkung, nicht tatsächlicher Zweck der Kunst.

In seinen Betrachtungen über die *Einwirkung der neueren Philosophie* (1820) hat Goethe bekundet, wie sehr er von Kants Werk berührt worden ist. «Das innere Leben der Kunst so wie die Natur, ihr beiderseitiges Wirken von innen heraus» sei «im Buche deutlich ausgesprochen» worden, aber «die Erzeugnisse dieser zwei unendlichen Welten sollten um ihrer selbst willen da sein und, was neben einander stand, wohl *für* einander, aber nicht absichtlich *wegen* einander» existieren. So fand Goethe als der Naturbeobachter und Naturwissenschaftler seine «Abneigung gegen die Endursachen» durch Kant «geregelt und gerechtfertigt», während der Freund Friedrich Schiller aus der sittlichen Kraft des Schönen, wie sie Kant angezeigt hatte, seine bedeutendsten Gedanken gewann. Beides waren allerdings nur zwei Seiten der gleichen Philosophie und konnten einander wohl ergänzen. Von Kant hinweg führte der Weg erst, wo die Natur dem Geiste untergeordnet wurde, wie das inspiriert durch Fichte bei Schelling geschah, oder wo, wie bei Friedrich Schlegel, an die Stelle des Schönen das Interessante trat. Dieses Interessante war dann nicht mehr Symbol des Sittlichen, sondern Zeichen eines Unendlichen, das die Kunst in das Endliche zu übersetzen versuchte, um den Rezipienten des Kunstwerks auf den Weg zur Erfassung dieses Unendlichen und Ganzen zu bringen.

Im Gegensatz zu einer solchen intendierten Entgrenzung der Kunst behielt Kant die feste Überzeugung von ihren Grenzen bei. Während die Naturwissenschaften immer fortschreiten können, so argumentiert er, stehe die Kunst irgendwo still, «indem ihr eine Grenze gesetzt ist, über die sie nicht weitergehen kann, die vermutlich auch schon seit lange her erreicht ist und nicht mehr erweitert werden kann». Die Schlußfolgerung daraus jedoch ist die Musterhaftigkeit älterer Kunst, wobei, wie Kant am Beispiel der Rhetorik demonstriert, nur die «in alten, toten Sprachen» aufbewahrten Muster wirklich «klassisch» werden können, weil die alten Sprachen nicht der Veränderung ausgesetzt seien, welche die lebenden unvermeidlicherweise trifft, daß edle Ausdrücke platt, gewöhnliche veralten, und neugeschaffene in einen nur kurz dauernden Umlauf gebracht werden». Überdies seien sie auch in ihrer Grammatik «keinem mutwilligen Wechsel der Mode unterworfen». Der literarische Klassizismus der neunziger Jahre erfährt hier eine philosophisch-historische Begründung.

## Schillers kunsttheoretische Schriften

Zwischen 1792 und 1796 verfaßte Friedrich Schiller eine Reihe von kunsttheoretischen Aufsätzen und Abhandlungen, die unmittelbar aus dem Studium der Kantschen Ästhetik hervorgingen und in denen er ein neues Konzept von der Wirkung und Bedeutung der Kunst entwickelte. Seit dem Abschluß des *Don Carlos* (1787) war er zwar weiteren dramatischen Plänen nachgegangen, ohne sie aber doch über Anfänge hinauszuführen. Historische Studien traten in den Vordergrund, und die Ernennung 1789 zum Professor für Geschichte in Jena gab solcher Arbeitsrichtung weiteren Nachdruck. Das Zurücktreten von der Literatur hatte für Schiller einen tieferen Grund. Daß die Schaubühne eine «moralische Anstalt» sein konnte, die die Laster der Zeit vor ihren «schrecklichen Richterstuhl» riß, wie er es in seiner Mannheimer Rede von 1784 über die Wirkung einer «guten stehenden Schaubühne» gefordert hatte, das war zuletzt von einem Stück wie *Kabale und Liebe* aufs eindringlichste erwiesen worden. Der Fortgang auf diesem Wege hätte aber lediglich zum additiven Vorzeigen weiterer Laster und damit zu einer schwächer werdenden Serienproduktion gesellschaftskritischer Stücke geführt. Es wäre also ein Weg in die Trivialität gewesen. Wohl war im *Carlos*-Drama eine solche Entwicklung vermieden worden, aber mit seinen verschiedenen Handlungsfäden, die nicht überall zu einem festen Gewebe zusammenliefen, blieb das Stück doch zugleich Ausdruck einer gewissen künstlerischen Unsicherheit. Schiller hatte sich mit ihm ästhetisch noch kein Fundament geschaffen, auf dem er als Dramatiker unmittelbar hätte weiterbauen können. In dieser Situation kam ihm Anfang 1791 Kants *Kritik der Urteilskraft* in die Hände und wurde der entscheidende Anstoß in eine neue Richtung.

Schiller hat stets die philosophische Grundlegung für seine literarische Arbeit als notwendig empfunden, worin er sich zum Beispiel von dem Pragmatiker Goethe deutlich unterschied. Das heißt jedoch nicht, daß sein literarisches Werk nichts anderes als die Veranschaulichung philosophischer Prämissen sei. Selbstverständlich reflektieren seine Dramen und Gedichte die philosophischen Überlegungen in weitem Maße, aber sie erschöpfen sich nicht darin. Die Kunst-Gestalten der Literatur pflegen ihren Schöpfern oft ins Selbständige zu entwachsen, und Theorie wie künstlerische Produktion haben bei Schiller eine eigene, unabhängige Existenz, die sich nicht allein durch die Feststellung von wechselseitigen Bezügen beschreiben läßt.

Schillers Reflexionen über einen neuen Standpunkt für die Kunst erfolgten vor der Begegnung mit dem Werke Kants zunächst auf literarische Weise, und zwar in seinen großen programmatischen Gedichten *Die Götter Griechenlands* (1788) und *Die Künstler* (1789). Die Arbeit an dem unvollendet gebliebenen Roman *Der Geisterseher* (seit 1786) kam als eine Art Formexperiment hinzu. Danach war es der Begriffsapparat des Philosophen, der ihn in neue Dimensionen führte. Zusätzlich zu Kant studierte er die Schriften anderer Ästhetiker seines Jahrhunderts:

> «Besitzest oder weißt Du wichtige Schriften über die Kunst, so theile sie mir doch mit: Burke, Sulzer, Webb, Mengs, Winkelmann, Home, Batteux, Wood, Mendelssohn, nebst 5 oder 6 schlechten Compendien besitze ich schon»,

schreibt er Anfang 1793 an Gottfried Körner, und an ihn richtet er auch in den nächsten Wochen einige umfangreiche Briefe – die sogenannten «Ka-lias»-Briefe nach dem Titel eines von Schiller geplanten Dialogs – in denen er die Grundlegung einer eigenen Ästhetik skizziert. Schon vorher, im Jahre 1792 waren die auf die Dramatik bezogenen Aufsätze *Über den Grund des Vergnügens an tragischen Gegenständen* und *Über die tragische Kunst* erschienen, 1793 folgten die miteinander zusammenhängenden Aufsätze *Vom Erhabenen* und *Über das Pathetische* sowie die Abhandlung *Über Anmut und Würde*, 1795 dann *Über die Ästhetische Erziehung des Menschen in einer Reihe von Briefen* und von 1795 bis 1796 die Abhandlung *Über naive und sentimentalische Dichtung.* Aus der Zusammenarbeit mit Goethe entstand schließlich noch 1797 die gemeinsame kleine Schrift *Über epische und dramatische Dichtung,* die aber erst 1827 veröffentlicht wurde.

Schillers 1784 in der Mannheimer Rede gestellte Frage «Was wirkt die Bühne?» war das Leitthema aller seiner ferneren Theorien zur Kunst. Für das Theater sah er sich von Anlage und Talent her bestimmt, und die engere Beziehung zu Goethe seit 1794 bestätigte ihm das noch aus dem Kontrast der beiden Naturells. Die Schaubühne als moralische und gesellschaftskritische Anstalt beschränkte jedoch die konstruktive Rolle des Künstlers in einer Situation, wo man ihm, wie im Herzogtum Sachsen-Weimar, öffentlichen Respekt zollte und wo ihm auch öffentliches Interesse sicher war. Außerdem wurden erst dort die weiterführenden Fragen des Zeitalters sichtbar, wo die Willkür von Territorialfürsten oder die eines Präsidenten von Walter gegenüber einer Luise Millerin nicht mehr zu befürchten war. Schließlich aber setzte jede didaktische Absicht der Kunst Grenzen, über die sie immer wieder hinausstrebte, wie Kant und übrigens auch Karl Philipp Moritz (*Über die bildende Nachahmung des Schönen,* 1788) mit der Anerkennung der Autonomie alles Schönen gerade gezeigt hatten.

Der Kunsttheoretiker Schiller ließ also dementsprechend frühere Ansichten hinter sich zurück und strebte zu einer Wirkungsästhetik, die nicht mehr auf die Bestimmung externer Zwecke für die Kunst gerichtet war, sondern die mit Begriffen der Kantischen Philosophie die psychologische Wirkung des Kunstwerks erforschte und gleichzeitig mit dem Werkzeug des Historikers dessen Ort zwischen Vergangenheit, Gegenwart und Zukunft festlegte. Das Ziel, das dann daraus abgeleitet wurde, ging weit über alles Bisherige hinaus. Bündig erklärt hat Schiller dieses Ziel zuerst 1791 in einer Rezension von Bürgers Gedichten, in der er demonstrativ einen Bruch mit der eigenen Vergangenheit vollzog, allerdings unter Verzicht auf eine gerechte Beurteilung seines Gegenstandes. In dieser Rezension heißt es am Anfang, die Problematik der Gegenwart ebenso kennzeichnend wie die Ziele der Kunst:

«Bei der Vereinzelung und getrennten Wirksamkeit unsrer Geisteskräfte, die der erweiterte Kreis des Wissens und die Absonderung der Berufsgeschäfte notwendig macht, ist es die Dichtkunst beinahe allein, welche die getrennten Kräfte der Seele wieder in Vereinigung bringt, welche Kopf und Herz, Scharfsinn und Witz, Vernunft und Einbildungskraft in harmonischem Bunde beschäftigt, welche gleichsam den *ganzen Menschen* in uns wieder herstellt.»

Es ist der Kernsatz für alle weiteren ästhetischen Untersuchungen Schillers, oder, in Goethes naturwissenschaftlicher Sprache ausgedrückt, das «Urphänomen», das dann in vielen Metamorphosen reich entwickelt wurde. Als Methode zur Erreichung des Zieles forderte Schiller eine «Idealisierkunst», die von einem im Künstler wohnenden Ideal der Vollkommenheit ausging. Damit war zwar auf das Modell der antiken Klassik verwiesen, aber Schiller gab von vornherein zu bedenken: «Unsre Welt ist die homerische nicht mehr, wo alle Glieder der Gesellschaft im Empfinden und Meinen ungefähr *dieselbe* Stufe einnahmen» und wo sie sich dementsprechend auch leicht in der Kunst wiedererkennen sowie in denselben Gefühlen begegnen konnten. Die klassische Einheit von Kunst und Leben war der modernen Zeit der «Vereinzelung» nicht mehr vorgegeben.

Schiller begann seine Studien mit Untersuchungen zu jener Kunstform, die ihm am meisten entsprach, dem Drama und speziell der Tragödie. Von Abhandlung zu Abhandlung entwickeln, erweitern und differenzieren sich seine Anschauungen, in denen er sowohl Philosoph wie Psychologe und Historiker ist, vor allem aber – und das unterscheidet ihn von Kant, Moritz, Fichte, Schelling und den meisten anderen Kunsttheoretikern der Zeit – auch der Praktiker, der Erfahrung und Potenz des kreativen Schriftstellers als Prüfstein der Theorie mitbrachte.

Grundsätzlich ging Schiller davon aus, daß Kunst «auf Vergnügen abzwecken» solle und keine belehrende, moralisierende Aufgabe habe. Es verrate, schreibt er in der Abhandlung *Über die tragische Kunst,* sehr beschränkte Begriffe von dieser Kunst, «ja von der Dichtkunst überhaupt, den Tragödiendichter vor das Tribunal der Geschichte zu ziehen, und *Unterricht* von demjenigen zu fodern, der sich schon vermöge seines Nahmens bloß zu Rührung und Ergötzung verbindlich macht». Ein Schlüsselwort wurde ihm in diesem Zusammenhang das Wort «Spiel», dem er in seinen Briefen *Über die ästhetische Erziehung* eine ausführliche Betrachtung widmete. Von l'art pour l'art war allerdings keineswegs die Rede. Das Fundament für Schillers Kunsttheorie ist vielmehr Kants Definition des Menschen als eines Doppelwesens zwischen Natur und Vernunft. «Der Mensch allein hat als Person unter allen bekannten Wesen das Vorrecht, in den Ring der Nothwendigkeit, der für bloße Naturwesen unzerreißbar ist, durch seinen Willen zu greifen», heißt es in *Über Anmut und Würde.* Der Mensch allein war also fähig, durch den Gebrauch der Vernunft sich selbst zu bestimmen und moralisch zu werden. Das freilich blieb nur ein Ideal, von dem alle Wirklichkeit beträchtlich abwich. Hier jedoch vermochte die Kunst zu vermitteln. Sie war in der Lage,

Fälle des Strebens zu einer moralischen Existenz darzustellen und den Zuschauer als Zeugen und schließlich eigenen Richter ins Spiel zu verflechten. Nicht Tribunal sollte die Bühne mehr sein, wo nach den Gesichtspunkten einer aufgeklärten Vernunft verurteilt wurde, sondern Spielhaus, in dem der Zuschauer sich für kurze Zeit über sich selbst erheben und menschliches Tun von einem höheren Standpunkt aus betrachten konnte, um daraus ein Urteil abzuleiten, inwieweit es den im Drama Handelnden jeweils gelang, sich als Vernunftwesen zu erweisen. Das bedeutete eine neue, intensivere Anteilnahme des Zuschauers an der Kunst, indem gerade seine Würde und seine geistige Selbständigkeit angesprochen wurden, die aus der Besonderheit seines Wesens, aus der Verbindung von Sinnlichkeit und Vernunft, Gefühl und Verstand erwuchsen.

Schiller hat sich immer wieder Mühe gegeben, zwei Begriffe von Moral voneinander zu trennen, und zwar den einer jeweiligen Gegenwart, die selbstgerecht zwischen gut und böse, richtig oder falsch sicher entscheiden zu können glaubt, und den, der in der Tatsache der menschlichen Vernunft begründet liegt und nichts unmittelbar mit dem anderen zu tun hat. Der eine muß sogar erschüttert werden, wenn der andere klar heraustreten soll. Das aber war Sache der Kunst. Im ästhetischen Genuß gerade von tragischen Kämpfen und Untergängen wurde man jener Vernunft in «Rührung und Ergötzung» gewahr, die für die Handelnden selbst nicht erkennbar war. Tragik und Vergnügen verbanden sich, und man vermochte die Beschränkung eines zeitgebundenen Urteils zeitweilig hinter sich zu lassen: «Es ist ein achtungswerther Karakterzug der Menschheit, daß sie sich wenigstens in *aesthetischen* Urtheilen zu der guten Sache bekennt, auch wenn sie *gegen* sich selbst sprechen müßte», heißt es am Ende der Abhandlung *Vom Erhabenen*.

Kunst vermittelte «poetische», nicht «historische Wahrheit». Sie konnte deshalb aber auch nicht mehr einem Nachahmungsprinzip folgen, sondern war vollendet nur, wenn sie autonom war. Aus einer solchen gedanklichen Prämisse erklärt sich Schillers große Aufmerksamkeit darauf, daß die Kunst nicht durch den Stoff, sondern durch die Form wirken möge. Zwar spricht er verschiedentlich noch von Nachahmung, aber nur im übertragenen Sinne der poetischen Reproduktion einer Wirklichkeit als grundsätzlicher Substanz aller Literatur. Gemeint war dabei jedoch eine Wirklichkeit, die sich von der historischen Wirklichkeit gelöst hatte und unter anderen Gesetzen stand als diese. Die Gedanken zu einer Art Verfremdungstechnik in den Briefen *Über die ästhetische Erziehung* ergaben sich dann aus solchen Ansätzen.

Unter den Mitteln, die Zuschauer zu rühren und so die Kunstabsicht zu erreichen, wird für Schiller die Darstellung des Erhabenen eines der wichtigsten. Ihm geht er vor allem in der Abhandlung *Über Anmut und Würde* nach, wo er es durch Kontrastierung mit dem Begriff der Anmut als einer «Schönheit der Gestalt unter dem Einfluß der Freyheit» näher bestimmt. Würde ist

«Ausdruck einer erhabenen Gesinnung» und «Geistesfreiheit», erhaben aber
wird man durch das Bewußtsein von eben dieser «Geistesfreiheit» als Produkt «moralischer Kraft». Neben die anmutige «schöne Seele» tritt deshalb
die würdige «erhabene Seele», für die im übrigen das dramatische Naturell
Schillers die größere Achtung und Liebe hegte. Denn das Erhabene – und
damit gelangte Schiller in der Tat zu einer neuen Vorstellung von Art und
Leistung der Tragödie – zeigte sich vor allen Dingen im Leiden. «*Ruhe im
Leiden*, als worinn die Würde eigentlich besteht», wird im Abbild der Kunst
zur «Darstellung der Intelligenz im Menschen und Ausdruck seiner moralischen Freyheit».

Von einer solchen Ansicht der Tragödie ist der Dramatiker Schiller in seinem weiteren Schaffen ausgegangen, obwohl er nur ein einziges Mal den
vollen Triumph der Würde im Leiden vorgeführt hat: in *Maria Stuart*. Das
hing damit zusammen, daß die aus dem Bewußtsein seiner «moralischen
Kraft» wiederhergestellte Übereinstimmung des Menschen mit sich selbst, die
ihn zu solchen Triumphen befähigte, zwar «die reifste Frucht seiner Humanität», aber zugleich auch «bloß eine Idee» war, die im Grunde nie ganz erreicht werden konnte, wie Schiller ganz ausdrücklich bei seiner Untersuchung des Begriffes «Würde» betont hat. Kunst als Vorführung idealer Zustände war nie seine Absicht. Die theoretischen Studien leiteten ihn vielmehr
zur Bestimmung einer Wirkungsweise der Kunst, die den Zuschauer in ein
ganz neues, aktives Verhältnis zur Bühne setzte, indem sie sein Urteil und
damit seine Vernunft anregte, herausforderte und einbezog. Auf diesem
Grunde hat Schiller dann seinen Plan zu einer «ästhetischen Erziehung des
Menschen» aufgebaut, aber auch Friedrich Schlegels Theorie einer romantischen Kunst hat sich entschieden von diesen Gedanken anregen lassen, selbst
wo sie sich nicht zu ihnen bekannte.

Schillers Briefe *Über die ästhetische Erziehung des Menschen* müssen nicht
nur ihres Umfangs wegen eine große Abhandlung genannt werden. Was
Schiller in ihnen vorträgt, ist mitreißende Philosophie von einer Einsicht,
Weitsicht, Prägnanz und sprachlichen Kraft, wie sie nur selten sonst im
Deutschen zu finden ist. In diesen Briefen bezieht Schiller seine bisherigen
Erkenntnisse über Wesen und Rolle der Kunst auf die historische Situation
seiner Tage und versucht daraus Schlüsse zu ziehen auf das, was Kunst nun
tatsächlich unter solchen Bedingungen tun könne. Der geschichtliche Bezug
gerät ihm dabei zu einer Analyse moderner Kultur im wissenschaftlichen
Zeitalter, die für den Leser einer späteren Zeit Hofmannsthals Wort von den
Dichtern als «Seismographen» aufs nachdrücklichste bestätigt.

Ausgangspunkt für Schillers Argumentation über ästhetische Erziehung
am Ende des Jahrhunderts der Aufklärung ist die Feststellung, daß sich «die
Grenzen der Kunst verengen [...], jemehr die Wissenschaft ihre Schranken
erweitert». Dominanz der Wissenschaft jedoch mache den «Nutzen» zum
«großen Idol der Zeit», denn durch das Erkennen unterwerfe sich der

Mensch das Erkannte. So notwendig und unvermeidlich dieser Prozeß ist, so wenig führt er jedoch bereits den Menschen zu seiner Bestimmung als moralisches Wesen, das heißt zur Herrschaft der ihm allein unter allen Naturwesen gegebenen Vernunft und damit zur Herrschaft über sich selbst. Natur und Vernunft klaffen auch weiterhin auseinander, und der Mensch ist entweder «Wilder», wenn seine Gefühle über seine Grundsätze herrschen, oder «Barbar», wenn seine Grundsätze seine Gefühle zerstören. Die «*Totalität* des Charakters» aber ist ihm verlorengegangen; er ist in sich zerrissen, in seinem Leben wird «der Genuß [...] von der Arbeit, das Mittel vom Zweck, die Anstrengung von der Belohnung geschieden», und «anstatt die Menschheit in seiner Natur auszuprägen, wird er bloß zu einem Abdruck seines Geschäfts, seiner Wissenschaft». Was Marx 1844 in seinen *Ökonomisch-philosophischen Manuskripten* als «Entfremdung des Menschen von dem Menschen» bezeichnete und aus seiner Analyse der Arbeitsteilung in einer Klassengesellschaft ableitete, das hat Schiller hier bereits aus der weiteren Perspektive des Kulturphilosophen in größeren Umrissen entworfen, denen sich die politischen Konsequenzen dann beiordneten.

Aber auch Schiller war es ausdrücklich um das Politische zu tun, denn was immer über die Wirksamkeit der Kunst gesagt werden konnte, das war von den Verhältnissen in jener Sphäre abhängig. Schillers *Briefe* waren eine deutsche Antwort auf die Französische Revolution. Schiller war Gegner gewaltsamer Aktionen. Solange Naturwesen und Vernunftwesen des Menschen nicht versöhnt seien, schreibt er im 7. Brief, werde «das Geschenk liberaler Grundsätze» lediglich «einer schon übermächtigen Natur Verstärkung zusenden», also die Disharmonie nur noch größer und zugleich gefährlicher machen.

Schiller versank allerdings keineswegs in eine elegische Klage um den Verfall der Gegenwart und die Gewaltsamkeiten der Revolution. Vielmehr sah er, wie Kant vor ihm, den «Antagonismus der Kräfte» von Natur und Vernunft als das «große Instrument der Kultur» an. Es galt nur eben, ein Mittel zu finden, das beide in einer Weise zu verbinden vermochte, die nicht den einen oder den anderen Teil und damit die zukünftige Verbindung selbst in Gefahr brachte, denn sicher war, «daß die physische Gesellschaft *in der Zeit* keinen Augenblick aufhören darf, indem die moralische *in der Idee* sich bildet». Für diese Fusion bedurfte es also einer «Stütze» außerhalb beider Sphären und Prozesse, die ihnen nicht unterworfen war. Diese Stütze aber bildete für Schiller die Kunst. In ihrer Funktion als Mittel zu einer Versöhnung des Antagonistischen läßt sie sich jenen «Garantien» vergleichen, nach denen die Philosophen bei ihren Konzepten für einen «ewigen Frieden» suchten.

Kunst war, das hatte Schiller sich in den vorausgehenden Untersuchungen erarbeitet, Freiheit. Ihr Gebiet war immun für die «Willkür der Menschen», und «der politische Gesetzgeber kann ihr Gebiet sperren, aber darinn herrschen kann er nicht». Die Kunst, von der hier geredet wird, war allerdings nicht Kunst schlechthin, sondern eine ideale Kunst, in der alles stoffliche Interesse eliminiert oder zumindest so weit zurückgedrängt war, daß nur noch das «Vergnügen» und der «Spieltrieb» im Menschen angesprochen wurde, denn allein der Spieltrieb werde, «weil er alle Zufälligkeit aufhebt, auch alle Nöthigung aufheben, und den Menschen, sowohl physisch als moralisch, in Freyheit setzen». Im 15. Brief steht als Summe dieser Gedanken die bündige Feststellung, der Mensch sei *«nur da ganz Mensch, wo er spielt»*. Denn im Spiel erlebt sich der Mensch in einer Harmonie, die er in der Wirklichkeit verloren hat. Die Erfahrung dieser Harmonie nennt Schiller nun den ästhetischen Zustand, und ihn zu vermitteln ist das Objekt der ästhetischen Erziehung: «Es giebt keinen andern Weg, den sinnlichen Menschen vernünftig zu machen, als daß man denselben zuvor ästhetisch macht.» Aber auch der ästhetische Zustand ist letztlich nur Mittel zum Zweck: «Der Mensch in seinem physischen Zustand erleidet bloß die Macht der Natur; er entledigt sich dieser Macht in dem *ästhetischen Zustand*, und er beherrscht sie in dem *moralischen*.»

Literarhistorisch ist von besonderem Interesse, daß Schiller, um das rein Stoffliche im Kunstwerk zu verfremden und das Interesse auf die Kunst als geformtes Spiel zu lenken, sogar der Oper vor dem Drama den Vorzug zu geben geneigt war, weil sie, wie er an Goethe schrieb, «durch eine freiere harmonische Reizung der Sinnlichkeit das Gemüth zu einer schönern Empfängniß» (27. Dezember 1798) vorbereite. In den *Briefen* bedachte er außerdem Beziehungen und Verwandtschaften der Künste untereinander, hatten sie doch ihren gemeinsamen Nenner in der Darstellung des Schönen eben als des Freien und Harmonischen. Der Satz «Die bildende Kunst in ihrer höchsten Vollendung muß Musik werden und uns durch unmittelbare sinnliche Gegenwart rühren» steht bei Schiller und nicht, wie man vermuten könnte, bei Friedrich Schlegel oder Novalis.

Insgesamt blieb freilich die Frage, was denn nun von einer ästhetischen Erziehung tatsächlich zu erwarten sei. Daß der Zustand der Menschheit durch das Anschauen einiger Theaterstücke nicht prinzipiell zum Besseren gekehrt werden konnte, war Schiller sehr wohl bewußt. Die Antwort, die er auf dieses Problem am Ende seiner *Briefe* findet, ist die Metapher von einem «ästhetischen Staat» oder «Staat des schönen Scheins», der als eine Art Staat im Staat Ferment des Besseren sein soll. Schiller bezieht sich dabei auf ein Gesellschaftsideal, zu dem ihm seine eigene Umwelt in Sachsen-Weimar vielleicht ein Element der Anschauung, wenn auch nicht die Anschauung selbst geben konnte. In seinen Vorstellungen von diesem Ideal trifft er sich jedenfalls durchaus mit denen, die Goethe gleichzeitig im *Wilhelm Meister* ausgedrückt hat. Gesellschaftliche Umgangsformen werden für Schiller die Grundlage einer ästhetischen Lebensform. Wie Goethes bürgerlicher Held nach der unter den Bedingungen seiner Zeit nur dem Adel vorbehaltenen Harmonie einer «öffentlichen Person» strebt, so zeigt Schiller am Beispiel «höflichen» Betragens, wie Form – als Umgangsform und «Schein» – bereits Gleichgewicht im kleinen bewirken könne, wodurch sie als eine Art Vorform von Kunst und einem durch sie bewirkten ästhetischen Zustand erscheint. «Nur ein Fremdling im schönen Umgang z. B. wird Versicherungen der Höflichkeit, die eine allgemeine Form ist, als Merkmale persönlicher Zuneigung aufnehmen, und wenn er getäuscht wird, über Verstellung klagen. Aber auch nur ein Stümper im schönen Umgang wird, um höflich zu seyn, die Falschheit zu Hülfe rufen, und schmeicheln, um gefällig zu seyn», heißt es im *26. Brief.* Das ist eine implizite Zustimmung zu einem wesentlichen Aspekt von Goethes *Tasso* und damit aber auch schon eine Bestätigung von Notwendigkeit und Bedeutung der Kunst. Auf die Frage, wo allerdings der «Staat des schönen Scheins» zu finden sei, gibt Schiller am Schluß die verhaltene Antwort:

«Dem Bedürfniß nach existiert er in jeder feingestimmten Seele, der That nach möchte man ihn wohl nur, wie die reine Kirche und die reine Republik in einigen wenigen auserlesenen Zirkeln finden.»

Es war eine deutsche Lösung: keine Utopie, sondern nur eine Hoffnung.

Unter allen ihm bekannten griechischen Dichtern, so schreibt Wilhelm von Humboldt im Oktober 1795 an Schiller, sei «keine Zeile, von der ich mir Sie als den Verfasser denken könnte». Das war Humboldts Vorbemerkung zu dem Versuch, das besondere Wesen des Freundes als Schriftstellers aus sich selbst zu bestimmen, nachdem ihn dieser über seine Begabung für epische oder dramatische Poesie befragt hatte. Der Satz traf jedoch Schiller als eine Herausforderung und ließ ihn in einem klassizistischen Jahrhundert fragen: «In wiefern kann ich bey dieser Entfernung von dem Geiste der Griechischen Poesie noch Dichter seyn, und zwar besserer Dichter als der *Grad* jener Entfernung zu erlauben scheint?» Die Antwort auf diese Frage ist Schillers Abhandlung *Über naive und sentimentalische Dichtung,* die Ende 1795 in Fortsetzungen in den *Horen* zu erscheinen begann.

Es war ein diskursives Werk, das aus der ursprünglichen Absicht zu einer Definition des Naiven hervorging, ohne festen Plan geschrieben und nicht auf ein System abzielend. Schillers geistiger Motor war der Antagonismus von Begriffen. Begriffspaare wie Stoff und Form, Zufall und Gesetz, Herz und Kopf, Natur und Vernunft, Neigung und Pflicht, Idealismus und Realismus, Anmut und Würde, naiv und sentimentalisch, antik und modern durchziehen sein ganzes Werk. Teils waren sie vorgegeben, teils aber schuf er sie sich auch als Inzitament seines Denkens. Eine solche persönliche Methode wurde ihm jedoch nicht nur von seiner Neigung zur Dramatik, sondern auch von seiner Zeit aufgenötigt. Deutsch bildete sich erst in Schillers Jahrhundert allmählich zur allgemeinen Kultursprache heraus, und mehr als zu jeder späteren Zeit mußte ein Schriftsteller, wollte er über das Gesagte hinausdringen, auch Sprachschöpfer sein. Für die neuen Aussichten auf den Menschen, die das philosophische Jahrhundert entworfen hatte, war im einzelnen erst eine Sprache zu finden, und Schillers Begriffstrennungen und Differenzierungen gehörten an vorderster Stelle zu diesem Prozeß philosophisch-psychologischer Sprachbildung in Deutschland.

Hatte Schiller bisher die Wirkungsweise des Dramas und die sittlich-erzieherische Funktion der Kunst untersucht, so ging es ihm nun darum, die Gegenwart und damit sich selbst auf einen Platz in der Literaturgeschichte zu stellen. Sein ursprüngliches Thema, das Naive, war allerdings nicht so sehr eine Sache der Literatur als der Geschichte gewesen, aber durch den Blick auf die Antike als Quelle für die Vorstellung des Naiven natürlich mit der Literatur verbunden. Im Naiven setzte sich die Kunst in Bezug zur Natur, die Schiller definiert «als das freiwillige Daseyn, das Bestehen der Dinge durch sich selbst, die Existenz nach eignen und unabänderlichen Gesetzen». Metaphorisch entsprachen Kind und Kindheit diesem Naturbegriff; das Kind sei «ein *heiliger* Gegenstand» für den «Menschen von Sittlichkeit und Empfindung», eine Beobachtung, die einen entscheidenden Anstoß zur Verklärung des Kindlichen in der Literatur der nächsten Jahre – bei Hölderlin, Novalis, Friedrich Schlegel, Tieck und Heinrich von Kleist – gegeben hat, auch wenn sie nicht die alleinige Quelle dafür war. Das Naive in der Kunst war nun allerdings «*eine Kindlichkeit, wo sie nicht mehr erwartet wird*», also eine Leistung des Menschen nach dem Sündenfall der Erkenntnis, aber in innerer Korrespondenz zu dem vergangenen Zustand. Naiver Künstler ist deshalb allein das Genie, wie jedes «wahre Genie» naiv sein muß, «oder es ist keines». Kant hatte den Begriff des Genies als des schöpferischen Künstlers schlechthin eingeführt; Schiller entformalisierte ihn hier, und zwar auf doppelte Weise, indem er ihn einmal zum typologischen Begriff des naiven gegenüber dem sentimentalischen Dichter machte und ihn zum anderen historisierte.

Von vornherein war also Naivität als Begriff der Ästhetik nicht im alltäglichen Sinne des Wortes als des Kindlichen, Unbefangenen und Einfältigen gemeint, sondern als eine Kategorie für eine besondere Art der Verbindung von Natur und kreativem Geist. Ausdrücklich erklärte sich Schiller gegen jede Absicht, den Menschen durch die Kunst in einen vergangenen Zustand träumend und schwärmerisch zurückversetzen zu wollen. Aufgabe des Dichters sei es vielmehr, «den Menschen, der nun einmal nicht mehr nach *Arkadien* zurückkann, bis nach *Elisium* zu führen». Sowohl der naive wie der sentimentalische Dichter sollten an dieser Aufgabe beteiligt sein. Hatte am Beginn seiner Abhandlung die historische Bestimmung des Naiven im Vordergrund gestanden, so rückte ihm im Laufe der Arbeit immer mehr die typologische ins Licht seiner Aufmerksamkeit.

Das letztere hing mit den Inhalten zusammen, die für ihn allmählich der Begriff des Sentimentalischen annahm. Berichte von den «alten Griechen» zeigten, «wie vertraut dieses Volk unter seinem glücklichen Himmel mit der freyen Natur leben konnte» und wie wenig sich bei ihnen «Spuren von dem *sentimentalischen* Interesse» fanden, «mit welchem wir Neuere an Naturscenen und an Naturcharaktere hangen können». Auch das Wort «sentimentalisch» war also für Schiller nicht übereinstimmend mit dem Alltagsgebrauch des Wortes «sentimental», sondern schloß, wie gerade die Zusammenstellung mit «Interesse» zeigt, das Bewußtsein der Distanz und damit eine intellektuelle Motivation ein oder bezeichnete, anders ausgedrückt, das Wissen um die Entfremdung vom Vergangenen. Auf seine Untersuchung des Sentimentalischen gründete Schiller deshalb schließlich seine Ablösung vom Klassizismus und von «der ganzen poetischen Gesetzgebung, welche noch immer einseitig auf die Observanz der alten und naiven Dichter gegründet wird». Friedrich Schlegel, der gleichzeitig an seinem programmatischen Aufsatz *Über das Studium der Griechischen Poesie* arbeitete, hat dann das «Interessante» zu einem Zentralbegriff seiner eigenen Kunsttheorie gemacht.

Das Sentimentalische als eine von der Idee ausgehende, reflektive Kunsthaltung war nun für Schiller nicht nur der Ausdruck einer spezifisch modernen Einstellung, sondern es entsprach auch durchaus den Vorstellungen, die er sich in den voraufgegangenen Studien über die Rolle der Kunst überhaupt gemacht hatte. Gerade dort, wo Natur nicht mehr nachgeahmt und Kunst «Darstellung der Intelligenz im Menschen und Ausdruck der moralischen Freyheit» war, wie es in *Über Anmut und Würde* geheißen hatte, befand sich der Ort des Sentimentalischen. Davon ausgehend erörterte Schiler im folgenden einzelne Gattungen und Erscheinungsformen der Literatur, die er mit den Begriffen «Satire», «Elegie» und «Idylle» bezeichnete, ohne jeweils das zu meinen, was die herkömmliche Poetik darunter verstand. Vielmehr waren sie ihm nur Hilfsbegriffe, um die Wirkungsweise moderner Kunst näher zu bestimmen.

Schiller bleibt in seiner Terminologie nicht überall konsequent, weil an den Kristallisationskern seiner Begriffe immer andere und neue Kristalle anschossen. So erschien ihm in der Gegenüberstellung von naiv und sentimentalisch auch der Kontrast zwischen sich selbst und Goethe, dem er sich seit 1794 in Freundschaft angeschlossen hatte, wobei *Werther* ihm das Beispiel dafür bot, «wie der naive Dichtergeist mit einem sentimentalischen Stoff verfährt». Selbstverständnis, aber auch Selbstkritik beeinflußten auf diese Weise die weiteren Kontrastierungen der beiden Typen.

Am Ende nähern sich im typologischen Bereich die Begriffe und gehen über in die Kontrastierung von Realismus und Idealismus. Dabei wurden von Schiller um der Begriffsklarheit willen Gegensätze herauspräpariert, die nicht als rein in einer Person vorhanden gedacht werden dürfen. Ganz gewiß entstand mit ihnen kein Begriffsinstrumentarium, mit Hilfe dessen man Schillers Dramengestalten sortieren kann.

Im historischen Bereich zielte die Untersuchung des Sentimentalischen darauf hin, das Verhältnis zwischen dem Ideal von der moralischen Freiheit des Menschen und den Gattungen beziehungsweise Kunstformen zu erkennen. Machte der Dichter die Entfernung von der Natur und den Widerspruch zwischen Ideal und Wirklichkeit zu seinem Gegenstand, so wuchs daraus die Satire hervor; dominierte in der Darstellung das «Wohlgefallen» an Natur und Ideal, so entstand die Elegie. Auch diese Begriffe sind allerdings nicht im herkömmlichen normenpoetischen Sinne zu verstehen, sondern eher als Bezeichnung für sehr viel allgemeinere literarische Grundverhältnisse. Die elegische Trauer floß dann aus der «Begeisterung» über das Ideal, was als Effekt der «poetischen Behandlung» durch die «Reduktion des Beschränkten auf ein Unendliches» zu erreichen sein sollte. Letzteres ist eine außerordentliche und scheinbar paradoxe Feststellung, die aber Schillers ganzes Verhältnis zu Kunst und Leben in einem Schlaglicht deutlich macht. Sie bedeutet, daß die Elemente der Wirklichkeit und des Historischen in der Dichtung so weit reduziert werden sollten, bis das Unendliche des Ideals durchschien. In seinen Dramen hat Schiller sich in der Folgezeit nachdrücklich um die Realisierung einer solchen Methode bemüht, indem er durch Mittel der Darstellung das Übergewicht stofflicher Elemente zurückzudrängen versuchte. Interessant ist diese Bemerkung aber auch deshalb, weil das Unendliche in diesen Jahren zugleich das Bestimmungswort für die romantische «Universalpoesie» von Friedrich Schlegel wurde, und Novalis hat einmal vom Roman als «Realisierung einer Idee», als der Übersetzung des Unendlichen ins Endliche gesprochen. Es war der umgekehrte Weg, aber man stand einander doch nahe.

In der Idylle war dann die dritte Form gegeben, die sich über die anderen beiden erhob: «Ihr Charakter besteht [...] darinn, daß *aller Gegensatz der Wirklichkeit mit dem Ideale,* der den Stoff zu der satyrischen und elegischen Dichtung hergegeben hatte, vollkommen aufgehoben sey», Naives also auf höherer Stufe wiederkehrt und sich mit dem Sentimentalischen verbindet. Schiller hat diesen Ansatz nicht weiter ausgeführt, aber immerhin seine Problematik angedeutet. Sie ist in der Frage enthalten, ob die Darstellung der Idealität, Harmonie und Ruhe nicht die Literatur zerstöre, die an Bewegung gebunden sei. In diesem Zusammenhang kommt es zu dem nun in der Tat paradoxen Satz: «Die höchste Einheit muß seyn, aber sie darf der Mannichfaltigkeit nichts nehmen; das Gemüth muß befriedigt werden, aber ohne daß das Streben darum aufhöre.» Damit hat Schiller die Kernfrage aller primär von Idealen bestimmten Kunst überhaupt formuliert, d.h. von Idealen, die über alle Dialektik und Antagonismen des Lebens hinausweisen sollen. Den praktischen Versuch zum Problem hat Schiller als Dramatiker nie gemacht. Nur Goethe hat im *Faust,* allerdings nicht ohne ironische Distanz, die Weltdifferenzen in eine höhere Idylle ausklingen lassen.

Dazu ist noch ein besonderer Gedanke Schillers in seiner Abhandlung in Beziehung zu setzen. Denn dort wägt Schiller auch die Tragödie gegen die Komödie ab und kommt zu dem seiner eigenen Neigung im Grunde zuwiderlaufenden Schluß, «daß die Comödie einem wichtigern Ziel entgegengeht» als die Tragödie; sie würde, «wenn sie es erreichte, alle Tragödie überflüssig und unmöglich machen»:

«Ihr Ziel ist einerley mit dem höchsten, wornach der Mensch zu ringen hat, frey von Leidenschaft zu seyn, immer klar, immer ruhig um sich und in sich zu schauen, überall mehr Zufall als Schicksal zu finden, und mehr über Ungereimtheit zu lachen als über Bosheit zu zürnen oder zu weinen.»

Die menschlichen Tragödien wären überwunden in einer «göttlichen» Komödie, wenn es dem Menschen gelänge, den Zufall zu besiegen und sich zum Herrn des Schicksals zu machen. Es ist ein großer Wunsch der Menschheit. Welche Richtung dann jedoch gewöhnlich die Versuche dazu in der Geschichte nehmen, hat Schiller deutlich in seinem *Wallenstein* vorgeführt.

Statt diesen Problemen weiter theoretisch nachzugehen, kommt Schiller am Ende seiner Abhandlung noch einmal indirekt auf seinen Gedanken vom «ästhetischen Staat» zurück, wenn er an die Spaltung des modernen Menschen in «erschöpfende *Arbeit*» und «erschlaffenden *Genuß*» erinnert und seinen deutschen Zeitgenossen zur Vermittlung der Kunstwerke – «um sie auslegen zu lassen» – die Idee, nicht das «Faktum» einer «Volksklasse» vorstellt, «welche ohne zu arbeiten thätig ist, und idealisiren kann, ohne zu schwärmen». Wilhelm Meisters Kontrastierung zwischen dem Adligen, der nur «sein» soll, während der Bürger «leisten und schaffen» muß, findet hier nochmals seine Parallele in einer Einladung an den deutschen Adel, erster Bürger im «ästhetischen Staat» zu werden. Es war eine Einladung, die zu äußern Schiller sowohl Idealist wie Realist sein mußte, das eine in der Hoffnung auf die Personen, das andere im Hinblick auf die Situation seines Landes.

## Das literarische Weimar zwischen 1790 und 1805

Im Juni 1790 war Goethe von seiner zweiten italienischen Reise nach Weimar zurückgekehrt, und im selben Jahr erschien sein *Torquato Tasso*. Künstler und Musenhof traten in ein neues Verhältnis zueinander. 1791 übernahm Goethe die Leitung des Weimarer Hoftheaters und gründete eine «Freitagsgesellschaft», in der sich Regenten, Künstler, Philosophen und Naturwissenschaftler trafen. Mit den Studien zur Entwicklungsgeschichte der Pflanzen und zur Farbenlehre begannen die Naturwissenschaften in den Vordergrund seines Interesses zu rücken. Im Unterschied zur Zeit vor der italienischen Reise dominierte insgesamt die kulturelle und wissenschaftliche Tätigkeit, wenngleich es an amtlichen Aufgaben auch weiterhin nicht fehlte. 1792, nachdem er seinen Herzog auf einem Feldzug der Koalitionstruppen gegen das revolutionäre Frankreich begleitet hatte, zog Goethe in das Haus am Frauenplan ein, das Carl August ihm geschenkt hatte, und 1794 begannen die freundschaftlichen Beziehungen zu Schiller, der Ende 1799 nach Weimar übersiedelte. In den anderthalb Jahrzehnten von 1790 bis zum Tode Schillers

1805 entstand also jenes literarische Weimar, das in den Vorstellungen der Nachwelt zu einem klassischen Kulturzentrum der Deutschen geworden ist, ein deutsches Athen und Rom in einem. In eins verliefen bei einem solchen Bilde dann allerdings auch oft Tatsachen und ihre Mythisierung. Weimar war etwas Einmaliges und Außerordentliches in der Geschichte der europäischen Kultur und eine sehr deutsche Gründung: die geistige Hauptstadt einer Nation, der keine politische beschert war  Denn weder am geistigen Vorrang noch an der nationalen Bedeutung dieses Ortes zu dieser Zeit ist zu zweifeln. National war die in Weimar sich entfaltende und ge- pflegte Kultur deshalb, weil sie sich des Mittels der deutschen Sprache be- diente, und zwar einer Sprache, die von den Autoren bewußt als National- sprache über allen regionalen Unterschieden entwickelt wurde. Der Rang aber ist allein schon durch die Namen derer bezeichnet, die sich dort über längere oder kürzere Zeit versammelten. In oder bei Weimar wohnten bis an ihr Lebensende außer Goethe auch noch Wieland, Herder und, seit 1799, Schiller. Jean Paul lebte dort zwei Jahre zwischen 1798 und 1800, und außer- dem wohnten da August von Kotzebue und Christian August Vulpius. Wenn man Jena als die zweitgrößte Stadt und die Universitätsstadt des Herzog- tums mit ihrem Potential von Philosophen und Naturwissenschaftlern hinzu- rechnet, so ist die Vorstellung von Sachsen-Weimar als einem geistigen Zen- trum Deutschlands gewiß nicht unangemessen, so wenig damit nun schon die an anderen Orten hervorgebrachten literarischen oder künstlerischen Leistungen provinziell genannt werden können. Da die beiden Städte Wei- mar und Jena zusammen damals kaum die Bevölkerung einer heutigen Kleinstadt besaßen, war im übrigen auch genügend Gelegenheit, daß man sich traf und anregte, sei es nun durch Zustimmung oder Ablehnung. An Empfindlichkeiten, Kämpfen und manchen tiefen Zerwürfnissen hat es wahrlich nicht gefehlt, wenngleich sie sich nicht nach literarischen Fronten klar ordnen lassen. Die Stelle Weimars auf der Stufenleiter deutscher bürger- licher Sehnsucht hat Jean Paul in seinem *Kampaner Thal* so bezeichnet:

> «Anfangs will der Mensch in die nächste Stadt – dann auf die Universi- tät – dann in eine Residenzstadt von Belang – dann (falls er nur 24 Zei- len geschrieben) nach Weimar – und endlich nach Italien oder in den Himmel.»

Die Verklärung eines «klassischen Weimar» in späterer Zeit meinte aller- dings nicht das geistige Leben in diesem Herzogtum insgesamt oder auch nur dasjenige von Weimar allein. Sie ging hervor aus dem Goethe-Kult der drei- ßiger Jahre des 19. Jahrhunderts und wurde übernommen von der nationalen Schiller-Begeisterung, die 1859 aus Anlaß von Schillers hundertstem Ge- burtstag ihren ersten Höhepunkt hatte. Gemeint waren, wenn man vom «klassischen Weimar» oder von «Weimarer Klassik» sprach, im Grunde nur Goethe und Schiller, so wie sie 1857 Hand in Hand und mit dem Blick in die

Höhe von Ernst Rietschel als Denkmal vor das Weimarer Nationaltheater gesetzt wurden. Sich eine Klassik zu geben, wie sie die Franzosen im 17. Jahrhundert gehabt hatten, war Teil nationaler Selbstfindung der Deutschen im 19. Jahrhundert und später auch kulturelles Gegengewicht gegen Frankreich, als sich das deutsche Kaiserreich mit ihm rieb und es als Erbfeind betrachtete.

Die Frage, was es mit einer deutschen Klassik auf sich habe, hat Goethe selbst schon beschäftigt. In der März-Nummer des *Berlinischen Archivs der Zeit und ihres Geschmacks* erschien 1795 ein kleiner Beitrag *Über Prose und Beredsamkeit der Deutschen,* als dessen nur mit einer Signatur zeichnenden Verfasser man den Berliner Prediger Daniel Jenisch angenommen hat. Dieser ging eine Reihe von deutschen Schriftstellern durch – deren Namen ihm allerdings die Redaktion gestrichen hatte –, um die Behauptung zu bestätigen, den Deutschen fehle es «an vortreflichen *classisch-prosaischen Werken».* Darauf entgegnete Goethe im fünften Stück der *Horen,* das Anfang Juni erschien, mit seinem schon früher erwähnten Aufsatz *Literarischer Sansculottismus,* der bereits im Titel die destruktive Radikalität von Jenischs Ansichten attackieren sollte. Was Goethe veranlaßte, auf ein so dürftiges Argument überhaupt zu reagieren, ergibt sich aus der Konstellation einiger Daten: Anfang 1795 war der erste Band von *Wilhelm Meisters Lehrjahren* erschienen, im Mai kam der zweite mit den Büchern 3 und 4 heraus. Goethes – übrigens ebenfalls anonyme – Verteidigung der gegenwärtigen deutschen Prosa war also eine Verteidigung in eigener Sache oder mehr noch eine Rechtfertigung des eigenen Werkes – auch wenn er es natürlich nicht nennt – als ein Produkt deutscher Verhältnisse. Daß sich «nirgends in Deutschland [...] ein Mittelpunkt gesellschaftlicher Lebensbildung befand, wo sich Schriftsteller zusammenfänden und nach *einer* Art, in *einem* Sinne, jeder in seinem Fache sich ausbilden könnten», daß die Kunst dort «ein großes Publikum ohne Geschmack» und eine kleinere gebildete, «aber durch alle Teile des großen Reichs zerstreute Menge» besaß, das war eine Erkenntnis, die der *Wilhelm Meister* reflektierte und die in den Grenzen des Möglichen zu überwinden sein Held ausgezogen war, dabei vom Gebiete der Kunst in das des gesellschaftlichen Lebens im großen übergehend.

Wenn *Wilhelm Meister* das Beste war, was sich auf dem Gebiet der Prosa den deutschen Verhältnissen abgewinnen ließ, so nötigte sich Goethe angesichts von Jenischs Tadel die Frage auf, worin denn überhaupt die Klassizität eines Autors bestehe. Seine Antwort ist, daß «ein klassischer Nationalautor» nur dort entstehe, wo sich eine Nation auf einem hohen Grad der Kultur befinde, wo Geschichte und Gegenwart glücklich zusammenhingen, wo der Schriftsteller unter seinen Landsleuten große Gesinnungen und tiefe Empfindungen ebenso wie Stärke und Konsequenz in ihren Handlungen finde und er selbst sich schließlich als Teil dieses größeren Ganzen fühlen könne. Klassizität bedeutete also die Einheit von Künstler und Publikum und von Publikum und Nation. Nichts davon traf jedoch auf das Deutschland am Ausgang des 18. Jahrhunderts zu, und der bei der Betrachtung von Goethes Verhältnis zur Französischen Revolution bereits zitierte Satz aus seinem Aufsatz – «Wir wollen die Umwälzungen nicht wünschen, die in Deutschland klassische Werke vorbereiten könnten» – war nichts anderes als eine scharfsichtige und kluge Folgerung aus der genauen Kenntnis seiner deutschen Landsleute, deren Militanz und «Sansculottismus» er nie recht getraut hat. In der Tat ist denn auch die spätere Stilisierung von Goethes Zeit zu einer deutschen Klassik vor allem von seiten nationaler Militanz erfolgt und dort am hartnäckigsten beibehalten worden. Deutlich zu trennen sind davon spätere Bekenntnisse zu einer humanitären Gesinnung, die in den Schriften Goethes und seiner Zeitgenossen reinen Ausdruck fand. Die Gründung einer «Weimarer Republik» gehört auf diese andere Seite der Wirkungsgeschichte deutscher Literatur um 1800.

Der Ablehnung einer Klassik für Deutschland fügt Goethe dann im letzten Teil seines Aufsatzes eine freundliche Einschätzung der gegenwärtigen Situation deutscher Prosa hinzu, die durch die Anstrengungen deutscher Autoren «in der letzten Hälfte dieses Jahrhunderts» entstanden sei und dazu geführt habe, daß nun «fast jedermann *gut* schreibt». Auf diese Weise sei «eine Art von unsichtbarer Schule entstanden, und der junge Mann, der jetzt hineintritt, kommt in einen viel größeren und lichteren Kreis als der frühere Schriftsteller».

Goethes Aufsatz ist ein hervorragendes und bedeutungsvolles Dokument für die Geschichte der deutschen Literatur dieser Jahre. Er demonstriert aufs nachdrücklichste, wie stark Goethe den Zusammenhang jüngerer und älterer Schriftsteller vor allem Trennenden empfand, wie seit der Mitte des 18. Jahrhunderts bewußt und erfolgreich am Aufbau einer «allgemeinen Nationalkultur» gearbeitet wurde und wie diese Nationalkultur aber auch auf keinen realeren Anspruch als den einer Kulturnation abzielen sollte. Die große politische und kulturelle Gemeinsamkeit hingegen, die sich mit dem Bild einer Klassik verband, war der Deutschen Sache nicht – eine Folgerung, der man kaum das Lob für politische Weitsicht wird versagen können.

Zu Anfang der neunziger Jahre hatte Goethe zwar nicht an Rang und Respekt unter deutschen Intellektuellen und Künstlern verloren, aber in der Gunst und Aufmerksamkeit eines größeren Lesepublikums war er merklich gesunken. In der ersten Weimarer Zeit war die dichterische Tätigkeit hinter die gesellschaftliche zurückgetreten, und die erste, achtbändige Ausgabe seiner *Schriften* (1787–1790) war mit solch neuen Werken wie *Iphigenie, Egmont, Torquato Tasso* und dem *Faust*-Fragment nicht dazu angetan, ihm sogleich die alte Popularität des *Werther*-Autors wiederzuverschaffen.

«Die Deutschen sind im Durchschnitt rechtliche, biedere Menschen aber von Originalität, Erfindung, Charakter, Einheit, und Ausführung eines Kunstwerks haben sie nicht den mindesten Begriff. Das heißt mit Einem Worte sie haben keinen Geschmack»,

schreibt Goethe am 28. Februar 1790 an Johann Friedrich Reichardt. Aus der Erkenntnis dieses Mangels erwuchsen seine Versuche, den Zeitgenossen durch die Kunst neue Maßstäbe für einen öffentlichen Geschmack zu setzen, und wo immer in der Zukunft bei Goethe von antiker Kultur die Rede war, stand deutsche Unzulänglichkeit als Bezugspunkt im Hintergrund. Natürlich veranlaßte ihn nicht nur persönliche Enttäuschung, einem allgemeinen Mangel abzuhelfen, sondern auch der Wunsch, in den Jahren nach der Französischen Revolution das gesellschaftliche Fortschreiten durch innere Bildung statt durch äußere Gewalt zu befördern und auf diese Weise Stagnation als deren Nährboden zu verhindern. Als Theaterdirektor, Zeitschriftenherausgeber, Kunst- und Literaturkritiker machte sich Goethe in den nächsten Jahren zum ästhetischen Erzieher der Deutschen.

Goethes kreatives literarisches Werk in dieser Zeit steht mit seiner pädagogischen Absicht teilweise in engem, teilweise aber nur in sehr losem Zusammenhang. Revolutionsstücke wie *Der Bürgergeneral* oder *Die Aufgeregten* entstanden aus unmittelbarer didaktischer Absicht. Die zeit- und literaturkritischen *Xenien*, die Goethe und Schiller gemeinsam verfaßten, waren Tagespolemik in antiker Form, und mit *Hermann und Dorothea* führte er dem deutschen Bürgertum ein Idealbild im Gewand des Homerischen Epos vor Augen. *Wilhelm Meister* hingegen hatte wohl die Erziehung eines jungen deutschen Bürgersohns zu gesellschaftlichem Verhalten zum Thema, aber der Roman war zugleich ein Werk älteren Ursprungs und besaß tiefere Wurzeln, als daß er sich allein als Teil eines nationalpädagogischen Programms begreifen ließ. Ähnliches läßt sich auch von den lyrischen Dichtungen dieser Zeit sagen, den *Römischen Elegien*, den *Venetianischen Epigrammen* oder den Balladen, die der Zeit engster Gemeinsamkeit mit Schiller entstammten.

Die freundschaftlichen Beziehungen zu Schiller gehörten im übrigen als wesentliche Triebkraft mit in Goethes Programm, so spontan sie auch zustande gekommen und so wenig sie von Berechnung getragen waren. Als Schiller mit einem Brief vom 23. August 1794 zu Goethes fünfundvierzigstem Geburtstag die Hand zu ihm hin ausstreckte, indem er dessen Wesen mit profundem Verständnis analysierte, war er vierunddreißig Jahre alt. Wenn Goethe sich also mit ihm verband, so verband er sich auf diese Weise dem Angehörigen einer jüngeren Generation und dazu noch einem Manne, dessen innere Neigung leichteren Zugang hatte zu dem, was im intellektuellen Deutschland zur Zeit dominierte: zur Philosophie, die dem Pragmatiker Goethe letztlich immer fremd geblieben ist. Schillers Annäherung an Goethe wiederum war nicht zuletzt von dem praktischen Wunsch getragen gewesen, ihn als Mitarbeiter für die geplante Zeitschrift *Die Horen* zu gewinnen; aber in der Absicht des Journals, hinter die Tagesereignisse zurückzutreten und

«durch ein allgemeines und höheres Interesse an dem, was *rein menschlich*
und über allen Einfluß der Zeiten erhaben ist», die Gegenwart «wieder in
Freyheit zu setzen, und die politisch getheilte Welt unter der Fahne der
Wahrheit und Schönheit wieder zu vereinigen», wie Schiller in der Einleitung schreibt, sprach sich auch eine innere Gemeinschaft im Denken aus.
Schillers ästhetische Abhandlungen kamen Goethes Vorstellungen von der
Bildung eines öffentlichen Geschmacks durch die Kunst ein gutes Stück
Wegs entgegen. Daß schließlich Schiller hoffte, durch eine genauere Bekanntschaft mit Goethe auch sich selbst besser zu verstehen und so über jene
schöpferische Krise hinwegzukommen, die ihn auf die Philosophie geführt
hatte, läßt sich aus der Gegenüberstellung von naivem und sentimentalischem
Dichter in seiner letzten großen Abhandlung deutlich ablesen. Deren Ertrag
in dieser persönlichen Hinsicht bestand allerdings nicht nur in der Kontrastierung, sondern auch im Versuch, zu beiderseitigem Gewinn Verwandtschaften untereinander zu erkennen, also das Naive im Sentimentalischen
und das Sentimentalische im Naiven zu entdecken.

Die Freundschaft zwischen Goethe und Schiller in den Jahren von 1794
bis zu Schillers Tod 1805 ist kein Mythos, sondern ein außerordentliches
Ereignis in der Geschichte deutscher Literatur. Intensive Arbeitsgemeinschaft und langwährender, gegenseitig anregender Gedankenaustausch auf
solcher Höhe der Individualität und ohne jede Nötigung zur Unterordnung
eines Partners ist selten. Der von Goethe noch selbst edierte Briefwechsel der
beiden spiegelt diesen seltenen und ungewöhnlichen Bund wider und gibt einen Eindruck von dem ganzen großen Umfang des geistigen Austauschs.
Werkstattgespräche über die eigenen Werke – *Wilhelm Meister, Wallenstein,
Faust*, die Balladen – werden in diesen Briefen durch prinzipielle Überlegungen zu den literarischen Gattungen, zu Epik und Dramatik und zur Kunst
überhaupt ergänzt; Strategie und Erfolg der Feldzüge gegen zeitgenössische
Literatur und Philosophie in den *Xenien* stehen zur Debatte; und mit dem
Blick auf die Antike tritt überall der Wunsch nach festen, sicheren Grundsät-
zen für eine auf die Mißstände der Zeit wirkende Kunst hervor. «Auf alle
Fälle sind wir genöthigt unser Jahrhundert zu vergessen wenn wir nach unsrer Überzeugung arbeiten wollen», schreibt Goethe am 25. November 1797,
Schiller ermutigend, nachdem ihm dieser mitgeteilt hatte, daß er den *Wallenstein* aus der ursprünglichen Prosa in die «poetisch-rhythmische» Sprache des
Blankverses umschreibe. Denn nicht um Abwendung von der Gegenwart war
es den beiden Korrespondenten zu tun, wie der eine oder andere Satz außerhalb des Zusammenhanges andeuten mochte, sondern um den besten Gebrauch ihres Handwerkszeugs und um die Art und Weise, in der ein Künstler
auf seine Zeit wirken konnte. Die beiden großen Themen, die hinter allen
Gedanken und Erörterungen dieses Briefwechsels stehen und die immer wieder umkreist werden, sind deshalb auch das Wesen des schöpferischen Prozesses überhaupt und die Rolle eines deutschen Schriftstellers in seiner Zeit.

Kanonisches und Endgültiges ließ sich darüber nicht festlegen, aber die Diskussion selbst auf der höchsten Stufe von Konkretheit und intellektueller Durchdringung ist faszinierend und fruchtbar genug geworden.

Wie Schiller, so hat sich auch Goethe zu gleicher Zeit in einer Reihe von Aufsätzen zur Kunsttheorie geäußert. Während jedoch bei Schiller das Studium der Kantischen Philosophie Anstoß und Begriffsmaterial gab, waren es bei Goethe ästhetische Empirie und die Beschäftigung mit den Naturwissenschaften, die ihn zur Bestimmung der Einheit hinter den Erscheinungen und zur Suche nach ihrem Bewegungsgesetz veranlaßten. In Wielands *Teutschem Merkur* hatte er 1789 in den drei künstlerischen Ausdrucksstufen *Einfache Nachahmung der Natur, Manier, Stil* den Stil als die höchste davon bezeichnet und ihn als «auf dem Wesen der Dinge» beruhend definiert. Auf dieses Wesen zielt in Goethes Verständnis alle Kunst. Die Bildhauerkunst zum Beispiel, heißt es in der Abhandlung *Über Laokoon* (1798), werde deshalb so hochgehalten, «weil sie den Menschen von allem, was ihm nicht wesentlich ist, entblößt». Das Wesentliche aber besteht, wie an der Laokoon-Gruppe demonstriert wird, in der Versöhnung der Gegensätze, in der Verbindung von «Symmetrie und Mannigfaltigkeit, von Ruhe und Bewegung, von Gegensätzen und Stufengängen, die sich zusammen, teils sinnlich teils geistig, dem Beschauer darbieten». Es ist bezeichnend für viele Äußerungen Goethes zur Kunst, daß sie, aus dem Kontext gelöst, auch in seinen naturwissenschaftlichen Schriften denkbar wären, wie diese hier durchaus ihren Platz in der *Metamorphose der Pflanzen* haben könnte. Zugleich führt jedoch die Kunst als Produkt des menschlichen Geistes über die Natur und ihre Bildungsgesetze hinaus; sie ist vermittelte Erkenntnis und damit Mittel für den Menschen, seiner selbst als Naturwesen Herr zu werden. «Alle Kunstbedingungen» seien «glücklich erfüllt», heißt es am Ende des *Laokoon*-Aufsatzes, wenn es dem Künstler gelinge, «die leidenschaftlichen Ausbrüche der menschlichen Natur in der Kunstnachahmung zu mäßigen und zu bändigen». Dieser Satz, für den sich zahlreiche Parallelen in anderen Schriften Goethes aus dieser Zeit finden, bildet die Grundlage seiner gesamten Kunstanschauung in dieser Periode, und aus ihm lassen sich Folgerungen bis ins Detail ableiten, sei es nun die Verwendung eines klassischen Versmaßes oder seien es Regeln für Schauspieler über die Deklamation. Ziel der Kunst aber ist, wie Goethe und Schiller es in ihrer gemeinsam verfaßten Kunstnovelle *Der Sammler und die Seinigen* (1799) ausdrücken, zum Menschen als «Ganzes», als «denkendes» und «zugleich empfindendes Wesen», als «eine Einheit vielfacher, innig verbundner Kräfte» zu reden, dieser «einigen Mannigfaltigkeit» zu entsprechen und sie dem Menschen auf diese Weise erfahrbar zu machen. In der Kunst gewinnt der Mensch die Totalität seines Wesens zurück.

Wie schon bei Schiller, so war auch bei Goethe der Begriff der «Kunstnachahmung» nur aus früherem Gebrauch entlehnt, ohne noch das zu meinen, was man sich in den normativen Poetiken des 18. Jahrhunderts darunter vorgestellt hatte. «Ein vollkommenes Kunstwerk ist ein Werk des menschlichen Geistes, und in diesem Sinne auch ein Werk der Natur», heißt es in Goethes Dialog *Über Wahrheit und Wahrscheinlichkeit der Kunstwerke* (1798). Nur in dieser allgemeinen Bedeutung und weil es seine Anschauung, seinen Stoff aus der Wirklichkeit bezog, war das Kunstwerk noch «Nachahmung», seinem Wesen nach jedoch «eine kleine Welt für sich»: «Hätte Pygmalion seiner Statue begehren können, so wäre er ein Pfuscher gewesen, unfähig eine Gestalt hervorzubringen, die verdient hätte, als Kunstwerk oder als Naturwerk geschätzt zu werden». Das ist ein kritischer Kommentar Goethes in seiner eigenen Übersetzung von Diderots *Versuch über die Malerei* (1799). Autonomie der Kunst und Totalität menschlichen Wesens entsprechen einander.

Als Theaterdirektor hat Goethe seine Theorien sehr praktisch angewendet. In den *Regeln für Schauspieler* (1803) rät er, alle «Natürlichkeiten» in der Darstellung fallen zu lassen («Der Schauspieler lasse kein Schnupftuch auf dem Theater sehen, noch weniger schnaube er die Nase, noch weniger spukke er aus.») sowie Eigenheiten des Dialekts zu unterdrücken, und er verlangt vom Schauspieler, daß er sich «als einen Gebildeten» zeige, jedoch keine starre Figur sei: «Das Steife muß verschwinden und die Regel nur die geheime Grundlinie des lebendigen Handelns werden.» Goethes Regeln bedeuteten also nicht die Rückführung modernen Theaters auf die Formalität einer alten Bühne, sondern zumindest in seiner Intention die Verbesserung der deutschen Bühne seiner Zeit durch die Ausstrahlung des Bewußtseins von einem größeren nationalen und geistigen Zusammenhang, einem Gesetz hinter den Erscheinungen. Das «Geheimnis» einer solchen «Grundlinie» wurde allerdings weder dargestellt, noch war es überhaupt darstellbar, sondern es war von den Zuschauern in der Teilnahme am Theater produktiv zu erfassen. Darauf zielt Goethe in seinen *Regeln* mit der Maxime, die nach ihm dann noch oft als letzte Erkenntnis verkündet worden ist: «Die Bühne und der Saal, die Schauspieler und die Zuschauer machen erst ein Ganzes.» Das Theater erfüllte sein Bildungsziel erst, wenn es den Zuschauer aktiv mit einbezog, ja ihn gelegentlich einer Reise ins Unbequeme und Schwierige aussetzte, denn «man sollte nicht gerade immer sich und sein nächstes Geistes-, Herzens- und Sinnesbedürfnis auf dem Theater zu befriedigen gedenken», wie es 1802 in Goethes Anzeige *Weimarisches Hoftheater* im *Journal des Luxus und der Moden* heißt. Die gute Intention war freilich nur die eine Seite, Ausführung und Erfolg beim Publikum hingegen eine andere Sache, denn die Schwierigkeiten eines solchen Programms bestanden im Grunde darin, daß es einen Spieler- und Empfängerkreis voraussetzte, den es erst schaffen sollte. In der Praxis tendierte deshalb Stil zur Stilisierung und Form zum Formalismus.

Gleichen Schwierigkeiten begegnete Goethe im Bereich der bildenden Kunst. Von 1798 bis 1800 gab er eine «periodische Schrifft» unter dem Titel

*Propyläen* heraus, in der er mit einigen Mitarbeitern zusammen vor allem Kunsttheorie vortragen und Kunstpolitik machen wollte. Schon mit dem Titel führte er seine Leser auf «klassischen Boden», den er versprach, so wenig wie möglich zu verlassen. Der Künstler, so heißt es in der Einleitung, habe sowohl in die «Tiefe der Gegenstände» wie «in die Tiefe seines eigner Gemüts» zu dringen, um das Kunstwerk als «etwas Geistig-Organisches» hervorzubringen. Wieder also geht es um Wesen und Gesetz, um das Bleibende hinter den Phänomenen, das die Kunst in ihrem Schöpfungsprozeß erfahrbar machen konnte. In dieser seiner Zeitschrift nimmt Goethe am deutlichsten eine klassizistische Position ein, eine strengere und konsequentere übrigens, als sie Schiller je eingenommen hat, dessen stoffliches Interesse doch immer der neueren Geschichte zugewendet blieb; er hat gelegentlich auch den Rigorismus des Freundes kritisiert. Die *Propyläen* fanden nur einen kleinen Abnehmerkreis; die Auflage der ersten drei Hefte betrug jeweils 1300 Exemplare, aber nur 450 wurden verkauft. Die Bedenklichkeiten von Goethes Klassizismus zeigen sich vor allem in den Preisaufgaben, die er darin ausschreiben ließ, um jene in den verschiedenen theoretischen Beiträgen «aufgestellten Maximen practisch zu prüfen». Seine Aufforderung, Szenen aus den Werken Homers zu illustrieren, fand nur geringen Widerhall und zog zumeist nur kleine Talente an. Wo sich aber ein bedeutendes daruntermischte wie Philipp Otto Runge, entsprach es nicht den strengen Maßstäben, die Goethe und sein Freund, der Maler und Weimarer Kunstprofessor Heinrich Meyer, anlegten. Das ganze Verfahren von Weimar nehme «nachgerade einen ganz falschen Weg, auf welchem es unmöglich ist etwas Gutes zu bewürken», schreibt Runge im Februar 1802 an seinen Vater. Goethe hat sich später freilich der Farbentheorie wegen mit Runge in gutes Vernehmen gesetzt und seine Eigenart wie sein Genie respektiert. Die schärfste und zugleich eine öffentliche Kritik kam von Gottfried Schadow, dem Schöpfer der Skulptur der zwei preußischen Prinzessinnen in griechischem Gewande und Preußens bedeutendstem klassizistischen Bildhauer. Der erfahrenere Künstler wisse, schreibt Schadow 1801 in der Zeitschrift *Eunomia*, daß man «die Poetik in der Kunst» nicht lehren könne, dem beginnenden aber seien die Forderungen der *Propyläen* in Wolken gehüllt: «Wenn irgendetwas fähig ist, einen jungen Künstler irre zu leiten und toll zu machen, so sind es dergleichen erträumte und vermeintliche Vollkommenheiten.» Der Empiriker Goethe sah sich als Kunstidealist exponiert.

Eine dramatische Preisaufgabe im letzten Stück der *Propyläen* betraf die Schaffung einer Komödie, deren ästhetische Wirkung, die «geistreiche Heiterkeit und Freiheit des Gemüths», nach Goethe nur durch «absolute moralische Gleichgültigkeit» erreicht werden konnte. Etwas von Schillers Idee einer alles Tragische und Schicksalhafte hinter sich lassenden hohen Komödie steht hinter solcher Forderung. Aber keine der eingereichten Arbeiten entsprach ihr, und Eigenständiges blieb durch das strenge Maß unerkannt, denn immerhin befand sich unter den Einsendungen Clemens Brentanos *Ponce de Leon*.

In Theorie wie Praxis führte dieser Klassizismus in eine Sackgasse, und Goethe hat sich auch bald wieder vom Beengenden aller Konzepte und Vorsätze befreit. Arnims und Brentanos ihm gewidmete Sammlung *Des Knaben Wunderhorn* (Bd. 1: 1806) hat er ausführlich und wohlwollend rezensiert, von Zacharias Werner, der zeitweilig sein persönlicher Gast war, ließ er sich zu Sonetten inspirieren, in den *Divan*-Gedichten trat er die Flucht in den «reinen Osten» an, und sein Held Faust erlebt die Antike schließlich nur als große «klassisch-romantische Phantasmagorie», aus der er reicher und selbständiger hervorgeht.

Unmittelbar trugen Goethes und Schillers Gedanken zu einer neuen Kunst ihre Frucht in den Balladen, über die im Zusammenhang mit der Lyrik dieser Zeit zu sprechen sein wird, und in den *Xenien*, einer Gemeinschaftsarbeit aus den Jahren 1795–96, die in Schillers *Musen-Almanach für das Jahr 1797* erschien.

Bei den *Xenien* handelt es sich um Epigramme, die ihren Namen von den *Xenia* des Marcus Valerius Martialis als witzig-spöttischen Begleitversen zu Geschenken nehmen. Goethe und Schiller haben in mehreren Hundert dieser Distichen ein Panorama der Mittelmäßigkeit und Banalität des kulturellen Deutschland ihrer Tage gezeichnet, das den Hintergrund und das Motiv für die eigenen Reformbestrebungen bildete. Es ist das Bild einer heute fast völlig versunkenen und vergessenen Welt. Gegenstände dieses Scherbengerichts sind an prominentester Stelle Autoren wie der in Feindschaft gegen alles Neue erstarrte Friedrich Nicolai in Berlin oder die frömmelnd gewordenen Grafen Stolberg, daneben aber Personen wie der Gothaer Rektor und Tasso-Übersetzer Johann Kaspar Friedrich Manso, der Romanschriftsteller Johann Timotheus Hermes, der literarische «Sansculotte» Daniel Jenisch, der Leipziger Verleger Georg Joachim Göschen, der sich auch als Romancier versucht hat, und der Leipziger Philosoph Ernst Platner. Der durch diese und eine Reihe weiterer Schriftsteller geförderte Publikumsgeschmack wird bündig so beschrieben: «Uns kann nur das christlichmoralische rühren, / Und was recht populär, häuslich und bürgerlich ist.» Gegen diese philiströse Bürgerlichkeit der Literatur und Popularphilosophie richten sich die *Xenien;* die Enge zu überwinden war das Reformprogramm einer Kunst bestimmt, die sich ihre Maßstäbe von außerhalb der Philistrosität holte, vorwiegend von der Klassik des Altertums also, wo Kunst und öffentlicher Geschmack zum Wohle des Ganzen in Harmonie standen. Die Epigramme gegen die fromm gewordenen Brüder Stolberg lassen im übrigen noch die besondere Sympathie Goethes und Schillers für die Antike als einer heidnischen Zeit gegenüber dem «Christlichmoralischen» der Moderne erkennen.

Überall in den *Xenien* ist deutsche politische Gegenwart spürbar, sowohl in der posthumen Kritik an Revolutionsenthusiasten wie Georg Forster, wie auch in der prägnanten Bezeichnung für die Kulturnation, deren politischer Größe gegenüber man skeptisch war («Zur *Nation* euch zu bilden, ihr hoffet es, Deutsche vergebens / Bildet, ihr könnt es, dafür freier zu Menschen euch aus.»). Antike bedeutete demgegenüber kosmopolitische Weite, die allein schon in der Form dieser Distichen präsent war.

Von den jüngeren Autoren ließ sich damals noch wenig erkennen. Nur Friedrich Schlegel, dessen erste Studien zu den Griechen und Römern gerade erschienen waren, taucht als Gegenstand des Tadels auf – wegen seiner «Gräcomanie», seiner Leidenschaft für die «Griechheit»! Goethe und Schiller haben hier sehr wohl den Unterschied gespürt, der Schlegel von ihrem eigenen Klassizismus trennte. Schlegels Bewunderung der Antike war letztlich historisch motiviert, und Antikes wurde von ihm vor allem als kräftiges Ferment für Neues angesehen, während Goethe und Schiller die Antike im

Bewußtsein der historischen Distanz eher ästhetisch, als die bildliche Anschauung, die Metapher für eine ideale Wirkungsweise und den Wert der Kunst schlechthin verstanden, einen Wert, der darin bestand, daß der Mensch sich über den Zwang seines Schicksals wenigstens zeitweilig in der Kunst erheben konnte, um so seine humane Bestimmung als Einzelwesen wie als Gattungswesen zu erblicken, sich in der Kunst zu befreien und in dieser Erfahrung das Ideal im Leben zu bewahren. Solche Erwartung von der Kunst ist aufs knappste zusammengefaßt in jenen beiden *Xenien*, die Antike und Moderne gegenüberstellen und das Ideal einer klassischen Kunst aussprechen:

*Griechische und moderne Tragödie*

Unsre Tragödie spricht zum Verstand, drum zerreißt sie das Herz so,
Jene setzt in Affekt, darum beruhiget sie so!

Und als ergänzende Erläuterung:

*Entgegengesetzte Wirkung*

Wir modernen, wir gehn erschüttert, gerührt aus dem Schauspiel,
Mit erleichterter Brust hüpfte der Grieche heraus.

Die Praxis nötigte jedoch beide dazu, moderne Autoren zu bleiben; in die einzelnen literarischen Werke Goethes und Schillers zwischen 1790 und 1805 sind ihre Theorien zwar vielfach eingegangen, aber in sehr verschiedener Stärke und nirgends so, daß sich das eine rein auf das andere zurückführen läßt – zum Gewinn der Literatur. Jedes ihrer Werke in dieser Periode steht in sehr viel komplexeren Zusammenhängen psychologischer, ästhetischer, historischer und gesellschaftlicher Natur, als sie eine Kunsttheorie fassen kann oder auch soll.

Spürbare Wirkung nach außen zeitigten die theoretischen Bemühungen Goethes und Schillers weniger auf dem Gebiete der Kunst selbst, wie sich schon bei den Preisaufgaben der *Propyläen* und bei dem Blick auf Goethes eigene weitere Produktion erwies. Die politischen Nöte des nach 1805 von Napoleon bedrohten und teilweise okkupierten Deutschland ließen außerdem das Interesse an einer Orientierung auf die zeitlich und räumlich weit entfernte klassische Kultur noch stärker zurücktreten. Aber gerade unter diesen historischen Umständen bildeten wiederum die Gedanken einer humanitären «ästhetischen Erziehung» die Grundlage für praktische Reformen, und zwar durch Wilhelm von Humboldts Pläne zur Erneuerung des preußischen Bildungswesens und zur Gründung der Berliner Universität, wovon ein bis in die Gegenwart wirksames Konzept der Universität ausgegangen ist.

Humboldt lebte zwischen 1794 und 1797 in Jena, wo er mit den literarischen Kreisen in Verbindung kam und sich besonders Schiller und Goethe in Verehrung anschloß. Seine *Ideen zu einem Versuch, die Gränzen der Wirksamkeit des Staats zu bestimmen* benutzten zur Veranschaulichung der freien Existenz des Individuums Vorstellungen aus Goethes *Metamorphose der Pflanzen*, und Goethes *Hermann und Dorothea* war der Gegenstand einer umfangreichen Untersuchung Humboldts zur Ästhetik, worin er an dem in der Tat geeignetsten Beispiel das Verhältnis von Theorie und Praxis einer neuen klassizistischen Kunst zu bestimmen suchte. In den *Horen* hatte Humboldt Beiträge *Über den Geschlechtsunterschied* und *Über die männliche und weibliche Form* (1795) veröffentlicht, von denen Schiller Anregungen empfing, und der umfangreiche Briefwechsel zwischen beiden gehört zu den bedeutenden Dokumenten für die literarische Entwicklung dieser Jahre. Goethe stellte aus Briefen Humboldts, der 1797 nach Paris übersiedelte, für die *Propyläen* einen Beitrag *Über die gegenwärtige französische tragische Bühne* (1800) zusammen, denn durch Humboldts Berichte sah er sich in seiner Theaterprogrammatik gefördert und weiterhin angeregt.

Opposition gegen die Weimarer Kunstideen kam von der durch die *Xenien* Betroffenen und Verletzten, die in verschiedenen Formen von Anti-Xenien, deklariert als *Berlocken* (1797), *Parodien auf die Xenien* (1797) und *Gegengeschenken an die Sudelköche in Jena und Weimar* (1797), antworteten. Wirklich Belangvolles kam indes nicht zur Sprache, und die Gegner bestätigten indirekt nur, wie recht Goethe und Schiller mit ihrer Kritik gehabt hatten.

Zurückhaltend, ja kritisch standen den Ideen Goethes und Schillers einige andere prominente Einwohner Weimars gegenüber: Christoph Martin Wieland, der in seinen Altersromanen *Agathodämon* (1799) und *Aristipp und einige seiner Zeitgenossen* (1800–01) im Bilde einer spätklassischen griechischen Gesellschaft unmittelbar auf die eigene Zeit reflektierte, Jean Paul, der selbst ein Ziel des *Xenien*-Spottes gewesen war und der in seine Romane manches Parodistische über die Weimarer Kunstideale einfließen ließ, sowie schließlich Johann Gottfried Herder.

Herders Abneigung gegen Kant hatte sich seit dessen Kritik an den *Ideen* noch vertieft und bestimmte ihn zuweilen bis zur Unbeherrschtheit. Es gehört zum Bilde Herders in den letzten Jahren seines Lebens, daß er reizbar, überempfindlich, depressiv und dann auch wieder aggressiv war. «Nimm es mit dem vom Staat etc. gebogenen und wundgeriebenen Herder nicht genau», hatte der liebefähige Jean Paul an Jacobi geschrieben und hat den Helden seiner *Flegeljahre* (1804–05) zu Beginn seiner Laufbahn und als Weihe «einen bejahrten Mann mit kranken Augen», den deutschen «Plato», treffen lassen – ein Monument Jean Pauls für den 1803 gestorbenen Verehrten und Freund. Wie sehr auch manches Polemische in Herders späten Schriften auf Kosten seines cholerischen Temperaments gehen mag, wie sehr ihn dies oft zu längst unnötig gewordenen Einwänden verleitete, es wäre falsch, ihn mit seiner Kritik nur offene Türen einrennen oder längst Anerkanntes bekämpfen zu sehen.

1799 hatte Herder unter den Titeln *Verstand und Erfahrung* und *Vernunft und Sprache* zwei Teile einer, wie er es im Untertitel nannte, *Metakritik zur Kritik der reinen Vernunft* veröffentlicht, und im Jahr darauf ließ er seine *Kalligone* folgen als Auseinandersetzung mit Kants *Kritik der Urteilskraft*. *Kalligone*, das »schöne Kind des Himmels«, protestiert durch oft detailliert und nicht immer richtig oder auch nur fair interpretierte Stellen aus Kants Werk gegen den Triumph der Abstraktion in der Kunsttheorie. Kunst sei eine ernste Sache und ihr Gegenstand sei der Mensch in seiner Realität als Gattungswesen: das sind die beiden Grundthesen, auf die Herders gesamte Argumentation baut. Der Mensch ist ihm «das Maas und Muster der organischen Schönheit», die Regel des Schönen aber, von der sich der Mensch leiten lasse, sei die Herstellung von «Harmonie» und «Wohlseyn». «Wohlgefallen an der Harmonie» bestimme den Menschen, wenn auch oft unbewußt, in seinem Handeln, und Liebe sei dabei «der höchste Grad des Wohlgefallens». Aus solcher Gedankenführung aber deduziert Herder schließlich den Satz: «Dem Menschen ist also *Menschheit* das Schönste.» In diesem Sinne stellt das Schöne für ihn zugleich Symbol des Sittlichen, des Humanen dar. Damit ist nun zwar Kant nicht widerlegt, aber es wird ein völlig anderer Gesichtspunkt in das Gespräch über die Kunst eingeführt: statt vom transzendentalphilosophischen Standort wird sie vom sozialanthropologischen betrachtet. Das Streben nach dem Schönen und sein reinster Ausdruck in der Kunst werden zu einer gesellschaftlich nützlichen Tätigkeit. Kunst ist Teil des Lebensprozesses. Weder zum Angenehmsten, «noch zum *Schönen* wäre der Mensch gelangt, wenn es ihm nicht *nützlich*, ja *unentbehrlich* gewesen wäre; ein völlig Nutzloses Schöne ist im Kreise der Natur und Menschheit gar nicht denkbar».

Aus diesen Prämissen leitet Herder auch seine Bestimmung des Verhältnisses zwischen Kunst und Geschichte her und weist es am Epos auf. In ihm nämlich ordne der «Poet» als – im wörtlichsten Sinne des Wortes – der «Erschaffer, Schöpfer» die Geschichte und mache sie durchsichtig. Indem die Poesie «Begebenheiten als ein Ganzes umfassen, Charaktere zeichnen, Gesinnungen sprechen, in Wirkungen die Ursachen vorführen, Alles mit höchster Eigenthümlichkeit darstellen thätlich lehrte», gab sie «nicht nur der ältesten Geschichte Gestalt, sie *schuf* die Geschichte» und «zwang die ausgelassene Phantasie unwissender Menschen, die nirgend ein Ende findet, unter Gesetze, in Gränzen». Auf diese Weise erhielt allerdings zugleich das Kunstwerk selbst eine eigene Stelle innerhalb der Geschichte und war historisch bedingt. Grundsätzlich widersprach Herder also der Kantschen und Schillerschen Vorstellung von der Kunst als freiem, über den Bedingungen des Geschichtlichen stehendem Spiel. Er schließt seine *Kalligone* mit den Worten: «Des Menschen Spiel, wie das Spiel der Natur ist sinniger Ernst; die Äfferei spielt ohne Begriffe und Empfindungen mit Formen wie mit der Kritik, um zu spielen.» Wenn das auf Kant und Schiller zielte – und so war es gemeint –, dann nahm Herder natürlich hier die scheinbar gegnerischen Begriffe nur von ihrer oberflächlichsten Bedeutung her. Auf diese Weise machte er es den Verteidigern der anderen Seite leicht, seine Gedanken beiseite zu setzen und sich nicht weiter um sie zu kümmern. Hinsichtlich Kants hatte aber Herder so recht wie Goethe mit seiner Farbenlehre gegenüber Newton. Weder der Physiker noch der Philosoph wurden widerlegt; stattdessen aber traten Aufgabe und Problem in ein neues Licht.

## Romantische Universalpoesie

Allein in Deutschland hat es für das Romantische regelrechte Theorien gegeben, während es bei den anderen europäischen Nationen verwiegend in den literarischen Werken selbst in Erscheinung trat. Nur gelegentlich wurde die Literatur auch dort von theoretischen Verlautbarungen, von Vorworten oder Manifesten begleitet oder erläutert, die aber zumeist auf deutsche Vorbilder zurückgingen, denn die Autoren, die man zur englischen, französischen, italienischen oder russischen Romantik zählt, begannen mit Ausnahme von Blake ihr literarisches Werk erst später. Allerdings haben auch die Deutschen ihre Literatur nicht durchaus nach der Theorie gemodelt, sondern in den besseren Fällen der künstlerischen Schöpferkraft ihren Lauf gelassen. Nach dem Willen Friedrich Schlegels, der das Romantische in der deutschen Literatur aus der Taufe hob, sollten allerdings beide – Theorie und Praxis – am Ende in eins zusammenfließen.

## Friedrich Schlegel

Die Entstehung einer ersten deutschen Theorie romantischer Literatur und Kunst ist mit Friedrich Schlegel fest verknüpft. Frühreif, von scharfem, durchdringendem Intellekt, weit belesen und brillant als Stilist hatte Schlegel sich schon Anfang der neunziger Jahre während seines Studiums der Rechtswissenschaften entschlossen, Schriftsteller zu werden. Sein um fünf Jahre älterer Bruder August Wilhelm Schlegel war ihm in solcher Absicht vorausgegangen und zu diesem Zeitpunkt bereits als Rezensent hervorgetreten. Gegenstand von Friedrich Schlegels erster freier Schreibtätigkeit waren, der klassizistischen Zeittendenz entsprechend, die «Griechen und Römer» – wie der Titel einer seiner Schriften hieß –, also Literatur und Kunst der Antike, die er von 1794 an in einer Reihe größerer und kleinerer Aufsätze untersuchte. In ihnen entwickelte er mit differenzierender Gelehrsamkeit und rhetorischem Schwung seine Ortsbestimmung der Moderne und leitete daraus eine ästhetische Selbstfindung ab.

In ausführlichen Rezensionen wandte Schlegel sich gleichzeitig der gegenwärtigen Literatur zu; Schillers *Horen*, Herders *Humanitätsbriefe*, Kants Traktat *Zum ewigen Frieden*, Jacobis *Woldemar* und Goethes *Wilhelm Meister* gehörten zu den Werken, an denen er sein kritisches Feingefühl und seine geistige Selbständigkeit ausbildete und demonstrierte. In Essays über Lessing und Georg Forster umriß er ergänzend dazu den Typus eines kritischen, auf gesellschaftliche Wirksamkeit gerichteten Schriftstellers, dem er selbst zustrebte. Für seine eigenständigsten, von anderen Gegenständen unabhängigen Reflexionen jedoch hatten ihm die *Maximes et pensées, caractères et anecdotes* (1795) von Nicolas Chamfort eine neue Ausdrucksform gezeigt: die des aphoristischen «Fragments», das er als eine Art Gedankenkeim betrachtete. Zum erstenmal stellte Friedrich Schlegel eigene Fragmente 1796 in Johann Friedrich Reichardts Zeitschrift *Lyceum der schönen Künste* vor. Auch Novalis, dem Schlegel seit dem Leipziger Studium 1792 in Freundschaft verbunden war, hatte bei seinen Fichte-Studien die Möglichkeiten fragmentarischer Notate als «Anfangssätze» zum «echten Gesamtphilosophieren» und als «Bruchstücke des fortlaufenden Selbstgesprächs in mir» entdeckt, so daß bald zwischen den Freunden ein regelrechter Diskurs in Fragmentform anhob, eine «Symphilosophie», von der vor allem die Zeitschrift *Athenaeum* kündete, die von den Brüdern Schlegel zur Publizierung ihrer eigenen Ideen gegründet worden war. 1798 erschien in deren erstem Heft Novalis' Fragmentsammlung *Blüthenstaub*, und das zweite Heft enthielt 451 Fragmente von Friedrich Schlegel, der allerdings beide Male in die Gedanken des einen auch einige des anderen eingestreut hatte und bei seinen eigenen Fragmenten auch noch solche des Bruders und Friedrich Schleiermachers daruntermengte.

Es ist in der Literaturgeschichte üblich geworden, von der durch Friedrich Schlegel initiierten Diskussion um moderne Literatur und Kunst als von der Jenaer Romantik zu sprechen. August Wilhelm Schlegel lebte seit 1796 in Jena, verheiratet mit Caroline Böhmer, die 1803 nach der Scheidung von ihm die Frau Schellings wurde, der sie in Jena kennengelernt hatte, als er 1798 als Professor der Philosophie dorthin kam. Friedrich Schlegel war nach einem Aufenthalt von August 1796 bis Juli 1797 im September 1799 fest nach Jena in das Haus des Bruders übergesiedelt, begleitet von Dorothea Veit, der Tochter Moses Mendelssohns, die später seine Frau wurde. Auch Tieck ließ sich Ende 1799 für einige Monate in Jena nieder, und Novalis wohnte in Weißenfels, nicht weit davon. Ebenfalls in Jena lebte der Physiker Johann Wilhelm Ritter, der insbesondere zu Novalis in enger Beziehung stand, und sympathisierende Besucher wie Henrik Steffens waren oft längere Zeit zu Gast. Fichte allerdings verließ Jena 1799, aber gerade seine Philosophie war es, die mit ihrem Appell an die freie Tatkraft des Geistes den Anstoß gegeben hatte zu einer Kombinationskunst aus Philosophie, Ästhetik, Theologie, Medizin, den Naturwissenschaften, der Gesellschaftslehre und der Politik, die seine Adepten zu kühnen Hypothesen und Projekten verlockte.

Es besteht alles in allem kein Zweifel, daß damals in Jena unter den um die Schlegels versammelten jungen Intellektuellen ein «literarischer Factionsgeist» herrschte, wie es die *Allgemeine Literatur-Zeitung* in einer Rezension des *Athenaeums* vom 21. November 1799 ausdrückte. Andererseits ist es aber auch nicht angezeigt, aus dieser «Jenaer Romantik» einen Lokalmythos entstehen zu lassen, denn hier wurde keine alternative Lebensform ausprobiert oder eine Schule gegründet, sondern man ging in geistiger Offenheit und Freiheit neuen Gedanken nach, von denen man sich Einfluß auf das Leben in großem Umfange versprach, die aber weder eine geschlossene Ideologie noch an eine Ortsgruppe von Schriftstellern gebunden waren. Ohne das literarische Berlin zum Beispiel, in dem Friedrich Schlegel und Tieck ebenso zu Hause waren wie in Jena, ohne die Salons der Rahel Levin und Henriette Herz, ohne Schleiermacher oder August Ludwig Hülsen und schließlich ohne die Berliner Verleger, bei denen die meisten Schriften der Schlegels und diejenigen von Tieck und Novalis sowie das *Athenaeum* herauskamen, ist die Herausbildung von neuen Literaturtheorien in diesen Jahren nicht zu denken. Jenaer Studenten wiederum wie Clemens Brentano oder August Klingemann, der 1800 unter dem Titel *Memnon* eine Zeitschrift herausgab, die Goethe, Schiller und die «romantischen Ansichten der Poesie» feierte, standen bereits in gewisser kritisch-ironischer Distanz zum Schlegelschen Kreise, während Schiller trotz des ihm gezollten Lobes hier nur noch «hohles leeres Fratzenwesen» unter dem Einfluß «Schlegelischer Ideen» sah, wie er am 26. Juli 1800 an Goethe schrieb. Daß im Schlegelschen Kreise selbst nicht unbeträchtliche interne Spannungen herrschten, ist aus der großen Individualität aller Beteiligten leicht zu schließen, von persönlichen Neigungen, Neigungsverschiebungen und Abneigungen ganz abgesehen.

Wie Schiller entwickelte auch Friedrich Schlegel seine Literaturtheorien aus der «Querelle» zwischen Antike und Moderne, wie Schiller stellte er einem vergangenen Leben der «*Vollständigkeit* und *Bestimmtheit*» das moderne der «Verworrenheit und Zerstückelung» als Folge einer Trennung von Kunst und Leben gegenüber (*Über die Grenzen des Schönen*, 1795). Die Folgerungen daraus zog er in dem großen, grundlegenden Aufsatz *Über das Studium der Griechischen Poesie* (1797), der gleichzeitig mit Schillers Abhandlung *Über naive und sentimentalische Dichtung* entstanden war, aber erst kurz danach erschien. Wenn Schlegel die Ganzheit der Antike mit der Unabgeschlossenheit und «Unendlichkeit» der modernen Kunst kontrastierte, so konnte er die eigene Analyse als konform mit der Schillerschen empfinden. Aber was Schiller als einen grundsätzlich vergangenen Zustand betrachtete, der nur noch im Schönen bewahrt und der im Kunstwerk als Demonstration der Macht des Moralgesetzes und somit ständiges Korrektiv dem Leben entgegenzuhalten war, das wollte Schlegel für die Zukunft wiedergewinnen. Leben und Schönheit sollten sich real und nicht nur in einem Staat des schönen Scheins neu vereinigen. War für Schiller also die Kunst ein Mittel, dem Menschen seine geistige Freiheit bewußt zu machen, so für Schlegel das Bewußtsein der Freiheit ein Mittel zur Herbeiführung eines «künstlichen», ästhetischen, schönen Lebens. Neben der grundsätzlich beibehaltenen aufklärerischen Überzeugung von der Perfektibilität des Menschengeschlechts verrät sich in diesen Gedanken Schlegels die Dominanz Fichtescher Dialektik und damit eben das, was in der Synthese das eigentliche Romantische ausmacht: die Identifizierung von Kunst und Leben beziehungsweise die Absolutsetzung der Kunst als ideales Leben. Später hat Schlegel für die Kunst in diesem endgültigen, höchsten Sinne den Begriff «Poesie» verwendet und mit dem Begriff «romantisch» qualifiziert. «Die romantische Poesie ist eine progressive Universalpoesie» heißt es in Schlegels 116. *Athenaeums*-Fragment, und ihre Absicht sei, «lebendig und gesellig» zu sein, um «das Leben und die Gesellschaft poetisch zu machen».

Schlegel stützt nun seine These im *Studium*-Aufsatz durch eine geschichtliche Perspektive. Moderne Kunst ist ihm alle nach-antike Kunst, insbesondere die christlich-europäische Kunst seit dem Mittelalter. Auch dafür steht bei ihm mehrfach der Begriff «romantisch», wie er in solchem Sinne schon von Wieland gebraucht worden war; Schlegel selbst und sein Bruder haben ihn in späteren literarhistorischen Vorlesungen und Arbeiten weiter ausgebaut. Gemeint war eine Sukzession von Meisterwerken seit dem Mittelalter, die sich entweder durch ihren christlichen Gehalt oder ihre nichtklassische Form oder durch beides ausdrücklich von der antiken oder klassizistischen Kunst unterschieden. Dazu zählten die im Laufe des 18. Jahrhunderts allmählich wiederentdeckten Werke der italienischen Renaissance, also die Schriften Dantes, Tassos, Petrarcas, Ariosts und Boccaccios sowie des spanischen Barock mit Cervantes und Calderon. Über allen aber leuchtete der dramatische Kosmos William Shakespeares, «in den ich das eigentliche Centrum, den Kern der romantischen Fantasie setzen möchte», wie Schlegel in seinem *Gespräch über die Poesie* (1800) erklärte. In jedem dieser Autoren fand man eigenes Empfinden ausgedrückt: Ihre Menschen waren Individuen und nicht klassische Typen, und sie standen als einzelne in vielfältigen Beziehungen zu Gott, Zeit, Gesellschaft, Natur, Ich und Du.

Historisch gesehen ist also romantische Literatur bei Friedrich Schlegel zunächst einmal die Einheit europäischer Literatur seit dem Mittelalter, und diese Bedeutung hat der Begriff für ihn und viele seiner Zeitgenossen durchweg behalten. Unmittelbarer Niederschlag dieser historischen Kategorisierung waren die großen Übersetzungsleistungen dieser Jahre, deren bedeutendste die Übertragung Shakespeares durch August Wilhelm Schlegel wurde. Tiecks Übersetzung des *Don Quijote* erschien von 1799 bis 1801, und von Johann Diederich Gries, der ebenfalls zum Jenaer Kreis gehörte, stammen bedeutende Übersetzungen Tassos, Ariosts und Calderons. Im übrigen hatte nicht zuletzt Goethe zu diesem Interesse entschieden beigetragen, indem er bereits 1790 im *Tasso* eine der großen Figuren der romantisch-christlichen Tradition zum Helden eines eigenen Stückes machte und an ihm die Problematik des modernen Dichters exponierte.

Die besondere Verständnisschwierigkeit für Friedrich Schlegels Begriff des «Romantischen» besteht darin, daß er ihn noch in einem zweiten, nicht historischen, sondern typologischen Sinne verwendete wie in dem zitierten 116. *Athenaeums*-Fragment, wo er als Bezeichnung für eine neue, kommende «Poesie» fungierte, in der Leben und Kunst miteinander verschmelzen sollten. Die Brücke zwischen diesen beiden Bedeutungen bildet der Begriff des «Romans», womit allerdings auch noch eine dritte, ästhetische Definition eingeführt wird. «Romantisch» als «romanhaft» war ja im 18. Jahrhundert bereits durchaus gängig gewesen und behielt auch diesen Sinn noch lange bei. Für Schlegel wird der Roman das ideale Gefäß für eine solche neue, romantische Kunst, allerdings nicht der Roman in herkömmlicher Form, sondern der Roman «als romantisches Buch», als ein Sammelbecken für literarische Ausdrucksformen überhaupt, als Muster eines Gesamtkunstwerks, das dem universalistischen, auf Synthesen zielenden Denken am besten entgegenkam. Schlegel hat hier in richtigem Empfinden auf die neueste Kunstform gesetzt, die es in hoher Vollendung immerhin erst seit Cervantes gab, die also schon von ihrem Wesen her modern und nicht antik war und die zugleich den Bedingungen einer neuzeitlichen, egalitären, bürgerlichen Gesellschaft von individuellen Lesern entsprach. Es erweist Schlegels sicheren Instinkt und Weitblick, daß erst der Roman des 20. Jahrhunderts einige von Schlegels weitgreifenden, hypothetischen Forderungen an diese Kunstform zu verwirklichen gesucht hat. In der Form des Romans verband sich also die historische romantische Literatur mit dem Ideal einer kommenden, einer romantischen Poesie als Agens und Ausdruck schönen Lebens.

Für die historische romantische Kunst verwendete nun Friedrich Schlegel bereits im *Studium*-Aufsatz vorwiegend den Begriff «modern», der also nicht mit «romantisch» als Bezeichnung für eine zukünftige Universalpoesie gleichzusetzen ist. Als Charakteristikum dieser modernen Kunst führte er dabei den Begriff des «Interessanten» ein, gab also hier die Vorstellung von der Kunst als Ausdruck des Schönen auf, denn in Zeiten der «Zerstückelung» mußte auch das Individuelle, Subjektive, Charakteristische, das «Choquante», «Piquante und Frappante», ja sogar das Häßliche Gegenstand der Kunst sein. Einem solchen für alle neuere Kunst bedeutenden Schritt liegt dabei die gleiche dialektische Denkweise zugrunde, die Novalis veranlaßte, in sein Bild von der Entwicklung der europäischen Geschichte Reformation, Aufklärung und Französische Revolution als negative, aber durchaus notwendige Triebkräfte einzubeziehen, die am Ende die Menschheit in einen neuen, harmonischen Zustand leiten sollten. Im Politischen kondensierten sich Schlegels Gedanken zu der Vorstellung von einer «ästhetischen Revoluzion», die eine «moralische», aber keine «physische» Revolution sei, wie es im *Studium*-Aufsatz heißt. Dazu aber sei die Zeit reif; Deutschland gehe in seiner kulturellen Entwicklung darin den anderen europäischen Nationen voraus, und «*Göthens* Poesie» sei bereits «die Morgenröthe echter Kunst und reiner Schönheit». Das waren sehr charakteristische Gedanken eines jungen Deutschen im Jahrzehnt nach der Französischen Revolution. Der Bezug auf das historische Ereignis ist denn auch deutlich genug in jenem 216. *Athenaeum*-Fragment ausgedrückt, in dem Schlegel Fichtes *Wissenschaftslehre* und Goethes *Meister* neben das Geschehen in Frankreich stellt und dazu kommentiert: «Wer an dieser Zusammenstellung Anstoss nimmt, wem keine Revoluzion wichtig scheinen kann, die nicht laut und materiell ist, der hat sich noch nicht auf den hohen weiten Standpunkt der Geschichte der Menschheit erhoben.»

Nun hat freilich Friedrich Schlegel nirgends ein konsistentes System für eine romantische Poesie der Zukunft entwickelt. Besonders in seinen Studienheften und Notizbüchern mit ihren Tausenden von Anmerkungen, Gedanken und «Fragmenten» werden die Begriffe wie in einem Kaleidoskop durcheinandergeschüttelt und bunt zu immer neuen Denkbildern arrangiert. Man wird dieser Fülle und Vielfalt wohl am besten gerecht, wenn man sie als Ausdruck von Denkexperimenten ansieht, Verwirrungen auf sich beruhen läßt und das Elektrisierende, Provokative zu empfinden versucht. Schlegels Bemühungen waren sehr stark auf die nähere Bestimmung des Romantischen als Phänomen und als Charakteristikum einer allwirksamen neuen Kunst sowie auf deren praktische Realisierung gerichtet. Er hat es in seinen Schriften bis 1802 auf die verschiedensten Weisen einzukreisen versucht, teils in historischer Betrachtung zu den bisherigen Gattungen der Literatur, die nutzbar zu machen waren, teils im Hinblick auf den schöpferischen Prozeß im Künstler und teils im Hinblick auf die Wirkungsweisen und Wirkungsmöglichkeiten literarischer Werke. Zum ersteren gehören vor allem die Überlegungen über den Roman. Das *Gespräch über die Poesie*, das 1800 im *Athenaeum* erschien und die zusammenhängendste, wenn auch nicht eine widerspruchsfreie Äußerung zur romantischen Kunst in Schlegels Sicht darstellt, enthält einen ganzen «Brief über den Roman». In ihm steht allerdings auch die Behauptung, daß «das Drama [...] die wahre Grundlage des Romans» sei, denn überall geht die Tendenz auf Gattungsmischung und weiter noch auf die Mischung zwischen kreativer und kritischer Literatur als Verwirklichung der «Universalpoesie». Literaturkritik war für Friedrich Schlegel nicht nur Begleitung, sondern ein essentieller Teil der Literatur. «*Kritisiren* heißt einen Autor besser verstehn als er sich selber verstanden hat», schreibt Schlegel 1798 in seinen literarischen Notizen, und später, 1804 in einem Aufsatz über Lessing, spricht er dann von «einer Kritik, die nicht so wohl der Kommentar einer schon vorhandnen, vollendeten, verblühten, sondern vielmehr das Organon einer noch zu vollendenden, zu bildenden, ja anzufangenden Literatur wäre». Fiktion und Kritik gehörten in Wechselergänzung zusammen. Zwar war die schöpferische Phantasie das eigentliche Instrument für die Produktion romantischer Literatur, die ihren Leser über alle «Zerstückelung» hinweg auf einen «hohen, weiten Standpunkt» stellte. Aber diese Phantasie sollte wiederum durch Ironie ergänzt werden, nicht durch Selbstverspottung allerdings, sondern durch Ironie in einem erweiterten Sinne: Verbindung des Kreativen mit dem Kritischen, des Genialen mit dem Intellektuellen, des Elementaren und Natürlichen mit dem Geistigen. Es war «romantische Ironie», nicht Ironie schlechthin. Insgesamt kannte Kunst kein Gesetz über sich und setzte den Künstler als Hervorbringer und den aktiven Leser in direkte Relation zu dem, der sie beide hervorgebracht hatte, also zu Gott als Inbegriff der Totalität von Geist und Natur.

Versucht man, Friedrich Schlegels Vorstellungen von einer «romantischen Literatur» im Hinblick auf ihre Wirkungsweise zu bestimmen, so bietet sich noch einmal der Vergleich mit Schiller an. War diesem die vollendete, ja «klassische» Form als die beste Möglichkeit erschienen, den Menschen zeitweilig über sich hinauszuheben und ihn im «ästhetischen Zustande» seiner moralischen Kraft innewerden zu lassen, so war Schlegels Kunst gerade umgekehrt darauf gerichtet, das Unvollendete zu bieten, um den Rezipienten der Kunst in den kreativen Prozeß selbst zu verwickeln und ihn real zum «Künstler» zu machen. Auf diese Weise sollte er selbst als «Dichter» zum «idealischen Mensch» werden und die Trennung zwischen Kunst und

Leben aufheben, wie einer der Gesprächspartner im *Gespräch über die Poesie* fordert. Erst darin erfüllte sich dann ganz das Universelle der «Universalpoesie».

Die Theorie von der Kreativität des Lesers im *Gespräch über die Poesie* steht in einem Abschnitt, der «Rede über die Mythologie» überschrieben ist. Denn wie schon das *Älteste Systemprogramm* Schellings, Hölderlins und Hegels, so erhebt auch Schlegel hier die Forderung nach einer «neuen Mythologie», die «aus der tiefsten Tiefe des Geistes herausgebildet» den Weg der Kunst vom Chaos zur Ordnung sichtbar und verständlich machen und eine Art «hieroglyphischer Ausdruck» für jene harmonische, schöne Ganzheit, jene «Verklärung von Phantasie und Liebe» sein soll, für die es in der Wirklichkeit keine Anschauung gab und die ohne sie also undarstellbar und nur einseitig abstrakt zu fassen wäre. Aus solcher Forderung sind damals die verschiedensten literarischen Experimente abgeleitet worden, über die noch zu berichten sein wird. Die Grenze zwischen Kunst und Religion wurde auf diese Weise geöffnet, und das letzte Stück des *Athenaeums* brachte nicht ohne Konsequenz Novalis' *Hymnen an die Nacht* mit ihrer Apotheose des Christentums, allerdings nun auch schon wieder eines sehr poetisch-romantisch verstandenen, das jedem Kirchenglauben gegenüber in die Nähe der Blasphemie rückte. Novalis starb 1801; und mit Friedrich Schlegels wachsenden Neigungen zum Katholizismus seit 1801 gingen seine universalpoetischen Spekulationen einem Ende zu, das durch seine Konversion 1808 bestätigt wurde.

## Novalis

Die größte Nähe zu Friedrich Schlegels Gedanken vor 1800 besaß Friedrich von Hardenberg, der sich zuerst bei der Veröffentlichung seiner Fragmentsammlung *Blüthenstaub* im *Athenaeum* den Schriftstellernamen Novalis gegeben hatte. Zwischen den beiden bestand die engste Verbindung, und es gab regelrechte Fragmentdialoge, denn Novalis hatte Eigenes, Wichtiges beizutragen. Von der pietistischen Erziehung her besaß er ein tieferes, elementareres Verhältnis zur Religion als der Pfarrerssohn Schlegel, und persönliche Erfahrungen, insbesondere der Tod von Geschwistern und der Braut Sophie von Kühn, brachten ihn immer wieder an jene Grenze, wo das Wissen grundsätzlich aufhört und die Domäne des Glaubens beginnt. Außerdem aber war er studierter und praktizierender Naturwissenschaftler, hatte also Sachkenntnis in einem Bereich, den zu kennen nötig war, wenn man der Kunst einen universalen Anspruch geben wollte. In seiner gesamten Persönlichkeit unterschied sich Novalis außerdem beträchtlich von Schlegel. Dessen kritisch-analytischer Natur gegenüber war er der Synthetiker, und wenn Schlegel in seinen Gedankenexperimenten vom Größeren zum Kleineren ging, so beschritt Novalis eher den umgekehrten Weg.

Der Ansatz seines Denkens war nicht die Feststellung der gegenwärtigen «Verworrenheit und Zerstückelung», auch wenn ihm das Phänomen als Charakteristikum der Moderne geläufig war, sondern die prinzipielle Harmonie im Menschen, die immer bestand und die er im Grunde nie verloren hatte. Abhanden gekommen war ihm nur das Bewußtsein davon. Neben den Kulturhistoriker Schlegel tritt also mit Novalis der Naturhistoriker, der von der Einheit zwischen Mensch und Natur ausgeht und die Natur als das Reich Gottes ansieht. Metaphorisch drückte sich das für Novalis in den beiden Vorstellungen vom Menschen als Mikrokosmos und von der Natur als Makroanthropos aus: Darin ist die grundsätzliche Einheit beider vorgegeben. Wenn also eine verlorene Harmonie wiederherzustellen war, so war das in erster Linie ein Akt des Bewußtseins, nicht des geschichtlichen Vollzugs. Stand in Schlegels Denken der historisch dokumentierten Antike eine ebenso durch Daten und Dokumente bezeichenbare Moderne gegenüber, so bei Novalis einer hypothetischen, vergangenen, kindlich-natürlichen Harmonie von Mensch, Natur und Gott die Bewußtseinskrise des modernen Menschen, der zwischen dem Triumph seines Wissens und seiner Gottähnlichkeit auf der einen Seite sowie der Unsicherheit über das tatsächlich damit Erreichte oder zu Erreichende auf der anderen hin und hergerissen wurde. Natürlich wandte auch Novalis seine Gedanken auf geschichtlich-politische Verhältnisse an, aber gerade dort hat er, wie zu sehen war, zu den meisten Mißverständnissen über sein Werk Anlaß gegeben.

Philosophisch am reinsten hat Novalis seine Anschauung im *Blüthenstaub* zusammengefaßt, wenn er in dem berühmt gewordenen Fragment erklärt:

«Wir träumen von Reisen durch das Weltall – Ist denn das Weltall nicht *in uns?* Die Tiefen unsers Geistes kennen wir nicht – Nach Innen geht der geheimnißvolle Weg. In uns, oder nirgends ist die Ewigkeit mit ihren Welten – die Vergangenheit und Zukunft »

Makroanthropos und Mikrokosmos enthüllen dem Denken ihre Identität, was seine praktische Folge hat:

«Der erste Schritt wird Blick nach innen – absondernde Beschauung unsres Selbst – Wer hier stehn bleibt geräth nur halb. Der 2te Schritt muß wircksamer Blick nach außen – selbstthätige, gehaltne Beobachtung der Außenwelt sein.»

Kunst und Literatur erhalten aus diesem Schluß ihre Rolle und ihre Aufgabe. «Poesie», so definiert Novalis, sei «*Darstellung des Gemüths* – der *innern Welt in ihrer Gesamtheit*». Wie deshalb die Arbeit des «Poeten», des Dichters vorzustellen sei, das hat er einmal in legendenhafter Einfachheit die Kaufleute in seinem Roman *Heinrich von Ofterdingen* erzählen lassen, als sie über alte Zeiten berichten und über die Dichter darin:

«Sie sollen zugleich Wahrsager und Priester, Gesetzgeber und Ärzte gewesen seyn, indem selbst die höhern Wesen durch ihre zauberische Kunst herabgezogen worden sind, und sie in den Geheimnissen der Zukunft unterrichtet, das Ebenmaß und die natürliche Einrichtung aller Dinge, auch die innern Tugenden und Heilkräfte der Zahlen, Gewächse und aller Kreaturen, ihnen offenbart.»

Der Universalpoet verbindet Erkenntnisse der Religion, der Naturwissenschaft, Medizin und politischen Geschichte und vermittelt sie aus dem Bewußtsein des höheren Zusammenhangs als eine Anleitung zur Zukunft in der Rolle eines Helfers und schließlich Erlösers der Menschheit. Denn «die Poësie bildet die schöne Gesellschaft – die Weltfamilie – die schöne Haushaltung des Universums».

Je schöner und größer die Ideale sind, desto mehr nötigt sich die Frage nach ihrem Verhältnis zur Wirklichkeit auf. Was hat sich ein junger, hochintelligenter Mann, der die meiste Zeit seines Tages auf den kursächsischen Salinen zubrachte oder offizielle Berichte über die schwere, gesundheitsschädigende Arbeit in den ersten Brikettfabriken Sachsens verfaßte, in den Monaten der napoleonischen Feldzüge nach Italien und Ägypten und des Staatsstreichs vom 18. Brumaire unter solchen Idealen eigentlich vorgestellt? Die erste Antwort darauf ist, daß Philosophie und Kunstdenken im Gefolge der Aufklärung und unter dem Eindruck der Französischen Revolution in weitestem Maße die Tendenz auf die Herbeiführung eines neuen, besseren gesamtgesellschaftlichen Zustands hatten, sowohl in Deutschland selbst wie in Frankreich und in ganz Europa. Darüber ist schon bei der Betrachtung der Entwürfe zu einem ewigen Frieden ausführlich gesprochen worden, auch darüber, daß es sich bei der Suche nach umfassenden theoretischen Antworten um eine speziell deutsche Reaktion auf die Zeitereignisse handelte, die ihre historischen Gründe in der besonderen Situation Deutschlands hatte. Zum zweiten ist daran zu erinnern, daß gerade Schiller und mit ihm Goethe, aber auch Herder, in der Kunst einen bedeutenden Faktor für eine deutsche Nationalerziehung und humanitäre Weltbildung gesehen haben. Sie aber waren die Lehrer und Vorbilder der Jüngeren, und es bestanden oft enge persönliche Beziehungen zu ihnen. Als Drittes kommt dann Friedrich Schlegels Identifikation eines Gesellschaftsideals mit dem Begriff der «Universalpoesie» hinzu, die nicht nur statisch einen Zustand bezeichnen, sondern zugleich auch das Mittel dazu sein sollte. Schlegels Konzept gab also jungen Autoren einen Grund, weshalb es sich in der schwankenden Gegenwart überhaupt lohnen konnte, Schriftsteller zu werden und Literatur zu produzieren. Letztlich aber war diese extreme Erwartung von der Kunst eine intellektuelle wie künstlerische Herausforderung höchsten Grades. Das vor allem wird in Novalis' weiteren Überlegungen zur Kunsttheorie erkennbar.

Von der Theorie her war Literatur für Novalis ebenso wie für Friedrich Schlegel weitgehend ein wirkungsästhetisches Experiment. Poesie sei «Gemütherregungskunst», heißt es in seinen Fragmenten, und: «Der wahre Leser muß der erweiterte Autor seyn. Er ist die höhere Instanz, die die Sache von der niedern Instanz schon vorgearbeitet erhält.» Durch das Lesen komme also die «bearbeitete Masse» immer wieder «in frischthätige Gefäße» und werde dadurch «Glied des wirksamen Geistes». Absicht des Autors könne es also nicht sein, etwas an und für sich abzubilden und darzustellen, sondern seinen Leser in geistige Tätigkeit zu versetzen. Darin liegt für Novalis der eigentliche Kern einer romantischen Kunst. Romantisieren sei «eine qualit[ative] Potenzirung» und heiße, «dem Gemeinen einen hohen Sinn, dem Gewöhnlichen ein geheimnißvolles Ansehn, dem Bekannten die Würde des Unbekannten, dem Endlichen einen unendlichen Schein» zu geben, was dann zu der bündigen Definition leitet:

>»Die Kunst, auf eine *angenehme* Art zu *befremden,* einen Gegenstand fremd zu machen und doch bekannt und anziehend, das ist die romantische Poëtik.»

Solche Selbsterkenntnis des Schöpferischen entsprach im Grunde der Selbsterkenntnis des Ich in Fichtes Philosophie, das sich im Nicht-Ich vor sich selbst entfremdete, um dann im Prozeß des handelnden Erkennens das Fremde aufzuheben und als Teil seiner selbst ins Bewußtsein zu heben. Darauf bauen alle weiteren einzelnen Überlegungen von Novalis zur Literatur und ihren Gattungen. Für den Roman wird die Forderung nach einer fortlaufenden Handlung aufgegeben, das einzige Ziel des Romandichters sei vielmehr, «mit Begebenheiten und Dialogen, mit Reflexionen und Schilderungen» Poesie hervorzubringen. Das Märchen, das Geheimnisvolles und Reales am natürlichsten und selbstverständlichsten verbindet, erhält als freiester Tummelplatz von Phantasie und Ironie neue Bedeutung. Andererseits sollten wiederum «auch Geschäftsarbeiten» poetisch behandelt werden können, und das Äußerste einer derartigen experimentierenden Poesie bildeten dann «Erzählungen, ohne Zusammenhang, jedoch mit Association, wie *Träume.* Gedichte – blos *wohlklingend* und voll schöner Worte – aber auch ohne allen Sinn und Zusammenhang». Aus diesem Archiv hat die experimentelle Dichtung bis zur Gegenwart geschöpft, teils ganz direkt und bewußt, teils nur, indem man sich durch der Vorläufer legitimierte. Allerdings war es Novalis immer darum zu tun, aus der Fragmentierung und Verfremdung ein um so deutlicheres Bewußtsein des Zusammenhangs zwischen Kunst und Leben hervorwachsen zu lassen, während die spätere Literatur die gleichen Mittel eher benutzt hat, um die Trennung und den Zufall zu unterstreichen. Dies freilich bezeichnete nur den verschiedenen historischen Platz innerhalb ein und derselben Entwicklung: Wo Novalis noch hoffte und hoffen durfte, hatten die modernen Autoren dazu wenig Anlaß mehr.

Für Novalis war der Dichter insgesamt «Subjekt Objekt», denn «es kommt alles in ihm vor», und seine Arbeit bestand nicht mehr im Nachahmen und

Kopieren der Welt, sondern umgekehrt darin, «freyes Gemüth in eine scheinbare Weltkopey zu legen». Poesie entzog sich damit am Ende jeder genauen Definition, und unter den letzten Aufzeichnungen von Novalis befindet sich deshalb auch das Bekenntnis:

> «Worin eigentlich des Wesen der Poesie bestehe, läßt sich schlechthin nicht bestimmen. Es ist unendlich zusammengesezt und doch einfach. Schön, romantisch, harmonisch sind nur Theilausdrücke des Poetischen.»

Daraus ergeben sich zwei Folgerungen. Einmal zeigt sich nämlich, wie relativ der Begriff des Romantischen selbst von dessen Erweckern betrachtet wurde. Zum anderen aber gibt dieses Bekenntnis Anlaß, bei Novalis' literarischem Werk zu bedenken, daß es nicht schlechthin Vollzug einer Theorie ist und, obgleich es reinste Ausprägung des Romantischen in der deutschen Literatur zu sein scheint, dann doch auch wieder mit diesem Begriff allein nicht zu fassen ist. Die tiefe Religiosität, die aus den Fragmenten im letzten Jahr seines kurzen Lebens spricht, war ebensosehr von seinen persönlichen Erfahrungen geprägt wie von dem Universalismus im Konzept romantischer «transzendentaler Poësie». Wo im übrigen Kunst und Religion verschmolzen, war Religion als Transzendenzerfahrung, nicht als Konfession gemeint, und ihre Mythen waren die Metaphern für das Unfaßbare.

## Reaktionen

Wenn Goethes klassizistische Kunsterziehung in den *Propyläen* wenig öffentlichen Widerhall fand, so hatte die romantische Universalpoesie des *Athenaeums* mit all ihren kühnen Hypothesen und Analogien kaum Aussicht darauf, größeren zu finden. Die Aufforderung zum eigenen Fortdenken und Fortspinnen leitete Mißverständnisse ein oder führte zu blankem Unverständnis, Achselzucken und Spott. Das bekannteste Zeugnis dafür ist August von Kotzebues «drastisches Drama, und philosophisches Lustspiel für Jünglinge, in Einem Akt» unter dem Titel *Der hyperboreeische Esel oder Die heutige Bildung* (1799), über das im Zusammenhang mit der dramatischen Literatur der Zeit noch zu sprechen sein wird.

In seinen *Umrissen zur Geschichte und Kritik der schönen Literatur Deutschlands* schrieb Franz Horn über die Brüder Schlegel:

> «Beiden wackeren Brüdern hat man den Vorwurf gemacht, daß sie größtentheils durch ein Schreckensystem eine poetische *Schule* gestiftet hätten, welches Unternehmen von Hochmuth zeigend, der literarischen Republik Schaden zugefügt habe, und stets zufügen werde. Ich kann diesem Urtheile nicht nur nicht beistimmen, sondern ich möchte den geistreichen Brüdern eben den Vorwurf machen, daß sie *keine* Schule gestiftet haben.»

Der beobachtende Zeitgenosse sah hier klar, wie wenig einheitlich all das war, was damals, angeregt durch die kühnen Hypothesen insbesondere Friedrich Schlegels, in der deutschen Literatur entstand, wie wenig es geeignet war, im Sinne einer Schule durchgestaltete Kunstwerke hervorzubringen, und wie stark es vor allem dem Mißverständnis oder Unverständnis Vorschub leistete. Friedrich Schlegel veröffentlichte im letzten Heft des *Athenaeums* einen Aufsatz *Über die Unverständlichkeit* (1800) als Gesamtverteidigung gegen die verschiedensten Anwürfe und Kritiken. Die Ironie als «Form des Paradoxon» und damit alles Guten und Großen, heißt es darin, sei von den Kritikern noch nicht begriffen und zum Verständnis benutzt worden Denn Ironie bedeutete für Schlegel das Geistige schlechthin, das wirkende Prinzip, das alles Statische in Bewegung bringt, alles Existierende über sich hinausführt. Gerade dafür war ihm aber Unverständlichkeit ein notwendiges Instrument, solange sie nur nicht als ein Zustand an und für sich betrachtet wurde. Seinen Zeitgenossen hält er entgegen: «Wahrlich, es würde euch bange werden, wenn die ganze Welt, wie ihr es fordert, einmal im Ernst durchaus verständlich würde.» Am Anfang einer Epoche der industriellen Revolution und des wachsenden Triumphes der Naturwissenschaften war ein solcher Satz nicht ohne prophetische Qualitäten. Schlegel schrieb seinen Aufsatz in der Tat im Bewußtsein, an der Schwelle des 19. Jahrhunderts zu stehen, in dem, wie er hoffte, einmal «jeder die Fragmente mit vielem Behagen und Vergnügen in den Verdauungsstunden» werde genießen können, denn «die Morgenröthe hat Siebenmeilenstiefel angezogen». Diese Morgenröte, die bekanntlich nach 1790 immer wieder in den Schriften der Deutschen auftauchte, wird also hier am Ende des Jahrzehnts zu einer Art deutscher Märchengestalt. Denn erfüllen konnten sich Schlegels Erwartungen von der Poesie gewiß nicht, und das 19. Jahrhundert hat mit ihr am allerwenigsten anzufangen gewußt. Den historischen Grund dafür bezeichnete bereits die Rezension des *Athenaeums* in der *Allgemeinen Literatur-Zeitung* vom November 1799 sehr präzis. Die «Sucht nach Originalität», schreibt Ludwig Ferdinand Huber dort, werde weniger allgemeines Interesse hervorbringen als «literarischen Factionsgeist». «*Partheyhäupter* oder *Factionsstützen*» zu sein sei jedoch für Autoren «eine in Deutschland, wo es nur ein idealisches Publicum giebt, zweck- und wesenlose Rolle, die keinem Theile in irgend einer Rücksicht, Vortheil bringt». In diesem Sinne verlief denn auch die weitere Geschichte der «romantischen Universalpoesie». Zwar gingen die Anregungen dieser Jahre nicht verloren, sondern wirkten in Unterströmungen vielfach fort, aber da kein größeres, reales Publikum für die unternehmenderen Schriftsteller vorhanden war, da sich in der Provinzialität des Landes schwerlich genügend Subskribenten fanden, um eine anspruchsvollere Zeitschrift über Wasser zu halten, nahmen sich einzelne oder Gruppen nur das, was sie gerade für sich brauchen konnten, ohne noch dem wirklich zu entsprechen, was eigentliche Intention gewesen war. Als sich schließlich «Gegenfactionen» nach 1806 die

«Romantiker» als Angriffsziel ihrer Polemik schufen, war von dem ursprünglichen Geist selbst bei seinen einstigen Trägern, soweit sie noch am Leben waren, nur wenig oder nichts mehr vorhanden.

## Tieck und Wackenroder

Eine gute Aussicht, stärker zu wirken als die anspruchsvolle Denkvirtuosität von Friedrich Schlegel und Novalis, besaßen die Schriften Ludwig Tiecks und Wilhelm Heinrich Wackenroders. Bei ihnen bestand eher die Gefahr, daß ihre scheinbare Einfachheit, ja geübte Einfalt für bare Münze genommen und die auch in ihnen verborgene Ironie und Intellektualität übersehen wurde. Denn wenn sich Tieck mit Friedrich Schlegel und Novalis befreundete und 1799 nach Jena zog – Wackenroder war bereits Anfang 1798 gestorben –, so beruhte das vor allem auf den zahlreichen Gemeinsamkeiten in ihren Ansichten über Kunst und Literatur. Schon 1795 hatte Tieck in seiner Geschichte von *Peter Lebrecht* einen Satz geschrieben, der im Kern die Schlegelsche und Novalissche Definition des Romantisierens als künstlerischen Verfahrens enthielt, auch wenn es von Tieck nicht mit diesem Namen bezeichnet wurde. Dort heißt es:

> «Von Jugend auf ist es unser Studium gewesen, uns als *Fremde*, Sitten, Sprache, Kleidertrachten u. s. w. gewöhnlich zu machen; wir sollten es nur einmal versuchen, uns das *Gewöhnliche fremd* zu machen, und wir würden darüber erstaunen, wie nahe uns so manche Belehrung, so manche Ergötzung liegt, die wir in einer weiten, mühsamen Ferne suchen. Das wunderbare Utopien liegt oft dicht vor unsern Füßen, aber wir sehn mit unsern Teleskopen darüber hinweg.»

Novalis definierte in Aufzeichnungen aus dem Jahre 1798:

> «Indem ich dem Gemeinen einen hohen Sinn, dem Gewöhnlichen ein geheimnißvolles Ansehn, dem Bekannten die Würde des Unbekannten, dem Endlichen einen unendlichen Schein gebe so romantisire ich es.»

Tiecks Beobachtung war allerdings ohne philosophische und ästhetische Konsequenzen gedacht und geschrieben, wie der Verweis auf die traditionelle Rolle der Kunst als Belehrung und Ergötzung zeigt, die ja gerade von Schlegel und Novalis am entschiedensten durchbrochen wurde in Richtung auf ein Verständnis der Kunst als Medium des Handelns. Aber die Ansätze zu einer Verständigung lagen immerhin bereit. Im übrigen war Tieck seinem ganzen Wesen nach nicht Theoretiker, sondern Praktiker der Literatur, der früh schon in seiner Schülerzeit mit dem Romanschreiben begonnen hatte und der sich bald auch als Lyriker und Dramatiker übte und gerade in diesen Genres einflußreich wurde.

Tiecks im *Peter Lebrecht* avisierte Technik des Fremdmachens von Ge-

wöhnlichem führte ihn zur Neubearbeitung von alten Volksmärchen und
Volksbüchern, die er auf diese Weise nicht nur als historische Dokumente,
sondern auch als lebendige Poesie wieder zugänglich machen wollte. Einen
Höhepunkt seines Verfahrens erreichte er in den dramatischen Literatursati-
ren *Der gestiefelte Kater* (1797) und *Prinz Zerbino* (1799), in denen die Ironie
des Autors alle Handlung und Formen durchbrach und Literatur tatsächlich
zu einem Instrument der kritischen Reflexion nicht nur des Schreibenden,
sondern auch des Publikums machte. Autor, Setzer, Leser und Kritiker treten diskutierend auf der Bühne auf und schaffen so die beste Anschauung für
das, was Friedrich Schlegel in seinem 116. *Athenaeums*-Fragment von der
«romantischen Poesie» schrieb, daß sie nämlich «auf den Flügeln der poetischen Reflexion in der Mitte schweben» und «diese Reflexion immer wieder
potenziren und wie in einer endlosen Reihe von Spiegeln vervielfachen»
könne.

Aufmerksam gemacht werden muß in diesem Zusammenhang auf eine ästhetische Erscheinungsform des romantischen Ironisierens, die sich bei Tieck
besonders ausprägte, die aber ein Charakteristikum des Romantischen insgesamt wurde und sich als Tendenz in der Literatur der folgenden Jahre ausbreitete: die Hervorbringung von Literatur aus anderer Literatur. Der Begriff der romantischen Ironie machte allerdings im Grunde nur manifest und
erklärte zur Methode, was stets ein wesentlicher Faktor bei aller literarischen
Produktion gewesen ist. Abgesehen von hypothetischen Uranfängen ist Literatur niemals, auch in ihrer naivsten Form nicht, allein die unmittelbare Reproduktion von etwas Gesehenem oder Erfahrenem gewesen, sondern immer zugleich schon Reflexion auf andere Literatur, sei es nun in der Fortsetzung und Umgestaltung von Stoffen, Themen und Formen oder sei es in der
Aufnahme und Fortführung einer literatursprachlichen Tradition und ihrer
Topoi. Dieser interne Bereich der Literaturgeschichte wurde nun in der Begriffsbestimmung des Romantischen ins Bewußtsein gehoben. Was in Märchen, Geschichten oder Gedichten der Zeit um 1800 als volkstümliche
Schlichtheit erscheint, erweist sich bei genauerer Betrachtung oft als ein sehr
kunstvolles Spiel mit Bildern, Worten oder Gedanken anderer Literatur. Von
Tieck und Clemens Brentano wurde die Technik des Zitierens, Wiederauf-
nehmens, Adaptierens, Verweisens oder Parodierens von früher Geschriebe-
nem oft bis zu manieristischen Exzessen getrieben. Zum spezifisch Romantischen in einem solchen Verfahren gehört nun außerdem noch, daß es aus der
Besinnung auf eine große literarische Tradition hervorwuchs und durch sie
bestimmt wurde. Neben dem Aufgreifen volkstümlicher Überlieferung und
mittelalterlicher Dichtung stand damals die Einbeziehung kunstvoller Dichtungsformen der Renaissance und des Barock, also eben alles dessen, was gerade als «romantische Literatur» definiert wurde. Später trat die Literatur des
Orients hinzu, von der unter anderem Forster mit der *Sacontala*-Überset-
zung einen Vorgeschmack gegeben hatte.

Als Mischung spontanen Bekenntnisses und intellektueller Kunstanstrengung ist deshalb auch jenes Werk zu betrachten, das in der Kunstdiskussion der späten neunziger Jahre eine besondere, eigene Note setzte und beträchtlichen Einfluß auf das Kunstverständnis der Folgezeit ausübte: Wackenroders und Tiecks *Herzensergießungen eines kunstliebenden Klosterbruders* (1797). Das kleine Werk ist teils kunsttheoretische Abhandlung, teils Fiktion, und wenn der fiktive Verfasser «in der Einsamkeit eines klösterlichen Lebens» über die «kalten, kritisierenden Blicke» eines verständnislosen Publikums auf die Kunst klagte, so war damit noch nicht gesagt, daß sich die tatsächlichen Autoren, auch wenn sie gleiches empfanden, jeder intellektuellen Distanz gegenüber ihrem Klosterbruder und seinen Gedanken begeben hatten. Das Wort «Herzensergießungen» war im übrigen bereits Modewort einer gefühlsstarken Zeit.

August Wilhelm Schlegel hat die bewußte Romantisierungstendenz des Buches 1797 in einer Rezension deutlich herausgestellt:

> «Wer wird dem schlichten, aber herzlichen, Religiosen verargen, wenn er das Göttliche, was allein im Menschen zu finden ist, aus ihm hinausstellt, und das Unbegreifliche der Künstlerbegeisterung gern mit höheren unmittelbaren Eingebungen vergleicht oder auch wohl verwechselt? Wir verstehen ihn doch, und können uns seine Sprache leicht in unsre Art zu reden übersetzen. Jene hat überdieß, eben weil sie veraltet ist, den Reiz der Neuheit.»

Was Wackenroder, von dem der größere Teil dieser Schrift stammt, und Tieck im antiquarischen Bilde der Aufzeichnungen eines Mönchs darzustellen versuchten, war das Wesen des künstlerischen Schöpfertums und der Kunst überhaupt. Die Leser, auf die sie sich in erster Linie bezogen, lebten allerdings nicht in Weimar oder Jena, sondern in Berlin, dem Wohnsitz Tiecks und Wackenroders, in dem Friedrich Nicolai prominent residierte als scharfer Kritiker Goethes und der gesamten neueren Entwicklung in Literatur und Philosophie, denn Nicolai betrachtete das Kunstwerk vor allem als erziehende und somit nützliche Vermittlung allgemeiner Gedanken und nicht als Ausdruck persönlicher, subjektiver Erfahrungen. «Wo Belehrung, moralische Belehrung, der Hauptzweck der Dichtkunst ist, da wohnt ihr echter Genius nicht», heißt es in einer kleinen Schrift über Hans Sachs aus Wackenroders Nachlaß. Die Kunstschwärmerei in den *Herzensergießungen* war also in erster Linie Reaktion auf ein als überaltet und unwirksam empfundenes Kunstverständnis und dazu noch auf eine kommerzialisierte Unterhaltungskunst in Trivialdrama und Trivialroman, deren Zweck, wie August Wilhelm Schlegel in seiner Rezension schreibt, allein im «zerstreuenden Sinnengenuß» bestand. Ihm stellte sich in Wackenroders Worten der enthusiastische «Künstlergeist» gegenüber, der «die ganze Natur» in sich empfing, um sie «mit dem Geiste des Menschen beseelt, in schöner Verwandlung wiederzugebären». Schöpfung wie auch Rezeption des Kunstwerkes waren nicht mehr nur eine Sache des praktischen Verstandes, sondern «höherer Offenbarung», eine «Gnade des Himmels».

In ihrer Künstlerpsychologie ging es Wackenroder und Tieck also zunächst einmal darum, dem freien, kreativen Subjekt sein Recht werden zu lassen und es von didaktischen Pflichten zu befreien, die längst zu Konventionen erstarrt waren. Solche Opposition war nichts Neues mehr. Das Besondere an ihr bestand jedoch darin, daß der Künstler als Empfänger einer Offenbarung die Kunst in die Nähe der Religion rückte und sie damit, so schien es, überhaupt jeder gesellschaftlichen Verbindlichkeit enthob:

> «Jedes schöne Werk muß der Künstler in sich schon antreffen, aber nicht mühsam darin aufsuchen; die Kunst muß seine höhere Geliebte sein, denn sie ist himmlischen Ursprungs; gleich nach der Religion muß sie immer teuer sein; sie muß eine religiöse Liebe werden oder eine geliebte Religion.»

Gemeint war damit jener Universalismus, der ähnlich auch bei Friedrich Schlegel und Novalis zum Ausdruck kam und in dem Leben und Kunst in neuer Verbindung erscheinen sollten. Die Religion war dafür die geeignetste Metapher, denn im Begriffe des Transzendenten erhob sich der Mensch am deutlichsten über seine Beschränkungen. Allerdings haben die Protestanten Tieck und Wackenroder mehrfach ihren fiktiven Verfasser und einige seiner Korrespondenten den Katholizismus als wahre Kunstreligion feiern und Konversionen erwägen lassen, was zur fälschlichen Identifizierung des Romantischen mit dem Katholischen in der Literaturgeschichte nicht unwesentlich beigetragen hat. Die säkularen Folgerungen aus seiner Kunstreligion hat Wackenroder in seinem Aufsatz «Von zwei wunderbaren Sprachen und deren geheimnisvoller Kraft» am klarsten dargestellt, in dem über das Verhältnis von Natur und Kunst die Rede ist. Wenn die Sprache der Natur «uns durch die weiten Räume der Lüfte unmittelbar zu der Gottheit» hinaufzieht, heißt es dort, so schließt diejenige der Kunst «durch Bilder der Menschen» und als «Hieroglyphenschrift» «uns die Schätze in der menschlichen Brust auf, richtet unsern Blick in unser Inneres, und zeigt uns das Unsichtbare, ich meine alles was edel, groß und göttlich ist, in menschlicher Gestalt». Die Sprache der Kunst verbindet also alle Teile des menschlichen Wesens «zu einem einzigen, neuen Organ» und stellt auf diese Weise «höchste menschliche Vollendung dar». Wie Gott verstehend «die ganze Natur oder die ganze Welt» ansieht, so betrachtet der Mensch ein Kunstwerk. Es ist ihm die reinste und vollendetste Erfahrung der Totalität seiner Existenz als Einheit von Geist und Natur. Eine umgewertete und neubewertete Kunst sollte also moderne «Verworrenheit und Zerstückelung» – um die Schlegelschen Termini zu gebrauchen – aufheben und Leben und Kunst in eins bringen. Tieck bestätigt das ausdrücklich in den *Phantasien über die Kunst* (1799), die er aus eigenen Arbeiten und solchen aus Wackenroders Nachlaß zusammengestellt hatte. Über die «Ewigkeit der Kunst» heißt es dort: «Lasset uns [...] unser Leben in ein Kunstwerk verwandeln, und wir dürfen kühnlich behaupten, daß wir dann schon irdisch unsterblich sind.» Novalis und Schlegel haben in einem vergleichbaren Sinne von einer «Lebenskunstlehre» gesprochen.

Wackenroder und Tieck kleideten ihre Gedanken in die Form von Biographien oder fiktiven Bekenntnissen bildender Künstler zumeist aus der italienischen Renaissance, also aus jener Zeit, in der auch einer der Höhepunkte der romantischen Literatur als historischem Phänomen lag. Leonardo, Michelangelo und Raffael waren die großen Leitgestalten.

Raffaels «Sixtinische Madonna» in der Dresdner Gemäldegalerie war eine der tiefsten und nachdrücklichsten künstlerischen Offenbarungen für junge deutsche Intellektuelle in diesen Jahren. Wackenroder, der nicht über sein heimatliches Deutschland hinausgekommen ist, sah das Bild 1796, und 1798 pilgerten Novalis, Schelling, die Brüder Schlegel und Caroline zur Madonna bei Fackelschein. Das dritte Heft des *Athenaeums* brachte ein Preisgedicht auf das Werk.

Wackenroder fügte nun allerdings noch eine besondere historische Perspektive mit seinem «Ehrengedächtnis unsers ehrwürdigen Ahnherrn Albrecht Dürer» hinzu, das als Feier der «Deutschheit» die Tradition romantischer Kunst noch durch ein besonderes nationales Element ergänzte und zugleich in einer Zeit allmählicher industrieller Entfaltung dem Handwerk eine Art Denkmal setzte. Der nationalistische Dürer-Kult einer späteren Zeit hat hier seine ersten, wenn auch nicht die einzigen Anstöße erhalten.

Zu den aus der bildenden Kunst abgeleiteten Gedanken trat am Ende der *Herzensergießungen* noch *Das merkwürdige musikalische Leben des Tonkünstlers Joseph Berglinger* hinzu – eine der bedeutendsten Erzählungen über die Kollision zwischen Künstler und Gesellschaft in dieser ganzen Zeit. Aus ihr spricht zwar der gleiche Kunstenthusiasmus wie aus den früheren Betrachtungen, und Musik ist in vieler Hinsicht für Wackenroder nur ein Seitenstück zur geistigen und geistlichen Harmonie der Malerei, aber ihre «dunkle und geheimnisvolle Sprache» gibt zugleich auch schon die Ahnung von ihrem dämonischen, den Menschen zerreißenden Wesen. Das ist in einem «Brief Joseph Berglingers» in den *Phantasien über die Kunst* (1799) weiter ausgeführt, der von Ludwig Tieck herrührt. Darin ist von den Abgründen die Rede, die die Musik wegen ihrer Freiheit von allem Gegenständlichen am ehesten von allen Künsten enthülle. Statt daß sich Kunst und Leben vereinigen, drehen sie sich für Berglinger in einem Circulus vitiosus umeinander, so «daß der Künstler ein Schauspieler wird, der jedes Leben als Rolle betrachtet, der seine Bühne für die echte Muster- und Normalwelt, für den dichten Kern der Welt, und das gemeine wirkliche Leben nur für eine elende, zusammengeflickte Nachahmung, für schlechte umschließende Schale ansieht». Damit hatte die romantische Ironie tatsächlich ihren vollen Kreis durchlaufen, um am Ende dort anzukommen, von wo sie ausgegangen war. Reflexion und Ironie, durch die die Kunst als Mittel zur Versöhnung des Gegensätzlichen erhoben werden sollte, liefen also möglicherweise nur darauf hinaus, den unaufhebbaren Unterschied zwischen Realität und künstlerischer Fiktion erneut zu bestätigen.

Das Ergebnis war tiefe Kunstskepsis, ja Verachtung der Kunst, wovon sich in den Aufzeichnungen Berglingers bereits eines der rigorosesten Zeugnisse findet:

«Die Kunst ist eine verführerische, verbotene Frucht; wer einmal ihren innersten, süßesten Saft geschmeckt hat, der ist unwiederbringlich verloren für die tätige lebendige Welt. Immer enger kriecht er in seinen selbsteignen Genuß hinein, und seine Hand verliert ganz die Kraft sich einem Nebenmenschen wirkend entgegenzustrecken. – Die Kunst ist ein täuschender, trüglicher Aberglaube; wir meinen in ihr die letzte, innerste Menschheit selbst vor uns zu haben, und doch schiebt sie uns immer nur ein schönes Werk des Menschen unter, worin alle die eigensüchtigen, sich selber genügenden Gedanken und Empfindungen abgesetzt sind, die in der tätigen Welt unfruchtbar und unwirksam bleiben.»

Nicht viel anders klang es, als sich Brentano fast zwei Jahrzehnte später von der Kunst und ihrem totalen Anspruch abzuwenden versuchte. 1816 schrieb er an E. T. A. Hoffmann in einem – nie abgesandten – Brief: «Seit längerer Zeit habe ich ein gewisses Grauen vor aller Poesie, die sich selbst spiegelt und nicht Gott». Am Ende seines Lebens wurde daraus ein radikales Bekenntnis: «Wenn man in all das Ernste, Schauerliche hineingesehen hat – da ist's mit aller Poesie aus», und wenige Wochen vor seinem Tode an eine junge Verwandte: «O mein Kind! wir hatten nichts genährt als die Phantasie, und sie hatte uns teils wieder aufgefressen». Daneben blieb zu Zeiten der *Phantasien über die Kunst* freilich noch ungebrochen die Hoffnung bestehen: «Irgendeinmal müssen auf irgendeine Art alle Widersprüche gelöst werden.» Die Spannung zwischen diesen beiden Einstellungen und Erkenntnissen hat beträchtlich zu Reiz und Reichtum der Literatur in den folgenden Jahren beigetragen.

## Hölderlin und Schelling

Auch im *Ältesten Systemprogramm* Hegels, Schellings und Hölderlins ging die Poesie ein Bündnis mit Religion und Philosophie in universaler Absicht ein. «Wahrheit und Güte» waren «nur in der Schönheit verschwistert», wodurch «die Poesie» dann «eine höhere Würde» bekam:

«Sie wird am Ende wieder, was sie am Anfang war – Lehrerin der *Menschheit*; denn es gibt keine Philosophie, keine Geschichte mehr, die

Dichtkunst allein wird alle übrigen Wissenschaften und Künste überleben.»

Das «letzte, größte Werk der Menschheit» sollte allerdings auch hier nicht die «Dichtkunst», sondern eine «neue Religion» sein, die auf einer neuen «Mythologie der Vernunft» beruhte. Mythologie jedoch bedeutete nichts anderes als die anschauliche, «ästhetische» Erscheinung der Ideen, die Vereinigung von Wissen und Glauben, Philosophie und Religion in der ästhetischen Anschauung. Diese neue Religion des Systemprogramms war also eine säkulare Religion der Kunst, war «Universalpoesie» im ausgeprägtesten Sinne, denn sie sollte bewirken, was das Systemprogramm mit deutlichen politischen Untertönen als «allgemeine Freiheit und Gleichheit der Geister» bezeichnete.

Viele Vorstellungen und Gedanken in Hölderlins voraufgegangenen literarischen Werken laufen auf diese im Systemprogramm summierte Anschauung zu, und sein späteres Werk ist dann die angedeuteten Wege selbständig weitergeschritten. Als Kunstphilosoph hat sich Hölderlin nie verstanden. «Die Philosophie ist eine Tyrannin, und ich dulde ihren Zwang mehr, als daß ich mich ihm freiwillig unterwerfe», schrieb er am 24. Februar 1796 an Immanuel Niethammer in Jena. Immerhin jedoch kündigte er in eben diesem Brief eine philosophische Schrift, an der er arbeite, als «Neue Briefe über die ästhetische Erziehung des Menschen» an. Vollendet hat Hölderlin sie nicht, ebensowenig wie eine Reihe anderer Ansätze zu theoretischen Abhandlungen; die Fragmente sind erst mehr als hundert Jahre nach ihrer Entstehung veröffentlicht worden. «Poesie», das hat Hölderlin am 1. Januar 1799 in einem Brief an seinen Bruder bekannt, sei ihm nicht Spiel als Zerstreuung und «leere» Entspannung, «sondern die lebendige Ruhe, wo alle Kräfte regsam sind und nur wegen ihrer innigen Harmonie nicht als tätig erkannt werden». Diese Vorstellung von Kunst und speziell Dichtung als etwas Lebendigem, Produktivem steht hinter allen seinen bruchstückhaften Äußerungen zur Kunst, insbesondere dem Fragment philosophischer Briefe (um 1796/97), das unter dem Titel Über Religion bekanntgeworden ist, und dem großen Entwurf über «Begründung und Bedeutung des Gedichts» (1800), der in der späteren Veröffentlichung den Titel Über die Verfahrungsweise des poetischen Geistes erhielt.

Wie Goethe in seinen naturwissenschaftlichen Studien, wie Schelling in seiner Weltseele, wie Novalis in seinen Enzyklopädie-Plänen und seiner poetischen Identifikation von Natur, Mensch und Gott geht auch Hölderlin von der «unendlichen Einheit» alles Seienden aus. Der poetische Geist habe sich, so schreibt er in dem letztgenannten Aufsatzfragment, einen «unendlichen Gesichtspunct» zu geben und die poetische Individualität zugleich «Vergegenwärtigung des Unendlichen» zu sein: In solcher «Identität» und Einheit liege ihr «göttlicher Moment». Hölderlins theoretische Überlegungen sind in erster Linie Begleittext zu den schöpferischen Anstrengungen seines literari-

schen Werks und nicht im gleichen Maße selbständig wie etwa Schillers
ästhetische Abhandlungen oder auch nur Novalis' oder Friedrich Schlegels
fragmentarische Reflexionen. Kein anderer deutscher Schriftsteller dieser
Zeit hat so tief an der Disharmonie und Einseitigkeit der Welt um ihn herum
gelitten wie Hölderlin. Solche Disharmonie war für ihn nicht nur intellektuelle Erkenntnis oder gar bloß ein philosophischer Gemeinplatz, sondern eine
sehr konkrete Erfahrung in seinem eigenen Vaterland; er hat sich darüber in
mitreißender Rhetorik in seinem *Hyperion* geäußert und die geistige Klein-
krämerei und Borniertheit unter den Deutschen auch in seinen Briefen immer wieder getadelt. Wenn er der profunden Verzweiflung an der Gegenwart im Kunstwerk die äußerste, höchste Einheit und Totalität der Welt gegenüberstellen wollte, so waren hier Brücken von einer Spannweite zu schlagen, die sich aus dem brüchigen Material der überlieferten Sprache kaum
noch bauen ließen. Das erweisen nicht nur seine Gedichte, sondern auch die
theoretischen Abstützungen, die letztlich kein Gerüst liefern, sondern nur
Ansätze dazu, die aber immerhin eine Andeutung von der projektierten Gesamtkonstruktion geben können.

Neben der versuchten Bestimmung der Dichtkunst als Bild einer Ganzheit, einer «Einigkeit mit allem, was lebt», hat Hölderlin noch ausführliche
Überlegungen zu den einzelnen poetischen Gattungen angestellt, die er unter dem Begriff der «Töne» des «Naiven», «Heroischen» und «Idealischen»
zu fassen und in ihren komplizierten Verhältnissen zueinander zu bestimmen
versuchte. Hier also ging es ihm um die Trennung des «Einigen», um die
Analyse, die wiederum Anleitung zur schöpferischen Synthese sein sollte.

Was Hölderlin von seinen Altersgenossen unter den deutschen Schriftstellern unterschied, war sein besonders enges Verhältnis zur Antike in Stoffen
und Formen seiner Dichtung. Aber nicht anders als Friedrich Schlegel ging
auch er, wie das in dem Aufsatzentwurf *Der Gesichtspunct aus dem wir das Altertum anzusehen haben* (1799) zum Ausdruck kommt, von der eigenen prinzipiellen Unterschiedlichkeit in einer geschichtlichen Situation aus, in der die
Gegenwart durch die Überfülle der vergangenen Kultur erdrückt zu werden
schien. Der moderne «Bildungstrieb» stand der in sich selbst ruhenden Harmonie der Antike diametral gegenüber, aber er gehörte zugleich als Fort-
schritts- und Perfektibilitätsdenken der neueren Zeit zu als ihr positives Charakteristikum. Für Hölderlin war dieser Bildungstrieb bisher ein blind wir-
kendes Instrument gewesen, das deshalb zu den Verirrungen der Gegenwart
geführt hatte. Darum forderte er, ihn nun mit Bewußtsein zu gebrauchen,
was jedoch nur geschehen konnte, wenn man sich seines Ursprungs, seiner
Geschichte und deren Richtungen versicherte. Das aber leitete zu dem «gemeinschaftlichen ursprünglichen Grunde» zurück, denn «im Urgrunde aller
Werke und Thaten der Menschen» fühlen wir uns «gleich und einig mit allen». Die Ganzheitsvorstellungen werden also auf den geschichtlichen Lauf
der europäischen Kultur übertragen, und in der Besinnung auf ihre Ursprün-

ge sind Lauf und Richtung der modernen Bildung unter Überspringung aller Verirrungen neu zu bestimmen. Hölderlins «Gesichtspunct» für die Betrachtung der «Alten» ist ein historischer und zeitkritischer, der sich von jedem ästhetischen Klassizismus strikt unterscheidet. Der Roman von den Leiden des jungen Griechen Hyperion spielt bezeichnenderweise in Griechenland am Ausgang des 18. Jahrhunderts.

Von den drei Tübinger Freunden und Autoren des *Systemprogramms* war es Schelling, der unmittelbar in Verbindung mit dem Kreis um die Schlegels trat, als er 1798 nach Jena kam, wo er zunächst bis Mai 1800 blieb und sich dann noch einmal von 1801 bis 1803 niederließ. Zu dieser Zeit kam auch Hegel als Privatdozent nach Jena. Beide haben die Kunst zu einem Gegenstand ihres Philosophierens gemacht, Schelling bereits am Ende seines *Systems des Transzendentalen Idealismus* (1800), der Summe seiner frühen Philosophie, und danach 1802 in dem Anfang und «Allgemeinen Teil» einer *Philosophie der Kunst*, die aber als Ganzes Fragment blieb.

In Schellings *System* erhielt die Kunst als das Universalmittel junger deutscher Intellektueller gegen das Siechtum ihrer Zeit die letzte, höchste Verklärung. Sie sei, so schreibt er, «das ewige Organon zugleich und Dokument der Philosophie» und vermöge, dasjenige «objektiv zu machen», was der Philosoph subjektiv darstellen könne. Deshalb werde die Philosophie «und mit ihr alle diejenigen Wissenschaften, welche durch sie der Vollkommenheit entgegengeführt werden, nach ihrer Vollendung als ebensoviel einzelne Ströme in den allgemeinen Ozean der Poesie zurückfließen, von welchem sie ausgegangen waren». Wie die «neue Mythologie» einer solchen Universalpoesie freilich «entstehen könne, dies ist ein Problem, dessen Auflösung allein von den künftigen Schicksalen der Welt, und dem weiteren Verlauf der Geschichte zu erwarten ist». Damit hat Schelling sehr bündig und treffend Größe und Grenzen der romantischen «Universalpoesie» zusammengefaßt, denn der weitere Verlauf der europäischen Geschichte nach 1800 hat dann sein Problem keineswegs einer Lösung zugeführt, sondern es selbst zu einem Stück Geschichte gemacht.

Danach blieb den Ästhetikern hauptsächlich das Zusammenfassen, Systematisieren, Sichten, Werten und Kritisieren vorbehalten. Das geschah in Werken wie Schellings 1802 begonnener *Philosophie der Kunst*, Jean Pauls *Vorschule der Ästhetik* (1804), in verschiedenen Vorlesungen und Schriften der Brüder Schlegel sowie im umfassendsten Maße in Hegels Vorlesungen über die Ästhetik. Darüber wird an späterer Stelle zu sprechen sein. Unmittelbar mit der Kunsttheorie der neunziger Jahre war jedoch noch August Wilhelm Schlegel verbunden, der zugleich ihr erster Historiker wurde.

## August Wilhelm Schlegel

August Wilhelm Schlegel hat an dem spekulativen Fragmenten-Spiel des Bruders mit Analogien und Assoziationen kaum teilgenommen; seine Sache war eher das ruhig abwägende Kunsturteil. Von den frühen neuniger Jahren an begleitete er die deutsche Literatur als einer ihrer glänzendsten und verständnisvollsten Kritiker, der freundlich und gemessen das Neue förderte, der das Große sachlich zu loben verstand und das Triviale und seine Mechanismen entblößte. Als Göttinger Student hatte er Ende der achtziger Jahre enge Beziehungen zu Gottfried August Bürger unterhalten, der damals das Sonett wieder in die deutsche Lyrik zurückholte und unter dessen Pflege Schlegels erste eigene Sonette entstanden. Das Sonett jedoch war romantische Dichtung, das heißt es gehörte in die Tradition christlich-europäischer Literatur, deren Heroen Dante, Petrarca und Shakespeare zugleich seine ersten Großmeister waren. Als Sonettdichter wie als Übersetzer italienischer, spanischer und portugiesischer Lyrik und später dann auch spanischer Dramatik inspirierte Schlegel zahlreiche junge Autoren, ihm teils als Dichter, teils als Übersetzer und Interpreten des Kanons romantischer Literatur zu folgen. Auf diese Weise wurden romanische Vers- und Strophenformen für die deutsche Literatur erschlossen; Sonett, Terzine, Stanze, Romanze, Kanzone oder Glosse breiteten sich als regelrechte Zeitmode aus. Schlegels Verdienst als Übersetzer Shakespeares wird später noch zu betrachten sein.

1798 hatte Schlegel eine Professur in Jena erhalten, und hier trug er im folgenden Jahr seine *Vorlesungen über Philosophische Kunstlehre* vor, die «Jenaer Vorlesungen». Sie enthielten eine Ästhetik der Gattungen und Kunstarten, die sich nicht mehr an klassischen Normen orientierte, sondern wo immer möglich ihre Beispiele aus der romantischen Literatur holte und von daher auch den Ansatz zu einer Neubewertung einzelner Formen bot, der Novelle, der Volkspoesie und Ballade Aufmerksamkeit widmete und vor allem der mittelalterlichen Dichtung ihren Rang im Gesamtgefüge der Ästhetik zusprach. Was Schlegel in Jena begann, führte er danach in Berlin in größerem Zusammenhang aus. Dorthin war er 1801 als Privatgelehrter übergesiedelt und dort hielt er zwischen 1801 und 1804 seine *Vorlesungen über schöne Litteratur und Kunst*. Sie waren freie Vorlesungen für die interessierte Öffentlichkeit und begründeten eine Kommunikationsform zwischen Wissenschaftlern und Publikum, wie sie in den folgenden Jahren noch vielfach benutzt wurde von Schlegel selbst, von seinem Bruder, von Adam Müller, Fichte und Henrik Steffens. Teils waren es literaturpädagogische Motivationen, die zu solchen Vorlesungszyklen veranlaßten, denn in ihnen trafen sich Adel und gebildetes Bürgertum auf neutralem Grunde, so daß sie immerhin als Kern einer realen deutschen Öffentlichkeit verstanden werden konnten; teils waren die Vorlesungen eine schiere Notwendigkeit, wenn man überhaupt dort öffentlich auftreten wollte, wo noch keine Universität bestand oder aber die herrschende Lehrmeinung im Gegensatz zu der vorzutragenden stand.

Seinen Grundsatz einer Literaturgeschichte hatte Schlegel bereits 1795 in den *Briefen über Poesie, Silbenmaß und Sprache* verkündet. Anstatt Literaturtheorie für sich selbst darzulegen, solle man, meint er dort, lieber die historische Form wählen, «denn indem man erklärt, wie die Kunst wurde, zeigt man zugleich auf das einleuchtendste, was sie sein soll». Das geschah nun in Berlin in großem Wurf und in drei Teilen, einer Ästhetik der Formen, die eine Fortentwicklung seiner Jenaer «Kunstlehre» war, einer Geschichte der klassischen Literatur und schließlich einer Geschichte der romantischen Literatur. Die beiden Begriffe «klassisch»und «romantisch» wurden also deutlich einander entgegengestellt und von einander abgesetzt. Was Schlegel damit beabsichtigte, hat er selbst in der Einleitung zu den Vorlesungen «Über die romantische Poesie» dargelegt:

> «Den Zweifel, welcher sich hie und da noch regt, ob es denn wirklich eine romantische, d. h. eigenthümlich moderne, nicht nach den Mustern des Alterthums gebildete, und dennoch nach den höchsten Grundsätzen für gültig zu achten, nicht bloß als wilde Naturergießung zum Vorschein gekommene, sondern zu ächter Kunst vollendete, nicht bloß national und temporär interessante, sondern universelle und unvergängliche Poesie gebe: diese Zweifel, sage ich, hoffe ich befriedigend zu heben.»

Damit etablierte Schlegel die romantische Literatur als historische Kategorie und identifizierte sie mit der modernen. Die frühere Unterscheidung Friedrich Schlegels zwischen dem Modernen und einer romantischen Universalpoesie als der Poesie eines zukünftigen Gesellschaftszustandes war fortgefallen. Romantische Literatur war jetzt die Literatur der «*Hauptnationen* des neueren Europa» seit dem Mittelalter. Auf diese Weise entstand das theoretische Gerüst für die Geschichte kultureller Traditionen im nationalstaatlichen Europa des 19. Jahrhunderts.

Durch dieses Europa reiste August Wilhelm Schlegel nach 1804 für mehr als ein Jahrzehnt als Reisebegleiter der Madame de Staël. Sein Bruder war 1802 nach Paris gegangen, von wo er die Zeitschrift *Europa* herausgab, in der er feststellte, «daß jene Europäische Trennung des Classischen und des Romantischen eigentlich unnatürlich und durchaus verwerflich sey». Der gesamteuropäischen Tradition einschließlich der Antike stellte Friedrich Schlegel nun die asiatische Welt mit ihren Mythen und ihrer religiösen Intensität gegenüber, denn vom Religiösen allein erhoffte er jetzt die Aufhebung der «Trennung» in allen politischen, geistigen und praktischen Verhältnissen, nachdem «der Mensch selbst fast zur Maschine geworden» sei. Damit rettete er alte Vorstellungen von der Macht der Poesie in die historische Arena hinüber und verband mit ihnen seine stärker werdenden religiösen Neigungen und sein Interesse an der asiatischen Kultur. Außerdem aber demonstrierte er damit seine eigene große intellektuelle Beweglichkeit sowie die rasche geistige Bewegung seiner ganzen Zeit, für den späteren Betrachter jedoch auch die gleitende Bedeutung ihrer Begriffe.

WERKE

FÜNFTES KAPITEL

ERZÄHLENDE LITERATUR

*1. Literatur für Leser*

Im Zeitalter der Aufklärung wandelte sich Lesenkönnen allmählich von einem Privileg der Wenigen in einen allgemeineren Besitz. Wo aber Leser sind, da gibt es auch Autoren. Die Verbreitung der Lesekultur im 18. Jahrhundert führte mithin zur Etablierung des professionellen freien Schriftstellers, der seinen Lebensunterhalt darin suchte, zur Erbauung, Belehrung und Unterhaltung eines größeren Publikums beizutragen. «Dem leiblichen Hunger der Schriftsteller verdankt das Publikum seine geistliche Sättigung», schreibt Jean Paul in einer Satire «Über die Schriftstellerei» in den *Grönländischen Prozessen* (1783), und er fügt hinzu:

> «Der leere Magen setzt einen Autor in ein gelehrtes Feuer durch die von unten aufsteigenden Dünste, die durch ihre Entzündung sein ganzes Ideengebiet oder seinen Wolkenhimmel so sehr erhellen, daß er lauter neue Wahrheiten sieht und dem Drange endlich weicht, sie durch die Presse mitzutheilen. Daher begünstigt eine Theurung die Erfindkraft der gelehrten Republik ungemein, und ein Miswachs des Getraides verspricht eine reichliche Ernte von Büchern.»

Die größer werdenden Büchermärkte der Frühjahrs- und Herbstmessen veranschaulichten den Zusammenhang von Geist und Materie, und Kunst und Kommerz traten in ein neues, engeres Verhältnis. Gemessen an den Buchumsätzen des 20. Jahrhunderts waren die Auflagen freilich noch bescheiden, und auch die Zahl der Lesekundigen darf nicht überschätzt werden, denn Deutschland war um 1800 noch zu neun Zehnteln ein Agrarland mit einer weitgehend analphabetischen Landbevölkerung. Aber förderten die Schulen nach und nach die Fähigkeit des Lesens, so Lesegesellschaften, Leihbibliotheken und schließlich der Wettbewerb der Autoren selbst die Lust daran.

Die Literatur, von der hier die Rede ist, war Prosaliteratur, waren Romane und Erzählungen, die von den meisten, klassisch gebildeten Schulphilologen noch gar nicht als Literatur betrachtet wurden. Ihnen galt allein das Epos als würdige, kunstgemäße Erzählform, und es hat noch lange gedauert, bis die Theorie schließlich die Praxis anerkannte. Gattungsprobleme sind Kommunikationsprobleme. Die Art, sich auszudrücken, ist zugleich die Art, sich anderen mitzuteilen. Die metrische Sprechweise des Epos war in erster Linie für den öffentlichen Vortrag durch einen geübten Interpreten oder Erzähler bestimmt. Unter den Zuhörern setzte es wenn nicht literarische Bildung, so doch ein Traditions- und Normenbewußtsein voraus. Prosa jedoch wandte sich an den einzelnen, an das freie Subjekt, das die große Entdeckung und der Mittelpunkt allen aufklärerischen Denkens war. Prosa war die Sprache des Alltags und, wenn man nur lesen konnte, ohne Vorbedingung und unmittelbar zugänglich. Im Lesen war der einzelne mit sich und der Literatur allein. Allenfalls fand man sich in kleinen Familien- oder Freundeszirkeln zusammen, in denen vorgelesen wurde, was den privaten Charakter der Rezeption durch die Gleichgesinntheit jedoch nur verstärkte. Im Vorwort zu seinem Roman *Herrmann und Ulrike* (1780) nennt Johann Carl Wezel diese neue, noch viel verachtete Kunstform «die wahre bürgerliche Epopee», und ein anonymer Verfasser erläutert 1787: «Nur weil er eine bürgerliche und keine heroische Epopee ist, schreibt man ihn gewöhnlich in Prosa.» Hegel hat dann später aus der Definition des Romans als bürgerlicher Epopöe eine ganze Theorie dieser Kunstform entwickelt.

Die Prosaliteratur des 18. Jahrhunderts kam als Leseliteratur und Literatur für Leser dem bürgerlichen Selbstbewußtsein und dem Bedürfnis nach Selbstfindung und Selbstverständnis entgegen und förderte beide auf ihre Weise und in ständiger Wechselwirkung mit der Entwicklung in Geschichte und Gesellschaft. Der immense Erfolg von Goethes *Werther* mag als ein Beispiel dafür gelten, wie die Teilnahme des Lesers an den intimsten Briefbekenntnissen eines sich der Welt entfremdenden einzelnen Projektionen eigener Konflikte auf die literarische Gestalt ermöglichte, und der Freitod einer Weimarer Leserin mit dem *Werther* in der Handtasche demonstrierte auf extreme Weise ein neues Verhältnis zur Literatur: das völlige Alleinsein des Individuums mit ihr. Werther selbst war im übrigen mit seiner Abwendung vom geliebten Homer auf dieser Bahn vorangegangen und hatte seinen literarischen Geschmack zum immer Privateren und Individuelleren gewandelt.

Die Literatur für Leser ermöglichte nun allerdings nicht nur die intensive Projektion persönlichster Gefühle auf die literarische Gestalt, sondern auch die Ausbeutung dieser Gefühle durch die Kommerzialisierung. Mit der Fähigkeit zum Lesen geht das Bedürfnis danach Hand in Hand, das durch einzelne markante Werke wie etwa den *Werther* nur sehr ungenügend gestillt werden konnte, wenn diese Werke nicht gar einen großen Teil des Publikums überforderten. Aus diesem Bedürfnis entstand die Unterhaltungsliteratur, die in der zweiten Hälfte des 18. Jahrhunderts in Deutschland lawinenhaft anwuchs. Kamen 1750 insgesamt 28 neue Romane oder Erzählbände heraus, so waren es 1800 nicht weniger als 375. Unterhaltungsliteratur als triviale, ephemere Kunst ist stets derivativ. Sie leiht sich nicht nur Gestalten, Motive und Themen von anderer Literatur aus, sondern auch die Konflikte und deren Lösungen, die sie nur dem Geschmack des erwarteten Publikums zuliebe ein wenig zubiegt oder ausschmückt und jedenfalls verflacht. So gab es nach dem *Werther* die verschiedensten Wertheriaden, nach dem *Robinson Crusoe* die Robinsonaden. Aber die Unterscheidung zwischen originaler und derivativer oder trivialer Kunst ist nicht immer leicht zu treffen. Auch die allein aus kommerziellem Interesse für die nächste Messe produzierenden Schriftsteller besaßen nicht selten originelle Phantasie oder waren in der Lage, Zeitprobleme sichtbar zu machen und Verständnis zu fördern. Deshalb hatte die bald einsetzende Kritik an der Lesesucht des Publikums nicht allein ihren Ursprung in erzieherischer Verantwortung, sondern wurde gelegentlich auch offiziellerseits durch die Furcht bestimmt, das Lesen könnte die Leser politisch allzu unabhängig und selbständig machen.

Dennoch war die weitaus größere Menge der in der zweiten Hälfte des 18. Jahrhunderts in Deutschland hervorgebrachten Literatur ohne künstlerischen und historischen Belang. Moden bestimmten den Stoff. Themen der Zeit wurden zwar aufgegriffen, aber zumeist in der Darstellung derartig entstellt oder sentimentalisiert, daß Lesen nicht mehr einen Schritt zur Selbsterkenntnis darstellte, sondern sie im Gegenteil verhinderte. Damit aber schien sich die bürgerliche Erzählkunst bereits in ihren Anfängen ad absurdum zu führen. Kritik an der Lesesucht griff um sich. In einem Brief vom 14. August 1797 bestätigt der junge Clemens Brentano, der sich bald darauf anschickte, selbst einen Roman zu schreiben, wenngleich einen «verwilderten», die Ansicht seines Bruders Georg, «die Lektüre auch von den besten Romanen sei entweder unnütz oder schädlich»:

> «Ich sehe nach und nach immer mehr ein, daß durch sie eine Menge unsrer Handlungen unwillkürlich bestimmt werden, und daß Frauenzimmer besonders am Ende ihres Lebens nichts als Copien der Romancharaktere waren, die ihnen die Lesebibliotheken ihres Ort[s] dargeboten haben».

So werde, fährt Brentano fort, die Lektüre «Bedürfnis und Verführung» zu einem «unseligen Dünkel von Selbstkraft und Egoismus».

Schriftsteller wie Friedrich Nicolai, die aus voller aufklärerischer Überzeugung handelten, versuchten, mit einer Rezensions- und Leserpolitik den guten Geschmack zu steuern und zu fördern. In der «Vorrede» zu seiner *Allgemeinen Deutschen Bibliothek* schreibt Nicolai schon 1765:

> «Die Leser sind in vielen Dörfern und Städten, zum Theil in kleinen Städten wo nicht einmal ein Buchladen befindlich ist, zerstreuet, und ihnen ist also sehr damit gedienet, zuverläßige Nachrichten von den neuen Büchern und von ihrem wahren Werthe zu erhalten.»

Mit der Literatur für Leser bildete sich als notwendige Ergänzung die Literaturkritik heraus, was am Ende des Jahrhunderts dann Friedrich Schlegel sogar dazu verführte, Kritik überhaupt als festen, vollendeten Bestandteil der Literatur zu betrachten.

## 2. Der Aufstieg des Romans

Im 18. Jahrhundert bildete sich der Roman zur dominierenden Form der erzählenden Literatur heraus, auch wenn ihm die volle Anerkennung der Ästhetiker versagt blieb, bis er im 19. und 20. Jahrhundert zur verbreitetsten literarischen Form überhaupt wurde. Seine Popularität ist darin begründet, daß sich in ihm am ehesten und besten die Innenwelt des mündigen, seiner selbst bewußten Individuums mit der komplexen Außenwelt der modernen Gesellschaft künstlerisch in Beziehung setzen ließ. Im Vergleich zu den in eine archaisch-kultische Ferne zurückreichenden Formen des Dramas, der Lyrik und des Epos war der Roman die weitaus jüngste Kunstform, deren Entwicklung sich sozusagen noch unter den Augen der Gegenwart vollzogen hatte, und wofür authentische Dokumente vorlagen. Wenngleich es mit den Romanen der Spätantike schon klassische Vorbilder der längeren Prosaerzählung gab, so begann der moderne Roman doch erst mit der Auflösung der mittelalterlichen Epen und der Kritik an ihrer Vorstellungswelt. Cervantes' *Don Quijote* (1605–15) ist das herausragende Beispiel dafür.

Der deutsche Roman des 18. Jahrhunderts entwickelte sich vor allem unter dem Einfluß des englischen und französischen Romans. Waren im 16. und 17. Jahrhundert die Romane von Rabelais, Lesage, Lohenstein, Zigler, Grimmelshausen oder Reuter vorwiegend Einzelleistungen gewesen, so schufen die Briten nach 1700 zum erstenmal eine umfassende und populäre nationale Romankultur als Spiegel einer zu politischer und ökonomischer Macht aufsteigenden bürgerlichen Gesellschaft. Defoes *Robinson Crusoe* (1719) als die Geschichte eines Bürgers, der auf einer Insel die moderne Welt mit eigenen Händen neu erschafft, bot das anschauliche Beispiel für ein solches gesellschaftliches Selbstbewußtsein des dritten Standes. Die Bücher von Swift, Fielding, Richardson, Smollett, Goldsmith und Sterne schlossen sich jedes auf seine Weise diesem Beispiel an. Für die Entwicklung des Romans als Kunstform wurden dabei Fielding, Richardson und Sterne am bedeutendsten und einflußreichsten. In seinem *Tom Jones* (1749) hatte Fielding nicht nur den pikaresken Roman mit einem durch und durch bürgerlichen Helden fortgeführt, sondern den Helden als Findling auch ähnlich wie Defoe gänzlich auf sich selbst und die eigene Tüchtigkeit oder das eigene Glück gestellt. Außerdem aber bezeichnete der erste Satz des Buches mit geradezu formelhafter Klarheit das neue, kommerzielle Verhältnis des Romanschreibers zur Öffentlichkeit. Der Autor solle nämlich, so heißt es da, sich «nicht als Gentleman betrachten, der ein Privat- oder Wohltätigkeitsessen» veranstalte, sondern als einer, «der eine öffentliche Garküche unterhält, in der jedermann für sein Geld willkommen ist». Richardsons große Leistung in seinen Briefromanen *Pamela* (1740) und *Clarissa Harlowe* (1747–48) war die Erschließung der intimen Gefühlswelt seiner bürgerlichen Romanpersonen dadurch, daß er den Leser zu einer Art Voyeur machte, indem er ihn an einer persönlichen und privaten Korrespondenz teilnehmen ließ. Der Erzähler trat also hier hinter seine Gestalten zurück und ließ sie für sich selbst sprechen. Diese Beschränkung der Rolle des über seinen Gestalten stehenden Erzählers hat dann Laurence Sterne im *Tristram Shandy* (1759–67) bis zum äußersten Extrem getrieben, indem er den Helden seines Buches selbst zum Erzähler machte und, da dieser zum Beispiel auch über seine eigene Zeugung und Geburt zu berichten hatte, auf solche Weise ein ironisches Verwirrspiel veranstaltete, aus dem sich allerdings gerade die absolute Herrschaft und Autorität des erzählenden Ichs herauskristallisierte. In Friedrich Schlegels *Brief über den Roman* (1800) gilt Sterne als einer der Anreger des romantischen Romans, so wie ihn Schlegel sich vorstellte.

Ein anderes Werk, das Schlegel nennt, ist Diderots *Jakob und sein Herr*. Von den französischen Romanautoren waren es insbesondere Voltaire und Rousseau gewesen, die seit der Mitte des Jahrhunderts die Deutschen beeinflußt hatten. Voltaires *Candide oder der Optimismus* (1759) wurde zum Inbegriff der Satire schlechthin, und Rousseaus großer Briefroman *Julie oder Die neue Heloise* (1761) ergänzte nicht nur Richardsons Romanwerk, sondern erschloß zugleich neue Dimensionen der Innenwelt seiner Gestalten, indem er auch die Konfliktsituationen verinnerlichte. Diderots Roman war unter dem Einfluß Sternes am Anfang der siebziger Jahre entstanden, wurde aber nur in Abschriften verbreitet, bis 1792 eine deutsche Übersetzung erschien, der 1796 die französische Originalausgabe folgte. Für den deutschen Roman um 1800 handelte es sich also bei diesem Buch um eine aktuelle Neuerscheinung, die noch dazu in der Zeit nach der Französischen Revolution durch die Behandlung des Verhältnisses zwischen Herr und Diener politische Brisanz bekam.

Bei Diderot ebenso wie bei Sterne beschränkte sich der Roman als Zeugnis für die Begegnung von Innenwelt und Außenwelt allerdings nicht darauf, daß dem Leser die intime Teilnahme an einer scheinbar privaten Geschichte ermöglicht wurde, wie das beim Briefroman der Fall war. In beiden Werken verzichtete der Autor vielmehr auf eine geschlossene, von ihm regulierte Handlung und setzte das Subjekt als Erzähler in sein unbegrenztes Recht ein. Diderot erklärt deshalb auch rundheraus: «Es ist offensichtlich, daß ich keinen Roman schreibe, weil ich das außer acht lasse, was ein Romanschriftsteller zu benutzen keinesfalls verfehlen würde.» Hier wird also bereits an den Grundfesten des Romans als einer konsekutiven Erzählung gerüttelt. In seiner Poetik des romantischen Romans erklärte Friedrich Schlegel später, auf solchem Wege weitergehend, daß er den Roman, «in sofern er eine besondre Gattung seyn will, verabscheue». Schon im Zeitalter seines Aufstiegs also läßt der Roman die Grenzen seiner Möglichkeiten erkennbar werden, aber auch den Reiz, den er als neue, normativ nicht festgelegte Kunstform auf die Autoren ausübte.

Der deutsche Roman im 18. Jahrhundert begann sich als Gattung zu profilieren, als sowohl die Briten wie die Franzosen ihr Bestes bereits geleistet hatten. Die beiden ersten Romane von europäischem Rang waren Wielands *Geschichte des Agathon* (1766–67) und Goethes *Die Leiden des jungen Werthers* (1774). Wielands Buch bildet das Muster dessen, was später «Bildungsroman» genannt wurde: Es enthält die Geschichte der Erziehung eines jungen Menschen zu einem verständigen, geistig und seelisch voll entwickelten Mitglied einer humanen Gesellschaft. Dieses Wunschziel erreichte Wieland allerdings erst in mehrfachen Überarbeitungen, deren letzte 1794 erschien. Der *Agathon* gehörte also den sechziger wie den neunziger Jahren als Originalwerk an, und Wieland ließ der letzten Fassung noch eine Reihe weiterer Romane folgen, die auf ähnliche Weise modernes Denken im Gewande der antiken Welt darstellten: *Agathodämon* (1799), *Aristipp und einige seiner Zeitgenossen* (1800–01), *Menander und Glycerion* (1803) sowie *Krates und Hipparchia* (1804). Wielands Thema war das rechte Leben des Menschen unter den ihm gesetzten existentiellen Bedingungen, was dazu führte, daß die philosophische Erörterung gegenüber der Darstellung von Handlung dominierte, und die konstruierte Realität der Antike unterstützte noch die Tendenz zur Abstraktion. Allein der *Agathon* fand einiges Echo in seiner Zeit, während die späteren Romane nur ein ganz kleines Publikum erreichten und bald vergessen wurden. Das ist zu beklagen wegen des Reichtums dieser Werke an Reflexion über psychologische, gesellschaftliche, religiöse, historische und ästhetische Probleme, wegen ihrer humanitären Gesinnung und ihrer Fülle sprachlicher Darstellungsformen. Die zahlreichen subjektiven Erzählperspektiven seiner Romane verbanden Wieland im übrigen durchaus mit Sterne oder Diderot, aber im Unterschied zu ihnen waren seine Gestalten Typen, nicht Individuen, so daß die Identifikation des Lesers mit dem individuellen Helden kaum zustande kommen konnte. In dieser Identifikationsmöglichkeit aber lagen gerade Besonderheit und Bedeutung der Romanform als «bürgerlicher Epopee».

Das ganze Gegenteil traf auf Goethes *Werther* zu, wo die Identifikation kultische Ausmaße annahm. Der *Werther* führte den Briefroman Richardsons oder Rousseaus zu seiner letzten Konsequenz, zum Briefmonolog und damit auch zur extremen Exposition des Individualismus. Sternes *Tristram Shandy* zielte immerhin auf die Darstellung der Welt, wie sie sich vielfach gebrochen in einem Ich spiegelte; in Goethes Roman hatte das Ich sich selbst zum Thema, und die Welt existierte nur als Inzitament oder Medium seiner Leiden. Damit aber war der Prototyp eines einsamen Helden entstanden, eines in seiner Welt frustrierten und verlorenen Intellektuellen, der in der Folgezeit in vielen deutschen Romanen wiederkehren sollte, weil in ihm paradoxerweise auch die höchste Form bürgerlicher Selbsterfüllung unter deutschen Verhältnissen angelegt war. Schuf Wieland also im *Agathon* das strukturelle Modell des Erziehungsromans, so Goethe im *Werther* dessen charakteristischen Helden. Beide Werke aber erweisen einzeln und in ihrer hypothetischen Verbindung die Tendenz auf eine besondere deutsche Abart des europäischen Romans, wie er sich im 18. Jahrhundert herausbildete.

In den Romanen von Wielands und Goethes Zeitgenossen war diese nationale Besonderheit noch undeutlich oder gar nicht ausgeprägt. Da gab es mit den Büchern Friedrich Nicolais, Johann Gottwert Mül ers oder Christian Gotthilf Salzmanns den moralisch-didaktischen Roman als Vermittler aufklärerischen Gedankenguts und als Lebenshilfe in diesem Sinne. Salzmanns *Carl von Carlsberg* (1783–88) enthielt sogar ein ausführliches Sachregister, durch das man sich in der Weisheit des sechsbändigen Werkes orientieren konnte. Johann Martin Millers *Siegwart. Eine Klostergeschichte* (1776) wurde einer der erfolgreichsten empfindsamen Romane in der Nachfolge des *Werther*, aber ohne die individualistische Konsequenz des Vorbildes, sondern vielmehr als Liebesroman konzipiert wie die zahlreichen anderen, sehr viel unoriginelleren Wertheriaden (*Leiden der jungen Wertherin* 1776; *Die Leiden der jungen Kunigunde*, 1778; *Des jungen Werthers Freuden in einer besseren Welt*, 1780, und manches Ähnliche). Liebes- und Gesellschaftsroman verschmolzen in Johann Carl Wezels *Herrmann und Ulrike* (1780), und aufklärerische Zeitkritik, Pädagogik und Utopie vermittelte Johann Heinrich Pestalozzi in seinem Schweizer Dorfroman *Lienhard und Gertrud* (1781–87), den er «ein Buch für das Volk» nannte und zu dem nach 1801 als Weiterführung die Lehrbriefe *Wie Gertrud ihre Kinder lehrt* hinzukamen. Aber aus diesen verschiedenen Ansätzen entwickelte sich keine deutsche Tradition. Gesellschafts-, Familien- und Liebesromane besaßen in der deutschen Literatur nur für den unteren Bereich trivialer Unterhaltung eine Zukunft, während die anspruchsvolle, Zeit und Gesellschaft reflektierende Romanliteratur bis weit ins 19. Jahrhundert hinein nahezu ausschließlich das Schicksal einzelner Helden zu ihrem Gegenstand machte

Neben dem Muster des Erziehungsromans, wie es Wieland im *Agathon* geschaffen hatte, und neben der Selbstexposition des Ichs, wie sie der *Werther* vorführte, kam als drittes einflußreiches Element für den Aufstieg des deutschen Romans noch die bürgerliche Selbstbiographie hinzu. Ein bezeichnendes Beispiel dafür ist Heinrich Jung-Stillings Jugendgeschichte, die 1777, als *Henrich Stillings Jugend. Eine wahrhafte Geschichte* erschien mit den Fortsetzungen *Wanderschaft* (1778) und *Häusliches Leben* (1789). Andere bedeutende Autobiographien junger Bürger waren *Lebensgeschichte und Natürliche Ebentheuer des Armen Mannes im Tockenburg* (1789) von Ulrich Bräker, dem Sohn eines Schweizer Häuslers und Salpetersieders, sowie Friedrich Christian Laukhards *Leben und Schicksale von ihm selbst beschrieben, zur Warnung für Eltern und studierende Jünglinge* (1791–1802), ein ungeschminktes Sittenbild Deutschlands zwischen Siebenjährigem Krieg und den Koalitionskriegen und zugleich die Geschichte der Versuche des Autors, in Abenteuern und Auflehnung seine Individualität und Menschenwürde zu behaupten. Biographie, Zeitgeschichte und Roman hatte in großem Maßstab zuerst Theodor Gottlieb von Hippel in den vier Bänden seiner *Lebensläufe nach Aufsteigender Linie* (1778–81) verbunden, wenngleich sein eigentlicher Gegenstand, die Selbstversicherung des Ichs im Tode, den Roman in die Philosophie überführte. Die überzeugendste Vereinigung von Autobiographie und Romanhandlung erreichte erst Karl Philipp Moritz mit seinem Roman *Anton Reiser* (1785–94), der als «psychologischer Roman», wie ihn Moritz nannte, den Übergang zu den Bildungsromanen der neunziger Jahre, zu Goethe, Jean Paul und einer Reihe jüngerer Autoren herstellte. Nicht nur bestanden unmittelbare, persönliche Beziehungen zwischen Moritz, Goethe und Jean Paul, sondern Moritz hatte auch mit dem von ihm herausgegebenen *Magazin zur Erfahrungsseelenkunde*, in dem Teile des *Anton Reiser* zuerst veröffentlicht worden waren, eine wissenschaftliche Grundlegung der Psychologie auf der Basis der Wirklichkeitsbeobachtung herzustellen versucht, die dem Romanschriftsteller direkt in die Hände arbeitete, soweit dieser eigene Erfahrung als seinen Stoff und Realität wie Idealität bürgerlichen Lebens als sein Thema betrachtete. Für den Kleinbürgerssohn Anton Reiser war «Widerspruch von außen und von innen [...] bis dahin sein ganzes Leben» gewesen, schreibt Moritz in der Einleitung zum vierten Teil des Romans und fügt dann hinzu: «Es kömmt darauf an, wie diese Widersprüche sich lösen werden.» Moritz, der 1793 starb, gelang es indessen nicht mehr, in einem weiteren Teil seinen aus kleinen Verhältnissen kommenden Helden über die unglückliche Bindung an eine Schauspielertruppe hinauszuführen, wie es einige Jahre später Goethe für seinen Wilhelm Meister tun konnte. Aber gerade auf die Lösung der Widersprüche kam es entgegen Moritz' Ansicht im Roman nicht in erster Linie an, denn auch im *Wilhelm Meister* gab es eine solche Aufhebung der Widersprüche nicht, so sehr sich Goethe idealer Daseinsformen bewußt war und sie auch in seinem Roman durchscheinen ließ. Der Roman hätte sich erst als «bürgerliche Epopee» preisgeben müssen, ehe er eine solche Lösung hätte erreichen können. Sie stand ihm nur in der Trivialisierung von Konflikten und Widersprüchen offen, wo das glückliche Ende alle Gegensätze vergessen machte, oder aber in der Bezwingung des Äußeren durch das Innere, wozu allerdings der romantische Roman die entschiedensten Anstrengungen gemacht hat.

Überblickt man von dieser Vorgeschichte her die deutsche Romanliteratur im letzten Jahrzehnt des 18. Jahrhunderts, so lassen sich drei große Gruppen voneinander trennen, deren erste die Werke von Autoren umfaßt, die früher Begonnenes oder in früheren gedanklichen Voraussetzungen Angelegtes fortführen, umgestalten oder vollenden.

Zu dieser ersten Gruppe gehören vor allem die erwähnten Romane Christoph Martin Wielands sowie die späteren Schriften anderer, hier ebenfalls bereits genannter deutscher Schriftsteller. Hinzuzufügen ist Adolph Freiherr Knigge, der mit dem komischen Roman *Die Reise nach Braunschweig* (1792), einem amüsanten und zugleich kritischen Zeitbild, Widerhall im Publikum fand und der außerdem, ebenso wie Georg Friedrich Rebmann, in mehreren Romansatiren zu den politischen Verhältnissen Deutschlands nach der Französischen Revolution Stellung nahm.

Von besonderer Bedeutung wurden in den neunziger Jahren die Neuausgaben die Friedrich Heinrich Jacobi von seinen beiden frühen Romanen *Aus Eduard Allwills Papieren* (1775–76) und *Woldemar* (1779) veranstaltete. Interessant ist das Vorwort von *Allwills Briefsammlung* (1792). Dort trägt Jacobi der bisherigen Entwicklung der Romanform Rechnung, wendet sich zu deren Erklärung unmittelbar an den Leser und unternimmt es, das komplizierte Verhältnis zwischen Autor, Held und Leser auseinanderzusetzen und zu definieren, indem er äußere von innerer Wahrscheinlichkeit trennt und der letzteren das größere Recht einräumt. Mit den Neufassungen von *Allwill* und *Woldemar* stellte Jacobi eine Verbindung her zwischen der Diskussion um die Bindungen und Freiheiten des einzelnen in den siebziger Jahren und der durch die philosophische wie politische Entwicklung nach 1789 in Deutschland aufgeworfenen Frage hinsichtlich der Macht des Geistigen über das Wirkliche. Sowohl Allwill wie Woldemar sind schwankende Charaktere, von hoher Intellektualität und tiefer Gefühlskraft, aber unsicher zugleich in der gesellschaftlichen Realität und sich der Segnungen wie Gefahren ihrer Anlagen und Fähigkeiten ständig bewußt. Was ursprünglich nur Pendant einer Werther-Problematik war, das wurde in den Bearbeitungen zur aktuellen Erörterung über das Verhältnis von Sein und Schein, von Wahrheit und Täuschung. Schon in seiner Auseinandersetzung mit der *Lehre des Spinoza* (1785) hatte Jacobi vor der Gefahr einer sich zum eigenen Gotte machenden, Schein für Sein ausgebenden Vernunft gewarnt und nach eigenen Worten den «Salto mortale» zum Glauben vollführt. Insbesondere im *Woldemar*, in den zwei Fassungen 1794 und 1796 erschien, schritt er dann diese Bahn aus, so daß Friedrich Schlegel seine große Rezension der Ausgabe von 1796 mit dem Satz schließen konnte: «Woldemar ist also eigentlich eine Einladungsschrift zur Bekanntschaft mit Gott [...], und das *theologische Kunstwerk* endigt, wie alle moralischen Debauchen endigen, mit einem Salto mortale in den Abgrund der göttlichen Barmherzigkeit.»

Abseits vom Hauptstrom der philosophischen und theologischen Auseinandersetzungen der neunziger Jahre, aber zugleich die Präsenz der seit der Mitte des Jahrhunderts ständig fortgehenden pietistischen Unterströmung belegend, stand Heinrich Jung-Stilling mit seinem vierbändigen Roman *Das Heimweh* (1794–96), den er selbst in Anlehnung an John Bunyans *The Pilgrim's Progress* (1678–84) als ein «Buniansbuch» und «Reise eines Christen heim zum Vaterland» betrachtete. Der Gedanke zu seinem Werk war in Jung-Stilling durch die Auseinandersetzung mit Kants Philosophie ausgelöst worden; formal ist der Einfluß Sternes deutlich erkennbar, wenngleich der Roman in eine symbolisch-allegorische Handlung übergeht, die es nötig machte, ihm einen eigenen «Schlüssel» beizugeben (1796). Jung-Stillings pietistische Grundüberzeugung ist in dem Satze des «Schlüssels» ausgedrückt: «Selig sind, die das Heimweh haben, denn sie sollen nach Haus kommen!» Das aber klingt nun schon wieder wie ein Leitmotiv zu Novalis' *Heinrich von Ofterdingen*, und Novalis hat denn auch pietistische Gedanken und pietistische Sprache in bedeutendem Umfang in sein eigenes literarisches Werk eingebracht, wenngleich seine Quelle vor allem die eigene Familientradition und Erziehung war.

Auch Wilhelm Heinse, der 1787 in seiner «italiänischen Geschichte» *Ardinghello und die glückseligen Inseln* einem hedonistisch getönten Enthusiasmus für italienische Kunst Ausdruck gegeben und den bildenden Künstler als Romanperson sowie die Kunstreise nach dem Süden als Romanthema eingeführt hatte, setzte in den neunziger Jahren seine Tätigkeit fort. Von 1795 bis 1796 kam sein Roman *Hildegard von Hohenthal* heraus, worin auf dem schwachen Faden einer Liebesgeschichte zwischen einem jungen deutschen Musiklehrer und seiner adligen Schülerin umfangreiche Gespräche über zeitge-

nössische Musik und insbesondere italienische Opern aufgereiht sind. Mit seinen
Künstlerromanen wurde Heinse zum Vorbild jüngerer Autoren wie Tieck und Wak-
kenroder, während die Verklärung Italiens als Urheimat der Kunst gleichzeitig durch
die Mignon-Gestalt in Goethes *Meister* die stärkste und magischste Ausprägung erfuhr.

1791 begannen auch die Romane Friedrich Maximilian Klingers zu erscheinen, der
bisher nur als Dramatiker hervorgetreten war (*Das leidende Weib*, 1775; *Sturm und
Drang*, 1776). In einem auf zehn Bände angelegten Zyklus, von dem neun fertiggestellt
wurden, führte Klinger die Gesellschaftskritik seines früheren Werkes fort, teils in historischem Gewande wie *Fausts Leben, Taten und Höllenfahrt* (1791), teils in exotisch-
phantastischem wie die *Geschichte Giafars des Barmeciden* (1792–94) oder *Der Faust der
Morgenländer* (1795), teils in unmittelbarer Darstellung deutscher Zeitverhältnisse in
der *Geschichte eines Teutschen der neusten Zeit* (1798), auf die bereits im Zusammenhang mit der Literatur zur Französischen Revolution eingegangen wurde. Klingers
Zyklus war der erste deutsche Versuch zu einer «comédie humaine» in Romanen. Seine Absicht dabei war, wie er selbst bekannte, das ganze «moralische Daseyn» des
Menschen in allen wichtigen Seiten darzustellen:

> «Gesellschaft, Regierung, Religion, Wissenschaft, hoher idealischer Sinn, die sü-
> ßen Träume einer andern Welt, die schimmernde Hoffnung auf reinres Daseyn
> über dieser Erde, sollten in ihrem Werthe und Unwerthe, in ihrer richtigen An-
> wendung und ihrem Mißbrauche, aus den aufgestellten Gemälden hervortreten».

Romanzyklen allerdings setzen, wie die späteren Beispiele Balzacs und Zolas zeigen,
eine gesellschaftliche Totalität mit einem System wechselseitiger Abhängigkeiten voraus, wie sie die deutsche Szene, auf die sich Klinger wesentlich bezog, zu dieser Zeit
nicht besaß. So entstanden statt eines Zyklus Fragmente, die im einzelnen Bedeutendes
enthielten, im ganzen jedoch sich durch Klingers Phantasie nicht verbinden ließen.
Hinzu kam, daß der bei ihm zentrale Faust-Stoff seit der Veröffentlichung von Goethes *Faust*-Fragment im Jahre 1790 bereits einen Gegenpol erhalten hatte, dem Klinger
als Künstler nicht gewachsen war, gegen den ihn aber seine Zeit maß.

Bilden diese Autoren die erste Gruppe von Romanschriftstellern in den
neunziger Jahren, so gehören zur zweiten Gruppe dann diejenigen, die
durch neue Themen und Erzählweisen dem Roman größere Dimensionen
des Fühlens, Denkens und Gestaltens erschlossen und die im weiteren Verlauf dieses Kapitels ausführlicher zu behandeln sind, also Goethe, Jean Paul,
Tieck, Hölderlin, Novalis, Friedrich Schlegel und Brentano. In der dritten
Gruppe schließlich findet sich jene große Anzahl von Unterhaltungsschriftstellern, in deren Büchern lediglich die Stoffe wechselten und deren Helden
zumeist nur das dachten, fühlten und sagten, was andere vor ihnen gedacht,
gefühlt und gesagt hatten. Daß es Unschärfezonen und Übergänge zwischen
den Gruppen gibt, ist eine selbstverständliche Feststellung beim Ordnen von
Material, das nicht nach Ordnungsprinzipien hervorgebracht wurde, sondern im besten Falle menschliches Leben in seiner ganzen Unendlichkeit reflektierte, im schlechtesten dem allerbreitesten Publikumsgeschmack entsprechen wollte.

## 3. Erzählformen

Es ist bisher hauptsächlich vom Roman die Rede gewesen. Er war in der Tat die verbreitetste und zugleich zukunftsträchtigste Form erzählender Literatur, aber eben durchaus noch nicht die respektabelste. In seiner Abhandlung *Über naive und sentimentalische Dichtung*, immerhin einem der bedeutendsten kunsttheoretischen Werke der neunziger Jahre, hat Schiller den Romanschreiber «nur» den «Halbbruder» des Dichters genannt. Seinen eigenen Roman *Der Geisterseher* (1.Teil 1789) hat er nicht vollendet. Manche Unterhaltungsschriftsteller versuchten, ihr Werk schon allein dadurch auf größere literarische Höhen zu heben, daß sie Skepsis gegenüber dem Roman zum Ausdruck brachten. So gibt es Untertitel wie «Ein nicht romanhafter Roman», «Roman und nicht Roman», «Leider nur Roman» oder gar «Anti-Roman». Was dazu veranlaßte, waren allerdings nicht subtile ästhetische Erwägungen hinsichtlich einer Kunstform, sondern zumeist war es nur die Verteidigung des Wahrheitsanspruches des Erzählten, denn Romanhaftes oder «Romantisches» wurde allgemein als das Unwahre, Erfundene und Phantastische betrachtet. Gerade auf die Wahrheit oder Wahrscheinlichkeit des Erzählten jedoch haben die Romanschriftsteller zu allen Zeiten Wert gelegt und diese Wahrheit durch viele Kunstgriffe vor den Lesern zu legitimieren gesucht. Tatsächlich war ihr Stoff stets eine zeitgenössische oder historische Wirklichkeit und die Rolle einzelner Ichs darin, so daß sich der Leser unmittelbar darauf beziehen konnte und es auch tun mußte, wenn der Roman ihm etwas bedeuten sollte. Die Wirklichkeit des Romans waren Psychologie, Geschichte und Gesellschaft, die des Epos hingegen der Mythos, der seine Wahrheit in sich selbst trug.

Wenn man im 18. Jahrhundert dem Roman kritisch gegenüberstand, so deshalb, weil man ihn an der klassischen Norm des Epos maß. Die Meisterung von Versen setzte, so schien es, von vornherein größeres handwerkliches Können voraus als die Niederschrift von Prosa, und zu den zeitlosen Leidenschaften von Homers Göttern und Helden mochte die Liebesgeschichte eines deutschen Kaufmannssohnes sehr wohl im gleichen Verhältnis erscheinen wie die Skizze eines reisenden Künstlers von einer Dienstmagd zur Sixtinischen Madonna. Dennoch hatte gerade das herausragendste deutsche Epos der Zeit, Klopstocks *Messias*, den Niedergang dieser Form an sich selbst demonstriert. Wurden die ersten Gesänge, als sie 1748 erschienen, noch begeistert empfangen, so nahm man von dem gesamten Werk, als es 1773 fertiggestellt war, nur noch wenig Notiz. Wohl war das zum Teil auf Klopstocks persönliche Schwierigkeiten bei der künstlerischen Bewältigung seines Stoffes zurückzuführen, aber zugleich zeigte sich doch auch, daß die große Mythe der neuern Zeit, die christliche Religion des einzigen Gottes, nicht mehr jene epische Welt hervorzuzaubern in der Lage war, die aus dem

Zusammenwirken zwischen Göttern und Menschen in der Antike entstanden war.

Ebenfalls in den siebziger Jahren begannen allerdings Voß' mustergültige Übersetzungen des Homer zu erscheinen, aber wenn sie auch bis zu einem gewissen Grade als Modelle für deutsche Schriftsteller gedacht waren, so demonstrierten sie doch eher den großen Unterschied der Zeiten und damit die Unerreichbarkeit des Vorbilds. Wo Homers Formen ins Deutsche geholt wurden wie in Voß' Idyllen (*Luise,* 1795) oder in denen Ludwig Gotthard Kosegartens (*Jucunde,* 1803), da erwies sich die Unvereinbarkeit zwischen klassischer Form und deutscher Bürgerlichkeit, indem die Form den Stoff unfreiwillig parodierte. Das Epos gelang allein dort, wo die Form als Kontrast von vornherein einkalkuliert war: in Goethes *Reineke Fuchs* (1794) und in *Hermann und Dorothea* (1797). Im letzteren Falle kam hinzu, daß Goethe in der äußeren Gestalt des Epos eine andere, höchst moderne Erzählform herausbildete, nämlich die der deutschen bürgerlichen Novelle, über die er in den *Unterhaltungen deutscher Ausgewanderten* (1795) erste theoretische Überlegungen angestellt hatte. Ein Epos in klassischen Ausmaßen, wie es Goethe mit der *Achilleis* (1799) unternahm, blieb in den Anfängen stecken.

Für einige Zeitgenossen Goethes war allerdings gerade *Hermann und Dorothea* ein Beleg für die künstlerische Überlegenheit des Epos über den Roman. In seinem umfangreichen ästhetischen Versuch *Ueber Göthes Herrmann und Dorothea* (1798) legte Wilhelm von Humboldt ausführlich den Unterschied zwischen «Epopöe» und Roman dar. War die erstere von «Handlung und Erzählung» geprägt, so der letztere vom «blossen Zustand» und der «Begebenheit». «Wo das höchste Leben und die höchste Sinnlichkeit gefordert wird, da muss man eine bestimmte Kraft in Thätigkeit erblicken, da muss ein Streben nach einem bestimmten Ziele vorhanden seyn, das uns für den gelingenden oder fehlschlagenden Erfolg im Voraus besorgt macht», schreibt Humboldt im Hinblick auf das Epos, und er fügt hinzu: «Diess ist es, was dem Begriff der Begebenheit mangelt.» Begebenheit sei ein persönlicher Vorfall, «durch das Zusammenkommen vieler, einzeln nicht bemerkbarer Umstände bewirkt» und damit letztlich ohne die Einheit, «welche der Kunst allemal eigen ist». Humboldts Schlußfolgerung ist:

> «Daher kommt es, dass der Roman, der immer Begebenheiten darstellt, ob er gleich in Absicht seines Umfangs und der Verknüpfung seiner Theile zum Ganzen eine unverkennbare Aehnlichkeit mit dem epischen Gedicht an sich trägt, dennoch so wesentlich von demselben verschieden ist, dass, da diess auf der höchsten Stufe aller darstellenden Poesie steht, es von ihm noch unausgemacht ist, ob er nur überhaupt ein wahres Gedicht und ein reines Kunstwerk genannt werden kann.»

Diese Sätze, zwei Jahre nach dem Erscheinen des *Wilhelm Meister* von einem Verehrer Goethes niedergeschrieben, erweisen, wie suspekt der Roman noch

einer an klassischen Normen gebildeten Kunstgesinnung erschien. Dabei
hatte Humboldt, wenn man von seiner Wertung absieht, in der Gegenüberstellung von Roman und Epos gut beobachtet, denn das «Streben nach einem
bestimmten Ziele» war einer auf Wirklichkeit statt auf den Mythos gegründeten Dichtung tatsächlich nicht mehr von vornherein gegeben. Sie konnte
es allenfalls durch den Bezug zu Mythen aus sich selbst entwickeln, wie es
Werther tat, ohne sich damit allerdings über seine Irrtümer erheben zu können, oder sie hielt sich eben an eine Kette von Begebenheiten. Deren Darstellung hatte dann nicht mehr «das höchste Leben und die höchste Sinnlichkeit»
zur Absicht, sondern wirkliche Zustände und wirkliches Sein, also das Leben
einzelner im Verbande der menschlichen Gesellschaft, und der Romanautor
konnte allenfalls hoffen, am Einzelfall oder an Einzelfällen etwas von den
Wirkungsgesetzen dieses Lebens aufzuspüren.

Dies hat bereits einer der ersten deutschen Theoretiker des Romans, Christian Friedrich von Blanckenburg, erkannt, wenn er in seinem *Versuch über
den Roman* (1774) schreibt, daß «in der Epopöe die Thaten des Bürgers in
Betracht kommen», im Roman hingegen «das Seyn des Menschen, sein inn-
rer Zustand». Das Verhältnis zwischen Außen und Innen, zwischen der Innenwelt des freien Subjekts und der Totalität der gesellschaftlichen, politischen, historischen, ökonomischen und ideologischen Bedingungen seiner
Existenz hat hinfort fraglos den eigentlichen Gegenstand des Romans ausge-
macht und ist das Charakteristikum dieser Gattung geworden. Nun ist allerdings in der deutschen Literatur die Entwicklung des Romans nicht gerade-
wegs in dieser Richtung fortgeschritten. Die zögernde Anerkennung durch
die Ästhetiker verhalf gerade der Trivialliteratur zu einem beträchtlichen
Aufschwung, denn dort richtete man sich allein nach den Bedürfnissen des
Lesepublikums und konnte von irgendwelchen Regeln oder allgemein anerkannten hohen Maßstäben desto unbeschwerter sein, je weniger sie die Ästhetik bereitstellte. Legitimierte man um die Mitte des 18. Jahrhunderts die
deutschen Unterhaltungsromane dadurch, daß man sie als Übersetzungen
aus dem Englischen bezeichnete, so holte sich um 1800 die englische populäre Romanproduktion ihre Materie gern von den Deutschen. Begünstigt wurde diese Entwicklung dadurch, daß sich der anspruchsvollere deutsche Roman in eine intellektuelle Esoterik begab, die zwar, wenn man etwa an *Wilhelm Meister* oder *Hyperion* denkt, eine aufrichtige und überzeugende Reaktion auf deutsche Verhältnisse darstellte, aber zugleich doch die Kluft zwischen bedeutender Kunst und Popularität nicht schließen half.

In diesem Zusammenhang sind auch die Theorien zu einem «romantischen» Roman zu nennen, wie sie vor allem Friedrich Schlegel und Novalis
entworfen haben. Aus der philologischen Verwandtschaft zwischen Roman
und Romantik wurde eine geistige, und man deklarierte den Roman als die
zentrale Form aller modernen, nachantiken Literatur überhaupt. «Wie unsre
Dichtkunst mit dem Roman, so fing die der Griechen mit dem Epos an und

löste sich wieder darin auf», schreibt Friedrich Schlegel in seinem *Brief über den Roman*. Dem lag die richtige und wesentliche Beobachtung zugrunde, daß keine andere Kunstform im gleichen Maße in der modernen Welt noch «politische» oder «historische Ganzheit» geben konnte als eben der Roman. Schlegels Gedanken in seinen Studienheften kreisen oft um dieses Thema. Aber der Roman im Sinne eines Endes und Höhepunktes aller Poesie sollte zugleich die Vereinigung aller Gattungen darstellen und jeden formspezifischen Charakter aufgeben. Das hat in der Praxis bei Schlegel, Novalis und Brentano zu interessanten und fruchtbaren Formexperimenten geführt, aber zugleich auch die Esoterik literarisch bedeutsamer Romane weiter gefördert. Im übrigen ist die Idee der Gattungsmischung und des «Gesamtkunstwerks» nicht allzusehr beim Worte zu nehmen, wenn es um die historisch-kritische Betrachtung einzelner Werke geht. Ideen dieser Art sind, auch in späterer Zeit, immer wieder aus dem Wunsch entstanden, wenigstens in der Kunst das zu vereinigen, was in der Wirklichkeit nicht zusammenzubringen war. Die fundamentalen Aussageweisen aller Sprachkunst – das lyrische Bekennen, das dramatische Darstellen und das epische Erzählen – haben sich jedoch allen solchen Versuchen gegenüber stets resistent verhalten, so zahlreiche Übergänge es auch zwischen dem einen oder anderen Modus gegeben hat. «Gesamtkunstwerke» sind Gebilde der Theorie, und die Romane von Friedrich Schlegel oder Novalis sind ebenso Romane geblieben wie die Opern Richard Wagners Opern.

Zu einer besonderen Bereicherung auch der populären deutschen Literatur kam es dennoch durch die Freiheit, die man dem Romandichter im Bereiche des Romantischen einräumte, wo man die Phantasie zur alleinigen Gebieterin erklärte. Auf diese Weise wurde vor allem das Interesse am Märchenerzählen neubelebt. Wieland hatte als Vorarbeit dafür zwischen 1786 und 1789 eine umfangreiche Sammlung französischer Feenmärchen unter dem Titel *Dschinnistan* herausgegeben, und 1782 bis 1786 erschienen Johann Karl August Musäus' *Volksmärchen der Deutschen*. Beide Werke waren Bearbeitungen aus dem Geiste der Aufklärung, die Freude am Phantastischen pflegend, aber nicht vor dem Wunderbaren staunend, sondern mit ihm geistreich, kunstvoll und letztlich vernünftig spielend. Eben dies wurde aber im Grunde auch von der romantischen Phantasie erwartet, nur daß hinter dem Spiel noch ein höherer Sinn sichtbar werden sollte, wie ihn die reine Vernunft für sich allein nicht erschließen konnte. Mit Goethe, Tieck, Wackenroder, Novalis und Brentano nahm jedenfalls die Märchendichtung in Deutschland einen neuen Aufschwung und führte in der Arbeit der Brüder Grimm dazu, daß man auch die volkstümliche Tradition deutschen Märchenerzählens erschloß. Besonders bei Tieck und später bei Arnim, Fouqué, Chamisso, Eichendorff und Hoffmann bestand eine enge Verbindung zwischen dem Märchen und der Novelle, obwohl diese sich nach 1800 immer selbständiger machte als eine spezifisch deutsche Erzählform, für deren Begriff es zum Beispiel im Englischen nicht einmal ein Äquivalent gibt. In dieser kleineren Form ließen sich die Konfliktverhältnisse von Subjekt und Objekt, Innen und Außen in die Darstellung einer einzigen Begebenheit zusammendrängen und auf diese Weise auch dort überzeugend gestalten, wo, wie unter den deutschen Verhältnissen eines partikularen Vaterlandes, die Darstellung einer gesamtgesellschaftlichen Totalität, die der Roman forderte, auf bedeutende Schwierigkeiten stieß.

Als eine weitere Form erzählender Prosa ist für diese Zeit noch an die Tagebuch- und Reiseliteratur zu denken, die mit der Zunahme von Entdeckungs-, Bildungs- und Kunstreisen sowie der allgemeinen Mobilität durch die Ereignisse seit 1789 beträchtlich zunahm. Sie bildet einen zu wenig beachteten Teil der deutschen Literatur um 1800 und soll in einem besonderen Abschnitt betrachtet werden.

## 4. Unterhaltungsliteratur

«Der Punkt, wo die Litteratur das gesellige Leben am unmittelbarsten berührt, ist der Roman», schreibt August Wilhelm Schlegel 1798 im ersten Heft des *Athenaeums* in einer Betrachtung zu Moderomanen der Zeit. Gerade am Roman erweise sich «der ungeheure Abstand zwischen den Klassen der lesenden Menge», die sich nur hypothetisch zu einem «Publikum» zusammenfassen lasse. Die «gesetzlose Unbestimmtheit» der Romanform glaube jeder Schreibende zu beherrschen:

> «Hier können die Unternehmungen des Meisters, dessen Blick, seinem Zeitalter voraus, in gränzenlose Fernen dringt, dem regsten und vielseitigsten Streben nach Bildung begegnen, so wie eben hier die stupide Genügsamkeit des Handwerkers, der nur denselben verworrenen Knäuel der Begebenheiten auf- und abzuwinden versteht, unaufhörlich für die Sättigung schlaffer Leerheit arbeitet.»

Die Produktion erzählender Literatur war in den neunziger Jahren immens angestiegen. Man hat ausgerechnet, daß in der Zeit zwischen 1790 und 1800 insgesamt rund 2500 Romane und Erzählbände in deutscher Sprache erschienen sind – soviel wie in den vier Jahrzehnten von 1750 bis 1790 zusammengenommen. Für das Jahr 1795, in dem die ersten drei Bände von *Wilhelm Meisters Lehrjahren* herauskamen, lassen sich mehr als 200 Titel feststellen; vermutlich waren es in Wirklichkeit noch mehr. Neben Goethes Roman, Klingers *Reisen vor der Sündfluth* und Heinses *Hildegard von Hohenthal*, neben Jean Pauls *Hesperus* und dem ersten Band von Tiecks *William Lovell* sowie einigen seiner Erzählungen erschienen unter anderem fünf Titel von Johann Friedrich Ernst Albrecht, jeweils zwei von Ludwig Adolph Franz Baczko, Karl Gottlob Cramer, Karl Große und Christiane Benedicte Naubert, außerdem jeweils drei von Christian Friedrich Sintenis und Christian Henrich Spieß und dazu noch August Lafontaines «Familiengeschichte» *Klara du Plessis und Klairant* – die Herder einmal über den *Wilhelm Meister* gestellt haben soll –, Wilhelmine Karoline Wobesers *Elisa, oder das Weib wie es sein sollte*, wohl der größte Bucherfolg des Jahres, der eine ganze Welle von Nachahmungen in Bewegung setzte, und schließlich ein Band *Romantische Blätter* von Christian August Vulpius. Die hellsten Sterne in der Milchstraße deutscher Unterhaltungsliteratur dieser Zeit sind in dieser Aufzählung vereinigt und stehen in Eintracht zusammen mit den Planeten stärkeren oder schwächeren Lichtes. So leicht es einer späteren Zeit erscheinen mag, zwischen ihnen zu trennen, so sehr bedurfte es zu diesem Zweck bei den Zeitgenossen großer Aufmerksamkeit und sicheren Geschmackes, denn nahezu alle diese Schriften erschienen anonym. Lediglich Goethe und Jean Paul publizierten mit ihrem Namen, und Spieß und Große in jeweils einem Falle. Allerdings identifizierten sich die Autoren oft durch den Verweis auf frühere, erfolgreiche Titel, um von diesem Glück auch weiterhin zu profitieren, aber es kam dennoch nicht selten zum Rätselraten über den Verfasser. Als Schiller zum Beispiel in den *Horen* den zum Melodrama neigenden Roman *Agnes von Lilien* von der Hand seiner Schwägerin Caroline von Wolzogen anonym veröffentlichte, nahm unter anderem auch Friedrich Schlegel an, daß Goethe der Autor sei. Der «ungeheure Abstand zwischen den Klassen der lesenden Menge» war zwar existent, aber nicht immer leicht zu bestimmen, und es hat überdies unter den Autoren eine ganze Reihe von Grenzgängern gegeben.

Der Begriff Unterhaltungsliteratur ist nur eine Hilfskonstruktion zur Bezeichnung jener Literatur, die nicht ihrem Zeitalter vorausblickt, wie August Wilhelm Schlegel das nannte. In aller Kunst gibt es Meisterwerke, in denen neue Erkenntnisse und neue Erfahrungen auf neue Weise künstlerisch aufgeschlossen werden, so daß sie wahrhaft epochemachend sind; Goethes *Werther* zum Beispiel war ein solches Werk. Nicht immer schließt sich künstlerische Gestaltung mit den Erkenntnissen und Erfahrungen so glücklich zusammen, aber es gibt daneben zahlreiche Werke, die Neues in diesem oder jenem Bereich begannen und als Denk- oder Formexperimente ebenfalls über die Grenzen ihres Zeitalters hinausahnen. Man wird Friedrich Schlegels *Lucinde* oder Brentanos *Godwi* kaum Meisterwerke nennen können; daß sie Wegmarken in der Geschichte der deutschen Literatur sind, wird niemand bezweifeln. Bücher dieser Art sind jedoch selten, und es haftet ihnen, besonders wo die künstlerische Vollendung und Harmonie nicht gelingt, zumeist das Stigma des Esoterischen an.

Kunst müsse, so hatte Schiller definiert, «auf Vergnügen abzwecken», also auf das, was man gemeinhin Unterhaltung nennt. In solchem breitesten Sinne ist alle Literatur Unterhaltungsliteratur, nur sind die Vergnügen, die man von ihr erwartet, dem Bildungsgrad der Leser und ihren historischen Verhältnissen entsprechend verschieden. Zwar bleiben Trennungslinien, die die Literaturgeschichte zwischen einer hohen und niederen Literatur zieht, willkürlich, aber es ist offensichtlich, daß dennoch wesentliche Unterschiede hinsichtlich der Autorenabsichten und Lesererwartungen existieren und daß die Literaturgeschichte sich in erster Linie an jenen Werken zu orientieren hat, die ihre Zeit nicht nur bestätigen, sondern in der Reflexion auf sie zugleich über sie hinausweisen und auf diese Weise eben Geschichte machen. Daß das sich wandelnde Interesse der Historiker dabei oft die Akzente sehr verschieden setzt, muß als allgemeiner relativierender Faktor aller Geschichtsschreibung akzeptiert werden.

Als Unterhaltungsliteratur in einem engeren und beschränkteren Sinne gilt jene Literatur, die Bekanntes auf gefällige Art vorträgt und dabei vielleicht den Leser in die Rolle des Klügeren versetzt, die ihm aber womöglich auch statt Erkenntnissen in trügerischer Identifikation die Flucht vor sich selbst ermöglicht oder ihn in die Rolle des Voyeurs versetzt, um ihm in der Lektüre Gratifikationen für das Unzulängliche seiner Wirklichkeit zu verschaffen. Fällt das erstere noch unter das «vielseitige Streben nach Bildung», das August Wilhelm Schlegel erwähnte, so entspricht dem letzteren die «stupide Genügsamkeit des Handwerkers», das heißt Literaturproduktion, die in unendlicher Variation der gleichen Stoffe, Themen, Figuren und Handlungen nur immer wieder neues Lesematerial auf den Markt wirft. Allein dies ist der Bereich, der zu Recht Trivialliteratur genannt zu werden verdient, während der verbreitete Gebrauch der Literaturwissenschaft, alles unterhalb von Goethe und den wenigen anderen kanonischen Autoren der Zeit so zu nennen, den Abstufungen nicht Rechnung trägt und sich allzu leicht über den Geschmack des großen Lesepublikums hinwegsetzt.

Die deutsche Unterhaltungsliteratur des 18. Jahrhunderts besaß eine große Vielfalt. In der Einleitung zu seinem Roman *Waverley* (1814), die er selbst auf den 1. November 1805 datiert, erwägt Walter Scott die Lesererwartungen, die von dem Untertitel seines Romans hervorgerufen werden könnten, wenn er «Waverley, a Romance from the German» hieße. Dann gäbe es wohl, schreibt er, kaum jemanden, der sich darunter nicht «einen ruchlosen Abt, einen tyrannischen Herzog, eine geheime und mysteriöse Gesellschaft von Rosenkreuzern und Illuminaten mit allen ihren Requisiten von schwarzen Kapuzen, von Höhlen und Dolchen, Elektrisiermaschinen, Falltüren und Blendlaternen» vorstellte. Das Schaurige freilich hatten die Deutschen erst von den Engländern und ihrer *gothic novel* gelernt, von den Romanen Horace Walpoles, Ann Radcliffes und Matthew Gregory Lewis' also. Auf dem architektonischen Hintergrund eines mittelalterlichen Schlosses spielten sich in Walpoles *Castle of Otranto* (1764) alle jene Ereignisse – Erscheinungen, Flüche, Fluchten, Einkerkerungen, Liebesromanzen und Schicksalsenthüllungen – ab, die den deutschen wie den englischen Roman der Folgezeit mit reichlichem Material versorgt haben. Die geheimen Gesellschaften allerdings waren vorwiegend eine kontinentaleuropäische Zutat, die ja auch Goethe in *Wilhelm Meister* nicht verschmäht hat, wie darin überhaupt ein ganzes Arsenal vom Zubehör des Unterhaltungsromans enthalten ist: Gift, Dolch, Blutschande, Kindesentführung, Mönchsterror, Mordversuche, Selbstmord, Geisterspuk, Identitätsvertauschung, Feuersbrunst, Raubüberfall und eine alte Kupplerin.

Der gotische Roman war nur eine einzelne Quelle. Goethes *Götz von Berlichingen* (1773) bildete ein nicht weniger bedeutendes Modell für die vielen eisenklirrenden Ritter, die die deutschen historischen Romane danach bevölkerten. Für das Mittelalter hatte man sich im Zusammenhang mit dem erwachenden historischen Bewußtsein schon seit der Mitte des Jahrhunderts interessiert, und auch dafür war ein Werk Goethes, sein Essay *Von deutscher Baukunst* (1772), ein bemerkenswertes Dokument gewesen. Die orientalische Märchen- und Zauberwelt war durch Gallands französische Übersetzungen von *Tausendundeine Nacht* (1704–17) dem europäischen Bewußtsein nähergerückt und wirkte vielfach auf alle Bereiche der Literatur. Weltumsegelungen und damit Reiseabenteuer mehrten sich, und das aufklärerische Nachdenken über selbstbewußtes Handeln, moralische Verantwortung und den Anspruch des Individuums auf Selbsterfüllung im Fühlen, Denken und Tun hatte alle jene Konflikte zur Folge, in denen das Ich mit den Konventionen zusammenstoßen konnte, in der Liebe, im Familienleben, in der Politik, aber auch im Außenseitertum des Verbrechers. Thematisch gab es also in der deutschen erzählenden Unterhaltungsliteratur im ausgehenden 18. Jahrhundert die großen Bereiche des historischen Romans, des Reise- und Abenteuerromans, des politischen oder politisch-utopischen Romans, des bürgerlich-moralischen, zumeist didaktischen Romans und schließlich des Räuber- oder Kriminalromans. An der Grenze zum Märchen waren die phantastischen und Zauberromane angesiedelt, aber ohnehin bestanden zwischen all diesen Kategorien zahlreiche Übergänge, und eine terminologische Scheidung kann nur den Sinn haben, einer späteren Zeit die Erwartungs- und Interessenbereiche bewußt zu machen, durch die die Leser überhaupt zur Literatur kamen. Die reiche Skala an Kombinationsmöglichkeiten ebenso wie die Unterschiede zwischen Trivialität und den Anstrengungen zu literarischer Gestaltung sollen im Folgenden an Hand einiger charakteristischer Beispiele gezeigt werden.

Einer der aufregendsten und buntesten Romane über Geheimgesellschaften ist *Der Genius* (1791) von Karl Große. Begeistert hat der junge Ludwig Tieck das Buch in einer einzigen Nacht seinen Freunden vorgelesen. Große hat bis 1797 noch zahlreiche andere Romane und Erzählungen veröffentlicht. Danach wurde er selbst zum Abenteurer, gab sich als Marquis aus und verschwand ebenso spurlos wie manche seiner Helden.

Im *Genius*, einem vierbändigen, geschickt strukturierten Werk, geht es um eine Geheimgesellschaft, die das Leben des Marquis Carlos von G. zu leiten und zu lenken versucht. Es ist ein Illuminatenbund, der nichts Geringeres als die Vervollkommnung der Menschheit und die «Glückseligkeit der Welt» zum Ziele hat, denn «alle Stände sind verwirrt, oder alle sind vielmehr in einem einzigen, in dem der Despoten erloschen. Das Volk ist ein armseliger Sklav.» Symbole dieses Bundes sind «der Glaube, der Dolch oder der Giftbecher», und der Mord ist ihm ein legitimes Kampfmittel, denn was ist «ein einzelnes Leben gegen diesen Zweck». Aber durch solche Vollmachten korrumpiert sich der Bund selbst, verwickelt sich in persönliche Interessen und Intrigen und wird zu einer Verbrecherorganisation. Die Enttäuschung darüber drückt den Gründer des Bundes nieder, einen Onkel G.s, der den Neffen sowohl als Geistergestalt «Amanuel oder der Genius» wie als sein Diener Alfonso umgibt, um ihn schließlich vor dem eigenen Bund zu schützen. Er stirbt durch den Dolch seines ihn verkennenden Neffen.

Macht sich also der Bund deutlich Gedanken der Aufklärung und des Freimaurertums zu eigen, so spiegelt seine Handlungsweise die Fragen der Zeit hinsichtlich der moralischen Berechtigung und den menschlichen Möglichkeiten von Verschwörungen und Terrororganisationen wider, wie sie später in großer Intensität in Hölderlins *Hyperion* wiederkehren. Schillers *Geisterseher* dürfte Pate gestanden haben. Karl Großes

Buch wird jedoch nicht nur durch die Äußerlichkeit vieler Konflikte beschränkt, besonders in den zahlreichen Liebesbeziehungen seines Helden, sondern ebenso dadurch, daß das Bundesthema über weite Strecken hinweg ganz fallengelassen wird und den Abenteuern weicht. Denn der andere Genius und das andere Erlösungsmittel des in der Welt treibenden und an ihr irregewordenen Mannes ist ganz offenbar die Frau, und ihr begegnet der Marquis denn auch in zahlreichen guten, schlimmen, lebenden oder scheintoten Variationen. Fatalismus und Erlösungssehnsucht durchziehen diesen Roman, Bilder von arkadischem Glück bei Brot, Früchten, Ziegenmilch und Honig werden gezeichnet als Gegensatz zu dem Umherirren der Gestalten zwischen Machtgier und Angst, und in einer derartigen Spannung hat wohl auch die Zugkraft bestanden, die dieses Buch vor allem auf junge Leser damals ausübte.

In eine ganz andere Sphäre gehört *Die eiserne Maske* (1792) von Ottokar Sturm: Bruderkonflikte aus der Blütezeit des Sturm und Drang sind mit der Sagenwelt des *Ossian* und dem Kolorit mittelalterlichen Rittertums zu einem Roman verwoben, von dem der Autor in der Vorrede erklärt, er habe ihn «blos für die Unterhaltung geschrieben». In Wirklichkeit hieß Ottokar Sturm übrigens Friedrich Eberhard Rambach, war Lehrer am Werderschen Gymnasium in Berlin und zog seine Schüler teils zum Abschreiben, teils aber auch zur weiteren Ausführung seiner Romane heran – eines der frühesten Beispiele der für die moderne Trivialliteratur charakteristisch gewordenen Produktion in Schreibfabriken. Das letzte Kapitel der *Eisernen Maske* hatte Rambach dem schreibbegabtesten seiner Schüler überlassen: Ludwig Tieck. Nach einer Geschichte voller Kämpfe, Kerkerszenen, Verräterei, Folterungen und anderen Gewalttaten findet darin Ryno – der Malwina, die Geliebte seines Bruders Carno, um jeden Preis, auch den des Brudermordes, zu erringen versucht hat – sein verdientes Ende. Die Schauerwelt von Tiecks späteren romantischen Erzählungen, also des *Runenberg* oder des *Blonden Eckbert,* ist unmittelbar aus der Übung an solcher Unterhaltungsliteratur hervorgewachsen.

Die populärsten Hersteller dieser Literatur waren dann allerdings weder Große noch Rambach, sondern Schriftsteller wie Cramer, Spieß, Benedicte Naubert, Vulpius, Lafontaine und Kotzebue, bei denen allein schon die Quantität der Produktion überwältigend war. Je weniger ein Autor von seiner Persönlichkeit gibt oder zu geben hat, desto schneller kann und will er produzieren. Es ist durchaus nicht nur der Wunsch nach kommerziellem Gewinn, der hier antreibt, sondern auch ein sehr viel tieferes Bedürfnis des Schriftstellerehrgeizes, durch das Fortschreiben und das Aufwerfen von Zeitproblemen an immer anderen Stoffen seiner Leistung Bedeutung und Nachdruck zu verschaffen. Denn um Aktualität ist der Unterhaltungsschriftsteller immer wieder besorgt, auch wenn er sein Publikum in geschichtliche oder phantastische Fernen entführt.

Das wird deutlich etwa an den Romanen von Karl Gottlob Cramer. In seinem *Adolph der Kühne, Raugraf von Dassel* (1792), einer Kombination von Roman und Drama, ist der Held ein echter deutscher Ritter ohne Furcht,

Tadel und zivilisiertes Betragen, der zwar durch seine Rauhbeinigkeit und Kampflust sein Land zugrunde richtet, dem aber alles schließlich doch zum Guten ausschlägt, besonders nachdem ein tückischer Probst als Schurke entlarvt worden ist. Hier wurde also auf aktuelles deutsches Nationalbewußtsein spekuliert. Allerdings traten solche biederen Helden nicht selten als Väter einer gewissen sozialen Gerechtigkeit auf, indem sie in der Nachfolge von Goethes Götz die höfische Kamarilla haßten und womöglich auch umbrachten, den Reichen nahmen, den Armen gaben, die Geilen und Gierigen bestraften, die Bigotten entlarvten und die Patrioten belohnten. Auch das war um 1790 deutsche Aktualität, aber freilich von einer Art, die den Leser zufriedenstellte und von weiteren Fragen abhielt, da eben doch alles glücklich endete. Solcher gedanklichen Oberflächlichkeit entspricht diejenige des Gefühlslebens der Gestalten. Cramer selbst hat unfreiwillig in einem einzigen Satz aus seinem Roman *Der deutsche Alcibiades* (1790–91) die ganze Äußerlichkeit seiner Psychologie symbolisch demonstriert. Als Albert Amalien in Liebe gegenübersteht, bemerkt der Autor: «Am mächtigen Steigen ihres Busentuchs sah er, daß sie tief fühlte; er hatte Ehrfurcht für diesem Gefühl', und unterbrach es nicht».

Die Ritter- und Märchenwelt verknüpfte vor allem Christian Heinrich Spieß, dessen Roman *Das Petermännchen. Geistergeschichte aus dem dreizehnten Jahrhunderte* (1791–92) besondere Berühmtheit erlangte. Rittertum, Blutschande, Tod und Teufel werden in ihm zu einer abenteuerlichen Mischung verbunden. Was freilich gerade Spieß' Romane auszeichnete, war die Verwendung von Motiven und Gestalten aus der deutschen Sagenwelt, die dann von hingegebenen Lesern seiner Bücher wie Tieck oder Fouqué in die anspruchsvollere Literatur überführt wurden. Eines der letzten Bücher von Spieß, der 1799 starb, war der vierbändige Roman *Hans Heiling, vierter und letzter Regent der Erde-, Luft-, Feuer- und Wassergeister* (1798–99), der als «ein Volksmährchen des 10. Jahrhunderts» deklariert war. Heinrich Marschners Oper *Hans Heiling* (1833) geht auf diesen Stoff zurück, wie Marschners Vorbild Carl Maria von Weber den Stoff zu seiner Oper *Peter Schmoll* (1801) in Cramers Roman *Peter Schmoll und seine Nachbarn* (1798–99) gefunden hatte.

Der Unterhaltungsroman erweist sich also als Zwischenträger, der Stoffe an bedeutendere Literatur vermittelte. Insbesondere war es das Wunderbare mancher Sagenstoffe, das auf diese Weise neues Interesse fand. In der Unterhaltungsliteratur wurde allerdings nahezu ausschließlich rational und aufklärerisch gedacht, und alles Irrationale fand am Ende seine Auflösung vor dem Leserverstand: Der geisterhafte «Genius» von Großes Marquis entpuppte sich im Tode als der wohlmeinende Onkel. Aber auch wo man im ausgehenden Zeitalter der Aufklärung sich wieder echte Geister oder Naturdämonen zubilligt, stehen sie doch zumeist im Dienste der Vernunft, sei es, daß sie das Gute bewirken, oder sei es, daß sie sich als das Blendwerk von Pfaffen, Mönchen und Jesuiten erweisen, die allesamt im Unterhaltungsroman keinen guten Ruf haben. So propagiert diese Literatur also insgesamt eine Lebenshaltung und Weltsicht, die rational in ihren Grundlagen und quietistisch in ihrer Auswirkung ist. Erst im Bereich des Romantischen wird dann das Wunderbare, Undurchschaute, Irrationale zum Teil eines noch unbegriffenen Ganzen und damit zum herausfordernden und in Bewegung setzenden Faktor im Bewußtsein des Lesers.

Zu den respektableren Autoren im Bereich des Geschichtsromans und des Märchenerzählens gehört Christiane Benedicte Naubert. Zwischen 1779 und 1819 hat sie nahezu fünfzig Romane veröffentlicht, und zwar sämtlich anonym – ihre Identität als Leipziger Hausfrau ist erst ohne ihr Zutun kurz vor ihrem Tode (1819) bekanntgeworden. Was sie auszeichnete, war das Bemühen um historische Detailtreue, eine gewisse stilistische Disziplin und der Wunsch, Geschichte den Lesern wirklich verständlich zu machen, was freilich in der Praxis zumeist darauf hinauslief, daß sie bürgerliche Lebensverhältnisse ihrer Zeit auf die Kaiser, Könige, Truchsesse, Großmeister, Bischöfe, Rittersfrauen und Maitressen ihrer Romane übertrug.

In einem gänzlich anderen Bereich waren zwei weitere Größen der populären Literatur zu Hause: August Lafontaine und August von Kotzebue. Ihr Fiktionsmilieu war die bürgerliche Familie mit deren Freuden und Nöten, waren verführte und verlassene Mädchen, klagende oder kuppelnde Mütter, selbstgerechte und harte Väter oder auf Abwege geratene Söhne, so wie sie alle auch die Helden des bürgerlichen Rührstücks oder Familiengemäldes auf dem Theater bildeten. Die Konflikte entstanden vorwiegend auf dem großen Spannungsfeld zwischen den Ständen; im Edelmut konnte sich die Spannung entladen oder Hartherzigkeit zum tödlichen Instrument werden. So sorgte man jederzeit für Aktualität, den Verhältnissen fiel die größere Schuld zu, aber alles Handeln war eben doch auch nur eine persönliche Einzelentscheidung, die ebensogut hätte anders ausfallen können, womit den Verhältnissen letztlich wiederum die Verantwortung genommen wurde. Die Titel, unter denen Lafontaine Sammlungen seiner Romane veranstaltet hat, bezeichnen Tendenz und Inhalt seines gesamten Werkes von über hundert Romanen: geboten wurden «Gemälde des menschlichen Herzens», «Familiengeschichten», eine «Gemäldesammlung zur Veredlung des Familienlebens», «Schilderungen des Lebens» und Betrachtungen zu «So geht es in der Welt».

In seiner Besprechung von Moderomanen im ersten Heft des *Athenaeum* hat August Wilhelm Schlegel eine gründliche Analyse der literarischen Verfahrensweise Lafontaines gegeben. Dessen Geheimnis, bei der Charakterisierung seiner Gestalten auf halbem Wege stehen zu bleiben, mache das Geheimnis ihrer Tugenden und Laster aus, stellt Schlegel fest, und wo Lafontaine auf das Herz losgehe, wie er es gewöhnlich tue, dann auf ein solches, das weder Kopf noch Sinne hat». Dementsprechend hätten seine Worte auch wenig «poetischen Sinn» im Hinterhalt, denn sie sollten das «Herz» rühren, nicht die Phantasie ergreifen. Der ästhetische Rezeptionsprozeß ist also, wie Schlegel sehr klar und für alle Trivialliteratur gültig erkennt, verkürzt. Mitgeteilt werden nur Gesinnungen und durch Gesinnungen bereits gewertete Gefühle, nicht aber Gefühle im Zustand ihres Werdens und ihrer Bewegung selbst; die schöpferische Phantasie des Lesers, die den literarischen Schöpfungsakt nachvollziehen und in sich die Gestalten der Dichtung zum Leben bringen muß, bleibt unangesprochen.

Lafontaine, als Pastor ordiniert, hat stets auf Respektabilität Wert gelegt, Philosophen, Naturwissenschaftler und Künstler bei sich zu Gast gehabt und im übrigen auch höchste Anerkennung errungen. Er war Lieblingsschriftsteller des preußischen Königspaares Friedrich Wilhelm III. und Luise, und er wurde vom König auch ausgezeichnet. Deshalb hat es ihn um so schwerer getroffen, daß die angeseheneren Schriftsteller ihn nicht ernst nahmen oder gar, wie im Falle Schlegels, ihn seiner Trivialität überführten. Er hat sich gelegentlich gerächt durch Bemerkungen wie «Es ist mir noch nie ein Werther vorgekommen, ausgenommen in Büchern» oder durch Geschichten wie *Hannchen, oder das Opfer menschlicher Schwäche* (1801). Darin wird Hannchen, die mit dem braven Wilhelm verheiratet ist, durch die Lektüre von Sulzer, Wieland und Schiller hochmütig, sinkt deshalb zur Geliebten eines Offiziers herab, verkommt schließlich ganz und stirbt, aber nicht ohne vorher zu bekennen: «Dahin hat mich meine Bildung gebracht». Zu den besseren unter Lafontaines Romanen gehört *Klara du Plessis und Klairant* (1795), der bereits in einem früheren Zusammenhang betrachtet wurde.

August von Kotzebues Domäne war zwar in erster Linie das Theater, aber neben seinen 230 Stücken hat er auch Hunderte von Erzählungen geschrieben. Seiner Neigung zum Drama entsprechend war er eher der Kolporteur der kleineren Form, also der um einzelne Begebenheiten sich rankenden Geschichte oder Novelle, die als «moralische Erzählung» ebenso üppig blühte wie der Roman und durch das Anwachsen der Journal- und Almanachproduktion besonders gefördert wurde. Insgesamt gilt auch für ihn, was über Stoff und Darstellung bereits zu Lafontaine gesagt wurde.

Das ganze Ausmaß von Kotzebues Geschmack und Zeitinterpretation in seiner Prosa wird am besten im Beispiel sichtbar, wofür die Geschichte *Das arme Gretchen* so gut wie irgendeine andere dienen kann. Gretchen nämlich, die arme Waise, hat sich den Nachstellungen eines Grafen widersetzt, wird deshalb des Diebstahls bezichtigt und schließlich gehenkt, worauf ihr einstiger Freund, ein Medizinstudent, sich den Leichnam beschafft und an ihm erfolgreich Wiederbelebungsversuche anstellt. Gretchen bleibt allerdings geistig umnachtet, vermag aber immerhin durch ihre Erscheinung auf dem Grafenschloß einen Schock und das Bekenntnis der Wahrheit auszulösen, das den Grafen auf Lebenszeit in die Festung bringt. Nicht unerwähnt in einer Literaturgeschichte der Zeit um 1800 sollte auch die Erzählung *Alles durch Liebe, nichts ohne sie* bleiben, in der Konstanzie von ihrem Vater einen Ehemann nach dem anderen aufgenötigt bekommt, bis sie nach dem Tode des vierten schließlich den heiraten kann, den sie wirklich liebt. Ihr erster Gefährte aber hieß Novalis, den sie in «ästhetischen Vorlesungen» kennengelernt hatte und von dem sie sich bald wieder trennt in Empörung «über seine Ausschweifungen in Wollust. Branntwein und Opium, und endlich über seine unerträgliche ästhetische Narrheit».

Das berühmteste Werk der Unterhaltungsliteratur der neunziger Jahre ist zweifellos Christian August Vulpius' *Rinaldo Rinaldini der Räuberhauptmann. Eine romantische Geschichte unsers Jahrhunderts* (1799–1800). Zur Zeit der Niederschrift des Werkes ging Vulpius, der Bruder von Goethes Lebensgefährtin Christiane, Goethe bei der Regiearbeit des Weimarer Hoftheaters zur Hand und wurde von ihm auch gefördert. Als Weimarischer Bibliothekar erwarb er sich große Verdienste, und die Universität Jena promovierte ihn deswegen bereits 1803 zum Ehrendoktor. Ein solches Zusammentreffen von scheinbar gänzlich Entgegengesetztem ist jedoch nicht einfach als biographisches Kuriosum zu betrachten. Respektable Bürgerlichkeit und die Abfassung eines Räuberromans waren ganz offensichtlich nicht unvereinbar miteinander. Außerdem aber nötigen die biographischen Tatsachen zu der Feststellung, daß der Autor dieses Romans in dem wichtigsten Zentrum des literarischen Lebens in Deutschland lebte, zu bedeutenden Schriftstellern in Beziehung stand und bei seiner eigenen Bildung auch mit deren Werk vertraut sein mußte. Es entsteht also die Frage, inwieweit die berühmte «romantische Geschichte» vom Räuber Rinaldini teilhat an diesem literarischen Leben.

Gleich zu Anfang des Buches wird Rinaldo von einem seiner Leute bedeutet: «Hauptmann, du bist nicht mehr der, der du warst». In der Tat beklagt er selbst die verlorene Unschuld und wünscht, man hätte ihn bei seinen Ziegen gelassen. Rinaldo ist also ein elegischer Held, ein Räuberhauptmann mit Depressionen, der sich selbst entfliehen und eine andere Identität finden möchte. So übertrieben es klingt, so ist er doch in dieser Hinsicht ein Verwandter der ganzen Schar einsamer Romanhelden, die in dem Jahrzehnt nach 1790 die literarische Bühne betraten: William Lovell, Franz Sternbald, Hyperion und selbst Wilhelm Meister oder Godwi, um nur die bekanntesten zu nennen. Wie die meisten von ihnen ist er von der Sorge um das tägliche Brot befreit, denn aus den Blütentagen seiner Räuberei hat er überall im Lande verborgene Rücklagen, so wie die anderen Helden ein väterliches Vermögen besitzen. Wie sie hat der seiner Welt Entfremdete «weder Weib noch Kind, weder Vater noch Vaterland», wenngleich er unermüdlich zumindest das erstere sucht. Wie Hyperion in ein «heilig Tal der Alpen» flüchten möchte, so will Rinaldo die Waffen mit «Hacken und Spaten» vertauschen und in idyllischer Natur zusammen mit einer Einsiedlerin zum Einsiedler werden. Hamletsches Schwanken zeichnet ihn aus, man hält ihn «eher für einen Betbruder, als für einen Mann von Entschlossenheit», und im Grunde seines Wesens schlummert offenbar ein unerfüllter deutscher Intellektueller und Künstler: «Er lebte sehr still, las viel, dachte noch mehr, machte sogar Verse, komponierte seine Lieder selbst und sang sie auch selbst zur Guitarre ab». Ein beträchtlicher Teil des Erfolges, den Vulpius' Roman hatte, besteht also ohne Zweifel darin, daß er allgemeine kulturkritische Motive, die seit Rousseau die europäische Literatur durchzogen, aufgriff und sie mit einer spezifisch deutsch-bürgerlichen Problematik der Vergeblichkeit alles Handelns verband. Im übrigen verlor auf diese Weise der Räuberhauptmann einen guten Teil seiner moralischen Fragwürdigkeit. Zeigte Schiller in den *Räubern*, wie ein edler Mensch zum Räuber wurde, so Vulpius, wie ein Räuber ein edler Mensch werden wollte. In beiden Aktionen demonstrierte sich Menschlichkeit.

Rinaldo beteiligt sich deshalb auch nicht an einer großen Verschwörung zur Befreiung Korsikas, die Vulpius als Geheimbundintrige ins Spiel gemischt hat. «Der gebannte, geächtete und verachtete Räuberhauptmann ist kein Rebell», erklärt dieser eigenhändig in einem Sendschreiben aus Anlaß von Zumutungen durch die «Schwarze Rotte». Das treibt ihn zwar letztlich in den Tod – von dem ihn Vulpius allerdings dann für weitere Fortsetzungen wieder auferstehen lassen mußte –, rettete ihn aber auch moralisch im Jahrzehnt nach der Französischen Revolution für das friedliebende deutsche Lesepublikum verschiedener Stände.

Als einziger Trost in seiner Suche nach edlerer Wirksamkeit und neuer Identität bleibt ihm deshalb am Ende nur das Privateste, die Liebe, und Rinaldo huldigt ihr ausgiebig. Allerdings ist er selbst dabei Elegiker, da auch auf diesem Gebiet ihm die letzte Erfüllung nicht gegönnt ist: Die ideale Geliebte bleibt so unerreichbar wie die Erfüllung des Wunsches, Held zu sein und die Menschheit zu bessern. So hat Vulpius auf geschickte, meist banale, zuweilen aber auch anziehende Weise Zeitthemen und Zeitgefühle in eine Geschichte verwoben, die wie alles Sensationelle bereits vom Stoff her attraktiv war, durch ihre Thematik aber auch dem Leser den Eindruck gab, daß er an aktuellen Problemen teilnahm. Die französischen Feldzüge in Italien kurz vor dem Erscheinen des Buches verschafften außerdem dem Geheimbund zur Befreiung Korsikas – immerhin der Heimat Napoleons – eine zusätzliche Aktualität, so daß das Buch schließlich für das Publikum bewirkte, was Rinaldo für sich selbst nicht bewirken konnte: sich angesichts des Risikos für Außenseiter mit den Unzulänglichkeiten der eigenen Verhältnisse gemütlich abzufinden und sich nur im Traum des Lesens auszuleben, dem man, ohne Schaden zu nehmen, die Kritik seitens der gültigen Moral folgen lassen konnte.

*Rinaldo Rinaldini* ist vielfach aufgelegt worden, hat wenigstens 35 fremdsprachige Ausgaben erlebt und eine ganze literarische Räuberbande von Biandettos, Astolfos, Mazarinos und Heraldos in die Welt gesetzt. Von Vulpius selbst sind 77 Prosawerke und 43 Bühnenstücke überliefert.

Zur Unterhaltungsliteratur der neunziger Jahre und der Jahrhundertwende gehören allerdings nicht nur die in Serienproduktion hergestellten Ritter-, Räuber-, Gespenster- und Familienromane oder die entsprechenden Erzählungen, von denen bisher hauptsächlich die Rede war. Auch eine Reihe von anspruchsvolleren Werken sind in diesem Zusammenhang noch zu nennen, die sich durch subtilere Reflexionen, durch genauere Menschenbeobachtung und ein größeres Geschick in der sprachlich-künstlerischen Bewältigung ihrer Gegenstände auszeichnen. Während sie sich also deutlich von den Produkten eines Spieß oder Cramer abheben, ist die Grenze nach oben hin sehr viel schwerer zu ziehen. Bouterweks *Graf Donamar* nähert sich den Romanen Friedrich Maximilian Klingers, und Caroline von Wolzogens *Agnes von Lilien* hat, wie schon gesagt, selbst Friedrich Schlegel zunächst für ein Werk Goethes gehalten.

Friedrich Bouterwek, von 1797 an Professor der Philosophie in Göttingen, erwarb sich vor allem als Literaturhistoriker Verdienste. Seine zwölfbändige *Geschichte der Poesie und Beredsamkeit seit dem Ende des dreizehnten Jahrhunderts* (1801–19) ist eine umfassende, urteilssichere Darstellung der europäischen Literatur seit dem Mittelalter, angeregt von dem Konzept des Romantischen als Einheit des christlichen Europa. Fortgeführt wurde das Werk bis in die Gegenwart Bouterweks; sein elfter Band bietet eine der ersten Darstellungen der deutschen Literatur um 1800. Aber auch an einigen

Romanen hat sich Bouterwek zunächst versucht, von denen *Graf Donamar. Briefe, geschrieben zur Zeit des siebenjährigen Krieges in Deutschland* (1791–93) der bekannteste wurde. Es ist ein den *Liaisons dangereuses* (1782) von Choderlos ce Laclos nachgebildeter Briefroman, in dem das Schicksal eines preußischen Offiziers entwickelt wird, der sich als Frauenheld und Weltverbesserer in erotische und politische Intrigen verstrickt und darin umkommt. In einer Rezension des ersten Teils rennt d.e *Allgemeine Literatur-Zeitung* vom Dezember 1791 Donamar einen Abkömmling der »wie es schien, ausgestorbenen Familie der Nachbildungen Werthers, Wo demars u.s.w.» und attestiert dem Buch «weder Ruhe noch Reife», sondern «Kleinlichkeit» und «Affectation». Tatsächlich sind erotische Libertinage wie politisches Empörertum zu oberflächlich motiviert, zu breit angelegt und zu melodramatisch gestaltet, als daß ein dem französischen Roman ebenbürtiges deutsches Gegenstück hätte entstehen können, aber dennoch bleibt der Roman zumindest ein ernstzunehmender Ansatz zu einem kritischen Bild des Ancien régime in der Atmosphäre kleiner deutscher Höfe.

Bedeutender ist *Agnes von Lilien*, der Roman Caroline von Wolzogens, den Schiller 1796 in den *Horen* abdruckte (Buchausgabe 1798).

Die Geschichte der aus der morganatischen Ehe zwischen einer Prinzessin und einem niederen Adligen hervorgegangenen Titelheldin führt in die gut beobachtete Welt des deutschen Hof- und Landadels mit allen seinen Vorurteilen und Konventionen und hatte damit durchaus die Anlage zu einem Zeitroman in der Art des *Wilhelm Meister* und später der *Wahlverwandtschaften*. Daß es sich also in ihm um ein Seitenstück zu den Liebes- und Familienverwicklungen der Adelsgesellschaft in den *Lehrjahren* handelte, lag deshalb bei erster Betrachtung richt fern.

Die psychologischen Motivationen insbesondere der Heldin, die sich als vermeintliche Pfarrerstochter erst ihrer wahren Identität versichern muß, sind vor der Autorin sorgfältig gezeichnet und entwickelt worden. Dabei kommen deutliche Emanzipationswünsche zur Sprache – «Ich sehnte mich nach einer unabhängigen Existenz» –, und durch die Kontrastierung mit anderen, unfreien Frauengestalten entsteht sogar der Eindruck, daß Agnes auf diesem Wege zumindest ein kleines Stück erfolgreich fortgeschritten ist; denn in der Liebe zu ihrem Grafen Nordheim, der sie als Mensch und nicht als Standesperson achtet, empfindet sie: «Zum erstenmal in meinem Leben hatte ich ein Gefühl meiner selbst.»

Auf diese Weise erzielte Caroline von Wolzogen nicht nur stoffliche oder thematische Aktualität, wie sie in den unteren Bereichen der Unterhaltungsliteratur der in erte, sondern eine allgemeinere geistige, und sie griff fühlig Tendenzen der Zeit auf, die noch keineswegs formuliert und zu fester Verarbeitung bereit agen. Was in doch dann allerdings dennoch wieder begrenzt, ist die Dominanz einer Hofintrige, die beim Tod des alten Fürsten und hartherzigen Großvaters der Heldin in sich zusammenbricht und zu einem befriedigenden Ende führt, das nicht über sich hinausweist, sondern in «herzlicher Fröhlichkeit» alles Widersprüchliche auflöst.

Zu dem Kreise um Schiller gehörte auch Sophie Mereau, die 1803 Clemens Brentano heiratete, den sie als Student in Jena kennengelernt hatte. Sie trat als Lyrikerin, Herausgeberin von Almanachen (*Kalathiskos*, 1801–02) und als Prosaschriftstellerin hervor. Ihr erster Roman *Das Blüthenalter der Empfindung* (1794) verbindet mit einer oberflächlichen, beiläufigen Fabel auf dem Hintergrund der Französischen Revolution recht interessante Zeitthemen: den Anspruch auf die Freiheit des Gefühls gegenüber allen Institutionen und gesellschaftlichen Konventionen sowie vor allem den Wunsch der Frau nach bürgerlicher Selbständigkeit und allgemein nach einem «freiern leber digern Genuß» der Existenz. Dieser Wunsch veranlaßt Held und Heldin des Romans am Ende schließlich, nach Amerika zu gehen, aus dem um diese Zeit Goethe gerade Mitglieder seiner Turmgesellschaft zurückkehren ließ. Der zweite Roman Sophie Mereaus *Die Prinzessin von Cleves* (1798) benutzte dann einen historischen Stoff aus dem

16. Jahrhundert, um eine Ehekrise darzustellen, die in Edelmut, Entsagung und Tod aufgelöst wird – ein Buch, das wohl nicht zuletzt durch eigene Erfahrungen und Wunschprojektionen der Autorin inspiriert worden ist.

Als Beispiel für die anspruchsvollere Unterhaltungsliteratur ist schließlich noch ein weiterer Autor zu nennen, der allerdings seinen ersten literarischen Ruhm einem historisch-politischen Räuberroman zu verdanken hat und dessen Anfänge überhaupt ganz ausgesprochen die eines Trivialautors waren: Heinrich Zschokke.

Von Geburt war Zschokke Magdeburger, aber er hat die meiste Zeit seines Lebens in der Schweiz gelebt und sich dort zu einem Volksschriftsteller herausgebildet, wie es ihn unter deutschen Verhältnissen nie gegeben hat, wo es bei Ansätzen dazu rasch zum Absinken ins Triviale kam. Sein erster Erfolg war der Roman *Abällino der Bandit* (1794), den er im Jahr darauf zu einem ebenso erfolgreichen Theaterstück umarbeitete und dem dann noch verschiedene Umarbeitungen und Auflagen sowie Pendants folgten. Zugleich aber begab sich Zschokke auch auf das Gebiet der Literaturpolemik und des politischen Schriftstellertums, wovon die bereits früher betrachteten *Metapolitischen Ideen* (1796) und sein Stück *Charlotte Corday, oder Die Rebellion von Calvados* (1794) Zeugnis ablegen. Mit seiner Tätigkeit als Erzieher in der Schweiz und dem Aufstieg in verantwortliche Staatsämter trat Zeitkritisches und Erzieherisch-Vorbildliches in seinem Werk immer stärker in den Vordergrund. Im Winter 1801 auf 1802 stand er in freundschaftlicher Verbindung zu Heinrich von Kleist in Bern, und aus dem literarischen Wettstreit der Freunde um die Beschreibung eines Bildes vom Gericht über einen zerbrochenen Krug ging neben Kleists Komödie auch eine gleichnamige Erzählung Zschokkes hervor, die er allerdings erst 1811 veröffentlichte. Bald nach ihr erschien übrigens auch sein als Entwurf eines Typs weithin bekannt gewordenes Bild eines Opportunisten unter Schweizer Schildbürgern, *Hans Dampf in allen Gassen* (1814).

Von den erzählerischen Werken seiner Frühzeit, bevor seine volksschriftstellerische Tätigkeit mit Werken wie *Das Goldmacher-Dorf* (1817) ihren Höhepunkt erreichte, ist der Roman *Die Prinzessin von Wolfenbüttel* (1804) wohl der interessanteste und bedeutendste. Er beschreibt die historisch nicht verbürgte Geschichte der deutschen Prinzessin Christine von Wolfenbüttel, die sich durch einen Scheintod im Stile von Jean Pauls Siebenkäs aus der Ehe mit dem russischen Großfürsten Alexis befreit, nach Amerika flüchtet, dort als Augustine Holden karitativ tätig wird und sich mit dem Chevalier d'Aubant verbindet, der sie schon am Zarenhof geliebt hatte. Zschokkes Roman ist eines der frühen Dokumente der Europamüdigkeit, die sich in der Literatur des 19. Jahrhunderts beträchtlich ausbreitete. Sie hatte ihre literarische Vorgeschichte im 18. Jahrhundert in den Berichten und Mythen vom edlen Wilden, aber auch in Werken der Protestliteratur wie Klingers Drama *Sturm und Drang* (1776), das im amerikanischen Unabhängigkeitskrieg spielt. In *Wilhelm Meisters Lehrjahren* war nach Explorationsversuchen in der neuen Welt zwar bereits 1796 für Deutschland die Lösung «Hier oder nirgend ist Amerika» ausgegeben worden, aber der Auswandererbund von *Wilhelm Meisters Wanderjahren* brachte dann doch wieder die in ihren Verhältnissen beengten Europäer auf den Weg zur neuen Welt und sollte auch den Helden von Goethes Roman schließlich dorthin leiten. Zschokkes Bild vom neuen Lande war hoffnungsvoll: «Seid mir gegrüßt, ihr heiligen Wildnisse, die noch der Ehrgeiz, die Wollust und der Golddurst keines Europäers entweihte!» Goethes Hoffnungen auf Amerika schlossen, Zschokke übertreffend, sogar die Literatur ein – ein «Den Vereinigten Staaten» gewidmeter Spruch aus dem Jahre 1817 endet mit den Zeilen:

> Benutzt die Gegenwart mit Glück!
> Und wenn nun eure Kinder dichten,
> Bewahre sie ein gut Geschick
> Vor Ritter-, Räuber- und Gespenstergeschichten.

Dieser Wunsch hat sich nun allerdings nicht erfüllt. Das Bedürfnis nach Abenteuern, Sensationen und der Begegnung mit dem Unbekannten ist ebenso tief in der menschlichen Natur verwurzelt wie das Interesse am Glück und Unglück der Mitmenschen. Komplizierte psychologische Prozesse der Selbstidentifikation, Wunscherfüllung und Wirklichkeitsinterpretation sind damit verbunden, Prozesse, in denen Literatur eine bedeutsame Rolle spielt, seitdem Lesen zur allgemeinen Fähigkeit geworden ist und religiöse Existenzdeutungen in ihrem Einfluß zurückgingen. Da zu diesem Zwecke einem großen, bald nach Millionen zählenden Lesepublikum weder die Quantität anspruchsvollster Literatur ausreichen, noch deren hohes Reflexionsniveau ihm ohne besondere Erziehung überhaupt verständlich sein konnte, ergab sich, wie schon eingangs angedeutet, seit dem 18. Jahrhundert das Bedürfnis nach einem reichen und reichlichen Unterhaltungsschrifttum. Die Literatur, von der in diesem Abschnitt gesprochen wurde, entsprach also einer historischen Bedürfnis und hatte ihre Parallelen in anderen europäischen Nationen wie später auch – gegen Goethes guten Wunsch – in den Vereinigten Staaten, die, als sich der Literatur das Medium Film beigesellte, sogar führend auf dem Gebiet der Trivialkunst wurden. Spezifisch deutsch jedoch ist, daß sich zwischen einer Literatur höchster Intellektualität und der dem allgemeinen Lesebedürfnis nachkommenden Serienproduktion so wenig Literatur in einer Mittellage entwickelte, in der sich Popularität, Künstlertum und Weltverständnis aufs beste verbanden. Zwischen Goethes *Wahlverwandtschaften* und Lafontaines Familienromanen gibt es keine deutsche Jane Austen, und zwischen Arnims *Kronenwächtern* und Cramers Ritterromanen keinen deutschen Walter Scott. Gesellschaftsroman und Geschichtsroman haben in Deutschland auf lange Zeit keinen wirklich guten Nährboden gefunden. Die Sprödigkeit des Gegenstandes, also der deutschen Lebensverhältnisse, hat den Romanciers stets die Integration ihrer Helden in ein großes Ganzes versagt oder jedenfalls schwer gemacht. Daß es hingegen nicht an Talenten mangelte, bestätigt das Werk einiger Meister der kleineren Erzählform nach 1800: Johann Peter Hebel, Heinrich von Kleist, E. T. A. Hoffmann und Ludwig Tieck in dessen zweiter Lebenshälfte. Die Massenproduk-

tion von Unterhaltungs- und Trivialliteratur lief daneben ungestört fort mit
den Werken eines Julius von Voß oder Heinrich Clauren.

### 5. Goethe als Erzähler

Die neunziger Jahre waren für Goethe vor allem ein episches Jahrzehnt. In
seinem Roman *Wilhelm Meisters Lehrjahre* (1795/96) entwarf er den Prototyp des jungen Deutschen, der auszog, sich selbst zu bilden und zu formen,
einen seinen Fähigkeiten angemessenen Platz in der Welt zu finden und auf
diese Weise einen fruchtbaren Ausgleich zwischen innerer Kraft und äußerer
Beschränkung zu erreichen. Die Tradition des sogenannten deutschen Bildungsromans nimmt hier ihren eigentlichen Anfang, denn Wielands *Agathon*
hatte trotz ähnlicher Ziele doch als Biographie eines jungen Griechen die
Unmittelbarkeit von Goethes Buch nicht besessen. Kellers *Grüner Heinrich*,
Stifters *Nachsommer*, Thomas Manns *Zauberberg*, Hesses *Glasperlenspiel*,
Musils *Mann ohne Eigenschaften* lassen sich zusammen mit einer ganzen Rei-
he weiterer Lebensgeschichten in den von *Wilhelm Meister* ausgehenden
Stammbaum dieses deutschen Genres einfügen.

Richtete sich die Erzählung von Wilhelm Meisters Ausbildung trotz aller
historischen Aktualität dennoch hauptsächlich an die Gebildeten unter dem
Lesepublikum, so erreichte Goethe wahre Popularität mit einem anderen
epischen Werk dieser Jahre, mit *Hermann und Dorothea* (1797). «Ich
wünschte in allem Ernst, es kämen in dieser Speculationsreichen Zeit einige
gute Köpfe auf den Einfall, ein Gedicht wie unser Hermann und Dorothea
ist von Dorf zu Dorf auf Kirchweihen und Hochzeiten zu recitieren und so
die alte Zeit der Rapsoden und der Minstrels zurückzuführen», spekuliert
Schiller in einem Brief an Böttiger vom 18. Oktober 1797. In Frankfurt benutzte es tatsächlich, wie Goethes Mutter dem Sohne mitteilt, ein Pastor «bei
Kopulationen und wo es nur möglich ist». Zu Goethes Lebzeiten erfuhr das
kleine Werk mehr als dreißig Neuauflagen, und als Schullektüre hat es dann
für lange Zeit einen unangefochtenen Platz in den deutschen Lehrplänen gehalten. Ein seltsamer Widerspruch: Im Jahrzehnt, in dem der Roman in
Deutschland zu einer ersten vollen Blüte kommt, erreicht unter den anspruchsvolleren erzählerischen Werken nur ein Hexameter-Epos jene
Volkstümlichkeit und jenen breiten Widerhall, die sonst allein der Unterhaltungsliteratur vorbehalten blieben. Gab der Verfasser des *Wilhelm Meister*
damit unbeabsichtigt denen recht, die wie Schiller im «Romanschreiber» nur
den «Halbbruder» des Dichters sahen? Aber *Hermann und Dorothea* war ein
besonderer Glücksfall, und es hat kein weiteres Epos in der deutschen Literatur gegeben, das den besseren oder schlechteren Prosaerzählern Rang und
Wirkung hätte streitig machen können. Gewiß hatte der Erfolg etwas mit der
homerischen Überhöhung eines deutschbürgerlichen Stoffes zu tun, die

Goethe aus einer Not half, über die er später einmal bei der Lektüre von Walter Scotts Romanen meditiert hat: Man sehe an diesen Büchern, meinte er am 9. März 1831 zu Eckermann, «was die englische Geschichte ist, und was es sagen will, wenn einem tüchtigen Poeten eine solche Erbschaft zu Teil wird. Unsere deutsche Geschichte in fünf Bänden ist dagegen eine wahre Armuth». Als deutschem Schriftsteller stand ihm nur eben gerade diese «wahre Armuth» allein zur Verfügung, und sie bildete auch seinen Stoff in *Hermann und Dorothea*. Aber die Form erhob das Deutsche ins Klassische, und der Bezug auf das weltgeschichtliche Ereignis der Französischen Revolution ergänzte diese Erhebung inhaltlich aufs glücklichste. Am Ende aber war es die Beschränkung auf eine novellistische Episode, die verhinderte, daß solche glückliche Verbindung überanstrengt wurde.

Denn ein weiterer Aspekt von Goethes Tätigkeit als Erzähler in den neunziger Jahren war die Übung in kleineren Formen, besonders in der Novelle und im Märchen, auf die sich auch fortan sein Interesse richtete. Sein Roman *Die Wahlverwandtschaften* wurde als Novelle konzipiert, und *Wilhelm Meisters Wanderjahre* fügte Goethe kunstvoll aus den verschiedensten novellistischen und märchenhaften Bausteinen zusammen. Das erste Resultat solcher Übung jedoch waren 1795 die *Unterhaltungen deutscher Ausgewanderten*, ebenfalls Erzählkunst auf dem Hintergrund der Revolution und der ihr folgenden Auswirkungen auf Deutschland. Sie entstanden während der Arbeit am *Wilhelm Meister* und bereiteten, abgesehen von ihrer eigenen Bedeutung, auch den Grund vor, aus dem dann *Hermann und Dorothea* hervorwuchs.

## Unterhaltungen deutscher Ausgewanderten

Die «wahre Armuth» der deutschen Geschichte hat Goethe besonders in seinem *Wilhelm Meister* manche Sorge bereitet, denn letztlich war es eben doch nur «herumziehendes Komödiantenvolk und armselige Landedelleute», unter die er den Helden in seiner Zeit und seinem Vaterlande bringen konnte. Kleinere Erzählformen wie Anekdoten, Novellen oder Märchen gaben dagegen dem Schriftsteller eine Freiheit über seinen Stoff, die ihm der Roman mit seiner Tendenz auf das Große, auf Geschichte und Gesellschaft, nicht gestattete. Daraus ist es zu erklären, daß Goethe, noch bevor er *Wilhelm Meisters Lehrjahre* abschloß, die *Unterhaltungen deutscher Ausgewanderten* schrieb, und zwar zwischen Ende 1794 und dem Sommer 1795. «Zu den kleinen Erzählungen habe ich große Lust, nach der Last, die einem so ein Pseudo-Epos, als der Roman ist, auflegt», schreibt er im November 1794 an Schiller. Dieser wiederum hatte ihn indirekt erst dazu angeregt, denn zu eben dieser Zeit war er an Goethe herangetreten mit der Bitte, etwas für die geplante Zeitschrift *Die Horen* beizusteuern, in der Hoffnung allerdings, es würden Teile des *Wilhelm Meister* sein. Aber Goethe konnte sich nicht dazu verstehen, die künstlerische Ganzheit der einzelnen Bücher des Romans aufzulösen, sondern ging stattdessen an die «kleinen Erzählungen» seiner *Unterhaltungen*, die dann auch wirklich 1795 in Fortsetzungen in Schillers *Horen* erschienen.

Die *Unterhaltungen deutscher Ausgewanderten* sind ein Erzählwerk, in dem einzelne Geschichten in einen größeren Rahmen gestellt werden, ganz so, wie es musterhaft in der europäischen Literatur Boccaccios *Decamerone* oder in der morgenländischen *Tausendundeine Nacht* vorführen Mit beiden Modellen war Goethe gut vertraut, und in der Entstehungszeit der *Unterhaltungen* stärkte er außerdem sein Formbewußtsein für das Novellistische noch durch die Lektüre weiterer romanischer Novellen. Einige von ihnen hat er sogar in den *Unterhaltungen* umgeschrieben oder nacherzählt. Goethe gehört damit zu den Initiatoren eines Zeitinteresses, das auf den kulturgeschichtlichen Begriff des Romantischen zulief. Die Literatur der italienischen Renaissance war – wie die des spanischen Barock – ein wesentlicher Bestandteil dieser romantischen Tradition, und die Novellenform erhielt in der Besinnung auf sie um 1800 neue Bedeutung. «*Ariost, Cervantes* und *Shakspeare,* jeder hat auf andre Weise die *Novelle poetisirt*», notiert sich Friedrich Schlegel 1797, in herausfordernder Kombination einen Dramatiker neben zwei Erzähler stellend und damit die Novelle zugleich als innere Darstellungsform begreifend. Selbst in der höchsten Erfüllung romantischer Poesie, im Roman sieht er bei solcher Betrachtungsweise häufig «nur Ketten oder *Kränze* von Novellen», wie zum Beispiel im *Don Quijote* des Cervantes, den zu übersetzen Tieck gerade im Begriffe war.

In den *Unterhaltungen* war Goethe nun allerdings durchaus nicht absichtlich Propagandist neuer literarischer Entwicklungen, aber ein bedeutender Künstler braucht die Ideen zu Neuem nicht unbedingt auf den Lippen zu tragen, um es einzuleiten. Anziehungskraft hatte die Arbeit an den *Unterhaltungen* für ihn aus einem anderen Grunde: Sie gab ihm formal Gelegenheit, kleine Erzählformen auszuprobieren als künstlerische Reaktionen auf das große Ereignis der Französischen Revolution, dem er in seinen Revolutionsdramen vergeblich versucht hatte, ästhetisch überzeugend beizukommen, dem aber andererseits der Roman von Wilhelm Meisters Lehrjahren schon allein dadurch entzogen war, daß er in den Jahren davor spielte. Wie Boccaccio der Auflösung menschlicher Ordnung durch die Pest im Florenz des 14. Jahrhunderts die ästhetische Form seines Novellenwerks restituierend entgegenstellt, so Goethe hier, wenn er eine Gruppe adliger deutscher Flüchtlinge im Sommer 1793 aus dem linksrheinischen Gebiet auf einer Besitzung rechts des Rheins zusammenbringt, persönliche und politische Gegensätze zwischen ihnen entwickelt und dann durch eine Reihe von Erzählungen zwar nicht Harmonie herstellt, aber doch zumindest ihre Bedingungen und Möglichkeiten zeigt. «Lassen Sie uns wenigstens an der Form sehen, daß wir in guter Gesellschaft sind» – diese Aufforderung der Baronesse von C. ist Leitmotiv von Goethes *Unterhaltungen* und von deren einzelnen Bestandteilen.

Zu einem Zusammenstoß politischer Meinungen kommt es an dem Zufluchtsort der Baronesse und ihrer Familie, als der sie begleitende Vetter Karl sich einem besuchenden Geheimrat von S. gegenüber zum leidenschaftlichen Verteidiger der Mainzer Jakobiner und ihrer Ideen macht, wobei dann «von beiden Seiten alles zur Sprache» kam, «was im Laufe dieser Jahre so manche gute Gesellschaft entzweit hatte». Der Geheimrat verläßt die Familie im Zorn, worauf die Baronesse, um wenigstens den Frieden und das Einverständnis innerhalb des häuslichen Kreises wieder herzustellen, das Erzählspiel vorschlägt mit der Bedingung, «alle Unterhaltung über das Interesse des Tages» zu verbannen. Das geschieht, zumindest dem äußeren Anschein nach, denn ein alter Geistlicher entführt nun als Erzähler seine Zuhörer in eine ganz private und zuweilen historisch ferne Atmosphäre. Aber seine Geschichten handeln von dem schwierigen Verhältnis zwischen Freiheit und gesellschaftlicher Verpflichtung und sind somit letztlich doch von unmittelbarer politischer Bedeutung. In der Erzählung von der Sängerin Antonelli zum Beispiel, einer Parodie auf die Gespenstergeschichten der Zeit, ist ein Liebhaber der Angebeteten «durch die Anmaßung, ihre Freiheit einzuschränken», lästig geworden, so daß sie nicht einmal einer Bitte um einen letzten Besuch an seinem Sterbebette nachkommt. Ein seltsamer pädagogischer Spuk rächt diese Mißachtung nach dem Tode des Liebhabers, aber wandelt sich doch schließlich ins Angenehme, ehe er ganz und gar verfliegt. Auf dem Denkzettel für die Hartherzigkeit steht also zugleich die Billigung des Anspruches auf freie Selbstbestimmung geschrieben. Vetter Karl antwortet darauf mit der kostbaren, geheimnisreichen Liebesgeschichte des Marschalls von Bassompierre, dem eine unbekannte schöne Krämerin ein Stelldichein anbietet, die vor der zweiten Begegnung aber dann ein Opfer der Pest wird. Für Goethe war die Frau in der Unbedingtheit ihres Liebeswunsches eine Verwandte seiner Philine im *Wilhelm Meister*, die nicht «auf den Dank der Männer» rechnet. Hugo von Hofmannsthal hat das Erlebnis des Marschalls später noch einmal nacherzählt und ein weiteres Zeugnis für den Beziehungsreichtum dieser Geschichte gegeben.

Die restlichen drei Erzählungen der *Unterhaltungen* kommen dann allein aus dem Munde des Geistlichen. In den ersten beiden ist von der Erziehung zu menschlicher und bürgerlicher Selbstverantwortung die Rede, worin für Goethe der Schlüssel zu gewaltloser Fortentwicklung aller Gesellschaft gegenüber dem Chaos der Revolution lag. Diesen Erzählungen kommt also ein höherer Rang als den vorausgehenden zu, da nichts Numinoses mehr in das Geschehen eingreift, aber es fehlt ihnen auch etwas von deren poetischem Reiz. In der Novelle vom Prokurator wird eine junge Frau im Widerstreit zwischen Liebe und Ehe zur inneren Selbständigkeit und damit zur freien Anerkennung gesellschaftlicher Vernunft erzogen, und in der anderen lernt Ferdinand, ein junger Mann, aus den Irrungen und Verfehlungen der Jugend, «daß der Mensch Kraft habe, das Gute zu wollen und zu vollbringen».

Die dritte Erzählung des Geistlichen jedoch ist ein großes allegorisch-symbolisches Märchen – Goethe nennt es einfach «Das Märchen» – das die in den *Unterhaltungen* erörterten Probleme von einem höheren Gesichtspunkt aus betrachtet und eine Lösung erhoffen läßt. Denn einen äußeren Schluß haben die *Unterhaltungen* nach dem *Märchen* kommt Goethe nicht mehr auf den Rahmen zurück, und obwohl sein Erzählwerk damit äußerlich unvollendet bleibt, war es doch über die Visionen des Märchens hinaus nicht fortzuführen und lief mit ihnen, wie Goethe selbst gesagt hat, «gleichsam ins Unendliche aus».

Goethes *Märchen* in den *Unterhaltungen deutscher Ausgewanderten* ist ein meisterhaftes kleines Kunstwerk, das sogleich bei seinem Erscheinen beträchtliche Aufmerksamkeit fand, einmal bei denen, die es zu deuten versuchten, und zum anderen bei denen, die es als poetische Form reizte. Zu den letzteren gehörte insbesondere Novalis, dessen großes, von Klingsohr erzähltes Märchen am Ende des ersten Teils seines *Heinrich von Ofterdingen* Goethes Inspiration deutlich verrät. Im freien Spiel mit Allegorien und Symbolen ließen sich in der Tat sehr viel eher die Erwartungen und Hoffnungen des Zeitalters ausdrücken als in Romanen, die den Realitäten deutscher Gegenwart oder deutscher Geschichte verpflichtet waren.

Vorbilder für Goethe waren in gewissem Umfang die Feenmärchen aus orientalischer und romanischer Tradition, wie sie Wieland gepflegt hatte, und die *Volksmärchen der Deutschen* (1782–87) seines einstigen Weimarer Mitbürgers Johann Karl August Musäus. Aber über alle Muster und Vorbilder hinaus schuf Goethe doch etwas ganz und gar Eigenartiges, das im ganzen zwar verständlich und «vernünftig» ist, das aber, um seine Bemerkung über das Lyrische in den *Maximen und Reflexionen* in Anspruch zu nehmen, dennoch «im Einzelnen ein bißchen unvernünftig» und unverständlich bleibt. Das liegt daran, daß Goethe den Figuren seiner Geschichte und ihren Handlungen teils allegorische, also in die Abstraktion übersetzbare Bedeutung gibt, teils jedoch symbolischen Sinn, durch den Verhältnisse und Vorgänge zwar bezeichnet werden, für die es aber keinen oder nur unzureichenden abstrakten Ausdruck gibt. Goethe wollte «zugleich bedeutend und deutungslos» sein, wie er an Wilhelm von Humboldt über das Märchen schrieb, und alle Interpretation kann es deshalb eigentlich nur wie ein meisterhaftes Bauwerk von verschiedenen Perspektiven aus betrachten, ohne doch sein Wesen oder auch nur den genauen Zusammenhang zwischen einzelnen Arabesken und dem Ganzen begrifflich in eine Definition zu fassen.

Das Märchen spielt in der knappen Zeit von anderthalb Tagen; es beginnt in der Nacht und führt in den Morgen des übernächsten Tages hinein. Ein menschlicher Vorgang – die Erlösung der schönen Lilie durch einen Prinzen – ist mit einem architektonischen verbunden: ein bisher unterirdisch existierender Tempel mit vier Königen wandert unter einem Fluß hindurch und kommt auf dem jenseitigen Ufer an die Oberfläche, wo er bleiben wird, während rechtes und linkes Ufer des Flusses durch eine Brücke verbunden werden. Am Ende wird der Prinz zum neuen König, die Lilie wird seine Gemahlin, «und bis auf den heutigen Tag wimmelt die Brücke von Wanderern, und der Tempel ist der besuchteste auf der ganzen Erde».

Solche Apotheose ist nun allerdings verständlich und rätselhaft zugleich. Ganz sicher wird hier ein Zustand menschlicher und gesellschaftlicher Harmonie verklärt, denn der junge König hat die Symbole der alten Könige – das goldene der «Weisheit», das silberne des «Scheins», also der Kunst oder auch der Repräsentation, und das eiserne der «Gewalt» – übernommen, aber im Zeichen der Liebe und nicht als einfache Mischung: Der vierte, «gemischte König» des Märchens muß zugrundegehen. Die einfache Hütte eines Fährmannes wird der Altar im Tempel als Union von Hütte und Palast. Außerdem verbinden sich Kunstwerk und Leben, wie die Lilie fortan nicht mehr nur als Verkörperung der Schönheit das Lebendige durch ihre Berührung töten muß, während sie es als versteinertes Kunstwerk zum Leben erwecken kann. Die Losung des Märchens lautet «Es ist an der Zeit», in der «Morgenröte» eines neuen Tages geschieht die entscheidende Verwandlung und Erlösung, und der Alte mit der Lampe, der eigentliche Inszenator des Erlösungswerks, verkündet entsprechend: «Wir sind zur glücklichen Stunde beisammen, jeder verrichte sein Amt, jeder tue seine Pflicht, und ein allgemeines Glück wird die einzelnen Schmerzen in sich auflösen».

Damit war die Botschaft des Märchens in einer Zeit politisch-gesellschaftlicher Unruhen und großer Erwartungen deutlich und unmißverständlich genug ausgesprochen. Die Signale, die Goethe setzte, wurden dabei am ehesten von der jüngeren, hoffnungsträchtigeren und Utopien entwerfenden Generation verstanden. Friedrich Schlegel preist das *Märchen* als «*indifferente absolute* F[antasie] auf die vollkommenste Weise», Muster also des eigenen universalpoetischen Strebens, und Novalis leitet mit Distichen über das *Märchen*, die dessen Metaphorik politisch deuten, die eigenen Aphorismen über Staat und Politik ein, die er 1798 unter dem Titel *Glauben und Liebe oder Der König und die Königin* publizierte.

War also die Gesamttendenz des *Märchens* kaum mißzuverstehen, so ließen seine Einzelheiten dennoch viel zu rätseln offen. Was stellte die Schlange dar, die sich opfert, um die Brücke zu bilden? Wer waren die Irrlichter, die mit der Ausschüttung des Goldes den Erlösungsprozeß ins Werk setzten? Waren sie emigrierende französische Kavaliere oder als magische Naturwesen Träger des Lichtes und der kommenden Erlösung? War der Alte mit der Lampe etwa Goethe selbst, der den anderen auf den Weg leuchtete? War mit dem Fluß der Rhein, die Weimarsche Ilm oder nur eben ein Symbol der Trennung gemeint? Und war womöglich gar der Habicht mit rötlich leuchtendem Gefieder niemand anders als Friedrich Schiller, der so manche kleinen Vögel wie Bürger oder Matthisson in den literarischen Tod jagte? Auch das ist ernsthaft zur Deutung vorgeschlagen worden. Identifikationen dieser Art zerstören nun allerdings nicht nur die Einheit des Kunstwerkes, sondern auch seinen Sinn, der auf Synthese und Vereinigung ausgeht. Die von Schlegel gelobte «absolute Fantasie» bestimmt die Bewegung des *Märchens,* die Formkraft des Autors dagegen ist sein Maß.

Vieles aus Goethes Erfahrung und Denken in diesen Jahren ist dennoch in die Metaphern und Aktionen eingegangen. Selbstverständlich ist es eine politische Fabel, die er hier vorträgt, aber dann eben auch wieder in jenem weitesten Sinne, in dem er den Gewaltsamkeiten des Tages gegenüber auf eine natürliche, evolutionäre Entwicklung vertraute. Im ganzen und im einzelnen spielen auf diese Weise seine naturwissenschaftlichen Studien und Erkenntnisse in die Bilder und den Sinn des *Märchens* hinein. Wie die Natur einer großen Gesetzmäßigkeit unterliegt, so auch das Geschehen hier, selbst wenn die individuellen Figuren nur diesen einen Teil davon kennen. Im übrigen ist Mineralogisches und Botanisches hineinverwoben, aber auch alchemistische und freimaurerische Symbolik, denn der Aufstieg des Tempels durch Berg und Wasser in Licht und Luft erinnert deutlich an das maurerische Prüfungszeremoniell, das Mozart in der *Zauberflöte* dargestellt hatte, der wiederum Goethe gerade in der Entstehungszeit des *Märchens* einen zweiten Teil hinzuzufügen vorhatte. Hellsichtig nennt Novalis das *Märchen* «eine erzählte Oper». Aber auch Gedanken zur Kunsttheorie lassen sich erkennen, denn immerhin erschienen im selben Jahr und in den gleichen *Horen* Schillers große ästhetische Abhandlungen über die Beziehungen zwischen Kunst und Wirklichkeit und sein großes Bekenntnisgedicht *Das Ideal und das Leben.* Die Kenntnis der einzelnen Bauelemente des *Märchens* kann nun zwar zu seinem Verständnis beitragen, einen Schlüssel jedoch stellt sie nicht bereit: Alles Einzelne ist in erster Linie poetisches Bild, das seinen Sinn allein aus dem Ganzen erhält, wie es der Autor aus einer Fülle von Material kunstvoll zusammengefügt hat.

«Zugleich bedeutend und deutungslos» wollte Goethe allerdings nicht nur im *Märchen,* sondern überhaupt in den Geschichten seiner *Unterhaltungen* sein. Ausdrücklich erklärt dort der Geistliche: «Man soll keine meiner Geschichten deuten!» Gemeint war damit, daß man sie als Ganzes auf sich wirken lassen solle, was am ehesten bei kleinen epischen Formen möglich war, die anders als Epos und Roman überschaubar blieben und nicht von einer

Vielzahl von Ereignissen, sondern von einem einzigen, einer Neuigkeit oder Begebenheit bestimmt wurden. In den eigentlichen «Unterhaltungen», den Gesprächen der Ausgewanderten, entwickelte Goethe aus diesen Gedanken den Ansatz zu einer Theorie der Novelle, die auf seine spätere, 1827 Eckermann gegenüber geäußerte Definition der Novelle als einer «sich ereigneten unerhörten Begebenheit» hinführt. «Zur Übersicht der großen Geschichte fühl ich weder Kraft noch Mut, und die einzelnen Weltbegebenheiten verwirren mich», bekennt der Geistliche, aber in Privatgeschichten finde er oft einen Reiz, der über den an der Neuheit hinausgehe und «uns die menschliche Natur und ihre inneren Verborgenheiten auf einen Augenblick» eröffne. Das ist, wenn auch in leicht ironischer Übertreibung, ein Stück von Goethes eigener künstlerischen Erfahrung. Weltbegebenheiten darzustellen war ihm in den letzten Jahren trotz mancher Anstrengungen nicht gelungen. Der *Wilhelm Meister* blieb ebenfalls nur eine große Privatgeschichte, wenngleich innig mit dem Zeitgeschehen verbunden. In der Novelle und dem Märchen aber entdeckte er nun für sich eine Form, die es sehr wohl erlaubte, von dem Punkt eines Ereignisses auf größere Zusammenhänge zu blicken, ohne dabei «große Geschichte» an und für sich darzustellen oder das primäre Interesse des Dichters an der menschlichen Natur aufzugeben. Vollendet ist ihm solche Verbindung dann in *Hermann und Dorothea* gelungen. Außerdem aber hat sich Goethe auf diese Weise auch zum Pionier deutscher Novellenkunst gemacht, denn der Verzicht auf «große Geschichte» bei der novellistischen Darstellung von Begebenheiten kam der «wahren Armuth» deutscher Geschichte auch im folgenden Jahrhundert sehr entgegen und hat zur Eigenständigkeit und Blüte gerade dieser Form im deutschen Sprachgebiet geführt.

## Wilhelm Meisters Lehrjahre

Goethes Roman *Wilhelm Meisters Lehrjahre* ist das hervorragendste deutsche literarische Ereignis der neunziger Jahre, «ein sprechendes und unvergängliches Bild jener großen Hauptdissonanz unsrer Zeit, des anscheinenden Widerspruchs zwischen den Besitztümern des Geistes und denen unsrer körperlichen Natur, zwischen den Ansprüchen des innern Wissens und denen des äußern praktischen Lebens oder zwischen den ökonomischen Bedingungen und den poetischen Aussichten unsrer Existenz». So charakterisierte Adam Müller 1806 in seinen Dresdner Vorlesungen «Über die deutsche Wissenschaft und Literatur» Goethes Werk, und er fügte hinzu, daß es «in der ganzen Geschichte der Literatur nur im *Don Quixote* einen einzigen weltumfassenden Pendant» dazu gebe. Goethes Buch war also, wie Müller empfand, Zeitroman und universell, deutsches Buch und Weltliteratur in einem.

Von den ersten Tagen seines Erscheinens an ist Goethes Roman erhoben und bewundert worden, und auch seine schärfsten Kritiker haben ihm zuvor

Respekt gezollt. Unter den bedeutenderen Schriftstellern gab es damals kaum einen, der nicht als privater Kommentator, als Rezensent oder als Schöpfer eines eigenen Wilhelm Meister darauf reagiert hätte. Dabei war der *Wilhelm Meister* keineswegs ein sensationelles Buch, wenn man es gegen die Leidenschaftlichkeit und Dramatik von Werthers Leben, Schreiben und Sterben hält. «Ohne Anmaßung und ohne Geräusch, wie die Bildung eines strebenden Geistes sich still entfaltet, und wie die werdende Welt aus seinem Innern leise emporsteigt, beginnt die klare Geschichte». Mit diesem virtuosen, Grundton und Wesen von Goethes Werk feinfühlig erfassender Satz leitet Friedrich Schlegel seine große Rezension des *Wilhelm Meister* (1798) ein: Von Weltschöpfung ist die Rede, nicht nur vom Bilde einer Zeit. Das hieß nun allerdings, viel von einem Roman zu behaupten und ihn dem Epos gleichzustellen in einer Zeit, da sein literarischer Status noch gering war. In der Tat zeigten *Wilhelm Meisters Lehrjahre*, was bisher noch kein deutscher Roman so verbunden und in großem Maßstab dargestellt hatte. Menschen aus der unmittelbaren deutschen Gegenwart – Kaufleute, Schauspieler, Prinzen, Grafen und Barone – waren seine Charaktere. Trotz aller Verhaltenheit im ganzen war an romanhaften Elementen nicht gespart; von Liebesfreuden, Liebesintrigen und selbst einem schlimmen inzestuösen Verhältnis wurde ebenso berichtet wie von Geistesverwirrung, Geistererscheinung, Geheimgesellschaft und Gewalttaten. Das alles war wiederum nicht um seiner selbst willen da, sondern fügte sich in universalere Zusammenhänge, die in philosophischen, ästhetischen, ökonomischen, politischen und religiösen Reflexionen umrissen wurden. Dergleichen hat dann Germaine de Staël veranlaßt, dem *Wilhelm Meister* ein Übergewicht an Philosophie und allgemeinen «geistreichen Erörterungen» vorzuwerfen. In ihrem Roman *Corinna* (1807) hat die Kritikerin zwar mit weiträumigen Beschreibungen Italiens die an Goethe getadelte Untugend reichlich selbst geübt, aber dennoch gibt ihr Eindruck eine nicht unmaßgebliche Leserreaktion wieder, denn immerhin ist *Wilhelm Meister* hauptsächlich ein Buch für Gebildete geblieben und hat jene nationale und internationale Popularität nie erringen können, wie sie die englischen, französischen und russischen Romane erwarben. Bemerkenswert jedoch ist, daß Madame de Staël das begrenzte Interesse am Buche darauf zurückführt, daß es das begrenzte Interesse einer «gewissen Klasse der Gesellschaft» darstelle, einer Klasse,

> «die in Deutschland weit zahlreicher ist als in allen anderen Ländern, einer Klasse, in der die Künstler, Komödianten und Abenteurer sich mit den Bürgern, die ein ungebundenes Leben lieben, und den großen Herren vermengen, welche die Künste zu protegieren glauben».

Tatsächlich ist dies die Sphäre, in der sich Wilhelm Meisters Lehrjahre abspielen und erfüllen, so daß das Weltschöpferische eine seltsame Verbindung mit dem Parochialen und das Poetische mit den «ökonomischen Bedingungen» eingeht, eine Verbindung, die Goethe allerdings in einer Weise künstlerisch fruchtbar machen und formen konnte, daß Maßstäbe für alle künftige Romankunst entstanden. Goethe erreichte solche Meisterschaft dadurch, daß er die Reflexionen nicht neben die Handlung und die Personen stellte, sondern sie zugleich als Mittel der Charakterisierung benutzte, sie also nicht an und für sich da sein ließ, sondern als organischen Teil eines Kunstwerkes, dessen verstehende Lektüre damit nun allerdings hohe Ansprüche an den Leser stellte.

*Wilhelm Meisters Lehrjahre* waren nicht von vornherein auf ein derartig umfassendes Ganzes angelegt. Ursprünglich sollte diese Lebensgeschichte eines deutschen Kaufmannssohnes eher das untragische Gegenstück zu den *Leiden des jungen Werthers* sein, denn in diese Zeit führen die Anfänge von Goethes Arbeit an seinem zweiten Roman zurück.

1775 kam Goethe nach Weimar; Anfang 1777 begann er, das Werk zu diktieren, das den Titel *Wilhelm Meisters theatralische Sendung* tragen sollte. Von 1778 bis 1785 entstanden insgesamt sechs Bücher, die die Handlung bis in den Anfang des späteren fünften Buches führen. Erzählt wurde also der Ausbruch des Helden aus dem Vaterhaus und dem väterlichen Geschäft, denn Wilhelm fehlte «die Liebe zu Zahlen» und das «Gefühl von dem hohen Wert des Geldes». Schon als Kind hatte er dagegen Liebe gefaßt zu dem Puppenspiel, das er unter der Schirmherrschaft der Großmutter betreiben durfte und durch das er zu eigenen dichterischen Versuchen inspiriert wurde. In großen Zügen zeichnet dann die frühe Fassung Gang der Handlung und wichtigste Ereignisse auf, wie sie das spätere, vollendete Werk darstellt: die Liebe zur Schauspielerin Mariane, der Anschluß an eine Schauspielertruppe und die Teilnahme an deren Freuden und Nöten, das Gastspiel auf dem Schlosse eines Grafen, die Begegnung mit dem Werk Shakespeares, der Überfall im Walde und die rettende Erscheinung einer «Amazone», auf die der Meister forthin seine Gedanken richten wird, die Reise zur Serlo in einer großen Stadt, die erste Begegnung mit dem eigenen Sohne und schließlich die Nachricht vom Tode des Vaters.

Auch Mignon und der Harfner, jene beiden magischen Gestalten aus einer fremden Welt, sind bereits da und singen jene Lieder, die Goethes Werk wahrhaft unsterblich gemacht haben: «Heiß mich nicht reden, heiß mich schweigen», «Kennst du das Land, wo die Zitronen blühn», «Was hör ich draußen vor dem Tor», «Wer nie sein Brot mit Tränen aß», «Wer sich der Einsamkeit ergibt», «Nur wer die Sehnsucht kennt». Eine eigene Form des Romans, worin Lyrik das Erzählte kommentiert und transzendiert, wurde damit begründet und hat im deutschen Roman weithin Schule gemacht, vor allem bei Novalis, Tieck, Brentano, Eichendorff, Fouqué und Eduard Mörike. Wo Liedeinlagen im außerdeutschen Roman auftraten wie bei Scott, gingen sie zumeist auf das unmittelbare Vorbild des *Wilhelm Meister* zurück.

Aber die frühe Fassung des Romans ist nicht einfach das Konzept für die spätere; in manchen bemerkenswerten Punkten weichen *Theatralische Sendung* und *Lehrjahre* voneinander ab. Die liebenswerte Gestalt der theaterfreundlichen Großmutter wurde der Ökonomie des Handlungsablaufs geopfert. Die Errichtung eines deutschen Nationaltheaters, die Wilhelm und seine Schauspielerfreunde immer wieder erörtern, war für den 1791 zum Direktor des Weimarer Hoftheaters bestellten Goethe im früheren Maße kein Problem mehr. Auch Meisters eigene dichterische Tätigkeit steht später nicht mehr im Vordergrund, denn da er in seinem Lebensplan schließlich vom Theater lassen sollte, so hätten die fortdauernden dichterischen Ambitionen schwer damit in Einklang gebracht werden können, ohne ihm Profil zu nehmen. Auf das Theater als

etwas Unbefriedigendem konnte man durch eine Willensentscheidung verzichten, von
eigener schöpferischer Tätigkeit jedoch nur lassen, wenn man darin gescheitert war.
Und ein Gescheiterter sollte Wilhelm Meister gewiß nicht sein.

Einige Vergleiche lassen Kunstabsicht und Rang des vollendeten Romans deutlicher
erkennen. *Wilhelm Meisters Lehrjahre* beginnen nicht mehr mit der Jugendgeschichte
ihres Helden, sondern mit einer Liebesszene: Wilhelm Meister zeugt mit der Komö-
diantin Mariane einen Sohn. Ihn wird er am Ende der Lehrjahre wiederfinden, mit ihm
auf seine Wanderjahre gehen und schließlich zum «Bruder» erheben. Ein Rahmen
eigener Art ist dadurch geschaffen. Die inneren persönlichen Beziehungen, die von der
Vernunft nicht faßbaren, wenn auch durch sie in gewissem Umfang kontrollierbaren
Verhältnisse von Anziehung und Abstoßung der Menschen und insbesondere der Geschlechter untereinander beschäftigen den Autor der *Lehrjahre* mehr als das deutsche
Nationaltheater und das Aufbegehren eines Bürgersohnes, obwohl beides noch Thema
bleibt. Solche inneren Verhältnisse fehlten allerdings in der *Theatralischen Sendung*
durchaus nicht; manchmal waren sie sogar ausgeprägter oder rätselhafter noch dargestellt als in der späteren Fassung. Mariane zum Beispiel erscheint im frühen Werk als
geschiedene Frau, die «wechselweise für Jungfrau, Frau und Witwe» galt, eine jener
bei Goethe so häufigen Frauengestalten, die mehrere Rollen in sich vereinigen – Geliebte, Schwester oder, wie in Fausts Verklärung, «Jungfrau, Mutter, Königin». Auch
das erotische Verhältnis zu Mignon ist deutlicher dargestellt, deren Zwitterhaftigkeit
außerdem dadurch hervorgehoben wird, daß gelegentlich maskuline Pronomen auf sie
bezogen werden. Hier, so scheint es, deckte der Autor angesichts gesellschaftlicher
Normen später eher zu, als daß er weiter analysierte und enthüllte. Alles in allem ist
also das Verhältnis zwischen *Theatralischer Sendung* und *Lehrjahren* komplizierter als
das zwischen erstem Konzept und fertiger Reinschrift.

Goethes wesentlichste künstlerische Entscheidung zwischen der einen und
der anderen Fassung seines Romans war der Verzicht auf einen allwissenden
Ich-Erzähler. Der über seinen Gestalten stehende Autor, der mehr als sie, aber
nicht alles weiß, ist in *Wilhelm Meisters Lehrjahren* nur noch in der feinen
Ironie präsent, mit der Figuren und Aktionen behandelt und durch die auch
die reflektiven Passagen des Buches in das Geschehen integriert werden. Auf
der größeren Bühne dieses Romans spielen alle seine Gestalten eine oder
mehrere Rollen als Denkende, Handelnde, Sprechende oder auch Singende,
aneinander durch vielfache Beziehungen gebunden, die vom praktisch Nützlichen bis zum Unerforschlichen reichen und denen gegenüber der Autor als
ein weiser Regisseur erscheint, der ihre Bewegungen leitet, aber nicht Herr
ihres Schicksals ist. Diese Bescheidung Goethes hat erst seinem vollendeten
Roman jenen Rang des Universalen, Weltschöpferischen gegeben, den
Friedrich Schlegel mit feinem Gespür als erster erkannt hat.

*Wilhelm Meisters theatralische Sendung* ist 1910 aus einer Abschrift bekanntgeworden, die aus dem Nachlaß der Züricherin Barbara Schultheß stammt, der Goethe den
Roman nach und nach zuschickte. Mit der Umarbeitung der frühen Fassung begann
Goethe dann ernstlich erst wieder Ende 1793, jetzt aber das Manuskript zügig zu Ende
führend. Das Werk erschien in vier Bänden mit jeweils zwei Büchern des Romans zwischen Januar 1795 und Oktober 1796.

Die Zeit vom Abbruch der *Theatralischen Sendung* bis zur Neuaufnahme der
Arbeit war für Goethe eine Zeit bedeutender äußerer und innerer Ereignisse

und neuer Erfahrungen gewesen. Die Enttäuschung über manche Weimarische Utopien, die Reise nach Italien und die Begegnung mit der Leibhaftigkeit der Antike, die Wiedereinführung in die Weimarer Verhältnisse in einer veränderten, distanzierteren, aber keineswegs passiven Rolle, das Studium der Naturwissenschaften im Hinblick auf darin erwartete allgemeine Gesetze, die beobachtende Teilnahme an zwei Feldzügen gegen das revolutionäre Frankreich, die Lebensgemeinschaft mit Christiane Vulpius, Entfremdung vom Publikum und schließlich die beginnende Freundschaft mit Friedrich Schiller, die für die künstlerische Tätigkeit neue Aussichten und Hoffnungen erweckte – all dies war Teil von Goethes Leben und Lebenskenntnis seit 1785 geworden und bestimmte nicht nur manche veränderte Einstellung zu dem Helden seines Romans, sondern auch allgemein zu den Sphären, durch die er sich bewegte und zu der Art und Weise, wie dergleichen in der immerhin noch mißachtetsten aller Kunstformen gestaltet werden konnte.

Unmittelbare Anregung für Einzelnes wie für die Vollendung des Ganzen empfing Goethe von Schiller, dem er die ersten Teile des Buches in den Korrekturfahnen, die weiteren dann im Manuskript zu Urteil und Kritik übergab. Es kam zu häufigen Besuchen in Jena oder Weimar. «Göthe hat den letzten Theil des Wilh. Meister hinter sich aufs Pferd gebunden», berichtete Caroline Schlegel, als sie den Weimarer Geheimrat nach Jena einreiten gesehen hatte. Er habe den Text «in Manuscript herüber gebracht, und Schiller sagte gestern, daß er uns in den nächsten Tagen zu einer Vorlesung desselben einladen würde» – die «Klassiker» und «Romantiker» also in trautem Verein. Auch zahlreiche Briefe wanderten zwischen den beiden Freunden hin und her, und Schillers Kommentare zum *Wilhelm Meister* gehören zum Bedeutendsten, was je über dieses Buch gesagt worden ist.

Gang der Handlung und Idee von *Wilhelm Meisters Lehrjahre* scheinen einfach und durchsichtig zu sein, aber aus verschiedenen Blickpunkten betrachtet enthüllen sie immer neuen Reichtum. Antrieb des Geschehens ist wie schon in der *Theatralischen Sendung* die Unzufriedenheit eines jungen deutschen Kaufmannssohnes mit der väterlichen Sphäre des Geschäftes und sein Ungenügen am Gelderwerb als einer lebenserfüllenden Tätigkeit. Es ist ein urdeutsches Ungenügen, das sich in zahlreichen Romanen der Zeit wiederholt und seinen Ursprung in der strengen Trennung zwischen erworbenem Besitz und angeborenem Adel hatte, denn nur letzteres verschaffte gesellschaftliches Ansehen. Solche Standesunterschiede hatten bereits entscheidend zu den Leiden des jungen Werther beigetragen; die Probleme des jungen Meister ruhten auf dem gleichen Grunde. Durch den Anschluß an eine Schauspielertruppe war er zuerst mit dem Landadel in Berührung gekommen, aber positiver disponiert als Werther, wird ihm diese Berührung zu einem Teil seiner Lehrjahre, und er wächst durch sie. Auf diese Weise gerät Meister allerdings sozial in einen Schwebezustand zwischen den Ständen, dem eigenen entfremdet, dem Adel nicht zugehörend und hinter der scheinbaren Freiheit der Komödianten deren ganze Abhängigkeit von allen Seiten der Gesellschaft erkennend. Aber was in Verzweiflung und Tragik enden

könnte – und die *Theatralische Sendung* hatte den Weg dazu durchaus offengelassen –, das lenkt Goethe dann doch mit sicherer Hand zum Guten. Das
Mittel dazu ist ihm ein romanhaftes Instrument, seine geheime Turmgesellschaft, die früh schon Interesse an dem strebenden Jüngling gefunden hat
wie Gott am Faust und ihn durch geheime Boten in seinem Lebenslauf lenkt,
so daß die Wagnisse seines Lebens eher vorbedachte Prüfungen sind. Mit einer derartigen Geheimgesellschaft erfüllte Goethe die Erwartungen des großen Lesepublikums einem Roman gegenüber; aber er benutzte sein Instrument mit so feiner Distanz und Ironie, daß auch denen Genüge geschah, die
handfester Romantik dieser Art eher abhold waren. So führt Wilhelm Meisters Weg schließlich in eine Sphäre, in der unternehmende und aufgeschlos-
sene Adlige sich mit intelligenten Bürgern verbinden und in den Grenzen des
historisch Möglichen oder sogar ein bißchen darüber hinaus soziale Reformen einzuleiten versuchen im Übergang von feudalen zu liberalen Wirtschaftsformen. Dort findet Meister in der Baronesse Natalie sogar seine
Amazone wieder, die ihm nach dem Überfall im Walde als rettender Engel
erschienen war und die nun die Seine wird. Das Schiff läuft in den Hafen ein,
die Lehrjahre gehen zu Ende, der Bildungsgang des Bürgersohnes Wilhelm
Meister beschließt sich glücklich und in Harmonie, Ideal und Wirklichkeit
vereinigen sich im Bereich des Möglichen zur Apotheose der Humanität.
«Du kommst mir vor wie Saul, der Sohn Kis, der ausging seines Vaters Eselinnen zu suchen, und ein Königreich fand», sagt Friedrich, der Partalone
des Romans, am Schluß zu seinem zukünftigen Schwager.

*Wilhelm Meisters Lehrjahre* seien «im Grunde ein fatales und albernes
Buch. Die Freude, daß es nun aus ist, empfindet man am Schlusse im vollen
Maße. Das Ganze ist ein nobilitierter Roman. ‹Wilhelm Meisters Lehrjahre›,
oder die Wallfahrt nach dem Adelsdiplom», notiert sich Novalis verärgert im
Februar 1800. Man kann es ihm eigentlich nicht übelnehmen, denn Goethe
hatte offenbar ein Geschehen voller tiefer Konflikte allzu leicht und schön zu
Ende geführt und dem Kompromiß mit der Realität dabei den Mantel des
Ideals umgehängt. Novalis hatte jedoch einseitig gelesen, verständlicherweise, denn er schrieb gerade einen eigenen Roman nieder und konnte zu diesem Zeitpunkt am allerwenigsten Objektivität aufbringen. Aber es mochte
ihn neben dem berufenen auch das viele unberufene Lob Goethes provoziert
haben, das auf die Niederhaltung der Jüngeren aus war.

*Wilhelm Meisters Lehrjahre* spielen in Deutschland zwischen 1776 und
1789. Vom freien, unabhängigen Amerika ist die Rede, von der Französischen Revolution noch nicht. Baron Lothario, Bruder Natalies und promi-
nentes Mitglied der Turmgesellschaft, ist sogar in Amerika gewesen und hat
von dort verschiedene Vorstellungen zu Agrarreformen mitgebracht sowie
den deutschen Wahlspruch: «Hier oder nirgend ist Amerika!» Die Verbindung allerdings läßt man nicht abreißen, schon wegen eines ingeniösen Ver-
sicherungsunternehmens gegen Revolutionen – eine Idee, die den besorgten

Goethe der Zeit nach 1789 verrät. Jarno berichtet nämlich seinem Freunde Wilhelm:

> «Aus unserm alten Turm soll eine Sozietät ausgehen, die sich in alle Teile der Welt ausbreiten, in die man aus jedem Teile der Welt eintreten kann. Wir assekurieren uns untereinander unsere Existenz, auf den einzigen Fall, daß eine Staatsrevolution den einen oder den andern von seinen Besitztümern völlig vertriebe.»

Solcher Kosmopolitismus steht allerdings doch wieder in bester aufklärerisch-freimaurerischer Tradition, und Wilhelm «Meister» hat von dorther seinen Namen, selbst wenn ihn Goethe, wie er selbst an Schiller schreibt, lieber «Wilhelm Schüler» hätte nennen sollen. Was aber die Tendenz angeht, Reformen gegen Revolutionen zu setzen, so ist sie hinlänglich bekannt aus Goethes vielfältiger Auseinandersetzung mit den französischen Ereignissen und im Zusammenhang damit aus seiner realistischen Einschätzung deutscher Verhältnisse und deutscher Nationaltugenden. Dennoch war es nicht blindes Mißverständnis, in dem Lebensgang Meisters eine «Wallfahrt nach dem Adelsdiplom» zu sehen, obwohl das Königreich, das Wilhelm statt der Eselinnen findet, am allerwenigsten von dieser Welt ist. Goethe hat dem biblischen Gleichnis von Saul später mehrfach eine Schlüsselfunktion für seinen Roman zuerkannt, nur war es ihm um mehr zu tun, als seinem Helden eine Art Bürgerkrone aufzusetzen und ihn zum deutschen Edelmann zu erhöhen. Es ist nötig, den Blick von der äußeren Biographie des Helden auf seine innere zu wenden.

Goethes Buch ist der Prototyp des sogenannten «Bildungsromans» geworden. Der Begriff wurde zuerst um 1810 von Karl Morgenstern eingeführt und bald auf Goethes Roman angewendet. Bei Goethe jedoch ist allein die Rede von der «Ausbildung» des Individuums und aller der Kräfte und Fähigkeiten, die in ihm angelegt sind. «Mich selbst, ganz wie ich da bin, auszubilden, das war dunkel von Jugend auf mein Wunsch», schreibt Wilhelm Meister in einem Brief an seinen Schwager Werner. Gemeint war mit «Ausbilden», daß man aus sich und dem in sich Angelegten etwas machte und entwickelte. Aber der Wunsch dazu stößt auf Hindernisse:

> «Wäre ich ein Edelmann, so wäre unser Streit bald abgetan; da ich aber nur ein Bürger bin, so muß ich einen eigenen Weg nehmen, und ich wünsche, daß Du mich verstehen mögest. Ich weiß nicht, wie es in fremden Ländern ist, aber in Deutschland ist nur dem Edelmann eine gewisse allgemeine, wenn ich sagen darf, personelle Ausbildung möglich. Ein Bürger kann sich Verdienst erwerben und zur höchsten Not seinen Geist ausbilden; seine Persönlichkeit geht aber verloren, er mag sich stellen, wie er will.»

Das in der Philosophie der Aufklärung proklamierte Recht des freien Individuums, Ich zu sein, liegt also der Konzeption von Goethes gesamtem Roman zugrunde. Freilich war es ein Recht, das in der sozialen Struktur des damaligen Deutschland ganz offensichtlich für einen Bürgersohn schwer wahrzunehmen war. Eben das aber ist das Problem der inneren Biographie Wilhelm Meisters, für die die äußere nur Zeichen bereithält. Was in der äußeren Biographie als Abkehr vom «Handelsstand» erscheint, ist in der inneren Stufe eines Lernprozesses. Denn die Bekanntschaft mit Geschäft und Geld ist ein notwendiger und keineswegs verachtenswerter Bestandteil in der Ausbildung nicht nur des Bürgers, sondern auch des Staatsbürgers Wilhelm Meister, und manche früherworbene Kenntnis auf diesem Gebiete dürfte ihm bei seiner späteren Tätigkeit zustatten kommen, ganz davon abgesehen, daß sein gesamter Bildungsgang vom väterlichen Vermögen überhaupt erst getragen wird. Und so schließt sich Stufe an Stufe. Wilhelm kommt mit Bergleuten und Arbeitern einer Fabrik in Berührung. Er lernt deren Versuche kennen, in Spiel und Gesang die Grenzen ihres Daseins zu erweitern. Schein und Sein des Theaters erfährt er auf vielfältige Weise, und wenn er auch des Rollenspielens auf der Bühne mit der Zeit überdrüssig wird, so lernt er doch zugleich, daß das gesellschaftliche Rollenspiel des Adels noch nicht jene Erfüllung ist, als die es dem Bürger zunächst erscheinen mochte. Geheimnisvollstes begegnet ihm in Mignon und dem Harfner, und zwar in ihrem Wesen wie in dessen künstlerischem Ausdruck von Tanz und Lied. Denn Kunst und Spiel als ästhetische Erfahrungen sind im *Wilhelm Meister* immer unmittelbar mit dem Leben, der Wirklichkeit von Menschen verbunden. Das erweist sich besonders, wenn Wilhelm auf dem Schloß des Grafen zum erstenmal den Kosmos von Shakespeares Dichtung kennenlernt.

Es steht ganz im Einklang mit dem Verständnis des Romans als einer privaten, für die stille Lektüre durch den einzelnen Leser bestimmten Kunstform, wenn darin das Lesen selbst als eine wesentliche Erfahrungsquelle des Ich betrachtet und auf andere Literatur reflektiert wird. Waren im *Werther* die Bezüge auf Klopstock, Lessing, Homer und *Ossian* zunächst nur Spiegel des Inneren und Artikulationshilfen für das Gefühlte, so wird die Rezeption Shakespeares durch Wilhelm Meister ein eigenes, selbständiges Bildungselement, wie es in diesem Ausmaße und dieser Tiefe noch kein Roman bisher geboten hatte. Denn Shakespeare schloß dem jungen Deutschen gerade das auf, was er in seiner gesellschaftlichen Sphäre so sehr vermissen mußte: die Freiheit des Menschlichen im großen, ein Universum von Leidenschaften und Taten. In Shakespeare findet er «alle Vorgefühle, die ich jemals über Menschheit und ihre Schicksale gehabt, [...] erfüllt und entwickelt», und er bekennt in seiner Begeisterung: «Man glaubt vor den aufgeschlagenen ungeheuren Büchern des Schicksals zu stehen, in denen der Sturmwind des bewegtesten Lebens saust und sie mit Gewalt rasch hin und wider blättert». Wenn Allseitigkeit menschlicher Existenz vorstellbar werden konnte, dann hier.

Es zeichnet nun aber Goethes künstlerischen Sinn aus, daß er dieses Shakespeare-Erlebnis nicht ein allgemeines Bildungserlebnis bleiben läßt, sondern es auf Meisters Probleme vielfältig bezieht, indem er *Hamlet* in den Mittelpunkt von dessen Interesse rückt. *Hamlet* wird der Gegenstand vieler Gespräche und Gedanken Meisters, seiner nimmt er sich als Dramaturg an, und er selbst spielt schließlich den Dänenprinzen, als das Stück von seiner Schauspielergesellschaft auf die Bühne gebracht wird. Eigene «Vorgefühle» spiegeln sich also in den Vorgängen und Gefühlen eines Kunstwerkes. Solche Spiegelung vollzieht sich allerdings, wie überall in Goethes Roman, in verschiedenen Brechungen teils subjektiver, teils objektiver Natur. Teils läßt Goethe seinen Helden selbst Identifikationen erkennen, teils erlaubt er es nur dem Leser, der den Roman als ganzes, als ein Werk voller Bezüge, Bilder und Symbole überschaut.

Verschiedenes trifft in der tragischen Geschichte Hamlets zusammen. Das tiefe Gefühl der Frustration, das Hamlet beherrscht, nämlich einer großen Tat nicht gewachsen zu sein, beherrscht auch den deutschen Bürgersohn Wilhelm Meister; er schlägt sogar vor, Shakespeares Stück rein nach politischen Motiven umzuarbeiten. Aber darüber hinaus ist es der sehr viel weitere Konflikt zwischen Verstehen und Handeln, Sinn und Tat, von dem Hamlet ebenso bestimmt wird wie Wilhelm Meister, der später entsprechende Lehren über das Verhältnis zwischen Handeln und Denken von der Turmgesellschaft erhält: «Der Sinn erweitert, aber lähmt; die Tat belebt, aber beschränkt». Es ist ein zweideutiger, das Verhältnis von Intellektualität und öffentlicher Wirklichkeit in Deutschland bezeichnender Aphorismus. Hölderlins Hyperion wird noch entschiedenere Zweifel am Sinn des Handelns haben. Übrigens mischt sich die Turmgesellschaft gerade während der Hamlet-Aufführung unmittelbar in Meisters Leben ein, indem sie durch einen ihrer Boten den Geist des verstorbenen Vaters spielen läßt, nachdem der dafür vorgesehene Schauspieler ausgefallen ist. Von solchen Identifikationen aus öffnet sich nun der Blick auf menschliche Urverhältnisse, auf die nur noch im Mythos zu erfassenden Relationen zwischen Vätern und Söhnen, Söhnen und Müttern, Brüdern und Schwestern, die Shakespeares Tragödie zugrunde liegen, die aber auch im *Wilhelm Meister* eine entscheidende Rolle spielen. Erörterungen zum Thema Tragödie oder Roman stehen wiederum damit in engstem Verbund.

Eine weitere literarische Erfahrung wird Wilhelm Meister durch eine Schrift zuteil, die er im Hause Serlos und dessen Schwester Aurelie in die Hände bekommt: Es sind die «Bekenntnisse einer schönen Seele», die das 6. Buch des Romans ausmachen. Auch diese, scheinbar als Fremdkörper im Roman wirkende Lebensbeichte einer Stiftsdame aus armem Adel, die in pietistischer Frömmigkeit Harmonie, Ruhe und innere Freiheit findet, verwebt Goethe fest in die Entwicklungsgeschichte seines Helden.

Hier erfahren Wilhelm Meister ebenso wie die Leser zum erstenmal Genaueres von jener adligen Familie, in die Meister ohne sein Wissen bereits mehrfach verstrickt worden war und mit der hinfort sein Leben aufs engste verknüpft bleiben soll. Die «schöre Seele» ist nämlich die Nichte eben jenes «Oheims», der die Kunstsammlung von Wilhelm Meisters Großvater erworben hat und auf dessen Schloß der Roman seinen Abschluß findet, und sie ist zugleich die Schwester der frühverstorbenen Mutter Lotharios, des unternehmenden Mitglieds der Turmgesellschaft, sowie des buffonesken Friedrich, der Gräfin also, mit der Wilhelm auf dem Grafenschloß ein zartes Einverständnis hatte, und jener «Amazone» Natalie, die Wilhelm nach dem Überfall im Walde als rettende Heilige erschienen war und der seine Sehnsucht gilt, bis sie schließlich am Ende seine Braut wird.

Ein Teil der «Bekenntnisse» ist der Vorstellung von Natalies Familie gewidmet, nicht nur ihrer äußerer Geschichte, sondern auch ihrer Gesinnungen. Das gilt insbesondere für den Oheim, der zumindest momentan dem Autor am nächsten kommen dürfte, wenn er bekennt:

«Des Menschen größtes Verdienst bleibt wohl, wenn er die Umstände soviel als möglich bestimmt und sich so wenig als möglich von ihnen bestimmen läßt. Das ganze Weltwesen liegt vor uns wie ein großer Steinbruch vor dem Baumeister, der nur dann den Namen verdient, wenn er aus diesen zufälligen Naturmassen ein in seinem Geist entsprungenes Urbild mit der größten Ökonomie, Zweckmäßigkeit und Festigkeit zusammenstellt. Alles außer uns ist nur Element, ja, ich darf wohl sagen, auch alles an uns; aber tief in uns liegt diese schöpferische Kraft, die das zu erschaffen vermag, was sein soll, und uns nicht ruhen und rasten läßt, bis wir es außer uns oder an uns auf eine oder die andere Weise dargestellt haben.»

Es sind Worte, deren programmatische Bedeutung kaum zu überschätzen ist. Was in ihnen zum Ausdruck kommt, ist sowohl das Bewegungsgesetz für Wilhelm Meisters Leben und für sein Streben nach Selbsterfüllung wie dasjenige für Goethes Mühen und Ziele als Künstler und speziell als Verfasser des *Wilhelm Meister*. Die Klammer zwischen Werk und Autor wird hier sichtbar, denn nicht auf autobiographische Spiegelung war der Roman angelegt, sondern auf den Versuch, am Beispiel eines verwandten Charakters im Kunstwerk beispielhaft die Entstehung von Ordnung aus dem Chaos als Leistung des menschlichen Geistes vorzuführen, jener Ordnung, die auch für das «Weltwesen» insgesamt wünschenswert war. Die Schöpfung dessen, «was sein soll», bestimmt als sittliche Forderung in Goethes Begriffen Kunst und Leben gleichermaßen. Friedrich Schlegels Vision von dem Aufstieg einer «werdenden Welt» im *Meister* als Schöpfung «eines strebenden Geistes» findet hier ihre textliche Bestätigung.

Der eigentliche Inhalt der «Bekenntnisse» ist die pietistisch-mystische Begegnung der «schönen Seele» mit Gott. Goethe hatte zu dieser Gefühls- und Glaubenswelt einen ersten Zugang in seiner Frankfurter Jugendzeit gefunden, als er Bekanntschaft machte mit Susanna Katharina von Klettenberg, ei-

ner Freundin seiner Mutter, die eingezogen in christlicher Versenkung und
Hingabe lebte. Aber wie überall sonst im Roman, bedeuten solche biographischen Verbindungen wenig und sind kaum mehr als ein kleines Stück aus jenem «großen Steinbruch», von dem der Oheim spricht. Die Christlichkeit
der «schönen Seele» zeugt von großer innerer Freiheit, da sie sogar die
Übertragung ihres Gotteserlebnisses auf andere Gottesvorstellungen allgemein als möglich betrachtet. «Jede Menschenseele» empfinde, schreibt sie,
etwas von diesem Gotte, zu dessen Erkenntnis sie erwachte, und «ohne
Zweifel ist er das, was einem jeden lehrt, daß ein Gott ist».

Auf diese Weise vermag Goethe also seinem Roman eine religiöse Dimension einzufügen, die dieser seines Stoffes wegen sonst nicht besaß und die
doch dem Autor des *Werther* und des *Faust* so angelegen sein mußte. Zugleich aber legt er auch die gesellschaftlichen Ursachen der Hinwendung
dieser jungen Frau zu religiöser Versenkung bloß, denn nicht nur innere, seit
den frühen Jahren ihres Lebens in ihr angelegte Empfängnisbereitschaft führt
sie diesen Weg, sondern auch die Absicht, sich selbst zu bestimmen und sich
dem Zwang einer Konventionsehe nicht hinzugeben. Die «Bekenntnisse einer schönen Seele» sind zugleich die Geschichte einer Emanzipation mit den
Mitteln, die einem adligen Fräulein innerhalb ihres Standes damals zur Verfügung standen. Ihrer Familie erklärt sie, daß sie zwar zu einer standesgemä-
ßen Heirat bereit sei, «daß ich aber für meine Handlungen völlige Freiheit
verlange, daß mein Tun und Lassen von meiner Überzeugung abhängen
müsse; daß ich zwar niemals eigensinnig auf meiner Meinung beharren, vielmehr jede Gründe gerne anhören wolle, aber da es mein eigenes Glück be-
treffe, müsse die Entscheidung von mir abhängen, und keine Art von Zwang
würde ich dulden». Und im Hinblick auf den Bewerber sagt sie: «Wollte er
meine Überzeugung nicht stören, so war ich die Seine». Dazu kommt es
dann erwartungsgemäß nicht, denn solche Einstellung entsprach nicht der
Verständnisbereitschaft, die ihr hätte entgegengebracht werden können. So
wird ihr der Glaube Instrument, die Freiheit des Geistes zu bewahren, wenngleich nur in Kontemplation und damit auf Kosten dessen, was den Menschen eigentlich auszeichnet: seiner Fähigkeit, bewußt und schöpferisch zu
handeln. Wiederum, wie im *Hamlet*, stehen sich Sinn und Tun gegenüber.
Immerhin aber schafft die Stiftsdame in sich jene Harmonie zwischen Ich
und Welt, Geist und Körper, Ideal und Wirklichkeit, die in der Sprache der
Zeit tatsächlich mit dem Begriff einer «schönen Seele» bezeichnet wurde,
und nimmt in dieser Gesinnung teil an der Erziehung Lotharios und Natalies. Wilhelm Meister aber hat mit diesen «Bekenntnissen» ein Stück zukünftiges Leben kennengelernt, ebenso wie er in ihnen einen dem eigenen Streben
verwandten Fall der Suche nach Selbstbestimmung finden konnte.

Das Verhältnis zwischen Sinn und Tat, Denken und Handeln steht auch
im Mittelpunkt der Lehren, die die Turmgesellschaft ihrem neuen Mitglied
zu vermitteln hat. Nach freimaurerischem Vorbild als Geheimgesellschaft

angelegt, ist sie dennoch lediglich die Vereinigung einiger weniger sowohl idealistisch wie praktisch Gesinnter und in erster Linie Wilhelm Meisters wegen da. Sie ist das Resultat von Goethes Versuch, das Leben seines Helden einer gesellschaftlichen Erfüllung zuzuführen, ohne die deutsche Realität am Ausgang des 18. Jahrhunderts zu verschönen, aber auch ohne in eine Utopie auszuweichen. Das der Zeit geläufige Bild einer solchen Gesellschaft bot die äußere Anschauung für etwas seinem Wesen nach weder Sekretives noch Ordenshaftes, das an strenge Rituale gebunden wäre: für eine Vereinigung vorurteilsfreier, unternehmungsmutiger, aber keineswegs idealer Menschen. Ihre Lehre ist im Grunde die Feststellung von Gegensätzen und Widersprüchen zusammen mit der Forderung, den Sinn des Lebens im Streben nach ihrer Auflösung zu suchen. «Die Kunst ist lang, das Leben kurz, das Urteil schwierig, die Gelegenheit flüchtig. Handeln ist leicht, Denken schwer; nach dem Gedanken handeln unbequem». So lauten die ersten Sätze von Wilhelm Meisters Lehrbrief; er bekommt ihn ausgehändigt, als er – im 7. Buch – auf Lotharios Gut eintrifft und in den «Turm» aufgenommen wird. Der Brief sondert die Echten von den Unechten, die aus dem Geist Handelnden von denen, die aus halbem Wissen nur reden und zeichenhaft agieren. Im Zentrum steht der Begriff der Kunst, und zwar der Lebenskunst im großen, die aber der ästhetisch gestalteten Kunst innerlich verwandt ist: «Nur ein Teil der Kunst kann gelehrt werden, der Künstler braucht sie ganz. Wer sie halb kennt, ist immer irre und redet viel; wer sie ganz besitzt, mag nur tun und redet selten oder spät.» Es ist ein scheinbar bündiger Rat, der aber mehr verschleiert als enthüllt.

Tatsächlich impliziert Goethes Roman nämlich die Absage an die Kunst als individueller Existenzform und Lebenserfüllung und damit auch an jene universelle Ausbildung der einzelnen Person, von der Wilhelm Meister einst geträumt hatte. Erreichbar ist sie nur in der Gemeinschaft Gleichstrebender. Wilhelm Meister wird zwar nicht gerade Gutsverwalter auf dem Schlosse des Oheims, aber er studiert nach Goethes Willen immerhin Medizin, so daß er in den *Wanderjahren* seinem Sohne Felix, den er am Ende der *Lehrjahre* zu sich nimmt, das Leben retten kann. Mignon und der Harfner jedoch, die eigentlichen poetischen Gestalten des Buches, finden ihr Ende zu dem Zeitpunkt, wo Meister zum Meister geworden ist. Aber so kategorisch ist die Entscheidung Goethes dann doch wieder nicht, denn schließlich ist diese ganze Entwicklung in einem Kunstwerk höchster Vollendung dargestellt, in dem nichts Überflüssiges oder Beiläufiges bleibt, und die «Tat» des «echten Künstlers» kann wohl gerade ein solches Kunstwerk sein, in dem nicht alles ausgesprochen wird und werden kann, was es in seiner Ganzheit dennoch sagt. Kunst und Leben sollen, um auf die Worte des Oheims zurückzukommen, beide eine schöpferische Organisation der «Elemente» und «Naturmassen» sein, und nur im Kunstwerk wird diese Organisation überhaupt demonstrabel.

Die Frage, ob Goethe in der Turmgesellschaft willentlich oder unwillentlich den Adel verkläre zu einem Zeitpunkt, da die Grenzen und die Überlebtheit feudaler Herrschaftsformen offenkundig geworden waren, führt auf die deutschen Realitäten zurück, von deren Kenntnis auch das Urteil zahlreicher deutscher Intellektueller über die Französische Revolution ausgegangen war. Zunächst ist Goethe beträchtlich davon entfernt, den deutschen Adel wirklich zu idealisieren. Kunst- und lebensverständigen Persönlichkeiten wie dem Oheim stehen eine ganze Reihe von Gestalten gegenüber, die keineswegs jenem Musterbild entsprechen, das sich Wilhelm Meister im Briefe an seinen Schwager von diesem Stande machte. Mangel an Gleichgewicht und innerer Freiheit sowie regelrechte Identitätskrisen sind durchaus in diesem Stande zu Hause. Lotharios Liebschaften lassen gerade ihn außerdem als Sozialreformer hinsichtlich seines Gewissens und seines Respekts vor der Würde der Frau in recht bedenklichem Lichte erscheinen. Aber andererseits war gerade der Adel, und zwar in Goethes Darstellung speziell der kultiviertere Teil des Landadels, damals die einzige Kraft, durch die gesellschaftliche Kultur sich ausbreiten konnte. Wie es um die kultivierende Fähigkeit des städtischen Bürgertums bestellt war, hat Goethe in der Gestalt von Meisters Schwager Werner bis zur karikaturistischen Übertreibung dargestellt: Genüßliche Selbstzufriedenheit erstickt jeden Wunsch, ins Breite zu wirken. Vom Oheim stammt die Feststellung, «wie sehr ein Reicher und Vornehmer besonders in Deutschland Ursache habe, etwas Mustermäßiges aufzustellen».

Dergleichen gilt in weiten Bereichen modernen Geschichtsdenkens als ein fauler Kompromiß zugunsten des Ancien régime. Auch zu Goethes Zeiten lag eine solche Interpretation nahe, wie Novalis' Spott über die «Wallfahrt nach dem Adelsdiplom» zeigt, wenngleich das bei ihm nicht als Kritik an der Rolle des Adels gemeint war, sondern an dem scheinbaren Pragmatismus des Romans. Man wird sich jedenfalls zu besserer historischer Einsicht in den Schluß des Romans jener beiden Apotheosen erinnern müssen, mit denen Schillers Abhandlungen *Über die ästhetische Erziehung des Menschen* und *Über naive und sentimentalische Dichtung* zu Ende gehen. Die erste bestand in der Idee vom «Staat des schönen Scheins», in dem Schiller eine Überwindung von Antagonismen vorgebildet sah, der sich aber zunächst nur «in einigen wenigen auserlesenen Zirkeln» bilden konnte. Die andere Apotheose bestand in dem Gedanken, daß Kunst als Mittel der Erholung und Veredlung erst dann richtig wirken werde, wenn sie weder zur Entspannung nach anstrengender Tätigkeit noch zur Anregung von Schwärmereien diene. Solche ideale Rezipienten aber würden sich nur in einer «Volksklasse» finden, «welche ohne zu arbeiten thätig ist, und idealisiren kann, ohne zu schwärmen» – Vorbild sicherlich für einen idealen Menschheitszustand der Zukunft, in dem die eigentliche Arbeit den Maschinen übertragen werden kann. Am Ausgang des 18. Jahrhunderts jedoch entsprach die Idee – nicht das «Faktum», wie Schiller betont – einer solchen Volksklasse jenem Adelsideal, wie es Meister selbst aufstellte, zu dem aber die Wirklichkeit seiner Erfahrung in manchem Gegensatz stand. Daß am Ende nichts wirklich verklärt wird, bezeugt Wilhelm Meister selbst, wenn er der Sentenzen der Turmgesellschaft und ihrer Gängelei wenigstens zeitweilig überdrüssig wird, und bezeugen seine *Wanderjahre*, in denen das Projekt einer Auswanderung auf den «freien Grund» der Vereinigten Staaten die Handlung voranbewegt.

Überhaupt stehen *Wilhelm Meisters Wanderjahre* mit den *Lehrjahren* in enger Verbindung, auch wenn jene erst rund drei Jahrzehnte später erschienen. Unmißverständlich sind die *Lehrjahre* nur ein Teil der Entwicklung des Helden. Ihr Schluß entbehrt nicht der Ironie, denn kaum hat Wilhelm seine langersehnte «Amazone» in die Arme schließen können, da wird er von der Turmgesellschaft auch schon wieder auf Reisen geschickt, und selbst die *Wanderjahre* führen die beiden nicht wieder zusammen, sondern versprechen nur ein Wiedersehen in Amerika. Für die Leser bleibt also durchaus ungewiß, was für ein Königreich Wilhelm denn nun eigentlich gewonnen habe. Natürlich besteht kein Zweifel daran, daß sich Wilhelm – als einzige Person des Romans – wirklich entwickelt hat. Er sei «größer, stärker, gerader, in seinem Wesen gebildeter und in seinem Betragen angenehmer geworden», stellt sein Schwager Werner fest, als die beiden sich – am Anfang des 8. Buches – nach langer Zeit wiedersehen. Mit dem Sohne übernimmt Wilhelm außerdem bewußt eine menschliche Verantwortung. Aber offenbar ist es noch ein weiter Weg bis zu dem Punkt, wo Goethe Vater und Sohn beruhigt aus seiner Aufmerksamkeit entlassen kann.

Neben der gesellschaftlichen und geistigen Entwicklung Wilhelms enthalten die *Lehrjahre* noch eine dritte Perspektive, die zwar ebenfalls im Sinne des Oheims mit dem Sieg über die Umstände und mit der Gestaltung der «Naturmassen» zu tun hat, die aber den Blick in sehr viel größere Tiefen menschlicher Existenz lenkt, dorthin wo das Historische auf zeitlose menschliche Natur trifft. Ordnung aus dem Chaos zu bilden, ist in diesem Bereich innerhalb einer Jugendlaufbahn nicht so sicher zu erwarten wie in der Sphäre gesellschaftlicher Erziehung, obwohl Wilhelm allerdings mit der Bindung an Natalie und der Annahme von Felix, seinem Sohne, auch dort bei der Ausbildung seiner Persönlichkeit beträchtliche Fortschritte macht. Im Laufe seiner Lehrjahre hat Wilhelm Liebesbeziehungen besonderer Intensität oder Intimität zu einer Reihe von Frauen: zu Philine, die Goethe «die wahre Eva, die Stammmutter des weiblichen Geschlechts» nennen läßt, zu Mariane, die – eine Mater dolorosa – Mutter seines Sohnes wird, und zu Natalie, die ihm zuerst so erscheint, «als sei ihr Haupt mit Strahlen umgeben, und über ihr ganzes Bild verbreite sich nach und nach ein glänzendes Licht». Engel oder Mater gloriosa – ein mythisches Urbild scheint auch bei ihr durch. Neben diesen dreien steht als vierte Frauengestalt, die tief in Wilhelms Leben eingreift, noch die «zwölf bis dreizehn Jahre» alte Mignon, das zwitterhafte Wesen und Kind einer Geschwisterehe, das Wilhelm ausdrücklich als Kind und Tochter zu sich nimmt, was für einen Junggesellen anfang der Zwanzig keine gewöhnliche Entscheidung ist. Mignon ihrerseits redet ihn indirekt im Refrain ihres italienischen Sehnsuchtsliedes als «Geliebter», «Beschützer» und «Vater» an – in der *Theatralischen Sendung* hatte es durchweg noch neutral «Gebieter» geheißen.

In der Überarbeitung seines Romans hat Goethe klar erkennbar die psychologische Komplexität von Geschlechts- und Familienbeziehungen stärker herausgestellt und sie durch den Bezug auf Mythen sichtbar zu machen und damit einer künstlerischen Ordnung zu unterwerfen versucht. Die Zeugung des Sohnes stellt er in den *Lehrjahren* an den Anfang und gibt den direkten biographischen Gang des Helden von der Kindheit zur Reife auf diese Weise auf; am Ende des Buches läßt er den Sohn vom Vater adoptieren, und die *Wanderjahre* werden damit gekrönt, daß der Sohn als «Bruder» neben den Vater tritt. Vater-Sohn-Verhältnisse durchziehen den ganzen Roman: Saul und Kis, Hamlet sowie ein leitmotivisches Gemälde vom kranken Königssohn, der sich in seine Stiefmutter verliebt hat, sind die deutlichsten Beispiele dafür. Selbst von der christlichen Sohnesmythik gibt es durch die Mutter Mariane leise Spuren, aber eine säkularisierte Leidensgeschichte wie im Falle Werthers konnte und sollte das Leben Wilhelm Meisters freilich nicht mehr sein. Sucht man nach einem Nenner für solche seltsamen Bezüge, so ist es die Variabilität des Geschlechterrollen, die dahinter hervortritt.

Psychiatrische Studien zu Goethes Werk und Persönlichkeit haben seine tiefe Neigung zu der bereits 1777 gestorbenen Schwester Cornelia hervorgehoben. In diesem Zusammenhang ist im *Wilhelm Meister* bemerkenswert, daß Wilhelms Schwager Werner wirklich die einzige zur Karikatur verzerrte Gestalt des ganzen Buches ist. Auch die Adoption Mignons als Tochter ließe sich als eine Art übertragenes Liebesbekenntnis verstehen, von ihrem eigenen Ursprung einmal abgesehen. Solche Bezüge jedoch übersetzen ein Kunstwerk zurück in die Biographie eines Autors und heben gerade das auf, was schöpferische Gesamtleistung eines fühlenden, denkenden und gestaltenden Künstlers ist. Die Literaturwissenschaft kann sich nicht mit dem begnügen, was für die Psychiatrie recht und billig ist, aber sie wird Anregungen daraus empfangen. Daß bedeutende Künstler ein reicheres Potential an Gefühls-, Empfindungs- und Vorstellungskraft haben als andere Menschen, macht sie eben bedeutend. Wieviel davon auf unmittelbare biographische Realität zurückgeht, bleibt für das Verständnis ihrer Werke von geringer Wichtigkeit. Die Aufnahmefähigkeit für die künstlerische Darstellung menschlicher Urkonflikte zwischen Generationen und Geschlechtern, für *König Ödipus, Hamlet* oder *Wilhelm Meister,* ist unabhängig davon, was von den Inklinationen ihrer Verfasser bekannt ist. Nicht gleichgültig allerdings ist, welches Verhältnis Gestaltung und Präsentation solcher Konflikte zur historischen Situation haben, in der sich ein Autor befindet. Generell läßt sich sagen, daß Bedeutung und Rang eines Autors davon abhängen, in welchem Umfang der Reichtum seines Innenlebens im Einklang mit dem Empfinden und Denken seiner Zeit steht, und zwar nicht nur mit dem allgemeinen und geläufigen, sondern auch mit den Spuren zu seiner Fortentwicklung und Umbildung. Goethes Roman ist für eine solche Verschmelzung von zeitlosen Konflikten mit den historischen Veränderungen von Empfindungs- und Lebensformen in der Welt um 1800 ein außerordentliches Beispiel.

Goethes Roman erschien am Ende eines Jahrhunderts, das mit den Forderungen nach Gleichberechtigung des dritten Standes zugleich allgemeine Ideen der Menschheitsbefreiung verbunden hatte. Diesen Forderungen und Erwartungen lag die Überzeugung von der Gleichheit aller Menschen sowie der prinzipiellen Freiheit des Subjekts und seines Rechtes auf Selbstbestimmung vor allen Bindungen zugrunde. Die Respektierung solcher Überzeugung betraf nun allerdings nicht nur die Formen des staatlichen, sondern auch die des persönlichen Zusammenlebens, also insbesondere des familiären. Freie Entscheidung der Partner und ihre Gleichberechtigung sollte idealerweise sowohl für die Geschlechterbeziehung wie für das Verhältnis der Generationen untereinander gelten. In diesem Sinne betrachtet ist Goethes *Wilhelm Meister* zunächst einmal eine Geschichte von der Unzulänglichkeit alter Konventionen und den Ausbrüchen daraus. In der *Theatralischen Sendung* hatte Goethe an Meisters Eltern Lieblosigkeit und menschliche Entfremdung in einer bürgerlichen Versorgungsehe gezeigt; in den Lehrjahren war dafür ganz die Ehe der Schwester und des Schwagers eingetreten, der geradezu exhibitionistisch die Banalität seines Familienlebens offenbart. Auf seiten des Adels hatte die «schöne Seele» sich deutlich gegen die Konventionen einer aus Standesrücksichten geschlossenen Ehe gewehrt. Wo man die Konventionen akzeptierte, wie im Falle von Graf und Gräfin, erfährt Wilhelm persönlich, wie oberflächlich die Gefühlsbindungen waren, die man dann später durch die Hingabe an den Herrnhuter Pietismus zu ersetzen sucht. Andere Beispiele aus verschiedenen gesellschaftlichen Sphären treten hinzu. Unfruchtbar zum Beispiel war die Ehe von Thereses Eltern, so daß man ein Verhältnis zu dritt mit einer Hausangestellten arrangierte; dynastische Rücksichten kollidieren mit den menschlichen. Lotharios Promiskuität trägt ebenfalls die Spuren der Abwehr gegen konventionelle Bindung. Mignon wiederum ist Kind einer Verbindung von Bruder und Schwester, die erst auf dem Boden religiöser Gefühlsverklemmungen zustande kommen konnte; Schiller findet es in seinem Brief vom 2. Juli 1796 an Goethe «vortrefflich», daß er «diese ungeheuren Schicksale von frommen Fratzen» ableite. Ein Opfer verworrener Gefühle und mangelnder innerer Selbständigkeit ist Aurelie, die Schwester des Theaterdirektors Serlo. An Marianes Tod ist letztlich Wilhelms eigene Gefühlsunsicherheit schuld, und nur Philine bewahrt sich außerhalb aller Konventionen ihre Freiheit, die Goethe sie in dem außerordentlichen, alle weibliche Emanzipation wie in eine Formel zusammendrängenden Satz fassen läßt: «Und wenn ich dich lieb habe, was geht's dich an?»

Das andere, parallele Thema neben der Freiheit der Geschlechter ist die Freiheit der Generationen, die bereits in der Auflehnung gegen geschäftliche oder dynastische Rücksichten bei der Eheschließung zum Ausdruck kommt. Die verschiedenen literarischen Spiegelungen von Vater-Sohn-Konflikten weisen auf den Versuch des Helden, sich selbst von den Bindungen und Verpflichtungen der eigenen Vergangenheit gegenüber zu befreien, nicht negativ aus deren Verachtung, sondern positiv aus dem Wunsche, sich selbst zu bestimmen, woraus dann durchaus die Möglichkeit entsteht, die frühere Sphäre in den eigenen Lebenskreis wieder einzubeziehen. In den *Wanderjahren* wird zum Beispiel Werner für Planung und Förderung des Auswanderungsunternehmens freundlich herangezogen. Aber prinzipiell soll der Sohn nicht einfach nur Nachfolger des Vaters, sondern auch sein «Bruder» sein. Am Ende der *Wanderjahre* rettet der Arzt Wilhelm Meister seinem verunglückten Sohne Felix das Leben, und als dieser seinem Retter mit einer Umarmung dankt, berichtet der Erzähler:

«So standen sie fest umschlungen, wie Kastor und Pollux, Brüder, die sich auf dem Wechselwege vom Orkus zum Licht begegnen.»

Die Erinnerung an das, Wilhelm Meisters Leben begleitende, Bild vom kranken Königssohn drängt sich auf, denn die Tat des Königs, der seinem in Liebe vergehenden Sohn die eigene Frau gibt, um ihn zu heilen, wird von Wilhelm Meister hier auf andere Art wiederholt. Das Königreich, das sich der Sohn Kis errungen hat, besteht in der Freiheit über sich selbst und über die Rollen, die ihm Natur und Gesellschaft zuschreiben. «Des Menschen größtes Verdienst bleibt wohl, wenn er die Umstände soviel als möglich bestimmt und sich so wenig als möglich von ihnen bestimmen läßt», hatte der Oheim gesagt. In solchem Sinne war die Laufbahn Wilhelm Meisters ein Muster dafür, daß alle Menschen «thronfähig» werden konnten.

Nicht um die Aufhebung natürlicher und gesellschaftlicher Ordnungen geht es in Goethes Roman, sondern um die Befreiung von aller blinden Unterwerfung unter sie. Die Revolte gegen solche Unterwerfung hat in der Literatur seit je ihre Mythen geschaffen, in denen Inzest-Motive eine wesentliche Rolle spielen, und die Geschichte von den beiden geheimnisvollen, poetisch produktiven Gestalten Mignons und des Harfners ist auf ihre Art eine eigene Mythe, deren Ursache zwar aus «frommen Fratzen» erklärbar sein mag, deren Wirkung im Gesang aber weder einer Erklärung zugänglich, noch ihrer Zeitlichkeit unterworfen ist. Aus Wilhelm Meisters Leben müssen jedoch Mignon und der Harfner am Ende der *Lehrjahre* als Zeichen des Dunklen und der eigenen Bedrohung ausscheiden. Der Harfner tötet sich selbst, nachdem er glauben muß, Felix durch eine Nachlässigkeit vergiftet zu haben, während dieser sich nur dadurch rettet, daß er, gegen das väterliche Gebot, «lieber aus der Flasche als aus dem Glase» getrunken hat – ein früher Akt der Selbstbestimmung! Mignon aber stirbt in dem Augenblick, da sie sieht, wie Meister Therese als seine zukünftige Gattin umarmt. Daß es nicht erst geschieht, als Wilhelm sich nach einigen Irrungen und Wirrungen mit Natalie verbindet, ist ein zarter künstlerischer Griff Goethes, der Meisters tatsächliche Geliebte frei von solcher wenn auch ganz schuldlosen Schuld für den Tod eines Menschen läßt. Wilhelm jedoch erhält «die Erbschaft seines Pflegekindes»; die Spuren Mignons bleiben.

Das dunkle Aufbegehren im Chaos der Gefühle führt zur Tragödie; die

ordnende «schöpferische Kraft», die das erschafft, «was sein sol.», findet ihren Ausdruck im Roman. Die Idee des *Wilhelm Meister* rechtfertigt in Goethes Sinn auch den Roman als Kunstform. Dem Drama gegenüber sollte er
«vorzüglich Gesinnungen und Begebenheiten» vorstellen, während der Gegenstand des Dramas «Charaktere und Taten» waren. So jedenfalls definieren es Meister und Serlo in einem Gespräch. Das bedeute, schließen sie  daß
der Romanheld «leidend, wenigstens nicht im hohen Grade wirkend sein»
müsse. Der Hamletsche Gegensatz zwischen Sinn und Tat kehrt also hier
noch einmal in der Erörterung der Kunstform zurück. Was Goethe als Sein-
sollendes herausstellen wollte, war im historischen Rahmen eines Romans
denn auch wahrhaftig nicht als «Tat», sondern nur als Gesinnung darzustellen, die aus der Wechselwirkung zwischen Handeln und Betrachten entstand. Zu allem Weiteren gab ihm der Stoff seiner Zeit kein Recht; nur in der
Symbolik des *Faust* ließ sich Handeln und Denken in höherer Vereinigung
vorführen, und zwar in einer Tragödie, die sich opernhaft in eine Komödie
auflöste, aber auch starke Züge eines Epos trug.

Gerade in der bewußten Beschränkung auf das, was der Roman leisten
konnte, führte Goethe jedoch diese Form auf eine Höhe der Aussagekraft,
die sie bisher in der deutschen Literatur nicht besessen hatte. Die dem Roman
als bürgerlicher Epopöe angemessene Darstellung des Realen wurde zwar
akzeptiert und gewahrt, aber zugleich durchsichtig gemacht, so daß Einzelner und Gesellschaft, Natur und Geist, Trieb und Bewußtsein in ihrer Gegensätzlichkeit und Wechselwirkung ebenso gezeigt werden konnten wie die
Bewegung des Daseins zwischen Vergangenheit und Zukunft in Richtung
auf das Wunschbild einer Harmonie hin, wie es dem Denken der gesamten
Epoche entsprach. Dazu gehörte, daß die einfache Form der romanhaften
Erzählung durchbrochen wurde, und zwar weniger durch die Perspektiven-
wechsel nach dem Muster Laurence Sternes, die den Helden in möglichst
vielen Verhältnissen zur Wirklichkeit zeigen sollten, sondern eher durch Lyrik als Fenster ins Zeitlose, aber auch durch Briefe, Tagebücher, Berichte,
theoretische Diskurse, Sentenzen oder novellistische Einlagen, teils als Fenster ins unmittelbar Gegenwärtige, teils als Brücken zwischen großer und
kleiner, äußerer und innerer Welt. Es ist eine Technik, die Goethe dann in
den *Wanderjahren* bis zur zeitweisen Auflösung aller konsekutiven Erzählung getrieben hat, die aber bemerkenswerterweise auch den Ideen entsprach, die sich im Anschluß an die *Lehrjahre* Friedrich Schlegel und Novalis
von einem romantischen Roman machten. Denn das Ziel beider, des Älteren
und der Jüngeren, war gleich: in der Kunst «die ursprüngliche Verbindung»
des Menschen «mit der Gottheit wieder herzustellen», aber dabei zu bedenken, daß er «zugleich unbedingt und beschränkt» war, wie Goethe es am
Ende des 8. Buches von *Dichtung und Wahrheit* in einer großen, einfachen
Formel zusammengefaßt hat. In der Kunst jedoch konnte er immerhin über
seine «Bedingtheit» hinausblicken.

## Epische Dichtungen

In seinen *Briefen über Poesie, Silbenmaß und Sprache,* die 1795 in Schillers *Horen* erschienen, macht August Wilhelm Schlegel eine Bemerkung über die ordnende Rolle des Zeitmaßes in Gesang und Tanz und hebt hervor, daß

> «der Rhythmus, bloß als Gesetz der Bewegung betrachtet, den wilden Menschen ein wohlthätiger, göttlicher Orpheus ward. Er war es, der ausdrückende Gebärden und Töne, in denen sonst nur uneingeschränkte, hartnäckige Willkür geherrscht, an ein friedliches Nebeneinandersein gewöhnte, sie zum Bande der Geselligkeit und zugleich zu ihrem schönsten Sinnbilde umschuf.»

Es nimmt nicht Wunder, daß Schlegel einer der ersten enthusiastischen Rezensenten von Goethes *Hermann und Dorothea* wurde, denn im Maß des griechischen Hexameters hatte Goethe hier tatsächlich ein Ereignis in der Welt politischer Willkür zum «schönsten Sinnbilde» der Geselligkeit und menschlichen Ordnung gestaltet. Wie sehr man auch dem Roman in Theorie und Praxis höhere Würde verlieh, im Innersten sah man ihn denn doch nur, wie Goethe leicht ironisch über seinen *Meister* an Schiller schrieb, als ein «Pseudo-Epos» an. Das seit vielen Generationen in aller Schulweisheit und Poetik dominierende antike Vorbild hatte auch in den unternehmungsmutigsten Köpfen tiefe Wurzeln. 1796, also in einer Zeit, da er schon seine Gedanken von einer romantischen Poesie entwickelte, schrieb Friedrich Schlegel einen Aufsatz *Über die Homerische Poesie* und entdeckte an den griechischen Epen das Gesetz einer «epischen Harmonie» vieler gleichberechtigter Teile, das er sich bald darauf für seine Vorstellungen vom romantischen Roman zunutze zu machen wußte. Goethe, der um diese Zeit mit Schiller über die Gattungsgesetze des Epischen und Dramatischen korrespondierte, weist den Freund im April 1797 ausdrücklich lobend auf Schlegels Studie hin, freilich nicht, ohne sich doch von der Schlegelschen Vorstellung einer Vielheit in der Harmonie zu distanzieren und auf der absoluten Einheit des «epischen Gedichts» zu bestehen. In *Hermann und Dorothea* vermied er deshalb auch eine solche Vielheit – er war in diesen Wochen gerade dabei, das Epos zu vollenden.

In Goethes Jugend fiel die Begeisterung für die ersten Gesänge von Klopstocks *Messias.* Teile davon hatte er auswendig gelernt und mit der Schwester dramatisiert. In den achtziger Jahren begann dann Johann Heinrich Voß mit seiner Übersetzung von Homer und wurde der eigentliche Versmeister Goethes. «Nachdem uns Klopstock vom Reim erlöste und Voß uns prosodische Muster gab, so sollen wir wohl wieder Knittelverse machen wie Hans Sachs?», notiert sich Goethe ärgerlich auf dem Höhepunkt seiner Begeisterung für klassische Muster um 1800, als ihm jüngere Künstler wie Schadow die Starrheit seiner Vorschriften insbesondere für die bildende Kunst vorhielten. Es spricht für die Kraft und geistige Flexibilität Goethes, daß er das eine tun konnte, aber – als Autor des *Faust* – auch das andere nicht aufgab und jedes Dogma hinter sich zurückließ.

Johann Heinrich Voß' Übersetzung von *Homers Odüßee* erschien 1781, *Ilias* und *Odyssee* kamen zusammen 1793 heraus. Gleichzeitig begann Voß eine eigene Idyllendichtung im homerischen Metrum, deren Gegenstände seine unmittelbaren Lebensverhältnisse waren. Holsteinische Leibeigene, Pastoren und Landadlige sprachen in Hexametern von sich und miteinander, wobei die Stimmung der Gedichte zwischen Empörung und der Feier idyllischer Harmonie schwankte. Formal jedoch gehörten sie alle unter den Genre-Begriff der Idylle, denn auf die weltumspannende Weite eines Epos erhob Voß keinen Anspruch. Die bekannteste und beliebteste seiner Dichtungen wurde *Luise*, ein «ländliches Gedicht in drei Idyllen», das 1795 erschien, von dem aber Voß bereits seit 1783 einzelne Teile veröffentlicht hatte. Goethe bekannte, daß er die *Luise* von diesen frühen Publikationen an «leidenschaftlich verehrte und sie gerne vortrug».

In der *Luise* erzählt Voß vom 18. Geburtstag, der Verlobung und schließlich der Hochzeit seiner Titelheldin, der Anna Luise Blum, Tochter des «redlichen Pfarrers von Grünau» in Holstein. Der Reiz des Gedichtes liegt freilich nicht in den Ereignissen, sondern in den Situationen, Gesinnungen und vor allem der sprachlichen Meisterschaft, durch die ein üppiger Alltagswortschatz im komischen Kontrast mit der würdigen Form literaturfähig gemacht wird:

> War denn der Reisbrei
> Angebrannt? Und der Wein auf dem Reisbrei nüchtern und kahnig?
> Waren nicht jung die Erbsen und frisch, und wie Zucker die Wurzeln?
> Und was fehlte dem Schinken, den Heringen oder der Spickgans?
> Was dem gebratenen Lamm und dem kühlenden rötlich gesprengten
> Kopfsalat? War der Essig nicht scharf, und fein das Provinzöl?
> Nicht weinsauer die Kirsche Dernat, nicht süß die Morelle?
> Nicht die Butter, wie Kern, nicht zart die roten Radieschen?
> Was? Und das kräftige Brot, so weiß und locker?

Bürgerliche Situationen, der Tageslauf, die Mahlzeiten, Familienfeiern und kulturelle Interessen an Lektüre und Musik werden dargestellt. Dem Pastor zum Beispiel rät die «gute verständige Hausfrau» am Morgen des Verlobungstages:

> Lies noch ein Weilchen im Bett, wie du pflegst, ein Kapitel der Bibel
> Dort auf der kleinen Riole zur Seite dir, oder ein Leibbuch
> Besserer Zeit, als Menschen wie Washington lebten und Franklin,
> Oder den lieber Homer, der einsamen Abende Tröster!

Denn obzwar der Pastor ein guter, ordnungsbewußter deutscher Bürger ist, so bleibt er doch im tiefsten Herzen zugleich wie Voß selbst Republikaner, der, dem dunklen Europa gegenüber, Amerika «im tagenden Lichte der Menschlichkeit» sieht und selbst von den Idealen der Toleranz und Vernunft beseelt ist, mit allen jenen innere Gemeinschaft empfindend, die «zu höherer Kraft vorleuchteten»: mit Petrus also und Konfuz, Homer, Zoroaster, Sokrates und «auch mit dem edeln Mendelssohn». Was aber die Hoffnung für Deutschland angeht, so faßt sie der Bräutigam, «der edle, bescheidene Walter» in Worte:

Ja, wer Heilsames will mit Festigkeit, ohne zu stürmen,
Der führt aus; gern bietet die Hand gutartige Herrschaft.
Denn je klüger ein Volk, je tätiger Fleiß und Gehorsam.

Es ist eine den Verhältnissen entsprechende, in dieser Zeit in vie en Formen wiederkehrende Antwort auf die Frage nach der deutschen Zukunft, und nicht zuletzt war es
Goethe, der in seinen Revolutionsstücken wie auch im *Wilhelm Meister* auf eine verwandte Ansicht subskribiert hatte. Aber gerade dort, wo Goethe politische Ereignisse
und bürgerliches Leben am engsten und glücklichsten zusammenbrachte, nämlich in
*Hermann und Dorothea*, vermied er es doch mit feinem Gefühl, die Rolle einer «Herrschaft» zu bestimmen: Die Bürger seiner kleinen Stadt waren frei von den feudalen
Bindungen, in denen die Holsteinischen Helden der *Luise* standen Auf diese Weise allein schon verschaffte Goethe seinem Werk eine allgemeinere Gültigkeit und Relevanz, als sie Voß' Idylle von Grünau je besitzen konnte. Was Voß jedoch gelang, war
die epische Würdigung bürgerlichen Lebens, und wenn Goethe und sein Werther sich
für die Idyllik von Goldsmiths *Vicar of Wakefield* begeistert hatten, so war nun hier im
klassischen Gewande so etwas wie ein deutsches Gegenstück entstanden. Die bürgerliche Familie fand im bürgerlichen Interieur poetische Anerkennung, wenn nicht gar
Verklärung als das Ideal einer natürlichen Gesellschaft, und was den Deutschen an
Weite abging, das wurde durch die komische Relativierung des Engen ersetzt, wozu
das Homerische Sprachmaß vorzüglich taugte.

Goethes Interesse an eigener epischer Produktion erwachte in den Wochen und Monaten seiner Teilnahme an den Koalitionsfeldzügen von 1792
und 1793, teils als Zeitvertreib unter Verhältnissen, wo an größere Arbeiten
nicht zu denken war, teils als Suche nach neuen Ausdrucksformen. Goethe
hatte klassische Sprechformen nach der Italienreise in seinen *Römischen Elegien* (1788–90) und den *Venetianischen Epigrammen* (1790) geübt; jetzt kehrte er zum Epos zurück. Aus dem «gräßlichen Unheil» der Koalitionskriege,
so schreibt er in seiner *Campagne in Frankreich*, suchte er sich zu retten, «indem ich die ganze Welt für nichtswürdig erklärte, wobei mir denn durch eine
besondere Fügung ‹Reineke Fuchs› in die Hände kam».

Es handelte sich um das niederdeutsche Epos *Reineke de vos* von 1498, das
Gottsched 1752 herausgegeben und übersetzt hatte. Goethe kannte es allerdings schon seit einiger Zeit und hatte sogar 1783 die Radierungen des Holländers Allaert van Everdingen zu diesem Werk erworben, die es ihm besonders anziehend machten. Jetzt jedoch war es mehr als nur ästhetisches Interesse, das ihn zu diesem Werk zurückbrachte: Der Stoff des *Reineke Fuchs*
enthüllte sich als vortrefflichste Illustration jener politischen Grundüberzeugung, die Goethe beim Anblick der Französischen Revolution in den *Venetianischen Epigrammen* in jenem Distichon ausgedrückt hatte, in dem er Willkür und Egoismus als die eigentlichen Antriebskräfte aller «Freiheitsapostel»
herausstellte. Die Botschaft anschaulich zu übermitteln war in seinen Revolutionsstücken nicht geglückt. Würde sie in der Bearbeitung einer Tierfabel
souveräner darzustellen und damit eingängiger zu machen sein? Der Beginn
der Arbeit am *Reineke Fuchs* während der Koalitionsfeldzüge war also mehr
als nur Zeitvertreib.

Das aus langer niederländischer Tradition kommende Gedicht nannte Goethe eine «unheilige Weltbibel», und dies herauszuarbeiten war das eigentliche Ziel seiner Nacherzählung, die sich zwar eng an das Gottschedsche Vorbild hielt, aber sowohl durch beiläufige Reflexionen wie durch die Umsetzung in die homerische Diktion eine sehr eigene, Goethesche Note bekam. Was Goethe aus der mittelalterlichen Satire auf feudale Verhältnisse herausgearbeitet hat, ist in der Tat nach seinem Sinne eine «Weltbibel» über die beständigen Widersprüche zwischen Anspruch und Realität oder Lüge und Wahrheit geworden, die das politische Leben aller Zeiten durchziehen. In Reineke entsteht der erste große Ideologe der deutschen Literatur, der seine Ideologie ganz von der Frage nach dem *cui bono* abhängig macht wie alle seine Nachfolger. Reineke Fuchs ist der rednerisch gewandte Politiker, der mit Finten, Ausflüchten, Schönfärbereien, Spiegelfechtereien und Scheinargumenten seinen Egoismus umkleidet, die Wirklichkeit dem Schein des Wortes unterwirft, Gehirne wäscht und sich rühmen kann, «wie fein ich den König umgewendet». Dabei ermöglicht ihm aber seine nüchterne Realitätskenntnis durchaus, allgemeine Mißverhältnisse zutreffend zu enthüllen. Denn auch König Nobel, der Löwe, raubt «selbst so gut als einer», und die leidenschaftlichste Anklage gegen die «falschen Propheten und Heuchler», die die Menschen schändlich betrügen, kommt aus dem Munde dieses Fuchses, der nur eben auch selbst einer ist:

Doch das Schlimmste find' ich den Dünkel des irrigen Wahnes,
Der die Menschen ergreift: es könne jeder im Taumel
Seines heftigen Wollens die Welt beherrschen und richten.
[...]
Aber wie sollte die Welt sich verbessern? Es läßt sich ein jeder
Alles zu und will mit Gewalt die andern bezwingen.
Und so sinken wir tiefer und immer tiefer ins Arge.

Solche Erkenntnis war auch Goethes eigene, aber er kommentiert sie zugleich skeptisch damit, daß Reineke am Ende triumphiert und trotz Raub, Mord und Vergewaltigung «Kanzler des Reiches» wird.

Im *Reineke Fuchs* verwandelte Goethe die allegorischen Figuren des alten Tierepos in allgemeinere menschliche Typen, und die antike Gestalt des Werkes unterstrich noch solche Allgemeinheit, durch die aber dann wiederum erst der konkrete Bezug auf die gegenwärtigen, aktuellen Verhältnisse erreicht wurde. Die klassische Form bereitete also erst eigentlich den Boden vor für die Zeitsatire, und Voß hatte Grund, von einer derartigen Karikatur nicht nur des Menschlichen, sondern auch des Klassischen irritiert zu sein. «Ein sonderbarer Einfall, den ‹Reineke› in Hexameter zu setzen», bemerkt er kopfschüttelnd in einem Brief an seine Frau, nachdem er Goethes Manuskript durchgesehen und die schlechten Hexameter angestrichen hatte.

So recht zufrieden war Voß freilich auch nicht mit dem nächsten epischen Gedicht Goethes, mit *Hermann und Dorothea,* das Ende 1797, drei Jahre nach dem *Reineke Fuchs,* erschien. «Die Dorothea gefalle, wem sie wolle; Luise ist sie nicht», schrieb er an Gleim und hatte recht damit, wenn auch nicht in dem Sinne, wie er es meinte. Der Rezensent der *Neuen Nürnbergischen Gelehrten Zeitung* hingegen nannte das Werk «ein unübertreffliches Meisterstück» und verband damit die Empfehlung, daß es «als goldenes Sit-

tenbüchlein mehr als einmal gelesen zu werden» verdiene. Damit bezeichnete er zwar sehr richtig etwas von der zukünftigen Wirkung und Rolle dieses
Epos, aber ob es eine wünschenswerte war, muß offen bleiben.

*Hermann und Dorothea* entstand zwischen September 1796 und Juni 1797.
In einer Elegie gleichen Titels hatte Goethe das Werk in den *Horen* anzeigen
wollen. Veröffentlicht wurde das Gedicht dann zwar erst später, aber es gibt
immerhin einen guten Einblick in Goethes Verfassung als Künstler zu einer
Zeit, da er an dem Epos arbeitete. Der *Wilhelm Meister* war erschienen, der
Xenien-Streit vorüber, und in dem Briefgespräch mit Schiller traten Betrachtungen über die Durchdringung des historisch Zufälligen in der klassischen
Trägödie in den Vordergrund. «Also das wäre Verbrechen, daß einst Properz mich begeistert», fragt deshalb die Elegie zur Rechtfertigung des eigenen Epos, und wäre es Verbrechen, «daß ich Natur und Kunst zu schaun
mich treulich bestrebe»? Trotzig ist die Antwort: «Homeride zu sein, auch
nur als letzter, ist schön.» Denn zweierlei verspricht die Besinnung auf klassische Muster: Erneuerung der «inneren Jugend» und das Gespräch mit
«Freunden, Gleichgesinnten». Beides ist nicht so beiläufig zu verstehen, wie
es klingt, denn noch immer entbehrte Goethe jenen Widerhall, den er einst
als Autor des *Werther* und des *Götz* besessen hatte, und je höher seine gesellschaftliche Stellung und auch allgemeine Achtung stieg, desto höher stieg
auch die Nötigung, als Autor über den kleinen Kreis von Gebildeten hinaus-
zudringen, die sein Werk zu schätzen wußten, sich als Künstler zu regenerie-
ren und zu dem Geschehen der Zeit weithin hörbar und mit Autorität Stellung zu nehmen, was ihm weder in den Revolutionsstücken, noch im *Meister*
oder den *Unterhaltungen* wirklich gelungen war. Neben dem Theater jedoch
gehörte das Epos am ehesten zur geselligen, das heißt zum Vortrag bestimmten Literatur, und die Entscheidung für diese Form war schon beim *Reineke
Fuchs* durch solche Wirkungsmöglichkeit mitbestimmt gewesen. In der Weimarer Freitagsgesellschaft in seinem Hause hatte Goethe gern den Voßschen
Homer vorgelesen; jetzt wollte er von Eigenem geben.

Dafür war ihm nun ein «Sujet» in die Hände gekommen, «wie man es in
seinem Leben vielleicht nicht zweimal findet»: eine Anekdote aus der Geschichte der Salzburger protestantischen Exulanten, die 1731/32 vom Erzbi-
schof Leopold Anton von Firmian vertrieben worden waren. Die Parallele
zum Zeitgeschehen nach 1789 lag auf der Hand. Im Verlauf der Revolution
und der Koalitionskriege waren Scharen deutscher Flüchtlinge vom linken
Rheinufer in die rechtsrheinischen Gebiete gezogen; Goethe hatte das während seiner Teilnahme an den Feldzügen selbst beobachten können, und seine *Unterhaltungen deutscher Ausgewanderten* hatten ja bereits in solchem
Kreise gespielt. Die kriegerische Bewegung hielt in der Entstehungszeit von
*Hermann und Dorothea* an, Frankfurt wurde 1796 wieder von den Franzosen
besetzt, und in einem Brief vom 5. Dezember 1796 an Heinrich Meyer erklärte Goethe: «Die Zeit der Handlung ist ohngefähr im vergangenen

August». *Hermann und Dorothea* sind also wie schon die *Unterhaltungen* ein Werk reinster Gegenwartsliteratur und direktester Aktualität, wie es aktueller kein engagierter Autor des 20.Jahrhunderts schreiben könnte. Es empfiehlt sich für den Leser späterer Zeiten, dergleichen nicht außer acht zu lassen, besonders wenn von zeitenferner Klassizität im guten oder schlechten Sinne die Rede ist. Im selben Brief an Meyer erläuterte Goethe jedoch auch seine künstlerische Absicht:

> «Ich habe das rein Menschliche der Existenz einer kleinen deutschen Stadt in dem epischen Tiegel von seinen Schlacken abzuscheiden gesucht und zugleich die großen Bewegungen und Veränderungen des Welttheaters aus einem kleinen Spiegel zurück zu werfen getrachtet.»

Die Darstellung der Gegenwart verbindet sich also mit der Absicht, sie interpretierend zu durchdringen.

Die Handlung des Epos ist einfach genug. Hermann, der neunzehnjährige Sohn des Gastwirts zum Goldenen Löwen, findet unter vorbeiziehenden Flüchtlingen ein Mädchen, in das er sich verliebt und deren Gegenliebe er gewinnt, so daß er es als seine Braut heimführen kann. Das Geschehen vollzieht sich zwischen Mittag und Abend und somit in einer Kürze, die es an den Rand des Glaubwürdigen rückt. Erstaunlicherweise ist aber gerade darin das Gelingen des Werkes begründet, denn Goethe folgt dabei seinen eigenen Gedanken in den *Unterhaltungen* über das Novellistische als Kunstform, indem er eine einzelne Begebenheit in den Mittelpunkt rückt und damit weder mit Homer in einen unergiebigen Wettstreit tritt, noch Voß' vergnügliche, aber doch breite Idyllik der *Luise* nachahmt. Novellistische Konzentration ist das Formgesetz von *Hermann und Dorothea*. Gerade das aber ermöglicht ihm nun, «große Geschichte», wie es der Geistliche in den *Unterhaltungen* nannte, in sein Epos einzubeziehen und künstlerisch überzeugend auf sie zu reflektieren, weil er seine Gestalten nicht unmittelbar als Handelnde in sie verwickeln muß. Unter den Verhältnissen seines Landes wäre das auf die Farcen der Revolutionsstücke hinausgelaufen. In einer meisterhaften Kunst der Retardation bringt Goethe sowohl die «Bewegungen und Veränderungen des Welttheaters» in sein Epos hinein wie auch psychologische Motivationen, die hinter dem knappen äußeren Geschehen auf «das rein Menschliche» führen.

Daß der Romanheld «leidend, wenigstens nicht im hohen Grade wirkend sein» müsse, hatte Goethe schon im *Wilhelm Meister* festgestellt und praktiziert. Für Hermann, den Helden des Epos, gilt das nun in gleichem Maße. Umgebende Personen und Umstände nehmen ihm zwar nicht die inneren, wohl aber die äußeren Entscheidungen ab oder tragen zumindest wesentlich dazu bei, die einen in die anderen umzuwandeln. Die drei bedeutendsten Gestalten in dieser Hinsicht sind Hermanns Mutter, die ihn zum Bekenntnis seiner Liebe leitet und auch zum Entschluß, sich gegenüber dem Vater und

der Konvention zu behaupten, und es sind Apotheker und Pfarrer, jenes seltsame, zuweilen komische Duo, das teils als Privatdetektei, teils als antiker
Chor, teils aber auch als Instrument zur Durchsetzung der Verbindung zwischen Hermann und Dorothea auftritt. Vor ihnen wird durch einen alten
Richter unter den Flüchtlingen das «Zeitalter» entrollt und werden die Hoffnungen der Revolution sowie die nachfolgenden Enttäuschungen beschrieben:

> Aber der Himmel trübte sich bald. Um den Vorteil der Herrschaft
> Stritt ein verderbtes Geschlecht, unwürdig, das Gute zu schaffen.

Beide erfahren auch von Tugenden, Mut und der Vergangenheit Dorotheas,
deren einstiger Bräutigam als Jakobiner «im ersten Feuer des hohen Gedankens nach edler Freiheit» nach Paris ging und dort unter der Guillotine den
Tod fand. Die Zeitgeschichte ist also für die beiden Zuhörer und durch sie
für die Leser in aller Breite präsent. Aber die Handlung des Epos, die eine
novellistische Begebenheit darstellt, ist dennoch nicht unmittelbar in die Geschichte im großen verwickelt, so daß den eigentlich Handelnden auch keine
politischen Bekenntnisse abgenötigt werden. In dieser eigenartigen, distanzierten und zugleich engen Beziehung zwischen Zeitgeschichte und Liebesgeschichte liegt einer der Gründe für die breite und anhaltende Wirkung von
Goethes Epos, denn dadurch wurde das Tor für ganz verschiedene Interpretationen geöffnet.

Goethe hat nicht an Ironie über die Enge und Philisterhaftigkeit der Bürger seiner deutschen Kleinstadt gespart, ja die Konventionen überhaupt zum
Zündstoff für den Konflikt seines Epos gemacht. Denn es ist der Widerstand
des Vaters gegen das von außen kommende, offenbar arme Flüchtlingsmäd-
chen, der nicht nur äußerlich, sondern auch innerlich die Vereinigung der
Liebenden bedroht, da er an die Würde des Mädchens rührt. Daß dieser Wi-
derstand jedoch überwunden wird, daß sich der Vater flexibel genug erweist,
die gesellschaftlichen und wirtschaftlichen Hoffnungen der Neigung der
Kinder unterzuordnen, darin erweist sich dann wiederum die lebendige
Kraft dieser deutschen Bürger, ihre Bereitschaft zur Katharsis und zum
Neuen, das aus dem Alten hervorwächst wie der Kelch aus dem Stengel in
Goethes Urpflanze. In solchem Sinne tritt am Ende der Sohn frei neben den
Vater, wie das später auch Felix Meister am Abschluß der *Wanderjahre* seines
Vaters tut:

> Zeige man doch dem Jüngling des edel reifenden Alters
> Wert und dem Alter die Jugend, daß beide des ewigen Kreises
> Sich erfreuen und so sich Leben im Leben vollende!

Metamorphose und Fortdauer des Menschlichen in der natürlichen Sukzession der Generationen war eine der letzten, einfachsten Weisheiten, die
Goethe in seinem ganzen Werk zu bieten hatte. Es war eine zutiefst epische

Weisheit, eine Weisheit, die nur als ruhige Entwicklung darstellbar war und
die deshalb auch in den Wilhelm-Meister-Romanen ihren umfassendsten
Ausdruck gefunden hat. Hier, im kleinen novellistischen Epos, hat Goethe
die Weite dieser Erkenntnis vor allem durch den Bezug auf Homer ausgedrückt: durch die Sprachform ebenso wie durch den mythischen Bezug. Die
neun Musen geben den neun Gesängen neben den deutschen Titeln ihre Namen, der Hexameter verleiht der Sprache nicht nur eine zeitlose Würde, sondern dient oft auch zeitkritischer Ironie durch den Kontrast zum Gegenstand, so wenn zum Beispiel der Apotheker seinen Garten rühmt:

> Jeder Reisende stand und sah durch die roten Staketen
> Nach den Bettlern von Stein und nach den farbigen Zwergen.

Gartenzwerge und Griechentum geben sich ein Stelldichein in diesem Epos,
und Kleinstädtisches mit mythischer Szenerie, wenn am Brunnen Hermann
und Dorothea einander treffen und über sich selbst hinausgehoben werden
im Spiegel des Wassers:

> Und sie sahen gespiegelt ihr Bild in der Bläue des Himmels
> Schwanken und nickten sich zu und grüßten sich freundlich im Spiegel.

Dorothea, das Mädchen mit dem griechischen Namen und begabt mit der
«Heldengröße des Weibes», ist ihres urdeutschen Hermann würdig, und ein
Stand wäre dem Untergang geweiht, der keinen Ort für sie hätte, so wie der
Adel, wenn er ohne die Fähigkeit zur Regeneration gerade die Menschlich-
sten aus seinen Reihen ausstößt: Es ist das Thema von Goethes Drama *Die
natürliche Tochter* (1803), das er zwei Jahre nach *Hermann und Dorothea* begann.

Im novellistischen Epos löst sich im Bilde der deutschen bürgerlichen Familie alles zum Guten im Gegensatz zu den Zerstörungen durch revolutionäre Gewalt. «Merkwürdig ist's, wie das Gedicht gegen sein Ende sich ganz zu
seinem idyllischen Ursprung hinneigt», schreibt Goethe im März 1797 an
Schiller. In seiner Abhandlung *Über naive und sentimentalische Dichtung* hatte Schiller eine Theorie der Idylle entwickelt, die diese zur höchsten Form
der Dichtung überhaupt machen sollte. Ihr Begriff war ihm der

> «eines völlig aufgelösten Kampfes sowohl in dem einzelnen Menschen,
> als in der Gesellschaft, einer freyen Vereinigung der Neigungen mit
> dem Gesetze, einer zur höchsten sittlichen Würde hinaufgeläuterten
> Natur, kurz, er ist kein andrer als das Ideal der Schönheit auf das wirk-
> liche Leben angewendet.»

Der Gegensatz zwischen Wirklichkeit und Ideal sei in der Idylle aufgehoben,
und Ruhe sei «der herrschende Eindruck dieser Dichtungsart». Es war gewiß
nicht Goethes Art und Absicht, eine Theorie zu illustrieren. «Während wir
anderen mühselig sammeln und prüfen müssen, um etwas Leidliches langsam

hervorzubringen, darf er nur leis an dem Baume schütteln, um sich die
schönsten Früchte, reif und schwer, zufallen zu lassen», schrieb Schiller an
Heinrich Meyer über Goethe und *Hermann und Dorothea*. Aber Schiller hätte auch ein Recht gehabt, die Erfüllung seiner Theorie in Goethes Werk zu
finden.

Goethe war, wie er selbst vorausgesehen hatte, «letzter Homeride». Die Zeit der
Idyllen und Epen war vorüber. Den Versuch, die Handlungslücke zwischen *Ilias* und
*Odyssee* durch ein eigenes großes Epos, die *Achilleis* zu überbrücken, hat Goethe nach
einem ersten Gesang, den er im Frühjahr 1799 schrieb, abgebrochen. Und mit Epos
und Idylle fand er in der deutschen Literatur auch keine Nachfolger mehr. Christian
Ludwig Neuffer (*Der Tag auf dem Lande*, 1802), Ludwig Gotthard Kosegarten (*Jucun-
de. Eine ländliche Dichtung in fünf Eklogen*, 1803) und Jens Baggesen (*Parthenais oder
Die Alpenreise*, 1804, sowie *Oceania*, 1808, ein Fragment über die Reisen des Captain
Cook) waren eher Epigonen aus der Schule von Voß als weitere Homeriden. Auch
Wilhelm von Humboldts Versuch, aus *Hermann und Dorothea* die Theorie einer «bür-
gerlichen Epopee» im Kontrast zur antiken heroischen zu begründen (*Über Goethes
Herrmann und Dorothea*, 1798) mißlang. Der Begriff war bereits seit Wezel für den
Roman reserviert, und die Zeit der Romane und Novellen, der bürgerlichen Prosa,
hatte begonnen. Nur in Nebenarbeiten bei Mörike oder Hebbel und in der Parodie
oder Zeitkritik bei Byron und Heine lebte das Epos überhaupt im 19. Jahrhundert fort.

So war also *Hermann und Dorothea* ein Sonderfall, ein gesegnetes Zusammentreffen von passendem Stoff, kunstvoll gegen die Tendenzen der Zeit
gemeisterter Form, subtilem menschlichen Takt, maßvoll einbezogenem
Welthintergrund und jenem Glück des Genies, dem die Früchte schon beim
leichten Schütteln reif und schwer vom Baume fallen. Diese Ausnahme ganz
für sich und in ihrer Zeit zu sehen, sie mit dem lässigen Bewußtsein Goethes,
«den Deutschen einmal ihren Willen getan» zu haben, aufzunehmen – das
hat denn doch die Verständniskraft der meisten seiner Leser überstiegen. So
haben sie sich das Werk angefüllt mit jenen Vorstellungen, die sie selbst hegten, und es als patriotische Dichtung oder goldenes Buch der Spießbürgerei,
als Apotheose der Humanität oder des stockigen Konservatismus, als soziale
Utopie oder Verklärung keuscher Sittlichkeit betrachtet. Wenn das Epos
*Hermann und Dorothea* eine Schwäche aufweist, so diese, daß es so viele Le-
seweisen zuläßt, allerdings nur, wenn man es von den Umständen und Bedingungen seiner Entstehungszeit entfernt.

## 6. Jean Pauls Romane

Jean Paul war Romanschriftsteller und konsequenter Prosaist – oberhalb der
Unterhaltungsliteratur der einzige unter den deutschen Schriftstellern um
1800. Es gibt keine Dramen von ihm und keine Gedichte in Vers und Strophe. Prosalyrik allerdings ist in seinen Werken reichlich vorhanden, und er
hat sie in der selbstgeschaffenen Form von «Polymetern» ausdrücklich kulti-

viert. Aber er schrieb nicht um dargestellt, vorgetragen oder gesungen zu werden; er produzierte in aller Ausschließlichkeit Literatur für Leser und schuf sich eine Lesergemeinde, mit der er in seinen Werken ständig konversierte und sich über das Erzählte unterhielt. Und er schuf eine epische Welt, die innerlich verbunden war durch Themen, Motive, Namen und Gestalten. So nahm er als einziger Deutscher die Tradition des englischen Romans im 18. Jahrhundert ganz in sich auf und bereitete zugleich die zyklische Romandichtung des 19. Jahrhunderts vor, wie sie Balzac und Zola zur Meisterschaft führten. Die Spekulation, welch weltliterarischen Rang Jean Paul hätte erreichen können, wenn ihm eine größere Lebenssphäre als das kleine Deutschland seiner Zeit gegeben gewesen wäre, hat man schon damals angestellt. «Richter in London – was wär' er geworden!» beginnt eine von Goethes und Schillers Xenien, in der seine Beschränkung beklagt wird. Dieses kleine Deutschland aber hat Jean Paul in einer Fülle und Scharfsicht wie kein anderer seiner schreibenden Zeitgenossen der Nachwelt überliefert. Zentren seiner Romane sind zumeist die kleinen Residenzen mit ihren debilen und lüsternen Fürsten, deren Kebsweibern und intrigierenden Ministern, den Höflingen ohne Rückgrat und Gewissen, den dekadenten oder aber angesehenen, aufbegehrenden Fürstensöhnen und den zarten, gefühlvollen, oft schon in der Blüte geknickten oder aber sich zu Monstren auswachsenden Damen des Adels. Ihnen folgt auf der sozialen Leiter derber oder naiver Landadel, korrupter Stadtadel und das ganze titel- und repräsentationssüchtige Patriziat mit Bürgermeistern, Kirchenräten, Polizeiinspektoren, Doktoren, Apothekern, Hofbuchhändlern und Kaufleuten oder Hofagenten samt Frauen und heiratsdurstigen Töchtern. Gerundet jedoch wird das Bild erst durch die Welt der kleinen Leute, die Armenadvokaten, Dorfschulmeister, Ratskopistentöchter, die Bauern, Fuhrleute, Barbiere, Fleischer, Mägde und Bedienten, die anderswo kaum einen ehrenvollen Platz in der deutschen Literatur fanden. Ihnen stand überdies Jean Paul am nächsten.

Johann Paul Friedrich Richter wurde 1763 als Sohn eines Lehrers, Organisten und Pastors in Wunsiedel im Fichtelgebirge geboren. Befand er sich damit ohnehin schon nahe an der Basis der sozialen Pyramide, so geriet er noch eine Stufe tiefer nach dem Tode des Vaters, wodurch die Mutter mit fünf Söhnen in äußerste Armut geriet. Als Stipendiat kam Richter zwar dennoch 1781 zum Studium der Theologie nach Leipzig, aber es hielt ihn nicht dabei. Nach einem Semester brach er das Studium ab: Er hatte beschlossen, Schriftsteller zu werden. Auf diese Weise blieb er unter allen bedeutenden deutschen Autoren seiner Zeit der einzige Nicht-Akademiker, also der einzige ohne ein längeres Universitätsstudium. Zeichen seines Autodidaktentums ist unter anderem das Meer von Metaphern, das sein Werk durchdringt und in dem sich der Hunger nach Wissen spiegelt. Es dauerte allerdings Jahre, ehe mit der Schriftstellerei Geld zu verdienen war. Die Satiren, die für rund zehn Jahre Hauptarbeit des jungen Autors wurden, entblößten zwar witzig und scharf die Schwächen, Verkrümmungen, Beulen und Laster der zeitlichen Menschheit, ließen sich aber buchhänderisch kaum unter das Publikum bringen, das sich gerade an das Lesen der Romane gewöhnt hatte. Hofmeisterstellen halfen über die schlimmste Not hinweg. Der erste Roman, *Die unsicht-*

*bare Loge* (1793), brachte zwar gemessene Anerkennung, aber noch im Jahr darauf, als er am *Hesperus* schrieb, mußte Richter bei der Mutter in Hof in engsten und ärmlichsten Verhältnissen leben. Erst dieser Roman, *Hesperus oder 45 Hundsposttage*, endete 1795 die Jahre des Hungerns. Am 15. Dezember dieses Jahres schrieb Goethe gönnerhaft an Schiller:

> «Übrigens sind gegenwärtig die *Hundsposttage* das Werk, worauf unser feineres Publikum seinen Überfluß von Beyfall ergießt, ich wünschte daß der arme Teufel im Hof bey diesen traurigen Wintertagen etwas angenehmes davon empfände.»

Von seiner *Unsichtbaren Loge* hatte Richter, der sich seit diesem Roman als Autor Jean Paul nannte, ein Exemplar «Mit einer namenlosen Empfindung» an Goethe gesandt. Aber sie waren beide allein schon als Persönlichkeiten zu weit voneinander entfernt, als daß sie sich wirklich hätten nahekommen können, obwohl sie eine Zeitlang nebeneinander in Weimar gelebt haben. Außerdem bestand Jean Pauls literarische Erbschaft ganz unmittelbar in der Literatur der europäischen Aufklärung, die Goethe zwar ebenfalls in sich aufgenommen hatte, aber zu früherer Zeit, und über die hinaus es ihn nun zu einer Kunst drängte, die von seinen Vorstellungen über naturgesetzliche Zusammenhänge geprägt wurde. Jean Paul hingegen war weit davon entfernt, metahistorische, aber natürliche Ordnungsmächte zu erfassen und zu akzeptieren. Die Koordinaten seiner Welt waren sowohl weiter als auch enger: Er sah in größere Nähe und größere Ferne zugleich, was dann allerdings ihn und seine Gestalten leicht zum Taumeln bringen konnte. Zeit und Ewigkeit, Liebe und Tod, aber auch sehr konkrete Not und sehr konkretes Glück der Großen und der Kleinen waren seine Themen, ohne den Bezug auf ein kulturelles Maß, wie es die antike Klassik für Goethe bereitstellte.

Als seine Lehrmeister empfand Jean Paul die Engländer von Butler über Swift, Defoe und Fielding bis zu Sterne; unter den Franzosen waren seine Vorbilder Zeitkritiker wie La Bruyère, Voltaire und Rousseau, und unter den Deutschen solche, die teils als Satiriker, Ironiker oder Realisten, teils aber mit dem Blick auf Gott und die Unendlichkeit schrieben, also Wieland, Ramler, Rabener, Thümmel und Moritz ebensosehr wie Hippel, Friedrich Heinrich Jacobi und Herder. Bei ihnen fand er Freundschaft, Ermutigung und Unterstützung, vor allem bei Moritz, Herder und Jacobi, aber ebenso bei Thümmel, Wieland, Christian Felix Weiße und dem Vater Gleim, der verschiedentlich Geldbeträge sandte, um dem «armen Teufel» in Hof unter die Arme zu greifen. Von ihnen ging er später mit seinen Sympathien direkt zu den Jüngsten über, mit denen er zunächst nicht viel anzufangen gewußt hatte. Am 1. Mai 1803 bekennt er seinem Freunde Otto:

> «Mein poetisches System hat sich weit von meinem alten und von der Bewunderung für Leute wie *Wieland, Haller, Ramler, Gesner* etc. verloren; und ist sehr Schlegelisch geworden.»

Das ist gewiß nicht als programmatisches Bekenntnis zu verstehen, aber der

Satz impliziert immerhin die Distanz zu Goethe und Schiller, denen Jean Paul zwar Achtung und Verehrung, aber auch «Mitleid mit ihren eingeäscherten Herzen» und Befremden über die «ausgetrokneten Weisen à la grec» entgegenbrachte. Goethe seinerseits notierte sich 1799 im Tagebuch die «Zudringlichkeit Richters». Was davon persönlichen Animositäten. Vorurteilen und Mißverständnissen und was ästhetischen Differenzen zuzurechnen ist, bleibt eine der Unwägbarkeiten, die jede geschichtliche Betrachtung hinnehmen muß.

Jean Pauls Ruhm mit dem *Hesperus* war im übrigen dazu angetan, den Erzähler Goethe, der zur gleichen Zeit den *Wilhelm Meister* herausbrachte, bis zu einem gewissen Grade zu irritieren, denn zweifellos fand das Werk des Jüngeren den größeren Leserkreis. «Die Welle, die mein geworfner Linsentropfen macht, dehnet sich immer weiter aus, besonders unter den höhern Klassen», erklärt Jean Paul im Mai 1797. 1799 stellt J. A. Bergk – kein Freund des Dichters – in seinem Buch *Die Kunst, Bücher zu lesen* abweisend fest «Richter hat mehr Leser als solche, die ihn verstehen», und treibt dann auf seine Art Rezeptionssoziologie mit dem Satz: «Seine Schriften werden vorzüglich von Frauenzimmern gelesen, ob diese sie gleich am allerwenigsten verstehen». Der *Hesperus* blieb Jean Pauls erfolgreichstes Buch, das einzige, das zu seinen Lebzeiten drei Auflagen (1795, 1798, 1819) erfuhr, was verglichen mit Vulpius' *Rinaldo Rinaldini*, der in den ersten vier Jahren nach seinem Erscheinen jährlich neu aufgelegt wurde, der Vorstellung von der großen Wirkung Jean Pauls gewisse Proportionen gibt. Die Unterscheidung zwischen «Kauf-» und «Lese-Publikum», die er selbst in der Vorrede seines *Siebenkäs* (1796) anstellt, relativiert zwar die Schlüsse aus Auflagenzahlen, aber sie gilt wiederum auch für *Hesperus* und *Rinaldo* gleichermaßen. Dennoch hatte Jean Paul gerade mit etwas, das Bergk ihm ankreidete, nämlich dem «Helldunkel der Gefühle», einen Nerv der Zeit getroffen, und was Bergk in seinen Büchern tadelnswert fand, das war anderen aus der Seele gesprochen in einer Zeit großer äußerer und innerer Revolutionen:

«Der Leser schwebt zwischen Zeit und Ewigkeit, und kann weder diese noch jene fassen, sondern ist ein Spielball von allerlei unbegreiflichen Eindrücken.»

Jean Pauls Erfolg wirkte sich zunächst dahin aus, daß er fortan in maßvoll guten bürgerlichen Umständen leben konnte. 1798 zog er nach Weimar, wo er sich für zwei Jahre niederließ. Enge Freundschaft band ihn in dieser Zeit an Herder. 1800 siedelte er nach Berlin über, wo man ihn bereits bei einem Besuch freundlich aufgenommen hatte. Selbst die Königin Luise, der zusammen mit ihren Schwestern der erste Band des *Titan* (1800) gewidmet war, gehörte zu den Jean-Paul-Verehrerinnen. «Ich habe, von der Königin an, eine ganze arbeitende Weiber-Suite», berichtete der Verehrte damals. In Berlin kam er jedoch zugleich in engere Berührung mit Fichte, Schleiermacher und Tieck. Auch die Brüder Schlegel – Friedrich Schlegel hatte er in Weimar kennengelernt – waren Anfang 1801 gerade von Jena nach Berlin zurückgekehrt. Damals eben entstand in Jean Paul das Gefühl, daß er dem Schlegelschen Kreise entgegen früherer

Abneigungen doch nahestehe, und aus dieser Zeit rührt auch sein in den nächsten Jahren mehrfach bezeugtes Interesse an den Schriften von Novalis, Tieck und Brentano her. Trotz adliger Anbeterinnen heiratete Jean Paul 1801 schließlich eine Bürgerliche, Karoline Mayer, die Tochter eines Berliner Geheimrats. Aber nach der Hochzeit zog es ihn wieder ins Thüringische und Fränkische. Eine Zeitlang lebte er an den Fürstenhöfen von Meiningen und Coburg, bis er sich 1804 für den Rest seines Lebens in Bayreuth niederließ, hauptsächlich, wie ihm nachgesagt wurde, des guten Bieres wegen.

Daß Jean Paul in seiner Zeit der berühmteste und beliebteste deutsche Schriftsteller gewesen sei, ist eine Übertreibung der Literaturgeschichte. Die Mehrzahl der Kritiker hatte er immer gegen sich, und Lob erhielt er von den Rezensenten meist nur mit beträchtlichen Vorbehalten. Der Gipfel seines tatsächlichen Erfolges lag in den neunziger Jahren und stand zu den geistigen, ästhetischen und geschichtlichen Tendenzen dieser Zeit in engem Verhältnis. Bei der *Unsichtbaren Loge* hatte Karl Philipp Moritz erkannt: «der ist noch *über* Goethe, das ist ganz was Neues». Beim *Hesperus* empfand das auch ein größeres Lesepublikum und konnte sich darauf mit seiner Vorliebe im *Siebenkäs* (1796–97) bestätigt finden. Der *Titan* (1800–03) als Roman von der Erziehung eines jungen Fürsten zum idealen Regenten wurde jedoch schon überschattet von dem Aufstieg eines anderen jungen, aber sehr realen Machthabers, der sich bald einen beträchtlichen Teil Europas unterwarf und eine große Zahl kleiner deutscher Duodezhöfe – Schauplätze von Jean Pauls Werken – überflüssig machte. Damit waren zwar nicht auch schon die Bücher überflüssig geworden, aber Zeit und Nachwelt haben sich letztlich doch immer schwer getan mit Jean Paul. Sie haben zwar nicht versäumt, ihn ab und an zu loben oder ihn hie und da zu modischem Gebrauch zuzuschneiden, aber so weithin wie Swift, Fielding, Sterne, Balzac oder Zola ist er nie gelesen worden und wird er auch nie gelesen werden. Diejenigen allerdings, die es auf sich nehmen, ihn zu lesen, fanden und finden sich aufs reichlichste belohnt.

Jean Paul ist ein Gemeinde-Dichter, ein Autor für einen initiierten Leserkreis, der ein Organ für ihn besitzt. Ein Vorverständnis, eine Disposition für seinen aus der Kontrastierung von Gegensätzen erwachsenden Witz ist Bedingung für die Lektüre Jean Pauls; der ganze Reiz seiner Metaphernsprache beruht auf solchem Witz, und erst die Metaphern wiederum erschließen das, was überhaupt in diesen Büchern zu vermitteln ist und was der auf deutliche Lehren ausgehende J. A. Bergk ärgerlich das Schweben «zwischen Zeit und Ewigkeit» nannte. Jean Pauls Werk ist von großen Spannungen durchzogen, die von höchsten Aufschwüngen der Gefühle bis zur äußersten Zerstörung alles Fühlens durch das kritische Bewußtsein führen. Von einseitigen Lesern ist ihm deshalb von Anfang an der Vorwurf der Sentimentalität, aber auch derjenige moralischer Unverantwortlichkeit und des Gefühlsfrevels gemacht worden. Jean Paul erwartete jedoch Lesearbeit, die Anstrengung, im Aufnehmen eines Kunstwerks zwischen den Polaritäten auszuhalten und auszugleichen. Zur Unterstützung solcher Arbeit machte er sich in seinen Werken immer wieder präsent, unterhielt sich mit seinen Lesern über das erzählte Geschehen und über die selbstgeschaffenen Gestalten oder führte sich gar persönlich in die Romane ein, um zwischen Autor und Fiktion noch eine dritte, verbindende Instanz einzusetzen. Alles dies, also Metaphernsprache, große seelische Spannweite bei oft geringfügigen Ereignissen und ein Reichtum von Erzählperspektiven, traf direkt auf jene Bereitschaft zum privaten Lesen, die sich mit der Herausbildung der Prosaliteratur und insbesondere des Romans als «bürgerlicher Epopöe» entwickelt hatte und die auf mehr als nur Unterhaltung abzielte: Ziel war das Selbstverständnis des Individuums im Medium der Literatur. Man las also Jean Paul nicht in erster Linie des Stoffes wegen, sondern wegen der inneren Erfahrungen, die man an seinen Werken machen konnte. Erbauungsliteratur freilich waren sie nicht; dazu stand das «Helldunkel der Gefühle» in ihnen viel zu sehr im Gegensatz

Allerdings ist das stoffliche Interesse an Jeans Pauls Erzählungen als Faktor für seine Wirkung nicht geringzuschätzen. Zahlreiche Requisiten und Motive waren dem damaligen Leser aus der Trivialliteratur vertraut. Kindesvertauschungen, Entführungen, Duelle, Verschwörungen, Geheimgesellschaften und ein ganzes Arsenal von Zaubererscheinungen stammte aus dieser Sphäre, aber da es bei Jean Paul zumeist in grotesker Übertreibung oder mit ironischem Zweifel verwendet wurde, konnte auch der gebildete Leser seinen Spaß daran haben, ja über ganze Strecken hinweg die Lektüre als Parodie sowohl der rührend-moralischen wie der abenteuerlichen Unterhaltungsliteratur betrachten.

Die Metaphernsprache holte außerdem mitteilend oder ironisierend das ganze Zeitalter mit seinen naturwissenschaftlichen, technischen, geographischen, politischen, philosophischen und künstlerischen Errungenschaften, Neuigkeiten und Problemen in den Roman hinein. An einer Stelle des *Titan* zum Beispiel werden Tränen, deren allzu reichlicher Verschüttung der Autor Jean Paul gern angeklagt worden ist, mit ihrer chemischen Analyse durch Fourcroy und Vauquelin in Verbindung gebracht; die Arbeit war tatsächlich 1796 in Johann Christian Reils hochangesehenem *Archiv für die Physiologie* erschienen, und Jean Paul nennt im Roman selbst die Quelle. Das wiederum war jedoch nicht ein Verweis auf irgendwen, sondern auf zwei angesehene französische Chemiker, die sich im Streit um eine, der Entdeckung des Sauerstoffs folgende moderne Verbrennungstheorie auf die Seite des Neuen geschlagen hatten. Fourcroy war außerdem Mitglied des Nationalkonvents und des berüchtigten Wohlfahrtsausschusses; er hat das metrische Maß- und Gewichtssystem durchgesetzt. Nicht jede naturwissenschaftliche Metapher war freilich gleichermaßen hintergründig, aber wahllos ging Jean Paul in der Verarbeitung seiner Lesefrüchte nicht vor. In der Geographie zum Beispiel finden sich zahlreiche Verweise auf das Inselparadies Otaheiti, das er aus Georg Forsters Schriften kennengelernt hatte. Unter den namentlich genannten Philosophen, Künstlern und Wissenschaftlern sind die besten und bedeutendsten Namen vertreten: Kant, Goethe, Pestalozzi, Herder, Lichtenberg, Erasmus Darwin, Galvani, Haydn und Mozart. Naturwissenschaftliches und technisches Zeitalter werden in diesen Romanen sichtbar, ehe sie noch die deutsche Wirklichkeit erreicht hatten. Bei Jean Paul gibt es Kalzinieröfen, Eisenhütten, Elektrisiermaschinen, Mikroskope, Telegraphen und Montgolfieren, neben der Liebe auch Laugensalz und neben dem Universum auch Urinphosphor. Obwohl damit noch nicht das bezeichnet wird, was der Leser des 20. Jahrhunderts darunter versteht, so kennt seine Sprache doch bereits Wörter wie Fernschreiber, Fernseher, Luftschiff, Luftfahrt, Flugreise, Flugmaschine und Fallschirm. Die kreative Sprache eilt also nicht den Sachen, wohl aber den durch sie möglich werdenden Handlungen und Tätigkeiten in der Phantasie voraus. «Sehnlich» wünscht er sich, «nur ein Pfund Erde vom Monde oder eine Düte voll Sonnenstäubchen aus der Sonne vor mir auf dem Tische zu haben», und die Erfüllung wenigstens des einen Wunsches würde ihn wahrscheinlich nicht schlechterdings als Märchen, sondern eben nur als technischer Fortschritt berührt haben. In den *Noten und Abhandlungen* zum *West-östlichen Divan* gesteht Goethe «unserm so geschätzten als fruchtbaren Schriftsteller» etwas reserviert das Prädikat der «Orientalität» wegen seines metaphernüppigen dichterischen Verfahrens, zu wegen des Versuchs also, «in seiner Epoche geistreich zu sein» und aus diesem Grunde «auf einen durch Kunst, Wissenschaft, Technik, Politik, Kriegs- und Friedensverkehr und Verderb so unendlich verklausulierten, zersplitterten Zustand mannigfaltigst» anzuspielen. Aber es war doch wohl mehr als der Wunsch, geistreich zu glänzen, der Jean Paul in seiner produktiven Phantasie bestimmte; es war vielmehr der Wunsch, den Menschen in dieser, wie Goethe es nannte, «ausgebildeten, überbildeten, verbildeten, vertrackten Welt» zu beobachten und die vielfältigen Verhältnisse zwischen kleiner und großer Welt, Gegenwart und historischer Entwicklung, im Menschen selbst aber – um in seiner eigenen Sprache zu reden – diejenigen zwischen Herz und Gehirn darstellend zu untersuchen. Wenn es dabei gelegentlich grotesk zuging, so war das nicht allein Schuld des Autors.

Daß Jean Paul auch ein politischer Schriftsteller war, hat allerdings seine Zeitgenossen kaum berührt. Die «unsichtbare Loge» trug jedoch als Geheimgesellschaft durchaus antiaristokratische Züge. Im *Hesperus* gibt es leidenschaftliche Reden gegen deutschen Fürstenabsolutismus, und die am Ende auftretenden illegitimen Fürstensöhne sind höchst verdächtig mit republikanisch-französischem Gedankengut infiziert. Im *Siebenkäs* wird ein Bürger zum «König» gekrönt, auch wenn es nur ein Schützenkönig ist, und im *Titan* ein Fürst von einem Bürger. Jean Paul hat überdies in kleineren Schriften und in Briefen aus seinen republikanischen Sympathien kein Hehl gemacht, obwohl er in seiner Einstellung zur Französischen Revolution die gleichen Wandlungen durchmachte wie die meisten deutschen Intellektuellen seiner Zeit und in Charlotte Corday die Heldin gegen den Terror feierte. Aber keiner seiner adligen Leser hat an seinen Gesinnungen Anstoß genommen, mit den immerhin recht wachsamen Zensoren hat er kaum je Schwierigkeiten gehabt, und keine Jakobinergruppe ist auf den Gedanken gekommen, Flugschriften aus seinen Werken abzuziehen. Was wie der Modellfall für eine kurzsichtige Gegenwart im Vergleich zu einer klügeren Nachwelt aussieht, ist es bei näherem Zusehen dennoch nicht. Denn nirgends ist bei Jean Paul das Politische das Hauptmotiv seines Erzählens, auch nicht ein vorsichtig konspirativ verborgenes und kodiertes. Politisches ist unübersehbar da und unentbehrlich als die Realität, in der seine Menschen leben und aus der ihr Fühlen und Denken emporwächst. Aber die zeitgenössische Aktualität seiner Schriften betraf Weiteres als nur die politischen Verhältnisse. Sie betraf jenes freie Individuum als Ganzes, das sich selbstbewußt in der Welt zu behaupten versuchte und das Held der aufklärerischen Philosophie wie der bürgerlichen Prosa war, vom *Robinson Crusoe* über den *Werther* bis zu den Doppelgängern Leibgeber-Schoppe und Siebenkäs, den beiden bedeutendsten Gestalten, die Jean Paul geschaffen hat und die dann auch die Spannweite seines Denkens bereits im Namen aufweisen: Der freie Mensch und «leibgebende» Schöpfer seiner selbst ist mit dem deutschen Armenadvokaten in eins verbunden zu einer seltsamen und gefahrvollen Brüderschaft. In dieser weiten Erfassung menschlicher Existenzproblematik am Ausgang des Zeitalters der Aufklärung liegt das eigentlich Explosive und Revolutionäre in Jean Pauls Werk, nicht in den wie immer ehrlichen politischen Gesinnungen, die da hineinverwoben waren. Für solche Weite aber hatten die aufmerksameren unter seinen Zeitgenossen denn doch bereits das richtige Verständnis. «Seine Ansicht des Kleinstädtischen ist vorzüglich gottesstädtisch», schreibt Friedrich Schlegel im 421. *Athenaeums*-Fragment und erkennt eine «universelle Tendenz» in diesen Werken. In ihr bestand beider Teilhabe am Romantischen in Friedrich Schlegels eigener Definition und auch die Grundlage für spätere Näherung. Jean Paul selbst aber schrieb am «27 Jenn. 99» seinem Freunde Otto:

«So viel ist gewis, eine geistigere und grössere Revoluzion als die politische, und nur eben so mörderisch wie diese, schlägt im Herz der Welt. Daher ist das Amt eines Schriftstellers, der ein anderes Herz hat, jezt so nöthig und braucht so viel Behutsamkeit. Ich nehme in meine Brust keine Veränderungen auf, aber desto mehr in mein Gehirn.»

### Das frühe Werk

Seine literarische Tätigkeit begann Jean Paul als Satiriker, das heißt als Verfasser von Prosasatiren auf Charaktere, gesellschaftliche Zustände, wissenschaftliche Ansichten sowie religiöse und moralische Konventionen. In der deutschen Literatur des 18. Jahrhunderts waren ihm darin vor allem Christian Ludwig Liscow und Gottlieb Wilhelm Rabener vorausgegangen. Zwei Sammlungen von Jean Pauls Satiren erschienen damals im Druck: anonym 1783 in zwei Bänden *Grönländische Prozesse oder Satirische Skizzen* und 1789 unter dem Pseudonym J.P.F.Hasus die *Auswahl aus des Teufels Papieren*. Eine dritte Sammlung mit dem Titel *Abrakadabra oder die Baierische Kreuzerkomödie* wurde erst nach seinem Tode gedruckt. Das Register seiner Zeitkritik war groß: «Ueber die Schriftstellerei», «Ueber die Theologen», «Ueber den groben Ahnenstolz», «Ueber Weiber und Stutzer», «Ueber die Verbote der Bücher» sind Überschriften aus dem ersten Bande der *Grönländischen Prozesse*. Die ganze Skala seines Witzes ist schon hier vorhanden; sprachlicher Reichtum wird virtuos gehandhabt und zu scharfen Bildern geformt,

und die Verachtung der unter den verbreitetsten Druckerzeugnissen grassie-
renden Schalheit und Selbstgefälligkeit ist groß. «Die Behältnisse des jetzigen
poetischen Feuers werden die Tabakspfeifen der Nachwelt anzünden», heißt
es zum satirischen Ruhme der zeitgenössischen Romanliteratur. Es gibt in
diesen frühen Schriften Jean Pauls manchen Satz und manchen Abschnitt,
die von Heinrich Heine stammen könnten, wie sie überhaupt geschichtlich
eher als Vorläufer des sich im 19. Jahrhundert entwickelnden modernen
Journalismus zu verstehen sind und nicht so sehr als Nachfahren der betulichen oder didaktisch angestrengten Satire der frühen Aufklärung. Das betrifft sowohl den sprachlichen Glanz wie die Schärfe der Attacken. Aber
auch das formale Dilemma, in dem sich Jean Paul befand, läßt sich dadurch
erkennen. Umfangreiche Bücher waren nicht die beste Erscheinungsform
solcher Satiren; für das Bücherlesen hatte sich das Publikum vielmehr gerade
an die Romane gewöhnt. «Die Holländer vergötterten einmal Tulpen, wie
die Aegypter Zwiebeln; unsere Mode vergöttert Romane, die wie jene auf
die Augen wirken», heißt es in den *Grönländischen Prozessen*. Zeitschriften
wiederum boten noch nicht das rechte oder ausreichende Forum für eine
derartig vielseitige Attacke auf die Schwächen der Zeit. Die Ära der moralischen Wochenschriften war vorüber. Musenalmanache oder Intellektuellen-
periodika wie Wielands *Teutscher Merkur* waren eher kulturellen Themen
und Fragen verschrieben und vermieden am liebsten Provokationen. Politische Zeitschriften jedoch blühten erst nach der Französischen Revolution.
Dennoch haben einige Zeitschriften damals Stücke aus Jean Pauls Satiren
gebracht, das *Höfer Intelligenzblatt* oder die *Zeitschrift für Litteratur und Völ-
kerkunde* zum Beispiel, aber das war freilich nur ein kleiner Teil des von Jean
Paul Produzierten.

Daß sich die Öffentlichkeit um die beiden Bücher mit Satiren kaum küm-
merte, lag allerdings nicht nur an dem Geschmackswandel der Zeit, sondern
auch daran, daß Jean Paul außer Kritik und Spott auch Selbstentdeckung
trieb: «Ich halte mich nämlich in einem Kopfe auf, den niemand etwas Bes-
sers nennen sollte als ein holes Arbeitshaus oder eine Antichambre, worein
die ganze Welt in Strömen zieht, um sich mir zu präsentieren». Die Suche
nach Erkenntnis über das Verhältnis zwischen sich und der Welt stand im
Hintergrund aller satirischen Tätigkeit Jean Pauls, und so zeitgemäß ein solches Beginnen auch sein mochte, so wenig konnte man gerade von einem für
die – immer objektbezogene – Satire noch aufgeschlossenen Publikum erwarten, daß es dafür Verständnis hatte. Die Selbstreflexion zog von der Zielrichtung des Satirischen ab und schwächte sie. Erst als Jean Paul das schwierige Verhältnis zwischen Zeit und Ich in die Fiktion, in Roman und Erzählung, einbringen und dort auseinanderlegen konnte, hatte er jene Form gefunden, in der sein Denken, sein Talent und der Geschmack des Publikums
übereinkommen konnten. Das geschah mit dem Roman *Die unsichtbare
Loge. Eine Biographie* (1793), dem eine kleinere Biographie angefügt war, die

Jean Pauls erste in sich geschlossene fiktionale Arbeit darstellt und die zugleich die einzige wirklich populäre Arbeit Jean Pauls geworden ist: das *Leben des vergnügten Schulmeisterlein Maria Wutz in Auenthal,* entstanden Anfang 1791.

Jean Paul hat das kleine Werk «Eine Art Idylle» genannt, wobei der Akzent auf der relativierenden Qualifikation liegt. Von den Idyllen, wie Voß sie zu dieser Zeit schrieb, war diese kleine Geschichte nicht nur durch die Prosa unterschieden. Hier stand das Äußere auch für den Inhalt, denn wenn bei Voß gesellschaftliches Leben im kleinen Bürgerkreise das Thema war, dem ein souveräner Dichter in klassischer Form öffentliche Würde gab, so war es hier die private Biographie eines einzelnen, die ein beständig auf sich und seinen Gegenstand reflektierender Erzähler niederschrieb, und zwar in der Haltung eines Berichterstatters, der Nachforschungen über seinen Gegenstand angestellt hat und vom Tode des Helden her rückblickend über ihn berichtet. Verwandt mit der Idylle des 18. Jahrhunderts war der *Wutz* insofern, als es sich auch hier um eine Dichtung über bürgerliches Glück handelte und sogar um das Glück von ganz kleinen und armen Leuten. Aber die Distanz zwischen Autor und Held relativiert dieses Glück zugleich und führt eine zweite Perspektive des Verständnisses ein.

Erzählt wird von Jean Paul die Lebensgeschichte des Schulmeisters Maria Wutz aus Auenthal in der Nähe der Residenzstadt Scheerau, wo die *Unsichtbare Loge* spielt. Hauptereignisse seines Lebens sind die glücklichen Spiele der Kindheit, Schulerziehung und Lehrerexamen, die Ehe mit Justine, das kleine Tagesglück in Winter und Sommer und schließlich sein Tod. Grundlage der «Wutzischen Kunst, stets fröhlich zu sein», ist die Fähigkeit, auch der armseligsten oder unglücklichsten Situation immer wieder eine Hoffnung und Freude als Vorfreude auf etwas Angenehmes abzugewinnen, und sei es nur auf das warme Bett am Ende eines «Leidenstages». Diese Fähigkeit aber beruht auf nichts anderem als der absoluten Einheit seiner Persönlichkeit, da, wie der Erzähler reflektiert, «allemal deine äußere und deine innere Welt sich wie zwei Muschelschalen an einander löthen und dich als ihr Schalthier einfassen». Diese Harmonie aber ist nun wiederum nichts anderes als das Resultat einer inneren Kraft. Wutz überwindet das Äußere, indem er es dem Inneren unterwirft. Das beste Beispiel dafür ist, daß er sich seine Bibliothek selber schreibt, da er kein Geld hat, Bücher zu kaufen. Er braucht allein den Meßkatalog der Titel und Autorennamen wegen, alles andere entsteht aus seinem Kopfe, und zwar so weit, daß er sogar die richtigen Bücher später nur noch für die Nachdrucke der eigenen hält. Bemerkenswerterweise ist *Robinson Crusoe* sein Lieblingsbuch; wie dieser aus eigener Kraft die bürgerliche Welt seines England auf einer Insel reproduziert, so Wutz die geistige Welt des 18. Jahrhunderts in seinem Kopfe. Elias Canetti hat 1935 in seinem Roman *Die Blendung* ein ähnliches Motiv wiederholt und bis zu seinen geisteszerstörenden Konsequenzen fortgeführt.

Auch Jean Paul hat in seinem Werk den Umschlag des äußersten Individualismus in den Irrsinn verschiedentlich dargestellt, am bewegendsten wohl in der Gestalt Schoppes im *Titan.* Im *Wutz* jedoch lief es auf schlichtere Narrheit hinaus und auch das nur für solche, die nicht tiefer blickten. Für die anderen wird der Wunsch ausgesprochen, «größere Seelen» als Wutz möchten seine Fähigkeit erwerben können, was im Anschluß an eine Bemerkung über Sanssouci deutlich einen politischen Unterton hat. Der Mensch trägt in sich die Kraft, Glück zu stiften, wenn er diese Kraft nur benutzen lernt.

Ihren Ausklang findet die Wutz-Idylle allerdings nicht in solcher Mahnung, sondern in dem ausführlichen, bewegenden Bericht von Wutz' Sterben. Aus ihm liest der beobachtende Autor die Bestätigung des Lebensglückes seines Helden durch die Ewigkeit ab: Wutz' Gesicht verklärt sich im Tode. Damit aber rückt ihn Jean Paul verdächtig nahe an den Gottessohn des Christentums, verleiht der Idylle Züge einer Passion und gibt ihr insgesamt eine metaphysische Dimension, durch die sie teilhat an dem religiösen Denken der Zeit über die Relationen zwischen freiem Individuum und Gott. Auf diese Weise wird das *Schulmeisterlein Maria Wutz* eine themenreiche Ouvertüre zu Jean Pauls gesamtem Werk, und Wutz selbst, wie Jean Paul schrieb, der «Logemeister und Altmeister und Leithammel» seiner «romantischen Helden». Seine späteren Idyllen, vor allem das *Leben des Quintus Fixlein* (1796) und *Der Jubelsenior* (1797) und ebenso noch das *Leben Fibels* (1812) nehmen von einem Wutzischen Verhältnis zwischen Innenwelt und Außenwelt ihren Ausgang und illustrieren und entwickeln es in verschiedenen Variationen.

Aber auch für seine eigene Verfahrensweise als Epiker schuf sich Jean Paul im *Wutz* die beste Präfiguration, und zwar nicht nur damit, daß er durch den eingearbeiteten Kommentar über das Erzählte die Enge und Begrenztheit des ihm als Anschauung zur Verfügung stehenden deutschen Stoffes überwand, sondern daß er zugleich in der Wutzschen Art des Schreibens, in der Dominanz der Phantasie über den Stoff sich selbst als Autor, wenn auch karikierend, darstellte. Nur «ein geistiger Hämling», heißt es im *Siebenkäs*, «kann nichts erzeugen, als was er erlebt, und seine poetischen Fötus sind nur seine Adoptiv-Kinder der Wirklichkeit». Goethe aber macht Schiller gegenüber die Jean Paul betreffende Bemerkung: «Es scheint leider, daß er selbst die beste Gesellschaft ist, mit der er umgeht». Äußerste Freiheit der Phantasie und des Denkens kennzeichnen Jean Pauls Werk ebenso wie die Tendenz zum Solipsismus. Daß jedoch hier in der Literatur «ganz was Neues» im Entstehen begriffen war, wie Karl Philipp Moritz es nannte, daran besteht kein Zweifel.

Moritz hatte seine Bemerkung angesichts der *Unsichtbaren Loge* gemacht.

Es ist der Roman von der Erziehung eines jungen Adligen, Gustav von Falkenberg, der die ersten acht Jahre seines Lebens unter der Erde und nur in den Händen eines «der Genius» benannten Erziehers verbringen muß – eine Übersetzung von Rousseaus *Emil* ins Deutsch-Groteske. Gustavs weiteres Leben verwickelt ihn dann in die Verhältnisse und Intrigen des kleinen Fürstenhofs von Scheerau, wo er liebt, den «Wollüstlingen in Residenzstädten» begegnet, verführt wird, wiederum liebt und in eine politisch-oppositionelle Verschwörung hineingerät, «eine unterirdische Menschenwelt», so daß man ihn am Schluß des Romans im Gefängnis findet. Weitergeführt hat Jean Paul den Roman, der nur erster Teil sein sollte, darüber hinaus nicht.

Erziehungsroman, Staatsroman, Zeitkritik und Zeitsatire kommen in diesem Buch zusammen, aber keins von alledem bezeichnet den besonderen Charakter dieses wie aller späteren Romane Jean Pauls. Über Gustav heißt es an einer Stelle: «Seine innere Welt steht weit abgerissen neben der äußeren, er kann von keiner in die andre, die äußere ist nur der Trabant und Nebenplanet der innern.» Er ist, mit anderen Worten, ein Gegenstück zu Wutz in Auenthal, der diese Einheit herzustellen in der Lage ist, was allerdings keine direkte Wirkung auf die Welt um ihn herum hat, sondern allenfalls auf den Leser mittels der epischen Darstellung durch den Autor Jean Paul. Ob Gustav zu einer solchen Einheit zwischen Innenwelt und Außenwelt, also zu einer harmonischen Existenz in der größeren politischen Welt von Scheerau geleitet werden sollte, bleibt offen. Erkennbar ist, daß Jean Paul Ansätze dazu macht, indem er das biographisch-reale Geschehen mit zwei Phänomenen verbindet, die sich rationaler Bestimmung entziehen, die aber gerade dadurch zugleich die Armseligkeit oder Korruptheit der realen Welt transzendieren: Liebe und Tod. Beide eröffnen dem Menschen ein «zweites Leben» und heben ihn über sich hinaus.

Für Menschen, deren Gefühlskraft zu solcher Erfahrung fähig ist, hat Jean Paul in der *Unsichtbaren Loge* zum erstenmal den Begriff «*hohe* oder Festtagmenschen» geprägt. Unter ihnen versteht er, wie er definiert, ganz und gar nicht den sentimentalen Menschen, sondern den, der zu guten bürgerlichen Eigenschaften und ethischer Verantwortung «noch etwas setzt, was die Erde so selten hat – die Erhebung über die Erde, das Gefühl der Geringfügigkeit alles irdischen Thuns und der Unförmlichkeit zwischen unserem Herzen und unserem Orte, das über das verwirrende Gebüsch und den ekelhaften Köder unsers Fußbodens aufgerichtete Angesicht, den Wunsch des Todes und den Blick über die Wolken.» Könnte man, so überlegt der Autor, die Gräber von Pythagoras, Plato, Sokrates, Antonin – also Marc Aurel –, Shakespeare, Rousseau «und ähnlicher in *einen* Gottesacker zusammenrücken, so hätte man die wahre Fürstenbank des *hohen Adels* der Menschheit, die geweihte Erde unserer Kugel, Gottes Blumengarten im tiefen Norden». Jean Pauls Definition des Ideals der «hohen Menschen» als Verkörperung eines neuen, geistigen Adels wird aus diesem Rückblick auf seine Vorläufer erkennbar. Gemeint war ein Mensch, in dem der innere Einklang von Fühlen und Denken auch den Einklang zwischen Innenwelt und Außenwelt stiften konnte, wovon in den Schriften der Großen immer wieder Ahnungen gegeben worden waren. Die «Thronfähigkeit» aller Menschen, um einen Begriff von Novalis zu gebrauchen, war das republikanische und sehr zeitgemäße Ziel für die Herausbildung «hoher Menschen».

Dazu gehörte, daß der Mensch ein Verhältnis herstellte zwischen sich und dem Undenkbaren, ein Verhältnis zwischen der Endlichkeit alles Einzellebens und der Unendlichkeit des Seins an sich. Die Gestaltung von Todeserfahrungen in diesem Sinne wurde eines der besonderen Anliegen von Jean Paul. Aber der Tod war überhaupt eines der großen Themen der Zeit, das tatsächlich erst dann von besonderer Wichtigkeit sein konnte, wenn die festen religiösen Ordnungen der Kirchen unter dem Anspruch des Individuums auf Freiheit und Selbstbestimmung ihre überzeugende Kraft zu verlieren im Begriffe standen. Goethes *Werther* stellte auch in dieser Hinsicht ein Fanal dar, und Hippels *Lebensläufe* wirkten gerade wegen ihrer ersten umfassenden epischen Behandlung des Todesthemas besonders stark schon auf den jungen Jean Paul. Die Problematik des Todes war ein Leitmotiv von Briefen, Gesprächen, Tagebüchern und literarischen Reflexionen in den neunziger Jahren. Novalis' Bruder Karl von Hardenberg schreibt hingerissen von dem tiefen Eindruck, den die Sterbeszene von Gustavs Freund Amandus in der *Unsichtbaren Loge* auf ihn gemacht habe, und Novalis hat aus eben dieser Szene wörtliche Anregungen für seine *Hymnen an die Nacht* empfangen, der bedeutendsten literarischen Gestaltung des Todesthemas um 1800.

Eine dritte, ästhetische Erfahrung, die der Autor an sich macht, kommt in der *Unsichtbaren Loge* zu den seelischen Panoramen von Liebe und Tod hinzu. Als Jean Paul seinen Helden Gustav das Sterbezimmer von Amandus betreten läßt, macht er die folgende Anmerkung ad spectatores: «Ich fahre fort, obgleich hier so manches meinem Herzen und meiner Sprache zu groß wird ...» Das Bewußtsein von der geradezu unermeßlicher Weite und Größe menschlichen Erfahrens und Empfindens, wenn man erst einmal sich selbst frei und unabhängig zu denken wagt, verbindet sich hier mit dem Gefühl der Unzulänglichkeit dichterischer Sprache dieser Unermeßlichkeit gegenüber. Es ist eine Erfahrung, die sowohl Jean Paul wie seine jüngeren Zeitgenossen in der Folgezeit immer wieder gemacht haben, und sie ist eine wesentliche Komponente des romantischen Universalismus geworden. Die Erforschung dessen, was man Seele nennt, führte in Höhen und Tiefen, von deren Existenz man bis dahin kaum wußte, und Jean Paul war der erste deutsche Autor, der diese Höhen und Tiefen in den weitest vorstellbaren Dimensionen zu erforschen und darzustellen versucht hat, immer, versteht sich, mit dem Bewußtsein, daß das Ganze für die Sprache «zu groß» war. Mancher scheinbare Manierismus und manche metaphorische «Orientalität» erklären sich auch aus dieser höchsten Zielsetzung seines Schreibens.

## Hesperus

Verglichen mit dem *Hesperus* war die *Unsichtbare Loge* nur erst eine Fingerübung gewesen; in seinem zweiten Roman spielte Jean Paul dann schon auf allen Registern seiner Kunst. Er bewegte darin eine große Anzahl von Personen, die auf sehr verschiedenen Ebenen denken, fühlen, leben und handeln, und er verflocht sich auch selbst ironisch in das Erzählte. Die fünfundvierzig «Hundsposttage», in die das Buch eingeteilt ist, sind nichts anderes als die fünfundvierzig Berichte, die ein Hund namens Spitzius Hofmann dem Autor Jean Paul auf die Insel St. Johannis bringt, wo er lebt und das ihm Überbrachte seinem Publikum mitteilt, am Ende dieser «Robinsonade» jedoch das Geschehen auf sich zu führt, das dementsprechend sinnfällig auf einer «Insel der Vereinigung» zu Ende geht.

Die Handlung ist eine Mischung aus Erziehungs-, Gesellschafts- und Staatsroman. Voranbewegt wird sie durch die Suche nach den fünf unehelichen Söhnen des Fürsten Januar oder Jenner von Flachsenfingen, ein Unternehmen, als dessen geheimer Arrangeur der englische Lord Horion erscheint. Dessen vermeintlicher Sohn Viktor ist der eigentliche Held des Romans. Verwirrenderweise nennt ihn der Autor jedoch auch Sebastian und Horion, da er allerdings von allen drei Namen etwas in sich trägt und auf sich nimmt. Er ist Märtyrer (Sebastian) und Sieger (Viktor) in einem, und den kleinen deutschen Verhältnissen überlegen wie sein Vater, der Engländer und Angehörige einer von Jean Paul gern als Ideal freier Bürgerlichkeit betrachteten Nation, womit auch die Vorstellung der voranschreitenden

Zeit, der «Horen», ins Spiel gebracht wird. Das Voranschreiten der Zeit aber zu etwas Neuem, Besserem bildet eines der Grundthemen des *Hesperus*, was schon der Titel selbst ausdrückt. Denn Hesperus, der Abendstern, ist, wie Pythagoras entdeckt hatte, identisch mit dem Morgenstern; für den «abgeblühten Menschen» ist er das eine, für den «aufblühenden» das andere, wie es in Jean Pauls Vorrede heißt, die mit dem Satze schließt: «Ja, es wird zwar ein anderes Zeitalter kommen, wo es licht wird, und wo der Mensch aus erhabnen Träumen erwacht und die Träume – wieder findet, weil er nichts verlor als den Schlaf. [...] Aber noch streitet die zwölfte Stunde der Nacht: die Nachtraubvögel ziehen; die Gespenster poltern; die Todten gaukeln; die Lebendigen träumen.» Solche Dualität veranschaulicht der *Hesperus*.

Blickt man auf den Gesamtverlauf der Handlung, so ist Jean Pauls Buch tatsächlich in erster Linie ein Roman mit einer politisch-sozialen Botschaft. Viktor, ausgebildeter Arzt und Sohn des Lords, hat enge Freundschaft geschlossen mit Flamin, dem Sohn des Hofkaplans Eymann von St. Lüne. Beide kollidieren jedoch miteinander in der Liebe zu Klothilde, der Tochter eines fürstlichen Kammerherrn, die allerdings Viktor zugetan ist. Matthieu, intriganter und depravierter Höfling, weiß die Konflikte zu schüren, wozu er besonders gute Gelegenheit hat, als Flamin fürstlicher Regierungsrat in Flachsenfingen wird. Matthieu arrangiert sogar ein Duell zwischen Flamin und der Vater Klothildes, das Flamin aber wegen mangelnder Satisfaktionsfähigkeit im Kostüm Matthieus bestreiten soll. In einem echt Jean-Paulschen Identitätsverwirrspiel mengt sich jedoch Matthieu selbst in den Kampf und tötet den Kammerherrn, und zwar so, daß selbst Flamin zunächst nicht erkennt, daß er, Flamin, nicht der Mörder war. Die Aussicht, nun für seine Tat mit dem Tode büßen zu müssen, lockt ihm deshalb eine Erklärung ab, die an Radikalität im Jahre 1794 nichts zu wünschen übrig ließ:

«‹Wenn ich sterbe›, sagt’ er immer glühender, ‹so müssen sie mich auf dem Richtplatz sagen lassen, was ich will. Da will ich Flammen unter das Volk werfen, die den Thron einäschern sollen.› Und an das Volk gewandt: ‹Seht, ich war sonst mit dabei und sah, wie man euch schindet – und die Herren vom Hofe haben eure Häute an. Seht einmal in die Stadt: gehören die Palläste euch, oder die Hundshütten? Die langen Gärten, in denen sie zur Lust herum gehen, oder die steinigen Äcker, in denen ihr euch todt bücken müßt? Ihr arbeitet wol, aber ihr habt nichts, ihr seid nichts, ihr werdet nichts –›»

Die Gelegenheit zur großen Szene erhält Flamin allerdings nicht, da sich der wahre Sachverhalt herausstellt. Dagegen wird ihm eine andere Gelegenheit geboten: Er erweist sich nämlich als der älteste der fünf Söhne des Fürsten und damit als dessen Nachfolger; der bürgerliche Pastor Eymann hatte ihn nur zur Erziehung angenommen. Viktor hingegen stellt sich als der wirkliche Sohn des Hofkaplans heraus und verliert auf diese Weise seinen englischen Adel. Damit rückt seine Hoffnung auf Klothilde in die Ferne, die sich im übrigen als weiteres Fürstenkind und damit allerdings auch als Schwester Flamins entpuppt. Aber nach Jean Pauls Willen finden Viktor und Klothilde dennoch zueinander. Drei Engländer werden als weitere verlorene Söhne des Fürsten eingebracht und schließlich als letzter «der Monsieur, euer fünfter auf den sieben Inseln verlorner Bruder und euer Biograph dazu – nun hat er endlich sein 45stes Kapitel erwischt»: Die Romangestalt hat also endlich den Autor eingeholt. Sein ‹französischer Name Jean Paul› macht ihn zwar «verdächtig», aber selbst ist mehr mit dem Gedanken beschäftigt, daß die Reichsgesetze eventuell ‹legitimierte Prinzen für thronfähig» erklären würden – «wodurch ich freilich zur Regierung käme». Ein «Friedensfest» auf der Insel der Vereinigung, nach dem Freitod des Lord Horion, ist wie gesagt die Apotheose des Romans.

Die politische Handlung trägt ihre Bedeutung in sich selbst und spricht unmißverständlich für die Sympathien und Hoffnungen Jean Pauls. Jedoch nimmt sie innerhalb der Gesamtsubstanz des Romans räumlich nur einen beschränkten Teil ein; sie gibt Viktor, dem eigentlichen Helden des Buches, nur eine begrenzte Rolle, und sie wird relativiert durch das ironische Spiel, das der Autor mit sich selbst treibt, wenn er sich als Person einführt und zugleich als der Erzähler Johann Paul Friedrich Richter doch über dem Ganzen steht. Flachsenfingen und St. Lüne, den Orten adligen und bürgerlichen Lebens gegenüber hat Jean Paul nämlich noch einen dritten Ort der Handlung hinzugefügt, das Gartenparadies Maienthal, in dem der indische Eremit Emanuel oder Dahore lebt und als Gefühlserzieher insbesondere für Viktor und Klothilde wirkt. Hier liegt das seelische «Arkadien-Otaheiti», das der wirklichen Welt eine «zweite Welt» der Selbsterkenntnis und Erhebung über die äußeren Begrenzungen der Existenz gegenüberstellt, hier ist der Garten, in dem die «hohen Menschen» herangebildet werden. Jean Paul war einer der ersten deutschen Schriftsteller, für die Indien als metaphorische Verkörperung einer «poetischen» Existenz erschien. 1791 hatte Georg Forster mit seiner Übersetzung der *Sakontala* und den Erläuterungen dazu die deutschen Leser nachdrücklich auf die Eigenart der Seh- und Empfindungsweise dieses Landes aufmerksam gemacht. Bei Jean Paul nun verschmilzt indische Kraft zur Meditation und Introspektion mit pietistischen Vorstellungen und transzendiert Christliches im konfessionellen Sinne. In Maienthal, also außerhalb der Gesellschaft, vollzieht sich vor allem der Erziehungsroman, und zwar die Gefühlserziehung Viktors im Durchgang durch Leiden, Liebe und Tod. Denn die Erfahrung von der Begrenztheit menschlicher Existenz und der Relativität des Irdischen wird ihm und Klothilde durch den Tod des Lehrers Emanuel selbst übermittelt; sie sind Zeugen seines verklärten Sterbens.

Wie bedeutsam diese Erkenntnis ist, erweist sich unter anderem daran, daß Viktor vorher ausgerechnet an einem Osterfeiertag einen «Leichensermon» auf sich selber gehalten hat, der verwandt ist mit jener Rede des toten Christus vom Weltgebäude herab, die Jean Paul seinem nächsten Roman, dem *Siebenkäs*, vorausstellte. Es ist der Schauder vor dem freien Ich – «Ich! du Abgrund, der im Spiegel des Gedankens tief ins Dunkle zurückläuft» –, der diese Rede bestimmt und den zu überwinden Ziel der Entwicklung Viktors sein soll. Denn Flamin, der bürgerlich erzogene adlige Regent der äußeren Welt, und Viktor, der adlig erzogene bürgerliche Arzt und Heilkünstler des Inneren, sollen einander schließlich ergänzen, wie der letztere die Schwester des ersteren zur Frau bekommt. Es wäre also sehr irrig, wollte man in Paradiesen wie Maienthal Fluchtorte vor der Wirklichkeit sehen. Reservate dieser Art sind bei Jean Paul als Kraftzentrum gemeint, entstanden aus dem Bewußtsein, daß ohne die innere Veränderung des Menschen auch aus der äußeren nicht viel werde – ein Gedanke, den er mit vielen seiner Zeitgenossen teilte und der auch die Popularität gerade des *Hesperus* verbürgen half.

Mehr noch als die *Unsichtbare Loge* kultivierte der *Hesperus* große Szenen innerer Erkenntnisse, Erfahrungen und Erlebnisse – keine sentimentaler Schwärmereien, auch wenn die Szenen gelegentlich ins Melodramatische oder Überschwengliche verliefen, sondern Projektionen des seiner selbst bewußt werdenden Inneren auf die Natur als einziger anderer Realität außer der Gesellschaft: «Unter dem großen Abendhimmel, den keine Wolke einschränkte, thaten sich die Seelen wie Nachtviolen auf». An einer dieser Stellen beschreibt Jean Paul die «hohe Stunde» der Erhebung und Erweckung, die «Geburtsstunde des tugendhaften Lebens» und des «hohen Menschen», in der er «die Wonne genießt, *keine Widersprüche* in sich zu fühlen, weil alle seine Ketten fallen, *weil er nichts mehr fürchtet* im schauerlichen All«. Überwindung der Furcht ist also gleichzusetzen mit Überwindung der Furcht vor der Zeit und mit wahrer Freiheit; der Mensch fühlt sich als Teil einer «höheren Ordnung der Dinge, als wir erweisen können». Dieses Bewußtsein und «zweite Gewissen» aber gibt Kraft und Sicherheit, auch mit der realen Ordnung der Dinge fertig zu werden, der physischen Welt aus gefestigter metaphysischer Position beizukommen. Der «hohe Mensch» lebt in der Zeit, ohne mehr ihr Sklave zu sein.

In einem persönlichen Einschub oder «Schalttag», in dem er die geistigen und politischen Konflikte und Aufgaben seines Zeitalters von großer Höhe betrachtet und aus dem festen aufklärerischen Bewußtsein, daß ein Volk das andere «aus seinen Tölpeljahren ziehen müsse», hat Jean Paul seiner Überzeugung von dem Gang der Geschichte unmittelbar Ausdruck gegeben:

«Es kommt einmal ein goldnes Zeitalter, das jeder Weise und Tugendhafte schon jetzo genießet, und wo die Menschen es leichter haben, gut zu leben, weil sie es leichter haben, überhaupt zu leben – wo Einzelne, aber nicht Völker sündigen – wo die Menschen nicht mehr Freude (denn diesen Honig ziehen sie aus jeder Blume und Blattlaus), sondern mehr Tugend haben – wo das Volk am Denken, und der Denker am Arbeiten Antheil nimmt, damit er sich die Heloten erspare – wo man den kriegerischen und juristischen Mord verdammt und nur zuweilen mit dem Pfluge Kanonenkugeln aufackert – Wenn diese Zeit da ist: so stockt beim Übergewicht des Guten die Maschine nicht mehr durch Reibungen – Wenn sie da ist: so liegt nicht nothwendig in der menschlichen Natur, daß sie wieder ausarte und wieder Gewitter aufziehe (denn bisher lag das Edle blos im fliehenden Kampfe mit dem übermächtigen Schlimmen).»

Es ist eines der ausdrücklichsten Bekenntnisse Jean Pauls und eines der entschiedensten und schönsten zugleich, wenn man es neben die Gedanken über den ewigen Frieden stellt, die von den Philosophen in diesen Jahren gedacht wurden. Die Frage, worin allerdings die Garantien für eine solche Hoffnung bestehen, eine Frage, die insbesondere Kant in seiner Abhandlung *Zum ewigen Frieden* aufwarf, die im gleichen Jahr wie der *Hesperus* erschien, hat auch Jean Paul beschäftigt. Daß sich die deutsche Wirklichkeit zu einer Umgestaltung ins Goldene Zeitalter noch bei weitem nicht eignete, war in Jean Pauls Definition eingeschlossen: «Wenn diese Festzeit kömmt», dann leben «unsre Kindeskinder – nicht mehr». Denn wie die Regierungszeit des Fürsten Flamin und wie sein Verhältnis zum einstigen Freunde Viktor gegenwärtig aussehen würde, war aus der politischen Praxis der deutschen Kleinstaaten bekannt. Angesichts der politischen Realitäten hatte die Phantasie als Grundlage der Kunst dort keinen größeren Raum zur Verfügung «Mein Arkadien langt», so schreibt Jean Paul, «nicht über die vier Gehirnkammern hinaus». Und er fügt hinzu: «Es bleibt also dem Menschen, der in sich glücklicher als außer sich sein will, nichts übrig als die *Zukunft* oder Phantasie, d. h. der Roman.» Er wird in Jean Pauls Absicht ein Instrument ästhetischer Erziehung.

## Siebenkäs

Die *Blumen-, Frucht- und Dornenstücke oder Ehestand, Tod und Hochzeit des Armenadvokaten F. St. Siebenkäs im Reichsmarktflecken Kuhschnappel* sind Jean Pauls vollendetster, in sich geschlossenster Roman und der erste bedeutende Eheroman der deutschen Literatur. Die Blickrichtung auf das Innere des sich emanzipierenden Menschen machte erst die Psychologie verfügbar, mit der sich ein solches Buch schreiben ließ. Meisterschaft erreichte Jean Paul vor allem deshalb, weil er die grotesk-komische Verflechtung des Autors in seine Geschichte aufgab, wie sie noch den *Hesperus* am Ende geprägt hatte. Diesmal erzählt er ohne äußere Fiktionen, macht sich als Erzähler nur durch gelegentliche Kommentare bemerkbar und fügt außerdem einige «Blumenstücke» hinzu, darunter die berühmte *Rede des todten Christus vom Weltgebäude herab, daß kein Gott sei,* sowie ein «Fruchtstück», ein Gespräch, in dem er selbst und die Helden seiner *Unsichtbaren Loge,* also Viktor und Klothilde, als Partner auftreten. Den eigentlichen Roman jedoch bildet das «Dornenstück», die Passion von Firmian Stanislaus Siebenkäs. Die Reflexion über das Verhältnis zwischen sich selbst und seinem Helden hat Jean Paul in den Roman selbst verlegt, und zwar in das Wechselspiel zwischen Siebenkäs und seinem ihm gleichsehenden Freund Leibgeber, mit dem er einst aus Freundschaft den Namen getauscht hatte und mit dem er nun auch die Identität tauschen will. Jean Pauls Zeit der utopischen Logen und Inseln ist vorüber. Was an Hoffnungen vorhanden sein könnte, muß im Menschen selbst gefunden werden.

Der *Siebenkäs* ist ein Roman von kleinen, ja kleinsten Leuten. Nicht eine Residenz ist Hauptort der Handlung, sondern ein Städtchen, ein «Reichs-marktflecken», unabhängig von der unmittelbaren Macht eines Fürsten, ein Bürgerort als Schauplatz eines bürgerlichen Romans. Solches Kleinstädti-sche hat die Leser und Interpreten häufig veranlaßt, im *Siebenkäs* nichts als eine erweiterte Idylle, einen *Wutz* oder *Quintus Fixlein* im großen zu sehen, aber weder ist das, was in diesem Roman geschieht, idyllisch, noch ist sein Held mit dem Maß der Selbstgenügsamkeit zu messen. Erzählt wird eine Geschichte von bürgerlichem Heldenleben und vom Bürgerkönigtum des Geistes, die als reale Historie zugleich verknüpft ist mit den Grunderfahrun-gen menschlicher Existenz überhaupt, mit Identität, Liebe, Tod und der offenen Frage nach einer Ewigkeit.

Der *Siebenkäs* erschien 1796–97 in drei Bändchen. Er ist in dieser Form nie wieder gedruckt worden; alle späteren Drucke und Ausgaben beruhen auf der zweiten, erweiterten und umgearbeiteten Auflage von 1818, die aller-dings Gang und Motivation der Handlung nicht verschiebt. Dem Werk lag ein Einfall zugrunde, der bereits in einer frühen Satire *Meine lebendige Be-grabung* (entst. 1790, publ. 1845) enthalten ist, der Einfall, daß man sich durch den Scheintod aus bedrückenden Verhältnissen befreien und ein neues Leben beginnen könne, eine zwar groteske, aber keineswegs außerordentli-che und in der Praxis nicht selten verwirklichte Idee. Was nun allerdings das besondere von Jean Pauls Version ausmacht, sind nicht die praktischen Fol-gen eines solchen Scheintodes, wie sie etwa Heinrich Zschokke ein paar Jahre später in seinem Roman *Die Prinzessin von Wolfenbüttel* (1804) be-richtete, sondern die sozialen, emotionellen und existentiellen Konflikte, die dazu führen, ebenso wie diejenigen, die sich daraus ergeben.

Der Schriftsteller und Armenadvokat Siebenkäs, der an Satiren unter dem Tite. «Auswahl aus des Teufels Papieren» arbeitet, heiratet die Ratskopistentochter Lenette, eine Haubenmacherin, die ihn liebt, von ihrer Erziehung her allerdings nicht die Vor-aussetzungen mitbringt, ihrem Mann auf seinen künstlerisch-satirischen Wegen ver-ständnisvoll zu folgen. Die armseligen, beengten Lebensverhältnisse der beiden ma-chen das Zusammenleben trotz aller Abwehrversuche und mehr zur Qual. Als Siebenkäs die verarmte Adlige Natalie kennenlernt und er Lenette sich seelisch an den Schulrat Stiefel anlehnen sieht, entsteht der Entschluß zur Todeskomödie, die bewerk-stelligt wird mit Hilfe seines Freundes und Doppelgängers Leibgeber. Dieser arran-giert geschickt Sterben, Tod und Scheinbegräbnis von Siebenkäs, der in Wirklichkeit unter der Identität Leibgebers entflieht und in Vaduz eine Anstellung bei einem Grafen findet. Lenette kann ihren Schulrat heiraten, stirbt aber an der Geburt ihres ersten Kin-des. Auf ihrem Grabe, das Siebenkäs-Leibgeber eines Nachts besucht, findet er Nata-lie. Der ursprüngliche Leibgeber aber entflieht identitäts- und namenlos in die Welt und wird dann erst in Jean Pauls nächstem Roman, dem *Titan*, als Schoppe wieder auftauchen, denn Jean Pauls Werke haben, wie er einmal in dem aus satirischer Be-trachtung und Erzählung zusammengesetzten Fragment *Biographische Belustigungen* (1796) bemerkt, «sämmtlich, wie größere Vulkane, eine geheime Verbindung».

Jean Pauls Roman ist in erster Linie eine Ehegeschichte. Die Darstellung des langsam sich ausbreitenden Zerfalls der Gemeinschaft zweier Menschen hat in der Literatur wenig Gegenstücke von gleicher Scharfsicht und Tiefe. Aus dem Alltäglichen, Selbstverständlichen und regelrecht Banalen wachsen Schritt für Schritt Nichtverstehen, Mißtrauen und Schmerz hervor: Die Hölle liegt neben der Idylle. Jean Paul geht dabei den Ursachen für eine solche Zerrüttung bis in die feinsten Nuancen nach; die seelischen Reaktionen werden erforscht, und jede einfache Begründung wird noch durch ein kompliziertes System von Verweisen und mythologischen oder historischen Bezügen erklärend unterbaut.

Über die Vorgeschichte des Verhältnisses zwischen Lenette und Siebenkäs berichtet Jean Paul nicht, was zu der Ansicht geführt hat, er habe die Ehe seiner beiden Charaktere nur geschlossen, um sie durch die Scheintodgroteske trennen zu können. Das allerdings ist ein dürftiger Grund für die tiefen Verletzungen, die er zwei Menschen sich bis in den Tod hinein zufügen läßt. Die Vorgeschichte ist vielmehr deshalb ohne Bedeutung, weil die Ehe vom Manne als Ritual betrachtet wird: Siebenkäs will durch die Heirat bürgerliche Respektabilität als Advokat und Autor gewinnen. Aber gerade das mißlingt, und zwar nicht nur deshalb, weil die Partnerin ihm etwa intellektuell nicht gewachsen ist, sondern weil er auch in seiner satirischen Grundhaltung gegenüber der Gesellschaft diese Ehe nicht ernst nehmen kann. Damit aber verwickelt er sich in Widersprüche zwischen der Ehe als gesellschaftlicher Institution, gegen die schon Werther revoltiert hatte, und als Bund freier Menschen gegen die Konvention, wie das seinem Bewußtsein als bürgerlichem Intellektuellen eigentlich zukam. Einen derartigen Bund hat dann Friedrich Schlegel in seiner *Lucinde* (1799) gefeiert.

Es gibt eine groteske Szene im Roman, die diese Widersprüche in Siebenkäs besonders deutlich illustriert. Mit dem Freunde und Doppelgänger Leibgeber zusammen trägt er kurz nach der Hochzeit die Visitenkarten des jungen Paars – «Es empfiehlt sich und seine Frau, eine geborene Egelkraut, der Armenadvokat Firmian Stanislaus Siebenkäs» – bei den Honoratioren der Stadt aus, und zwar so, daß er selbst in den Häusern die Karten abgibt, während Leibgeber als sein vollkommenes Double im Wagen auf der Straße sitzen bleibt. Das ist nicht nur eine Satire auf «schöne bürgerliche Sitten», die den Advokaten bei den Begrüßten eben nicht besonders empfiehlt, sondern auch eine Verletzung der jungen Frau, deren vier Tage alte Ehe gerade jener Gesellschaft, aus der sie kommt, zum erstenmal öffentlich als Gegenstand einer Art Narrenspiel präsentiert wird. Als sie in Kuhschnappel eintraf, hatte Lenette, wie es in der Erstausgabe heißt, «mehr wie eine weiße Statue als wie ein Bild» ausgesehen. Der Pygmalion Siebenkäs kann sie nicht zum Leben erwecken.

Siebenkäs' innere Widersprüche reflektieren sich in denen seiner Tätigkeit. Als Armenadvokat wie als Satiriker ist es sein Ziel, die Mißstände der Gesellschaft zu exponieren, aber zugleich ist er darauf angewiesen, sich von ihr dafür bezahlen zu lassen, um seinen Lebensunterhalt zu haben. Wirtschaftliche Not ist die unvermeidliche Folge. Auf kriminelle Weise wird er außerdem von seinem «Vetter und Vormund», dem adligen Patrizier Geheimrat von Blasius, um sein Vermögen gebracht, so daß man schließ ich von dem leben muß, was Siebenkäs vorwiegend aus Lenettes Hochzeitsgut ins Pfandhaus bringt – beider Ehe wandert buchstäblich und sichtbar zum Trödler.

Für Siebenkäs' Versagen in der Ehe und im bürgerlichen Leben ist nun allerdings als entscheidender Faktor seine psychische Gesamtdisposition zu bedenken, die nicht nur in sozialen und ökonomischen Problemen begründet ist. Jean Paul gibt seinen Lesern vielmehr einen Blick in die Voraussetzungen und Entstehungsursachen solcher Probleme, indem er die größere historische Existenzproblematik sichtbar macht, die mit der Unabhängigkeitserklärung des modernen Menschen von allen Vormundschaften der Glaubens- und Herrschaftssysteme entstanden war. In der Aufforderung, «sich seines Verstandes ohne Leitung eines anderen zu bedienen» hatte Kant den Begriff der Aufklärung zusammengefaßt. Aus dem Anspruch auf Selbstbestimmung ließ sich zwar das Recht auf Beseitigung aller Vormundschaften ableiten, aber auch die Pflicht, ihnen eine eigene Identität entgegenzusetzen.

Jean Paul gibt nun diesem Identitätskonflikt auf geniale Weise Gestalt, indem er seinem Helden einen «Doppelgänger» beiseitesetzt – das Wort ist seine eigene Prägung. Hoseas Heinrich Leibgeber gleicht seinem Freunde aufs Haar, nur hinkt er ein wenig, und der Erzähler nennt ihn einmal sogar einen «lieben hinkenden Teufel». Leibgeber verdient sich sein Einkommen als wandernder Silhouettenschneider, kann aber auch außerhalb des Berufes der Neigung nicht widerstehen, seine «Nebenchristen [...] schwarz abzubilden». Er ist kritisch-sarkastisch im Blick auf die Schwächen seiner Nebenmenschen, voller Zorn gegen Ungerechtigkeit, Gemeinheit und Amtsmißbrauch, voller Verachtung gegen Dummheit und Arroganz der Privilegierten und ein warmherziger, gütiger Freund seines Siebenkäs. Jean Paul ist es gelungen, in Leibgeber eine Gestalt zu schaffen, die Fleisch und Blut ist und doch nur aus einem Wunsche geboren. Denn die Freundschaft zwischen Siebenkäs und Leibgeber ist nicht nur der einem Ideal des 18. Jahrhunderts entsprechende bürgerliche Männerbund zweier sich ergänzender Charaktere, sondern baut auf tieferem Grunde. Leibgeber kommt von Nirgendwo und geht auch wieder ins Nirgendwo, nachdem er seinen Namen an Siebenkäs zurückgegeben hat: Er ist sein Geschöpf, seine Wunschgestalt. In ihm verkörpert sich Glück und Tragik des freien, auf sich selbst stehenden, bindungslosen Menschen, also jene Existenzform, die zuerst in der Philosophie der Aufklärung wirklich denkbar geworden war. Deshalb ist er auch sein eigener Teufel und sein eigener Gott. Er ist der Erkennende und Durchschauende, der seinem Freunde sogar einmal als der biblische Herr in der Wolkensäule erscheint, der einst Moses den rechten Weg führte. Aber zugleich wünscht er auch ausdrücklich, «der Adam zu sein», das Urbild des Menschen, immer fragend und suchend dem «Ewigen, All-Ersten» gegenüber, wie es später im Nachruf auf den toten Leibgeber-Schoppe im *Titan* heißt. Wenn ihn Jean Paul an anderer Stelle einen «Humoristen» nennt, so zeigt das die ganze Breite und Tiefe, die er in seiner Vorstellung mit diesem Begriff verband.

Leibgeber ist es auch, der die Todeskomödie inszeniert, die im Grunde ein blasphemisches Spiel mit dem Sakralen ist. Denn unter den Händen seines Erzählers imitiert Siebenkäs nichts anderes als Leiden, Tod und Auferstehung Christi. Der Roman ist voll von Bezügen und Verweisen darauf, sei es nun, daß von Siebenkäs als «schreibendem Dulder» die Rede ist oder daß eine «Dornenkrone» metaphorisch «den blutenden Kopf» bedeckt. Aber aus den säkularisierten Leiden geht keine neue Religion hervor, sondern nur ein Solipsismus, der anderen gegenüber unmenschlich wird. Besonders die Grausamkeit des Scheinsterbens erweist das, wenn Lenette glauben muß, dem tatsächlichen Sterben ihres Mannes beizuwohnen, den sie trotz aller Ehenot geliebt hat. «Ich komme doch nach meinem Tod zu meinem Firmian?», fragt sie später bei der eigenen Krankenkommunion. Es gibt kaum eine erschütterndere Stelle in Jean Pauls ganzem Werk als die, wo Siebenkäs ein Jahr nach seinem «Tode» an das Grab seiner inzwischen gestorbenen Lenette tritt, das neben seinem eigenen leeren liegt, in dem der Sarg nur Steinbrocken umschließt. Lenette wollte nach dem Tode zu ihm, jetzt steht er lebend vor der Toten. Blasphemisches Spiel ist mit ihrem Glauben getrieben worden, und Siebenkäs hält jetzt im Anblick des eigenen Grabes «seine Nachäffung der letzten Stunde für sündlich». Denn auch er selbst ist geäfft worden, wenn er sich nun das Leben als einen ewigen Kreislauf und die Unendlichkeit als endlose Monotonie vorstellen muß. Lenettes offenbar getäuschter Glaube stellt ja seine eigene Hoffnung auf das Göttliche im Menschen ebenfalls in Frage, damit aber auch jede über die eigene Zufälligkeit und Misere hinausgehende Orientierung seiner Existenz. Siebenkäs erfährt also genau das, was auch die Grunderfahrung jenes Traumes von der «Rede des todten Christus» war, die in der Feststellung gipfelte: «Wie ist jeder so allein in der weiten Leichengruft des Alls!» Die Rede ist nicht nur zufällige Beigabe zu dem Roman.

Anschaulicher und bewegender ließen sich die humanen Gefahren und die nihilistischen Konsequenzen freier Subjektivität nicht darstellen als durch den Scheintod von Siebenkäs und durch die Wirkungen, die er auf ihn selbst und auf andere hat. Das von Intellektuellen veranstaltete «Theater» ist kein Religionsersatz, und Leibgebers Bitte in seiner Rede am leeren Grabe von Siebenkäs: «Du verborgner Unendlicher, mache das Grab zum Soufflörloch und sage mir, was ich denken soll vom ganzen Theater!» forderte die einfache Antwort heraus, daß der Unendliche sich zu Auskünften über den Grund menschlicher Existenz kaum bemühen ließ, wenn man selbst nur Theater spielte.

Allerdings war es nicht Jean Pauls Absicht, seinen Helden trotz der Erfahrung des Nichts als Gescheiterten aus seiner Krise hervorgehen zu lassen. Zu diesem Zwecke hat er sorgsam ein System von Anspielungen in seinen Roman geflochten, durch die der Held wenigstens symbolisch eine Verklärung erfährt und mit Hoffnungen in sein zweites Leben entlassen werden kann. Siebenkäs nämlich wird der Schützenkönig von Kuhschnappel, der in seinem Testament für «Senatus populusque Kuhschnappeliensis» aufgeklärte Empfehlungen hinterläßt: Sie sollten selig werden, «besonders auf dieser Welt». Siebenkäs wird also Bürgerkönig, und zu seinem Begräbnis kommt der Schulrat Stiefel mit der Nachricht, daß Friedrich II., der von Jean Paul besonders verehrte «alte König in Preußen», vor einer Woche gestorben sei. Ohne Zweifel erwächst hier also dem auferstehenden Siebenkäs ein Auftrag, noch dazu, da er seinen Schützensieg dadurch errungen hat, daß er den «römischen Adler» der deutschen Nation herunterschoß, der in Kuhschnappel nur einen Kopf hatte, also wie der preußische und nicht wie der reichsdeutsche aussah. Das aber geschah am Natalientag des Jahres 1785, und eine Natalie Aquiliana wird schließlich jene Frau sein, die ihn nach seinem zweiten «dies natalis», seiner Neugeburt in Liebe begleiten wird. Daß sie außerdem noch Züge der Himmelskönigin trägt, die den selbststilisierten Erlöser aus seinem «alten abgelebten Leben» einem «neuen Himmel und einer neuen Erde» zuführt, macht die Verklärung vollkommen.

Aber Jean Pauls Roman von einem bürgerlichen Heldenleben läßt auch in der Apotheose nicht die deutsche Wirklichkeit aus den Augen. Gewiß entspricht Natalie in manchen Zügen jenen anderen Frauengestalten deutscher Romane dieser Jahre, mit deren Hilfe die jungen Bürgersöhne ihre gesellschaftlichen Beschränkungen zu transzendieren versuchten und die deshalb zumeist – eine soziale Metapher – dem Adel entstammten. Klothilde in Jean Pauls eigenem *Hesperus* war ein Beispiel dafür, aber vor allem natürlich die Namensschwester von Natalie in Goethes *Wilhelm Meister.* Siebenkäs' Lebensweg jedoch war keine «Wallfahrt nach dem Adelsdiplom»; Natalie Aquiliana ist ohne Besitz und wird nach einem kleinen Versicherungsschwindel Einkünfte hauptsächlich aus der preußischen Witwenkasse beziehen, einem frühen Sozialversicherungsunternehmen, das Friedrich II. eingeführt hatte, der nun auf diese Weise indirekt seinen bürgerlichen «Nachfolger» subsidiert. Dieser selbst aber erhält in Vaduz eine Inspektorenstelle beim Grafen von Liechtenstein. So wird Vaduz ein ironischer Kompromiß zwischen utopischem Otaheiti und europäischer Wirklichkeit; Clemens Brentano hat rund vierzig Jahre später in seinem großen *Märchen von Gockel, Hinkel und Gackeleia* dem «Ländchen Vadutz» eine zweite Transfiguration als Asyl der Phantasie und «verlornem Paradiesgärtchen» zuteil werden lassen. Mehr als die Inspektorentätigkeit stand jedoch für den als Leibgeber erstandenen Siebenkäs in seiner Zeit nicht zur Verfügung, denn auf Utopien oder Amerika auszugehen, war nicht Jean Pauls Sache – dazu war er zu sehr realistischer Erzähler in der englischen Tradition. Siebenkäs' «Wanderjahre» darzustellen, also eine Fortsetzung des Romans zu schreiben, hat Jean Paul nach einigen Ansätzen unterlassen. Vermutlich wäre nur eine Wiederholung des Geschehenen geworden.

Jean Pauls *Siebenkäs* ist seelenanalytischer Eheroman, ironische Geschichte von der Krönung eines Schriftstellers zum «Bürgerkönig» und parabolische Darstellung der psychologischen wie ethischen Konsequenzen des Subjektivismus einer säkularen Philosophie. Über alles das hinaus ist er jedoch ein großartiges, zutiefst menschliches Kunstwerk. In ihm läßt Jean Paul die ganze Breite und Tiefe seines Vorstellungsvermögens, seiner Menschenkenntnis und seelischen Penetrationskraft erkennen. Hinter jedem Gedanken und jedem Gefühl dieses Romans steht er selbst, macht es menschlich verstehbar, ohne sich doch mit ihm zu identifizieren und damit sich eines ethischen Standpunktes außerhalb des Werkes zu begeben. So ist er auch nicht identisch mit dem Erzähler, der das Geschehen mit seinen kleinen Kommentaren begleitet. Der Autor Jean Paul Friedrich Richter steht über allem Erzählten, kontrastiert oder erweitert es durch Einlagen von «Blumen-» und «Fruchtstücken» und schafft so erst den Roman als ganzes, als eine Form der ästhetischen Reflexion über Aktuellstes, über die Errungenschaften seines Zeitalters, also über die neuen Einsichten in die geistigen und politischen Möglichkeiten eines auf sich selbst gestellten Menschen samt den Gefahren, die aus diesen Errungenschaften erwachsen konnten. Mit dem *Siebenkäs* eröffnete Jean Paul dem deutschen Roman eine neue Dimension, die in dessen weiterer Geschichte aber nur selten wahrgenommen und fortgeführt wurde. Aus dem Bereich der Unterhaltungsliteratur und der Idylle hat er den Ehekonflikt emporgehoben zu einer paradigmatischen Darstellung der Konflikte einer ganzen Epoche, so wie es dann auch in Goethes *Wahlverwandtschaften*, Flauberts *Madame Bovary*, Tolstois *Anna Karenina* oder Fontanes *Effi Briest* am Thema der Ehe geschah. Sein speziell Deutsches erweist der *Siebenkäs* allerdings darin, daß es wie in den Bildungs- oder Entwicklungsromanen der *Unsichtbaren Loge*, des *Hesperus* und des *Wilhelm Meister* doch der einzelne Held ist, der als Bürgerkünstler und Mann im Mittelpunkt steht und sich zur Passionsfigur stilisieren darf. Zum Entwicklungsroman eines einzelnen kehrte Jean Paul dann auch wieder zurück mit seinem nächsten Werk, dem *Titan*.

## Titan

Den *Titan* hat Jean Paul als sein Hauptwerk betrachtet. In ihm ließ er alles das Gestalt und Handlung werden, was ihm an Menschenkenntnis zugewachsen war und was ihn im Politischen und Religiösen bewegte. Die ersten Gedanken zu dem Werk stammen bereits aus dem Jahre 1792, aber es bedurfte nicht nur der Erfahrungen seiner eigenen Schriftstellerpraxis, sondern auch der kritischen Beobachtung anderer künstlerischer Bestrebungen – besonders in Weimar –, um seine Arbeit ausreifen zu lassen. Thema des Romans ist die Wallfahrt eines Fürsten nach einer Bürgerkrone. Albano, der Held des *Titan*, erwägt schon früh in seinem Leben, «alles» zu tun, «nämlich zugleich sich und ein Land zu beglücken, zu verherrlichen, zu erleuchten – ein Friedrich II. auf dem Throne». Aber «da er nun Friedrich II. nicht sukzedieren durfte, so wollt' er künftig wenigstens Minister werden [...] und in den Freistunden nebenbei ein großer Dichter und Weltweiser». Geradezu zwangsläufig trifft er später Siebenkäs, der umgekehrt als «Dichter und Weltweiser» wenigstens in den Freistunden der Phantasie König und Nachfolger des Preußenkönigs sein durfte. Gewidmet war der *Titan* im übrigen «Den vier schönen und edeln Schwestern auf dem Thron», womit die vier Prinzessinnen von Mecklenburg-Strelitz gemeint waren, bei deren einer, der Herzogin Charlotte, Jean Paul 1799 in Hildburghausen zu Gast war, wo ihm auch zwei weitere, Therese und Friederike, begegneten. Friederike und Luise, die spätere Königin von Preußen, hatte Schadow 1797 in einer Mamorgruppe dargestellt, von der Novalis wiederum 1798 vorschlug, man sollte sie als Heiligenbild in einer «Loge der sittlichen Grazie» aufstellen. Die Hoffnungen auf Preußen und seine Fürsten waren groß damals in Deutschland.

Der Reichtum des von ihm Gesehenen und Erfahrenen hat Jean Paul selbst zu schaffen gemacht:

> «Wahrlich wenn ich oft so meinen schriftstellerischen Eierstock gegen manchen fremden Rogen abwäge: so frag' ich ordentlich mit einem gewissen Unmuth, warum ein Mann einen so großen zu tragen bekommen, der ihn aus Mangel an Zeit und Platz nicht von sich geben kann, indeß ein andrer kaum ein Winde: legt und herausbringt.»

So steht es im «Antrittsprogramm des Titans», das auch von der Technik spricht, «wahre Geschichten» zugleich zu erzählen und zu «vermummen». Den *Titan* nämlich erzählt Jean Paul als Biographie, und er unterläßt es, ihm den Untertitel «Roman» zu geben. Aber gerade das ist bereits eine «Vermummung», denn Jean Paul möchte nicht, wie er am Ende des «Antrittsprogramms» selbst schreibt, die «Masken» seiner Kunst nach der Wirklichkeit modeln; es sei vielmehr sein Bestreben, die «Masken» und Phantasiegestalten der Wirklichkeit so ähnlich zu machen, daß man diese erkenne, das heißt durchschaue. Damit schuf er ganz ohne definitorische Absicht einen eigenen Begriff für das Romanerzählen, das zwar im Wutzischen Sinne von innen ausging, aber erst nach dem Durchgang durch die Welterfahrung, und das den Roman als «bürgerliche Epopöe» sozusagen aus der Phantasie konstituierte. Phantasie transzendierte die stagnierende deutsche Wirklichkeit und gab ihr eine historische Bewegung, die in der Realität kaum zu erkennen war. Die so entstehende «romantische Historie» war romantisch auch in dem Sinne, wie Friedrich Schlegel das Romantische in der Kunst verstand, und es nimmt nicht Wunder, daß Jean Paul kurz nach dem Erscheinen des *Titan* seine Sympathien für Schlegel entdeckte, während dieser 1800 in seinem «Brief über den Roman» über Jean Paul allgemein die Bemerkung machte, «daß solche Grotesken und Bekenntnisse noch die einzigen romantischen

Erzeugnisse unsers unromantischen Zeitalters sind». Der Gegensatz zu dem aus Goethes tatsächlicher Biographie hervorgewachsenen *Wilhelm Meister* ist im *Titan* evident, und wenn im Hinblick auf beide Bücher von Bildungs- oder Entwicklungsroman die Rede sein soll, so bedeutet der Begriff jedenfalls für beide etwas sehr Verschiedenes. In Goethes Roman wird ein einzelner durch heimliche Lehrmeister ebenso wie durch die historischen, sozialen, ökonomischen und kulturellen Umstände seiner Zeit erzogen, aber die Umstände werden nur nach Maßgabe dieser Erziehung gezeigt. Bei Jean Paul hingegen ist der Erziehungsroman zugleich Zeit- und Gesellschaftsroman. Wohl stehen auch hier die Umstände in direkter Beziehung zu Leben und Schicksal des Helden, aber das Interesse von Autor und Leser verteilt sich doch sehr viel gleichmäßiger auf den Einzelnen und das Ganze, so daß der Held zuweilen eher als Katalysator geschichtlicher Bewegung erscheint denn als das alles absorbierende Ich einer Biographie. Unterschiede der Persönlichkeiten von Goethe und Jean Paul, ihres Entwicklungsganges und ihrer künstlerischen Absichten treten in Erscheinung.

Im *Titan* geht Jean Paul wieder in die Sphäre seines *Hesperus*, also in die höfische und bürgerliche Welt deutscher Kleinfürstentümer zurück, aber mit der künstlerischen Erfahrung und erzählerischen Objektivität, die er sich in der Arbeit an *Siebenkäs* angeeignet hatte. Durch das Doppelgängerpaar Siebenkäs und Leibgeber aus diesem Roman wird im übrigen der «Titan», der junge deutsche Fürst Albano, seine Legitimation und Weihe als Regent erhalten, wobei «Titan» nicht einen Giganten, sondern einen Genius meint. «Zuweilen führte der Sonnengott auch von den Titanen, aus deren Geschlechte er war, den Namen Titan und von seinem Erzeuger, mit dem er in den alten Dichtungen zuweilen verwechselt wird, den Namen Hyperion, der das Hohe und Erhabene bezeichnet», heißt es in Karl Philipp Moritz' *Götterlehre* aus dem Jahre 1791.

In Bewegung gesetzt wird die Handlung des *Titan* durch die Rivalität der Fürstentümer Haarhaar und Hohenfließ, bei der mit derartig terroristisch-kriminellen Mitteln vorgegangen wird, daß es das Fürstenpaar von Hohenfließ für sicherer befindet, die Geburt eines zweiten Sohnes der Öffentlichkeit vorerst zu verbergen, nachdem der erste, degenerierte Sohn Luigi als Erbprinz einer Prinzessin von Haarhaar versprochen worden ist, die bei seinem zu erwartenden frühen Tode und dem Fehlen weiterer Erben die Regentschaft in Hohenfließ übernehmen würde. Dieser zweite Sohn nun ist der Held von Jean Pauls Roman und wächst als Albano von Cesara unter der Leitung seines vermeintlichen Vaters, des Grafen Gaspard de Cesara auf. Drei Jahre lebt der Junge mit den Schein-Eltern auf Isola Bella im Lago maggiore; wenn der *Hesperus* auf einer Insel schloß, so beginnt der *Titan* dort. Danach tritt Albano zur ländlich-bürgerlichen Erziehung in die Familie des ehrbaren Landschaftsdirektors von Wehrfritz in Blumenbühl ein, einer Kleinstadt im väterlichen Fürstentum, dessen nahe Universitäts- und Residenzstadt Pestiz er jedoch nicht betreten darf. Mit zwanzig, als er aus den «kindischen» in die «gottestischfähigen» Jahre getreten ist, bringt ihn Schoppe, der seit dem Namenstausch mit Siebenkäs eines neuen Namens bedürftige Leibgeber, wiederum auf die Isola Bella, damit er dort seinen «Vater» Gaspard wiedersehe und eine geheimnisvolle Prophezeiung über seine Zukunft und seine Identität vernehme. Von da aus dann darf er nach Pestiz gehen, um dort zu studieren, fortan von Schoppe als Freund und Erzieher begleitet. Der griechische Landbaumeister Dian, der Tanzmeister von Falterle und der Lektor Augusti sorgen für die Breite seiner Bildung. Aber Jean Paul erweitert gleichzeitig die geographische Spannweite seines Romans und damit die Erfahrungen seines Helden, denn eine Reise nach Rom und Neapel läßt ihn den klassischen Gegenpol seiner engen deutschen Welt kennenlernen – mit dem Ergebnis, daß er sich auf dem Boden der einstigen römischen Republik entschließt, an den Kämpfen der Französischen Revolution auf seiten der Republikaner teilzunehmen. Zum Handeln für die französische Freiheit freilich kommt es nicht. Er kehrt stattdessen nach Pestiz zurück, wo er als Nachfolger seines gestorbenen Bruders Luigi seine wirkliche Identität erfährt, von nun an selbst regierender Fürst sein wird und das Handeln für die Wohlfahrt und Freiheit seiner Landsleute auf ihn wartet.

Albanos menschliche Erziehung und Entwicklung beruht vor allem auf der Erfahrung von Freundschaft und Liebe sowie deren Zerstörung durch eigene und fremde Schuld. Rückblickend auf sein bisheriges Leben weist der junge Fürst auf drei Gräber und bekennt: «so weint' ich dreimal über das Leben». Es sind die Gräber von Schoppe, von Liane, seiner ersten Liebe, und von Roquairol, seinem ersten Freunde. In der Darstellung von Albanos Begegnung mit ihnen und in der Gestaltung ihrer Charaktere hat Jean Paul das Reifste, Reichste und Bewegendste gegeben, dessen er als Schriftsteller fähig war.

Liane von Froulay, Tochter eines ehrgeizigen, intriganten und brutalen Ministers am Pestizer Hofe, hat Jean Paul als eine antike Psyche gezeichnet, fremd in der Welt, in die sie hineingeboren ist und in der ihr ganzes Wesen verzerrt wird durch religiöse Heuchelei, die wiederum im Dienste praktischer Interessen steht.

«Unter der *Psyche*, mit *Schmetterlingsflügeln* abgebildet, dachte man sich gleichsam ein zartes geistiges Wesen, das, aus einer gröbern Hülle sich emporschwingend und verfeinert zu einem höhern Dasein, zu schön für diese Erde, durch *Amors* Liebe selbst beglückt, zuletzt mit ihm vermählt ward und an der Seligkeit der himmlischen Götter teilnahm»,

erläutert Karl Philipp Moritz in seiner Götterlehre. Jean Paul sieht seine Psyche zuerst aus den Augen des Amor Albano, indem er diesen «geflügelten Jüngling» sich fragen läßt, wie

«eine solche in gediegnen Aether vererzte lichte Psyche wie Liane, etwa gleich dem auferstandnen Christus, Karpfen essen und ausgräten könne – oder mit den langen hölzernen Heugabeln im Kleinen den Sallatschober im blauen Napfe umstechen – oder in der Sänfte ein halb Pfund mehr wiegen als ein blauer Schmetterling – oder wie sie laut lachen könne [...]».

Der Kontrast zwischen der im Heiteren auslaufenden antiken Mythe und der deutschen Tragödie macht den ganzen menschenvernichtenden Mechanismus der Standesordnung, aber auch den Mißbrauch des Glaubens wie des religiösen Sinnes zu einem Instrument der Politik erkennbar: In einer Kirche und unter dem Gebot eines religiösen Eides wird Liane psychologischem Terror ausgesetzt und seelisch umgekehrt, indem man ihr Albanos wahre Identität enthüllt und sie so unter einem Schweigegebot zum Verzicht auf ihn nötigt, da sie ihm standesmäßig nicht entspricht. Unter dem Zugriff des Christentums verkümmert das antik Leichte in ihr. Gerade durch den Verzicht jedoch fällt sie paradoxerweise Albanos Härte zum Opfer, so wie vorher der Härte ihres Vaters und ihres Bruders, denn Albano kann die Abwendung von ihm nur als Untreue oder Kälte verstehen, da er selber seine eigene Identität noch nicht kennt. Erst später lernt er das Opfer verstehen. Liane aber wird in Wahnsinn und Tod getrieben, ein anderes Gretchen oder auch eine deutsche Ophelia:

«Taumelnd vom Schlangenhauch der Angst, fing die irre Natur zu singen an, aber lauter Anfänge. ‹Freude, schöner Götterfunken› – ‹Ich bin ein deutsches Mädchen› – sie lief herum und sang wieder: ‹Kennst Du das Land› – ‹Du böser Geist!›»

Jede dieser Zeilen ist Selbstausdruck und Kommentar zugleich, parodistisches Zitieren von humanem und nationalem Ethos, von gängigen Ausdrücken der Sehnsucht und Angst. Literatur reflektiert hier auf Literatur und deren Wirkung, und die Ferne zwischen Antike und Gegenwart erscheint im Bilde.

Im *Titan* war es Jean Pauls erklärte Absicht, der «Einkräftigkeit» einzelner Gestalten das Ideal einer «Allkräftigkeit» oder Harmonie der Kräfte entgegenzustellen, dem sein Held Albano zustreben sollte. Es wäre jedoch falsch, Liane, Roquairol und Schoppe lediglich als Verkörperungen einer Abnormität des Seelenlebens anzusehen, also im Falle von Liane etwa der Hypersensitivität und unirdischen Schwärmerei. Jean Paul war ein zu guter Beobachter der Wirklichkeit und Kenner des Menschen, als daß er die Wechselwirkungen zwischen seelischer Disposition und historischer Umwelt nicht wahrgenommen hätte. Alle drei Schicksale der Gefährten Albanos sind nicht an und für sich tragisch, sondern nur in der gegebenen Situation. Alle drei verkörpern auch geistige und seelische Werte, und ihr Tod ist nicht eine unvermeidliche, ja gerechte Verurteilung ihres Wesens, sondern die tragische Konsequenz eines Mißverhältnisses zwischen Innerem und Äußerem, das nicht nur zu Lasten ihres Charakters geht.

Zerbricht Liane am Mißverhältnis von Sensibilität und roher Umwelt, das seine tragische Peripetie durch die tückische Vermengung von Leben und religiösem Gefühl erhält, so wird der Untergang ihres Bruders Roquairol durch das Mißverhältnis zwischen Leben und Kunst bewirkt. Roquairol ist von Jean Paul ausführlicher als die anderen Charaktere beschrieben worden, und er hat verständlicherweise auch die Literaturwissenschaft ausführlicher beschäftigt, denn durch ihn wird in noch sehr viel intensiverer Weise auf zeitgenössische Literatur und auf die Rolle der Kunst überhaupt reflektiert als im Falle von Liane, nie jedoch – und das erweist wiederum Jean Pauls Meisterschaft – auf Kosten seiner Glaubwürdigkeit als Mensch. «Roquairol ist ein Kind und Opfer des Jahrhunderts», erklärt Jean Paul selbst in dem 53. «Zykel» des Buches, der der Analyse von Roquairols Charakter gewidmet ist. In seinem Zimmer «lagen verworrene Völkerschaften von Büchern wie auf einem Schlachtfeld, und auf Schillers Tragödien das hippokratische Gesicht von der Redoute, und auf dem Hofkalender eine Pistole», berichtet der Autor. Entscheidendes von Roquairols Wesen ist in diesem Arrangement beisammen: der Verweis auf literarische Vorbilder, ein Totengesicht, das aber nur eine Ball-Maske ist, die Werther-Pistole und die Dokumentation des Standes, zu dem er gehört. Dementsprechend eignet er sich im Laufe des Romanes die verschiedensten Rollen an – die des Werther, des Karl Moor, des Don Juan, des Hamlet, aber auch die des Laertes neben seiner leidenden Schwester Ophelia, deren Leiden er jedoch erst vermehren hilft. Er vermengt alle diese Rollen und spielt mit ihnen, denn Leben ist ihm überhaupt nur noch Rollenspiel: Er ist «unfähig, wahr, ja kaum falsch zu sein, weil jede Wahrheit zur poetischen Darstellung artete und diese wieder zu jener». So besteht seine Seele «aus Seelen», seine Identität aus Identitäten; er ist der Zerrissene, aber auch der Zerreißende. Denn wo sich das Leben der Phantasie unterwirft und nur noch von ihr betrachtet, interpretiert und gewertet wird, läßt sich letztlich jede Wunsch- und Trieberfüllung rechtfertigen, weil es einen objektiven Wertmaßstab für das Handeln nicht mehr gibt. «Unheiliges Schlemmen und Prassen in Gefühlen», wie Schoppe es nennt, wird zum Medium des Bösen. Roquairol ist ein «Abgebrannter des Lebens», der sich in alles verwandeln kann, in den Freund seines Albano ebenso wie in den Verführer von dessen – nachtblinder – Braut Linda, indem er sich der Stimme des Freundes bedient. In Matthieu im *Hesperus* hatte Jean Paul bereits seinen Vorläufer geschaffen, aber Roquairols Lebenslauf wird konsequenter zu Ende geführt. Als Schauspieler sich selbst darstellend in einem von ihm selbst entworfenen Stück stirbt er vor aller Augen nicht nur den Bühnentod, sondern schießt sich tatsächlich eine Kugel durch den Kopf; Spiel wird auf mutwillig-lästerliche Weise in Realität umgesetzt, wie allerdings ebenfalls schon einmal in Jean Pauls Werk: Kleidete Siebenkäs einen theatralischen Tod ins Wahre, so Roquairol hier einen wahren Tod ins Theatralische.

Der Beziehungsreichtum von Roquairol als «Kind und Opfer des Jahrhunderts» ist groß. Ohne Zweifel sind es adlige Geburt und soziale Rolle, die seiner Zerrissenheit wesentlich Vorschub leisten. Der amoralische Ennui eines degenerierten Adels, wie ihn Büchner später in *Leonce und Lena* karikiert hat, findet hier bei Jean Paul eine bedeutende Präfiguration. «Äußere Verhältnisse hätten ihm vielleicht etwas helfen können», kommentiert der Autor und fügt hinzu: «Hätte man ihn als Neger verkauft, sein Geist wäre ein freier

Weißer und ein Arbeitshaus ihm ein Purgatorium geworden». Die Kraft
nämlich, die in ihm wirksam ist, die er aber in seiner gesellschaftlichen Stellung nicht zum Guten zu nutzen vermag, ist an und für sich nichts Böses,
sondern nur etwas Gefährliches. Die Phantasie, die ihn ins Verbrecherische
und in die Selbstzerstörung treibt, ist, geschichtlich betrachtet, zugleich ein
bedeutsames Medium der Geistesfreiheit im Sinne des Zeitalters der Aufklärung, das den Menschen mündig zu machen strebte. Der Mensch, der sich
im Spiele selbst verwirklicht, schafft damit ein Modell realer Selbstverwirklichung. Es waren Schillers ästhetische Schriften, insbesondere die Briefe *Über
die ästhetische Erziehung des Menschen* gewesen, die derartige Vorstellungen
von der Rolle des Spieles und der Kunst auf dem Boden der Kantschen Philosophie entwickelt hatten. In der Abhandlung *Über Anmuth und Würde* hatte Schiller sogar im Hinblick auf die Wahrheit der Darstellung vom Schauspieler ausdrücklich verlangt, er müsse «alles durch Kunst und nichts durch
Natur hervorbringen», sich also mit der Fähigkeit seines Intellekts in die verschiedensten Charaktere leicht verwandeln können. Es besteht kein Zweifel
darüber, daß Jean Paul mit Roquairol auch die Gefahren und Fragwürdig-
keiten einer auf die Dominanz des Ästhetischen begründeten Lebens- und
Geschichtsinterpretation ad absurdum führen wollte und daß er einen derartigen Ästhetizismus insbesondere in Schillers Kunstphilosophie ausgedrückt
sah. Er wußte sich in dieser Einschätzung eins mit seinem Weimarer Freunde
Johann Gottfried Herder, der im gleichen Jahr, da der erste Band des *Titan*
erschien, also 1800, in seiner *Kalligone* aufs schärfste der Kantschen und
Schillerschen Vorstellung von der Kunst als Spiel entgegentrat. Die Forderung nach absoluter Freiheit der schöpferischen Phantasie im Jenaer Freundeskreis um die Brüder Schlegel erschien beiden nur eine Ausgeburt eines
solchen Ästhetizismus, obwohl Jean Paul mit genauerer Kenntnis dieser
Theorien und Werke bald auch Affinitäten erkannte.

Roquairols Wesen jedoch erschöpft sich nicht in der Illustration literarischer Polemiken der neunziger Jahre. Schon der demonstrative Bezug auf
Werther durch das Erschießen und die innere Verwandtschaft mit den
schwachen, unentschiedenen Romanhelden Jacobis, den Allwill und Woldemar, legt das nahe. In allen drei Werken war eine existentielle Problematik
angelegt, die nichts Geringeres als die menschliche Selbstbestimmung zwischen Kreatur und Gott, Zeit und Ewigkeit betraf. Innerhalb von Jean Pauls
Werk hatte der *Siebenkäs* zuerst dieses Thema im großen Stile des Romans
dargestellt. Dort war Leibgeber der Veranstalter des Todestheaters gewesen;
als Schoppe wird er nun engster Berater und zuverlässigster Freund von Albano im *Titan,* verbunden in der «nahen Verwandtschaft ihres Trotzes und
Adels». Schoppe ist der «ganz freie Mensch»: «Frei will ich bleiben auf einer
so verächtlichen Erde», ist seine Losung. Angesichts des «gemeinen Wesens
der Welt» und insbesondere der «entsetzlichen Gemeinheit des deutschen
Lebenstheaters» läuft allerdings solche Freiheit doch auf «Welt-Ekel» hinaus.

Wenn sich Schoppe also leidenschaftlich gegen Roquairol und «alle Selbst-Zersetzung durch Phantasie, gegen alle poetische Weltverachtung» erklärt, so liegt es nicht fern, wie Jean Paul selbst erläutert, gerade «den Eifer für einen Schutz gegen das leise Gefühl einer Ähnlichkeit» zu nehmen. Aber was bei dem einen mimisches Spiel eines an Gefühlen übersättigten Adligen ohne menschliche Verpflichtungen ist, das ist beim anderen eine tiefe existentielle Not, die aus dem Bewußtsein der Freiheit als eines positiven Wertes erwächst, die den Menschen erst zum Menschen macht. Dennoch geht auch Schoppe an sich selbst zugrunde.

Was Jean Paul mit ihm in seinen Roman hineingebracht hat, ist jenes Nachdenken über das Wesen menschlicher Kraft und Freiheit, das insbesondere in dem subjektiven Idealismus von Fichtes Philosophie seinen Ausdruck gefunden hat. Die dialektische Auseinanderlegung von Ich und Nicht-Ich nötigte geradezu zur Metapher der Doppelgängerei. Das war bereits im *Siebenkäs* zum Ausdruck gekommen, wo die Todeskomödie für Siebenkäs die nihilistische Konsequenz der absoluten Selbstbestimmung des Ichs sichtbar gemacht hatte. Schoppe erliegt schließlich dieser Freiheit; wenn ihm am Ende sein alter Freund Siebenkäs entgegenkommt, kann er die Begegnung mit dem Doppelgänger nicht mehr ertragen. «Du bist der alte Ich – nur her mit Deinem Gesicht an mein's und mache das dumme Sein kalt», sagt er zum Freunde, den er nicht mehr erkennt, und stirbt.

Vieles hat Jean Paul jedoch getan, um Schoppe gegen das Schicksal eines «Abgebrannten» abzuheben; ja Schoppe ist wohl diejenige Gestalt, mit der ihr Schöpfer die tiefsten Sympathien hatte. Schoppes Freiheit beruht nicht auf der Phantasie allein, sondern auf einem stolzen Ich-Bewußtsein. Aus diesem Grunde kann er auch der humane Lehrer seines Albano sein. Der Weg zu seinem Ende ist aber deshalb auch ein besonders komplexer Vorgang, bei dem innere Anlagen und äußere Umstände Hand in Hand gehen. Denn sein zweites Ich kann Schoppe vor allem deshalb nicht aushalten, weil er zu diesem Zeitpunkt bereits in den Wahnsinn getrieben ist, und zwar wesentlich durch einen Bruder von Albanos Vater, der geheimnisvolle Prophezeiungen auf der Isola Bella arrangiert hatte. In Zusammenhang mit diesem Spuk fällt im Roman das Wort «unheimlich», und Unheimliches als Ausdruck von Zuständen und Vorgängen – in denen nach Sigmund Freuds Definition der Mensch etwas «von alters her Vertrautes» als «entfremdet» erfährt – wurde seit dem Beginn des 19. Jahrhunderts ein bestimmendes Symptom moderner Literatur; Jean Paul selbst und dann Bonaventura sowie insbesondere Hoffmann haben im Bereiche des Deutschen die ersten anschaulichen Beispiele geboten. Schoppes Wahnsinn und Tod gehören also letztlich in die Entwicklungsgeschichte des europäischen Bewußtseins im Zeitalter der weithin vollzogenen Säkularisation.

Schoppe stirbt nun zwar, aber er existiert zugleich auch weiter im Vaduzer Inspektor und Schriftsteller Siebenkäs, der sich seit seiner «Auferstehung»

Leibgeber nennt. Gemeinsam mit Siebenkäs betritt Albano Schoppes «Leichenzimmer» und hebt sich «die schwere Hand» des Toten «auf die Stirn, die den Fürstenhut tragen sollte, gleichsam um sie damit zu segnen und einzuweihen». Siebenkäs aber versichert: «Schoppe! ich bleibe bei Deinem Albano!» Er selbst konnte nur Schützenkönig von Kuhschnappel werden; jetzt sieht er durch den toten Freund seinen wahren König gekrönt, und Albano betritt denn auch das «zwieträchtige Reich» der Welt und speziell der Politik «mit heiterer heiliger Kühnheit». In Idoine, einer Haarhaarschen Prinzessin, die sich ein Musterländchen Arkadien ohne Fronherrschaft gegründet hat, die die «deutscheste Französin» genannt wird und die schließlich noch der verewigten Liane zum Verwechseln ähnlich sieht, wird Albano die ihm und seinen Zielen angemessene Lebensgefährtin finden, nachdem Liane, aber auch die von Roquairol verführte emanzipierte «Titanide» Linda ihm nur weibliche «Einkräftigkeiten» gezeigt hatten, die am Widerspruch mit der Realität oder ihrer eigenen Blindheit zerbrachen. Denn Linda, die Tochter seines Pflegevaters, des Grafen Gaspard, mit der er sich in Rom verlobt hatte, vermochte ihn wohl zu inspirieren, aber nicht zu begreifen und damit wirklich zu lieben: Sie wird Roquairols «Witwe».

So endet der *Titan* in einer fast opernhaften Apotheose. Gegenüber Friedrich Wilhelm III. von Preußen, also dem Großneffen Friedrichs II., von dessen «Nachfolge» im *Siebenkäs* und *Titan* mehrfach die Rede ist, hat Jean Paul einmal erklärt, der Zweck seiner ästhetischen Werke sei, «den sinkenden Glauben an Gottheit und Unsterblichkeit und an alles was uns adelt und tröstet zu erheben und die in einer egoistischen und revoluzionären Zeit erkaltete Menschenliebe wieder zu erwärmen.» Man mag von solchen womöglich zweckgeleiteten, jedenfalls nie ganz freien Bekenntnissen gegenüber Mächtigen nicht viel halten. Alle seine anderen und ganz privaten Bekenntnisse geben aber keinen Anlaß dafür, die Sätze Jean Pauls an die «königliche Majestät» als Heuchelei anzusehen. Der Aufblick in die «blaue tiefe Ewigkeit» und der «Regenbogen des ewigen Friedens» am Ende des *Titan* waren nicht als gefällige Floskeln für seine Leser gemeint. Immer wieder ist in diesem Buche von Vergangenheit, Gegenwart und Zukunft die Rede als den Koordinaten allen Lebens und Handelns, wobei Jean Paul stets hinausdenkt über das Historische und die Vorstellung der Ewigkeit einbezieht, in der alles Historische verankert sein muß, wenn es nicht sinnlos sein soll. Wie groß jedoch die religiösen Dimensionen seines Denkens auch waren und wie sehr er sich als kritischer Künstler verstand, der sich im Kunstwerk als ganzem, nicht nur in einer Apotheose ausdrückt, so galt sein Interesse im *Titan* doch speziell dem Historischen und dem Zeitgeschehen zwischen Vergangenheit und Zukunft. Jean Paul kommt in diesem Werk der Rolle eines Präzeptors für sein Land näher als in jedem anderen seiner Romane.

Der *Titan* ist Abschluß und Summe seiner frühen Staats- und Gesellschaftsromane. Die *Unsichtbare Loge* war Fragment geblieben, der *Hesperus* symbolisch-allegorisch zu Ende geführt worden; im *Titan* allein findet die politische Handlung ein realistisches Ende, auch wenn die Bewährung des Helden offenbleibt. Goethe gegenüber erscheint Jean Paul zunächst sogar als der größere Realist, wenn er nicht einen Bürger in eine ideale Gemeinschaft einführt, sondern einen idealen Fürsten in die deutsche Wirklichkeit. In seinem Aufsatz *Der 17. Juli oder Charlotte Corday,* der 1799 während der Arbeit am *Titan* entstanden war, läßt er den regierenden Grafen von -ß, also wohl Hohenfließ, sehr entschiedene Gedanken über die Veränderung der Gegenwart verkünden. Aber die tatsächlichen Veränderungen der Zeit gingen dann doch nicht den Weg von Jean Pauls Hoffnungen. Napoleon war kein Albano, aber die Realität des jungen französischen Herrschers, der einen Teil des von Jean Paul porträtierten Kleindeutschlands auflöste, überschattete eben die Idealität des literarischen Helden.

«Um nicht die Weiber und Kritiker durch Extrablätter aus der Historie zu jagen», hatte Jean Paul diesmal auf alle ergänzenden Beigaben in Form von Kommentaren und Traktaten verzichtet, sondern stattdessen Nebeneinfälle, Ergänzungen und Ableger eigens in zwei Bänden unter dem Titel *Komischer Anhang zum Titan* (1800–01) veröffentlicht und dem Anhang dann noch einen weiteren Anhang *Clavis Fichtiana seu Leibgeberiana* (1800) folgen lassen. Die letztere Schrift war die Zusammenfassung seiner Ansichten über Fichtes subjektiven Idealismus. Künstlerischen Ausdruck hatten diese Ansichten bereits im *Siebenkäs* gefunden und fanden sie dann vor allem wieder im *Titan,* wo Schoppe an der Begegnung mit dem «Ich» zugrundegeht. Jean Paul ging es bei alldem nicht um die Auseinandersetzung mit einer besonders wirkungsvollen Richtung moderner Philosophie, sondern mit einer von ihm selbst tief empfundenen Problematik: der Macht oder Ohnmacht des freien, in sich selbst gegründeten Menschen. Diese Problematik durchzieht sein gesamtes Werk von der Christus-Rede an, und die *Wissenschaftslehre* Fichtes bot ihm nur mehr ein abstraktes System, an dem er selbst weiterdenkend über sich ins klare zu kommen versuchte. So hat er denn auch weniger Fichtes Philosophie in seiner *Clavis* im Kern getroffen, als vielmehr im Begriff des «philosophischen Egoismus» die selbstzerstörerische und unethische Tendenz des aus dem aufgeklärten Selbstbewußtsein hergeleiteten Solipsismus gekennzeichnet. Gott und die Poesie sind ihm die einzige Rettung aus solcher Gefahr.

Das Kern- und Meisterstück des *Komischen Anhangs* ist die Erzählung *Des Luftschiffers Giannozzo Seebuch.* Ihr Held ist ein Bruder Leibgeber-Schoppes und steht natürlich auch mit seinem italienischen dem französierten Namen seines deutschen Autors nahe. In seinem Luftballon «Siechkobel» fliegt Giannozzo über das Europa seiner Zeit und beobachtet die Eitelkeiten, Irrungen und Wirrungen der Menschheit unter ihm, ihre Kriege und überhaupt die ganze «Atonie des Jahrhunderts». Die Zeitsatire verbindet Jean Paul mit der existentiellen Not: «Wahrlich, blos zur Lust leb ich oben und aus Ekel am Unten», erklärt der Ballonfahrer. Dennoch ist auch das keine Lösung:

«Zwischen Himmel und Erde wurd' ich am einsamsten. Ganz allein wie das letzte Leben flog ich über die breite Begräbnisstätte der schlafenden Länder, durch das lange Todtenhaus der Erde, wo man den Schlaf hinlegt und wartet ob er keine Scheinleiche sei. Die großen Wolken, die unten auf einander folgten, waren der kalte Athem eines bösen Geistes, der in der Finsternis versteckt lag. Ein Haß gegen alles Dasein kroch wie Fieberfrost an mir heran; ich sagte wieder: ich bin gewiß ein böser Geist. Da riß mich ein zweiter Sturm dem ersten weg und schleuderte mich über unbekannte entlaufende Länder fort.»

Die seelische Erfahrung des Nichts und der Einsamkeit kommt des öfteren in Jean Pauls Werk vor, aber nirgends sonst aus der gleichen Perspektive wie hier in der Vision eines tatsächlichen Verlorenseins des Menschen zwischen Himmel und Erde, physisch wie metaphorisch.

Den ersten Versuch zu Ballonflügen hatten 1782 die Brüder Montgolfier in Frankreich gemacht, und französische Truppen setzten in den Koalitionskriegen anfangs auch Ballons zu militärischen Zwecken ein, bis Napoleon wegen verschiedener Unfälle die Luftschifferkompanien auflöste. Jean Pauls metaphorische Verwendung der Luftfahrt erweist seinen sicheren Blick für das Potential eines technischen Mittels, das in seiner späteren Vervollkommnung als Flugzeug und Rakete tatsächlich ein Zeichen der außerordentlichsten Macht des Menschen über die Natur wurde und ihn sogar in die Lage versetzte, die Schwerkraft der Erde zu überwinden und sich ins Universum zu erheben, gleichzeitig jedoch das geeignetste Vehikel zur totalen Zerstörung alles Lebens darstellt. Giannozzo stürzt am Ende ab, nicht als bestrafter Sünder allerdings, sondern als einer, den es über sich hinaus zog und der dennoch eben «auch einer von denen drunten» war, wo er aber ebensowenig einen würdigen und befriedigenden Wohnort finden konnte wie in der blauen Luft.

Der Wunsch, sich über sich selbst zu erheben, den Jean Paul mit vielen seiner denkenden deutschen Zeitgenossen teilte, hat mehrfach in seinem Werk Ausdruck im Bilde des Fliegens oder Schwebens gefunden. In der Einleitung zum *Leben des Quintus Fixlein* (1796) findet sich ein vielzitiertes Beispiel dafür:

> «Ich konnte nie mehr als drei Wege, glücklicher (nicht glücklich) zu werden, auskundschaften. Der erste, der in die Höhe geht, ist: so weit über das Gewölke des Lebens hinauszudringen, daß man die ganze äußere Welt mit ihren Wolfsgruben, Beinhäusern und Gewitterableitern von weitem unter seinen Füßen nur wie ein eingeschrumpftes Kindergärtchen liegen sieht. – Der zweite ist: – gerade herabzufallen ins Gärtchen und da sich so einheimisch in eine Furche einzunisten, daß, wenn man aus seinem warmen Lerchennest heraussieht, man ebenfalls keine Wolfsgruben, Beinhäuser und Stangen, sondern nur Aehren erblickt, deren jede für den Nestvogel ein Baum und ein Sonnen- und Regenschirm ist. – Der dritte endlich – den ich für den schwersten und klügsten halte – ist der, mit den beiden andern zu wechseln.»

Es ist ein Bekenntnis, aus dem sich seine Idyllendichtung der frühen Jahre wie die Ideale vom hohen Menschen in den Staats- und Gesellschaftsromanen der gleichen Zeit herleiten lassen, aber es ist zugleich doch auch ein Bekenntnis, das durch die Vorgänge in den Romanen, insbesondere durch die Existenzzweifel eines Siebenkäs, durch die Identitätsnot eines Schoppe und durch Giannozzos Tragödie der Weltverachtung nach und nach relativiert und korrigiert wird.

Am Ende seiner kleinen philosophisch-religiösen Diskussion *Das Kampaner Thal* (1797) hat Jean Paul das Bild des Schwebens und Fliegens fortgeführt in einer großen Schlußszene, die sich in einer Montgolfiere über den Pyrenäen abspielt. In der Höhe erleben die Schwebenden die Aufhebung von Zeit und Raum. Das Abendrot ist die «künftige *Aurora*», die «über das geliebte Frankreich» heraufzieht, was nicht ohne politische Untertöne zu lesen ist, und der «innere Mensch» richtet sich «unter den Sternen auf und wie leicht wurde über der Erde das Herz ...» Aber der Ballon ist mit einem Seil an die Erde gebunden, und man kommt reicher mit dem Bewußtsein «zweier Welten» auf sie zurück. Der Schluß des *Kampaner Thals* bietet so die positive Folie, von der sich die negative von Giannozzos trotzigem Todesflug abhebt. Daß es nicht wirklich einen «dritten Weg» gibt, keinen Wohnort zwischen zwei Welten, ist dann die eigentliche Erkenntnis, die sich aus Jean Pauls letztem großen Roman seiner ersten Schaffensperiode ergibt, aus den *Flegeljahren*.

## Flegeljahre

Jean Paul hat lange Zeit an seinen *Flegeljahren* gearbeitet und immer wieder neue Ansätze gemacht. Aber als sie 1804/05 in vier Bändchen endlich erschienen, waren sie dennoch Fragment geblieben. Gerade durch das Fragmentarische allerdings erhielt der Roman eine Einheit und Geschlossenheit, die von jeder zu Ende geführten Handlung bedroht worden wäre. Mit dem *Titan* hatte Jean Paul das, was in der größeren Sphäre des Staatslebens und der Politik darzustellen und vorzuführen war, dargestellt und gezeigt; alles Weitere wäre Wiederholung oder Traum geworden. Deshalb kehrte er nun wieder in die bürgerliche Welt zurück, freilich nicht in die ganz kleine seiner Dorfschulmeister oder Armenadvokaten, sondern immerhin in diejenige einer Residenzstadt, wo die Patrizier Würde und gesellschaftliches Ansehen vom nahen Hofe empfingen als Hofagenten, Hoffiskale, Kirchenräte und Polizeiinspektoren. Die Rückkehr zu den Bürgern war also nicht Rückkehr zur Idylle und zum einfachen Glück; dadurch, daß alle Wege zum Glück in diesem Buche nicht zu Ende gegangen werden, bleibt auch die Frage nach seiner Verwirklichung offen.

Die *Flegeljahre* sind von einem Grundton der Resignation durchzogen. Das kleine Deutschland ist geblieben, wie es war. In bezug auf den Adel fällt hier das bemerkenswerte Wort von dem «Hunds-*Ennui* der Großen», und als Walt, der eine Held der *Flegeljahre*, den von ihm verehrten Grafen Klothar gegen den Vorwurf des Adelsstolzes verteidigt – «Ich hört' ihn selber die Gleichheit und die Revoluzion loben» –, da antwortet ihm sein rücksterner Bruder Vult, der andere Held des Buches: «Wir Bürgerliche preisen sämmtlich auch die Fall- und Wasenmeister sehr und ihren sittlichen Werth, erlesen aber doch keinen zum Schwiegervater [...] – Gott, wenn soll einmal mein Jammer enden, daß ich immer von abgelegtem Adelstolze schwatzen höre?» Revolutionsbekenntnisse und Revolutionsschwärmerei können sehr wohl zur nichtssagenden Mode werden. Verändert hat sich in diesem Deutschland allenfalls das Bürgertum selbst, das gewinnsüchtiger geworden und stärker in Konkurrenzkämpfe verwickelt ist: «der Bürgerstand ist ungefähr so ein Stand wie Deutschland ein Land, nämlich in lauter feindselige Unterabteilungen zersprengt». Das Streben nach Geld und Gewinn ist denn auch eigentlich die Triebkraft der Handlung des ganzen Romans.

Entworfen sind die *Flegeljahre*, wie es im Untertitel heißt, als «Biographie» des jungen Notars Gottwalt Peter Harnisch aus Elterlein, dem unverhofft die Erbschaft eines reichen Krösus namens van der Kabel in der Residenzstadt Haslau zuteil wird. Im Testament wird diese Erbschaft jedoch an gewisse Bedingungen, an die «neun Erbämter» des Universalerben geknüpft, der als Klavierstimmer, Gärtner, Notar, Jäger, Korrektor, Buchhändler, Mietherr bei verschiedenen Honorationen, Landschulmeister und Pfarrer auftreten muß, ehe ihm der Besitz des Testators zufällt. Beaufsichtigt werden soll er dabei von sieben Bürgern der Stadt, denen jeweils ein Teil des Erbes zufällt, wenn sie Fehler oder Verstöße des Erben bei der Ausführung seiner Pflichten feststellen können. Nicht nur soll also dem jungen Gottwalt Harnisch mittels des Testaments eine vielseitige, bürgerliche Bildung zuteil werden; Absicht ist offenbar, ihn für den bürgerlichen Konkurrenzkampf vorzubereiten. Die *Flegeljahre* sind demnach – unvorstellbar sonst im deutschen Roman der Zeit – ein Buch über Geld und Besitzverhältnisse. Allerdings scheitert dann auch ein solcher Erziehungs- und Romanplan an der Deutschheit seines Helden. Walt, ähnlich wie Wilhelm Meister, erklärt rundheraus: «Lieber ein volles Herz als einen vollen Beutel!», und er gibt nichts auf den Rat seines weltmännisch erfahrenen Zwillingsbruder Vult, der ihm in seiner Testamentserfüllung beistehen möchte: «Verachtung des Geldes macht weit mehrere und bessere Menschen unglücklich als dessen Ueberschätzung». Aus der Biographie wird deshalb nach und nach die Exposition der unterschiedlichen Lebenshaltungen der Brüder Walt und Vult, die einander zwar entgegengesetzt sind, aber doch eben eines Stammes, ein zweigeteilter Mensch, in «Elterlein» geboren. Sie beide verlieben sich in Wina, die Tochter eines polnischen Generals, die aber natürlich nur einem gehören kann und den Idealisten vorzieht; sie beide können zueinander nicht kommen, und der Realist verläßt den Bruder am Ende, ohne daß dieser es merkt. Der Roman endet als Tragikomödie des aus dem einen Mutterschoße hervorgegangenen Zwillingspaares, das vereint den ganzen, harmonischen, wirklichkeitsmächtigen Menschen darstellen könnte, den es nicht gibt.

Waren die *Flegeljahre* ursprünglich von der Idee eines bürgerlichen Erziehungsromans bestimmt, so entwickelte doch die Kontrapunktik des Brüderpaares für den Autor immer stärkere Anziehungskraft, so daß die Testamentsvollstreckung in den Hintergrund trat, der Notar überhaupt nur wenige Erbämter unternahm und der Schluß dann seine eigentümliche dissonante Harmonik bekam. Von einem Ausweichen vor der Geschichte, von einer Flucht in die Psychologie freilich ist im Hinblick auf die *Flegeljahre* nicht zu sprechen. Es läßt sich leicht vom Leser in der Phantasie durchspielen, wie breit und für eine Erzählung letztlich unergiebig die durchgeführte bürgerliche Erziehung des Notars Harnisch geworden wäre, der sich entweder als weiterer Patrizier von Haslau oder allenfalls als neuer Krösus für einen neuen jungen Bürger hätte erfüllen können. Die Psychologie war vielmehr die wahre Geschichte, war Resultat und Gewinn einer Epoche, die den Menschen zum sich selbst bestimmenden und sich emanzipierenden Wesen erklärt hatte. Die Dialektik, Problematik und Konsequenz solcher Emanzipation und Unabhängigkeit ist das eigentliche Thema der *Flegeljahre*, die in diesem Sinne die Summe von Jean Pauls Psychologie wurden, wie der *Titan* die Summe seiner politischen Philosophie darstellt.

Jede Kontrastierung der beiden Brüder Walt und Vult muß davon ausgehen, daß sie eben Brüder sind, Zwillinge, und damit – vor allem Gegensätzlichen – aufs innigste verbunden. Bei ihren Unterschieden ist von Wesenheiten, nicht von Qualitäten die Rede; gut und böse, recht oder unrecht, richtig oder falsch sind als Kategorien hier nicht brauchbar. Der eine Bruder, Gottwalt Harnisch, ist die Verkörperung aller Liebesfähigkeit im vollen Glauben an das Gute im Menschen. «Er liebte jeden Hund, und wünschte von jedem Hund geliebt zu sein», heißt es von ihm. Er ist «ein geheimer stiller Bacchant des Herzens» und ein «Befehlshaber» im Reiche der Phantasie. Sein Reich ist der Traum, in dem er sich die Wirklichkeit anverwandelt, aber auch wirken und einziehen will in die Herzen der anderen. Von seinen Empfindungen vor dem Hause der geliebten Wina berichtet der Erzähler:

«‹O wär' ich ein Stern – so sang es in ihm, und er hörte nur zu –, ich wollte ihr leuchten; – wär' ich eine Rose, ich wollte Ihr blühen; – wär' ich ein Ton, ich dräng' in Ihr Herz; – wär' ich die Liebe, die glücklichste, ich bliebe darin; – ja, wär' ich nur der Traum, ich wollt' in Ihren Schlummer ziehen und der Stern und die Rose und die Liebe und alles sein und gern verschwinden, wenn sie erwachte.› Er ging nach Hause zum ernsten Schlaf und hoffte, daß ihm vielleicht träumte, er sei der Traum.»

«Die Welt wird Traum, der Traum wird Welt», heißt es im Astralis-Gedicht in Novalis' *Heinrich von Ofterdingen,* und Walt glaubt durchaus in diesem Sinne an die Macht der Phantasie, an den im Traum potenzierten Traum. Denn realisierbar und damit wirksam war das Träumen stets in der Poesie, und Walt ist ein Poet durch und durch, der so stark aus der Kraft seines Inneren lebt und dieses Innere so sehr mit dem Universum, der «Welt», in Einklang empfindet, daß ihm war, «als würd' er selber gedichtet». Das freilich hat auch zur Folge, daß «sein Inneres so leicht und fest gewölbt« war, «daß das Aeußere schwer eindringen konnte». Walt ist ein Verwandter von Wutz und damit in den Augen der übrigen Menschen an der Grenze der Narrheit lebend. Jean Paul allerdings gibt ihm größeres Gewicht und macht ihn reicher als sein Dorfschulmeisterlein, läßt ihm die Aussicht auf die Hand der Generalstochter, deren Vater die Hälfte von Walts Elterlein gehört, und gibt auch weitere Hoffnungen auf den endgültigen Erwerb der van der Kabelschen Erbschaft. Van der Kabel übrigens hatte seinen Namen von einem holländischen Adoptivvater übernommen und hieß in Wirklichkeit Friedrich Richter, «zwei elende Worte», die Harnisch ebenfalls erben soll, «wenn er mein Leben [...] wieder nach- und durchlebt». Die Biographie Walts war also auch ein verschlungenes Stück Autobiographie Jean Paul Friedrich Richters. Und wenn Walt auf einem Fußmarsch durch die oberfränkische Landschaft «so ging und träumte» und ihm, «wie romantische Zauberworte, alte Gegenden und Paradiese der Kinderseele» erscheinen, so durchstößt das Autobiographische die Hülle des Romans.

Vom Romantischen ist in diesem Roman oft die Rede, meist in Verbindung mit Walt. Es hat sich hier losgelöst vom Begriff des Romanhaften und wird sogar ausdrücklich vom «epischen Gefühl» unterschieden. Gemeint ist mit ihm eher lyrischer Selbstausdruck und schließlich allgemein das, was aus dem Inneren harmonisierend auf das Äußere übergeht, so daß Jean Paul damit durchaus in die Nähe des Schlegelschen Verständnisses dieses Begriffes gerät. In seiner Intensität der Gefühlskraft und des Willens zur Liebe und

Harmonie nimmt Walt geradezu Züge eines Heiligen oder Heilands an, dem Wina einmal «wie eine obenherabgekommene Madonna» erscheint. Ihr blaues Kleid ist Gegenstand einer fetischistischen Verehrung; das blaue Gewand der «Sixtinischen Madonna» Raffaels in Dresden ist wohl nicht unbeteiligt an der Kreation dieses Kleidungsstückes gewesen, wie es überhaupt in der Literatur dieser Tage zu dem emotionellen Wert der Farbe blau entschieden beigetragen hat. An anderer Stelle wiederum ist es die – katholische – Mutter Winas, die Walt «als die Mutter Gottes» vorkommt «und das Kind als ihr Kind», worauf Vult den Bruder vielsagend fragt: «Hat denn die Generalin einen Sohn?» Es ist die Rolle, die Walt in seinen Träumen für sich vorbehalten sieht und die Jean Paul ihm für die vollendeten *Flegeljahre* tatsächlich zugedacht hatte. Erzogen wird er im übrigen durch ein «Testament», ein Spiel der Worte, für das Jean Paul kaum das Bewußtsein gefehlt haben dürfte.

Ist Walt ein deutsch-kleinstädtisches Simile des Gottessohnes, so Vult das des verlorenen Sohnes. Als zweitgeborenem Zwilling hatte ihm der Vater resigniert den Namen «*Quod Deus vult*» – «oder *was Gott will*» – gegeben und so schon die unsicheren Optionen des Menschseins dem Sohne mit dem Namen in die Wiege gelegt. Mit vierzehn war denn auch Vult dem Elternhaus entflohen, in der Welt umhergeschweift, Satiriker und Verfasser der *Grönländischen Prozesse* geworden – somit seinem Autor und Schöpfer ebenso verwandt wie der Bruder – und nun inkognito und seine Identität nur dem Bruder enthüllend in die Heimat zurückgekehrt, um diesem beim Vollzug der Testamentsbedingungen gegen die Habgier und Tücke seiner Umwelt beizustehen. Wo Walt träumt, durchschaut Vult die menschlichen Eitelkeiten, er sieht das Niederträchtige, wo jener nur das Gute findet. Nicht zufällig schneidet er wie Leibgeber eine Silhouette in «schwarzes Papier» und ist der «Humorist», der einmal die sein ganzes Wesen kennzeichnende Frage stellt: «Was ist denn das Dunkle im Menschen-Innern?» Und wo sich der Bruder in Träumen wiegt, wünscht er «nur Schlaf her, aber rechten tiefen, dunkeln; wo man von Finsternis in Finsternis fällt!» Es ist ein Wunsch, der ganz wie die Träume Walts aus dem Bewußtsein der Harmonie entstammt, denn Vult ist sensitiv wie der Bruder, ist Künstler wie er, ein Meister auf der Flöte, und möchte am liebsten einmal «der Musikdirektor der Sphärenmusik» sein. Nur weiß er, daß das nicht geht, und das Bewußtsein davon zerstört ihm auch die Hoffnungen, die der Bruder hegt.

Es ist offensichtlich, daß sich eine solche Dualität der Charaktere nicht in eins auflösen läßt, denn es ist die Dualität, die sich der Mensch einhandelt, wenn er sich mündig erklärt, sich der Autorität von außen begibt und sich auf sich selbst stellt. Es ist das Resultat des Sündenfalles des Wissens, um in einer Metapher der Zeit um 1800 zu sprechen, und die analysierende Psychologie ersetzt den Glauben. Das in allen Subtilitäten und Konsequenzen dargestellt zu haben, ist das außerordentliche, kaum gewürdigte Verdienst Jean Pauls mit seinen *Flegeljahren*.

Das Verhältnis der Brüder zueinander entwickelt sich nun in verschiedenen Handlungssträngen. Dazu gehört die Darstellung des Verhältnisses zu den Eltern und des Lebens in Haslau, speziell desjenigen im Hause des Hofagenten Neupeter, der die Ambitionen, Eitelkeiten und die Habsucht deutscher Stadtbürger am konzentriertesten in sich verkörpert und dessen Parvenuehaftigkeit schon im Namen zum Ausdruck kommt, und es gehört weiterhin dazu die Werbung um die Generalstochter Wina und das gemeinsame Abfassen eines Romans unter dem Titel «*Hoppelpoppel* oder das Herz», der – wie die *Flegeljahre* selbst – Fragment bleibt. Sind die anderen Handlungsstränge Expositionen der Charaktere im Medium der Wirklichkeit, vermitteln sie eine Vorstellung von Genesis und Prognosis ihrer Entwicklung, so ist die Arbeit am Roman eine Reflexion auf die Kunst in der Kunst. «Flegeljahre» hatte tatsächlich das Buch der beiden, der «Doppelroman», nach Vults Vorschlag heißen sollen, aber der endgültige Titel macht die Dualität der Verfasser deutlicher. Das scharfe, heilkräftige, in der Medizin der Zeit bekannte Gemisch «Hoppelpoppel» soll mit dem Reinen, Einen und Edlen des Herzens eine Verbindung eingehen, eine Art neuer *Don Quijote*, in dem «der Realismus [...] der Sancho Pansa des Idealismus» ist. Aber der Roman als Aufzeichnung der Gefühle des einen und der satirischen Beobachtungen des anderen wird ein immer dünneres, leichteres «Band», das sich von Bruder zu Bruder spinnt und am Ende zerreißt, allerdings nur im Kunstwerk, denn Jean Pauls *Flegeljahre* als ganzes sind eben jene künstlerische Synthese geworden, die von den beiden Brüdern allein aus ihrem Standpunkt nicht zu bewerkstelligen war. Diese Synthese wird jedoch nur dadurch erreicht, daß der Autor von seinem höheren Standpunkt aus die Dualität ausdrücklich bestätigt und, sogar gegen seine ursprüngliche Absicht, das Fragment zur Kunstform erhebt.

Walts besonderer Beitrag zum «Doppelroman» sind seine «Streckverse» oder «Polymeter», eine von Jean Paul erfundene Form aphoristischer Prosalyrik. Jeder «Polymeter» wird als ein einziger, in beliebige Länge «gestreckter» Vers verstanden, der freilich durchaus rhythmische und gedankliche Gliederung aufweist. Schon im *Hesperus* hatte Viktor einmal «die heftigsten Stellen» eines Briefes zur Klavierbegleitung abgesungen – «Was kann es uns verschlagen, daß es Prose war?» –, und der konsequente Prosaerzähler Jean Paul war in seinen Romanen dann überhaupt zu einem Meister lyrischer Sprache geworden. Im Grunde handelt es sich bei den «Streckversen» Walts fast immer um den Versuch zur poetischen Auflösung von Antithesen, zum Beispiel:

> *Die alten Menschen.*
> Wol sind sie lange Schatten, und ihre Abendsonne liegt kalt auf der Erde; aber sie zeigen alle nach Morgen.

Der Vers verrät also das Bewußtsein von Gegensätzen, durch das im übrigen der Streckvers-Dichter Walt näher an seinen Bruder gerückt wird als sonst im Buch, und sie erweisen zugleich, daß die Synthese nur im lyrischen Bild, nicht in der epischen Wirklichkeit des Romans herzustellen ist. Darin besteht die künstlerische Notwendigkeit der Verse für das Werk als Ganzes.

Das Ende der *Flegeljahre* hat Jean Paul poetisch besonders reich ausgestattet. Auf dem Maskenball in einer Neujahrsnacht erfährt Vult, als Walt verkleidet, daß Wina den Bruder liebt. Der Schmerz trifft ihn doppelt, denn nicht nur scheitern auf diese Weise die Hoffnungen seiner eigenen Liebe zu Wina, es wird ihm auch die ganze Verletzlichkeit seines Realismus bewußt. Noch einmal also wird altes Jean-Paulsches Spiel mit Identitäten getrieben, mit Masken und Theater, durch die gerade der zerrieben und zerrissen wird, der ihr Wesen durchschaut, während Walt selig verkündet:

«Ein Ball *en masque* ist vielleicht das Höchste, was der spielenden Poesie das Leben nachzuspielen vermag. Wie vor dem Dichter alle Stände und Zeiten gleich sind und alles Aeußere nur Kleid ist, alles Innere aber Lust und Klang: so dichten hier die Menschen sich selber und das Leben nach –»

Aber was für ihn Erfüllung ist, das ist für den Bruder Zerstörung. Walt liebt alle, aber übersieht gerade den einen, der in diesem Augenblick seiner Liebe am meisten bedürfte. Ihm erzählt er später in der Nacht von seinem großen, allegorisch-symbolischen Traum, in dem sich am Ende aus Chaos und Feindschaft Amor und Psyche als Liebende erheben und einander finden – eine Traumerfüllung dessen, was einst Liane und Albano im *Titan* unter gleichem Bilde nicht gelang. Aber Walt kennt noch nicht den Abschiedsbrief, den ihm der Bruder bereits geschrieben hat und in dem der Satz steht: «Ich lasse dich, wie du warst, und gehe, wie ich kam». Denn das ist Vults Absicht, und während er den Traum des Bruders auf seiner Flöte paraphrasiert und kommentiert, geht er «aus dem Hause davon und dem Posthause zu. Noch aus der Gasse herauf hörte Walt entzückt die entfliehenden Töne reden, denn er merkte nicht, daß mit ihnen sein Bruder entfliehe». Es ist das Ende der *Flegeljahre*.

Das letzte Kapitel des Buches trägt die Überschrift «Mondmilch vom Pilatusberg»; der «Biograph» soll als Entlohnung für jedes Kapitel ein Stück aus der van der Kabelschen Naturaliensammlung erhalten, und so hat jedes den Namen des entsprechenden Stückes. Aber die Kuriosa sind nicht ohne Doppelsinn, denn das Gestein vom Pilatusberg bei Luzern erinnert den Leser deutlich genug an das mythische Golgatha. Derjenige, der hier gekreuzigt wird, ist in der Tat der ganze Mensch, der Mensch, der nicht Gott ist, sondern sich mit seiner Dualität behelfen muß. «Die Ewigkeit ist ganz so groß als die Unermeßlichkeit; wir Flüchtlinge in beiden haben daher für beide nur ein kleines Wort, Bruder: *Zeit-Raum*», sagt Vult einmal. Das Wort steht der Erkenntnis von Siebenkäs nahe, dem am Grabe von Lenette der Unterschied zwischen beidem, der Ewigkeit und der Unendlichkeit, deutlich wird. Vult, dessen letzte Erfahrung im Buch der Maskenball ist, lebt in dieser, Walt, der sich im Traume erfüllt, in jener. Die Kunst allein transzendiert den Widerspruch, indem sie ihn darstellt, und seit Jean Paul hat sie das immer wieder getan.

Solche weite Sicht verbietet nun allerdings nicht, den Roman auch als eine Auseinandersetzung Jean Pauls mit seiner Zeit zu lesen. Das gilt nicht nur für die Satire auf Adelsstolz oder bürgerliche Parvenus und Gewinnsüchler. Vielmehr ist das Nichtverstehen zwischen den Brüdern zum guten Teil auch darauf zurückzuführen, daß ihre reichen Anlagen, ihr Idealismus wie ihr Realismus, auf eine Zeit treffen, in denen beide zu einer Art Narrheit entarten müssen, so daß der eine als Schwärmer erscheint und der andere als Possenreißer. Ein Stück deutsche Wirklichkeit an der Schwelle zum industriellen Zeitalter wird also hier eingefangen. Nur kann sich der Leser kaum damit zufrieden geben, daß die Problematik der *Flegeljahre* durch ihre Geschichtlichkeit erledigt wäre. In keinem anderen seiner Werke ist Jean Paul dem Wesen des modernen Menschen so auf den Grund gegangen wie in diesem.

## Roman und Romantik

Die *Flegeljahre* schließen Jean Pauls erste Schaffensperiode und damit die Reihe seiner großen Romane ab. Danach hat er nur noch einmal einen Roman veröffentlicht: Zwischen 1820 und 1822 erschien in drei Bänden *Der Komet oder Nikolaus Marggraf*, ein Werk, das äußerlich wie innerlich unvollendet blieb, so bedeutend es auch für Zeit und Autor war. Seine Hauptarbeit jedoch galt fortan kleineren Erzählungen und theoretischen Schriften über Ästhetisches, Pädagogisches, Politisches, Theologisches, Philologisches und Literarkritisches. An der Grenze zwischen den beiden Lebensabschnitten steht die *Vorschule der Ästhetik*, die zuerst 1804 erschien und mit einigen Veränderungen sowie Ergänzungen dann in zweiter Auflage 1813. Sie ist kritische Rückschau auf das eigene Werk, ist dessen Standortbestimmung und außerdem ein Beitrag zur literarischen Geschmacksbildung, eben eine Propädeutik oder «Vorschule» der Ästhetik eher als ein ästhetisches System. Zu den ästhetischen Theorien Kants und Schillers stand Jean Paul, der Freund Herders, ohnehin in einiger Distanz, und es war ihm, wie auch Herder selbst, vor allem darum zu tun, die Begriffe der Ästhetik in unmittelbarer Nähe der Praxis anzusiedeln. Zur Selbstorientierung allerdings nötigte die theorienreiche Zeit um 1800, von deren Wirrwarr an Standpunkten Jean Paul einmal in einem Brief an seinen Freund Christian Otto vom 24. Oktober 1800 den anschaulichsten Eindruck gegeben hat. In Weimar, heißt es darin, habe er festgestellt, «daß Herder das schlecht findet, was Goethe und Schiller gut [finden] und umgekehrt. Fried[rich] Schlegel [...] sprach Wieland sogar die Talente ab – und dem Jacobi reinen philosophischen Sinn, mir aber zu – Schiller findet nichts an Thümmel – Herder nichts an Schleiermacher und Tieck, Schl[egel] alles – Herder findet meinen neuen Styl klassisch, Merkel schlecht – Göthe die matte Genoveva [von Tieck] gut und den Wallenstein – Wieland anfangs alles zu gut, dan zu schlecht – und so geht alles erbärmlich durcheinander».

Im Zentrum von Jean Pauls *Vorschule* stehen Betrachtungen zum Wesen
der Poesie, zu ihrem Verhältnis zum Zeitgeist, zur Differenzierung zwischen
den Begriffen des Klassischen und Romantischen, zum Lächerlichen wie zu
Humor und Witz und schließlich zu den Gattungen, insbesondere zum Roman. Die Poesie, so definiert Jean Paul, der auch als Theoretiker Dichter ist,
sei «die einzige Friedengöttin der Erde und der Engel, der uns, und wär' es
nur auf Stunden, aus Kerkern auf Sterne führt»; sie sei «die einzige *zweite*
Welt in der hiesigen». Das ist Herderisch gedacht und zumindest im Buchstaben den Kantschen und Schillerschen Vorstellungen von der Kunst als
Spiel entgegengesetzt, wenngleich eine Einigung auf den erhebenden, den
Menschen über seine Gegenwart hinausführenden Charakter aller künstlerischen Arbeit im Geiste wohl möglich gewesen wäre. Im Hinblick auf dieses
letzte Ziel gab es ohnehin kaum Widersprüche bei den Theoretikern und
Praktikern in der deutschen Literatur der Zeit.

Für die Definition der Kunst selbst geht Jean Paul zwar von der Nachahmung der Natur aus, aber indem er von innerer und äußerer Natur spricht,
entgrenzt er den Begriff der Nachahmung und setzt effektiv die Phantasie in
ihre kreativen Rechte ein. Sie ist ihm die entscheidende «Bildungskraft» unter
den «poetischen Kräften», und von ihr führt denn auch sein Gedankengang
zum idealen Künstler, zum «Genie»: «Im Genius stehen *alle* Kräfte auf einmal in Blüte, und die Phantasie ist darin nicht die Blume, sondern die Blu-
mengöttin, welche die zusammenstäubenden Blumenkelche für neue Mischungen ordnet, gleichsam die Kraft voll Kräfte». Das «Aequilibrieren zwischen äußerer und innerer Welt», das Gleichgewicht von Subjekt und Objekt
ist ihm das eigentliche Ideal künstlerischer «Besonnenheit», und was dem
Menschen in seiner Schöpfertätigkeit notwendigerweise an Göttlichkeit ab-
gehen muß, das ersetzt der «Instinkt des Geistes», der «der Sinn der Zukunft» ist. Jean Paul definiert also die Kunst als ein entscheidendes Mittel
menschlicher Orientierung nicht nur im Raume einer jeweiligen gegenwärtigen Existenz, sondern auch in der Zeit, im Ablauf der Geschichte von der
Vergangenheit zur Zukunft, vor und hinter denen eine alles irdische Dasein
auffangende Ewigkeit steht. Kunst ist Medium zum Fortschreiten auf Besse-
res und Höheres.

Eine derartige Vorstellung bringt ihn tatsächlich in große Nähe zu den
Konzepten romantischer Universalpoesie. In der *Vorschule* erweist sich die
Verwandtschaft weiterhin an der näheren Bestimmung des Romantischen,
das er der in sich geschlossenen antiken Kunst des Subjektiven und Unendlichen gegenüberstellt. Dort findet sich auch der Satz: «Ursprung und Charakter der ganzen neuern Poesie lässet sich so leicht aus dem Christenthum
ableiten, daß man die romantische eben so gut die christliche nennen könnte». In seiner Interpretation des Romantischen folgt Jean Paul also zunächst
einmal dem historischen Sinn des Begriffes als nicht-antiker Kunst seit dem
Mittelalter. In einem zweiten Schritt aber leitet er dann aus der Identifikation

mit dem Christlichen eine Deutung des Romantischen ab, d e sich mit seiner Bestimmung der Poesie überhaupt deckt, indem er nämlich das «Romantische» oder «den wahrhaft romantisch-unendlichen Stoff» als «das Verhältnis unserer dürftigen Endlichkeit zum Glanzsaale und Sternenhimmel der Unendlichkeit» bezeichnet. Damit jedoch wird Literatur zwar nicht Religion an sich, wohl aber erhält sie jene transzendierende Funktion, die vorher allein den Mythen der Religion vorbehalten blieb. Das Zeitalter der Säkularisation wird also nicht nur in den Charakteren von Jean Pauls Romanen, sondern auch in seinen theoretischen Überlegungen manifest.

Es ist in diesem Sinne nur konsequent, daß Jean Paul das Religiöse über das Christliche hinaus erweitert und die indischen wie nordischen Mythologien «zwei romantische Gattungen ohne Christenthum» nennt  die Erschließung dieser Bereiche war in der Tat das Verdienst einiger Schriftsteller, die sich ausdrücklich für das Romantische engagierten. «Ist Dichten Weissagen: so ist romantisches das Ahnen einer größern Zukunft, als hienieden Raum hat»: mit diesem Satz hat Jean Paul treffend die eigenen Bemühungen als Autor und die einer Reihe seiner jüngeren Kollegen zusammengefaßt, die sich gleichen Zielen unter dem gleichen Losungswort verschrieben hatten  so sehr jeder im einzelnen dann etwas anderes darunter verstand. Wie breit Jean Pauls eigener Begriff des Romantischen ist, das erweisen insbesondere die Beispiele, die er für seine Theorie gibt. Shakespeare, Herders *Legenden*, Goethes *Meister*, Schillers *Jungfrau von Orleans*, ja selbst das *Lied von der Glocke*, aber auch Sonette Schlegels, Szenen in Werken Friedrich Maximilian Klingers sowie Gozzi, Goldoni und Johann Peter Hebels *Alemannische Gedichte* gehören unter diese Kategorie. Das Romantische war ihm also ein ästhetischer Modus, eine dichterische Betrachtungs- und Darstellungsweise, kein Schulbegriff und literarisches Programm.

Gleichzeitig erkannte er allerdings, daß in der hohen Zielsetzung einer auf das Unendliche gerichteten romantischen Kunst die Gefahr lag, eben jenes Äquilibrium zu verlieren, das gerade das Wesen der Kunst an und für sich ausmachte. Daher distanziert Jean Paul sich ebenso von den «poetischen Nihilisten» seiner Zeit, denen alles «in die Oede der Phantasterei» verfliegt, wie von den «poetischen Materialisten», denen bei aller Fähigkeit zur Darstellung des Wirklichen doch der «Sinn der Zukunft» mangelt. Jean Pauls eigene relativierende, äquilibrierende Kraft ist der Humor, in dem das Lächerliche zur Anschauung gebracht wird: «Der Humor, als das umgekehrte Erhabene, vernichtet nicht das Einzelne, sondern das Endliche durch den Kontrast mit der Idee». Humor wirkt deshalb nicht hemmend auf das eigentliche Ziel der Poesie, sondern eher fördernd, weil gerade im Kontrastieren jene «Totalität» hergestellt wird, durch die die Kunst eine Vorstellung von der menschlichen Existenz in Raum und Zeit, in der Gegenwart und ihrer Bewegung auf die Zukunft geben kann.

Wie wenig abstrakt Jean Paul bei solchen Überlegungen vorgeht, belegt ein Beispiel, das eine indirekte Reflexion auf das letztlich doch begrenzte Interesse an seinen eigenen Werken darstellt. Im Zusammenhang mit der Untersuchung des Lächerlichen stellt er nämlich Betrachtungen an zu dem allgemeinen Mangel der Deutschen am Sinn für das Komische und für Humor – ein Phänomen, das bekanntlich der deutschen Literatur einen charakteristischen Komödiendichter, einer deutschen Shakespeare oder Molière, versagt hat und durch das sich auch ein beträchtlicher Teil des Lesepublikums den Zugang zu Jean Pauls Werken versperrte und weiterhin versperrt. Die Deutschen, so meint Jean Paul, wären reifer für einen «ernsthaften» Spaß, wenn sie «mehr Staat-Bürger (citoyens) als Spieß-Bürger wären». Aber: «Da nichts öffentlich bei uns ist, sondern alles häuslich: so wird jeder roth, der nur seinen Namen gedruckt sieht [...] Da bei uns nur der Stand die öffentliche Ehre genießet, nicht, wie in England, das Individuum: so will dieses auch nicht den öffentlichen Scherz erdulden». Der Mangel an Humor ist in jedem Fall ein Mangel an freiem Selbstbewußtsein, das ein Äquilibrium von Individualität und Öffentlichkeit voraussetzt, und damit war es bei den Deutschen selten zum besten bestellt.

Für den Roman betrachtet Jean Paul das Romantische als «das Unentbehrlichste», «in welche Form er auch sonst geschlagen oder gegossen werde». Das bedeutete in erster Linie die Distanzierung vom Roman als Vermittler von Lehren über Gott und die Menschen, also von einer didaktischen Literatur, wie sie in der Frühzeit der Aufklärung begonnen hatte und besonders in den Familienromanen der Unterhaltungsliteratur ein kraftloses, aber wucherndes Leben fortführte. Damit war nicht die Absage an aufklärerische Überzeugungen gemeint, sondern vielmehr der Wunsch, die Kunst möge dem aufgeklärten Menschen weiterhin vorangehen, nicht mehr indem sie ihm Lehren vermittelte, die er sich im Grunde schon angeeignet hatte, sondern indem sie seine Phantasie anspornte: «Die Poesie lehrt lesen».

In einem breiten Einteilungsversuch der ernsthaften Epik kommt Jean Paul zu drei «Schulen der Romanenmaterie»: zur «italienischen», «deutschen» und «niederländischen». Die erste Klasse ist durch das «Erhöhen über die gemeinen Lebens-Tiefen» gekennzeichnet, und *Werther, Woldemar, Agathon, Die neue Heloise* oder der *Titan* werden ihr zugerechnet. Zur Klasse der «deutschen» Romane zählen *Wilhelm Meister*, der *Vicar of Wakefield*, Sternes Romane, der *Siebenkäs* «und besonders die *Flegeljahre*». In die dritte gehören Smolletts Romane, Müllers *Siegfried von Lindenberg* und die eigenen Idyllen wie *Wutz, Fixlein* und – später – *Fibel*. Ein wenig spiegelt diese Einteilung die alte Vorstellung von den drei Wegen, glücklich zu sein, wider, und das bedeutendste an ihr sind nicht die Kategorien selbst, sondern vielmehr die Einheit hinter ihnen, das heißt die Verteidigung des Romans als Kunstform, in welcher höheren oder niedrigeren Erscheinung er auch auftreten mag, solange er nur eben Teil hat am «romantischen Geiste», der, wie Jean Paul ausdrücklich erklärt, diese «drei sehr verschiedenen Körperschaften» beseelen muß.

Das Wesen des «romantischen Geistes» exemplifiziert Jean Paul dann noch einmal in Zusammenhang mit dieser Einteilung, indem er sich auf Novalis' Kritik an der Prosaik von *Wilhelm Meister* bezieht, obwohl er in der zweiten Auflage Novalis zusammen mit Tieck, Fouqué und Arnim durchaus als Schüler Goethes bezeichnet und würdigt. Novalis, «dessen breites poetisches Blätter- und Buschwerk gegen den nackten Palmenwuchs Göthens ab-

stach», habe den *Lehrjahren* «Parteilichkeit *für* prosaisches Leben und *wider*
poetisches zur Last gelegt». Aber Goethe habe in Wirklichkeit das Poetische
wie das Bürgerlich-Prosaische in seinem Roman nur als Teil eines Ganzen
betrachtet, während über allem «seine höhere Dichtkunst schwebt». Hier sei
«im richtigen Sinne der gemisdeutete» – Schlegelsche, im 247. *Athenaeums*-
Fragment auf Goethe bezogene – «Ausdruck Poesie der Poesie» am Platze;
ganz gleich, ob Goethe nun persönlich der «Lebens-Prose» den Vorzug gegeben habe oder nicht. Der wahre Dichter durchdringe jedenfalls diese «Lebens-Prose» auf eine Weise, daß die Gegenwart die «Kerne und Krospen der
Zukunft» zeige. Diese letztere Bemerkung steht ohne unmittelbaren Bezug
auf Goethe in den «Regeln und Winken für Romanschreiber», aber sie faßt
genau den Sinn zusammen, den der Kommentar zu Novalis' Kritik an Goethe enthält und der natürlich auch das Ziel der eigenen Schriftstellerei an der
Autorität Goethes legitimiert. Der andere «Wink» freilich lautet: «Nie ver-
gesse der Dichter über die Zukunft, die ihm eigentlich heller vorschimmert,
die Foderungen der Gegenwart und also des nur an diese angeschmiedeten
Lesers». Der Platz des Schriftstellers befindet sich, um das von Jean Paul geliebte Bild heranzuziehen, in der Montgolfiere: höher stehend als die anderen, die Identität von Abendstern und Morgenstern erkennend, den letzten
Spuren des Abendrots nachblickend und die ersten Schimmer des Morgen-
rots erspähend, aber zugleich, wie im *Kampaner Thal,* mit einem Seil der
Erde verbunden und sich vor den Giannozzo-Stürzen hütend. Jean Pauls
Lehre von der romantischen Poesie bedeutet das Bekenntnis zu einer realistischen Kunst, die zugleich der Duplizität menschlicher Existenz gerecht werden will, indem sie den Menschen zum Bewußtsein seiner selbst, der Dimensionen seines Daseins und seiner Möglichkeiten leitet – eine «fröhliche Wissenschaft», wie es in der *Vorschule* im bewußten oder unbewußten Anklang
an eine Stelle aus Friedrich Schlegels *Lucinde* heißt. Jean Paul stehe, so sagt
Ludwig Börne in seiner Denkrede beim Tode des Dichters (1825), «gedudig
an der Pforte des zwanzigsten Jahrhunderts und wartet lächelnd, bis sein
schleichend Volk ihm nachkomme».

## 7. Der Prosaschriftsteller Ludwig Tieck

Ludwig Tieck ist der einzige unter der jüngeren, im Jahrzehnt nach 1789 zuerst hervortretenden Autoren, der ein umfassendes erzählerisches Werk vor-
gelegt hat. Es reicht von vielfältigen Experimenten in der Frühzeit bis zu
formsicheren Romanen und Novellen in den zwanziger, dreißiger und vier-
ziger Jahren des 19. Jahrhunderts. Mit Arnim, Kleist und Hoffmann gehört
er zu den Begründern deutscher Novellenkunst, obwohl sein Werk als Ganzes der Zeit weniger standgehalten hat als dasjenige Hoffmanns oder Kleists.
Tieck war stets in erster Linie Künstler, ein Mann der Fiktion und der Phan-

tasie. Philosophische Systeme, ästhetische Theorien, politische Gesinnungen und geschichtliche Prophetien haben ihn zwar berührt oder bewegt, aber nie bestimmt. Von ihm selbst sind keine neuen Theorien ausgegangen, auch wenn sich seine Schriften zur Illustration mancher theoretischer Tendenzen dieser Jahre gut heranziehen lassen. Sein – im übrigen beträchtlicher – Einfluß auf jüngere Autoren stammte allein von den poetischen Bildern, Vorgängen, Formen und Techniken seiner Arbeiten her, abgesehen davon, was er als Vermittler anderer Literatur, als Herausgeber älterer deutscher und als Übersetzer englischer und spanischer Literatur Bedeutendes geleistet hat.

Ludwig Tieck war ein Schriftsteller breitester Ausdrucksfähigkeit. Wenngleich in seinem Gesamtwerk die Erzählkunst dominiert, so gehörten doch insbesondere seine frühen Ambitionen sehr stark dem Theater, und sowohl als Bühnenautor wie als Lyriker war er in der Geschichte der deutschen Literatur um 1800 einer der fruchtbarsten Anreger. Deshalb ist eine nach Gattungen getrennte Behandlung seines Frühwerks eine anfechtbare Sache, die sich aber damit entschuldigen läßt, daß jede Übersicht sich gewissen Systemzwängen beugen muß, deren Rigorosität allein dadurch gemildert werden kann, daß bei der Betrachtung des einen immer wieder an das andere erinnert wird.

Ludwig Tieck entstammt einer, sozusagen aus der Art geschlagenen, Berliner Handwerkerfamilie: Alle drei Kinder des Seilermeisters Johann Ludwig Tieck gaben sich der Kunst anheim. Tiecks Bruder Friedrich errang als klassizistischer Bildhauer hohes Ansehen, und die Schwester Sophie begann nach der Heirat mit Tiecks Lehrer und Freund August Ferdinand Bernhardi eine eigene schriftstellerische Tätigkeit, in der sie später auch durch August Wilhelm Schlegel gefördert wurde. 1773 geboren, war Tieck noch ein Kind Preußens im Zeitalter Friedrichs des Großen, dem König soll er tatsächlich einmal im Tiergarten begegnet sein. Als alter Herr und Pensionär Friedrich Wilhelms IV. wurde Tieck dann noch Zeuge der Revolution von 1848; er starb 1853 in seiner Heimatstadt. Tiecks Leben umspannt also eine politisch, sozial und technisch an Wandlungen reiche Zeit. Sein Werk jedoch ist nicht die abgekürzte Chronik seines Zeitalters, auch wenn es natürlich von ihm nicht unabhängig war und in vielfältiger Weise darauf zurückverweist.

Seinen Rang in der deutschen Literatur erwarb sich Tieck bereits in den ersten zehn oder zwölf Jahren seiner literarischen Tätigkeit, die er als Gymnasiast 1789 mit einem dramatischen Fragment *Die Sommernacht* begann. Mit dieser Hervorhebung seines Frühwerks soll nicht auf eine relative Inferiorität von Tiecks späten Romanen und Novellen angespielt werden; sie tragen als bündige und packende Erzählkunst ihren Wert in sich selbst. Aber die für eine historische Überschau wichtige Fruchtbarkeit und Anregungskraft literarischer Tätigkeit ist denn doch in erster Linie dem Frühwerk zuzubilligen.

Den biographischen Hintergrund für Tiecks Anfänge bilden Schul- und Wanderjahre, die erste professionelle Schriftstellerei in Berlin und der kurze Aufenthalt im Jenaer Kreis um die Brüder Schlegel. Direktor des Friedrich-Werderschen Gymnasiums in Berlin, das Tieck zehn Jahre lang besuchte, war der Pädagoge Friedrich Gedike, der Bedeutendes für die aufklärerische Reform des preußischen Schulwesens geleistet hat, aber dabei auch im Beharren auf seinen Ideen und Gesinnungen den Eindruck der Strenge und Starre in den Augen der Jüngeren erweckte. Immerhin versammelte Gedike eine Reihe von jüngeren, interessanten Lehrern um sich, zu denen Tiecks späterer Schwager Bernhardi ebenso gehörte wie Friedrich Eberhard Rambach, der als Ottokar Sturm oder Hugo Lenz gleichzeitig ein fruchtbarer Produzent von Trivialromanen und -dramen war und den begabten Schüler Tieck auch bald in seiner Literaturwerkstatt anstellte. Unter den Mitschülern fand Tieck in Wilhelm Heinrich Wackenroder seinen engsten Freund. Außerhalb der Schule brachte ihm die Verbindung zu dem Kapellmeister Johann Friedrich Reichardt, der 1791 auf seinen Landsitz Giebichenstein bei Halle übersiedelte und ihn zum Treffpunkt jüngerer und älterer Schriftsteller machte, einen großen Gewinn. Tieck blieb Reichardt nahe, nachdem er selbst 1792 für einige Zeit an die Universität Halle gegangen war, und Reichardts Schwägerin Amalie Alberti wurde 1798 Tiecks Frau. Allerdings ließ sich Tieck durch akademisches Studium nicht binden. Er wechselte noch 1792 nach Göttingen und dann 1793, in Gemeinschaft mit Wackenroder, nach Erlangen über. Das nahe Nürnberg übte seine Anziehungskraft auf die beiden Studenten aus, und das Erlebnis süddeutscher Landschaft verschmolz ihnen mit dem Erlebnis altdeutscher Kunst der Dürerzeit zum Bilde einer Gegenwelt gegen das brandenburgisch flache und aufklärerisch nüchterne Berlin ihrer Schulzeit. Im Herbst 1794 kam Tieck wieder in seine Heimatstadt zurück und begann hier eine rege und ausgedehnte literarische Tätigkeit, zunächst im Auftrag von Friedrich Nicolai und dessen Sohn, die ihm die 1787 von Johann Karl Musäus begonnene Anthologie *Straußfedern*, eine Sammlung von Erzählungen vorwiegend französischer Herkunft, zur Fortführung übergaben. Gleichzeitig führte Tieck eigene Projekte weiter, vollendete seinen ersten großen Roman, die *Geschichte des Herrn William Lovell* (1795/96), verband sich mit Wackenroder zu den *Herzensergießungen eines kunstliebenden Klosterbruders* (1797), trat im gleichen Jahre 1797 in Verbindung zu Friedrich und August Wilhelm Schlegel, nachdem er den ersteren im Salon der Henriette Herz kennengelernt hatte, veröffentlichte *Volksmärchen* (1797) und *Romantische Dichtungen* (1799/1800) sowie seinen zweiten Roman, *Franz Sternbalds Wanderungen* (1798), begann 1799 die Übersetzung von Cervantes' *Don Quixote*, bearbeitete von Shakespeares *Sturm* für das Theater (1796) und ließ diesem dramatischen Versuch eine Reihe von zumeist komisch-satirischen Dramen folgen, darunter *Der gestiefelte Kater* (1797) und *Prinz Zerbino oder Die Reise nach dem guten Geschmack* (1799). Arbeiten aus dem Nachlaß des Ende 1798 gestorbenen Wackenroder verband er mit eigenen in den *Phantasien über die Kunst* (1799), und 1799 wurde er sogar als Sechsundzwanzigjähriger von Nicolai mit einer zwölfbändigen, allerdings ohne sein Wissen und nicht nur aus Eigenem, sondern auch Apokryphem zusammengestellten Ausgabe seiner «Sämmtlichen Schriften» geehrt – ein verlegerischer Versuch, aus der rasch angewachsenen Popularität des jungen Autors Kapital zu schlagen.

Im Juli 1799 hatte Tieck bei einem Besuch in Jena Freundschaft mit Novalis geschlossen; es war eine tiefe, beiderseitige, nicht nur gemeinsame Gedanken, sondern auch künstlerische Sympathien betreffende Neigung. Tieck und seine Frau blieben bis zum Frühjahr 1800 im Hause August Wilhelm Schlegels zu Gast. Danach löste sich der Kreis auf, und für Tieck begann eine lange Zeit der Ruhelosigkeit und Unstetigkeit, durch eine Krise bewirkt, die ihn in Krankheiten und Zusammenbrüche trieb und in der sich als auslösender Faktor die äußere Unruhe der Zeit mit schöpferischen und tief persönlichen Konflikten verband. Seine Wege führten ihn zunächst nach Dresden, dann auf das Gut Ziebingen bei Frankfurt an der Oder, das seinem Jugendfreund Wilhelm von Burgsdorff gehörte, später nach München und, in Begleitung der Schwester, nach Italien und auf weitere Reisen in Deutschland und Europa. Erst 1819 wurde

Tieck dann – in Dresden – auf längere Zeit wieder seßhaft; 1842 kehrte er für den Rest seines Lebens nach Berlin zurück.

Um die Jahrhundertwende kam es also zu einem deutlichen Einschnitt in Tiecks literarischer Tätigkeit. Den äußeren Abschluß seiner frühen schöpferischen Periode bildeten die Erzählung *Der Runenberg* (1802) und das Drama *Kaiser Octavianus* (1804). Danach wurde Tieck als kreativer Autor auf beträchtliche Zeit still. Er gab zusammen mit Friedrich Schlegel die Werke von Novalis heraus (1802), widmete sich der Edition älterer deutscher Dichtung (*Minnelieder aus dem schwäbischen Zeitalter*, 1803) und edierte die Werke von Friedrich Müller (1811), dem Maler Müller der Sturm-und-Drang-Zeit, den er in Rom kennengelernt hatte. Erst als er im gleichen Jahre 1811 als Antiquar des eigenen Werkes seine frühen Schriften zu sammeln und unter dem Titel *Phantasus* neu herauszugeben begann, entstanden im Gefolge der alten auch einige neue Novellen sowie das dramatische Märchen *Leben und Thaten des kleinen Thomas, genannt Däumchen* und der *Fortunat* (1816), aber es dauerte dann noch einmal zehn Jahre, bis Tieck als Erzähler eine neue, umfangreiche und zusammenhängende literarische Tätigkeit aufnahm.

Tiecks Situation innerhalb der literarischen Szene seiner Zeit läßt sich gut aus dem kurzlebigen *Poetischen Journal* ablesen, das er 1800 in Jena herauszugeben begann, wegen mangelndem Publikumsinteresse aber nach der zweiten Nummer wieder aufgab. Das *Poetische Journal*, im wesentlichen von Tieck selbst geschrieben, schwankt zwischen Polemik und Prophetie. Terzinen über «Die neue Zeit» künden als Säkulardichtung an der Jahrhundertwende von den Hoffnungen auf eine Erneuerung der Menschheit – «Die Menschen alle fühlen sich Giganten» –, und zwar durch die Besinnung auf die verbannten, die Welt vereinigenden Götter: «Seitdem sich Sterbliche und Götter kennen, / Ist Lieb' und Lust und Leid und Leben eins.» Die Einleitung des Journals aber sowie der parodistische Schwank *Der neue Hercules am Scheidewege* und eine satirische Vision *Das jüngste Gericht* richten ihren Spott auf eine Gegenwart der Götzenverehrung, Poesielosigkeit und Geistesarmut. Denn was dem späteren Betrachter aus verkürzter Perspektive als eine Zeit außerordentlicher literarischer Fruchtbarkeit erscheint, war es für die regsameren unter den Zeitgenossen durchaus nicht. Schon Goethes und Schillers Xenien-Kampf gab davon Zeugnis, wenn sie als ihre Gegner Schriftsteller und Gelehrte attackierten, die heute durchaus vergessen sind oder eben nur noch als Objekte solcher Polemik in der Literaturgeschichte ihr Dasein fristen. Um 1800 jedoch bestimmten sie Geschmack und Urteil.

So richtet sich Tiecks Polemik gegen das, was ihm aus eigener Erfahrung als symptomatisch für seine Tage erscheint: ein mit dem Begriff Aufklärung dekoriertes literarisches Niemandsland der Banalität, mit dem sich für ihn Namen wie Nicolai, Kotzebue, Iffland, Lafontaine, Cramer, Große und auch sein früherer Lehrer Rambach verbinden. Festzuhalten ist freilich, daß mit Tieck nicht eine Art «Gegenaufklärung» ins Feld zog, sondern Front gemacht wurde gegen Verknöcherungen von einstmals lebendigen Ideen, als deren eigentlichen Erben man sich selbst zu Recht betrachtete. Denn die Besinnung auf eigene nationale Traditionen, die zum Beispiel der «Altfrank» im

Herkules-Schwank dem jungen Autor empfiehlt, oder die Zukunftsvision von der großen Einheit zwischen Menschen und Göttern – das war im Grunde ein Teil aufklärerischen Denkens, der nur durch einen mechanistischen Rationalismus zugedeckt worden war, der wiederum nichts anderes als die zweckmäßige Integrierung des Bürgers ins Staatsganze zum Ziele hatte. Genauso wie Tieck sich davon distanzierte, wandte er sich auch von der Verflachung des Enthusiasmus der Jüngeren zur literarischen Mode ab. Als Repräsentant dafür erscheint im Schwank ein wohl dem jungen Brentano nachempfundener Bewunderer des «Autors», der ihn mit seinen naturschwärmerischen Gedichten traktiert und ihn schließlich zu dem verzweifelten Bekenntnis nötigt:

> Nein, nein, ich sterbe an meinen Liedern,
> Sie fangen mir an, so zu zuwidern,
> Sie sind mir eine so ekle Speis'
> Daß ich mich nicht zu lassen weiß.

Erst aus dieser doppelten Zielrichtung seiner Polemik wird jenes Selbstbekenntnis Tiecks recht verständlich, das in seinen *Briefen über W. Shakespeare* im *Poetischen Journal* steht und das nicht nur als subjektive Charakteristik, sondern auch als objektiv treffende Einschätzung seiner selbst von besonderer Bedeutung ist. Dort heißt es:

> «Ganz gesund kann sich jetzt keiner fühlen, denn diejenigen, die nicht in dieser Zeit versinken wollen, müssen sich immer das Bild dieses Zeitalters vor Augen halten, ihr Leben ist ein ewiger Widerstreit, sie müssen den Krieg führen, um den künftigen Frieden zu gründen. Möchte man mich in Zukunft auch zu diesen *enfans perdus* rechnen, so würde ich meine Existenz nicht für verlohren halten.»

Dieses Empfinden, in einer Übergangszeit zu leben, teilte Tieck mit vielen seiner Altersgefährten, und in diesem Sinne war sein Werk auch Teil des Romantischen als Ausdruck der vielfältigen Erscheinungsformen eines derartigen Übergangsbewußtseins. Die Besinnung auf nationale wie europäische, «romantisch»-christliche Traditionen, dazu scharfe Zeitkritik und hohe Zukunftserwartungen kennzeichnen Tiecks Schriften ebenso wie die einigen von Novalis, Friedrich Schlegel oder Hölderlin. Als Mitglied einer literarischen Partei jedoch hat sich Tieck nie empfunden und sich, als der Begriff der Romantik in der Polemik Züge eines Programms und einer Gruppenbezeichnung annahm, von ihm ausdrücklich abgewendet. Literaturpolitik war ohnehin nicht seine Sache, und er hat die Propagierung seiner Werke oft bis zur Selbstaufgabe vernachlässigt, sie anderen überlassen oder die Werke beiseitegelegt. Was ihn reizte, war das Schreiben, nicht das Publizieren, war das Gestalten, die Kunstübung, nicht deren Ertrag in der Öffentlichkeit. In einem Brief an August Wilhelm Schlegel folgt auf die Einsicht Tiecks, er müsse nun doch einen «verfluchten Buchhändler» für seine Arbeiten finden, das verzweifelte Bekenntnis: «Wenn wir doch das Geld abschaffen könnten!» (27. 8. 1800). Hatte um die Mitte des 18. Jahrhunderts Lessing um die Freiheit gerungen, mit der schriftstellerischen Arbeit Geld und damit einen selbständigen, vom Mäzenatentum unabhängigen Lebensunterhalt verdienen zu können, so ist es nun Tiecks Ziel, als Schriftsteller die Freiheit zu erwerben, kein Geld mehr verdienen zu müssen. Selten wird die Eskalation des Freiheitsbegriffes um 1800 und die Unterwerfung des Bürgertums als Klasse unter die Herrschaft des Geldes so deutlich wie aus dieser Gegenüberstellung.

Tiecks Freiheitsanspruch war Ausdruck einer sensitiven Persönlichkeit, die zwischen Ironie und Weltangst, Spott und Melancholie, Skepsis und Glauben hin und hergerissen wurde. Dem Empfinden einer «ewigen Fülle» stand das Bewußtsein der «Sprachverwirrung» gegenüber, die es verhinderte, daß sich der Mensch je diese Fülle aneignete. «Fröhlicher Leichtsinn» kontrastiert in einer eigenen großen Selbstdarstellung, die er dem Freunde Friedrich Schlegel gibt (16. 12. 1803), mit seinem Hang «zu einer schwärmerischen Melankolie». Jede Empfindung reiße ihn «bis an die Gränze des Wahnsinns», so daß in ihm des öfteren der Wunsch entstanden sei, aus der Angst zu fliehen und Unterschlupf zu suchen in der Einsamkeit «oder in einem Kloster». Der über die Kunst meditierende Klosterbruder, den Tieck und Wackenroder erfanden, war also nicht in erster Linie das Resultat katholisierender Schwärmerei, sondern eher die sinnbildliche Verkörperung einer zwangfreien Existenz, die sich über äußere und innere Sorgen und Ängste erheben konnte. So sehr Tieck mit anderen deutschen Intellektuellen seiner Generation Labilitäten teilte und – als Preis der Freiheit – auch die Empfindung, einer Welt von Gegensätzlichkeiten ausgesetzt zu sein, so sehr hat er doch Weltangst und die Bedrohung durch den Wahnsinn stärker erfahren als die meisten von ihnen, teils aus psychologischer Disposition, teils aber auch, weil ihm die Tröstungen der Philosophie ferner standen und er sich auch den Tröstungen der Religion letztlich verschloß, obwohl er sie hie und da zu beschwören versuchte. Aus diesem Grunde bietet denn auch das Tiecksche Frühwerk stärkere Kontraste und einen scheinbar größeren Mangel an Einheitlichkeit, als das bei den Werken seiner Generationsgefährten der Fall ist. Nimmt man dazu noch das feste, insbesondere aus den Schlegelschen Theorien abgeleitete Bild einer literarischen Romantik, das sich die Literaturgeschichte nach und nach gemacht hat und dem sich Tiecks Werk trotz mancher Übereinstimmungen dennoch entzieht, dann ergibt sich daraus unschwer die unberechtigte Geringschätzung Tiecks als eines seichten oder aber nur mehr nachahmenden, sekundären Talents. Die erstere Vorstellung entstand schon zu Tiecks Zeiten, gefördert durch seine große Produktivität und die zeitweilige Popularität seiner lyrischen Natur- und Kindheitsmetaphorik, die zu seinem eigenen Ärger manche Nachahmer auf den Plan rief. In einer Anmerkung zu seinen *Vorlesungen über die deutsche Wissenschaft und Literatur* bemerkt Adam Müller bereits 1806:

«Ludwig Tieck, bei allen seinen übrigen Anlagen, bei aller Regsamkeit und Leichtigkeit seiner Feder, hat das Seinige dazu beigetragen, diese *seine* Gattung der Kindlichkeit, im Morgen, in Frühlings-, in Blumen-Gestalt faconniert, in so großen Sortimenten zu Markte zu bringen, daß ich es niemanden verdenke, wenn er ihrer endlich müde ist.»

Die andere Vorstellung von Tiecks Mangel an Originalität jedoch konsolidierte sich erst, als die Schlegelschen Theorien mehr und mehr den Begriff des Romantischen überhaupt zu bestimmen begannen und als Maßstab für die kreative Literatur verwendet wurden. Dementsprechend ist die Tieck-Forschung weniger entwickelt als die über andere seiner Autorenkollegen, wodurch dann wiederum ein differenzierterer Verständnisprozeß behindert wurde. Außerdem aber gibt es bis heute keine zuverlässige Ausgabe von Tiecks Werken. Die umfangreichste Edition ist nach wie vor die von ihm selbst begonnene Werkausgabe (1828–1854), die jedoch alle seine Jugendwerke in späterer Bearbeitung enthält, während deren Originaltext – mit Ausnahme des *Sternbald* – nur noch in den seltenen, schwer auffindbaren Erstausgaben zugänglich ist.

## Anfänge

Die ersten Schritte als Erzähler tat Ludwig Tieck, wie schon erwähnt, an der Hand seines Gymnasiallehrers Friedrich Eberhard Rambach. Das ist von manchen Philologen als Korrumpierung und Mißbrauch eines literarisch Minderjährigen beklagt worden, denn Rambach stellte Tieck dazu an, ihm bei der Produktion von Unterhaltungsliteratur zu helfen. Aber im Grunde möchte man jedem Schriftsteller, insbesondere jedem deutschen, eine solche Schule wünschen, durch die er genötigt wird, zunächst einmal auf sein Publikum Rücksicht zu nehmen, das heißt verständlich, interessant und unterhaltend zu sein, wie es sich ja doch mit dem Bestreben aller Kunst, ästhetisches Vergnügen zu bereiten, durchaus verträgt. Blickt man auf das Resultat von Tiecks Auftragsarbeit, so erweist sich, daß gerade durch sie der Autor auf dem Wege zum Besten, was er zu geben hatte, beträchtlich gefördert worden ist. 1792 veröffentlichte Rambach den Roman *Die eiserne Maske,* dessen letztes Kapitel Tieck geschrieben hat. Wie im Zusammenhang mit der Darstellung der Unterhaltungsliteratur berichtet, handelte es sich in diesem Buch um eine Mischung von Ossianismus und mittelalterichem Rittertum, also um die Atmosphäre der englischen *gothic novels.* Konflikte zwischen Vätern und Söhnen sowie die Rivalität von Brüdern um die Geliebte bestimmen die Handlung; es sind Themen, die Tiecks innerer, psychologischer Disposition zutiefst entgegenkamen und die sich vielfach variiert in seinen späteren Werken wiederholen. Zugleich aber stilisierte er Ryno, den Bösewicht, zu einem Helden seiner eigenen Provenienz, dabei über das von Rambach in der Cha-

rakterzeichnung Angelegte beachtlich hinausgehend. Denn Tiecks Ryno ist
der an sich irre gewordene Glücksucher, der zum Verbrecher und sich selbst
zum Abscheu wird und den es – sein Es – in den Wahnsinn treibt, so daß er
bildlich wie sinnbildlich am Ende zerschellt:

> «Ryno that unwillkürlich einen Schritt vorwärts, und stürzte zerschmet-
> tert von dem Gipfel des Felsens in das tiefe Thal hinab. – – Noch ein
> banges Wimmern von unten empor; dann gräßliche Todtenstille.»

Bereits diese Schülerarbeit bietet also gute Anschauung für die aus dem Bewußtsein von der Selbstbestimmung des Subjekts erwachsende Gefahr des
Selbstverlustes und des Nililismus, die unter dem Dachbegriff des Romantischen zu einem essentiellen Bestandteil eines großen geistigen Wandlungs-
prozesses am Ausgang des 18. Jahrhunderts wurde. Tiecks Visionen waren
allerdings nicht Folge des Fichteanismus, denn die Wissenschaftslehre gab es
zu diesem Zeitpunkt überhaupt noch nicht; Erzähler und Philosoph waren
vielmehr jeder auf seine Weise genaue Beobachter dessen, was sie in sich und
um sich vorfanden. An Jean Pauls etwa gleichzeitig konzipierte Christus-
Rede sei in diesem Zusammenhang nur erinnert.

Als Tieck bald nach dem *Ryno* daranging, ein selbständiges größeres Prosawerk zu vollenden, legte er darin nur das auseinander, was in dem frühen
Versuch als Ausdruck eigener Problematik angelegt war. 1795 erschien seine
bereits 1792 abgeschlossene umfangreiche dialogische Erzählung *Abdallah*.
Vertauscht war das Milieu: Statt des gotischen Mittelalters bot diesmal der
Orient, die «Tartarei», den phantastischen Hintergrund. Vielfach hatte der
deutsche und englische Schauerroman (z. B. William Beckford, *Vathek*,
1787) solchen Wechsel vollzogen, um dem aufgeklärten Publikum, das daran nicht mehr glauben sollte, das Gespenstische und Irrationale neu zu präsentieren. Im fremden, fernen und phantastischen Kostüm wurde es wieder
akzeptabel, gerade weil man durch die Ferne des Stoffes nicht genötigt war,
es unbedingt glauben zu müssen. Die Schauerliteratur dieser Tage hatte ja
eben die Funktion, den trotz aller Vernunftherrschaft in der Seele des Menschen weiterhin wirksamen irrationalen Kräften Luft zu verschaffen und sie
doch zugleich im moralisierenden Handlungsklischee unter Kontrolle zu
bringen. Je subtiler die künstlerische Darstellung war, desto mehr stellte sie
allerdings die Basis des moralischen Urteils in Frage. Das bedeutete jedoch
nicht einen Aufstand des Irrationalismus gegen die Aufklärung schlechthin,
sondern nur die doppelte Skepsis gegenüber der Hypertrophie des Selbstbewußtseins wie gegenüber einer erstarrten, diesem Selbstbewußtsein nicht
mehr Rechnung tragenden gesellschaftlichen Moral. Der Skeptiker und Kritiker konnte sich selbst dabei fest auf dem Boden aufklärerischen Denkens
fühlen, denn eben um die Konsolidierung des freien Ich in seinen inneren
und äußeren Verhältnissen drehte sich sein Bemühen.

Der Bezug auf einen größeren intellektuellen Hintergrund sanktioniert allerdings durchaus noch nicht Tiecks frühe Prosaschriften als große Kunstwerke. Der *Abdallah* zum Beispiel mit seinen langen, den ganzen Roman durchziehenden Dialogen über Genußphilosophie und das Wesen von Gut und Böse gehört gewiß nicht zu Tiecks spannendsten und ausgewogensten Leistungen.

Auch die handelnden Figuren entfalten sich nicht zu abgerundeten Gestalten. Abdallah, der seinen Vater verrät, um die geliebte Zulma zu bekommen, bleibt eine Puppe in den Händen des bösen Prinzips, das seinerseits nur wieder von einer Puppe namens Omar verkörpert wird. Und selbst in dem Schauder Zulmas vor dem zum Vatermörder gewordnen Abdallah regt sich nicht wirklich ein menschlicher Konflikt zwischen Liebe und Abscheu. Aber motivisch ist es dann doch wieder ein schon ganz und gar charakteristisches Werk: Die Revolte gegen den Vater, das Ringen um eine unerreichbare Geliebte und die Selbstverlorenheit des selbstbewußten Menschen – «Genuß ist die Tugend des Menschen, er selbst sein Gott, die Kette des Schicksals ist zertrümmert, ein blindes Ohngefähr streckt durch die Welten die eherne Hand aus», erklärt Abdallah – sowie schließlich der Untergang des Helden in Wahnsinn und Verzweiflung sind echter Ausdruck des im Gegebenen frustrierten, seine Bindungen wie Handlungsmöglichkeiten prüfenden jungen deutschen Schriftstellers Ludwig Tieck.

Konkreter, packender und anschaulicher zeigt sich das alles in Tiecks umfangreichstem Frühwerk, dem Roman *Geschichte des Herrn William Lovell*, der 1795/96 in drei Bänden erschien und von Tieck dann 1813/14 noch einmal revidiert herausgegeben wurde. Tieck läßt darin gotisches oder orientalisches Kostüm beiseite und bringt seinen Helden stattdessen in die Sphäre des englischen Gesellschaftsromans des eigenen Jahrhunderts. Der Selbstausdruck der einzelnen Gestalten wird durch die Form des Briefromans gefördert, zu dem mehr als der *Werther* wohl die *Gefährlichen Liebschaften* (1782) von Choderlos de Laclos und ihr deutsches Seitenstück, Bouterweks *Graf Donamar* (1791/93), Pate gestanden haben, während Schillers *Geisterseher* (1788) Anregungen für das Geheimbundmotiv bot. Obwohl das Schicksal des Titelhelden im Mittelpunkt des Buches steht, werden die Briefkonversationen von einigen zwanzig Personen gebracht, und das Bild, das diese von ihrem Leben und Denken entwerfen, schafft erst den Grund, auf dem und gegen den das Schicksal Lovells verständlich wird.

Der *William Lovell* ist die Lebensgeschichte eines Enterbten. Durch einen Feind des Vaters, in dessen Hände er unwissentlich gerät, verliert er den väterlichen Besitz, durch den Vater selbst jedoch die geliebte Amalie, die ihm dieser als Braut versagt. Ökonomische wie psychologische Rivalitäten verbinden sich also, wenn auch nicht überall glücklich motiviert, zur Zerstörung eines jungen englischen Landadeligen, der in der eigenen gesellschaftlichen Sphäre nicht mehr Fuß fassen kann, anderswo jedoch auch nicht. Die Bildungsreise nach Paris und Italien dient allem anderen als einer Ausbildung seiner Persönlichkeit. Liebeserlebnisse erinnern ihn immer nur an die versagte Amalie:

«Am liebsten [...] begleite ich irgendeines der vorüberstreifenden Mädchen oder besuche eine meiner Bekanntinnen und träume mir, wenn mich ihre wollüstigen Arme umfangen, ich liege und schwelge an Amaliens Busen.»

Die Entführung einer jungen Engländerin mit dem zu Amalie assonierenden Namen
Emilie sowie deren nachfolgender Tod bringt ihn ebenfalls festen Verhältnissen nicht
näher, sondern nur den Verlobten des Mädchens – es ist der Bruder Amalies – auf seine Spur. Waterloo-Andrea, der Feind des Vaters und geheime Arrangeur von Lovells
Verfolgungen, hat außerdem Dienstbare auf seine Fährte gesetzt, um ihn innerlich
und äußerlich zu zerrütten. Der deutsche Balder steckt ihn mit seinem Wahnsinn an,
während der Italiener Rosa ihn durch Leichtsinn zerstören soll. So ist Lovell keine
Chance gegeben, zu sich selbst zu finden. Als Karl Wilmont, der Bruder Amalies, ihn
auf seinem Rachezug in Rom aufspürt, ist Lovell bereits ein Abgebrannter und der Tod
im Duell mit Wilmont nur eine verbrämte, heroischere Form des Selbstmordes. Wilmont geht nach Amerika, seine Schwester Amalie jedoch hat längst Lovells brav utili-
taristisches Gegenstück Mortimer geheiratet und führt mit ihm jenes Landleben der
englischen Gentry, das Lovell als Enterbter nicht führen konnte.

Aus dem Gesamtverlauf des Romans ist erkennbar, daß die äußere Enter-
bung nur Metapher für eine innere ist. Die offensichtlichen, privat pathologi-
schen Rivalitäten zwischen Vater und Sohn und die verborgeneren zwischen
Liebhaber und Bruder der Geliebten – beide sind Leitmotive von Tiecks Roman – müssen erst auf fruchtbaren Boden fallen, wenn sie ihre ganze zerstö-
rerische Kraft entfalten sollen. Dieser Boden aber ist Lovells Persönlichkeit. Schwärmerisch, liebebedürftig, selbstbewußt, aber sich selbst auch als
die Ursache zu allem Unglück, das ihm zustößt, erkennend, ist er im besonderen ein Verwandter Rynos oder Abdallahs, im allgemeinen jedoch derjenige aller jungen, nach sich selbst suchenden deutschen Romanhelden seit
Werther. Was ihn freilich von dem letzteren unterscheidet, ist der desolatere
Zustand, in dem er sich rund zwanzig Jahre später befindet. Dadurch wird
Tiecks *Lovell* regelrecht zu einem ersten Katalog aller Erscheinungsformen eines aus subjektivem Idealismus geschöpften Ich-Stolzes wie einer nihilistischen
Welt- und Ich-Verlorenheit, die sich dann in den nächsten zwanzig Jahren in
der deutschen Literatur zur vollen Blüte entfalteten. Für diese Gegensätze sei
nur das Beispiel eines einzigen Bekenntnisses von Lovell zitiert, das er aus der
Überzeugung von der Macht des Subjektiven über das Objektive herleitet:

«So beherrscht mein äußrer Sinn die physische, mein innerer Sinn die
moralische Welt. Alles unterwirft sich meiner Willkür, jede Erscheinung, jede Handlung kann ich nennen, wie es mir gefällt; die lebendige
und leblose Welt hängt an den Ketten, die mein Geist regiert, mein ganzes Leben ist nur ein Traum, dessen mancherlei Gestalten sich nach
meinem Willen formen. *Ich selbst* bin das einzige Gesetz in der ganzen
Natur, diesem Gesetz gehorcht alles. Ich verliere mich in eine weite, unendliche Wüste.»

Aus solchem gespaltenen Bewußtsein ohne Mitte ergeben sich konsequent
alle weiteren Symptome einer Ich-Krise: Ennui, Melancholie, Hedonismus,
Handlungsunfähigkeit, Quietismus; das Gefühl der Herzensleerheit, der
Marionettenexistenz und Komödiantenhaftigkeit, des Umgetriebenseins in
einem Labyrinth und schließlich die Bedrohung durch den Wahnsinn. Alles

das exponiert Tieck in seinem *Lovell.* Er tut es in teils einprägsamen und treffenden Szenen, teils aber auch weitschweifig und zerfahren, einer Romanhandlung Lasten aufbürdend, die sie nicht tragen kann, so daß ihre Logik und Plausibilität streckenweise darunter zerbricht und das Geschehen unabsichtlich komisch wird. Insgesamt jedoch bleibt der Roman ein bemerkenswertes Dokument innerhalb der deutschen Erzählprosa der frühen neunziger Jahre zwischen Goethe und Jean Paul, und er ist ein Vorläufer romantischer Entwicklungsromane, unter denen Brentanos *Godwi* und Arnims *Hollins Liebeleben* seine nächsten Verwandten darstellen.

## Romantische Erzählungen

Die reiche schriftstellerische Produktion Ludwig Tiecks in der zweiten Hälfte der neunziger Jahre läßt sich nicht auf einen Nenner bringen und auch nicht als stufenweise, konsequente Entwicklung – etwa von der Aufklärung zur Romantik oder von intellektuellem Solipsismus zur Volkstümlichkeit – sehen. Verärgert ob solcher Sprödigkeit gegenüber ihren Kategorien, haben ihm deshalb manche Literarhistoriker einfach Eklektizismus vorgeworfen. In der Tat hat Tieck Beträchtliches zur Verwirrung seiner auf saubere Systeme bedachten Kritiker beigetragen. Wo er platte Aufklärung kritisierte, war er durchaus nicht immer ein entschlossener Herold des Romantischen, wo er aber dieses Romantische ironisierte, wiederum kein strenger Scholar der Aufklärung. So scheint ihm jede Mitte zu fehlen: ein Geselle ohne geistiges Vaterland. In der Literaturgeschichte sollten jedoch die Kategorien nicht vor den Sachen existieren. Sieht man nämlich Aufklärung nicht nur als ein großes geistiges Konzept, sondern auch als ein Schlagwort an, dessen Bedeutung gegen Ende des 18. Jahrhunderts immer dünner und banaler wurde, und betrachtet man den Begriff des Romantischen nicht als Bezeichnung einer Gegenbewegung gegen alles, was den Namen Aufklärung trägt, sondern eher als Sammelnamen für die Absicht, das Beste aus aufklärerischem Denken in eine sich verändernde Zeit einzubringen und lebendig fortzuführen, dann fällt der Vorwurf des Eklektizismus rasch in sich zusammen, und was als Schwäche erscheint, wird zum eigentlichen Gewinn. Tiecks Werk zwischen dem Erscheinen des *William Lovell* und der Jahrhundertwende reflektiert vielfältig, sensitiv und sehr persönlich den ganzen Reichtum an Facetten im intellektuellen Leben dieser so bewegten Jahre, und seine besten Werke verdanken ihre Bedeutung gerade der Tatsache, daß er sich nicht von einem philosophischen Konzept oder System leiten und lenken ließ.

Als Erzähler hat sich Tieck damals in den verschiedensten Formen versucht. Noch während der Arbeit am *Lovell* fiel ihm eine Auftragstätigkeit zu: Nicolai bat ihn, die von Johann Karl August Musäus begründete und von Johann Gottwerth Müller fortgesetzte erfolgreiche Novellenanthologie namens *Straußfedern* weiterzuführen.

Musäus hatte 1787 den ersten Band der *Straußfedern* herausgebracht, und der Titel sollte andeuten, daß der Herausgeber Jagdbeute einbrachte und sich mit fremden Federn schmückte. Der Ironie der Titelgebung entsprach der Inhalt; wenig bekannte, vorwiegend französische Geschichten wurden für deutsche Verhältnisse adaptiert und zum Amüsement der Leser neu erzählt. Wohl war Musäus den Grundgedanken der Aufklärung verpflichtet, aber wie die Franzosen schon das ganze Jahrhundert hindurch deren Rationalismus mit dem phantasievollen Spiel ihrer Feenmärchen umrankt hatten, so hatte er in den *Volksmärchen der Deutschen* (1782–86) Phantasie und Vernunft in ein liebenswürdiges, sich über starre Didaktik hinwegsetzendes Bündnis gebracht. Die *Straußfedern*-Geschichten waren literarisch von leichterer Natur, und ihre Ironie richtete sich im übrigen nicht nur gegen rationalistisches Zweckdenken, sondern ebenso gegen die Sentimentalität der moralischen Erzählungen, die zusammen mit den Trivialromanen der literarische Ort waren, an dem das Lesepublikum seine Gefühle unter der Leitung des Verstandes ausleben konnte.

Zwischen 1795 und 1798 publizierte Tieck insgesamt fünf Bände der *Straußfedern*, und obwohl er Wäschekörbe voll von Material zur Auswahl bekommen hatte, ließ er es nicht bei der Bearbeitung von Vorhandenem bewenden, sondern schloß auch eine Reihe ganz selbständiger, eigener Erzählungen ein. Die Vorbilder seiner Novellenkunst finden sich also in erster Linie in der französischen Tradition und in der deutschen moralischen Erzählung, welch letztere dem Bedürfnis der vielen Almanache und Journale entsprechend damals eine üppige Blütezeit hatte. Die Kenntnis vom «romantischen», italienisch-spanischen Urbild der Novelle erarbeitete er sich erst danach.

Regelrecht parodistischen Charakter trägt in den *Straußfedern* seine Erzählung *Schicksal* (1795) in dem ersten der von ihm herausgegebenen Bände. Ein deutscher Candide namens Anton von Weissenau versucht, mit allen törichten Raffinessen scheinbar vernünftiger Planung seine geliebte Caroline zu erlangen, und stürzt doch immer nur in neue Verwicklungen, bis schließlich das «Schicksal» alle Knoten zerhaut, die der Planende geknüpft hat, und menschliche Gefühle ebenso wie normale menschliche Vernunft über die Torheiten einer Scheinvernunft siegen. Die Frage nach dem Schicksal als einer im Menschen liegenden oder außermenschlichen Macht hatte Tieck schon sehr viel ernsthafter in seinen frühen Schriften beschäftigt, im *Lovell* zum Beispiel und im *Abdallah*. Jetzt, in der kleinen, aufklärerisches Selbstbewußtsein bespöttelnden Erzählung wird es deutlich internalisiert und gerade in der Kritik an Symptomen der Aufklärung der Mensch echt aufklärerisch als für sich selbst verantwortlich gezeigt. Einen candidehaften Kampf zwischen Torheit, Witz und dem Glück oder Unglück der Umstände stellt Tieck auch in der pikaresken Erzählung *Merkwürdige Lebensgeschichte Sr. Majestät Abraham Tonelli* (1798) dar, die er allerdings nach Varnhagens Zeugnis «fast wörtlich» von einer Vorlage habe abdrucken lassen, obwohl sich diese Quelle nicht gefunden hat. Und in der nach Tiecks Bekenntnis «mit Heiterkeit niedergeschriebenen» Erzählung *Die beiden merkwürdigen Tage aus Siegmunds Leben* (1796) ist es ein demokratisches Freudenmädchen, das die von den Männern als vorgeblichen Meistern von «Schicksal», «Verhängnis» und «Zufall» verursachten Nöte mit der geschickten Austeilung ihrer Gunst rektifiziert.

Auch Literaturpolitik gibt es in den *Straußfedern*-Erzählungen Tiecks. *Fermer, der Geniale* (1796), ein Schwelger in «romantischen Lagen» und aus Romanen entsprungenen Scheingefühlen, wird ein Opfer seiner wahllosen Literatürlüsternheit: Er erfüllt am Ende seine Existenz als Produzent von Trivialliteratur. In der kleinen Novelle *Die*

*Freunde* (1797) hingegen erhält eine wahrhaft romantisch-romanhafte Situation, näm-lich die einer magischen Traumentrückung und Vision vom «goldenen Dasein», plötz-lich den Unterton des Erschreckens und der Angst, wenn der träumende Mensch sich fremd fühlt in einer Sphäre reinen Daseins jenseits des Ichs und seiner Beschränktheit, aber auch jenseits der Liebesfähigkeit. Die Umwertung des Romantischen vom Ro-manhaften zur Bezeichnung eines sich wandelnden Weltverständnisses in der Kunst ereignet sich an solchen Stellen in Tiecks Werk.

Gleichzeitig mit seinem ersten Band der *Straußfedern* veröffentlichte Tieck den ersten Teil eines kurzen Romans unter dem Titel *Peter Lebrecht. Eine Geschichte ohne Abenteuerlichkeiten* (1795); der zweite Band folgte im näch-sten Jahr. Äußerlich läßt sich kaum ein Unterschied zu den anderen Erzäh-lungen erkennen. Peter Lebrecht ist Zwillingskind und Sohn einer – verhei-rateten – Nonne. Als Hofmeister verliebt er sich in die Gouvernante Louise, die ihn auch heiratet, aber in der Hochzeitsnacht verschwindet. Er findet sie erst wieder, als sie bereits zwei Kinder von ihrem Entführer, einem Herrn von Bärenklau hat, was alles in allem jedoch ein Glück ist, denn sie erweist sich zugleich als Peters verlorene Zwillingsschwester. Mit einer elterlichen Erbschaft und einem dörflichen Hannchen wird Lebrecht hinfort der Litera-tur leben.

Die Handlung ähnelt auf den ersten Blick Geschichten wie derjenigen über den genialen Dichter Fermer. Das Inzestmotiv, das auch in Tiecks an-deren Werken verschiedentlich wiederkehrt, verweist freilich auf tiefere Konflikte in seiner Persönlichkeit, worauf auch der simulierte autobiogra-phische Ton Lebrechts deutet, der «innige Wehmut» mit einem guten Schuß Selbstironie verbindet, hinter der sich oft spürbar der Autor selbst verbirgt. Tiecks innere Anteilnahme an seinem Helden erschöpft sich allerdings nicht in der drastisch herausgehobenen und damit schon wieder relativierten Ge-fahr der Geschwisterliebe, sondern erstreckt sich auf die Persönlichkeit Leb-rechts als Ganzes, auf den Lebenslauf eines jungen Autors, der durch elter-liches Geld in die Lage versetzt wird, der Stadtgesellschaft den Rücken kehren und nach künstlerisch-literarischen Ausdrucksformen suchen zu können, die jenseits aller Moden liegen und mit denen sich demzufolge auch wieder mehr aussagen läßt als mit allem Gängigen.

Erinnert werden muß hier an die im Rahmen der Kunsttheorien bereits zi-tierte Forderung aus dem *Lebrecht*, ein neues Lebensverständnis sei daraus zu gewinnen, daß man sich «das Gewöhnliche» fremd mache, um in der Nähe zu finden, was man in der Ferne vergeblich sucht – eine Forderung, die der späteren Definition des «Romantisierens» durch Novalis bemerkenswert na-hekam. Was beide Schriftsteller bewegte, war das Gefühl, die Bindung zwi-schen Literatur und Leben, Kunst und Gesellschaft müsse über die Ironisie-rung eingefahrener Moden hinaus einen neuen, starken Impuls erhalten, wenn sie deren Krusten durchdringen und frisches Leben entfalten solle. Es handelte sich also vor allem um Überlegungen zu neuen künstlerischen Ar-beits- und Darstellungsweisen.

Aktivierung und Erweiterung des Aufnahmevermögens und damit des
Fühlens und Denkens war das Ziel solcher romantischen Arbeitsweise, und
Tieck brachte sie auf die verschiedenste Art und Weise zuwege. So machte er
Peter Lebrecht zu mehr als nur einer ironisch getönten Gestalt mit autobiographischen Zügen; Lebrecht wurde zum Literaturpolitiker, der seinen Lesern ganz im Sinne von Tiecks Forderung Altes neu aufschloß. 1797 veröffentlichte Tieck drei Bände *Volksmärchen, herausgegeben von Peter Lebrecht,*
die eine überraschende, höchst originelle Mischung von Drama und Erzählung, Gedicht und Märchen, Persiflage und Ernst, Freundlichem und Grau-
enhaftem, Fremdem und Eigenem enthielt. Hier stand neben der milden
*Wundersamen Liebesgeschichte der schönen Magelone* die satirische Literaturkomödie *Der gestiefelte Kater,* neben Nacherzählungen der Volksbücher von
den Heymonskindern und den Schildbürgern der eigene Angsttraum vom
*Blonden Eckbert* sowie die aus Sagen entstandenen Dramen vom *Ritter Blaubart* und von *Karl von Berneck.* In einer «scherzhaften Vorrede» bot Leb-
recht-Tieck dem Leser an, «Führer zu sein durch ein Land, wo Poesie und
romantische liebenswürdige Albernheit zusammen wohnen».

Es war also bewußte Literaturpolitik, die Tieck hier beabsichtigte, und in
einer anderen, «ernsthaften» Vorrede blickte er ausdrücklich auf das «Ideal
von einem Leser», der nicht Belehrung suchte, sondern sich dem Zauber der
Poesie und der «wunderlichen Phantasie» ergab. Schon 1793 hatte Tieck
eine Abhandlung *Über Shakspeare's Behandlung des Wunderbaren* verfaßt,
und die Idee, daß Literatur die Sphären jenseits des Glaubwürdigen und
Greifbaren aufschließen könnte, hat ihn auch weiterhin verfolgt. Die *Volksmärchen* waren nun allerdings keineswegs ein Werk für einfältige Gemüter
oder solche, die sich wieder schlichte Gläubigkeit aneignen wollten. Im Gegenteil: Scherz und Ironie mischen sich raffiniert mit reproduzierter Einfalt
aus vergangenen Zeiten, moderne Empfindungen werden den alten unterlegt
oder es wird mit Märchenvorlagen wie dem «gestiefelten Kater» ein hinter-
hältiges, wohlberechnetes ästhetisches Spiel getrieben, so daß alle diese
Schriften gewiß nicht wie der Reiseführer für einen romantischen Gang ins
Wunderland der Träume aussehen. Aber was an Neuem in der deutschen Literatur um 1800 hervortrat, war eben in erster Linie das Produkt junger Intellektueller, und ihr Wunderbares, ihre Vorstellung von Poesie bestand
nicht in etwas Vorgeistigem, Primitivem, Naivem, sondern in etwas, das erst
mit intellektueller Anstrengung zu erreichen war, obwohl es sie transzendieren sollte. In diesem Sinne verbindet sich in den *Volksmärchen* das Poetisieren
mit dem Ironisieren, das Nahebringen des Fernen mit dem Verfremden des
Heutigen, und je reichere literarische Ausdrucksformen man fand, desto
größer war die Chance, durch das Zusammenwirken von Vielfältigem dem
Ziele näherzukommen. Es war Experimentalkunst, die Tieck hier bot und
mit der er im einzelnen seine bisherige Arbeit fortsetzte, im ganzen jedoch zu
neuen Qualitäten strebte, die eng verwandt waren mit dem, was Friedrich

Schlegel in seinen theoretischen Überlegungen zur gleichen Zeit als «Univer-salpoesie» konzipierte. Die Bahnen beider liefen aufeinander zu.

Bei einer Betrachtung der *Volksmärchen* unter den Ordnungsbegriffen lite-rarischer Gattungen ist daran zu erinnern, daß solche «Universalpoesie» ge-rade die Durchbrechung aller normativen Grenzen erstrebte. Nicht nur ste-hen Dramen und Erzählungen in dieser Sammlung nebeneinander, bei den Volksbuchstoffen hat Tieck auch mehrfach zwischen dramatischer und epi-scher Bearbeitung geschwankt, und vor allem laufen die Texte immer wieder auf lyrische Höhepunkte oder Kondensationen zu. Kombinationen dieser Art hat Tieck dann fortgesetzt in den zwei Bänden *Romantische Dichtungen* (1799/1800); sie enthielten mit dem *Prinz Zerbino* eine satirische Komödie eigener Schöpfung sowie mit der Erzählung *Der getreue Eckart und der Tan-nenhäuser* auch eine aus alten Stoffen hervorgegangene eigene Novelle, wäh-rend das Drama von der *Heiligen Genoveva* und die nacherzählte *Historie von der Melusina* wieder Bearbeitungen von Volksbüchern waren und das kleine Drama vom *Rothkäppchen* schließlich die Literatur- und Zeitsatire des *Gestiefelten Katers* fortführte.

Auf dem Gebiet der Erzählkunst brachten nun die *Volksmärchen* zweierlei. *Der blonde Eckbert* öffnete die Novellenform für die Darstellung tiefgreifen-der existentieller Problematik, und zwar durch die Einbeziehung des Mär-chenhaften, Wunderbaren, aber auch Grauenhaften in die Reflexionen des modernen Bewußtseins. Die Novellenkunst Kleists, Hoffmanns oder Edgar Allan Poes ist Tieck hier mittelbar oder unmittelbar verpflichtet. Die andere Novität Tiecks aber waren die wiederentdeckten und neugestalteten deut-schen Volksbücher, womit er dann ebenfalls Schule machte. Über sie sei hier zuerst berichtet.

Zur Vorgeschichte von Tiecks Volksbuchdichtung gehört Herders Bege-sterung für Volkspoesie ebenso wie Musäus' aufklärerische Auffrischung deutscher Volksmärchen. Auch an den Berliner Prediger und Realschulleh-rer Erduin Julius Koch ist zu erinnern, den ersten bedeutenden Bibliogra-phen der deutschen Literaturgeschichte, der die Grundlagen für die Germa-nistik als historische Disziplin legte und seine Schüler – unter ihnen Wilhelm Heinrich Wackenroder – zur Suche nach alten literarischen Quellen anregte. Wackenroders Enthusiasmus war nicht ohne Einfluß auf Tieck geblieben. Allerdings nahte sich Tieck den alten Dokumenten nicht als Wissenschaftler oder Restaurator. Im Vorwort zu seiner Bearbeitung der «Schildbürger» läßt er den fiktiven Erzähler Peter Lebrecht davon berichten, wie dieser bei einem Straßenhändler auf alte Drucke von Volksbüchern stößt, in denen er eine «Kraft der Poesie» und Wahrheit der Darstellung findet, die alles das über-treffe, was man im Zeichen der Aufklärung dem Volk als Lese- und Bil-dungsbücher unterschiebe, und zwar durch Verfasser, die selbst nicht die ge-ringste Ahnung vom Denken und Empfinden des «Volkes» hätten. Nun war zwar auch Tieck als junger großstädtischer Intellektueller keineswegs ein

Kenner und Mann des Volkes, aber in den alten Stoffen glaubte er immerhin
etwas zu finden, das der moralischen Didaktik aufklärerischer Hilfsbüchlein
oder trivialer Unterhaltungsliteratur abging und das ihm für alle Literatur
einschließlich seiner eigenen so wesentlich war: die «poetische», «wahre»
und damit zur Anteilnahme veranlassende Darstellung von menschlichen
Konflikten und Gefühlen, von Trauer und Freude, Erwartung und Enttäuschung sowie ihren möglichen Anlässen und Ursachen. Solche Belebung
menschlicher Erkenntnis und Sympathie durch die Kunst war seine Absicht
und eine der Absichten der Literaturpolitik unter dem Zeichen des Romantischen überhaupt.

Tieck ging dabei jeweils auf ganz verschiedene Weise zuwege. *Die Geschichte von
den Heymons Kindern* in den *Volksmärchen* war im wesentlichen eine verkürzte Wiedergabe des alten Volksbuches mit der Absicht, Vergnügen an «altfränkischen Bildern» hervorzurufen, wobei manche im Urbild bereits vorhandene Ironie oder Sentimentalität der Betonung halber verstärkt wurde. *Die Denkwürdige Geschichtschronik
der Schildbürger* hingegen gestaltete Tieck zu einer Satire auf die eigene Zeit um. Berliner Aufklärungsphilosophie und Berliner Theater werden aufs Korn genommen.
Mehr noch aber geht es um das Verhältnis deutscher Bürger zur Revolution. Nach anfänglicher Furcht, die dazu führt, daß sich die Schildbürger wegen revolutionärer Gesinnung freiwillig ins Gefängnis setzen, schwingt man sich auf zu pathetischen Frei-
heitsbekenntnissen, um sich dann, wenn es darauf ankommt, der Macht zu beugen
und den Eigennutz walten zu lassen. Nicolais Bruch mit seinem jungen Autor wurde
wesentlich durch diese Satire provoziert, die Nicolai erst las, als sie bereits in seinem
Verlag erschienen war.

Auf wieder andere Weise verfuhr Tieck mit der *Wundersamen Liebesgeschichte der
schönen Magelone,* die durch Brahms' Vertonung der eingelegten Gedichte wohl die
bekannteste dieser Volksbuchbearbeitungen geworden ist. In den Gesprächen des
*Phantasus* – in dessen Rahmen Tieck die *Magelone* später aufnahm – war er selbst eine
der Gestalten den Unterschied der neuen Fassung zur alten in dem Satz zusammenfassen lassen: «Das alte Gedicht ist eine Verherrlichung der Liebe und frommen Demuth,
die neuere Erzählung ist süß freigeisterisch und ungläubig.» Die katholisch-karitative
Tätigkeit der verlassenen Magelone in einem römischen Krankenhaus hat Tieck beiseite gelassen und dafür die Beziehung zu einer orientalischen Sultanstochter hinzuge-
dichtet. Zulma hieß die von Abdallah vergebens erstrebte Geliebte, Sulima ist jetzt der
Name der Schönen, bei der Graf Peter fern von seiner Magelone in Gunst steht und
fliehend gerade noch das Schicksal des Grafen von Gleichen vermeidet, der als Preis
für seine Freiheit die orientalische Geliebte der deutschen Ehefrau ins Haus bringt;
Musäus hatte in den *Volksmärchen* seine Nöte eben erst wieder den deutschen Lesern
vorgeführt.

Tiecks Nacherzählung der *Magelone* ist weit von «altfränkischer» Holzschnitthaf-
tigkeit entfernt. Die Bilder der alten Sage verkleiden vielmehr ein modernes, «freigei-
sterisches» Lob der irdischen Liebe, die den Menschen aus der Fremde in die Heimat
zurückbringt. Märchen- und Sagenmotive sind symbolisch gebraucht, um moderne
Gefühle zu artikulieren. Ausstoßung, Heimatlosigkeit und Verlorenheit in der Fremde
bildeten bisher das charakteristische Schicksal Tieckscher Helden. In der Anschauung
der eigenen deutschen Gegenwart ließ sich die Erfüllung des Traumes von der Heimkehr tatsächlich auch schwer ausführen und geriet in die Nähe der Parodie, wie Peter
Lebrechts eigene Lebensgeschichte mit der Ersetzung der schwesterlichen Braut durch
das dörfliche Hannchen zeigte. In der alten Welt aber konnte sich das moderne Be-

wußtsein ausleben, ohne zur Rechenschaft vor den Realitäten der Zeit und Geschichte gezogen zu werden. Es lag also ein speziell deutscher Zug in dieser Volksbuch-Romantik, wie denn charakteristischerweise der kondensierteste Ausdruck dieses modernen Empfindens erst der Ergänzung durch die deutscheste aller Künste, die Musik, bedurfte, um zu größerer Wirkung zu gelangen. Tiecks *Magelone*-Lieder sind in ihrer Metaphorik eigentümlich amorph oder in sich selbst zurücklaufend –

O Kuß! wie war dein Mund so brennend roth

– ohne freilich leer zu sein, daher aber die Stütze durch die festen Strukturen der Musik geradezu herausfordernd, manchmal sogar mit präwagnerisch al iterierender Wortmusik («Will es nun auch weiter wagen, / Wie es werden will»). Auch seine Volksbuchdichtung also war eine Form experimenteller Literatur, und Tieck hat Volksbuchstoffen noch lange Zeit seine Aufmerksamkeit geschenkt. So hat er versucht, die *Magelone* und die *Melusine* zu dramatisieren, er hat den *Kaiser Octavianus* aus diesem Stoffbereich geschöpft, und auch der *Fortunat* (1816) ist daraus hervorgegangen. Bei seinen Bearbeitungen allerdings fehlte ihm das antiquarische Interesse, das später Joseph Görres zu seiner großen Überschau über die *Teutschen Volksbücher* (1807) bewegte. Stattdessen bereitete er historisch eher das vor, was dann Arnim und Brentano mit *Des Knaben Wunderhorn* leisteten, wenn sie durch die Umdichtung und Neufassung von Altem eine lebendige literarisch-kulturelle Tradition gegenüber einer politisch fragmentierten Wirklichkeit herauszustellen suchten.

Von allen seinen frühen Werken haben wohl jene Novellen, die Tieck als Erzeugnisse eigener Phantasie in seine Sammlungen einstreute, den breitesten Widerhall und die größte Aufmerksamkeit gefunden: *Der blonde Eckbert* und *Der getreue Eckart und der Tannenhäuser* sowie die 1804 veröffentlichte Novelle *Der Runenberg*. Sie sind regelrechte Exerzierplätze für literaturwissenschaftliches Interpretieren geworden, und es gibt kaum eine Richtung der Literaturbetrachtung, sei es nun nach philosophischen, psychoanalytischen, strukturalistischen, soziologischen oder formästhetischen Methoden, die nicht ihr Werkzeug an ihnen ausprobiert hätte. Das spricht teils für die Anziehungskraft dieser Geschichten und den suggestiven Phantasiereichtum ihres Autors, teils wohl allerdings auch ein wenig dafür, daß die Phantasie hier allgemein genug blieb, um zu solcher Vieldeutbarkeit einzuladen.

Tieck hat Verschiedenes in diesen Geschichten zusammengefügt: eigene Identitätsproblematik und Zeiterfahrung, Angstträume und libidinöse Konflikte, Märchenmotive, die ihm beim Studium alter Literatur zuhanden gekommen waren, und außerdem noch Gedanken, Vorstellungen und Bilder, die hervorwuchsen aus der Gemeinsamkeit des Jenaer Kreises. Tieck gelang es, diese Teile künstlerisch zu verschmelzen, seinen Erzählungen äußerlich eine Einheit der Handlung und innerlich eine mit der Handlung in Einklang stehende Atmosphäre zu geben. Einer schlüssigen «Dekodierung» jedoch werden sie sich wohl weiterhin entziehen, denn wie die meisten anderen Schriften Tiecks aus dieser Zeit sind sie in erster Linie Experimente, mit denen literarische Konventionen überwunden werden sollten und auch tatsächlich überwunden wurden.

Die originellste und spontanste dieser Erzählungen ist *Der blonde Eckbert*.

Der besondere Reiz, der von dieser Geschichte ausgeht, liegt in der unheimlichen, aus der Vermengung von Märchenwelt und Wirklichkeit entstehenden Atmosphäre, die dem Leser den Boden unter den Füßen verschwinden läßt, so daß er nirgends ganz genau weiß, ob er sich nun im einen oder anderen Bereich befindet. Wenn etwas geeignet war, ein selbstgefälliges, wirklichkeitssicheres Publikum aufzustören und in seinen Denk- und Gefühlsgewohnheiten in Frage zu stellen, so war es eine solche Grenzaufhebung zwischen dem Bekannten und Unbekannten, dem Gewöhnlichen und Fremden – wie rund einhundert Jahre später Ähnliches durch die Texte Franz Kafkas geschah, die das gleiche Gefühl der «Unheimlichkeit», der Fremdheit im Gewöhnlichen suggerierten.

Verkennung ist das Leitmotiv von Tiecks Erzählung, ganz in Korrespondenz zu der Wirkung, die sie beim Leser erzielt. Eckbert heiratet seine Schwester und tötet seine Freunde, eben weil er sie allesamt verkennt, in falschem Verständnis seiner selbst befangen. So erfährt er am Ende die «entsetzliche Einsamkeit» seines Lebens und stirbt im Wahnsinn, nachdem er das Geheimnis um sich selbst durchschaut hat. Den größeren Teil der Erzählung umfaßt jedoch nicht die Geschichte Eckberts, sondern die seiner Frau und Schwester, die fern von der Gesellschaft in einem Gebirge aufwächst unter der Obhut von Märchengestalten, einer alten Frau, einem Hunde und einem Edelsteine statt Eier legenden Vogel. Ihr Sündenfall ist die Flucht aus diesem Refugium und der Mißbrauch der Edelsteine als Zahlungsmittel, also die Kapitalisierung der Früchte des Paradieses und damit dessen Zerstörung. So wird also Unheil auch von ihr herausgefordert, ja sie ist überhaupt der eigentlich schuldige Teil in der Geschichte, während Eckbert selbst nur durch die Verbindung mit ihr schuldig wird. Aber als Geschwister sind sie wiederum zwei und eins zugleich, und ihr Schicksal ist nicht zu trennen.

Verunsicherung des Menschen, der nicht mehr von äußeren Mächten bedroht wird, sondern dessen größter Feind in ihm selbst liegt. Destruktion aller menschlichen Beziehungen durch seinen Sündenfall, für den die freiwillige Flucht aus dem Paradies und «die unselige Habsucht nach unsern Edelgesteinen» als Symbole stehen – das sind die Haupteindrücke, die die Tragödie des blonden Eckbert und seiner Schwester hinterlassen. Als dritter und wirkungsvollster aber kommt das Lied des Paradiesvogels hinzu, das mit seinen verschiedenen Variationen einen Kommentar zu der jeweiligen Situation in Eckberts und Berthas Leben gibt und dessen fortdauernde Magie von jenem Tieckschen Wort ausgeht, das die erste Zeile bildet:

> Waldeinsamkeit
> Die mich erfreut,
> So morgen wie heut'
> In ew'ger Zeit,
> O wie mich freut
> Waldeinsamkeit.

Diese Verse geben der aus den Friedensutopien der Zeit hervorwachsenden Sehnsucht nach einem neuen Paradies und der Goldenen Zeit ein poetisches Kleid. Die Vorstellung von einer jenseits der Gesellschaft liegenden «Waldeinsamkeit» hebt den Angsttraum des Einsamseins auf, weil der in Natürlichkeit lebende Mensch die Zeit überwunden und damit auch mit sich selbst wieder einig geworden ist. Es war in allgemeinsten Umrissen der Mythos von einer natürlichen, unentfremdeten Existenz und damit die lyrische Verklärung eines allgemeinen Zeitwunsches. Nur verwirkten die Menschen ihr Anrecht darauf durch ihr eigenes blindes Handeln.

Der Gegensatz zwischen Fremde und Heimat bestimmt auch die Erzählung *Der getreue Eckart und der Tannenhäuser,* die Tieck in der Nacht nach seiner ersten Begegnung mit Novalis im Juli 1799 in Jena zu Ende geschrieben haben soll. Der Sage vom getreuen Eckart, die Tieck episch-lyrisch im Stile der Volksbucherneuerungen nacherzählt, wird ein zweiter, vierhundert Jahre später spielender Teil hinzugefügt, die Lebensgeschichte des Tannenhäusers, die ganz im Sinne des *Eckbert* eine Geschichte der Verwirrung von Traum und Realität ist. Auch des Tannenhäusers Los ist es, alle menschlichen Beziehungen um sich zu zerstören, Freundschaft und Liebe zu vernichten und seinen «abirrenden Gedanken» zu folgen, «die aus dem Mittelpunkt herausstrebten, um eine neue Welt zu finden». In dieser Erkenntnis des Helden ist das Positive und Negative seiner Gestalt treffend ausgedrückt und hat so auch auf spätere Gestaltungen dieses Stoffes wie zum Beispiel Wagners Oper gewirkt. Denn der Tannenhäuser ist Aufrührer, Unzufriedener auf der Suche nach Neuem und ein verirrter Sünder, Verführer und Mörder zugleich. Der «heimliche Schauer», der seinen Freund Friedrich bei seinem Anblick ergreift, ist der Schauer vor dem Unheimlichen und Unbehausten. Zum Mythos von einer Gegenwelt hat Tieck den Venusberg, zu dem hin der Tannenhäuser auch seinen Freund noch reißt, allerdings nicht ausgeführt.

Im *Runenberg* nimmt die paradiesische «Waldeinsamkeit» noch einmal Gestalt an. Nach Rudolf Köpkes Angaben ist die Novelle 1801 entstanden; erschienen ist sie 1804. Anfang 1801 hatte Tieck das Manuskript zum ersten Teil von Novalis' *Heinrich von Ofterdingen* in den Händen gehabt, und er hat bekanntlich nach dem Tode des Freundes gemeinsam mit Friedrich Schlegel den Roman sowie eine Edition von Novalis' Schriften herausgegeben. Die zeitliche Nähe zwischen der Novelle und der Novalis-Edition erklärt, warum es deutliche Parallelen zum fünften Kapitel von Novalis' Roman, dem «Bergmannskapitel», gibt, und Tieck ist zu seiner eigenen Darstellung zweifellos durch Gedanken und Bilder daraus inspiriert worden.

In einem Brief an Schlegel vom März 1801 bekennt Tieck, wie «nothwendig» ihm die Natur sei: «Der Schwulst der Berge, die Inkorrektheit vor Bächen und Wäldern, der Schwung der Anhöhen ist die ewige Poesie, die ich

nie zu lesen müde werde, und die mich stets begeistert.» Was Novalis mit den
Augen des Natur- und Geschichtsphilosophen betrachtete, das sieht Tieck
hier – wie überall in seinem Werk – mit dem Auge des Ästheten. Der Unterschied in der Betrachtungsweise wird aus den Resultaten erkennbar. Erfaßte
Novalis immer mehr die Harmonie von Einem und Allem, so fühlte Tieck
zwar auch, wie er weiter schreibt, daß in der Welt alles «immer mehr Eins
wird», aber dieses Ganze sieht ihn «aus einem einzigen tiefen Auge» nicht
nur «voller Liebe», sondern auch mit «schreckvoller Bedeutung» an. Die philosophische Durchdringung der Gegensätze und die Entwicklung einer Utopie vom Goldenen Zeitalter war nicht seine Sache. Tieck begnügte sich mit
den Fragmenten von Visionen und Mythen, gab aber gerade dadurch seinen
Geschichten den Charakter der fortdauernden Herausforderung und des suchenden Fragens.

Im *Runenberg* sind es die Lebensverirrungen des wackeren Bürgers Christian, der «sich aus dem Kreise der wiederkehrenden Gewöhnlichkeit» entfernt und im Gebirge einer geheimnisvollen Schönen begegnet, die seiner Li-
bido ebenso wie seinem Hang zu edlen Steinen zusetzt, so daß er hinfort für
die Welt außerhalb des Gebirges verloren ist, auch wenn er versucht, sich in
ihr als Familienvater seßhaft zu machen. Die Heimat wird ihm zur Fremde
und die Fremde zur Heimat; und als «Unglücklicher» verschwindet er deshalb schließlich auf immer hinter den Bergen, freilich nicht, ohne vorher seiner wirtschaftlich ruinierten Familie mit einem Sack Kieselsteine, die er für
Juwelen hält, eine fragwürdige Unterstützung hinterlassen zu haben. Ob
Tieck hier Reflexionen auf eine eigene Ehekrise und sein davon nicht unbe-
einflußtes Wanderleben eingeflochten hat, sei dahingestellt. Die Verständ-
nismöglichkeiten für seine in der topographischen Symbolik von Gebirge
und Ebene ablaufenden Geschichte gehen in jedem Fall darüber hinaus. Die
Natur dieses Werkes ist in vieler Hinsicht der Gegensatz zu der regulierten
Welt der Menschen, die üppige nackte Runenbergschöne der Kontrast zur
biederen Ehefrau, die funkelnden Steine einer Runentafel derjenige zum gesellschaftlichen Wert von Gold und Geld, und schließlich stellt die Wildnis
von Wald und Bergen den Hort der Freiheit und Ungebundenheit dar im
Gegensatz zu der gehegten Natur in Garten und Feld sowie dem von sozialen Rücksichten bedingten Leben in Stadt und Dorf. Auf diese Kontrastierungen läuft die Geschichte hinaus, offenlassend, ob Christians Schicksal
Untergang oder Verklärung bedeutet, Höllenfahrt oder Himmelfahrt des
Individuums, das sich schuldig macht und dessen Schuld dann doch wieder
wenn nicht entschuldbar, so doch begreifbar ist, weil sie einen trifft, der, mit
den Worten des Tannenhäusers, aus sich herausstrebt, «um eine neue Welt
zu finden», von deren Wesen er freilich keine Vorstellungen hat.

Tiecks Geschichten bringen also Gegensätze und Konflikte seiner Zeit zu
metaphorischem Ausdruck. Natur und Kultur, Trieb und Intellekt, individuelle Freiheit und gesellschaftliche Bindung, Kampf der Interessen und fried-

volles Dasein in einer von Geldwerten befreiten Goldenen Zeit – all das begegnet sich in verschiedenen Variationen in den Bildern und Gestalten dieser Novellen, und da solche Gegensätze und Konflikte nicht gemeinsam mit dem Heiligen Römischen Reich Deutscher Nation vom Erdboden verschwanden, sondern sich eher ausbreiteten, haben Tiecks Novellen auch ihre Anziehungskraft auf ein späteres Lesepublikum nicht verloren.

Der realistische Rahmen legitimierte dabei das Märchenhafte in ihnen, und das Märchenhafte wiederum gab dem Autor die Gelegenheit, auf jene sich zur Undurchschaubarkeit entwickelnden Konfliktverhältnisse der modernen bürgerlichen Gesellschaft gestaltend einzugehen, wenn mit einem «In-tyrannos»-Protest nichts mehr auszurichten war, weil der Gegner im eigenen Lager und teilweise im eigenen Innern stand. Tieck hat, was seir besonderes Verdienst ist, die Form der Novelle für solche Thematik erschlossen. Sie hat dann als die an ein einzelnes Ereignis und eine begrenzte Situation gebundene Erzählform im Deutschland des 19. Jahrhunderts an der Stelle des europäischen Gesellschaftsromans ihre große Blütezeit gehabt, und Tieck hat mit seinen späten Novellen wiederum einen Beitrag dazu geleistet. Als er aber 1812 noch einmal mit Märchenerzählungen wie *Liebeszauber, Die Elfen* und *Der Pokal* unmittelbar an die frühen Experimente anknüpfen wollte, hatten ihn andere – also Arnim, Kleist und Hoffmann – in der eigenen Kunst bereits überholt.

## Variationen über die Kunst

Was von Ludwig Tiecks Frühwerk bisher beschrieben worden ist, bestand im wesentlichen aus Lebensgeschichten, die auf exzentrischen Bahnen verliefen. Figuren strebten «aus dem Mittelpunkt» heraus, um ihre Existenz auf diese Weise zu erweitern, sie dabei aber auch gefährdend, während andere vergeblich nach einem Mittelpunkt ihres Selbst suchten und dabei in die Klauen der Angst und des Wahnsinns gerieten. Versöhnung des Gegensätzlichen, Feindlichen gab es allenfalls im Traum oder im ironisch-parodistischen Kommentar des Autors, wenn er sich durch Sprache und Darstellungsweise von der Ernsthaftigkeit seiner Konflikte distanzierte. Aber neben den Eruptionen der Angst und den Experimenten mit dem Wechselspiel von Inhalt und Form gibt es noch einen dritten Aspekt in den Schriften des jungen Tieck, der sogar für die unmittelbare Wirkung auf seine Zeit der bedeutendste war sein Kunstenthusiasmus. Auch hier liefen zwar dessen Träger auf exzentrischen Bahnen, aber es war nur Exzentrik in den Augen der Bürgerlichkeit; für den Autor selbst bildete die Kunst bereits das Fundament zu einer neuen Mitte.

Für die Herausbildung von Tiecks Kunstenthusiasmus und Kunstdenken gab dabei die Freundschaft mit Wackenroder den entscheidenden Anstoß. Wackenroder war es, der mit dem *Ehrengedächtnis unsers ehrwürdigen Ahn-*

*herrn Albrecht Dürer,* das 1796 in Reichardts Zeitschrift *Deutschland* erschien, und dann mit den *Herzensergießungen eines kunstliebenden Klosterbruders* (1797) diesen Kunstenthusiasmus als eine Art Kunstreligion zum erstenmal formulierte. Kunst erweiterte sich zu einer Art Totalitätserfahrung, zur Erkenntnis der Einheit von Geist und Natur, Gott und Leben, Einzelwesen und Welt. Das ist im einzelnen bereits bei der Betrachtung der Kunsttheorien der Zeit dargestellt worden. In den Zusammenhang der Erzählkunst der neunziger Jahre gehört jedoch der Hinweis auf die besondere Kunstform der *Herzensergießungen,* die mit ihrer Mischung aus Kunstbetrachtung, Biographie, Lyrik und Erzählkunst den Schlegelschen Vorstellungen der Universalpoesie in wesentlichen Zügen bereits entsprach, und zwar zu einer Zeit, da er selbst erst diese Gedanken zu formulieren begann.

Teil der *Herzensergießungen* ist eine in sich geschlossene, aber durch die Fiktion des Klosterbruders als Erzähler zugleich auf das ganze Werk bezogene, es reflektierende Geschichte über *Das merkwürdige musikalische Leben des Tonkünstlers Joseph Berglinger,* eher ein Roman in nuce als eine Novelle, denn ein ganzer Lebenslauf ist ihr Gegenstand, und ergänzende «Dokumente» aus den Federn Wackenroders und Tiecks sind dazu noch in die *Phantasien über die Kunst* (1799) aufgenommen. Die Geschichte Berglingers ist also zugleich mehr als ein Teil des Ganzen, denn in ihr wird der Kunstenthusiasmus, wie ihn der Klosterbruder in den einzelnen «Herzensergießungen» entworfen hatte, auf die Probe vor der Realität gestellt, und zwar nicht nur vor der äußeren, gesellschaftlichen, sondern auch vor der inneren, psychologischen, wobei natürlich eine Wechselwirkung zwischen den beiden Bereichen mitgedacht ist.

Die zwei Abschnitte der Geschichte zeigen die aufsteigende und fallende Kurve von Berglingers Leben. Dem Ausbruch aus dem bürgerlich-pragmatischen Elternhaus mit dem Ziel, ganz der «Gewalt der Töne» zu dienen, folgt ein Leben der Desillusionierungen, zunächst durch die nüchternen Grundlagen der Form, also die mathematischen Strukturen der Musik, und dann durch die Praxis ihrer alltäglichen Ausübung, die immer wieder Rücksichten auf die Unzulänglichkeiten oder Interessen anderer fordert. In diesem Sinne bekennt Berglinger als junger Kapellmeister: «Die prächtige Zukunft ist eine jämmerliche Gegenwart geworden.» Was Berglinger bei diesem Widerspruch zwischen Ideal und Wirklichkeit besonders trifft, ist die grundsätzliche Kunstfeindlichkeit der Gesellschaft, für die er musiziert und von der schließlich seine Existenz abhängt. Er ist angewidert «von allen dem ekelhaften Neid und hämischen Wesen, von allen den widrig-kleinlichen Sitten und Begegnungen, von aller der Subordination der Kunst unter den Willen des Hofes». Er empört sich über die Kaltherzigkeit des Konzertpublikums, «diese in Gold und Seide stolzierende Zuhörerschaft», über die «empfindungslosen und leeren Köpfe», die Forderungen an ihn richten, wenn er aus ganzer Seele schafft, und er summiert: «Die Empfindung und der Sinn für Kunst sind aus der Mode gekommen und unanständig geworden.» Es ist die sehr präzise Analyse einer neuen und zugleich spezifisch deutschen Künstlerproblematik. Verlagerte sich beim Übergang ins bürgerliche Zeitalter allgemein die Abhängigkeit des Künstlers, indem an die Stelle des adligen Mäzens das zahlende, aber dafür auch kunstrichtende und den Geschmack bestimmende größere Konzert- und Lesepublikum trat, so ergab sich unter den besonderen politischen Verhältnissen Deutschlands nun eine doppelte Abhängigkeit, und zwar sowohl vom Hof wie vom Publikum, die im Geschmack und Ambitionen aufeinander zuwuchsen. Deshalb wurde hier aber auch der Gegensatz zwischen der Künstlerexistenz und ihrem sozialen Grund tiefer empfunden und der Kunst zugleich ein höherer Wert gegeben als in anderen europäischen Ländern, bis hin zu dem Punkt, wo Künstlertum als die einzige ideale, freie Lebensform erscheinen konnte. Berglinger freilich erwägt als Alternative eher die Flucht aus der Kultur zu den Schweizer Hirten oder zweifelt gar an der guten Kraft der Kunst, da sie ihn innerlich zerrissen hat, bis er nach der Komposition einer bewegenden Passionsmusik in «Nervenschwäche» fällt und stirbt. Es ist keine zufällige Vollendung einer Künstlerlaufbahn: Die Selbstfeier und Verklärung des sich isoliert empfindenden jungen Bürgers war seit Werthers Selbststilisierung zum Gottessohn in der deutschen Literatur geläufig, und gleichzeitig mit Berglinger hatte auch Jean Paul seinen Siebenkäs Passionsexperiment machen lassen, nur freilich nicht mit tödlichem Ausgang. Für Wackenroder wiederum gab es eine Erlösung nur im Märchen – er hat ihr in der kleinen Legende Gestalt gegeben, die in den *Phantasien über die Kunst* unter dem Titel *Ein wunderbares morgenländisches Märchen von einem nackten Heiligen* steht und in der der Zauber der Töne und der Liebe, in eins gewoben, das «Sausen des mächtigen Zeitrades» im Menschen endlich zur Ruhe bringt.

Am Ende der Berglinger-Geschichte fragt sich der erzählende Klosterbruder, ob sein Freund «vielleicht mehr dazu geschaffen war, Kunst zu *genießen* als *auszuüben*». Die Frage wurde zu einem Leitthema für Ludwig Tiecks Roman *Franz Sternbalds Wanderungen*, von dem 1798 der erste und zweite Teil zusammen erschienen; ein dritter, abschließender Teil ist nicht hinzugekommen, und das Buch blieb Fragment.

Die Urteile von Tiecks Zeitgenossen über den *Sternbald* schwankten. Goethe schickte sein Dedikationsexemplar an Schiller mit der Bemerkung, es sei unglaublich, «wie leer das artige Gefäß ist». Jean Paul stellte in einem Brief (13. 11. 1798) fest, daß das Buch «gewisse herliche bowling-greens abgerechnet, keine historische oder psychologische Entwicklung habe – keine Szenen – keinen Stof – keine Karaktere – und lauter Dakapo's etc. – und oft keinen Sin». Und er fügt flehend hinzu: «Ach h[eiliger] Richardson und Fielding bittet für uns!» Caroline Schlegel berichtete, sie sei bei der Lektüre eingeschlafen, während Friedrich Schlegel «die fantastische Fülle und Leichtigkeit», den «Sinn für Ironie» und das Kolorit lobte und erklärte, hier scheine «der romantische Geist [...] angenehm über sich selbst zu fantasiren». Philipp Otto Runge schließlich wurde «im Innersten» seiner Seele ergriffen, und für E. T. A. Hoffmann war es ein «wahres Künstlerbuch».

Die Verschiedenheit der Ansichten unter Personen, die Tieck nicht von vornherein ablehend gegenüberstanden, ist verständlich aus den jeweils unterschiedlichen Erwartungen, mit denen sie das Buch lasen. Gemessen an den großen englischen Romanen des 18. Jahrhunderts hat es als Roman in der Tat einen hoffnungslosen Stand, und alles das, was Jean Paul an ihm aussetzt, trifft auch tatsächlich zu. Der *Sternbald* besaß kaum je eine Chance, einen größeren, nicht nur von literarischen Interessen bewegten Leserkreis zu finden. Nur erschien manchen – wie Friedrich Schlegel – doch auch als eine

Stärke, was Jean Paul als Mangel betrachtete: der spielerisch-experimentelle
Umgang mit den Bestandteilen eines Romans, mit Charakteren, Ereignissen,
Zeitkolorit und Naturszenen – ein Verfahren, dessen Ziel nicht war, eine
Geschichte zu erzählen, sondern die Phantasie im Leser freizusetzen und in
Bewegung zu bringen. Daß das offensichtlich dort gelang, wo das eigentli-
che epische Erzählen aufhörte, nämlich bei den Landschaftsschilderungen,
den «bowling-greens» und lyrischen Partien, dafür spricht nicht nur Jean
Pauls Konzession, sondern es sprechen dafür auch die Reaktionen Runges
als Maler sowie Hoffmanns als Maler, Komponist und zur Zeit seines Urteils
(1805) beginnender Schriftsteller.

Tieck hat seinem Roman den Untertitel «Eine altdeutsche Geschichte» gegeben; es ist die Zeit Albrecht Dürers, in der er spielt. Der *Sternbald* wuchs
also direkt aus den Studien des *Klosterbruders* hervor und sollte auch ursprünglich eine Gemeinschaftsarbeit von Wackenroder und Tieck werden;
Wackenroders Krankheit und Tod verhinderten das. Die historische Patina
des Romans ist jedoch dünn, und die Modernität des Helden schimmert
überall hindurch. Tiecks Absicht war es aber ohnehin nicht, das Idealbild einer guten alten Zeit zu entwerfen, denn er zeichnet Sternbalds Gegenwart
nicht als eine Zeit ohne Widersprüche und Gegensätze. Was sie aber immerhin zu bieten hatte, ist die Aussicht für den Künstler, in seiner Besonderheit
anerkannt zu werden. Obwohl Sternbalds Art seines Künstlertums bereits
von der seines Lehrers Dürer abwich, sollte doch nach Tiecks Plan alles «in
Nürnberg, auf dem Kirchhofe, wo Dürer begraben liegt», glücklich enden.
Das frühe 16. Jahrhundert dient ihm also in erster Linie als Modell einer bürgerlichen Zeit, deren Probleme und Widersprüche, im Gegensatz zu denen
in Tiecks eigener Zeit, vereinfacht darstellbar waren als Widersprüche zwischen bürgerlichem Beruf und künstlerischer Berufung, zwischen Geld und
Kunst, mit der Aussicht auf eine befriedigende, die zerstörerischen Antagonismen aufhebende Lösung. Zugleich jedoch erlaubte der historische Hintergrund an der Grenzscheide zur Reformation auch noch die Charakterisierung deutscher, holländischer und italienischer Kunst jenseits der Konfessionen, und zwar schlichtweg als christliche und nicht ausdrücklich katholische
Kunst, das heißt als Teil eines «romantischen», christlich-europäischen Ganzen. Das Vorbild für die südliche Kunstwelt und für einige Libertinage stellte
dabei Heinses *Ardinghello* (1787) bereit.

Im allgemeinsten Sinne ist Sternbald als allein in die Welt ziehender und
Ausbildung suchender Held ein Verwandter Wilhelm Meisters. «Franz verließ jetzt Nürnberg, seine vaterländische Stadt, um in der Fremde seine
Kenntnis zu erweitern und nach einer mühseligen Wanderschaft dann als ein
vollendeter Meister zurückzukehren», heißt es zu Beginn des Buches. Im
Unterschied zu Meister hat er jedoch seine Bestimmung von vornherein gefunden; er ist und bleibt Künstler und sucht nur Erfahrung, um seiner Berufung festen Halt zu geben. Aus diesem Grunde bleiben auch seine Begegnun-

gen mit anderen Menschen verhältnismäßig oberflächlich, da sie nirgends den Kern seines Wesens zu erschüttern vermögen, sondern zumeist nur andere Einstellungen zur Kunst repräsentieren, gegen die sich Sternbald zu behaupten hat oder von denen er lernen kann. Um das menschliche Interesse wachzuhalten und wenigstens einige Gestalten näher mit seinem Helden zu verbinden, bedurfte Tieck einer Intrigenhandlung, die in ihren Grundzügen aus der Unterhaltungsliteratur stammte, nun an die anspruchsvollere Literatur weitergereicht wurde und auf diese Weise dazu beitrug, daß der Begriff des Romantischen außer dem Romanhaften noch die neue Bedeutung des Sehnens, Suchens und der märchenhaften Erfüllung annahm. Sternbald erfährt nämlich schon früh in der Geschichte, daß seine Eltern nicht seine wahren Eltern sind, und er hat außerdem eine flüchtige Begegnung mit einer Unbekannten, die er als Kind schon einmal traf und die hinfort sein Liebesleitstern wird. Am Ende des zweiten Teils wird das Urbild seiner Liebe – Marie – in Italien die Seine, während er erst im dritten Teil «auf einem reichen Landhause» in der Nähe von Florenz auch seinen wirklichen Vater finden und dabei noch einen seiner Freunde namens Ludovico als seinen Bruder erkennen sollte. Es dürfte kaum ein Zufall sein, daß dieser Ludovico, eine Erzengelgestalt – «sein Gewand war hellblau, ein schönes Schwert hing an einem zierlich gewirkten Bandelier über seine Schulter, eine goldene Kette trug er um den Hals, sein braunes Haar war lockig» – den Vornamen mit dem Autor teilt, wie der in Nürnberg zurückgebliebene Freund Sebastian durch die Verwandtschaft mit dem Märtyrer eine Ehrung für den verstorbenen Freund Wackenroder darstellt. Der bürgerliche Künstler jedenfalls erfährt in so cher Weise vielfache Weihen: durch Heilige, durch eine Marie und schließlich durch eine reiche Familie. Da der entscheidende Schlußteil unausgeführt blieb, war nur eben die Wallfahrt nach dem Adelsdiplom weniger offenbar als im *Wilhelm Meister*; auch die geschichtliche wie geographische Ferne trugen dazu bei. Aber das Ende von Sternbalds Laufbahn wurde doch letztlich mindestens ebenso stark im gesellschaftlich Etablierten abgestützt, wie das bei Wilhelm Meister und seiner Bindung an die Turmgesellschaft der Fall gewesen war.

Der Romanverlauf führt Sternbald aus Nürnberg hinaus, durch Deutschland hindurch nach Holland zu Lukas von Leyden, dann nach Straßburg, wo in guter Tradition das Münster gepriesen wird, und anschließend nach Italien, gegen das sich Sternbald aus seiner altdeutschen Kunstgesinnung heraus zunächst wehrt, das ihm aber insbesondere durch das Werk Raffaels eine vergeistigte Sinnlichkeit oder versinnlichte Geistigkeit enthüllt, die ihn als Gegensatz und zugleich als Ergänzung zur deutschen Strenge und Biederkeit begeistert, so daß ihn das Malen einer «altfränkischen» Geschichte der Heiligen Genoveva, wozu er den Auftrag in einem Kloster erhält, schließlich langweilt: ein kleiner selbstironischer Kommentar des Schriftstellers Tieck über die eigene Arbeit und zugleich natürlich ein Hinweis

darauf, wie unfertig Sternbalds Entwicklung zu diesem Zeitpunkt noch
war.

Im übrigen ist der *Sternbald* angefüllt mit Kunstgesprächen und mit jener
Szenerie, die im schon erwähnten doppelten Sinne als romantisch zu bezeichnen ist und deren weitere Ausführung und symbolische Vertiefung sich
insbesondere im Werk Eichendorffs finden läßt. Schlösser, Klöster, Einsiedler, Kohlenbrenner, Jäger, Mönche, Ritter, Gräfinnen und ein ganzer
Schwarm reizvoller junger Mädchen unbestimmter Herkunft bevölkern diese epische Welt. Es wird diskutiert, gebetet, gejagt, gejauchzt, geliebt und
vor allen Dingen viel gesungen. Im zweiten Teil des Romans besteht annähernd ein Viertel des Textes aus Gedichten, oft seitenlangen, die nicht mehr
wie im *Wilhelm Meister* kondensierter Ausdruck des Seelenzustands einer
Gestalt zu einem bestimmten Zeitpunkt sind, sondern Teil der epischen Aussage des Romans und Integration der Handlung in den größeren, über die
Zeit hinausreichenden Zusammenhang von Leben und Natur. Denn die Natur als Manifestation der Einheit des Lebens – des Einen und Allen – bildet
den Untergrund und Hintergrund des ganzen Romans, der denn auch in
Natur- und Landschaftsschilderungen exzelliert. Diese freilich sind nicht
einfach Kulisse, sondern sollen Hinweis sein auf Größeres, auf eine Einheit
von Raum und Zeit, von der der Mensch bisher nur Ahnungen hatte. Natur
ist die große Lehrmeisterin einer solchen Einheit – hier berührt sich Tiecks
Roman mit den naturphilosophischen Vorstellungen seiner Zeit – sie ist
mehr als alle Kunst, aber zugleich auch deren idealer Gegenstand, allerdings
nicht zur Nachahmung als das, was sie ist, sondern nur, wenn man sie im
Kunstwerk als das zeigen kann, was sie bedeutet. Angesichts eines schönen
Abendhimmels bekundet Sternbalds Freund Rudolf Florestan einmal:

> «Wenn ihr Maler mir dergleichen darstellen könntet, so wollte ich euch
> oft eure beweglichen Historien, eure leidenschaftlichen und verwirrten
> Darstellungen mit allen unzähligen Figuren erlassen. Meine Seele sollte
> sich an diesen grellen Farben ohne Zusammenhang, an diesen mit Gold
> ausgelegten Luftbildern ergötzen und genügen, ich würde da Hand-
> lung, Leidenschaft, Komposition und alles gern vermissen, wenn ihr
> mir, wie die gütige Natur heute tut, so mit rosenrotem Schlüssel die
> Heimat aufschließen könntet, wo die Ahndungen der Kindheit woh-
> nen, das glänzende Land, wo in dem grünen, azurnen Meere die gol-
> densten Träume schwimmen, wo Lichtgestalten zwischen feurigen Blu-
> men gehn und uns die Hände reichen, die wir an unser Herz drücken
> möchten. O, mein Freund, wenn ihr doch diese wunderliche Musik, die
> der Himmel heute dichtet, in eure Malerei hineinlocken könntet!»

Es ist verständlich, daß der *Sternbald* gerade auf junge Maler wie Runge eine
begeisternde Wirkung ausübte, wenn sie aus einem naturphilosophisch und
religiös getönten Universalitätsbewußtsein heraus statt der Abbilder die Ur-

bilder darstellen und zeigen wollten und wohl auch durch synästhetische Vorstellungen wie der vom Himmel in Farben gedichteten «wunderlichen Musik» dazu inspiriert wurden. Tieck machte sich hier tatsächlich zu einem Pionier neuer Kunst, und manche Bilder Runges oder Caspar David Friedrichs scheinen nur die Ausführung Sternbaldscher Konzepte zu sein.

Tieck selbst aber versuchte, seine Vorstellungen von der romantischen Ganzheit in Zeit und Raum hinter allen geschichtlichen Erscheinungen in seiner Lyrik zu realisieren, die die Urzustände des Lebens und der Natur als Seelenzustände feierte, vorwiegend allerdings solche, die auf die Zukunft gerichtet waren, wie Kindlichkeit, Jugend, Liebe und Frühling. Ziel dieser Kunst war nicht mehr Mimesis, sondern Stimulation des Menschen zum Selbstschöpfertum, zur Herstellung jener Harmonie aus sich selbst, die man in der Beobachtung der natürlichen und gesellschaftlichen Außenwelt nicht mehr erkennen konnte. Es war der Auftrag zum «Romantisieren» im Schlegelschen Sinne, auf das die aus dem *Sternbald* hervorgehende Kunstgesinnung hinauslief. Phantasus, der Herr der Träume und «beste Freund» des Menschen, sollte wieder entfesselt werden; ihm ist ein großes Gedicht gewidmet, das Tieck als sein liebstes im ganzen Buch bezeichnet hat.

Gleichzeitig schuf Tieck allerdings mit alledem auch eine Mode. Waldhörner, Schalmeien und Vogelgezwitscher durchtönten hinfort die Poesie, und das Lob der Kindlichkeit wurde den Zeitgenossen, wie sich aus Adam Müllers Bemerkung zeigt, bald zum Überdruß. Außerdem hatte das Verlangen nach Kindlichkeit zumindest für den skeptischen Betrachter einen etwas falschen Klang. Denn so sehr die romantischen Helden sich Kindlichkeit wünschten, so sehr vermieden sie es doch – mit Ausnahme von Julius in Friedrich Schlegels *Lucinde* –, selbst Kinder zu haben. Im Gegenteil, Ehescheu bestimmte sie, da die Ehe ihnen eine Konzession an kunstfeindliches Philistertum war, und erst ein neuer Typ der Ehe, wie ihn eben Friedrich Schlegel entwarf, machte diese Form des Zusammenlebens wieder akzeptabel. Der Widerspruch zwischen Künstlertum und als philiströs empfundener Bürgerlichkeit durchzieht auch Tiecks Roman. Sternbald weist die Frage, ob er sich mit seiner Kunst auch ernähren könne, von sich ab mit der lässigen Bemerkung, sie werde ihn schon durch die Welt bringen. Hier wird also die Bohème einer späteren Zeit vorgeformt. Und gegenüber denen, die nach der Nützlichkeit der Kunst fragen, hat er eine Antwort Dürers parat: «Nur will ich einen Christuskopf malen!», damit «das Haupt des Erlösers mit seinen göttlichen Mienen in kurzem wirklich vor Euch stehet und Euch ansieht und Euch zur Andacht und Ehrfurcht zwingt». Wieder einmal verbindet ein Künstler seine Mission mit der des Gottessohnes, setzt sich die Märtyrerkrone auf und rückt seine Kunst in die Nähe einer Offenbarung.

Es ist diese religiöse, alle Widersprüche aufhebende Rolle der Kunst, die den *Sternbald* wie schon die *Herzensergießungen* bestimmt. Aber da es keine geoffenbarte Religion, sondern nur eine intellektuell gewollte Gläubigkeit ist, bleibt ihr Widersacher gerade die Intellektualität, aus der sie hervorgegangen ist. Die Erkenntnis von der Schöpferrolle des Ich behindert zugleich seine Schöpfertätigkeit im Sinne des selbstgeschaffenen Glaubens. Es ist das alte, immer wiederholte Problem eines subjektiven Idealismus, dem auch Sternbald unterliegt, wenn er über «das ewige Auf- und Abtreiben» seiner Gedanken klagt und in der Jagd der Empfindungen und Entwürfe nicht zur Vollendung kommen kann. Der Freund Sebastian tadelt zu recht seine «Überspannungen», und Meister Dürer warnt ihn, ebenfalls zu recht, vor einem «Mangel an wahrer Frömmigkeit». Aus diesem Dilemma hat Tieck seinen Helden zu keiner überzeugenden Lösung führen können, und obwohl er alles gut auslaufen lassen wollte, mehren sich doch in den vollendeten Teilen des Romans resignative Erkenntnisse. «Wer sich der Kunst ergibt», so erklärt Sternbald, «muß das, was er als Mensch ist und sein könnte, aufopfern.» Die Rückkehr aus der Fremde in die Heimat und die erträumte Bürgerlichkeit des Künstlers Sternbald in einem neuen Nürnberg bleibt nur ein Plan, der ausgeführt sehr viel utopischer geworden wäre als der Eingang Wilhelm Meisters in die Turmgesellschaft. Die Fragmenthaftigkeit des *Sternbald* ist also eine letzte Antwort Tiecks auf die Frage, ob die Kunst eine neue Mitte im Leben bilden könne. Soweit sie darstellbar ist, blieb die Bahn Franz Sternbalds exzentrisch.

### 8. Romanexperimente 1797–1804

In seinem autobiographischen Bericht *Die Entstehung des Doktor Faustus* (1949) stellt sich Thomas Mann die Frage, «ob es nicht aussähe, als käme auf dem Gebiet des Romans heute nur noch das in Betracht, was kein Roman mehr sei». Die Frage entstand ihm angesichts des Werkes von James Joyce, aber sie ist verallgemeinernd gestellt für die Romankunst des 20. Jahrhunderts. Thomas Manns Maßstab ist offensichtlich jene Literatur, von der er selbst Lehre und Anregung empfangen hatte: der europäische Roman des 19. Jahrhunderts, in dem konsekutives Erzählen und eine kausal geschlossene Handlung vorwalteten. Als dessen Vorläufer gilt gemeinhin der englische und französische Roman des 18. Jahrhunderts, so daß sich eine Traditionskette von Fielding, Richardson und Rousseau bis zu Jane Austen, Dickens, Flaubert, Zola und den russischen Romanciers zu ergeben scheint. Aber bei genauerem Zusehen ist die Tradition dann doch nicht so kontinuierlich wie es den Anschein hat, denn schon in der zweiten Hälfte des 18. Jahrhunderts erlebte die kaum erst etablierte Form des Romans eine experimentelle Phase, angesichts deren Thomas Manns Frage von 1949 wohl ebenfalls schon hätte aufkommen können, selbst wenn Versuche damals nur in sehr viel begrenzterem Maße angestellt wurden. Immerhin aber durchbrachen Werke wie Sternes *Tristram Shandy* und Diderots *Jakob und sein Herr* alle logischkausale Erzählordnung in einer Weise, wie sie an Kühnheit auch später nicht leicht zu übertreffen war. Was freilich im Zeitalter des amerikanischen Unabhängigkeitskrieges und der Französischen Revolution Ausdruck des Hochgefühls eines freien Subjekts war, das stellte im Zeitalter der Weltkriege dann eher den Ausdruck der Unsicherheit und Hilflosigkeit gegenüber einer desintegrierten Welt dar.

Unter den rund zweieinhalbtausend deutschen Romanen, die zwischen 1797 und 1804 erschienen, gibt es ein halbes Dutzend Bücher, die mit Fug und Recht in die Anfänge des europäischen Experimentalromans gehören, auch wenn ihre Wirkung nicht die Stärke des *Tristram* oder des *Jakob* erreicht hat und einige sogar nahezu ganz der Vergessenheit anheimgefallen sind. Es handelt sich bei diesen Büchern um Hölderlins *Hyperion* (1797–99), Tiecks *Sternbald* (1798), Friedrich Schlegels *Lucinde* (1799), Novalis' *Heinrich von Ofterdingen* (geschrieben 1799/1800, veröffentlicht 1802), Brentanos *Godwi* (1800–02) und die *Nachtwachen* (1804) des Bonaventura. Zu ergänzen ist die Liste noch durch Novalis' Prosawerk *Die Lehrlinge zu Sais* (geschrieben 1798) sowie durch Dorothea Veits *Florentin* (1801) und Arnims *Hollins Liebeleben* (1802), wobei die letzten beiden jedoch trotz mancher interessanter Züge ohne die Originalität der anderen sind. Den *Florentin* ausgenommen, rühren diese Texte von jungen Leuten in ihren Zwanzigern her. Brentano als jüngster war 22, als der erste Band des *Godwi* erschien, Hölderlin als ältester war 29 zur Zeit, als der zweite Band des *Hyperion* herauskam. *Hyperion, Sternbald, Lucinde, Ofterdingen* und *Florentin* stellten außerdem die ersten Teile von Romanen dar, denen – aus den verschiedensten Gründen – zweite oder letzte Teile nicht gefolgt sind. Für Hölderlin, Schlegel, Dorothea Veit, Novalis und Brentano blieben es außerdem die ersten und einzigen Romane. Nur bei Tieck und Arnim bildete Episches den Hauptteil der literarischen Produktion, und nur Tieck hatte vorher überhaupt schon Prosa veröffentlicht. Die weiterhin vorwaltende Unsicherheit über die Identität von Bonaventura erlaubt nicht, ihn in eine solche Übersicht einzubeziehen. Dies alles mögen Äußerlichkeiten sein, aber sie gehören zu den Voraussetzungen dieser Versuche mit einer Form, der in Deutschland Goethe mit *Wilhelm Meisters Lehrjahren* gerade erst bedeutendes Ansehen verschafft hatte.

Goethes Roman trug selbst experimentelle Züge bei der Verwendung verschiedener epischer und lyrischer Mittel zur Darstellung der inneren Verhältnisse seiner Gestalten, und ihn nahmen sich die Jüngeren auch reichlich zum Vorbild. Gleichzeitig jedoch muß gesagt werden, daß *Wilhelm Meister* nicht schlechterdings der Vater aller dieser Bücher war; die Anfänge von Hölderlins *Hyperion* zum Beispiel reichen bis in das Jahr 1792 zurück. Nicht alle diese Bücher waren außerdem Experimente im strengen, aus der Naturwissenschaft abgeleiteten Sinne des Wortes, also bewußt veranstaltete Versuche zum Ausprobieren oder Anwenden von Theorien, Hypothesen oder artistischen Techniken. Nur Friedrich Schlegel und Novalis entwickelten regelrechte Theorien des Romanschreibens wie des Experimentierens, und der Roman stellte für sie zeitweilig die höchste, äußerste Form aller Kunst jenseits der Gattungsbegriffe dar. Hölderlins Experimentieren hingegen bestand darin, daß er in immer neuen Ansätzen die rechte Form für das zu Sagende suchte und schließlich in der endgültig gefundenen die seinem Wesen am meisten entsprechende lyrische Aussageweise mit dem epischen Zusammenhang in Einklang brachte. Für Tieck gab es im *Sternbald* vergleichbare Probleme, während Brentano sein Buch schon im Untertitel als «verwildert» erklärte und entsprechend mit ironischer Artistik verfuhr, ebenso wie Bonaventura, bei dem sich die Romanform ganz und gar aufzulösen scheint.

Bei allen Verschiedenheiten in Charakter und Erfahrung der Autoren, bei allen ihren unterschiedlichen Intentionen, Erkenntnissen und künstlerischen Fähigkeiten gibt es in diesen Romanen eine Reihe von gemeinsamen Zügen, die, wenn man sie sich bewußt macht, wiederum das Verständnis des einzelnen Textes in seinen Besonderheiten fördern können. Für alle gilt, daß es Romane über einsame Helden sind; nicht zufällig ist das Wort «Fremdling» gängige Münze in ihnen, und in derivativeren Werken wie dem *Florentin* wirkt es bereits als Modewort. Aber überall handelt es sich auch um Helden, die nach Wegen aus ihrer Einsamkeit suchen, nach Gemeinschaft, Harmonie, Heimkehr und Erlösung. Der Idealzustand des spinozistischen «Alles in Einem und Eins in Allem» ist ein immer wieder auftauchendes Leitmotiv. Erscheinungsformen der Fremdheit und Erlösungsvorstellungen sind freilich individuell oft sehr verschieden, obwohl sich auch hier immer wieder Gemeinsamkeiten zeigen. So ist zum Beispiel die unsichere Abkunft ein charakteristisches Zeichen der Fremdheit in der Welt: Sternbald, Florentin und der Nachtwächter Kreuzgang sind auf der Suche nach ihren wahren Eltern. Andere werden von den Vätern verstoßen – wie Hyperion – oder zumindest nicht verstanden – wie Ofterdingen und Godwi in der Nachfolge Wilhelm Meisters. Ältere oder neuere Sohnesmythen sind in ihnen ein beliebtes Mittel, Sinn und Würde in das eigene Fremdlingsdasein zu bringen. Die Adaption christlichen Passionsschicksals ist, wie sich bereits gezeigt hat, spurenhaft in Tiecks *Sternbald* zu finden.

Aber auch die Tragik Hamlets und des Königs Ödipus besaß ihre Anziehungskraft. Von ersterer ließ sich bereits Wilhelm Meister tief bewegen, und für den Nachtwächter bestimmt sie sein ganzes Lebensglück und -unglück. Ofterdingen wiederum geht ausdrücklich mit der Mutter auf Bildungsreise, Godwis Leben ist symbolisch bestimmt vom «steinernen Bild der Mutter», und Julius findet in Lucinde, der älteren Frau, die Geliebte und Mutter in einem. Liebesbindungen der verschiedensten Art deuten also Erlösungsmöglichkeiten an. Selten allerdings schließt ein deutscher Roman dieser Jahre, der ernsthaft seine Zeit reflektiert, mit einer glücklichen Heirat. «Was hätte denn aus diesem Mann, den ihr den Helden nennt, werden sollen», fragt Dorothea Veit im Hinblick auf ihren Florentin, für den sie am Ende ihres Buches keinen Platz mehr in der europäischen Gesellschaft ihrer Zeit findet. Und auf den Vorschlag des imaginären Lesepublikums, der Held müsse entweder verheiratet oder begraben werden, antwortet sie: «Verheiratet? Können wir uns damit beruhigen? Sehen wir nicht [...], daß oft von da erst alles Leid und alle Verwirrung anhebt.» Ihr eigenes literarisches Abbild, die von ihrem späteren Ehemann Friedrich Schlegel geschaffene Lucinde, muß deshalb auch erst eine neue, höhere Form der Ehe schaffen, bevor ein solches gutes Ende möglich ist. Die Romane erweitern sich also nirgends zu Gesellschaftsromanen: Goethes Turmgesellschaft bleibt ein deutscher Sonderfall in Weimar. Deutsche Alternative zur Hochehe von Julius und Lucinde oder zur Flucht aus dem Lande ist deshalb der Liebestod, das Sterben des einen um des anderen willen und insbesondere das Opfer der Frau dem Manne zuliebe. Hyperion erfährt dergleichen durch Diotimas Tod, Ofterdingen durch den Mathildes, und Brentano umspielt das Motiv mehrfach im Godwi.

Über die Liebesbindungen hinaus tun sich Tore zu universaler Harmonie durch den Einklang mit der Natur auf. Das spinozistische Eins und Alles gab den Grundton an, denn die meisten der jungen Autoren waren naturphilosophisch inspiriert – wie Hölderlin, Schlegel und Tieck – oder gar naturwissenschaftlich ausgebildet wie Novalis und Arnim. Goethe war ihnen auch auf diesem Gebiet beispielhaft vorangegangen. So entstand in der Beschwörung heiler Natur ein Omen für das heraufziehende Industriezeitalter, das man sich in Deutschland konkret noch nicht vorstellen konnte und dem man deshalb auch ablehnend gegenüberstand. Von seinen Eindrücken bei den Engländern berichtet zum Beispiel Florentin: «Ihre Fabriken, Manufakturen, ihr Geld, ihr Hochmut, ihre Nebel und ihre Steinkohlen machten mich traurig und schwermütig.» Und Novalis träumt trotz guter Kenntnis tatsächlicher deutscher Bergmannsverhältnisse noch vom idealen Bergmann als Herrn der Berge und Verächter des Tauschwertes seines Goldes. Zurückgebliebene deutsche Ökonomie und hochentwickelte Intelligenz verbinden sich in dem Antikapitalismus dieser Tage zu einem seltsamen Amalgam von großer Festigkeit und Dauer im Sturm der Zeiten. Einen Teil davon bildet die Verachtung des Geldes; Wilhelm Meister hatte dafür bereits ein Beispiel gegeben. Hyperion, Sternbald, Julius, Ofterdingen, Godwi – sie alle folgen ihm darin, wenngleich zumeist unter der auch schon für ihn gültigen Voraussetzung, daß irgendwo eine Erbschaft, ein Vermögen oder auch nur ein kleines Landgut im Hintergrund existiert, das ihnen ihre Fremdlingsexistenz äußerlich ermöglicht. Der Verachtung des Geldes ist die Arbeitslosigkeit, ja Tatenlosigkeit beigeordnet, teils als leidvolle, teils als befriedigende Erfahrung. Hyperions Klage «O hätt ich doch nie gehandelt!» erweist die ganze Widersprüchlichkeit, in der man sich gefangen sieht: Das Handeln stellt die Leerheit der Hoffnungen bloß und raubt dem Leben jenen Sinn, den es ihm geben sollte. Andere, wie Ofterdingen, entziehen sich solcher Problematik dadurch, daß sie ihre Tätigkeit vorwiegend auf das Zuhören beschränken, wobei es allerdings nach Novalis' Willen nicht bleiben sollte. Julius in der *Lucinde* singt ein regelrechtes Lob auf den Müßiggang, und Godwis Leben ist von Ennui und Melancholie durchzogen, deren letzte Konsequenz, den Nihilismus, schließlich der Nachtwächter demonstriert.

Ihnen allen entgegen führt Sternbald die glücklichste und hoffnungsvollste, weil freie Künstlerexistenz, während Ofterdingen als reinste Verkörperung des Poeten einem höheren Künstlertum zustrebt, um durch Poesie nicht nur sich, sondern auch die Welt zu dem zurückzuführen, was verlorengegangen ist: Paradies und Goldenes Zeitalter. Die Mythen von einer glücklichen Zeit am Anfang und am Ende der Geschichte ergänzen also diejenigen von den verlorenen Söhnen, und die Dichtungen münden auf diese Weise in die politischen Gedanken der Zeit und die Sehnsucht nach einem ewigen Frieden ein. Denn die Romanexperimente, von denen hier gesprochen wird, fallen allesamt in die kurzen Übergangsjahre zwischen dem Frieden von Basel und dem Beginn der Napoleonischen Kriege. Sie sind literarische Versuche, nachzudenken über die Lebens- und Entwicklungsmöglichkeiten junger deutscher Bürger auf dem Hintergrund der gesellschaftlichen Situation und der weltpolitischen Veränderungen dieser Jahre. Nachzudenken mit den Mitteln epischer Wortkunst und den Leser in solches Nachdenken einzubeziehen, ihn durch Ästhetik zu aktivieren, war die Aufgabe dieser Romane und ihr Ziel, und darin ist auch ihre experimentelle Form begründet. Bei Tiecks *Sternbald* stellte bereits Jean Pauls Klage über das Fehlen von Stoff, Charakteren und einer zusammenhängenden psychologischen Entwicklung ein Zeugnis für den experimentellen Ansatz dieses Romans dar. Lyrik, Prosagedichte, Dithyramben, Erzählungen und Märchen heben überhaupt die Einheit einer konsekutiven Erzählung vielfach auf und stellen im geglückten Falle eine neue, eigene Einheit her. «Die Romane sind die sokratischen Dialoge unserer Zeit. In diese liberale Form hat sich die Lebensweisheit vor der Schulweisheit geflüchtet», lautet eines von Friedrich Schlegels *Lyceums*-Fragmenten aus dem Jahre 1797, das den reflektiven Zug der jungen Romankunst treffend im voraus bezeichnet Später, im *Brief über den Roman* (1800), findet sich als eine Art Ausführungsbestimmung der Satz: «Ich kann mir einen Roman kaum anders denken, als gemischt aus Erzählung, Gesang und andern Formen.» Ein solcher Roman wäre dann, wie es an gleicher Stelle heißt, ein «romantisches Buch», und so ist denn auch vieles, was diese Romane vortrugen und wie sie es taten, konstitutiv für die Vorstellung des Romantischen in der deutschen Literatur geworden. Neben dem Hochgefühl subjektiver Freiheit enthielten diese Werke – und das war ihr speziell deutscher Zug – jedoch auch bereits etwas von dem Gefühl der Desintegration der Welt und der Vergeblichkeit, die allgemeines Gut der Romankunst im Sinne von Thomas Manns Frage dann erst im 20. Jahrhundert geworden ist.

## Hölderlins Hyperion

Für den, der ihn zu lesen gelernt hat, ist Hölderlins *Hyperion* eines der schönsten und reichsten Bücher der Weltliteratur. Besonderer Anstrengung bedarf es allerdings, ihm nahezukommen, weil vieles in diesem Roman dem Lesevergnügen an einer interessanten Geschichte widerstrebt. Denn die Anziehungskraft des *Hyperion* besteht weniger in den Taten des Helden als in dem, was in ihm vorgeht, wie sich also das Äußere in ihm spiegelt und wie er solche Reflexionen in Worte bringt, in Worte von hinreißender Kraft und äußerster Präzision.

«Reflexionen» ist hier wörtlich zu nehmen als Rückblicke auf Vergangenes. Die künstlerische Originalität des *Hyperion* hat nämlich ihren Grund in einer bisher unerhörten Verknüpfung dreier Zeitebenen, durch die selbst der geübtere Leser zunächst verwirrt werden kann. Es bedarf erst einer Bewußtseinsanstrengung, sich klar zu machen, was zwar klar im Text steht, aber durch ständige Meditationen Hyperions über die vergangene Größe der Antike dennoch immer wieder zugedeckt wird: daß es sich bei diesem Buch um einen Gegenwartsroman aus Hölderlins eigener Zeit handelt. Innerhalb dieser Gegenwart des 18. Jahrhunderts gibt es dann noch einmal zwei Zeitebenen, und zwar diejenige von Hyperions Jugend, die in der Teilnahme am griechischen Freiheitskampf gegen die Türken um 1770 gipfelt, und diejenige des auf diese Zeit zurückblickenden und über sie in Briefen an seinen deutschen Freund Bellarmin berichtenden älteren Hyperion. Denn der *Hyperion* ist ein Erinnerungsroman, und der Brief als Stilmittel extremer Unmittelbarkeit der Ich-Aussage, so wie ihn Werther gebraucht hatte, wird hier benutzt, um alle Unmittelbarkeit aufzuheben und den Rückblick auf die eigene Jugend mit dem Rückblick auf eine längst vergangene ideale Zeit in Beziehung zu bringen. Die Situation des Schreibenden ist also die eines außerhalb seiner Zeit Stehenden oder in ihr Verlorenen, von ihr Geschlagenen. Im Bericht von seiner Jugend zeigt er den Weg zu dieser gegenwärtigen Situation; in der historischen Erinnerung an die Antike hingegen verschafft er sich die Möglichkeit, eigenes Schicksal zu transzendieren und in die Zukunft zu blicken. Kommendes und Vergangenes gehen über das Bestehende hinweg einen Bund ein. So hat Hölderlin dem Briefroman eine ganz neue Dimension gegeben und die epische Form für die Darstellung jener Visionen erschlossen, denen er zusammen mit Hegel und Schelling im *Ältesten Systemprogramm des deutschen Idealismus* ersten, suchenden Ausdruck gegeben hatte.

Die Anfänge der Arbeit am *Hyperion* reichen in Hölderlins Tübinger Stiftszeit zurück. Lange hat er mit der Form gerungen, in der er das Leben eines jungen griechischen Freiheitskämpfers überzeugend darstellen konnte. Ein Fragment aus einer tagebuchartigen Fassung erschien 1794 in Schillers Zeitschrift *Neue Thalia*. Eine metrische Fassung wurde begonnen und wieder

verworfen, desgleichen ein von Kapitel zu Kapitel fortschreitender Bekennt-
nisroman innerhalb einer Rahmenerzählung. Erst 1795 ging Hölderlin dann
auf die schon früher erwogene Form des Briefromans zurück, in der er
schließlich das künstlerische Mittel fand, sein Menschen- und Weltverständnis angemessen auszudrücken. Der erste Band des *Hyperion* erschien Ostern
1797, der zweite im Herbst 1799.

Vieles ist in dieses Buch eingegangen und darin zu künstlerischer Einheit
verschmolzen worden. Seinen Grund bildet die Urerfahrung Hölderlins,
«heimathlos und ohne Ruhestätte zu seyn», ein Fremdling unter den Menschen. Es war seine psychische Konstitution, die ihn schärfer und feiner empfinden ließ als die meisten anderen Menschen und für die der Preis der Einsamkeit zu zahlen war. Wie hoch dieser Preis war, bestimmten dann freilich
die Lebensumstände. Die schwäbische Herkunft führte zu früher Begegnung
mit protestantisch-pietistischer Frömmigkeit, aber auch mit republikanisch-
jakobinischen Bewegungen, die sich im Süden, in der Nähe Frankreichs, entwickelten. Das Studium im Tübinger Stift und die freundschaftliche Gemeinsamkeit mit den Mitstudenten Hegel und Schelling intensivierte philosophische Interessen ebenso wie den Wunsch, diese Welt besser zu machen als sie
war. Der Landsmann Schiller in Jena gab das Vorbild dafür, wie sich Dichtung und Philosophie verbinden ließen; er hatte es in einer Reihe großer pro-
grammatischer Gedichte und in seinen ästhetischen Schriften vorgeführt.
Fichtes Philosophie wiederum versah das Gefühl der Unabhängigkeit und
Selbständigkeit des Subjekts mit neuem Schwung, und Hölderlin nahm an
ihr leidenschaftlichen Anteil. Am tiefsten aber traf ihn die Liebe zu Susette
Gontard, der Frau seines Frankfurter Dienstherrn, bei dem er seit 1796
Hauslehrer war. Diese von vornherein auf Vergeblichkeit angelegte wechselseitige Neigung verschaffte Glück und Qual zugleich, und sie war dazu angetan, die Fäden der Anlagen und Erfahrungen zu einem tragischen Schicksal zusammenzuweben. Davon gibt der *Hyperion* Zeugnis.

Die Liebesgeschichte zwischen dem Neugriechen Hyperion, der einen der
Beinamen des Sonnengottes Helios trägt, und einer Diotima, die ihren Namen von der Priesterin der Liebe aus Platos *Gastmahl* hat, war allerdings
schon in frühen Fassungen des Romans beabsichtigt und ist nicht einfach re-
produzierte Autobiographie. Man tut gut daran, das Biographische auf sich
beruhen zu lassen, wenn man den Roman für sich aufschließen will. Nüch-
tern besehen ist der *Hyperion* die Bildungsgeschichte eines jungen griechischen Bürgers aus gutem Hause, der Lehrer, Freunde, Feinde und eine Geliebte findet, sich in die Tatenwelt eines Krieges stürzt, in andere Länder reist
und am Ende zum Dichter wird, um der Enttäuschung über das Erfahrene
poetischen Ausdruck zu geben. In einem solchen Lebenslauf tritt die Verwandtschaft mit anderen Romanhelden seiner Zeit zutage. Vieles verbindet
ihn mit Wilhelm Meister, nur nicht die leidenschaftliche Disposition und die
tragischen Umstände. Der Wunsch nach kriegerischen Taten beseelte viele

Jünglinge in diesen Tagen, Jean Pauls Albano im *Titan* zum Beispiel oder Heinrich von Ofterdingen, der diese vorübergehende Neigung von seinem Autor übernommen hatte. Hyperion unterscheidet sich von diesen beiden wiederum dadurch, daß er nicht lediglich Pläne schmiedet, sondern tatsächlich am Kampf teilnimmt und es überdies mit entwickelten politischen Vorstellungen tut. Denn in seiner Anlage ist Hölderlins Roman ein eminent politisches Buch. Sein Leitmotiv ist der Gedanke des Anderswerdens. «Es werde von Grund aus anders!» verkündet der in den Krieg ziehende Hyperion seiner Diotima; Diotima selbst bezeichnet ihn einmal als einen Bürger «in den Regionen der Gerechtigkeit und Schönheit». Zu Hyperions Ideen gehört die Ersetzung des Staats durch eine «neue Kirche», in der dem Menschen das Gefühl seiner Göttlichkeit wiedergegeben wird und in der die verlorenen «goldenen Jahrhunderte» wiederkehren werden als eine Zeit, in der Gleichheit und Brüderlichkeit alles Fremdlingsdasein aufheben. Mit den von Lessings *Erziehung des Menschengeschlechts* angeregten Worten «aber sie kömmt gewiß, gewiß» – Worte, die im gleichen Sinne auch Novalis am Ende seines Essays *Die Christenheit oder Europa* verwendet – verkündet Hyperion enthusiastisch diese «neue Kirche», deren Evangelium den Idealen der Französischen Revolution nähersteht als denen der Christenheit.

Die Erfahrungen mit der Französischen Revolution spiegeln sich aber auch in dem, was dann tatsächlich geschieht: Die Anwendung von roher Gewalt und der blinde Drang nach Macht desavouieren die Ideale, die zum Kampf inspirierten, und machen sie zu hohlen Scheinbekenntnissen. Hyperion wird Zeuge einer Plünderung und erfährt von den brutalen Riten einer Terroristenvereinigung, was ihm die Unmöglichkeit vor Augen führt, «durch eine Räuberbande mein Elysium zu pflanzen». Das Geheimbundmotiv des populären Romans hat, wenngleich in sublimierter Form, auch im *Hyperion* seinen Platz. Gegen deutschen Beifall von der falschen Seite hat sich Hölderlin jedoch durch einen besonderen, bedeutenden Einfall verwahrt. Der aus Deutschland zurückkehrende Neugrieche Hyperion bricht in eine Anklage gegen die Deutschen aus, wie sie an analytischem Scharfsinn und sprachlicher Kraft kein Gegenstück in der Literatur dieser Zeit besitzt.

«Es ist ein hartes Wort und dennoch sag' ichs, weil es Wahrheit ist: ich kann kein Volk mir denken, das zerrißner wäre, wie die Deutschen. Handwerker siehst du, aber keine Menschen, Denker, aber keine Menschen, Priester, aber keine Menschen, Herrn und Knechte, Jungen und gesetzte Leute, aber keine Menschen – ist das nicht, wie ein Schlachtfeld, wo Hände und Arme und alle Glieder zerstükelt untereinander liegen, indessen das vergoßne Lebensblut im Sande zerrinnt?»

So lautet ein Satz aus dem Anfang von Hyperions Betrachtungen. Was immer Hölderlin hier an unmittelbarem Zorn über seine Landsleute in diese

Zeilen gegossen hat – sie erfahren ihre ästhetische Rechtfertigung im Ganzen des Romans vor allem dadurch, daß sie jedes Gefühl deutscher Selbstzufriedenheit darüber, daß man dem französischen Unheil glücklich entgangen ist, im Keime ersticken. In die gleiche Richtung gehen auch die kritischen Bemerkungen zu Aufklärung und Vernunftidealismus, die das Werk durchziehen als Kritik an einer Geisteshaltung, die sich mit dem gegenwärtig Nützlichen zufriedengibt, aber ohne Sinn für die Zukunft und damit letztlich menschenverachtend ist.

Der europäischen Wirklichkeit seiner Zeit stellt Hölderlin nun das antike Griechenland gegenüber, und zwar mit einer Anteilnahme und Intensität der Anschauung, daß zuweilen der Eindruck entsteht, als vollziehe sich das Geschehen tatsächlich in dieser Welt. «Ich liebe diß Griechenland überall. Es trägt die Farbe meines Herzens. Wohin man siehet, liegt eine Freude begraben», schreibt Hyperion. Sein Autor, der das Land nur aus Reisebeschreibungen kannte, hätte es von sich selbst sagen können, und beide, Autor und Held, sind oft innerlich mehr zu Hause in jener vergangenen Welt als in der eigenen. Man darf allerdings nicht diesen Klassizismus Hölderlins gleichsetzen mit demjenigen Goethes, obwohl es gleichzeitige Phänomene waren. Goethe suchte nach Formen der Kunst, in denen sich Gegenwärtiges mit dauernder Gültigkeit darstellen ließ; Hölderlin hingegen war – im weitesten Sinne – politisch bewegt und suchte in eine durchaus als vergangen erkannte, nicht wieder zurückzubringende Zeit Bilder eines Lebenszustandes zu projizieren, für den er in seiner eigenen Zeit keine Anschauung fand. Außerdem aber entwickelte sich für ihn aus der Beobachtung geschichtlicher Abläufe, des Werdens und Vergehens von Zeitaltern, die Verheißung auf eine andere, bessere Zukunft, der er wie sein Held zulebte. Mit einem für Goethe wie Hölderlin gleicherweise verwendeten Klassik-Begriff würde also wenig gesagt, wenn nicht gar Falsches evoziert. Immer wieder durchbricht der schreibende Hyperion die Zeitschranke zwischen neugriechischer Gegenwart und antiker Vergangenheit, so daß das Erzählte in seinem eigenen Geiste in eins verschwimmt und die Menschen der Vergangenheit in denen der Gegenwart erwachen. Eine Szene, ein schöner Nachmittag auf der Insel Kalaurea, macht das wohl am deutlichsten. Nicht nur Hyperion ist von der Stimmung glücklicher Harmonie in der Natur bewegt, auch

> «die Menschen giengen aus ihren Thüren heraus, und fühlten wunderbar das geistige Wehen, wie es leise die zarten Haare über der Stirne bewegte, wie es den Lichtstral kühlte, und lösten freundlich ihre Gewänder, um es aufzunehmen an ihre Brust, athmeten süßer, berührten zärtlicher das leichte klare schmeichelnde Meer, in dem sie lebten und webten.»

Solcher Idealzustand der geistigen Gemeinschaft mit der Natur als Ausdruck natürlicher Gemeinschaft der Menschen untereinander ist nicht neugriechische Realität, sondern der eines elementaren schönen Daseins, des Daseins einer vergangenen Menschheit, das aber freilich als Möglichkeit immer fortbesteht, so wie die Natur fortdauert, und das deshalb auch Musterbild für die neuen Menschen der Zukunft sein kann. Bezeichnenderweise bereitet diese Stimmung die erste Begegnung Hyperions mit Diotima vor, die ihm zur Göttin einer solchen Harmonie wird, und zwar zu einer, die er sich ausdrücklich von allem gegenwärtigen Unglück und Leid entrücken muß, um sie für sich über den Tod hinaus als wirkende Kraft zu erhalten:

> «ich muß mich täuschen, als hätte sie vor alten Zeiten gelebt, als wüßt'
> ich durch Erzählung einiges von ihr, wenn ihr lebendig Bild mich nicht
> ergreifen soll, daß ich vergehe im Entzüken und im Schmerz.»

Auch für sich selbst also vollzieht Hyperion in der Erweiterung seiner Liebeserfahrung ins Geschichtliche eine Art Geschichtsdialektik, die insgesamt aus dem ganzen Buche spricht, wie sie überhaupt das geschichtliche Denken von Hölderlin und seinen Zeitgenossen prägte. «Von Kinderharmonie sind einst die Völker ausgegangen, die Harmonie der Geister wird der Anfang einer neuen Weltgeschichte seyn», lautet der Schlüsselsatz dafür in einem Brief an Bellarmin.

Hölderlins Wahl eines jungen Griechen als Helden seines Bekenntnisromans erweist sich so in vieler Hinsicht als fruchtbar. Die große antike Vergangenheit bildete die Folie, auf der sich die gegenwärtigen Konflikte des Ich darstellen ließen. Zugleich aber konnte ihre den Zeitgenossen geläufige Modellhaftigkeit genutzt werden für die gedankliche Überwindung der Gegenwart und den Blick in die Zukunft. Kein anderer deutscher Autor dieser Zeit hat geschichtliche Bewegung auf diese umfassende Weise ins Kunstwerk gebracht; nur Novalis hat auf andere Art und vom Ausgangspunkt des christlichen Mittelalters her einen Versuch zu Ähnlichem unternommen. Darüber hinaus konnte Hölderlin durch den Bezug auf die Antike neben der gesellschaftlichen auch die religiöse Sphäre ins Bild bringen, konnte die Einheit von Göttern, Menschen und der großen Natur, wie sie in der alten Mythologie vorgezeichnet war, als beständigen Untergrund wirken lassen. Außerdem hatte er mit der alten zugleich den Ansatz zu jener neuen Mythologie in der Hand, die er und seine Freunde im *Systemprogramm* als Voraussetzung für die Ästhetisierung des Lebens und eine «neue Religion» betrachteten. Schließlich aber versahen ihn neu- wie altgriechische Wirklichkeit mit einem bürgerlichen Milieu, das jenseits der deutschen Standesrücksichten existierte, die Wilhelm Meister oder so manche Helden Jean Pauls ständig demütigten, und der Bezug des Alten aufs Neue machte im übrigen noch den Fortbestand einer bürgerlichen Tradition sichtbar, von der die Deutschen nicht einmal träumen konnten. Tiecks *Sternbald* zeigte, welch schwachen Ersatz ihre eigene Geschichte dafür bot.

Höhepunkt des Romans und sein bewegendster Teil ist Hyperions Liebe zu Diotima. Hölderlin ist es gelungen, sie zu einem neugriechischen Mädchen und einer altgriechischen Göttin in einem zu formen, ohne die Lebendigkeit der symbolischen Würde zu opfern. So natürlich wie sie liebt und Gemüse kocht, so selbstverständlich und ruhig entschließt sie sich auch, dem vermeintlich toten Geliebten nachzusterben oder später, als sie von Hyperions Überleben in der Schlacht hört, den Tod als höhere Notwendigkeit um seinetwillen auf sich zu nehmen. Was sie mit den meisten ihrer Zeitgenossinnen in den deutschen Romanen dieser Jahre teilt, ist ihre Rolle als Überlegene, als die Lenkerin, Leiterin und Göttin des Mannes. Sie ist in dieser Hinsicht den Natalien im *Wilhelm Meister* und im *Siebenkäs* ebenso verschwistert wie der Lucinde und, auf besondere Art, auch der Mathilde im *Heinrich von Ofterdingen*, deren Tod ihm erst das Verständnis einer höheren Welt öffnet.

Diotimas Tod ist ein Tod aus freiem Entschluß, ein Tod allein hervorgerufen durch den Willen zum Tode, ein Triumph des Geistes über den Körper. Dasselbe hat Novalis nach dem Tode seiner Braut Sophie von Kühn tatsächlich für sich erwogen als angewandte Philosophie und Demonstration der magischen Macht des Ich. Später hat Wagners Isolde dieser Art zu sterben große Opernpublizität verschafft. Diotima will dem Geliebten nachsterben, aber da er Krieg und Verwundung überlebt, wird es ein Opfertod für ihn mit dem ausdrücklichen Auftrag: «Priester sollst du seyn der göttlichen Natur, und die dichterischen Tage keimen dir schon.» Das Passionsmotiv, auf die Liebenden verteilt, durchzieht also auch den *Hyperion*, ja prägt ihn sogar, denn Hyperions Lebensbericht, also eben der Roman, hat in Diotimas Auftrag seinen Ursprung, und er wird erst durch die Weihen des Liebestodes zum Dichter. Ein mit Diotima verheirateter Hyperion wäre eine ebensolche Karikatur wie der in Friedrich Nicolais Parodie mit Lotte verheiratete Werther. Das Schicksal der Einsamkeit war den meisten deutschen Romanhelden auf den Leib geschrieben, und sie konnten sich nur selten oder in den privatesten Grenzen davon befreien. Verdienen freilich kann Hyperion das Opfer der Geliebten erst, indem er von ihm Zeugnis ablegt. Das Kunstwerk als gelungenes Ganzes wird sozusagen zur Rechtfertigung dessen, was in ihm vorgeht.

Im Sterben nun macht Diotima eine Mutation durch: Sie wird wieder zur Natur, von der sie als Mensch ausgegangen ist, aber sie wird es aus freiem Entschluß und trägt so Geistiges in die Natur hinein, auf eine Einheit vorausdeutend, die einstmals auch das Leben bestimmen soll. Die Passagen, in denen Hölderlin durch die Einführung von Naturmetaphorik, von Pflanzen- und Blumenbildern diesen Übergangsprozeß darstellt, gehören zu den schönsten lyrischen Teilen des ganzen Werks. «Wenn ich auch zur Pflanze würde,» fragt Diotima, «wäre denn der Schade so groß? – Ich werde seyn. Wie sollt' ich mich verlieren aus der Sphäre des Lebens, worinn die ewige Liebe, die allen gemein ist, die Naturen alle zusammenhält?» So löst sie sich auf, um die Zeit zu transzendieren und Mittler des Göttlichen zu werden.

Denn mit dem Opfertod Diotimas erhält der *Hyperion* einen tief religiösen Akzent, wenngleich die Religion, von der die Rede ist, der «neuen», philosophischen aus dem *Systemprogramm* näherkommt als jeder geoffenbarten. Es ist der «Gott in uns», der in ihr wirkt, und zwar eben durch die beiden Kräfte, die Diotima am reinsten verkörpert, durch Schönheit und Liebe. Früh schon im Roman wird der Begriff «Geistesschönheit» gebraucht, dem dann Diotima Anschauung gibt. Naturschönheit – ein weiterer Gegenstand einiger der meisterhaften Prosagedichte dieses Romans – wird von Diotima übertroffen, indem sie ihr durch das Verständnis des zyklischen Ablaufs allen Lebens und durch ihr Opfer symbolisch Dauer verleiht. Dialektik der Geschichte und Zyklik des Naturablaufs ergänzen so einander da beide in sich das Versprechen der Erneuerung tragen. Das ist es auch schließlich, woraus der zurückblickende und schreibende Hyperion seine Kraft zum Aushalten nach der bisherigen Tragik seines Lebens gewinnt. Der Mensch ist zwar Teil der Natur und ihren Gesetzen unterworfen, aber auch mehr als sie, indem er als intelligentes Wesen ihre Gesetze verstehen und durchschauen kann, was ihn erst eigentlich zum Menschen macht. Das drückt der scheinbar paradoxe Satz Hyperions aus: «Der Mensch ist aber ein Gott, so bald er Mensch is.» Dem folgt der Erfüllung bezeichnende Nachsatz: «Und ist er ein Gott, so ist er schön», also in sich ganz und harmonisch.

Die Vorstellung des harmonischen Zusammenhangs vom Einen mit dem All bestimmt auch Hölderlins Naturvorstellung, und er zitiert sie nach ihrem antiken Ursprung mit dem «großen Wort» des Heraklit als «das Eine in sich selber unterschiedne» – «das konnte nur ein Grieche finden, denn es ist das Wesen der Schönheit, und ehe das gefunden war, gabs keine Philosophie». Schönheit als Ausdruck der Harmonie, Geist als Ausdruck menschlicher Selbsterkenntnis und Selbstbestimmung sowie die Natur als Trägerin allen Lebens verbinden sich in dieser neuen Religion, für die Hölderlin als letzte metaphorische Anschauung im Roman die vier Elemente wählt, die über aller Zeit stehen. Wasser und Erde, Feuer und Luft verbinden sich in Hyperions enthusiastischen Vorstellungen zur Einheit, die ihn über sein Leiden hinwegträgt zur Gewißheit der Dauer:

> «Ihr Quellen der Erd'! ihr Blumen! und ihr Wälder und ihr Adler und
> du brüderliches Licht! wie alt und neu ist unsere Liebe! Frei sind wir,
> gleichen uns nicht ängstig von außen; wie sollte nicht wechseln die Wei
> se des Lebens? wir lieben den Aether doch all' und innigst im Innersten
> gleichen wir uns.»

«Innigst im Innersten» – Superlativ der Superlative einer deutschen Tröstung! Knapper, formelhafter läßt sich der Ort nicht bezeichnen, an dem sich ein junger, sensitiver, weitschauender und tiefdringender deutscher Bürger um 1800 über seine Zeit erheben konnte. Die Resultate sind gleichermaßen bedeutend wie beschränkend. Weder über die sprachkünstlerische Meisterschaft noch über den Gedankenreichtum noch über die gelungene Verbindung beider im *Hyperion* dürfte es nennenswerte Meinungsverschiedenheiten geben. Beschränkend für die Wirkung des Buches ist allein der Anspruch, den es an seine Leser stellt, und zwar nicht nur der Anstrengungen wegen, die es ihnen abverlangt, damit das Ganze des Kunstwerks aus den Sprachformen, Metaphern und Meditationen in ihnen erstehe. Was das angeht, hat die Literatur des 20. Jahrhunderts zum Teil sehr viel höhere Forderungen an ihr Publikum gestellt und es dennoch gefunden. Am schwierigsten für das Verständnis des *Hyperion* ist es wohl, sich in die Position extremer Innerlichkeit ihres Autors zu versetzen und zu begreifen, daß sie dennoch nicht als Resignation und Rückzug gemeint war, sondern Botschaft an die Außenwelt darstellte. Schreiben war in Hölderlins Sinn ein Beitrag zur Weltveränderung, wie im kleinen Beispiel des Romans Hyperion durch das Darstellen seiner Jugendgeschichte Erkenntnis und durch die Erkenntnis die Kraft zum Aushalten gewinnt. Darin stehen Hölderlins Intentionen in Korrespondenz mit denjenigen von Friedrich Schlegel und Novalis, die in der Methode des «Romantisierens» eine derartige wirksame, in Bewegung versetzende Rolle der Kunst begrifflich festzuhalten und zu bestimmen suchten.

In der künstlerischen Tätigkeit hebt sich deshalb auch das Hamletsche Dilemma zwischen Handeln und Nicht-Handeln auf, dem Hyperion anfangs unterliegt: «O hätt' ich doch nie gehandelt!» klagt er im ersten seiner Briefe an Bellarmin. Am Ende des letzten Briefes steht dagegen die ruhige Überzeugung: «Wie der Zwist der Liebenden, sind die Dissonanzen der Welt. Versöhnung ist mitten im Streit und alles Getrennte findet sich wieder.» Ein durch die dichterische Tätigkeit zu sich selbst Gekommener überschaut die menschlichen Verhältnisse von einem höheren Standpunkt aus, das Experiment des Schreibens ist im Einzelfall gelungen. Wieweit es für den Leser ein exzentrisches Resultat darstellt, ist eine andere Frage. Hölderlin selbst hat im Zusammenhang mit dem *Hyperion* mehrfach den Begriff der Exzentrik benutzt, wenn auch nicht im sozialen oder historischen, sondern im philosophisch-naturwissenschaftlichen Sinne. «Wir durchlaufen alle eine exzentrische Bahn, und es ist kein anderer Weg möglich von der Kindheit zur Vollendung», heißt es in der Vorrede zur vorletzten Fassung des Romans. Gemeint ist das Leben als «krumme» Linie zwischen zwei Punkten und damit die geometrische Metaphorisierung dessen, was im geschichtlichen Zusammenhang als Fortschreiten in Gegensätzen, als Dialektik erscheint. Durch solche Denkperspektiven aber ragt der *Hyperion* beträchtlich über die Darstellung eines deutschen Lebenslaufs am Ende des 18. Jahrhunderts hinaus und läßt alle äußere Exzentrik hinter sich. Aus dem Widerstreit zwischen schöner Humanität und politischem Handeln in Hyperions Leben erwachsen deutlich die Fragen, die den Geschichtsoptimismus wie den Geschichtspessimismus der kommenden Jahrhunderte dann viel beschäftigt haben. Es dauerte jedoch lange, ehe der *Hyperion* in dieser erweiterten Bedeutung begriffen wurde, und nur wenige von Hölderlins Zeitgenossen haben ihm damals überhaupt Aufmerksamkeit geschenkt.

## Friedrich Schlegels Lucinde

Im Vergleich zu *Sternbald, Hyperion, Ofterdingen, Godwi* und den *Nachtwachen* ist Friedrich Schlegels Roman *Lucinde* am bewußtesten und absichtlichsten ein ästhetisches Experiment. Wenngleich auch ihm nicht künstlerische Spontaneität fehlt, so ist er doch in erster Linie aus theoretischen Prämissen hervorgewachsen, die an der Praxis erprobt werden sollten. In seinen frühen Studien zur antiken Kunst entwickelte Schlegel im Kontrast gleichzeitig Charakteristika der modernen Literatur; in den ihnen folgenden Fragment-veröffentlichungen und Notizheften ging er dann der näheren Bestimmung des Modernen nach, und aus dem historischen Sammelbegriff des Romantischen wurde für ihn ein zukunftweisender ästhetischer Begriff, der eine erst noch zu schaffende Kunst von universeller Bedeutung und Wirkung benennen sollte. Solange Schlegel noch von der antiken Literatur umfangen war, bedeutete ihm der Roman wenig; je mehr er sich dem Romantischen zuwandte, desto mehr erschien ihm der Roman als die höchste und umfassendste Form dieser neuen Kunst. Daß Goethes *Meister* dazu einen entscheidenden Anstoß gegeben hat, steht außer Zweifel. Aber auch ganz allgemein war sich der mit Spürsinn begabte, belesene, gebildete junge Kritiker und Gelehrte des Aufstiegs dieser Kunstform bewußt geworden, und als er selbst mit der *Lucinde* an das Abfassen eines Romans ging, stand er eher in der Tradition Swifts, Sternes und Jean Pauls als in der unmittelbaren Nachfolge Goethes.

Im 116. *Athenaeums*-Fragment, das die «romantische Poesie» als «progressive Universalpoesie» definiert, steht die Forderung an sie, sie solle «Poesie und Prosa, Genialität und Kritik, Kunstpoesie und Naturpoesie bald mischen, bald verschmelzen» und «zwischen dem Dargestellten und dem Darstellenden, frey von allem realen und idealen Interesse auf den Flügeln der poetischen Reflexion in der Mitte schweben». Im Zusammenhang mit den Theorien der Zeit ist bereits dargestellt worden, welch gesellschaftsbildende Wirkung Schlegel von einer derartigen neuen Kunst erhoffte. Deutlich wird aus seiner Definition aber auch, daß ihm dafür die traditionellen Formen der Literatur nicht ausreichten und daß Gattungsgrenzen übersprungen werden mußten.

Schlegels Studienhefte und Notizbücher seit 1797 sind voll von weitschweifenden Gedankenexperimenten mit dem Begriff «Roman». «Dante's Komödie», aber auch Shakespeares Stücke werden essentiell als Romane bezeichnet und damit zu Modellen für die zukünftige Literatur ernannt. Definiert wird der Roman als «*Mischung* aller Dichtarten». Später dann steigert sich das zur Aufgabe, Poesie und Prosa im Roman nicht nur zu mischen, sondern zu verschmelzen, also eine Einheit zwischen ihnen und einer ganz-

lich neuen poetischen Aggregatzustand herzustellen. Im Roman sollten sich
überdies «absolute Individualität» und «absolute Universalität», das Einzelne
und das Ganze am besten vereinigen lassen, und der kreativen Phantasie
konnte darin am ehesten freier Lauf gegeben werden, weshalb es denn auch
zu dem Satz kommt: «Alle Romane sind revoluzionär. – Nur ein Genie kann
einen eigentlichen Roman schreiben.» Ende 1798 begann Friedrich Schlegel
mit der *Lucinde;* sie erschien Mitte 1799.

Der fertige Roman – er war nur der erste Teil eines größeren Werks, das
nie geschrieben wurde – scheint Schlegels Theorien aufs passendste zu erfüllen. Von einer eigentlichen Romanhandlung kann nicht mehr die Rede sein.
Wohl wird erzählt, daß Julius, der Held des Buches, nach manchen Irrungen
und Wirrungen in Lucinde die ideale Frau gefunden hat, aber der Prozeß des
Suchens und Findens ist nur ein beschränkter Teil des Ganzen. Hauptgegenstand des Buches ist vielmehr die neue Form der Gemeinschaft zwischen beiden und damit also etwas seinem Wesen nach Statisches, das sich mit dem
von einer Handlung bestimmten Roman traditionellen Typs nicht mehr vereinbaren läßt. Der größere Teil der *Lucinde* besteht aus in sich abgerundeten
Stücken, die nicht eine Romanhandlung fortsetzen, wenngleich sie natürlich
erst aus dem Gesamtzusammenhang des Buches ihren Sinn gewinnen. Gerade das aber war die Technik, die Schlegel zu entwickeln strebte: Universalität aus dem Zusammenspiel von Teilen herzustellen, schöpferische Phantasie
sich in aller Freiheit und in allen Richtungen entwickeln zu lassen, ohne doch
auf die ordnende, interpretierende Fähigkeit des Intellekts dabei zu verzichten.

Zwei Begriffe kamen ihm dabei zuhanden, die in den Fragmenten vielfältig untersucht und variiert werden: der des «Witzes» als der ordnenden Fähigkeit des Geistes, der «ars combinatoria», und derjenige der «Arabeske»,
also das der Natur nachempfundene, scheinbar ordnungslose, wilde Orna-
ment, das in der Gesamtkonstruktion eines Bauwerks doch zugleich dem
Kunstwillen des Baumeisters unterworfen ist und ihn widerspiegelt. «Witz»
ist in der *Lucinde* vielfach am Werk, und «Arabesken» finden sich so reichlich
darin, daß Schlegel sogar das ganze Werk einmal als Arabeske ansehen wollte. Rein erzählender Natur sind hingegen nur die «Lehrjahre der Männlichkeit» – Julius' Bericht über seine Erfahrungen mit Frauen und über die Begegnung mit Lucinde. Umrankt werden sie von Bekenntnissen, Briefen, Dialogen, Allegorien, Dithyramben und Prosagedichten. Teils werden Erfahrungen und Erlebnisse gestaltet, teils wird darüber reflektiert, teils aber auch
die Reflexion durch die Nebeneinanderstellung von Gegensätzlichem in ihre
Grenzen verwiesen. Ein Satz zu Beginn der auf Schlegels frühe dichterische
Versuche bezogenen «Allegorie von der Frechheit» zeigt wohl am deutlichsten die beabsichtigte Durchdringung von Anschauung und Geist. «Sorglos»,
so heißt es dort, «stand ich in einem kunstreichen Garten an einem runden
Beet, welches mit einem Chaos der herrlichsten Blumen, ausländischen und

einländischen prangte.» Das ist in einem Sinnbild die *Lucinde* und der romantische Roman, Garten und freie Natur, Ordnung und Chaos in einem.
Bei alledem darf nicht übersehen werden, daß die *Lucinde* mehr ist als ein
ästhetisches Experiment. Der «leichtfertige Roman», wie Schlegel ihn selbst
nannte, hatte einen ernsten persönlichen Hintergrund: Schlegels Beziehung
zu Dorothea Veit, der ältesten Tochter von Moses Mendelssohn. Im Alter
von achtzehneinhalb Jahren hatte sie 1783 nach dem Willen ihres Vaters den
Berliner Bankier Simon Veit geheiratet, mit dem sie danach in einer unerfüllten Ehe lebte. 1797 traf sie im Salon von Henriette Herz den damals fünfundzwanzigjährigen Friedrich Schlegel, und wie sehr beide einander sogleich entgegenkamen und entsprachen, das eben ist in der *Lucinde* festge-
halten. Ende 1798 trennte sich Dorothea Veit von ihrer Familie, Anfang 1799
wurde sie geschieden und lebte von da an mit Friedrich Schlegel zusammen.
Die Schwierigkeiten, die sich einer formellen Eheschließung entgegenstellten, waren groß, denn ihren jüngsten Sohn hatte Dorothea nur behalten dürfen unter der Bedingung, daß sie keine neue Ehe einging. Außerdem hätte
eine Heirat mit Friedrich Schlegel die Konversion zum Christentum eingeschlossen, was einen bitteren Affront gegenüber Dorotheas eigener Familie
als einer der angesehensten jüdischen Familien Berlins bedeutet hätte. Schlegels Gedanken in der *Lucinde* zu einer neuen Art der Ehe jenseits aller konventionellen Absegnung waren also nicht zuletzt durch äußere Verhältnisse
wachgerufen worden. Eine bürgerliche Ehe haben Friedrich und Dorothea
Schlegel erst 1804 geschlossen.

In Berliner und Jenaer Kreisen – Friedrich und Dorothea waren im Herbst
1799 nach Jena übergesiedelt – las man die *Lucinde* als ein höchst persönliches und teilweise indiskretes Dokument ihrer Liebesaffäre. Selbst Schlegels
Freunde nahmen mehr Anstoß an der Entblößung von Persönlichem und
manchem gewagten Detail, als daß sie das romantische Erzählexperiment zu
schätzen wußten. Wo diese Seite des Werkes beachtet wurde, wie zum Beispiel bei Novalis, blieb dennoch das Empfinden, daß Absicht und Verwirklichung beträchtlich auseinanderklafften. Nur Friedrich Schleiermacher hat in
seinen 1800 anonym veröffentlichten *Vertrauten Briefen über Friedrich Schlegels Lucinde* eine Lanze für den Freund gebrochen und vor allem auf den
über alles Biographische hinausragenden Gehalt des Buches hingewiesen.
Denn ebenso wie bei Hölderlins *Hyperion* ist es schließlich auch bei der *Lucinde* ratsam, persönliche Verhältnisse, nachdem man erst einmal von ihnen
Kenntnis genommen hat, wieder in den Hintergrund treten zu lassen und das
Buch auf das hin zu lesen, was es jenseits davon mitzuteilen hat.

Die «frevelhafte» und «gefährliche» Botschaft der *Lucinde* hat Schleiermacher in einem einzigen Satz zusammengefaßt:

«Die Liebe soll auferstehen, ihre zerstückten Glieder soll ein neues Leben vereinigen und beseelen, daß sie froh und frei herrsche im Gemüt

der Menschen und in ihren Werken, und die leeren Schatten vermeinter Tugenden verdränge.»

Die *Lucinde* war ein Buch entschiedener Opposition gegen Konventionen, gegen ästhetische wie gesellschaftliche. Das, was so manche Zeitgenossen Schlegels schockierte und die *Lucinde* in den Geruch eines obszönen Buches brachte, war das rückhaltlose Bekenntnis zur Sinnlichkeit als Bestandteil der Liebe sowie die daraus hervorgehende freie, wenngleich verhaltene Darstellung sexueller Vereinigung. Sinnliches und Geistiges waren in der aufgeklärten Philosophie des 18. Jahrhunderts noch getrennt geblieben und bildeten weiterhin einen entschiedenen Gegensatz. Gewiß gab es dann und wann Ausbrüche aus diesem Dualismus, aber sie gerieten, wie etwa in Heinses *Ardinghello* oder auch im *Sternbald,* eher zu Feiern der Sinnlichkeit und mehr oder weniger braver Libertinage, als zur Integrierung des Sinnlichen in einen höheren Begriff der Liebe. Erst durch die spinozistisch-pantheistische Vorstellung des Einen und Ganzen, von dem alles Einzelne nur Teil war – in der Kunst wie im Leben – , konnte der Bann gebrochen werden. Schlegels Romankonzept der Vereinigung von Universalität und Individualität korrespondierte also mit dem, was er auch inhaltlich darzustellen und mitzuteilen hatte. Denn Liebe ist, so schreibt Julius an Lucinde, «die geistige Wollust wie die sinnliche Seligkeit», und die «eine ewig und einzig Geliebte» erscheint ihm in vielen Gestalten, «bald als kindliches Mädchen, bald als Frau [...] und dann als würdige Mutter [...]».

Diese Rollenvariationen der Frau im Auge des Mannes sind eines der bemerkenswertesten Symptome einer tiefgreifenden Veränderung des Verhältnisses zwischen den Geschlechtern, die sich im 18. Jahrhundert anbahnte und die auf eine Gleichstellung beider zulief, obwohl der weitere Weg dann keineswegs geradlinig verlaufen ist. Immerhin gibt es aber in der Literatur aus der zweiten Hälfte des Jahrhunderts und der Jahrhundertwende eine Reihe von aufschlußreichen Zeugnissen dafür, worauf bereits verschiedentlich hingewiesen wurde. Werther war es, der mit seiner Liebe zur unerreichbaren, schwesterlich-mütterlichen Lotte eines der ersten Zeichen setzte, wie überhaupt Goethes Werk in der Folgezeit dann reichlich Beispiele derartiger Rollenvielfalt oder Rollenvariation gab. Inzestuöse Bindungen oder Neigungen erhielten Bedeutung in diesem Zusammenhang. Eine aus gesellschaftlichen Verbindlichkeiten geschlossene Ehe, so erklärt auch Schleiermacher – immerhin protestantischer Theologe – in seinen Briefen über die *Lucinde,* finde er widernatürlicher «als die Ehen zwischen Bruder und Schwester». Das sinnfälligste, anschaulichste Symbol jedoch für die Gleichheit von Mann und Frau wie für die Erhebung des Geschlechtlichen zum Zeichen der Vereinigung und Liebe überhaupt ist die Androgynie, die nach alter mystisch-alchimistischer Tradition auch Sinnbild für die Harmonie eines kommenden Zeitalters darstellte. «Wir beide werden noch einst in Einem Geiste anschauen, daß wir Blüten Einer Pflanze oder Blätter Einer Blume sind, und mit Lächeln werden wir dann wissen, daß was wir jetzt nur Hoffnung nennen, eigentlich Erinnerung war», heißt es, erotisch-naturhafte und historische Perspektiven der Liebe zusammenbringend, in der *Lucinde*. Es ist, wie Julius selbst bekennt, «eine wunderbare sinnreich bedeutende Allegorie auf die Vollendung des Männlichen und Weiblichen zur vollen ganzen Menschheit». Noch deutlicher verbindet dann Novalis im *Heinrich von Ofterdingen* eine Geschichtsapotheose mit dem Androgynensymbol, wenn er im Klingsohr-Märchen ein Zauberbild entwirft: «In dem Kelche lag Eros selbst, über ein schönes schlummerndes Mädchen hergebeugt, die ihn fest umschlungen hielt. Eine kleinere Blüthe schloß sich um beyde her, so daß sie von den Hüften an in Eine Blume verwandelt zu seyn schienen.» Aus solchem Grund wuchs auch seine blaue Blume als Zeichen einer dauernden Liebe.

Was in Schlegels Liebesvorstellungen zusammenkommt, ist jedenfalls die Einheit aller Liebesäußerungen, der sinnlichen und geistigen. Die Frau ist nicht mehr nur Geschlechtsgefährtin oder Seelenfreundin oder Ehefrau, sondern alles in einem und zwar durch das, was Schleiermacher mit Bezug auf Schlegels Buch «das Mystische» nennt: «Der Gott muß in den Liebenden sein.» Letzlich ist Liebe also religiöse Kommunikation, was zunächst freilich nichts anderes heißt, als daß sie den ganzen Menschen erfaßt, seine Totalität gegenüber der Einseitigkeit im gesellschaftlichen Leben wiederherstellt und nicht der Segnungen sozialer Konventionen bedarf. Von solchem Ausgangspunkt her führt der Weg dann allerdings in weite, unabsehbare Gefilde, da Liebe dieser Art auch die Kraft zuzutrauen ist, die menschlichen Grenzzeichen der Zeit, also Geburt und Tod, zu transzendieren, ja daraus sogar erst ihre Legitimation zu empfangen. Sind aber die Liebenden urbildlich schon immer miteinander verbunden gewesen, so ist ihre erste Begegnung im Grunde nur ein Wiedererkennen und ihr Tod nur eine Existenzerweiterung. Julius und Lucinde empfinden, da sie sich kennenlernen, eine «wunderbare Gleichheit», wie bei Novalis die Liebenden das Gefühl haben, sich schon einmal begegnet zu sein. Im Hinblick auf das Lebensende aber erlebt Julius in einem Traum, wie die gestorbene Geliebte «Mittlerin» wird «zwischen meinem zerstückten Ich und der unteilbaren ewigen Menschheit». Die gleiche Erfahrung hat Novalis bald darauf in den *Hymnen an die Nacht* benutzt, um daraus eine eigne, dem Christentum nachempfundene poetische Religion herauszubilden. Und schon in der *Lucinde* findet sich auch die Metapher der Nacht als des Ewigen, des dunklen Schoßes der zeitlosen Liebe. Zu Julius, der sie mit einer nächtlich blühenden Blume vergleicht, sagt Lucinde:

«Nicht ich, mein Julius, bin die die Du so heilig malst; obschon ich klagen möchte wie die Nachtgall und, wie ich innig fühle, nur der Nacht geweiht bin. Du bist's, es ist die Wunderblume Deiner Fantasie, die Du in mir, die ewig Dein ist, dann erblickst, wenn das Gewühl verhüllt ist und nichts Gemeines Deinen hohen Geist zerstreut.»

Und Julius' Phantasie kulminiert in der Prophezeiung:

«O ew'ge Sehnsucht! – Doch endlich wird des Tages fruchtlos Sehnen,
eitles Blenden sinken und erlöschen, und eine große Liebesnacht sich
ewig ruhig fühlen.»

Alle Grenzen zwischen Zeit und Ewigkeit, Tag und Nacht, Realität und
Phantasie verschwimmen in diesem Lyrizismus, wie dann später in Wagners
*Tristan*-Musik zu Worten, die aus der *Lucinde* stammen könnten. Aber vom
Liebestod als mythischer Vollendung eines Ehebundes wird noch zu spre-
chen sein.

«Es ist alles in der Liebe: Freundschaft, schöner Umgang, Sinnlichkeit und
auch Leidenschaft», erklärt Julius in dem Dialog «Treue und Scherz» und
faßt damit die persönlichkeitsbildende Kraft der Liebe, wie Schlegel sie sah,
zusammen. Denn obwohl die *Lucinde* kein Bildungsroman ist, in dem die
Entwicklung eines einzelnen im Widerstreit mit den äußeren Umständen
nachgezeichnet wird, ist dennoch die Ausbildung der Persönlichkeit auch ihr
Thema. Mittel dieser Ausbildung jedoch ist allein die Liebe im erweiterten
Verständnis des Romans, und Ziel ist eine Ehe neuen Typs, in der beide
Partner Vollendung und Erfüllung erfahren. Das engt die Perspektive des
Romans von vornherein ein, da alle ökonomischen und sozialen Fundamente des neuen Liebesbundes ausgespart bleiben. Wo Julius zum Beispiel das
Geld hernimmt, um das «kleine Landgut» für sich und Lucinde zu kaufen,
wovon er in einem «Briefe» schreibt, sagt dem Leser niemand. Julius steht
also in einem Maße über der Realität des täglichen Lebens, daß er im Unterschied zu Wilhelm Meister das Geld nicht einmal mehr verachtet. «Geht
nicht die Liebe in dem Buche bei aller Vollständigkeit der Darstellung doch
ein wenig gar zu sehr in sich selbst zurück?» fragt eine fiktive Korresponden-
tin in Schleiermachers *Vertrauten Briefen,* um darauf die Antwort zu erhalten, das Buch sei «nur abstrahiert von der bürgerlichen Welt und ihren Verhältnissen, und das ist doch, weil sie so sehr schlecht sind, in einem der Liebe
geheiligten Kunstwerk schlechterdings notwendig». Es ist eine bemerkenswerte Replik, die den Idealismus dieses Buches wie den anderer deutscher
Schriften um diese Zeit in einem neuen Lichte erscheinen läßt. Die geographische und politische Fragmentierung Deutschlands, das in jedem seiner
Teile andere Bedingungen für die Entwicklung des einzelnen Bürgers wie für
eine gesellschaftliche und geistige Kultur bot, war fürwahr nicht der Boden,
auf dem sich Ideales und Zukünftiges fest ansiedeln ließ. Goethe hatte sich
im *Meister* mit der Erfindung einer humanitären Geheimgesellschaft behol-
fen, Tieck und Novalis schickten ihre Helden in eine vergangene Zeit, und
Hölderlin ließ seinen Helden Grieche sein, um ihm und sich selbst eine letzte
Hoffnung nicht zu nehmen. Schlegels Ablösung seines Liebespaares von den
realen Problemen deutscher Künstler und Intellektueller ist in diesem Lichte
zu sehen, nicht als schnöde Abwendung von der Wirklichkeit, sondern als

Herausstellung einer Lebensform, die in unmittelbarem Bezug auf die Realitäten nicht denkbar und darstellbar gewesen wäre. Dabei kam ihm auch das selbstentworfene Konzept des romantischen Romans als eine Mischung von Vielfältigem entgegen, das vom Leser verlangte, sich selbst und damit seine eigene Realität in das Kunstwerk hineinzutragen, um Beziehungen zwischen den Teilen untereinander und seiner eigenen Situation herzustellen, worauf der Autor allenfalls hindeuten konnte. Die Einheit des Kunstwerks und seine Bindung an die Wirklichkeit lag im Geist des Lesers, nicht im Buchstaben des Textes, allerdings unter der Voraussetzung, daß der Autor selbst diesen Geist der Einheit vorher empfunden hatte. «Verhülle und binde den Geist im Buchstaben. Der echte Buchstabe ist allmächtig und der eigentliche Zauberstab», heißt es als Aufforderung an den Künstler in der «Allegorie von der Frechheit».

Julius' Weg zu Lucinde stellt Friedrich Schlegel in der zentralen und umfangreichsten Sektion des Buches, den «Lehrjahren der Männlichkeit» dar. Sie sind der eigentliche erzählende Teil, ein Roman im kleinen, und berichten von Julius' Begegnungen mit verschiedenen Frauen bis zu jener erlösenden Gemeinschaft, die ihn von der Zerrissenheit seiner frühen Jahre befreit, ihn sich selbst wiedergibt und auch seine Fähigkeit zur Malerei, zum Künstlertum neu belebt, so daß er eine feste, ruhige, in sich harmonische Persönlichkeit wird, in der Kunst und Leben einander in wahrhaft romantischem Sinne durchdringen:

> «Wie seine Kunst sich vollendete und ihm von selbst in ihr gelang, was er zuvor durch kein Streben und Arbeiten erringen konnte: so ward ihm auch sein Leben zum Kunstwerk, ohne daß er eigentlich wahrnahm, wie es geschah.»

Die Frau als Erlöserin des Mannes, als «Lichtbringerin» – denn das drückt der Name Lucinde aus – war ein großes Thema der Zeit, wie schon bei der Betrachtung des *Wilhelm Meister* und des *Hyperion* gezeigt worden ist. Gegen solche Visionen läßt sich einwenden, daß die Frau auch in dieser Rolle noch Dienerin des Mannes bleibt und allein dessen Vollendung befördern soll. Aber abgesehen davon, daß die *Lucinde* als Buch eines Mannes notwendigerweise aus der Perspektive des Mannes geschrieben war, sollte doch gerade die neue Form der «Ehe» zwischen Julius und Lucinde durch «die Vollendung des Männlichen und Weiblichen zur vollen ganzen Menschheit» auch die mit den Geschlechterrollen bisher verbundene Vormacht oder Ohnmacht aufheben. Eben die Feier derartiger Gleichheit in einer Liebesbindung, die sich als ideale Ehe erklärte, obwohl sie nach bürgerlichen Begriffen ein Konkubinat war, gehörte ja zu dem Anstoßerregendsten in diesem Werk.

Gerade eine solche poetische, künstlerisch außerordentlich feinfühlige und zarte Feier freier Liebe als dauernder Ehe aber war ein kondensierter Ausdruck eines allgemeineren Wunsches junger Deutscher nach persönlicher Freiheit und Unabhängigkeit ohne Rücksicht auf bürgerliche Konventionen und althergebrachte Geschlechterrollen. Auf Schillers Gedicht *Würde der Frauen* im *Musenalmanach für das Jahr 1796* («Ehret die Frauen! Sie flechten und weben/Himmlische Rosen ins irdische Leben») verfaßte August Wilhelm Schlegel sogleich eine Parodie («Ehret die Frauen! Sie stricken die Strümpfe,/Wohlig und warm, zu durchwaten die Sümpfe»), die er allerdings damals nicht veröffentlichte, sondern nur dem Freundeskreis sub rosa mitteilte. Über das die «züchtige Hausfrau» preisende Schillersche *Lied von der Glocke* «sind wir gestern Mittag fast von den Stühlen gefallen vor Lachen», berichtet Caroline Schlegel im Oktober 1799 aus Jena. Sie selbst war jemand, der die Divergenz zwischen Liebe und bürgerlicher Ehe bereits am eigenen Leibe erfahren hatte und eben im Begriff war, sie erneut zu erfahren, denn es waren die Tage, in denen sie, die Frau August Wilhelm Schlegels, sich in den jungen Schelling verliebte, der 1803 nach der Scheidung ihr dritter Ehemann wurde. Einer Freundin jedoch hatte sie schon früh in ihrem Leben und noch vor der ersten Ehe bekannt: «Ich würde, wenn ich ganz mein eigner Herr wäre und außerdem in einer anständigen und angenehmen Lage leben könnte, weit lieber gar nicht heiraten und auf andre Art der Welt zu nutzen suchen». Tiefes Ungenügen mit den Konventionen der bürgerlichen Ehe spricht auch aus jenem ironisch wortspielerischen Satz, den Brentano kurz vor seiner Heirat mit der geschiedenen Jenaer Professorenfrau Sophie Mereau an sie schreibt: «Ich versichere Dich, ich will nur deswegen Dich heiraten, um recht unehlich mit Dir leben zu können, um recht ordentlich unordentlich zu sein.» In solchen, oft beiläufigen, oft nur aus momentaner Stimmung geschriebenen Sätzen manifestiert sich dennoch, was man gern mit dem großen Wort Emanzipation bezeichnet. Denn die Befreiung vollzog sich langsam und widerspruchsvoll, weil hier mit revolutionären Aktionen nichts auszurichten war. Ein «revoluzionärer» Roman wie die *Lucinde* war da schon der größtmögliche Fortschritt in einer gegebenen Zeit.

Schlegel verstand sein Buch als ein durchaus ethisches, ja als den Entwurf einer neuen Ethik in der Beziehung der Geschlechter überhaupt. Die Ehe, die er meinte, war der totale Gegensatz zu Libertinage und sollte ganz im Sinne der Unendlichkeit der Liebe, die ihr zugrundelag, durchaus unauflöslich sein. Ehe ist

> «ewige Einheit und Verbindung unserer Geister, nicht bloß für das was wir diese oder jene Welt nennen, sondern für die eine wahre, unteilbare, namenlose, unendliche Welt, für unser ganzes ewiges Sein und Leben».

Es ist bemerkenswert, daß als dichterisches Gleichnis für eine solche ewige Gemeinschaft gleicher Partner damals mehrfach provokativ gerade die äußerste Unterwerfung der Frau unter das Schicksal des Mannes gewählt wurde, der Feuertod indischer Witwen:

«Ich weiß, auch du würdest mich nicht überleben wollen, du würdest
dem voreiligen Gemahle auch im Sarge folgen, und aus Lust und Liebe
in den flammenden Abgrund steigen, in den ein rasendes Gesetz die Indischen Frauen zwingt und die zartesten Heiligtümer der Willkür durch
grobe Absicht und Befehl entweiht und zerstört»,

sagt Julius zu Lucinde.

Im *Musen-Almanach für das Jahr 1798* war Goethes «indische Legende»
*Der Gott und die Bajadere* erschienen, und Schlegel mag darauf reflektiert
haben. Später, 1806, im gleichen Jahre, in dem sie sich selbst als unglücklich
Liebende den Tod gab, erschien Karoline von Günderrodes Gedicht *Die Malabarischen Witwen*, das den Flammentod indischer Frauen zur «süßen Lie-
besfeyer» verklärte. Liebestod in Poesie und Wirklichkeit, wie im letzteren
Falle, aufeinander zu beziehen, ist allerdings ein bedenkliches Unternehmen,
denn der aus vielen Ursachen entstandene reale Todesentschluß beweist oder
bestätigt nicht, was die Literatur an allgemeinen Erfahrungen aus der Wirklichkeit ableitet und darstellt. Aber die Doppelheit wirft doch immerhin ein
besonderes Licht auf die Ernsthaftigkeit, mit der gerade die Transzendenz
realer Existenz und realen Glückes wie Unglückes um 1800 erwogen wurde.
Die äußere, frustrierende Situation im perspektivenlosen Vaterland hat dazu
gewiß nicht wenig beigetragen, aber zugleich war die Suche nach Transzendenz doch auch das Ergebnis aufklärerischen Denkens. Wenn sich hier das
um Emanzipation ringende Ich den Bereich des über alles Wissen Hinausgehenden in freiem Denken zu erschließen versuchte, einen Bereich also, der
mit dem realistischen Bewußtsein von der Begrenztheit der menschlichen
Existenz notwendigerweise gegeben war, so stellte das nicht nur Übung des
Geistes und Neugier dar. Eingeschlossen darin war die Suche nach neuen
Werten für humanes menschliches Zusammenleben, nach Werten, die jenseits der von den sozialen Konventionen und den Kirchen proklamierten
Ethik lagen. Daß diese Werte nicht von unmittelbarer Wirkung sein konnten, hatte seinen Grund in den historischen Umständen, unter denen sie konzipiert wurden. Verlorengegangen sind sie dennoch nicht, und immer dort,
wo man Konventionen hinsichtlich der Beziehungen der Geschlechter in
Frage gestellt hat, ist man auf Werke wie eben Schlegels *Lucinde* zurückge-
kommen.

Allerdings provozierte Schlegel auch manches Mißverständnis, am stärksten wohl durch die «Idylle über den Müßiggang», die der Meditation, dem
«heiligen Hinbrüten und ruhigen Anschauen» des Orients ein Lob singt, Müßiggang überdies als «das eigentliche Prinzip des Adels» bewundert, dafür jedoch Fleiß und Nutzen verdammt und Prometheus als den «Erfinder der Erziehung und Aufklärung» brandmarkt. Nichts ist geeigneter, ein oberflächli-
ches Bild des Romantischen als Gegenaufklärung und feudal gesinnter Gegenrevolution zu bestärken als eine solche Tirade gegen das Handeln. Aber

die *Lucinde* ist zunächst einmal ein Buch, in dem mit Denkbarem experimentiert wird, das jedoch erst aus der Zusammenstellung verschiedener Gedanken und Empfindungen ihre Einheit gewinnt. Hält man außerdem Schlegels Idylle gegen den Hintergrund der von Hölderlin so bitter und zornig beschriebenen tätigen, aber dumpfen und harmonielosen Deutschen, diesen «allberechnenden Barbaren», dann leuchten Schlegels Worte in ganz anderen Farben. Denn er redet nicht regressivem Quietismus das Wort, sondern hält vielmehr zur Revision einer Lebenshaltung und Lebensweise durch das Zurücktreten von ihr an, wie das Kontemplation gemeinhin zum Ziele hat. Die Vorstellung vom Adel als Lebensform ohne Arbeit aber ist dem Wunsche Wilhelm Meisters nicht unverwandt, der nach einer harmonischen Ausbildung seiner Natur sucht und sein Vorbild in der «öffentlichen Person» findet, die für ihn der Edelmann darstellt, der «tun und wirken» kann, wo der Bürger nur «leisten und schaffen» muß. Die Radikalität von Schlegels Ansicht trennt ihn natürlich dennoch von Goethe, so wie sich der deutsche Realismus des *Wilhelm Meister* von dem romantischen Universalismus der *Lucinde* unterscheidet.

Schlegels Universalismus kommt noch in manchen anderen Zügen und Teilen der *Lucinde* zum Ausdruck. Dazu gehört der Bezug auf die Natur in einer üppigen Pflanzenmetaphorik, die – dem *Hyperion* vergleichbar – den Wechselfällen des Lebens eine Konstante außerhalb der Gesellschaft entgegensetzt und im übrigen den Roman mit «Arabesken» und Ornamenten versieht, in denen Einzelnes und Ganzes zusammenkommen. Dieser Bezug auf die Natur und den organischen Zusammenhang des Lebens nimmt in dem Lobpreis der Kindlichkeit als natürlicher Existenz eine historische Dimension an. Auch der *Lucinde* liegt die Vorstellung eines Zeitablaufs im Dreischritt zugrunde, wie sich in Julius' Entwicklung zeigt. Er ist der Mensch «nach dem goldenen Zeitalter seiner Unschuld», der in der Liebe aus seiner Zerrissenheit heraus den Weg zu neuer Vollendung findet, und zwar endgültig erst in dem Moment, in dem er Vater wird. Denn Schlegels Apotheose und dritter Zustand ist die Familie als symbolische schöne Menschengemeinschaft. Das letzte Stück der *Lucinde,* die «Tändeleien der Fantasie», sprechen davon. «Alte wohlbekannte Gefühle tönen aus der Tiefe der Vergangenheit und Zukunft», und eine neue heilige Familie besiegelt die Religion der Liebe: «Der Mann vergöttert die Geliebte, die Mutter das Kind und alle den ewigen Menschen.»

Schlegel hat in diesem Buch ausgiebig von seinem «Verwirrungsrecht» als romantischer Schriftsteller Gebrauch gemacht und die «fröhliche Wissenschaft der Poesie» – wie es in der «Idylle über den Müßiggang» heißt – mit Ironie und «Witz» gehandhabt, indem er Darstellung und Reflexion, lyrische Meditation und philosophische Argumentation in einer reichen, herausfordernden Mischung präsentiert. Gerade deshalb aber ist wohl die *Lucinde* trotz aller Anforderungen an die Leserphantasie lebendig geblieben, und mehr noch seitdem im 20. Jahrhundert Romanexperimente das Durcheinanderschütteln von Darstellungsformen in weit größerem Maßstab geübt haben, als das Friedrich Schlegel je tat. Bei seinen Zeitgenossen freilich fand er als Künstler wenig Widerhall. Ein Bucherfolg wurde die *Lucinde* trotz des Skandals, den sie hervorrief, nicht. Unter die wüstesten Ausfälle gegen das Buch gehört der des Berliner Predigers Daniel Jenisch, dem Goethe 1795 mit der Polemik über «Literarischen Sansculottismus» entgegengetreten war. Jenisch erfand ein Billet der «*wahren* Lucinde», einer «verfeinerten berlinischen Jüdin», in dem er Antisemitismus und Obszönität in eins brachte, ein Verfahren, das in der weiteren Geschichte des deutschen Antisemitismus vielfache Nachfolge fand. Zu den Verehrern der *Lucinde* gehörte Fichte, und mit Schleiermachers *Vertrauten Briefen* trat Schlegels Buch eine Schrift zur Seite, die nicht nur das Beste dazu sagte, was es zu sagen gab, sondern die sich überdies noch einen eigenen Rang als geistig ebenbürtiger Beitrag zur Liebes- und Eheproblematik der Zeit erwarb.

Schlegel hat eine Zeitlang an der Fortsetzung der *Lucinde* gearbeitet aber das Projekt wurde bald von anderen Interessen verdrängt. Dagegen traten zahlreiche fremde Fortsetzungen und Parodien – gewollte oder unfreiwillige – ans Licht. Bereits 1799 veröffentlichte Michael Kosmeli der später Ruhm als Virtuose auf der Maultrommel errang, ein «Seitenstück der Lucinde» unter dem Titel *Lindor*, das 1801 und damit weit vor Schlegels Buch eine zweite Auflage erlebte – die *Lucinde* selbst wurde erst 1835 neu aufgelegt. Solches ungleiche Interesse war allerdings wohl verständlich, denn Lucinde bringt bei Kosmeli eine andere Geliebte Lindors um, wofür sie wiederum von ihm erschossen wird. Nennenswert in der Wirkungsgeschichte der *Lucinde* ist noch eine Ausgabe von 1842, der der Herausgeber W. Christern eine eigene Fortsetzung beigegeben hat, in der Julius, von Lucinde entfremdet, zum Katholizismus übertritt und an seiner Gefräßigkeit zugrunde geht. Was in Parodie ausläuft, beginnt jedoch mit einem aufschlußreichen Vorwort, in dem eine Verbindung zwischen Schlegels Buch, George Sand und Karl Gutzkow – der 1835 die *Vertrauten Briefe* neu editiert hatte – hergestellt wird und das damit die Tendenz der *Lucinde* in die Geschichte der Frauenemanzipation im 19. Jahrhundert hinüberleitet.

### Novalis' *Heinrich von Ofterdingen*

Weit über den *Heinrich von Ofterdingen* hinaus ist jenes Symbol bekannt geworden, das dessen Helden am Anfang im Traum erscheint und das er am Ende des Romans, wäre er je vollendet worden, in Wahrheit finden sollte: die blaue Blume. Längst ist sie aus dem Buch herausgewachsen und zum allgemeinen Zeichen für das geworden, was man gern Romantik nennt, ohne sich viel dabei zu denken: Naturschwärmerei, Sehnsucht in unbestimmte Fernen des Raumes und der Zeit, Liebesträume und, mit den Augen der harten Wirklichkeit gesehen, unverbindliche Phantasien. Dabei ist von den sechs hier ausführlicher betrachteten Romanen der Zeit zwischen 1797 und 1804 gerade der _Heinrich von Ofterdingen_ das am rationalsten angelegte Buch und das einzige, das eine ebenso rational ausdrückbare Botschaft zu vermitteln sucht. Diese Botschaft lautet, daß die Kunst – Novalis spricht von der Poesie – in der Lage sei, Frieden und Harmonie in der Welt herzustellen, wenn man ihr nur die Ohren, Augen, Köpfe und Herzen öffne, und daß es die Aufgabe der Dichter sei, eine solche Bereitschaft für Poesie zu wecken. Es ist nun freilich eine idealistische Hoffnung, die solcher Botschaft zugrundeliegt, aber sie ist nicht idealistischer als die meisten anderen Friedenshoffnungen der neunziger Jahre. Was sie jedoch von ihnen unterscheidet, das ist Novalis' dichterische Analyse dieser Friedenserwartungen, die ihn tief in bisher unentdeckte Bereiche der menschlichen Psyche und zu ihrer Verwurzelung in historischem und metahistorischem Grund führte.

Novalis näherte sich seiner Aufgabe durchaus als Wissenschaftler und Experimentator. Daß es ihm gelang, seiner Darstellung eine Leichtigkeit zu geben, die die bewußten rationalen Anstrengungen verdeckt, erweist seine hohen Fähigkeiten als Künstler. Sein erstes größeres Prosawerk waren die _Lehrlinge zu Sais,_ die er 1798 schrieb und die wie die meisten anderen seiner Arbeiten erst posthum in der von Friedrich Schlegel und Ludwig Tieck veranstalteten Ausgabe seiner Schriften von 1802 erschienen. _Wilhelm Meisters Lehrjahre_ hatten ihn tief beeindruckt; er beschäftigte sich immer wieder mit ihnen, bewunderte und kritisierte sie, ließ sich von ihnen beeinflussen, wollte sie aber auch von seinem eigenen philosophischen Standpunkt aus übertreffen. Unter den jungen Romanautoren dieser Jahre war er jedenfalls derjenige, der am unmittelbarsten künstlerisch auf Goethe reagierte. Das heißt, daß seine Prosawerke zunächst einmal literarisch inspiriert waren und im Verfolg davon auch selbst literarische Experimente darstellten. Das wird bereits bei seiner ersten Schrift deutlich.

_Die Lehrlinge zu Sais_ ist kein Roman im engeren Sinne des Wortes. Auf eine äußere Handlung, ja sogar auf individuell charakterisierte Personen wird ganz verzichtet. Gegenstand des Buches ist vielmehr das rechte Naturverständnis, und lange Gespräche von namentlich nicht identifizierten Einzelpersonen oder Gruppen bilden die eigentliche Substanz des Werkes. Fichtesche und Schellingsche Gedanken über die Natur werden gegeneinander ausgespielt, über die hinaus der Weg zu einer eigenen Ansicht geht. Novalis stellt Naturerkenntnis in enge Beziehung zur Selbsterkenntnis, und im Bilde eines fernen Kults, einem verinnerlichten Geheimbundmotiv, sah er die Möglichkeit, eine Synthese der beiden Erkenntnisbereiche nicht abstrakt, sondern in ästhetischer Anschauung herzustellen. Ein «leuchtender Stein», ein Karfunkel, ist am Ende der _Lehrlinge_ Sinnbild für ein aus dem Inneren hervorgehendes Licht, für eine Vereinigung des scheinbar Gegensätzlichen, einer externen und einer internen Welt. Die Schlußworte des Lehrers entsprechen diesem Sinnbild, denn er sieht als rechten Naturforscher nur denjenigen an, der analytische Fähigkeiten mit dem synthetischen Sinn für das Ganze zu vereinigen vermag. So wird er am Ende fähig sein, die «große Chiffernschrift» der Natur zu lesen und den schon immer vorhandenen Gesamtsinn zu begreifen. Die Tendenz der *Lehrlinge* richtet sich also ebenso wie diejenige von Hölderlins und Schlegels Roman gegen die Fragmentierung des Lebens und der menschlichen Tätigkeit und mündet damit in den allgemeinen romantischen Universalismus als Antwort auf eine geschichtliche Situation. Die *Lehrlinge* sind ein in sich geschlossenes kleines Prosawerk, dessen Einheit von Novalis noch durch das eingelegte Märchen von Hyazinth und Rosenblütchen bestärkt wird. Es erzählt in einem kunstvoll einfachen Ton, wie Hyazinth am Wohnsitz der Isis in der Göttin die verlorene Geliebte wiederfindet und dadurch auch sein eigenes Leben erfüllt. Damit bestätigt das Märchen die Grundgedanken des Rahmentextes und wendet sie zugleich auf eine persönliche Situation an: Der mit Liebe Suchende erreicht sein Ziel und findet im Gott den Menschen.

Der *Heinrich von Ofterdingen* nun setzt solche Gedanken und Tendenzen fort, aber der Stoff gab Novalis Gelegenheit, sich nicht nur weiter auszubreiten, sondern auch der Abstraktheit zu entgehen, von der er sich trotz der Bilder, Farben und märchenhaften Grundstimmung in den *Lehrlingen* nicht hatte lösen können. Für den *Ofterdingen* brachte Novalis vieles an Wissen, Erkenntnissen und inneren wie äußeren Erfahrungen mit. Anderthalb Jahre hatte er an der Bergakademie Freiberg die Naturwissenschaften und den Bergbau studiert. Als Beamter auf der kursächsischen Salinen in Weißenfels war er mit administrativer Arbeit wie mit den sozialen Verhältnissen der Arbeiter in diesem Bereich vertraut geworden, und die Schriftstellerei betrachtete er nur als Nebenarbeit. Im Vergleich zu Hölderlin, Schlegel, Tieck und Brentano war er also der am weitesten mit der staatsbürgerlichen Sphäre Bekannte und an sie Gebundene. Zugleich war er der strengste Philosoph unter ihnen, der sich in umfangreichen eigenen Studien mit Kant, Hemsterhuis, Fichte und Schelling auseinandergesetzt hatte und seit 1798 an seinem großen Enzyklopädie-Projekt, dem *Allgemeinen Brouillon*, arbeitete. Seit 1792 verband ihn eine enge Freundschaft mit Friedrich Schlegel, mit dem er gemeinsam an der Konzeption einer auf philosophischen Prämissen gegründeten neuen, romantischen Ästhetik arbeitete. Aus dem kritischen Studium des *Wilhelm Meister* hatte er eine eigene Theorie des Romans zu entwickeln begonnen, die, von der Hochschätzung dieser Form bei Schlegel beeinflußt, sich als Aufgabe stellte, in der Darstellung von Leben die Idee der prinzipiellen Einheit alles Gegensätzlichen zu realisieren.

«Ein Roman muß durch und durch Poësie seyn. Die Poësie ist nämlich, wie die Philosophie, eine harmonische Stimmung unsers Gemüts, wo sich alles verschönert, wo jedes Ding seine gehörige Ansicht – alles seine passende *Begleitung* und *Umgebung* findet»,

heißt es in einer seiner Aufzeichnungen aus dem Jahre 1799. Diese «Stimmung» ästhetisch wirkungsvoll zu vermitteln, hat ihn wesentlich zu seinem *Heinrich von Ofterdingen* veranlaßt; in ihm wollte er sie bewußt und mit Kunstformen wie Stilarten experimentierend erzeugen. Wie Friedrich Schlegel jedoch bei aller Experimentierlust die *Lucinde* nur gelang, weil er zugleich konkrete menschliche Erfahrung mitzuteilen hatte, so ist auch in Novalis' Roman persönliches Erleben verarbeitet. Obwohl der *Ofterdingen* nicht als autobiographisches Dokument lesbar ist, hat doch Novalis' Auseinandersetzung mit dem Phänomen des Todes, wozu er durch den frühen Verlust seiner Braut bewegt wurde, deutliche Spuren darin zurückgelassen. Mehr noch als das aber sind die starken unterbewußten Ströme seiner Persönlichkeit spürbar, die, da sie mit der intellektuellen Tendenz des Werkes im Einklang stehen, dem *Ofterdingen* jenseits aller Spekulation menschliche Wahrheit geben.

Novalis hat seinen Roman bald nach dem Treffen des Jenaer Freundeskreises im November 1799 begonnen und den ersten Teil im April 1800 vollendet. Was vom zweiten Teil existiert, stammt aus dem Sommer 1800. Bis zu seinem Tode im März 1801 soll Novalis noch Pläne gehegt haben, aber der *Ofterdingen* blieb Fragment. Stofflich hat das Werk zu den Interessen und Diskussionen in Jena Bezug. Tieck war in der Wiederentdeckung und Erneuerung alter Literatur vorangegangen, und im gleichen Geiste ergriff Novalis nun eine alte thüringische Chronik, die ihm die Sage vom Sänger Heinrich von Ofterdingen und dem Sängerkrieg auf der Wartburg vermittelte. In dem Essay *Die Christenheit oder Europa*, den er ja Anfang November 1799 den Freunden in Jena vorlas, hatte er das Mittelalter bereits metaphorisch für die Veranschaulichung eines triadischen Geschichtsablaufs benutzt und ihm die Qualitäten einer vergangenen paradiesisch-harmonischen Zeit gegeben – eine Deutung, die angesichts des offensichtlichen Widerspruchs zwischen historischen Tatsachen und metaphorischer Funktion auf manchen Widerspruch im Kreise gestoßen war, wofür Schellings *Widerporst* das deutlichste Zeugnis bildete. Der *Ofterdingen* stellte nun eine Fortsetzung der Diskussion mit rein literarischen Mitteln dar, in denen der Widerspruch durch das ästhetische Eigenrecht eines Kunstwerks womöglich vermeidbar war. Wenn Novalis im übrigen das Mittelalter als Stoff wählte, so hatte das auch einen aktuellen Grund. Denn außer durch geistigen Universalismus war es gekennzeichnet von politischem Internationalismus, wie er in den Kreuzzügen zum Ausdruck kam, einem Internationalismus, der sich idealisiert als ein vereintes Europa verstehen ließ und damit als ein völliges Gegenbild zu den um 1800 in heftiger Fehde miteinander liegenden europäischen Nationalstaaten. War der sehnsüchtige Rückblick auf eine verklärte Vergangenheit für den Historiker Zeichen einer bedenklichen Regression, so stand hingegen dem Dichter frei, sich sein Material anzuverwandeln und die Zeit letztlich aufzuheben. Auf dieses Ziel läuft die Handlung des *Ofterdingen* schließlich hinaus.

Der Inhalt eines geheimnisvollen Buchs, das Heinrich in einer Höhle findet, sei, so wird ihm gesagt, «ein Roman von den wunderbaren Schicksalen eines Dichters, worin die Dichtkunst in ihren mannichfachen Verhältnissen dargestellt und gepriesen wird». Das klingt wie eine Kennzeichnung von

Novalis' eigenem Roman. Denn durch den Traum von der blauen Blume wird Heinrich, obwohl ihm das nicht sogleich bewußt ist, zum Poeten erweckt, und der erste Teil des Romans hat nichts anderes als seine Ausbildung für diesen Beruf zum Gegenstand. Heinrich erkennt – wie manche junge Autoren um 1800 – die Differenz zwischen der eigenen Inspiration und der bürgerlich-handwerklichen Befangenheit seines Vaters, geht auf Bildungsreise und erhält hinfort Lektionen. Kaufleute erschließen ihm die Macht der Poesie im Altertum. Das Märchen von Atlantis berichtet vom Sänger, der zum Prinzgemahl erhoben und Vater des künftigen Königs wird. Eine morgenländische Zulima vermittelt wie in Tiecks *Magelone* erste Erfahrung mit der Welt des Orients und dessen Gesängen, und ein Bergmann sowie ein Einsiedler machen durch die Einführung in Natur und Geschichte dem jungen Reisenden die Koordinaten seines eigenen Lebens, also die Begriffe von Raum und Zeit bewußt. Mit solcher Kenntnis ausgestattet, findet er das besagte geheimnisvolle Buch, das ihn seine eigene Berufung erkennen läßt. Bevor er jedoch selbst zum Dichter wird, muß er die Liebe erfahren, was in Augsburg, dem Geburtsort seiner Mutter und Reiseziel, geschieht. Mathilde, die Tochter des Dichters Klingsohr, verschafft ihm dieses Erlebnis, das nach allen Regeln romantischer Liebe verläuft, wie sie zum Beispiel auch Julius und Lucinde durchlebt haben. Heinrich erkennt in Mathildes Gesicht dasjenige wieder, das ihn einst schon aus der geträumten blauen Blume heraus angesehen hat, und die Liebe selbst ist beiden mehr als nur eine irdische Gemeinschaft:

«O Geliebte, der Himmel hat dich mir zur Verehrung gegeben. Ich bete dich an. Du bist die Heilige, die meine Wünsche zu Gott bringt, durch die er sich mir offenbart, durch die er mir die Fülle seiner Liebe kund thut. Was ist die Religion, als ein unendliches Einverständniß, eine ewige Vereinigung liebender Herzen? Wo zwey versammelt sind, ist er ja unter ihnen.»

Es sind Sätze wie diese, die Novalis den Ruf als Schöpfer zartester, feinfühligster und durchsichtigster Poesie, gleichzeitig aber auch den der romantischen Schwärmerei verschafft haben. Heines Erzählung in der *Romantischen Schule* von der blauäugigen und goldlockigen Sophia, die sich aus dem *Ofterdingen* die Schwindsucht herausliest, meint solche Romantik. Leicht läßt sich bei den einschmeichelnden, auf Biblisches anspielenden Worten übersehen, daß es sich gerade bei solchen Stellen um ausgeprägt experimentelle Prosa handelt, also um Sprache, die Novalis bewußt um eines Effekts willen produziert hat. Das heißt nicht, daß es ihm mit den Gedanken unernst war, die darin zum Ausdruck kommen, wohl aber, daß diese Gedanken in ihrer schlichten Einfachheit noch nicht die Essenz dessen sind, was Novalis überhaupt mitzuteilen hatte. Denn gerade die Liebesverhältnisse, die er im *Ofterdingen* tatsächlich gestaltet – insbesondere die im Klingsohr-Märchen –, sind alles andere als nur ein Gottesdienst. Während der Arbeit an seinem Roman hat Novalis öfter über seine Schreibweise nachgedacht. Daß seinen «Erzählungen und romantischen Arbeiten» die «Mitteltinten» und «Geschmeidigkeit» wie «Reichthum des Styls» fehlen, rügt er in seinen Notizheften, während er sich an anderer Stelle «eine gewisse Alterthümlichkeit des Styls, eine richtige *Stellung* und Ordnung der Massen, eine leise Hindeutung auf Allegorie, eine gewisse Seltsamkeit, Andacht und Verwunderung» wünscht, die «durch die Schreibart» hindurchschimmern sollen. Heines Sophia ist also zwar ein Opfer von Novalis' durchaus intendierter Lesermanipulation und hat den *Ofterdingen* nicht falsch gelesen, sie hat ihn aber nur eben halb gelesen und weder die intellektuellen Kontraste noch die Bewegung in seiner Tiefe wahrgenommen. Besonders stark kommt die rationale Seite von Novalis' Arbeit zum Ausdruck in den Lehren, die Klingsohr seinem zukünftigen Schwiegersohn erteilt («Der Dichter wird wenig Wunder thun können, wenn er selbst über Wunder erstaunt.»), und vor allem in dem großen Erlösungsmärchen, das er erzählt und mit dem der erste Teil des Romans ausklingt.

Der weitere Gang der Handlung ist nur aus Ansätzen und Notizen zu erschließen. Der Heinrich des zweiten Teils hat bereits den Tod von Mathilde erlebt, und die Transzendenzerfahrung durch die Liebe zu ihr hat ihn für die Gedanken einer humanen Ethik und für seine fernere Mission als Dichter geöffnet. In diesem Verständnis ist auch für ihn eine Frau zur «Lichtbringerin» geworden. Als Vermittler der Idee von einer höheren Religion und neuen Kirche jenseits der gegenwärtig existierenden sollte sein Weg ihn durch Europa und den Orient führen. Am Ende war ihm dann bestimmt, die blaue Blume zu finden und ein ewiges Goldenes Zeitalter einzuleiten, in dem Raum und Zeit wie überhaupt alles Trennende aufgehoben waren. In der Realisierung des frühen Traums brachte ihn seine Reise also zurück zum Anfang. Es ist die Ausführung dessen, was das Mädchen Zyane vorausnimmt, wenn es auf Heinrichs Frage «Wo gehn wir denn hin?» die Antwort gibt: «Immer nach Hause.» Trotz aller organischen Verbindung dieses Dialogs mit dem Roman ist daran zu erinnern, daß er seine literarische Wurzel in einer existentiellen Frage des Helden von Diderots *Jakob und sein Herr* hat («Wohin gingen sie? Weiß man denn, wohin man geht?»), dessen Fatalismus allerdings Positives entgegengesetzt, bis sich in Büchners *Woyzeck* («Marie, wir wollen gehn. 's is Zeit.» «Wohin?» «Weiß ich's?») der Zweifel erneut und vertieft meldete.

Es ist eine beliebte Frage der Literaturwissenschaft, ob der *Ofterdingen* ein Bildungsroman sei oder nicht. Novalis wollte sein Buch gern im gleichen Format und beim gleichen Verleger veröffentlicht sehen wie Goethes *Meister*. Der Bezug auf das Muster des Älteren, Angesehenen war also immer präsent. Goethe wollte er seiner Kompromisse mit der Wirklichkeit wegen entgegentreten und der farcenhaften «Oeconomischen Natur» des Buches

einen Lebenslauf entgegenstellen, der zu einem entschiedeneren Ergebnis
führte als derjenige Meisters, zu einem Ergebnis, das nicht in der wechsel-
haften Natur des zeitlichen Menschen abgesichert war, sondern in universalen Gesetzen, die die Totalität der menschlichen Existenz betrafen. Demge-
mäß wird Heinrich von Ofterdingen auch nicht mehr durch eine zwar geheime, aber immerhin menschlich fehlbare Turmgesellschaft geleitet, sondern
durch das in ihm von vornherein angelegte Universelle, Göttliche in der
menschlichen Natur, das ihm nur erst nach und nach zum Bewußtsein
kommt. Auch die Technik des Romans entspricht dieser Voraussetzung. «Alles was er sah und hörte schien nur neue Riegel in ihm wegzuschieben, und
neue Fenster ihm zu öffnen», heißt es von Heinrich dort, wo von seiner Erziehung zum Dichter die Rede ist. Das bedeutet, daß ein entscheidender Teil
seiner Entwicklung tatsächlich im Anhören von Geschichten bestehen kann.
So ist das eigentliche epische Leben des *Ofterdingen* vor allem in seinen Einlagen enthalten, den Erzählungen der Kaufleute, der Orientalin, des Berg-
mannes und des Einsiedlers, den balladenartigen Liedern sowie schließlich in
Klingsohrs großem Märchen. Insbesondere die eingefügten Märchen versuchen jedoch nicht nur, eine momentane Erkenntnis mitzuteilen. Sie sind immer zugleich Emanationen eines Geistes, der den Roman insgesamt durch-
waltet und von dem sie im Kleinen Kunde geben. Auf die Frage, ob der *Ofterdingen* ein Bildungsroman sei, gibt es also nur die Antwort, daß er es im Goetheschen Sinne eines polaren Wechselspiels zwischen Anlage und äußeren
Kräften nicht ist, sondern daß ihm ein monistisches Universalitätsbewußtsein
zugrundeliegt, das alle Dualitäten zu sekundären Phänomenen macht. Es
dürfte jedoch wenig zur klaren Übersicht beitragen, für eine solche Form in
ihrer Einmaligkeit einen eigenen Begriff zu schaffen, statt innerhalb des gegebenen Begriffes zu differenzieren.

Zum Zusammenhalt des Romans in seinen verschiedenen selbständigen
Teilen dient eine reiche Symbolik. Die blaue Blume – Zeichen der Liebe und
Vereinigung – ist das bedeutsamste Symbol. Auf sie wird Bezug genommen,
wenn Heinrich Mathilde trifft, und in Klingsohrs Märchen findet das
Traum-Theater des Mondes seinen Höhepunkt in jener androgynen Vereinigung im Schoße einer Blume, die bereits bei der Betrachtung einer parallelen Stelle der *Lucinde* zitiert wurde. Überhaupt durchzieht den *Ofterdingen*
eine üppige erotische Symbolik, angefangen bei der ersten Traumwanderung
Heinrichs in Schluchten und Becken hinein bis zur Inzest-Szene im Klingsohr-Märchen, wo der Knabe Eros mit seiner Amme Ginnistan schläft, nachdem sie vorher die Gestalt seiner Mutter angenommen hat. Auch in Heinrichs Leben selbst spielte die Mutter bereits eine außerordentliche Rolle, begleitete sie ihn doch auf seiner Bildungsreise, die noch dazu zu ihrer Heimat
führte. Was immer in Novalis selbst vorgegangen sein mag – daß er solchen
ödipalen Zügen Ausdruck gab, gesellt sein Werk zu den anderen bedeutenden Versuchen der Zeit, Konventionen anzugreifen, indem die tradierten

Geschlechterrollen in Frage gestellt werden. Das war freilich bei ihm kaum Intention wie im Falle von Friedrich Schlegel, aber es steht doch in Übereinstimmung mit dem bewußten Ziel des Romans, Liebe als einen allumfassenden, humanisierenden Begriff herauszustellen, der grundsätzlich alle Trennung aufhebt. Wie Schlegel hebt auch Novalis die Dreieinigkeit von Vater, Mutter und Kind in der «heiligen Familie» als Erfüllung dieser Liebesvorstellung hervor, zuerst am Ende des Atlantis-Märchens und dann wiederum im Klingsohr-Märchen. Seine Gedanken aus *Glauben und Liebe* über die politische Bedeutung des Familiensymbols spiegeln sich darin.

Wie schon erkennbar geworden ist, stellt das Klingsohr-Märchen das große Sammelbecken für Gedanken und Symbole des Romans dar. Es ist das extremste Beispiel sprachkünstlerischen Experimentierens, das es aus dieser Zeit gibt. Wie alle ästhetischen Experimente irritiert es den Leser zunächst, bis er seine klare Grundlinie erkennt. Auch danach hört es allerdings nicht auf zu reizen und herauszufordern durch seine Kombinationskunst, die vieles Heterogene zusammenschmilzt. Obwohl Goethes Märchen in den *Unterhaltungen deutscher Ausgewanderten* die unmittelbare Anregung für Novalis bot, geht er doch in der Wahl seiner Bestandteile und Mittel weit über Goethe hinaus. Leicht identifizierbar sind die astronomischen Namen verschiedener Gestalten, aber sie sagen an und für sich wenig, sondern erhalten erst ihre Bedeutung aus der Verbindung mit anderem, zum Beispiel mit Jakob Böhmes Aurora-Mythos von der Krone, die «gegen Mitternacht» verborgen ist und mit der der «Bräutigam» seine Braut krönen werde, wenn die Zeit dazu gekommen sei. Der Bräutigam wiederum – Eros – bekommt seinen Namen aus der griechischen Mythologie als Teil eines weitgespannten mythologischen Synkretismus, zu dem außer der Antike auch der Norden mit Freya, aber ebenso der Orient mit Ginnistan beisteuert. Außerdem gibt es aber noch eine «göttliche Sophie», die nicht allein Böhmeschen Ursprungs ist, sondern doch wohl auch eine biographische Reminiszenz des Autors darstellt. Eine Menschenfamilie wird ebenfalls in die Handlung verwickelt, wobei die «Mutter» eucharistische Qualitäten annimmt: von ihrer Asche wird ein Trank hergestellt, den sich alle einverleiben. Schließlich treten noch galvanisch-elektrische Prozesse hinzu, die den Erlösungsvorgang veranschaulichen. Der Naturwissenschaftler Novalis fügte also Aktuellstes in seine neue Mythologie, um an der Schwelle des technischen Zeitalters den Lesern seine Botschaft von der Macht der Poesie zu vermitteln. Denn «Fabel» ist es, die über alle Hindernisse hinweg schließlich die Erlösung bewerkstelligt, indem sie den Bräutigam zur Braut führt. Die oppositionellen Kräfte, die dabei zu überwinden sind, bestehen aus dem «Schreiber», dem «Petrificirenden und Petrificirten Verstand», wie ihn Novalis selbst definiert hat, und den Parzen, den Obwalterinnen der Zeit. Mit der Thronbesteigung des jungen Paares aber ist ihre Macht gebrochen, und Fabel verkündet am Ende:

> Gegründet ist das Reich der Ewigkeit,
> In Lieb' und Frieden endigt sich der Streit,
> Vorüber ging der lange Traum der Schmerzen,
> Sophie ist ewig Priesterin der Herzen.

Novalis' Märchen ist – im Unterschied zu Goethes Dichtung – bis zu einem gewissen Grade aus Allegorien in Begriffe übersetzbar, und er hat selbst dazu Anleitung gegeben. Insofern stellt es die Spiegelung seiner Gedanken zu Geschichte, Staat und der Rolle der Poesie als einer welterlösenden Macht dar und ist sogar derer anschaulichste literarische Kondensation. Aber es erschöpft sich wiederum nicht darin, sondern trägt in sich Elemente, die nicht übersetzbar und auflösbar sind, und zwar nicht nur deshalb, weil sie sich auf ganz Privates, dem späteren Leser Unbekanntes beziehen, sondern weil sie jenseits der Intentionen des Autors liegen oder ihnen gar entgegenlaufen. Das gilt insbesondere für die beträchtliche sexuelle Anarchie, die in diesem Märchen herrscht. Sie wird zwar durch die Einverleibung der Mutter im Aschentrank und durch das Schlußtableau aufgehoben, aber doch ohne daß sie dadurch in Vergessenheit geriete. Haben die Darstellungen ungesetzlicher und gegen Tabus verstoßender Liebesbindungen die Wirkung, Konventionen in Frage zu stellen, so sind sie bei Novalis noch mehr als das, nämlich ein Schritt zu jener orgiastisch-religiösen Liebesfeier, der er in den *Hymnen an die Nacht* sowie in seinem klangmächtigen *Lied der Toten* Ausdruck gibt, das für die Fortsetzung des *Ofterdingen* bestimmt war. In beiden Werken geht er über die intellektuell konstruierte Welterlösung hinaus und betritt einer Bereich, der sich der Geschichtsapotheotik nicht mehr unterwerfen läßt, aber Gegenstand der Dichtung zu allen Zeiten war: den Bereich des in der Liebe entgrenzten menschlichen Daseins, wie vorübergehend auch immer jede Erfahrung davon sein mag.

Im Zusammenhang mit dem Klingsohr-Märchen ist auf das Kunstmärchen dieser Zeit insgesamt hinzuweisen. Novalis hat vielfältige Gedanken zu Wesen und Rolle des Märchens in seinen Notizheften aufgezeichnet, gipfelnd in dem Satz: «Das Mährchen ist gleichsam der *Canon* der *Poësie* – alles poëtische muß mährchenhaft sein.» Als Kunstform, die der Phantasie am wenigsten Schranken auferlegt, erschien es besonders geeignet für die Operation des «Romantisierens», des Durchsichtigmachens auf universelle Zusammenhänge hin, die sich mimetisch nicht darstellen ließen. Deshalb tendiert auch Novalis' gesamtes Prosawerk zum Märchen. Nicht nur enthalten die *Lehrlinge zu Sais* das Märchen von Hyazinth und Rosenblütchen, sondern sie sind in Ton und Anlage selbst dem Märchen näher als dem Roman, und wäre der *Heinrich von Ofterdingen* den vorliegenden Plänen entsprechend vollendet worden, so wäre auch er eher ein Märchen geworden als eine Erzählung aus dem Mittelalter. Novalis, Tieck und Wackenroder wurden die Begründer eines in diesem Verständnis romantischen Kunstmärchens. Sowohl die Nähe der Tieckscher Märchen zur Novelle wie die Verbindung der Novalisschen mit dem Roman verweisen darauf, daß ihre Autoren auf die Verankerung ihrer Märchenphantasien in einer realen Welt zielten, ganz gleich ob es um das in ihr ruhende Dämonische oder Göttliche ging. Die Feenmärchen Wielands und die Volksmärchen von Musäus boten Inspiration für beide, aber Tieck schöpfte für seine Geschichten von Verblendeten und Verirrten außerdem noch unmittelbar aus der Sagentradition, während Novalis erst über den Symbolismus Goethes zum Märchen kam. Goethes wohl verstehbarer, aber nicht übersetzbarer Symbolik setzte er dann allerdings die auflösbare Allegorie entgegen. Eine Art Mittelglied zwischen der Goetheschen und Novalisschen Verfahrensweise bildet wohl Mozarts *Zauberflöte*, die freimaurerische Symbolik in eine allegorische Handlung überführt. Novalis hat Goethes Märchen «eine erzählte Oper» genannt, wobei er freilich nicht unbedingt die *Zauberflöte* im Sinne gehabt haben muß, sondern überhaupt an eine der vielen, damals weitverbreiteten Zauberopern

gedacht haben kann. Berührungen zwischen seinem eigenen Märchen und
Mozarts Werk sind indessen nicht zu übersehen.

In der folgenden Zeit hat dann eher Tiecks Naturmagie und Dämonie
fortgewirkt als Novalis' intellektuell kontrollierte Allegorese. Fouqués und
Hoffmanns Märchen sind hier an erster Stelle zu nennen, während Brentano
einen eigenen großen Märchenkosmos schuf, der mit seinen Erlösungsvisio-
nen dann doch mit Novalis einige Verwandtschaft besitzt, wenngleich Brentano künstlerisch auf eine recht andere Weise verfuhr. Imitiert worden ist
Novalis mehrfach, unter anderem von seinem eigenen Bruder Karl Gottlob
Albrecht von Hardenberg, der 1804 unter dem Dichternamen Rostorf eine
ganz dem *Ofterdingen* nachempfundene *Pilgrimmschaft nach Eleusis* veröffentlichte. Ein anderer Bruder, Georg Anton von Hardenberg, schrieb unter
dem Namen Sylvester ein «Mährchen von Thule», das in dem von Rostorf
herausgegebenen *Dichter-Garten* (1807) erschien. Beiden Werken fehlt gedankliche Konsequenz ebensosehr wie poetische Bildkraft, und sie ersetzen
Novalis' freie Intellektualität durch katholisierende Tendenzen. Dasselbe gilt
für den Roman *Guido* (1808), den Graf Otto Heinrich von Loeben unter
dem Pseudonym Isidorus Orientalis publizierte und der ein Versuch sein
sollte, den *Ofterdingen* neu zu schreiben und zugleich zu vollenden. Der
Vergleich zeigt, wie konkret Novalis' Phantasie in jedem Falle war, abgestützt in klarem, schlüssigem Denken und solidem Sachwissen auch dort, wo
mit den Bestandteilen ein mutwilliges Spiel getrieben wurde. Realitätskenntnis war für das Romantisieren, wie Novalis es verstand, kein Luxus, sondern
die unbedingte Voraussetzung, denn nur so ließ sich, was sein eigentliches
Ziel war, die Phantasie des Lesers in Bewegung setzen und zur Tätigkeit an-
spornen. Novalis' Verehrer haben seinem Ruf oft mehr geschadet als irgendwelche Gegner, denn aus der kurzen Perspektive von ein oder zwei Jahrzehnten war es damals unvermeidlich, daß man das Bewunderte mit den Be-
wunderern identifizierte, was bei Novalis um so leichter war, als er sich selbst
dagegen nicht wehren konnte und der größere Teil seines philosophischen
Werks noch gänzlich unbekannt war. Einen großen Widerhall fand der *Ofterdingen* bei seinem Erscheinen nicht. Kritiker attestierten den «unsäglichen
Reiz» der Dichtung oder erklärten sie als Produkt eines «unvollendeten
Jünglings», der «durch Thorheiten neuer transcendentaler Aesthetiker verführt» worden sei. Da die Zeit sehr bald universalistischen Friedensentwür-
fen nicht mehr günstig war, verschwand das Werk in einer Versenkung der
Literaturgeschichte, aus der nur die blaue Blume weiterhin vielsinnig hervor-
sah. Das Interesse am *Heinrich von Ofterdingen* setzte erst dort wieder ein,
wo man sich der Kunstleistung von Novalis bewußt wurde; das aber dauerte
bis zum Beginn des 20. Jahrhunderts.

*Brentanos Godwi*

Im Jenaer Kreise junger Intellektueller war Clemens Brentano zweifellos die exzentrischste Erscheinung: begabt mit einer üppigen Phantasie, bizarr in Einfällen und Gedanken, hingebend, schwärmerisch und zugleich voll zersetzender Ironie. «Mein Herz ist ein Boudoir, das durch die Wendeltreppe meiner Laune mit meinem Kopfe zusammenhängt», schreibt er seiner Großmutter Sophie von La Roche Anfang 1799 aus Jena. Dort war er im Juni 1798 angekommen, um Medizin zu studieren, aber das literarische Leben hatte ihn bald in seinen Sog gezogen. Verbindungen ergaben sich zu dem um sechs Jahre älteren Friedrich Schlegel, zu Dorothea Veit, zu August Wilhelm und Caroline Schlegel, kurz zu jenem Kern des Jenaer Kreises, den Brentano später «die Clique» zu nennen pflegte, da die Beziehungen nicht ungetrübt blieben. Auch Tieck, Schelling, Ritter und Steffens gehörten zu den neuen Bekannten; von Novalis schrieb Brentano später in einem Brief, er sei «ein Freund von mir» gewesen, aber daß sich die beiden tatsächlich je begegnet sind, ist nicht bezeugt.

Brentanos Frühwerk ist durch und durch Reaktion auf die literarische Produktion dieses Kreises, zunächst vor allem auf Friedrich Schlegel und Ludwig Tieck, aber dann auch auf Novalis. Brentano war allerdings um entscheidende fünf oder sechs Jahre jünger als diese Autoren – als Sohn eines reichen Frankfurter Kaufmanns ein finanziell unabhängiger junger Mann Anfang Zwanzig, der das gerade entstehende Neue nachbilden, umbilden, weiterbilden wollte. Brentanos Rezeption der Werke und Gedanken Tiecks, Schlegels, Novalis' und natürlich auch einiger ihrer Vorbilder, vor allem Goethes und Jean Pauls, war teils nachahmend, teils kritisch, teils parodistisch. In Jena wurde er, der ursprünglich das Geschäft seines Vaters fortführen sollte, zum Schriftsteller. In der Zeitschrift *Memnon,* die sein Jenaer Studienfreund August Klingemann herausgab, hat Brentano 1800 die ersten Gedichte und Märchen veröffentlicht. Eine dramatische Satire *Gustav Wasa* folgte im gleichen Jahre, der *Godwi* erschien im Jahre darauf und ebenso zwei Beiträge zu Sophie Mereaus Almanach *Kalathiskos*.

Die Schriftstellerin Sophie Mereau, acht Jahre älter als er, war Frau eines Jenaer Professors der Rechte und stand dem Kreise um Schiller nahe. 1801 ließ sie sich scheiden und heiratete Brentano nach einer stürmischen und wechselvollen Werbezeit in Marburg im November 1803. Mit ihr ging er 1804 nach Heidelberg; 1806 starb sie bei der Totgeburt von ihrem und Brentanos drittem Kinde. Als er sie kennenlernte, sprach Brentano in einem Brief an den Bruder Franz von der «vortrefflichen Dichterin Professor Mereau, die ganz, körperlich und geistig, das Bild unsrer verstorbenen Mutter ist». Später referiert er Arnim gegenüber einen Brief, den er an Sophie abgesandt haben will, mit den folgenden Worten: «Wahr bis zur Zote, Erklärung meines großen Lüsten, sie zu beschlafen, Trauer über ihr Alter und ihr unendlich schlechten Verse, überhaupt der freieste, kühnste und glücklichste Brief, den ich je geschrieben, und der längste.» Aus solchen Zitaten spricht nicht nur die Exzentrizität von Brentanos Wesen, sondern auch etwas von deren Motivationen und Antrieben. Gefühlsüberschwang, Triebhaftigkeit und scharfe, unbestechliche Intelligenz wohnen unvermittelt nebeneinander, und in der mythisierten Gestalt der Mutter erweist die Familie ihre tiefe, für ihn lebensbestimmende Kraft. Deshalb trägt auch sein erster Roman, begonnen kurz nach der Begegnung mit Sophie Mereau, den bezeichnenden Titel: *Godwi oder Das steinerne Bild der Mutter.*

Der *Godwi* erschien in zwei Teilen, der erste Anfang 1801 (mit der Jahreszahl 1800 im Drucktitel) und der zweite im November des gleichen Jahres. Der Untertitel «Ein verwilderter Roman» war eine durchaus angemessene Selbstironie und Selbstkritik. In das ihm vom Autor dedizierte Exemplar des Romans hat Friedrich Schlegel das folgende Distichon geschrieben:

> Hundert Prügel vorn Arsch, die wären Dir redlich zu gönnen,
> Friedrich Schlegel bezeugt's, andre Vortreffliche auch.

Und Schlegel hat dann noch Unterschriften von Freunden unter dieses Verdikt gesammelt. Viel Beifall fand das Werk unter den Zeitgenossen jedenfalls nicht. Von Tieck und Arnim hörte Brentano zwar einiges Freundliche, und Chamisso hat den *Godwi* dann später als ein Buch bezeichnet, «worin etwas steckt»; Nicolais *Neue Allgemeine Deutsche Bibliothek* dagegen lieferte einen Verriß, und auch in anderen Lagern hielt man nicht eben sehr viel von Brentanos epischem Versuch. In der Literaturwissenschaft wurde das Buch zum erstenmal ernst genommen von dem Theaterkritiker Alfred Kerr, der 1893 seine Doktordissertation darüber schrieb.

Brentano selbst hatte gehofft, der Roman werde ihn

> «als einen Menschen von Geschmack, Gefühl und Menschenkenntnis signalisieren, was mir um so nötiger ist, je mehr ich durch mein Äußeres, durch mein Spötteln und meine Possen Menschen, die durch alles dieses in mein Herz und meinen Kopf zu sehen nicht scharfsichtig genug sind, eine falsche oder üble Idee von mir gab»,

und er nannte es «ein seltsames Brouillon, nicht ohne allen Gehalt». Die Selbstcharakteristik ist aufschlußreich: Brentano hatte die Absicht, mit diesem Roman Einblick in sein Fühlen und Denken, sein Herz und seinen Kopf zu geben und sich als ernstzunehmender Mensch vorzustellen. Das aber konnte er nur tun, indem er sich in seinen Themen und ihrer Darstellung der Zeit anpaßte und ihr womöglich noch ein Stück vorausging. Was entstand, war ein «Brouillon», ein seelisches Notizbuch und damit ein Stück experimenteller Literatur. Der *Godwi* ist gewiß kein bedeutender Roman und, wie alle experimentelle Literatur, auch kein Werk für einen großen Leserkreis, aber er ist sehr wohl ein Werk, das einem kleineren Kreis von Interessenten gute Einblicke in das Denken und Empfinden einer Zeit, einer Generation und eines einzelnen Autors geben kann. Und überdies enthält er einige von Brentanos schönsten und wirkungsreichsten Gedichten, darunter seine Ballade von der «Lore Lay».

Fiktiver Autor des ganzen Romans ist ein Schriftsteller namens Maria, der jedoch gegen Ende des zweiten Teils stirbt, so daß das Buch nur mit Hilfe von Freunden des Verstorbenen notdürftig und fragmentarisch zu Ende gebracht werden kann. Der erste Teil des Romans besteht aus Briefen einzelner Personen, vorwiegend jedoch aus Korrespondenz zwischen dem Titelhelden Godwi und seinem Halbbruder Karl Römer. Tiecks *William Lovell* ist hier das unmittelbare, deutlichste Vorbild. Die freie Form des Briefes, die darin vorgegebene Möglichkeit zur breiten Selbstdarstellung und zum Schweifen über alles, was einen sensitiven Menschen vielfältig berührte, hat Brentano immer besonders gelegen, und seine eigenen Briefe bilden einen wichtigen Teil seines literarischen Gesamtwerkes, allerdings auch deshalb, weil aus den Briefsituationen oft seine Gedichte hervorwachsen und also, wie hier im *Godwi*, darin eingestreut sind. Der zweite Teil des Romans ist dagegen in 39 Kapitel unterteilt, in denen Maria die Geschichte Godwis zu Ende zu führen versucht und zugleich den ersten Teil des Romans mit seinem Helden bespricht. Angehängte «Lebensumstände» Marias, «mitgeteilt von einem Zurückgebliebenen», sollen in Wahrheit von Brentanos Jenaer Freund August Stephan Winkelmann stammen; Maria wird jedenfalls deutlich in den Jenaer Umkreis plaziert: Tieck, Friedrich Schlegel, Ritter und Klingemann sind in den «Lebensumständen» namentlich genannt, und Clemens Brentano wird als ein Mensch bezeichnet, der Marias «ganzes Vertrauen» besaß.

Brentanos Buch steckt voll von Gestalten, Episoden und Reflexionen, die miteinander in Beziehung zu setzen und zu verbinden oft schwerfällt, übrigens auch dem Autor selbst, so daß er zum Beispiel eine Reihe seiner Personen, mit denen er nichts mehr anzufangen weiß, einfach nach Italien schickt: «‹Glückliche Reise›, sagte ich, ‹kommt um Gotteswillen nicht wieder – !›» Dennoch hat das Buch seine Einheit in der Person des Titelhelden und in einer Handlung, die zur Enthüllung von Familienbeziehungen der meisten Gestalten untereinander führt, so daß sie schließlich alle irgendwie und irgendwo miteinander verwandt zu sein scheinen. Dorothea Veit-Schlegel hat diese Tendenz einmal sehr treffend bezeichnet, wenn sie schreibt, Brentanos Roman sei

«wie eine Galerie der Ahnen und der Bekannten, an deren Ende man ihn selbst in Lebensgröße erblickt, und zwar so, daß man ihn von Anfang an immer in den Augen hat und ihn nicht wieder verliert; oder er geht auch wie ein gesprächiger Cicerone neben einem her und erklärt einem die Gesichter».

Die Familienbindung erweist ihre Macht.

Inhaltlich ist Brentanos Roman Goethes *Wilhelm Meister* ebenso stark verpflichtet wie Tiecks *William Lovell*; man könnte ihn sogar geradezu als das Resultat einer Kreuzung dieser beiden Werke bezeichnen. Obwohl Engländer als Väter und Mütter auftauchen, ist die Szene durchweg Deutschland.

Godwi wird zwar gelegentlich als Baron, dann aber auch als «Banquier» bezeichnet, sein Vater – ebenfalls Godwi genannt – hat eine große Handelsfir-
ma seines Schwiegervaters geführt. Wie sein Schöpfer Clemens Brentano ist
also auch Godwi seiner Herkunft nach Bürger, ist – charakteristisch deutsches Phänomen – intellektueller Kaufmannssohn ohne die Möglichkeit,
Geschäft und Neigung in der engen, merkantilistisch regierten Welt seines
Vaterlandes zu verbinden. Denn es wird bald offensichtlich, daß Godwi ju-
nior – wie Wilhelm Meister – nicht viel vom Kaufmannsstande hält und, gestützt auf das väterliche Vermögen und ein Rittergut, lieber das Leben eines
jungen Playboys zwischen den Klassen zu führen versucht, dem philiströsen
Gelderwerb des Bürgers ebenso abhold wie der Arroganz und Borniertheit
des Landjunkers. An einer auf eine Nebenperson bezogenen Stelle des Romans steht ein Satz, der sehr wohl allgemeinere Gültigkeit beanspruchen
kann: «Das Mißverhältnis seines Temperaments zu seinem Leben, und zum
Lande, in dem er lebt, zwingt ihn zu reflektieren; da er nun keinen bestimmten Gegenstand haben kann, so entsteht aus seiner Reflexion über das bloße
Bedürfnis die Sehnsucht in ihm». Lebenseinstellung, Ansprüche und Hoffnungen Brentanos wie seines Helden ließen sich kaum besser begründen als
durch diese Beobachtung. Die Behinderung gesellschaftlicher Wirksamkeit
zwingt zur Reflexion, zum Nachdenken über die Kraft des Inneren und des
Ich, wozu Fichtes Philosophie neues begriffliches Handwerkszeug geschaffen hatte. Das Resultat aber waren jene Konstruktionen und Wunschbilder,
die man dann mit dem Begriff Romantik assoziierte: Vorstellungen von
neuen Paradiesen, Goldenen Zeitaltern, erlöster Liebe und menschheitsver-
brüdernder Harmonie.

Vieles stimmt in diesem Buche mit dem Modell des Bildungsromans
überein: Ein Sohn zieht in die Fremde, um Heimat zu suchen für sich und
womöglich auch für die anderen. Godwis Lehrjahre erinnern jedoch im Detail weniger an die Lehrjahre Wilhelm Meisters, als an die «Lehrjahre der
Männlichkeit», die Julius in Schlegels *Lucinde* durchmachen muß. Zugleich
aber gibt Brentano hier auch am stärksten Eigenes. Es hilft jedoch wenig, die
einzelnen Frauengestalten im *Godwi* mit Frauen aus Brentanos Lebenssphäre
zu identifizieren; der *Godwi* ist kein Schlüsselroman, und die Figuren sollen
Typen bezeichnen sowie darüber hinaus auf den Anteil der Frau an der Erlösung des Mannes, ja der Menschheit überhaupt weisen.

Godwis Lehrerin der Liebe wird Lady Molly Hodefield, die, wie sich herausstellt, nicht nur die Geliebte seines Vaters gewesen ist, sondern durch diesen auch zur Mutter seines Freundes Karl Römer wurde, der, kurz bevor sich
die Verwandtschaft herausstellt, drauf und dran ist, ein Verhältnis mit ihr,
also seiner eigenen Mutter, zu beginnen. Violette, Godwis letzte Gefährtin
im Buch, ist eine kindhafte Kurtisane und zugleich Tochter einer früheren
Geliebten, der Gräfin von G.; in Otilie Senne schließlich liebt er die Tochter
des ersten Geliebten seiner Mutter. Überall sind also Godwis Liebesverhält-

nisse zugleich ein Spiel mit Verwandtschaftsverhältnissen und den verschiedenen Rollen der Frau dem Manne gegenüber, wie das für Brentano selbst
schon die Identifikation Sophie Mereaus mit dem Bilde der Mutter andeutete. Die Verehrung für mütterliche, schwesterliche oder kindliche Geliebte
war, wie sich bereits mehrfach gezeigt hat, ein verbreitetes biographisches
wie literarisches Phänomen in dieser Zeit. Kaum ein Autor blieb davon unberührt. Eine solche Erscheinung ließe sich zunächst als Reaktion gegen die
konventionelle Ehe begreifen. «Wir werden eine Liebe haben, wenn wir keine Ehe mehr kennen», heißt es im *Godwi,* und Brentano tritt hier jener Suche
nach einer höheren Form des Zusammenlebens der Geschlechter bei, die
Friedrich Schlegels *Lucinde* geprägt hatte. Solcher aus dem Verwandtschaft-
lichen hervorquellenden Liebe wohnt in der Tat eine Art Freiheit inne, wie
sie die durch das Gesetz gesicherte und aufrechterhaltene gesellschaftliche
Institution der Ehe nicht besitzt. Daraus aber ergibt sich bei Brentano hier
und anderswo in seinem Werk eine sehr merkwürdige Zusammenstellung
von Frauengestalten: Es sind entweder Verwandte – beziehungsweise Qua-
si-Verwandte – oder Prostituierte und Heilige. Denn auch diese beiden letzteren Lebensformen des Weiblichen bieten der Frau freiere Liebes- und Exi-
stenzmöglichkeiten als es die Ehe tut. Ein Wort Friedrich Schlegels über den
Roman abwandelnd, schreibt Brentano im Godwi, es habe sich «in dieser
Zeit der Ehe» die Liebe in die «verlornen Mädchen» geflüchtet, «wie alles
Gute sich in die Poesie flüchtet zur Zeit der Barbarei». Das Schmerzliche für
diesen Stand allerdings bleibt die Erfahrung des Widerspruchs zwischen der
Liebe als etwas Absolutem, den ganzen Menschen in seinem Inneren Erfassenden, Zeitenthobenem, Unendlichem und, auf der anderen Seite, der dem
Beruf entsprechenden fortwährenden «Untreue» der Partner. Es ist ein Widerspruch, der sich nur durch die Endgültigkeit des Todes aufheben läßt; das
Wort «Liebestod» steht in der Tat im *Godwi,* und es wird illustriert durch eines von Brentanos schönsten und bekanntesten Gedichten, der Ballade von
der Fee Lore Lay, deren Schicksal Brentano im Stil einer alten Volkssage
selbst erfunden hat. Im Roman wird das Lied von Violette gesungen als die
Geschichte eines schönen, melancholischen Mädchens, das an der Erkenntnis der eigenen Schönheit zerbricht, die ihm dennoch nicht die Macht gibt,
jenen Widerspruch zwischen dem endlichen Irdischen und der Unendlichkeit der Liebe aufzuheben. So erscheint sie als das von vielen umworbene und
zugleich von einem verlassene Mädchen:

> Mein Schatz hat mich betrogen,
> Hat sich von mir gewandt,
> Ist fort von hier gezogen,
> Fort in ein fremdes Land.
>
> Die Augen sanft und wilde,
> Die Wangen rot und weiß,

Die Worte still und milde,
Das ist mein Zauberkreis.

Ich selbst muß drin verderben,
Das Herz tut mir so weh,
Vor Schmerzen möcht ich sterben,
Wenn ich mein Bildnis seh.

Im Liebestod, in der Vereinigung mit dem erträumten Geliebten da unten im
«Schifflein auf dem Rhein», zu dem sie sich vom Felsen hinunterstürzt, verbindet sie schließlich für immer Freiheit und Liebe.

Das Heilige in diesem Roman wird vor allem von der toten Mutter Godwis verkörpert, um die weite Teile des Buches kreisen. Auch sie ist bezeichnenderweise durch einen Sturz ins Wasser ums Leben gekommen, als sie ihren verloren geglaubten Geliebten erblickte. Die Nähe der heiligen zur irdischen Liebe wird dabei von Brentano auf eine geradezu blasphemische Weise
herausgestellt. Denn Godwis Mutter heißt Marie, der Name ihrer Schwester
ist Annonciata – ein Beiname der Jungfrau Maria – und ihr erster Geliebter
wurde Joseph genannt. Godwi senior jedoch – «der Vater des unsrigen» – ist
nicht nur Engländer, sondern er muß auch sogleich im Roman die Nationalhymne «God save the king» singen, damit jedem Leser deutlich werde, daß
der Name «Godwi» nichts anderes bedeutet als «wie Gott». Es ist also eine
säkularisierte und literarisierte Heilige Familie, die Brentano hier um seinen
Helden herumkonstruiert. Der Liebe zum Bilde der Mutter wird damit ein
sakraler Charakter gegeben, der sie vor dem Zugriff profaner Mißdeutungen
schützt. Das Leben und Lieben des Helden jedoch rückt damit in gut werthe-
rischem Stile wiederum in die Nähe einer Passion.

All dies ist allerdings zugleich tiefe Ironie Brentanos, ein bewußtes Spiel
mit Gefühlen und Glaubensvorstellungen, das den ganzen Roman durchzieht. Auch als Stilmittel zur Verfremdung und Entsentimentalisierung des
Geschehens wird die Ironie immer wieder verwandt, so daß etwa Godwi im
zweiten Band dem Autor Maria bei einem Spaziergang durch den Garten erklären kann: «Dies ist der Teich, in den ich Seite 146 im ersten Band falle.»
Hier zeigt sich vor allem Brentanos manieristische Seite, die sich im Grunde
auch schon am Ausgangspunkt und Ansatz des ganzen Romans erwies, in
dem Wunsch also, sich durch Literatur gesellschaftlich zu etablieren, was
einschloß, daß Schreiben vor allen Dingen Reaktion auf andere Literatur zu
sein hatte.

Daraus ergibt sich die Frage, was denn Kunst und speziell Literatur insgesamt zu sein haben und was sie über den Menschen vermögen. Auch das wird
ausführlich im *Godwi* diskutiert, wie das Buch überhaupt ein Kompendium
zeitgenössischer Probleme und Themen ist. Für Lady Molly Hodefield ist
künstlerisches Schaffen mit der «Geschlechtsliebe» identisch, aber sie hat daneben auch noch einen Begriff für Höheres:

«Nur der Größte und Gesundeste und Freudigste kann ein großer Dichter werden, der alles dichtet, denn wem die Macht der Ausübung und des Stoffes, das Leben und der Genuß im vollen blühenden Gleichgewicht stehen, der wird und muß ein Dichter werden.»

Die ideale Kunst ist Ausdruck der vollendeten Harmonie des Menschen mit sich, seinen Fähigkeiten und der Welt um ihn herum, ist Aufhebung jener «Vereinzelung» des Menschen, von der in diesem Buche häufig die Rede ist. Der Übergang zu solcher idealen Kunst jedoch ist für Brentano das Romantische. Es ist ihm eine neue Betrachtungsweise der Welt auf das Ideal vollendeter Harmonie hin, aber getragen von dem skeptischen Bewußtsein, daß es bis zur Verwirklichung des Ideals noch gute Weile hat. «Alles, was zwischen unserem Auge und einem entfernten zu Sehenden als Mittler steht, uns den entfernten Gegenstand nähert, ihm aber zugleich etwas von dem Seinigen mitgiebt, ist romantisch», definiert der Dichter Maria, und Godwi ergänzt: «Das Romantische ist also ein Perspectiv oder vielmehr die Farbe des Glases und die Bestimmung des Gegenstandes durch die Form des Glases.» Dem philosophisch-politisch-religiösen Schwung bei Friedrich Schlegel oder Novalis stellt Brentano also das Ästhetische entgegen. Im Romantischen setzt sich das Ich in ein ästhetisches Verhältnis zum Unerreichten, Fernen. Dieses neue Verhältnis aber schließt die Selbsterkenntnis des Betrachtenden ein, die Erkenntnis der Relativität seines Standpunktes ebenso wie die von der relativen Entfernung des Betrachteten und Dargestellten. Auf diese Weise legitimiert Brentano letzten Endes seine Hingabe an die Dinge ebenso wie seine Ironie: «Die romantischen Dichter haben mehr als bloße Darstellung, sie haben sich selbst noch stark.» So sehr ein solcher Satz den Vorstellungen Schlegels oder Novalis' vom modernen, romantischen und bewußten Dichter entspricht, so sehr reduziert doch Brentano hier den Anspruch romantischer Universalpoesie. Kunst bleibt ihm Kunst und wird nicht Welt. Der Roman bleibt Fragment, weil der Autor den fiktiven Verfasser Maria sterben läßt, und das Bild der Mutter bleibt Marmor. Der Wunsch an die Poesie, Wegweiser zu sein in liebeleerer Zeit der Fremdheit und Vereinzelung ist davon unbetroffen.

Am Ende des Buches wird auf die Französische Revolution Bezug genommen, denn der Krieg in ihrem Gefolge war über das Schloß der Gräfin am Rhein gezogen. Er hatte äußere und innere Verheerungen angerichtet; für die Lage des deutschen bürgerlichen Helden dagegen änderte sich nichts. Aus der Reflexion war, so hieß es im Roman, die Sehnsucht entstanden; aus der unerfüllten wie auch wohl unerfüllbaren Sehnsucht aber hatten sich Trauer und Hoffnung, Glücksgefühl und Verzweiflung gemeinsam erhoben. Die Spannung zwischen beiden suchte Brentano auf doppelte Weise zu bewältigen: in der Kunsthaltung der Ironie und in der Seelenhaltung der Melancholie. Für beides ist der *Godwi* mit seiner Fülle von Gestalter charakteristisch, und beides hat dann auch Brentanos weiteres Werk entscheidend geprägt.

## Nachtwachen von Bonaventura

Bonaventura, der Autor der *Nachtwachen,* hat seine bürgerliche Identität nie preisgegeben. Deshalb hat die kleine Schrift auch immer wieder zum Rätselraten über ihren Verfasser eingeladen, stammt sie doch aus einer Zeit, die reichlicher dokumentiert ist als irgendeine andere literarische Epoche zuvor und in der es daher eigentlich keinen unbekannten Autor von einigem Rang mehr geben sollte. Denn daß die *Nachtwachen* ein Werk von Gewicht und Bedeutung sind, steht außer Zweifel, selbst wenn ihnen jene intellektuelle und künstlerische Konsistenz fehlen mag, die Hölderlins, Schlegels oder Novalis' Romane auszeichnet. Auf jeden Fall sind sie eine meisterliche Satire, für die es Gegenstücke allenfalls im Werke Jean Pauls gibt, und sie sind ein wichtiges Belegstück für die Geschichte des deutschen Nihilismus.

Über ihren Autor hat es die verschiedensten Vermutungen gegeben. Schelling stand als erster in Verdacht, da er tatsächlich Gedichte unter dem Pseudonym Bonaventura veröffentlicht hat und ihm außerdem eine satirische Ader nicht fehlte, wie der *Widerporst* zeigt. Aber mit seinem Denken waren die *Nachtwachen* nicht in Einklang zu bringen, und ähnliche Divergenzen ergaben sich dann auch bei den anderen Namen, die ins Feld geführt wurden: Friedrich Schlegel, Caroline Schlegel, Brentano, E. T. A. Hoffmann, Gotthilf Heinrich Schubert und Friedrich Gottlob Wetzel. Neuerdings ist mit dem stärksten Grad von Wahrscheinlichkeit anhand ausführlicher Indizienbeweise Ernst August Friedrich Klingemann als Verfasser vorgeschlagen worden, obwohl auch gegen ihn wieder einige nicht ganz beiseitezuschiebende Vorbehalte gemacht wurden.

Klingemann studierte von 1797 bis 1800 in Jena die Rechtswissenschaften, hörte aber auch Vorlesungen bei Fichte, Schelling und August Wilhelm Schlegel. Er gehörte zum Freundeskreis um Clemens Brentano. Die von ihm herausgegebene, kurzlebige Zeitschrift *Memnon* (1800) schwelgte in den Schlegelisch-Novalisschen Gedanken und Themen einer romantischen Poesie und brachte außerdem, wie erwähnt, erste Prosa und Gedichte von Brentano. Tiecks *Sternbald* war das Vorbild für einen romantisierenden Künstlerroman Klingemanns mit dem sinnfälligen Titel *Romano* (1800–01), und in verschiedenen theoretischen Beiträgen begleitete er kritisch Neuerscheinungen und jüngste Entwicklungen in der deutschen Literatur. Sein eigentliches literarisches Tätigkeitsfeld war das Theater. Seine Dramen lehnten sich zumeist an Vorbilder oder vorgegebene historische Stoffe an, so etwa das «historische Seitenstück zu Schillers Wilhelm Tell» unter dem Titel *Heinrich von Wolfenschießen* (1806) oder ein *Faust* aus dem Jahre 1815. Bis zu seinem Tode 1831 hatte er das Amt eines Theaterdirektors in Braunschweig inne. War also Klingemann wirklich der Verfasser der *Nachtwachen,* so hat er mit ihnen sein übriges Werk beträchtlich übertroffen.

Vermutlich wird die Frage nach der Autorschaft der *Nachtwachen* nie ganz zur Ruhe kommen, es sei denn, daß ein zutage tretendes positives Dokument die Bestimmung durch Indizien unnötig macht. Wer immer das Buch aber auch geschrieben hat, es ist jemand gewesen, der eng mit den geistigen und künstlerischen Tendenzen der deutschen Literatur um 1800 vertraut war, die Fichtesche Ich-Philosophie und die Literaturtheorien des Jenaer Kreises gut kannte, dessen Verachtung für Kotzebue und Iffland teilte, denn sie werden Objekte einiger satirischer Ausfälle des Nachtwächters, darüber hinaus aber vor allem das Werk Jean Pauls sorgfältig gelesen und die nihilistischen Ansätze darin beobachtet hat.

In der Form gesellen sich die *Nachtwachen* zu den anderen epischen Experimenten dieser Jahre und sind neben der *Lucinde* das radikalste. Zwar erschienen sie 1804 in einem *Journal von neuen deutschen Original Romanen*, aber ein Roman können sie nur noch bei der äußersten Dehnung des Begriffes genannt werden. Daß sie ähnlich wie die *Lucinde* aus in sich selbständigen oder zumindest herauslösbaren Erzählungen, Berichten, Lebensläufen, Bildbeschreibungen, Reden, Monologen, Dialogen, Szenen und Prosagedichten bestehen, spielt dabei noch die geringste Rolle. Wichtiger ist, daß der alles einzelne verbindende und zusammenhaltende Held, der Nachtwächter, nicht mehr ein gerundeter Charakter ist, auf den sich letztlich die Teile beziehen, sondern daß er nur eine Art Conférencier darstellt, der allerdings seine eigene Lebensgeschichte mit beiträgt und schließlich, aus dem einzelnen Schlüsse ziehend, als Interpret des Erzählten auftritt. Die *Nachtwachen* haben also durchaus eine künstlerische Einheit und sind keineswegs nur eine Sammlung von Satiren und Erzählungen. Ob man dergleichen Roman nennen will, hängt davon ab, wie weit man den Begriff zu dehnen bereit ist. Angesichts von Thomas Manns Bemerkung über den modernen experimentellen Roman haben die *Nachtwachen* sicherlich einen Anspruch darauf, in diese Sparte des Epischen eingereiht zu werden.

Dreierlei verbindet sich in den *Nachtwachen* zu einem Ganzen: die aus der Beobachtungen des Nachtwächters entspringende Zeitsatire, die Lebensgeschichte des Nachtwächters als rudimentärer Lebenslauf eines deutschen einsamen Helden und die Exposition des Nihilismus als Resultat der Philosophie und Symptom einer Zeitenwende. Zu den Facetten der Zeitsatire gehört die Anklage gegen die Unmenschlichkeiten der Kirche im Namen Gottes, am erschütterndsten wohl in der Einmauerung einer Nonne dargestellt, die Mutter geworden ist. Rechtswillkür und Unmoral werden angeprangert, ein Dachkammerpoet erhängt sich, weil niemand seine Tragödie «Der Mensch» verlegen will, und so entsteht der Eindruck des allgemeinen Eigennutzes, der Bosheit, «Lebenslangeweile» und insgesamt eines «schwankenden Zeitalters» ohne «alles Absolute und Selbstständige». Das veranlaßt den Nachtwächter zu einer grandiosen Verkündigung des Jüngsten Gerichts an der Jahrhundertwende.

«Sagt mir, mit was für einer Miene wollt ihr bei unserm Herrgott erscheinen, ihr meine Brüder, Fürsten, Zinswucherer, Krieger, Mörder, Kapitalisten, Diebe, Staatsbeamten, Juristen, Theologen, Philosophen, Narren und welches Amtes und Gewerbe ihr sein mögt»,

redet er seine Mitbürger an und benutzt die außerordentliche Gelegenheit, ihnen ihre Untaten im Detail vorzuhalten, bis sie erkennen, daß es nur Spiel war, und den Nachtwächter hinfort zum Schweigen verurteilen.

Dieser selbst ist gescheiterter Schriftsteller, den seine Pamphlete schon früh zur Strafe ins Tollhaus gebracht haben. Als Kind eines Alchimisten und einer Zigeunerin, gezeugt in der Christnacht mit Beihilfe des Teufels, ist er allerdings prädestiniert für ein kontroverses Schicksal. Erst im Laufe des Buches erfährt er von seiner Herkunft, da er in der Obhut eines Schuhmachers aufgewachsen ist, der ihn an einem Kreuzweg ausgesetzt gefunden hat und ihm deshalb den Namen Kreuzgang gab. In ihm wiederholen sich noch einmal in gedrängter, parodistischer Form die Züge, die so vielen deutschen Romanhelden eigneten, und die Mythen, mit denen sie ihre Existenz zu deuten und zu überhöhen suchten. Kreuzgang, der verlorene Sohn, erfährt allein schon durch die Stunde seiner Zeugung in der Christnacht Verklärung als Held einer Passion, wenn auch einer ins Groteske gekehrten. Es verwundert nicht, daß er, als er später Schauspieler wird, sich in die andere große Sohnesmythe der Zeit, in die Rolle Hamlets, hineinspielt und daß er dort, wo er die Liebe erfährt, nur noch in größere Einsamkeit hineingetrieben wird. Denn die irre Ophelia bringt zwar sein Kind zur Welt, aber es ist totgeboren, und die Mutter folgt in den Tod nach. Eine «heilige Familie» kommt nicht mehr zustande; vom Kinde geht nicht mehr, wie bei Tieck, Schlegel oder Novalis, die symbolische Versprechung einer neuen Zeit aus. Die Pseudopassion nimmt ihr schlüssiges, blasphemisches Ende mit der Auffindung der Leiche des «Vaters», die, als sie der Sohn berührt, in Asche zerfällt:

«Ich streue diese Handvoll väterlichen Staub in die Lüfte und es bleibt – Nichts!»

Es ist dieser dritte Zug, die Herausstellung einer nihilistischen Weltbetrachtung, der den *Nachtwachen* besonderes Interesse als geistesgeschichtliches Dokument verschafft hat, denn nach Jean Pauls *Rede des todten Christus* sind sie der künstlerisch eindrucksvollste Beleg für eine Konsequenz des subjektiv-idealistischen Denkens. Kreuzgangs Nihilismus stützt sich deutlich auf die Fichtesche Konstruktion eines «großen schrecklichen Ich», «das an sich selbst zehrte, und im Verschlingen stets sich wiedergebar». Im «Monolog des wahnsinnigen Weltschöpfers», dem unmittelbaren Gegenstück zur Rede Jean Pauls, wird die Hybris des Menschen angeklagt, der sich selbst Gott dünkt. Die Selbsterhöhung wandelt sich durch Erkenntnis zum Selbstverlust, und wieder bringen die *Nachtwachen* in kondensierter Form einige der anschaulichsten und sinnträchtigster Bilder für diesen letzteren Zustand: Marionette, Rollenspiel («Es ist alles Rolle, die Rolle selbst und der Schauspieler»), das Tollhaus als Sanktuarium der Vernunft und die Zeit als «sausendes Räderwerk» oder «nie versiegender Strom», der dumpf in einem Abgrund dahinrauscht.

Allerdings wäre der Autor nicht ein empfindsamer und sich Fremdes leicht aneignender Sohn eines Jahrzehnts humanistischer Gesinnung, wenn er nicht dem Negativen doch auch positive Werte entgegenhielte. Aus der Kritik an der egoistischen Gegenwart erwächst zunächst retrospektiv die Klage über die verlorene Schönheit, die in der bitteren Feststellung zum Ausdruck kommt:

> «O die Menschen schreiten hübsch vorwärts und ich hätte wohl Lust meinen Kopf nach einem Jahrtausende nur auf eine Stunde lang in diese alberne Welt zu stecken; ich wette darauf ich würde sehen wie sie in den Antikenkabinetten und Museen nur noch das Fratzenhafte abzeichneten und nach einem Ideale der Häßlichkeit strebten, nachdem sie die Schönheit längst als eine zweite französische Poesie für fade erklärt hätten.»

Daß die Dichter, auch ohne Propheten zu sein, in ihrer Feinfühligkeit oft weit über ihre eigene Zeit hinausblicken können, belegt dieser Satz, am Beginn des Industriezeitalters geschrieben, das dann tatsächlich der Kunst als ihrem Spiegelbild eine beträchtliche Menge von Häßlichkeit aufgenötigt hat. Das Bekenntnis zum Nichts und zur Vernichtung aber erhält eine positive, heroische Wendung, wenn es in einen Vergleich umgesetzt wird, dessen sich schon Friedrich Schlegel in anderem Sinne in der *Lucinde* bedient hatte:

> «Nur das endliche Wesen kann den Gedanken der Vernichtung nicht denken, während der unsterbliche Geist nicht vor ihr zittert, der sich, ein freies Wesen, ihr frei opfern kann, wie sich die indischen Weiber kühn in die Flammen stürzen, und der Vernichtung weihen.»

Der dahinterstehende Gedanke ist in der Geschichte des Atheismus im 19. Jahrhundert mehrfach gespiegelt und fortgeführt worden.

Bonaventura war kein Kulturphilosoph, dessen Anschauungen eine konsistente Theorie zugrundelag, und er war kein Sprachkünstler, der ein breites Spektrum menschlichen Fühlens und Denkens in dichterische Gestalt bringen konnte. Aber beides spricht nicht dagegen, die *Nachtwachen* als ein beachtenswertes Kunstwerk anzusehen. Satire von gleicher Schärfe und gleichem Umfang ist in der deutschen Literatur nicht eben reichlich zu finden und die in überzeugenden Bildern und Vorgängen festgehaltene Skepsis gegenüber allen Glaubens- und Denksystemen bei gleichzeitiger Liebe zum Menschen ebenfalls nicht. Die *Nachtwachen* setzen einen Schlußpunkt unter die Steigerung des aufklärerischen Optimismus zu einem romantischen Universalismus, der in der Kunst bewußt werden sollte und ihr dadurch religiöse Qualitäten gab. Angesichts einer medicäischen Venus belehrt der Nachtwächter einen jungen Kunstfreund über die Hoffnungslosigkeit «unseres aufgeklärten Jahrhunderts» ebenso wie über die Leerheit der «modernen Kunstreligion», die in Kritiken betet, und er gibt den Rat:

«Ach, man soll die alten Götter wieder begraben! Küssen Sie den Hintern, junger Mann, küssen Sie, und damit gut!»

Heinrich Heine hätte in Anbetracht seiner «Götter im Exil» an solcher Rede sicherlich Vergnügen gefunden. In einer Tradition, die zu ihm führt, sind die *Nachtwachen* als literarisches Experiment wohl am gerechtesten zu würdigen. Allerdings fielen sie in ihrer Zeit der Vergessenheit anheim, und erst mit der wachsenden Romantik-Forschung gegen Ende des 19. Jahrhunderts wandte man ihnen wieder einige Aufmerksamkeit zu.

## 9. Nichtfiktionale Prosaliteratur

Je mehr sich die Gewohnheit des Lesens ausbreitete, desto größer wurde auch das Bedürfnis nach Lesestoff und der Wunsch, sich schreibend mitzuteilen. Das rasche Anwachsen an literarischer Produktion in den neunziger Jahren des 18. Jahrhunderts beschränkte sich jedoch nicht nur auf Romane und Erzählungen. Die Zahl der Zeitschriften, Almanache und Kalender wuchs zusehends und ebenso diejenige von Büchern, die unter die drei großen Gattungsbegriffe des Epischen, Dramatischen und Lyrischen nicht mehr zu fassen sind. Schließlich galt ja das Mitteilungsbedürfnis der Autoren und das Aufnahmebedürfnis der Leser nicht nur der Unterhaltung und dem ästhetischen Vergnügen, sondern auch der Erhebung, Erbauung, Belehrung, der Information, Agitation, Argumentation und kritischen Diskussion. Das führte zur Ausweitung und Differenzierung des literarischen Angebots besonders dadurch, daß man die verschiedenen Zwecke des Lesens miteinander zu verbinden suchte und im Zeichen der Aufklärung auch die Kluft zwischen Wissenschaft und Popularität überwinden wollte. Zahlreiche Kalender und sogenannte Hilfsbücher unternahmen es, Belehrung, Erbauung und Unterhaltung in Bevölkerungsschichten zu tragen, die bisher kaum oder gar nicht für Lektüre zugänglich waren. Rudolf Zacharias Beckers *Noth- und Hülfsbüchlein für Bauersleute* (1786) ist das bekannteste Beispiel dafür; es soll 1810 eine Auflage von einer Million erreicht haben – eine wahrhaft astronomische Zahl in Anbetracht der potentiellen Leser damals in Deutschland. Schriftsteller und Pädagogen wie Christian Gotthilf Salzmann, Johann Heinrich Pestalozzi, Johann Heinrich Jung-Stilling und Heinrich Zschokke gehörten zu den Gründern von populären Journalen mit erzieherischer Absicht. Wie künstlerische Meisterschaft aus dieser einfachsten Form der Literatur herauswachsen kann, hat später Johann Peter Hebel mit seinen unvergänglichen Kalendergeschichten im *Schatzkästlein des rheinischen Hausfreundes* (1811) gezeigt.

Ein anderer großer Bereich neuer, verbreiteter schriftstellerischer Tätigkeit ist bereits bei der Erörterung der literarischen Reaktionen auf die Französische Revolution betrachtet worden: die zahlreichen Pamphlete, Flugblätter, Almanache und Journale politischen Inhalts, die von dieser oder jener Seite zu den Ereignissen Stellung nahmen, agitierten, argumentierten, angriffen oder verteidigten. Durch sie wurde Literatur in Deutschland zum erstenmal im größeren Maßstab das Medium politischer Debatte und damit ein wesentlicher Faktor in der wenn auch langsamen Herausbildung einer nationalen Öffentlichkeit in Deutschland.

Im Zusammenhang mit dem Anwachsen der Zeitschriften stand auch eine Literaturform, die sich seit dem Ende des 18. Jahrhunderts selbständig neben die drei Hauptgattungen stellte: die des Essays. Noch war der Begriff im Deutschen unüblich; er wurde erst im 19. Jahrhundert auf dem Umweg über das deutsche «Versuch» heimisch. Aber Charakteristiken und Kritiken Friedrich Schlegels, zum Beispiel seine Betrachtungen zu Forster, Lessing oder Goethes *Meister* und sein *Versuch über den Begriff des Republikanismus*, gehören als erste vollendete Ausprägungen dieser Form in deren Frühgeschichte. Essayartige Abhandlungen lassen sich selbstverständlich in der deutschen Literatur sehr viel weiter zurückverfolgen. Der Taufpate dieser Form, Montaigne, veröffentlichte seine *Essais* immerhin bereits 1580. So erhob die Sprachkunst Winckelmanns, Wielands, Lessings, Lichtenbergs oder Goethes manches, was sie als Theoretiker mitzuteilen hatten, in den Rang eines Kunstwerks und erfüllte die konstitutive Bedingung für die Form des Essays. Aber erst die ansteigende Zahl von Journalen, ihre Differenzierung nach Überzeugungen und Tendenzen sowie ihr wachsender Anspruch an Lesergemeinden bot die feste Grundlage für den Essay in Deutschland. Neben Friedrich Schlegels literaturpolitische und literaturkritische Essays in den neunziger Jahren sind diejenigen seines Bruders August Wilhelm Schlegel zu stellen, des brillantesten Literaturkritikers dieser Jahre. Dazu kommen Georg Forsters kulturgeschichtliche und politische Aufsätze aus den letzten Jahren seines Lebens und außerdem vieles, was in größeren Werken zusammengefaßt worden ist, als einzelnes aber dem Essay nahesteht, wie Schillers Briefe *Über die ästhetische Erziehung* oder Herders *Briefe zur Beförderung der Humanität*. Essayistische Form haben auch die Teile jener Sammlungen von Aufsätzen oder Reden, die von den ersten professionellen Publizisten der deutschen literarischen Kultur, von Gentz, Görres und Adam Müller herrühren, von Autoren also, die nicht mehr «Dichter» waren und die keine fiktionale Literatur mehr produzierten.

Eine andere Wurzel der Essayistik ist der Roman. Als Goethe 1784 einen Aufsatz *Über den Granit* schrieb, tat er es in der Absicht, ihn später in einen

«Roman über das Weltall» einzufügen. Es gibt keine Vorstellung darüber, wie dieses Werk ausgesehen hätte, wenn es geschrieben worden wäre, aber je stärker sich der Roman verbreitete und je mehr man seine Aussagemöglichkeiten zu erweitern trachtete, desto näher lag es, auch Nichtfiktionales einzuschließen, um über das Erzählte gleichzeitig zu reflektieren und den Sinn zu erweitern. Schlegels Theorie des romantischen Romans verlangt das sogar ausdrücklich, und Novalis' *Lehrlinge zu Sais* stehen in diesem Sinne halbwegs zwischen Fiktion und naturphilosophischer Abhandlung. Essayistische Einlagen in Romanen finden sich in den neunziger Jahren vor allem bei Jean Paul, wo sie oft nur noch in einem sehr allgemeinen Zusammenhang mit den erzählten Vorgängen stehen und über den Kontext des Romans in die essayistische, prosalyrische oder novellistisch-satirische Selbständigkeit hinausstreben. Beim *Titan* sah sich Jean Paul bekanntlich veranlaßt, alle derartigen Ergänzungen in einem «Komischen Anhang» zusammenzustellen, um nicht den Fluß der Erzählung zu unterbrechen.

Zur nichtfiktionalen Literatur gehören aber auch alle die vielen Briefwechsel und Tagebücher, die nicht allein den Gedanken- und Gefühlsreichtum der Zeit spiegeln, sondern sehr oft als Kunstwerke eigener Art angesehen werden können. Freilich unterscheiden sie sich von allem bisher Erwähnten dadurch, daß sie nicht für einen größeren Leserkreis bestimmt waren, sondern nur einen einzigen oder wenige Adressaten hatten, wenn sie nicht sogar als Tagebuch das Gespräch eines Schreibenden mit sich selbst darstellten. Auf die Briefkunst der einzelnen Schriftsteller soll hier nicht eingegangen werden. Daß es Briefe von Goethe, Hölderlin oder Brentano gibt, die zu den schönsten und besten ihrer Schriften zählen, kann nur festgestellt, aber nicht an Beispielen belegt werden. Briefe Schillers nehmen gelegentlich die Fülle und rhetorische Kraft eines Essays an, und die letzten Briefe Forsters aus Paris sind erschütternde menschliche Konfessionen.

Besondere Erwähnung jedoch verdienen jene Briefverfasser, die allein oder zumindest vorwiegend auf diese Weise schreibend tätig gewesen sind und ein Werk hinterlassen haben, das nicht lediglich als Zeitdokument, sondern auch als Gestaltung persönlicher Problematik Teil der Literaturgeschichte ist. Es handelt sich dabei um einige Frauen, denen ihr Geschlecht nicht nur das Hervortreten als Autoren von vornherein erschwerte, sondern die auch durch die Beschränkungen in ihrer Erziehung und in ihren Ausbildungsmöglichkeiten das Rüstzeug nicht hatten erwerben können, dessen sie dafür bedurft hätten. Zu ihnen gehören Caroline Schelling, Dorothea Schlegel und Rahel Varnhagen. Alle drei haben ein Briefwerk hinterlassen, das sie als Schriftstellerinnen ausweist und sie über die ihnen allgemein zugestandene Rolle als Anregerinnen der Männer in literarischen Kreisen oder Salons erhebt. Was ihre Briefe an Schärfe und Genauigkeit der Beobachtung, an psychologischer Durchdringung, geistesgeschichtlicher Übersicht und sprachlicher Bewältigung bieten, rückt sie auf die Höhe selbständiger literarischer Leistungen. In ihren Briefbüchern über die Günderrode, über Goethe und über den Bruder Clemens hat dann Bettina von Arnim den Versuch unternommen, überarbeitete und stilisierte Korrespondenzen zu einer eigenen literarischen Ausdrucksform zwischen Dokumentation und Roman umzuwandeln und so den echten Brief als Kunstwerk darzustellen. Darüber wird an späterer Stelle zu berichten sein.

Das wachsende Selbstbewußtsein des Individuums im 18. Jahrhundert förderte den Brief nicht nur als literarisches Medium im Briefroman, sondern auch als persönlichen Ausdruck. Daneben tritt, wenn auch in geringerem Maße, das Tagebuch, für das Herder mit seinem *Journal meiner Reise im Jahre 1769* und Goethe mit der *Italienischen Reise* in der deutschen Literatur bedeutende Beispiele setzten. Beide Werke hatten allerdings keine unmittelbare Wirkung auf ihre Zeit; Goethes Aufzeichnungen erschienen 1816/17 und Herders erst 1846. Ebenso unbekannt blieb der Zeit das bedeutendste Tagebuch der neunziger Jahre, Novalis' *Journal* nach dem Tode von Sophie von Kühn; es wurde vollständig 1901 veröffentlicht. Novalis' Aufzeichnungen stehen in der Tradition pietistischer Tagebuchliteratur, aber sie übertreffen weit die Herrnhutische Gewissensforschung Zinzendorfs oder August Hermann Franckes durch eine geradezu unbarmherzige Selbstanalyse auf einem breiten psychologischen und intellektuellen Spektrum. Novalis' Ziel ist nicht die Bestätigung eines außer ihm existierenden Glaubens in sich selbst, sondern eine Entdeckungsfahrt in die Möglichkeiten des freien Ichs, die ihn zu einem Transzendenzbewußtsein führte, dem er danach in seiner Dichtung vielfältige Gestalt gab.

Verwandt mit der Tagebuchliteratur sind Autobiographien wie diejenigen Laukhards, Bräkers oder Jung-Stillings, die, wie schon früher erwähnt, den biographischen Roman als Entwicklungs- oder Bildungsroman vorbereiten halfen. In enger Beziehung zur Autobiographie wiederum steht die Reiseliteratur, die seit Sternes *Sentimental Journey* (1768) beträchtlich anschwoll. Die Grundlage dafür bildeten erleichterte Reisemöglichkeiten, also verbesserte, sicherere Straßen, ein nach dem Siebenjährigen Krieg in Deutschland allmählich wachsender Wohlstand und natürlich auch das ebenso allmählich wachsende Selbstbewußtsein des lesenden Bürgers, der, wenn er schon selbst die Welt noch nicht erfahren konnte, wenigstens von ihr erfahren wollte. Georg Forster gab Ende der siebziger Jahre den deutschen Lesern authentische Kunde von einer fernen, paradiesischen Welt in der Südsee, in die ihm jedoch andere Schriftsteller für lange Zeit nur in ihren Träumen nachfolgen konnten. Die Umsetzung von politischen Träumen in die Wirklichkeit war hingegen nach 1789 in unmittelbarer Nähe zu besichtigen. Vielerlei Berichte aus dem neuen Frankreich begannen zu erscheinen, darunter solche von Johann Heinrich Campe (*Briefe aus Paris*, 1790), Gerhard Anton von Halem (*Blicke auf einen Theil Deutschlands, der Schweiz und Frankreichs bey einer Reise vom Jahre 1790*, 1791), Johann Friedrich Reichardt (*Vertraute Briefe über Frankreich*, 1792–93) und Heinrich Zschokke (*Meine Wallfahrt nach Paris*, 1796–97). Moritz August von Thümmels *Reise in die mittäglichen Provinzen von Frankreich*, die von 1791 bis 1805 in zehn Bänden erschien, betraf allerdings das vorrevolutionäre Frankreich, verdankte aber einen Teil ihrer Popularität dem derzeitigen Interesse an dem Lande jenseits des Rheins. Thümmel führte in der unmittelbaren Nachfolge Sternes die Reisebeschreibung in den Roman über, indem er die Fülle der Beobachtungen einer Handlung, der Heilung eines Hypochonders durch die Schönheit der Natur, unterordnete. Aber zugleich gab er doch einen aufschlußreichen Einblick in die Ursachen der Revolution, in soziale und ökonomische Folgen der Standesherrschaft wie in die Auswirkungen mangelnder Meinungsfreiheit. Eine Reisebeschreibung, die sich auf breites Wissen und auf umfassende Erkenntnisse über das Zusammenwirken von geschichtlichen, gesellschaftlichen, politischen, wirtschaftlichen, kulturellen, geographischen und ökologischen Faktoren stützte, bot Forster in seinen *Ansichten vom Niederrhein*, die mustergültig für die spätere Reiseliteratur bis hin zu Heines Reisebildern wurden.

Gleichfalls in diese Tradition gehört Johann Gottfried Seume, der zur deutschen Literatur um 1800 ein außerordentliches Buch, den *Spaziergang nach Syrakus im Jahre 1802* (1803), beigesteuert hat.

Seume, 1763 als Sohn eines armen Bauern in der Nähe von Weißenfels geboren, fiel als Achtzehnjähriger dem Menschenhandel deutscher Fürsten zum Opfer. Von Werbern des hessischen Landgrafen Friedrich II. gefangengenommen, wurde er als Soldat nach Amerika verkauft. 1783 kehrte er zurück, aus der Bahn einer bürgerlichen Karriere geworfen, von der Enge des kleinstaatlichen Deutschland bedrückt und die Reiselust im Blute. Eine Weile war er in Leipzig als Sprachlehrer, Hofmeister und Korrektor tätig, zeitweilig auch als Sekretär eines russischen Generals und als Offizier in russischen Diensten. Anfang Dezember 1801 brach er von Grimma bei Leipzig auf, um zu Fuß und nur mit dem Gepäck, das er selbst tragen konnte, seine Reise nach Arkadien zu machen. Sein Weg führte ihn über Dresden, Prag, Wien, Triest, Venedig, Bologna, Rom, Neapel bis nach Sizilien und von da durch Italien und die Schweiz mit einem kleinen Umweg über Paris zurück nach Leipzig, wo er neun Monate nach seiner Abreise «in den nämlichen Stiefeln», in denen er ausgezogen war, wieder eintraf. Ein Unternehmen, das zur Ausführung Energie, Mut, Glück und eine zähe Gesundheit erforderte, brachte ein Buch als Ertrag, das den Reisenden zugleich als einen Mann von Geist, großer Sachkenntnis, scharfer Beobachtungsgabe, menschlicher Anteilnahme und sprachlicher Darstellungskraft erwies. Viel Aufmerksamkeit fand dieses Buch bei den Zeitgenossen allerdings nicht, ebensowenig wie das zweite Reisebuch *Mein Sommer 1805* (1806), das Ost-, Nord- und Mitteleuropa zum Gegenstand hatte. 1810 ist Seume krank und in Armut gestorben.

Seume schrieb seinen *Spaziergang nach Syrakus* mit der Absicht, den Romanen, in denen «man uns nun lange genug alte, nicht mehr geleugnete Wahrheiten dichterisch eingekleidet, dargestellt und tausendmal wiederholt hat», das der Wirklichkeit verpflichtete Reisebuch als eine Kunstform mit eigenem «ästhetischen Wert» entgegenzusetzen, wie er in der Vorrede erklärt. Es ist also Resultat einer bewußten Gestaltungsabsicht, nicht nur eine

Kollektion mehr oder weniger zufälliger Reminiszenzen. Seume reiste als kleiner Mann, als einer, der Unrecht an sich selbst erfahren hatte und der seine geographische wie kulturelle Neugier von dem Interesse an den Lebenszuständen der Menschen regieren ließ. Das Wort «Humanität» ist ein Leitwort seines Buches und so fest in seinen Sprachgebrauch eingegangen, daß er es selbst auf persönliche Reaktionen bezieht: zwei Freunde in Rom «empfingen mich mit Humanität und freundschaftlicher Wärme». Seume bekennt seine «kleine Liebschaft gegen die Republiken», fühlt sich, wenn er das französisch besetzte Italien betritt, wohler als unter der «stillen, bangen Furchtsamkeit in Wien und Venedig» – das letztere war seit dem Frieden von Campoformio 1797 in österreichischen Händen. Seume reiste jedoch auch als jemand, der eine gute klassische Bildung erfahren hatte. Obwohl er alles, was er mit sich führte, tragen mußte, hat er sich nirgends von seinem «Taschenhomer» und den Vergil- und Horazausgaben getrennt, die er aus der Heimat mitgenommen hatte. Andere Bücher kauft und verschenkt er unterwegs, besucht die Erinnerungsstätten antiker Poeten und wird in Syrakus von der Erkenntnis überwältigt, daß er nun «den Theokrit in seiner Vaterstadt» lesen kann. Die klassische Welt ist ihm eine Welt der schönen Vernunft, allerdings auch eine ganz und gar vergangene Welt, und sie bietet ihm, so wohl er sich in der Literatur dieser Vergangenheit fühlen mag, doch nur den Kontrast zur Gegenwart, um die es eigentlich geht.

Seume war kein Kunstreisender, denn er hatte nie Zeit gehabt, «gelehrt zu werden», wie er selbst bekennt. Im übrigen

> «bin ich nicht nach Italien gegangen, um vorzüglich Kabinette und Galerien zu sehen, und tröste mich leicht mit meiner Laienphilosophie».

Und, über die Begegnung mit Freunden sprechend, fährt er fort:

> «Es ist überall wohltätig, wenn sich verwandte Menschen treffen; aber wenn sie sich auf so klassischem Boden finden, gewinnt das Gefühl eine eigne Magie schöner Humanität.»

In diesem Satz ist Seumes «Laienphilosophie» ganz enthalten. Er ist im Unterschied zu Goethe der Italienreisende, der um des Kennenlernens der Gegenwart willen unterwegs ist und diese Gegenwart auch zum Hauptgegenstand seiner Beschreibung macht. Er sucht nicht zeitlose Maße und Gesetze hinter den Erscheinungen noch bezieht er das Gesehene und Erlebte auf die Lebens- und Schaffensbedingungen seiner eigenen Persönlichkeit. Sein Italien ist ein von der Kirche korrumpiertes und von den Feudalherren in Armut getriebenes Land, und sein primäres Interesse geht dahin, Handlungs- und Lebensweise der Menschen aus ihrer gesellschaftlichen Situation zu verstehen. Deshalb richtet sich auch sein Blick auf Verschiedenes, auf Ökonomisches, Folkloristisches, Militärisches, auf religiöse Sitten wie auf gesellschaftliche Zwänge, auf öffentliche Moral und auf die Ursachen der Kriminalität.

Nirgends verläßt ihn zwar das Bewußtsein, auf klassischem Boden zu sein, aber der erste Satz seiner römischen Aufzeichnungen lautet immerhin: «Wider meine Absicht bin ich nun hier.» Denn die ewige Stadt wollte er zunächst vermeiden; in den Händen klerikaler Macht und Bigotterie erscheint sie ihm als «die Kloake der Menschheit». Über den Weg von Pompeji nach Salerno aber bemerkt er: «Ohne mich um die Altertümer zu bekümmern, ergötzte ich mich an dem, was da war.»

So dokumentiert Seumes *Spaziergang nach Syrakus* eine bedeutsame Wandlung in der Einstellung zur Antike, lange bevor diese allgemein wirksam wurde. Denn hatten die Kunstwerke auch nicht jeden ästhetischen Reiz und den Reiz einer gesunden Vernünftigkeit für Seume verloren, so waren sie doch kaum noch Maßstäbe für eine Regeneration der Gegenwart. Sie waren Teil der kulturellen Tradition eines Landes, dessen augenblickliche Probleme den deutschen Problemen nicht fern lagen, für deren Lösung jedoch Kultur und Kunst keinen Schlüssel anboten. Und da Seume Rom als christliche Kunststadt mit Skepsis betrachtete, während sich noch viele Jahre lang deutsche Maler anbetungsbereit auf den Weg dorthin machten, nimmt es nicht wunder, daß sich seine Zeitgenossen nicht um ihn kümmerten, denen er doch als kritisch beobachtender Schriftsteller um manches voraus war. Seumes *Spaziergang* läutet als Reisebuch in ähnlicher Weise das Ende der «Kunstperiode» ein, wie das die *Nachtwachen* des Bonaventura mit ihrer Absage an die alten Götter taten.

SECHSTES KAPITEL

DRAMATISCHE LITERATUR

*1. Drama, Theater und Publikum*

Von allen deutschen Schauspielen der Zeit zwischen 1789 und 1806 sind allein zwei große Dramen-Komplexe auf der Bühne wirklich heimisch geworden: Schillers Dramen und August Wilhelm Schlegels Übersetzungen von dreizehn Stücken William Shakespeares. Die Wirkungsgeschichte ist allerdings nicht schon zugleich das Literaturgericht und eine Feststellung von Tatsachen kein Werturteil über alles andere in diesen Jahren für das Theater Geschriebene, denn dazu gehören immerhin Goethes *Natürliche Tochter*, Hölderlins *Empedokles*-Fragmente, Brentanos *Ponce* sowie Ludwig Tiecks gesamtes dramatisches Werk. Aber ein großes Publikum haben diese Werke weder damals noch überhaupt je erreicht, so hoch ihr literarischer Rang auch sein mag. Goethes letztes bühnenwirksames Stück war 1789 der *Tasso* gewesen, der 1790 zusammen mit dem *Faust*-Fragment erschien; das nächste wurde dann erst wieder der erste Teil der *Faust*-Dichtung, den er 1806 abschloß. Es ist das gleiche Jahr, in dem Heinrich von Kleist sein erstes bedeutendes Drama, den *Zerbrochnen Krug*, beendete. Die durch das Ende des Heiligen Römischen Reiches Deutscher Nation gesetzte historische Zäsur wird also auch von literarischen Ereignissen markiert, ohne daß sich freilich unmittelbare Abhängigkeiten konstruieren ließen.

Was dem Historiker als literarisches Ereignis erscheint, war es für die Zeitgenossen der Autoren durchaus nicht immer. Hölderlins *Empedokles* wurde erst aus dem Nachlaß bekannt, und Kleist schoß sich in dem Bewußtsein, daß die Welt sein Werk nicht anerkenne, eine Kugel in den Kopf. Brentanos *Ponce* wurde zu seinen Lebzeiten ein einziges Mal an einem einzigen Abend aufgeführt, Tiecks zahlreiche Stücke blieben fast ausschließlich ein Leseerlebnis für Literaturfreunde, und selbst Goethe konnte in seiner fünfundzwanzigjährigen Tätigkeit als Weimarer Theaterdirektor dem *Tasso* nur zu 14 und der *Natürlichen Tocher* zu 7 Aufführungen verhelfen. Als er am 7. Mai 1791 das Theater eröffnete, tat er es mit Ifflands „ländlichem Sittengemälde" *Die Jäger*, der seichten Beinahe-Tragödie im Hause eines knorrigen Oberförsters, und nur im selbstgeschriebenen *Prolog* ließ er verkünden:

> Der Anfang ist an allen Sachen schwer;
> Bei vielen Werken fällt er nicht ins Auge.

Der Landmann deckt den Samen mit der Egge,
Und nur ein guter Sommer reift die Frucht;
Der Meister eines Baues gräbt den Grund
Nur desto tiefer, als er hoch und höher
die Mauern führen will.

Im Repertoire war von solchen Plänen zunächst wenig zu spüren, außer daß
es tatsächlich in alle Tiefen oder Untiefen der Populardramatik führte. Der
erste Monat brachte Stücke von Iffland, Kotzebue, Johann Friedrich Jünger,
Friederike Helene Unger und Christian Heinrich Spieß, dem Meister des
Ritter- und Schauerromans. Unter Goethes Leitung zeigte dann das Weima-
rer Theater insgesamt 87 Stücke Kotzebues, 46 von Vulpius, dem Verfasser
des *Rinaldo Rinaldini* und Schwager Goethes, 31 von Iffland, 22 von Fried-
rich Ludwig Schröder, 15 von Goethe, 10 von Schiller – in beiden Fällen die
Übersetzungen und Theaterbearbeitungen nicht mitgerechnet –, 8 von
Shakespeare und 4 von Lessing. Die Aufführungszahlen bestätigen den im
Repertoire ausgedrückten Publikumsgeschmack; nur Schillers *Don Carlos,
Wallenstein* und *Maria Stuart* konnten sich einigermaßen mit der Popularität
einzelner Stücke Kotzebues oder Ifflands messen. Das allerdings bewies, daß
Goethe immerhin etwas von seinen kulturpädagogischen Absichten erreicht
hatte, von denen der *Prolog* sinnbildlich sprach. Denn anderswo in Deutsch-
land sah es schlechter aus. Trotz guten Spiels, so berichtet zum Beispiel die
Bayreutherin Caroline von Flotow im Jahre 1792, sei das Theater bei Schillers *Don Carlos* «entsetzlich leer» geblieben.

Nun hat es jedoch wenig Sinn, auf den Ungeschmack einer vergangenen
Zeit indigniert hinabzusehen. Das macht blind sowohl gegen historische
Prozesse, die es zu erkennen gilt, wie gegen die eigene Situation, hat doch
die Popularität des Trivialen seit 1790 gewiß nicht abgenommen – sie ist le-
diglich durch die größere Zahl kultureller Medien differenzierter geworden.
Die moderne Unterhaltungsindustrie hat ihre Ursprünge gerade in dieser
Zeit. Seit den siebziger und achtziger Jahren des 18. Jahrhunderts befand sich
das deutsche Theater im Übergang von der Wandertruppe zur stehenden
Bühne. Goethes Theatergründung in Weimar nach Abzug der Bellomoschen
Schauspielertruppe, die dort acht Jahre lang gespielt hatte, ist ein charakteristisches Beispiel dafür. Verschiedene Versuche zur Gründung von Natio-
naltheatern gingen dem voraus. 1769, nach dem gescheiterten Hamburger
Experiment, hatte Lessing in seiner *Hamburgischen Dramaturgie* bitter «über
den gutherzigen Einfall» geklagt, «den Deutschen ein Nationaltheater zu
verschaffen, da wir Deutsche noch keine Nation sind». Tatsächlich gegründet wurden Nationaltheater 1776 in Wien unter dem Einfluß Josephs II.,
1779 in Mannheim durch das Zutun Ifflands und Wolfgang Heribert von
Dalbergs und 1786 in Berlin unter Friedrich Wilhelm II., dem Nachfolger
Friedrichs des Großen. In allen diesen Fällen unterstützten Staat beziehungs-

weise Hof, allerdings in sehr wechselndem Maße, die Bühne und schufen so das Urbild des deutschen Subventionstheaters. Mannheim brachte die ersten Dramen des jungen Schiller, und dort hielt Schiller auch im Jahre 1784 seine Rede zur Frage *Was kann eine gute stehende Schaubühne eigentlich wirken?* – eine Rede, die dann in einem späteren Druck den Titel *Die Schaubühne als eine moralische Anstalt betrachtet* erhielt, worin bereits eine Antwort auf die gestellte Frage eingeschlossen war. Denn die Schaubühne, so erklärte Schiller,

«ist der gemeinschaftliche Kanal, in welchem von dem denkenden bessern Theile des Volks das Licht der Weißheit herunterströmt, und von da aus in milderen Stralen durch den ganzen Staat sich verbreitet».

Daß die Grundlagen für die Vermittlung solcher Weisheit, also die Bühnenverhältnisse und das Leben der Schauspieler, noch beträchtlich von allem Idealen entfernt waren, dafür gibt es anschauliche Zeugnisse in Romanen wie Moritz' *Anton Reiser* und Goethes *Wilhelm Meister*. «Ist wohl irgendein Stückchen Brot kümmerlicher, unsicherer und mühseliger in der Welt?» klagt der Schauspieler Melina in Goethes Roman und fügt hinzu:

«Was hat man von dem Neide seiner Mitgenossen und der Parteilichkeit des Direktors, von der veränderlichen Laune des Publikums auszustehen! Wahrhaftig, man muß ein Fell haben wie ein Bär, der in Gesellschaft von Affen und Hunden an der Kette herumgeführt und geprügelt wird, um bei dem Tone eines Dudelsacks vor Kindern und Pöbel zu tanzen.»

Mit den stehenden Theatern hoben sich allmählich Einkommen und soziales Ansehen des Schauspielerstandes, und gleichzeitig stiegen auch die Anforderungen an die Qualität der Aufführungen und damit an die Ausbildung der Akteure. Wenn Goethe in dem *Prolog* von 1791 einen Schauspieler verkünden läßt, daß sie, die Spieler, bisher «einander fremd», nun zu einem «schönen Ziel vereint zu wandeln» anfingen, so stand dahinter der Gedanke des Ensemblegeistes, den es zu fördern galt, denn erst durch ihn ließ sich das Kunstwerk als etwas in sich organisch Gerundetes darstellen und vorführen.

Was weiterhin als Schwierigkeit blieb, war die Vielzahl der Werke, die aufgeführt wurden. Zwanzig verschiedene Stücke in einem Monat waren keine Seltenheit, wobei häufig Singspiel und Oper mit eingeschlossen waren. Nicht wenige Stücke mußten zu einer ein- oder zweimaligen Aufführung einstudiert werden. Dieser ständige Drang nach Neuem ließ sich jedoch bei der Kleinheit der deutschen Spielorte und damit des potentiellen Theaterpublikums kaum vermeiden; Weimar zum Beispiel hatte zur Zeit der Goetheschen Theatergründung 1791 ganze 6561 Einwohner, und nur Gastspiele in Lauchstädt, Erfurt, Naumburg und Leipzig verschafften den Spielern einen größeren Wirkungskreis. Dem Bedarf nach Abwechslung mußten auch

die Autoren entsprechen: Von Kotzebue gibt es etwa 230 und von Iffland
rund 65 Stücke. Andere Autoren wie Jünger oder Spieß standen ihnen nicht
nach. Allerdings folgten sie dabei nicht ausschließlich den Anforderungen
der Theater, sondern standen auch, wie das bereits bei der erzählenden Unterhaltungsliteratur zu sehen war, unter dem Zwang aller Trivialliteratur, zu
wiederholen und zu variieren, wo nichts wirklich Neues und Bemerkenswertes zu sagen ist. Denn ein Trivialautor, der nicht fortgesetzt oder wenigstens
in gewissen Zeitabständen produziert, gerät außer Kurs und wird nicht mehr
beachtet.

Steht der Trivialautor also unter dem Druck, viel zu schreiben, so ist für
den Dramatiker hohe Produktivität oft gerade auch ein Kennzeichen literarischer Bedeutung. Auf dieses komplizierte Verhältnis zwischen Quantität
und Qualität geht August Wilhelm Schlegel in seinem großen Essay *Allgemeine Übersicht des gegenwärtigen Zustandes der deutschen Literatur* (1802)
näher ein. Das deutsche Theater, so schreibt er darin, biete «ein buntes
Quodlibet dar von Übersetzungen und zum Theil schlechten Bearbeitungen
aus dem Französischen, Englischen, Italiänischen; und was Original seyn
soll, darin ist kaum eine eigenthümliche Richtung wahrzunehmen». Hemmend für den Fortschritt der dramatischen Kunst wirke sich vor allem aus,
daß Deutschland «nicht eine einzige große Hauptstadt» besitze, «die das
Centrum der Kunst und des Geschmacks wäre», in der verschiedene Theater
in Wettbewerb miteinander treten könnten und wo «ein geübtes Publikum
[…] die Bildung der ganzen Nation» repräsentiere. Daher komme es auch,
daß «nur wenige unserer eminenten Köpfe» im «dramatischen Fach gearbeitet» hätten und selbst «dann nicht immer mit Rücksicht auf die Bühne». Das
werde allein schon durch «die geringe Anzahl ihrer Werke» bewiesen, denn
ein wirklicher Theaterschriftsteller müsse fruchtbar sein, «damit er sich die
Schauspieler zur vorteilhaften Darstellung dessen, was er will, zubilde, und
die Zuschauer sich in seine Welt hineinsehen lehre». Gerade darin aber seien
in Deutschland «unsere beliebten Theaterschriftsteller auf dem richtigeren
Wege als die berühmten». Die Unterscheidung zwischen beliebten und berühmten Autoren, die Schlegel hier trifft, ist für die deutsche Literatur weithin charakteristisch geblieben. Viel seltener als anderswo ist in ihr das Anspruchsvolle populär und das Populäre anspruchsvoll. Mit der Produktivität
und Volkstümlichkeit Shakespeares, Lope de Vegas, Molières oder Goldonis
konnten sich um 1800 in Deutschland jedenfalls nur Iffland oder Kotzebue
messen. Schiller, der Beliebtheit und Ruhm miteinander zu verbinden in der
Lage war, starb, ehe er auch nur die Hälfte seiner dramatischen Pläne verwirklichen konnte. So wirkten äußere, politische und persönliche Umstände
darauf hin, eine Scheidung zu befestigen, die bedeutenden Einfluß auf den
öffentlichen Geschmack hatte und die nicht zuletzt wesentlich dazu beitrug,
daß Dramatiker wie Kleist und Büchner jahrzehntelang verkannt blieben.

Gerade am Beispiel Schillers ist jedoch noch eine andere deutsche Besonderheit in diesen Jahren zu beobachten. Hatte Schiller seinen frühen Ruhm zur Hälfte auf Zeitstücke gegründet – *Kabale und Liebe* ist ohne Zweifel das schärfste und am konkretesten gesellschaftskritische Stück in der gesamten deutschen Dramenliteratur des 18. Jahrhunderts –, so hatte er sich mit dem *Wallenstein* endgültig auf das Territorium der Geschichte begeben. Damit aber stand er nicht allein. Alle bedeutenden deutschen Stücke oder auch nur Stücke mit besonderem intellektuellen Anspruch waren nach 1789 keine Zeitstücke mehr, sondern bewegten sich stofflich im Bereich zwischen Geschichte und Mythos oder, wie etwa bei Tieck und Brentano, in dem der literarischen Parodie. Die Gegenwart als Stoff blieb ausschließlich der «beliebten» Unterhaltungsdramatik überlassen, abgesehen von den politischen Agitationsstücken, deren Relevanz mit dem raschen Wandel der Situation jedoch ebenso rasch erlosch, ganz gleich, ob sie Goethe oder einen unbekannten Jakobiner zum Verfasser hatten. Wie im Roman, so hatte sich seit der Mitte des 18. Jahrhunderts insbesondere durch Lessing und den Sturm und Drang der Bürger auch auf der Bühne als Held etabliert, und die zahllosen Familienstücke um die Jahrhundertwende setzten im Grunde diese Tendenz nur fort. Zumeist besaßen sie sogar weiterhin einen milden Einschlag von Sozialkritik wie im Falle von Ifflands *Jägern*, worin der braven Förstersfamilie die eines korrupten Amtmanns gegenübergestellt wird. Bürgerliche Tragik und aufklärerische Didaktik wichen jedoch mehr und mehr dem rührend-versöhnlichen Schauspiel und der Komödie; die Schrecksignale der Revolution hatten in Verbindung mit dem zunehmenden Wohlstand ihren Einfluß auf die Erwartungen des deutschen Publikums ausgeübt.

Die Ursache für die Abwendung von der Gegenwart im anspruchsvollen Drama lag nun allerdings nicht in irgendwelchen eskapistischen Neigungen gerade der besseren deutschen Autoren. Als Erzähler, Lyriker, Kritiker oder Theoretiker blieben sie ihrer Zeit weiterhin unmittelbar zugewandt. Aber in allen diesen anderen Formen oder Ausdrucksweisen gab es Möglichkeiten, Distanz zum Dargestellten oder Behandelten zu bewahren, um es aus größerer Perspektive betrachten zu können. Die Direktheit des Theaters hingegen nötigte zu einer Identifikation, die wegen der Begrenztheit, ja Phil·strosität der zeitgenössischen Gegenstände leicht in die Trivialität führen konnte, es sei denn man versuchte, wie es zum Beispiel eben Ludwig Tieck tat, das Dargestellte durch Spiel im Spiel zu relativieren. «Unsre bürgerlichen Sittengemälde haben nur die Engigkeit der Verhältnisse aufgefaßt, ohne sich durch freie Heiterkeit des Geistes darüber zu erheben», klagt August Wilhelm Schlegel dementsprechend in seiner Übersicht. Tatsächlich ließ sich von aller bürgerlichen Selbstgefälligkeit einmal abgesehen, nach der Französischen Revolution der gesellschaftskritische Impetus von *Kabale und Liebe* nicht weiter fortführen oder gar übertreffen, denn die Verhältnisse zwischen Regierenden und Regierten hatten sich in Deutschland nicht mehr zugespitzt, sondern im allgemeinen eher gemildert und unter dem Signum der Aufklärung gebessert. Geblieben aber war die «Engigkeit» und Kleinheit deutscher Verhältnisse. Für die Demonstration «freier Heiterkeit des Geistes» taugten jedoch deutsche Kommerzienräte und Oberförster ebensowenig wie sich Duodezfürsten und regierende Grafen für die Darstellung großer geschichtlicher Bewegungen eigneten zu einer Zeit, da Gestalten wie Robespierre oder Napoleon die geschichtlich Handelnden waren. Der Bühnen-Klassizismus und -Romantizismus um 1800, also die Hinwendung zu antiken Stoffen und zu solchen aus der europäischen Geschichte seit dem Mittelalter, hatte in der Erkenntnis von der Beschränktheit und Enge deutschen Lebens seine stärkste Wurzel.

Aus dieser Erkenntnis entsprangen gleichzeitig auch die Gesichtspunkte für die Kritik an der populären Dramatik. In dem großen Zwiegespräch, das Goethe und Schiller in ihren *Xenien* (1797) zwischen sich und dem «Herkules» Shakespeare veranstalteten, kommt es zur Frage des Briten, ob man denn «bey euch» den «leichten Tanz der Thalia», der Muse der Komödie, und den «ernsten Gang» der Melpomene, der Muse der Tragödie, noch sehe, worauf er von den «Xenien» zur Antwort erhält:

> Keines von beyden! Uns kann nur das christlichmoralische rühren,
> Und was recht populär, häuslich und bürgerlich ist.

Und auf die Frage:

> Was? Es dürfte kein Cesar auf euren Bühnen sich zeigen,
> Kein Anton, kein Orest, keine Andromacha mehr?

wird ihm entgegnet:

> Nichts! Man siehet bey uns nur Pfarrer, Kommerzienräthe,
> Fähndriche, Sekretairs oder Husarenmajors.

Solch Frage- und Antwortspiel diente freilich nicht nur der Rechtfertigung eines klassizistischen Kunstprogramms, sondern es verweist zugleich auf zwei prinzipiell verschiedene Kunsthaltungen. Die Klage des «Herkules» spitzt sich nämlich darauf zu, daß man nun wohl überhaupt nicht mehr die «große», «unendliche» Natur des Menschen und das «große gigantische Schicksal» zum Thema habe, sondern allein nur noch die kleine eigene, zeitverhaftete Natur, «die erbärmliche». Das aber führt zu Goethes und Schillers prägnant formuliertem summarischem Urteil über die Moralpredigerei der bürgerlichen Zeitdramatik:

> Der Poet ist der Wirth und der letzte Actus die Zeche,
> Wenn sich das Laster erbricht, setzt sich die Tugend zu Tisch.

Es ist ein Urteil, das sich auch August Wilhelm Schlegel in seiner Übersicht von 1802 aneignete, wenn er die «Natürlichkeit», also den beschränkten und beschränkenden moralisierenden Realismus der Familien- und Rührstücke, als «Kunstlosigkeit» verurteilt, und ebenso machten die verschiedenen Versuche jüngerer und älterer Autoren zu neuem, originellem dramatischem Ausdruck gemeinsam Front gegen alle Naturnachahmung in Stoff und Form.

Insgesamt hatte das deutsche Drama um 1800 neben der bürgerlichen Sphäre noch drei weitere große Stoffquellen: die Antike, die Geschichte des christlichen Europa seit dem Mittelalter sowie die Mythen- und Märchenwelt orientalischer und später auch nordischer Tradition. Diese Stoffe präsentierten sich in reicher Mischung und auf den verschiedensten Ebenen dichterischer Qualität, und sie kamen den Erwartungen eines vorwiegend bürgerlichen Theaterpublikums in sehr unterschiedlicher Weise entgegen. Was auf der einen Seite Bestätigung der eigenen Bildung, Ersatzbefriedigung heroischer Wünsche oder harmlose Nahrung für stille Träume darstellte, das wurde auf der anderen Seite zum Mittel, mit dem man die engen Grenzen des Daseins auf größere Entwicklungen hin durchsichtig machen wollte. Auf Vergnügen an der Buntheit der Stoffe freilich zielten sowohl die Beliebten wie die Berühmten, die ersteren des unmittelbaren Erfolges wegen, die letzteren um ihrer Ansprüche willen. Denn ein Theater, das hoch und höher bauen, das die Qualität der Aufführungen und den Geschmack des Publikums veredeln, das Licht der «Weißheit» über den ganzen Staat ausgießen wollte, bedurfte dazu in erster Linie eben eines bildbaren Publikums in seinen Mauern, in die man es aber nicht hineinzwingen konnte wie in eine Schule. Dieses selbe Publikum wähnte sich außerdem bereits im Besitze eines «guten Geschmackes», wie das Tieck in seinem *Gestiefelten Kater* drastisch verführt und da es freiwillig kam, wollte es sich eher schmeicheln als sich erziehen lassen. Es ist die Aporie aller ästhetischen Erziehung, die auf diese Weise sichtbar wird. Vor ihr nicht resigniert zu haben, ist das Verdienst einer Reihe von Praktikern und Theoretikern des Theaters, die in den Jahren nach 1789 verschiedene Versuche zur Reform von Drama und Bühne als Mittel zur Erziehung und inneren Bereicherung ihrer Zeitgenossen unternahmen.

## 2. Reformversuche

«Unsere Bühne hat bisher der Aufklärung und der Sittenverbesserung bei weitem die Dienste nicht geleistet, die von ihr zu erwarten gewesen wären. Sittengemälde woraus die sogenannten geringen Leute Nutzen hätten schöpfen können, sah man in Vergleich mit solchen, die für die sogenannten Vornehmen geschrieben waren, selten. Überhaupt haben vor unseren demokratischen Schriftstellern gewiß wenige daran gedacht, *daß*, und *wie* sie den Volkscharakter bilden helfen sollten», schreibt ein Mainzer Jakobiner in Wedekinds republikanischer Zeitschrift *Der Patriot* im Jahre 1792. Es war die einleitende Bemerkung zu einer Szene aus dem anonymen Lustspiel *Der Ari-*

*stokrat in der Klemme*, das – mit anderen seines Genres – derartigem Mangel abhelfen sollte. Eine Heimstatt dafür bot das National-Bürger-Theater in Mainz, das während der kurzen Lebensdauer dieser ersten deutschen Republik eingerichtet wurde. Die geschichtliche Entwicklung in den neunziger Jahren hat dann verhindert, daß solche Keime ihre Lebenskraft unter Beweis stellten. Wohl gab es Agitationsstücke an den verschiedenen Fronten des politischen Schlachtfeldes, aber weder die Freunde noch die Gegner der Revolution besaßen schon genügend literarische Erfahrung, denn für die Schaubühne nicht nur als moralische, sondern als politische Anstalt gab es in Deutschland keine Präzedenzfälle. Mit Recht rügte der *Patriot* die Unzulänglichkeiten des Theaters hinsichtlich «der Aufklärung und Sittenverbesserung». Wie schon das Beispiel Ifflands zeigte, reduzierte das Rührstück seine Konflikte zumeist auf Zusammenstöße einiger stereotyper Figuren. Zwar kam darin noch ein Hauch von bürgerlichem Selbstbewußtsein und eine Spur von Gesellschaftskritik zum Ausdruck, aber da gemeinhin ein gütiger Fürst als letzte, gerechte Instanz und deus ex machina im Hintergrund stand, trugen diese Stücke weniger zur progressiven Erhellung der Geister als zu deren permanenter Beruhigung und Zufriedenheit bei.

Das Theaterpublikum selbst bestand vorwiegend aus jenem Teil der Bevölkerung, der sich in den Helden der Sittengemälde unmittelbar wiedererkennen konnte, also aus dem mittleren und gehobenen Bürgertum, so daß zur Bildung des «Volkscharakters» im großen allein schon aus diesem Grunde keine Aussicht bestand. Das bedeutete freilich nicht, daß den unteren Ständen das Theater grundsätzlich verschlossen blieb. Aber es waren vor allem die Märchen-, Zauber- und Ausstattungsstücke, die an die allgemeine Schaulust appellierten. Daß in solchem Gewande dann allerdings aufgeklärte Gedanken und ein humanes Ethos zu präsentieren waren, zeigt das Beispiel von Mozarts *Zauberflöte*, über deren Frankfurter Aufführung im Jahre 1793 Goethes Mutter an ihren Sohn schreibt:

> «Neues gibts hir nichts, als daß die Zauberflöte 18 mahl ist gegeben worden – und daß das Hauß immer geproft voll war – kein Mensch will von sich sagen laßen – er hätte sie nicht gesehn – alle Handwercker – gärtner – ja gar die Sachsenhäußer – deren ihre Jungen die Affen und Löwen machen gehen hinein so ein Specktackel hat mann hir noch nicht erlebt – das Hauß muß jedesmahl schon vor 4 uhr auf seyn – und mit alledem müßen immer einige hunderte wieder zurück die keinen Platz bekommen können – das hat Geld eingetragen!»

Diese am Beispiel bezeugte Tatsache, daß also das Theater damals in Deutschland in besonderen Fällen wirklich einen großen Teil der Bevölkerung auch für bedeutende Kunst gewinnen konnte – und sei es auch nur durch manche Äußerlichkeiten –, ist mitzudenken, wenn die Versuche zur Reform von Repertoire und Darstellung, die in den neunziger Jahren unter-

nommen wurden, recht verstanden und nicht von vornherein als deplazierter
Idealismus abgetan werden sollen.

Neben dem kurzlebigen Experiment einer republikanischen Volksbühne
handelte es sich bei diesen Versuchen um theoretische und praktische Ansätze zur Regeneration des Dramas aus der Besinnung auf zwei große literarische Traditionen: auf die klassische und die romantische. Die eine war in den
verschiedenen Erscheinungsformen des Klassizismus schon über Jahrhunderte hin normativ wirksam gewesen, die andere war man gerade erst im Begriff zu entdecken. Verbunden sind diese Versuche in der deutschen Literatur auf der einen Seite vor allem mit den Namen Schillers und Goethes, auf
der anderen mit denen Ludwig Tiecks und der Brüder Schlegel. In beiden
Fällen war nicht die Renaissance von Vergangenem das Ziel, also nicht Klassizismus oder Romantizismus, sondern eine aus der Selbstanalyse gewonnene schöpferische Neugestaltung dramatischer Kunst für die Bedingungen
der eigenen Gegenwart. Daß es dabei zahlreiche gemeinsame Voraussetzungen, Ausgangspunkte, Berührungen und Übergänge gab, ist bereits bei der
Betrachtung der theoretischen Grundlagen für die Literatur der neunziger
Jahre gezeigt worden. Die Vorstellung, daß sich hier zwei feindliche, einander ausschließende Lager herausbildeten, ist bei aller Verschiedenheit der
Resultate nicht gerechtfertigt. Beide Tendenzen vereinte die Erkenntnis von
der Erneuerungsbedürftigkeit des gegenwärtigen Theaters, die Überzeugung von der Fähigkeit der Kunst, den Menschen ästhetisch zu erziehen und
schließlich die Vorstellung, daß das Ziel solcher Erziehung der ganze, ungebrochene, im Einklang mit sich und der Gesellschaft wie der Natur lebende
Mensch sein müsse. Grundsätzliche Unterschiede ergaben sich jedoch teils
in der künstlerischen Verfahrensweise und teils in der genaueren Bestimmung dessen, was unter jener letzten und endlichen Harmonie zu verstehen
sei.

Die Reformversuche im Zeichen des Klassischen und Romantischen vollzogen sich insgesamt in einem Zeitraum von knapp zehn Jahren. Ihren Ausdruck fanden sie in theoretischen Abhandlungen und Aufzeichnungen, in
Goethes Weimarer Theaterpraxis und in einer Reihe von Stücken, von denen
jedoch, wie eingangs bereits gesagt, allein Schillers Dramen und Schlegels
Shakespeare-Übersetzungen ein größeres Publikum erreichten. Es war zugleich die Zeit, da der Gedanke einer Kulturnation als deutscher Besonderheit gegenüber den politischen und wirtschaftlichen Errungenschaften anderer Staaten Europas vielfache Gestalt annahm. Inspirierend wirkte allerorts
das Gefühl, daß Deutschland im Geistigen «einen langsamen aber sicheren
Gang vor den übrigen europäischen Ländern» vorausgehe, wie Novalis es
1799 in der *Christenheit oder Europa* formulierte. Auf dem Felde des Dramatischen stand dafür ein weiter Tätigkeitsraum offen, denn im europäischen
Theater der zweiten Hälfte des 18. Jahrhunderts herrschte weitgehend ruhige Zeit, wenn nicht gar Dürre. Im Vergleich zu dem, was Fielding, Richard-

son, Sterne, Rousseau, Voltaire oder Diderot vorbildlich und wegbahnend
für den Roman geleistet hatten, gab es auf der Bühne kaum etwas, das sich
damit messen konnte. Lessing hatte sich zwar bereits um die Vermittlung von
Diderots dramatischen Werken bemüht, und Goethe übersetzte 1802 Voltaires Dramen *Mahomet* und *Tancred*, aber mit den epischen – und philosophischen – Leistungen der beiden Franzosen ließen sich ihre Bühnenwerke
nicht vergleichen. Von den unmittelbaren Zeitgenossen der Jahrhundertwende aber besaßen weder Beaumarchais noch Sheridan die Statur eines
Molière oder Shakespeare. Allein die Italiener konnten mit Goldoni und insbesondere Carlo Gozzi zwei Autoren aufweisen, die dem Theater kräftige
neue Impulse zu geben vermochten. Sowohl Schiller wie die Schlegels und
Tieck haben vor allem Gozzis *Fiabe* – seine «Fabeln», skurrile dramatisierte
Feenmärchen als Volkstheater neben dem klassizistischen Drama – als entscheidende Anregung aufgenommen. 1801 bearbeitete Schiller Gozzis *Turandot* für das Weimarer Theater, nachdem Goethe bereits vorher drei andere Stücke Gozzis in sein Repertoire aufgenommen hatte. 1809 komponierte
Carl Maria von Weber Musik zu Schillers Bearbeitung von *Turandot*. Vielfältig spiegelt sich Gozzi auch in den Märchenkomödien Tiecks, der allerdings außer dem Italiener auch noch den Dänen Ludvig Holberg ausdrücklich in die Galerie seiner Vorbilder aufnahm. Weitere Anstöße waren darüber hinaus nur aus Vergangenem zu gewinnen. Die Auswahl reichte dabei
vom antiken Theater über das elisabethanische Drama mit seinem großen
Helden Shakespeare und über das spanische Barocktheater mit Lope de
Vega und Calderon bis zur orientalischen Exotik der indischen *Sacontala* des
Kalidasa, die in der Forsterschen Übersetzung Goethe ebenso entzückte wie
die jüngeren Herolde der romantischen Literatur.

Unter allem, was in diesen Jahren in Deutschland auf dem Gebiet der dramatischen Literatur geschaffen wurde, ist Schillers Arbeit als Ästhetiker und
Dramatiker die umfassendste Leistung. So sehr ihm bei seiner ästhetischen
Ortsbestimmung der Gegenwart und bei der Formulierung neuer Kunstge-
setze die tiefe Kluft bewußt war, die seine Zeit von der Antike trennte, so
sehr galt ihm doch das alte Theater als der bisher unübertroffene Höhepunkt
einer ästhetisch wirksamen und ethisch verantwortlichen Kunst. In seiner
Ballade von den *Kranichen des Ibykus* (1797) ist diese Überzeugung in dem
anschaulichen Bild der Szene als Tribunal zusammengefaßt: Die Macht der
künstlerischen Darstellung überführt den Schuldigen von innen heraus und
leitet die ausgleichende Gerechtigkeit ein. Republikanisches Volkstheater
wird damit in einer Dimension vorgestellt, wie sie kein Jakobiner zu denken
wagte. Daß Schiller jedoch weit davon entfernt war, die gleiche unmittelbare, sozusagen naive Reaktion wie im antiken Korinth auch auf dem modernen Theater zu erwarten, belegen seine vielfältigen, bereits dargestellten Gedanken zur Wirkungsweise der Kunst und zur ästhetischen Erziehung in den
kunsttheoretischen Schriften der neunziger Jahre. Da die Bühne und das

Drama sein eigentliches, seiner Persönlichkeit am meisten entsprechendes Wirkungsfeld waren, hatte Schiller mit Studien zu Wesen und Wirkungsweise der Tragödie begonnen und war dann immer stärker zur allgemeinen Bestimmung literarischer Kunst übergegangen. In einer Vision von der Aufhebung aller Tragik durch eine höhere Form der Komödie, die den Menschen als Herrn über sich selbst voraussetzte, klangen die in ferne Zukunft blickenden Gedanken *Über naive und sentimentalische Dichtung* aus.

Für die eigene dichterische Tätigkeit Schillers waren seine Theorien nicht als Rezept gedacht, sondern nur als Propädeutik, und wo er an klassische Muster dachte, war er weit entfernt von jeder klassizistischen Nachahmung. Da jeder Zuschauer stets die ihn umgebende Wirklichkeit aus jeweils anderer Perspektive betrachten muß, ging es ihm lediglich darum, den dramatischen Konflikt von den ablenkenden, mißdeutbaren Elementen einer unmittelbaren Realität möglichst zu reinigen, um die prinzipiellen tragischen Widersprüche, in die der Mensch sich bei seinem Handeln verfängt, sichtbar zu machen. Die Mode der Familien- und Sittengemälde sowie der Ritter-, Räuber- und Gespensterdramen bedeutete, wie gesagt, den Endpunkt eines Bühnenrealismus, den Schiller selbst in seinen frühen Stücken auf hohem Niveau mitbegründet hatte. Der mythologische Bezug und die durch der Chor repräsentierte Macht des Schicksals in der antiken Tragödie gaben im Gegensatz dazu ein frühes Muster ab für das, was der moderne Autor auf andere Art und Weise erneut erreichen konnte, indem er sich bemühte, in seinem Werk die Oberfläche von Konventionen zu durchdringen und den Menschen nicht durch Belehrung, sondern durch ästhetische Erschütterung zu bilden und zu verändern:

«Der Neuere schlägt sich mühselig und ängstlich mit Zufälligkeiten und Nebendingen herum, und über dem Bestreben, der Wirklichkeit recht nahe zu kommen, beladet er sich mit dem Leeren und Unbedeutenden, und darüber läufft er Gefahr, die tiefliegende Wahrheit zu verlieren, worinn eigentlich alles Poetische liegt. Er möchte gern einen wirklichen Fall vollkommen nachahmen, und bedenkt nicht, daß eine poetische Darstellung mit der Wirklichkeit eben darum, weil sie absolut wahr ist, niemals coincidieren kann»,

schreibt Schiller am 4. April 1797 während der Arbeit am *Wallenstein* an Goethe. Sophokles und Shakespeare sind in dieser Zeit seine Lektüre, der eine, weil in seinen Dramen die Transzendenz des Subjektiven und Individuellen erreicht wird, der andere, weil in ihm die Geschichte als moderne Mythologie Gestalt gewinnt. Als Schiller in den gleichen Tagen mit August Wilhelm Schlegel dessen Übersetzung von Shakespeares *Julius Cäsar* durchgeht, entdeckt er freilich auch an dem Briten die klassische Tendenz, seine Gestalten insbesondere aus dem Volke mit «ungemeiner Großheit» zu behandeln:

«Hier, bey der Darstellung des Volkskarakters, zwang ihn schon der Stoff, mehr ein poetisches Abstractum als Individuen im Auge zu haben, und darum finde ich ihn hier den Griechen äuserst nah.»

Das wird Goethe am 7. April 1797 mitgeteilt. Logisch ergab sich daraus das Umschreiben des ursprünglich in Prosa konzipierten *Wallenstein* in Jamben, denn die Versform trug als sprachliche Distanzierung vom Stoff zu jener Objektivierung bei, die das Ziel Schillers war: Das Drama sollte den Zuschauer über Neigungen und Abneigungen sowie über die Urteile vom Standpunkt einer Tagesmoral hinausführen, ihn durch die Anschauung eines poetischen Ganzen über sich erheben, ihn sein «Subject» «verläugnen» lassen und ihm auf diese Weise letztlich das Bewußtsein von einer größeren Ganzheit hinter der von einander entgegenlaufenden Tätigkeiten, Meinungen und Urteilen zerrissenen Wirklichkeit verschaffen.

Auch Goethe – ohnehin mit Schiller in enger Arbeitsgemeinschaft verbunden – empfing entscheidende Anregungen für seine Tätigkeit als Theaterdirektor und Regisseur aus der Verfremdungs- und Objektivierungskunst des antiken Theaters. Manifest geworden sind sie vor allem in seinen *Regeln für Schauspieler,* auf die bereits im Rahmen der Kunsttheorien eingegangen wurde. In diesen Anweisungen, die Goethe 1803 erarbeitete, die aber Eckermann erst 1824 in der überlieferten Form aus dessen Papieren zusammenstellte, ging es zunächst um allgemeine künstlerische Disziplin. Ein wirkungsvolles, modernes deutsches Theater bedurfte nicht nur guter Stücke, sondern auch technischer Meisterschaft in der Darstellung. Der Ensemblegeist, von dem im Weimarer *Prolog* von 1791 die Rede war, forderte bindende Verhaltens- und Kunstregeln für alle Mitglieder. Da die Mundarten weithin die Umgangssprache in Deutschland bestimmten, galt es zum Beispiel, deren Einfluß zu reduzieren, besonders wenn die Schauspieler aus verschiedenen Teilen des deutschen Sprachgebiets zusammenkamen. Goethes *Regeln* waren in erster Linie Vorschläge und Vorschriften eines weitsichtigen, verantwortlichen deutschen Theaterleiters, dem daran gelegen war, seine Bühne allmählich über das Niveau eines provinziellen Amüsierinstituts zu erheben. Von einer auf klassische Vorbilder zurückgehenden Kunstgesinnung sprach erst die Forderung nach Zurückdrängung schauspielerischer Individualität im allgemeinen. Wilhelm von Humboldt hatte Goethe 1799 aus Paris von dem klassizistischen, auf «Regelmäßigkeit und Schönheit» des Spiels eher als auf Charaktergestaltung achtenden Darstellungsstil dortiger Schauspieler berichtet, und Goethe nahm Humboldts Briefe sogleich in seine *Propyläen* auf, dadurch seine Sympathien mit dem Berichteten bezeugend. In seinem Tätigkeitsbericht *Weimarisches Hoftheater* von 1802 erklärte er dann rundheraus als Grundsatz seiner Arbeit, «der Schauspieler müsse seine Persönlichkeit verleugnen und dergestalt umbilden lernen, daß es von ihm abhange, in gewissen Rollen seine Individualität unkenntlich zu machen». Rhythmische

Deklamation, formalisierte Bewegungen und Gesten gehörten entsprechend zu den Elementen von Goethes klassischer Schauspielkunst, die er mit seinen Voltaire-Übersetzungen, verschiedenen Theaterbearbeitungen sowie einer Reihe eigener kleinerer dramatischer Werke zu fördern versuchte. Daß er damit ganz bewußt Ansprüche an sein Publikum stellte, um es tätig in die Theaterarbeit einzubeziehen, ist bereits früher gesagt worden.

Wie bei seinen Absichten, die bildende Kunst an einen strengen Klassizismus zu binden, bestand allerdings auch für Goethes Regiekunst und für seinen zeitweiligen literarischen Geschmack die Gefahr, daß über der formellen Konformität mit seinen Ideen die Aussagekraft eines Kunstwerks oder dessen Intentionen übersehen wurden. Goethes leidenschaftliche Parteinahme für Dramen der Brüder Schlegel sowie seine entschiedene Ablehnung Heinrich von Kleists haben nicht zuletzt darin ihren Ursprung. Als Dichter freilich setzte er dann doch wieder alle Prinzipien oder theoretischen Streckbetten beiseite: Der erste Teil des *Faust*, der 1808 in die Hände des Publikums kam, ließ sich ganz gewiß nicht als klassisches Drama betrachten und auch nicht nach klassischen Regeln spielen. Auf der Weimarer Bühne unter Goethes Regie ist er allerdings auch nicht zu sehen gewesen.

Lenkt man nun den Blick auf die Versuche zur Regeneration von Theater und Drama im Zeichen des Romantischen, ist man sogleich mit einer Reihe von Paradoxien konfrontiert. Dazu gehört zunächst, daß August Wilhelm und Friedrich Schlegel mit Goethe und Schiller die Anerkennung der Vorbildhaftigkeit des antiken Theaters teilten, wie andererseits Schiller während der Arbeit am *Wallenstein* den größten Dramatiker der romantischen Tradition, also Shakespeare, zu seinen wichtigsten Lehrmeistern zählte. Goethe hat es sich dann bis zum Eigensinn und zur Meinungstyrannei angelegen sein lassen, die dramatische Produktion der Schlegels – Friedrichs *Alarcos* und August Wilhelms *Ion* – auf dem Weimarer Theater herauszustellen. Goethe und der Schlegelsche Kreis besaßen außerdem in Kotzebue und Garlieb Merkel sowie einer Reihe anderer Kritiker die gleichen Feinde und Spötter. Friedrich Schlegel entwickelte seine Theorien zum Drama und zur Literatur im wesentlichen parallel zu denen Schillers mit der gleichen Absicht, aus dem Studium der Antike einen eigenen modernen Standpunkt zu gewinnen. Allein Ludwig Tieck ging nicht in die klassische Ferne zurück. Seine Stoffe und Formmuster bezog er ausschließlich aus der Sphäre des Christlich-Romantischen, also der literarischen Kultur Europas seit dem Mittelalter. Seine Stükke sind aber Lesedramen geblieben, ja waren zum größten Teil sogar als solche konzipiert. Sie verzichteten also von vornherein auf das Theater als Realisationsort einer neuen dramatischen Kunst. Für die Bühne bestimmt und dort auch wirksam war vielmehr ein Werk wie die *Jungfrau von Orleans*, das Schiller ausdrücklich als «romantische Tragödie» deklarierte.

Gemeinsamkeiten zwischen Älteren und Jüngeren bedeuten freilich nicht, daß keine Unterschiede in Absichten und Zielen bestanden. Dafür gibt bereits Friedrich Schlegels früher Aufsatz *Vom ästhetischen Werthe der Griechischen Komödie* (1794) einen Beleg, obwohl er nichts anderes darlegen will als das antike Verhältnis zwischen Kunst und Leben, dem das moderne durchaus entgegengesetzt war. Aber es läßt sich beobachten, wie die Ideen über das eine aus der Interpretation des anderen hervorwachsen.

Das Element, in dem und aus dem nach Schlegels Verständnis die antike Komödie lebt, ist die Freude. Sie ist «Symbol des Guten», der natürlichen Schönheit, des Lebens und der Liebe. Dadurch wird sie zum Ausdruck vollendeten, «homogenen Lebens»: «Nur der Schmerz trennt und vereinzelt; in der Freude verlieren sich alle Gränzen». Eine solche Bestimmung schloß für die Antike ein, daß die Freude und mit ihr die Komödie auf religiösem Grunde ruhten, denn Freude war die Lebensform des Göttlichen. In der republikanischen Begeisterung dieser Tage verknüpfte Schlegel damit allerdings sogleich politische Gedanken, indem er Vergangenes in die Zukunft projizierte: Die Komödie ist ihm nicht nur Darstellung einer «Vermählung des Leichtesten mit dem Höchsten, des Fröhlichen mit dem Göttlichen», sondern zugleich «das schönste Symbol der bürgerlichen Freiheit». Aus dem ursprünglich religiösen Fest der komischen Muse entstand nach seiner Deutung «eine öffentliche Angelegenheit», wenngleich die Wirklichkeit hinter der Idee zurückblieb. Eigentliche Aufgabe der Komödie sei es,

«das Unvollkommene, welches allein der Freude dramatische Energie verleihen kann, so viel als möglich zu entfernen, zu vergüten oder zu mildern, ohne jedoch die Energie zu vernichten, oder den Mangel der komischen durch tragische Energie zu ersetzen».

Eine solche Komödie werde es jedoch vollendet erst dann geben,

«wenn aus Gesetzmässigkeit Freiheit wird, wenn die Würde und die Freiheit der Kunst ohne Schutz sicher, wenn jede Kraft des Menschen frei und jeder Missbrauch der Freiheit unmöglich sein wird».

Aus der Analyse wächst also der Entwurf einer zukünftigen Kunst hervor. Auf den ersten Blick scheinen Schlegels Ansichten nicht sehr weit von dem entfernt zu liegen, was Schiller in seiner Abhandlung *Über naive und sentimentalische Dichtung* unter den Begriff der Idylle faßte. Aber was bei Schiller nur als ästhetisches Fernziel jenseits einer Weltgeschichte der Tragödien entworfen wird, das hat bei Schlegel von vornherein bereits seinen Grund in einem universalistischen, metahistorischen Weltkonzept, einem Dasein, in dem sich «alle Gränzen» verlieren. In ihm steht die Komödie über der Tragödie, wenngleich es sich um eine Komödie eines neuen, noch nicht existierenden Typs handelt. Deshalb schmiegen sich auch diesen frühen Gedanken die späteren Ideen von einer romantischen Universalpoesie ohne Mühe an. In seinen literarischen Notizbüchern der Jahrhundertwende sah Schlegel die Vollendung der «höchsten Komödie» allein durch die «progressive Poesie» zu verwirklichen, und er hat weiterhin in seinen Fragmenten vielfach über Drama, Komödie und Tragödie spekuliert, die Vereinigung des Komischen und Tragischen eine der *«unauflöslichen Gleichungen* in der P[oesie]»* genannt oder das Ideal des «reinen Lustspiels» im «Indischen» gesucht, Shakespeare aber als eine wichtige Stufe auf diesem Wege betrachtet. Seine eigene Neigung führte ihn jedoch immer mehr zum Roman als dem Dachbegriff für alle neue, romantische Poesie. Außerdem konnte die letztlich stets auf einzelne Konflikte zugeschnittene Form des Dramas immer nur einen beschränkteren Eindruck universalen, grenzenlosen Lebens vermitteln als die weiträumige Gestalt des Romans, in den allerdings als in eine saugfähige Mischform auch Dramatisches eingehen konnte. Novalis zum Beispiel plante für seinen *Heinrich von Ofterdingen* verschiedene Schauspiele als Einlage und auch ein Theater im Roman. Ebenso hat Achim von Arnim in seine *Gräfin Dolores* dramatische Szenen eingefügt.

Auf andere Art zeigen die Dramen Ludwig Tiecks als Lesedramen die Tendenz des Dramatischen zum Epischen – eine Tendenz, die allgemein auch bei Shakespeare diagnostiziert wurde, dessen Stücke Friedrich Schlegel als romantische Romane definierte. *Shakspeare's Behandlung des Wunderbaren* galt eine der ersten kritischen Schriften Tiecks (1793); sie war die Einführung zu einer Bearbeitung von Shakespeares *Der Sturm*, die 1796 erschien. Mit dem Wunderbaren brachte Tieck einen ausgesprochen nicht-klassischen Begriff in die Diskussion um alte und moderne Kunst, denn obwohl er damit nichts anderes meinte als Shakespeares Gespenster und Märchengestalten, die sich einer rationalistischen Deutung widersetzten, so öffnete er damit doch begrifflich zugleich die unbekannten Tiefen der Träume und der «Geheimnisse der Nacht», durch die sich die Phantasie in neue Tätigkeit setzen ließ – ein Thema, dem er in den gemeinsam mit Wackenroder verfaßten Kunststudien weiter nachgegangen ist. Eine eigentliche Theorie des romantischen Dramas hat es jedoch nie gegeben, ebensowenig wie dieses sich überhaupt abstrakt fassen läßt. Wenn August Wilhelm Schlegel in seinen *Wiener Vorlesungen über dramatische Kunst und Litteratur* (1809–11) feststellte:

> «Das Pantheon ist nicht verschiedener von der Westminster-Abtei oder der St. Stephanskirche in Wien, als der Bau einer Tragödie von Sophokles von dem eines Schauspiels von Shakespeare»,

so war das eine leicht eingängige und kaum anfechtbare Einsicht, die lediglich ganz allgemein das Moderne als Romantisches gegen das Antike absetzen sollte. Was Schlegel dann weiterhin zur Bestimmung des romantischen Dramas vortrug, charakterisierte deshalb auch nicht die Versuche Tiecks oder Zacharias Werners gegenüber Goethe und Schiller. Wenn sich das Christentum als prägende Kraft für das romantische Drama «nicht, wie der Götterdienst der alten Welt, mit gewissen äußeren Leistungen begnügte, sondern den ganzen inneren Menschen mit seinen leisesten Regungen in Anspruch nahm», wenn die «Neueren» aus dem «Bewußtsein der inneren Entzweiung» das griechische Ideal einer Harmonie aller Kräfte nicht mehr realisieren konnten und stattdessen «der Geist [...] seine Ahndungen oder unnennbaren Anschauungen vom Unendlichen in der sinnlichen Erscheinung sinnbildlich niederlegen» wollte, so entsprachen einer solchen Definition durchaus auch die Werke Goethes und Schillers. Man muß nur in der Lage sein, zwischen einer Art äußerem und innerem Christentum zu differenzieren, das heißt Schlegels Verwendung dieses Ausdrucks zugleich mit seiner wörtlichen Bedeutung auch im übertragenen Sinne als eine Bezeichnung des modernen Individualismus nehmen. Das Gleiche gilt für das Verständnis des Unendlichen, das erst auf der Basis eines wissenschaftlichen Weltbildes überhaupt begreifbar und zur Herausforderung geworden ist. Endlich zu fas-

sende pauschale Gruppenunterschiede gibt es deshalb für das deutsche Drama zwischen 1789 und 1806 ebensowenig wie für die anderen Gattungen.

### 3. Theaterleben und Lebenstheater

Was soll das nun? Man zieht sich aus und an,
Der Vorhang hebt sich, da ist alles Licht
Und Lust, und wenn er endlich wieder fällt,
Da gehn die Lampen aus und riechen übel –

Das sind Verse aus einem der Theaterprologe, die Goethe im Laufe seiner
Direktorentätigkeit für die eigene Bühne schrieb, und sie tragen in sich die
ganze, große Frage nach Recht und Sinn des Schauspielens. Die verschiedenen Bemühungen und Anfänge zu Reformen von Drama und Theater um
1800 waren zunächst nichts anderes als notwendige Korrekturen eines unbe-
friedigenden Verhältnisses zwischen unzulänglichem Angebot und gesteigerter Nachfrage in einer bestimmten geschichtlichen Situation. Zu deren
prägenden Faktoren gehörte wachsender bürgerlicher Wohlstand und die in
Verbindung damit gewachsenen kulturellen Bedürfnisse des Publikums, denen auf dem Theater zumeist nur auf recht triviale Weise entsprochen wurde. Daß Kultur mehr war als nur eine gefällige Dekoration einer rauhen und
nüchternen Wirklichkeit, hegten gerade die Deutschen der neunziger Jahre
als eine ihrer wichtigsten und wirkungsvollsten Überzeugungen. Sie bestimmte weithin das Bild, das sie sich von der Aufgabe ihres Landes gegenüber den anderen, mit recht materiellen Interessen befaßten europäischen
Nationen machten. Denn aus der Förderung des Geistigen ließ sich die
Hoffnung ableiten, dadurch in das recht dissonante Konzert der Völker von
der deutschen Mitte aus wieder Harmonie zu bringen. In diesem Sinne hatte
ästhetische Erziehung durchaus eine europäische Perspektive.

Abgesehen von einer solchen kulturpolitischen Aufgabe, die unter anderem auch die Bühne anging, bestand jedoch bei den deutschen Intellektuellen
und Künstlern in dieser Zeit noch eine ganz andersgeartete Anteilnahme an
Drama und Theater. Sie hatte ihren Ursprung darin, daß man auf dem Theater das tun konnte, was man im übertragenen Sinne im Leben gern tun wollte, aber sehr häufig allein schon aus sozialen Gründen gehindert wurde zu
tun: eine Rolle zu spielen. «Auf den Brettern erscheint der gebildete Mensch
so gut persönlich in seinem Glanz als in den oberen Klassen», hatte Wilhelm
Meister als Grund für seinen Entschluß angegeben, zum Theater zu gehen.
Daß es nur eine Illusion war, der er zeitweilig erlag, sah er allerdings später
ein, aber für lange Zeit bot ihm doch das Theaterleben Ersatz für das größere
Lebenstheater, das ihm vorerst verschlossen blieb. Ein Drama – Shakespeares
*Hamlet* – wird ihm zum entscheidenden Element seiner Selbstfindung, und

dieses wiederum ist ein Stück, das sein eigenes, internes Spiel mit dem Theater treibt. Denn Hamlet, der Tatenarme und Gedankenvolle, macht die Szene zum Tribunal, indem er durch Theater auf dem Theater die Wahrheit ans Licht bringt und den König des Mordes an seinem Vater überführt. In der Auseinandersetzung mit dem Lebensschicksal des Dänenprinzen lernt dann Wilhelm Meister seine eigene Rolle spielen, das heißt diejenige, die ihm sein Autor auf der «Bühne» des Romans weiterhin zugedacht hatte.

Vielfach bediente sich der deutsche Roman in diesen Jahren der Metapher des Theaters, teilweise deshalb, weil es einer noch jungen, von Kunstgesetzen weithin freien Form die gestandeneren Mittel des Dramas zur Zuspitzung von Konflikten und zur Heroisierung der Handelnden anbot, teilweise aber auch, weil dadurch ontologische Reflexionen auf das Leben und seinen Wahrheitsgehalt anschaulich gemacht werden konnten. Im ersten Sinne hatte bereits Werther das Drama benutzt, wenn er sich *Emilia Galotti* auf den Schreibtisch legte, an dem er sich erschoß. Wilhelm Meisters Auseinandersetzung mit dem Theater und insbesondere mit *Hamlet* war von der zweiten Art und sollte ihn einst über das Theater hinausführen. Andere Romanhelden blieben ein Opfer der Bühne. Der charakteristischste Fall dafür ist Roquairol in Jean Pauls großem *Titan*, jener junge Offizier und Stimmenimitator also, in dem sich die Geistesfreiheit eines subjektiven Idealismus mit der sozialen Verantwortungslosigkeit, die ihm der Adelsstand verschafft, zu einer tödlichen Mischung verbindet. Roquairol zerstört andere und dann in einem Theatercoup sich selbst. In der von ihm selbst geschriebenen Tragödie *Der Trauerspieler* spielt er nicht nur das eigene Leben vor, sondern auch den eigenen Tod. Den Selbstmord, den er mimen soll, begeht er vor versammeltem Publikum tatsächlich, getreu seinem Grundsatz: «Im Leben wohnt Täuschung, nicht auf der Bühne.» Der Kommentar des Kunstrats Fraischdörfer über das eben Vorgefallene erhebt dieses allerdings sogleich – ein ironisches Meisterstück Jean Pauls – in die dritte Potenz. Denn Fraischdörfer bemerkt der «bestürzten Fürstin» gegenüber:

> «Von den bloßen Seiten der Kunst genommen, wäre die Frage, ob man diese Situazion nicht mit Effekt entlehnte. Man müßte wie im genialischen *Hamlet* ein Schauspiel ins Schauspiel flechten und in jenem den scheinbaren Tod zum wahren machen; freilich wär' es dann nur Schein des Scheins, spielende Realität in reellem Spiel und tausendfacher, wunderbarer Reflex!»

Hatte Goethe seinen Wilhelm Meister über das Theater hinausgeführt, so führt Jean Paul durch dieses Satyrspiel nach der Tragödie immerhin die Metapher vom Lebenstheater ad absurdum und läßt auf diese Weise seinen eigenen festen Standpunkt außerhalb eines Circulus vitiosus erkennen. Albano, der eigentliche Held des *Titan*, muß den Roquairol in sich selbst überwinden. Noch ein zweitesmal in diesen Jahren vertauscht ein Romanheld den Bühnentod mit dem wahren, und zwar in Arnims Erstling *Hollins Liebeleben*. Hollin stirbt als Mortimer in einer Aufführung von Schillers *Maria Stuart*, aber da sich die Gründe, die zu seinem Selbstmord führen, als Irrtümer herausstellen, ist die auf Heroisierung abgestellte Parallele mit der Dramenfigur eher literarische Reminiszenz als letzte Enthüllung eines leeren, zum Spiel gewordenen Lebens. Von größerer Konsequenz sind hingegen alle jene Theatermotive, die Bonaventuras *Nachtwachen* reichlich durchziehen und deshalb übrigens auch als ein Indiz für die Autorschaft des Dramatikers und Theatermannes Klingemann genommen worden sind. In den *Nachtwachen* ist das Theater tatsächlich letztes Sinnbild des Lebens als Spiel eines unbekannten, seinen Plan nicht enthüllenden «Theaterdirektors» mit seinen Marionetten. «Es ist alles Rolle, die Rolle selbst und der Schauspieler», schreibt der Nachtwächter als Hamlet an seine geistesgestörte Ophelia, mit der er sich nur aus Rache fortpflanzen will, weil er sich aus seiner Rolle nicht «bis zum Ich» «herauslesen» kann –

> «bloß aus Rache, damit nach uns noch Rollen auftreten müssen, die alle diese Langweiligkeiten von neuem ausweiten, bis auf einen letzten Schauspieler, der grimmig das Papier zerreißt und aus der Rolle fällt, um nicht mehr vor einem unsichtbar dasitzenden Parterre spielen zu müssen».

Präfiguriert ist ein solches Ende bereits in jenem jungen Dachstubenpoeten, dessen erfolglose Bemühungen um die Veröffentlichung seiner Tragödie *Der Mensch* der Nachtwächter beobachtet hatte und den er eines Tages aufgehängt findet an der Schnur, mit der sein Manuskript eingebunden war.

Beispiele dieser Art beleuchten noch einmal aus einem anderen Blickwinkel die Voraussetzungen für die verschiedensten Versuche zur Regeneration von Drama und Theater in der Zeit nach der Französischen Revolution. Nicht nur unmittelbare Absichten im Hinblick auf politische Aktionen oder allgemeine Vorstellungen zur kulturellen Bildung der Nation sind also zu bedenken, sondern auch die großen geistigen Auseinandersetzungen der Zeit mit der Problematik des Menschseins zwischen Freiheit und Bindung, das heißt mit einer Problematik, deren man sich durch die philosophischen wie politischen Errungenschaften des Jahrhunderts bewußt geworden war. Man würde die dramatischen Produkte dieser Jahre einseitig, ja falsch beurteilen, wenn man in ihnen nichts anderes sähe als die Umsetzung gewisser Theorien in Literatur, als die Illustration von Wegen zu einem Ziel, das im Abstrakten schon abgesteckt war. Die Reflexionen auf das Theater in anderen Literaturformen und die sinnbildliche Erweiterung der Bühne zum Lebenstheater lassen erkennen, welch hohen Sinn man dem Dramatischen als Mittel zur Darstellung und Diskussion aktuellster und zugleich bis auf den tiefsten Grund der Existenz reichender Konflikte beimaß. Auch wenn nicht jeder Autor gleichermaßen davon berührt war, so ist ein solches Verständnis dramatischer Ausdrucksweise und Darstellungsform zumindest als Empfindung bei den meisten vorhanden gewesen.

## 4. Das Repertoire

*Übersicht*

In seinen Wiener Vorlesungen von 1808 über dramatische Kunst und Literatur hat August Wilhelm Schlegel vom «armseligen Reichthum» des dramatischen Repertoires seiner Zeit gesprochen und es «ein buntes Allerlei» von «Ritterstücken, Familien-Gemälden und rührenden Dramen» genannt. Von Reichtum war in der Tat zu sprechen, denn unübersehbar ist die Zahl der Stücke, die damals Jahr für Jahr hervorgebracht wurden, teils im Druck erschienen, teils aber auch nur Bühnenmanuskripte blieben oder erst spät in Gesamtausgaben eingingen, wenn der Autor hinreichend arriviert war. Ein beträchtlicher Teil der Verfasser kam vom Theater selbst. Friedrich Ludwig Schröder, dessen Lustspiele sich besonderer Beliebtheit erfreuten, war ein hervorragender Theaterdirektor und Schauspieler, ebenso wie August Wilhelm Iffland, der als Autor vor allem das «Familiengemälde» und Rührstück pflegte. Auch Johann Jakob Engel, Ifflands Vorgänger als Theaterleiter in Berlin, betätigte sich erfolgreich als Dramatiker. Noch ausgeprägter war die Verbindung zwischen Theaterpraxis und Schriftstellerei im Österreichischen. Hier rangieren Namen von Schauspielern oder Bühnendirektoren wie Emanuel Schikaneder, dem Librettisten der *Zauberflöte*, Karl Friedrich Hensler oder Joachim Perinet an erster Stelle. Aber auch ein preußischer Minister, der Reichsgraf Friedrich Julius Heinrich von Soden, gehörte zu den populären Autoren und ließ unter anderem 1797 ein «Volks-Schauspiel» *Doktor Faust* drucken. Aus dem Lehrerberuf kam Friedrich Eberhard Rambach, der als Dramatiker vor allem die ritterlich-vaterländische Thematik bevorzugte, während er sich als Prosaschriftsteller dem Schauerroman hingab. Zahlreich sind auch die Stücke anderer Könige des Unterhaltungsromans, so von Christian Heinrich Spieß und Christian August Vulpius, der 1800 seinen *Rinaldo Rinaldini* für die Bühne bearbeitete und dessen Schauspiele nach denen Kotzebues am zahlreichsten in Goethes Weimarer Repertoire vertreten waren; denn Goethe wußte sehr wohl zwischen den pragmatischen Zielen eines Theaterdirektors und den literarischen Aspirationen zu unterscheiden. Kotzebue aber war der populärste und produktivste von allen, allerdings auf seine Art auch der bemerkenswerteste und interessanteste, an dem Bedeutung und Grenzen der populären Bühnenliteratur am deutlichsten zu fassen sind. Daß er nicht ohne literarische Ansprüche war, hat er selbst oft genug betont.

Mehr als nur in den Grenzen bürgerlicher Ordnung unterhalten wollten übrigens auch eine Reihe anderer Autoren, die zwar heute vergessen sind, aber dennoch in ihrer Zeit teils hochgeachtet waren, teils sich der literarischen Avantgarde zuzählten. Zu den letzteren gehören August Friedrich Klingemann, der mutmaßliche Autor der *Nachtwachen* des Bonaventura, der als Dramatiker auf Schillers Spuren wandelte, oder auch Autoren wie Heinrich Zschokke, Friedrich Ast und Christian Wilhelm von Schütz, während zu den ersteren der Österreicher Heinrich Joseph Collin zählte, den manche seiner Zeitgenossen durchaus in den Rang Schillers erhoben, wenn sie ihn nicht gar über ihn stellten. Die Schlegelsche Unterscheidung zwischen beliebten und berühmten Autoren ist zwar im großen ganzen berechtigt, im einzelnen Fall jedoch nicht immer klar und eindeutig vorzunehmen.

In diesem Kapitel ist den Autoren mit der literarisch bemerkenswertesten und reichsten dramatischen Produktion, also Goethe, Schiller und Tieck, je ein eigener Abschnitt gewidmet. Eine Reihe zumeist vereinzelter Versuche zu bedeutender dramatischer Gestaltung zwischen den künstlerischen Vorstellungsbereichen des Klassischen und Romantischen wird anschließend in einer vergleichenden Betrachtung zusammengefaßt. Vorauszugehen hat allem diesem aber hier ein Blick auf das eigentliche große Repertoire der Theater, also auf die «beliebten», populären, oft trivialen Stücke dieser Jahre.

## Populäre Dramatik

Wie schon Goethes und Schillers Xenion über das Verhältnis von Laster und Tugend in den Rührstücken zeigte, erhob die populäre Dramatik einen betont moralischen Anspruch. Nirgends sonst wurde so stark dasjenige verklärt und gefeiert, was man als das Gute verstand, nirgends sonst jeder Konflikt einer befriedigenden Lösung zugeführt: Im «letzten Actus» mußte brav und genau die Zeche für alles Tun und Lassen bezahlt werden. In solch moralisierender Tendenz erweist sich ein Zug aller zur Trivialität tendierenden Unterhaltungsliteratur. Sie geht stets von festen, ungefragt angenommenen Ordnungsbegriffen aus, und ihr Ziel ist immer Bestätigung des Bekannten, nicht dessen Infragestellung. Gerade deshalb ist sie auch bequem, unterhaltend im einfachsten Sinne, die geistige Selbsttätigkeit des Publikums nicht herausfordernd und ihm doch das Gefühl gebend, durch den beobachteten Sieg des Guten sich gewinnbringend vergnügt zu haben. In der Voraussetzung einer festen Weltordnung ist allerdings zugleich die Neigung dieser Literatur zur Laszivität begründet, die ihr ihre Kritiker oft zu Recht vorgeworfen haben, denn in ihr erscheint das «Laster» um seiner selbst willen, als Gegenpol eines angenommenen Guten, nicht als Produkt menschlicher Leidenschaften und Triebe unter bestimmten, veränderbaren Umständen. In einem Zeitalter, das der Freiheit des Individuums huldigte und dessen Philosophie gerade auf die Erforschung des Wechselverhältnisses zwischen dem einzelnen und seinen Lebensbedingungen ausging, bildete deshalb der Mangel an differenzierter Psychologie den eigentlichen Grund für die Trivialität dieser Werke.

Selbstverständlich trat er in den verschiedenen Werken auch in verschiedener Stärke auf. Das Stück zum Beispiel, mit dem Goethe 1791 sein Weimarer Hoftheater eröffnete – Ifflands *Die Jäger* – gründete die Psychologie seiner Personen auf den großen Rousseauschen Gegensatz zwischen Stadt und Land. Das Patriarchat einer «Landhaushaltung» wird gepriesen, die «Hausvaterwürde» in der Gestalt eines knorrigen, ruppigen, aber herzensguten Oberförsters als «erste und edelste» Würde überhaupt gefeiert, zwischen Aussaat, Erntefest und Weinlese dem Lande eine nicht abreißende Kette «fröhlicher Tage» zugeschrieben und solcher Idyllik die auf Karriere gerichtete Korruptheit eines Amtmanns aus dem niederen Adel entgegengestellt. Es ist bezeichnend, daß die erste Aufführung der *Jäger* 1785 auf einem fürstlichen Liebhabertheater stattfand, bei der die Rollen der guten Bürger von zwei Herren des hohen Adels besetzt waren, während Iffland selbst die des bösen Amtmanns spielte. Das illustriert aufs treffendste die den Gesellschaftsfrieden apostrophierende Tendenz des Stückes: Auf Kosten des niederen Adels wird die Allianz zwischen guten Fürsten und guten Bürgern gefeiert. Immer und immer wieder steht in den Stücken dieser Jahre der «gute Fürst» im Hintergrund alles Geschehens, das er zu entwirren und zur Gerechtigkeit zu lenken vermag, wo seine Diener versagen. So verspricht sich der Oberförster in den *Jägern* viel, wenn er «grade zum Fürsten» geht und ihm die Wahrheit über seinen Amtmann sagt, womit er denn auch recht behält. In Ifflands antirevolutionärem Stück *Die Kokarden* (1791) ist es ebenfalls der «Fürst», der zwar nicht die Tragödie verhindern, aber doch immerhin die Ordnung wiederherstellen kann. Ähnliche Züge, teils als Appell an die Regierenden, teils als Beruhigung der Bürger gedacht, finden sich, wie früher zu sehen war, auch in Goethes Revolutionsstücken, und sie kehren, wie gesagt, in den meisten anderen mit der Zeitgeschichte befaßten Werken wieder. Der Wert der Stadt hingegen wird als Ort der Höflinge und Karrieristen heruntergespielt, was indirekt den Hof, der ja doch eigentlich die Ursache und bestimmende Macht dafür ist, von seiner Verantwortung für die Verfallserscheinungen entlastet. Eine derartige Ideologie konnte freilich nur auf den Grundlagen eines noch vorwiegend kleinstaatlich-agrarischen Landes ruhen, in dem die meisten Städte ohnehin nur große Dörfer waren und auch in den Stadtkern noch der Duft des frischen Heus hereinwehte. Mit dem anwachsenden städtischen Bürgertum als potentiellem Theaterpublikum wandelte sich jedoch nach und nach die Einschätzung und Bewertung des Verhältnisses zwischen Stadt und Land.

Ifflands berühmtestes Lustspiel *Die Hagestolzen* (aufgef. 1791, publ 1793) beharrt ebenfalls noch auf dem alten Gegensatz zwischen ländlicher Idylle und städtischer Immoralität. Iffland hat dieses Stück «Ihro Majestät Friedrich Wilhelm dem Zweiten, König von Preußen» als einen «Versuch Haus-

glück zu befördern» gewidmet, dem Nachfolger Friedrichs des Großen also,
der ihn Ende 1796 als Direktor des Nationaltheaters nach Berlin berief. Bei
dem wegen seiner Mätressenwirtschaft bekannten Monarchen war diese
Widmung nicht ohne Ironie, wenngleich Iffland sie kaum beabsichtigt haben
dürfte. Noch 1824 lobte Goethe das Stück Eckermann gegenüber als das einzige, in dem Iffland «aus der Prosa ins Ideelle» gegangen sei. Schiller und er
hätten sogar einmal eine eigene Fortsetzung dazu entworfen. Ob sie nicht
denn doch zu einer Parodie geworden wäre, muß dahingestellt bleiben;
schwer jedenfalls ist vorstellbar, wie sich der Hofrat Reinhold nach langer
Junggesellenzeit unversehens in die Ehe mit einem schlichten Landmädchen
geschickt hätte. Sehr überzeugend ist seine Wandlung vom behaglich aus
dem Gewinn seiner Güter dahinlebenden Patrizier zu einem Menschen mit
sozialer Verantwortung ohnehin nicht. Aber sein zerknirschtes Bekenntnis
beim Anblick des bescheidenen Familienglücks seines armen Pächters mag
doch immerhin stark genug gewesen sein, um die Herzen der Zuhörer von
einer Idee her zu bewegen. Iffland läßt ihn im Anblick der Pächtersfamilie
sagen:

> «Welche Menschen! – Elend und roh bin ich neben ihnen! Diese Men-
> schen erfüllen ihre Bestimmung redlich: arbeiten, gut sein, sich lieben,
> und auf die große Vergeltung mutig hoffen. Gott! Gott! Um welches
> Garnichts – drehen wir uns, wir sogenannt gebildeten Menschen! Wie
> weit sind wir vom rechten Wege; – Kann ich meine Augen gegen den
> blauen Himmel aufschlagen? Den Aufwand zu ersparen – nahm ich
> keine Frau; erpresse hier zweihundertundvierzig Thaler aus ihren hei-
> ßen Händen – und darbe neben Goldsäcken, da sie, keinen Pfennig in
> der Tasche, unter deiner Sternendecke – reich, gut und weise, sanft ein-
> schlafen! Ach – man sollte nicht ferner die Menschen auf Reisen schik-
> ken! Aufs Land sollte man sie schicken, damit sie Kunst vergessen, die
> sie gelernt haben, und Natur lernen, die sie vergessen haben!»

Wohl mochten Goethe und Schiller in dieser Gegenüberstellung von Kunst
und Natur den Anklang eigener Gedanken zu diesem Thema gespürt haben;
daß dann Ifflands Ideen jedoch auf einen simplen, quietistischen Schluß hinausliefen, sollte ihnen nicht entgangen sein. Johann Martin Millers Lied
«Was frag ich viel nach Geld und Gut, wenn ich zufrieden bin?» gehört, von
der ländlichen Braut des städtischen Hagestolzen gesungen, sehr sinnreich in
die Apotheose des Stückes.
    Immerhin brachten solche «Hofratsstücke», wie Ludwig Tieck sie einmal
genannt hat, einen besonderen Aspekt auf die Bühne: in ihnen trat das arri-
vierte Bürgertum für sich allein auf und nicht mehr nur als ein subordinierter
Stand. Seine finanzielle Unabhängigkeit begann dem reichen Bürger einen
eigenen Rang zu sichern, wenngleich unter den deutschen Verhältnissen der
fortbestehenden politischen Vormacht des Feudaladels dieser Entwicklung

äußere Grenzen gesetzt waren. Sie werden vor allem in der sehr verbreiteten literarischen Verachtung des Geldes sichtbar, die allerdings in der anspruchsvollen Literatur bei Goethe, Tieck oder Novalis ebenso stark vorhanden war wie in der Unterhaltungsliteratur, vielleicht sogar noch stärker. Gerade in den für ein größeres bürgerliches Publikum bestimmten Werken finden sich allerdings auch positive Bekenntnisse zum bürgerlichen Gelderwerb, so in dem aus einem Komödienplan hervorgegangenen Roman *Herr Lorenz Stark* (1795/96) des Berliner Theaterdirektors Johann Jakob Engel. Schiller nahm den Roman immerhin in seine *Horen* auf, wenngleich er überzeugt war, daß ihn mehr «die Leichtigkeit des Leeren als die Leichtigkeit des Schönen» auszeichnete, wie er an Goethe schrieb (23.12.1795). Eine Bühnenbearbeitung des Werkes durch den Schauspieler und Dramatiker Friedrich Ludwig Schmidt (1804) fand beträchtlichen Widerhall.

Das am Beispiel des Engelschen Werkes sichtbar werdende Hin und Her zwischen den Gattungen ist überhaupt charakteristisch für die Unterhaltungsliteratur dieser Zeit. Vulpius' Bearbeitung des *Rinaldo Rinaldini* als Drama sowie Zschokkes *Aballino der große Bandit* (1794/95) sind weitere Beispiele dafür. Zschokke hat selbst berichtet, daß er die Geschichte «von einem klugen venedischen Edelmann, der, um eine Verschwörung gegen den Staat zu entdecken, sich mit großer Kunst verstellt, unter die Banditen begeben und mit ihnen gemeinsame Sache gemacht habe» – daß er diese Geschichte also zuerst im Rahmen einer Art literarischen Gesellschaftsspiels einer alten Quelle nacherzählt, danach einen Roman und schließlich ein Theaterstück daraus gemacht habe, das dann bald «auf allen deutschen Bühnen» lärmte «und sogar zu Engländern, Franzosen und Spaniern» überging. Es ist übrigens nicht schlechterdings ein billiger Reißer, sondern zugleich ein Nachfahre von Schillers *Fiesco* sowie ein Vorfahre mancher romantischen Ich-Spaltung, wenngleich es im ganzen «das flüchtige Werk eines geselligen Muthwillens» bleibt, als das es sein Autor selbst bezeichnet hat. Der Übergang vom Roman zum Theater jedoch läßt sich wie der umgekehrte Vorgang als der Beginn von etwas sehr Modernem betrachten. Es wird nämlich auf diese Weise der gesellschaftliche Kunstgenuß des Theaters zu dem privaten durch stille Lektüre in eine unmittelbare Beziehung gesetzt. Die letztere stellte eine neue Errungenschaft der sogenannten Leserevolution dar in einem Zeitalter des Individualismus und der fortschreitenden Aufklärung, das erstere hingegen war eine in die Urzeiten zurückgehende gesellschaftsbildende Erfahrung. Wo im Bereich des bedeutenden Romans – im *Wilhelm Meister* etwa oder in Jean Pauls *Titan* – die Bühne als Sinnbild in die Erzählung hineingeholt wurde, so daß sich die Gestalten vielfach spiegeln konnten, da wurde im Bereiche der Unterhaltungsliteratur eine unmittelbare Transposition vorgenommen, die den beiden Formen der Rezeption sprachlicher Kunstwerke Rechnung tragen sollte. Es ist ein Verfahren, das sich nicht nur bis in die Gegenwart fortgesetzt, sondern das durch die Medien des Films und Fernsehens auch sehr viel größere Möglichkeiten erhalten hat, die wiederum ihrerseits die Erzählform beeinflußt haben. Durch die erweiterten bildlichen Ausdrucksweisen ließ sich jedenfalls auch gewichtigere Literatur zum Objekt solcher Transpositionen machen, sowenig ihnen im einzelnen immer Glück beschieden war. Nicht selten ist der Film zum Buch oder das Buch zum Film in jenen niedereren Rang abgerutscht, auf dem um 1800 allein diese Wechselrepräsentationen stattfanden.

## August von Kotzebue

Unter den populären Autoren an der Wende des 18. zum 19 Jahrhundert ist August von Kotzebue die herausragende Gestalt. Das liegt nicht nur daran, daß er als Erzähler wie als Dramatiker ein Werk von geradezu unüberblickbaren Dimensionen geschaffen hat. Nicht seine Produktivität allein hebt ihn hervor. Wie kein anderer unter den Unterhaltungsschriftstellern seiner Zeit war er auch als Kritiker, Zeitschriftenherausgeber und militanter Polemiker in das literarische Leben seiner Zeit verflochten. Überdies stammte er aus Weimar, wo er 1761 geboren wurde; sein Onkel war der dortige Gymnasialprofessor und Erzähler der *Volksmärchen der Deutschen*, Johann Karl August Musäus. In Weimar stand Kotzebue bereits als Fünfzehnjähriger auf der Bühne: 1776 als «Briefträger» in der Uraufführung von Goethes *Geschwistern*, bei der Goethe selbst die männliche Hauptrolle spielte. Aber nicht nur der literarischen Szene war er von Jugend auf verbunden. Auch in der Politik hat er – als Staatsdiener des Zaren – eine Rolle zu spielen versucht und selbst mit seinem Tode noch Geschichte gemacht. Als ihn 1819 der Student Karl Ludwig Sand in Mannheim erstach, da sollte diese Tat dem «russischen Spion im deutschen Vaterlande» gelten und ein Fanal des Protestes sein gegen die Demagogenverfolgung nach den Karlsbader Beschlüssen. Joseph Görres hat damals in einem leidenschaftlichen Aufsatz die Fürsten der Heiligen Allianz, die den Völkern nicht gaben, was sie ihnen einst in den Napoleonischen Kriegen versprochen hatten, als die eigentlichen Schuldigen an diesem Tod bezeichnet, aber er hat auch in Kotzebues gewaltsamem Ende eine symbolische Bedeutung für ihn selbst und sein literarisches Wirken gesehen. Denn er sei Kreatur und Schöpfer jener Zeit gewesen, die mit Napoleons Niederlage und der beginnenden Restauration zu Ende gegangen sei:

> «In seinen Dichtungen und sonstigen Werken ist der Rahm ihres hohlen, jämmerlichen Treibens abgeschöpft, und sie hat dagegen ihre größten Staatsaktionen bis zum heutigen Tage mit seinen Phrasen und nobeln Sentiments ausgestattet [...]; all ihre Armut hat sie in ihn zusammengelegt, und er hat wieder aus dem Schatze die Spenden bereichert; aus den Ringen und Ohrgehängen, die sie dargebracht, hat er ihr das goldne Kalb gegossen, das sie im Leben und seinem Spiegel auf der Bühne umtanzt.»

Nur wenige Monate vor Kotzebues Tod war sein Sohn Otto als Kapitän in russischen Diensten von einer zweijährigen Weltumsegelung zurückgekehrt. In seiner Begleitung hatte sich der junge Naturforscher und Dichter Adelbert von Chamisso befunden, der in dem Tagebuch seiner Weltreise den Weltruhm Kotzebues schildert, nachdem er dessen Werke in «Shakespeares Vaterland» mit Hingabe hatte aufführen sehen. Für alle diejenigen, so schreibt Chamisso, «welche Regierungen de facto anerkennen», sei Kotzebue fraglos «der Dichter der Welt»:

«Wie oft ist mir doch, an allen Enden der Welt, namentlich auf O-Wahu» – das ist Hawai – «auf Guajan u.s.w., für meinen geringen Anteil an dem Beginnen seines Sohnes mit dem Lobe des großen Mannes geschmeichelt worden, um auch auf mich einen Zipfel von dem Mantel seines Ruhmes zu werfen. Überall hallte uns sein Name entgegen. Amerikanische Zeitungen berichteten, daß ‹The Stranger›» – gemeint ist *Menschenhaß und Reue* – «mit außerordentlichem Beifall aufgeführt worden. Sämtliche Bibliotheken auf den Aleutischen Inseln, so weit ich solche erkundet habe, bestanden in einem vereinzelten Bande von der russischen Übersetzung von Kotzebue. Der Statthalter von Manila, huldigend der Muse, beauftragte den Sohn mit einem Ehrengeschenke von dem köstlichsten Kaffee an seinen Vater, und auf dem Vorgebürge der Guten Hoffnung erfuhr der Berliner Naturforscher Mundt die Ankunft des ‹Ruriks›» – Otto von Kotzebues Schiff – «[...] von einem Matrosen, der ihm nur zu sagen wußte, daß der Kapitän des eingelaufenen Schiffes einen Komödianten-Namen habe.»

Kotzebue, das zeigt Chamisso hier, war nicht nur eine Lokalgröße und sein Ruhm nicht ganz so ephemer, wie es anderthalb Jahrhunderte nach seinem Tod den Anschein hat. Goethe, so berichtet Eckermann aus dem März 1824, habe Iffland und Kotzebue «in ihrer Art sehr hoch» geschätzt, ihre Stücke «oft sehr ungerechter Weise getadelt» gesehen und schließlich gesagt: «Man kann aber lange warten, ehe ein paar so populare Talente wieder kommen». Damit hat er denn auch recht behalten, und wahrscheinlich hat sich kein deutscher Dramatiker vor Brecht je so sehr die Welt erobert wie eben August von Kotzebue.

Die Bündelung mit Iffland hat Kotzebue stets abgelehnt, wie auch Iffland nicht gern mit Kotzebue in einem Zuge genannt sein wollte. Jeder sah sich als Original auf seine Weise an – es hat ihnen freilich nichts geholfen. Schon zu ihren Lebzeiten entdeckte Adam Müller in seiner Leidenschaft für Gegensätze bei Iffland ein weibliches und bei Kotzebue ein kompensierendes männliches Prinzip in Aktion. Was beide ganz sicherlich verband, war außer der Verfasserschaft populärer Stücke ihre angesehene Stellung in der Gesellschaft und ihre kulturellen Leistungen über die Bühnenschriftstellerei hinaus, was immer man von dieser halten mag. Iffland war ein Theaterleiter und

Schauspieler von höchstem Range, dessen Weimarer Gastspiel im April 1796 Karl August Böttiger sogleich in einem ganzen Buch analysierte, und Kotzebue war, abgesehen von seiner Tätigkeit als hoher russischer Beamter, zugleich der einflußreiche Literaturpolitiker. So unterschieden sich beide von dem Gros der deutschen Theaterdichter durch diese besondere Rolle, die sie außer ihrer kreativen Tätigkeit für die Literatur spielten, und zum anderen allerdings auch einfach dadurch, daß ihre Stücke besser waren. Iffland konnte für die dramatische Technik aus seiner reichen Bühnenerfahrung schöpfen, Kotzebue besaß ein feines Organ für alles jeweils Aktuelle, und beide verfügten über ein beträchtliches sprachliches Ausdrucksvermögen. Richtig bleibt, was Kotzebue selbst über sich und Iffland geschrieben hat: daß nämlich dieser sich «auf Darstellung häuslicher Verhältnisse» beschränkt habe, während es seine Ambition gewesen sei, weit darüber hinaus zu gehen, ins Klassische sozusagen und natürlich auch ins Romantische. Denn das Adaptieren fiel ihm leicht.

Begründet hat Kotzebue seinen Ruhm allerdings mit dem Häuslichen, mit dem 1787 zuerst aufgeführten und 1789 im Druck erschienenen Rührstück *Menschenhaß und Reue.*

In ländlicher Umgebung versöhnt sich nach viel Menschenhaß einerseits und Reue andererseits ein adliges Ehepaar, das durch den Ehebruch der Frau auseinandergebracht worden war, für den nun wiederum der Mann, der die Frau als Vierzehnjährige geheiratet hat, nicht ganz ohne Verantwortung ist. Es ist ein Stoff, aus dem Fontane rund hundert Jahre später eine *Effi Briest* gestaltet hat. Aber die potentielle Tragödie löst sich bei Kotzebue in großen Szenen des Edelmuts auf, nachdem eine Partitur von zeitgenössischen Seelenhaltungen durchgespielt worden ist: Melancholie, Mildtätigkeit, der Glaube an Tugend und die Erziehung dazu, Südsee-Sehnsucht und die rousseauistische Überzeugung von der größeren Reinheit der Menschen in der Nähe der Natur.

In solcher Weise stattete Kotzebue nach Görres' Wort seine Zeitgenossen wirklich mit «nobeln Sentiments» aus und gab ihnen zugleich durch den guten Ausgang der Dinge das sichere Bewußtsein, daß schon alles gut gehen werde, wenn man nur eben edel und gut sei. Nicht die «Sentiments» waren allerdings verwerflich, stimmten sie doch äußerlich mit den ernstesten humanen Grundsätzen überein, sondern die Leichtigkeit und Oberflächlichkeit, mit der sie zum Siege gebracht wurden. Während sich das Publikum schmeicheln konnte, Zeuge aktuellster und realistischster Konflikte zu sein, blieb ihm doch zugleich eine Auseinandersetzung mit den Ursachen der Konflikte und mit den realen Grundlagen der Gesinnung erspart. Darin liegt die Trivialität von Kotzebues Werk begründet.

Psychologisch noch gewaltsamer verfuhr Kotzebue in seinem zweiten Erfolgsstück, dem Lustspiel *Die Indianer in England* (aufgef. 1789, publ. 1790), in dessen Mittelpunkt ein aus Indien vertriebener Nabob von Mysore sowie seine naiv-reizende Tochter Gurli als edle Wilde stehen. Als der seine «fünfunddreißig auf dem Rücken» tragende indische Vater dem immerhin bereits zwanzigjährigen Sohn die englische Braut abtritt und Gurli nach viel Unsicherheit über das, was denn Heiraten überhaupt sei, einen britischen Bräutigam bekommt, löst sich auch dieser dramatische Knoten in Wohlgefallen auf. Wieder liegen dem Stücke von der Begegnung Europas mit dem exotischen Orient Zeitstimmungen zugrunde, und hinsichtlich seiner Werbung für Indien ist Kotzebue seiner Zeit sogar voraus. Aber von Konflikten, die auf die geschichtlichen Realitäten Rücksicht nehmen, ist nicht die Rede.

In dieser Art folgte in den nächsten Jahren Stück auf Stück. Gegen die Französische Revolution richtete sich die bereits früher betrachtete Posse *Der weibliche Jacobiner-Clubb* (1791), und Exotisches wie zeitgemäß Deutsches sorgten dafür, daß ständig neue Reize auf das Publikum ausgingen und es für den Dichter warm hielten. Zu Kotzebues Kritikern gehörten sehr bald die Brüder Schlegel. Kotzebue fühlte sich herausgefordert und konterte mit der 1799 aufgeführten und gedruckten Parodie *Der hyperboreeische Esel oder die heutige Bildung,* worin ein von der Universität zurückkehrender junger Adliger namens Karl von Berg nur noch in Zitaten aus Friedrich Schlegels *Athenaeums*-Fragmenten und der *Lucinde* spricht. Selbst in Kleidung und Haartracht sollte er Schlegel ähneln. Es hat seinen Witz, wenn die Schlegelschen Gedanken auf diese Weise mit deutscher Alltagsmentalität kontrastiert werden und der arglosen Braut Karls zusammen mit dessen Bitte, ihn zu heiraten, noch die Bemerkung vorgesetzt wird: «Fast alle Ehen sind nur Konkubinate, provisorische Versuche zu einer wirklichen Ehe». Zu ernsten Kollisionen kommt es, wenn der regierende Fürst auftritt und in den Gedanken Karls die «neuern, alles zerstörenden Grundsätze» wittert, worauf ihm dieser tatsächlich entgegnet: «Die Französische Revolution, Fichte's Wissenschaftslehre und Göthes Meister sind die größten Tendenzen des Zeitalters». Dergleichen Repliken veranlassen schließlich Karls Einweisung ins Irrenhaus: er, der «bey *Fichte* die *Wissenschaftslehre*, bey *Schlegel* die Aesthetik» und «bey *Schiller* die Historie gehört» hat, wird von seinem Fürsten als «der größte moralische Vagabund» bezeichnet, der diesem je vorgekommen sei. Kotzebue hat auf diese Weise ein interessantes Dokument zur Wirkungsgeschichte des jungen Friedrich Schlegel und seines Denkens im Zeichen des Romantischen geliefert – interessant, weil hier die politisch provokative Tendenz dieses Denkens besonders anschaulich gemacht wird. Kotzebue freilich konnte mit solcher flächigen, am Ende das banale «häusliche Glück» der Untertanen feiernden Polemik wenig Ehre einlegen, auch dort nicht, wo er, wie bei Goethe und Schiller, die Zurückhaltung gegenüber den jungen Jenaern witterte oder kannte.

August Wilhelm Schlegel hat bald darauf eine Gegensatire geschrieben unter dem Titel *Ehrenpforte und Triumphbogen für den Theater-Präsidenten von Kotzebue bei seiner gehofften Rückkehr in's Vaterland* (1800) In einer dramatischen Parodie und einer Reihe von Spottgedichten attackierte Schlegel nicht nur die Trivialität Kotzebuescher Stücke und deren simple Erfolgstechnik, sondern auch ihren Scheinhumanismus und Scheinidealismus, denn sie verwirrten nicht selten das Urteil durch die Hypertrophie des Modischen. Ihren äußeren Anlaß nahm diese Parodie von einer vorübergehenden Verbannung Kotzebues nach Sibirien im selben Jahre, die durch eine Denunziation veranlaßt worden war. In dem kleinen Stück «Kotzebue's Rettung oder der tugendhafte Verbannte» läßt Schlegel deshalb Gestalten aus Kotzebues Werken gemeinsam das betrübliche Schicksal ihres Autors beklagen und über Wege zu seiner Rettung nachsinnen, was sie zu Karikaturen macht und in ihrer Beschränktheit bloßstellt.

Kotzebue gab sich nicht geschlagen, sondern setzte die Attacken gegen die Schlegels und Fichte in der 1803 von ihm in Berlin gegründeten Zeitung *Der Freimüthige* weiter fort. Auch Goethe wurde den Gegnern beigesellt und stand sogar als vermeintlicher Oberpriester der Romantik im Vordergrund von Kotzebues Polemik. Vor allem um Goethes Einschätzung der Tragödien *Alarcos* von Friedrich und *Ion* von August Wilhelm Schlegel entzündete sich ein heftiger Streit, an dem sich auf Kotzebues Seite auch Garlieb Merkel beteiligte, der die Redaktion der Zeitung nach Kotzebues Austritt 1807 übernahm. Darüber wird noch zu berichten sein.

Als Bühnenautor wandelte Kotzebue jedoch bald mehr und mehr gerade auf den Spuren Goethes und Schillers mit Dramen in fünffüßigen Jamben, die zumeist geschichtliche Themen zum Gegenstand hatten: *Octavia* (1800), *Bayard* (1801) und *Gustav Wasa* (1801) gehören zu den bekannteren. Sie bezeichnen Kotzebues Ausbruch aus dem Bereich der Familienstücke, wenngleich sie sich bei genauerem Zusehen dann doch nur wieder als Familienstücke im fremden Gewande erweisen. In der *Octavia* zum Beispiel, auf die sich Kotzebue besonders viel zugute hielt, ist es die Einheit der Familie von Antonius und Octavia, die durch die «Buhlerin» Kleopatra zerstört wird. *Gustav Wasa* befaßt sich mit dem vom Titelhelden im Jahre 1523 geführten Befreiungskampf der Schweden gegen die Gewaltherrschaft des Dänenkönigs Christiern II. und endet mit der Inthronisation Gustavs als neuer schwedischer König, wobei Kotzebue nicht versäumt, beim Einzug der Befreier in Stockholm als erste einen «Trupp deutscher Söldner mit Büchsen bewaffnet, unter Anführung deutscher Ritter mit ihrem Fähnlein» marschieren zu lassen. Kotzebues bescheidene dichterische Intentionen erklärt er selbst in einem «Vorbericht» zu diesem Drama und dem gemeinsam mit ihm veröffentlichten *Bayard:* «Meine Absicht war, zu bewirken: daß jeder Leser oder Zuschauer, wenn er auch vorher in seinem Leben nichts von Bayard oder Gustav Wasa gehört hätte, nach Endigung des Stückes völlig mit den *wahren* Hauptbegebenheiten des Helden bekannt sein solle. Geschieht dies, so hab' ich meinen Zweck erreicht.» In seinen nachgelassenen Betrachtungen hat sich Kotzebue Schiller zur Seite gesetzt, ohne zu spüren, daß ein wie auch immer gut informierter Geschichtsunterricht und ein historisches Drama, das sich den Menschen und seine Verwicklung in die Geschichte zum Thema macht, zweierlei sind. Der junge Clemens Brentano nahm den *Gustav Wasa*

sogleich zum Ausgang für eine eigene, gleichnamige satirische Literaturkomödie, die nicht nur dieses eine Stück parodierte, sondern allgemein und von
einer eigenen Position aus in die literarischen Polemiken dieser Tage eingriff.
Eine bemerkenswerte Leistung gelang Kotzebue 1803 mit seiner Komödie
*Die deutschen Kleinstädter,* einer Mischung aus Familienstück und Satire auf
deutsche Titelsucht, Klatschlust und Unterwürfigkeit. Der Ort der Handlung – die Kleinstadt Krähwinkel – ist danach regelrecht zum symbolischen
Habitat für deutsches Pfahlbürgertum geworden. Sehr zu Kotzebues Ärger
strich Goethe für die Weimarer Aufführung des Stückes alle hineingewirkten
Anspielungen auf die zeitgenössische Literatur, auf Romane, Romanzen und
Fragmente, wodurch Kotzebue eine sanftere Polemik insbesondere gegen
den Schlegelschen Kreis fortsetzen wollte.

Die Handlung enthält echte komische Elemente, wie zum Beispiel die Ankunft des
vermeintlich titellosen Geliebten der Bürgermeisterstochter Sabine, den man zeitweilig
für den König incognito hält, oder die abendliche Straßenszene, in der dem lokalen
Verehrer Sabines die Serenade gestört wird und sich unter den Klängen des Nacht-
wächterhorns die Stadthonoratioren nach und nach im Nachtgewand zeigen. Vom ersten hat Gogol für seinen *Revisor* gelernt, vom zweiten Wagner für seine *Meistersinger.*
Zu seinem guten Schluß freilich gelangt das Stück dann überstürzt dadurch, daß der
Geliebte aus der Residenzstadt den Titel eines Geheimen Kommissionsrats vorweisen
kann, so daß auch hier am Ende die Welt ungestört in ihren alten Bahnen weiterlaufen
kann und die kleinen Wellen sich wieder glätten, ohne daß die See der bürgerlichen
Selbstgefälligkeit weder bei den Bühnengestalten noch im Publikum wirklich in ihren
Tiefen bewegt worden wäre.

Friedrich Nietzsche hat einmal in seinen *Vermischten Meinungen und Sprü-
chen* Kotzebue und sein deutsches Publikum scharf und durchdringend charakterisiert:

«Gutmütig, in kleinen Genüssen unenthaltsam, tränenlüstern, mit dem
Wunsche, wenigstens im Theater sich der eingebornen pflichtstrengen
Nüchternheit entschlagen zu dürfen und hier lächelnde, ja lachende
Duldung zu üben, das Gute und das Mitleid verwechselnd und in eins
zusammenwerfend – wie es das Wesentliche der deutschen Sentimenta-
lität ist –, überglücklich bei einer schönen großmütigen Handlung, im
übrigen unterwürfig nach oben, neidisch gegeneinander, und doch im
Innersten sich selbst genügend – so waren sie, so war er.»

Das ist zugespitzt gesagt, aber sehr wohl treffend. Kotzebues Grenzen bestanden ebensosehr in jener charakterlichen Unsicherheit, auf die Nietzsches Analyse hinausläuft, wie in den Beschränktheiten seines Talents. Als
Autor hat er es sich erklärtermaßen zum Ziel gesetzt, Überzeugungen zu illustrieren. Die aber waren vorgegeben im gesellschaftlichen Moral- und Tu-
gendkodex der Zeit, den er nie in Frage gestellt hat. So bestand die Popularität seiner Werke und das Vergnügen des Publikums an ihnen vor allem darin, daß man sich mittelbar oder unmittelbar in seinen Figuren wiedererken-

nen konnte und sich bei der Identifizierung mit ihnen aufgehoben fühlte in einem letztlich guten Ordnungsgefüge. Was Nietzsches aus seiner besonderen Perspektive verfaßte Kritik nicht berücksichtigt, ist die durch Kotzebues Welterfolg in seiner Zeit belegte Tatsache, daß es dergleichen «Deutsche» nicht ausschließlich in den Grenzen dieser Sprache gab. Kotzebues Verdienst ist immerhin, durch seine engen Beziehungen zu den intellektuellen und künstlerischen Strömungen der Zeit, durch sein feines Gespür für Neues die Unterhaltungsdramatik auf ein höheres Niveau gehoben zu haben, und es mag sogar manchen Leser und Zuschauer gegeben haben, der an seinen Jamben Verständnis für die Jamben der Lessingschen, Schillerschen oder Goetheschen Dramen gewonnen hat.

## 5. Goethes dramatisches Werk

Für die Bühne tat Goethe seit der Ernennung zum Weimarer Theaterdirektor mehr als je zuvor, aber seine maßgebliche Rolle als Dramatiker schien – für den Augenblick jedenfalls – ausgespielt zu sein. In den *Umrissen zur Geschichte und Kritik der schönen Literatur Deutschlands* (1819) spricht Franz Horn von der regelrechten Vergötterung der ersten Dramen Goethes – des *Götz*, des *Clavigo* und der *Stella* –, um dann bitter darüber zu klagen, «mit welcher Kälte und mit welcher Todtenstille seine Iphigenia und sein Tasso damals fast überall aufgenommen wurden». Nun hatte gerade der *Tasso* – 1789 vollendet und 1790 veröffentlicht – den Dichter in der Krise zum Gegenstand, und zwar einer Krise, die ihre Ursachen nicht allein in den zeitlosen Kollisionen zwischen sensiblem, genialem Egoismus und gesellschaftlichen Rücksichten besaß, sondern die durchaus auch von großen geschichtlichen Veränderungen mitbestimmt war. Aber angesichts der mächtigen Staatsaktionen, die sich auf dem realen Welttheater in diesen Jahren vollzogen, mußten denn doch die Sorgen um Poetenfreiheit und höfischen Takt an einem italienischen Musenhof des 16. Jahrhunderts als einigermaßen entlegene Problematik erscheinen. Goethe, dem nach eigener Auskunft alles, was ihn innerlich beschäftigte, «immerfort in dramatischer Gestalt» erschien, versuchte damals, aus dem Desinteresse seines Publikums Lehren zu ziehen, indem er sich als Dramatiker zunächst ganz unmittelbar dem Zeitgeschehen zuwandte. Aber seine – bereits früher betrachteten – Stücke über die Auswirkungen der französischen Ereignisse auf das kleine Deutschland verschafften ihm in der Schwäche ihrer Argumentation und Psychologie den Ausgang aus der Krise nicht, sondern vertieften sie eher noch. Künstlerisch Großes gelang ihm erst wieder, als er, der in dramatischen Konstellationen Denkende, aus epischer Distanz auf Drama, Theater und Zeitgeschichte blickte: im Roman über den Kaufmannssohn und Theaterliebhaber Wilhelm Meister. Für die Bühne blieben danach vorerst nur kleine Spiele und Übersetzungen übrig, außerdem aber zwei Werke zwischen Fragment und Vollendung. Das eine, *Die natürliche Tochter*, erschien 1803 als abgeschlossenes Drama, aber zugleich als Bruchstück einer ungeschriebenen und ungeschrieben gebliebenen Trilogie. Das andere, die Tragödie vom Doktor Faust, hatte Goethe bereits 1790 als Fragment vorgestellt, und seit 1797 war er dann darangegangen, sie, zum Mysterienspiel erweitert, fortzuführen. Als er 1806 den ersten Teil des *Faust* abschloß, stellte das Vollendete für seine Augen lediglich das Fragment eines anderen, größeren Ganzen dar, dessen Konzept er in sich trug, das auszuführen aber noch manche Jahre erforderte. Im *Faust* jedoch sollte ihm endlich auf mythischem Boden die Lösung des Problems gelingen, das vor allem seine Krise als Dramatiker seit den achtziger Jahren ausgelöst hatte: die Verbindung von untragischer Weltsicht – wie sie von der Beschäftigung mit den Naturwissenschaften mehr und mehr gefördert wurde – mit der wirkungsvollen dramatischen Darstellung.

## Torquato Tasso

Goethes Pläne zum *Tasso* gehen auf den Anfang der achtziger Jahre zurück, aber vollendet hat er das Werk erst nach seiner Rückkehr aus Italien im Blick auf ein neues Verhältnis zum Weimarer Hof. Am 22. Juli 1789 meldete er der Herzogin Anna Amalia: «Tasso ist fertig». Acht Tage vorher war in Paris die Bastille gestürmt worden: eine Ironie des Zufalls, denn Goethes Stück richtete sich gerade gegen alles Gewaltsame, aus der Ordnung Fallende. Im Sinne eines politischen Konservatismus ist das allerdings nicht zu verstehen, denn die Forderung des Stückes nach Beschränkung und Maß galt allen und nicht nur dem einen, gesellschaftlich subordinierten Poeten. Was an Gewaltsamem im *Tasso* vorfällt, ist mit den blutigen Kraftakten einer Revolution freilich nicht im mindesten zu vergleichen; die schreiendste, verletzendste Tat besteht darin, daß Tasso der Prinzessin Leonore von Este, seiner Gönnerin, in die Arme fällt und sie, wie es in der Szenenbemerkung heißt, fest an sich drückt. Nun kann sehr wohl auch die Verletzung eines Sittenkodex eine Revolution darstellen, besonders wenn man sie noch von der Bühne herab demonstriert. Aber als Inzitament zum moralischen Aufstand haben Goethes Zeitgenossen den *Tasso* gewiß nicht empfunden, eher als eine zwar feinsinnige, aber auch ein wenig langweilige Charakterexposition eines Geniedichters mit «grillenhaftem Betragen». Das jedenfalls meinte August Wilhelm Schlegel in einer Rezension, und er glaubte, daß das Stück stärker auf Leser als auf Zuschauer wirken werde. Goethe scheint ihm innerlich beigepflichtet zu haben, denn uraufgeführt wurde der *Tasso* erst 1807 in Weimar, und zwar auf Drängen einiger Schauspieler und nicht des Weimarer Theaterdirektors.

«Man muß ihn unstreitig zu den romantischen Dichtern rechnen», hat August Wilhelm Schlegel später in seinen Berliner *Vorlesungen über schöne Litteratur und Kunst* (1802/03) von dem italienischen Dichter Torquato Tasso, dem Autor des Epos *Befreites Jerusalem* (publ. 1581), gesagt. In gewissem Sinne, wenn auch ohne programmatische Absichten, war Goethe hier seiner Zeit vorausgeeilt, indem er einen der zukünftigen Heroen aus der Ahnengalerie romantischer Literatur, wie sie die Brüder Schlegel der Antike entgegenstellten, zum Gegenstand einer eigenen Dichtung machte. Die mittelalterlichen Kreuzzüge und der Kampf fürs Christentum waren Tassos großes Thema gewesen, und die Stanze – Ende der neunziger Jahre im Jenaer Kreise erneut leidenschaftlich gepflegt – die Strophenform, in die er sein Epos gegossen hatte. Goethes Interesse an Tasso besaß jedoch nicht einen derartig historisch-ästhetischen Ursprung. Was ihn vor allem interessierte, waren Koinzidenzen der Biographie. Der historische Tasso, Dichter im Dienste des Herzogs Alfonso d'Este von Ferrara, war bald nach dem Abschluß seines Epos in Kollision mit seinem Herrn geraten, woran offenbar geistige Störungen und speziell der Verfolgungswahn des Dichters beträchtlichen Anteil hatten. Eine Zeitlang wurde Tasso sogar in ein Irrenhaus eingesperrt. Welche Schuld daran dem Mäzen zufiel, blieb im Dunkeln, aber jedenfalls fand Goethe hier einen Stoff vor, der trefflich dazu dienen konnte, eigene Konflikte zwischen dem Drang nach geistiger Unabhängigkeit auf der einen Seite und der Einfügung in die Enge und gesellschaftliche Normalität eines ihm durchaus zugetanen kleinen deutschen Hofes auf der anderen Seite darzustellen. Es waren Konflikte, die ihn nach Italien getrieben hatten und die zu jener schöpferischen Krise beitrugen, in der er sich noch Anfang der neunziger Jahre befand.

Es kann keinen Zweifel daran geben, daß Goethe im *Tasso* den Zusammenstoß zwischen dem genialen, aber in sich selbst verstrickten Künstler mit einer harmonisch organisierten, auf gegenseitige Rücksichtnahme gestützten Gesellschaft darstellen wollte und daß er dabei auf seiten der Gesellschaft stand. Das Stück, so hat er Caroline Herder gegenüber bekannt, demonstriere «die Disproportion des Talents mit dem Leben». Dem «Erlaubt ist was gefällt» (V. 994) hält die Gesellschaft ihr «Erlaubt ist was sich ziemt» (V. 1006) entgegen, und die ganze Lebensunsicherheit des Dichters enthüllt dieser selbst, wenn er daraufhin verwirrt nach dem Gericht fragt, das entscheide, «was sich denn ziemt» (V. 1009). Eben diese Entscheidung aus innerem Takt und nicht äußerem Gesetz abzuleiten, ist das eigentlich Wünschenswerte, das sich Tassos Verständnis entzieht. In seinen Briefen *Über die ästhetische Erziehung* (1795) hat Schiller, ohne *Tasso* zu nennen, den Konflikt dieses Stückes aufgegriffen, wenn er die Grundlagen eines harmonischen «Staates des schönen Scheins» als gesellschaftlichen Idealzustand erörtert. Guten Umgang nämlich sieht er als Voraussetzung dafür, als eine Art ästhetischer Lebensform an, die den äußeren Schein zu einem inneren Zwecke, dem harmonischen Leben, benutzt. Wo der Schein hingegen der Wahrheit widerspreche und damit nur Heuchelei darstelle, sei er noch nicht ästhetisch:

«Nur ein Fremdling im schönen Umgang z. B. wird Versicherungen der Höflichkeit, die eine allgemeine Form ist, als Merkmale persönlicher Zuneigung aufnehmen, und wenn er getäuscht wird, über Verstellung klagen. Aber auch nur ein Stümper im schönen Umgang wird, um höflich zu seyn, die Falschheit zu Hülfe rufen, und schmeicheln, um gefällig zu seyn. Dem ersten fehlt noch der Sinn für den selbständigen Schein, daher kann er demselben nur durch die Wahrheit Bedeutung geben; dem zweyten fehlt es an Realität, und er möchte sie gern durch den Schein ersetzen.»

Es sind im Grunde Tassos Irrungen, die hier zur Sprache kommen, aber auch solche der anderen Personen. Gedanken dieser Art waren nicht ein müßiges Spiel der Philosophen und Dichter, sondern gerade bei dem Mangel einer allgemeinen gesellschaftlichen Kultur in Deutschland eine Notwendigkeit für die erhoffte und erwünschte Konsolidierung als Kulturnation. Daß er jedoch lediglich eine Idee illustrieren wollte, hat Goethe bei diesem wie bei allen seinen anderen Werken bestritten. Für den *Tasso* bedeutet das, daß seine Sympathien und Intentionen im Dargestellten nicht unbedingt rein aufgehen müssen.

Goethes Torquato Tasso ist noch anderes als ein zu Hofe gegangener Dichter mit schlechtem Betragen. Er ist ein vom Mäzen durch und durch abhängiger Künstler, der diesem sein Werk nicht nur formell dediziert, sondern ihm mit der Dedikation auch das – einzige – Manuskript in die Hand liefern muß, das ihm nun für den Preis seines Lebensunterhalts nicht mehr gehört. Der aus der Gnade gefallene Tasso beklagt deshalb am Ende, daß man ihm sein Gedicht, «mein einzig Eigentum» (V. 3316), abgelockt habe. Es wäre in dieser Situation das Unterpfand seiner Freiheit im Sinne finanzieller Unabhängigkeit, das heißt das einzig Verkäufliche gewesen, über das der Künstler verfügte. In Goethes Darstellung ist Tasso also nichts anderes als der bürgerliche Künstler zwischen Mäzenatentum und Lohnarbeit, machtgeschützter Existenz als Hofdichter und freiem Schriftstellertum. Erklärt er anfangs seinem Fürsten: «Der Mensch ist nicht geboren frei zu sein» (V. 930), so fühlt er sich am Ende der Prinzessin gegenüber «frei wie ein Gott» (V. 3273). Das ist nun freilich noch nicht Zeichen eines deutlich und konsequent gewachsenen Freiheitsbewußtseins Tassos, aber mit seiner zunehmenden Verwirrung vollzieht sich durchaus unterschwellig ein solcher Prozeß, ohne den Goethes Drama kein Drama wäre.

Parallel zu Tassos innerer Veränderung aber enthüllen und entblößen die anderen, den harmonischen Haushalt des Hofes bildenden Gestalten des Stückes Seiten ihres Wesens, die durchaus nicht mit dieser Harmonie in vollendetem Einklang stehen und die Verwirrung Tassos eher fördern als eindämmen. Die Gräfin Leonore Sanvitale etwa hat, wenn sie Tasso zu helfen vorgibt, keine andere Absicht, als ihn in ihr eigenes Haus zu locken, um «in

seinem schönen Geiste/Sich selber zu bespiegeln» (V. 1927/28). Antonios
Hilfe wiederum besteht in oft recht banalen Lebensregeln, die nicht den Neid
des als Dichter dilettierenden Staatsmannes verbergen, dem wiederum mehr
an der Herrschaft über das Genie als an dessen Vertreibung aus Ferrara gelegen sein muß. Was immer beide für Tasso tun wollen, sie erweisen, daß es ihr
eigener «Vorteil» (V. 2186) ist, der sie bewegt. Auch Herzog Alfons ist über
solchen Vorteil nicht erhaben, so human und liberal er sich auch gibt. Antonio gegenüber bekennt er:

> Das hat Italien groß gemacht,
> Daß jeder Nachbar mit dem andern streitet,
> Die Bessern zu besitzen, zu benutzen. (V. 2843–45)

Der Satz steht am Anfang des 5. Aktes, also am Ende des Stückes und bezeichnet damit die Gesinnung des Fürsten zu einem Zeitpunkt von Tassos
größter seelischer Turbulenz, so daß nicht wunder nimmt, daß er auch hier
rückhaltlos ein menschliches, auf Gleichheit bauendes Vertrauen nicht fassen
kann, zumal ihm der Fürst sein Besitzdenken – «wie ich dich/Als *mein* [...]
gewiß betrachte» (V. 3012/13) – durchaus nicht verhehlt Überhaupt spielt
das Wort «Vertrauen» im *Tasso* als Leitmotiv eine bedeutende Rolle, denn
auf gegenseitiger Achtung und damit Vertrauen beruht gerade jenes ästhetische Verhalten eines schönen Umgangs, von dem Schiller in seinen Briefen
schreibt und das den Widerspruch zwischen realen Interessen und der Heuchelei rein äußerlicher gesellschaftlicher Umgangsformen aufheben soll. Es
ist nicht nur Tasso, der «den schönen Kreis geselligen Vertrauns» (V. 2109)
stört.

Auch die Prinzessin schließlich geht nicht ohne Schuld aus, denn Tassos
schwerer Lapsus ihr gegenüber wäre nicht möglich gewesen ohne ihre wenn
auch unbewußte Herausforderung. Denn in Goethes Darstellung ist Leonore von Este die kränkliche Frau ohne männlichen Gefährten, die ihre ero-
tischen Wünsche sublimiert im Spiel mit Tasso, von dem sie aber durch einen
weiten Standesunterschied getrennt ist. Letztlich ist es ja der Standesunterschied, der Tassos unziemliche Umarmung so besonders unziemlich und geradezu zu einem Verbrechen macht, das die Katastrophe seines gesellschaftlichen Scheiterns herbeiführt. Wenn Tasso an der «Disproportion des Talents
mit dem Leben» zerbricht, so hat das «Leben», also die soziale, historische
Welt, in der er lebt, einen nicht unbeträchtlichen Anteil daran. Die Hybris
des sich als Gott fühlenden freien Genies ist nicht nur in der zufälligen Cha-
rakterdisposition des Helden begründet, sondern auch in jenen Umständen,
in denen er zum Schmuckgegenstand erniedrigt wird. Was dem Dichter als
freiem Lohnarbeiter, unabhängig vom Mäzenatentum des Adels und abhängig nur vom Geschmack des kaufenden Publikums vorbehalten war, konnte
erst die Zukunft zeigen. Als Theaterdirektor wurde Goethe jedenfalls bald
darauf mit dieser Frage konfrontiert, und vielleicht hat er seinen *Tasso* von

dem Test der Bühnenpopularität auch deshalb zurückgehalten, weil er ihn tragisch zwischen den Zeiten stehen sah.

Ganz gleich, ob man Tassos Hoffnung auf Rettung durch den Hofmann Antonio am Schluß als die letzte Selbsttäuschung des Poeten oder als Goethes Hinweis auf eine mögliche Rettung versteht – jener Mann, der als Dichter ein großes Werk hervorgebracht hatte, ist geschlagen, zerbrochen, gescheitert, wie denn auch der historische Torquato Tasso kein zweites Epos vom Range des *Befreiten Jerusalem* mehr hervorgebracht hat. Dennoch stützt Goethes Tasso seine letzte Hoffnung gerade auf sein Dichtertum als Gabe der eigenen, besonderen Natur:

> Sie ließ im Schmerz mir Melodie und Rede,
> Die tiefste Fülle meiner Not zu klagen:
> Und wenn der Mensch in seiner Qual verstummt,
> Gab mir ein Gott zu sagen, wie ich leide. (V. 3430–33)

Goethe ist Tragödien gern ausgewichen. Die Debatten um den tragischen oder untragischen Ausgang, um Schuld oder Unschuld seiner Helden haben sich immer wiederholt, und was sich bei Tasso im kleinen zeigt, ereignet sich im großen bei der Beurteilung Fausts. Ein eindeutiges Urteil ist schwerlich zu fällen, denn über allem Verständnis für gesellschaftliche Tugenden oder Nöte, durch die die Konflikte unter den Menschen entstanden, sah Goethe die Welt als ein Ganzes, in der alles Tragische aufgehoben war, und er teilte von solch universalistischer Weltsicht auch manchen seiner Gestalten etwas mit. Von Tasso sagt Leonore Sanvitale:

> Sein Auge weilt auf dieser Erde kaum;
> Sein Ohr vernimmt den Einklang der Natur;
> Was die Geschichte reicht, das Leben gibt,
> Sein Busen nimmt es gleich und willig auf:
> Das weit Zerstreute sammelt sein Gemüt,
> Und sein Gefühl belebt das Unbelebte.
> Oft adelt er was uns gemein erschien,
> Und das Geschätzte wird vor ihm zu nichts. (V. 159–66)

Goethes eigenes Auge hat sehr wohl auf der Erde verweilt, aber gerade daraus empfing er – als Naturwissenschaftler – die Bestätigung für den von früh an empfundenen «Einklang der Natur». Tasso ist in diesem Sinne nur ein Teil von ihm, aber Teil oder Ganzes: ein Künstler mit einem derartigen Weltverständnis ist in den Augen jeder gesellschaftlichen Moral unsittlich. «Unsittlich wie du bist hältst du dich gut», bemerkt Antonio zu Tasso (V. 1365). Es ist ein Satz, der großen Künstlern auf ähnliche Weise immer wieder von den Antonios gesagt worden ist, ohne daß diese subjektiv im Unrecht gewesen wären. Aber nur im Trivialen kann der Poet der Wirt sein und der «letzte Actus» die Zeche bringen, wie Goethes und Schillers Xenion das für die Rührstücke ihrer Zeit spöttisch proklamiert hatte. Kunst hingegen, deren Gegenstand der Mensch in seinen inneren und äußeren Widersprüchen ist, erhebt kaum die Verteidigung zeitlicher Moral zu ihrem Ziele. Darin besteht ihre «Unsittlichkeit» als Vorbedingung ihrer Wahrheit. Die künstlerische Wahrheit aber, das darstellende Analysieren menschlicher Handlungsweisen und die daraus hervorgehende Erweiterung des Menschen- und Weltverständnisses bildet die einzig notwendige Grundlage für die humanitäre Kraft aller bedeutenden Kunst. In solchem Sinne hatte Tasso auf seine Weise als Künstler stets zutiefst sittlich gehandelt, seine Umwelt aber solche Sittlichkeit nie erkannt, wie umgekehrt er die Notwendigkeit «schönen Umgangs» verkannte, der nicht nur eine äußerliche Form darstellte, sondern, zumindest als Ideal, den Boden für eine harmonische Gesellschaft bildete. So bietet Goethes Drama moderne und zeitlose Künstlerproblematik in einem großen Reichtum von Betrachtungsweisen.

Wenn jedoch für Madame de Staël Goethes Tasso «ganz und gar ein deutscher Poet» war, so sah sie scharf und richtig. Denn auf dem engen Raum dieses Seelendramas, das in seiner Form dem französischen Klassizismus eines Racine nahestand, kam nicht nur etwas von den großen Konflikten der Zeit zwischen Bürgertum und Adel, Freiheit und Gesetz zum Ausdruck, sondern auch ein sehr deutscher Aspekt: die Konzentration dieses Konfliktes auf das Bild und die Existenz des Künstlers. Die Künstler und Intellektuellen stellten die wahren Kronprätendenten der deutschen Kulturnation dar, und Goethes *Tasso* wurde das erste Künstlerdrama der deutschen Literatur.

*Theaterarbeit*

Als Künstlerdrama in klassischer Form und romantischem Kostüm war Goethes *Tasso* von vornherein nicht dazu angetan, beim Publikum sein Glück zu machen. Wenn in den folgenden Jahren der Weimarer Theaterdirektor die Poesie kommandierte und eine Reihe von Stücken schrieb oder zu schreiben begann, in denen er Zeitgeschehen auf die Bühne brachte, so ist die Vermutung nicht von der Hand zu weisen, daß er damit auch um neue Popularität rang. Aber sein politischer Skeptizismus und sein wissenschaftliches Verständnis von der Natur als einem großen Ganzen, das seinen ruhigen Gang ging, bildeten einen schlechten Nährboden für den Tagesschriftsteller. Weder das Lustspiel *Der Groß-Cophta* (1791) noch die Farce *Der Bürgergeneral* (1793) erhoben sich über das Niveau der allgemeinen Unterhaltungsdramatik, oder sie blieben sogar eben deshalb dahinter zurück, weil sie von Goethe stammten. Das Mittelmäßige ist eine Kunst, die der Begabtere am wenigsten beherrscht, weshalb er denn darin auch zumeist herzlich schlecht wird. Zwei weitere Revolutionsstücke, *Die Aufgeregten* (1793) und *Das Mädchen von Oberkirch* (1795/96), blieben Fragment.

Aber in die gleichen frühen neunziger Jahre fielen auch die Arbeit am *Wilhelm Meister* und der Beginn der Freundschaft mit Schiller, beides Ereignisse in ihrer Art, die Goethes literarisches Selbstbewußtsein wieder festigten. Der *Wilhelm Meister* bewirkte das dadurch, daß Goethe in der Form des Romans ein Mittel fand, das Zeitgeschichtliche, Deutsche wieder zum Gegenstand der Kunst zu machen, denn obwohl der *Meister* in seiner Urform nichts anderes als ein Gegenstück zum *Tasso*, nämlich die Geschichte eines in seiner «theatralischen Sendung» scheiternden Bürgers darstellt, so entwickelte sich das Werk doch zu einer großen Gesellschafts- und Zeitanalyse aus deutscher Sicht. Die Freundschaft mit Schiller brachte Goethe außerdem die Beschäftigung mit den Theorien der Kunst nahe. In ihrer Korrespondenz erörterten sie unter anderem die Grundlagen für epische und dramatische Kunst, worin Goethe den Anspruch des Dramatikers an Schiller abtrat und sich von diesem als der Epiker oder «Rhapsode» charakterisieren ließ, «der das vollkommen Vergangene vorträgt» und «als ein weiser Mann» erscheint, wie es in der erst 1827 veröffentlichten kleinen gemeinsamen Abhandlung zu diesem Thema heißt. Am 12. Dezember 1797 schreibt Schiller in einer umfassenden Charakteristik an Goethe:

> «Sollte es wirklich an dem seyn, daß die Tragödie, ihrer pathetischen Gewalt wegen, Ihrer Natur nicht zusagte? In allen Ihren Dichtungen finde ich die ganze tragische Gewalt und Tiefe, wie sie zu einem vollkommenen Trauerspiel hinreichen würde, im Wilhelm Meister liegt, was die Empfindung betrifft mehr als Eine Tragödie; ich glaube, daß bloß die strenge gerade Linie, nach welcher der tragische Poet fortschreiten muß, Ihrer Natur nicht zusagt, die sich überal mit einer freieren Gemüthlichkeit äußern will. Alsdann glaube ich auch, eine gewiße Berechnung auf den Zuschauer, von der sich der tragische Poet nicht dispensieren kann, der Hinblick auf einen Zweck, den äusern Eindruck, der bei dieser Dichtungsart nicht ganz erlassen wird, geniert Sie, und vielleicht sind Sie gerade nur deßwegen weniger zum Tragödiendichter geeignet, weil Sie so ganz zum Dichter in seiner generischen Bedeutung erschaffen sind.»

Wenn das den Dramatiker Goethe ermutigen konnte, dann allenfalls zur Wiederaufnahme eines Stoffes wie des *Faust*. Für alle weitere dramatische Arbeit sah er sich, in der Einschätzung durch seinen klugen, verständnisvollen Kritiker und Freund, hauptsächlich zur Förderung und Lenkung anderer angeregt.

Im Zusammenhang mit den theoretischen Grundlagen der literarischen Entwicklung nach 1789 ist bereits auf Goethes nationalpädagogische Absichten als Theaterleiter, Kritiker und Erzieher durch das Medium der Kunst eingegangen worden. In seiner Replik *Literarischer Sansculottismus* (1795) hatte er den allgemeinen Fortschritt deutscher Kultur konstatiert und hoff-

nungsvoll in die Zukunft geblickt: «Der Tag ist angebrochen und wir werden
die Läden nicht wieder zumachen». Was er und Schiller sich vor allem angelegen sein ließen, war die Bildung eines öffentlichen Geschmacks, wie ihn die
Deutschen bei der Vielzahl der Partikularinteressen und bei der Kleinheit
der Verhältnisse sehr zum Nachteil der Verbreitung bedeutender Kunst bisher nicht entwickelt hatten. In diesem Sinne sah Goethe in seinen *Regeln für
Schauspieler* (1803) das Theater auch nicht einfach als Lehrhaus von Lebensregeln an, sondern als Institution zur ästhetischen Bildung. Anders ausgedrückt: Theaterkunst bestand nicht in der Vorführung belehrender Dramen,
sondern forderte Spielkunst wie Zuschaukunst, um das Publikum in einen
Zustand zu versetzen, in dem es über sich hinausging und die mögliche Harmonie humaner Existenz wenigstens in den kurzen Augenblicken des höchsten Kunstgenusses empfand. Dazu aber war wiederum der Künstler genötigt, über den Stoff und die Verhältnisse seiner eigenen deutschen Zeit hin-
auszugehen. «Auf alle Fälle sind wir genöthigt unser Jahrhundert zu vergessen wenn wir nach unserer Überzeugung arbeiten wollen», hatte Goethe
1797 an Schiller geschrieben. Auf dieser geistigen Grundlage entstand in den
folgenden Jahren das, was man Goethes Theaterklassizismus genannt hat. Es
ist jedoch ein unpräzises Wort. Es suggeriert einen der Antike und dem Antiken ergebenen Künstler, was jedoch Goethe als Theaterleiter und Dramatiker in aller Ausschließlichkeit nie war. Nur auf dem Gebiet der bildenden
Kunst hat er zeitweilig strenge klassische Regeln und Themen durchzusetzen versucht.

Seine eigenen Versuche mit den Revolutionsstücken hatten Goethe bestätigt, was allgemein die Besseren unter den Bühnendichtern dieser Jahre erfuhren: daß nämlich die deutsche Gegenwart einen höchst armseligen Stoff
für eine aufs Große sehende dramatische Darstellung bildete. Ein Ausweg,
der sich Goethe in der Mitte der neunziger Jahre anbot, war die Allegorie.
Mit seinem *Märchen* in den *Unterhaltungen deutscher Ausgewanderten* (1795)
hatte er sie zunächst in Prosa ausprobiert. Politisch-Eschatologisches ließ
sich auf diese Weise leichter mit dem Täglich-Menschlichen verbinden und
die Phantasie zugleich als schöpferische Kraft in Bewegung setzen. Novalis
hatte das *Märchen* «eine erzählte Oper» genannt, und es war auch das Feld
der Oper, auf dem sich Goethe damals, die Erfahrungen und Gedanken des
*Märchens* nutzend, zu bestätigen versuchte.

1794 war Mozarts *Zauberflöte* in Weimar zum erstenmal aufgeführt worden, und
Goethe, mit freimaurerischer Symbolik gut vertraut, unternahm es nun 1795, das Libretto für eine Fortsetzung zu schreiben. Die Gedanken, die ihn bewegten, standen
mit dem *Märchen* ebenso in Verbindung wie mit dem *Meister*-Projekt, von dem die
*Lehrjahre* ja nur ein Teil waren. Hinter Sarastro stand ein der Turm-Gesellschaft nicht
unähnlicher geheimer Orden, der nun Sarastro, sozusagen als Mönch unter Mönchen,
auf eine Pilgerfahrt «in die rauhe Welt» sandte, wobei offenbleibt, ob das im postrevolutionären Zeitalter eine Anspielung auf die Erschütterung der Autorität von bisher
ungefragt akzeptierten Autoritäten und deren Neubewährung darstellen sollte oder,

was näherliegt, die Bewirkung von weiterem Guten durch die schlichte Menschlichkeit des zum Pilger gewordenen Hohepriesters. Denn Übel galt es weiterhin zu beseitigen, da Paminas und Taminos Sohn nach seiner Geburt durch die Macht der Königin der Nacht in einen goldenen Sarg verbannt wurde und seine Befreiung ins Werk zu setzen war. Goethesche Botschaft enthält die Bedingung für die Eltern: «Solang ihr wandelt lebt das Kind»; sie klingt sogar, als sei das Kind überhaupt die Verheißung für einen tätigen Lebenswandel zwischen den einander herausfordernden Polen des Guten und Bösen. Dann wäre Goethes *Der Zauberflöte Zweiter Teil* eine dialektische Vorstudie zu seinem *Faust*; auch Paminas Gesang würde sich in einen solchen Kontext fügen:

> Aufgemuntert von dem Gatten
> Sich zur Tätigkeit erheben
> Nach der Ruhe sanftem Schatten
> Wieder in das rasche Leben
> Und zur Pflicht, o welche Lust!

Aber Goethe hat das Libretto nie vollendet. Verhandlungen mit dem Wiener Komponisten Wranitzky zerschlugen sich, und so verlor sich das Vorhaben über anderen Vorhaben. Das erste Heft der *Propyläen* von 1798 enthielt jedoch einen kleinen Dialog Goethes *Über Wahrheit und Wahrscheinlichkeit der Kunstwerke*, in dem er sich ausführlich zur Oper äußerte. Nicht zu vergessen ist dabei, daß gerade im nachthermidorianischen Frankreich die Oper, zusammen mit dem heroisch-klassizistischen Ballett, als Monumentalkunst einen großen Aufschwung erlebte, denn Selbstheroisierung und Heldenverehrung ließen sich im Formalismus dieser Kunstformen am feierlichsten und erhabensten darstellen. Goethe freilich interessierte an der Oper hauptsächlich das Verhältnis zwischen Kunst und Natur. Das Naturwahre sei, so argumentiert in seinem Gespräch der Anwalt der Oper, vom Kunstwahren grundsätzlich unterschieden, aber gerade aus diesem Gegensatz leite sich die innere Wahrheit dieser scheinbar so ganz unnatürlichen Kunst ab. Denn das vollkommene Kunstwerk, das nur in sich selbst besteht und nicht Abbild einer äußeren Wirklichkeit ist, stimme eben wegen seiner Autonomie mit der «besseren Natur» des Menschen überein: «Ein vollkommenes Kunstwerk ist das Werk des menschlichen Geistes, und in diesem Sinne auch ein Werk der Natur.»

Diese Lösung der Dichotomie von Natur und Kunst, den großen Gegensätzen der Kantschen und Schillerschen Philosophie, ist jedoch nicht nur als eine Verteidigung der Oper zu verstehen. In die *Propyläen* eingerückt, bedeutete Goethes Dialog allgemein eine Stützung seines Programms zu ästhetischer Erziehung. Im gleichen Heft stand auch der Aufsatz *Über Laokoon*, in dem von der Mäßigung und Bändigung der menschlichen Natur durch die «Kunstnachahmung» die Rede war, und in den *Propyläen* druckte Goethe 1800 schließlich die Briefe Wilhelm von Humboldts aus Paris als Berichte *Über die gegenwärtige französische tragische Bühne* ab. Aus allen diesen Dialogen, Aufsätzen und Berichten sprach die Tendenz, Kunst von der Darstellung der Tagesrealität als der unmittelbaren «Natur» zu trennen und durch die Form des Kunstwerks wie seiner Darstellung den Aufnehmenden auf jene «bessere Natur» hinzuleiten, die mit der geistigen Existenz des Menschen identisch war und in der allein Goethe und viele seiner Zeitgenossen die Garantie humanen Lebens sahen.

Für die Weimarer Bühne übersetzte Goethe in diesen Jahren Voltaires Tragödien *Mahomet* (1799) und *Tancred* (1800), beides Stücke, deren klassizistische Form mit einer ausgesprochen romantischen Thematik verbunden war, mit dem Orient im ersten und dem Kampf zwischen Islam und Christentum im zweiten. 1802 legte Goethe dann in seinem Bericht *Weimarisches Hoftheater* erste Rechenschaft ab über seine Bemühungen, das Publikum zu bilden. Klassisch-distanzierte – oder um es modern zu sagen: verfremdete – Darstellung sollte von einem «unrichtigen Begriff von Natürlichkeit» wegführen und den «falsch verstandenen Konversationston» bannen. Die Inszenierungen, auf die er sich in dieser Hinsicht besonders etwas zu Gute hielt, betrafen seine Übersetzungen des *Mahomet* und des *Tancred*, Schillers *Maria Stuart* sowie dessen Theaterbearbeitungen von *Macbeth*, *Nathan dem Weisen* und *Turandot*, außerdem aber August Wilhelm Schlegels *Ion* und Kotzebues *Octavia* und *Bayard*. Kotzebues Hoffnung, mit diesen beiden Stücken Würdiges geleistet zu haben, war also nicht nur in persönlicher Eitelkeit begründet.

Bei alledem gab sich Goethe keinen Illusionen über seine realen Leistungen und über das tatsächlich Erreichte hin. «Unsere Literatur hatte, Gott sei Dank, noch kein goldenes Zeitalter, und wie das Übrige so ist unser Theater noch erst im Werden», heißt es in dem Bericht von 1802. Das ist ein bemerkenswertes Echo der früher im *Literarischen Sansculottismus* ausgesprochenen Gedanken über eine den Deutschen bisher noch nicht gegönnte Klassik. Wenn künstlerische Vollendung und Rundung eines Werkes höchstes Ziel seiner Arbeit waren, so widersprach es doch Goethes Denken, sich mit etwas Erreichtem zu beruhigen.

In der Liste seiner Weimarer Theaterversuche führt er als einzigen originalen Beitrag aus der eigenen Hand das kleine Festspiel *Paläophron und Neoterpe* an. Das Stück entstand 1800 und sollte zunächst *Alte und neue Zeit* heißen; die Namen der beiden Hauptgestalten wurden von Friedrich Schlegel vorgeschlagen, und Goethe akzeptierte sie auch für den Titel. Im Maß des antiken Trimeters wird der Tätigkeit ein Lob gesungen, die in Masken auftretenden allegorischen Gestalten Gelbschnabel, Naseweis, Griesgram und Haberecht werden verbannt, und ein alter Herr sowie eine junge Frau symbolisieren die Vereinigung von Tradition und Gegenwart in der Apotheose auf die «Herzogin Amalia von Sachsen-Weimar», zu deren 61. Geburtstag das kleine Stück bestimmt war. So unbedeutend es an und für sich ist – Goethe hat mehrfach Festspiele dieser Art geschrieben –, so verständlich ist doch Goethes besonderes Interesse dafür im Zusammenhang mit seiner Weimarer Theaterarbeit. Denn hier machte er seine Schauspieler und sein Publikum zum erstenmal mit einer Versform vertraut, die er im stillen noch zu einem anderen Zwecke benutzt hatte: zu den Helena-Szenen des *Faust*, von denen er 1800 die ersten 265 Verse niederschrieb – ebenfalls im würdevollen Maß des antiken Sechshebers. «Helena im Mittelalter. Satirdrama. Episode zu

Faust» nannte er das Bruchstück, das damals zustande kam als Vorläufer der
«klassisch-romantischen Phantasmagorie» von Helena und Faust, die 1827
im Druck erschien. Und Faustisches taucht immer wieder auf in den kleineren dramatischen Arbeiten dieser Jahre. In der Allegorie *Was wir bringen*
(1802), einem kleinen Festspiel zur Eröffnung des Lauchstädter Schauspielhauses, erschien zum Beispiel das klassische Paar Philemon und Baucis als
Vater und Mutter Märten. Aber noch war es nicht Zeit für die Vollendung
dieser großen Arbeit.

In den Schluß von *Was wir bringen* hat Goethe sein Sonett «Natur und
Kunst» hineingewoben. Es enthielt im letzten Terzett seine ganze Botschaft
als Kunsterzieher:

> Wer Großes will muß sich zusammen raffen.
> In der Beschränkung zeigt sich erst der Meister,
> Und das Gesetz nur kann uns Freiheit geben.

Die Botschaft aber besaß zugleich politische Untertöne, und in die Sphäre
der Politik, wenn auch gereift durch die künstlerischen Erfahrungen eines
Jahrzehnts, kehrte der Dramatiker Goethe Ende der neunziger Jahre erneut
zurück.

## Die natürliche Tochter

«Göthens Eugenie ist nach dem Urteil bescheidener Kenner das Größte, was
er je und was seit langen Jahren die Welt hervorgebracht hat. Es wird nächstens bei Cotta der erste Teil en *Almanach* erscheinen, die beiden andren Teile sind auch fertig, nur die letzte Feile fehlt. Dies Werk ist so vortrefflich, daß
Göthe, als er es den Schauspielern vorlas, selbst bitterlich weinte; das ist das
Schönste, was ich von ihm gehört habe, überhaupt erscheint er mir, seit [ich]
vieles und näheres von ihm höre, als der einfachste edelste reinste Mensch,
und von Stolz und Kälte sprechen nur die Schafsköpfe». Das schreibt am
14. Juni 1803 der fünfundzwanzigjährige Clemens Brentano aus Weimar an
Friedrich Carl von Savigny. Mit der «Eugenie» war Goethes Drama *Die natürliche Tochter* gemeint, die am 2. April in Weimar uraufgeführt worden
war. Im Druck erschienen ist sie noch im gleichen Jahr in Cottas *Taschenbuch
auf das Jahr 1804* – «en Almanach» also, wie Brentano andeutete. Ende 1799
hatte Goethe die, wie sich herausstellte fingierten, Memoiren einer französischen Adligen namens Stéphanie-Louise de Bourbon-Conti in die Hände bekommen, einer Frau, die behauptete, zwischen die Fronten der Revolution
geraten und vom Widerspiel der politischen Kräfte in Not und Elend getrieben worden zu sein. Goethe fand sich sogleich zu dem Plan angeregt, noch
einmal das Thema der Französischen Revolution aufzugreifen, jedoch von
deutschem Boden entrückt und in größeren, weltgeschichtlichen, aber zugleich auch allgemein menschlichen Dimensionen. Es entstand der Entwurf

zu einer Trilogie, von der allerdings – entgegen Brentanos Information – nur der erste Teil vollendet wurde.

Es wurde ein seltsames Stück, seiner poetischen Schönheit wegen bewundert, aber auch getadelt wegen ungenügender Motivationen und mancher Zumutungen an die Logik der Zuschauer oder Leser. Obwohl Seele dieses Dramas «die wichtigste Begebenheit der neuen Weltgeschichte» sei, schreibt der Rezensent des *Freimüthigen*, bewegten sich doch die Gestalten darin, «als wenn es Personen eines orientalischen Mährchens wären», während das Ganze «in das Helldunkel einer antiken Schicksalswelt» gestellt sei. Die historische Realität war suspendiert; das Stück spielt in einer stilisierten Szenerie von Wald, Schloß und Stadt, was freilich hinreicht, um jene Gegebenheiten zu bezeichnen, die am Ausgang des 18. Jahrhunderts zu den Zeugungselementen der Revolution gehörten: natürliches Leben sowie Adels- und Bürgerwelt. Die Sprache, gebunden in einen gemessen schreitenden, stark lyrisch getönten Blankvers, unterstreicht die Stilisierung, und auch die Bezeichnung der Gestalten entspricht ihr. Denn es spielen «König», «Herzog», «Hofmeisterin», «Sekretär», «Weltgeistlicher» und «Gerichtsrat». Allein die Hauptheldin hat einen Namen – Eugenie – der aber in seiner Bedeutung als die «Edelgeborene» deutlich eine symbolische Fracht trägt, und wenn sie einen Brief zu schreiben hat, so tut sie es in der Form eines Sonetts: Goethes Tribut an die gerade wieder beliebt gewordene romantische Gedichtform. Aber trotz seines kühlen Formalismus bebt dieses Drama von Leidenschaften, und es ist sehr wohl denkbar, daß Brentanos Bericht über den Gefühlsausbruch Goethes beim Vorlesen des Stückes keine oder nur eine geringe Übertreibung darstellt.

Die Leidenschaften, um die es in der *Natürlichen Tochter* geht, sind politische wie persönliche. Im Politischen läßt sich das Geschehen als eine sehr moderne Fabel erzählen: Eine im Untergrund wirksame revolutionäre Bewegung arrangiert einzelne Terrorakte – in diesem Falle eine Entführung –, um die Widersprüche und Gegensätze innerhalb der herrschenden Klasse zu vertiefen und damit den Boden für eine Revolution vorzubereiten. Ihre Mittel sind Überredung, Versprechungen, Erpressung – zum Beispiel durch sexuelle Gratifikation –, das Ausspielen von Feindschaften und Gewalt. Ihre Motivation aber ist die prinzipielle Machtablösung der «Gebietenden» (V. 1257), nicht irgendein pragmatisches Nahziel. Es ist bemerkenswert, mit welcher Scharfsicht Goethe hier das eigentliche Wesen der Französischen Revolution als ideologisch begründeter Aktion erfaßt. Der Ideologe und politische Aktivist im Stück ist dabei der Sekretär des Herzogs. Der Weltgeistliche, von ihm angeworben «mit schmeichlerischem Wesen, mit süßem Wort» (V. 1214/15), analysiert im Gespräch mit ihm aufs deutlichste die doppelte Wirkung jener revolutionären Ideologie, die ihm durch den Sekretär vermittelt wird und die ihn die gesellschaftlichen Widersprüche ebenso lehrt, wie sie ihn sich bedingungslos unterwirft. So sei ihm, meint der Geistliche, durch die Theorie «manch Bedürfnis» erst aufgedrungen worden:

Nun war ich arm, als ich die Reichen kannte;
Nun war ich sorgenvoll, denn mir gebrach's;
Nun hatt' ich Not, ich brauchte fremde Hülfe.
Ihr wart mir hülfreich, teuer büß' ich das.
Ihr nahmt mich zum Genossen eures Glücks,
Mich zum Gesellen eurer Taten auf.
Zum Sklaven, sollt' ich sagen, dingtet ihr
den sonst so freien, jetzt bedrängten Mann. (V. 1219–27)

Die Erinnerung an Hölderlins Hyperion und seine Enttäuschung über seines Freundes Alabanda Verstrickung in den «Bund der Nemesis» drängt sich auf.

Die politische Aktion nun, die im Mittelpunkt des Stückes steht, ist die Entführung Eugenies, der «natürlichen Tochter» des Herzogs, kurz bevor sie dem König offiziell präsentiert und von diesem als rechtmäßige Tochter legitimiert werden soll. Für die Tat hat Goethe ein feines Netz unterstützender Motivationen geknüpft. Der Neid des rechtmäßigen Sohnes des Herzogs ist dabei die geringste, denn der Sohn tritt nicht auf, um seinen Anspruch anzumelden. Anders ist es mit dem König selbst, dem Neffen des Herzogs, der von der Erscheinung Eugenies am Hofe den wachsenden Einfluß des Herzogs fürchtet, an dessen grundsätzlicher Loyalität er zweifelt. So gibt er sich dazu her, die Entführung zu fördern und lieber diese Aktion als die «natürliche Tochter» zu legitimieren. Schwach wie er ist, kann er von einem patriarchalischen Glück im Staate nur noch träumen und resigniert feststellen:

O! wäre mir, zu meinen reinen Wünschen,
Auch volle Kraft auf kurze Zeit gegeben. (V. 417/18)

Mangels solcher Kraft bleibt ihm nur übrig, zur vorläufigen Erhaltung seiner Macht die weniger reinen Taten abzusegnen, so daß Eugenie, als sie von diesem Doppelspiel erfährt, zu dem Schlusse kommt:

Diesem Reiche droht
Ein gäher Umsturz. Die zum großen Leben,
Gefugten Elemente wollen sich
Nicht wechselseitig mehr, mit Liebeskraft,
Zu stets erneuter Einigkeit, umfangen.
Sie fliehen sich und, einzeln, tritt nun jedes,
Kalt in sich selbst zurück. Wo blieb der Ahnherrn
Gewalt'ger Geist? der sie zu *einem* Zweck
Vereinigte, die feindlich kämpfenden?
Der diesem großen Volk, als Führer, sich,
Als König und als Vater, dargestellt.
Er ist entschwunden! Was uns übrig bleibt
Ist ein Gespenst, das, mit vergebnem Streben,
Verlorenen Besitz zu greifen wähnt. (V. 2825–38)

Adel im Untergang.

Eugenies eigenen Anteil an Schuld für ihr Schicksal hat Goethe auf eine höchst seltsam symbolische Weise angedeutet, wenn auch im einzelnen nicht dargestellt und begründet. Von ihrem Vater nämlich erhält sie den Schlüssel zu einem Kleiderkabinett, das Prachtgewänder und Schmuck für die Präsentation vor dem König enthält. Das geschieht mit der Auflage, den Schlüssel nicht vor dem entscheidenden Tage zu gebrauchen. Goethe entrückt hier seine Gestalten also in eine Art Märchenwelt durch ein Gebotsmotiv, wie es aus Melusinen- oder Blaubartgeschichten geläufig ist. Verbunden damit ist das in seinem Werk vielverbreitete Motiv des in einem Kasten verschlossenen Geheimnisses. Eugenie nun bricht das Gebot aus Neugier auf Pracht und Schmuck, entzündet Neid und tut durch den Mangel an Kraft zu Beherrschung und Entsagung das Ihre zur Vertreibung aus einem vom Vater erträumten «Feenreich» (V. 617) oder «Paradies» (V. 624). Als ihr ein zweitesmal, am Ende des Stückes, von ihrem zukünftigen Ehemann, dem Gerichtsrat, «ein schönes Kästchen» überreicht wird, nimmt sie es zwar mit Dank entgegen, aber sendet es uneröffnet ins Haus zurück. In Entsagung wendet sich das Schicksal der Entführten zum erträglich Guten.

Goethe hat in der *Natürlichen Tochter* wiederum seiner tiefwurzelnden Abneigung gegen die Tragödie den Sieg ermöglicht. Statt sich als offiziell tot Ausgegebene auf «die Inseln» (V. 808) in tropischer Fiebergegend verbannen zu lassen, ergreift Eugenie den einzigen ihr gebotenen Ausweg: sie begibt sich ihres Adels, indem sie eine bürgerliche Heirat eingeht. Der Gerichtsrat in der Stadt am Meer, von wo die Reise ausgehen sollte, gibt ihr dazu die Hand mit dem Versprechen, sie nach ihrem Willen als Schwester und nicht als Gattin zu behandeln, die Ehe also unvollzogen zu lassen und «Entsagung der Entsagenden zu weihen» (V. 2888). Eugenie kommt im übrigen zu diesem Entschluß nicht aus Angst, sondern – angesichts des drohenden Umsturzes – aus dem Gefühl der Verantwortung in «gemeinsamer Gefahr»:

> Entflöhe die Gelegenheit, mich, kühn,
> Der hohen Ahnen würdig zu beweisen,
> Und jeden, der mich ungerecht verletzt,
> In böser Stunde hülfreich zu beschämen.
> Nun bist du Boden meines Vaterlands
> Mir erst ein Heiligtum, nun fühl' ich erst
> den dringenden Beruf mich anzuklammern. (V. 2841–47)

Es wäre den weiteren Teilen der Trilogie vorbehalten geblieben, vorzuführen, was Eugenie als adlige Bürgerin aus solchem Entschlusse hätte machen können, falls es vorführbar gewesen wäre.

Theatralisch wirksam war ein solcher Schluß gewiß nicht, und die *Natürliche Tochter* hat es auf der Bühne stets schwer gehabt. In der Tat wird der Schluß auch nur verständlich, wenn man ihn nicht als symbolische Lösung eines politischen Konflikts betrachtet, als die er kaum gelten kann, sondern Eugenie und ihr Leben in Beziehung setzt zu jenen Frauen in Goethes Werk, die sich dem sexuellen Zugriff entziehen oder deren Rolle von der Norm einer Geschlechtsgefährtin des Mannes beträchtlich abweicht. Über alle anderen Beispiele ragt in dieser Hinsicht die schwesterliche Gestalt der Iphigenie hinaus. Im *Tasso* sind es die Mißverständnisse über die Rolle der Prinzessin als Frau innerhalb oder außerhalb eines gesellschaftlichen Kontexts, die zu bitteren Konsequenzen führen. Schon vorher hatte Werther sein Verhältnis zu Lotte durch Rollenverwechslungen tragisch verwirrt. Wilhelm Meister hingegen vermeidet gefährliche Proben, indem er seine Natalie von vornherein als Heilige verehrt. Eugenie schließlich nimmt deshalb so leicht die Rolle der schwesterlichen, entsagenden Gattin an, weil sie die Liebe vorher nur als Tochter erfahren hat; das erotisch getönte Verhältnis zum Vater wird von Goethe vorsichtig angedeutet und die Heldin zugleich in die mythische Sphäre als Göttin Diana entrückt. Von Diana, der Schwester Apolls, schreibt Karl Philipp Moritz in seiner *Götterlehre*, daß sie «an schattigten Wäldern ihre Lust hat und an der Verfolgung der schnellen Hirsche sich ergötzt», also eben das tut, was Goethe am Anfang des Stücks ausdrücklich von Eugenie berichtet. Goethe hat immer wieder in seinem Werk eine derartige Transparenz auf Mythisches benutzt, um größere, metahistorische Verhältnisse und Verhaltensgesetze hinter der historischen Erscheinung sichtbar zu machen. Hier unterstützt der feine Bezug auf die Mythe in jedem Fall der untragischen Gesamtcharakter des Lebens gegenüber der Tragik des einzelnen geschichtlichen Falles.

Insofern mußte und muß die *Natürliche Tochter* auch diejenigen enttäuschen, die von Goethe eine dramatische Darstellung der Revolution und ihrer Voraussetzungen, Gründe, Komplikationen oder Folgen erwarteten beziehungsweise erwarten. Gewiß waren ein menschlich und politisch schwacher Adel wie ein humanes, gebildetes Bürgertum, so wie sie Goethe darstellt, wichtige Phänomene für die politischen Entwicklungen seiner Tage. Aber politische Aktionen waren für ihn, den Dichter, nur Äußerungen grundsätzlicherer menschlicher Verhaltensweisen oder Leidenschaften. Sie allein konnten menschlich bewegen, unter Umständen sogar zu Tränen. Nicht dem Historiker Anschauungsmaterial zu reichen oder ihm ins Werk zu pfuschen, betrachtete Goethe als sein Geschäft. Historische Wahrheit vorzuführen setzte sich nur Kotzebue zum Ziel. Ihm hingegen ging es um menschliches Verhalten, um Lieben, Streben oder Hassen. Diese allein konnte er als Dramatiker im Streit zeigen. «Der Dichter aber, der seiner Natur nach unparteiisch sein und bleiben muß, sucht sich von den Zuständen beider kämpfenden Teile zu durchdringen, wo er denn, wenn Vermittlung unmöglich wird, sich entschließen muß, tragisch zu endigen. Und mit welchem Zyklus von Tragödien sahen wir uns von der tosenden Weltbewegung bedroht!» heißt es in der *Campagne in Frankreich*. Im Zyklus jener drei Revo-

lutionsdramen, von denen die *Natürliche Tochter* das erste sein sollte, wollte
er sich von dem Zwang zur Tragödie jedoch soweit als möglich befreien.
Den Begriffen von Zufall und Glück stellte er Gesetz und Ordnung gegenüber, wie sie dem Naturwissenschaftler bei seinen Studien ansichtig geworden waren. Zu Präskriptionen für die Zukunft sah er sich außerstande. In seine *Tag- und Jahreshefte* notierte er sich 1803 nur:

> «Der zweite Teil sollte auf dem Landgut, dem Aufenthalt Eugeniens,
> vorgehen, der dritte in der Hauptstadt, wo mitten in der größten Ver-
> wirrung das wiedergefundene Sonett freilich kein Heil, aber doch einen
> schönen Augenblick würde hervorgebracht haben. Doch ich darf
> nicht weiter gehen, weil ich sonst das Ganze umständlich vortragen
> müßte.»

Das Vorhaben blieb, wie gesagt, unausgeführt. Die sich verändernde geschichtliche Situation, Napoleons Aufstieg und der Zusammenbruch des
Reiches, gaben Hoffnungen und Enttäuschungen andere Richtung. «Wo
sollen wir die Zeitumstände zur Fortsetzung eines solchen Gedichtes hernehh-
men?» erwiderte Goethe 1813, als in einem Gespräch die Rede auf die Fortsetzung der *Natürlichen Tocher* kam. Welche begrenzten Wirkungsmöglichkeiten adligen Damen inkognito in Europa oder Amerika zur Verfügung
standen, hat, wie bereits gezeigt, Heinrich Zschokke 1804 in seinem populären Roman *Die Prinzessin von Wolfenbüttel* vorgeführt. Die beiden großen
poetischen Gefäße, die dagegen Goethes Reflexionen auf seine Zeit weiterhin auffangen konnten, waren anstelle der Eugenien-Trilogie der Roman
*Wilhelm Meisters Wanderjahre* und der *Faust,* beides Produkte jahrzehntelang-
langen Planens und Schreibens.

   Zwischen 1797 und 1801 entstanden jene Teile des *Faust,* die über die Tragödie hinweg den Ausblick auf den untragischen Zusammenhang, die göttliche Komödie dieses Lebens geben sollten: das *Vorspiel auf dem Theater* und
der *Prolog im Himmel.* Während Goethe das Fragment von 1790 über Denken und Lieben eines bürgerlichen Gelehrten im kleinen Deutschland des
16. Jahrhunderts auffüllte und zum vollen Drama ausweitete, hatte er zugleich schon ein Bild von dem ferneren Lebenslauf seines Helden gefaßt und
die ersten Ansätze gemacht, den mittelalterlich-romantischen Mann zur
schönsten Frau der Antike zu führen. Als er im April 1806 das Manuskript
zum ersten Teil der *Faust*-Dichtung abschloß, war es wieder nur das Fragment eines in seinen Grundzügen bereits existierenden größeren Ganzen.
Deshalb soll der *Faust* auch erst als Ganzes im Kontext von Goethes literarischer Tätigkeit nach 1806 betrachtet werden. Die «Zeitumstände» – im Oktober 1806 wurde das preußische Heer ein paar Kilometer von Weimar entfernt durch Napoleons Truppen entscheidend geschlagen – verhinderten es
ohnehin, daß der erste Teil sogleich erschien. Er kam 1808 im 8. Band von
Goethes Werken heraus, die Cotta in Stuttgart verlegte.

## 6. Schillers dramatisches Werk

Die Ansichten über Schiller haben stets weiter auseinandergelegen als diejenigen über Goethe. Den hohen Rang Schillers hat man kaum bestritten, aber man hat sich doch viel stärker in verkennender Verehrung oder verkennendem Spott engagiert, als das bei Goethe oder überhaupt einem anderen bedeutenden Autor dieser Jahre sonst der Fall gewesen ist. 1905, zu seinem 100. Todestag, erschien ein Buch über Schiller «im Urteil des zwanzigsten Jahrhunderts», das im Inhaltsverzeichnis Gesichtspunkte aufzählte wie: «Schiller als Träger und Erwecker des Idealismus», «Schiller als männlicher Geist», «Schiller als Jungbrunnen», «Schiller als Geleit durchs Leben» und «Schiller als Verkörperung der deutschen Volksseele». Um diese Zeit hingegen höhnte Alfred Kerr, immerhin ein Kenner des Theaters:

> Nichts an dir war scheel und niedrig,
> Teurer Schiller, edler Friedrich.

Vor ihm war es Nietzsche gewesen, der Schiller unter seine «Unmöglichen» eingereiht und ihn den «Moral-Trompeter von Säckingen» genannt hatte. Was lediglich Reaktion auf einen übertriebenen idealistisch-nationalistischen Schiller-Kult seit 1859 zu sein scheint, als man Schiller zum poetischen Heros eines geeinten Deutschland gekürt hatte, das hatte es jedoch im Grunde schon zu seinen Lebzeiten gegeben. August Wilhelm Schlegel, der sich von Schiller bei den Versen seiner Übersetzung von Shakespeares *Julius Cäsar* hatte helfen lassen – man wohnte in Jena ohnehin gleich nebenan –, war das Zentrum damaliger Schiller-Skepsis und der Autor von Versen, die Kerr sicherlich gern auch für sich in Anspruch genommen hätte. Für Schiller blieb das Theater stets das eigentliche Feld seines dichterischen Wirkens, und die Tragödie war die Grundform seines Weltverständnisses, obwohl er sie um der Humanität willen zu überwinden suchte. Eine solche Einstellung fordert Pathos, fordert Leidenschaft und Deklamation, aber entblößt damit auch leicht die Seiten für den Angriff des Spottes, besonders wenn sie die Vermittlung mancher staatsbürgerlichen Weisheit einschließt. Die Charakterisierung Schillers als Zitatenschatz der Nation oder eben als Moral-Trompeter ist jedoch eine entstellende Übertreibung der Tendenzen eines Werkes, das in Missionsarbeit keineswegs seine Erfüllung suchte.

Durch die gründliche Untersuchung der Philosophie und der Ästhetik, die Schillers späten Dramen zugrunde liegen, sind allmählich Weite und Ernst seines Denkens jenseits der Klischees vom «Erwecker des Idealismus» und «Verkörperer der deutschen Volksseele» bekannt geworden. Nun hat es jedoch seine Vor- und Nachteile, wenn ein Autor zugleich Kunsttheoretiker ist und überdies die Entstehung seiner Werke mit ausführlichen Kommenta-

ren begleitet, wie Schiller das in seiner Korrespondenz getan hat. Gewiß gibt
der Blick in die Werkstatt erst einen Begriff von der Vollendung eines Kunstwerks, wenn man es wie den Schild des Achill langsam entstehen sieht, und
die Kenntnis der Gedanken eines Autors läßt wohl auch zuweilen hinter den
Worten seiner Gestalten die Fäden erkennen, die sie bewegen. Andererseits
ist bekannt, daß literarische Gestalten unter den Händen ihres Schöpfers oft
ein eigenes Leben annehmen und sich seinem planenden Willen in dem, was
sie sagen und tun, entziehen. Jede Interpretation Schillerscher Dramen, die
nicht über seine ästhetischen Begriffe hinausdringt, wird deshalb letztlich nur
ein akademisches Exerzitium sein und der Vergegenwärtigung eines Kunstwerkes ebensowenig dienen wie dessen historischem Verständnis. Denn
wenn auch bedeutende Kunst die Geschichte transzendiert, so bleiben doch
die Künstler selbst, ihre Begriffe, ihr Denken und ihre Einbildungskraft von
der eigenen geschichtlichen Situation befangen, und ohne das ständige Bewußtsein von einer solchen doppelten Perspektive, wie sie Literaturgeschichte zu fassen versucht, mag das Interessanteste und Anziehendste eines Kunstwerks oft verloren gehen. Das bedeutet für Schillers Dramen nach 1798, daß
sie nicht nur mit der Elle seiner Philosophie zu messen und als Illustration
von etwas bereits Gedachtem anzusehen sind, sondern daß sie eigenständiges
Denken in dramatischer Form darstellen, das über die Ergebnisse der Philosophie hinausführt.

Auf einem Blatt, das Schiller um 1799 anlegte und später ergänzte, hat er
mehr als dreißig Dramentitel verzeichnet – Werke, an denen er arbeitete,
oder Stoffe, für die er sich interessierte. In der kurzen Zeit bis zu seinem
Tode 1805 vollendete er davon die Trilogie *Wallenstein,* aufgeführt 1798/99
und gedruckt 1800, *Maria Stuart,* aufgeführt 1800 und 1801 gedruckt, «Das
Mädchen von Orleans», wie es auf der Liste heißt, also *Die Jungfrau von Orleans* (1801), «Die feindlichen Brüder zu Messina», also *Die Braut von Messina* (1803), und *Wilhelm Tell* (1804). Die Arbeit an einem *Demetrius*-Drama
blieb unabgeschlossen; zwei lange gehegte Pläne für Tragödien über den
Malteser-Orden und über den englischen Kronprätendenten und Betrüger
Warbeck aus dem 15. Jahrhundert blieben im Stadium der Entwürfe stecken.
Bürgerliches, Klassisches und Politisch-Revolutionäres steht weiterhin auf
der Liste, so zum Beispiel eine Tragödie über Charlotte Corday. Manches
unterblieb, weil einige der ausgeführten Stücke – im letzteren Fall der *Tell* –
auf andere Weise die Thematik dieser Stoffe bereits ausschöpften. Schillers
Tätigkeit als Dramatiker beschränkte sich jedoch nicht auf die eigenen Stükke. Zwischen 1800 und 1805 hat er außerdem noch Shakespeares *Macbeth*
und Gozzis *Turandot* nach deutschen Prosaübersetzungen in Versfassungen
zur Aufführung am Weimarer Theater umgearbeitet, Racines *Phädra* und
zwei Stücke des französischen Zeitgenossen Louis-Benoît Picard übersetzt
sowie Lessings *Nathan* und Goethes *Iphigenie* für die Bühne eingerichtet.
Denn das Weimarer Theater und insbesondere die engen persönlichen Be-

ziehungen zu Goethe bildeten den stimulierenden Hintergrund für all diese Arbeiten Schillers.

Schillers dramatisches Werk seit den neunziger Jahren ist das Werk eines immer noch verhältnismäßig jungen Mannes. Als Schiller 1789 seine Professur in Jena antrat, war er knapp dreißig, als er den *Wallenstein* vollendete, knapp vierzig Jahre alt. 1790 hatte er geheiratet, und in den Jahren zwischen 1793 und 1804 wurde er Vater von vier Kindern. Mancher Frauen- und Familienenthusiasmus, der besonders in der Lyrik zum Ausdruck kommt, aber auch in Stücken wie dem *Tell*, und der eine bevorzugte Zielscheibe Schlegelschen Spottes darstellte, geht auf das Glück eines jungen Familienvaters zurück. Aber Schiller war in dieser ganzen Zeit auch ein sehr kranker Mann. Als er 1805 starb, waren, wie bei der Autopsie festgestellt wurde, Lungen, Herz, Leber, Galle, Milz, Nieren und Darm von Krankheitserscheinungen angegriffen und zum Teil zerstört. Im Dezember 1797 schon hatte er an Goethe geschrieben: «Gewöhnlich muß ich [...] Einen Tag der glücklichen Stimmung mit fünf oder sechs Tagen des Drucks und des Leidens büßen», und ein solcher Zustand hielt auch weiterhin an. 1791 war Schiller zuerst von einer schweren Erkrankung erfaßt worden, und Jenaer Studenten, unter ihnen der junge Friedrich von Hardenberg-Novalis, hatten damals an seinem Bette gewacht. Bis 1805 wurde dann Leben und Arbeiten identisch für ihn mit einem beständigen Kampf gegen die Schwächen des Körpers. Schillers Verständnis für menschliche Leidensfähigkeit und Leidensbereitschaft in seinen Stücken und die Verbindung zwischen Tragik und Hoffnung, die sich in ihnen ausdrückt, läßt sich aus solchen Voraussetzungen besser begreifen.

Zu den biographischen Umständen für sein spätes Werk gehört schließlich seine enge Verflechtung in das literarische Leben dieser Tage. Schiller hat Polemik nie gescheut, wie 1791 seine leidenschaftliche Rezension von Bürgers Gedichten zeigt. Goethe beriet er oft bei seiner Weimarer Theaterarbeit, so daß dieser zeitweilig daran dachte, ihm das Amt zu übergeben. Seine und Goethes *Xenien* (1795/96) stachen dann weiterhin in manches literarische Wespennest, und es gab vielerlei Verwicklung von Parteien. August Wilhelm Schlegel, wie gesagt, gehörte zu den Spöttern, Novalis prinzipiell zu den Verehrern, auch wenn die engen Beziehungen aus der Studentenzeit nicht fortgesetzt wurden. Unter den Kritikern der *Maria Stuart* fanden sich außer den Schlegels auch Wieland und Herder; letzterer hatte als Weimarer Generalsuperintendent sogar beim Herzog eine Demarche zur Streichung der Kommunionsszene gemacht. Seit 1799 war Schiller Weimarer Bürger, man war einander besonders nahe in der kleinen Stadt, und die Irritationen durch die täglichen kleinen Differenzen, durch gegönnte oder nicht gegönnte Privilegien, sind nicht gering einzuschätzen. Nicht immer waren es also literarische Lager, die gegeneinander fochten, obwohl auch das zutraf. Als sich zum Beispiel Kotzebue und Merkel mit den Schlegels und deren zeitweiligem

Schirmherrn Goethe anlegten, versuchten sie zu gleicher Zeit Schiller hoch-
zuspielen, eine Dichterkrönung in Weimar zu veranstalten und dadurch einen Keil zwischen ihn und Goethe zu treiben, was freilich mißlang. Daß
Goethes manchmal allzu strenger Klassizismus besonders als Kunstpolitiker
und Theaterleiter Schiller dennoch ein gelegentliches Wort der Weimar-
Müdigkeit abnötigte, gehört ebenfalls zu der Situation, in der die Dramen
dieser letzten Jahre entstanden. Aber, so schreibt Schiller einen Monat vor
seinem Tode an Wilhelm von Humboldt, «am Ende sind wir ja beide Idealisten und würden uns schämen, uns nachsagen zu lassen, daß die Dinge uns
formten und nicht wir die Dinge».

In dem kleinen «lyrischen Spiel», das Schiller zu Ehren der russischen
Großfürstin Maria Paulowna 1804 für das Weimarer Theater verfaßte, läßt
er die einzelnen Künste – Architektur, Skulptur, Malerei, Poesie, Musik und
Tanz – sich vorstellen und als letzte und offenbar geliebteste die Schauspielkunst mit der Doppelmaske des Tragischen und Komischen:

> Ein Janusbild laß *ich* vor Dir erscheinen,
> Die Freude zeigt es hier und hier den Schmerz,
> Die Menschheit wechselt zwischen Lust und Weinen,
> Und mit dem Ernste gattet sich der Scherz.
> Mit allen seinen Tiefen, seinen Höhen
> Roll' ich das Leben ab vor Deinem Blick;
> Wenn Du das große Spiel der Welt gesehen,
> So kehrst Du reicher in Dich selbst zurück,
> Denn wer den Sinn aufs Ganze hält gerichtet,
> Dem ist der Streit in seiner Brust geschlichtet.

Im leichten Fluß der Verse sind hier noch einmal die großen Gedanken der
ästhetischen Schriften über das Wirkungsziel der Kunst, insbesondere des
Dramas, ausgedrückt. Kunst ist Vergnügen, keine moralisch-didaktische Belehrung, ist Anschauen des Lebens in «seinen Tiefen, seinen Höhen», aber
nicht unorganisiert in Zufälligkeiten, sondern organisiert im Spiel, im Spiegel
des Kunstwerks, das den Menschen für einen Augenblick über sich hinaus-
hebt und ihm das Bewußtsein von einem größeren Ganzen gibt, einer Ordnung in der Unordnung aller jeweiligen Gegenwart. Ein solches Bewußtsein
befähigt ihn freilich nur, den «Streit in seiner Brust» zu schlichten, also mit
sich selbst in Einklang zu kommen, nicht jedoch, sich als Vorbereiter einer
neuen Welterlösung zu fühlen. Darin unterscheidet sich Schiller deutlich
vom romantischen Universalismus und Chiliasmus bei Friedrich Schlegel,
Novalis oder, speziell im Drama, bei Hölderlin in dessen *Empedokles*-Frag-
ment. Schillers Idealismus ist nicht zu verwechseln mit dem Streben nach einem utopischen Ideal. Was er unter Idealismus begreift, hat er selbst in seinem letzten Brief an Humboldt angedeutet: die Macht des Menschen über
die «Dinge». Gemeint ist die Fähigkeit des Menschen, seiner Besonderheit

als einzigem denkenden Naturwesen gemäß handeln zu können, indem er die Macht der Notwendigkeit anerkennt und sie sich gerade dadurch unterwirft. Was an der Oberfläche als Zufall, Glück oder Urglück erscheint, nimmt so den Charakter einer Ordnung an, die in der Doppelheit des Menschen als denkendem Wesen und als Naturwesen begründet ist. Schillers Dramen stellen nichts anderes dar als Versuche, in der Spannung zwischen der Fähigkeit zur Freiheit und dem Zwang der Notwendigkeit zu existieren und zu handeln. Schiller führt nicht seine Gestalten zu vorausbestimmten Erkenntnissen und Entschlüssen, sondern er zeigt ihr Denken und Handeln, oder, wie es in den Notizen zum *Demetrius* einmal heißt, «die Coexistenz der [ent]gegengeseztesten Zustände», in denen seine Helden handeln müssen. An diesem Handeln im geschichtlichen Augenblick und an dessen inneren und äußeren Triebkräften sowie an dem ganzen Netz von politischen, gesellschaftlichen, persönlichen Interaktionen und Reaktionen, das dadurch entsteht, ist Schiller primär interessiert, nicht an der Wiedergabe historischer Realität, wie es sich Kotzebue in seinen Geschichtsdramen zum Ziele setzte, oder an der Illustrierung einer Moral beziehungsweise eines Idealzustandes. Er habe versucht, schreibt Schiller am 2. Oktober 1797 an Goethe, den Stoff des *Wallenstein* «in eine reine tragische Fabel» zu verwandeln und «nichts blindes darinn» mehr zu lassen. Es ist die Beschwörung des Klassisch-Antiken als Vorbild, die unter solchen Vorzeichen und Zielen erfolgt. Gemeint ist Klassisches also nicht stofflich oder formal, sondern als ein künstlerisches Verfahren, in dem der Stoff in bestimmter Behandlungsweise dazu nötigt, «von allem noch so characteristisch-verschiedenem etwas Allgemeines, rein menschliches zu verlangen», wie es in einem anderen Brief an Goethe vom 24. November desselben Jahres heißt. Ein solches Kunstwerk aus einem Stoff der modernen Geschichte herauszubilden, war zum erstenmal Schillers Absicht im *Wallenstein*.

## Wallenstein

Mit Wallenstein, dem Herzog von Friedland, schuf Schiller seine reichste und tiefste Dramengestalt, und mit dem Werk, in dessen Mittelpunkt er steht, eine Tragödie von wahrhaft weltliterarischem Rang, die tief in das Verhältnis des einzelnen Menschen zu Zeit, Politik und Geschichte hineinblicken läßt. Nur ein politisches oder historisches Lehrstück ist es nicht, kein Thesendrama, das auf philosophische Grundsätze und moralische Überzeugungen rein zurückführbar wäre. Als Künstler läßt Schiller hier alle Abstraktionen der Philosophie und Ästhetik hinter sich und hat allein die menschliche Existenz mit ihren vielen Facetten und Widersprüchlichkeiten in Zeit und Raum zum Thema.

Das Interesse an Albrecht von Wallenstein war Schiller aus der Arbeit an seiner *Geschichte des Dreißigjährigen Kriegs* zugewachsen. Darin trat Wallenstein als Gegenspieler Gustav Adolfs von Schweden auf, so daß der Verlauf dieses Krieges für Schiller geradezu zum Duell dieser beiden Helden wurde. Der eine, Gustav Adolf, war lichter Verteidiger des Protestantismus, kühn, gottesfürchtig, menschlich und dem größeren Zwecke des Glaubens ergeben; der andere hingegen, Wallenstein, ein dunkler Charakter, katholischer Konvertit, ehrsüchtig, stolz und im Grunde nur an sich glaubend, machte sich selbst zum Zwecke seines Handelns. In beiden Fällen aber stellte Schiller dort, wo er von dem Tod seiner Helden berichtet, dem Urteil der Neigung das kritische Urteil des aus der Distanz abwägenden Historikers gegenüber. Ihm erscheint im nachhinein der Tod Gustav Adolfs geradezu als ein Glück für die Deutschen, als ein Akt höherer Vernunft, da er ihre Selbsthilfe evozierte und verhinderte, daß jemand, «geboren im Ausland» und «in den Maximen der Alleinherrschaft auferzogen», auf dem Kaiserthron das «Heiligthum Deutscher Verfassung» zunichte machte. Wallenstein hingegen wächst ins Kolossalische als ein Mensch, der sich «über die Religionsvorurtheile seines Jahrhunderts» erhebt und dessen Ehrgeiz und Machtstreben sich zugleich mit «freyem Sinn und hellem Verstand» verbinden. Von seinem Ende heißt es: Er fiel, «nicht weil er Rebell war, sondern er rebellirte, weil er fiel», zur Strecke gebracht nicht allein durch seinen Ehrgeiz, sondern auch durch die Intrigen kleiner Figuren, denen er zu groß geworden war. Mit der Erkenntnis solcher Gegensätzlichkeiten tat Schiller jedoch den ersten Schritt zur Umsetzung einer historischen in eine literarische Gestalt, in der Historisches und Allgemeinmenschliches sich sichtbar verbanden.

Schiller hatte allerdings zunächst vor, Gustav Adolf seine literarische Aufmerksamkeit zuzuwenden und ihn zum Gegenstand eines «Heldengedichtes» zu machen, in dem «von der Schlacht bei Leipzig bis zur Schlacht bei Lützen» zugleich «die ganze Geschichte der Menschheit» behandelt werden sollte. Aber ein solcher Plan forderte ihn auch zur Besinnung auf sein Talent und auf die Grundgesetze der Gattungen heraus. «Der Epische Dichter reicht mit der Welt, die er in sich hat nicht aus, er muß in keinem gemeinen Grad mit der Welt außer ihm bekannt und bewandert seyn. Dieß ist was mir fehlt», schreibt Schiller am 28. November 1791, also noch während der Arbeit an seiner *Geschichte des Dreißigjährigen Kriegs,* im Hinblick auf ein Gustav-Adolf-Epos an Körner. So trat Wallenstein vor den Blick des Dramatikers. In den folgenden Jahren beschäftigte Schiller sich dann immer wieder mit Plänen zu einer Tragödie aus diesem Stoffe, wenngleich er sich mit dem Arbeitsbeginn Zeit ließ.

In Schillers Kalender steht die Notiz: «22. Oktober 1796 *an den Wallenstein* gegangen, denselben am 17. März 1799 geendigt fürs Theater und in allem 20 Monate voll mit sämmtlichen drei Stücken zugebracht.» Denn was ursprünglich ein einziges Stück werden sollte, war über der Arbeit allmählich so gewachsen, daß eine Trennung in drei Teile nötig wurde, allein schon aus theatertechnischen Überlegungen heraus. Von einer Trilogie im strengeren

Sinne, also einem Zyklus dreier in sich gleichwertiger und selbständiger Werke läßt sich beim *Wallenstein* hingegen nicht sprechen. Der erste Teil, *Wallensteins Lager*, die Exposition von Wallensteins Charakter und seiner Zeit durch ein Bild des Soldatenlebens und der Kriegsnöte, wurde am 12. Oktober 1798 in Weimar uraufgeführt. Das zweite Stück – *Die Piccolomini* –, das den Knoten schürzt und den Herzog vor allem im Spiegel seiner Offiziere und seiner Familie zeigt, folgte am 30. Januar 1799, damals übrigens noch die ersten beiden Akte von *Wallensteins Tod* mit einschließend, und dieser letzte und Hauptteil kam dann als Ganzes am 20. April des gleichen Jahres in Weimar zur Aufführung.

Die Entstehung des *Wallenstein* ist in Schillers Korrespondenz besonders ausführlich dokumentiert, denn sie fällt in eben jene Zeit, da sich ihm Goethe als Freund verband und diese Freundschaft sich als Arbeitsgemeinschaft in einem oft täglichen Briefwechsel über die knapp 30 Kilometer zwischen Weimar und Jena niederschlug. Einer der ästhetischen Grundgedanken Schillers war die Autonomie des Künstlers und der Kunst gegenüber den Forderungen von Geschichte, Religion und Moral. Man könne, hatte Schiller in seiner Abhandlung *Über die tragische Kunst* 1792 geschrieben, den Tragödiendichter nicht «vor das Tribunal der Geschichte» ziehen, um «*Unterricht* von demjenigen zu fodern, der sich schon vermöge seines Nahmens bloß zu Rührung und Ergötzung verbindlich macht». Zeit und Geschichte werden im Spiel der Kunst transzendiert – «es ist die *poetische* nicht die historische Wahrheit, auf welche alle ästhetische Wirkung sich gründet». In der Totalität eines gerundeten Kunstwerks erfährt der Mensch vielmehr das, was jenseits aller Bestimmungen und Interessen seiner Natur und seiner Zeit in ihm angelegt ist: seine Geistigkeit, seine Vernunftbestimmung und Vernunftfähigkeit. Die Folgerungen aus einem solchen Gedanken hat Schiller am Ende der Abhandlung *Vom Erhabenen* in diesem Satz zum Ausdruck gebracht: «Es ist ein achtungswerther Karakterzug der Menschheit, daß sie sich wenigstens in *aesthetischen* Urtheilen zu der guten Sache bekennt, auch wenn sie *gegen* sich selbst sprechen müßte.» Also doch eine Moral?

Besonders im Briefwechsel mit Goethe hat sich Schiller gerade im Hinblick auf seinen *Wallenstein* große Mühe gegeben, zwei Begriffe von Moral voneinander zu trennen, und zwar den Moralbegriff eines jeweils gegenwärtigen Publikums, das selbstgerecht zwischen gut und böse, richtig oder falsch entscheiden zu können glaubt, von dem, der in der Tatsache der menschlichen Vernunft begründet liegt und nichts unmittelbar mit dem anderen zu tun hat. Der eine müsse, heißt es, sogar erschüttert werden, wenn der andere klar heraustreten solle. Daß die Gabe der Vernunft es dem Menschen ermöglicht, sich über die Antriebe seiner Natur zu erheben, ist dabei allerdings nicht nur das Axiom einer Philosophie, sondern in der Tat die Voraussetzung aller Reflexion und menschlichen Selbstbestimmung überhaupt. Aber was der Mensch *kann, muß* er deshalb noch nicht unbedingt tun. Im Gegenteil, so argumentiert Schiller, sei die Geschichte voll von Beispielen, in denen er sich in der Anarchie seiner Leidenschaften zugrunderichte, als einzelner wie in den großen Gemeinschaften der Völker und Nationen. Allerdings demonstriert gerade das Beispiel von Wallenstein und Gustav Adolf in der *Geschichte des Dreißigjährigen Kriegs* die Unsicherheit zeitlichen Urteils bezüglich dessen, was nun tatsächlich vernünftig und gut ist. Die Geschichte fälle oft ein anderes Urteil als das der momentanen Moral, aber eben dadurch werde etwas von jener Vernunft sichtbar, die gegen allen Zweifel dennoch in der Geschichte vorhanden sei. Vor allem im ästhetischen Genuß von Kämpfen und Untergängen, von Tragödien also, könne man ihrer in «Rührung und Ergötzung» gewahr werden und vermöge es so, die Beschränkung zeitgebundenen Urteils hinter sich zu lassen und sich «zu der guten Sache» zu bekennen. Auf diese Weise nimmt jedenfalls der Mensch in Schillers Sicht an einem Prozeß «ästhetischer Erziehung» teil, dessen Erfolg allerdings wie der aller Erziehung nicht allein von der Kraft und Glaubwürdigkeit der Maximen abhängt, sondern gleichzeitig von dem Verhältnis zwischen Natur und Vernunft in jedem einzelnen Zögling.

Aus solchen Voraussetzungen ist es jedenfalls verständlich, daß Schiller sich viel Mühe gemacht hat, in seinem *Wallenstein* Geschichtlichkeit zu transzendieren. Der Herzog von Friedland wird von ihm in den letzten Tagen seines Lebens gezeigt; das Werk ist ein großes analytisches Drama, eine Art von «König Ödipus in Böhmen», nur daß kein Gott außerhalb des Helden mehr durch ein Orakel zu ihm spricht und sein Handeln bestimmt. Der Mensch ist sich hier sein eigenes Orakel. Das Ganze, schreibt Schiller in dem bereits erwähnten Brief vom 2. Oktober 1797 an Goethe, sei «poetisch organisiert und ich darf wohl sagen, der Stoff ist in eine reine tragische Fabel verwandelt. Der Moment der Handlung ist so prägnant, daß alles was zur Vollständigkeit derselben gehört, natürlich ja in gewißem Sinn nothwendig darinn liegt, daraus hervor geht. Es bleibt nichts blindes darinn, nach allen Seiten ist es geöffnet.» Es folgt dann wirklich im selben Brief eine Betrachtung zu Sophokles' *Oedipus Rex*, an dem Schiller die tragische Kraft der ganzen Anlage bewundert und nur eben bedenkt, daß sich dergleichen in «weniger fabelhaften Zeiten» nicht wiederholen ließe – schon wegen der Abhängigkeit vom Glauben an die Existenz eines Orakels. Es war ihm hier wohl noch nicht deutlich, daß er im *Wallenstein* eben das zu schaffen im Begriff war, was er beim Anblick des griechischen Werkes in seiner Zeit für unmöglich hielt.

*Wallenstein* trägt in der Tat Züge einer antiken Schicksalstragödie, und Schiller hat sich Mühe gegeben, diesen Eindruck zu verstärken. Erst während der Arbeit an dem als Prosastück konzipierten Drama stellte er sich auf den klassischen Blankvers um, weil dadurch «von allem noch so charakteristisch-verschiedenen etwas Allgemeines, rein Menschliches» verlangt werde. Später hat er sogar opernhafte Elemente für die dramatische Kunst erwogen, um die Verfremdung jedes historischen Geschehens noch intensiver zu machen. Auf Klassisches weist vor allem auch die Ausweitung von Wallensteins Fall auf sein ganzes «Haus» hin, das im Stück durch die Herzogin, die Tochter Thekla und Wallensteins Schwester, die Gräfin Terzky, vertreten ist – die letztere stellt als Repräsentantin des Familienehrgeizes eine der wichtigsten Nebengestalten des Dramas dar. Auch der Versuch, nichts Blindes, also Unmotiviertes im Stück zu lassen, gehört in diesen Zusammenhang. Tragische Ironie ist ununterbrochen am Werke; alles scheinbar Zufällige ist notwendiger Teil des ganzen Geschehens – «nichts in der Welt ist unbedeutend» (Picc. V. 615), sagt der Astrologe Seni. Buttler, der spätere Mörder, ist zum Beispiel schon in der ersten Szene der *Piccolomini* mit dabei und drückt für eben jenen Beförderungsvorschlag Wallensteins seine Dankbarkeit aus, der später von den Gegnern des Herzogs als doppeltes Spiel enthüllt wird und Buttler zu dem Mord an Wallenstein veranlaßt. So ist jede Szene, jede Handlung mit einer späteren kausal verknüpft zu einem dichten Netz von Notwendigkeiten, das sich der Mensch zwar selbst schafft, in dem er sich aber dennoch hilflos fängt: Der moderne Dichter sieht das Geschehen nicht mehr als Fügung eines Gottes an, sondern als einen von den Menschen und ihren Interessen wie Leidenschaften bewegten Vorgang, der den einzelnen in seinen Sog zieht.

Der moderne Begriff für solches Geschehen ist Geschichte, und ihr Motor ist die Politik. *Wallenstein* ist ein Drama voller Politik – großer und kleiner, Staats- und Familienpolitik –, in dem sich Entstehungszeit und dargestellte Zeit begegnen. Denn der Herzog von Friedland rebelliert gegen eben jenes Heilige Römische Reich, das auch noch am Ausgang des 18. Jahrhunderts dahinsiechte. Auf der einen Seite steht ein schwacher Kaiser mit einer intriganten Hofkamarilla ohne Interesse für das Wohlergehen des kriegsgeschüttelten Landes, auf der anderen aber ragt der kraftvolle einzelne hervor, der ganz für die Zukunft lebt, die eigene sowohl als die des Reiches. Wallenstein ist «der neuen Menschen einer die der Krieg emporgebracht» (Tod V. 517/518), und sein Planen und Denken geht aufs Große, wie er seinen Pappenheimschen Kürassieren bekennt:

> Mir ists allein ums Ganze. Seht! Ich hab
> Ein Herz, der Jammer dieses deutschen Volks erbarmt mich.
> [...]
> Seht! Fünfzehn Jahr schon brennt die Kriegesfackel,
> Und noch ist nirgends Stillstand. Schwed und Deutscher!
> Papist und Lutheraner! Keiner will
> Dem andern weichen! Jede Hand ist wider
> Die andre. Alles ist Partei und nirgends
> Kein Richter! Sagt, wo soll das enden? Wer
> Den Knäul entwirren, der sich endlos selbst

Vermehrend wächst – Er muß zerhauen werden.
Ich fühls, daß ich der Mann des Schicksals bin,
Und hoffs mit Eurer Hilfe zu vollführen. (Tod V. 1976–90)

Wallensteins Sorge um Deutschland ist gewiß ehrlich, auch wenn er sie mit dem Streben nach der Vergrößerung der eigenen Macht unmittelbar verbindet. Entscheidender als das ist jedoch, daß der Zuschauer zu diesem Zeitpunkt bereits weiß, wie sehr Wallenstein hier einer Selbsttäuschung unterliegt. Die legitime Macht des Kaisers hat ihn, um jedem Verrat zuvorzukommen, längst in eine Situation manövriert, in der er allenfalls noch das nackte Leben retten kann. Schillers Kunst läßt den Zuschauer wie im antiken Drama vom Bühnengeschehen beobachtend zurücktreten.

Allerdings wird Wallensteins Untergang wirklich tragisch erst durch seinen «Ideenschwung», den Schiller ihm als Ersatz für das «Rohe und Ungeheure» (an Böttiger, 1.3. 1799) gab, das er dem historischen Charakter, so wie er ihn kannte, genommen hatte. Außerdem ist Wallenstein mit seinen Hoffnungen historisch in einem gewissen Recht, denn die Schwäche von Kaiser und Reich lag nicht allein in der Schwäche einer Herrscherpersönlichkeit begründet, sondern ebenso in der Überlebtheit einer politischen Konstruktion im Zentrum Europas, die den Bedingungen einer bürgerlichen Zeit und ihrer Ökonomie nicht mehr entsprach und in Schillers Zeit zu einem absoluten Anachronismus geworden war. Wenn Wallenstein sich also gegen den Kaiser versündigt, so scheint er vor einem höheren Gericht der Weltgeschichte längst gerechtfertigt zu sein. Gerade das aber trifft für Schillers Helden nicht durchaus zu und widerspräche seinen Vorstellungen von einer reinen Tragödie jenseits geschichtlicher Belehrung. Wallensteins Untergang bleibt ebensosehr eigene, charakteristische Schuld, wie diejenige seiner Lebensumstände, und Schiller hat nichts anderes als ein «pro und contra» (an Kotzebue, 16.11. 1798) in seinem Charakter und in dessen geschichtlicher Welt zeigen wollen. Solche Ambiguität bliebe allerdings leer, wenn das Werk nicht Ansätze böte für den Versuch, ihr auf den Grund zu kommen.

In der Sprache des *Wallenstein* dominieren Begriffe wie Schicksal, Nemesis, Fortuna, Glück, Unglück, Zufall, Geheimnis, Herz und Traum. Jede der Gestalten führt sie im Munde wie Gefangene ein Zauberwort, mit dem sie ihren Kerker glauben öffnen zu können. Bei Wallenstein selbst sind es die Gestirne, in deren Konstellationen er – trügerische – Auskunft sucht. Aber weder sie noch die Begriffe erklären etwas; es sind Transzendenz-Metaphern einer säkularisierten Zeit, die selbst erst wieder erklärt werden müssen. Damit aber rückt Schillers Drama seiner eigenen Zeit nahe, und sein Wallenstein ist eher ein Held des Jahrhunderts der Aufklärung als ein Machtmensch des Dreißigjährigen Krieges, denn Schiller erklärt das Dunkel in Wallensteins Persönlichkeit durchaus in Denkmustern des 18. Jahrhunderts. Wallenstein ist der auf sich selbst bauende Mensch. Von Anfang an herrschen

Zweifel über sein Christentum; im *Lager* schließt der Kapuziner seine Predigt mit dem Satz:

> Weiß doch niemand, an wen *der* glaubt! (Lager V. 594)

Er selbst enthüllt seinen Glauben in Worten, die beinahe klingen, als wären sie Jakob Böhme nachempfunden, und die schon etwas von jenen mystisch-pietistischen Bildern vorausnehmen, in die kurz danach oder fast zur gleichen Zeit vor allem Tieck und Novalis ihre Vorstellungen von einer Kommunion des Menschen mit der Natur und mit Gott kleideten: Vorstellungen, die letztlich von der gleichen Voraussetzung wie derjenigen Wallensteins, nämlich von der Allmacht des menschlichen Geistes, ausgingen. Zu Illo sagt Wallenstein:

> Des Menschen Taten und Gedanken, wißt!
> Sind nicht wie Meeres blind bewegte Wellen.
> Die innre Welt, sein Mikrokosmus, ist
> Der tiefe Schacht, aus dem sie ewig quellen.
> Sie sind notwendig, wie des Baumes Frucht,
> Sie kann der Zufall gaukelnd nicht verwandeln.
> (Tod V. 955–60)

Wallensteins Konflikt ist nun, daß er zwar als ein Mensch handelt oder zu handeln glaubt, der solche Gesetze aus sich selbst empfängt und sich deshalb auch zum Ziel und Maß seines Tuns setzen kann, zugleich aber unsicher über sein Selbstbewußtsein ist. Das wird besonders deutlich in der Art, wie Schiller, sich auf biographisches Material stützend, seine innere Entwicklung zeichnet. Ein geradezu pietistisches Erweckungserlebnis, von dem Gordon erzählt, motiviert den Übertritt Wallensteins zum Katholizismus und steht am Beginn seiner Sicherheit in sich selbst. Sie wird gebrochen auf dem Reichstag zu Regensburg, wo ihn der Kaiser schnöde entläßt als ein Opfer der Politik. Von dorther rühre sein «unsteter, ungeselleger Geist», berichtet die Herzogin, der «argwöhnisch, finster» über ihn gekommen sei:

> Ihn floh die Ruhe, und dem alten Glück,
> Der eignen Kraft nicht fröhlich mehr vertrauend
> Wandt er sein Herz den dunkeln Künsten zu,
> Die keinen, der sie pflegte, noch beglückt. (Tod V. 1406–09)

Hier ereignet sich also ein Sturz aus der Unschuld des Ichseins, wie er dann in der Literatur der folgenden Zeit in vielen Versionen wiederkehrte.

Aus solchem Zusammenhang erklärt sich auch Wallensteins besondere Vorliebe für Max Piccolomini, denn er ist ihm Bild seiner eigenen Jugend und ein Wunschbild zugleich, von dessen Unerreichbarkeit nur eben der durch die Politik Gebrochene überzeugt sein muß. In seiner Abhandlung *Über naive und sentimentalische Dichtung* hatte Schiller geschrieben: «In dem

Kinde ist die *Anlage* und *Bestimmung*, in uns ist die *Erfüllung* dargestellt, welche immer unendlich weit hinter jener zurückbleibt. Das Kind ist uns daher eine Vergegenwärtigung des Ideals, nicht zwar des erfüllten, aber des aufgegebenen.» Als er von Max' Tod erfahren hat, sagt Wallenstein:

> Die Blume ist hinweg aus meinem Leben,
> Und kalt und farblos seh ichs vor mir liegen.
> Denn *er* stand neben mir, wie meine Jugend,
> Er machte mir das Wirkliche zum Traum. (Tod V. 3443–46)

Unschuld, Reinheit und Harmonie von Kindheit und Jugend waren gegenüber der durch Interessen und das planende Bewußtsein zerrissenen Welt der Erwachsenen seit Rousseau eine beliebte Vorstellung in der Dichtung und dem Denken des 18. Jahrhunderts. Um 1800 entstand daraus sogar ein regelrechter Kult von Kind, Kindheit und Jugend, und zwar vor allem dadurch, daß sie einen symbolischen Stellenwert in einem dialektisch verstandenen Geschichtsablauf erhielten. Fichtes Philosophie zeigte hier ihre historischen wie poetischen Konsequenzen, und Schillers Gedanken in seiner Kunstphilosophie sind nicht unabhängig davon. Andererseits war er aber kein Geschichtsdialektiker wie Hegel, Hölderlin oder Novalis; in seiner Kunst war er Geschichtspsychologe, nicht Chiliast. Sein Thema blieb die Verstrickung des Menschen in seine Welt.

Erst dadurch erhält Max Piccolomini im Stücke größeres Gewicht. Denn er ist nicht nur eine Art Nachbild von Wallensteins Jugend, sondern auch sein Schüler, auch «der neuen Menschen einer», die der Krieg hervorgebracht hat, nur daß er, an sich selbst verwiesen, den politischen Egoismus seines Lehrers wie den seines Vaters hinter sich zu lassen versucht im Glauben an die menschliche Vernunftfähigkeit, der gerade für den von religiöser Observanz freien Menschen unerläßlich ist:

> O! hättest du vom Menschen besser stets
> Gedacht, du hättest besser auch gehandelt (Tod V. 1255–56),

sagt er zu Octavio Piccolomini, und er fügt hinzu, daß alles wanke, «wo der Glaube fehlt». Nun sucht zwar Max schließlich im Dilemma zwischen Ideal und Wirklichkeit den Tod in der Schlacht, aber die Voraussetzungen dieses Todes sind von Schiller doch so gestaltet, daß er sich nicht nur als Illustration der banalen Weisheit von der Unverträglichkeit der rauhen Welt mit dem Guten und Schönen verstehen läßt. Max' Glauben an den Menschen, an das Menschliche und an eine mögliche harmonische Existenz wächst ihm aus der Liebe zu Thekla, Wallensteins Tochter, zu. Sie aber wird ihm von Wallenstein verweigert, der, im Traum von einstiger Monarchenherrlichkeit in alten Bahnen denkend, dynastische Pläne mit dem weiblichen Kleinod seines Hauses hat. Gerade das aber fördert seinen Sturz, denn mit Max Piccolomini als Schwiegersohn Wallensteins wäre auch Octavio Piccolomini am konsequenten Weiterwirken zur Mattsetzung des Herzogs gehindert gewesen. Es bleibt nichts Blindes in diesem Stück, und es ist von tiefer, erschütternder Ironie, wenn Wallenstein in seiner eigenen Blindheit zu Max sagt:

> [...] dich hab ich *geliebt*,
> Mein Herz, mich selber hab ich dir gegeben.
> Sie alle waren Fremdlinge, *du* warst
> Das Kind des Hauses – (Tod V. 2157–60).

So verstärkt für den Zuschauer der Tod Max Piccolominis noch den tragischen Sturz des Herzogs von Friedland, indem er jene Werte sichtbar macht, die der auf sich selbst bauende Mensch anerkennen muß, wenn er menschlich leben will. Träger einer philosophischen oder politischen Botschaft ist Max nicht, ebensowenig auch schon ein die Fundamente seiner Existenz befragender Mensch wie sein späterer Verwandter, der Prinz von Homburg.

Worin besteht nun aber eigentlich Wallensteins Schuld, also jenes Handeln, das ihn zum «Verbrecher» macht? Wallenstein verrät die legitime Macht des Kaisers, von dem er seinen Auftrag als Heerführer hat, um durch solchen Verrat der eigenen Größe und, wenn man seinen Worten glauben will, auch der deutschen Nation zu dienen. Wie ehrlich er es damit auch meinen mag – es herrscht kein Zweifel, daß er ein Mann von großen Fähigkeiten ist, ein Heeresorganisator, der seine Offiziere jenseits von Standesrücksichten befördert, ein politischer Visionär und Aristokrat, aber auch ein Mann des Volkes von starkem Charisma, der von der Verehrung oder der Furcht seiner Soldaten getragen wird: «Sein Lager nur erkläret sein Verbrechen.» (Prolog V. 118) Es ist etwas Republikanisches in dem Verhältnis zwischen ihm und seinen Soldaten, das ihn den französischen Revolutionsführern vergleichbar macht. Inkubationszeit und Ausarbeitung des *Wallenstein* legen immerhin zwischen Konvent und Directoire, und in diesen Jahren erlebten Männer wie Robespierre, Marat, Danton und Saint-Just Aufstieg, Triumph und Untergang, auch sie Männer mit politischen Visionen, die schließlich zumeist durch eben jene Kräfte umkamen, die sie selbst in Bewegung gesetzt hatten.

Legitimität ist das Problem vor allem von Schillers Zeit, nicht von derjenigen des historischen Wallenstein. Beruhte die Legitimität der dynastischen Macht auf der Gottesgnadenschaft des Herrschers, so diejenige der republikanischen Herrschaft auf der Gleichheit aller Menschen, die mit den Regierenden durch Vertrag verbunden waren. Ohne die «Idee des ursprünglichen Vertrags» läßt sich, so schreibt Kant in seinem *Ewigen Frieden*, «kein Recht über ein Volk denken», und in seiner Jenaer Antrittsrede von 1789 sprach Schiller selbst bereits davon, daß sich der Mensch aus dem «blinden Zwange des Zufalls und der Noth [...] unter die sanftere Herrschaft der Verträge geflüchtet, und die Freyheit des Raubthiers hingegeben» habe, «um die edlere Freyheit des Menschen zu retten». Wallenstein hatte nun die kaiserliche

Macht zur Aufgabe wesentlicher Herrschaftsvorrechte genötigt, indem er ihr einen Vertrag aufzwang, der ihn faktisch neben den Kaiser stellte und diesen in der Kriegführung zu einem Schattendasein verurteilte. Sein Handeln war hier zukunftsträchtig im Hinblick auf eine Staatsverfassung, die sich auf das vertragliche Recht des einzelnen gründete. Gerade dies aber verkennt, mißachtet und verrät Wallenstein, und so wird er zum «Riesengeist», «der nur *sich* gehorcht» und «nichts von Verträgen weiß» (Tod V. 589/90). Wer jedoch Verträge nicht achtet, und seien sie auch nur mit den Repräsentanten einer alten Ordnung abgeschlossen, der bietet keine Sicherheit dafür, daß er unter den Voraussetzungen einer echten Vertragsordnung die Macht besser handhaben werde, als das zuvor geschah. Es ist deshalb nur konsequent, daß ihn seine Pappenheimer auf die Nachricht vom Vertragsbruch hin verlassen und daß schließlich seine Ermordung ausgerechnet von einem Manne bewerkstelligt wird, den er aus dem Volke erhoben hatte. Denn an Buttler hat er eine Art persönlichen Vertragsbruches begangen, indem er ihn einst und insgeheim vor der kaiserlichen Macht in seiner Menschenwürde demütigte und dadurch eben das verriet, was er Neues in die Beziehungen mit seinen Soldaten eingebracht hatte – eine Tatsache, die Wallensteins Gegner sich zunutze machen, um den Subalternen in seinem Ehrgeiz gegen seinen Herrn auszuspielen. Ein paar Jahrzehnte nach Schillers Wallenstein wird sich selbst ein Gott – Wagners Wotan – von seinen Dienstbaren sagen lassen müssen: «Was du bist, bist du nur durch Verträge.»

In Schillers *Wallenstein* wird Geschichte zum Charakterdrama, aber das Charakterdrama dann auch wieder zur Geschichte, denn der Held, der im späten achtzehnten Jahrhundert mehr zu Hause ist als im frühen siebzehnten, steht letztlich als Grenzgestalt in einer Epoche der Wandlungen und Übergänge, auf die sein Handeln und Irren verweist: auf Übergänge der Herrschafts-, Wirtschafts- und Lebensformen. Im Verhältnis zu Max und Thekla zum Beispiel zeigte sich, wie Wallenstein zwischen dynastisch denkendem Herrscher und bürgerlichem Familienvater schwankt, und das Verhältnis zwischen seiner Macht und seinem Gelde übersieht er immer wieder. Damit hängt schließlich auch seine Ambivalenz zwischen gut und böse, Held und Verbrecher zusammen, durch die er geprägt wird. Wallenstein steht anderen Gestalten in der Kunst dieser Jahre nahe, vor allem Faust, an dem Goethe zur gleichen Zeit, da Schiller sein Drama vollendete, die Arbeit wieder aufgenommen hatte, aber auch Mozarts *Don Giovanni,* der damals gerade in Weimar aufgeführt wurde. Drei Grenzgestalten der Weltliteratur begegneten einander also auf engem Raum, Hasardeure der Politik, der Erotik und der Wissenschaft, jeder auf seine Art mit Schuld beladen, jeder aber doch auch groß und das Konventionelle und «ewig Gestrige» (Tod V. 208) in seiner ganzen Enge erweisend – Faust in Wagner, Don Giovanni in Don Ottavio und Wallenstein in Octavio Piccolomini.

Schiller hat Wert darauf gelegt, daß Octavio als ein ehrenwerter Mann verstanden werde, der sich nur eben dem Spiel der Politik ergeben hat, in dem es nun einmal nicht möglich ist,

> [...] sich so kinderrein zu halten,
> Wie's uns die Stimme lehrt im Innersten. (Picc. V. 2448–49)

Dabei ist allerdings die Anwendung der Kategorien des Idealisten und des Realisten, wie sie Schiller in seiner Abhandlung *Über naive und sentimentalische Dichtung* aufgestellt hat, auf die Charaktere seines Dramas nicht so eindeutig. Schiller hat zwar solchen Definitionsversuchen selbst Vorschub geleistet, indem er am 21. März 1796 in einem Brief an Wilhelm von Humboldt Wallenstein als «ächt realistisch» bezeichnete und auf seine Abhandlung verwiesen hatte. Aber Wallenstein wurde sehr wohl «Größe und Würde» zuteil, die Schiller theoretisch dem Realisten abgesprochen hatte, und auch Züge des Idealisten nahm er an, der «überall auf die *obersten* Gründe dringt, durch die alles möglich wird», aber dabei «die *nächsten* Gründe, durch die alles wirklich wird», leicht versäumen könne. Am ehesten kommt wohl Octavio dem Realisten in Schillers Definition nahe, wie Max der reine Idealist ist, der nicht fragt, «*wozu eine Sache gut sey*», sondern «*ob sie gut sey*». Wallenstein bleibt auch hier Übergangsgestalt.

Das im *Wallenstein* vielbeschworene «Schicksal» erweist sich letztlich als die von den Menschen gemachte Politik, deren Summe dann zur Geschichte wird. Aber Geschichte ist zugleich mehr als nur eine Addition von politischen Aktionen; sie ist auch «Weltgericht» und Instanz, vor der die Vernunft sichtbar wird jenseits aller einzelnen Handlungen. Diese Vernunft Kantischer Provenienz ist bei Schiller allerdings nicht zu verwechseln mit einem Sinn der Geschichte. Schiller war keiner Heilslehre verpflichtet, aber dennoch überzeugt, daß das Spiel der Politik nicht schlechterdings wertfrei und ein grenzenloser Tummelplatz der Leidenschaften sei, sondern daß dahinter immer wieder Vernunft und Ordnung sichtbar werden, nicht in Richtung auf irgend ein eschatologisches Ziel, sondern in Richtung auf die fortwährende Durchsetzung des Vernünftigen, also des spezifisch Menschlichen. Sichtbar wird das Gute deshalb auch gewöhnlich nicht in Apotheosen, sondern am ehesten im Anschauen des Widerstreits der Kräfte am Beispiel einzelner. So wird für Schiller die Tragödie das günstigste Medium, die Weltgeschichte als Weltgericht darzustellen, als kein sich äußerlich vollziehendes, sondern als ein inneres. In der Totalität eines gerundeten Kunstwerkes, also in der Beobachtung des Miteinander- und Gegeneinanderspielens großer und kleiner Charaktere, übersieht der Zuschauer zur «Rührung und Ergötzung» ein Stück politisches Handeln, das ihn dann wohl «auf eine höhere Ordnung der Dinge verweisen» kann und ihn wenigstens im ästhetischen Urteil sich «zur guten Sache» bekennen läßt. Der junge Hegel hat das letztere freilich bezweifelt, wenn er 1800 oder 1801 angesichts der *Wallenstein*-Tragödie schreibt: «Das ist nicht tragisch, sondern entsetzlich!» Ein Geschichtsdialektiker, der nach Synthesen strebt, war Schiller wie gesagt nicht; nur die Kunst stand für ihn über den Polaritäten der Geschichte. Hier trafen also zwei grundsätzlich verschiedene Auffassungen der Geschichte aufeinander: Schillers auf psychologischen Realismus gegründetes Verständnis eines beständigen Kampfes der Vernunft mit der Natur des Menschen, in dem nur die zeitweiligen Triumphe der Vernunft das Vorhandensein einer Weltordnung bestätigen, und Hegels Geschichtsdialektik mit Heilserwartung.

## Maria Stuart

Mit dem *Wallenstein* hatte sich Schiller für das Geschichtsdrama neue und weitere Perspektiven aufgeschlossen, als ihm das im vorkantischen Stadium mit *Fiesco* und *Don Carlos* gelungen war. Das «pro und contra» zwischen Legitimität und Illegitimität, Recht und Unrecht, Trieb und Vernunft, Individuum und Staat entstand im Streite der Elisabeth von England mit der schottischen Maria Stuart konsequent aus diesem neuen Konfliktbewußtsein. Von allen Stücken Schillers ist *Maria Stuart* das am meisten gespielte geworden, streng und ökonomisch im Handlungsaufbau, mit machtvollen, bewegenden dramatischen Szenen und dankbaren, eindrucksvollen Rollen. Wie schon für Albrecht von Wallenstein, so gilt auch für die beiden Königinnen, daß Widersprüchliches in ihrem Charakter aufeinandertrifft und er sich jedem flächigen moralischen Urteil entzieht. Beider Dilemma im weiten Reiche zwischen Irrtum und Wahrheit ist das eigentliche Thema des Stückes.

Vom Standpunkt des Jahres 1800 aus betrachtet, besaß Schillers Drama allerdings noch eine besondere Aktualität. Um nichts anderes als einen Königsmord ging es hier, wobei zwischen der Weimarer Uraufführung am 14. Juni 1800 und der Guillotinierung Ludwigs XVI. nur siebeneinhalb Jahre vergangen waren. Pariser Realitäten und das Mißverhältnis von Gewalt gegenüber den Idealen der Gerechtigkeit und Freiheit bringen sich deshalb in Erinnerung, wenn Shrewsbury die zur Exekution Marias entschlossene Elisabeth warnt:

> Durchziehe London, wenn die blutge Tat
> Geschehen, zeige dich dem Volk, das sonst
> Sich jubelnd um dich her ergoß, du wirst
> Ein andres England sehn, ein andres Volk,
> Denn dich umgibt nicht mehr die herrliche
> Gerechtigkeit, die alle Herzen dir
> Besiegte! *Furcht*, die schreckliche Begleitung
> Der Tyrannei, wird schaudernd vor dir herziehn,
> Und jede Straße, wo du gehst, veröden. (V. 3128–36)

Über solche offensichtlichen Parallelen hinaus sind überhaupt die Legitimität eines Herrschers und deren Voraussetzungen der Angelpunkt des Streites der Königinnen und die Ursache für Marias Tod, aber auch für die Tragödie

Elisabeths. Denn so sehr die Sympathien am Ende Maria Stuart gehören und nach Schillers Willen durchaus gehören sollen, sein Drama ist doch ein Stück mit zwei Heldinnen: Auch Elisabeth ist eine Gefangene, nur eben eine der Notwendigkeiten, deren Rad sie zwar wie Wallenstein in Bewegung setzen, aber nicht anhalten kann. Das Verhältnis des einzelnen zur Geschichte und die Unsicherheit des allgemeinen Urteils über Recht oder Unrecht des Handelns liegen hier wie in der Trilogie aus dem Dreißigjährigen Krieg den Motivationen der Tragik zugrunde.

Schiller hat nun allerdings in *Maria Stuart* das Dilemma geschichtlichen Handelns nicht nur pikanter, sondern auch komplexer gestaltet, indem er zwei Frauen zu Gegenspielern macht auf einem Felde, das im wesentlichen den Männern gehört. Auf diese Weise verbinden sich höchst einfach und überzeugend die politischen Leidenschaften mit den persönlichen, Machtwünsche mit Naturtrieben, und der Vernunft als humaner Instanz wird eine besonders schwere Rolle zugewiesen. Das hat entschieden zum seelischen Reichtum und zur Rundung der Charaktere beigetragen und ebenso zu dem Anreiz, den das Stück immer wieder auf das Publikum ausübt.

Politisch-historisch vollzieht sich der Streit der Königinnen in einer Übergangssituation, die Schillers eigener Zeit nicht unähnlich ist. Maria ist gefangengesetzt worden, weil sie Elisabeths Recht auf den englischen Thron in Zweifel zieht:

> Der Thron von England ist durch einen Bastard
> Entweiht, der Briten edelherzig Volk
> Durch eine listge Gauklerin betrogen.
> – Regierte Recht, so läget *Ihr* vor mir
> Im Staube jetzt, denn *ich* bin Euer König (V. 2447–51),

hält Maria der Opponentin am Ende der großen Begegnungsszene im 3. Aufzug entgegen, womit sie allerdings ihr eigenes Schicksal besiegelt. Aus katholischer Sicht war Elisabeth als Tochter Heinrichs VIII. und Anna Boleyns illegitim, da die vorausgehende Ehe Heinrichs mit Katharina von Aragon, die Heinrich nach Auseinandersetzungen mit dem Papst aus eigener Machtvollkommenheit geschieden hatte, zur Zeit von Elisabeths Geburt noch fortbestand. Außerdem hatte Heinrich Elisabeth selbst noch enterbt, als er Anna Boleyn hinrichten ließ. Maria wiederum leitete ihren Anspruch auf den englischen Thron davon her, daß sie die legitime Tochter Margarete Tudors, der Schwester Heinrichs, war. Diese Herrschaftsquerelen im alten England spitzte Schiller nun auf die Kollision zweier Legitimationsformen politischer Regentschaft zu, die sein Jahrhundert stärker bewegte als die Briten des 16. Jahrhunderts. Beruht nämlich Marias Anspruch auf der feudalen Erbfolge und Gottesgnadenschaft des Herrschers, so hält dem zwar Elisabeth als gleichfalls feudale Herrscherin keine andersgeartete Legitimation entgegen, aber bei der Rechtfertigung ihres Handelns beruft sie sich immer wieder auf

Parlament und Volk. Es intensiviert dabei nur das tragische Dilemma des
Stückes, wenn sich in solcher Berufung politische Zweck-Demagogie und
tatsächliche Überzeugung untrennbar mischen. Schiller überhöht nun dieses
Dilemma noch dadurch, daß er den Zuschauer immer wieder auf die Relati-
vität alles zeitlichen Urteils und alles wie immer rechtlich erscheinenden
Handelns aufmerksam macht. Wenn zum Beispiel Elisabeth auf die Einwen-
dung Talbots, sie könne nicht über jemand zu Gericht sitzen, der nicht ihr
Untertan ist, mit dem Hinweis auf ein ausdrücklich zu diesem Behufe
erlassenes Gesetz ihres Parlaments verweist, erwidert ihr der weitsichtige
Ratgeber:

> Nicht Stimmenmehrheit ist des Rechtes Probe,
> England ist nicht die Welt, dein Parlament
> Nicht der Verein der menschlichen Geschlechter.
> Dies heutge England ist das künftge nicht,
> Wie's das vergangne nicht mehr ist – Wie sich
> Die Neigung anders wendet, also steigt
> Und fällt des *Urteils* wandelbare Woge,
> Sag nicht, du müssest der Notwendigkeit
> Gehorchen und dem Dringen deines Volks. (V. 1323–31)

Die erste Zeile wird gern als prinzipieller Zweifel Schillers an demokratischen Verfahren zitiert, aber sie ist es nicht im Zusammenhang. Was Talbot
vielmehr heraufbeschwört, ist ein die Beschränktheit alles zeitlichen Urteils
transzendierender Gesichtspunkt von der Weltgeschichte als Weltgericht,
der stärker *ad spectatores* gerichtet ist als an die englische Königin. Sie nämlich kann mit solchem Rat letztlich wenig anfangen, da sie zum Handeln genötigt ist, das immer nur aus einem zeitlichen Gesichtspunkt heraus erfolgen
kann. So ist eine Situation unausweichlich, in der der Handelnde gegen seinen Willen schuldig werden muß.

> O dieses unglücksvolle Recht! Es ist
> Die einzge Quelle aller meiner Leiden (V. 534/35),

klagt Maria. Sie hat recht damit, ebenso wie dort, wo sie den Nutzen des
Staates – und damit sein zeitliches Recht – von der Gerechtigkeit zu unterscheiden bittet (V. 797/98).

Aber wenn Elisabeth wegen ihrer Entscheidung gegen Maria aus dem Gesichtspunkt des staatlichen Nutzens entschuldbar wäre, so ist sie es dort
nicht, wo sie damit persönliche Leidenschaften vermengt, ebenso wie auch
das Bild Marias als edle Verfolgte dadurch getrübt wird, daß sie sich einst
der Beihilfe zum Gattenmord schuldig gemacht und den als Mörder Ver-
dächtigten geheiratet hat. In Schillers Stück tritt also die Frau in ihrer Rolle
als Geschlechtswesen und Gegenstand männlicher Begierde der Frau in einer
politischen Funktion gegenüber, die sie über die Männer erhebt. Verbunden

damit ist, wenn auch weniger zentral, der Zusammenstoß zwischen freier
Neigung und dynastischer Notwendigkeit; er leitet Elisabeth vorübergehend
in einen Ehekontrakt mit dem französischen König. In den Kompetenzkon-
flikten zwischen diesen Rollen besteht der Hauptteil des dramatischen Lebens, wobei die Männer – der berechnende Doppelspieler Leicester, als klug
lavierender Politiker dem Octavio Piccolomini nicht fern, und der erotisch-
religiöse Schwärmer Mortimer – durchweg schlecht abschneiden. Wenngleich Schiller fern lag, mit der *Maria Stuart* einen Beitrag zur Frauenemanzipation zu leisten, so ist doch nicht zu übersehen, daß er in den beiden Königinnen mit ihrem inneren Widerstreit zwischen persönlichen Wünschen
und öffentlicher Rolle zwei Gestalten geschaffen hat, die das etwas hausbak-
kene Bild von der „Würde der Frauen", das er zum Spott der Schlegels im
Gedicht entwarf, beträchtlich überragen.

> Das Weib ist nicht schwach. Es gibt starke Seelen
> In dem Geschlecht – Ich will in meinem Beisein
> Nichts von der Schwäche des Geschlechtes hören (V. 1374–76),

erklärt Elisabeth, das Metrum gewichtig durchbrechend. Wo sie schwach ist,
ist sie nicht schwächer als die Männer eben auch und eher stärker als sie. Wie
Wallenstein, so ist auch sie eine Gestalt zwischen den Zeiten, ihrer Geburt
wegen nicht mehr mit dem vollen Segen feudaler Legitimität versehen, Willkür hassend, mit dem Willen zur Gerechtigkeit regierend und sich auf Volksgunst stützend, wie sie in ihrem großen Monolog vor der Unterzeichnung
des Todesurteils bekennt (V. 3190–3248). Aber sie bleibt, was sie übersieht,
auch nach dem Tode Marias «ein wehrlos Weib» (V. 3221), und zwar deshalb, weil sie die Unvereinbarkeit ihrer verschiedenen Rollen als Privatper-
son und als Hüterin staatlichen Nutzens, als Liebende und als Unterzeichne-
rin eines Todesurteils nicht durchschaut, sondern, wie gerade der besagte
Monolog zeigt, diese Widersprüche durch eine wenn nicht politisch, so doch
moralisch fragwürdige Entscheidung versöhnen zu können glaubt. Das aber
heißt, den Teufel mit dem Beelzebub austreiben.

Marias Triumph bei ihrem Tode liegt darin, daß sie gerade nicht eine solche Versöhnung der Rollen versucht, was ihr allerdings auch einfach deshalb
leichter wird, weil sie selbst nicht mehr entscheiden und handeln kann. Ihrer
Natur nach die unpolitischere und weiblichere der beiden Königinnen,
emanzipiert sie sich auf ihre Weise. Wenn sie am Ende ihres Gesprächs Elisabeth das kraftvolle «denn *ich* bin Euer König» entgegenschleudert, so dürfte
«König» statt «Königin» nicht nur eine beiläufige Konzession Schillers an
den Verszwang des Jambus, sondern doch auch eine sinnbezogene Entscheidung sein. Verstehen läßt es sich als die Bezeichnung für eine in ihr entstehende höhere Form des Selbstbewußtseins, womit sie sich über jene weltliche, politische Rolle nach und nach hinwegsetzt, die sie als Frau in einem unter patriarchalischen Bedingungen den Männern vorbehaltenen Amt spielen

könnte. Auch Maria ist eine Grenzgestalt. Ihrem politischen Anspruch nach eher einer vergehenden Zeit verbunden, erhebt sie sich angesichts des Todes durch eine moralische Erkenntnis über jede historische Befangenheit. Maria betrachtet das als ungerecht empfundene Todesurteil als dennoch gerechte Strafe, und zwar für jene jugendliche Verwicklung in eine Mordtat, die ungesühnt geblieben ist.

Gott würdigt mich, durch diesen unverdienten Tod
Die frühe schwere Blutschuld abzubüßen (V. 3735/36),

bekennt sie dem Priester Melvil, der ihr die Beichte vor der Hinrichtung abnimmt. Die Begrenztheit menschlichen Urteils wird durch die Anerkennung einer höheren Ordnung, eines Weltgerichts, das sich hier schon in einem Stück persönlicher Geschichte enthüllt, überwunden.

Maria Stuart erhält im verbalen Spiel des Priesters – «Maria, Königin!» (V. 3670) – und vorher schon in der schwärmerischen Verehrung des Katholiken Mortimer – «Maria, heilge, bitt für mich!» (V. 2819) – sogar Züge der verklärten Himmelskönigin, was dem Protestanten Schiller im protestantischen Weimar einigen Ärger einbrachte. Schiller blieb aber hier nicht nur den historischen Umständen getreu: Ein ähnliches säkulares symbolisches Spiel mit religiösen Bezügen zur Verklärung des Triumphes über die verwirrte Wirklichkeit gab es in der deutschen Literatur bereits seit *Werther.* Jean Pauls *Siebenkäs* enthielt unmißverständliche Marienmetaphorik im Hinblick auf Natalie, die den Helden nach seiner «Auferstehung» empfängt, und die Jüngeren wie Tieck und Novalis hatten gerade um die Zeit der *Maria Stuart* regen Gebrauch von der poetischen Bildkraft dieser christlichen Inkarnation weiblicher Liebeskraft gemacht, während sich in Arnims kleinem Roman *Hollins Liebeleben* (1802) der Held während einer Aufführung der *Maria Stuart* um einer wirklichen Maria willen auf offner Bühne allen Ernstes umbringt. Daß auch Goethe einst seinen Faust zur «Jungfrau, Mutter, Königin» führen würde, hat Schiller nicht mehr erfahren können. Mater dolorosa und Mater gloriosa sind bei Schiller wie in den anderen genannten Fällen poetische Metaphern für einen höheren Bewußtseinszustand, der, ästhetisch gestaltet und vorgeführt, den Empfänger der Kunst seinerseits befähigen soll, in «*ästhetischen* Urtheilen», wie es in der Abhandlung *Vom Erhabenen* hieß, sich «zu der guten Sache» zu bekennen und einen Begriff des Wünschenswerten zu erhalten. Für die Realität des Stückes hingegen bleibt das Dilemma unaufgelöst, denn Maria erreicht ihre das Wirkliche durchsichtig machende Erkenntnis eben nur im Tode. Dem Zwang zum Weiterleben und Weiterhandeln ausgesetzt zu sein, wie das für Elisabeth zutrifft, ist eine andere Sache. Der letzte «Actus» kann nicht die Zeche für das Vorausgehende abfordern, sondern nur auf die fortgehende Dualität der menschlichen Existenz zwischen Ideal und Wirklichkeit, Hoffnung und Enttäuschung, geistig Erfaßtem und von der Natur Verlangtem verweisen.

## Die Jungfrau von Orleans

Schillers *Jungfrau von Orleans* ist lange Zeit als das Hohelied patriotischer Opferbereitschaft gefeiert worden, und Zitate daraus haben als nationalistische Sinnsprüche manche Rede geziert. Inzwischen ist dieser falsche Glanz verblaßt und hat ein Drama übriggelassen, das mit seiner Verbiegung allbekannter historischer Tatsachen manche Zumutung an den modernen Leser enthält. In Schillers eigener Zeit war es eher der falsche Glanz pompöser Inszenierungen, der von den Gedanken und der sprachlichen Schönheit des Stückes ablenkte. In Berlin, so weiß Kotzebue zu berichten, seien viele nur deshalb ins Theater gegangen, «um den prächtigen Krönungs-Zug zu sehen», den Iffland in seiner Inszenierung veranstaltet hatte. Auch Schiller selbst war nicht angetan vom Berliner Prunk, als er sein Stück im Mai 1804 dort sah. Gerade dieses Werk betrachtete er als sein bestes, und Goethe hat ihm darin zugestimmt.

Schiller begann die Arbeit an der *Jungfrau von Orleans* unmittelbar nach dem Abschluß der *Maria Stuart*. Daß man genötigt sei, das eigene Jahrhundert zu vergessen, wenn man nach seiner Überzeugung arbeiten wolle, war eine Erkenntnis Goethes, die sich auch Schiller zu eigen gemacht hatte. Im *Wallenstein*, der *Maria Stuart* und nun wieder in der *Jungfrau von Orleans* bot ihm die europäische Geschichte der Neuzeit den Stoff zur Verfremdung der eigenen Überzeugungen.

Im neuen Werk geschah das allerdings mit einem beträchtlichen Unterschied. Die Abweichungen der Poesie von den historischen Tatsachen waren in den ersten beiden Stücken nicht sofort und mit bloßem Auge erkennbar; im letzteren hingegen lagen sie offen zu Tage. Der Tod Johannas auf dem Scheiterhaufen ist ein fester Bestandteil ihres Mythos, und nur in der Parodie konnte man sich darüber hinwegsetzen, wie das Voltaire in seinem komischen Epos *Das Mädchen von Orléans* (*La pucelle d'Orléans*, 1755) getan hatte. Von Parodie jedoch war bei Schiller nicht die Rede, im Gegenteil: religiöse Motivik ist tiefsinnig in das Stück verwoben, und der Untertitel «Eine romantische Tragödie», den Schiller in der zweiten Ausgabe hinzusetzte, ist durchaus ernst gemeint. Gerade das Romantische nämlich, die religiöse und ritterliche Symbolik – Visionen, Helm, Fahne, Schwert, Druidenbaum und Schwarzer Ritter –, war für ihn das Klassische, also jenes verfremdende poetische Instrumentarium, das den Stoff in die «reine Tragödie» überführen sollte. Das Wort von der «reinen Tragödie» fällt in einem Brief an Körner (13.7.1800) mit unmittelbarem Bezug auf die *Jungfrau von Orleans*. Die Union von Klassischem und Romantischem demonstriert Schiller im übrigen sogar äußerlich, wenn er die Begegnung Johannas mit dem britischen Offizier Montgomery einer Szene der *Ilias* nachgestaltet und beide in antiken Trimetern statt des sonst üblichen Blankverses sprechen läßt. Geschichte entwickelt sich in diesem Drama also deutlicher als bisher zur Mythologie – zur

neuen Mythologie allerdings, die sich von der alten nur die Versatz-
stücke leiht.

Mit der Wahl einer Frau als zentralem Charakter schloß Schiller an die
Erfahrungen an, die er mit den beiden Königinnen in *Maria Stuart* gemacht
hatte. Denn größer noch als im Falle des Mannes waren bei der Frau die
Konflikte zwischen persönlichem und gesellschaftlichem Handeln, schwieri-
ger und länger noch der Weg zur Selbstbehauptung als freier Mensch. Johanna befand sich in dieser Hinsicht sogar in einer sehr viel widerspruchsvol-
leren Situation, denn die Diskrepanz zwischen einfachem Landmädchen und
militärischer Führerin einer Nation war unendlich größer als die zwischen
Menschentum und Königtum in *Maria Stuart*. Allerdings bildete gerade das
die besondere Herausforderung an den Dramatiker. Zugleich führte er aber
auch seine Heldin noch beträchtlich weiter als die schottische Königin. Gelangte diese zur Selbstüberwindung, so war Johannas Ziel nichts Geringeres
als die Selbstverwirklichung, also ein erfülltes, im großen nützliches, dem
Manne ebenbürtiges Leben.

> Mich zu befreien ist mein einzger Wunsch (V. 3352),

sagt sie – aus der Situation verständlich –, als sie von den Engländern gefangen worden ist. Aus eigener Kraft zerreißt sie schließlich ihre Ketten und leitet allerdings mit solchem Akt ihren Tod, aber auch ihre Verklärung ein.

Die gesamte Darstellung von Johannas Leben folgt einem sinnbildlichen
Gang. Schillers Stück beginnt damit, daß die Grundbesitzerstochter sich der
bürgerlichen Ehe verweigert, um sich auf sich selbst zu stellen, was in den
Augen ihres konventionellen Vaters als «Irrung der Natur» (V. 62) erscheint.
Gerade die Beschränkung der Natur durch die Gebote der Vernunft stellte
für den Kant-Schüler Schiller immer wieder eine notwendige Voraussetzung
für alle Selbsterhebung des Menschen dar. Hier lag also ein Dilemma für seine Heldin bereit. Den Bruch mit dem «Paradies» der Kindheit (V. 2899) vollzieht Johanna in ihrem großen Abschiedsmonolog am Ende des «Prologs»;
ein Mensch beginnt den Weg zu sich selbst auf dem Wege über die Bewährung in der großen Welt.

Wie *Wallenstein* und *Maria Stuart* Länder in historischen Übergangssitua-
tionen zeigten, so auch die *Jungfrau von Orleans*. Anstelle eines anderen
Herrschaftssystems ist es hier die Fremdherrschaft, die Frankreich droht,
und zwar eine Fremdherrschaft, die keinen sozialen Auftrag mehr kennt,
den Johanna in den eigenen Fürsten immerhin voraussetzt. Johannas Bekenntnisse ihrer politischen Mission sind Schillers Gelegenheit, auf die Gegenwart Deutschlands und Frankreichs zu reflektieren. Denn Johanna
wünscht jenem Monarchen Dauer,

> [...] der den heilgen Pflug beschützt,
> Der die Trift beschützt und fruchtbar macht die Erde,

Der die Leibeignen in die Freiheit führt,
Der die Städte freudig stellt um seinen Thron. (V. 347–350)

Wo solche Rücksicht auf die Interessen der niederen Stände fehlt, droht Zerstörung der gesellschaftlichen Ordnung. Bestätigt durch die Zuschauer und Leser von 1801, prophezeit sie später Karl VII. von Frankreich:

Dein Stamm wird blühn, so lang er sich die Liebe
Bewahrt im Herzen seines Volks,
Der Hochmut nur kann ihn zum Falle führen,
Und von den niedern Hütten, wo dir jetzt
Der Retter ausging, droht geheimnisvoll
Den schuldbefleckten Enkeln das Verderben. (V. 2096–2101)

Der Appell an die Vernunft der Fürsten gehört als Teil zu jener Überzeugung von der Kraft der Vernunft überhaupt, die Schiller gegenüber aller menschlichen Fehlbarkeit im einzelnen aufrechterhielt.

In ihrem Weg zur Selbsterfüllung wird nun Johanna zeitweilig zur rücksichtslosen Terroristin, die mit dem «Geisterreich» einen «furchtbar bindenden Vertrag» abgeschlossen hat,

Mit dem Schwert zu töten alles Lebende, das mir
Der Schlachten Gott verhängnisvoll entgegen schickt.
(V. 1601–02)

Eine Zeit, die den Begriff Ideologie noch nicht kannte, mußte denn wohl zu Stimmen, Geistern und Göttern ihre Zuflucht nehmen. Aus solchem Sendungsbewußtsein erwächst Johanna außerdem der Entschluß, keinem Manne Gattin zu sein (V. 2204), ein Entschluß, der in der Ablehnung der bürgerlichen Ehe zu Anfang des Stückes schon vorgebildet war, wie im übrigen der Haß gegen die Engländer besonders in Johanna entfacht wurde, als sie von deren Entschluß hörte, «der Schmach zu weihen alle Jungfrauen» (V. 253).

Gerade in ihrer der Natur des Menschen zuwiderlaufenden Hypertrophie missionarischer Vernunft aber liegt die Schwäche, die sie in den Tod führt. Wie Kleists Penthesilea, mit der sie übrigens mehr als einen Zug gemeinsam hat, liebt auch Johanna, wo sie nicht lieben will und soll. Weil sie ihm ins Angesicht geblickt hat, schont Johanna Lionel, einen der englischen Anführer, und läßt ihn entfliehen. Damit aber hat sie, wie sie empfindet, das Gelübde gegenüber der «Geisterwelt» gebrochen und sich selbst ihrer elementaren Sicherheit beraubt:

Kein Gott erscheint, kein Engel zeigt sich mehr,
Die Wunder ruhn, der Himmel ist verschlossen. (V. 3344/45)

So fällt sie den Engländern in die Hände, aber gerade in dieser äußersten Situation der Gefangenschaft und Erniedrigung sprengt sie schließlich aus

eigener Kraft die Ketten und verhilft ihrem Lande zum letzten, entscheidenden Sieg in einem Kampf, in dem sie selbst tödlich verwundet wird. In ihren
letzten Worten erhebt sie sich in die Verklärung:

> Seht ihr den Regenbogen in der Luft?
> Der Himmel öffnet seine goldnen Tore,
> Im Chor der Engel steht sie glänzend da,
> Sie hält den ewgen Sohn an ihrer Brust,
> Die Arme streckt sie lächelnd mir entgegen.
> Wie wird mir – Leichte Wolken heben mich –
> Der schwere Panzer wird zum Flügelkleide.
> Hinauf – hinauf – Die Erde flieht zurück –
> Kurz ist der Schmerz und ewig ist die Freude! (V. 3536–44)

Noch einmal, wie in *Maria Stuart* also, ein katholisierendes Finale, das aber
hier wie dort nur Zeitgewand für eine sehr viel allgemeinere, ihrem Wesen
nach säkulare Erfahrung darstellt. Denn in der Gottesmutter mit dem Kinde
ist in zartem, subtilem Symbol Johannas eigene unterdrückte Erotik ent-
schuldigt, erhöht und erfüllt. Der Kampf um sich selbst, den sie als Kampf
um ihr Land führte, findet erst in dieser letzten Vision seine Vollendung.
Dem Zuschauer oder Leser aber wird die Apotheose als ästhetische Erfahrung vermittelt, als Schluß einer Tragödie, die ihn in seinem Bekenntnis zur
«guten Sache» bestärken kann. Ob allerdings der Gegensatz zwischen geschichtlichen Tatsachen und dramatischer Darstellung nicht doch zu groß
war, als daß sich eine derartige Erfahrung einer «reinen Tragödie» einstellen
kann, ist eine andere Sache. Die Wirkungsgeschichte der *Jungfrau von Orleans* und besonders die vielen patriotischen Entstellungen, die sich das Werk
hat gefallen lassen müssen, deuten darauf hin, daß Schiller seine Absicht
nicht bis zur letzten, überzeugenden künstlerischen Rundung und Schlüssig-
keit hat erreichen können.

### Die Braut von Messina

Schillers nächstes Stück, *Die Braut von Messina*, war ein literarisches Experiment. Statt der wie auch immer frei behandelten historischen Stoffe konstruierte er darin aus antiken und modernen Bauelementen eine Handlung, die
einem Drama als Grundlage diente, das in Form und Wirkung möglichst
nahe an die antike Tragödie heranreichen sollte. Das Streben zur «reinen
Tragödie» gehörte für ihn seit dem *Wallenstein* zur dramatischen Arbeit;
jetzt sollte es frei von aller Ablenkung durch Realitäten seine Erfüllung finden. Die Geburt dieses Stückes aus dem Geiste seiner Kunsttheorie hat Schiller dadurch ausdrücklich hervorgehoben, daß er ihm im Druck eine Vorrede
*Ueber den Gebrauch des Chors in der Tragödie* mitgab, die nichts anderes ist

als eine knappe Summe seiner wesentlichsten Gedanken zu Sinn und Wirkung der Kunst.

Schiller geht in dieser Vorrede von der Situation des modernen Dichters gegenüber dem antiken aus. In der modernen Welt habe die Schrift «das lebendige Wort verdrängt», das Volk – wo es «nicht als rohe Gewalt wirkt» – sei zum abstrakten Begriff des Staates geworden, und die Götter seien «in die Brust des Menschen zurückgekehrt». In einer solchen, auf Abstraktion und Innerlichkeit gegründeten Situation habe die Kunst dem Bedürfnis nach Reflexion Rechnung zu tragen und könne sich nicht mehr nur auf sinnliche Darstellung verlassen. Zu eben diesem Zwecke scheine ihm, Schiller, der Gebrauch eines Chores gerechtfertigt, der freilich nicht mehr wie auf dem antiken Theater eine überindividuelle Betrachtungsweise repräsentiere, sondern nunmehr «die Reflexion von der Handlung» absondere. Auf diese Weise sollte das «Poetische», das Schiller im «Indifferenzpunkt des Ideellen und Sinnlichen» liegen sah, auch der modernen Kunst bewahrt werden – ein Gedanke, der der Schlegelschen Vorstellung einer Universalpoesie recht nahelieg, denn hier wie dort ging es darum, moderne Intellektualität in ein neues artistisches Bündnis mit künstlerischer Anschauung zu bringen. Auch darin konnte man sich einig sein, daß Kunst den Menschen lehren solte, «das Materielle durch Ideen zu beherrschen», also die Vorherrschaft des Geistes vorzuführen. Nur in der künstlerischen Verfahrensweise war es Schlegels Absicht, Kunst und Leben mit Hilfe der Phantasie so eng als möglich zu verschmelzen, während Schiller darnach strebte, sie zu trennen: Kunst könne nur dadurch wahr sein, «daß sie das Wirkliche ganz verläßt und rein ideell wird». Kantischer Dualismus stand hier romantischem Monismus gegenüber.

Auf solchen Voraussetzungen baute Schillers Versuch auf, in der *Braut von Messina* eine reine, «poetische Tragödie» zu gestalten. Der Plan zu einem Stück über «feindliche Brüder» steht zwar schon auf dem Entwurfsblatt von 1799, aber die eigentliche, dringende Anregung zum Arbeitsbeginn erhielt Schiller erst durch verschiedene Theaterexperimente in Weimar. 1800 und 1801 waren dort Goethes Voltaire-Übersetzungen aufgeführt worden. Anfang 1802 folgte im klassizistischen Stil August Wilhelm Schlegels *Ion*, kurz darauf Schillers eigene Bearbeitung von Gozzis *Turandot* und im Mai Friedrich Schlegels hispanisierender *Alarcos*, wobei die Stücke der Schlegels manche künstlerischen und persönlichen Kontroversen hervorriefen. Ende 1801 oder Anfang 1802 begann Schiller die *Braut von Messina*; sie wurde am 19. März 1803 in Weimar uraufgeführt, genau vierzehn Tage vor Goethes *Natürlicher Tochter*, die sich gleichfalls entschieden von allem «Naturalism in der Kunst» entfernt hielt.

Schillers Stück gab den klaren Eindruck von der Dominanz des Formalen. In Anlehnung an Sophokles existierten keine Akt- und Szeneneinteilung mehr, der Chor erhielt eine bedeutende Rolle, und eine bunte Palette von Vers- und Strophenformen bot sich dar, allerdings nicht auf antike Modelle beschränkt. Auch Reimmuster verschiedenster Art – Stanzen zum Beispiel – treten auf wie in Tiecks Dramen, und gelegentlich ein schamhaft abgebrochener Versuch zum Sonett. Es war also wiederum, wie in der *Jungfrau von Orleans*, eine klassisch-romantische Gestalt, in der sich Schillers Werk präsentierte, und Fabel wie Handlung liefen auf die gleiche Mischung hinaus.

Sophokles' *König Ödipus,* Dramen von Euripides und Aischylos hatten ebenso Anregungen bereitgestellt wie Friedrich Maximilian Klingers *Zwillinge,* Johann Anton Leisewitz' *Julius von Tarent* und das eigene *Räuber*-Drama. Ort der Handlung ist – wie in Voltaires *Tancred –* Sizilien, nach Schillers Vorwort ein Ort, wo Christentum, antike Religion und Islam «theils lebendig, theils in Denkmälern fortwirkten und zu den Sinnen sprachen». So bildet sein Stück das Resultat eines ästhetischen wie ideellen Synkretismus, über den August Wilhelm Schlegel in seinen *Vorlesungen über dramatische Kunst und Litteratur* wenig freundlich bemerkt hat:

> «Es soll ein Trauerspiel in antiker Form, aber von romantischem Gehalt sein. Eine ganz erdichtete Geschichte ist in einem so unbestimmten und von aller Wahrscheinlichkeit entblößten Costum gehalten, daß die Darstellung weder wahrhaft idealisch, noch wahrhaft natürlich, weder mythologisch, noch historisch ist. Die romantische Poesie sucht zwar das Entfernteste zu verschmelzen, allein geradezu unverträgliche Dinge kann sie nicht in sich aufnehmen: die Sinnesart der dargestellten Menschen kann nicht zugleich heidnisch und christlich sein.»

Schillers Stück ist analytisch aufgebaut. Nach der Beerdigung des Fürsten versucht die Fürstin Isabella, ihre zwei streitenden und das Land in Bürgerkrieg stürzenden Söhne Don Manuel und Don Cesar zu versöhnen. Das gelingt ihr auch, wobei die friedfertige Disposition beider dadurch gefördert wird, daß sie gegenseitig in sich «der Mutter theure Züge» (V. 502) entdekken. Außerdem sind sie verliebt und beabsichtigen, der Mutter bald ihre Bräute vorzustellen, während diese ihnen eine bisher unbekannte Schwester darbieten will, was sie zu der glücklichen Vision veranlaßt:

> Und heute werden in der Jugend Glanz
> Drei blüh'nde Töchter mir zur Seite stehen. (V. 1436/37)

Es stellt sich jedoch bald heraus, was sich für den Zuschauer bereits herausgestellt hat, daß nämlich diese drei Töchter ein und dieselbe Person sind. Tragisch konsequent läßt diese Feststellung den Bruderzwist wieder aufleben und treibt die beiden Söhne zu Brudermord beziehungsweise Selbstmord. Das Ende des Herrscherhauses von Messina ist besiegelt.

So konstruiert dieser Konflikt auch ist, so entbehrt er doch nicht der zeitrelevanten Züge, denn das Inzestmotiv dient zu nichts anderem als der Zerstörung einer dynastischen Familie. Ursprung des Übels ist ein Familienfluch, der davon herrührt, daß ein Sohn dem fürstlichen Vater die – offenbar zweite – Frau entführt hat, eine Umkehrung also des Don-Carlos-Konflikts und eine Fortsetzung der Wilhelm-Meister-Problematik um den kranken Königssohn. Dieser Fluch wird nun dadurch wirksam, daß die Brüder in ihrem Liebesverlangen ganz auf die Mutter gerichtet sind; nicht nur ineinander, sondern auch in der Schwester erkennen sie letztlich deren Züge.

> Denn eine zweite sah ich nicht, wie dich,
> Die ich gleich wie ein Götterbild verehre (V. 1485/86),

bekennt Don Cesar der Mutter, ehe er ihr von seiner Begegnung mit der ihm noch unbekannten Schwester berichtet, in die er sich verliebt hat.

Schiller wäre nun allerdings nicht Schiller, wenn er einen solchen menschlichen Konflikt nicht in einem politischen aufhöbe. Denn das sich durch Inzest zerstörende Herrschergeschlecht hat seine Macht nur usurpiert, wie der Chor klagt:

> Es hat an diesen Boden kein Recht.
> Auf dem Meerschiff ist es gekommen,
> Von der Sonne röthlichtem Untergang.
> Gastlich haben wirs aufgenommen,
> (Unsre Väter! Die Zeit ist lang)
> Und jezt sehen wir uns als Knechte
> Unterthan diesem fremden Geschlechte! (V. 205–11)

Der trotzige Trost des Chores ist:

> Die fremden Eroberer kommen und gehen,
> Wir gehorchen, aber wir bleiben stehen (V. 253/54),

wobei «stehen» natürlich als «bestehen» zu lesen ist. Es war kein unnötiger Trost für die Deutschen in den kommenden Jahren. Die Weltgeschichte erweist sich also auch in diesem Stück als Weltgericht. Die Usurpanten zerstören sich von innen heraus und gewinnen die Sympathie des Zuschauers allein durch den tragischen Willen zum Besseren, den sie vom anfänglichen Friedensschluß an immer wieder demonstrieren, und ebenso durch die ehrliche Konsequenz, mit der Don Cesar, der letzte Mann dieses Geschlechts, sich schließlich den Tod gibt, denn

> Das Leben ist der Güter höchstes *nicht*,
> Der Uebel größtes aber ist die *Schuld*. (V. 2838/39)

Schiller hat sein Stück nicht als politisches Werk konzipiert, sondern als ästhetisches Experiment. Goethe berichtete er jedoch, wie sich «im Laufe meines bisherigen Geschäfts noch verschiedene bedeutende Motive hervorgethan» hätten (26.1.1803). *Die Braut von Messina* ist jedenfalls ein Stück, das trotz mancher aus seiner künstlichen Anlage hervorgehenden Schwächen doch die Handschrift eines großen Dramatikers verrät und als Ganzes weit über den gleichzeitigen Versuchen der Brüder Schlegel steht.

## Wilhelm Tell

Mit seinem *Wilhelm Tell* trat Schiller wieder auf geschichtlichen Boden. Obwohl die Sage vom Apfelschützen Tell eher im Grenzbereich zwischen Mythos und Geschichte zu Hause ist, besitzt der Freiheitskampf dreier Schweizer Kantone seinen festen historischen Grund in Ereignissen aus dem Anfang des 14. Jahrhunderts. Für die Zeitgenossen der Französischen Revolution hatte der mittelalterliche Aufstand außerdem zugleich unmittelbare Aktualität, denn Wilhelm Tell gehörte zu den Kirchenvätern der Revolution. Im Jakobinerklub war neben den anderen Heroen der Freiheit auch seine Büste aufgestellt. In der Nationalversammlung gab es eine Sektion «Guillaume Tell», Saint-Just bezog sich gern auf ihn in seinen Reden, David zeichnete ihn, und Grétry komponierte 1791 eine revolutionäre Tell-Oper. In der Tat ließ sich von den beiden thematischen Angelpunkten des Stoffes – Tyrannenmord und bewaffneter Aufstand – ein direkter Bezug zur Gegenwart herstellen, wobei es im ersteren Fall offenblieb, ob man den guillotinierten Ludwig XVI. oder etwa den von Charlotte Corday erdolchten Jean Paul Marat als bestraften Tyrannen verstehen wollte. Schiller selbst hatte in seinen Plänen ein Charlotte-Corday-Drama erwogen, aber dann freilich nie ausgeführt.

Bei der Betrachtung des Corday-Stoffes in der Literatur dieser Tage ist bereits darauf hingewiesen worden, welche Schwierigkeiten sich der dramatischen Gestaltung dadurch boten, daß die Corday nicht persönlich durch Marat herausgefordert worden war, aber auch keine Bindung zu einer der kämpfenden Fraktionen besaß. Beide Züge hingegen wies der Tell-Stoff in geradezu idealer Kombination auf: Ein tapferer Einzelner ficht für die allgemeine Freiheit, indem er sich zum Richter über denjenigen macht, der ihn persönlich erniedrigt und verletzt hat. Die stets an den Einzelnen gebundene Moral und das stets auf eine Gemeinschaft bezogene politische Handeln ließen sich in diesem geschichtlichen Augenblick glücklich zur Deckung bringen. Nicht erst im Tode muß hier die Verklärung vor sich gehen, wie das bei der *Jungfrau von Orleans* der Fall war, sondern in der Zeit selbst kann sich die Tragödie zum Schauspiel wandeln und der tragisch angelegte Konflikt sich in schöner Harmonie zu Ehren des Menschen als eines moralischen Wesens lösen.

Nach eigener Auskunft ist Schiller auf den Tell-Stoff erst aufmerksam geworden, als sich in Weimar und Jena das Gerücht verbreitete, er arbeite an einem Stück über dieses Sujet. In Goethes Erinnerungen dagegen war er es, der von seiner Schweizer Reise 1797 die Idee zu einem Tell-Epos mitgebracht hatte, die er dann zwar beiseitelegte, aber von der er doch zugleich Schiller mehrfach Mitteilung machte und sie ihm regelrecht abtrat. Schiller jedenfalls begann erst 1802, während der Arbeit an der *Braut von Messina*, sich mit dem Tell-Stoff gründlicher zu beschäftigen; das Drama selbst entstand in der Zeit vom August 1803 bis zum Februar 1804. Uraufgeführt wurde es am 17. März in Weimar, und innerhalb der vierzehn Monate, die Schiller noch zu leben hatte, brachten es acht weitere deutsche Bühnen heraus. Beglückt von dem Erfolg schrieb Schiller damals an Körner: «Ich fühle, daß ich nach und nach des theatralischen mächtig werde» (12.4.1804). Ein «Volksstück» sollte der *Tell* sein, «ein rechtes Stück für das *ganze Publikum*», heißt es schon während der Arbeit in Briefen an Iffland. Nicht umsonst hatten ihn Kunstpsychologie und Wirkungsästhetik immer wieder beschäftigt bis hin zu den Überlegungen über die Rolle des Chors in der *Braut von Messina*. Gegenüber dem experimentellen Formalismus dieses letzteren Stückes, das sich allerdings ebenfalls schon mit der Befreiung von Fremdherrschaft befaßt hatte, besaß Schiller nun in den Eidgenossen einen «Chor» von Fleisch und Blut, der selbst geschichtlich zu handeln in der Lage war, und dazu noch einen Helden, der nichts anderes darstellte als den Archetyp eines bürgerlichen Familienvaters.

Nicht nur in den Themen von Aufstand und Tyrannenmord erwies Schillers Stück seine Aktualität. Noch manche anderen, allgemeinen Züge, Gedanken und Stimmungen mußten bei den Zuschauern gleiche Saiten zum Schwingen bringen. Der *Tell* ist auf den Grund einer Übergangszeit gebaut, in der sich Unsicherheit und Hoffnungen miteinander verbinden: «Es schwankt der Grund, auf den wir bauten», bemerkt Stauffacher (V. 215), und die vom Kriege bedrohten Deutschen des Jahres 1804 dürften solche Erkenntnis ebenso unmittelbar verstanden haben, wie sie das Echo mancher Heilserwartungen der Jahrhundertwende in Attinghausens letzter, großer Prophezeiung wiederhören konnten, wenn er, Tells Sohn segnend, verkündet:

> Aus diesem Haupte, wo der Apfel lag,
> Wird euch die neue beßre Freiheit grünen,
> Das Alte stürzt, es ändert sich die Zeit,
> Und neues Leben blüht aus den Ruinen. (V. 2423–26)

Unüberhörbar daneben war auch die politische Botschaft an den Adel, dessen Rechte nur noch als vertraglich gesicherte Bürgerrechte, nicht mehr als bedingungslose Privilegien gelten sollten.

> [...] Ihr
> Sollt *meine* Brust, ich will die *eure* schützen,
> So sind wir einer durch den andern stark.
> – Doch wozu reden, da das Vaterland
> Ein Raub noch ist der fremden Tyrannei?
> Wenn erst der Boden rein ist von dem Feind,
> Dann wollen wirs in Frieden schon vergleichen (V. 2433–99),

versichert Ulrich von Rudenz den Eidgenossen, manche Versprechungen aus
der Zeit der napoleonischen Kriege schon vorausnehmend, und er hebt am
Ende seinem Wort getreu tatsächlich die Leibeigenschaft für seine Knechte
auf, während ihm die geliebte Bertha von Bruneck ihre Hand gibt, «die freie
Schweizerin dem freien Mann!» (V. 3289/90).

In seinen politischen Anschauungen vertrat also Schillers Stück den Zustand einer reformierten Gesellschaft, in der Adel und Bürger, vor dem Gesetze gleich und vertraglich aneinander gebunden, zu gegenseitigem Wohle
miteinander existierten. Aber nicht die Verkündung politischer Thesen war
Schillers Ziel, sondern die Umsetzung eines Stoffes «aus dem historischen
heraus und ins poetische» hinein, wie er mit Bezug auf den *Tell* Körner mitteilte (9.9.1802). Das bedeutet, daß er dem politischen Geschehen jenseits aller Zufälle menschliche Notwendigkeit und Wahrheit zu geben versuchte,
was nur dadurch möglich war, daß er es mit den natürlichen Interessen einzelner verband. Die Macht und Willkür der Reichsvögte stellt Schiller deshalb nicht in erster Linie als ökonomische Ausbeutung oder allgemeine politische Unterdrückung dar, sondern als brutale Verletzungen der natürlichen
Bindungen innerhalb der Familie. Die drei entscheidenden, zu Verschwörung und Aufstand führenden Gewalttaten sind der Versuch des Landvogts
Wolfenschießen, die Frau Konrad Baumgartens zu vergewaltigen, die Blendung von Melchthals Vater, weil der Landvogt Landenberger des Sohnes
nicht habhaft werden kann, und schließlich der alle natürliche Ordnung zutiefst pervertierende Befehl Geßlers an Tell, auf den eigenen Sohn zu schießen. In allen diesen Fällen bilden nicht politische Entscheidungen, sondern
moralische Vergehen den eigentlichen Ausdruck der Gewaltherrschaft.

Schiller hat sich große Mühe gegeben, natürliche Verhältnisse und humanes Naturrecht in seinem Stück hervorzuheben und daraus die Motivationen
für das Handeln der Eidgenossen und Tells abzuleiten. Der lyrische Prolog
in der ersten Szene bindet die Lebensverhältnisse der Hirten und Jäger unmittelbar an einen naturmythischen Urzustand, und als katalytischer Hintergrund wirkt die Natur auch in der Folge fort, im Rütlischwur zum Beispiel
oder im Gespräch zwischen Bertha und Rudenz, in dem diesem von der Geliebten seine patriotische Pflicht bewußt gemacht wird. Und als Johannes
Parricida, Herzog von Schwaben, vor Tell den Mord an König Albrecht I.,
seinem Onkel, mit dem Verweis auf Tells eigene Tat rechtfertigen will, erwidert ihm dieser:

> Zum Himmel heb' ich meine reinen Hände,
> Verfluche dich und deine That – Gerächt
> Hab ich die heilige Natur, die *du*
> Geschändet – Nichts theil' ich mit dir – Gemordet
> Hast *du, ich* hab mein theuerstes vertheidigt. (V. 3180–84)

Wie Schiller hier zwischen egoistischer Rache für ein vorenthaltenes Erbe und moralischem Selbstschutz unterscheidet, so unterscheidet er im ganzen Stück zwischen politischem und moralischem Handeln, was aber nicht heißt, daß er sie unabhängig von einander sieht. Tells Tat – daran läßt er keinen Zweifel – ist als moralische Tat zu verstehen, nicht als politische. Geßler als extreme Verkörperung der Unnatur hat sich mit seinem Befehl an Tell bereits aus der natürlichen Gemeinschaft der Menschen ausgeschlossen, lange ehe ihn Tells Pfeil trifft. Mit seiner Tötung wird keine persönliche Rache vollzogen, sondern eine grundsätzliche menschliche Ordnung wiederhergestellt. Wo es um bloße Rache geht, wie bei der Bestrafung des Vogtes Landenberger, der Melchthals Vater geblendet hat, ist der Geblendete selbst zur Barmherzigkeit bereit, und Walther Fürst lobt beruhigt:

> Wohl euch, daß ihr den reinen Sieg
> Mit Blute nicht geschändet! (V. 2912/13)

Es ist eine etwas schwierige Dialektik, die Schiller in seinem Stück zu übermitteln versucht, ebenso schwierig wie die Sache selbst, um die es ihm in allen seinen Stücken seit dem *Wallenstein* gegangen war: um die Verbindung von Moral und Politik, von ethischem und pragmatischem Handeln, die einander in der Wirklichkeit ständig zu widersprechen scheinen und über die er keine höhere Instanz zu stellen vermag als die Kunst, in der dieser Konflikt an Beispielen zum Austrag kommt. Wenn Tell in seinem großen Monolog vor dem Schuß auf Geßler meditiert:

> Es lebt ein Gott zu strafen und zu rächen (V. 2596),

so wird offenbar, daß Tell im Begriffe ist, aus solcher Gesinnung heraus sich selbst zum Werkzeug dieses Gottes zu machen. Das Moralgesetz, das den Menschen über die Beschränkung durch seine Triebe erhebt, dieses Göttliche liegt in der eigenen Brust, oder es existiert nicht. Der terroristische Akt stellt für Schiller also kein Mittel der Politik dar, sondern ist nur als individuelle Notwehr gerechtfertigt. Die Dualität der Handlungen in seinem Stück – die eidgenössische Revolution und die Geschichte von der Herausforderung Wilhelm Tells – hebt diese Überzeugung symbolisch hervor, wozu auch gehört, daß beide Handlungen am Ende nicht völlig verschmelzen, sondern Tell der Einzelne bleibt, der er von Anfang an war, so sehr er mit der Sache der Freiheit sympathisiert hat. Der einzelne Mensch als Träger und Hüter des Sittengesetzes kann und soll nach Schillers Willen nirgends ganz in irgendeiner politischen Sache aufgehen. Allein durch ihn korrigiert die Weltgeschichte ihre Aberrationen und wird im Bilde des Kunstwerks zum Weltgericht.

Wieweit Schillers Stück diese Gedanken tatsächlich an Zuschauer und Leser vermittelt, ist eine andere Frage. Ludwig Börne hat 1828 bei aller ausdrücklichen Hochachtung vor Schillers «liebevollem, weltumflutenden Herzen» Tells «beschränktes, häusliches Gemüt und seine kleine enge Tat» einer scharfen, kritischen Analyse unterzogen. Was er in Tell fand, waren Untertänigkeit, Philisterstolz, Pedanterie, Ängstlichkeit und die Scheu des Bürgers vor dem Edelmanne, die Börne zu dem Schluß führt, Tell hätte auf sein Kind «nicht schießen dürfen, und wäre darüber aus der ganzen schweizerischen Freiheit nichts geworden». Das läßt sich schwerlich anders widerlegen als dadurch, daß dann auch aus der ganzen Tell-Sage nichts geworden wäre. Aber zwischen Sage und Kunstwerk besteht ein beträchtlicher Unterschied, und Börne hat zweifellos recht, wenn er in einer menschlich, nicht mythisch motivierten Dichtung dadurch einen Fleck auf den Charakter des Helden fallen sieht, von dem dieser sich durch den Hinterhalt in der engen Gasse bei Küßnacht nicht reinigen kann. Die Wirkungsgeschichte von Schillers Werk hat dementsprechend gezeigt, daß Tell gern als das Idol biederer, bürgerlicher Häuslichkeit angesehen worden ist, der für jede Gelegenheit einen Sinnspruch – «die Axt im Haus erspart den Zimmermann» (V. 1514) und ähnliches – parat hält, obwohl Schiller im Unterschied zu manchen konservativen Gedanken der Zeit nirgends eine Analogie zwischen Staat und Familie herstellt. So gibt es andererseits auch schöne Zeugnisse dafür, daß die von Schiller erwünschte Verbindung des freien Individuums mit einer freien Gemeinschaft ganz so verstanden wurde: in seinem *Grünen Heinrich* beschreibt Gottfried Keller eine *Tell*-Aufführung als Volksfest und wendet ausdrücklich gegen Börne ein, hier sei «auf eine wunderbar richtige Weise die schweizerische Gesinnung» als Gesinnung einer republikanischen Lebensform ausgedrückt worden. Ebenso gehört schließlich in die Wirkungsgeschichte von Schillers *Tell*, daß er 1941 in Deutschland als Schullektüre verboten wurde, nachdem ein Schweizer Staatsbürger ein Attentat auf Hitler auszuüben versucht hatte. Es gibt also Lesemöglichkeiten dieses Stückes, die es beträchtlich von aller Hausbackenheit entfernen.

## Demetrius

*Wilhelm Tell* war Schillers letztes abgeschlossenes Drama. Seinen nächsten großen Versuch, politisches und ethisches Handeln gegenüberzustellen, hat er nicht mehr vollendet; der *Demetrius* ist ein Torso geblieben, der aber immerhin ahnen läßt, welch mächtiges Ganzes daraus hätte werden können. Ähnlich wie der Warbeck-Stoff trägt die Lebensgeschichte des falschen Zaren Dimitrij in sich das Problem der Legitimation von Macht. Demetrius behauptet, eben jener Sohn Iwans des Schrecklichen zu sein, den der Bojar Boris Godunow als Kind angeblich hat umbringen lassen, um sich selbst den Weg zum Thron zu öffnen. Mit Hilfe des polnischen Adels strebt nun Demetrius zur Macht über Rußland, die er aus seiner Zugehörigkeit zu einer Dynastie zu legitimieren sucht. Grundsätzliche politische Konstellationen von Schillers eigener Zeit spiegeln sich in solcher Handlung, denn das Gottesgnadentum des Herrschers steht gegen den republikanischen Gedanken,

«daß die Totalität einer versammelten Nation ihren souverainen Willen aus-
spricht und mit absoluter Machtvollkommenheit handelt», wie Schiller sich
zum *Demetrius* notiert. Am 18. Mai 1804 hatte sich Napoleon zum Kaiser erklären lassen, und obwohl Schiller sein Stück, unabhängig von äußeren Anlässen, bereits ein paar Wochen früher begonnen hatte, so bestätigt doch die
Zeitgeschichte immerhin die Aktualität des Interesses.

Schillers zahlreiche Pläne und der beschränkte Umfang des bereits Ausgeführten
lassen sichere Schlüsse auf das ganze Werk nicht zu. Eine Reihe von bedeutenden Fäden der Handlung bleiben unverknüpft, aber manche Züge weisen auf den psychologischen Reichtum hin, den Schiller seinem Stück verleihen wollte. Von erschütternder
Eindringlichkeit wäre sicherlich jene nur skizzierte Szene geworden, in der der falsche
Demetrius der Mutter des wahren begegnet, die mit ihm die Feindschaft gegen den
augenblicklichen Herrscher teilt. Geschlechtspsychologie hätte sich mit politischer
Psychologie verbunden in der Rolle von Demetrius' späterer Gemahlin Mariana, die
Schiller «was die Realität betrifft, die Seele der Unternehmung» nennt, während Demetrius für ihn nur «die ideale Potenz derselben» darstellt. Und symbolisch für die
Weltgeschichte als Weltgericht wäre die Erscheinung des jungen Zaren Romanow geworden, der als eine Art Fortinbras das Land schließlich aus Krieg und Zerrissenheit
erlöst.

Was Schiller tatsächlich ausgeführt hat – die Szenen von Demetrius' Beginn seiner Unternehmung in Polen und seine erste Erscheinung auf russi-
schem Boden –, läßt den Schluß zu, daß die Problematik Wallensteins in gesteigerter Form noch einmal wiederkehren sollte, nämlich die Frage nach
dem Verhältnis zwischen Handeln und Selbstbewußtsein, Intuition und Reflexion, Pragmatik und Ethik. Demetrius tritt nämlich von vornherein nicht
als abgefeimter Betrüger auf, sondern hat Anlaß, an seine edle Geburt zu
glauben. Erst die Begegnung mit seiner vermeintlichen Mutter enthüllt, daß
er der unechte Prätendent ist, wodurch ihm der Glaube an sich zerbricht,
ähnlich wie das Wallenstein nach dem Reichstag zu Regensburg geschehen
war. Aus solcher Unsicherheit, unfähig, seine Mission anders zu rechtfertigen, ersteht in ihm «ein tyrannischer Geist», argwöhnisch, gewalttätig und
deshalb auch der Anziehungspunkt für Verrat und Vertragsbruch. «Das auf-
gezogene Uhrwerk geht ohne sein Zuthun», lautet eine Notiz Schillers in einem Studienheft: Die Tragödie politischen Handelns ersteht in dem Schicksal dieses russischen Abenteurers. Ihr Kern besteht darin, daß der Mensch
sich zwar «ein großes ungeheures Ziel des Strebens» setzen kann, das zu erreichen er auch die äußeren Mittel besitzt. Aber der Aufstieg «vom Nichts
zum Throne und zur unumschränkten Gewalt» schützt ihn, so erwägt Schiller, nicht vor jener «furchtbaren Nemesis», die als Korrektiv der Überhebung
des Menschen gerade aus ihm selbst wirksam wird. In der Erkenntnis einer
solchen ethischen Gegenwirkung gegen die prinzipiell unethischen Aktionen
der Politik lag für Schiller das «tragische Intereße» des Demetrius-Stoffes
und lag für ihn das Interesse an der Geschichte überhaupt. Allein der Künstler jedoch konnte diese Tragik herausschälen aus der Fülle der Ereignisse,

konnte den Fall von allen Zufälligkeiten befreien und ein reines Kunstwerk gestalten, das nicht mehr der Geschichte wegen existierte, sondern um der tragischen «Rührung» und jenes Bekenntnisses zur «guten Sache» willen, das nicht aus politischen, sondern aus ästhetischen Urteilen hervorwuchs. In diesem Sinne wäre der *Demetrius* wohl eine Summe von Schillers bisherigem dramatischem Nachdenken über den Sieg des Guten über das Böse, des Gerechten über das Ungerechte, des Freien über das Unfreie geworden, über einen Sieg, den er sich sein Leben lang gewünscht hat, obwohl er als Historiker und Psychologe wußte, daß der Mensch in seiner Unvollkommenheit solcher Erfüllung immer neue Schwierigkeiten in den Weg stellt.

## 7. Tiecks dramatisches Werk

### Frühe Versuche

Clemens Brentano hat Tieck einmal «das größte mimische Talent» genannt, «das je die Bühne nicht betreten» habe. Die Bemerkung bezog sich auf Tiecks außerordentliche, vielfach bezeugte Fähigkeit, im Vorlesen Literatur anschaulich und plastisch erstehen zu lassen. In Abwandlung des Brentanoschen Wortes läßt sich jedoch auch behaupten, daß Ludwig Tieck der bedeutendste deutsche dramatische Autor ist, der je die Bühne nicht erreicht hat. Eine ganze Reihe seiner frühen Dramen sind entweder nie oder erst in einer kleinen Nachlaßausgabe gedruckt worden. Zu seinen Lebzeiten wurden insgesamt vierzehn abgeschlossene Dramen veröffentlicht, von denen zwölf der Zeit zwischen 1790 und 1804, also den Jahren seiner größten Produktivität und Kreativität angehören. Nur wenige dieser Dramen haben je eine versuchsweise Aufführung erlebt, und keins von ihnen ist auf dem Theater heimisch geworden. Anders als Kleist, dem die Gleichgültigkeit seiner Zeitgenossen die Überzeugung eingab, verkannt und gescheitert zu sein, hat Tieck jedoch sein Schicksal mit Gelassenheit getragen. Gerade weil er sich aufs Theater verstand, war ihm bewußt, daß die meisten seiner Stücke so, wie er sie publizierte, kaum für eine Aufführung geeignet waren. Dort aber, wo man sich um sie bemühte oder wo er Einfluß genug gehabt hätte, sie durchzusetzen, hat er von sich aus nichts Weiteres dazu getan, teils aus Vornehmheit, teils auch aus Gleichgültigkeit gegenüber dem fertigen Werk – ähnlich also, wie er sich bei seinen Prosaschriften verhielt. Als Gegenstand seiner Dichtung hat ihn der literarische Markt und die literarische Öffentlichkeit stets interessiert, als Umschlagplatz für seine eigene Kunst nie. Dem jungen Tieck war Literatur Lebenselement und Lebensäußerung: sein Phantasiereichtum, der ihn zuweilen regelrecht bedrohte, und seine hohe Intellektualität konnten im literarischen Ausdruck frei zusammenkommen, und seine üppige Produktion als Erzähler, Dramatiker und Lyriker in der Zeit bis zur

Jahrhundertwende belegt, daß er damals hauptsächlich schreibend gelebt hat.

Obwohl Tieck in allen drei Gattungen Bemerkenswertes und Originelles geleistet hat, wagte er sich als Dramatiker am weitesten auf neues Territorium vor. Schon die Anfänge des Gymnasiasten weisen eine Vielfalt von Motiven, Themen und Formen auf, worin er mit Gegebenem experimentierte. Aus dem Jahre 1789 zum Beispiel stammt ein dramatisches Fragment *Die Sommernacht*, in dem Shakespeare zusammen mit Personen seines *Sommernachtstraums* auftritt. Ein Jahr später folgte ein Feenmärchen *Das Reh*, das neben Anregungen durch Shakespeare auch solche von der Commedia dell'arte und Gozzi empfangen hat. Tiecks erstes größeres Stück war das Schauspiel vom edlen Wilden *Alla-Moddin* (1790, publ. 1798), der von Jesuiten in Manila gefangengehalten wird. Es spricht im Jahr nach dem Bastillesturm bereit von der ernsten Begeisterung des jungen Autors für Freiheit, Selbstbestimmung und Menschenbrüderschaft, in Worten, die denen des Marquis Posa in Schillers *Don Carlos* nicht fernstehen. Ein Franzose, der das gute Ende herbeiführt, ist überdies einer der ersten Europamüden in der deutschen Literatur.

Ein kleines, gedrängtes, künstlerisch durchgestaltetes bürgerliches Trauerspiel war dann das Drei-Personen-Stück *Der Abschied* (1792, publ. 1798), das sein Vorbild in einem Drama von Karl Philipp Moritz besaß. Hier führt Tieck in die Seelenspannungen des *William Lovell* und der frühen Novellen hinein, in die Atmosphäre von «Melancholie», Zweifel und Irrtum. Der aus dem Paradies verstoßene Mensch – ein Apfel ist im Spiel bedeutungsträchtig – versucht sich in patriarchalischen Verhältnissen zu halten und vor dem Zugriff des Schicksals zu schützen. Aber dieses Schicksal liegt in ihm selbst. «Ein Menschenleben ist doch sehr zerbrechlich», bekennt Waller, der aus Eifersucht zum Doppelmörder wird und am Ende, bei diesem Sturz aus seiner bürgerlich wohlanständigen Existenz, die erstaunliche, provokative Beobachtung macht: ‹Mörder! – das Wort hat doch warlich wenig Bedeutung.» Die Sprache ist zur Formel für gesellschaftliche Konventionen und moralische Urteile geworden und deckt sich nicht mehr mit dem, was im Menschen – in jedem Menschen – an Trieben und Kräften wirksam ist. Solche psychologische Relativierung der Sprache ist wohl die bemerkenswerteste Erkenntnis, die Tieck mit diesem Stück vermittelt. Sie entspricht den Ansätzen zur Sprachskepsis im Werke Jean Pauls und bildet außerdem eine wichtige Grundlage für Tiecks spätere literarische Experimente. Die Opfer Wallers – seine Frau und deren einstiger Geliebter – heißen übrigens Luise und Ferdinand wie die Helden von Schillers *Kabale und Liebe*. Obwohl nur acht Jahre zwischen den beiden Dramen liegen, ist der Unterschied doch beträchtlich. Denn nicht mehr vor äußeren Umständen wird der tragische Prozeß eingeleitet, sondern allein durch die innere Einsamkeit der Menschen und ihre Unfähigkeit, miteinander zureichend zu kommunizieren. Tiecks *Abschied* ist das frühe Beispiel eines literarischen Subjektivismus, der sich in den neunziger Jahren parallel zum philosophischen entwickelte.

Noch ein zweitesmal hat Tieck das Thema der Zerstörung patriarchalischer Verhältnisse in einer Familie durch die Irrungen und inneren Gebrechlichkeiten ihrer Mitglieder dargestellt, und zwar in dem Drama *Karl von Berneck* (1793, publ. 1797). Nur hat er sich bei diesem Stück eines mittelalterlichen Milieus und des Symbols eines «Familienfluches» bedient, so daß es leicht als konventionelles Ritter- und triviales Schicksalsdrama zu verkennen ist. Tatsächlich trägt es deutliche Zeichen solcher Konventionalität und Trivialität, aber was es interessant macht, ist eben die Internalisierung der Konflikte, das Handeln aus inneren Antrieben heraus, über die sich die Handelnden keine Rechenschaft geben und die sie nicht kontrollieren können. Tieck selbst hat das Stück in einer ersten Fassung «Orestie in Ritterzeiten» betitelt; es stellt tatsächlich bereits so etwas wie die Verbindung von antikem Stoff mit romantischer, also Shakespearescher Form dar. Denn ist der dem Wahnsinn anheimfallende Muttermörder Karl von Berneck ein neuer Orest, so hat das Familiengespenst, das in kritischen Momenten auftaucht, offenbare verwandtschaftliche Beziehungen zu demjenigen in Shakespeares *Hamlet*. Die Wirkungsweisen des «Wunderbaren» und also auch Gespenstischen bei Shakespeare hatte Tieck ausführlich in einer Abhandlung vom Jahre 1793 untersucht. Das Zögern ist im übrigen Hamlets wie Karls Erbteil, und Hamletschen Ursprungs ist auch seine Erkenntnis: «Mich dünkt, die Welt ist, so wie es in ihr zugeht, nicht gut eingerichtet.» Aber Karl ist freilich noch weniger in der Lage, sie zum Besseren zu führen, als der dänische Prinz. Weder ein antiker Gott noch ein irdischer Fortinbras restaurieren am Ende die Harmonie der Welt. Der Bruder Reinhard, der Karl auf dessen Bitten in Liebe umbringt, geht in ein Kloster – «das Leben hat nun keinen Reiz für mich». Karls Selbstzerstörung im Banne seiner «Melankolie» wirkt ohne den eisernen Zwang einer antiken Götterordnung und ohne die innere Freiheit, die sich Hamlet in seiner Ironie bewahrt, konsequent nihilistisch und einem Zeitalter des Individualismus durchaus angemessen, führt aber auf dem Theater unweigerlich zur Schauerromantik in der Nähe des Lächerlichen. *Karl von Berneck* macht eher den Eindruck eines dramatisierten gotischen Romans als den einer modernen «Orestie» im ritterlichen Gewande. Da er seinen Gestalten die Freiheit der Ironie nicht mehr geben konnte, wie sie Shakespeare seinem Hamlet gegeben hatte, überwand Tieck seine schöpferischen Schwierigkeiten als Dramatiker erst, als er sich selbst ironische Freiheit gegenüber seinen Stoffen herausnahm. Das gelang ihm zuerst in einer Reihe von Komödien, deren eigentlichen Gegenstand die Literatur selbst bildete.

## Literaturkomödien

Mit seinen Literaturkomödien betrat Tieck wirkliches Neuland. Hier schritt er seinen Zeitgenossen weit voraus, was allerdings auch bedeutete, daß er auf Verständnis bei ihnen nicht rechnen konnte. Erschwerend kam hinzu, daß sich das Lachen gerade an deren eigenem literarischen Geschmack entzünden sollte. Spielplatz dieser Stücke ist im Grund der Kopf des kritischen Zuschauers oder Lesers, in dem das sinnliche Vergnügen an der Kunst mit der Reflexion darüber zusammentrifft. Realismus und Surrealismus sollten sich zu einem neuen, intellektuellen Vergnügen verbinden.

Die dramatische Form war für eine derartige Darstellung verschiedener Spiel- und Bewußtseinsebenen der einzig geeignete Ausdruck, jedenfalls aus Tiecks Perspektive. Wohl hatte die epische Kunst Sternes und Jean Pauls Differenzierungen eingeführt zwischen Autor, Gegenstand und Publikum, aber für das freie Spiel mit der Literatur als Thema boten die Formen der Erzählkunst noch keine Handhabe. Auf der Bühne hingegen existierten schon mehrfache Ansätze zu derartigem Übermut. «Daß die Bühne mit sich selber Scherz treiben kann, hatte ich schon früh von Holberg, dessen Melampe und Ulysses mir immer sehr lieb waren, gelernt. Fletcher und Ben Jonson versuchten in ihrer Art, nur mit mehr Bitterkeit und Pedanterie, dasselbe», schreibt Tieck 1828 in der Einleitung zu seinen gesammelten Schriften, wenn er auf den *Gestiefelten Kater* zu sprechen kommt. Denn dieses kleine, dreiaktige Werk, das 1797 im zweiten Band der *Volksmärchen des Peter Lebrecht* erschien, ist die bekannteste der Literaturkomödien. Tiecks Quelle dafür waren die *Contes de ma mère l'Oye* 1697) von Charles Perrault. Die große Popularität, die das Märchen vom gestiefelten Kater später durch die Sammlung der Gebrüder Grimm erhielt, besaß es damals noch nicht, denn trotz des wachsenden Interesses für Produkte der Volkspoesie dominierte weiterhin die rationalistische Verachtung alles Märchen- und Zauberhaften, sofern es sich nicht einer vernünftigen Deutung oder Nutzanwendung unterwarf. Gerade der Widerspruch zwischen dem Irrationalismus des Märchengeschehens und dem Rationalismus des Publikumsgeschmacks ist jedoch das Thema von Tiecks *Gestiefeltem Kater*. Seinen Peter Lebrecht hatte Tieck ausdrücklich über das Märchen meditieren lassen, der es als Ausdruck tieferer Seelenschichten begriff, die dem Lichte des Verstandes nicht zugänglich waren. Das Reich der Phantasie, auf das alles Märchenhafte verwies, besaß seine eigene Autonomie gegenüber den Herrschaftsansprüchen des Intellekts, was freilich nicht heißen sollte, daß die beiden Bereiche einander ausschlossen. Vielmehr lief gerade Tiecks Kunst darauf zu, sie miteinander in Berührung zu bringen und füreinander fruchtbar zu machen, dem Dunklen das Gefährliche und Zerstörende zu nehmen, dem Hellen aber Schwung zu geben und es von seiner Sicherheit und Selbstgefälligkeit zu befreien.

Der *Gestiefelte Kater* ist allerdings weit davon entfernt, ein Programmstück zu sein.

«Wenn ich meine Antipathie gegen das Katzengeschlecht erkläre, so nehme ich Peter Leberechts gestiefelten Kater aus. Krallen hat er, und wer davon geritzt worden ist, schreyt, wie billig, über ihn; Andre aber kann es belustigen, wie er gleichsam auf dem Dache der dramatischen Kunst herumspaziert»,

notiert Friedrich Schlegel als 207. *Athenaeums*-Fragment. Was Tieck dramatisiert, ist denn auch nicht das Märchen vom gestiefelten Kater, sondern eine Aufführung des Märchens. Wohl sind die bekannten Hauptpersonen auf der Bühne beisammen: die drei Söhne, die sich die Erbschaft des Vaters teilen, Kater Hinze, der dem jüngsten Sohne Gottlieb zufällt, außerdem der gelangweilte und nach gutem Braten schmachtende König – wobei Tieck allerdings die Rebhühner durch Kaninchen ersetzt –, dazu dessen etwas blaustrümpfige und altkluge Tochter und schließlich der böse Zauberer, der vom Kater gefressen wird, damit Gottlieb sein Schloß bekommen kann. Den Zauberer hat Tieck übrigens «Popanz Gesetz» benannt, so daß Hinze sich auch zu einem politischen Bekenntnis aufschwingen darf: «Freiheit und Gleichheit! – das Gesetz ist aufgefressen! Nun wird ja wohl der *Tiers-état* Gottlieb zur Regierung kommen.» Das Sprachspiel mit dem bei Tieck dickgedruckten französischen Begriff liegt nahe, denn Hinze, das Tier, wird am Ende in den Adelsstand erhoben und Minster des späteren Königs Gottlieb.

Aber nicht in solcher Parodie des Märchens liegt der eigentliche Witz von Tiecks Komödie, obwohl es durchaus Vergnügen bereitet, die Figuren sich in den großen Worten der Zeit, in Schiller- oder Shakespeare-Zitaten verständigen zu hören und Dummheit und Ennui der Großen im kleinen Deutschland verspottet zu sehen wie danach erst wieder in Büchners *Leonce und Lena*. Die besondere Komik von Tiecks Stück entsteht jedoch erst daraus, daß auch die Zuschauer der Premiere und sogar der Dichter selbst dem Personal des Stückes mitangehören. Erst in den Unterhaltungen des Publikums vor, während und nach der Aufführung entwickelt sich nämlich der eigentliche Kontrast zwischen Kunst und Zeitgeschmack, auf den es Tieck ankommt. Mehr noch: Auch die Personen des Märchens werden in ihrer Dualität als Darsteller und Dargestellte bewußt gemacht – die Schauspieler fallen gelegentlich aus ihren Rollen, wenn die Widersprüche zwischen Stück und Publikumsgeschmack zu stark werden. Der Dichter muß persönlich auf der Bühne erscheinen, um durch schmeichelnde Rhetorik oder rasche Improvisationen sein Stück vor dem Publikum zu retten, unterstützt von einem «Besänftiger» mit Arien aus der *Zauberflöte* und einem Ballett. Selbst der Hanswurst wird in der Not herbeigeholt, um mit Märchenpersonen das Stück zu diskutieren, was wiederum ein Mitglied des Publikums zu der Bemerkung veranlaßt: «Sagt mir nur, wie das ist – das Stück selbst – das kommt wieder als Stück im Stücke vor –». Solche potenzierte Ironie bestimmt das Wesen von Tiecks Komödie und macht die Literatur zum Thema der Literatur.

In solcher Absicht trifft Verschiedenes zusammen. Natürlich war der *Gestiefelte Kater* zunächst Literatursatire im herkömmlichen Sinne. Jede Gelegenheit wird wahrgenommen, um auf Kotzebue oder andere Modeschriftsteller anzuspielen; der Weimarer Hofrat und Literaturkritiker Karl August Böttiger erscheint sogar in persona auf der Bühne. Aber diese Bezüge sind das Flüchtigste und am raschesten Vergängliche am Stück. Von größerer Bedeutung ist, daß Tieck einem veränderten Verhältnis zwischen Kunst, Künstler und Publikum Ausdruck gab, wie es sich mit der Ausbreitung von bürgerlicher Bildung zu entwickeln im Begriffe war. Je aufgeklärter das Publikum sich fühlte und je aufklärender der Autor wirken wollte, desto abhängiger wurden beide voneinander. Gewann das Publikum mehr und mehr die Überzeugung, Geschmack zu besitzen, und wünschte es, sich darin bestätigt zu sehen, so war der Autor darauf angewiesen, diesem Wunsche Rechnung zu tragen, wenn er wirken und sein Einkommen haben wollte. Die Zeiten, wo der mehr oder minder gute Geschmack eines fürstlichen Mäzens allein über Erfolg oder Mißerfolg eines Künstlers entschied, gingen zu Ende, wie Goethes vorsichtiges Lavieren zwischen Konzessionen an den existierenden Geschmack und den sorgfältig dosierten Versuchen zu dessen Hebung im Weimarer «Hoftheater» deutlich belegen. Tieck machte diese Problematik hier zum Thema der Literatur selbst. Aber er wollte nicht nur bloßstellen, sondern auf seine Art auch Literaturpolitik betreiben. Denn aus der Kontrastierung von Märchenstück und banalem Zuschauergeschmack sollte immerhin das Publikum seine Anschauungen revidieren lernen, und zwar nicht durch Botschaften, sondern durch Aktivierung seiner eigenen kritischen Fähigkeiten. Es war eine Wirkungsweise der Kunst, wie sie Friedrich Schlegel und Novalis in ihren zu dieser gleichen Zeit niedergeschriebenen Fragmenten als spezifisch für eine neue, romantische Kunst forderten. Tiecks «Dichter» erklärt seinen Zuschauern am Ende, sie «hätten wieder zu Kindern werden müssen», um sein Stück recht zu verstehen. Das bedeutete nichts anderes als die Aufforderung, die Schale der Selbstgefälligkeit aufzubrechen und sich mit Hilfe der Phantasie weiterzuentwickeln.

Allerdings ließ sich aus Tiecks Spiel mit dem Spiel noch eine andere, wenn auch nicht beabsichtigte Folgerung ableiten: daß nämlich die Welt überhaupt nur als Theater zu nehmen sei und es absolute Werte nicht gebe. Fern lag der Gedanke weder Tieck noch seinen Zeitgenossen; seine Novellen aus diesen Jahren bieten manches Zeugnis dafür, und ebenso Reflexionen auf das Theater bei Goethe, Jean Paul oder Bonaventura. Aber Tieck wünschte doch, konstruktiv zu sein, und das erklärt, warum er versuchte, in einer Reihe von Märchenkomödien diesen nihilistischen Effekt durch Stoff und Darstellung in verschiedener Weise zu beheben.

Dem *Gestiefelten Kater* folgten noch zwei weitere Literaturkomödien: *Die verkehrte Welt* (1798) und *Prinz Zerbino* (1799). Beide Stücke hatten von vornherein wenig Aussicht, tatsächlich auf die Bühne zu kommen – *Prinz Zerbino* allein schon durch seine Länge und *Die verkehrte Welt* dadurch, daß es als eine Art Drama mit Musik angelegt ist, aber einer Musik, die aus Worten besteht. Als Tieck das Stück, an dem er «mit Lust» gearbeitet hatte, einer kleinen Gesellschaft vorlas, erwartete er ein lachendes Publikum: «Aber zu meinem Erstaunen fesselte ein steinharter, unbezwinglicher Ernst die Versammlung, und man hätte einen rührenden moralischen Vortrag nicht mit mehr Stille und Fassung anhören können». Tiecks *Verkehrte Welt* ist die kunstvollste und geistvollste, ja auch schönste seiner Literaturkomödien, aber dennoch wird man seinen Zuhörern von einst Verständnis nicht versagen können. Eine durchgehende, erzählbare Handlung hat das Stück nicht, aber immerhin einen roten Faden: Skaramuz, die Figur aus der Commedia dell' arte, usurpiert die Rolle des Apoll, bis er von dem richtigen Apoll besiegt wird. Die darob empörten Zuschauer, die für Skaramuz Partei nehmen, beruhigt der Gott mit den Worten:

«Aber, meine Herren, Sie vergessen in Ihrem Enthusiasmus, daß wir alle nur Schauspieler sind, und daß das Ganze nichts als ein Spiel ist.»

Im Grunde ist es also die gleiche Situation wie im *Gestiefelten Kater*, in der sich die Figuren des Stückes hier finden: Sie sind reale Menschen sowie Masken und mythologische Figuren in einem, und die Trennung dazwischen ist dem bloßen Auge nicht mehr möglich, so daß allerdings auch die komische Wirkung ausbleiben muß, wenn man sich nicht in größere Nähe zu ihnen begibt.

Tieck hat in sein Stück bunte, geniale Einfälle eingearbeitet, zu denen eine Seeschlacht auf der Bühne gehört. Bei ihr «kömmt» unter anderem Direktor Wagemann «als Neptun aus der Tiefe des Meeres» und stellt die Beobachtung an: «Hier schwimmt ja alles voll Soldaten. Kerls, stellt Euch doch auf Eure Beine, was schwimmt Ihr denn?» Worauf die Soldaten sich auch wirklich aufrecht hinstellen und ans «Ufer» gehen. Die kleine Szene ist charakteristisch für die fortgesetzte Illusionsbrechung, die Tieck vollzieht, und zwar auf viel subtilere und witzigere Weise noch als im *Gestiefelten Kater*. Die fünfte Szene des dritten Aktes etwa spielt in einem Saal mit einem Theater, und als Scävola, ein Zuschauer des gesamten Stückes, wenngleich auch als solcher dessen Person, die Zuschauer vor der kleineren Bühne auf dem Theater sieht, bemerkt er: «Leute, bedenkt einmal wie wunderbar! Wir sind hier die Zuschauer, und dorten sitzen die Leute nun auch als Zuschauer.» Darauf entgegnet ihm Pierrot: «Es steckt immer so ein Stück im andern.» Das nun hat freilich hinter allem Scherz den ernsten Effekt, daß dem Leser von Tiecks Komödie der Boden unter den Füßen entzogen wird und jene – früher zitierte – Wirkung eintritt, die der Kunstrat Fraischdörfer nach dem Bühnenselbstmord von Roquairol in Jean Pauls *Titan* als «Schein des Scheins» bezeichnet hatte. Im Spiel mit dem Spiel löst sich schließlich alles Sein im Schein auf, und die freischwebende Phantasie verliert jenen festen Realitätsgrund, auf den bezogen ihr Schweben erst Schweben sein kann, denn andernfalls würde sie sich in einer Unendlichkeit verlieren.

Tiecks Absicht war allerdings auch hier nicht die Herausstellung nihilistischer Bedrohung. In seinen Komödien ging es ihm vielmehr um eine Potenzierung der Poesie, die er zwar nicht Schlegelschen Theorien entlehnte, die diesen aber in ihrem Kern entsprach. Die «progressive Universalpoesie», so schrieb Friedrich Schlegel im gleichen Jahr, da Tiecks Komödie erschien, im 116. *Athenaeums*-Fragment, sollte

> «zwischen dem Dargestellten und dem Darstellenden, frey von allem realen und idealen Interesse auf den Flügeln der poetischen Reflexion in der Mitte schweben, diese Reflexion immer wieder potenziren und wie in einer endlosen Reihe von Spiegeln vervielfachen.»

Tieck wurde also mit seinen Literaturkomödien zum Schöpfer einer in Schlegels Sinn romantischen Komödie, für die er allerdings selbst der einzige Exponent war, wenngleich sein satirisches Verfahren weit über die Jahre dieser Dramenexperimente hinaus wirksam blieb – über Grabbes *Scherz, Satire, Ironie und tiefere Bedeutung* (1827) bis zum surrealistischen Theater der Gegenwart.

In der *Verkehrten Welt* kommt es zu einem kurzen Dialog zwischen Schriftsteller, Leser und Skaramuz-Apoll, in dem sich der Leser darüber beklagt, daß der Schriftsteller seinen Wünschen nicht entgegenkomme. Sich verteidigend bemerkt der Autor, «daß der Mensch keinen Geschmack» habe, muß sich aber von Skaramuz sagen lassen, daß der Leser immerhin sein «Geschreibe» lesen müsse:

«Du sollst also den Geschmack haben, den er von Dir verlangt.»

Die Aporie der ästhetischen Erziehung läßt sich nicht knapper und treffender formulieren: Die Literatur muß einem Geschmack gefallen, den sie erst bilden will. Es war das neue, aus der veränderten Zusammensetzung und Macht des Publikums entstehende Problem, das noch dadurch verstärkt wurde, daß der Kunst eine weitere geschmacksbildende Macht gegenübertrat, und zwar die der Zeitungen und Journale und mit ihnen die der Literaturkritik. Der Gegensatz von Produzenten und Rezipienten der Literatur, von Dichter und Drucker auf der einen und von Kritiker und Leser auf der anderen Seite, durchzieht deshalb auch Tiecks dritte und umfangreichste Literaturkomödie, deren voller Titel lautet: *Prinz Zerbino oder die Reise nach dem guten Geschmack. Gewissermaßen eine Fortsetzung des gestiefelten Katers.* Und Tieck bezeichnet das Werk als «ein deutsches Lustspiel in sechs Aufzügen».

Prinz Zerbino ist niemand anderes als der Sohn Gottliebs und der Prinzessin aus dem *Gestiefelten Kater.* Sie sind inzwischen zum regierenden Königspaar geworden, unterstützt vom Kater als nunmehr Hinz von Hinzenfeld. Den alten König hingegen hat seine Lebenslangeweile in eine nicht unsympathische Debilität geführt, in der er nur noch mit Bleisoldaten spielt. Der Hof jedoch huldigt der Aufklärung. Man hält sich für vorurteilsfrei, tolerant und human, um gleichzeitig alle Zweifel an der Aufrichtigkeit solcher Bekenntnisse mit aller Strenge zu verfolgen. Grundlage von Tiecks Komödie ist also Zeitsatire im weitesten Sinne, insbesondere aber Satire gegen einen heruntergewirtschafteten Begriff der Aufklärung, wie er allenthalben die Opposition junger Intellektueller in Bewegung setzte. Einer von ihnen nun ist Prinz Zerbino selbst, dem Bücherlesen ergeben und damit die freie Phantasie in sich nährend. Seine Sozialisation und Erziehung zur herrschenden Ideologie des Hofes sind der eigentliche Gegenstand von Tiecks facettenreichem Stück.

Eine entscheidende Rolle bei dieser Erziehung spielt der Zauberer Polykomikus, der als wichtigstes Gegengift gegen die Poesiesucht des jungen Prinzen eine «Reise nach dem guten Geschmack» rät, die Zerbino in Begleitung Nestors, seines Beraters und Erziehers, auch wirklich unternimmt. Sie führt ihn in die freie Natur und die einfache Ländlichkeit hinaus, unter anderem zu einem Müller, der seine «allergröbste Kleye» im «Archiv der Zeit und des Geschmacks» ablagert – seit 1795 gab Friedrich Eberhard Rambach, Tiecks einstiger Lehrer, ein *Berlinisches Archiv der Zeit und ihres Geschmacks* heraus. Tiecks Komödie ist reich an Anspielungen und Witzen dieser Art. Den guten Geschmack selbst finden die beiden Bildungsreisenden allerdings nicht; Nestor wird durch den «Garten der Poesie» nur in seinem «Geschmack und gesundem Menschenverstand» irritiert, während Zerbino ihn erst gar nicht betritt. Dort nämlich leben in Eintracht zusammen die Heroen der klassischen und romantischen Poesie: Sophokles, Dante, Ariost, Petrarca, Boccaccio, Tasso, Gozzi, Cervantes, Shakespeare, Ben Jonson, Hans Sachs, Jakob Böhme, Bürger, Wieland und Goethe. Aus der Natur aber tönt Waldhornklang, so daß Nestor schließlich übersättigt davon zum personifizierten Instrument bemerkt:

> «Um Gotteswillen, schweige doch nur, denn Du bist mir das fatalste von allen diesen Instrumenten. Da ist ein Buch kürzlich herausgekommen, mich dünkt, Sternbalds Wanderungen, da ist um's dritte Wort vom Waldhorn die Rede, und immer wieder Waldhorn. Seitdem bin ich Deiner gänzlich satt.»

Der mit anderen und mit sich selbst spielende Tieck erhebt sich also in romantischer Ironie frei über seine Gegenstände. Am Ende wird Zerbino kuriert und für vernünftig erklärt, nachdem er der Poesie gänzlich abgesagt und um eine Stelle gebeten hat, damit er seinen «Trieb zur Thätigkeit in Ausübung bringen» kann. In einer großen Apotheose von König und Nation unterwerfen sich auch «die Poetischen» dem «allgemeinen Besten», aber der Epilog der «Jäger» verweist durch das Lob der «himmlischen Poesie» diese Verklärung doch wiederum in ihre Grenzen:

> Aber sie vernehmen dich nicht,
> Sie wenden sich hinweg vom Licht,
> Sie leben weiter
> Immer trüber, wen'ger heiter.
> Merken nicht daß alles Trübe
> Durch der Künste Göttermacht
> In der heitern Milde lacht,
> Selbst der Haß wird lichte Liebe.

Verständlicherweise fehlt es im Stück nicht an Reflexionen des Stückes auf sich selbst, wie das in der *Verkehrten Welt* bis zum Exzeß getrieben war. Der Schauspieler des Zerbino zum Beispiel fällt gegen Ende aus der Rolle, indem er ihrer satt wird und das Stück zurückzudrehen versucht, um daraus, wenn er den Anfang wieder erreicht hat, zu entfliehen. Es ist geradezu eine Art visionärer Vorwegnahme technischer Möglichkeiten des Films, wenngleich mit sehr viel weitergehenden Konsequenzen, die die Autonomie des Kunstwerks unterstreichen sollen. Auf Geheiß des Verfassers und mit Hilfe von Publikum und Kritiker wird jedoch der Held wieder zurück und zur Raison gebracht.

*Prinz Zerbino* hat gewiß nicht die gleiche künstlerische Durchgestaltung und Dichte der beiden anderen Literaturkomödien Tiecks, aber das Stück entwickelt dafür deren gemeinsames Thema am deutlichsten. Kunst – oder Poesie – ist ein fragiles, aber autonomes Etwas, das aus der Interaktion von

Autor, Setzer, Spieler, Leser, Zuschauer und Kritiker zustandekommt oder wenigstens zustandekommen kann. Ihr Lebenselement ist Natur als Gegensatz zu einer zweckgerichteten Tätigkeit der Staatsbürger. Freiheit der Natur soll freilich nicht Zügellosigkeit sein. Die vom Geist der Kunst durchdrungene Natur erscheint vielmehr im Bilde des Gartens, der freien Wuchs und Ordnung miteinander verbindet. Tieck hat sich mit Gartensymbolik immer wieder beschäftigt und auch seine Freunde, insbesondere Novalis, dafür interessiert. Der «Dichtergarten» im *Prinz Zerbino* ist ein solches symbolisches Arrangement – ein Vorbild für manche Dichtergärten der Folgezeit, so etwa das 1807 unter diesem Titel von Novalis' Bruder Karl von Hardenberg herausgegebene Florilegium eigener und fremder Poesie. Der freien Poesie gegenüber blieb der «gute Geschmack» unbestimmbar und relativ, eher geeignet, mit seinem Anspruch die Kunst zu unterdrücken als sie zum Blühen zu bringen. Wenn ihn Prinz Zerbino auf seiner Reise nicht findet, so deshalb, weil es ihn als Abstraktum überhaupt nicht gab. Poesie war das Resultat einer kreativen Tätigkeit des Schreibenden wie des Aufnehmenden, das sich allen von vornherein festgelegten Geschmacksgesetzen verweigerte und stattdessen den «guten Geschmack» nur fortgesetzt schuf. Wer den Garten der Poesie nicht betrat, konnte ihn in sich nie entwickeln, sondern begnügte sich vielmehr mit einem Substitut, das als gesellschaftlich beglaubigte Kunstnorm seine Diktatur ausübte.

Dies sind Folgerungen, die sich aus Tiecks Literaturkomödien ergeben. Sie erweisen, wie frühzeitig und erstaunlich scharf Tieck die Abhängigkeit der Literatur von den Situationen des Marktes in einer sich zumindest im Geistigen republikanisierenden bürgerlichen Gesellschaft erfaßte. Auch in der Darstellungsweise solcher Problematik drang Tieck weit über seine Zeit hinaus. Dennoch blieb das, was er damit hervorbrachte, Literatur über Literatur und war als Ganzes noch nicht schon jene Poesie, die er darin feierte und von der er sich eine tiefe, bewegende Wirkung auf seine Landsleute erhoffen konnte. Das zu erreichen versuchte er vielmehr in seinen Märchen- und Volksbuchdichtungen.

## Märchen- und Volksbuchdichtungen

Im *Gestiefelten Kater* hatte Tieck einen Märchenstoff aus Perraults *Contes* zur Literaturkomödie umgearbeitet. Der gleichen Quelle entnahm er den Stoff zu seinem ersten Märchendrama: zum *Ritter Blaubart* (1797). Hatten Stücke wie *Der Abschied* und *Karl von Berneck* die Zerstörung von Familien vorgeführt, so bringen die Märchendramen deren Rekonstitution.

Im *Blaubart* sind es gleich mehrere Paare, die sich am Ende zusammenfinden, nachdem der tüchtig-vernünftige blaubärtige Frauenverächter Peter Berner vom Bruder seiner siebenten Frau umgebracht worden ist, kurz bevor er diese für ihre Neugier strafen kann. Tiecks «Ammenmährchen», wie er es im Untertitel nannte, bewegt sich auf verschiedenen Ebenen. Der Märchenstoff wird ironisch gehandhabt, denn Blaubart, der Bösewicht, ist durchaus keine unsympathische Figur, sondern den zumeist etwas verschwatzten anderen Gestalten mit seiner pragmatischen Vernunft deutlich überlegen. Sein eigentlicher Gegenspieler ist Simon von Friedheim, der Bruder seiner letzten Frau, der aus Lovells und Karl von Bernecks Geschlecht stammt. Er ist der Melancholiker, der von Selbstzweifeln und Ahnungen geplagt wird, aber gerade eine Ahnung von Gefahr ist es, die ihn noch rechtzeitig seiner Schwester zu Hilfe kommen läßt. «Ein wahrer Gegenfüßler unsrer gewappneten ritterlichen Schriftsteller» sei der Verfasser des *Blaubart*, schrieb August Wilhelm Schlegel in einer Rezension des Werkes; er habe «das Wunderbare so natürlich und schlicht als möglich, gleichsam im Nachtkleide, erscheinen» lassen. Das trifft wohl Tiecks Absichten recht genau. Märchenhaftes erscheint gewöhnlich – wie der mit einem blauen Märchenbart versehene Ritter –, und Gewöhnliches ist mit dem Schimmer des Ungewöhnlichen, Wunderlichen oder Wunderbaren umgeben. «Es ist Alles wie ein fremdes Mährchen, wenn ich es aus der Ferne ansehe», bemerkt Agnes, nachdem sie in die verbotene Kammer eingedrungen ist. Die Bedrohungen sind ernst für die Empfindsamen und Empfänglichen; nur die ganz Vernünftigen spüren sie nicht, fördern sie aber dafür. In diesem Widerspiel zwischen Normalität und Irrationalität vollzieht sich Tiecks Stück. Was es an sexueller Symbolik enthält, an Andeutungen von Geschwisterbeziehungen und Deflorationsriten, unterstützt die Atmosphäre des Unbekannten, Irrationalen darin. Daß das Stück aber schließlich gut ausgeht, verdankt es nur seinem Ursprung aus dem Märchen und Tiecks bewußter Kunstabsicht, sich in der ironischen Behandlung des Stoffes wieder darüber zu erheben. Allerdings verhindert es der grausige Gegenstand, daß das Stück als Verteidigung der Phantasie und des Wunderbaren gegenüber einer rationalen Brutalität wirklich verstanden werden kann. Sein Wert beruht eher darin, daß sich Tieck hier in eine Darstellungstechnik einübte, die auf die Ideale einer romantischen Universalpoesie hinführen sollte.

Wesentlich leichter und freier war Tiecks nächste, als Opernlibretto gedachte Märchendichtung *Das Ungeheuer und der verzauberte Wald* (1798), eine Bearbeitung von Gozzis Fiaba *Das blaue Ungeheuer*.

Mit den Mitteln der Literaturkomödien – Prosa und Vers, Spott und Ernst –, jedoch befreit von aller Nötigung zur Polemik, wenngleich sie nicht fehlt, schuf Tieck hier eine Bühne der Imagination. Zwar behielt er recht mit seiner Vermutung in der Vorrede, «daß unser Theater, auf welchem Trotz aller Anarchie und anscheinenden Freiheit doch große Illiberalität herrscht, dieses Märchen keiner Aufnahme» würdigen werde. Aber auch diesmal war das freilich zum Teil Schuld des Autors, denn das Stück erhält seinen Reiz erst dadurch, daß märchenhaftes Geschehen – die Vertreibung der bösen Stiefmutter Climene, die Rettung oder Entzauberung zweier Prinzen sowie der Sieg des guten Geistes Elfino über den bösen Olallin – ständig mit moderner Reflexion versetzt wird. Eine solche Mischung aber entzog sich von vornherein adäquater Darstellung auf der Bühne und mehr noch der Ergänzung durch Musik. Tiecks Verse waren an und für sich schon musikalisch, auf Klangwirkung zielend und damit der Ergänzung durch Musik nicht bedürftig, während der im Wortgebrauch hindurchschauende intellektuelle Kontext von tatsächlicher Musik zugedeckt worden wäre. Auf weitere Schwächen des Librettos deutend, hat E. T. A. Hoffmann den Text «wahrhaft romantisch angelegt, aber im Stoff überfüllt und zu ausgedehnt» genannt, und als erfahrener Kapellmeister wußte er nicht nur, was das Publikum verlangte, sondern auch was auf der Bühne möglich war oder nicht. So blieb das *Ungeheuer* eine gedichtete Oper.

Tiecks bedeutendstes dramatisches Werk ist sein Trauerspiel *Leben und*

*Tod der heiligen Genoveva,* das zwischen August und November 1799 entstand und um die Jahreswende im zweiten Bande der *Romantischen Dichtungen* erschien. Auch die *Genoveva* hat ihr Glück nicht auf der Bühne gemacht, sondern nur als Lesedrama, aber sie hat nachhaltiger und breiter gewirkt als die anderen Stücke Tiecks. Die Entstehungszeit setzt das Werk in die Wochen und Monate intensivster und intimster «Symphilosophie» und «Sympoesie» des Jenaer Kreises. Im Juli hatte Tieck in Jena Novalis kennengelernt und anschließend zusammen mit ihm Goethe in Weimar besucht. Im September erschienen Schleiermachers *Reden Über die Religion* und Ende Oktober trafen sich Tieck, Novalis, Schelling und Ritter mit den Schlegels in Jena. «Das Christentum ist hier à l'ordre du jour», berichtet Dorothea Veit in diesen Tagen an Schleiermacher und fügt hinzu: «Tieck treibt die Religion wie Schiller das Schicksal; Hardenberg glaubt, Tieck ist ganz seiner Meinung; ich will aber wetten was einer will, sie verstehen sich selbst nicht und einander nicht.» Zur selben Zeit, Mitte November 1799, bekundet auch Friedrich Schlegel dem gleichen Adressaten Diskordantes, indem er Novalis' geistliche Lieder lobt, aber dann fortfährt: «Die Ironie dazu ist, daß Tieck, der kein solch Lied herausbringt, wenn er auch Millionen innerliche Burzelbäume schlägt, nun auch solche Lieder machen wollen soll; dann nehmen sie noch Predigten dazu, und lassens drucken, und Hardenberg denkt Dir das Ganze zu dedizieren.» Dazu freilich kam es nicht. Die einzige überlieferte «Predigt» aus dieser Zeit ist Novalis' *Christenheit oder Europa,* die er in Jena vortrug und die Schelling mit seinem *Epikurisch Glaubensbekenntnis Heinz Widerporstens* an Ort und Stelle konterte, wonach beide Schriften dann auf Goethes Rat ungedruckt blieben. Vor die Instanz Goethe brachte Tieck auch seine *Genoveva,* die er kurz nach dem Jenaer Treffen abgeschlossen hatte; er las sie ihm am 5. und 6. Dezember 1799 ganz allein «in einem Saale des Jenaer Schlosses» vor und wurde «mit Theilnahme» angehört. Tiecks *Genoveva* ist also eingebettet in literarische und theologische Diskussionen und alles andere als ein herzinniges Bekenntnis zu demütiger Christlichkeit und biederer Deutschheit, auch wenn sie den Anschein eines solchen Bekenntnisses erwecken will.

Der Stoff war Tieck schon früher in doppelter Weise begegnet: einmal als Volksbuch zur Zeit, da er mit seinen Volksbuchbearbeitungen begann, und einmal in dem Manuskript des Dramas *Golo und Genoveva* des in Rom lebenden Friedrich Müller, das um 1776 entstanden, aber bisher nur teilweise gedruckt war. Tieck hat es dann 1811 in einer von ihm edierten Werkausgabe des «Malers» Müller vollständig veröffentlicht. Im *Sternbald* ließ er bereits seinen Titelhelden ein Gemälde mit der «Geschichte der heiligen Genoveva» renovieren, wobei dieser in das Gesicht der Genoveva die Züge seiner eigenen, ihm noch unbekannten Geliebten hineinmalte. Moderne Züge malte auch der Dichter Ludwig Tieck in sein Drama nach der alten Genoveva-Legende hinein. Es ist, seine Darstellung anbetreffend, ein Stück der Stunde, entstanden aus dem Zusammenwirken vieler intellektueller und ästhetischer Tendenzen. Dazu gehörten die Gedanken über romantisch-christliche Kunst, durch die das Mittelalter als Anfang dieser Tradition neues Interesse erhielt. Es gehörte dazu ebenso die Wiederentdeckung der Mystik Jakob Böhmes in den neunziger Jahren, an der Tieck maßgeblich beteiligt war, außerdem jedoch auch die undogmatische Gefühlsreligion von Schleiermachers Reden, und nicht unbedeutend waren schließlich die Ideen über die besondere Rolle der Deutschen als Kulturnation im Europa nach der Französischen Revolution, Ideen, für die das Schlagwort der Begriff «Deutschheit» war. Seit 1793 hatte sich Tieck außerdem mit spanischer Dichtung zu befassen begonnen, und August Wilhelm Schlegel regte ihn später an, den *Don Quijote* zu übersetzen. Der erste Band war 1799, im Jahr der *Genoveva*, vollendet, und «diese Arbeit führte mich zu Lope und Calderon», wie Tieck selbst später im Vorbericht zu seinen *Schriften* berichtet hat. Aus dem spanischen Theater gewann er sowohl das Vorbild für ein Märtyrerdrama wie auch einen immensen Reichtum an lyrischen Ausdrucksformen, die dort in die dramatische Sprache einbezogen waren. In der *Genoveva* variiert die Sprechweise nicht nur zwischen Blankvers und Prosa, wie in den Stücken Shakespeares, sondern geht oft in Stanzen, Terzinen oder Sonette über. Damit entsprach Tieck einem Zeitinteresse, das nach 1800 zu einer regelrechten Stanzen- und Sonettenschwemme führte, der sich auch Goethe nicht entzog, und zur reichlichen Verwendung romantischer Reim- und Strophenformen im Drama, wofür besonders Werke wie Friedrich Schlegels *Alarcos* und Wilhelm von Schütz' *Lacrimas* Beispiele geben. Über alles hinaus aber ragte für Tieck weiterhin sein großer Lehrer Shakespeare, aus dessen *Perikles* er die «wunderbare» Verschmelzung von Drama und Epik lernte und dessen Theatrum mundi überhaupt das reichste Vorbild einer neuen, universellen Poesie darstellte: In ihr sollten sich die Gegensätze des Daseins lösen. Wurde im *Sternbald* zu diesem Zwecke die Kunst zur Religion, so in der *Genoveva* die Religion zur Kunst.

Tieck war sich bewußt, daß sein Stück – in kurzen Szenen und ohne Akteinteilung – so, wie es war, sich nicht für eine Aufführung eignete. Wie seine Komödien hatte er auch dieses Trauerspiel in erster Linie für eine Bühne geschrieben, die sich der Leser in seiner Einbildungskraft selbst herstellen mußte. Karl Martells Kämpfe gegen die Sarazenen und die Schlacht bei Poitiers (732 n.Chr.) bilden den historischen Grund für die Leidensgeschichte der Gräfin Genoveva. Es sind Glaubenskämpfe im Äußeren, die diejenigen im Inneren spiegeln. Denn obwohl Genoveva in der Treue zu ihrem bei Poitiers kämpfenden Gemahl nie schwankend wird und lieber Tod oder Verbannung auf sich nimmt, als den Verführungen Golos nachzugeben, ist doch in ihrer Schönheit und einer seltsamen, damit verbundenen Säkularisierung ihres Glaubens der Keim zur Verführung und Sünde enthalten. Im Traum hat sie einmal eine Vision des Gottessohnes, «der plötzlich alle Seelenwünsche stillet». Als sie jedoch als junge Gemahlin des braven, aber einfältigen Grafen Siegfried den Versucher Golo zum erstenmal erblickt, ist ihr,

> [...] als leuchteten in ihm die Blicke,
> Als lächelte in ihm, was ich geschaut,
> Als mir der hohe Traum hernieder kam
> Sein dacht' ich gleich, um gleich ihn zu vergessen,
> Das irdische Gesicht verfinsterte
> Zu Lieb' und Herrlichkeit den Himmel mir.

Hier bahnen sich also diffizile psychologische Konflikte um die Vermengung von irdischer und religiöser Liebe wie um die Wertfreiheit des Schönen an, mit denen der moderne Restaurator dann das Bild mittelalterlicher Frömmigkeit übermalt. Wie empfänglich Genoveva für die Verführung durch das Schöne ist und wie sehr in ihrem Unterbewußten auch das Gefühl von dessen Gefährlichkeit schlummert, hat Tieck in einer der eindruckvollsten, poetischsten Szenen des Stückes gestaltet, in der Genoveva vom Balkon ihres Schlosses einer Serenade Golos lauscht und dann selbst – in der Form der spanischen Redondilla – in Tönen singt, die sich später mit aller innewohnenden Magie Brentano und Eichendorff zu eigen gemacht haben:

> Wie die Töne sich entzünden
> In des Mondes goldnem Schweigen,
> Zu den Wolken aufwärts steigen
> Und die hohen Sterne finden.

> Ist es nicht als wenn die Quellen
> Leiser, lieblicher nun fließen,
> Kleine stille Blumen sprießen
> An dem Spiegel ihrer Wellen?

> Winde bringen frohe Kunde
> Aus den steilen Bergen nieder.
> Und die Bäume summen Lieder,
> Alles singt zu dieser Stunde.

> In dem Herzen klingen Töne,
> Die sich mit der Nacht verwirren,
> Rieselnd durch einander irren
> All' in Harmonie der Schöne.

Daß sich diese Harmonie bald in Wirrnis auflöst, ist das Werk Golos, mit dem Tieck ein ungewöhnliches, ja kühnes Seelenporträt gezeichnet hat. Denn Golo, der seine Herrin bis zum Wahnsinn liebt und sie, die der Verführung widersteht, ins Elend treibt, ist kein Theaterbösewicht, sondern ein

Entwurzelter, Verwirrter, nach Halt Suchender aus dem Geschlecht der Abdallah, Lovell oder Karl von Berneck. Das entbindet ihn nicht von der Verantwortung für seine Untaten – der Vorspiegelung von Genovevas Untreue und dem versuchten Mord an ihr –, wohl aber macht es deutlich, welche Höllenmächte der sich selbst entdeckende Mensch in sich finden kann und wie sehr er der Erlösung bedürftig ist. Golo fühlt in sich «Treiben», «innerliches Wühlen», eine Raserei der Leidenschaft, die ihn sich selbst entfremdet. Zu Genoveva, die er ins Gefängnis hat werfen lassen, sagt er:

> Kennt Ihr mich noch? – o Hölle, schling mich ein!
> Die Wuth, ich möchte mit den Zähnen mich
> Zerreißen, euch zerfleischen, – und wer hindert?

Der Verweis auf Kleists *Penthesilea*, die den Geliebten dann tatsächlich mit den eigenen Zähnen zerreißt, ist nicht unangebracht. Aus den historischen Umständen und intellektuellen Voraussetzungen seiner Arbeit heraus konnte Tieck aber immerhin in der Beschwörung religiöser Kraft die Möglichkeit zur Überwindung existentieller Nöte und triebhafter Verstörungen vorzuführen versuchen: Genoveva wird zur Heiligen und Golo zum reuigen Sünder. Bezeichnenderweise ist Golo – und auch das nimmt einen Kleistschen Zug voraus – der «Bastard», der Elternlose, unehelich Geborene, und seine Liebe zu Genoveva gilt nicht allein der schönen jungen Frau, sondern, was ihm von Anfang an bekannt ist, auch zugleich einer werdenden Mutter. Seine wildesten Forderungen stellt Golo sogar an eine Hochschwangere. Aus Romanen der Zeit wie Jean Pauls *Siebenkäs* ist bekannt, daß sich die Helden gern ihre eigenen Mariengestalten schufen, die sie begehrten, und gerade im poetischen Religionsenthusiasmus des Jenaer Kreises spielte die – von Protestanten veranstaltete – Marienverehrung eine besondere Rolle. Raffaels *Sixtinische Madonna* in Dresden war das Kultbild, zu dem man wallfahrtete. Solche Züge rücken also Tiecks «altfränkisches» Spiel in die Nähe der anderen künstlerischen Explorationen religiöser und weltlicher Erotik in diesen Jahren und stellen wohl sogar eines ihrer extremsten Beispiele dar.

Eine entscheidende Ursache für Genovevas Unglück ist schließlich das mangelnde Vertrauen ihres Ehemannes zu ihr – ebenfalls ein Zug, den Kleist später in den verschiedensten seiner Dramen und Novellen weiterentwickelt hat als Zeichen der Gründung menschlicher Sicherheit und menschlichen Glückes allein auf die eigene Kraft. Auch in Genovevas Fall ist es letztlich die eigene, innere Kraft, durch die sie sich über ihr Schicksal erhebt. Aber die Erhebung geschieht im Bilde des Christentums, das heißt einer Gläubigkeit, die auf das Bewußtsein der Transzendenz gegründet ist. Genoveva stirbt im Zeichen der Dreieinigkeit, obwohl ihre letzten Worte das Konfessionelle schon wieder erweitern zum Bilde jener mystisch-pantheistischen Vereinigung des Ichs mit dem All, das auch aus den poetischen Visionen von Novalis' *Hymnen an die Nacht* hervorscheint:

Auch meine Seel' muß sich dem Tod' entringen
Und in dem Lebensmeer als Welle klingen.

Nach Tiecks eigenem Zeugnis soll Schiller, obwohl er nicht sehr hoch von
Tiecks Kunstleistung dachte, durch die *Genoveva* «zu einigen Stellen der
Maria Stuart, die bald darauf erschien, so wie zu der Jungfrau von Orleans»
angeregt worden sein. In Jena setzten sich Studenten zusammen, die das
Werk bis in die Nacht hinein gemeinsam lasen, während Nicolai es in seiner
Berliner *Neuen allgemeinen deutschen Bibliothek* als Gewäsch abtat. Die
nachhaltigste Wirkung kam erst von Malern wie Franz und Johannes Rie-
penhausen, Joseph von Führich und Moritz von Schwind, die die neubelebte
Legende zum Gegenstand von Bilderzyklen machten. Friedrich Hebbels
Drama von 1843 untersuchte zwar die psychologischen Konflikte genauer,
nahm ihnen aber auch die Weite und Suggestivität Tiecks.

Tieck hat danach noch zwei weitere große Dramen aus Volksbuchstoffen
gestaltet, zunächst den *Kaiser Octavianus*, der 1804 im Druck erschien, und
später den *Fortunat* (1816). Schon im *Octavianus* dominiere trotz des Hin-
tergrundes der Kreuzzüge und Glaubenskämpfe die entschieden christliche
Atmosphäre der *Genoveva* nicht mehr. Stofflich und thematisch bestand
zwar zu dem vorausgehenden Drama ein unmittelbarer Bezug, denn wieder
verstieß hier ein Ehemann aus mangelndem Vertrauen seine treue Frau und
in diesem Fall auch gleich noch seine zwei Söhne, die er erst nach vielen Leiden und tiefer Reue wiedergewinnt. Aber aus dem historischen Stoff sollte
nun die Verkündung der romantischen Poesie insgesamt erwachsen. Im Prolog tritt die «Romanze» als allegorische Person auf, womit nun eben nicht
nur eine assonierende romanische Gedichtform gemeint war, die Tieck in
der *Genoveva* noch nicht benutzt hatte, nun aber ausgiebig in sein Drama
aufnahm, sondern tatsächlich so etwas wie der Geist einer neuen Dichtung
als Offenbarung von Glauben und Liebe zur Versöhnung der Welt, unter
Berufung auf die untergegangene Herrlichkeit eines verlorenen Paradieses,
dessen Wesen – nicht dessen Realität – sich am ehesten noch in den Zeugnissen vergangener Zeit nachspüren ließ. Dieser Sinn liegt den berühmten Versen zugrunde, mit denen die «Romanze» den Prolog beschließt:

Mondbeglänzte Zaubernacht,
Die den Sinn gefangen hält,
Wundervolle Märchenwelt,
Steig' auf in der alten Pracht!

Literaturgeschichtlich steht Tieck damit an einer Nahtstelle zweier Auffassungen des Romantischen. Obwohl ihm wie den Brüdern Schlegel das Romantische in erster Linie ein ästhetischer Begriff war, der sich allerdings auf
eine eigene historische Tradition gründete, führte die Anschaulichkeit seiner
Darstellung dieser vergangenen «wundervollen Märchenwelt» dazu, daß mit

dem Romantischen auch der Stoff, also Mittelalter und christliche Gläubigkeit sowie in der *Genoveva* auch die Deutschheit identifiziert wurden. Vor allem in den vielfältigen Imitationen Tiecks verlor sich jene intellektuelle und psychologische Durchdringung der Stoffe, die Tieck ihnen zu geben versucht hatte. Tieck wurde also zu einem der einflußreichsten Begründer einer romantischen Mode in der deutschen Literatur, die sich vor allem in der Lyrik in zahlreichen Almanachen und Journalen Ausdruck verschaffte und ihr Bestes tat, den Begriff in Mißkredit zu bringen.

Noch mehr als die *Genoveva* durchziehen den *Octavianus* romanische Formen: Sonette, Stanzen, Terzinen, Kanzonen, Romanzen und Glossen. Blankvers, Prosa und Knittelvers treten aus der deutschen und Shakespeareschen Tradition hinzu. Spuren der Comedia dell'arte finden sich ebenso wie solche aus den Dramen Schillers, Märchengestalten mischen sich unter die wirklichen, und Naturgeister – wie sie bald gang und gäbe werden sollten bei Fouqué und Hoffmann – treten ins Spiel. Besonders aber wird der Orient poetisiert, denn die «Mohren» gelten hier keineswegs allein als die bösen Glaubensfeinde wie noch in der *Genoveva*, sondern der Gesang ihrer Frauen wird mit besonders zarten poetischen Zügen und Klängen ausgestattet:

> Reiche mir mein allerschönstes
> Kleid von tiefem dunkeln Purpur,
> Darauf glänzend reich von Golde
> Eingewirkt die hellen Blumen,
> Gieb auch mir das Diadem
> Von Rubinensteinen funkelnd,
> Und die Ohrgehänge, glänzend
> Freudenthränen gleich, den Schmuck dann
> Reich' um Hals und weiße Brust,
> Der sich ringelt um die Schultern,

singt die schöne Sultanstochter Marcebille, die sich, wie ihre Gefährtinnen, am Ende gern der Macht des Christentums und christlicher Ritter beugt. In der Wiederbelebung des Orientinteresses in der deutschen Literatur um 1800 bis hin zum *West-östlichen Divan* spielte Tieck eine nicht unbedeutende Rolle, und Autoren wie Karoline von Günderrode konnten sich für ihre orientalisierenden Dichtungen bei Tieck manche Inspirationen für Farben, Töne und Formen holen.

Als Ganzes platzt das große, zweiteilige «Lustspiel» vom *Kaiser Octavianus* jedoch aus den Nähten; es ist nicht nur Lesedrama geblieben, sondern hat es sogar schwer gehabt, überhaupt Leser zu finden. Die Lesemutigen belohnt es durch jene Vorzüge, die August Wilhelm Schlegel 1827 an Tieck gerühmt hat:

> «Eine zauberische Phantasie, die bald mit den Farben des Regenbogens

bekleidet in ätherischen Regionen gaukelt, bald in das Zwielicht un-
heimlicher Ahndungen und in das schauerliche Dunkel der Geisterwelt
untertaucht; ein hoher Schwung der Betrachtung neben den leisen An-
klängen sehnsuchtsvoller Schwermuth; Unerschöpflichkeit an sinnrei-
chen Erfindungen; heitrer Witz, der meistens nur zwecklos umherzu-
schwärmen scheint, aber, so oft er will, seinen Gegenstand richtig trifft,
jedoch immer ohne Bitterkeit und ernsthafte Kriegsrüstungen; Meisterschaft in allen Schattierungen der komischen Mimik, so fern sie schriftlich aufzufaßen sind; feine, nur allzuschlaue Beobachtung der Wirklichkeit und der gesellschaftlichen Verhältnisse: dieß sind die Vorzüge,
die bald die einen bald die andern mehr, in Tiecks Dichtungen glänzen.»

Mit diesen Worten bietet Schlegel, der dann noch die Grazie als weitere
Eigenschaft hinzusetzt, eine treffende Charakteristik der Leistungen und,
taktvoll verborgen, auch der Grenzen von Tiecks Talent und Bedeutung als
Dramatiker. Was Tieck dem Theater nicht geben konnte, das hat er als
durch und durch literarischer Mensch doch der Literatur im großen gegeben, und er ist dabei in seiner künstlerischen Experimentierlust oft weit über
seine eigene Zeit hinausgegangen.

## 8. Brentanos Komödien

Wie das Vorbild Goethes es nahelegte, hatte sich ein Autor in allen Gattungen zu bewähren. Wenn er mit der Zeit ging, sollte er sich sogar frei über ihre
Gesetze erheben und durch ihre Mischung das Kunstwerk der Zukunft hervorbringen. So jedenfalls entwarfen es Friedrich Schlegel und Novalis in ihren Gedanken zur romantischen Poetik. Auch der junge Clemens Brentano
versuchte sich neben Roman, Gedicht, Erzählung und Märchen am Drama,
ohne allerdings je äußeren Erfolg zu erringen. Es liegt nahe, seinem lyrischen
Talent die Eignung zum Dramatischen abzusprechen, aber seine Versuche in
diesem Genre waren dennoch nicht nur eine Art poetisches Pflichtpro-
gramm. Immerhin lag gerade Brentano das Sichhineinversetzen in Rollen
und das Dichten aus einer bestimmten Person und Situation heraus, wie es
seine balladeske Lyrik zeigt. Daß er jedoch mit der dramatischen Zuspitzung von Konflikten seine Schwierigkeit haben würde, war wiederum aus
dem *Godwi* abzusehen. Dennoch schwebte ihm zeitweilig vor, am Theater
seiner Heimatstadt Frankfurt, falls es Tiecks Leitung unterstellt worden
wäre, sich «ganz der Sache» zu widmen «und durch diese Kunst mehr im
Bürgerlichen gewurzelt, meinem geringen Talente eingreifendere und feste-
re Bewegung» zu geben. Das Theater war der einzige Ort, wo sich Literatur
und Publikum unmittelbar begegnen konnten und wo in einem Zeitalter

ohne Massenmedien und Massenauflagen etwas von der tatsächlichen, gesellschaftlichen Wirksamkeit eines Schriftstellers erfahren werden konnte.

Ludwig Tieck war Brentanos Vorbild nicht nur in den lyrischen Anfängen, sondern auch in dem ersten dramatischen Versuch, der Satire *Gustav Wasa,* die 1800 unter dem Pseudonym «Maria» erschien. Mit dem Titel hatte Brentano August von Kotzebue aufs Korn genommen, dessen Schauspiel gleichen Namens Anfang 1800 in Weimar aufgeführt worden war. Unter dem Eindruck von Schillers *Wallenstein* hatte Kotzebue, wie schon erwähnt, sogleich eine Reihe von historischen Dramen in fünffüßigen Jamben geschrieben, darunter den 1801 gedruckten *Gustav Wasa.* Ein Jahr zuvor – 1799 – hatte er mit seiner dramatischen Persiflage *Der hyperboreeische Esel oder Die heutige Bildung* die jungen Literaten von Jena herausgefordert und August Wilhelm Schlegel dann zu seiner Gegensatire *Ehrenpforte und Triumphbogen für den Theater-Präsidenten von Kotzebue bey seiner gehofften Rückkehr ins Vaterland* veranlaßt, die Ende 1800 erschien. Ihm kam Brentano also mit seinem *Gustav Wasa* noch zuvor.

Die Satire ist ganz den Literaturkomödien Tiecks, dem *Gestiefelten Kater,* der *Verkehrten Welt* und dem *Prinzen Zerbino,* nachgebildet mit dem Einbezug eines diskutierenden Publikums, des Autors und mit manchen lyrischen Einlagen. Aber sie ist zerfahrener als diese und zugleich in manchem über sie hinausgehend. Zunächst wird Kotzebues *Hyperboreeischer Esel* fortgesetzt und ad absurdum geführt, und Szenen aus dessen *Wasa* mit seinen leerlaufenden Blankversen werden parodistisch in Knittelversen nachgedichtet. Ein weiteres Objekt von Brentanos Spott ist jedoch ganz offensichtlich der auch von Kotzebue verhöhnte Jenaer Kreis um die Schlegels selbst, und «zwei Jünger der Transzendentalität, die noch nicht hinübergekommen ist», sprechen ein ähnliches philosophisches Kauderwelsch, wie es Kotzebue in seinen Zitaten aus den *Athenaeums*-Fragmenten und der *Lucinde* hergestellt hatte. Verband sich Brentano mit der Kritik an Kotzebue, mit der Parodie von Schillers *Glocke* sowie mit Anspielungen auf Jean Paul und Herder den Jenaern, so grenzte er sich von ihnen doch durch manche Ironie gegen Friedrich Schlegel, das *Athenaeum,* Fichte und Schelling auch ab. Goethe allerdings kommt im *Wasa* nicht vor; seine Autorität stand über dem Spott. Der dritte Aspekt dieses Stückes ist schließlich, daß Brentano eigene Verse einarbeitet und in ihnen, den ernstgemeinten, so etwas wie eine Genesis der romantischen Poesie entwirft. Tieck nämlich war nicht nur sein Lehrmeister als Verfasser satirischer Literaturkomödien, sondern auch als Dichter, der die Natur poetisierte, mit Worten musizierte und insgesamt Ahnungen einer Zauberwelt heraufbeschwor, die der zerklüfteten Gegenwart als Ideal einer Ganzheit gegenübergestellt werden sollte. Freilich ist das von Bezügen, Anspielungen und Allegorien durchsetzte, von manchem Wildwuchs der Phantasie umrankte Spiel Brentanos schwer zu durchschauen. Nicht er besitze Phantasie, sondern die Phantasie besitze ihn, soll Marianne von

Willemer einmal über ihn gesagt haben. Der *Wasa* liefert dafür gute Anschauung.

Der Übermut einer frei spielenden Phantasie herrscht auch in der Komödie *Ponce de Leon*, ist aber dort in eine feste künstlerische Form gebunden; es
ist Brentanos bestes Stück und wohl das einzige spielbare. Entstanden ist es
aus einer Preisaufgabe, die Goethe Ende 1800 in den *Propyläen* ausgeschrie-
ben hatte. Es sei, heißt es dort, «ein herrschender Fehler auf unserer komischen Bühne, daß das Interesse noch viel zu sehr aus der Empfindung und
aus sittlichen Rührungen geschöpft wird. Das Sittliche aber sowie das Pathetische macht immer ernsthaft und jene geistreiche Heiterkeit und Freiheit des
Gemüts, welche in uns hervorzubringen das schöne Ziel der Komödie ist,
läßt sich nur durch eine absolute moralische Gleichgültigkeit erreichen».
Darauf also, auf das «beste Intriguenstück», hatte Goethe einen Preis von
dreißig Dukaten gesetzt. Vielleicht war es sein Ziel, dem Ideal der klassischen Komödie entsprechend eine Art Selbstbefreiung einzuleiten; vielleicht
wollte er, der in das Wesen seiner Landsleute tief hineinblickte, auch hervor-
rufen, was noch nie Sache der Deutschen gewesen war, nämlich in freier
Überlegenheit mit den Konventionen und nötigen Regeln einer Gesellschaft
Komödie zu machen, einer Gesellschaft also, der man angehörte und deren
Macht man zugleich im Prinzip annahm. Eine solche Gesellschaft aber gab
es in Deutschland nicht und hatte es noch nicht gegeben. Wenn Goethe an
Weimar dachte, so vergaß er wohl für einen Augenblick, daß es nicht
Deutschland war. In seinem künstlerischen Urteil blieb er allerdings untrüg-
lich: Keine der eingereichten Arbeiten war seinem Wunsch entsprechend ak-
zeptabel, und keine konnte unter solchen Voraussetzungen wohl auch ak-
zeptabel sein. Brentano erbat sich das Manuskript 1802 zurück; es erschien
Ende 1803 mit dem Datum 1804. Eine Bühnenbearbeitung auf die politische
Situation der Zeit zugeschnitten, wurde 1814 unter dem Titel *Valeria oder
Vaterlist* in Wien glücklos aufgeführt.

Brentanos Vorsätze waren ursprünglich auf Goethes Wunsch zugeschnitten. Die Tugend wollte er von der Bühne in die «honetten Familien» zurück-
schicken, dafür «das im Zuschauer gebundene Komische zu befreien» suchen und das «Lustige in dem Mutwill schöner Menschen» schildern. Gemeint nur war das anders, als Goethe es dachte, denn wenn das reine Komische, wie Goethe in seiner Anzeige behauptet hatte, von der deutschen Bühne verdrängt worden war, so lag es nach Brentano daran, daß es in den Zuschauer selbst zurückgegangen war. «Das Komische müsse», so vermutet er,
«entweder unsrer edlen Zeit nicht würdig oder unsre edle Zeit das Komische
selbst sein.» Damit aber tut sich ein Wertrelativismus auf, der Goethe zutiefst
widersprach. Denn was Brentano hier entwarf, war eine Art totaler Dichtung, deren einziges Gesetz im «Mutwill» der vom Dichter ins Spiel gesetzten Gestalten bestand und nicht lediglich «moralische Gleichgültigkeit» an
den Tag legte, wie Goethe es selbst forderte. Vor solchem Anspruch aber,

vor solchen ganz in das Individuum hineingelegten Wertbegriffen und Ordnungen mochte in Goethe jene Abneigung entstanden sein, die sich bei seiner
Begegnung mit der Dichtung Kleists später zu einer Art Grauen verdichtete.
Tatsächlich ist Brentanos Stück total in seiner Anforderung an den Leser: es
kann ihn nur ganz oder gar nicht ergreifen. Wer sich dem Sog von Brentanos
wortspielerischer Sprachkunst widersetzt, wer das Stück nur mit dem sachlichen Vergnügen an der von Goethe geforderten Intrigenhandlung liest, wird
kaum den darunter verborgenen Gefühlsnuancen und -verhältnissen nahekommen. Sie aber sind der eigentliche Inhalt des Stückes. Ein Schauspiel, das
befreien will, läßt also dem Aufnehmenden keine Freiheit dem Kunstwerk
gegenüber.

Der Stoff für Brentanos Lustspiel entstammt einer Erzählung der Madame d'Aul-
noy. Don Gabriel Ponce de Leon und sein Freund Fernand de Aquilar sind in die
Töchter eines spanischen Christen verliebt, der gerade erst aus den Niederlanden zurückgekehrt ist. Dieser – Don Sarmiento – inszeniert nun eine Verkleidungs- und
Verwechslungskomödie, die zu einer Prüfung der Verliebten dienen soll und die sie an
den Rand der Tragödie führt. Alles löst sich aber am Ende gut und glücklich, und Don
Sarmientos eigner Sohn Felix heiratet überdies noch Lucilla, die Tochter von Sarmientos zweiter Frau Isabella und damit seine Halbschwester, während Porporino, ein
Sohn aus der Ehe mit Isabella, Valeria – Tochter eines armen Bürgers von Sevilla und
guter weiblicher Geist des Stückes – zur Frau bekommt.

Ein Grundmotiv des Stückes wird von Don Sarmiento schon früh seinem
Sohne Felix gegenüber ausgesprochen: «Denn ich möchte Hochzeit sehen,
wenn ich komme, und in einer vollen, fertigen Familie leben.» Ähnlich wie im
*Godwi,* aber sehr viel konsequenter und besser motiviert als dort, sind durch
Sarmiento am Ende alle mit allen verwandt bis hin zum Halbinzest. Sarmiento ist das Zentrum, der biblische Weinstock – denn das bedeutet sein Name
im Spanischen –, aus dem die fruchttragenden Reben hervorgehen. Solche
Etablierung einer Großfamilie ist bei Brentano offensichtlich nicht nur die
dichterische Reflexion einer eigenen Lebenssituation, sondern mehr noch
der Akt einer Bewahrung des Menschlichen, der Liebe und des Lachens gegenüber der doppelten Beschränkung, die ihm von der Gesellschaft der Zeit
entgegengesetzt wurde. Denn neben dem Dünkel des allein auf die Familientradition gegründeten Adels war es das Philistertum der bürgerlichen Kleinfamilie, demgegenüber Brentano eine tiefe Abneigung empfand, die er später
in seiner Abhandlung über den *Philister vor, in und nach der Geschichte* (1811)
zum Ausdruck brachte. Valeria, das Mädchen aus dem Volke und zugleich
der liebenswürdigste und reichste weibliche Charakter dieses Stückes, hebt
alle Standesenge auf in ihrer Freiheit der Liebe: «Ich finde meiner Liebe kein
Ende.» Allerdings wird gerade durch sie auch deutlich, wie sehr der *Ponce de
Leon* ein Stück der «verwickelten Gefühle» ist, denn sie, die den Ponce liebt,
wird auf ihn verzichten, ohne aufzuhören ihn zu lieben, aber auch ohne ihrem späteren Geliebten Porporino untreu zu werden: «Ich möchte ihn und
alle Menschen glücklich machen.» Brentano entwickelt hier jene feinen Dif-

ferenzierungen der Gefühle und besonders jene Variationen der Liebe, die auch seine Gedichte wie seine Prosa prägen, die aber zugleich für die Literatur seiner Zeit überhaupt so kennzeichnend sind.

Der differenzierteste Charakter ist zweifellos Ponce selbst, ein gesteigerter Godwi. «Ponce gefällt mir, wenn eine herrschende Königin in sein anarchisches Gemüt käme, könnte er viel werden. Er ist der beste von allen; er ist doch melancholisch», sagt Sarmiento von ihm. In der Tat ist von Melancholie in diesem Stück, besonders aber in Bezug auf seinen Titelhelden, viel die Rede.

> Wer sich aus langer Weile sehnt,
> Mit offnem Maul nach Sehnsucht gähnt,
> Und melancholisch-lustig lacht,
> Den Tag verschläft, die Nacht durchwacht,
> Dem ist der Weiber hold Geschlecht,
> Wie dir, Don Ponce, ja nimmer recht,

singt ihm Sarmiento zu. Ponce ist einer der frühesten Helden des europäischen Ennui, der sich im 19. Jahrhundert ausbreitete bis zum Bettbewohner Oblomow in Gontscharows Roman und darüber hinaus zu den Helden Huysmans oder Hofmannsthals. Vorläufer Ponces ist Julius in Schlegels *Lucinde*, der Verfasser einer «Idylle über den Müßiggang», und ein anderer seiner Nachfahren ist Georg Büchners Prinz Leonce. Was den Ennui und die Melancholie hervorruft, war schon im *Godwi* bezeichnet worden: das «Mißverhältnis» des Temperaments zum Leben und zum Lande, in dem man lebt. Es zwang zur Reflexion und, da die Reflexion keinen Gegenstand hatte, auf den sie sich richten konnte, war Sehnsucht ins Unbestimmte das letzte Resultat. Von dieser Art ist Ponce: voll starker Gefühle und doch ironisch, melancholisch und lustig, gelangweilt und vom Wunsche nach öffentlicher Wirksamkeit bestimmt. «Dein Übel wäre also nichts, als die schlummernde Disharmonie», sagt Aquilar zu ihm, und die Vorgänge des Stückes – ein bunter Wirbel von Verkleidungen und Rollenwechseln – treiben ihn schließlich an die äußersten Grenzen dieser Disharmonie, bis er eine Mitte finden soll in der Liebe zu Isidora und dem Wunsch Sarmientos: «Rührt Euch für das Vaterland.» Erst mit dieser Verbindung von privatem Glück und öffentlichem Auftrag im fernen Spanien an der Wende vom 16. ins 17. Jahrhundert findet Brentanos Held seine Erfüllung.

In Shakespeares Komödien, die August Wilhelm Schlegel in seinen Übersetzungen nach und nach den deutschen Lesern zugänglich machte, hatte Brentanos *Ponce* sein großes künstlerisches Vorbild. Vor allem ist es der Reichtum der Sprachmittel, den Brentano Shakespeare zu verdanken hat, die Fülle von Volkssprache, Sprichwörtern, Klang- und Wortspielen, die dennoch nicht Selbstzweck ist. Denn nicht allein gibt sie dem Ganzen jene spielerische Leichtigkeit, auf die es Brentano im Hinblick auf Goethes Preisaufgabe abgesehen hatte, sondern sie ist durchaus auch zur Charakterisierung bestimmt. Bei einer kunstvoll arrangierten Selbstdarstellung Ponces, die in musikalischer Fugentechnik die Worte Ehre, Schlaf und Liebe miteinander verwebt – also Begriffe, die auf öffentliche Wirksamkeit wie auf Resignation und privates Glück verweisen –, verwahrt sich Brentano gegen Mißdeutung. Die Rede sei «nicht Wortspiel, sie ist der Charakter des Ponce, der um wenige Punkte ein größeres Leben dreht, bis ihn die Liebe verwandelt». Daß dennoch Brentanos eigener sprachlicher «Übermut» die Geduld und die Verständnisfähigkeiten der Leser oder möglichen Zuhörer aufs äußerste strapaziert, hat zweifellos dazu beigetragen, daß das Stück nicht nur eine erste Ablehnung im Weimarer Wettbewerb erfuhr, sondern auch später die Bühne nicht erobern konnte. Und dann war eben wohl auch nicht zu erwarten, daß dieser, in das ferne, historisch unscharfe Spanien transponierten Inszenierung poetischer Reflexionen eines deutschen Dichters über sein Mißverhältnis zum Leben – mit dem totalen Anspruch, den sie einschloß – überhaupt ein sehr breites Verständnis entgegengebracht werden würde.

Noch innerhalb der Jenaer Zeit Brentanos, aber während einer langen Reise an den Rhein, entstand schließlich seine letzte vollendete dramatische Arbeit dieser frühen Jahre: das Singspiel *Die Lustigen Musikanten*. Es war eine Gelegenheitsdichtung, unmittelbar zur Komposition und Aufführung bestimmt. Brentano hatte sie im November 1802 niedergeschrieben, vertont wurde sie von dem Kapellmeister Peter Ritter und aufgeführt im April des folgenden Jahres; zur gleichen Zeit erschien sie im Druck. Eine besondere Bedeutung für die deutsche Literatur- und Musikgeschichte erhielten die *Lustigen Musikanten* dadurch, daß sie wiederum ein Jahr danach auch von E. T. A. Hoffmann komponiert wurden, als er preußischer Regierungsrat in Warschau und zugleich Dirigent am dortigen deutschen Theater war. An Leute wie ihn war wohl auch Brentanos Einladung in der «Vorerinnerung» gerichtet, «sich mit mir zu einer größern Oper, deren Charakter ich mir gern vorschreiben lasse», zu verbinden. Mit den politischen Bewegungen der Zeit erwuchs der Wunsch nach einer deutschen nationalen Oper, den dann Hoffmann Jahre später mit seiner aus der Zusammenarbeit mit Fouqué entstandenen *Undine* (1816) und Weber mit dem *Freischütz* (1821) erfüllten.

Brentanos Singspiel bleibt im Stile vieler Repertoire-Opern der Zeit noch einer südlichen Sphäre verpflichtet. Es spielt in Famagusta auf Zypern – aber insgesamt vor einem sehr unbestimmten geographischen Hintergrund in einer märchenhaften Vergangenheit – und ist belebt von Gestalten aus der Commedia dell'arte sowie den Spielen Gozzis, den Pantalon, Tartaglia und Truffaldin. Wieder wird, wie im *Ponce*, am Ende eine große Familie hergestellt. Ein fürstliches Geschwisterpaar aus dem imaginären Samarkand – Ramiro und Azelle – verbindet sich mit Fabiola und Rinaldo, den beiden Kindern des einstigen grausamen Herrschers von Famagusta, und so erwächst Eintracht in zwei früher verfeindeten Ländern. Die eigentliche Zentralgestalt jedoch ist Rinaldo. Vom Vater ausgesetzt in Unkenntnis seiner Identität, wird er General in Samarkand und erobert auf diese Weise im Kriege die eigene Vaterstadt Famagusta, wo er schließlich sich selbst erkennt. Es ist der charakteristische Lebenslauf eines romantischen Helden, wie er kondensierter nicht darzustellen ist. Die Verwandtschaft zu scheinbar so fernen Gestalten wie Novalis' Hyazinth in den *Lehrlingen zu Sais* und Heinrich von Ofterdingen ist bemerkenswert. Es überrascht auch nicht, daß Rinaldo im Personenverzeichnis als «melancholischer Held» apostrophiert wird und überhaupt das ganze kleine Stück von dem Widerspiel zwischen «Schwermut» und «Leichtsinn» oder, wie es Truffaldin definiert, «Heimweh» und «Hinausweh» durchzogen ist.

Den Ausgangspunkt für das Stück hatte Brentanos dialogisches Gedicht von den «lustigen Musikanten» aus dem zweiten Teil des *Godwi* gebildet, das er auch hier einfügt und das in der aller Gefühlsspannung zusammenfassenden kindlichen Klage eines Knaben ausklingt:

> Ich habe früh das Bein gebrochen,
> Die Schwester trägt mich auf dem Arm,
> Aufs Tamburin muß rasch ich pochen.
> *Sind wir nicht froh? Daß Gott erbarm!*

Die zurückhaltende Andeutung auf politische Wirksamkeit, die sich am Ende des *Ponce* fand, ist hier jedoch voll ausgespielt. Das Singspiel endet in einer Apotheose staatlicher Einheit, die der blinde Edelmann Piast in folgenden Worten ausdrückt: «Herz und Haupt sind voll freudiger Gesundheit, lasset nun das lebendige Blut mit raschen Pulsen durch alle Glieder des Leibes treiben, daß das Volk und die Fürsten nicht getrennt seien und ein kräftiger, lebendiger Staat lebe!» Familie und Staat, Fürsten und Volk, Verehrung der Künste wie der Götter, Frieden, Glaube und Liebe verschmelzen ineinander – eine Utopie wie sie einer Zeit entsprach, in der Friedensschlüsse mit Kriegsvorbereitungen abwechselten.

## 9. Dramatische Versuche um 1800

Neben der üppig blühenden Unterhaltungsdramatik und den Dramen Goethes, Schillers und Tiecks gab es um 1800 außerdem eine Reihe von Versuchen jüngerer Autoren, sich die Form des Schauspiels für ernsten literarischen Ausdruck zu erschließen. Diese Stücke sind in Parallele zu setzen zu den Romanexperimenten der gleichen Zeit; zum Teil stammen sie sogar von den gleichen Autoren. Aber während die Romane eine stetig wachsende Aufmerksamkeit auf sich zogen und sich im Laufe der Zeit immer mehr Leser erwarben, haben die hier zu nennenden Werke samt und sonders kein Glück gemacht. Einige waren Eintagserfolge, andere sind nie aufgeführt worden oder blieben überhaupt Fragment. Die meisten sind heute vergessen.

Was alle diese Texte, so unterschiedlich an Qualität sie sind, miteinander verbindet, ist das Schweben zwischen den Polen des Klassischen und des Romantischen, von denen in der Diskussion der Zeit weithin die Selbstbestimmung einer modernen Literatur ausging. Neben die längst vertrauten antiken Vorbilder waren am Ausgang des 18. Jahrhunderts Shakespeare und Calderon als die großen Meister eines romantischen Dramas getreten, das man aus ihnen zu definieren versuchte. Nicht um die rigorose Ablösung des einen durch das andere ging es allerdings, sondern um die Ergänzung des Klassischen durch das Neuere aus dem Bewußtsein von dessen größerer geschichtlichen Nähe und geistigen Verwandtschaft heraus. Den Unterschied zwischen Klassischem und Romantischem hat August Wilhelm Schlegel in seinen Vorlesungen von 1808 über dramatische Kunst und Literatur beschrieben:

«So ist die gesammte alte Poesie und Kunst gleichsam ein rhythmischer Nomos, eine harmonische Verkündigung der auf immer festgestellten Gesetzgebung einer schön geordneten und die ewigen Urbilder der Dinge in sich abspiegelnden Welt. Die romantische hingegen ist der Ausdruck des geheimen Zuges zu dem immerfort nach neuen und wundervollen Geburten ringenden Chaos, welches unter der geordneten Schöpfung, ja in ihrem Schooße sich verbirgt: der beseelende Geist der ursprünglichen Liebe schwebt hier von Neuem über den Waßern.»

Auf das romantische Drama bezogen bedeutete dies:

«Es sondert nicht strenge, wie die alte Tragödie, den Ernst und die Handlung unter den Bestandtheilen des Lebens aus; es faßt das ganze bunte Schauspiel desselben mit allen Umgebungen zusammen, und indem es nur das zufällig neben einander Befindliche abzubilden scheint, befriedigt es die unbewußten Forderungen der Phantasie, vertieft uns in Betrachtungen über die unaussprechliche Bedeutung des durch Anordnung, Nähe und Ferne, Kolorit und Beleuchtung harmonisch gewordnen Scheines, und leiht gleichsam der Aussicht eine Seele.»

Es hieße Schlegel zutiefst mißverstehen, wenn man annähme, er hätte damit das Ideal einer neuen, zukünftigen antiklassischen Kunst entwerfen wollen. Was er in einer solchen Bestimmung des romantischen Dramas vortrug, war vielmehr das Ergebnis seiner Analysen Shakespeares und Calderons; beide Autoren hat er meisterhaft übersetzt. Statt Spiegel einer Weltordnung zu sein, zeigten ihre Dramen Welttheater mit allen Widersprüchen des Lebens, wobei Ordnung und Harmonie dieses Lebens nur in der zur Produktivität angeregten Phantasie hergestellt und von ihr empfunden werden konnten. Eine derartige Interpretation entsprach nun zwar Schlegels eigener Zeit mehr als dem barocken Weltbild Shakespeares und Calderons, aber sie war nicht präskriptiv gemeint, sondern sollte in erster Linie historische Unterschiede bewußt machen und klassizistische Orthodoxie anfechten. Als Schlegel selbst mit seinem *Ion* unter die Dramatiker ging, war er so klassisch wie nur möglich. Überhaupt bestand das Ideal einer neuen Dramatik, das damals in vielen jungen Köpfen umging, eher in der Vereinigung von Sophokles und Shakespeare, also von klassischer Kunststrenge und modernem Bewußtsein, als in der Ersetzung des einen Musters durch ein anderes.

Von der Hoffnung «auf einen Sophokles der differenzierten Welt» spricht Schelling ausdrücklich in seiner *Philosophie der Kunst*, die er seit 1802 konzipierte. Auch er sieht seine Bürgen für das Moderne in Shakespeare und Calderon; als erste Erfüllung des Neuen in seiner eigenen Zeit aber betrachtet er nicht Tiecks *Genoveva*, «wo der Katholicismus absichtlich fromm und im höchsten Grad trübe genommen ist», sondern Goethes *Faust*, wo hinter menschlicher Tragik göttliche Ordnung hervorschimmert und Tragisches und Komisches ineinander übergehen. Goethes Werk erschien ihm damals schon nach dem, «was wir davon besitzen», als das «größte Gedicht der Deutschen». Grundsätzlich betrachtete Schelling als das erste Prinzip des «modernen Dramas» die «*Mischung des Entgegengesetzten*, also vorzüglich des Tragischen und Komischen selbst». Damit aber bezeichnete er deutlich genug die eigentlichen Antriebe, die hinter den verschiedenen Bestimmungsversuchen der romantischen Kunst und speziell des romantischen Dramas standen. Es galt, einer Situation künstlerisch Herr zu werden, in der der einzelne Fall nicht mehr in einem klar übersehbaren und nach Tragik und Komik eindeutig unterscheidbaren Verhältnis zum Ganzen einer Weltordnung stand. Auf den einzelnen Fall aber blieb das Drama im Gegensatz zu den größeren Möglichkeiten des Romans nach wie vor zugeschnitten; wenn es mehr zeigen wollte, dann nur, indem es diesen einzelnen Fall durchsichtig machte. Der Hintergrund oder Untergrund des Einzelgeschehens war jedoch längst weiträumiger und unüberschaubar geworden. Wissenschaftliche Erkenntnisse sowie komplexe politische, ökonomische und soziale Strukturen entzogen ihn der einfachen Interpretierbarkeit durch Mythen Ersetzt wurde der Mythos allein durch das Abstraktum eines historischen Ablaufs. Ihn als Grundlage eines darzustellenden Falles vorzuführen, bildete die eigentliche Aufgabe des modernen Dramatikers, ganz gleich ob er nun Geschichte als Weltgericht, Heilsgeschehen, Rätsel oder Sinnlosigkeit interpretierte. Der Ruf nach einer neuen Mythologie, wie ihn Friedrich Schlegel oder – im *Ältesten Systemprogramm* – Hegel, Schelling und Hölderlin erhoben, erklärt sich aus dieser Situation, wobei man an eine «Mythologie der *Vernunft*» dachte, also an eine Mythologie, die auch jener anderen, aus der Komplexität moderner Verhältnisse entspringenden Tatsache Rechnung trug, daß sich das Spielfeld der Gegensätze von außen nach innen verlagert hatte. Wo keine Götter mehr auftreten, herrscht die Psychologie. Daß man dabei weiterhin von den Alten beträchtlich lernen konnte, insbesondere von ihrem «gesetzlichen Kalkül» künstlerischer Arbeit, wie Hölderlin es nannte, stand außer Frage.

## Hölderlin

Ein einziges Mal, in den ruhigen Monaten seiner Homburger Zeit vom September 1798 bis zum Frühjahr 1800, versuchte sich Friedrich Hölderlin auf dem Gebiete des Dramas. Neben Schillers *Demetrius* und Kleists *Guiskard* bildet nun sein *Tod des Empedokles* einen der drei großen Torsos der deutschen dramatischen Literatur um 1800. Das Scheitern des Unternehmens war bei Hölderlin allerdings von vornherein wahrscheinlicher als in den beiden anderen Fällen. Schiller wurde allein vom Tod an der Ausführung seines Entwurfs gehindert, und Kleist hatte sein Drama schon beträchtlich vorangebracht, als er es in einem Anfall von Selbstzweifel 1803 in Paris verbrannte – das heute bekannte Fragment von 1808 ist die eigene Rekonstruktion eines Teils des Vernichteten. Hölderlin hingegen stand der dramatischen Ausdrucksweise, dem dialogischen Auseinanderlegen von Denkprozessen im Grunde seines Wesens fremd gegenüber. Alles drängte ihn zu lyrischem Selbstausdruck, zum Bezug des Ichs auf ein Einiges und Ganzes, das gleichberechtigte Spieler und Gegenspieler, Rede und Widerrede ausschloß. Was immer an äußeren, geschichtlichen Umständen zum Abbruch seines *Empedokles* beigetragen haben mag – die Aussicht, daß ihm ein in sich gerundetes, geschlossenes Drama gelingen konnte, war schon von seinen besonderen Anlagen her gering.

Auch von der Stoffwahl her machte Hölderlin es sich für die dramatische Praxis schwer, wenn er mit dem griechischen Naturphilosophen aus dem 5. Jahrhundert vor Christi Geburt eine Gestalt wählte, die eher prophetische Züge trug als solche eines in die Widersprüche des Lebens verwickelten Menschen. Und ebenso trug das große dramatische Ereignis, das den Empedokles-Mythos prägte – der Freitod durch den Sturz in den Ätna –, mehr das Signum einer religiös-philosophischen Selbsterhöhung als das einer tragischen Katastrophe. Gerade diese Einzigartigkeit und Einsamkeit des Empedokles aber wiederum war es, die Hölderin anzog. Was ihm deshalb als Dramatiker im ganzen nicht gelang, das gelang ihm aus tiefer Sympathie im einzelnen durch die lyrische Exposition eines außerordentlichen Charakters im Ringen mit sich und seiner Zeit. Im *Tod des Empedokles* hat Hölderin mit den Mitteln des Dramas versucht, die Grenzen seiner bisherigen künstlerischen Aussageweise zu erweitern, und er hat so Fragmente eines Werkes zustande gebracht, die eigenständig neben seine Gedichte und den *Hyperion* treten dürfen als schwer erarbeiteter, genauer, schöner und zarter Ausdruck seiner selbst in der Spannung zwischen Ideal und Wirklichkeit.

Wie in Hölderlins gesamtes Werk, so ist auch in die Ansätze zu seinem Drama unmittelbare Lebenserfahrung eingegangen. Die ersten Pläne hat er bereits in seiner Frankfurter Zeit gemacht, wo er als Hauslehrer des Bankiers Gontard das Glück einer wenn auch gefährlichen und hoffnungslosen Liebe zu Susette Gontard, der Frau des Hauses, mit den Demütigungen für einen Halbdomestiken in Einklang bringen mußte. Aus den äußeren und inneren Kollisionen hatte ihn damals sein Freund Isaac von Sinclair gerettet, der ihn zu sich nach Homburg nahm. Durch ihn, der selbst entschiedene republikanische Neigungen hatte, und in seinem Hause kam Hölderlin mit den Plänen süddeutscher Jakobiner in Berührung, die damals nach der Errichtung einer württembergischen Republik strebten – Pläne, die dann die Franzosen selbst unterliefen, weil ihnen die eigenen, auf Ausbreitung ihrer Macht gerichteten Interessen vorgingen. Diese Geschehnisse sind bei der Betrachtung des *Empedokles* mitzudenken, so wenig sie ihn schon durchaus bestimmen und motivieren.

> «Empedokles, durch sein Gemüth und seine Philosophie schon längst zu Kulturhaß gestimmt, zu Verachtung alles sehr bestimmten Geschäffts, alles nach verschiedenen Gegenständen gerichteten Interesses, ein Todtfeind aller einseitigen Existenz, und deswegen auch in wirklich schönen Verhältnissen unbefriedigt, unstät, leidend, blos weil sie besondere Verhältnisse sind und, nur im großen Akkord mit allem Lebendigen empfunden ganz ihn erfüllen, blos weil er nicht mit allgegenwärtigem Herzen innig, wie ein Gott, und frei und ausgebreitet, wie ein Gott, in ihnen leben und lieben kann, blos weil er, so bald sein Herz und sein Gedanke das Vorhandene umfaßt, ans Gesetz der Succession gebunden ist –»,

dieser Empedokles von Agrigent sollte, so wie Hölderlin ihn hier in einem Plan beschreibt, Held seines «Trauerspiels in fünf Akten» werden. Es sollte ihn von seiner Familie und seiner Stadt hinweg mit einigen getreuen Schülern auf den Ätna führen, wo in ihm der Entschluß reift, «durch freiwilligen Tod sich mit der unendlichen Natur zu vereinen». Der Vulkan wirft, nachdem es geschehen ist, «die eisernen Schuhe des Meisters» aus, und das Volk versammelt sich ob solchen Zeichens am Fuße des Berges, um «den Tod des großen Mannes zu feiern». Empedokles – das wird aus der einführenden Charakteristik erkennbar – ist also weder ein politischer Aktivist noch auch ein die Welt interpretierender Philosoph; seine Tragik führt hin auf die grundsätzlichen Beschränkungen menschlicher Existenz, von denen die zeitlichen nur eine besondere Erscheinungsform sind. Mit dem Bewußtsein des Göttlichen begabt, ist der Mensch dennoch gebunden an die Koordinaten von Raum und Zeit, einseitig und unterworfen dem «Gesetz der Succession». Die Krise eines philosophisch begründeten Ich-Gefühls spiegelt sich in diesem Empedokles; er ist ein Geistesverwandter seines Dichters und dessen Zeitgenosse im Jahrzehnt der Fichteschen Philosophie und der Französischen Revolution, in denen sich auf sehr verschiedene Weise das Individuum zu emanzipieren suchte.

Drei Ansätze hat Hölderlin gemacht zu seinem Drama. Schon der Plan läßt erkennen, daß Schwierigkeiten im Detail stecken würden, besonders in der genauen Begründung und Rechtfertigung des Empfundenen und des daraus folgenden Entschlusses. Im ersten Ansatz ist es die Erkenntnis seiner Hybris als Mensch, die Empedokles auf den Berg führt.

> [...] Denn es haben
> Die Götter seine Kraft von ihm genommen,
> Seit jenem Tage, da der trunkne Mann
> Vor allem Volk sich einen Gott genannt (V. 185–188),

berichtet der Priester Hermokrates nicht ohne Genugtuung. Es ist eine Mischung von Selbstzweifel und «Kulturhaß», die den Empedokles dieser Fassung bestimmt. Gestürzt wird er im Grunde aus sich selbst heraus – «Ich habe mich erkannt» (V. 317) –, aber es ist das Volk, das diesen Sturz auf Anstiften der offiziellen Religionshüter, der Priester, für die die Religion nur ein Mittel zur Lenkung und Beschränkung der anderen ist, öffentlich exekutiert. Empedokles wird aus seiner Stadt verstoßen, was Hölderlin Gelegenheit gibt, den Topos schwankender Volksgunst in sein Stück einzubringen, auf den man sich seit August Wilhelm Schlegels Übersetzung von Shakespeares *Julius Cäsar* (1797) und angesichts unmittelbarer Erfahrungen mit dem Ablauf der Revolution in der deutschen Literatur dieser Tage vielfach besann. Und wenn vom Barbarentum der Agrigentiner die Rede ist, so beschreibt es Hölderlin mit jenen Merkmalen, mit denen er bald darauf am Ende des *Hyperion* seine deutschen Landsleute versah. Aus diesen Zusammenhängen entstehen aber auch die politischen Verkündigungen, die Empedokles dem Volke gegenüber macht, da es ihn reumütig als König vom Ätna zurückholen will. «Diß ist die Zeit der Könige nicht mehr», erklärt der Philosoph (V. 1449) und entwirft die Vision eines «freien Volkes», in dem allgemeine Gleichheit, gesetzliche Ordnung und Gütergemeinschaft herrschen. Solch republikanische Vision verknüpft er mit der Vorstellung des natürlichen Lebens. «O gebt euch der Natur, eh sie euch nimmt!» rät er den Agrigentinern (V. 1533) und meint damit, daß der Mensch im Gegensatz zu allen anderen Naturwesen aus dem Geiste heraus verjüngungsfähig, das heißt vervollkommnungsfähig sei. Statt nur Objekt der Natur zu sein, besitze er die Kraft, in ihrem Sinne als Subjekt zu handeln. Dies also ist die Botschaft, die Hölderlins Held zu vermitteln versucht. Deutlich sichtbar liegt ihr wie so vielen anderen Visionen in diesen Jahren ein Geschichtsbild des dreistufigen Ablaufs zugrunde, denn die «glüklichen Saturnustage», «die neuen männlichern» (V. 1634/35), die Empedokles verheißt, sind nichts anderes als das wiederkehrende Goldene Zeitalter, dessen frühe, mythische, kindliche Form einst unter der Herrschaft des Saturn bestanden haben soll. Hölderlins *Empedokles* ist also welthistorisch, wenn auch nicht seinem äußeren Kostüm nach, in einer Übergangszeit der Menschheit zu einer höheren Lebensform angesiedelt. Für diejenigen, die wie Empedokles eine Ahnung davon als «Sänger» – denn als das bezeichnet er sich selbst (V. 1936) – auszudrücken in der Lage sind, bedarf es allerdings mehr als nur der Worte:

> [...] Es muß
> Bei Zeiten weg, durch wen der Geist geredet. (V. 1747/48)

Erst sein freier Tod macht die Botschaft des Empedokles unanfechtbar, also unzerstörbar durch die in der Wirklichkeit notwendigen Kompromisse, und verwandelt ihn selbst in den Worten seiner Schüler zum «Nieergründeten», «Stolzgenügsamen», «Reinen», «Unberührbaren», «Unerschöpflichwahren», «Kaumgeborenen» und «Göttersohn». Menschenschicksal, Geschichtsprophetie und Religion gehen ineinander über.

In den beiden folgenden Fassungen hat Hölderlin dann besonders diesen tragischen Aspekt zu entwickeln versucht, indem er den Tod des Empedokles als Opfertod zu motivieren unternahm.

> Wohl geht er fest ich hinab –
> Der Ernste, dein Liebster, Natur!
> Dein treuer, dein Opfer! (V. 716–18)

sinnt Panthea am Ende der zweiten Fassung, in der Hölderlin freien Ausdruck und Versform in eine Art verkürzten Blankvers zusammenzubringen suchte. In der dritten Fassung kehrte er zum Blankvers zurück. In ihr ist es ganz das Thema des Todes und des Opfers, auf das er sich in den kaum mehr als 500 Versen konzentriert. Aber die Heilsprophetie ist der Apokalyptik gewichen. Empedokles fühlt sich eher am Ende seiner Zeit als am Anfang einer neuen. Allerdings läßt Hölderlin einen ägyptischen Priester namens Manes die Stimme der Geschichte erheben und auf den dunklen Hintergrund das Bild eines «neuen Retters», der Menschen und Götter aussöhnt, zeichnen – mit der Frage, ob Empedokles sich als dieser Retter fühle. Die Antwort ist freilich nur unbestimmt der Wunsch, «in freiem Tod» zum «Herrn der Zeit» einzugehen und so immerhin ein Zeichen zu setzen:

> Denn wo ein Land ersterben soll, da wählt
> Der Geist noch Einen sich zuletzt, durch den
> Sein Schwanensang, das letzte Leben tönet. (V. 451–53)

Es ist vor allem solche auf große geschichtliche Zusammenhänge bezogene Elegik gewesen, die in der Literaturwissenschaft zur politischen Deutung von Hölderlins Dichtung veranlaßt hat: Die Enttäuschung über die 1799 gescheiterten Pläne zur Errichtung einer württembergischen Republik habe sich in den Szenen dieses letzten Entwurfs spiegeln und der Opfertod wohl gar zu Attentaten gegen gekrönte Häupter ermuntern sollen. Aber Empedokles ist kein antiker Verwandter von Wilhelm Tell und Dichtung für Hölderlin nicht der Geheimcode für politische Aktion. Das schließt künstlerische Reflexion auf Zeitgeschehen nicht aus; Schreiben war jedoch für Hölderlin der Versuch zur Bewältigung einer sehr viel breiteren und tieferen Lebensproblematik. In Bezug auf den *Empedokles* hat er das in einem Essay ausgedrückt, dem *Grund zum Empedokles,* der vor der dritten Fassung geschrieben wurde. Darin skizziert Hölderlin die philosophischen Grundlagen seines Stückes, die er in der Dialektik von Geist und Natur sieht. Kunst aber ist ihm «die Blüthe, die Vollendung der Natur» durch das Werk des schöpferischen Geistes. Berührte er sich in solchen Gedanken mit manchen seiner philosophierenden deutschen Altersgefährten, so waren die Deduktionen daraus für das Dichterschicksal ganz die eigenen. Denn Empedokles, «zum Dichter geboren», jedoch in einer Zeit lebend, die nicht «Gesang» forderte und ebensowenig die Tat, sah sich deshalb, wenn er wirken wollte, zum Opfer bestimmt:

> «*Die Probleme des Schiksaals in dem er erwuchs, sollten in ihm sich scheinbar lösen, und diese Lösung sollte sich als eine scheinbare temporäre zeigen, wie mehr oder weniger bei allen tragischen Personen.*»

In diesem Satz liegt Hölderlins eigentlicher «Grund zum Empedokles», und der war zugleich ein Schritt auf dem Wege zum Selbstverständnis als Autor, zu einer Kunst, die gerade den Zustand der Kunstferne zum Gegenstand hatte, den es durchsichtig zu machen galt auf «das Einigende» hin, das freilich in jeder konkreten Form, «weil es zu sichtbar und sinnlich erschien», wieder untergehen mußte. Damit gab sich Hölderlin zwar den Blick auf den letzten Grund aller menschlichen Widersprüche frei, aber setzte sich auch zugleich als Dichter eine Aufgabe, die – da Dichtung immer sinnliche Anschauung ist – ihm nie Genüge geben konnte und praktisch unvollendbar war.

Nachdem er den *Empedokles* beiseitegelegt hatte, wandte sich Hölderlin nur noch einmal – als Übersetzer – der dramatischen Kunst zu. 1804 erschienen von ihm zwei Bände *Die Trauerspiele des Sophokles* mit Übersetzungen von *Oedipus der Tyrann* und *Antigonae*. Weitere Dramen sollten folgen. Hölderlin hatte jedoch bei seinen Zeitgenossen wenig Glück damit, nicht nur weil die Konkurrenz damals groß war, sondern auch weil sein Streben nach leidenschaftlichem Ausdruck – er nannte es das «Orientalische» – in die Sätze Emotionen staute, die die Texte für den gängigen Publikumsgeschmack ungefällig machten, von der befremdenden sprachlichen Umsetzung antiker Begriffe in christliche Vorstellungen («Hölle», «Himmel», «Buße») einmal abgesehen. In den Anmerkungen zu beiden Stücken hat Hölderlin wichtige Grundgedanken seiner Ästhetik zu formulieren versucht. Er ging dort dem schwierigen Verhältnis nach zwischen antiken Formen, von deren «gesezlichem Kalkul» zu lernen war, und den «vaterländischen Formen», die den Geist der eigenen Zeit festhielten, und er versuchte auch, auf seine Weise das Wesen der antiken Tragödie zu bestimmen. In ihr, so definiert er, reinige sich angesichts der ungeheuren mythischen Paarung von Mensch und Gott «gränzenloses Eineswerden durch gränzenloses Scheiden». Was im Hinblick auf den *Ödipus* gesagt wird, gilt im weitesten Sinne auch für Hölderlins eigenen Begriff des Tragischen. Im Unterschied nämlich zu den ganz in den Menschen und seine Geschichte hineinverlegten tragischen Kollisionen Schillers hat Tragik bei Hölderlin eine religiöse Dimension. Im Tode des Empedokles löst sich das Tragische nicht nur auf, wie das auch für eine Ma-

ria Stuart oder eine Johanna von Orleans zutrifft; der Tod soll ihn vielmehr
in einen geschichtslosen, ewigen leidensfreien Zustand versetzen, jenseits aller Einseitigkeiten und des Gesetzes der «Succession». Um der Bewußtmachung eines solchen Zustandes willen existiert für Hölderlin die Tragödie: es
ist sein Anteil am romantischen Universalismus der Zeit.

## Die Brüder Schlegel

Mit ihren Versuchen als Bühnendichter haben sich die Brüder Schlegel keinen bleibenden Ruhm zu schaffen vermocht, obwohl sie manchen Wirbel damit verursachten, wie er sich ohnehin um sie rasch zu bilden pflegte. Ein bleibendes Verdienst um das deutsche Theater jedoch erwarb sich August Wilhelm Schlegel durch die Übersetzung der Werke William Shakespeares. 1796
hatte er sich in Jena niedergelassen, und im gleichen Jahre noch veröffentlichte er in Schillers *Horen* einen Aufsatz *Etwas über William Shakespeare bei
Gelegenheit Wilhelm Meisters.* Es war eine Verbeugung vor dem gegenwärtigen und dem vergangenen Lehrherrn und zugleich die Einleitung und Bo-
denbestellung für das große Übersetzungsunternehmen. Hatte der englische
Dramatiker zuerst den deutschen Romancier inspiriert, so inspirierte nun
dieser wiederum den Übersetzer des Engländers.

Shakespeare war damals für die Deutschen längst kein Unbekannter mehr.
Im Laufe des 18. Jahrhunderts waren zahlreiche Versuche zur Übertragung
seines dramatischen Kosmos ins Deutsche gemacht worden; Wieland, Herder und Bürger hatten sich unter anderen daran versucht. Neben Wielands
Übersetzung (1762–66) galt diejenige von Johann Joachim Eschenburg
(1775–82) als die beliebteste und zuverlässigste. Aber Shakespeare erschien
darin doch großenteils in Prosa und war damit eines entscheidenden Elements seiner dramatischen Kraft beraubt. «Der wiederkehrende Rhythmus
ist der Pulsschlag des Lebens», argumentierte dagegen Schlegel und fügte
hinzu:

> «Nur dadurch, daß die Sprache sich diese sinnlichen Feßeln anlegen
> läßt und sie gefällig zu tragen weiß, erkauft sie die edelsten Vorrechte,
> die innere höhere Freiheit von allerlei irdischen Obliegenheiten.»

Es war kein Gemeinplatz, was Schlegel hier vorbrachte, sondern in Sachsen-
Weimar um die Mitte der neunziger Jahre ein höchst aktueller Gedanke. Auf
der Suche nach klassisch festen Gestaltungsformen für dramatische Konflikte bemühten sich Goethe wie Schiller zu dieser Zeit um eine Restitution der
Würde des Verses – der eine als Theaterdirektor und Bühnenpädagoge, der
andere, ab 1797, beim Umschreiben seines *Wallenstein*-Entwurfs in den
Blankvers, nachdem er Schlegel bereits bei dessen Übersetzung des *Julius
Cäsar* prosodische Hilfe geleistet hatte. 1797 erschienen Schlegels Versüber-
setzungen von *Romeo und Julia, Julius Cäsar* und *Was ihr wollt,* im Jahre dar-

auf *Der Sturm* und *Hamlet,* und dann folgten bis 1810 noch acht weitere Stücke, zumeist Königsdramen. 1811 übertrug Ludwig Tieck für sein *Altenglisches Theater* den *König Lear* und *König Johann;* und zu Ende geführt wurde das Übersetzungswerk schließlich von Tiecks Tochter Dorothea und Wolf Graf Baudissin.

«Die dramatische Wahrheit müßte überall das erste Augenmerk sein: im Nothfall wäre es beßer, ihr etwas von dem poetischen Werth aufzuopfern, als umgekehrt», schrieb Schlegel in seinen Prolegomena. Er hat diesen Vorsatz treu und so sehr zugunsten des Textes befolgt, wie das nur irgend möglich war. Die Situation, in der er sich befand, war schwierig genug, denn es stand ihm kein breites sprachliches Spektrum vom Cockney bis zur Hochsprache zur Verfügung, sondern nur sehr unterschiedliche und damit ungeeignete Mundarten sowie eine Literatursprache, die sich erst ihre Nation bilden sollte. Das nötigte zur Entbarockisierung mancher Bilder und zur Milderung mancher Derbheiten. Anstelle von äußerer Anschauung hatte hin und wieder innere Empfindung zu treten, für deren Ausdruck das literarische Deutsch sein Instrumentarium bereits besaß. Aber Schlegel ging doch weit über alles Gegebene hinaus und zeigte sich in einem Maße als Sprachschöpfer, daß seine Rolle bei der Bildung einer deutschen Nationalsprache nicht hoch genug einzuschätzen ist. Mit seiner Übersetzung Shakespeares schenkte er den Deutschen ihren bis heute populärsten Bühnenautor, und er schenkte ihnen zugleich ein gut Teil von dessen sprachlichem Reichtum, den sie auf dem Wege zu einer artikulationsfähigen Kulturnation so dringend brauchen konnten.

Noch ein zweitesmal hat sich August Wilhelm Schlegel in größerem Umfang als Übersetzer betätigt, und zwar bei Calderon. 1803 und 1809 erschienen die zwei Bände *Spanisches Theater* mit insgesamt sechs Stücken und einigen Dramenfragmenten des Spaniers. Hier erwies Schlegel vor allem seine Meisterschaft als Verskünstler, denn der besondere Anreiz, den Calderon damals bot, lag in der auf eigene Art klassisch-musterhaften Verbindung von christlicher Thematik mit dem ganzen üppigen Reichtum der romanischen Reim- und Strophenkunst. Sonette, Terzinen, Stanzen, Romanzen, Quintillas und andere, diffizilere Formen gaben hier dem dramatischen Stoff eine Strenge und Objektivität der Form, die sich durchaus als Parallele zur antiken Klassizität der Metren auffassen ließ. Aber auch das allein an Blankvers und Prosa gebundene Welttheater Shakespeares ergänzte Calderon auf diese Weise, so daß Schlegel in seiner Einleitung aus diesem Zusammenhang sogar eine Empfehlung für die Zukunft ableitete. Der Übersetzer Shakespeares und Calderons gab seiner Überzeugung Ausdruck, «daß unsere ächteren romantischen Dramatiker eben die Mitte und Vereinigung beider suchen und suchen müssen».

Er selbst tat es allerdings keineswegs. Im Jahre 1801 stellte er ein sehr klassisches Stück fertig, das am 2. Januar 1802 unter Goethes Regie in Weimar

uraufgeführt wurde: *Ion*, eine Tragödie, die den Stoff von Euripides' gleich-
namigen Spätwerk frei umgestaltete. Im Druck erschien es 1803.

Schlegels Absicht war es, im Sinne von Goethes *Iphigenie* so etwas wie die Humani-
sierung eines antiken Mythos darzubieten und, wie er selbst bekannte, «ein heroisches
Familiengemählde» zu schaffen, da schließlich «alles Menschliche von der Familie»
ausgehe. Das war zwar eine durchaus zeitgemäße Erkenntnis, aber zwischen Plan und
Ausführung klaffte dennoch ein beträchtlicher Abstand. Ion, der nach der Geburt aus-
gesetzte Sohn des Apoll und der Kreusa, der nun, im Alter von sechzehn Jahren, in
Delphi die Mutter und einen Stiefvater, den athenischen König Xuthus als Gemahl
Kreusas, finden soll, ist eher ein etwas altkluger Gymnasiast, der seine klassischen Verse flott memoriert, als eine dramatische Gestalt. Die seelischen Spannungen, die sich
aus den Verwirrungen vor der endgültigen Enthüllung ergeben, das Schwanken zwischen Liebe, Eifersucht, Haß und Machttrieb, hat Schlegel nicht bewältigen können,
und die apotheotische Erscheinung des Apoll, der seinen natürlichen Sohn dem Stiefvater rekommandiert, läßt sich am ehesten mit der eines Fürsten am Ende eines Dramas von Kotzebue vergleichen. Von der tiefen tragischen Erschütterung, die Heinrich
von Kleist fünf Jahre später in ähnlicher Situation in seinem *Amphitryon* hervorzurufen
verstand, ist bei Schlegel keine Spur.

Dennoch engagierte sich Goethe leidenschaftlich für das Stück, ganz offensichtlich weil er in ihm eine Unterstützung seines klassizistischen Weimarer Theaterprogramms sah, und noch dazu aus der Hand eines Autors, der
sich als Repräsentant junger Literatur einen besonderen Namen gemacht
hatte. «Er ist bey allen, selbst Leseproben gewesen, und hat die Schauspieler
ganz von sich entzückt gemacht», berichtet Caroline Schlegel dem Autor, ihrem Mann, der zu dieser Zeit in Berlin war und die – ohnehin anonyme –
Uraufführung nicht miterlebte. Und später noch einmal über Goethes Rolle
im Stück: «Er lebte und webte – zunächst dem Verfasser – darin, als der unsichtbare Apollo.» Nach Zeichnungen Friedrich Tiecks wurden möglichst
echte griechische Kostüme entworfen, auf den getreuen Stil des Dekors
sorgfältig geachtet und nicht eine Zeile gekürzt. Nur zwei oder drei schrieb
Goethe persönlich um. Schelling, der damals bei Goethe ein und aus ging,
schwärmte: «Es ist das erstemal, daß ich angefangen habe mit sicherm Zu-
trauen zu glauben, daß das Antike in diesem Theil der Kunst aufhören könne
es zu sein, und unser werden» Nur Karoline Herder bemerkte in einem Brief
an Knebel: «Ach Freund, wohin ist Goethe gesunken!»

Soweit es um ein dramatisches Experiment ging, war Goethes Interesse
und Anteilnahme allerdings verständlich und vertretbar. In einem Nachspiel
zur Aufführung des *Ion* hat er dann jedoch eine weniger entschuldbare Rolle
gespielt. Mit der Drohung, zum Herzog zu gehen und seine Demission als
Theaterdirektor zu fordern, gelang es Goethe nämlich, die Veröffentlichung
einer Kritik zu unterdrücken, die Karl August Böttiger, Weimarer Gymna-
sialdirektor und Theaterkorrespondent des ebenfalls Weimarer *Journals des
Luxus und der Moden*, verfaßt hatte. Goethe hatte sich den teilweise bereits
gesetzten Text von dem Herausgeber des Journals, dem Weimarer Verleger
Friedrich Justin Bertuch, kommen lassen, der der Exzellenz eine solche Bitte

kaum abschlagen konnte. Mit seiner Drohung setzte Goethe durch, daß die
Kritik, die zwar die Aufführung in vollen Tönen lobte, das Schlegelsche
Stück aber ironisch herabsetzend mit dem Werk des Euripides verglich, tatsächlich unterdrückt wurde. Überdies schrieb Goethe noch an Wieland als
Herausgeber des *Teutschen Merkurs* – den Böttiger redigierte –, um ein Erscheinen auch dort zu verhindern. «Die Sache machte hier Aufsehn und in-
dignirte Jeden, der kein Sclave der Schlegelschen Clique ist», schrieb Böttiger in jenen Tagen in einem Brief. Man sprach mit einigem Recht von «literarischem Despotismus», besonders da Goethe sich nun die Kolumne über
das Theater im *Journal des Luxus und der Moden* selbst vorbehalten wollte –
sein Aufsatz *Weimarisches Hoftheater* vom Februar 1802 war ein unmittelbares Resultat dieser Querelen. Wieland im nahen Oßmannstedt aber grollte:
«Ich meines Orts schweige zu allem diesem Unwesen, aber ich übersetze den
Jon des Euripides für das Att[ische] Mus[eum]» – das er herausgab – «und
das noch in diesem Jahr!»

Im gleichen Frühjahr 1802 stand überdies noch ein weiteres Schlegelsches
Stück in Weimar an: Am 29. Mai wurde Friedrich Schlegels Tragödie *Alarcos*
dort uraufgeführt. Von diesem Ereignis ist bekannt, daß sich die Zuschauer
zunächst passiv verhielten, aber angesichts der sich häufenden Menge von
Leichen schließlich in tobendes Gelächter ausbrachen, «so daß das ganze
Haus davon erbebte, während Kotzebue wie ein Besessener unaufhörlich ap-
plaudierte», wie es in dem Bericht einer Zuschauerin heißt. Der Tumult legte
sich erst, als Goethe aufstand und mit einem «Man *soll* hier nicht lachen» seine Autorität durchsetzte. Nun übersah freilich auch Goethe nicht, daß ihm
hier kein dramatisches Meisterwerk vorlag, aber ihm schien wichtig genug,
«daß wir diese äußerst obligaten Sylbenmaße sprechen lassen und sprechen
hören». So schrieb er am 9. Mai an Schiller und fügte hinzu: «Übrigens kann
man auf das stoffartige Interesse doch auch was rechnen.»

Friedrich Schlegel ging im *Alarcos* sowohl formal wie stofflich auf den
Bahnen des spanischen Theaters, und im Grunde ist sein Stück ein einziger
Übungsplatz für romanische Vers- und Strophenformen. Auch inhaltlich
hatte er mit Begriffen wie Ehre, Liebe und Sünde etwas vom Geist des spanischen Theaters entlehnen wollen, aber einmal liegt das, was an religiöser
Motivation in das Geschehen hineinspielt, derart an der Oberfläche, daß es
religiöses Empfinden im Zuschauer oder Leser nicht in Bewegung zu setzen
vermag, und zum anderen hatte er sich einen Helden geschaffen, der alle tragische Verwicklung lediglich durch seine Schwäche hervorruft, obwohl jede
Figur im Stück immer wieder seine Stärke und seinen Edelmut hervorhebt.
Denn wenn Graf Alarcos der spanischen Infantin Solisa einst die Ehe versprach, dann jedoch Donna Clara heiratete, so mußte er sich den Zorn der
Mächtigen selbst zuschreiben und nicht der Tyrannei oder dem Schicksal.
Daß es auf eine blutige Lösung hinauslief, war den Zeitumständen entspre-
chend kaum überraschend: Alarcos tötet auftragsgemäß die Gattin, dann al-

lerdings auch sich selbst; die Infantin war schon vorher aus Gram verschieden, und das Gespenst der toten Gräfin achtet darauf, daß selbst der König als Protektor der Macht nicht mit dem Leben davonkommt.

Es ist heute schwer verständlich, daß ein scharfer kritischer Geist wie Friedrich Schlegel ein derartiges Stück nicht nur schreiben, sondern auch der Öffentlichkeit übergeben konnte. In seiner *Europa* hat er 1803 selbst über sein Werk geschrieben:

> «Der Zweck des *Alarkos* kann niemanden undeutlich seyn; es soll ein Trauerspiel seyn, im antiken Sinne des Worts, – vorzüglich nach dem Ideale des Aeschylus – aber in romantischem Stoff und Costum. In wiefern der Zweck des Dichters erreicht sey, bleibt andern zu prüfen überlassen.»

Der *Alarcos* stellte für ihn ein Experiment dar; literarische Experimente aber sind gewöhnlich einseitig. Insofern trägt der *Alarcos* seine Rechtfertigung in sich selbst. Eine andere Sache war, ob die Verschmelzung von Antike und Romantik wirklich eine fruchtbare Verbindung zu werden versprach Schlegel selbst hat einen dramatischen Versuch nicht wiederholt, und die unmittelbaren Nachfolger, die er fand, insbesondere Wilhelm von Schütz mit seinem *Lacrimas*, konnten ihn dazu auch nicht ermutigen. Seine Gegner jedoch ergriffen die Gelegenheit zu freudigem Hohn. 1803 erschien in der von Kotzebue und Merkel herausgegebenen «Berlinischer Zeitung» *Der Freimüthige* eine ganzseitige Karikatur «Die neuere Ästhetik», in der Goethe unverkennbar der Lenker eines von den Brüdern gezogenen Triumphwagens war, auf dem die «neuere Ästhetik» steht. «Sie ist, wie sich's gebührt, in *Nebel* verhüllt, und nichts ist *klar* an ihr geblieben, als der *Busen,* und die zum Sitzen nöthigen Theile», heißt es in der Erläuterung mit Anspielung auf die körperlichen Vorzüge der Lucinde und ihres Modells. Auf dem Wagen aber sitzt, mit einer päpstlichen Tiara geschmückt, der Lenker, «die wohlgenährte poetische Poesie» – wie Friedrich Schlegel im 247. *Athenaeums-Fragment* selbst Goethes Poesie bezeichnet hatte –, «zwischen ihren Beinen einen kleinen Wechselbalg, genannt *Alarcos*». Subtil war diese mit Bezügen überladene Karikatur gewiß nicht, aber sie kennzeichnet doch deutlich, was man damals als literarische Fronten betrachtete. Wenn Goethe in seinen *Tag- und Jahresheften,* auf 1802 zurückblickend, von dem «großen Zwiespalt» spricht, «der sich in der deutschen Literatur hervorthat», so sah er als die eine Partei die «Gebrüder Schlegel» an, und als konservative, unkreative «Gegenpartei» Kotzebue, Böttiger, Merkel und ihren Kreis. Von sich selbst aber schreibt er:

> «Ich hielt mich mit Schillern auf der einen Seite, wir bekannten uns zu der neuern strebenden Philosophie und einer daraus herzuleitenden Ästhetik, ohne viel auf Persönlichkeiten zu achten, die nebenher im Besondern ein muthwilliges und freches Spiel trieben.»

Letzteres war das Vorrecht der Jugend; im Streben nach Neuem fühlte er sich ihr stets verbunden und bereute auch als alter Herr nicht, was er mit manch eigenem Mutwillen zu dessen Förderung getan hatte.

## Weitere Versuche

Ernste Versuche zu gedankenreichen Dramen gab es in Deutschland um 1800 in großer Zahl. Historische oder mythologische Stoffe in verfremdender Versgestalt sollten erreichen, daß man von der Prosa des Alltags zurücktrat, um aus höherer Warte auf sie zu reflektieren. Ein Korrespondent der *Zeitung für die elegante Welt* beobachtet im April 1802 «das Bedürfnis, welches sich jetzt überall regt, sich aus dem engen Kreise der bisherigen dramatischen Vorstellungen hinaus in das Gebiet der Geschichte und der Fantasie zu wagen», so daß man nun endlich einmal wieder «große Namen» auf der Bühne nennen höre.

> Was? Es dürfte kein Cesar auf euren Bühnen sich zeigen,
> Kein Anton, kein Orest, keine Andromacha mehr?

hatte der Herkules Shakespeare am Ende von Goethes und Schillers *Xenien* 1796 gefragt. Schon fünf Jahre später hätte es zu dieser Frage weniger Anlaß gegeben, dank der eigenen Bemühungen der beiden Verfasser und derjenigen, die ihnen aus Überzeugung oder literarischem Opportunismus folgten. Daß zu den Modellen für eine Erneuerung des deutschen Schauspiels außer den antiken Dramen auch Shakespeare, Voltaire, Lessing, Schiller, August Wilhelm Schlegel und Kotzebue gehörten, hat Goethe selbst in seinem *Weimarischen Hoftheater* aufgeführt. Das rasche Entstehen von Versdramen um 1800 bedeutete nun allerdings nicht, daß tatsächlich eine Brücke zu neuen Ufern errichtet worden war, auf die man lange schon gewartet hatte. Nicht wenige Poeten machten einfach nur eine Mode mit, ohne die innere Notwendigkeit des literarischen Experiments zu empfinden. Schon August Wilhelm Schlegels *Ion,* der nach seinen eigenen Worten ein «heroisches», aber zugleich «allgemein-menschliches Familiengemählde» sein sollte, stand an der Grenze zwischen Mode und künstlerischer Notwendigkeit, oder eher im Niemandsland dazwischen. Nur die seriösen und bedeutenden theoretischen Untersuchungen des Verfassers und seiner Freunde zur Ortsbestimmung der modernen Literatur im Zeichen klassischer und romantischer Traditionen verliehen dem dramatischen Versuch damals eine besondere Autorität, zumindest in den Augen des Weimarer Theaterdirektors.

Anders stand es mit den geringeren Talenten, die nichts als ihre Kunst darzubieten hatten. Die Befriedigung des Korrespondenten der *Zeitung für die elegante Welt* über die großen Namen, die man endlich wieder auf der Bühne höre, bezog sich konkret auf das Drama *Regulus* (1802) von Heinrich Joseph von Collin. Es gehörte in den folgenden Jahren zu den beliebteren, vielgespielten klassizistischen Stücken und war der erste Erfolg des jungen Wiener Autors. Seinen Stoff hatte er aus der römischen Geschichte genommen, und in ausführlichen Anmerkungen belegte er die historische Wahrheit seiner Darstellung. Das Thema des Stückes bestand im Widerstreit zwischen privaten und öffentlichen Pflichten: Der römische Feldherr Regulus, der von den Karthagern gefangengenommen worden ist, soll nur im Austausch gegen eine große Anzahl karthagischer Kriegsgefangener wieder freigegeben werden. Zur Bewerkstelligung dieses Handels wird er auf Ehrenwort sogar persönlich nach Rom geschickt, wo er aus patriotischen Erwägungen jedoch seinen Landsleuten davon abrät und sich freiwillig wieder in die Gefangenschaft und den sicheren Tod zurückbegibt, was verständlichen, aber fruchtlosen Protest bei seiner Familie erregt. Mutter und Kinder des Regulus sind für Collin ein wichtiges Requisit zur Aufrechterhaltung beständiger Rührung. Für den anonymen Kritiker der *Zeitung für die elegante Welt* – es war in Wirklichkeit niemand anderes als August Wilhelm Schlegel – war überhaupt die ganze Mentalität des Dramas mit seinen patriotischen und Familienmotiven die des bürgerlichen Rührstücks à la Kotzebue: Es seien «eigentlich dieselben alten und wohlbekannten Kinder aus ‹Menschenhaß und Reue›», mit denen Collin hier operierte, um die Herzen zu bewegen. Damit traf Schlegel zweifellos den wunden Punkt der von der Mode inspirierten «sogenannten poetischen Stücke» seiner Tage, nur daß er sicherlich das eigene von einem solchen Urteil ausnahm. Was Collin im wesentlichen bot, war tatsächlich ein Familiengemälde, das durch die klassizistische Gewandung den aktuellen deutschen Konflikten ebenso aus dem Wege ging, wie es die Banalität des Rührstückes zu vermeiden schien. Der in die Handlung hineinspielende interne römische Gegensatz und Klassenkampf zwischen Patriziern und Plebejern zum Beispiel bleibt nur ein aufgesetztes Element und, wie Goethe in einer Rezension feststellte, für das Ganze «völlig unfruchtbar», obwohl sich allerdings in Collins Stück manches von den Gegensätzen oder unsicheren Wechselverhältnissen zwischen bürgerlicher Republik und Nationalstaat, Weltbürgertum und Patriotismus spiegelt. Solch politischer und allgemein intellektueller sowie ästhetischer Eklektizismus kennzeichnet die meisten dramatischen Versuche, von denen hier die Rede ist.

Collin entfaltete eine fruchtbare dramatische Tätigkeit. Sein nächstes Stück war ein ganz unabhängig von Shakespeare entworfener *Coriolan* (1804), von dem allerdings nur die Ouvertüre, die Beethoven dazu schrieb, überlebt hat. Dann folgten weitere Historien, schließlich aber auch wieder Familienstücke im Gewande der eigenen Zeit. Ein besonderes Verdienst erwarb sich Collin als einflußreicher Wiener Schriftsteller um die Förderung Heinrich von Kleists, dessen *Käthchen von Heilbronn* er für das Theater an der Wien bearbeitete. Er starb, knapp vierzigjährig, im gleichen Jahre 1811 wie Kleist.

Aus der unmittelbaren Einflußsphäre von Weimar und Jena rühren eine Reihe weiterer «sogenannter poetischer Stücke» her – um einen Ausdruck

Schlegels aus der *Regulus*-Kritik zu gebrauchen. In Weimar lebte seit 1798 der Privatgelehrte Johann Daniel Falk, zu dessen frühen Schriften eine Anzahl aufklärerischer Satiren zählte. 1803 veröffentlichte er ein «dramatisches Gedicht» *Prometheus* und 1804 in Blankversen ein «Lustspiel in fünf Aufzügen» *Amphitruon*, das die Brücke zwischen Molières Stück und dem *Amphitryon* Kleists bildet. Das Besondere an Falks Fassung des Stoffes ist, daß Jupiter angesichts von Alkmenes schlichtem Vertrauen in den Gott ihre eheliche Treue schont und somit der antike Mythos einen christlichen Ausgang erhält. Freilich gehen auch in diesem Stück eklektisch Motivationen durcheinander, die zum Ganzen zu verbinden die künstlerische Kraft des Autors nicht ausreichte.

Falk war ein Freund Karl August Böttigers; was aus dem Lager der «Gegenpartei» um die Schlegels hervorwuchs, war jedoch nicht weniger eklektisch. Das wird besonders an Friedrich Asts *Krösus* deutlich, einem Trauerspiel, das der Adept des Schlegelschen Kreises und ehemalige Jenaer Student 1805 veröffentlichte.

Ast hatte zwischen 1798 und 1801 in Jena studiert und war dort als Schüler August Wilhelm Schlegels den Ideen von einer Literaturerneuerung im Zeichen eines Bündnisses von Klassischem und Romantischem nahegekommen. 1804, also im selben Jahr wie Hölderlin, gab er eine eigene metrisch getreue Übersetzung der Tragödien des Sophokles heraus, und 1805 erschien von ihm ein *System der Kunstlehre*, das Schlegelschen Gedanken stark verpflichtet war. Als Kritiker, Zeitschriftenherausgeber und Kunstphilosoph hat er sich weiterhin für sie engagiert, besonders seit seiner Berufung auf einen Lehrstuhl für klassische Philologie in Landshut, wo er einen eigenen Schülerkreis um sich versammelte und freilich durch die Verengung früherer universaler Ideen auch zu dem zweifelhaften Ruf beitrug, den der Begriff Romantik im Sinne eines schwärmerisch-christlichen Konservatismus annahm.

Asts *Krösus* hat jenen auf Plato und Herodot zurückgehenden Stoff um den Hirten Gyges zur Grundlage, aus dem dann auch Friedrich Hebbel geschöpft hat. Die Episode, die Ast vorstellt, betrifft Atys, den jüngsten Sohn des lydischen Königs Krösus, der als einziger Erbe vor Unheil geschützt werden soll, aber durch übertriebene Vorsicht natürlich gerade zu Schaden und zu Tode kommt. Antikes Schicksalsdrama, Schillersche Philosophie von der Würde der Vernunft und christliche Erlösungshoffnungen mischt Ast dabei schwerhändig in eins. Der Schlußchor verkündet aus solchen Voraussetzungen heraus:

> [...] Wer aber mit
> Reinem Sinn und frommen Gemüth,
> Nicht geblendet vom falschen Glanze des Erdenglücks,
> Stets den Vater der Welten schaut,
> Und vertrauet nur *ihm* allein:
> *Der* lebt selig, umstrahlt von Heil;
> Denn es wohnet im Busen ihm

Götterfrieden, der vor dem Sturm
Des unsicheren Lebens ihn beschirmet.
Und stets den Blick zu Gott gewandt
Preist er selber im finstern Leid
Der allwaltenden Gottheit Rath:
Wohl erkennend, in Gott wohne
Ewge Weisheit und Güt, auch wenn er den Menschen straft.

Es ist offensichtlich, daß das antike Kostüm einen solchen Scheinsynkretismus nicht mehr zureichend umhüllen konnte, denn was sich als Universalreligion gab, war in Wirklichkeit Christentum, und «geradezu unverträgliche Dinge» konnte, wie August Wilhelm Schlegel in seinen Vorlesungen festgestellt hatte, auch die romantische Universalpoesie nicht verschmelzen.

Ast mischte, seinen theoretischen Fundamenten gemäß, antike Verse mit Reimen und Reimmustern der romanisch-romantischen Tradition. Deren reiches Reservoir an Formen benutzte in aller Üppigkeit Christian Wilhelm von Schütz in seinem *Lacrimas* (1803), einem direkten Abkömmling des *Alarcos* von Friedrich Schlegel. Das Stück erschien anonym, herausgegeben von August Wilhelm Schlegel, der es auch mit einem empfehlenden Sonett versah. Unter allen «sogenannten poetischen Stücken» dieser Zeit ist es das verwirrteste und unfreiwillig komischste, und es ist nur erstaunlich, wie weit sich der scharfe kritische Verstand und das feine künstlerische Empfinden Schlegels hat blenden oder bestechen lassen.

In einer komplizierten Handlung verbindet Schütz die spanisch-christliche Welt mit der «mohrisch»-orientalischen und führt alle Konflikte zu einem guten Ende. Der romantische Appell an die freie Phantasie ist entstellt zur absoluten Freiheit von jeder geographischen, historischen und überhaupt realen Verbindlichkeit. Die Gewürze und Blumen beider Indien werden bemüht, nichts stimmt mehr in den Bildern («Vor mir sah ich sich dehnen deine Haare»), und es kommt zu umwerfender Poesie:

Heiß von Bäumen träuft hier nieder
Deines Athems duft'ger Trank,
Und es schwillt auf diesem Flusse
Deines Busens Wellengang.

Auch die Reimkunst kommt nicht besser davon, «sage» reimt sich auf «Vorschlage», und ein Schloß betreffend heißt es:

Sey sehr gedankt für dein Bemühn,
Und laß es uns für jetzt beziehn.

Schließlich findet sich hier auch der schlechteste Vers der gesamten deutscher Literatur um 1800, der die Frage eines Vaters nach seiner verschwundenen Tochter enthält und der lautet:

Wo mag Ismene seyn geblieben?

Es nimmt nicht wunder, daß solche Stücke und vor allem August Wilhelm Schlegels Identifikation mit ihnen wesentlich dazu beitrugen, den Begriff des

Romantischen in Mißkredit zu bringen. Kaum zumutbarer war, was Schlegel weiterhin begünstigte. 1804 erschienen, wiederum von ihm herausgegeben, sechs *Dramatische Spiele von Pellegrin,* hinter welchem Pseudonym sich der junge Friedrich de la Motte Fouqué verbarg, der hier gleichfalls das ganze Arsenal romanischer Reimerei durchexerzierte. Und noch einmal förderte Schlegel Spanisches, als er für den *Dichter-Garten* (1807) von Rostorf, also Karl von Hardenberg, Sophie Bernhardis Trauerspiel *Egidic und Isabella* auf Sprache, Metrik und Reime hin durchsah, um dann in einer anonymen Rezension die «glückliche Leichtigkeit im Versbau» besonders hervorzuheben.

In Jena hatte auch August Klingemann seine geistige Heimat. Als Zeitungsherausgeber (*Memnon,* 1800) sowie als Romanschriftsteller (*Romano,* 1801) war er den Theorien des Schlegelschen Kreises verpflichtet, und wahrscheinlich rühren auch die *Nachtwachen* des Bonaventura, die äußerste Konsequenz romantischer Denkansätze, von ihm her. Als Dramatiker hatte er mit Ritterstücken und einem vorwiegend aus Sturm-und-Drang-Elementen komponierten Trauerspiel *Die Maske* (1797) begonnen. Noch 1800 adoptierte er vor allem die historische Dramatik Schillers, aber es waren weniger ästhetische Voaussetzungen, die ihn zum Stückeschreiben veranlaßten, als eine leicht anpassungsfähige Schreiblust, die sich schon in den trivialliterarischen Anfängen ausdrückte. In Anlehnung an Schillers *Tell,* aber zugleich wohl nicht unbeeinflußt von einem *Tell*-Stück des Trivialautors Veit Weber alias Georg Philipp Ludwig Leonhard Wächter (1804), entstanden *Der Schweitzerbund* (1804) und *Heinrich von Wolfenschießen* (1806). Das letztere Werk bezeichnet sich ausdrücklich als «Seitenstück zu Schillers Wilhelm Tell» und spinnt um die Gestalt des von Baumgarten erschlagenen Vogts ein Schauerdrama. Hier mündet also das anspruchsvoll «poetische» Drama wieder in den großen Strom der Unterhaltungsdramatik ein, obwohl Klingemann als Verfasser von historischen und mythologischen Stücken den Anspruch auf die Vermittlung von bedeutenden Erkenntnissen durchaus aufrechterhielt.

Von Schiller beeinflußt war auch das bereits in anderem Zusammenhang betrachtete Corday-Drama von Engel Christine Westphalen (1804), das Zeitgeschichte in einem antikisierenden Trauerspiel «mit Chören» vorstellte. Indirekt spiegelte sich Aktuelles im historischen Kleide des Cevennenkrieges aus dem Anfang des 18. Jahrhunderts, den Tieck später als Vorwurf für eine historische Erzählung nahm (*Der Aufruhr in den Cevennen,* 1826) und den jetzt Hölderlins und Hegels Freund Isaac von Sinclair in einer großen Trilogie gestaltete. Von den drei Dramen *Der Anfang des Cevennenkrieges* (1806), *Der Gipfel des Cevennenkrieges* (1807) und *Das Ende des Cevennenkrieges* (1806), die Sinclair unter dem Anagramm Crisalin veröffentlichte, wurde nur das letzte je aufgeführt, und zwar 1806 in Weimar, ohne freilich Widerhall zu finden. Hölderlinsche Gedanken von der Einheit des Menschen mit der Natur verbanden sich darin mit der Enttäuschung des aktiven Republikaners

Sinclair, der gerade einen Hochverratsprozeß hinter sich hatte, über die Niederlage der Freiheitshoffnungen zu einer Zeit, da Napoleon als Kaiser der
Franzosen sich zum Herrn Europas zu machen versuchte:

> O Frankreich! Frankreich! klag' um deine Krone,
> Stolz hobst du dich unter den Völkern allen,
> Doch von dem Gipfel ist dein Ruhm gefallen,
> In Staub zertrümmert mit dem alten Throne,

heißt es doppelsinnig im zweiten Teil des Werkes. Sinclairs Dramentrilogie
ist eines der ganz wenigen Beispiele für eine direkte politische Reflexion in
der deutschen Dramatik dieser Zeit. Der Ausgang der Trilogie entspricht der
gegenwärtigen Aussichtslosigkeit auf tiefgreifende Veränderungen, ohne
daß freilich die Hoffnung auf Geschichte und Natur aufgegeben wird. Bemerkenswerterweise hatte Sinclair seine Arbeit mit dem letzten Stück begonnen, weil ihm diese Stimmung am nächsten lag, denn der camisardische
«Bund der Sanftmuth» wird aufgelöst mit der dunklen Verkündigung:

> Wir sind frei!
> Ein jeder gehe jetzt wohin er mag! [...]
> Mit Menschen haben wir nunmehr geendet,
> Und nichts gemein mit ihnen mehr, als Feindschaft.

Motive des Geheimbunds hatte übrigens auch Zacharias Werner in seinem
Erstling *Die Söhne des Tals* (1803–04) verknüpft, aber ihm ging es darin – wie
überhaupt in seinem weiteren dramatischen Werk – um die Etablierung von
Christus als Großmeister aller Orden.

   In der Stille eines Stifts sind schließlich die Dramen der Karoline von Günderrode entstanden. Obwohl sie ihren Ruf als Dichterin vor allem der Lyrik
verdankt, dominiert in ihrem schmalen Werk doch durchaus die dramatische
Form. Neben einer Reihe von Szenen oder Dramoletts in hymnischer Prosa
oder in Versen (*Immortalita, Mora*, 1804; *Hildgund*, 1805; *Nikator*, 1806) hat
sie drei umfangreichere Dramen geschrieben, zwei davon im Blankvers
(*Udohla, Magie und Schicksal*, 1805) und das längste (*Mahomed*, 1805) in
Prosa, aber mit Chören.

   Der *Mahomed* ist offensichtlich gegen den von Goethe übersetzten *Mahomet* des
Voltaire konzipiert, denn bei der Günderrode ist der Gründer des Islam nicht mehr ein
finsterer Tyrann und Realpolitiker, sondern ein Auserwählter, dem neue Offenbarungen zuteil werden und der seinen Feinden zu vergeben weiß. Dem Gedanken einer
kommenden Universalreligion entsprechend sollen sich sogar im Islam Christentum
und Judentum verbinden – «Das Christenthum soll zurückkehren zu dem Judenthum
und sich in meiner Lehre mit ihm versöhnen und vereinigen», sagte Mahomed –, und
mit einer Feier der zukünftigen Weltmacht des Islam klingt denn auch das Stück aus.
Allerdings war dieser Schluß eher symbolisch im Sinne einer romantischen Aufhebung
der Gegensätze gemeint, und er empfing außerdem seine besondere Inspiration aus
den Mythen-Studien Friedrich Creuzers, der der Autorin nahestand.

Das Gewicht der philosophischen Meditation schloß dieses und die anderen Dramen der Günderrode von der Bühne aus. Es war ihre Sache nicht, die Gedanken, Probleme, Träume und Hoffnungen, die sie in die Sagen-, Mythen- oder Märchenstoffe hineinprojizierte, in einem dramatischen Spiel auseinanderzulegen und ihnen reale Gestalt zu geben. Dafür jedoch enthalten ihre Dramen Verse von großer lyrischer Schönheit, die zum Vollkommensten gehören, was sie geschrieben hat und was uns aus dieser Zeit überliefert ist.

Karoline von Günderrode starb 1806 durch eigene Hand, fünf Jahre vor Heinrich von Kleist, der gleichfalls aus freiem Entschluß in den Tod ging. In diesen fünf Jahren aber vollendete Kleist ein dramatisches Werk, das die Ansätze seiner Zeit zu einer Erneuerung des deutschen Dramas aus der Verschmelzung von Klassischem und Romantischem, von Sophokles und Shakespeare in sich aufnahm, in dem er sich aber zugleich aus der wahrhaft ungeheuren Kraft eines großen Künstlers über alle theoretischen Erwägungen hinausbegab und Stücke schuf, die sich als unerschöpflich erwiesen haben.

# SIEBENTES KAPITEL

# LYRIK

## *1. Lyrik auf dem literarischen Markt*

Lyrik, diese kondensierteste und artistischste Form sprachkünstlerischen Ausdrucks, spricht auf andere Weise zum Leser als die erzählende Literatur oder das Drama. Sie ruft ein sehr viel intimeres und vom Zeitablauf unabhängigeres ästhetisches Vergnügen hervor als der zu langdauerndem, sukzessivem Lesen bestimmte Roman oder das für ein paar Theaterstunden die Phantasie bannende Schauspiel. Gedichte sind gemeinhin keine Massenlektüre: weder werden sie von großen Massen gelesen noch liest man sie in großen Massen. Die zeitgenössische Popularität einzelner Gedichtbücher wie zum Beispiel Gleims *Preußische Kriegslieder* oder Theodor Körners *Leyer und Schwerdt* besaß ihren Grund zumeist in den äußeren Umständen, auf die sich die Texte bezogen, und nicht im poetischen Wert der Verse. Seltene Ausnahmen wie Heines *Buch der Lieder* bestätigen nur die allgemeine Regel. Jedes Gedicht stellt, wenn es gut ist, ganz besondere Anforderungen an die Auffassungsgabe und Einbildungskraft des Lesers und fordert mithin unmittelbar größere Anstrengungen als die anderen beiden Gattungen.

> «Das Lesen eines Gedichtes muß selbst die Schöpferkraft in uns beleben, und den Lebensfunken, der in uns vergraben liegt, zur hellen Flamme anblasen: es muß uns begeistern und beseelen, und wir müssen, wie ein zweiter Prometheus, die toten Materialien beleben und formen lernen»,

schreibt Johann Adam Bergk in seiner Schrift *Die Kunst, Bücher zu lesen* (1799), und er setzt einen verführerischen Satz hinzu:

> «In jedem menschlichen Gemüthe sind dichterische Funken verborgen, die wir zur hellen Flamme anblasen könnten, die wir aber gemeiniglich aus Trägheit und Gemächlichkeit gänzlich ersticken lassen.»

Von derartigen Erkenntnissen nun ist die Soziologie der Lyrik seit der zweiten Hälfte des 18. Jahrhunderts wesentlich bestimmt worden. Es gibt keine eigentliche Unterhaltungslyrik, die nur annähernd mit dem Unterhaltungsroman oder dem Unterhaltungstheater in Quantität und Breitenwirkung vergleichbar wäre. Lyrik war persönlicher in ihrem Anspruch und artikulierte unmittelbar die Gedanken und Empfindungen des einzelnen als Selbstausdruck. Auf ihrem Gebiet gab es – neben dem wahren Künstler – nicht den professionellen Massenproduzenten, der vom Schreiben gut leben konnte, sondern lediglich den Routinier, der ohne Aussicht auf großen materiellen Gewinn Ideen und Gefühle in die schmalen und seichten Kanäle seiner Verse leitete, damit sich das Publikum dann sicher und geruhsam darin baden konnte. Neben ihn aber trat für Gottes Lohn und erhofften irdischen Ruhm der Dilettant. Den nach Bergks Beobachtung im «menschlichen Gemüthe» verborgenen «dichterischen Funken» fachen bekanntlich zu allen Zeiten Tausende und Abertausende von Menschen in sich an, nicht um die Bilder eines wahren Poeten schöpferisch in sich nachzugestalten, sondern um sich ihm mit eigener Produktion an die Seite zu stellen. So schwierig es ist, Lyrik angemessen zu verstehen, so leicht scheint es zu sein, sie zu schreiben, stellt doch die Tradition gewisse äußere Formen und einen Metaphernvorrat bereit, deren man sich offensichtlich nur bedienen muß, um Dichter zu sein. «Dieser Anblick machte mich gar zum Dichter. Auf meinem einsamen Kämmerlein schrieb ich eine Ode», hatte der deutsche Republikaner Friedrich Butenschön bekannt, als er von seiner ersten Begegnung mit den Truppen des revolutionären Frankreich berichtete. Auf ähnlich direkte Weise sind auch unzählige andere Begeisterte, Liebende, Trauernde und Glückliche zur Poesie gekommen.

Die Dilettantenpoesie in großen Ausmaßen ist freilich erst das Produkt eines aufgeklärten Zeitalters. Ihre eigentliche Voraussetzung sind die Verbreitungsformen, die das 18. Jahrhundert hervorbrachte: Journale, Zeitungen sowie vor allem die Musenalmanache, Anthologien und poetischen Taschenbücher, die bald in beträchtlicher Zahl auf den Markt kamen. Die meisten Zeitschriften enthielten Gedichtveröffentlichungen, sei es von berühmten, von hoffnungsvollen oder von hoffnungslosen Autoren, wobei die Herausgeber je nach eigenem Geschmack Literaturpolitik treiben und den Dilettantismus in Schach halten oder ihm freien Lauf lassen konnten. Wielands *Teutscher Merkur* hat manchem jungen Autor – wie Novalis zum Beispiel – die ersten Schritte in die Öffentlichkeit ermöglicht, und Schillers *Horen* gaben unter anderem Hölderlin ein frühes Forum. Von literarischen Programmen bestimmte Journale wie das *Athenaeum* verfuhren wählerisch und brachten nur das den Vorstellungen der Herausgeber Angemessene, in diesem besonderen Falle Sonette der Brüder Schlegel und die *Hymnen an die Nacht* von Novalis. In den politischen Journalen nach der Französischen Revolution zählte eher die Gesinnung als das dichterische Geschick, was denn auch von deren Zweck her geboten war; die deutsche Jakobinerlyrik ist, von einigen Flugblättern abgesehen, hauptsächlich in diesen Heften überliefert.

Die verbreitetste Publikationsform für Lyrik stellten die Musenalmanache dar. «Die Musenalmanache gehören zur Jahreszeit; man kauft sie um die Zeit der herbstlichen Tag- und Nachtgleiche» – also der Buchmessen – «wie

die Nürnberger Pfefferkuchen um Weynachten», schreibt Wieland 1797 im
*Neuen Teutschen Merkur.* Und Friedrich Schlegel definiert 1796:

> «Ein Musen-Allmanach ist eine poetische Ausstellung, wo zugleich der
> jüngere Künstler durch seine Versuche den aufmerksamen Kenner zu
> interessanten Vermuthungen veranlasst, und der erfahrne Meister sich
> nicht auf eine bestimmte Gesellschaft einschränkt, sondern seine Werke
> dem öffentlichen Urtheile aller Liebhaber unterwirft.»

In diesem Sinne ist er für ihn «ein fruchtbarer Vereinigungspunkt für alle
Freunde der Poesie».

1765 war in Paris ein *Almanach des Muses ou Choix de Poésies fugitives* erschienen, der bald darauf seine deutschen Nachahmer fand, als ersten den
*Göttinger Musenalmanach,* den Heinrich Christian Boie unterstützt von
Friedrich Wilhelm Gotter und Abraham Gotthelf Kästner herausgab und der
dann bis 1803 unter wechselnder Herausgeberschaft fortlebte, zuletzt ediert
von Sophie Mereau, die im selben letzten Jahr des Almanachs Clemens Brentano heiratete. Darin formierte sich der Göttinger Hainbund; Bürger, Hölty,
Claudius, Klopstock, Voß sowie die Grafen Stolberg traten hier zuerst vor
ihre Leser, und neben ihnen auch der junge Goethe. Am Ende war der Almanach dann obsolet geworden im Strom der literarischen Wandlungen. Johann Heinrich Voß gründete 1776 einen eigenen Musenalmanach, der auf
lange Zeit – bis 1800 – eines der wichtigsten lyrischen Publikationsmedien
darstellte, und daneben gab es dann noch Schwäbische, Hessische, Schweizerische, Rheinische, Pfalzbairische, Fränkische, Berlinische, Frankfurter,
Wiener, Linzer, Salzburger, Prager und Lemberger Musenalmanache. Ursprünglich sollten die Musenalmanache nur eine Sammlung von bereits pu-
blizierter Lyrik sein, aber bald bildeten sie mehr und mehr den Umschlagplatz für Erstveröffentlichungen. Ihren literarischen Höhepunkt erreichte
dieses Medium der Poesie in Schillers Musenalmanachen für die Jahre von
1796 bis 1800, in jenen fünf Bänden also, in denen Goethe und er die Lyrik
ihrer Freundschaftszeit der Öffentlichkeit vorstellten und den Xenien-
Kampf ausfochten. 1802 folgte dann mit Gedichten der Schlegels, Schellings,
Novalis' und Tiecks ein von August Wilhelm Schlegel und Ludwig Tieck
herausgegebener *Musen-Almanach für das Jahr 1802,* der aber ohne Fortsetzung blieb, wie auch die folgenden, von Vermehren, Chamisso, Varnhagen,
Seckendorff, Kerner und Uhland edierten Florilegien dieser Art nur kurzle-
big waren.

Charakteristisch für die Musenalmanache war das kleine Format – Sedez
oder Duodez –, das vorangestellte Kalendarium mit Mondphasen und Ta-
geslängen, an dem auch Schiller noch festhielt, sowie eine Reihe eingeklebter
Vertonungen der abgedruckten Gedichte. Ihrem musikalischen Ursprung
entsprechend wurde Lyrik also in starkem Maße noch als sangbar empfunden, und in Musik gesetzt wurden selbst Gedichte, die eher für Lektüre oder

Deklamation bestimmt zu sein schienen, wie ein «Kophtisches Lied» Goethes oder Schillers «Würde der Frauen». Gewöhnlich war die Komposition mit Klavierbegleitung versehen, was zugleich etwas über den Adressatenkreis dieser Almanache verrät. Es waren die vielen kleinen Familien- oder Freundeskreise, die damit angeregt werden sollten, und die Idee der bürgerlichen Hausmusik erhielt auf diese Weise erste Gestalt und Hilfe. Johann Gottfried Seumes Lied «Die Gesänge» –

> Wo man singet, lass Dich ruhig nieder,
> Ohne Furcht, was man im Lande glaubt;
> Wo man singet, wird kein Mensch beraubt:
> Bösewichter haben keine Lieder

– kennzeichnet wohl am besten diese aus Selbstbewußtsein und Selbstzufriedenheit gemischte Stimmung im Bürgertum des ausgehenden 18. Jahrhunderts in Deutschland.

Die Liedkomposition als ein spezieller und wichtiger Zweig musikalischer Komposition entfaltete sich damals rasch zu jener hohen Blüte, die mit Beethoven, Schubert und Schumann erreicht wurde. In den Musenalmanachen gegen Ende des Jahrhunderts traten als Liederkomponisten vor allem Goethes Duz-Freund Karl Friedrich Zelter in Berlin sowie Johann Friedrich Reichardt hervor, der als Herausgeber von Zeitschriften und als Gastgeber auf seinem Landsitz Giebichenstein bei Halle ohnehin schon eine enge Berührung zu Schriftstellern, insbesondere jüngeren, besaß. Reichardt edierte mehrere Bände *Lieder geselliger Freude* (1796–97) und *Neue Lieder geselliger Freude* (1799 und 1804) mit Gedichten von Bürger, Claudius, Goethe, Herder, Matthisson, Sophie Mereau, Salis, Schiller, Schlegel, Voß und später auch Baggesen, Novalis, Tiedge und Tieck in Vertonungen von ihm selbst sowie von Zelter, Johann Adam Hiller und Johann Abraham Peter Schulz. Er beklagte, daß er keine geeigneten Musiken von Haydn, Mozart und Dittersdorf gefunden habe, denn sein Auswahlkriterium war neben der Sangbarkeit der Kompositionen doch vor allem auch die literarische Qualität oder zumindest die relative Bedeutsamkeit eines Gedichtes im Zusammenhang der literarischen Entwicklung. An Reichardt ging übrigens zunächst auch Clemens Brentanos Vorschlag, mit ihm und Arnim gemeinsam eine Liedersammlung anzulegen, aus der dann später Arnims und Brentanos *Des Knaben Wunderhorn* entstanden ist; sie sollte «das platte oft unendlich gemeine Mildheimische Liederbuch» von Rudolph Zacharais Becker (1799) ersetzen, wie Brentano selbst schrieb.

Mit der Sangbarkeit der Gedichte stand speziell in der deutschen Literatur noch eine andere Verbreitungsform von Lyrik in Verbindung: der Roman. Goethes *Wilhelm Meister* setzte dabei das Exempel für die Zeit um 1800. Die lyrischen Einlagen des *Meister* waren Rollenlieder, die von Romanpersonen gesungen wurden, und in einer Fülle von Kompositionen sind sie weit über

den Leserkreis des Romans hinaus bekannt geworden. In der Nachfolge
Goethes erschienen dann auch einige der schönsten Gedichte von Tieck,
Novalis, Brentano und Eichendorff zuerst im Kontext von Romanen, ehe sie
ein selbständiges Leben in Gedichtanthologien oder im Munde von Konzert-
sängern annahmen. Die Funktion der Liedeinlagen in Goethes Roman bestand in der Öffnung der engen Wirklichkeit des damaligen Deutschland
zum Blick auf größere Perspektiven, also in der Poetisierung des Romans,
ohne das Poesielose der Realität ungebührlich zu verklären oder ins Sentimentale zu entgleiten. Ideen zur Gattungsmischung in einer romantischen
Universalpoesie sind daraus hervorgegangen. Nicht überall haben freilich
Goethes jüngere deutsche Nachfolger eine solche Einlagetechnik fortgeführt, sondern den epischen Kontext gelegentlich nur dazu benutzt, Stich-
worte für die schon bereitliegenden, selbständigen Gedichte zu liefern, bis
dann schließlich, unter dem Andrang des Industriezeitalters, die Lyrik keine
Heimstatt mehr in den realistischen Romanwelten fand.

Gemessen an allen diesen Verbreitungsformen der Lyrik spielte im ausgehenden 18. Jahrhundert in Deutschland die Buchpublikation von Gedichten
eines einzelnen Autors nur eine untergeordnete Rolle. Sammelausgaben wie
die von Goethes Lyrik im achten Band seiner *Schriften* (1789) oder Schillers
zweibändige Ausgabe der *Gedichte* (1800–03) waren selbstverständlich literarische Ereignisse, besonders da sie Umgearbeitetes und Unbekanntes enthielten, aber herausragende und populäre Einzelveröffentlichungen, wie sie
einst Gleims *Preußische Kriegslieder* dargestellt hatten, gab es nicht. Wieland
konstatierte in einer Besprechung der Musenalmanache für 1797 eine allgemeine «Kälte gegen alles was wie Verse aussieht» und klagte, daß poetische
Werke «von Jahr zu Jahr an Menge und Mannigfaltigkeit» verlören. Schiller
sprach am Anfang seiner Rezension *Über Bürgers Gedichte* (1790) von «unsern so unpoetischen Tagen» und fürchtete, «die jährlichen Almanache, die
Gesellschaftsgesänge, die Musikliebhaberei unsrer Damen» seien «nur ein
schwacher Damm gegen den Verfall der lyrischen Dichtkunst». Der Siegeszug des Romans und die Ausbreitung des bürgerlichen Unterhaltungsthea-
ters schienen schlechte Zeiten für Lyrik zu schaffen. Die Nachwelt freilich
sieht, daß in den Jahren von 1789 bis 1806 Klopstock, Voß, Goethe, Schiller,
Tieck, Novalis und Brentano als Lyriker am Werk waren und daß Hölderlins
gesamte Dichtung in diese Periode fällt. Diese allerdings blieb, wie noch zu
zeigen sein wird, gerade deshalb von den Zeitgenossen weitgehend unbeachtet, weil sie nicht gesammelt vorgestellt wurde, sondern verstreut in den verschiedensten Taschenbüchern und Almanachen erschien. Aber allzu schlecht
jedenfalls war es um die deutsche Lyrik damals dann doch nicht bestellt.

## 2. Diskussion über Lyrik

Was betrachteten junge Dichter wie Hölderlin und Novalis, die in den Jahren um 1789 ihre ersten lyrischen Gehversuche machten, als anregende, musterhafte Lyrik? Vor der positiven steht eine negative Antwort auf diese Frage: es waren nicht die Gedichte Goethes, die 1789 zum erstenmal gesammelt im Zusammenhang seiner *Schriften* erschienen. Der in Neufassungen maßvoll herabgetönte Überschwang seiner Straßburger und frühen Weimarer Zeit berührte die Jüngeren nicht entfernt in dem Maße, das dem tatsächlichen Rang dieser Lyrik entsprochen hätte. Ihr großes Idol war vielmehr der knapp dreißigjährige Schiller, der seit 1786 mit einer Reihe von Gedichten hervorgetreten war, die durch die Verschmelzung von weltgeschichtlicher und lebensphilosophischer Perspektive mit leidenschaftlichem Ausdruck der Lyrik eine neue Dimension erschlossen hatten. In Schillers *Thalia* erschienen 1786 die Ode «An die Freude» sowie die kraftvolle Klage über das verlorene Arkadien unter dem Titel «Resignation»; 1788 druckte Wieland im *Teutschen Merkur* die alle christliche Orthodoxie herausfordernden «Götter Griechenlands», von denen ein schier unmeßbarer Einfluß auf die Einstellung zur Antike in den folgenden Jahren ausging, und 1789 erschien wiederum im *Teutschen Merkur* das die Mission der Kunst neu wertende Gedicht «Die Künstler». Was für Schiller selbst ein Durchbruch zu neuer, eigenständiger lyrischer Aussageweise war, die er in den folgenden Jahren fortführte und erweiterte, das bedeutete zugleich Wegweisung für die Jüngeren. In solchen Formen schien sich eine Möglichkeit aufzutun, den Erwartungen am erhofften Anbruch einer neuen Zeit gültige künstlerische Gestalt zu geben, ohne die Gedanken der Form oder die Form der Philosophie zu opfern.

Schiller war der provokativ originellste unter den deutschen Lyrikern dieser Tage, aber er stellte natürlich nicht das einzige Vorbild der jüngeren Generation dar. Seine eigenen Lehrmeister im enthusiastischen Dichten – Klopstock, Voß, die Brüder Stolberg – wurden auch von den Jüngeren respektiert, und ebenso die panegyrische Odendichtung eines Michael Denis oder Karl Wilhelm Ramler. Die einstige Bardenbegeisterung für die hehre Vorzeit und der Ausblick auf eine leuchtende Zukunft, das Lob des idealen Fürsten als eines Förderers der Künste und das gegen die Stadtgesellschaft gerichtete Preislied auf das einfache Leben in enger Bindung zur Natur trafen auf verwandte Empfindungen in revolutionärer Zeit. Für die zarteren Gefühle hatte die Lyrik des Rokoko ihre Wirkung noch nicht verloren, die um die Jahrhundertmitte zuerst bürgerlichen Lebensgenuß feierte und die, mit melancholischen Untertönen versehen, nun von Dichtern wie Friedrich von Matthisson erfolgreich fortgesetzt wurde. Jenseits von allem Deutschen aber ist außerdem zu jeder Zeit noch der unmittelbare Einfluß mitzudenken, den die lyrischen Urtexte der Antike ausübten, die man schon von der Schule her kannte; Pindar, Theokrit, Horaz oder Vergil waren als unübertroffene Modelle über allen Meinungsstreit und alle Geschmacksurteile hinweg immer präsent.

Bemerkenswert ist, daß um 1789 die volkstümlich-liedhafte Dichtung der Sturm-und-Drang-Zeit an Interesse verloren hatte. Die relativ geringe Anteilnahme, die man Goethes Ausgabe seiner Gedichte entgegenbrachte, zeigte das an. Komplizierter war die Reaktion auf die zweiteilige Ausgabe von Gottfried August Bürgers Gedichten, die ebenfalls 1789 erschien. Bürger hatte zwar Sympathien unter den jüngeren Autoren, und einer von ihnen – August Wilhelm Schlegel – war in Göttingen bei ihm regelrecht in die poetische Schule gegangen. Aber die Aufmerksamkeit galt nicht dem Autor der «Lenore» und einer großen Zahl anderer, kräftig populärer Gedichte und Balladen, sondern dem Erneuerer einer lange verschüttet gewesenen lyrischen Ausdrucksform, des Sonetts. Noch ehe Konzepte für eine der Antike entgegengesetzte romantische Dichtung Gestalt angenommen hatten, zog Bürger diese bedeutendste nicht-antike Gedichtform wieder ans Licht, befreite sie von der Schwere, die ihr in der Lyrik des 17. Jahrhunderts durch den Alexandriner angehangen hatte und gab ihr durch den fünfhebigen Vers neues Leben und neuen Schwung. Was bald nach 1800 zu einer regelrechten Sonett-Inflation in der deutschen Lyrik ausartete, nahm hier bei Bürger seinen Anfang. Für dieses besondere Verdienst allerdings hatten zur Zeit des Erscheinens seiner Gedichte nur wenige einen Blick; anderen wurden Bürgers Gedichte eher zum Stein des Anstoßes auf dem Wege zu neuen Kunstgesetzen für den lyrischen Ausdruck.

Von der Ausgabe seiner Gedichte hatte Bürger im April 1789 «Schillern, dem Manne, der meiner Seele neue Flügel und einen kühnen Taumel schafft», ein Exemplar in Dankbarkeit zugeeignet. Für den Taumel, in den ihn Schiller bald darauf versetzte, hatte er sehr viel weniger Grund, dankbar zu sein. 1791 veröffentlichte Schiller nämlich in der *Allgemeinen Literatur-Zeitung* eine Kritik *Über Bürgers Gedichte*, die nichts anderes als einen kapitalen Verriß seines lyrischen Werkes darstellte. Schiller hat später selbst empfunden, daß ihm ein solches Verfahren, so richtig und scharf er auch in der Sache sehen mochte, den Vorwurf des charakterlichen Makels auflud; zu seinen Argumenten hat er aber weiterhin gestanden. Im Grunde war die Bürger-Rezension ohnehin eher um seiner selbst als um Bürgers willen geschrieben, denn nicht die Vernichtung Bürgers, sondern die Herausstellung eigener Gedanken zur Lyrik war eigentlich sein Ziel; diesem Ziele opferte er Bürger.

Noch vor der Begegnung mit der Kantischen Ästhetik formulierte Schiller in dieser Rezension Kunstprinzipien, die seine Empfänglichkeit für das Ideenkonzept Kants erweisen. Nicht eine realistisch-kräftige Popularität, die an die Grenzen des guten Geschmacks stieß, sollte das Ziel des lyrischen Dichters sein; mit «idealisierender Kunst» sollte er vielmehr «aus dem Jahrhundert selbst ein Muster für das Jahrhundert erschaffen». Das setzte voraus, daß er sich zunächst selbst zu veredeln hatte, so daß alle Ideale, denen er Gestalt gab, «nur Ausflüsse eines innern Ideals von Vollkommenheit» waren, «das in der Seele des Dichters wohnt»: «Wenn es auch noch so sehr in seinem Busen stürmt, so müsse Sonnenklarheit seine Stirne umfließen.» Was Schiller also hier entwarf, war nichts anderes als das Bild vom Dichter als ästhetischem Erzieher seiner Zeitgenossen. «Bei der Vereinzelung und getrennten Wirksamkeit unsrer Geisteskräfte, die der erweiterte Kreis des Wissens und die Absonderung der Berufsgeschäfte notwendig macht», sei es, so behauptet Schiller am Anfang seiner Rezension, «die Dichtkunst beinahe allein», die «die getrennten Kräfte der Seele wieder in Vereinigung» bringe und «den *ganzen Menschen* in uns» wieder herstelle. Die spätere Bestimmung menschlicher Entfremdung in den großen ästhetischen Schriften und der Vorschlag, sie im freien Spiel der Kunst wenigstens zeitweilig zu überwinden, um sich so die reelle Möglichkeit harmonischer Existenz wieder ins Bewußtsein zu rufen, sind also in diesen Gedanken vorgebildet.

Ohne Zweifel mußte Bürger, auf solcher Waage gewogen, als zu leicht befunden werden. Trotz aller menschlichen Fragwürdigkeit und historischen Ungerechtigkeit dieses Meßverfahrens hatte Schillers Rezension im Jahre 1791 das Recht des Neuen, Weiterführenden auf ihrer Seite. Denn nicht nur um die späteren Kunsttheorien, die ihre Schatten vorauswarfen, ging es hier. Es wurden auch einige neue Prämissen lyrischen Dichtens aufgestellt, ohne die selbst die von Schiller unbeeinflußte Lyrik der folgenden Zeit nicht auskam. Grundsätzlich bedeutete Schillers Forderung den Abschied von aller sogenannter Erlebnislyrik, für die der junge Goethe, sich von den Fesseln formaler Konventionen befreiend, Musterbeispiele geschaffen hatte. Schillers Forderung ging auf die Unterwerfung des Fühlens und der Leidenschaften unter den kreativen Geist, und zwar nicht nur im Sinne künstlerischen Gestaltens – was ja auch bei Goethe schon der Fall gewesen war –, sondern im Sinne eines intellektuellen Gesamtverständnisses des Weltzusammenhangs, das aus dem einzelnen hervorzuscheinen hatte.

«Ein Dichter nehme sich ja in Acht, mitten im Schmerz den Schmerz zu besingen. So, wie der Dichter selbst bloß leidender Teil ist, muß seine Empfindung unausbleiblich von ihrer idealischen Allgemeinheit zu einer unvollkommenen Individualität herabsinken»,

erklärte Schiller kategorisch. Blickt man auf die Konsequenzen solcher Gedanken, so wird verständlich, warum sich Goethe auf seinem eigenen Wege zu größerer dichterischer Objektivität und einer wissenschaftlich fundierten Interpretation von Natur und Welt als einem Ganzen mit Schiller gern verband. Ebenso aber wird sichtbar, wie Schillers Gedanken die verschiedenen, unter dem Begriff des Romantischen gefaßten Vorstellungen von der Aufgabe des Dichters einleiteten. Denn nach Friedrich Schlegel hatte auch der Produzent romantischer Universalpoesie gleichermaßen intellektuell über seinen Gegenständen zu stehen und vom Ideal seinen Ausgang zu nehmen. Der Dichter reichte, wie Hölderlin es auf seine Art ausdrückte, «des Vaters Stral [...] dem Volk ins Lied gehüllt». Schiller differenzierte deshalb auch scharf zwischen dem Autor und dem lyrischen Ich, wenn er feststellte, «daß an der selbsteignen Person des Dichters nur insofern etwas liegen kann, als sie die Gattung» – die Menschheit als Ganzes – «vorstellig macht». Der Beginn poetischer Tätigkeit bestehe deshalb auch darin, «sich selbst fremd zu werden» und «den Gegenstand seiner Begeisterung von seiner Individualität loszuwickeln».

Die Tragweite dieser Schillerschen Gedanken ist kaum abzuschätzen. Vielfach findet sich in den folgenden Jahren ihr Echo in den Erwägungen von Friedrich Schlegel, Novalis und Tieck über die Verfremdungstechnik des romantischen Dichters und über seine Aufgabe, aus dem Bewußtsein des Ganzen heraus zu schaffen. Der entscheidende Unterschied zwischen Schiller und ihnen besteht allerdings darin, daß für Schiller das Ganze immer auf dem Harmonie stiftenden moralischen Gesetz im Menschen ruht, während sich im romantischen Universalismus die Grenzen erweitern zu einer Totalitätsvorstellung, der sich der Mensch durch die Aktivierung seiner sämtlichen inneren Kräfte nur im Unendlichen nähern kann.

Die Diskussion über Lyrik in den neunziger Jahren des 18. Jahrhunderts geschah nach Schillers Vorbild zumeist in Rezensionen, zumindest soweit sie öffentliche Diskussion war. Selbstverständlich sind aus späterer Sicht alle jene Äußerungen hinzuzudenken, die in Briefwechseln oder Notizheften gemacht wurden, die den Zeitgenossen aber verborgen blieben und deshalb auch nicht Argumente einer allgemeineren Diskussion darstellten. Auf sie soll deshalb erst bei der Betrachtung der einzelnen Autoren eingegangen werden.

An die Öffentlichkeit trat jedoch mehrfach August Wilhelm Schlegel, der zuerst 1790 in einer ausführlichen Analyse von Schillers Gedicht *Die Künstler* dessen poetisches Verfahren gepriesen hatte, indem er das Verhältnis zwischen Intellektualität und sinnlicher Anschauung betrachtete. Wenn in einem «so verfeinerten Zeitalter» wie dem gegenwärtigen die Sprache Gefahr laufe, «an Energie in der Darstellung sinnlicher Gegenstände» zu verlieren, so gelinge es Schiller, gerade dem, «was sonst nur den betrachtenden Verstand beschäftigen konnte», eine «sinnlich-fühlbare, wenn gleich ätherische, Bildung» zu verleihen. Es ist das früheste und am besten begründete Lob für Schillers gern ein wenig herablassend betrachtete ‹Gedankenlyrik›. In seinen *Briefen über Poesie, Silbenmaß und Sprache* (1795) stellte Schlegel später im Zusammenhang mit seinem Plan einer Übersetzung Shakespeares grundsätzliche Überlegungen zu den Bauelementen der Lyrik an, während er in die lyrische Diskussion besonders mit einer Rezension von Johann Heinrich Voß' *Musenalmanachen* für die Jahre 1796 und 1797 eingriff (1797). Sie ist die Verdammung einer literarischen Mode, die – wie es Schlegel speziell auf Gleim gemünzt ausdrückt – «schon zwey literarische Geschlechter untergehen sah, und nun mit dem dritten lebt». Hausbackenheit, Künstelei, «frostiges Prahlen mit Empfindung, ohnmächtige Schwärmerey, leeres Selbstgefühl, gigantische Worte und kleine Gedanken» werden insbesondere bei dem Grafen Friedrich Leopold zu Stolberg diagnostiziert. Hinzu kommt die Tendenz zu politischer «Denunciation» gegen «Illuminaten, Jakobiner und Philosophen», so daß am Ende von Gutem nichts bleibt als ein paar freundliche Worte für eine Reihe von Beiträgen des Herausgebers selbst, dessen Rolle in der Geschichte der deutschen Lyrik übrigens 1804 durch Goethe in einem schönen, ausgewogenen Essay – einer Rezension Voßscher Gedichtbände – mit aller Feinfühligkeit, Übersicht und Freundlichkeit, die Goethe zu Gebote hatte, dargestellt worden ist. August Wilhelm Schlegel nahm den Voßschen *Musenalmanach* noch einmal 1800 im *Athenaeum* aufs Korn, an gleicher Stelle vor allem aber auch Friedrich von Matthisson, dessen Beliebtheit seit Schillers wohlwollender Rezension von 1794 noch gestiegen war. Indem er Matthissons Banalitäten und psychologische Unschärfen herausstellte, traf er natürlich indirekt auch Schiller, mit dem man nun in Jena in gespanntem Verhältnis lebte.

Wenn Schlegel gegen Voß opponierte, so in erster Linie eines als steril und epigonal empfundenen Inhalts wegen. Denn in den formalen Interessen verband die beiden viel. Die neunziger Jahre waren eine wichtige Zeit für die Entstehung einer eigenen deutschen Prosodie aus der Adaption klassischer und romantischer Muster. Während Voß sich ausschließlich um die sinnvolle Angleichung antiker Metren und Strophen an die Besonderheiten deutscher Sprache bemühte – 1802 erschien seine Abhandlung über *Zeitmessung der deutschen Sprache* –, exzellierte Schlegel in beiden Traditionen als Übersetzer wie als kritischer Philologe. Goethe ließ sich von ihm bei seinen Hexameter-Dichtungen beraten, wie früher schon von Voß und daneben auch von Wilhelm von Humboldt sowie von Voß' Sohn Heinrich, der in Weimar lebte. Noch in Schlegels Berliner *Vorlesungen über schöne Litteratur und Kunst* (1801–04) dominiert klar das Interesse an der Bestimmung alter und neuerer Gattungen und Formen über das Interesse an literarhistorischen Perspektiven. Motiviert ist es allgemein durch die Absicht, einer modernen deutschen Nationalliteratur als einer dem politischen Zustand gegenüber selbständigen geistigen Macht Gesetze und theoretische Stützen zu geben. In solcher, oft unausgesprochen bleibenden Absicht trafen sich Voß und Schlegel, so sehr sie differierten im Umfang dessen, was sie als Muster betrachteten.

Schiller hatte in seiner Abhandlung *Über naive und sentimentalische Dichtung* für die Bestimmung literarischer Grundformen Begriffe wie Elegie und Idylle herangezogen, die ihren Ursprung im Bereich des Lyrischen besaßen. Er wendete sie jedoch als Bezeichnung von Modalitäten, nicht von Gattungen an, denn eine eigentliche Theorie der Lyrik besaß oder entwickelte er nicht; was er an gattungsspezifischen Überlegungen anstellte, galt immer dem Theater, wie überhaupt die Lyrik das Stiefkind der Literaturtheoretiker in dieser Zeit blieb. Dennoch entstanden gerade damals bedeutende neue, eigene deutsche Metamorphosen traditioneller, insbesondere klassischer lyrischer Formen. In der Elegiendichtung Goethes wurde das Elegische als Seelenzustand mit der ironischen Betrachtung moderner Gegenwart kunstvoll durchsetzt und damit die Form geöffnet für die Darstellung zeitgenössischer Realität im Sinnlichen wie im Politischen. In Schillers und Hölderlins Elegien hingegen ging das Subjektive traditioneller Elegien in große ideelle Perspektiven über, und mit Hölderlin erlebte außerdem die Oden- und Hymnendichtung noch einmal einen Höhepunkt, freilich den letzten, in deutscher Literatur.

Mit Rezensionen über *Die neuesten Musenalmanache und Taschenbücher* beteiligte sich zwischen 1796 und 1798 auch der junge Ludwig Tieck an der Diskussion. Er war in dieser Zeit als Lyriker besonders produktiv geworden und versuchte nun, in der Auseinandersetzung mit den verschiedensten Sammelwerken und Dichtern seinen eigenen Standpunkt wenn nicht theoretisch zu begründen – das lag ihm nicht –, so doch immerhin in der Kritik zu fassen. Abgestoßen war Tieck vor allem von jenen minuziösen Naturbeschreibungen, die durch Voß' Vermählung bürgerlichen Lebens mit klassischen Versformen neuen Auftrieb erhalten hatten und bei Autoren wie Friedrich Wilhelm August Schmidt-Werneuchen und anderen Beiträgern des *Berliner Musenalmanachs* als Nachfahren eines Barthold Hinrich Brockes zu regelrechten Katalogen dörflichen Lebens ausarteten. Ihnen hielt Tieck ein Naturverständnis entgegen, das von der Empfindung des Menschen als zentraler Motivation ausging, und er wehrte sich gegen «gezierte Sylbenmaße», die den Deutschen seiner Meinung nach ohnehin nicht anstünden. Tiecks Gedichte, die er zur gleichen Zeit für den *Sternbald* schrieb, verkündeten dementsprechend eine enge, intensive innere Wechselbeziehung zwischen Mensch und Natur, und sie erschienen entweder in freirhythmischer Form oder in einfacher Liedhaftigkeit, wie sie der Volksdichtung abzulernen war, und natürlich auch den Liedern aus Goethes *Wilhelm Meister,* denn durch die Einlagen seines Romans gewann Goethe auch wieder neue Aufmerksamkeit und Bewunderung als vielseitiger lyrischer Dichter.

Daß Schillers *Musen-Almanache* schon damals nicht mit den anderen Almanachen und Taschenbüchern in einen Topf geworfen wurden, versteht sich, denn Originelleres und Bedeutenderes als das dort Versammelte hatte die deutsche Lyrik nicht zu bieten. Dem Almanach auf das Jahr 1797 hat Friedrich Schlegel eine eindringende Rezension gewidmet, die jedoch nicht in erster Linie Teil der Diskussion um Lyrik war, sondern hauptsächlich Interpretationen von Goethes und Schillers Beiträgen sowie von denjenigen des eigenen Bruders bot. Jedenfalls ist kein prinzipieller Antiklassizismus aus den Meinungen der Jüngeren herauszuhören, sondern vielmehr die kritische Aufmerksamkeit auf alles das, was entweder, nach einem Ausdruck August Wilhelm Schlegels, zur «ewigen Leierey» geworden war oder aber andererseits in geläufiger oder ungeläufiger Form als neue Erkenntnis ans Licht trat. Allein «die ächten Formen», so schreibt Schlegel summarisch in seiner *Allgemeinen Übersicht des gegenwärtigen Zustandes der deutschen Literatur* (1802), «sind unvergänglich und ewig jung». Und er fährt fort mit dem ebenso ewig gültigen Satz: «Wer den Zauberstab der Poesie zu führen weiß, der kann Wort und Bild und Vers so verwandeln, daß man etwas noch nie gehörtes zu vernehmen glaubt.»

### 3. Lyrik im Umkreis von Jena und Weimar: Schiller und Goethe

**Schillers Musen-Almanache 1796–1800**

Anfang 1829 schrieb Goethe, nachdem gerade der erste Teil seiner Korrespondenz mit Schiller erschienen war, an den Berliner Staatsrat Christoph Ludwig Friedrich Schultz:

> «Ich weiß wirklich nicht, was ohne die Schillerische Anregung aus mir geworden wäre. [...] Hätt es ihm nicht an Manuskript zu den Horen und Musenalmanachen gefehlt, ich hätte die Unterhaltungen der Ausgewanderten nicht geschrieben, den Cellini nicht übersetzt, ich hätte die sämtlichen Balladen und Lieder, wie sie die Musenalmanache geben, nicht verfaßt, die Elegien wären, wenigstens damals, nicht gedruckt worden, die Xenien hätten nicht gesummt, und im Allgemeinen wie im Besondern wäre gar manches anders geblieben.»

Hätte demnach Schiller in diesen Jahren nichts anderes für die deutsche Literatur getan, als die *Neue Thalia,* die *Horen* und die *Musen-Almanache* herauszugeben, er hätte sich bereits damit ein bleibendes Verdienst erworben. Tatsächlich steuerte er jedoch selbst Bedeutendstes bei: zu der *Thalia* und den *Horen* ein gut Teil seiner ästhetischen Schriften und zu den *Musen-Almanachen* zahlreiche Gedichte und Balladen sowie die aus der Zusammenarbeit mit Goethe hervorgegangenen *Xenien.* In allen drei Publikationen gab Schiller außerdem noch einer Reihe von jungen Lyrikern die Gelegenheit, sich in guter Gesellschaft und mit dem Gütesiegel seines Wohlwollens versehen der Öffentlichkeit zu präsentieren. Ohne Zweifel war Schiller also der maßgebende und einflußreichste Förderer lyrischen Dichtens in den neunziger Jahren. Das bedeutet nicht, daß er mit seiner eigenen Lyrik allgemeingültige Maßstäbe setzte, sondern vielmehr, daß er von den Wertmaßstäben her, die er seit der Bürger-Rezension in seinen ästhetischen Schriften erarbeitet hatte, eine Auslese traf und in den Grenzen seines eigenen Geschmacks Neuem voranzuhelfen versuchte.

Nun waren allerdings nicht alle von Schiller in der *Neuen Thalia* (1792–93), den *Horen* (1795–1797) und den *Musen-Almanachen* (1796–1800) abgedruckten Gedichte wirklich gute Gedichte; es ist manches Mittelmäßige und Triviale darunter, und Schiller war sich dessen durchaus bewußt. Goethes eingangs zitiertes Lob läßt sich ergänzen durch die Feststellung, daß auch in Schillers Periodika «gar manches anders geblieben» wäre, wenn er nicht Goethe als regen Mitarbeiter und Beiträger gehabt hätte. Im übrigen kann literarische Tagespolitik nicht nach strengsten Grundsätzen ausgeübt werden, sondern fordert, wie alle Politik, pragmatische Entscheidungen. Schillers Journale und Almanache waren, wie er selbst bekannt hat, nicht

ohne «eigenes oeconomisches Interesse» (7.12. 1795) zustande gekommen.
Wollte er als junger Familienvater einigen materiellen Gewinn von seiner Arbeit nach Hause tragen, so mußte er möglichst viele Leser gewinnen und damit wiederum auf eine annehmbare Mischung des Leichten mit den Anspruchsvollen achten. Dabei Prinzipien nicht zu opfern, war eine schwere Aufgabe, und das Dilemma, das sich daraus «bei dem Zudrange von so vielem Mittelmäßigen und Schlechten» (2.7. 1800) ergab, hat denn letztlich auch das rasche Ende der jeweiligen Unternehmungen herbeigeführt.

In der *Neuen Thalia* war die Zahl der lyrischen Beiträge noch gering gewesen, und nennenswert unter den Beiträgern waren eigentlich nur der junge Hölderlin sowie Johann Gottfried Seume. In den *Horen* hingegen meldete sich Schiller nicht nur selbst nach längerer Pause wieder als Lyriker zu Wort, er erhielt auch von Goethe dessen *Römische Elegien* und gewann unter jüngeren und älteren Lyrikern einen Mitarbeiterkreis, der dann den Grundstock von Beiträgern zu seinen *Musen-Almanachen* bildete; es waren bis auf wenige Ausnahmen die wichtigsten oder beliebtesten Autoren der Zeit. Ein Überblick über die Mitarbeiter der *Musen-Almanache* ist deshalb zugleich ein guter Einblick in die deutsche lyrische Dichtung der neunziger Jahre.

Es versteht sich, daß die meisten poetischen Veteranen der fünfziger, sechziger und siebziger Jahre fernblieben, denn sie hatten in anderen Musenalmanachen bereits seit langem ihre geistige Heimat gefunden oder standen sogar in Opposition zu Schiller, dessen Bürger-Kritik ihn in diesem Kreise nicht gerade populärer gemacht hatte. Lediglich Johann Heinrich Voß bot für die *Horen* seine Mitarbeiterschaft an und trat dort auch mit mehreren Gedichten hervor, während er zu den *Musen-Almanachen* nichts beitrug, da er ja eben selbst ein derartiges Unternehmen leitete, das Schiller wiederum Goethe gegenüber als «über die Maaßen dürftig und elend» bezeichnet hatte (26.10. 1795). Von den Älteren steuerte zu den *Musen-Almanachen* nur Gottlieb Konrad Pfeffel einige zeitsatirische Parabeln bei, und von Heinrich Christian Boie nahm Schiller ein paar Sinnsprüche auf. An welchem literarhistorischen Ort sich Goethe und Schiller selbst stehen sahen, erweist wohl am besten Goethes Reaktion auf die Nachricht, daß August Wilhelm Schlegel die ersten Hefte der *Horen* rezensieren wollte. Es sei gut, schreibt er an Schiller (26.12. 1795), daß eine solche Arbeit «in die Hände eines Mannes aus der neuen Generation gefallen ist, mit der alten werden wir wohl niemals einig werden».

Den größten Umfang nehmen in den *Musen-Almanachen* Schillers und Goethes Beiträge ein: Die fünf Bände im Duodez-Format bilden das Archiv ihrer lyrischen Produktion in diesen Jahren. Im Almanach auf das Jahr 1798 sind die meisten ihrer großen, populären Balladen versammelt, der letzte auf das Jahr 1800 schließt mit Schillers «Lied von der Glocke», und derjenige für 1797 enthält jene umfangreiche Koproduktion von mehr als vierhundert «Xenien», mit der beide einen Augiasstall von literarischer Banalität oder

Unzulänglichkeit auszuräumen versuchten und sich für einige Zeit zum Zentrum literarischen Streites machten. Der Zahl der Beiträge nach stand neben ihnen an dritter Stelle Johann Gottfried Herder, der mit verschiedenen Siglen, aber nie mit dem eigenen Namen zeichnete. Herders Bedeutung als Lyriker ist nicht gering zu schätzen, und zwar weniger wegen solch philosophisch orientierten Versen wie denjenigen über die «Herrscherpracht» von «Gott Imperativus» – womit er seine Polemik gegen Kant fortsetzte –, sondern vor allem wegen seiner Nachdichtungen von Balladen und Romanzen aus spanischen, persischen und böhmischen Quellen. Damit führte er seine frühere verdienstvolle Erschließung von Volksdichtung fort, auf deren Grund dann die Balladendichtung Goethes und Schillers baute. Unter veränderten historischen Umständen bot er nun aber zugleich Stoffe und Formen, die den entstehenden Begriff einer romantischen Literatur stützten. Denn Volksdichtung oder Kunstformen wie die Romanze gehörten nicht zur antiken, sondern eben zur romantisch-christlichen Tradition und fanden aus diesem Zusammenhang heraus damals neues Interesse. Schließlich aber förderte Herder auch mit einer Reihe von Sinngedichten und Epigrammen die Umwandlung dieser Form von einem geistreichen Spiel mit dem Leichten oder Zweideutigen zu dem prägnanten, beziehungsreichen Ausdruck ästhetischer und politischer Gedanken, wie ihn die «Xenien» im großen demonstrierten.

Andere Mitarbeiter holte sich Schiller aus seinem unmittelbaren Jenaer Umkreis, allen voran – insofern es Qualität und Interessantheit der Beiträge angeht – August Wilhelm Schlegel, über dessen Lyrik in späterem Zusammenhang noch zu sprechen sein wird. Mit blassen, antikisierenden Naturgedichten und einigen ebenso blassen Schauerballaden ist außerdem der Jenaer Historiker Karl Ludwig Woltmann vertreten, und mit eigenständigeren Adaptionen antiker Stoffe und Formen Johann Diederich Gries, der damals Jenaer Student war und sich später insbesondere als Tasso-Übersetzer Verdienste erwarb. In Jena lebte auch Sophie Mereau, in deren Gedichten Schiller, wie er ihr selbst schreibt, den «herrschenden Charakterzug des deutschen poetischen Geistes» feststellte, nämlich die Neigung der Phantasie, «zu symbolisieren und alles was sich ihr darstellt, als einen Ausdruck von Ideen zu behandeln» (18.6.1795). Bei allen eigenen philosophischen Neigungen Schillers entsprach dies denn doch nicht seinen Intentionen als lyrischer Dichter. Dreiviertel des letzten Almanachs auf 1800 räumte Schiller dem epischen Gedicht «Die Schwestern von Lesbos» der Weimarer Hofdame Amalie von Imhoff ein, obwohl ihm der Dilettantismus ihres Dichtens nicht entging. Freundlich bemühte Konvention waren schließlich die Verse von Luise Brachmann aus dem nahen Weißenfels, die sich im Almanach auf 1799 finden.

Aus Schillers schwäbischer Heimat kamen Mitarbeiter wie Johann Christoph Friedrich Haug, Karl Philipp Conz, Christian Ludwig Neuffer und, als außerordentlichste Stimme unter ihnen, Friedrich Hölderlin sowie dessen Freund Siegfried Schmid, den Goethe 1797 in Frankfurt traf und von dessen Eigenart er in einem Brief an Schiller ein ausführliches Bild gab. Der Bericht veranlaßte Schiller in seiner Antwort (17.8.1797) zu der Frage, «ob diese Schmidt, diese Richter» – gemeint ist Jean Paul – «diese Hölderlins absolut und unter allen Umständen so subjectivisch, so überspannt, so einseitig geblieben wären, ob es an etwas primitivem liegt, oder ob nur der Mangel einer aesthetischen Nahrung und Einwirkung von aussen und die Opposition der empirischen Welt in der sie leben gegen ihren idealischen Hang diese unglückliche Wirkung hervorgebracht hat». Und er fügt hinzu: «Ich bin sehr geneigt das letztere zu glauben, und wenn gleich ein mächtiges und glückliches Naturell über alles siegt, so däucht mir doch, daß manches brave Talent auf diese Art verloren geht.» Diese Beurteilung zeigt, wie sich bei allem Verständnis für geschichtliche Umstände der Dualismus von Schillers Kunsttheorie, die vorgegebene Spannung zwischen Ideal und Wirklichkeit, als eine Barriere vor das Verständnis von Literatur legte, die damit nicht zu fassen war, aber ihm dennoch originell und ernsthaft erschien. In Briefen an Hölderlin hat Schiller regelrecht versucht, ihn auf sein Maß zuzuschneiden, nicht mit herablassender Arroganz allerdings, sondern im aufrichtigen Glauben, einem Jüngeren helfen zu können. Im gleichen Brief an Goethe erweist Schiller, wieviel leichter es ihm fiel, dort ein Qualitätsurteil zu geben, wo sich die Poesie seiner Theorie gegenüber nicht spröde erwies. Denn auch Amalie Imhoff und Sophie Mereau werden von ihm charakterisiert, und zwar im Anschluß an die Beschreibung ihres Wesens mit dem Satz:

> «Weil aber, nach meinem Begriff, das Aesthetische Ernst und Spiel zugleich ist, wobei der Ernst im Gehalte und das Spiel in der Form gegründet ist, so muß die Mereau das Poetische immer der Form nach, die Imhof es immer dem Gehalt nach verfehlen.»

In solcher Begriffsdialektik allein fühlte sich der Kunstkritiker Schiller ganz zu Hause. Als Herausgeber freilich war er tolerant und gab ihnen allen Raum in seinen Almanachen, unter den Jüngeren übrigens auch Ludwig Tieck mit vier Gedichten im Band für das Jahr 1799.

Toleranz war ebenso vonnöten für populäre Lyriker wie Gotthart Ludwig Theobul Kosegarten, von dem Schiller seichte Epigramme, naturschwärmerische Lieder und philosophierende Landschaftsbeschreibungen abdruckte. Für Goethe blieb er «der arme Kosegarten, der, nachdem er nun zeitlebens gesungen und gezwitschert hat, wie ihm von der lieben Natur die Kehle gebildet und der Schnabel gewachsen war, seine Individualität durch die Folterschrauben der neuen philosophischen Forderungen selbst auszurecken» sich bemühte (12.8.1797). Unter den Modelyrikern der *Musen-Almanache* konnte Friedrich von Matthisson als der anspruchsvollste gelten. Schillers Rezension von 1794 hatte eine nachdrückliche öffentliche Anerkennung für ihn dargestellt, und in der Tat war Matthisson formal geschickt, mit einer gewissen Geschmackssicherheit und einem guten Gespür für interessante Thematik begabt. Aber er war und blieb Eklektiker, dessen Verse so wenig bewegten, wie sie von intensivem, originalem Denken und Empfinden bewegt wurden.

Schillers redaktionelle Politik bestand darin, die massierte Trivialität oder poetische Redundanz der anderen Musenalmanache von dem eigenen abzuhalten, ohne durch zu hohe Ansprüche das Publikum vor den Kopf zu stoßen. Anakreontische Tändeleien sowie Bardentöne, Trinklieder, Geistliches und die langen Register ländlicher Schönheit hielt er aus seiner Sammlung fern. Natur erscheint – soweit sich bei der Schar höchst verschiedenartiger Beiträger überhaupt verallgemeinern läßt – vorzugsweise im Bezug auf ein größeres Ganzes. Schiller zog also solche Gedichte vor, in denen ein inneres Verhältnis zur Natur gesucht und sie selbst in den Zusammenhang eines Weltbildes gestellt wurde. Goethes «Metamorphose der Pflanzen» ist das vollendetste Beispiel dafür. In gleichem Maße werden Zeit und Politik auf Größeres bezogen – auf ein unbestimmtes Schicksal oder aber konkret auf den Lauf der Geschichte. Das geschieht vor allem in einigen der Balladen sowie in der politischen Polemik der *Xenien*. Auch für die Arbeit und Aufgabe des Dichters wie des Künstlers galt ein allgemeiner Bezug. Über einige Bände hin zieht sich zum Beispiel die lyrische Diskussion des Pygmalion-Themas, an der sich August Wilhelm Schlegel und Matthisson beteiligten, und im Almanach auf 1799 forderte Hölderlin zu einer Zeit, da die Franzosen Rom besetzten und Napoleon nach Ägypten zog:

> O weckt, ihr Dichter! weckt sie vom Schlummer auch,
>   Die jetzt noch schlafen, gebt die Gesetze, gebt
>     Uns Leben, siegt, Heroen! ihr nur
>       Habt der Eroberung Recht, wie Bacchus.

Die Funktion der bürgerlichen Familie und die besondere Rolle der Frau ließ sich Schiller in eigenen und fremden Gedichten als Thema angelegen sein, wobei er sich so weit wie möglich entfernt hielt von Sentimentalität oder idyllischer Behaglichkeit, ganz im Sinne seiner Auffassung vom Dichter als vollendetem, dem Volke voranschreitendem, gereiftem Geist, wie er es in der Bürger-Rezension gefordert hatte. Aus solcher Erwartung vom Dichter erklären sich übrigens auch die ausdrücklichen Versuche zu einer von der Bürgerschen Derbheit abweichenden Popularität, die besonders mit den Balladen unternommen wurden. Denn ohne Popularität und damit ohne Leser war alle ästhetische Erziehung letztlich nur ein vergeblicher Traum.

Zum Zwecke leichterer Zugänglichkeit arrangierte Schiller eine wohlabgewogene Mischung älterer und neuerer, klassischer und romantischer Formen. Neben dem Antiken – den Elegien, Oden und Distichen – stehen deshalb Stanzen, Romanzen und, besonders in den letzten beiden Almanachen, eine Anzahl von Sonetten. Mittelalterliche oder moderne Stoffe werden zuweilen in antike Form gekleidet und antike Stoffe in der romantisch populären Balladenform dargestellt. Alles das geschah zu einer Zeit, da in der deutschen Ästhetik leidenschaftlich die weitere Gültigkeit antiker Muster und die eigenständigen Gesetze der modernen Kunst diskutiert wurden Schillers *Musen-Almanache* nahmen auf ihre Art an dieser Diskussion teil und bezeichnen die Situation eines Übergangs in neue lyrische Sprechweisen. Noch dominiert in ihnen die antike Mythologie, noch walten der Olymp und die Grazien darin, und der Zephyr weht durch ihre Seiten. Aber es dauerte nur noch wenige Jahre, bis Tieck, Novalis, Brentano und Eichendorff diese Macht der Götter und Genien endgültig brachen, und auch Goethe trug mit dem *West-östlichen Divan* später das Seine dazu bei. Schon vorher hatte er in den *Römischen Elegien* und den *Venetianischen Epigrammen* Mythologie mit jener kunstvollen Ironie verwandt, die das Antike im Grunde der Gegenwart unterwarf, um dieser größere Dimensionen zu verleihen. Auch Schiller hatte aus der Klage über den Untergang der «Götter Griechenlands» eine eigene Distanz zu ihnen entwickelt, und in Hölderlins Dichtung spiegelte sich das unablässige Ringen um die Geburt einer neuen Mythologie aus der Verbindung des Antiken mit dem Christlichen als möglicher Metapher für eine höhere menschliche Lebensform. Auf dem schlichteren Niveau mancher Beiträger der Almanache stellte sich hingegen die allmähliche Abdankung des Olymp eher als ein leicht komischer Synkretismus dar, so etwa wenn sich aus Kosegartens Innerm, wie er es nennt, die folgenden Zeilen losringen:

> O du – wie nenn ich dich, dem alle Busen wallen,
> Und alle Herzen glühn, und alle Zungen lallen –
> Zeus, Tien, Manitou, Allfader, Brama, Foh,
> Eloah, Allah, O!

Das letzte erläutert Kosegarten mit der Anmerkung: «O! ist der einzige Laut, mit dem die Nodowessiren» – es sind die Sioux-Indianer – «das höchste Wesen zu begrüssen wagen.»

## Goethes Lyrik

Am 18. Juni 1788 kam Goethe von seiner italienischen Reise nach Weimar zurück. Rund drei Wochen später, am 12. Juli, begegnete er im Weimarer Park Christiane Vulpius, die damals in einer kleinen Manufaktur des Weimarer Unternehmers Bertuch künstliche Blumen herstellte und dem angesehenen Dichter eine Bittschrift zugunsten ihres schriftstellernden Bruders Christian August überreichte. Die Dreiundzwanzigjährige wurde Goethes Lebensgefährtin und gebar ihm im Jahr darauf, Ende 1789, das erste Kind, den Sohn August. Neue bürgerliche Verhältnisse bahnten sich also für Goethe an und auch neue Beziehungen im Bereiche der Kunst. Am 9. September des gleichen Jahres traf Goethe in Jena zum erstenmal Friedrich Schiller, den er bald darauf der dortigen Universität als Geschichtsprofessor empfahl, obwohl es noch sechs Jahre dauerte, bis die beiden sich wirklich nahekamen. Aber 1795 war es Schiller, nunmehr als Freund Goethes, der von ihm bisher zurückgehaltene Gedichte aus der Zeit des Weimarer Neuanfangs zum Abdruck in den *Horen* erhielt. Mit ihnen – den ursprünglich *Erotica Romana* genannten *Elegien*, die seit der Werkausgabe von 1806 *Römische Elegien* heißen – machte Goethe nach den gesammelten Gedichten von 1789 zum erstenmal wieder auf seine Gabe als Lyriker aufmerksam. In den folgenden Jahren entfaltete er dann eine neue, reiche Tätigkeit in diesem Genre.

Die *Römischen Elegien* sind Lyrik in antiker Form. Zusammen mit dem Inhalt stellten Hexameter und Pentameter für Goethe eine Art Souvenir aus Italien dar, denn obwohl diese Metren durch Klopstock und Voß in der deutschen Dichtung längst geläufig geworden waren, hatte sich Goethe doch bisher von ihnen ferngehalten, von kleinen Übungen abgesehen. Goethe war nie Formexperimentator; er ergriff Formen nur als Fertiges in der Gefühlssicherheit, daß ein Inhalt sie erforderte. «Sie sind originell und dennoch echt antik. Der Genius, der in ihnen waltet, begrüßt die Alten mit freier Huldigung; weit entfernt, von ihnen entlehnen zu wollen, bietet er eigene Gaben dar und bereichert die römische Poesie durch deutsche Gedichte», schrieb August Wilhelm Schlegel von den *Römischen Elegien* mit jener Feinfühligkeit und jenem Scharfblick, die ihm als Kritiker eigneten. Goethe hat sich auch in den folgenden Jahren bis zum Anfang des neuen Jahrhunderts noch oft und in bedeutenden Werken der beiden klassischen Versmaße bedient, so daß der Eindruck entstanden ist, sie bestimmten überhaupt in den neunziger Jahren seine lyrische Tätigkeit. Aber schon ein Blick in Schillers *Musen-Almanache* belehrt, daß auch die Zahl der Lieder, Romanzen und Balladen bedeutend ist. Ohnehin geht es aber nicht um einen Wettbewerb zwischen romantischen und klassischen Formen in Goethes Lyrik, sondern um Klarheit darüber, daß Goethe den klassischen Formen nicht mit der Rigorosität eines klassizistischen Programmatikers verfiel, sondern sich aneignete, was ihm notwendig erschien – als Instrument neben anderen und mit der «skeptischen Beweglichkeit», von der er selbst einmal in den Noten zum *West-östlichen Divan* gesprochen hat.

Die *Römischen Elegien* entstanden zwischen Herbst 1788 und Frühjahr 1790, also in der Zeit nach der Rückkehr aus Italien, da er Christiane Vulpius zu sich ins Haus nahm. «Die meisten Elegien sind bei seiner Rückkunft im ersten Rausche mit der Dame Vulpius geschrieben», bemerkte Karl August Böttiger spöttisch, nachdem das sechste Stück der *Horen* Mitte 1795 erschienen war, und fügte hinzu: «Alle ehrbaren Frauen sind empört über die bordellmäßige Nacktheit». Auch Herzog Carl August hielt nicht mit Bedenken gegen die Freizügigkeit einiger Stellen zurück, obwohl Goethe die wirklich kräftigen unterdrückt hatte – sie wurden vollständig erst 1914 bekannt.

Schiller hingegen gestand dem Herzog von Augustenburg «Die hohe poetische Schönheit, mit der sie geschrieben sind, riss mich hin, und dann gestehe ich, daß ich zwar eine conventionelle, aber nicht die wahre und natürliche Decenz dadurch verletzt glaube.»

Die *Römischen Elegien* erzählen die von ruhiger, harmonischer Sinnlichkeit bestimmte, am Ende offenbleibende Liebesgeschichte zwischen einem deutschen Dichter und einer schönen römischen Witwe. Schon die von den Zeitgenossen bemerkte Brechung biographischer Verhältnisse durch die Vermengung einer italienischen »Faustine« mit einer deutschen Christiane erweist die Tendenz auf künstlerische Objektivität, von der sich Goethe hatte bestimmen lassen. Denn mehr als die deutsche oder italienische Realität stand ihm die Literatur Modell, waren es Tibull, Properz und Ovid, die ihn herausforderten, in seiner eigenen Sprache den Ausdruck von dahin bisher Ungesagtem zu versuchen. So sind die *Römischen Elegien* in erster Linie Kunstleistung und Baustein einer deutschen Nationalliteratur, nicht poetisierte Biographie. Eine große geschichtlich-kulturgeschichtliche Perspektive ist überall in ihnen präsent. Der Deutsche aus dem kalten, engen Norden, der in die «ewige Roma» kommt und von der südlich-heiteren Weltstadt bekennt:

> Ja, es ist alles beseelt in deinen heiligen Mauern (I, 3),

erfährt in ihr die Lebendigkeit einer großen Tradition, den Zusammenhang von Vergangenheit und Gegenwart, «Ruinen und Säulen» mit «Kirch' und Palast». Es ist diese geschichtliche Dimension, die den Hintergrund für die persönlichsten, intimsten Erfahrungen bildet als Kontrast zur kleinen, momentanen Zeitgeschichte, zu den «wütenden Galliern» und der Furcht vor ihnen oder der Sympathie für sie. Beabsichtigt ist allerdings keine Flucht aus der Zeit; sie liegt vielmehr dem, der sie von den sieben Hügeln aus betrachtet, metaphorisch zu Füßen.

Es gibt keine bessere, überzeugendere und ästhetisch schönere Transzendenz der Geschichte als die Liebe, insofern sie sich ins Kunstwerk erheben läßt. Eben das jedoch geschieht hier bei Goethe, und es geschieht vor allem dadurch, daß er in der Hauptstadt des Christentums mit der Geliebten heidnische Feste feiert, den Olymp ins römische Schlafzimmer holt und, sinnlich wie dieser einst, die Liebe heiligt:

> War das Antike doch neu, da jene Glücklichen lebten!
> Lebe glücklich, und so lebe die Vorzeit in dir!
> (XIII, 21/22)

Tief ist in die *Römischen Elegien* die Mythologie verwoben; Amor nicht nur, sondern auch Demeter, die Fruchtbarkeitsgöttin der großen Natur, sowie Jupiter und mit ihm Alkmene, die vom Gotte Schwangere, werden beschworen. Sie alle haben zwar ihre Gegenwart nur noch in der Kunst, aber eben in einer Kunst, die ihnen ewiges Leben verschafft. Denn mit der Geliebten im Arm wird dem Deutschen der Marmor ihrer Statuen lebendig –

> [...] ich denk' und vergleiche,
> Sehe mit fühlendem Aug', fühle mit sehender Hand (V, 9/10),

und auch die alten Dichtungsformen erweisen ihre Präsenz:

> Oftmals hab' ich auch schon in ihren Armen gedichtet
> Und des Hexameters Maß leise mit fingernder Hand
> Ihr auf den Rücken gezählt [...] (V, 15–17).

So verschmilzt auch das Lieben in physischer Bewegung und seelischer Bedeutung mit dem Rhythmus der Natur ebenso wie mit demjenigen des Verses, der aus solcher Verwandtschaft seine Rechtfertigung erhält:

> Welche Seligkeit ist's! wir wechseln sichere Küsse,
> Atem und Leben getrost saugen und flößen wir ein.
>
> (XVIII, 13/14)

Aus dieser weiten Sicht zeitloser Lebensgesetze und ihrem Bezug auf jeweiliges reales Leben, an das der Mensch im einzelnen immer gebunden bleibt, erhalten die *Römischen Elegien* ihren eigentlichen Sinn und zugleich ihren hohen Rang in der deutschen Literatur, fernab von aller klassizistischen Übung und Programmatik. Sie bilden ein Stück jener deutschen Kultur, die in diesen Jahren sich gegenüber den Schranken der politischen Wirklichkeit behauptete.

1790 reiste Goethe noch ein zweitesmal auf ein paar Monate nach Italien. Die künstlerische Frucht dieser Reise waren seine *Venetianischen Epigramme* aus der Schule Martials, von denen Schiller 103 im *Musen-Almanach auf das Jahr 1796* veröffentlichte. Weniger in sich zusammenhängend, sind sie doch eine aus gleichem Geiste wie die *Elegien* entstandene Reflexion auf europäische Zeitgeschichte, nur diesmal stärker getönt von der kritischen Beobachtung italienischer Zustände sowie von Kommentaren zur Französischen Revolution, die inzwischen Möglichkeiten und Grenzen des Freiheitsstrebens sichtbar gemacht hatte. Zugleich aber enthalten sie das Bekenntnis zu Weimar, der Ausnahme. Es erscheint als Bekenntnis zur Gefährtin und der Familie, die er mit ihr begründet hatte, und zum Fürsten, der ihn gewähren ließ:

> Klein ist unter den Fürstens Germaniens freilich der meine;
> Kurz und schmal ist sein Land, mäßig nur was er vermag.
> Aber so wende nach innen, so wende nach außen die Kräfte
> Jeder, da wärs ein Fest, Deutscher mit Deutschen zu sein.

Goethe hat diese Verse in der ersten Veröffentlichung unterdrückt, wohl um Schillers Almanach nicht mit Persönlichem zu belasten. Aber es sind erinnernswerte Worte, die Goethes ganze Hoffnung auf die geistigen Kräfte seines Landes enthalten, ohne daß er dabei das skeptische Bewußtsein von dessen tatsächlichen Verhältnissen beiseitesetzte. Und es sind Worte, aus denen sich auch die Motivationen für seine vielseitige kulturelle und naturwissenschaftliche Tätigkeit in den folgenden Jahren besser verstehen lassen.

Von Goethes weiteren Gedichten in klassischem Maß sind es drei, die als die schönsten und sinnreichsten besondere Beachtung verdienen: die Elegien «Alexis und Dora», «Euphrosyne» und «Die Metamorphose der Pflanzen». Alle drei entstanden zwischen 1796 und 1798 und erschienen in Schillers *Musen-Almanachen.*

> «Mit schmeichelnder Gewalt senkt sich *Alexis und Dora,* ein frisches und glühendes Gemälde,
>
> > ‹wie sich Jammer und Glück wechseln in liebender Brust›,
>
> tief in das Herz; der Eindruck würde unauslöschlich bleiben, wenn man es auch nur Einmal hörte, und dann nie wieder. Auch der Hörer, (denn ein solches Gedicht kan man nicht lesen, ohne es zu hören) sagt sich, selbst wenn der Gesang schweigt, und ihn zu sich zurückkehren lässt, entzückt, wie Dora, ein leises *Ewig.*»

Mit solch sprachmächtiger Charakteristik des Eindruckes, den das Goethesche Gedicht auf ihn machte, eröffnet Friedrich Schlegel seine Rezension des Schillerschen *Musen-Almanachs auf das Jahr 1797,* in dem ihm diese Verse als die prominentesten gelten. Leicht, fast belanglos, scheint die Handlung dieser Erzählung von 158 Versen: Ein junges Paar bekennt sich seine Liebe erst in dem Moment, da der Mann zu einer Reise in die Ferne geführt wird und nun Glück und Schmerz der Liebe gemeinsam mit sich aufs Schiff nehmen muß, wobei durch das rasche Entstehen so konträrer Empfindungen auch noch Eifersucht und Zweifel in ihm sich zu bewegen beginnen. Schlegel sah in der «Mischung epischer Fülle mit lyrischer Glut» zu Recht die Merkmale der Idylle in diesem Gedicht, aber es ist eine tragisch getönte Idylle, deren Modernität erst deutlich wird, wenn man sich bewußt macht, daß alle Ursachen für Glück und Schmerz hier aus den Menschen selbst kommen und der «götterbekräftigte» Bund der beiden allein die Legitimation eines inneren Gottes hat, der wie alles Menschliche der Zeit unterworfen ist. Ein Grundthema von Goethes Dichtung der neunziger Jahre ist in der Tat die Dialektik von Dauer und Wechsel, Ewigkeit und Zeit, Gesetz und Veränderung, ein Thema also, wie es der geschichtlichen Situation entsprach und zugleich Goethes eigener Neigung und geistiger Empfänglichkeit. Die Objektivierung seines Weltverständnisses und die epische Tendenz, als Künstler nicht mehr nur von sich selbst zu geben, sondern beobachtender Psychologe des Verhaltens anderer zu sein, geht damit einher.

Im Gedicht selbst zeigt sich das mit geradezu atemberaubender Meisterschaft, wenn die größte Kunstleistung in äußerster Einfachheit und Selbstverständlichkeit erscheint. Der einführende Bericht des Erzählers geht rasch in den Monolog des davonsegelnden Alexis über; Magie und Bekenntnis der Liebe konkretisieren sich am schönsten in den Früchten, die Dora ihm mitgibt –

> Erst die Orange, die schwer ruht, als ein goldener Ball,
> Dann die weichliche Feige, die jeder Druck schon entstellet;
> Und mit Myrte bedeckt ward und geziert das Geschenk.

Es sind Verse, in deren Frucht-Symbolik man eine Anspielung auf die sexuelle Natur dieser ersten und auf lange Zeit letzten Umarmung des jungen Paars gesehen hat und damit eine stärkere Motivierung der aufkeimenden Eifersucht von Alexis. Sinnvoller ist es allerdings, in der Myrte, dem alten Zeichen des Bräutlichen, das Versprechen der jungen Frau zur Treue gegenüber dem Geliebten als zukünftigem Ehemann zu erkennen und, wenn man dann will, in den Früchten, in Orange und Feige, auch das Versprechen des Körpers, den sie Alexis symbolisch mit auf die Reise gibt. In solcher Weise erhält das «Ewig» des Liebesschwures, das dieser Szene folgt und das die Liebenden ähnlich wie Margarete und Faust im Garten austauschen, seine besondere Bekräftigung, die der Held des Gedichtes freilich selbst noch nicht begreift, wohl aber der Dichter seinen Lesern begreiflich zu machen versucht, wenn er von dem «Rätsel» spricht, das in den Worten verborgen sei und dem Gedicht «doppelt erfreulichen Sinn» verleihe. Für den glücklich-unglücklichen Alexis drehen sich die komplexen Gefühle im Wechselspiel von Erinnerung und Ahnung um den Schwur allein, aber der Erzähler nimmt ihm am Ende das Wort und schließt mit dem beruhigenden, homerischen Anruf an die Musen:

> Nun, ihr Musen, genug! Vergebens strebt ihr zu schildern,
> Wie sich Jammer und Glück wechseln in liebender Brust.
> Heilen könnet ihr nicht die Wunden, die Amor geschlagen;
> Aber Linderung kommt einzig, ihr Guten, von euch.

Denn wir befinden uns nicht in faustisch-nordischer, sondern in klassischer Welt. Erst in solchem Bezug wird auch ganz deutlich, wie sehr Goethe das feste Maß des antiken Metrums mit seinem dialektischen Wechsel von offenem Hexameter und geschlossenem Pentameter als eine glückliche künstlerische Entdeckung und Errungenschaft für sich betrachten mußte und wie sie ihm so viel mehr bedeutete als nur klassizistische Übung oder gar eigensinnige Verehrung alter Formen gegenüber den modernen.

Ein noch komplizierteres Ineinander von Zeitebenen enthält die Elegie «Euphrosyne», eine Totenehrung für die Schauspielerin Christiane Becker, die Goethes Schülerin auf der Weimarer Bühne gewesen war und von deren Tod er während seiner Schweizerreise 1797 erfahren hatte. Euphrosyne – der Name einer der drei Grazien – war eine Gestalt aus einer Zauberoper und eine der letzten Rollen Christiane Beckers: die Wirklichkeit schuf also schon von sich aus mythologische Bezüge. Schweizer Szenerie, die Erscheinung der Toten dort und die erinnernde Erzählung von einer einstigen gemeinsamen Todeserfahrung im Bühnenspiel werden kunstvoll ineinandergefügt und um jenen großen Satz arrangiert, der die Mitte des Gedichtes bildet:

> Alles entsteht und vergeht nach Gesetz; doch über des Menschen
> Leben, dem köstlichen Schatz, herrschet ein schwankendes Los.

Denn so tröstend der Gedanke von dem gesetzlichen Gang der Natur sein mag, so wenig wird damit doch schon die tragische Macht des Zufalls entkräftet, die über den Menschen als Einzelwesen herrscht. Erst die Kunst kann ihn – als geistiges Wesen – darüber erheben:

> Wen der Dichter aber gerühmt, der wandelt, gestaltet,
> Einzeln, gesellet dem Chor aller Heroen sich zu.

Und Euphrosyne kann nun, aus dem Gedicht auf das Gedicht reflektierend, von sich sagen:

> Bildete doch ein Dichter auch mich! und seine Gesänge,
> Ja, sie vollenden an mir, was mir das Leben versagt.

Das Naturgesetz selbst ist Thema der dritten hier zu nennenden Elegie, der «Metamorphose der Pflanzen», einem Versuch zur Erneuerung des antiken Lehrgedichts. Auch diese Elegie erhält poetisches Leben aus dem Wechsel der Perspektiven, diesmal aber nicht der zeitlichen, sondern derjenigen der Adressaten. Die für den wissenschaftlich interessierten Leser bestimmte Theorie von einer Urpflanze und ihren Metamorphosen als dem Gesetz hinter der Vielfalt der Erscheinungen erzählt Goethe nämlich im Gedicht der Geliebten und fügt so der früheren wissenschaftlichen Darstellung eine menschliche Interpretation hinzu. Das polare Wirken der Naturkräfte, das sich in den einzelnen Stadien der Pflanzenentwicklung manifestiert –

> Viel gerippt und gezackt, auf mastig trotzender Fläche,
> Scheinet die Fülle des Triebs frei und unendlich zu sein.
> Doch hier hält die Natur, mit mächtigen Händen, die Bildung
> An und lenket sie sanft in das Vollkommnere hin.

dieses auf Höherbildung zielende Wirken in Gegensätzen erhält seine symbolische Krönung und Vollendung in der Frucht als einem Resultat liebender Vereinigung:

> […] Die heilige Liebe
> Strebt zu der höchsten Frucht gleicher Gesinnungen auf,
> Gleicher Ansicht der Dinge, damit in harmonischem Anschaun
> Sich verbinde das Paar, finde die höhere Welt.

So vermittelt die Kunst am Stoffe der Natur das Bewußtsein eines Ideals, das das Wünschbarste für alle menschliche Existenz umschließt, frei zu sein und harmonisch, in Liebe zu leben durch die Erkenntnis und Annahme der Gesetze, denen der Mensch unterworfen ist. Damit allerdings erhebt sich Goethes Gedicht weit über das Genre des Lehrgedichts, das eine Theorie so poetisch anschaulich wie möglich vermitteln will. Es ließe sich sogar behaupten, daß hier die Liebe nur zum Schein als Resultat und Krönung einer Theorie dargeboten wird, während in Wirklichkeit die Theorie nur um der Liebe willen vorhanden ist. Goethes «Metamorphose der Pflanzen» kann ebenfalls durchaus auch als Liebesgedicht gelesen werden – als Überredung zur Liebe durch das Beispiel der Natur. Erst von dieser Lesemöglichkeit her erhält es seinen tiefer menschlichen Bezug.

In einer «Metamorphose der Tiere» hat Goethe – wohl um die gleiche Zeit, obgleich das Entstehungsdatum nicht sicher ist – auch seine Vorstellungen über den der Pflanzenentwicklung entsprechenden Metamorphosengang des Tierreiches in antikes Versmaß gebracht, aber diesmal nicht in die Form der im Wechsel zwischen Hexameter und Pentameter fortschreitenden Elegie, sondern in das epische Maß des Hexameters allein, wahrscheinlich als Teil eines größeren epischen Gedichts zur Natur, das ihm vorschwebte. Aber der Plan ist unausgeführt geblieben. An philosophierende Weltgedichte wagten sich damals nur noch begrenzte Talente wie Christoph August Tiedge mit seinem «lyrisch-didaktischen Gedicht» *Urania über Gott, Unsterblichkeit und Freiheit* (1801), das mit seiner Scheintiefe freilich einen großen Leserkreis befriedigte.

Angesichts der umfassenden Thematik und künstlerischen Meisterschaft der Gedichte Goethes in antiken Metren erscheinen nun tatsächlich seine anderen Gedichte aus den gleichen Jahren als weniger gewichtig und belangvoll, besonders wenn man die Balladen noch davon trennt, die, im Wettbewerb mit Schiller entstanden, unter eigenen Gesetzen stehen. Aber man sollte wohl diese Lieder und Gedichte, um ihnen gerecht zu werden, am besten im Kontext anderer Lieder und Gedichte lesen, in deren Gesellschaft sie in den Journalen und Almanachen der Zeit zuerst auftraten, während sie in Gesamtausgaben leicht durch die Würde und Kraft antiken Maßes erdrückt zu werden drohen.

In Schillers erstem *Musen-Almanach* verrät zum Beispiel eine solch zarte kleine
häusliche Szene wie das Gedicht «Der Besuch» – «Meine Liebste wollt ich heut be-
schleichen» – gegenüber der oft nur bemühten Poesie in anderen Liebesgedichten sogleich die Handschrift Goethes, und sei es allein in der überraschenden, an das antike
Fruchtgeschenk Doras erinnernden, geistige und sinnliche Liebe verbindenden Geste
des Liebenden vor der schlafenden Geliebten:

> Leise leg' ich ihr zwei Pomeranzen
> Und zwei Rosen auf das Tischgen nieder
> Sachte, sachte schleich' ich meiner Wege.

Nötig nur ist es, gewisse aus Goethes Jugendlyrik gewonnene Erwartungen nicht
ohne weiteres an diese Gedichte heranzutragen, denn die schon in den klassischen Gedichten bemerkbare Tendenz zur Objektivierung waltet auch in ihnen. Das macht sich
zum Beispiel bemerkbar in Versuchen Goethes zur psychologischen Ergründung voneinander abweichender menschlicher Reaktionsweisen zu einem Thema – «Verschiedene Empfindungen an Einem Platze» heißt charakteristischerweise eines der Gedichte im *Musen-Almanach auf das Jahr 1796*. Daraus ergibt sich die Neigung zu Rollenge-
dichten, von denen die bedeutendsten die Lieder aus dem *Wilhelm Meister* sind, die
zum Teil allerdings schon auf die Zeit des «Urmeister», also die Jahre zwischen 1778
und 1785 zurückgehen. Außerdem aber ließ Goethe, wie schon in der antikisierenden Lyrik, so auch im Bereich der Lieder durch Literatur zu Literatur anregen. Eine
regelrechte Kontrafaktur stellt das besonders in Schuberts Vertonung bekannt gewordene Gedicht «Nähe des Geliebten» (*Musen-Almanach* 1796) dar, dessen erste Strophe
lautet:

> Ich denke dein, wenn mir der Sonne Schimmer
> Vom Meere strahlt.
> Ich denke dein, wenn sich des Mondes Flimmer
> In Quellen mahlt.

Goethe hatte in Zelters Vertonung ein Gedicht der in der Schweiz lebenden Lyrikerin
Friederike Brun gehört, das gerade in Voß' Musenalmanach erschienen war:

> Ich denke dein, wenn sich im Blütenregen
> Der Frühling mahlt,
> Und wenn des Sommers mildgereifter Segen
> In Ähren stralt.

Dadurch angeregt, schrieb er auf Zelters Melodie die eigenen Verse, denen im Erst-
druck wiederum bereits eine Komposition Johann Friedrich Reichardts beigegeben
war. Friederike Brun ihrerseits stellte eine weitere Kontrafaktur her, die 1796 in Schillers *Horen* gedruckt wurde und in klassischen Reminiszenzen schwelgte:

> Ich denke dein, wenn über *Roms* Ruinen
> Die Sonne sinkt!
> Vom Abendroth durch Eichengrün beschienen
> Die heil'ge *Tiber* blinkt!

Ein derartiger Dialog zwischen zwei Lyrikern war mehr als nur etwas Beiläufiges und
Zufälliges. Je intensiver man über Gesetze und Aufgaben der Kunst nachdachte, desto
stärker entfaltete sich die bewußte Kunstanstrengung. Kontrafakturen, Parodien und
die Erprobung klassischer, romantischer und orientalischer Formen sind in solchem
Lichte zu betrachten. Bald nach 1800 begann Goethe deshalb auch – zuerst kritisch-
ironisch, dann mitgerissen von der formalen Herausforderung – an der Sonett-Mode

des Tages teilzunehmen. Das programmatische Sonett «Natur und Kunst» entstand damals, und die Terzette drücken, angewandt auf diese eine kleine lyrische Form, Goethes gesamtes Kunstverständnis aus:

> So ist's mit aller Bildung auch beschaffen:
> Vergebens werden ungebundne Geister
> Nach der Vollendung reiner Höhe streben.
>
> Wer Großes will, muß sich zusammenraffen;
> In der Beschränkung zeigt sich erst der Meister,
> Und das Gesetz nur kann uns Freiheit geben.

Diese Zeilen verraten zugleich Goethes damalige Neigung zu spruchhafter Kondensation einer gewonnenen Einsicht, wovon bereits die *Xenien* geprägt waren. Sprachartig zum Beispiel sind die «Kophtischen Lieder» mit dem allbekannten Schluß:

> Du mußt herrschen und gewinnen,
> Oder dienen und verlieren,
> Leiden, oder triumphieren,
> Amboß oder Hammer sein.

Aber auch ein so ganz und gar vom lyrischen Bild bestimmtes Gedichtpaar wie «Meeres Stille» und «Glückliche Fahrt» gehört mit der Kontrastierung zweier Daseinsformen, der passiven und der tätigen, in die Nähe des spruchhaften Genres.

In einem weiteren, letzten Bereich seiner Lyrik zwischen 1789 und 1806 setzte Goethe schließlich die Form des Weltanschauungsgedichtes fort, das er in den achtziger Jahren mit so berühmten Versen wie «Grenzen der Menschheit» und «Das Göttliche» begonnen hatte und worin ihm inzwischen Schiller gefolgt war. Jetzt allerdings bildete besonders sein wissenschaftliches Studium der Naturgesetze den Ausgangspunkt neuer lyrischer Gestaltung großer Zusammenhänge, wie schon die «Metamorphose der Pflanzen» gezeigt hatte. Aus der engen Berührung mit Schelling, den er hoch achtete und für dessen Philosophie von der Identität zwischen Natur und Geist er viele Sympathien hatte, so sehr ihm, dem Pragmatiker, die spekulative Ader abging, entstanden Goethes Pläne zu jenem bereits erwähnten Naturgedicht, betrachtete doch auch Schelling selbst die Kunst als die Krönung aller Philosophie. Der Ausführung eines solchen Vorhabens stellte sich freilich die Zeit selbst entgegen. Am Beginn des naturwissenschaftlich-technischen Zeitalters schälten sich zwar große, einfache Grundgesetze wie das der Polarität in den verschiedensten Bereichen der Naturkräfte heraus, aber sie waren weit davon entfernt, Lebensgesetze schlechthin zu sein, zu denen man nur noch die jeweiligen Ausführungsbestimmungen zu finden brauchte. Jede neue, mit den Mitteln der experimentellen Wissenschaft gewonnene Erkenntnis eröffnete zugleich immer weitere unbekannte Bereiche, so daß ein Weltgedicht, das die Erscheinungen aus einem Punkt her hätte interpretieren wollen, überall mit dem empirischen Wissen in Kollision geraten wäre – ganz im Gegensatz zu Goethes eigenem Respekt vor aller Empirik. Gleichzeitig jedoch konzipierte Goethe um die Jahrhundertwende in großen Zügen sei-

nen *Faust*; was im Lehrgedicht für die Natur zu tun nicht möglich war, das
ließ sich darin am Bilde einer ins Mythische gehenden Lebensgeschichte für
die Evolution der Menschengattung darstellen. Aus der Vision vom Ort des
Menschen im unermeßlichen All sind aber auch Gedichte wie «Weltseele»
und «Dauer im Wechsel» hervorgegangen – beide erschienen 1803. Ihre Botschaft ist noch einmal, was Goethes Denken in diesen Jahren überhaupt bestimmte, daß nämlich in der Erfahrung der Liebe und der Schöpferkraft des
Künstlers der Mensch sich in seiner irdischen Beschränkung behaupten und
über sie hinausreichen könne: Mit einer Apotheose der Kunst endet das Gedicht «Dauer im Wechsel», und die Apotheose der Liebe schließt Goethes,
eine ganze Genesis in sich fassende «Weltseele».

### Schillers Lyrik

Mit seinen Gedichten hat Schiller eine große und andauernde Popularität erreicht, obwohl er als Lyriker von Anfang an das Stigma des philosophischen
und damit des schwierigen Dichters zu tragen hatte.

> «So selten überhaupt die Erscheinung eines Dichters ist, welcher philo-
> sophischen Tiefsinn mit allen Gaben der Musen vereinigt, so sehr finden
> wir uns oft in diesen Gedichten überrascht, einen scheinbar spröden und
> unfruchtbaren Stoff von der reichsten Fülle poetischen Lebens durch-
> drungen zu sehn. Denn *durchdrungen* und beseelt ist er hier, nicht etwa
> bloß mit dem Gewande der Dichtkunst bekleidet. Der Tiefsinn hat auf
> dem Boden der Einbildungskraft Wurzel gefaßt und eine andre Natur
> angenommen, und zugleich mit den schönsten Blüten der Dichtkunst
> entfaltete sich eine edle und erhabne Philosophie.»

Mit diesen Worten aus dem Jahre 1801 flicht ein Rezensent – Friedrich Jacobs – für Schiller einen Ruhmeskranz aus dessen poetischen und philosophischen Gaben. Aber es bedurfte nur einer kleinen Verschiebung des Tones,
um das Lob zur Entschuldigung dieser Lyrik gegen den Vorwurf der Unpoe-
sie zu wenden oder eben diesen Vorwurf zu erheben. Beides ist von seiten einiger Zeitgenossen und vor allem von der Nachwelt Schillers immer wieder
geschehen, entweder weil man Vorurteile gegen ihn hegte oder aber einen
eigenen festen Begriff von dem besaß, was Lyrik sein sollte. Dabei war Schillers Lyrik in seiner Zeit nicht so außergewöhnlich, wie es aus geschichtlicher
Distanz erscheinen mag. Didaktische und philosophische Gedichte haben
eine lange, bis in die Antike zurückreichende Tradition, und gerade das
18. Jahrhundert als Zeitalter der Aufklärung war nicht sparsam damit umge-
gangen. Schiller kann allerdings nicht als ein Nachfahre von Barthold Hinrich Brockes gelten. Was seinen Ruf als philosophischen Lyriker begründete,
waren Gedichte anderen Zuschnitts: es waren große, weltgeschichtliche Entwürfe, wie sie «Die Götter Griechenlands» (1788) am Gegenstand der Reli-

gion und «Die Künstler» (1789) am Gegenstand der Kunst entwickelten.
Vorausgegangen waren ihnen Beispiele enthusiastischen Dichtens, von denen die Ode «An die Freude» den späteren Thesen- und Konzeptgedichten
am nächsten kommt. Selbst wenn erst Beethovens Musik diese Verse zu einer
Art Nationalhymne des kulturellen Deutschland gemacht hat, so erweisen sie
doch bis auf den Tag, daß Gedankenentwürfe der lyrischen Form nicht unangemessen sind oder ihrer Popularität im Wege stehen. Die «Götter Griechenlands» riefen sogar eine literarisch-theologische Kontroverse hervor, die
Schiller schließlich bewegte, das Gedicht in die Ausgabe von 1800 in revidierter Form aufzunehmen.

1789 betrachtete Schiller das «lyrische Fach» noch als «ein *Exilium*» und
nicht «eine *eroberte Provinz*», wie er an Körner schreibt (25. 2. 1789). Aber
gerade die Gedichte des Dreißigjährigen inspirierten, wie gesagt, die Zwanzigjährigen unter den Poeten seiner Zeit. Neben Klopstock bot Schiller die
stärkste Anregung für den jungen Hölderlin, und Novalis' erste gedruckte
Verse – «Klagen eines Jünglings» (1788) – bewegten sich nicht allein im Metrum der «Götter Griechenlands», sondern setzten auch den Geist von Schillers *Thalia*-Gedichten aus dem Jahre 1786 («Freigeisterei der Leidenschaft»,
«Resignation») fort. Sieht man sich später in den *Musen-Almanachen* Schillers um, so erweist sich, daß er noch weitere gelehrige Schüler in August Wilhelm Schlegel, in Woltmann, Gries und Sophie Mereau fand. Einwirkungen
seiner Lyrik zeigen sich schließlich auch in den zahlreichen politischen Gedichten der Zeit, die Jakobiner und andere Republikaner zur Verklärung ihrer Ideale verfaßten. Es kann also insgesamt keinen Zweifel darüber geben,
daß die Verschmelzung von Thesen und Konzepten mit der Anschaulichkeit, Emotionalität, rhetorischen Kraft und Musikalität der lyrischen Aussageweise, wie sie Schiller entwickelte, einem tiefen Bedürfnis gerade deutscher Autoren in dieser Zeit entsprach. Philosophisches Konzipieren, die
Sorge um die Bewahrung von Idealen, die aus der Beobachtung historischer
Entwicklung abgeleitete Hoffnung auf eine neue Zeit sowie das Bestreben,
einen ewigen Frieden herbeizuführen, beherrschten die Köpfe der meisten
zum Denken und Schreiben Willigen und Fähigen. Was Schillers philosophische Gedichte dabei gegenüber denen seiner geringeren Zeitgenossen heraushob, war die Tatsache, daß er tiefer, origineller und schlüssiger dachte
und zugleich mit stärkerer sprachlicher Kraft im Reiche der künstlerischen
Phantasie regierte als sie, während die ihm ebenbürtigen Jüngeren wie Hölderlin und Novalis schließlich doch andere Wege gingen als er. Auf das Lob
dieser seiner doppelten Gabe als Denker und Künstler zielte denn auch der
Rezensent des Jahres 1801 und nicht darauf, daß philosophische Lyrik an
und für sich etwas Außergewöhnliches oder gar Entschuldigungsbedürftiges
darstellte.

Schillers fruchtbarste Zeit als Lyriker fällt in die Jahre zwischen 1795 und
1799, da er die *Horen* und die *Musen-Almanache* herausgab. Die Zeit seiner

philosophisch-ästhetischen Besinnung bedeutete für seine Dramatik wie für seine Lyrik eine schöpferische Pause; weder die Bürger- noch die Matthisson-Rezension trugen unmittelbar Früchte. Es wäre jedoch allzu vereinfachend, wenn man die Gedichte aus Schillers letztem Lebensjahrzehnt in direkter Abhängigkeit von den ästhetischen Schriften sehen wollte. Wie seine Dramen ihr eigenes Recht gegenüber der Theorie behaupten, so behaupten es auch seine Verse – sowohl die Balladen wie die ohnehin allzu pauschal als ‹philosophisch› bezeichneten Gedichte, die viel farbiger und mannigfaltiger sind, als es ein solcher Begriff vermuten läßt. Überdies ist, abgesehen von der Ode «An die Freude», der Nachwelt eine Dimension von Schillers Lyrik abhanden gekommen: die der Sangbarkeit. Dem *Musen-Almanach auf das Jahr 1796* sind Kompositionen so charakteristischer Thesengedichte wie «Die Macht des Gesanges» und «Würde der Frauen» beigegeben. Reichardt, Zelter und Schillers enger Freund Christian Gottfried Körner gehörten an erster Stelle unter die Komponisten Schillerscher Verse. «Riethen Sie mir, meine Ceres componieren zu lassen?» fragt Schiller bei Goethe, die «Klage der Ceres» betreffend, an und fügt hinzu: «Für den Gesang wär sie wohl ein gutes Thema, wenn sie nicht zu groß ist. Indess haben wir, ausser dem was von Ihnen ist, wenig anderes für die Musik zu hoffen.» (24.6. 1796) In Musik gesetzt wünschte Schiller solche keineswegs kurzen Gedichte wie «Die vier Weltalter» oder «An die Freunde» – «Das an die *Freunde* soll auch mit der Guitarre accompagniert werden» (28.2. 1802) –, und für das «Lied von der Glocke» wurde sogar die Komposition «für's Theater» erwogen. Über «Das Siegesfest» – immerhin ein Gedicht von dreizehn zwölfzeiligen Strophen – heißt es schließlich in einem Brief an Wilhelm von Humboldt:

> «Die Lieder der Deutschen, welche man in fröhlichen Zirkeln singen hört, schlagen fast alle in den platten prosaischen Ton der Freimäurerlieder ein, weil das Leben keinen Stoff zur Poesie giebt; deßwegen habe ich mir für dieses Lied den poetischen Boden der homerischen Zeit gewählt und die alten Heldengestalten der Ilias darin auftreten lassen. So kommt man doch aus der Prosa des Lebens heraus, und wandelt in besserer Gesellschaft.» (18.8. 1803)

Es ist eine Briefstelle, die tief in das blicken läßt, was Schiller zu seiner Lyrik bewegte. Er sah sich als geselligen und gesellschaftlichen Dichter des kulturellen Deutschland, der der Prosa des Lebens seine Ideale und Hoffnungen und der Prosa des Denkens die Imaginationskraft der Kunst im weitesten Sinne als Wort, Klang und Abbild entgegenstellte. Denn auch über die Illustrationen seiner Gedichte, die ihm zum Beispiel Veit Hans Schnorr von Carolsfeld schickte, hat er sich nicht nur gefreut, er hat sie auch als wünschenswert und nötig betrachtet. Für seine gesammelten Gedichte verlangte er die deutsche Schrift, also gotische Lettern, «weil ich aus Erfahrung weiß, daß man ein Buch dadurch in weit mehr Hände bringt». Besonders in Süddeutschland gab es Schwierigkeiten mit dem Verständnis der lateinischen Buchstaben. Und in der Vorrede zum zweiten Bande dieser Gedichte 1803 präsentierte er sich expressis verbis als Dichter seiner Deutschen, der sich «vor den Augen der Nation und mit derselben gebildet» habe.

Schiller hat sich durchaus als ästhetischer Erzieher seiner Nation verstanden, und das tatsächlich am meisten in seiner Lyrik, mit der er seine Zeitgenossen am direktesten zu erreichen hoffte, nicht zuletzt bei ihren Kränzchen und Festen durch das Medium des Gesanges, in dem die Aussagekraft der Gedanken und die Bildkraft der Worte mit dem Maße des Metrums und der Musik zu einer umfassenden ästhetischen Erfahrung sich vereinigen sollten. In solchem Sinne stellte Lyrik im einzelnen und besonderen jene Harmonie her, die nach Schillers Verständnis in der großen historischen Welt seiner Dramen erst die ordnende Macht der «Nemesis» herstellen konnte als Weltgericht über die tragischen Schicksale einzelner Handelnder hinweg. Was denn die sich verwirrenden tanzenden Paare immer wieder zur Ordnung lenke und leite, fragt Schiller in seiner Elegie «Der Tanz» (1796):

> Willst du es wissen? Es ist des Wohllauts mächtige Gottheit,
> Die zum geselligen Tanz ordnet den tobenden Sprung,
> Die, der Nemesis gleich, an des Rhythmus goldenem Zügel
> Lenkt die brausende Lust, und die gesetzlose zähmt.

An «des Rhythmus goldenen Zügel» legte der Lyriker Schiller seine Gedanken, aber er bediente sich dabei verschiedener Formen, teils klassischer Metren, teils der Reimstrophen aus romantischer Tradition. In der Gestalt des Distichons, zwischen Hexameter und Pentameter wechselnd, erscheint die Spruchdichtung der «Xenien» und der «Tabulae Votivae», jene kritische Bestandsaufnahme deutschen Denkens und Schreibens auf dem Hintergrund der deutschen Wirklichkeit. Im Umfang zwischen Elegie und Spruch bewegen sich Gedichte in antikem Versmaß wie «Der Tanz», in denen Schiller symbolisch oder allegorisch eine Idee veranschaulicht. Daneben existiert jedoch auch eine gereimte Spruchdichtung («Sprüche des Konfuzius», 1795; «Die Worte des Glaubens», 1797), wie überhaupt die Unterschiede zwischen antiker und moderner Form bei Schiller nicht so sehr Spiegelung unterschiedlichen Inhalts, als vielmehr einer vom Dichter beabsichtigten unterschiedlichen Rezeption sind. Tragen die Verse in antiken Metren sozusagen ihre Musik in sich selbst und sprechen damit unmittelbar zu den Lesern, die allerdings in das Verständnis derartiger Formen eingeübt sein müssen, so waren die Reimstrophen vorwiegend als Texte für Lieder gedacht, die von größeren oder kleineren Gemeinden Gleichgesinnter gesungen werden sollten, ohne daß für ihr Verständnis Bildungsvoraussetzungen im gleichen Maße erforderlich gewesen wären.

Inhaltlich hingegen lassen sich – von der eigentlichen Spruchdichtung abgesehen – eher zwei andere Typen von Gedichten unterscheiden: das einfache und das parabolische Thesengedicht. Das erstere trägt das Thema, auf das sich die entwickelten Thesen beziehen, gewöhnlich bereits im Titel: «Die Macht des Gesanges», «Die Ideale», «Würde der Frauen», «Deutsche Größe», «Das Glück». Das parabolische Gedicht hingegen bezeichnet in der Überschrift das Gleichnis oder den Stoff, an dem die Thesen dargestellt und entwickelt werden sollen: «Die Teilung der Erde», «Der Spaziergang», «Das Mädchen aus der Fremde», «Klage der Ceres», «Das Lied von der Glocke», «Das Siegesfest». Bei der Revision seiner Verse für die Ausgabe der *Gedichte* hat Schiller im Sinne einer derartigen Unterscheidung einzelne Überschriften geändert. Aus dem schlichten Titel «Bürgerlied» wurde wegen der Dominanz des antiken Mythos darin «Das Eleusische Fest», während das ursprünglich «Das Reich der Schatten» benannte große Thesengedicht auf Grund der Vorherrschaft einer rein ideellen Entwicklung den Titel «Das Ideal und das Leben» erhielt. «Das verschleierte Bild zu Sais» schließlich demonstrierte den Übergang vom Parabolischen zur erzählten Parabel und damit zur Ballade.

Unter Schillers Thesengedichten ist wohl «Das Ideal und das Leben» das mitreißendste und zugleich ideentiefste. August Wilhelm Schlegel nannte es «ein Gedicht, dessen Muse wie dessen Gegenstand, die reinste unkörperliche Schönheit ist», und er fügt hinzu:

> «Was hier geleistet worden ist, mußte bis dahin unglaublich scheinen, wenn man die Härte des Stoffes kannte, der sich in dieser glänzenden äußern Rundung verbirgt, und die unendliche Last des Gewölbes ungefähr berechnen kann, das hier von schön geordneten Säulen so leicht getragen wird.»

Die «Säulen» von ursprünglich achtzehn, in der Überarbeitung später fünfzehn zehnzeiligen Reimstrophen tragen das Gewölbe von Schillers ganzer sittlicher und ästhetischer Weltbetrachtung. Bild- und sprachmächtig ist schon die Eröffnung des Gedichtes:

> Ewig klar und spiegelrein und eben
> Fließt das zephyrleichte Leben
> Im Olymp den Seligen dahin.
> Monde wechseln und Geschlechter fliehen,
> Ihrer Götterjugend Rosen blühen
> Wandellos im ewigen Ruin.
> Zwischen Sinnenglück und Seelenfrieden
> Bleibt dem Menschen nur die bange Wahl.
> Auf der Stirn des hohen Uraniden
> Leuchtet ihr vermählter Strahl.

Kaum mehr als zwei oder drei Jahre danach hat Friedrich Hölderlin in «Hyperions Schicksalslied» noch einmal diese ewige Trennung zwischen Menschen und Göttern, diese ewige Grenze des Menschseins poetisch beschworen, allerdings ohne die festen Tröstungen der Philosophie, die Schiller immerhin im Verlauf seines Gedichtes dem Konflikte abgewinnen kann. Denn auf den Sieg des Menschen über seine existentiell gegebene Beschränktheit läuft der Gang seiner Gedanken hinaus, auf die Unterwerfung der «Elemente» unter die «Ideale», die zwar nicht unmittelbar realisierbar sein mögen, aber «in der Schönheit Schattenreich», «schlank und leicht, wie aus dem

Nichts gesprungen», ihr eigenes Leben besitzen. In diesem Reiche fallen alle Grenzen und Trennungen seiner Existenz vom Menschen ab und lassen ihn über sich hinausgehen, hinein in einen Zustand der Harmonie, in dem er sich neben den Gott stellen darf:

> Aber flüchtet aus der Sinne Schranken
> In die Freyheit der Gedanken,
> Und die Furchterscheinung ist entflohn,
> Und der ewge Abgrund wird sich füllen;
> Nehmt die Gottheit auf in euren Willen,
> Und sie steigt von ihrem Weltenthron.
> Des Gesetzes strenge Feßel bindet
> Nur den Sklavensinn, der es verschmäht,
> Mit des Menschen Widerstand verschwindet
> Auch des Gottes Majestät.

Es sind solche poetischen Imperative, die Schillers Thesenlyrik ihren besonderen Charakter geben und ihr auch trotz des schwierigen Stoffes eine breite Wirkung verschafft haben. Schiller gelang es, seinen Gedanken eine ganz eigene sprachkünstlerische Anschauung zu geben, allein schon in der klanglichen Komposition von Begriffsformeln wie dem alliterierenden «Sinnenglück und Seelenfrieden», in der Wenn-Aber-Dialektik des ganzen Gedichtes oder in solchen zur Sentenz sich zuspitzenden rhetorischen Konstruktionen wie:

> Nehmt die Gottheit auf in euren Willen,
> Und sie steigt von ihrem Weltenthron.

Fast unmerklich regieren sein Denken jedoch auch reine Bilder und Topoi, zum Beispiel der Gegensatz von Höhe und Tiefe, Götterberg und Abgrund, der gerade dieses Gedicht hier bestimmt. Verbunden mit dieser metaphorischen Anschaulichkeit aber ist der enthusiastische Schwung der Verse, der den Eindruck der Gedanken und Bilder «melodisch zurückzugeben» in der Lage ist, wie Schlegel das genannt hat. Es ist Lyrik in ihrem eigenen Recht, nicht versifizierte Philosophie.

Vielfach hat Schiller in seinen Versen die Rolle von Dichtung und Dichter darzustellen versucht. Als lyrisches Bild diente ihm dazu vor allem das des «Sängers», wie es den Zeitgenossen aus Goethes Ballade «Der Sänger» im *Wilhelm Meister* erst vor kurzem wieder in die Anschauung zurückgerufen worden war. Seinen ersten *Musen-Almanach* eröffnete Schiller mit Versen über «Die Macht des Gesanges», und darin eben war es der Sänger als «Fremdling aus der andern Welt», der «wie mit dem Stab des Götterboten» die Herzen beherrschte und Brücken zwischen den Widersprüchen und Gegensätzen, zwischen Göttern und Menschen schlug. Eine solche Objektivierung der Gestalt des Dichters verbindet sich in Schillers Lyrik mit dem Wechsel zwischen verschiedenen lyrischen Ichs und Sprechperspektiven. Nicht alle Thesengedichte Schillers sind schlechterdings Darlegungen seiner Überzeugungen und Ideen, sondern aus verschiedenen inneren Rollen heraus gedacht. Dem Imperator im Reiche der Gedanken steht zum Beispiel in dem Gedicht «Die Ideale» der Elegiker gegenüber, der über den Verlust alles einst Erstrebten klagt und nur vorsichtig am Ende in «Freundschaft» und «Beschäftigung» einen milden Trost gewinnt angesichts aller unerfüllten Erwartungen und Wünsche. Vieles kommt bei einem solchen Wechsel von Einstellungen und Perspektiven im Autor zusammen: der bedeutende Dichter mit seinem Vorstellungs- und Empfindungsreichtum; der einen breiten Leserkreis erstrebende Herausgeber von Journalen und Almanachen, der seinen Lesern Abwechslung bieten muß, wenn er sie gewinnen und sie sich erhalten will; der immer wieder gesundheitlich schwer Leidende, dem die Überwindung des Körpers durch den Geist mehr als nur eine schöne philosophische Pflicht war und der bei diesen Versuchen auch Fehlschläge erfahren mußte, die ihn in Depressionen warfen; und schließlich der Schriftsteller, für den Dichten nicht eine leichte Göttergabe, sondern eine schwere Anstrengung darstellte, besonders wenn er sich bei den Mühen seiner Arbeit mit jenem anderen verglich, dem das Schreiben glücklich von der Hand zu gehen schien. «Gegen Göthen bin ich und bleib ich eben ein poetischer Lump», schreibt Schiller am 27. Juni 1796, mitten in der Arbeit an den «Xenien», an Körner.

An solchen innerlich empfundenen Mangel Goethe gegenüber läßt sich bei der großen Elegie «Das Glück» denken, die Schiller im *Musen-Almanach* auf 1799 veröffentlichte. Dem Manne, «der sein eigner Bildner und Schöpfer» ist, stellt er darin den «Göttergeliebten» gegenüber, jenen Glücklichen also, der nichts zu erstreben und erstreiten braucht, weil ihm alles schon gegeben ist:

> Alles Höchste, es kommt frei von den Göttern herab.

Dieser Gunst wegen steht der Glückliche von vornherein auf einer höheren Stufe als andere. Was immer jedoch Schiller an Persönlichem zu solchen Gedanken inspiriert haben mag – im Gedicht als Ganzem verkörpert sich für ihn diese Glücksbegnadung am reinsten im Künstler schlechthin, im «Sänger» als Götterboten und Vermittler einer verdienst- und zeitlosen Schönheit, und er brauchte sich nicht als ausgeschlossen von solcher Begnadung zu betrachten:

> Weil der Gott ihn beseelt, so wird er dem Hörer zum Gotte,
> Weil er der glückliche ist, kannst du der selige seyn.

Schillers Elegie enthält das Bekenntnis zu einer Religion der Schönheit, in der Glück eine ästhetische Erfahrung bedeutet und nicht mehr einen geschichtlich erstrebenswerten Zustand der Menschheit. Eine der frühesten und ursprünglichsten Forderungen der Aufklärung wird damit revidiert, wie das im Grunde schon die Idee eines «Staats des schönen Scheins» am Ende der Briefe *Über die ästhetische Erziehung des Menschen* tat. Gewiß vermochte in Schillers Verständnis die ästhetische Glückserfahrung den Menschen göttlicher und damit auch dem Idealbild entsprechend menschlicher zu machen, aber von einer mit gesetzlicher Notwendigkeit fortschreitenden und wachsenden Perfektibilität der Menschheit war hier nicht mehr die Rede. Hinter Schillers Glückstheorie steht ein tragisches Geschichtsbild. Ihm stellten die

Jüngeren zur gleichen Zeit im Zeichen des Romantischen neue, auf die Realität bezogene chiliastische Erwartungen entgegen, indem sie die Kunst selbst zum Instrument gesellschaftlicher Veränderung erklärten und so die Hoffnungen der Aufklärung in das 19. Jahrhundert hinüberzuretten versuchten. Schillers Bild vom geschichtlichen Gang der Menschheit entbehrte zwar nicht des Glaubens an das Gute, aber es war insgesamt skeptischer, wie vor allem seine machtvolle Elegie «Der Spaziergang» (1795) erweist, sein erstes größeres Gedicht in klassischen Metren und das bedeutendste unter seinen parabolischen Gedichten.

In die Ferne und Höhe zieht es darin den Wanderer auf seinem «mystischen Pfad», und das Geschehene verbindet er zum Bild vom Fortgang menschlicher Kultur. Aus dem Walde und der Umhüllung durch die schöne Natur tretend, sieht er von der Höhe herab den Landmann sich die Gabe Demeters nutzbar machen und sein Feld bestellen. Das einfache Leben wandelt sich jedoch bald zur Komplexität moderner Welt. Aus dem Dorf wird die Stadt, aus dem «glücklichen Volk der Gefilde» eine ständisch gegliederte Gesellschaft. «Tausend Hände belebt Ein Geist», und «munter entbrennt, des Eigenthums froh, das freye Gewerbe». Mit Pflug und Hammer, Stahl und Spindel, Wagen und Schiff, Wissenschaft und Kunst macht sich der Mensch zum Herrn seiner Welt:

> Siehe da wimmeln von fröhlichem Leben die Krahne, die Märkte,
> Seltsamer Sprachen Gewirr braußt in das wundernde Ohr.

Aus dem Reichtum seiner poetischen Einbildungskraft zeichnet Schiller hier das farbigste Bild bürgerlicher Gesellschaft, das die deutsche Literatur dieser Zeit kennt; es geht in seiner Anschauung weit über das hinaus, was er aus eigener Beobachtung von Sachsen-Weimar oder Schwaben vor Augen hatte. Aber es ist eine tragische Entwicklung, die der Spaziergänger beobachtet, denn der aus solch allgemeiner Tätigkeit hervorwachsende natürliche Geist der Freiheit wendet sich zum Instrument der Sklaverei durch eben das, was ihn trägt und ins Bewußtsein gebracht hat, durch Wort, Gesetz und die ihnen zugrundeliegende Philosophie, in der sich der Mensch selbst zum Gott setzt:

> Keine Zeichen mehr findet die Wahrheit, verpraßt hat sie alle
>    Alle der Trug, der Natur köstlichste Töne entehrt,
> Die das Sprachbedürftige Herz in der Freude erfindet,
>    Kaum giebt wahres Gefühl noch durch Verstummen sich kund [. .]

Schillers Kritik an den Konsequenzen revolutionärer Tendenzen in seiner eigenen Zeit reicht in seiner Elegie weit über die Furcht vor der enthemmten Menge hinaus. Hier bringt er vielmehr jene Konflikte zur Sprache, die auf sehr viel heiklere Weise aus der Dialektik der Freiheit und einer «philosophischen Revolution» erwuchsen, wie das schon allgemein bei der Betrachtung der Reflexionen deutscher Schriftsteller auf die Französische Revolution erörtert worden ist. Nicht philiströse Angst oder die Neigung zu staatsbürgerlichem Gehorsam sprechen also aus Schillers Versen, sondern die Befürchtung, daß mit der Herrschaft des Menschen über die Natur und mit seiner Freiheit gerade die Gefahren für das Menschliche wachsen werden. In einer apokalyptischen Vision blickt er deshalb auch in eine Zukunft hinein, in der «die Menschheit» – verlassen «von der Gefühle Geleit, von der Erkenntnisse Licht» – wie «eine Tygerin» aufsteht «mit des Verbrechens Wuth und des Elends»

> Und in der Asche der Stadt sucht die verlorne Natur

Für Schillers Nachwelt ist es eine Vision von beklemmender Wahrheit, entworfen lange bevor die vom Menschen gegen den Menschen lenkbaren Naturkräfte in ihrer zerstörerischen Wucht für den realistischen Verstand überhaupt begreifbar wurden. Für Schiller selbst war es eine ins Düstere gekehrte Ergänzung zu jenem «letzten Ziel der Menschheit», von dem er in der Abhandlung über *Naive und sentimentalische Dichtung* gesprochen hatte und das sich durch «Natur» nicht erreichen, sondern lediglich durch «Kultur» erstreben ließ.

Schiller freilich entläßt seine Leser nicht ohne Trost. Der Bezug auf die «fromme Natur», in der sich der Spaziergänger am Ende allein findet, und auf ihr «altes Gesetz» des ewigen Wechsels sowie die Berufung auf die Fortdauer der Gattung als Kette der Generationen führt zu dem Schluß:

> Unter demselben Blau, über dem nehmlichen Grün
> Wandeln die nahen und wandeln vereint die fernen Geschlechter,
> Und die Sonne Homers, siehe! sie lächelt auch uns.

Es ist ein doppelsinniger Schluß, denn neben dem metahistorischen Sinn haben die Worte auch einen ästhetischen: die «Sonne Homers» leuchtet in den Zeilen des Gedichtes selbst, in seinem Metrum und den «mythischen Maschinen» (an Körner am 29. 10. 1798) der antiken Götterwelt, die Schiller darin benutzt hat. Selten wird der künstlerische Sinn antiker Form so greifbar wie in dieser Elegie. Denn durch das klassische Medium und seine epische Ruhe verliert der ausgesagte Gedanke jene Kleinheit deutscher Stofflichkeit, die einem Gedicht wie dem «Lied von der Glocke», das eine vergleichbare Thematik verfolgt, immer beschränkend anhaften wird.

«Das Lied von der Glocke» (1799) enthält in der Nachzeichnung bürgerlichen Daseins, seiner Freuden und Nöte als Gleichnis zu den Stufen des Glockengusses – der wiederum im weitesten Sinne für den künstlerischen Produktionsprozeß steht – zwar manche verständnisreich beobachtete und schön in Sprache gefaßte menschliche Empfindung. Aber die Reimverse verführen zu betulichen Sinnsprüchen, wie sie denn auch von Generationen deutscher Gymnasiasten memoriert worden sind, und die «Weiber», die in der Revolution «zu Hyänen» werden, erregen als lyrisches Bild sehr viel weniger Grauen und Schrecken als die «Tygerin» Menschheit in der Elegie. Wenn der Klassizist August Wilhelm Schlegel bewundernd in Schillers «Spaziergang» den «größesten aller Gegenstände: die Schicksale der gesammten Menschheit» dargestellt sah, so wußten er und seine Freunde dementsprechend mit Gedichten wie dem «Lied von der Glocke» sehr viel weniger anzufangen. Caroline Schlegel hat berichtet, wie sehr sich der Freundeskreis in Jena über Schillers Gedicht amüsierte. Da Friedrich Schlegel sogar öffentlich in verschiedenen Rezensionen seine Zurückhaltung gegenüber manchen Resultaten von Schillers literarischem Geschmack zum Ausdruck brachte, darunter das der «Glocke» verwandte Lied «Würde der Frauen» – «Männer, wie diese, müssten an Händen und Beinen gebunden werden; solchen Frauen ziemte Gängelband und Fallhut» –, hatte Schiller 1797 in einer ärgerlichen Geste dem Schlegelschen Kreise, der sich nur ein paar Häuser entfernt von ihm in Jena zu versammeln pflegte, seine Freundschaft gekündigt. Ganz gewiß reagierte er empfindlicher, als es dem Anlaß entsprach, denn nicht ein tiefer Graben grundsätzlich verschiedener Prinzipien trennte ihn von den Schlegels. Besonders August Wilhelm Schlegel stand als Lyriker unter seinem entschiedenen Einfluß. Was Schiller zu seinem heftigen Schritt veranlaßte, war wohl eher eine Abwehr gegen ein zutiefst selbst empfundenes Ungenügen über seine Verse. Vor allem aber sah er sich dort getroffen, wo Spott oder Kritik am schmerzhaftesten wirken: im tiefen, wahrhaften Ernst eines Missionsbewußtseins. Solcher Ernst steht aller Kritik, allem Spott und aller Ironie stets waffenlos gegenüber. Ironie allerdings war ein Zeichen der Zeit, das Friedrich Schlegel nicht zufällig als ein wesentliches Instrument modernen Dichtens bezeichnet hatte, des künstlerischen Gestaltens also in einer Welt, die sich mehr und mehr der Deutung durch Grundsätze verschloß. Das war zwar auch Schiller nichts Neues, aber der moralische Ernst und Enthusiasmus vieler seiner Gedichte hat sie dennoch zur leichten Beute für die Parodisten werden lassen. Die Spötter haben dann jedoch wieder auf ihre Art zur weiteren Popularität Schillerscher Lyrik beigetragen.

## Die Balladen

Das «Lied von der Glocke» schiebe er besser bis zum nächsten Jahre auf, obwohl er den Gegenstand schon eine Zeitlang mit sich herumtrage, schrieb Schiller am 22. September 1797 an Goethe. Denn dieses Jahr sei nun «einmal das Balladenjahr», dem man erst danach vielleicht ein «Liederjahr» folgen lassen könne. Ein Publikationsmedium – der *Musen-Almanach* – zeitigte also tiefe Wirkungen auf die Geschichte der deutschen Literatur. Ohne ihn ist in der Tat Goethes und Schillers gemeinsame Arbeit an lyrischen Projekten undenkbar: Der Herbsttermin für die Manuskripte zum Almanach auf das nächste Jahr stand ihnen beiden stets vor Augen, auch wenn sie sich davon nicht versklaven und zur Poesie kommandieren ließen. Aber immerhin ging es ihnen doch darum, mit jedem Band den Deutschen neue Begriffe von der Sprachkunst zu geben, und das forderte durchaus bewußte und gezielte Anstrengung.

«Unser Balladenstudium» – wie Goethe es nannte (22.6. 1797) – hatte im Frühjahr 1797 bei gemeinsamen Gesprächen in Jena begonnen. Goethe brachte eine fünfundzwanzigjährige Erfahrung in diesem Genre mit; zuletzt hatte er im *Wilhelm Meister* einiges von seiner Kunst darin bewiesen. Schiller wiederum hatte sich gerade erst auf die Ballade zubewegt. In den *Horen* war 1795 «Das verschleierte Bild zu Sais» erschienen und im *Musen-Almanach* auf 1796 die Parabel vom «Pegasus in der Dienstbarkeit», die später den Titel «Pegasus im Joche» erhielt. Auch hatte Schiller in seine Almanache Erzählgedichte von Langbein und Pfeffel – beide Senioren deutscher Parabeldichtung – aufgenommen und damit sein Interesse an dieser Form noch bekräftigt. In rascher Folge entstanden nun im Sommer 1797 jene Balladen, derentwegen der *Musen-Almanach auf das Jahr 1798*, in dem sie der Öffentlichkeit vorgestellt wurden, hinfort den Beinamen «Balladenalmanach» erhielt. Goethe eröffnete den Dialog mit «Der Schatzgräber», «Legende», «Die Braut von Korinth» und «Der Gott und die Bajadere». Schiller folgte mit «Der Taucher», «Der Handschuh» und «Der Ring des Polykrates». Danach kam Goethes «Zauberlehrling» und darauf wiederum Schillers «Ritter Toggenburg», «Die Kraniche des Ibycus» und «Der Gang nach dem Eisenhammer». Noch im selben Jahr schrieb Goethe eine Reihe von dialogischen Balladen um die Gestalt einer Müllerin, die im Almanach auf das Jahr 1799 erschienen, zu dem Schiller seinerseits «Die Bürgschaft» und «Der Kampf mit dem Drachen» beisteuerte. Zu Anfang des neuen Jahrhunderts entstanden Schillers «Kassandra» und «Hero und Leander» (beide 1801) sowie «Der Graf von Habsburg» (1803), und auch Goethe griff gelegentlich die Form der Ballade wieder auf («Johanna Sebus», 1809; «Der getreue Eckart», 1813).

Was beide Männer 1797 veranlaßte, sich mit dem Balladenstudium zu beschäftigen, hatte mit ihrer Diskussion literarischer Gattungen zu tun, deren gängige Definitionen, soweit sie überhaupt bestanden, beide als unzulänglich empfanden. Man tauschte sich brieflich über epische und dramatische Dichtung aus. Nur wenige Wochen vor dem Beginn der Balladendichtung hatte Goethe außerdem sein Epos *Hermann und Dorothea* zu Ende gebracht; im Jahr zuvor war der letzte Teil des *Wilhelm Meister* erschienen und 1795 die *Unterhaltungen deutscher Ausgewanderten* als Arrangement von Novellen. Schiller rang noch mit dem Wallenstein-Stoff, während Goethe sich wieder dem Faust-Drama zuwandte. Durch die *Musen-Almanache* erhielt zusätzlich die Beschäftigung mit lyrischen Formen neuen Schwung, und im Xenien-Kampf schließlich nötigte man sich selbst zur Verantwortung vor der deutschen Nation, zu deren Geschmacks- und Geistesbildung man beitragen wollte. Aus dem Zusammenwirken dieser verschiedenen Interessen ging die Balladenarbeit hervor als Versuch, Elemente des Epischen, Dramatischen und Lyrischen in dieser Form zum Zwecke der Nationalpädagogik und ästhetischen Erziehung zu verbinden.

Interessant ist es zu beobachten, daß zu annähernd gleicher Zeit William Wordsworth in England seine *Lyrical Ballads* (1798) veröffentlichte und in der Anzeige des Bandes ebenfalls von den Balladen als «Experimenten» sprach – von Experimenten, die feststellen sollten, ob die Konversationssprache der mittleren und unteren Klassen für die «Zwecke des poetischen Vergnügens» adaptierbar sei. Nicht von ästhetischer Bildung also, sondern von sozialer Vermittlung als Aufgabe der Literatur sprach der Brite, für den die Nation kein Wunschbild, sondern eine Realität darstellte.

Goethe wollte, so schrieb Schiller nach Erscheinen des «Balladen-Almanachs» an Körner,

«diese Gedichte als eine neue, die Poesie erweiternde Gattung angesehen wissen. Die Darstellung von Ideen so wie sie hier behandelt wird, hält er für kein Dehors der Poesie und will dergleichen Gedichte mit denjenigen welche abstrakte Gedanken symbolisieren nicht verwechselt wißen.»

Schiller selbst fügt jedoch ergänzend die eigene Ansicht hinzu:

«Wenn auch die Gattung zuläßig ist, so ist sie wenigstens nicht der höchsten *poetischen* Wirkung fähig, und es scheint daß sie deßwegen etwas ausserhalb der Poesie zu Hülfe nehmen müsse, um jenes fehlende zu ergänzen.»

Man überschätzte also nicht, was man tat, beließ es bei Versuchen, die neben ihrer populären Wirkung vor allem auch eigener größerer Klarheit über den Evolutionsprozeß literarischer Gattungen dienten und behielt sich Einschränkungen vor. Es fragt sich allerdings, ob Schillers «etwas», das aus dem außerkünstlerischen Bereich gedanklicher Abstraktion in die Ballade eingehen sollte, nur von ihm als notwendige Zutat seiner eigenen Balladen empfunden wurde, während diejenigen Goethes dessen durchaus entbehren konnten. Denn bei aller Gemeinsamkeit der Interessen und aller gegenseitigen Kritik blieben doch die Balladen jeweils Ausdruck der besonderen künstlerischen Statur ihrer Schöpfer und waren nicht Koproduktion im gleichen Sinne wie etwa die *Xenien* oder auch nur von einem gemeinsamen definierbaren literarischen Programm ableitbar. Die einfache Faßbarkeit ihrer Fabeln vermag leicht über die unterschiedlichen ideellen und emotionellen Kräfte hinwegzutäuschen, die in ihren Tiefen wirksam sind.

Dies erweist sich sogleich bei Goethes abgründigem Meisterstück, der «Braut von Korinth», dem «vampyrischen Gedicht», wie er es selbst nannte, das er einem antiken Stoff frei nachgestaltet hatte. Wenn Schiller später Körner über diese Ballade berichtete:

«Im Grunde wars nur ein Spaß von *Göthe* einmal etwas zu dichten, was ausser seiner Neigung und Natur liegt» (12.2. 1798),

so fragt man sich, ob Goethe nicht etwa den Freund auf eine falsche Spur setzte und von ernsthafterer Beobachtung des Textes ablenken wollte.

Von ihrer Fabel her scheint die Ballade nicht gerade schwer verständlich zu sein und auch ihre Idee nicht zu verbergen. Ein noch dem antiken Götterglauben anhängender Jüngling kommt nach Korinth, um die ihm von Kindheit her versprochene Braut als Frau heimzuführen. Aber die Familie des Mädchens ist inzwischen zum Christentum übergetreten und hat die irdische zur himmlischen Braut bestimmt, sie also als Nonne dem neuen Gott geweiht. In der Einsamkeit des Klosters ist das Mädchen gestorben und kommt nun als gespenstische Wiedergängerin ins Elternhaus zurück, um mit dem ihr bestimmten Bräutigam eine Liebesnacht zu feiern und ihn dann mit vampirischer Macht zu sich in den Tod zu holen. Von der Mutter, die Zeugin der schauerlichen Liebesszene wird, erbittet sie für beide den Scheiterhaufen als sichtbaren Ort ihres Liebestodes auf dem Weg zu «den alten Göttern».

Viele der Zeit bekannte und leicht deutbare Motive sind in dem Gedicht angeschlagen.

> Und der alten Götter bunt Gewimmel
> Hat sogleich das stille Haus geleert.
> Unsichtbar wird Einer nur im Himmel,
> Und ein Heiland wird am Kreuz verehrt;
> Opfer fallen hier,
> Weder Lamm noch Stier,
> Aber Menschenopfer unerhört.

So lautet die Strophe, mit der jener Götterwechsel bezeichnet wird, der das junge Mädchen das Leben kostet und damit Ursache der Katastrophe ist. Es sind Worte, die deutlich an Schillers «Götter Griechenlands» und insbesondere an deren bewegende Klage über die antike Götterdämmerung anklingen:

> Alle jene Blüthen sind gefallen
> von des Nordes winterlichem Wehn.
> *Einen* zu bereichern, unter allen,
> mußte diese Götterwelt vergehn.

Die Bestimmung des Verhältnisses zwischen Christentum und Antike gehörte zu den großen Auseinandersetzungen der Zeit, die nicht nur die Grundsätze moderner Kunst, sondern neue gesellschaftliche Lebensformen überhaupt betrafen. Im *Musen-Almanach* klassifizierte Goethe die «Braut von Korinth» als «Romanze» und stellte sie damit ausdrücklich in die romantisch-christliche Tradition. Denn unter «Romanze» verstand man damals das aus solchem Boden hervorgewachsene Erzählgedicht, während man die Ballade eher in der heidnisch-nordischen Welt der Erlkönige und Undinen verwurzelt sah. Der Untertitel freilich ist nicht ganz ohne Ironie, denn eigentlich gibt Goethes Ballade von beidem – von Christlichem und Heidnischem, präsentiert jedoch das letztere in einer seltsamen Mischung von dunklem Gespensterwesen mit lichtem Götterfrohsinn. Das Wiedergänger- und Vampirmotiv ist Goethes eigene Zugabe zum Stoff, aber wenn der den lebendigen Partner zu sich holende Tote in der düsteren deutschen Welt von Bürgers «Lenore» durchaus am Platze war, so ist dagegen das vampirische Wesen für die Braut von Korinth als der Advokatin antiker Götterlust recht unangemessen. Bei genauerer Betrachtung erweist sich deshalb auch Goethes Ballade nicht so sehr als Anklage gegen das Christentum, sondern als Darstellung der Gefahren einer großen geistigen Übergangssituation, einer Wertkrise, wie sie Goethe und manche seiner Zeitgenossen auch in der eigenen Epoche sich entwickeln sahen:

> Keimt ein Glaube neu,
> Wird oft Lieb' und Treu'
> Wie ein böses Unkraut ausgerauft.

Gut und Böse aber vermengen sich ununterscheidbar im Reich des Dämonischen. Die eucharistischen Segnungen von Brot und Wein lehnt die gespenstische Braut konsequent ab, als sie ihr unabsichtlich vom heidnischen Bräutigam geboten werden; sie beschränkt sich auf «den dunkel blutgefärbten Wein», und der erbetene Liebestod auf starken Scheiten versinnbildlicht dann eher das Ende als die apotheotische Verkündigung des Anfangs einer neuen Welt.

Rätselhaftes bleibt, und die Magie von Goethes Gedicht beruht vor allem auf dem Gefühl des Lesers, daß die Verse mit einer historischen Deutung noch längst nicht ihr Geheimnis preisgegeben haben. Diese Ballade vom Liebestod entfaltet zum Beispiel eine merkwürdige Vorstellung der Liebe: Braut und Bräutigam haben einander bisher noch nie gesehen, also auch einander nicht lieben gelernt, sondern sie waren von Kind an und vor jeder Gefühlsentscheidung füreinander bestimmt. Abweichend von der Quelle holt Goethe überdies die Mutter als Zeugen nicht nur der Begegnung oder des

Todes der beiden herbei, sondern ausdrücklich auch der körperlichen Vereinigung und «des Liebesstammelns Raserei», als müsse sie durch solch peinliche Zeugenschaft nicht nur die Schuld religiösen Eifers abbüßen, sondern eine Urschuld viel größeren Ausmaßes. Aber bei dieser Rätselhaftigkeit beläßt es Goethe, und bei ihr soll es deshalb auch der Lesende belassen. Nur wird immerhin die Erinnerung heraufbeschworen an jene seltsame «vampirische» Szene in *Wilhelm Meisters Lehrjahren*, wo Meister, einen Schleier in der Hand, plötzlich einen Schmerz im Arm spürt: Mignon, dieser geheimnisvolle Sproß einer Geschwisterliebe, «hatte ihn angefaßt und ihn in den Arm gebissen».

Vom Liebestod in den Flammen spricht auch die Ballade, die Goethe unmittelbar nach der «Braut von Korinth» und als deren Gegenstück verfaßte: «Der Gott und die Bajadere». Fern vom europäischen Zusammenstoß zwischen Antike und Christentum enthüllt sich in dieser «indischen Legende» die reine Menschlichkeit alles Göttlichen. Mahadöh, «der Herr der Erde», lehrt in Menschengestalt einer indischen Prostituierten die Liebe, so daß ihre «frühen Künste» Natur werden. Dafür hebt sie dann der Gott, als man den scheinbar in der Liebesnacht Gestorbenen verbrennt, mit den Würden einer Gattin im Flammentod zu sich empor. Betrachtet man den Menschen als Gottes Kind, so ist auch dies eine Art Wiedergängerballade, aus der allerdings nun das Gespenstische verbannt ist. Gegen den Willen der Priester und gegen die Konventionen der Religion vollzieht sich eine Himmelfahrt aus Liebe, die im übrigen mehr von christlichem Geiste in sich trägt als von dem der indischen Mythen. Im kunstvollen, rhythmisch kontrastierenden Wechsel von trochäischen Achtzeilern mit jeweils einem daktylischen Terzett erzählt Goethe diese Legende, in der auch im Inhalt Gegensätzlichstes in eins verbunden wird: Gott und Sünderin, Ewigkeit und Zeit, Liebesglück und Tod.

Das Motiv des Flammentods der indischen Witwen als ein äußerstes Bekenntnis der Liebe hat damals auch die jüngeren Autoren tief beeindruckt; Friedrich Schlegel verwendete es, wie bereits erwähnt, in der *Lucinde* (1799), und Karoine von Günderrode machte es zum Gegenstand eines Gedichts («Die Malabarischen Witwen», 1806). Bei Goethe allerdings führte die indische Motivik auf ein Grundthema seines religiösen Denkens überhaupt, und zwar auf die Vorstellung einer natürlichen Transzendenz, zu der alle Religionen nur ihre mythische Metaphorik bereitstellen, die jedoch durch die religiösen Institutionen der Gesellschaft ständig entstellt und entwertet wird. Deshalb geht Goethe auch gern in seiner religiösen Bildersprache auf das elementarste Zeichen alles Göttlichen zurück, das Prometheus einst vom Himmel holte: auf das Feuer. In beiden Balladen wird der Scheiterhaufen das Tor zum Göttlichen ganz im Sinne jener Verse, die zu einem der schönsten *Divan*-Gedichte («Selige Sehnsucht») gehören:

> Sagt es niemand, nur den Weisen,
> Weil die Menge gleich verhöhnet,
> Das Lebend'ge will ich preisen,
> Das nach Flammentod sich sehnet.

Gemessen an solchem Höhenflug ist die Ballade «Der Zauberlehrling» sehr viel irdischer mit ihrer so anschaulichen, rhythmisch versinnlichten und vielseitig anwendbaren Warnung vor menschlicher Selbstüberschätzung. Statt des Feuers regiert darin nun das Wasser, und über ihr wechselndes Spiel mit den Elementen haben sich die beiden Poeten denn auch gelegentlich in der Korrespondenz amüsiert, hatte doch Schillers Taucher gleichfalls mit dem Wasser seine Probleme. Balladenschreiben war ihnen – da hatte Schiller schon recht – bei allem Ernst doch zugleich ein Spaß.

Schillers Balladen sind von recht anderem geistigen Zuschnitt als diejenigen Goethes. Strenge Begriffe von Recht und Unrecht herrschen in ihnen,

und nicht ethische Inkommensurabilität oder ironische Heiterkeit wie bei
Goethe. Mitten in der Balladenarbeit und genau einen Tag, nachdem die
«Kraniche des Ibycus» fertig geworden waren, hatte Schiller über die Wirkung der Poesie allgemein in einem Brief an Goethe reflektiert. Dieser hatte
bei einer Reise in seine Heimatstadt beobachtet, wie das große Publikum, das
er in Weimar nicht gewohnt war, «eine Art von Scheu gegen poetische Pro-
ductionen» an den Tag legte. Goethe fand das natürlich, weil Poesie Sammlung verlange – «sie isolirt den Menschen wider seinen Willen» – und deshalb unbequem sei (9.8. 1797). Schiller bestätigte den Gedanken in seiner
Antwort, meinte aber, daß man den Leuten, wenn man ihnen schon durch
die Poesie nicht wohltun könne, ihnen doch wenigstens «recht übel machen
kann», so daß sie immerhin «an die Existenz einer Poesie glauben» und
«Respect vor den Poeten» bekommen:

> «Etwas ist in allen, was für den Poeten spricht, und Sie mögen ein noch
> so ungläubiger Realist seyn, so müssen Sie mir doch zugeben, daß die-
> ses X der Saame des Idealismus ist, und daß dieser allein noch verhin-
> dert, daß das wirkliche Leben mit seiner gemeinen Empirie nicht alle
> Empfänglichkeit für das poetische zerstört.» (17.8. 1797)

Kunstwirkung = Poesie + x: mit dieser einem Arno Holz im Stil voraus-
empfundenen Formel wartet Schiller hier aus der Erfahrung seiner Balladendichtung auf und versucht, seine Arbeit auf Begriffe zu bringen. Dieses x,
diese Empfängnisbereitschaft für den «Idealismus» in den Lesern suchte er zu
treffen, ganz gleich ob man es durch Vergnügen oder «Übelmachen» erreichen konnte. Im Sinne einer solchen Bestimmung schreibt er bald darauf
über die «Kraniche des Ibycus» und den «Ring des Polykrates» an Körner,
die Personen darin seien «nur um der Idee willen da» und müßten sich als Individuen ihr «subordinieren». In alledem steckt ein Hauch von Herablassung
gegen die Form der Ballade wie gegen das Publikum, für das sie bestimmt ist;
sie war ihm, der in diesen Monaten als Dramatiker Sophokles nachstrebte,
von minderem Rang unter den Formen der Dichtung. «Ich habe von der Ballade keinen so hohen Begriff, daß die Poesie nicht auch als bloßes Mittel dabei statt haben dürfte», lautet der letzte Satz in dem Brief an Körner (2.10.
1797), und er hat diese Ansicht später noch bekräftigt, wie aus dem früher zitierten Brief an Körner (27.4. 1798) zu sehen ist. Schiller wäre sicher mit einer Nachwelt unzufrieden gewesen, die ihn als Lyriker vor allem seiner Balladen wegen schätzte.
    Der «Saame des Idealismus» wirkt in Schillers Balladen auf zweifache
Weise: einmal durch die Idee von Schuld und Strafe und zum anderen durch
die Idee des heroischen Lebens, und zwar vorwiegend eines Heroismus der
Entsagung. In beidem kommen Züge seiner eigenen Persönlichkeit zum
Ausdruck, die mit vorwaltenden Gesinnungen seines deutschen bürgerlichen
Publikums korrespondierten: sein Erziehertum und das Sich-Abfinden mit

einer beschränkten Tätigkeitssphäre, der man durch das Heldentum freiwilligen Verzichts Würde verleihen kann. Beide Ideen reflektieren die Schranken von Schillers eigener Zeit, aber beide haben zugleich ihr Recht auch jenseits einer historischen Situation, denn weder der Wunsch nach Gerechtigkeit noch derjenige nach der Erhebung über die gesellschaftlichen und existentiellen Grenzen des Menschen dürften je ihren Sinn verlieren. In Schillers Balladen mischt sich allerdings das zeitlich Begrenzte mit dem Allgemeingültigen auf sehr verschiedene Weise und präsentiert sich auch mit wechselnder künstlerischer Intensität.

Heroismus kennzeichnet die beiden frühesten unter Schillers Balladen: der «Taucher» und den «Handschuh». In beiden ist das Thema eine unerfüllt bleibende Liebesbeziehung. Fräulein Kunigund, die den Handschuh «zwischen den Tiger und den Leu'n» mitten hinein wirft, tötet durch solche kalte Menschenverachtung zwar nicht den sie anbetenden Ritter Delorges, der den Handschuh auf ihr Geheiß mutig aus solch gefährlicher Nachbarschaft herausholt, wohl aber tötet sie die Liebe in ihm, die – das ist Schillers Schluß – nur auf dem Boden der anerkannten Menschenwürde gedeihen kann. Für sie tritt der Ritter in den «Löwengarten» ein, während der «Edelknecht», der zweimal nach dem Becher des Königs taucht, aus weniger eindeutigen Motiven das Schicksal versucht und deshalb auch umkommt. Denn wenn er nach dem ersten Sturz in die Tiefe, einer vom König vermessen herausgeforderten Mutprobe um des Bechers willen, das Licht wieder erblicken darf, so geht er beim zweiten Mal unter, als der Preis der Königstochter auf das Gelingen ausgesetzt ist: «Der Mensch versuche die Götter nicht». Das gilt, versteht sich, für den fürstlichen Tyrannen, aber es gilt auch für den jungen Wagehals, dem gerade um der Liebe und Menschenwürde willen die Entsagung besser angestanden hätte. Nicht die verehrte Prinzessin allerdings führt ihn in Versuchung – wie Kunigunde ihren Delorges –, sondern eben der König: Es ist eine bemerkenswerte Reflexion auf das Verhältnis zwischen Fürst und Untertan zu einer Zeit, da zwar nicht im kultivierten Weimar, wohl aber in anderen deutschen Provinzen willkürliches Spiel der Herren mit dem Leben ihrer Diener noch durchaus Realität besaß. Schillers «Taucher» wirkt jedoch vor allem durch die sprachliche Gestaltung, die Schiller der Idee darin gab. Nicht weniger als die Hälfte der achtundzwanzig sechszeiligen Strophen dieser Ballade schildern Wasser, Schlund und den «Höllenraum» der Tiefe als eine Gegenwelt zum Licht und zur Lebenssphäre der Menschen:

> Schwarz wimmelten da, in grausem Gemisch
> Zu scheußlichen Klumpen geballt,
> Der stachlichte Roche, der Klippenfisch,
> Des Hammers gräuliche Ungestalt,
> Und dräuend wies mir die grimmigen Zähne
> Der entsetzliche Hay, des Meeres Hyäne.

> Und da hieng ich und war mirs mit Grausen bewußt,
> Von der menschlichen Hülfe so weit.
> Unter Larven die einzig fühlende Brust,
> Allein in der gräßlichen Einsamkeit,
> Tief unter dem Schall der menschlichen Rede
> Bey den Ungeheuern der traurigen Oede.

So berichtet der Knappe nach seinem ersten Sprung in die Tiefe, und der Bericht ist gut dazu angetan, den Leuten durch die Poesie «recht übel» zu machen. Schiller war Goethe dankbar, als dieser ihm nach der Beobachtung des Rheinfalls bei Schaffhausen das

Zutreffende der Beschreibung des Strudels («Und es wallet und siedet und brauset und zischt») bestätigte. Denn Schiller hat weder große Wasserturbulenzen noch gar das Meer je selbst gesehen. «Ich habe diese Natur nirgends als etwa bei einer Mühle studieren können, aber weil ich Homers Beschreibung von der Charybde genau studierte, so hat mich dieses vielleicht bei der Natur erhalten.» (6. 10. 1797) Es gab also im Deutschland des 18. Jahrhunderts auch Gründe zur Verehrung klassischer Kunst, von denen sich der mühelos in die Welt blickende oder reisende Bürger des 20. Jahrhunderts keine Vorstellung mehr machen kann.

Die reine Liebesentsagung darzustellen, wie sie der Ritter Toggenburg gegenüber der «des Himmels Braut» gewordenen Geliebten praktiziert, indem er sich eine Hütte vor ihrem Klosterfenster baut und dort «still sich freuend» den Tod erharrt, war Schillers Sache nicht, und gegen eine so sprach- und gefühlsmächtige Darstellung von Konsequenzen des christlichen Asketismus wie in der «Braut von Korinth» kann die Ballade «Ritter Toggenburg» nicht bestehen. Seine ganze Stärke lyrisch-dramatischer Darstellung entfaltete Schiller hingegen in jenen Balladen, in denen Schuld und Strafe und damit die Idee der Gerechtigkeit im Zentrum stehen. Der «Taucher» hatte darauf zugeführt, denn ein gefährlicher, falscher Heroismus war darin von menschlicher Willkür provoziert worden. Schillers dritte Ballade nach dem «Taucher» und dem «Handschuh» – «Der Ring des Polykrates» – setzt sich gerade einen solcher Fall zum Thema, wie er es unmittelbar an den «Taucher» anschließen könnte. Allerdings hat Schiller – und das ist ein außerordentlicher Kunstgriff – zur Darstellung gerade jenen Moment gewählt, in dem Schuld und Strafe suspendiert sind wie in der Stille vor dem Sturm. Von beiden ist nicht die Rede im Gedicht, aber dennoch sind sie anwesend, und zwar paradoxerweise in dem extremen Glück, das die Götter dem Polykrates zuteil werden lassen. Ägyptens König beobachtet, wie dem Freunde selbst das Unglaublichste zum Guten ausschlägt und mit allem materiellen Gewinn auch noch der zum Versuche der Göttergunst ins Meer geworfene Ring im Bauche eines Fisches zurückgebracht wird:

> Hier wendet sich der Gast mit Grausen:
> ‹So kann ich hier nicht ferner hausen,
> Mein Freund kannst du nicht weiter seyn,
> Die Götter wollen dein Verderben,
> Fort eil ich, nicht mit dir zu sterben.›
> Und sprachs und schiffte schnell sich ein.

«Des Lebens ungemischte Freude» werde «keinem Irdischen zu Theil», hatte der ägyptische Gast schon vorher dem Freunde zu bedenken gegeben; jetzt ist das äußerste Glück Vorbote der härtesten Strafe. In einer solchen Schlußfolgerung steckt eine alte, antike Auffassung über die Strafe menschlicher Hybris, wie sie Schiller aus Herodot kannte. So bedeutete die Ballade zunächst eher eine künstlerische Herausforderung, «die Wirkung des Uebersinnlichen», wie er es selbst bezeichnet hat (2. 10. 1797), spürbar zu machen. Aber zugleich liegt doch auch eine eigene, moderne Idee in dem Gedicht: Das Glück als absolutes Ziel menschlichen Daseins erscheint in fragwürdiger Gestalt, und die Ballade bereitet damit Gedanken Schillers vor, die er dann im Jahre darauf unmittelbarer in seiner Elegie «Das Glück» zum Ausdruck gebracht hat.

Das Publikum zu «incommodieren», ihm seine «Behaglichkeit» zu verderben und es «in Unruhe und in Erstaunen» zu setzen (17. 8. 1797), war Schillers Absicht auch in den «Kranichen des Ibycus». Darin begab er sich auf das Territorium eigenster Gedanken zur Kunst, denn um deren Wirkung geht es in der Ballade. Eine Differenzierung von Schillers Ansichten läßt sich jedoch erkennen: nicht die ästhetische Vision eines Staates des schönen Scheins wird in diesem Gedicht hervorgerufen, sondern die ganze schaurige Macht des antiken Theaters. Publikum in der Ballade wie für die Ballade ist das Volk, dem man Respekt vor der Poesie beizubringen hatte; das Spiel der Kunst als Ausdruck vollendeter Harmonie war vorerst nur den «auserlesenen Zirkeln» zugänglich. Das Verhältnis zwischen dem erschütternden Eindruck des Eumenidenchors im Theater und der Reaktion der Mörder auf das Naturphänomen der über das Theater fliegenden Kraniche, die sie zu ihrem verräterischen Ausruf veranlassen, ist freilich nicht das einfache von Ursache und Wirkung. Schiller und Goethe haben darüber ausführlich in ihrer Korrespondenz diskutiert. Der Kranichzug über dem Theater und der rasche, unwillkürliche Ausruf des einen der beiden Mörder –

> Sieh da! Sieh da, Timotheus,
> Die Kraniche des Ibycus!

gehörten nach Schillers Empfinden durchaus – wie die Glückszeichen des Polykrates – in den Bereich des Zufalls. Aber kein Zufall ist das Geschehen als Ganzes für das Publikum, das vorher von dem schrecklichen, Strafe für Schuld verkündenden Reigen der Rachegöttinnen auf der Bühne erschüttert worden war:

> So singend tanzen sie den Reigen,
> Und Stille wie des Todes Schweigen
> Liegt überm ganzen Hause schwer,
> Als ob die Gottheit nahe wär'.
> Und feierlich, nach alter Sitte
> Umwandelnd des Theaters Rund
> Mit langsam abgemeßnem Schritte,
> Verschwinden sie im Hintergrund.

> Und zwischen Trug und Wahrheit schwebet
> Noch zweifelnd jede Brust und bebet,
> Und huldiget der furchtbarn Macht,
> Die richtend im Verborgnen wacht,
> Die unerforschlich, unergründet,
> Des Schicksals dunkeln Knäuel flicht,
> Dem tiefen Herzen sich verkündet,
> Doch fliehet vor dem Sonnenlicht.

Momente später erlebt das in solcher Weise meditierende Publikum einen Akt der Gerechtigkeit und sieht, wie die Szene zum Tribunal wird. Die Kunst stellt nicht Gerechtigkeit her, aber sie macht darauf aufmerksam, daß es Gerechtigkeit gibt. Mit den «Kranichen des Ibycus» lehrte Schiller sein Publikum «an die Existenz einer Poesie» zu glauben und «Respect vor den Poeten» zu bekommen.

Beispiele gesellschaftsbildender Kunst in Schillers Balladendichtung nach 1797 sind «Die Bürgschaft» und «Der Graf von Habsburg». Beide zeugen von einem nicht mehr nur in Entsagung, sondern in der humanen Tat sich manifestierenden Heroismus. Daß man selbst angesichts des Todes Wort halten könne, erweicht das Herz des Tyrannen von Syrakus, der sich dem treuen, heldenhaften Freundespaar als dritter im Bunde anschließen will. Die Entwertung des Wortes im philosophischen Zeitalter hatte Schiller in der Elegie «Der Spaziergang» beklagt – in seiner Ballade schuf er ein Beispiel für die Macht, die das Wort als Ausdruck der Wahrheit, also der Identität zwischen Wort und Tat, haben kann. Im «Graf von Habsburg» schließlich brachte Schiller, von einem wirklichen Vorfall der deutschen Reichsgeschichte ausgehend, Sänger und König, einem Topos der Zeit entsprechend, als ideales Paar zusammen. Denn der vor seiner Wahl zum Kaiser stehende König Rudolf I. von Habsburg, der «edle Held», war eben jener Graf, der einst einem Priester geholfen hatte, zu einem Sterbenden zu kommen, und der Priester entpuppt sich als eben jener Sänger, der nun im Kaisersaal zu Aachen

das Lob des zu Krönenden besingt. Kunstvoll hat Schiller die Zeitebenen als Erzähl-
ebenen miteinander verbunden, so daß aus der Ballade der Eindruck «göttlichen Wal-
tens» entsteht, wenn der gute Fürst seine Legitimation vor dem Volk aus dem Munde
des Sängers erfährt. Denn das Volk ist, wie in den «Kranichen», mitwirkender Teil
auch dieser Ballade, und auf die Erschütterung und Bewegung seines eigenen deutschen Publikums war schließlich Schillers gesamte Balladendichtung gerichtet.

## 4. Junge Lyrik um 1800

Die bemerkenswertesten der jungen deutschen Lyriker um 1800 wuchsen
unter den Augen Goethes und Schillers heran. August Wilhelm Schlegel war
Schillers Professorenkollege an der Universität Jena und das Schlegelsche
Haus außer dem Schillerschen ein bedeutendes geistiges Zentrum in der kleinen Stadt. Goethe machten die Jüngeren ihre Aufwartung am Frauenplan in
Weimar, wobei der eine den anderen einführte: August Wilhelm Schlegel
stellte Novalis vor und Novalis wiederum Tieck. Hölderlin besuchte Jena
hauptsächlich Schillers wegen, in dessen Haus er dann auch Goethe begegnete. Später hat er ihn in Weimar und noch einmal durch Schillers Vermittlung in Frankfurt getroffen. Nur der junge Brentano, der 1798 als Zwanzigjähriger nach Jena kam, scheint Goethe und Schiller damals nicht nahegekommen zu sein, obwohl er in Jena durchaus von sich reden machte, als er
dem Professor Mereau seine Frau Sophie entfremdete, die eine poetische
Verehrerin Schillers war. Goethe hingegen hatte zwar einst Brentanos Mutter Maximiliane La Roche Aufmerksamkeit entgegengebracht, aber den
Sohn sah er erst 1809, drei Jahre nachdem ihm von diesem und dessen
Freund Achim von Arnim die Liedersammlung *Des Knaben Wunderhorn* öffentlich zugeeignet worden war. Denn die Beziehungen zwischen den Generationen bestanden nicht nur in Äußerem, sondern betrafen natürlich auch
das, was man mit Goethe und Schiller gemeinsam hatte: die literarische Arbeit. Die Vorstellung jedenfalls, daß damals eine auf gemeinsamen Prinzipien und gemeinsamer Gesinnung bauende romantische Schule gegen
Goethe und Schiller ins Feld trat, hat nichts mit den Tatsachen gemein.
  Ein gewisses Zentrum stellten allerdings in Jena die Brüder Schlegel dar,
die sowohl als Theoretiker wie als Praktiker der Lyrik bedeutsame Anregungen und Anstöße gaben und zu denen insbesondere Tieck und Novalis ein
enges freundschaftliches Verhältnis besaßen. August Wilhelm Schlegel und
Ludwig Tieck edierten gemeinsam das einzige Buch, das als Sammelbecken
und Anthologie der jungen deutschen Lyrik um 1800 genannt zu werden
verdient, den *Musen-Almanach für das Jahr 1802.* In ihm waren Gedichte von
August Wilhelm und Friedrich Schlegel, von Tieck, Schelling und dem inzwischen verstorbenen Novalis versammelt. Hölderlin freilich fehlte, denn
man wußte kaum etwas von ihm, und ebenso fehlte Brentano. Dieser war
zwar oft im Schlegelschen Hause in Jena zu Gast gewesen, aber er hatte ge-

rade erst im *Gustav Wasa* (1800) seinen Spaß an der ganzen literarischen
Szene dort gehabt – einen Spaß, bei dem die Schlegels nicht ungeschoren da-
vongekommen waren. Tieck hingegen betrachtete Brentano eher als Imitator
seiner eigenen Lyrik und empfand Überdruß daran. Die junge deutsche Lyrik um 1800 erweist sich also bei näherer Betrachtung als ein Mosaik von
sehr divergierenden künstlerischen Tendenzen, Formen und Talenten, und
nur drei Autoren sind hoch über ihre eigene Zeit hinausgewachsen: Novalis,
Brentano und Hölderlin.

## Die Brüder Schlegel

«Wie weit ich meinen eigenen Forderungen Genüge geleistet, das ziemet mir
nicht zu entscheiden. Soviel aber darf ich behaupten, daß mein junger vor-
trefflicher Freund, August Wilhelm Schlegel, dessen großem poetischen Talent, Geschmack und Kritik, mit mannigfaltiger Kenntnissen verbunden,
schon sehr frühe die gehörige Richtung gaben, nach jenen Forderungen
ohne Anstoß Sonnette verfertigt hat, die das eigensinnigste Ohr des Kenners
befriedigen müssen.» Das schrieb Gottfried August Bürger in der Vorrede zu
der Ausgabe seiner *Gedichte* von 1789, eben jener Ausgabe, der Schiller bald
darauf sein vernichtendes Urteil zuteil werden ließ. Schlegel war 1786 als
neunzehnjähriger Student nach Göttingen gekommen und hatte dort bald
das Vertrauen Bürgers erworben, der sein poetischer Lehrmeister in der So-
nettkunst wurde. Denn Bürger war es, der – wie schon eingangs bemerkt –
das Sonett nach einer hundertjährigen Ruhezeit wieder ans Licht gebracht,
von der Schwere des Alexandriners befreit und durch das fünffüßige Metrum
der eigenen Zeit leichter zugänglich gemacht hatte als «ein kleines, volles,
wohl abgerundetes Ganzes, [...] das kein Glied merklich zu viel, oder zu wenig hat, dem der Ausdruck überall so glatt und faltenlos, als möglich, anliegt,
ohne jedoch im mindesten die leichte Grazie seiner hin und her schwebenden
Fortbewegung zu hemmen». So charakterisiert Bürger selbst das Sonett in
seiner Vorrede, in die er zur Demonstration seiner Lehrmeisterschaft sogar
ein Beispiel von Schlegels Poesie einschloß. Beider Vorbild war wiederum
Petrarca, den sie übersetzten, aber während Bürger vor allem Petrarcas Thematik einer über den Tod hinausgehenden Liebe berührte – die meisten seiner eigenen Sonette sind an die 1786 verstorbene Gattin «Molly» gerichtet –,
so war es für Schlegel der Reiz der Form selbst und ihr historischer Ursprung.

Schlegels Verhältnis zur Lyrik – auch zur eigenen – war im Grunde das eines Proso-
dikers und Literarhistorikers. Von Bürger und den italienischen Vorbildern ausgehend, entwickelte er eigene deutsche Gesetze für das Sonett, in dem seiner Ansicht
nach der Jambus gegenüber dem bei Bürger vorherrschenden Trochäus sowie der
weibliche Reim dominieren sollten, und legte solche Gesetze in seinen Berliner Vorlesungen zur Poetik nieder. Zusammengefaßt hat er sie außerdem in einem Sonett
selbst:

## Das Sonett

Zwei Reime heiß' ich viermal kehren wieder,
Und stelle sie, getheilt, in gleiche Reihen,
Daß hier und dort zwei eingefaßt von zweien
Im Doppelchore schweben auf und nieder.

Dann schlingt des Gleichlauts Kette durch zwei Glieder
Sich freier wechselnd, jegliches von dreien.
In solcher Ordnung, solcher Zahl gedeihen
Die zartesten und stolzesten der Lieder.

Den werd' ich nie mit meinen Zeilen kränzen,
Dem eitle Spielerei mein Wesen dünket,
Und Eigensinn die künstlichen Gesetze.

Doch, wem in mir geheimer Zauber winket,
Dem leih' ich Hoheit, Füll' in engen Gränzen,
Und reines Ebenmaß der Gegensätze.

Die Abwehr des Vorwurfs formalistischer Spielerei war am Platze, denn nicht nur hatte seit den späten neunziger Jahren eine Sonettmode sondergleichen begonnen, der sich schließlich nach anfänglichem Zögern selbst Goethe nicht entzog, es erhob sich auch eine Gegenbewegung, an deren Spitze Johann Heinrich Voß als Verteidiger klassischer Formen trat. Denn das Sonett war ja eben eine romanische Form aus romantisch-christlicher Tradition, und wenn sich Schlegel in zunehmendem Maße dafür engagierte, dann tat er es nicht nur aus prosodischem, sondern ebenso aus historischem Interesse als einer von denjenigen deutschen Schriftstellern, die zuerst dem Begriff Romantik eine spezifische Bedeutung gaben. Seine *Blumensträuße italiänischer, spanischer und portugiesischer Poesie* (1804) enthalten musterhafte Übersetzungen musterhafter Sonette aus dieser romantischen Tradition zusammen mit Übertragungen jener anderen romanischen Formen, die man sich damals wieder aneignete, also von Stanzen, Romanzen, Terzinen, Kanzonen, Madrigalen und Glossen.

Als eigenständiger Sonettdichter gab Schlegel sein Bestes in den mit Caroline Schlegel gemeinsam verfaßten Sonetten auf geistliche Gemälde, die 1799 als Ergänzung eines langen Kunstgesprächs im *Athenaeum* veröffentlicht wurden, und in dem *Todten-Opfer* auf Carolines Tochter Auguste, das im *Musen-Almanach* für 1802 erschien. Über eine gewisse Formvollendung freilich dringen diese Gedichte nirgends hinaus, denn Schlegel vermochte nicht – und das bezeichnet seine Grenze als Lyriker – in Bildern und Metaphern zu denken, sondern nur Bilder und Metaphern zur Illustration von Gedachtem gut und treffend zu verwenden. Solche Beschränkung zeigt sich auch in seiner übrigen Lyrik, zum Beispiel in den umfangreichen Gedichten, die Schiller von ihm in die *Musen-Almanache* aufnahm. Obwohl sie thematisch durchaus bemerkenswert und künstlerisch vorzüglich durchgestaltet und geschliffen sind, geht ihnen dennoch die Magie eines vollendeten Kunstwerks ab. «An dem Machwerk im *Pygmalion* erkennt man den geübten Künstler», schrieb Körner damals an Schiller in einer privaten Kritik des *Musen-Almanachs* für 1796 über das so benannte Stanzengedicht Schlegels und fügte hinzu: «Ueberhaupt gehört Schlegel zu denen die über den Mitteln den Zweck vergessen.» Mochte nun Schlegel auch den «Zweck» einer autonomen lyrisch-poetischen Mitteilung mit dem «Pygmalion» nicht erreicht haben, so blieb das Thema doch von hoher Aktualität. Nichts anderes als die Macht der Kunst war ja Gegenstand des alten Mythos, und über die weiten Möglichkeiten ihrer schöpferischen Kraft pflegten die jungen, von Fichte begeisterten Theoretiker einer romantischen Universalpoesie gerade in diesen Tagen lebhaft zu diskutieren. Schlegel verwandelte

deshalb auch gegenüber der Quelle in Ovids *Metamorphosen* die Belebung der selbstgeschaffenen Statue «aus einem zufälligen Wunder» zum «natürlichen Lohn des
Künstlers», den er für seinen hingebenden Dienst an der Kunst erhält. Diese Interpretation jedenfalls gab dem Gedicht Friedrich Schlegel in einer Rezension des Schillerschen *Musen-Almanachs*, wobei er den Bruder durchaus über Ovid stellte, denn um ge-
genseitiges Lob waren die Brüder Schlegel nie verlegen.

Die schöpferische Kraft des Menschen und die Macht der Kunst sind auch Thema
der anderen beiden großen Gedichte August Wilhelm Schlegels in den *Musen-Almanachen* Schillers. Es sind «Prometheus», ein Terzinen-Gedicht, das in dem Lob des «frei-
en Menschen» ausklingt, und die Romanze «Arion», die Schiller im Almanach auf das
Jahr 1798, dem «Balladen-Almanach», unmittelbar auf seine «Kraniche des Ibycus»
folgen läßt als ein deutliches Gegenstück dazu, auch wenn er privatim nicht viel von
Schlegels Gedicht hielt. Aber bei den Schlegels fiel es ihm schwer, objektiv zu sein. In
der Tat haben beide Gedichte einen vergleichbaren Vorwurf: ein Dichter fällt unter
Räuber und Mörder. Während er jedoch bei Schiller deren Opfer wird und Kunst als
Theater sowie Natur als Kranichzug lediglich dazu beitragen, daß am Ende irdische
Gerechtigkeit vollzogen wird und die Mörder für ihre Tat büßen müssen, so ist es bei
Schlegel – der antiken Sage entsprechend – der Dichter selbst, der durch seinen Ge-
sang eine unmittelbare Beziehung zur Natur herstellt und einen Delphin bewegt, ihn
rettend an die Küste zu tragen, nachdem ihn die Menschen beraubt und ins Meer ge-
worfen haben. Als die Räuber später den Ausgang erfahren, trifft es sie «wie des Blitzes
Schein»:

> Ihn wollten wir ermorden;
> Er ist zum Gotte worden:
> O schläng' uns nur die Erd hinein!

Letzteres geschieht allerdings nicht, sondern ihnen wird eine schlimmere Strafe zuteil:

> Er lebet noch, der Töne Meister;
> Der Sänger steht in heil'ger Hut.
> Ich rufe nicht der Rache Geister,
> Arion will nicht euer Blut.
> Ferr mögt ihr zu Barbaren,
> Des Geizes Knechte, fahren;
> Nie labe Schönes euern Muth!

Der Künstler als Gott und der Ausschluß von der Kunst als höchste Strafe – das sind
zwei Züge, die von einer sehr viel unbedingteren Verehrung der Kunst und des Künstlers sprechen als Schillers Ballade, in der der düstre Erinnyenchor durch Furcht und
Schrecken nur den Sieg des Sittengesetzes vorbereitet. In Schlegels Gedicht verbindet
sich christliche Verzeihung mit romantisch-universalpoetischer Kunstverklärung, aber
die Bestandteile verschmelzen freilich nicht rein, solange der Ausschluß von der Kunst,
und sei es auch nur als Strafe, überhaupt möglich ist. Bemerkenswerterweise hat Tieck
eine im selben Jahr über den gleichen Gegenstand geschriebene Ballade mit dem Dank
des geretteten Arion enden lassen und dem Schicksal der Mörder nicht nachgefragt,
während Novalis, der die Sage in seinem *Heinrich von Ofterdingen* nacherzählt, die
poesiefeindlichen Mörder an Zwistigkeiten unter sich selbst zugrundegehen läßt: vom
Gesichtspunkt romantischer Universalpoesie her der konsequenteste Schluß. In Philipp Otto Runges großer Aquarellzeichnung *Arions Meerfahrt* (1809) hat der Stoff danach auch noch bildliche Anschaulichkeit erhalten.

Friedrich Schlegel ist in seinen Fragmenten und Notizen aus den späten
neunziger Jahren verschiedentlich dem Wesen der Lyrik im Sinne seines

eigenen Poesiebegriffes nachgegangen, auch wenn Lyrik nicht im Mittelpunkt seines Interesses stand. «Lyrische Gedichte dürfen nicht *gemacht* werden; sie müssen *wachsen* und gefunden werden», heißt es in den literarischen Notizbüchern von 1797/98. Natur und die Kunst als Geistesprodukt werden auf diese Weise zueinander in Analogie gesetzt im selben Sinne wie Novalis und Schlegel ihre Fragmente als «Samenkörner» und «Blütenstaub» betrachteten. In solchem Sinne heißt es auch: «Lyrische Gedichte sird romantische Fragmente». Fragmente aber müssen sie sein und bleiben, weil der eigentliche «Gegenstand der rom[antischen] Lyrik» undarstellbar sei: «Das Innre ist unaussprechlich». Dieses Innere, nicht nur als Gefühl und Sentiment, sondern als die Einheit aller inneren Kräfte, bildete überhaupt das Zentrum für Schlegels Gedanken zu einer neuen, romantischen Kunst. Der Bruch mit der klassizistischen Tradition war darin angelegt, aber so hoch und weit die Forderungen gingen, so schwer waren sie in die Wirklichkeit realer literarischer Texte umzusetzen.

Schlegel hat sich erst um die Jahrhundertwende und nach seiner fruchtbarsten theoretischen Periode auch praktisch als Lyriker versucht. Es geschah mit sehr begrenztem Erfolg. Wenn er zum Beispiel das «Lob der Frauen» besang, so gab er zwar einem anderen Frauenideal Ausdruck als Schiller, dessen Verse zum allgemeinen Amüsement des Freundeskreises von August Wilhelm Schlegel parodiert worden waren. Es war ein Ideal, das der Auffassung von Liebe und Ehe in der *Lucinde* entsprach, also der Auffassung von der Frau als freier Gefährtin des Mannes, die ihn zum natürlichen Leben und Empfinden zurückführt. Aber im Gedicht entwickelte das Schlegel in blassen Versen –

> Doch sag ich's, schöne Frauen, kühn und laut;
> Ihr seid die schönsten Blüten dieser Erde!

– in Versen, die den Leser sich nach der sicheren, von klaren Gedanken bewegten Diktion Schillers zurücksehnen lassen. Schlegel probierte vielfach die Formen romanisch-romantischer Dichtung aus, die sein Bruder in Übersetzungen erschloß. Zahlreiche Sonette, Stanzen, Terzinen und Romanzen finden sich unter den Gedichten, die er im *Athenaeum,* dem *Musen-Almanach* für 1802 und anderen Anthologien veröffentlichte; oft waren sie elegant in ihrer Formkunst, aber häufig doch auch künstlich in ihrer Verbindung von Form und Gedanke. Am besten und packendsten war Schlegel als Lyriker dort, wo seinem hohen Reflexionsvermögen eine nicht von der Klangwirkung des Reimes abhängige Form entgegenkam: in der klassischen Elegie.

Das große Lehrgedicht «Herkules Musagetes» (1801) ragt unter seinen frühen lyrischen Leistungen hervor. Es ist zuerst zwar biographisches Dokument für Schlegels eigenen Weg zur Literatur, ein Bericht über die Stationen seiner Lehre bei Lessing, Goethe und Winckelmann, dazu über seine Weggefährten und solche, die er bereits als lästiges Anhängsel empfand:

Freudig durchdringe euch rasch, was die herrschenden Geister gebildet,
Nur, bei den Wunden des Herrn, macht doch nicht alles gleich nach.

Aber in ihrem Kern stellt die Elegie nichts anderes als eine Art «Metamorphose der Poesie», das heißt eine Kontrafaktur zu Goethes Gedicht von der «Metamorphose der Pflanzen» dar:

Lebend sei das Gebilde der Kunst, und lebend die Einheit
Wie in dem liebenden Paar Eine Seele nur schlägt.
Langsam entfaltet der Keim sich, es wachsen die Blätter und Zweige,
Bis der farbige Kelch liebend in Feuer sich schmückt.
In dem flammenden Schmuck nun der liebenden Blume erscheinet,
Was der Gedanke nicht sagt, sinnend die Seele nur fühlt.

Kunst folgt analogisch der von Gott geschaffenen Natur, auf diese Weise ihre eigenen Bewegungsgesetze und Ziele enthüllend, und das wiederum fordert den Künstler heraus, sich einem göttlichen Schöpfer ähnlich zu empfinden:

Und es ergreift, weil du schauest die Gottheit, die süße Begier dich,
Göttlich zeugend das Werk, ähnlich zu bilden dem All,
Daß es, unsterblich gleich ihm, in sich selber habe das Leben,
Jeglichen Schauenden auch göttlich mit Leben erfüllt.

Der Gedanke einer im Einklang mit den Naturkräften stehenden geistigen Harmonie der Welt durch das Medium der Kunst als Universalpoesie läßt sich kaum besser und prägnanter ausdrücken als in diesen Worten. Schlegels Elegie klingt aus mit der Hoffnung, daß aus diesem Verständnis der Kunst heraus nun bald «die germanische Flur» zum «Garten der Musen» überhaupt werde. Es war seine eigene Vorstellung von einer deutschen Kulturnation, wie er sie ähnlich und weniger spezifisch auch schon im *Athenaeum* in dem Gedicht «An die Deutschen» zum Ausdruck gebracht hatte. Dieser nationale Zug begann Schlegels Interesse in den folgenden Jahren stärker zu bestimmen, bis in Karl von Hardenbergs *Dichter-Garten* (1807) aus dem scharfsinnigen, ironisch-witzigen, allen künstlerischen und seelischen Feinheiten, ja Raffinessen nachspürenden jungen Intellektuellen ein politisch und religiös engagierter, zürnender, mahnender, wegweisender und über den Dingen stehender Lehrer seiner Leser und Schriftstellerkollegen geworden war. Für ihn kam mit dem Ende des Heiligen Römischen Reiches auch das Ende aller Versuche mit Neuem («Buhlt länger nicht mit eitelm Wortgeklinge!»), und deutscher «Rittermuth» sowie «die alte Schönheit» sollten fortan Gegenstand der Dichtung sein. Das romantische All war wieder zur Nation, aber diesmal einer real vorgestellten, zusammengeschrumpft – eine Entwicklung, die in der Hochstimmung des «Herkules Musagetes» allerdings schon angelegt war.

## Ludwig Tieck

Ludwig Tieck versuchte, Friedrich Schlegels Ideal romantischer Lyrik – die Beschwörung und Gestaltung eines inneren Zustands der Harmonie, der in Korrespondenz zum harmonischen Weltganzen steht – in seinen Gedichten real zu erfüllen. Er befand sich dabei nicht in Abhängigkeit von Schlegel, aber man entdeckte einander bald als Gesinnungsgefährten. Ludwig Tieck war der radikalste unter den jungen Lyrikern um 1800, und er übte einen beträchtlichen Einfluß auf wiederum jüngere Lyriker in den folgenden Jahren aus; Brentano oder Eichendorff sind ohne sein Vorbild nicht denkbar. Das,

was man als Metapherninventar einer romantischen oder auch nur romantisierenden Lyrik bezeichnen kann, ist früh schon in seinen Gedichten beisammen: «Sehnsucht», «Frühlingsreise», «Schallmeyklang», «Posthornschall»,
«Waldhornsmelodie», «Im Walde» lauten ein paar Gedichttitel aus dem Jahre 1798, die charakteristisch für dieses Inventar sind. In Gedichten Tiecks
stehen die suggestivsten Formeln für das, was sich eine allgemeine Phantasie
gern unter Romantik vorstellt: «Waldeinsamkeit» und «mondbeglänzte Zaubernacht». Sie verweisen auf Stimmungen, die auch den *Sternbald* durchwal-
ten, in dem viele von Tiecks frühen Gedichten enthalten sind, nicht als Einlagen übrigens wie noch im *Wilhelm Meister*, sondern eher als epische Bestandteile, denn Prosa und Lyrik liegen in Tiecks Roman nahe beieinander oder
gehen geradezu ineinander über. Tieck ist kaum mit lyrischen Einzelveröffentlichungen hervorgetreten, sondern hat seine Gedichte zumeist innerhalb
seiner Prosa oder seiner Stücke vorgestellt. Lediglich Schillers *Musen-Almanache* enthielten einige einzelne Gedichte Tiecks und danach auch der *Musen-Almanach* für 1802 sowie das *Poetische Journal* von 1800. Aber eine
Sammlung seiner Gedichte hat Tieck erst 1821 veranstaltet (*Gedichte*, 3 Bde.,
1821–23) und dabei die frühen Verse umgearbeitet.

Trotz Tiecks unbezweifelbarer Gabe zur Sprachmagie ist dennoch keines
seiner annähernd vierhundert lyrischen Gebilde in den poetischen Haus-
schatz der Deutschen eingegangen. Lediglich die Lieder aus der *Wundersamen Liebesgeschichte der schönen Magelone* sind in der Vertonung von Johannes Brahms bekannt geblieben, aber ganz eindeutig nur als Texte zur Musik
und ohne das eigene Recht, das Goethes Gedichte gegenüber Schuberts Musik und Eichendorffs Gedichte gegenüber derjenigen von Schumann immer
beanspruchen können. Die Kurzlebigkeit von Tiecks Versen hat mit den
Vorstellungen zu tun, von denen er sich in seiner lyrischen Produktion leiten
ließ. In der Vorrede zu seiner Sammlung *Minnelieder aus dem Schwäbischen
Zeitalter* (1803) spricht er von der «Liebe zum Ton», von der die ganze neuere Poesie bestimmt werde. Das ist richtig gesagt im Hinblick auf den Begriff
einer romantisch-christlichen Lyrik, die im Gegensatz zur antiken wesentlich
vom Reim und damit vom Klang der Vokale geprägt wird. Der Schluß daraus ist jedoch subjektiv. Für den modernen Dichter ergebe sich deshalb, so
meint Tieck, eine enge Beziehung zwischen Poesie und Musik:

«Eine unerklärliche Liebe zu den Tönen ist es, die seinen Sinn regiert,
eine Sehnsucht, die Laute, die in der Sprache einzeln und unverbunden
stehen, näher zu bringen, damit sie ihre Verwandtschaft erkennen und
sich gleichsam in Liebe vermählen. Ein gereimtes Gedicht ist dann ein
eng verbundenes Ganzes, in welchem die gereimten Worte getrennt
oder näher gebracht, durch längere oder kürzere Verse auseinander gehalten, sich unmittelbar in Liebe erkennen, oder sich irrend suchen,
oder aus weiter Ferne nur mit der Sehnsucht zu einander hinüber rei-

chen; andere springen sich entgegen, wie sich selbst überraschend, andere kommen einfach mit dem schlichtesten und nächsten Reim unmittelbar in aller Treuherzigkeit entgegen. In diesem lieblichen labyrinthischen Wesen von Fragen und Antworten, von Symmetrie, freundlichem Widerhall und einem zarten Schwung und Tanz mannichfaltiger Laute schwebt die Seele des Gedichts, wie in einem klaren durchsichtigen Körper, die alle Theile regiert und bewegt, und weil sie so zart und geistig ist, beinahe über die Schönheit des Körpers vergessen wird.»

Es ist eine treffende Charakteristik seiner eigenen Lyrik, die Tieck hier gibt, verklärt allerdings durch die gleichzeitige Erläuterung seiner Intentionen. In Wirklichkeit dominiert hingegen in Tiecks Lyrik das Labyrinth von Klängen und Worten, in dem Bild und Gedanke einander auflösen.

Tieck eröffnete seine Sammlung von 1821 mit einem Gedicht aus dem Jahre 1797, das den Titel «Sehnsucht» trägt und dessen Anfangszeilen den besonderen Mechanismus und die Tendenzen seiner lyrischen Sprechweise deutlich machen:

> Warum Schmachten?
> Warum Sehnen?
> Alle Thränen
> Ach! sie trachten
> Weit nach Ferne,
> Wo sie wähnen
> Schönre Sterne.
> Leise Lüfte
> Wehen linde,
> Durch die Klüfte
> Blumendüfte,
> Gesang im Winde.
> Geisterscherzen,
> Leichte Herzen!

Es ist offensichtlich, daß Tieck in diesen Versen nicht in Bildern denkt, sondern versucht, durch das Zusammenwirken von Metaphern, Tönen und Rhythmen eine Stimmung zu beschwören, die für ihn die eigentliche «Seele» des Gedichts darstellt. Die Sprachbilder deuten allerdings eine gewisse Richtung seines Denkens und Empfindens an; sie verweisen auf das, was man, wie gesagt, gern als allgemeinen Inhalt des Begriffes Romantik betrachtet: eine nicht genauer bezeichnete Sehnsucht, die sich von der eigenen ungenügenden Gegenwart abwendet und in die Ferne und zu «schönen Sternen» blickt. Es ist eine Sehnsucht, die sich offenbar kompensieren läßt durch das Eingehen in die Natur, allerdings nicht in eine konkret faßbare, sondern in eine lediglich durch «Blumendüfte» und das leichte Wehen der Winde bezeichnete, die durch die Verwandtschaft zu Geistern sogar Zauberkräfte in sich zu tragen scheint.

Tiecks Lyrik ist also in erster Linie nicht Ausdruck einer unmittelbaren persönlichen Empfindung oder Gefühlserfahrung und noch weniger die Entwicklung eines bestimmten Gedankenganges oder das Zusammenwirken beider, sondern eine Aufforderung an die kreative Phantasie zur Herstellung eines erhofften und erwünschten Seelenzustandes.

> Wie beglückt, wer auf den Flügeln
> Seiner Phantasieen wandelt,

lautet der Anfang des Gedichts «Begeisterung», und den Traumzauberer Phantasus machte Tieck zum Helden eines großen Gedichtes «Die Phantasie» im *Sternbald.* Später wurde Phantasus der Namenspatron für Tiecks Sammlung seiner gesamten Jugendpoesie überhaupt (*Phantasus. Eine Sammlung von Mährchen, Erzählungen, Schauspielen und Novellen,* 1812–16). Solche weite, über alles Individuelle und Konkrete hinausgehende Intention lyrischen Dichtens mochte zwar dem Wunsche eines jungen Deutschen nach großen Verhältnissen gegenüber den engen seines Vaterlandes entsprechen und ebenso dem Gefühl der Allmacht des kreativen Geistes, aber im universalen Anspruch gingen zugleich lyrisches Ich wie lyrisches Du unter, und die Stimmung verlor sich ins Gegenstandslose. «*Tieck* hat gar keinen Sinn für Kunst sondern nur für Poesie-Kunst; für Genialität, Fantasmus und Sent[imentalität]. – Es fehlt ihm an Stoff, an Re[alismus], an Ph[ilosophie]», notierte sich damals Friedrich Schlegel, oder noch schärfer: «T[ieck] leidet an der dünnen Tollheit, er ist ein Virtuose in der passiven, bisweilen aber auch in der activen Langeweile.» Das sollte sich nun allerdings nicht allein auf die Lyrik beziehen, aber es traf auf sie viel mehr als auf alle anderen Werke Tiecks zu.

Nun war Tieck allerdings nicht gänzlich ohne «Philosophie». Poetische Konkretheit stellt sich bei ihm besonders dort ein, wo er sich an die naturphilosophisch-religiösen Gedanken Jakob Böhmes und später an diejenigen von Novalis anschloß, die beide ihrerseits schon in poetischer Sprache vorgetragen waren. Große Zusammenhänge sollten in Tiecks Naturverständnis hinter allem einzelnen hervorscheinen, versinnbildlicht durch den Bezug auf die vier Elemente als «Lebens-Elemente» des Menschen schlechthin.

So jedenfalls entwickelt er es in einem großen Gedicht unter diesem Titel im *Musen-Almanach* für 1802, während er in der Romanze «Begeisterung» (1801) ähnlich wie Novalis auch noch das Innere der Erde in Bezug zum Menschen bringt. Von dem beglückt «auf den Flügeln seiner Phantasie» Wandelnden heißt es dort:

> Erde, Wasser, Luft und Himmel
> Sieht er in dem hohen Gange.
> Aufgeschlossen sind die Reiche
> Wo das Gold, die Erze wachsen,
> Wo Demant, Rubinen keimen,
> Ruhig sprießen in den Schaalen.
> Also sieht er auch der Herzen
> Geister, welche Rathschlag halten,
> In der Morgen-Abendröthe
> Lieblich blühende Gestalten.
> Phantasie im goldnen Meere
> Wirft, wo sie nur kann, den Anker,
> Und aus grünen Wogen steigen
> Blumenvolle Wunder-Lande.

Tiecks Stimmungsenthusiasmus ist weit davon entfernt, naiv zu sein. Eine allgemeine Entgrenzung menschlicher Lebenskoordinaten bildet die berechnete Wirkung dieser Verse. In der «Morgen-Abendröthe» wird die Zeit aufgehoben. Auch Tiefe und Oberfläche lassen sich in dieser Phantasiewelt nicht mehr voneinander trennen, und die kalte Schönheit der Steine verschmilzt metaphorisch mit dem Leben der organischen Natur. Tieck kannte zu dieser Zeit bereits die Reise ins Innere und in die magische Welt der Gesteine, die Novalis seinen Heinrich von Ofterdingen hatte unternehmen lassen. Aber was bei Novalis und auch in diesem Gedicht Tiecks noch beglückte Einheitserfahrung ist, das wendet sich bald zur Beobachtung einer dieser unterirdischen Welt anhängenden Dämonie. Tieck selbst gab dieser Erkenntnis in seiner Novelle *Der Runenberg* (1802) Ausdruck, worin er die zerstörenden Wirkungen der artifiziellen Schönheit auf den seiner Welt entfremdeten Menschen sichtbar macht, und Hoffmann folgte ihm darin mit seiner Geschichte von den *Bergwerken zu Falun* (1819). Als Bezeichnung äußerster Einsamkeit und Isolation, der Trennung von Kunst und Welt hat dann das Motiv der unterirdischen Gärten und künstlichen Paradiese noch lange seine Faszination auf die Dichter ausgeübt. Baudelaire und Mallarmé haben von ihm ebenso Gebrauch gemacht wie Stefan George, der eine Wunderblume «nah am abgrund azurn und kristallen» sprießen sah («Wir blieben gern bei eurem reigen drunten»).

Tiecks Lyrik besitzt ihren historischen Wert darin, daß sie zum erstenmal in großem Umfang Variationen charakteristischer Metaphern von Entfremdung und der Sehnsucht nach ihrer Überwindung anbietet. Wanderer, Pilger und Fremde sind ihre Helden, die Spannung zwischen Heimat und Fremde bestimmt sie, Kinder verkörpern die dem modernen Bewußtsein so ideal erscheinende innere und äußere Harmonie. Klänge von Waldhörnern hallen harmoniestiftend und sehnsuchterregend durch diese Verse, Synästhesien von Klang und Licht unterstützen das Gefühl eines großen Alls, und Parks bieten Schutz wie der Garten Eden, während im Gebirge und Wald zuweilen die Macht von Naturgeistern spürbar ist und dem Menschen die Sicherheit seines Gefühls entzieht. «In diesen klaren Thautropfen der Poesie», so schreibt August Wilhelm Schlegel 1798 über Tiecks Lieder, «spiegelt sich alle die jugendliche Sehnsucht nach dem Unbekannten und Vergangenen, nach dem was der frische Glanz der Morgensonne enthüllt, und der schwülere Mittag wieder mit Dunst umgießt; die ganze ahndungsvolle Wonne des Lebens und der fröhliche Schmerz der Liebe.»

Wie die Brüder Schlegel, so hat sich auch Tieck in den verschiedensten Formen romanischer Vers- und Reimkunst versucht. Davon wurde bereits bei der Betrachtung von Dramen wie der *Genoveva* und dem *Kaiser Octavianus* gesprochen, die einige seiner schönsten Verse enthalten, denn in Rollensituationen konnte Tieck am ehesten die Gefahr des Auflösens aller Konturen und bildhaften Vorstellungen vermeiden. Auch die Anziehungskraft der *Magelone*-Lieder beruht auf dieser Voraussetzung. Andere Mittel zur Verfestigung lyrischer Anschauung waren ihm gelegentlich die Personifikation von Naturdingen und die Allegorisierung von Gestalten. Den modernen Intellektualismus aller dieser scheinbar nur auf einfachste Seelenstimmungen ausgehenden Gedichte aber verrät ein künstlerischer Manierismus, wie ihn in der gleichen Zeit ähnlich nur noch Clemens Brentano zustandegebracht hat.

Durch lichte Liebe wird das Leid zum Liede

beginnt ein Sonett Tiecks aus dem Jahre 1803, und Vokal- oder Konsonantenartistik findet sich überall, manchmal bis zur Grenze der Verstehbarkeit. Paradoxe wie die schon erwähnte «Morgen-Abendröthe» enthüllen den Sinn solchen Kunstspiels am deutlichsten. Was diese Bildformel bezeichnet, nämlich die Aufhebung der Zeit, sollte sich in allen seinen Gedichten ereignen. Das gleiche erstrebte zwar auch Novalis, aber Tieck unterschied sich von ihm wie von den Schlegels oder auch von Hölderlin grundsätzlich dadurch, daß er ungeschichtlich dachte, daß er weder von einem historischen Weltbild gestützt wurde wie sie, noch aber auch von einem religiösen, wie etwa Brentano und Eichendorff. Unter dieser Voraussetzung gelangen Tieck Töne der zeitlosen Weltverlorenheit und Sehnsucht am echtesten – wie etwa die berühmt gewordenen Verse aus dem *Blonden Eckbert:*

> Waldeinsamkeit
> Die mich erfreut,
> So morgen wie heut'
> In ew'ger Zeit
> O wie mich freut
> Waldeinsamkeit.

Ludwig Tiecks Rolle in der Geschichte der deutschen Lyrik besteht allerdings nicht allein in dem, was er als Lyriker sagte und wie er es tat, sondern ebenso darin, was er nicht mehr sagte und wie er es nicht mehr tat. Bei Tieck vollzieht sich der entschiedenste Bruch mit klassischen Formen und der klassischen Mythologie, der sich überhaupt nur denken läßt, und zwar in einer Konsequenz wie bei keinem anderen Lyriker in seinen Tagen. Abgesehen von der einen oder anderen ganz seltenen Anspielung kommt Mythologie bei ihm nicht mehr vor. Der um fünf Jahre jüngere Brentano ist ihm dann auf diesem Wege gefolgt.

### Novalis

Das letzte Heft des *Athenaeums* vom August 1800 enthielt als poetisches Kernstück die *Hymnen an die Nacht* von Novalis. Hinter dem Pseudonym verbarg sich, nur für seine Freunde bekannt, der sächsische Adlige Friedrich von Hardenberg, der in diesen Tagen gerade an einer Probeschrift für die Anstellung als Amtshauptmann im Thüringischen Kreise arbeitete, einer Rechtssache, zu der ihn seine juristische Ausbildung ebenso qualifizierte wie seine praktische Erfahrung als Assessor auf den kursächsischen Salinen in Weißenfels, denen sein Vater als Direktor vorstand. Das ganze Jahr hin-

durch war er schon mit Verwaltungsarbeiten und einer geologischen Untersuchung, die der Aufschließung von Braunkohlevorkommen im Süden von
Leipzig diente, stark beschäftigt gewesen. Seine literarische Arbeit – der Roman *Heinrich von Ofterdingen*, von dem er im April den ersten Teil im Manuskript abschloß, die *Hymnen an die Nacht* sowie eine Reihe von teils weltlichen, teils religiösen Gedichten – bildete nur die Beschäftigung seiner Ne-
benstunden. Gerade im Spätsommer des Jahres 1800 allerdings flackerte bei
ihm auch die Tuberkulose wieder auf, an der er schon früher gelitten hatte,
und als schließlich 1802 sein Roman, seine Gedichte und eine kleine Ausgabe
seiner anderen Schriften erschienen, war er bereits ein Jahr tot. Er starb am
25. März 1801, fünf Wochen vor seinem neunundzwanzigsten Geburtstag.

Novalis hat nur wenig von seiner schriftstellerischen Arbeit gedruckt gesehen: die *Hymnen*, die Fragmentsammlungen *Blüthenstaub* und *Glauben und
Liebe*, den kleinen Distichen-Zyklus *Blumen* und von seinen ersten Versuchen das Gedicht «Klagen eines Jünglings», das Wieland 1791 in den *Neuen
Teutschen Merkur* aufgenommen hatte. Ohnehin ist Novalis' lyrisches Werk
nicht umfangreich. Er begann früh, aber produzierte zunächst hauptsächlich
Nachahmendes, wobei seine Vorbilder von der Dichtung des Rokoko über
den Hainbund und die Fürstenpanegyrik eines Ramler oder Denis bis zu
Schiller reichten, dessen Student er 1790/91 in Jena war. Friedrich Schlegel,
dem sich Novalis anschloß, als er 1792 an die Universität Leipzig überwech-
selte, schrieb damals an den Bruder über die Gedichte des neuen Freundes:
«Die äußerste Unreife der Sprache und Versification, beständige unruhige
Abschweifungen von dem eigentlichen Gegenstand, zu großes Maaß der
Länge, und üppiger Überfluß an halbvollendeten Bildern, so wie beym Übergang des Chaos in Welt nach dem Ovid – verhindern mich nicht das in ihm
zu wittern, was den guten vielleicht den großen lyrischen Dichter machen
kann – eine originelle und schöne Empfindungsweise und Empfänglichkeit
für alle Töne der Empfindung.» Schlegels feines Gefühl sollte ihn nicht trü-
gen, aber es dauerte noch Jahre, ehe er Bestätigung fand.

Mit dem Beginn von Hardenbergs Berufstätigkeit nach dem juristischen
Examen 1794 in Wittenberg rückten andere Interessenbereiche in den Vordergrund: die Berufsarbeit, das Studium der Fichteschen Philosophie und
das gesellige Leben von Landadel und höheren Verwaltungsbeamten in
Nordthüringen, wo er fortan lebte. Anfang 1795 verlobte er sich mit Sophie
von Kühn, die in diesen Tagen gerade dreizehn Jahre alt wurde. Eine Reihe
von Gesellschaftsliedern Hardenbergs sprechen von dem ruhigen Glück dieser Zeit. Der Psychologie eines derartigen Bundes an der Grenze des Exzentrischen nachzuspüren, mag reizvoll sein; gesellschaftliche Gewohnheiten
des Adels hinsichtlich früher Ehen der Mädchen müßten ebenso berücksichtigt werden wie das kaum noch zu erschließende Wesen der beiden Persönlichkeiten. Bedeutsam für Novalis' literarisches Werk aber wurde nicht die
Gemeinschaft der Verlobten. Die junge Braut erkrankte bald und starb am

19. März 1797. Ihr Tod und einen Monat später der Tod seines Bruders Erasmus haben Novalis nicht nur tief bewegt, sondern in ihm, dem pietistisch Erzogenen und in Fichtes Philosophie Geübten, einen Reflexionsprozeß ausgelöst, in dem sich Mystik, Religion und Transzendentalphilosophie zu eigenen chiliastischen Erlösungsvorstellungen verbanden, die dann wiederum zu dem Hoffnungs- und Erlösungsdenken der Zeit in enge Berührung traten. Für Novalis erwies sich bald, daß nur künstlerische Metaphorik und Mythologie und nicht die Abstraktionen der Philosophie solchen Vorstellungen letzte, gültige Gestalt geben konnten.

«Der Dichter schließt, wie er den Zug beginnt. Wenn der Philosoph nur alles ordnet, alles stellt, so lößte der Dichter alle Bande auf. Seine Worte sind nicht allgemeine Zeichen – Töne sind es – Zauberworte, die schöne Gruppen um sich her bewegen»,

heißt es in Aufzeichnungen von Anfang 1798. Schon in dem «Journal» nach Sophies Tod, das Novalis vom April bis zum Juli 1797 führte und das, wie an anderer Stelle bereits erwähnt, ein außerordentliches Dokument moderner Seelenanalyse darstellt, war er von der analytischen Sprache in die poetisch-lyrische übergegangen. Von seinem Besuch an Sophie von Kühns Grab notiert er am 13. Mai:

«Abends gieng ich zu Sophieen. Dort war ich unbeschreiblich freudig – aufblitzende Enthusiasmus Momente – Das Grab blies ich wie Staub, vor mir hin – Jahrhunderte waren wie Momente – ihre Nähe war fühlbar – ich glaubte sie solle immer vortreten.»

Einige Wendungen dieser Tagebuchaufzeichnung sind dann wörtlich in die dritte der *Hymnen an die Nacht* eingegangen und haben spätere Kritiker veranlaßt, in diesen Hymnen hauptsächlich eine poetische Sublimierung seiner Trauer um Sophie von Kühn zu sehen. Aber alle biographische Interpretation von Literatur engt deren Verständnis ein. Was die *Hymnen an die Nacht* – die in ihrer endgültigen Fassung erst knapp drei Jahre nach Sophies Tod niedergeschrieben wurden – zu einem wahrhaft bedeutenden lyrischen Kunstwerk macht, das ist die Verbindung persönlicher Erfahrung mit der geistigen Durchdringung von Zeitproblematik und der schöpferischen Fortführung literarischer Tradition. Daß das im Tagebuch verzeichnete Erlebnis am Grabe Sophies in seiner enthusiastischen Bildersprache Verwandtschaft zu einer Stelle in Jean Pauls *Unsichtbarer Loge* besitzt, also zu einem Buch, das Novalis und sein Bruder Erasmus besonders schätzten, ist schon früh erkannt worden. Eng sind auch die Beziehungen zu Jean Pauls Ende April oder Anfang Mai 1797 erschienener, das Wechselverhältnis von Endlichkeit und Ewigkeit erörternder Schrift *Das Kampaner Thal*, die Novalis im Juni kennenlernte. Hier kommt das Bild einer «Staubwolke» – aus der aufgewehten Asche einer Toten – vor, das dann Novalis in der dritten *Hymne an die Nacht* wörtlich verwendete. Außerdem ist Jean Pauls Schrift überhaupt durchzogen von jener hymnischen Prosalyrik, zu der die *Hymnen* eine so enge Beziehung haben. Erkennt man jedoch Novalis' schöpferische Übernahme von Vorhandenem, so erkennt man auch erst seine eigenständige Leistung, denn in der deutschen Literatur um 1800 stehen die *Hymnen an die Nacht* als ein einzigartiges Kunstwerk da.

Diese Einzigartigkeit der *Hymnen an die Nacht* erweist sich allein schon in ihrer äußeren Gestalt, in der Verbindung von Vers- und Prosalyrik. Dabei war sich Novalis anfangs seiner Form nicht sicher. Was im Druck als Prosa erscheint, wurde um die Jahrhundertwende 1799/1800 zunächst bis auf eine Ausnahme in kurzen Zeilen niedergeschrieben. Aber die Kurzatmigkeit dieser Verse widersprach dem suggestiven Strom der Bildgedanken, die auf Vereinigung des Getrennten ausgingen. So war seine Entscheidung für die Prosa eine künstlerische Notwendigkeit. Der einzige Teil, der schon in der ersten Fassung in Prosa steht, ist die dritte Hymne, die Gestaltung der Transzendenzerfahrung, die das lyrische Ich am Grabe der Geliebten hat. In diese Hymne sind jene bereits zitierten Worte eingegangen, die sich Novalis am 13. Mai 1797 in sein Tagebuch geschrieben hatte:

«zur Staubwolke wurde der Hügel – durch die Wolke sah ich die verklärten Züge der Geliebten. In ihren Augen ruhte die Ewigkeit – ich faßte ihre Hände, und die Thränen wurden ein funkelndes, unzerreißliches Band. Jahrtausende zogen abwärts in die Ferne, wie Ungewitter. An Ihrem Halse weint ich dem neuen Leben entzückende Thränen.»

Was Novalis hier lyrisch als Offenbarung darstellt, war ihm zwar aus seiner christlichen Erziehung intellektuell längst bekannt: daß nämlich die Unumgehbarkeit des Todes und die Beschränktheit der Existenz des Menschen durch dessen geistige, visionäre Kraft, zu der auch Glauben und Gefühl gehören, ihrer Tragik entkleidet werden können. Die Liebe zu einem Verstorbenen und damit die äußerste Steigerung der Trauer bildeten jedoch einen besonders geeigneten Anlaß dafür, sich eine solche Erfahrung, die zum Grundstock aller Religiosität gehört, auch wirklich innerlich anzueignen.

Die *Hymnen an die Nacht* sind ein Zyklus von sechs eng miteinander verbundenen Poemen – mit einem anderen Wort läßt sich kaum die eigentümliche Mischung von Prosagedicht und Vers bezeichnen, ohne falsche Vorstellungen zu erwecken. Ihr Thema ist die Überwindung des Todes im Bewußtsein, denn über die physische Tatsache des Lebensendes führt kein Weg hinaus. Damit lassen sich nun zwar die *Hymnen* eine religiöse Dichtung nennen, aber der Begriff ist zu generell, um viel zu nützen. Gottverlassenheit, Gottsuche oder Gottbekenntnis der religiösen Dichtung des Barock etwa sind ihnen fremd, und mit der Sündenzerknirschung und Weltverneinung, die aus den Texten mancher Oratorien Bachs entgegenklingt, haben sie ebenfalls wenig gemein. In der äußersten Subjektivität des lyrischen Ausdrucks schafft sich der Dichter hier seine eigene poetische Religion, die am Ende der fünften *Hymne* alle Trennung aufhebt und solchen Zustand unter der Sonne Gottes nichts anderes als «ein ewiges Gedicht» nennt. Die Willkür des Dichters erkenne kein Gesetz über sich, hat Friedrich Schlegel einmal gesagt. Die Religion der *Hymnen* ist ein solcher aus der Phantasie des Dichters erzeugter Glaube, der sich von allen Konfessionen weit entfernt, ohne ihnen notwendigerweise zu widersprechen. Unter seine Kirchenväter gehört neben dem Grafen Zinzendorf durchaus auch Johann Gottlieb Fichte mit dem subjektiven Idealismus seiner Ich-Philosophie. Denn die *Hymnen an die Nacht* sind vor allem ein Gedicht ihrer Zeit.

Die ersten vier von Novalis' *Hymnen* enthalten die Darstellung einer persönlichen, sich entfaltenden und intensivierenden Erfahrung. Ausgangspunkt ist die Entdeckung einer Sphäre des Nächtlichen, die sich dem Ich bisher hinter der Schönheit des Lichtes und den Anstrengungen des Begreifens, Erkennens und Wissens verborgen hat. Im Traume erlebt dieses Ich eine Liebesvereinigung und entdeckt auf diese Weise die Nacht als ein Reich eigener Art. Das Licht offenbart die Schönheiten der irdischen Welt, indem es beleuchtet, unterscheidet, trennt; die Nacht deckt das Gegensätzliche zu und hebt das Trennende auf. Es ist ein dialektisches Gegen- und Zusammenspiel, das auf Synthese und Vereinigung angelegt ist. Die Realität des Morgens zerstört allerdings zunächst unvermeidlich jedes Glück der Nacht, wie der Tod jedem Glück des Lebens ein unabwendbares Ende bereitet. Gestalteten die erste und zweite *Hymne* den Gegensatz von Traum und Wirklichkeit, so die dritte und vierte den zwischen Leben und Tod. Aber es werden nicht einfach Analogien hergestellt; das lyrische Denken vollzieht sich vielmehr jetzt auf einer höheren Stufe und kommt sogar zu einer Versöhnung des Gegensatzes. Denn die dritte *Hymne* beschreibt erinnernd eben jene Transzendenzerfahrung am Grabe, in der dem Ich das Bewußtsein zweier Welten, einer physischen und einer geistigen, einer zeitlichen und einer ewigen zuteil wurde. Solches Bewußtsein war ermöglicht ihm nun, in beiden zu Hause zu sein, Licht und Nacht aufeinander zu beziehen und den Tod zwar nicht als physische Tatsache, wohl aber als metaphysischen Schrecken, das heißt als Drohung eines absoluten Endes aufzuheben.

Hier nun setzt die große fünfte *Hymne* ein, die länger ist als die ersten vier Hymnen zusammen. In der handschriftlichen Fassung hat Novalis eine kleine Inhaltsübersicht vorausgeschickt: «Alte Welt. Der Tod. *Xstus – neue Welt.* Die Welt der Zukunft – Sein Leiden – Jugend – Botschaft. Auferstehung. *Mit den Menschen ändert die Welt sich.* Schluß – Aufruf.» Diese Notiz gibt so etwas wie den Gang der Handlung an und enthält auch einen Schlüssel zum ganzen Gedicht. Der dahinterstehende Gedanke nämlich ist, daß der ganzen Menschheit durch Christus zuteil werden könne, was das einzelne Ich am Grabe der Geliebten erfahren habe: das Bewußtsein von der Existenz einer zweiten Welt und damit die Überwindung des Todes. Beider Sterben war ein Mittlerdienst für einen einzelnen oder für alle; daß letztlich «alles [...] Mittler sein könne, indem ich es dazu erhebe», hat sich Novalis als These in seinen Fragmenten notiert. Es ist eine höchst unorthodoxe, jeder Kirche sehr unangemessene These. Das freie Poetische dieser Religiosität scheint also immer wieder durch.

Novalis entwickelt nun seinen Grundgedanken, wie er in der Vornotiz schon angedeutet hatte, an Bildern aus den Mythen der Antike und des Christentums. Man muß sich allerdings hüten, in der fünften *Hymne* eine Art Lehrgedicht über Religionsgeschichte zu sehen. Dazu ist ihre Spannweite zu groß, denn sie reicht von der Kosmogonie der Alten über die christliche Apokalypse bis zur Apotheose eines poetischen

Glaubens, der jenseits dessen liegt, was man herkömmlich als Religion bezeichnet. Manche Mißverständnisse über Novalis rühren daher, daß man dieses Poem als gereimte oder ungereimte Geschichte betrachtet hat, statt in seinen Bezügen auf die religiösen Mythen poetische Metaphern zu sehen, die im Zusammenhang eine andere Bedeutung annehmen. Es ist allerdings zuzugeben, daß ein solcher Übersetzungssatz der Bekanntheit der Mythen wegen schwer zu vollziehen ist und hinsichtlich des Christentums sogar blasphemisch erscheinen mag. Denn während Novalis mit der antiken Mythologie im Grunde nichts anderes tat, als was alle nachantike Dichtung mit ihr getan hat, war seine poetische Behandlung des Christentums, also einer lebendigen Religion, tatsächlich etwas Unerhörtes, auch wenn er sich im Einklang mit ihm geglaubt hat.

Die antike Welt, so zeigt Novalis, habe sich den Tod als «eisernes Schicksal» lediglich im Bilde des Thanatos, des geflügelten und «sanften Jünglings», der eine Lebensfackel ausdrückt, ästhetisch angenehm gemacht:

> Mit kühnem Geist und hoher Sinnenglut
> Verschönte sich der Mensch die grause Larve,
> Ein sanfter Jüngling löscht das Licht und ruht –
> Sanft wird das Ende, wie ein Wehn der Harfe.

Um dieses Ungenügen hervorzuheben, geht Novalis also aus der Prosa in Verse über, wie er es auch schon am Ende der vierten *Hymne* getan hatte. Man könnte an das Verhältnis von Rezitativ und Arie denken, aber das würde dem eigenen Rang der Prosalyrik nicht gerecht. Gewiß hat die Versform hier unter anderem auch die Rolle eines lyrischen Kursivs, aber sie bedeutet in der fünften *Hymne* noch mehr. In achtzeiligen Strophen, die Novalis hier gebraucht, waren auch Schillers *Die Götter Griechenlands* verfaßt, so daß die metrische Anspielung nicht zu verkennen ist. Aber nicht mehr um die Apologie von Schillers Gedicht ist es Novalis zu tun, so wie er sie einst als Student versucht hatte; jetzt will er die Grenzen dieser Verehrung der Antike erweisen. Für den Geschichtsdialektiker nämlich stellt das Ende der antiken Götterwelt eine historische Notwendigkeit dar, wenn auch nur in dem Sinne, daß alles Niedere im Höheren aufgeht und aufgehoben ist. Beim Untergang der alten Welt, so heißt es deshalb, zogen sich die Götter in den Schoß der Nacht zurück, «um in neuen herrlichern Gestalten auszugehn über die veränderte Welt». Thanatos ersteht in Christus neu, aber nicht als Symbol, sondern als Überwinder des Todes. Ähnlich hat Friedrich Hölderlin in der Elegie «Brod und Wein» (1800/01) Christus als neuen Dionysos gesehen, der «den Tag mit der Nacht» aussöhnt.

Von hier aus erfolgt dann Novalis' Darstellung der Lebensgeschichte Christi nicht als Passion, sondern im Grunde als das Aufblühen eines Universalpoeten, der «in der Armut dichterischer Hütte» geboren, den Menschen «der Botschaften fröhlichste», also die vom ewigen Leben, verkündet. Es ist von tiefer innerer Logik, daß Novalis einen «Sänger» zum Herold der neuen Erkenntnis macht. Wie Christus aus einer Metamorphose der antiken Götterwelt hervorging, so läuft hier der antike Poet zum Christentum über und trägt es dann weiter in jenen Orient hinein, für den man sich um 1800 gerade wieder intensiver zu interessieren begann. Das Christentum sollte ganz offensichtlich den Weg zu einer allgemeinen Weltreligion ebnen.

Ihren Ausklang finden die *Hymnen an die Nacht* im Gemeindegesang; nach Prosalyrik und Stanzen erscheint die Form des deutschen Kirchenlieds. In ein Gesangbuch würden diese Strophen allerdings nicht passen, obwohl biblische Bilder und Gleichnisse reichlich in sie verwoben sind. Ungewöhnlich für den Protestanten Novalis ist darin insbesondere die Marienverehrung und Märtyrerverherrlichung. Ihr literarischer Sinn ergibt sich jedoch, wenn man auf die Grundbedeutung dieser Gestalten zurückgeht und sie in Novalis' persönlichem Religionsverständnis zu begreifen versucht: Liebe und Schmerz sind nötig, um die innere Bereitschaft für die Gotteserkenntnis zu schaffen, und Mittler kann alles sein auf diesem Wege. Dennoch ist Novalis' Marienverehrung, von der es auch im *Ofterdingen* und in seinen *Geistlichen Liedern* Zeugnisse gibt, damit nicht schon allein zu erklären. Hinzu gehört der starke Anteil, den das Erotische an Novalis' Religiosität besitzt. Immerhin war es das Traumerlebnis einer sexuellen Vereinigung, das dem Ich der ersten *Hymne* den ganzen Reichtum der Nacht enthüllte, und Mittler der Transzendenzerfahrung war ihm die Geliebte und eben nicht der Gottessohn. In Maria wird nun auch dem biblischen Mittler das Weibliche beigesellt. Muttererotik war dem Pietismus, in dessen Lehren Novalis heranwuchs, nicht fremd. Aber die Verbindung von Liebe und Religion wie diejenige von Liebe und Tod sind bei ihm mehr als nur die Fortsetzung einer Tradition. Was hier letztlich suchend zur Sprache kommt, ist eigentlich Glaubensbeschwörung aus Glaubensunsicherheit. Der auf sich selbst bauende, sich selbst analysierende Mensch muß auch in sich selbst, in der persönlichen Liebesfähigkeit die Stütze des Glaubens suchen. Novalis hat Selbstanalyse und Glaubenserforschung in rücksichtsloser Ehrlichkeit in seinem Tagebuch von 1797 vollzogen, dort auch nicht den Zusammenhang zwischen Liebe und Sexualität übergehend, den man bisher kaum zu artikulieren wußte. In den *Hymnen* sind diese Erfahrungen dann in einen großen, künstlerisch gestalteten Zusammenhang eingegangen.

Der hohe literarische Rang von Novalis' Dichtung beruht vor allem darauf, daß hier eben keine Religion verkündet und kein Mythos geboren wird. Die ganze Unorthodoxie und Verquickung von Persönlichstem und Allgemeinstem erweist noch einmal deutlich der Schluß der sechsten *Hymne* mit ihrer Vision von einem Aufgehen in Gott, und zwar nicht im christlichen Himmel, sondern in den Tiefen des Inneren:

> Hinunter zu der süßen Braut,
> Zu Jesus, dem Geliebten –
> Getrost, die Abenddämmerung graut
> Den Liebenden, Betrübten.
> Ein Traum bricht unsre Banden los
> Und senkt uns in des Vaters Schoß.

Novalis' *Hymnen* sind ein literarisches Experiment mit dem Äußersten, Höchsten, Letzten, das überhaupt für den Menschen denkbar ist, ein Versuch, in der Kunst Glauben zu begründen. Als Kunstwerk sind sie einzigartig, aber mit ihren Gedanken stehen sie, auch in deren letzten Konsequenzen, nicht allein in ihrer Zeit. Seit Werthers Unabhängigkeitserklärung des freien Subjekts, seit seiner Verklärung der Liebe als Passion wurde die Verbindung von Liebe und Tod als Akt des Transzendierens ein häufiges Thema in der deutschen Literatur. Bei Brentano, Kleist oder der Günderrode gibt es bedeutende künstlerische Zeugnisse dafür, und gelegentlich ging dann auch Dichtung durch den Akt des Freitodes in die Wirklichkeit über – eine nicht intendierte Erfüllung des Romantisierens. Daß sich in Richard Wagners *Tristan und Isolde* wörtliche Anklänge an die *Hymnen an die Nacht* finden, ist schlüssig genug. Aber auch Goethes Doktor Faust erfährt schließlich Tod und Ewigkeit als Liebe, wenn er vom «Ewig-Weiblichen» hinangezogen sein

Gretchen und mit ihr jene Mater gloriosa findet, die «Jungfrau, Mutter, Königin» zugleich ist. Aus diesem Zusammenhang betrachtet, sind die *Hymnen an die Nacht* insgesamt ein bedeutendes Dokument in der Entwicklungsgeschichte des modernen Bewußtseins.

Novalis' vierzehn geistliche Lieder umgeben die *Hymnen an die Nacht*; sie sind teils vor, teils nach ihnen entstanden. Wie diese gehören sie in den allgemeinen Religionsenthusiasmus, der die Freunde Friedrich Schlegel, Friedrich von Hardenberg und Ludwig Tieck erfaßt hatte und der, gefördert durch Schleiermachers Reden *Über die Religion,* bei dem Treffen Anfang November 1799 in Jena seinen Höhepunkt erreichte. Novalis trug damals seinen Essay *Die Christenheit oder Europa* vor. «Auch christliche Lieder hat er uns gelesen», berichtete Friedrich Schlegel an Schleiermacher nach Berlin und fügte hinzu: «Die sind nun das göttlichste was er je gemacht. Die Poesie darin hat mit nichts Ähnlichkeit, als mit den innigsten und tiefsten unter Goethes früheren kleinen Gedichten.» Tieck und Novalis wollten anschließend sogar gemeinsam ein Buch mit Predigten und religiösen Gedichten herausgeben und Schleiermacher dedizieren. Das Christentum, so schrieb in jenen Tagen Dorothea Veit, ebenfalls an Schleiermacher, sei in Jena nun einmal «à l'ordre du jour; die Herren sind etwas toll».

Das Abfassen geistlicher Lieder bildete damals eine sehr viel allgemeinere und selbstverständlichere Dichterübung als in späteren Zeiten, wenn man an die religiösen Dichtungen Gellerts, Klopstocks, Claudius' und Lavaters denkt. Gegen Ende des 18. Jahrhunderts waren außerdem verschiedene Versuche im Gange, die protestantischen Gesangbücher zu reformieren und umzugestalten. Erst Weihnachten 1796 hatte man in Leipzig ein altes, mit vielen geschmacklosen Hymnen bestücktes Gesangbuch aus dem Anfang des Jahrhunderts abgeschafft, und auf landesherrliches Geheiß war eine Kommission zur Erneuerung der kursächsischen Gesangbücher zusammengetreten. Novalis' und Tiecks Pläne waren also nicht schlechterdings Ausdruck barer Frömmigkeit oder aber nur poetische Experimente mit dem Glauben, sondern entsprachen durchaus einer zeitlichen Notwendigkeit und Erwartung. Einige der geistlichen Lieder von Novalis sind tatsächlich in die evangelischen Kirchengesangbücher eingegangen («Was wär ich ohne dich gewesen?», «Wenn ich ihn nur habe», «Wenn alle untreu werden»), allerdings unter Weglassung einiger Strophen, die nur aus dem Konzept einer romantischen Mythensynthese und aus der privaten Überzeugung des Dichters von einer vielartigen Mittlerschaft zwischen Mensch und Gott, Leben und Tod verständlich sind. Dem schlichten Bekenntnis

> Wenn ich ihn nur habe,
> Wenn er mein nur ist,
> Wenn mein Herz bis hin zum Grabe
> Seine Treue nie vergißt:
> Weiß ich nichts von Leide,
> Fühle nichts, als Andacht, Lieb und Freude.

folgt zum Beispiel im selben Lied eine Strophe, in der sich pietistische Wassermetaphorik mit geologischen Vorstellungen von einem Urmeer am Anfang der Erdentstehung – wie es Novalis' Freiberger Lehrer Abraham Gottlob Werner in seiner Theorie des Neptunismus behauptete – zu eschatologischer Symbolik verbindet:

> Wenn ich ihn nur habe,
> Schlaf ich fröhlich ein,
> Ewig wird zu süßer Labe
> Seines Herzens Fluth mir seyn,
> Die mit sanftem Zwingen
> Alles wird erweichen und durchdringen.

Eine folgende Strophe wiederum reflektiert die Verehrung des Jenaer Freundeskreises für Raffaels «Sixtinische Madonna» in Dresden und zugleich jene Novalis ganz eigene, persönliche religiöse Erotik, die sich bei ihm in der scheinbar katholischen Verklärung der Gottesmutter ausdrückt:

> Wenn ich ihn nur habe,
> Hab ich auch die Welt;
> Selig, wie ein Himmelsknabe,
> Der der Jungfrau Schleyer hält.
> Hingesenkt in Schauen
> Kann mir vor dem Irdischen nicht grauen.

Die geistlichen Lieder von Novalis sind nicht als Zyklus konzipiert, aber sie lassen sich in großen Zügen einteilen in Lieder, die die Erweckung des Bekennenden zum Bewußtsein von einer höheren Welt darstellen, und in solche, die missionarisch-apostolisch diese Erweckungserfahrung der Gemeinde zugänglich machen wollen. August Wilhelm Schlegel und Tieck veröffentlichten die ersten sechs im *Musen-Almanach für das Jahr 1802* und alle vierzehn dann in den *Schriften* (1802) knapp ein Jahr später, zusammen mit einer «Hymne», die früheren Ursprungs ist.

Aus der letzten Lebenszeit von Novalis stammen auch noch eine Reihe von weltlichen Gedichten. Einige davon gehören in den Zusammenhang des *Heinrich von Ofterdingen,* andere sind unabhängig von jedem Kontext. Von den *Ofterdingen*-Liedern hat vor allem das eine der beiden Bergmannslieder – «Der ist der Herr der Erde» – auch außerhalb des Romans Popularität erreicht und ist in bergmännische Liederbücher eingegangen, so sehr es mit ganz spezifischen naturphilosophischen Gedanken der Zeit durchsetzt ist. Aber der einfache, liedhafte Ton, den Novalis so vorzüglich zu handhaben verstand, vermochte über die spekulativen Elemente hinwegzutragen, besonders in der Verbindung mit Musik, also im Gesang. Wirkung und Bedeutung anderer später Gedichte beruhen auf der lyrischen Sprache allein. In ihnen stehen die Bilder unter einem eigenen Gesetz: sie sind nicht symbolische Verdichtung von etwas Konkretem, sondern metaphorische Konkretisierung von Ideen, eine Art Dichtung, die sich ganz allein durch sich selbst zu tragen versucht. Dazu gehören die dafür geradezu programmatischen Verse unter dem Titel «Das Gedicht» sowie die Gedichte «An Tieck», «Es färbte sich die Wiese grün», «Der Himmel war umzogen» und das großartige, machtvolle, unausschöpfbare «Lied der Toten».

Bei dem Gedicht «An Tieck» handelt es sich ganz ausdrücklich um ein literarisches Gedicht, um ein Stück Literatur über Literatur, um «potenzierte Poesie» also, wie sie Novalis und Friedrich Schlegel unter dem Begriff einer romantischen Kunst als möglich und wünschenswert ansahen. Denn neben den Realitäten der Anschauung und des

Empfindens wollte man auch die Realitäten des Denkens und des künstlerischen Gestaltens zum Gegenstand einer universalen Dichtung machen, Natur und Geist also auf die umfassendste Weise darin verbinden. Ein Buch ist deshalb bezeichnenderweise das zentrale Motiv in diesem Gedicht, sein Gegenstand aber die Verehrung von Jakob Böhme, dessen Werk Novalis durch Tiecks Vermittlung im Laufe des Jahres 1799 kennengelernt hatte. Zweierlei enthält das Gedicht: ein Erweckungserlebnis und eine Prophetie. Im ersten Teil wird von einem Kinde berichtet, das ein altes Buch findet und dem dann der Geist dieses Buches leibhaftig als alter Mann entgegentritt. Im zweiten Teil spricht der Alte selbst und verkündet dem Kinde seinen prophetischen Auftrag, aber nicht ohne vorher von einem eigenen Erweckungserlebnis erzählt zu haben, so daß sich auf diese Weise das Gedicht nach rückwärts als Spiegel im Spiegel ins Unendliche öffnet, wie es das mit der Prophetie auch nach vorwärts tut.

> Du wirst das letzte Reich verkünden,
> Was tausend Jahre soll bestehn;
> Wirst überschwenglich Wesen finden,
> Und Jakob Böhmen wiedersehn.

So lautet die letzte, auf Zukunft wie Vergangenheit schauende Strophe. Der Dichter aber steht als Vermittler zwischen beiden.

Der Chiliasmus des Gedichtes «An Tieck» entspricht den Hoffnungen der Zeit auf eine neue «Morgenröte», und gerade diese Metapher verbindet sie mit der Mystik Böhmes. Es sind Verse, die wiederum Bildungs- und Glaubensgut aus einer langen Tradition enthalten. Aber Novalis hat aus den Bestandteilen doch etwas Neues, Ganzes und für sich selbst Sprechendes geschaffen, und er baute nicht auf die Kenntnis der Ursprünge und Quellen; diese geben lediglich einen Begriff von den Dimensionen seines Weltverständnisses. Sein Ziel war auch nicht, eine Glaubenslehre zu illustrieren oder religiösen Synkretismus in Verse umzusetzen. Der Bezugspunkt all dieser Bilder und Metaphern ist überhaupt nicht Philosophie oder Religion, sondern das Kunstwerk selbst, in dem allein sie existieren. Der König von Böhmes neuem Reich war Jesus Christus, derjenige von Novalis ist Gott, zu dem der bewegliche Geist des «Buches» unmittelbar Zugang haben soll. Jakob Böhme verliert auf diese Weise seine historische Konkretheit und wird zur Kunstfigur. Kind und Greis aber sind nicht Symbole für begrifflich Faßbares, sondern werden als Produkte dichterischer Einbildungskraft selbst produktiv, um im Leser etwas zu erzeugen, was es außerhalb des Gedichtes nicht gibt. In dieser seltsamen Relation zwischen Gestaltung und beabsichtigter Wirkung liegt überhaupt das Geheimnis von Novalis' eigentümlicher Schreibkunst, dessen Reisen ins Transzendente und Zukünftige allein in seiner Überzeugung von der Kraft des Dichters abgesichert waren, nicht in einer geoffenbarten Religion. Er selbst hat darin für sein Christentum keinen Widerspruch gesehen.

Das Äußerste einer ganz sich selbst tragenden poetischen Religion hat Novalis in jenem Gedicht dargestellt, dem spätere Herausgeber den Titel «Lied der Toten» gegeben haben – nach einer Notiz in den Aufzeichnungen über die Fortsetzung des *Heinrich von Ofterdingen*, für den es wahrscheinlich bestimmt war. Aus einem Kloster als «Geisterkolonie» sollte dieser Gesang vermutlich hervorklingen und Realität darin in Transzendentes übergehen, aber nicht als sich entwickelnder Sinn, sondern als eine Art totale Erfahrung des Lesers, der gebannt wird von der Magie der Metaphern wie des Klanges. Etwas davon mag Novalis schon vorgeschwebt haben, als er sich 1799 in einem Studienheft die Notiz machte:

«Erzählungen, ohne Zusammenhang, jedoch mit Association, wie
*Träume*. Gedichte – blos *wohlklingend* und voll schöner Worte – aber
auch ohne allen Sinn und Zusammenhang – höchstens einzelne Strofen
verständlich.»

Das «Lied der Toten» nun war ein Versuch, einen Endzustand in poetischer Realität
herzustellen. Damit schuf Novalis ein Gedicht, das letztlich in sich selbst kreist – bezeichnenderweise war er sich über die Reihenfolge und Anordnung der fünfzehn Strophen unsicher, mit Ausnahme der ersten, die noch scheinbar irdische Konkretheit
zeigt:

> Lobt doch unsre stillen Feste,
> Unsre Gärten, unsre Zimmer
> Das bequeme Hausgeräthe,
> Unser Hab und Gut.
> Täglich kommen neue Gäste
> Diese früh, die andern späte
> Auf den weiten Heerden immer
> Lodert frische LebensGlut.

Der gesellschaftliche Raum (Haus, Zimmer, Garten) wird unter der Metapher des
«stillen Festes» gesehen: das Bild eines Gasthauses entsteht, das zu Einkehr und Feier
bestimmt ist. Das Element Feuer als «LebensGlut» schafft jedoch schon die Span-
nungsbreite für die vorhandenen wie für alle weiteren Metaphern des Gedichts. Der
Raum wird unbegrenzt; Ferne – Nähe, Höhe – Tiefe, Vergangenheit – Zukunft werden nicht mehr geschieden, sondern metaphorisch vermengt:

> Kinder der Vergangenheit,
> Helden aus den grauen Zeiten,
> Der Gestirne Riesengeister
> Wunderlich gesellt.

Der Himmel steht «im Gemüte», «lange fliegende Gewande» tragen durch «Frühlings-
auen»: die Seele spannt nicht die Flügel aus, um nach Hause zu fliegen, sie ist bereits
dort. Wasser formiert sich als Tropfen, Strom, Flut und Ozean in großen Kreisbewe-
gungen («Bald in Strom uns zu ergießen / Dann in Tropfen zu zerfließen» – «und in
dieser Flut ergießen / Wir uns auf geheime Weise / In den Ozean des Lebens / Tief in
Gott hinein»). Das Wort ‹Gott› jedoch erscheint nur einmal im Gedicht, und zwar
eben an dieser Stelle. Es ist deutlich eine Metapher, und zwar die letzte, endgültige für
einen Zustand, in dem alle Einsamkeit aufgehoben ist und aus dem die einzelnen zu
sich selbst zurückkehren, nur um sich erneut orgastisch auflösen zu können («Und aus
seinem Herzen fließen / Wir zurück zu unserm Kreise») – die Parallelen zum Liebes-
akt schafft Novalis selbst vielfach. Ebenso führt aber auch das Gedicht auf sich selbst
zurück: Gott und die höchste Liebe stecken in der Poesie, und die Metapher wird das
Mittelwesen, durch das der Mensch beide denken und erfahren kann.

Novalis' «Lied der Toten» stellt nicht nur für ihn selbst, sondern für die Literatur überhaupt ein Extrem dar. Es ist ein ästhetisches Gebilde, das nicht
den Glauben an ein Bezugssystem außerhalb der Literatur fordert, sondern
dem Kunstwerk zumutet, selbst ein solches Bezugssystem zu schaffen und zu
sein. Damit wird es zur Erfüllung dessen, was sich als universale Poesie bezeichnen läßt, so wie sie Schlegel und Novalis in ihrer Theorie vorgeschwebt

hat. Sie erreicht hier den äußersten Rand des Darstellbaren und damit der Kunst überhaupt. Neben Friedrich Hölderlin ist unter den deutschen Lyrikern um 1800 Novalis am weitesten an diese Grenze vorgestoßen.

## Clemens Brentano

Brentanos Kunst entfaltet sich am makellosesten in seiner Lyrik. Einem so stark aus dem Inneren und aus der Phantasie lebenden Menschen wie ihm lag die epische oder dramatische Reproduktion großer gesellschaftlicher und historischer Verhältnisse nicht; das ihm Wesentliche kristallisierte sich vor allem im lyrischen Bild, und die lyrische Form bot auch seinem künstlerischen Spieltrieb die reichsten Möglichkeiten. Eine Sammlung eigener Lyrik hat Brentano freilich nie veranstaltet, auch wenn er Pläne dazu machte. Aber da sich seine Einstellung zur Kunst im Laufe seines Lebens wandelte, trennte er sich innerlich von Früherem, das ihm später sündig erschien, oder er arbeitete es zu geistlichen Kontrafakturen um. Herausgeber haben dann nicht selten das, was ihnen in Handschriften zugänglich war, nach eigenem Geschmack zurechtgestutzt, und erst in jüngster Zeit ist man sich der Verpflichtung dieser literarischen Erbschaft gegenüber voll bewußt geworden. Von Brentano selbst autorisiert sind allerdings jene zahlreichen Gedichte, die im *Godwi* und in den Novellen, Märchen und Dramen stehen. Denn Verse wuchsen ihm überall hervor aus Prosa, dramatischem Dialog wie vor allem aus der brieflichen Mitteilung. Für ihre Form bedeutet das dort, wo sie Rollenlyrik sind, die Dominanz des Liedhaften und besonders des Balladesken. Daneben aber steht die vor allem aus dem Briefkontext hervorwachsende lange, an einen Partner gerichtete Selbstdarstellung, Reflexion und Meditation. Beide Typen unterscheiden sich grundsätzlich von dem aus einer unmittelbaren persönlichen Erfahrung hervorgegangenen sogenannten Erlebnisgedicht, und beide sind durchsetzt mit einem starken manieristischen Element, mit Sprach-, Klang- und Formspielen, die jenseits aller Aussage und allen Sinnes stehen und die Brentano einreihen in die große Kette manieristischer Dichter von der Antike bis zur Gegenwart. Natürlich befand sich Brentano hier bis zu einem gewissen Grade auch innerhalb einer Zeitmode. Das wachsende Interesse an romantischer Literatur, also an der christlichen Literaturtradition seit dem Mittelalter, hatte die Aufmerksamkeit auf Sonettdichter wie Petrarca und Shakespeare gelenkt und ebenso auf die verschiedenen, bisher zumeist unvertrauten Strophenformen der spanischen und italienischen Dichtung. Das bedeutete nicht nur eine Erweiterung der lyrischen Ausdrucksmöglichkeiten über die dominierenden antiken Metren und Strophenformen hinaus, sondern es intensivierte auch das Verlangen nach dem Experimentieren mit neuen Formen. Bei Brentano kam noch eine tiefe persönliche Beziehung zum deutschen Barock hinzu, einem Höhepunkt manieristischer Dichtung also. Er hat eine reiche Sammlung von Barockliteratur besessen, und die Bilder, Formen und Gedanken dieser Lyrik haben überall Eingang gefunden in sein Werk. Oft bot außerdem die feste Form besonders des Sonetts äußeren Halt gegenüber dem ihn zu überwältigen drohenden Andrang der Phantasie.

Von ein paar jugendlichen Versuchen abgesehen, begann Brentanos Lyrik in seiner Jenaer Zeit, also von 1798 an, und seine großen Vorbilder wurden zunächst Goethe, Tieck und Novalis. Während jedoch die Goethe-Anklänge in einigen frühen Hymnen eher von oberflächlicher Natur sind, bestimmten Tieck und Novalis in hohem Maße Brentanos Bilder- und Formenwahl. Tieck vor allem inspirierte ihn zur Natur- und Waldhornseligkeit, zur Waldeinsamkeits-, Gitarren- und Blumen-Romantik und damit zur entschiedenen Trennung vom Repertoire klassischer Mythologie, an deren Stelle bei Brentano von Anfang an die christliche tritt, die sich freilich in seiner Jugendlyrik kaum explizit äußert, sondern sich hinter allgemeineren Gottesvorstellungen oder der Mutter-Kind-Erotik verbirgt. In solcher neuen Bildlichkeit jedenfalls besteht Brentanos allgemeinste Teilhabe am Romantischen. Von Tieck empfing Brentano außerdem Anregungen hinsichtlich der musikalisch-ästhetischen Möglichkeiten des lyrischen Ausdrucks. Brentano war selbst ein musikalischer Mensch, der vorzüglich Gitarre gespielt haben soll, und Reiz wie Schönheit seiner Lyrik entfalten sich erst, wenn man sich ihrer Musikalität bewußt ist. Früh schon mischen sich bei ihm die Künste, die Klänge, Formen und Farben, «der Töne bunt wechselnder Kranz», und die Neigung zu Synästhesien, zu Wort- und Farbmusik ist ein durchgehendes Charakteristikum seiner Verse. Berühmt geworden ist in dieser Hinsicht der kleine Dialog zwischen Fabiola – «Hör', es klagt die Flöte wieder» – und ihrem blinden Vater Piast – «Golden wehn die Töne nieder» – aus dem Singspiel *Die Lustigen Musikanten* (1803), der mit Piasts Worten schließt:

> Durch die Nacht, die mich umfangen,
> Blickt zu mir der Töne Licht.

Motiviert ist solche Synästhesie allerdings durch Piasts Blindheit, und erst wenn dieses Sehen aus dem Inneren einbezogen wird, erhalten die Verse ihre eigentliche Tiefe. Der Gedanke, der diesen Kompositionen zugrunde liegt, wird von Brentano selbst in einem seiner Gedichte aus dieser Zeit mit dem Satz bezeichnet: «Alles ist ewig im Innern verwandt.»

In der Realität des Lebens legte sich für Brentano die angenommene Einheit der Welt freilich in Gegensätze auseinander, und dementsprechend enthält seine Lyrik auch eine Reihe von charakteristischen Gegensatzpaaren und von Metaphern, die auf die Erfahrung von Entgegengesetztem, Polarem verweisen. Zum letzteren gehören vor allem die das gesamte Werk durchziehenden Bilder des Spiegels und des Echos, zum ersteren die Paare Heimat – Fremde, Dauer – Wechsel, Ruhe – Zeit und, unter dem Einfluß von Novalis, auch Nacht – Tag. Bilder aus den *Hymnen an die Nacht* sind verschiedentlich in Brentanos frühe Lyrik eingegangen, wo sie allerdings nicht die gleiche philosophische Konsequenz wie bei Novalis besitzen, sondern sinnlicher und spontaner sind. Das gleiche gilt auch für die religiöse Erotik, die Brentano mit Novalis in gewissem Umfang verbindet und zu der er von diesem Anregungen empfing. Bei dem Katholiken Brentano blieben jedoch die Bereiche des Diesseits und Jenseits ebenfalls sinnlich-konkreter und damit unmittelbarer zugänglich, aber zugleich auch weiter voneinander getrennt.

Sowohl von Novalis wie auch von Tieck mag Brentano seine Blumenseligkeit empfangen haben; von «Wunderblumen» ist bei ihm ebenso die Rede wie von einem «blauen Liebeskelch», und bis zum Ende seines Lebens ist ihm die Blume die irdische Entsprechung zum himmlischen Stern gewesen, das «Kleid» zum «Geist» und damit Teil eines Gegensatzpaares, das als Einheit erfahren werden sollte. Allerdings zeigt sich gerade in seiner Blumenmetaphorik etwas für Brentano ganz Eigenes und Besonderes: die Tendenz zur Allegorisierung und Emblematisierung, die bei Tieck und Novalis nur erst in Ansätzen erkennbar war, die aber eben ein bedeutsames Mittel ist, das Eigenrecht der Kunst sowohl gegenüber dem realen Stoff, mit dem sie zu arbeiten hat, wie aller philosophischen Spekulation gegenüber zu behaupten. Wenn eines der *Godwi*-Gedichte so beginnt:

> Um die Harfe sind Kränze geschlungen,
> Schwebte Lieb' in der Saiten Klang;
> Oft wohl hab' ich mir einsam gesungen,
> Und wenn einsam und still ich sang,
> Rauschten die Saiten im tönenden Spiel,
> Bis aus dem Kranze, vom Klang durchschüttert,
> Und von der Klage der Liebe durchzittert,
> Sinkend die Blume herniederfiel.

dann wird deutlich, daß hier eine reale Situation in eine allegorisch-emblematische umstilisiert wird. Mit der bekränzten Harfe, auf der man zu Brentanos Zeiten kaum noch Lieder begleitete, wird geradezu eine Art Vignette für einen klassischen Musenalmanach entworfen, und das Fallen der Blume ist ein für sich selbst existierendes Zeichen der Liebesklage, nicht mehr ein Stück natürlicher oder durchgeistigter, zum Symbol gewordener Natur.

In der «Dedikazion» zum zweiten Teil des *Godwi* steht ein Gedicht, dessen Inhalt die Etablierung der Poesie als Summe aller Künste zum Thema hat mit dem Ziel, das Ich mit der Welt in Liebe zu versöhnen. Es ist ein Gedanke, mit dem sich Brentano dem Universalitäts- und Harmonieideal seiner Zeit verbindet, ihm aber in der besonderen lyrischen Bildlichkeit und seiner Interpretation der Poesie zugleich eine eigene Note gibt. Denn Musik, Malerei und Skulptur entziehen sich in diesem Gedicht der Fähigkeit des Verfassers; in der Poesie jedoch findet er sie alle drei vereint:

> O freier Geist, du unerfaßlich Leben,
> Gesang der Farbe, Formenharmonie,
> Gestalt des Tons, du hell lebendig Weben,
> In Nacht und Tod, in Stummheit Melodie,
> In meines Busens Saiten tonlos Beben,
> Ersteh' in meiner Seele Poesie:
> Laß mich in ihrer Göttin Wort sie grüßen,
> Daß sich der Heimat Tore mir erschließen.

> Ein guter Bürger will ich Freiheit singen,
> Der Liebe Freiheit, die in Fremde rang,
> Will in der Schönheit Grenzen Kränze schlingen,
> Um meinen Ruf, des Lebens tiefsten Klang,
> Mir eignen, ihn mit Lied und Lieb erringen,
> Bis brautlich ganz in Wonne mein Gesang,
> Gelöst in Lust und Schmerz das Widerstreben,
> Und eigner Schöpfung Leben niederschweben.

Bei der Darstellung des Ankommens in der Heimat verbindet sich Stadt- und Hoch-zeitsmetaphorik. Gottesstädtisch-Apokalyptisches klingt an, und mit der Zeitgeschich-te, der Etablierung bürgerlicher Freiheit, wird ein loses Spiel getrieben. Die Bewegung, die in den früheren Strophen des Gedichtes vorgeherrscht hatte, wo die Rede war von «Fahrt», «Segel schwellen», «in die Fremde ziehen», «zurücksehen», «winken» und «Weg», ist zum Ende gekommen. Die sich den anderen Künsten einzeln zuordnenden Dimensionen Höhe, Länge und Breite sind mit ihrer Vereinigung zu einem großen Raum geworden – Synästhesie wird zum ästhetischen Programm. Der «freie Geist» ist der Gott zur Göttin Poesie, und in der hochzeitlichen Vereinigung beider verschwin-det mehr und mehr der konkrete Wirklichkeitsbezug der einzelnen Metaphern. Das Klangspiel («Grenzen Kränze») hebt den realen Sinnbezug der Wörter auf, ebenso wie es die synästhetischen Verbindungen tun. Abstrakta tanzen als Allegorien durch das Gedicht, und die «Heimat», die alle Einsamkeit beseitigen soll, ist am Ende nur noch ein ästhetisches Gebilde, das für sich selbst existiert. Später, im Januar 1816, schrieb Brentano an E. T. A. Hoffmann: «Seit längerer Zeit habe ich ein gewisses Grauen vor aller Poesie, die sich selbst spiegelt und nicht Gott.» Der Wunsch, sich der Faszination einer in sich selbst ruhenden, autonomen Kunst zu entziehen, hat Brenta-no über eine lange Zeit seines Lebens hinweg bestimmt, ohne daß er dieses Ziel – zum Gewinn der deutschen Lyrik – je völlig zu erreichen vermocht hätte.

Brentanos balladenhafte Gedichte, die seit der Arbeit am *Godwi* entstan-den, belegen seine Neigung zu volkstümlicher Lyrik schon vor der Freund-schaft mit Achim von Arnim und der gemeinsamen Arbeit an *Des Knaben Wunderhorn* (1806–08), die zielbewußt 1805 begann. Durch Herder und Goethe hatte einst die Volksballade neues Leben erhalten, und mit Tiecks Bearbeitung alter Volksbücher in den neunziger Jahren war volkstümliche Tradition auch wieder deutlich ins zeitgenössische literarische Bewußtsein getreten. Von Godwi heißt es, er habe in einem Lustschloß am Rhein «eine schöne Sammlung der neuern Werke, welche die Reste der Poesie des deutschen Mittelalters enthalten», vorgefunden und betrachtet, was sich wohl auf die ersten Neueditionen mittelalterlicher Literatur durch Bodmer und Breitinger um 1750 bezieht; Brentano besaß die Werke selbst in seiner Bibliothek.

Neben Brentanos berühmtester Ballade, der Legende vom Liebestod der schönen Lore Lay im *Godwi*, steht dort noch als eine Art Gegenstück dazu das Gedicht, das in einer handschriftlichen Fassung den Titel «Auf dem Rhein» trägt:

> Ein Fischer saß im Kahne,
> Ihm war das Herz so schwer,
> Sein Liebchen war gestorben,
> Das glaubt' er nimmermehr.

Auch dies ist die Geschichte eines Liebestodes wie zugleich die einer Totenliebe in der Nachfolge von Bürgers «Lenore» und Goethes «Braut von Korinth». Die tote Gel ebte nämlich erscheint dem Fischer «auf dem Rhein», mit ihr zieht er nächtlich an der Welt vorüber, bis der Morgen hereinbricht, sie ihm entschwindet und er ins Meer hineingetrieben wird. Erst der Tod vereint die beiden wieder:

> Die Meereswellen brausen
> Und schleudern ab und auf
> Den kleinen Fischernachen
> Der Knabe wacht nicht auf.
>
> Doch fahren große Schiffe
> In stiller Nacht einher,
> So sehen sie die beiden
> Im Kahne auf dem Meer.

Wie bei der Lore Lay ist es auch hier der Ton tiefer Melancholie, der das Gedicht prägt. Aber nicht Trauer allein über eine Tote oder eine allgemeine und unbestimmte Sehnsucht ins Unerreichbare sind damit bezeichnet, sondern eine tiefe existentiele Unsicherheit und das Gefühl der Fragwürdigkeit aller gesellschaftlichen und metaphysischen Ordnungen. An Städten, Klöstern und Kirchen werden der Fischer und seine Braut vorbeigetragen, und am Morgen auch an der erwachenden Natur. Nur die Nacht, das Meer und der Tod sind Erfüllungsort dieser Liebe. Das Welterlösungspathos der metaphorisch so verwandten Novalisschen *Hymnen an die Nacht* fehlt Brentano hier durchaus.

Unter den Autoren seiner Generation ist Brentano wohl der konsequenteste hinsichtlich des Überspringens konkreter sozialer Problematik oder der Suche nach einer transzendenten Orientierung des Menschen. Das bedeutete für ihn nicht Verachtung der Realität, sondern ihre Durchdringung auf Elementareres hin in einer Zeit, die ein undurchdringliches Chaos zu sein schien. Brentano war für einen solchen Versuch prädestiniert durch seine finanzielle Unabhängigkeit und Freiheit, durch die in sich erfahrene äußerste Spannung zwischen Gläubigkeit und kritischer Intellektualität und schließlich durch die reiche Mitgift von Phantasie und künstlerischer Spiellust wie Spielfähigkeit, die ihn von jeder Darstellung konkreter Realität wegtrieb. So tragen seine Verse – wie auf ganz andere Art das Werk Hölderlins oder Kleists – den Charakter des Experimentierens mit Gedanken, Empfindungen, Situationen, Vorgängen und Ausdrucksmöglichkeiten, wofür auch die vielen Umarbeitungen und Neufassungen seiner Gedichte sprechen. Man wird jedenfalls dieser Lyrik nicht gerecht, wenn man sie etwa an derjenigen Goethes mißt. Der balladeske Ton nötigt zwar den epischen Zusammenhang auf, aber es werden bei Brentano nicht eigentlich Geschichten erzählt, sondern an Hand von Vorgängen wird im Gedicht selbst nach deren Grund und Sinn gesucht. Die Antwort für den Leser ist dann das schöne Gedicht als Ganzes.

Ein Meisterwerk, das ganz aus solchen Voraussetzungen hervorgeht, ist «Der Spinnerin Nachtlied», das, um 1802 entstanden, von Brentano für seine *Chronika eines fahrenden Schülers* bestimmt war und dort zuerst 1818 erschien. Dieses von einer verlassenen Mutter ihrem kleinen Sohne vorgesungene Lied spielt in kunstvollen Variationen einzelner Zeilen das Thema unerfüllter Liebe durch und gipfelt in einer melancholischen Apotheose von Glauben und Liebe:

Gott wolle uns vereinen
Hier spinn' ich so allein,
Der Mond scheint klar und rein,
Ich sing' und möchte weinen.

Melancholie bedeutet in dieser Verbindung eine Art positiver Resignation, das Akzeptieren der Antwortlosigkeit in einer bestimmten Situation, aber bei dem Bewußtsein, daß es dennoch irgendwo eine Antwort gebe. Brentano fand sie später im alten Glauben der Kindheit, den er den neuen Konflikten anzupassen suchte.

In Brentanos Gedichten erscheinen Gedanken und Empfindungen, die in den Formulierungen der Wissenschaften, vor allem der Psychologie, Philosophie oder Theologie, erst sehr viel später ins allgemeine Bewußtsein traten. Von geradezu abgründiger Tiefe sind in solcher Hinsicht Gedichte, die aus persönlichen Situationen und Anlässen hervorgingen, wie etwa der «Gesang der Liebe als sie geboren war», der in einer Fassung die Überschrift trägt: «Meine Liebe an Sophien, die ihre Mutter ist.» Auch hier bestimmt der Volkston den Duktus des Gedichtes:

O Mutter, halte dein Kindlein warm
Die Welt ist kalt und helle
Und leg' es sanft in deinen Arm,
An deines Herzens Schwelle.

Entstanden sein sollen diese in der zweiten Überschrift deutlich auf Sophie Mereau bezogenen Verse im August 1803, als sich Brentano auf kurze Zeit von Sophie trennte, die er dann im November des gleichen Jahres heiratete. Ein erster Entwurf jedoch hat den Titel «Todes Wiegenlied» und weist allein damit schon auf größere Zusammenhänge als die biographischen. In der Tat ist die anzunehmende persönliche Ausgangssituation nur eben Anlaß des Gedichtes, nicht ihr eigentlicher Gegenstand. Der Liebende sieht die Geliebte als Mutter der Liebe und versetzt sich als deren Kind sogar in ihres «keuschen Schoßes Hut»:

Da träumt mir, wie ich so ganz allein,
Gewohnt dir unterm Herzen
Wie nur die Freuden und Leiden dein
Mich freuten und mich schmerzten.

Oft rief ich dir, komm! o Mutter komm!
Kühl' dich in Liebeswogen,
Da fühltest du dich so sanft, so fromm
Zu dir hinabgezogen.

Der Kreis der Liebe schließt sich also, wenn sich die Mutter und der Kindgeliebte im Mutterschoß vereinigen – ein kühnes, ungeheures Bild. Denn zugleich ist diese Vollendung auch Religion, die die unübersehbare Parallele zur Gottesmutter erweist. Sexualität, Kindesliebe und Gottesliebe, Jungfrau, Mutter, Königin vereinigen sich in einem Gedicht, einem Kunstwerk, das alles in sich schließen will: Transzendenzerfahrung, Erotik und den Schutz des kindlichen Mannes durch die Mutterliebe. Individuellstes Empfinden verschmilzt mit allgemeinen Gedanken der Zeit über die veränderte Rolle der Frau im Verhältnis der Geschlechter zueinander.

Bei alledem ist diese Lyrik jedoch nicht elementarer Ausdruck, sondern zugleich Literatur, die aus anderer Literatur hervorwächst, die Sprachteile und Metaphern übernimmt, sie bewußt als Ausdrucksmittel neuer Gedanken und Empfindungen einsetzt und zum Teil parodiert.

In dem Gedicht an Sophie waren es Barockbilder und solche pietistischer Sprache («Augenhimmel», «du taust aus Mutteraugen», «an deinen Brüsten saugen»). In dem für eine Freundin bestimmten «Herbstlied» ist es Novalis mit seinen späten Gedichten, besonders mit den Versen «An Tieck»:

> Ein Kind voll Wehmut und voll Treue,
> Verstoßen in ein fremdes Land.
>
> (Novalis)

> Da will zu seiner Heimat wallen,
> Ein armes elternloses Kind.
>
> (Brentano)

Und in dem 1803 an Arnim gesandten «Der Jäger an den Hirten» tritt schließlich Goethe als poetischer Zulieferer auf. Brentano nannte dieses «Liedchen [...] das beste, was ich gemacht habe, mir ist es recht wie dem Jäger!» Aber trotz solcher offenbaren Bekenntnishaftigkeit, trotz der Darstellung eigener Unruhe und eigenen Glücksgefühls –

> Durch den Wald mit raschen Schritten
> Trage ich die Laute hin,
> Freude singt, was Leid gelitten,
> Schweres Herz hat leichten Sinn.

– trotz der Darstellung tief empfundenen Umgetriebenseins und des endlichen, ganz persönlichen Wunsches nach Ruhe und Harmonie, nach der Vereinigung von Jäger und Hirten, Horn und Flöte, ist dieses Gedicht doch zugleich Literatur aus Literatur Goethes Balladen vom König in Thule und vom Fischer bieten Sprache und Bilder für die eigenen Liebesnöte an:

> Geister reichen mir den Becher,
> Reichen mir die kalte Hand,
> Denn ich bin ein frommer Zecher,
> Scheue nicht den glühen Rand.

> Die Sirene in den Wogen,
> Hätt' sie mich im Wasserschloß,
> Gäbe, den sie hingezogen,
> Gern den Fischer wieder los.

> Aber ich muß fort nach Thule,
> Suchen auf des Meeres Grund
> Einen Becher, meine Buhle
> Trinkt sich nur aus ihm gesund.

Und auch auf Goethes «Schatzgräber» wird schließlich angespielt:

> Wo die Schätze sind begraben
> Weiß ich längst, Geduld. Geduld,
> Alle Schätze werd' ich haben
> Zu bezahlen alle Schuld.

Solche direkten Bezüge auf Goethe sind nicht nur ein müßig-parodistisches Spiel, obwohl Brentano auch dazu Neigung hatte, wie der *Gustav Wasa* erweist. Das Zitat wird hier so etwas wie ein Mittel der Selbsteinsetzung als Dichter gegenüber der Autorität Goethes, den er verehrte, gegen den er sich jedoch innerlich, um der Selbständigkeit willen, auch wehrte. Die Anspielungen auf Goethe aber sind dann eingebettet in die Metaphorik von Wald und Schlössern, Gesang und Musik, Jagen und Hüten, Verlangen und Liebe, die ihrerseits bereits durch Tieck zur Literatur geworden war. Gegen Ende schließlich tritt das manieristische Klangspiel um seiner selbst willen hervor:

> Du kannst Kränze schlingen, singen,
> Schnitzen, spitzen Pfeile süß,
> Ich kann ringen, klingen, schwingen,
> Schlank und blank den Jägerspieß.

So vereinigen sich in Brentanos früher Lyrik Intellektualität und literarisches Bewußtsein mit subtilster emotioneller Sensitivität, das ernste Verlangen nach dem Durchdringen der Erscheinungswelt wie der konventionellen Gefühlsbindungen mit einer artistischen Lust am sprachlichen Spiel. Das geschah auf eine Weise, wie es sie in der deutschen Lyrik bis dahin noch nicht gegeben hatte.

## Karoline von Günderrode

Unter den zahlreichen Schriftstellerinnen der Zeit um 1800 kann vor allem Karoline von Günderrode einen eigenen Rang als Lyrikerin beanspruchen. Er ist ihr jedoch lange versagt worden, teils weil man sie im Schatten der ungleich größeren Begabung Clemens Brentanos nicht sah, teils weil die Neugier nach dem Sensationellen in ihrer Biographie das Interesse für ihr Werk unterdrückte.

Karoline von Günderrode wurde 1780 in Karlsruhe als Tochter eines badischen Kammerherrn geboren. Der frühe Tod des Vaters entzog ihrer Familie finanzielle Selbständigkeit, und 1787 trat sie deshalb in ein evangelisches Damenstift in Frankfurt am Main ein. Dort entstanden freundschaftliche Beziehungen zum Hause Brentano, besonders zu Clemens, mit dem sie einen intensiven literarischen Briefwechsel begann, und dann auch zu Bettina. Im Freundeskreis um die Brentanos und Friedrich von Savigny lernte sie im August 1804 in Heidelberg den Mythenforscher Friedrich Creuzer kennen, der als Ordinarius für klassische Philologie dorthin gekommen war. Es entspann sich ein Liebesverhältnis zwischen ihr und dem verheirateten Creuzer, das knapp zwei Jahre anhielt. Als Creuzer sich schließlich für seine Frau entschied und die Beziehungen zu Karoline von Günderrode aufkündigte, stieß sie sich – am 26. Juli 1806 – einen Dolch, den sie schon lange sichtbar bei sich getragen hatte, in die Brust. Es muß offenbleiben, ob ihr Tod eine unmittelbare Reaktion auf Creuzers Entschluß darstellte oder ob dieser Entschluß vielmehr nur ein letzter Anstoß war, den Schmerz einer inneren Spannung aufzuheben, die aus tieferem Grunde kam und von der das Werk der Günderrode von Anfang an Zeugnis ablegt.

Die literarischen Anfänge der Günderrode gehen in die Zeit vor der Jahrhundertwende zurück. Ihre erste Veröffentlichung war ein Buch mit Gedichten, Prosalyrik, Meditationen und lyrischen Szenen unter dem Titel *Gedichte und Phantasien* (1804); ein zweites mit Dramen und Lyrik folgte 1805 als *Poetische Fragmente,* beide unter dem Pseudonym Tian. Ein dritter Band mit Lyrik und Prosa – *Melete* «von Jon» – befand sich zur Zeit ihres Todes im Druck, wurde dann aber von Creuzer zurückgezogen; ein Teil davon kam 1896 ans Licht, anderes ist verschollen.

Charakteristisch für das Werk der Günderrode ist die Vorherrschaft des Lyrischen im Übergang zwischen den Gattungen. Die Zahl reiner lyrischer Gedichte ist verhältnismäßig gering. Balladen in Versen oder lyrischer Prosa, philosophisch-lyrische Meditationen und lyrische Dramen oder Dramolets dominieren. Auch Sonette und Terzinen finden sich natürlich unter ihren Gedichten, aber von den zeitgenössischen Experimenten blieb sie weithin unberührt. Formen aus romantischer und klassischer Tradition stehen bei ihr nebeneinander, und was sie an Eigenem zu geben hatte, liegt vor allem in den Bildern und Gedanken. Die Günderrode war eine philosophische Natur, die in sich und um sich Sinn schaffen und Ordnung stiften wollte. Anregen ließ sie sich dabei von Herder, Hemsterhuis, Fichte und der Naturphilosophie Schellings, vor allem aber von Novalis, den sie fortzudenken versuchte und gelegentlich paraphrasierte. Auch Brentano-Töne klingen an, vor allem in den Balladen. Hin und wieder läßt sich der Einfluß Hölderlins spüren, dessen *Hyperion* sie schätzte; aber für sein weibliches Gegenstück, zu dem man sie gelegentlich hat erklären wollen, standen ihr die Griechen dann doch zu fern, ebensowenig wie ihre Reflexionen speziell auf die Rolle der Kunst und des Künstlers in religiöser und historischer Perspektive gerichtet waren.

Die Bildersprache ihrer Dichtung ist vorwiegend geprägt von nicht-antiken und nicht-christlichen Mythologien, wie ja überhaupt um 1800 die im *Ältesten Systemprogramm des deutschen Idealismus* und von Friedrich Schlegel proklamierte Suche nach neuen Mythologien konkretere Formen annahm und die Mythenforschung förderte, für die wiederum Friedrich Creuzer einer der bedeutendsten Initiatoren wurde. Im Werk der Günderrode spielt neben dem Ossianismus und den Germanengöttern vor allem der Orient mit Ägypten, Arabien, Persien und Indien eine bedeutende Rolle. Sie schöpfte aus diesen Bereichen neue Möglichkeiten des Selbstausdrucks und der Auseinandersetzung mit den eigenen, deutschen Verhältnissen.

In dem Sonett «Die Malabarischen Witwen» zum Beispiel hält sie, wie Goethe in der «indischen Legende» vom Gott und der Bajadere, den scheinbar barbarischen Feuertod indischer Witwen der eigenen Zeit bigotter Barmherzigkeit provokativ als einen Akt der Befreiung und Liebe entgegen:

> Zum Flammentode gehn an Indusstranden
> Mit dem Gemahl, in Jugendherrlichkeit,
> Die Frauen, ohne Zagen, ohne Leid,
> Geschmücket festlich, wie in Brautgewanden.
>
> Die Sitte hat der Liebe Sinn verstanden,
> Sie von der Trennung harter Schmach befreit
> Zu ihrem Priester selbst den Tod geweiht,
> Unsterblichkeit gegeben ihren Banden.
>
> Nicht Trennung ferner solchem Bunde droht,
> Denn die vorhin entzweiten Liebesflammen
> In einer schlagen brünstig sie zusammen.

> Zur süßen Liebesfeyer wird der Tod,
> Vereinet die getrennten Elemente,
> Zum Lebensgipfel wird des Daseyns Ende.

Liebe, Treue, Schönheit und Tod sind überhaupt die persönlichsten Themen Karoline von Günderrodes, die sie in komplizierte Psychologie hineinführen. Nicht nur erscheint ihr die Liebe zu Toten möglich – wie in der Elegie «Die Bande der Liebe» –, die Ballade «Piedro» bietet sogar gegenüber so chen Gestaltungen von Liebe und Tod wie Goethes «Braut von Korinth», Novalis' *Hymnen an die Nacht* und Brentanos «Ein Fischer saß im Kahne» eine scheinbar homoerotische Version der Totenliebe: der Held tötet den Räuber der Geliebten, kann aber dann von dem Anblick des Toten nicht mehr los, vergißt die Braut über ihn, bedeckt ihn mit «heißen Liebesküssen» und läßt sich von ihm in den Tod nachziehen. Der Tod gib dem Jüngling eine magische Schönheit, die stärker ist als irdische Liebe.

> Denn Lieb ist Wunsch, Erinnerung des Schönen,
> Die Schönheit schauen wil der Liebe Sehnen,

heißt es in dem Gedicht «Liebe und Schönheit», in dem der Schönheit ein transzendenter Wert verliehen wird. Die um 1800 sich ereignende Abwendung von eschatologischen Entwürfen sowie Tendenzen zu einer metahistorischen, ästhetizistischen Weltbetrachtung zeigen sich hier deutlich bei der Günderrode, geben ihrem Werk Originalität und verbieten im übrigen eine rein biographische Deutung.

Aus ihrer Situation als Frau in einer Männerwelt sind jedoch manche Motive ihrer Dichtung zu verstehen. In der prosalyrischen Erzählung *Timur* wird der gefangene Held von der Geliebten befreit, die sich aber dann aus Rache für dessen Mord an ihrem Vater mit ihm in den Abgrund stürzt. Mädchen opfern sich, als Ritter verkleidet, für den Angebeteten auf (in der balladesken Szene *Mora*) oder gehen mit dem Dolch im Gewande die Zwangsehe ein, nur um den aufgenötigten Ehemann dann zu töten (im Dramenfragment *Hildgund*). «Des Weibes Schicksal, ach! ruht nicht in eigner Hand», klagt die burgundische Hildgund, bevor sie sich zu eigener Handlung entschließt und verkündet:

> Der Völker Schicksal ruht in meinem Busen,
> Ich werde sie, ich werde mich befrein.

Es ist der Tattraum eines deutschen Stiftsfräuleins.

Philosophischen Ausdruck finden Karoline von Günderrodes Hoffnungen vor allem in der *Geschichte eines Braminen* (1805), in der sie sich gleichermaßen vom aufklärerischen Prinzip des Staates als Schutzinstrument des Einzelinteresses wie von einer über dem einzelnen stehenden bürgerlichen Gemeinschaft distanziert. Wohl akzeptiert sie sittliche und rechtliche Übereinkünfte als Grundlage menschlichen Zusammenlebens, aber sie bleiben für sie an der Oberfläche, ohne Bezug auf einen tieferen religiösen «Urgrund». Der einzelne ist nicht «Mittel für das Ganze»: «kein fremdes Gesetz berühre die innere Freyheit meines Geistes». Der aus Lessings *Erziehung des Menschengeschlechts* hergeleiteten Prophetie am Ende von Novalis' *Christenheit oder Europa* entspricht dann die eigene der Günderrode: «Ja, es muß eine Zeit der Vollendung kommen, wo jedes Wesen harmonisch mit sich selbst und mit den Anderen wird.» Aber die Hoffnung ist nicht mehr auf den Lauf der Geschichte gegründet. Die unmittelbare Aktion ihres Braminen ist der Rückzug in die Kontemplation in einem Palmenwald am Ganges: «Und ich werde nimmer diese Hütte, diese Palmen, diesen Strom verlassen; ich bin hierher gebannt wie in Zauberkreisen, und der Friede weicht nicht von mir.» Es ist die gleiche prosalyrische Sprache in derselben indischen Vorstellungswelt, der Hermann Hesse mit seinem *Siddhartha* (1922) mehr als ein Jahrhundert später dann wirk-

lich weltweite Aufmerksamkeit und Anerkennung verschaffte. Die lyrische Sprache
der Günderrode erweist überhaupt große Affinität zum Ästhetizismus der neuroman-
tischen Dichtung um 1900. In ihren Dramoletts und lyrischen Szenen scheinen Hofmannsthals kleine Dramen vorgebildet zu sein, und in der üppigen Schönheit mancher
Verse schwingt schon etwas von dem «Frühgereift und zart und traurig» des Jahrhun-
dertendes mit. Sogar unmittelbare Einflüsse lassen sich nachweisen: Der Dialog zweier
Frauen im Drama *Magie und Schicksal* ist nichts anderes als das genaue Modell in Diktion und Sprachgesten für Stefan Georges bekanntes Gedicht «Komm in den totgesag-
ten park und schau»:

> *Mandane*
> Komm! schmücke dich, mir däucht es wäre Zeit,
> Soll ich die Myrten dir zum Kranze flechten,
> Und Rosen in dein dunkellockig Haar?

> *Ladikä*
> Ja, Myrten nimm, und junge Rosenknospen,
> Vergiß auch der Orangen Blüthe nicht,
> Die schwer und duftig Balsamwolken hauchet,
> Die mische mit der Myrten dunklem Grün;
> Vor allem lieb ich diese süße Blüthe,
> Ein ganzer Sommer ist in ihrem Kelch;
> Des Mittags Gluth und laue Abendlüfte,
> Wollüstig Sehnen und Befriedigung.

George hat das Werk der Günderrode gekannt und ihr in den «Tafeln» des *Siebenten
Ringes* ein kleines Denkmal gesetzt, offensichtlich aus gutem Grund.

Als Dichterin lebte Karoline von Günderrode freilich nicht fern von ihrer Zeit. Auch
«Buonaparte in Egypten» oder der Kölner Dom, um dessen Vollendung man sich bald
danach zu bemühen begann, sind Gegenstände ihrer Gedichte, und neben Jean Paul,
dessen mit einem Ballonflug endendes *Kampaner Thal* sie besonders schätzte, gehört
sie zu den ersten Deutschen, die den Flug der Ballone poetisch zu deuten versuchten.

> Gefahren bin ich in schwankendem Kahne,
> Auf dem blauligten Ozeane

– so beginnt das Gedicht «Der Luftschiffer», dem sie allen Träumen entgegen in deutlicher Erkenntnis ihrer eigenen Gebundenheit den klaren Schluß gibt

> Aber ach! es ziehet mich hernieder
> Nebel überschleiert meinen Blick
> Und der Erde Gränzen seh ich wieder.
> Wolken treiben mich zu ihr zurück.
> Wehe! Das Gesez der Schwere
> Es behauptet neu sein Recht
> Keiner darf sich ihr entziehen
> Von dem irdischen Geschlecht.

Die Wirkung des Werkes der Karoline von Günderrode ist beschränkt geblieben, teils weil es auf lange Zeit nahezu unzugänglich war, teils aber auch
wegen seiner nicht zu übersehenden Grenzen: Übernommene philosophische Gedanken werden oft nur ausgeschmückt, und die Psychologie der Gestalten wie der Gedichte ist nicht selten inkonsequent, so faszinierend sie im
einzelnen auch sein kann. Zu bedenken ist dabei, daß um 1800 der Weg einer

Frau zu Originalität und Selbständigkeit sehr viel schwerer war als der des Mannes, dem sich an den Universitäten und in der freien Beweglichkeit ganz andere Bildungs- und geistige Kommunikationsmöglichkeiten boten. Bettina von Arnims Briefbuch *Die Günderode* (1840) hat dann zwar die Freundin in Erinnerung gebracht, war aber ebensosehr eine Selbstdarstellung der Autorin und konnte deshalb kaum für objektives Interesse am literarischen Werk der Günderrode werben, zumindest nicht in dem Maße, wie es die große seelische und sprachkünstlerische Empfindsamkeit der Dichterin, der Klangreichtum und die Fülle leuchtender, schöner Bilder in ihrer Sprache verdienen.

## 5. Friedrich Hölderlin

### Hölderlins Lyrik in ihrer Zeit

In den Augen der Nachwelt ist Friedrich Hölderlin einer der größten Dichter deutscher Zunge. Für die Zeitgenossen jedoch war er kaum von den kleineren Talenten der Jahre um 1800 zu unterscheiden. In eben jenen Septembertagen des Jahres 1806, da Hölderlin als Geisteskranker in das Klinikum des Professors Autenrieth in Tübingen eingeliefert wurde, soll allerdings Friedrich Schlegel geäußert haben, er setze Hölderlin neben Tieck und Brentano an eine der ersten Stellen unter den Dichtern Deutschlands. Hölderlins Nachruhm begann, so scheint es, in dem Augenblick, da sich sein Geist auf immer für die Welt verschloß. Denn vorher hatte Hölderlin für Friedrich Schlegel, den aufmerksamsten Beobachter und brillanten Kritiker der deutschen literarischen Szene, nicht existiert. Nur einmal, bei einer Besprechung von Schillers *Musen-Almanach für das Jahr 1796*, verwahrt Schlegel sich dagegen, «einen *Neuffer* oder *Hölderlin* und einen Schiller nach demselben Maassstabe zu würdigen», was selbstverständlich als Kompliment für Schiller gemeint war. Von August Wilhelm Schlegel gibt es aus dieser Zeit einen einzigen, freundlichen Satz über zwei Gedichte Hölderlins; den *Hyperion* hat Schlegel, der selbst die drittrangige Romanproduktion der Zeit in seine umfassende Rezensententätigkeit einbezog, nicht beachtet. Im Briefwechsel der Caroline Schelling, dem Spiegel und der abgekürzten Chronik des Jenaer Kreises, kommt der Name Hölderlin nicht vor, auch Novalis erwähnt ihn nirgends, und nur zwischen Hegel und Schelling, die einst mit ihm eine Stube im Tübinger Stift geteilt hatten, gibt es hin und wieder in der Korrespondenz eine teilnehmende Bemerkung ohne das Bewußtsein vom poetischen Rang des einstigen Freundes.

Schiller und Goethe hatten Hölderlin immerhin Aufmerksamkeit geschenkt, wenngleich auch sie keinen Begriff von den künstlerischen Potenzen des jungen Schwaben besaßen, der, von Verehrung erfüllt, 1794 zu ihnen

nach Jena und Weimar gepilgert kam. «Von Ihnen dependir' ich unüber-
windlich», bekannte Hölderlin in einem Brief an Schiller (20.6. 1797), und er
war bei seinem ersten Besuch von der Gegenwart des Verehrten sogar so geblendet, daß er zu seiner nachträglichen Verzweiflung den zufällig be Schiller anwesenden Goethe nicht wahrnahm und dem Gespräch mit ihm auswich. Bald darauf freilich, als er ihn Anfang 1795 in Weimar noch einmal
traf, glaubte er in ihm «einen recht herzguten Vater vor sich zu haben» (19.1.
1795). Schiller hat seinen jungen Landsmann insofern gefördert, als er in die
*Neue Thalia*, die *Horen* und die *Musen-Almanacke* einiges von ihm aufnahm
und ihm so das respektabelste Forum für seine Arbeiten verschaffte, das Hölderlin überhaupt besessen hat. Aber außer dem *Fragment von Hyperion* waren es nur wenige Gedichte und noch nicht einmal alles, was Hölderlin ein-
gesandt hatte. Denn Schiller hegte Zurückhaltung gegenüber dem jüngeren,
den er als seinen Epigonen empfand und dem er deshalb riet:

> «Nehmen Sie, ich bitte Sie, Ihre ganze Kraft und Ihre ganze Wachsam-
> keit zusammen, wählen Sie einen glücklichen poetischen Stoff, tragen
> ihn liebend und sorgfältig pflegend im Herzer, und lassen ihn in den
> schönsten Momenten des Daseyns ruhig der Vollendung zureifen. Fle-
> hen Sie wo möglich die philosophischen Stoffe, sie sind die undankbar-
> sten, und in fruchtlosem Ringen mit denselben verzehrt sich oft die beß-
> te Kraft, bleiben Sie der Sinnenwelt näher, so werden Sie weniger in
> Gefahr seyn, die Nüchternheit in der Begeisterung zu verlieren, oder in
> einen gekünstelten Ausdruck zu verirren.»

Auch vor dem deutschen «Erbfehler» der «Weitschweifigkeit» warnte er ihn
und empfahl ihm den «klaren einfachen Ausdruck» (24.11. 1796). Verkennung und richtig Beobachtetes stehen in diesem Urteil nebeneinander; aus
Hölderlins Lyrik ist zu entnehmen, wie wörtlich er den Rat zur Nüchternheit
befolgt hat und dem Begriff zugleich eine Tiefe gab, die weit über Schillers
praktische Forderung hinausging. Schiller empfand Hölderlins innere Ge-
fährdung in dessen «heftiger Subjectivität» und sah auch die äußere, wenn er
an Goethe am 30.Juni 1797 berichtet:

> «Er lebt jetzt als Hofmeister in einem KaufmannsHause zu Frankfurth,
> und ist also in Sachen des Geschmacks und der Poesie bloß auf sich sel-
> ber eingeschränkt und wird in dieser Lage immer mehr in sich selbst
> hineingetrieben.»

Als Goethe im selben Sommer noch in die eigene Heimatstadt kam, vermittelte Schiller eine weitere Begegnung, von der ihm dann Goethe Nachricht
gab:

> «Gestern ist auch Hölterlein bey mir gewesen, er sieht etwas gedrückt
> und kränklich aus, aber er ist wirklich liebenswürdig und mit Beschei-

denheit, ja mit Aengstlichkeit offen. Er ging auf verschiedene Materien,
auf eine Weise ein die Ihre Schule verrieth, manche Hauptideen hatte er
sich recht gut zu eigen gemacht, so daß er manches auch wieder leicht
aufnehmen konnte. Ich habe ihm besonders gerathen kleine Gedichte
zu machen und sich zu jedem einen menschlich interessanten Gegenstand zu wählen.» (23.8. 1797)

Es war ein Rat, mit dem Hölderlin, dessen ganzes Wesen auf Umfassung
und Durchdringung eines großen Ganzen gerichtet war, freilich wenig anfangen konnte. Auch in Goethes Urteil also verbindet sich aufmerksame
Beobachtung der Persönlichkeit mit der Verkennung dessen, was in ihr angelegt und was sie zu leisten imstande war. Schiller ebenso wie Goethe haben
Hölderlin danach bald aus den Augen verloren und ihm keine weitere Beachtung geschenkt.

Solch irrendes Urteil läßt sich nicht leicht und sicher auf eine einzelne Ursache zurückführen, und es ist nicht schlechterdings nur der Ungeschmack
oder Eigensinn der Zeitgenossen anzuklagen. Sicherlich hat Goethe Hölderlin zu sehr im Schatten Schillers stehen sehen, als daß er die Konturen seines
Geistes wirklich wahrnehmen konnte, und Schillers Blick mag ebenfalls
durch Hölderlins Nähe zu sich selbst verschwommen gewesen sein Im Falle
Goethes könnte noch hinzukommen, was Bettina von Arnim später einmal,
als sie über Goethes Nichtbeachtung Hölderlins befragt wurde, in den harten
Satz zusammendrängte: «Göthe konnte einen ihm superioren poetischen
Geist nicht ertragen und stieß ihn daher zurück.» Es ist jedoch unsicher, ob
Goethe überhaupt je das Bewußtsein gehabt hat, daß Hölderlin ein solcher
«superiorer poetischer Geist» war. Im übrigen ist die Verkennung Hölderlins
bis 1806 so allgemein und flagrant, daß die mögliche Eitelkeit eines einzelnen kaum einen zureichenden Grund dafür bilden kann. Auch nach 1806 hat
es dann noch lange gedauert, bis öffentliche Aufmerksamkeit auf Hölderlin
gelenkt wurde, denn die ersten enthusiastischen Urteile, die sich bei Schlegel,
Brentano, Arnim, Bettina von Arnim, Görres, Varnhagen, Uhland oder Kerner finden, blieben zunächst entweder auf den privaten Briefwechsel oder
auf einige wenige Rezensionen und Hinweise beschränkt. In der ersten
Literaturgeschichte dieser Zeit – Franz Horns *Umrisse zur Geschichte und
Kritik der schönen Literatur Deutschlands während der Jahre 1790 bis 1818*
(1819) – erhalten alle nur einigermaßen namhaften Autoren bis hin zu
Bernhardi, Schütz, Collin, Kind, Müllner, Loeben und Fanny Tarnow
einen eigenen Abschnitt. Hölderlin jedoch kommt im ganzen Buch nicht
vor.

Die Gründe für eine derartige Mißachtung bestehen zunächst in der Art
und Weise, in der Hölderlins Werk existierte und an die Öffentlichkeit trat.
Einige der bedeutendsten unter seinen großen Hymnen und Elegien blieben
auf lange Zeit ungedruckt, und der handschriftliche Zustand – Urfassungen

mit Ergänzungen, Korrekturen, Überarbeitungen und Gestrichenem – ermutigte die Editoren nicht, sie herauszugeben. Erst das 20. Jahrhundert hat durch eine Reihe aufeinander aufbauender Editionen überhaupt eine Vorstellung von der Arbeit des Dichters Hölderlin, von seinen Intentionen und der Gestalt wie dem Umfang seines lyrischen Werks erhalten. Bei genauerem Zusehen scheint es allerdings, als wenn sich die Zeitgenossen bei ihrer Verkennung dennoch nicht auf Unkenntnis berufen konnten. Bis 1806 erschienen immerhin rund siebzig Gedichte Hölderlins im Druck und dazu sein Roman *Hyperion*, allerdings unter Umständen, die es der über so viel einstige Verständnislosigkeit den Kopf schüttelnden Nachwelt wahrscheinlich gleichfalls schwer machen würden, den Meister in ihrer eigenen Zeit herauszufinden. Der *Hyperion* zum Beispiel erschien in zwei Bänden, die zweieinhalb Jahre voneinander getrennt herauskamen. Daran mußte jedoch ein so ganz in sich verwobenes, in seinen Teilen eng aufeinander bezogenes Kunstwerk zerbrechen. Die Lektüre des ersten Bandes im Jahre 1797 mochte ein großes Talent erkennen lassen, aber ohne den zweiten Teil, ohne den tragischen Tod der Diotima blieb das Buch kaum mehr als ein Versprechen. Als jedoch dieser zweite Teil an die Öffentlichkeit trat, war wiederum die Erinnerung an den ersten bereits von der ansteigenden Zahl neuer Romane zugeschüttet worden, und er hätte neu gelesen werden müssen, um den geistigen Grund dieses Schicksals eines jungen Griechen recht begreifen zu können. Soviel Aufmerksamkeit aber läßt man der Literatur des Tages selten zuteil werden. Erst aus der zeitlichen Distanz, da der Roman als Ganzes vorlag, entstand ein Begriff von der Kraft und Größe dieses Werkes: Görres' Aufsatz «Hyperion» von 1804 ist ein schöner Beleg dafür.

Hölderlins Gedichte aber wurden verstreut in den verschiedensten Zeitschriften und Almanachen publiziert, von denen die durch Schiller edierten noch die prominentesten darstellten. All die anderen Taschenbücher *für häusliche und gesellschaftliche Freuden* oder *für Frauenzimmer von Bildung*, die Musenalmanache und *Poetischen Blumenlesen* Stäudlins, Hubers *Vierteljährliche Unterhaltungen* oder die «Deutschlands Töchtern» geweihte *Flora* – «Eine Quartalschrift von Freunden und Freundinnen des schönen Geschlechts» –, all diese verschiedenen poetischen Florilegien hatten eine kleine Auflage und Zirkulation, und niemand konnte Übersicht über sie und damit Hölderlins Gedichte besitzen, die darin ihre erste Heimstatt erhielten. Eine Sammlung seiner Gedichte, wie sie Cotta 1801 erwog, kam nicht zustande. Erst 1826 edierten Ludwig Uhland und Gustav Schwab einen solchen Band und boten auf diese Weise das Material, so unvollkommen es auch noch war, für eine gerechtere Würdigung Hölderlins.

Dennoch reichen solche äußeren Gründe nicht hin, die Unaufmerksamkeit der Zeit gegenüber dem Werk Friedrich Hölderlins zu erklären: Es wohnten dieser Prosa und diesen Versen auch Widersprüche inne, die damals kaum verstehbar oder gar auflösbar waren. Allen Anzeichen nach

schien Hölderlin Klassizist zu sein. Damit aber geriet er als junger Autor von
vornherein in den Geruch des Traditionalisten und Epigonen, zumindest unter seinen Altersgefährten. Statt der Stanzen, Terzinen und Sonette schrieb
er Hymnen, Elegien und Oden, und anstatt daß er die Antike lediglich als
Fixpunkt für die Reflexion auf die Gegenwart benutzte oder sich ihrer – wie
Tieck und Brentano – gänzlich begab, huldigte er einem idealen Griechenland, dessen Unwirklichkeit in der Zeit der Koalitionskriege nur allzu offenbar war. Hölderlin schrieb gegen die poetischen Moden seiner Zeit, und für
die Engagierten unter den Jüngeren sprach er die Sprache von gestern. Die
Verkennung Hölderlins durch den Kreis um die Brüder Schlegel ist zu einem
guten Teil daraus zu erklären. Für die eigentlichen Klassizisten wie Voß wiederum war Hölderlin allein schon dadurch uninteressant, daß er nicht auf ein
Ideal prosodischer Reinheit antiker Formen im Deutschen abzielte, sondern
sich die Formen zum eigenen Zwecke, der Aussage des bisher Ungesagten, ja
des Unsagbaren zurechtbog. Dieses Ungesagte oder Unsagbare, auf das seine Verse zielten, irritierte schließlich die Älteren allgemein, auch Goethe und
Schiller, der das Subjektivische, Überspannte, Einseitige an Hölderlin zu
tadeln fand. Denn was in alter Gestalt vorgetragen wurde, war in der Tat
Neuestes und Eigenartigstes und gehörte aufs engste zu dem, was Friedrich
Schlegel oder Novalis unter dem Begriff des Romantischen zu fassen trach-
teten. Hier wiederum trug jedoch die tatsächliche Abhängigkeit mancher
frühen Verse in äußerer Gestalt, mythologischem Apparat und einigen ästhetischen Gedanken von den Gedichten Friedrich Schillers zur Verwirrung bei,
so daß am Ende auch dem aufmerksameren Auge Hölderlin zunächst eher
als talentierter Eklektiker und nicht als origineller Künstler erscheinen
konnte.

## Perspektiven von Zeit, Werk und Leben

Hölderlins Lyrik bewegt sich in einer Reihe von miteinander verbundenen
Vorstellungsbereichen, die zu den allgemeinen theoretischen Tendenzen des
Zeitalters in enger Beziehung stehen, wie im selben Maße das von ihm in Ge-
meinschaft mit Hegel und Schelling konzipierte sogenannte *Älteste System-
programm des deutschen Idealismus* ein kondensierter Ausdruck vieler dieser
Tendenzen ist. Gedanken über die Beziehungen und Spannungen zwischen
Natur und Gesellschaft, Individuum und Staat, Geschichte und Gegenwart,
Weltbürgertum und Vaterland, Antike und Christentum sowie die Sehnsucht
nach einer Erlösung in Liebe, nach ewigem Frieden und dem «Reich Gottes»
durchziehen und prägen Hölderlins gesamtes Werk. «Reich Gottes» hieß die
Losung, mit der sich Hölderlin und Hegel beim Abschied vom Tübinger Stift
1793 trennten. Mittel dazu aber war die «Poesie» als *Lehrerin der Menschheit»* – wie es im *Systemprogramm* hieß –, und in ihrem Dienst stand der
Dichter, dem es gebührte, «unter Gottes Gewittern»

[...] mit entblößtem Haupte zu stehen,
Des Vaters Stral, ihn selbst, mit eigner Hand
Zu fassen und dem Volk ins Lied
Gehüllt die himmlische Gaabe zu reichen.

Es sind Worte aus Hölderlins fragmentarischer Hymne «Wie wenn am Feiertage ...» (um 1800). Kein anderer Autor hat dem aktuellsten Denken dieser Zeit so umfassend dichterische Gestalt gegeben wie Hölderlin in seiner Lyrik. Was den Reichtum der Gedanken selbst und das Verständnis für die Komplexität von Zusammenhängen angeht, so läßt sich Hölderlins Werk am ehesten mit dem Fragmentwerk von Friedrich Schlegel und Novalis vergleichen, das auf ähnliche Weise suchend und tastend in Neues vordrang und nur eben im Fragment sogleich auch die angemessene Form fand, in der das Unvollkommene seine eigene formale Vollkommenheit erhielt, während sich Hölderlin bei der Gestalt des Gedichts immer zum Streben nach einem ästhetisch abgerundeten Ganzen gedrängt sah, in das sich wiederum die weiten Dimensionen der Gedanken kaum fassen ließen. So hat schon ein früher Kritiker aus dem Jahre 1807 feinfühlig über die Dunkelheit im Ausdruck Hölderlins bemerkt: «Es scheint als ob die zarte Bildung seiner Phantasie, und die Freyheit der Empfindung sich an der Schwere des Wortes bräcaen.»
Hölderlin war jedoch mit viel größerer Ausschließlichkeit Dichter, also Sprachkünstler, als etwa Friedrich Schlegel oder Novalis. Seine wenigen theoretischen Versuche beschränkten sich hauptsächlich auf Überlegungen zur Kunsttheorie, worauf an früherer Stelle bereits eingegangen worden ist. Hölderlins dichterische Sprache bildete das wesentliche Mittel, sein Denken mitzuteilen, während zum Beispiel bei Schlegel oder auch Novalis gleichzeitig ein abstraktes, von der Kunstsprache der Lyrik unabhängiges Denken existierte, so daß in beträchtlichem Maße eine wechselseitige Ergänzung von Literatur und Philosophie stattfinden konnte. Hölderlins eigentliche große Errungenschaft in seiner Lyrik, das Neue, das er zur Geschichte dieser Gattung beitrug, beruhte vor allem darauf, daß er die Denkprozesse in sie hineinverlegte. Nicht mehr ging es bei ihm darum, Erkanntes in einer künstlerisch selbständigen Gestalt vorzustellen, wie es die Tradition des Lehrgedichtes forderte, von der auch Schiller noch in gewissem Umfange abhängig war, selbst wenn sich bei ihm die lyrische Metaphernsprache von den Begriffen der Philosophie zu lösen versuchte oder tatsächlich löste. Hölderlin schrieb nicht in erster Linie, um Erkanntes mitzuteilen und damit verstanden zu werden, sondern um zu verstehen. Die Verständnisschwierigkeiten seiner Leser reflektieren nur seine eigenen. Wie der junge Goethe Empfindungsvorgänge in seiner Lyrik auszudrücken suchte, so Hölderlin Denkvorgänge, und zwar auf der Höhe einer Zeit, die den gesamten geschichtlichen Voraussetzungen nach ihre Philosophie auf Zusammenschau und die Erkenntnis großer historischer Entwicklungslinien und metahistorischer Ziele richtete. Solche auf

Äußerstes, Universalstes zielenden poetischen Denkvorgänge sind nun allerdings ohne eigentlichen Abschluß, da sie zu immer weiteren Erkenntnissen führen. Aber sie sind nicht ohne Ergebnis, das schon in jeder neuen Fragestellung enthalten ist, die aus ihnen hervorgeht. Hölderlins Lyrik bildet deshalb auch keine in sich abgeschlossene, hermetische Kunstwelt, aber eine Kunstwelt stellt sie allerdings dar. Denn über der Betonung des Offenen, Unabgeschlossenen dieser Gedichte, wie es allein schon die vielfältigen Erweiterungen und Überarbeitungen deutlich machen, die insbesondere die Manuskripte aus Hölderlins letzter Schaffenszeit in regelrechte Labyrinthe verwandeln, ist die bewußte, zielgerichtete Anstrengung des Künstlers nicht zu vergessen, also das, was Hölderlin wohl in erster Linie zu den festen antiken Formen drängte. Denn er war kein Rhapsode an der Grenze des Wahnsinns, sondern ein durchaus formbewußter Dichter, dessen Produktion bei allem Drang nach äußerster gedanklicher Penetration und Universalität doch auch weithin das Ergebnis eines planenden Intellekts darstellt. Jungen Dichtern riet er: «Haßt den Rausch, wie den Frost!» («An die jungen Dichter»), und zum Sinn der Hölderlinschen Gedichte gehört nicht nur ihre gedankliche Kühnheit, sondern auch, daß sie schön sind. Ihre Schönheit ist die Schönheit künstlerischen Maßes und sprachlicher Kraft.

Was immer Hölderlin dachte, war auf die sinnvolle Existenz des Einzelnen im Ganzen gerichtet. Nur im Hinblick darauf waren ihm die Gestaltungen menschlichen Glückes wie Schmerzes, historischer oder transzendenter, ästhetischer oder politischer Probleme sinnvoll. Und selbst im äußersten Ausdruck des Leidens und der Einsamkeit blieb er noch der Sohn einer ihrem ganzen Grunde nach hoffnungsvollen Zeit. Wie viele andere seiner Zeitgenossen trug ihn die Überzeugung, daß der Mensch in Freiheit, Glück und Würde leben könne und solle. Hölderlins Verhältnis zu den politischen Bewegungen seiner Tage ist bereits bei der Betrachtung der Einstellungen deutscher Autoren zur Französischen Revolution bezeichnet worden. Es reflektiert sich in seiner Lyrik ebenso wie im *Hyperion* und dem *Tod des Empedokles*. Wie sehr sein Wünschen und Hoffen mit der politischen Realität seines Landes und seiner Zeit verwoben war, macht vielleicht am kondensiertesten und eindringlichsten sein Brief vom 10. Januar 1797 an den Frankfurter Arzt Johann Gottfried Ebel, einem entschiedenen Republikaner, deutlich:

«Man kann wohl mit Gewißheit sagen, daß die Welt noch nie so bunt aussah, wie jetzt. Sie ist eine ungeheure Mannigfaltigkeit von Widersprüchen und Kontrasten. Altes und Neues! Kultur und Rohheit! Bosheit und Leidenschaft! Egoismus im Schaafpelz, Egoismus in der Wolfshaut! Aberglauben und Unglauben! Knechtschaft und Despotism! unvernünftige Klugheit, unkluge Vernunft! Geistlose Empfindung, empfindungsloser Geist! Geschichte, Erfahrung, Herkommen ohne Philosophie, Philosophie ohne Erfahrung! Energie ohne Grundsätze, Grundsätze ohne Energie! Strenge ohne Menschlichkeit, Menschlichkeit ohne Strenge! heuchlerische Gefälligkeit, schaamlose Unverschämtheit! altkluge Jungen, läppische Männer! – Man könnte die Litanei von Sonnenaufgang bis um Mitternacht fortsetzen und hätte kaum ein Tausendtheil des menschlichen Chaos genannt. Aber so soll es seyn! Dieser Charakter des bekannteren Theils des Menschengeschlechts ist gewiß ein Vorbote außerordentlicher Dinge. Ich glaube an eine künftige Revolution der Gesinnungen und Vorstellungen, die alles bisherige schaamroth machen wird. Und dazu kann Deutschland vielleicht sehr viel beitragen.»

Was wie ein hier noch hoffnungsvoll getönter Vorläufer jener bitteren Anklage der Deutschen am Ende des *Hyperion* erscheint, entsprach vielfachen Gedanken der Zeit vom Chaos als Zeugungselement einer neuen Welt und von der Aufgabe, die der «Deutschheit» dabei zukam. Es sind freilich nicht Worte, die politischen Radikalismus verraten, sondern auf jene besondere Rolle der Kultur und des Geistes bei der Veränderung der Welt verweisen, der Hölderlin bis in die letzten Tage seines bewußten Schaffens nachgegangen ist.

Hölderlins Leben zerbrach in der Mitte. Nach acht Monaten in jener Tübinger Nervenklinik, in die er im September 1806, sechsunddreißigjährig, eingeliefert worden war, gab man den Leidenden Anfang Mai 1807 einem Tübinger Tischlermeister zur Pflege. Bei ihm hat Hölderlin dann die zweiten sechsunddreißig Jahre seines Lebens zugebracht, eingeschlossen in die Welt seiner Phantasien, gelegentlich Klavier oder Flöte spielend, der Mutter einen stereotypen Brief schreibend oder eines jener kleinen Gedichte abfassend, in deren belangloser Schlichtheit dann und wann ein Wort oder eine Wendung aufleuchten und etwas von dem großen, schönen Ganzen erahnen lassen, dessen Trümmer sie darstellten. Es ist erwogen worden, ob diese Krankheit Hölderlins echt oder aber nur Schutz und Tarnung gegenüber seinen Mitmenschen gewesen ist, unter denen er litt. Sofern dergleichen wörtlich gemeint ist, zerfällt es in seiner eigenen Absurdität. Hölderlin, bescheiden, ängstlich und aufs äußerste wahr, taugte nicht zum Schauspieler, der listig ein halbes Leben lang seine Umwelt täuschen und ihnen Symptome einer schweren geistigen Zerstörung vorspielen konnte. Sofern jedoch Krankheit als traumatische Schutzreaktion gemeint ist, bleibt der Gedanke ein Gemeinplatz. Was an Geisteskrankheiten endogen oder exogen ist kann die moderne Medizin kaum beim lebenden Patienten feststellen; der Versuch, es mit einiger Autorität für einen Toten zu tun, in dessen Zeit außerdem noch ganz andere Bezeichnungen für Krankheiten und ihre Symptome gang und gäbe waren, ist von vornherein aussichtslos. So bleibt nur festzustellen, daß seine Umwelt es Hölderlin nicht leicht gemacht hat, zu leben und zu schaffen. Wie sehr er unter den Demütigungen gelitten hat, zu denen ihn sein bürgerlicher Stand führte, davon geben seine Briefe immer wieder Auskunft. Hoffnung und tiefe Enttäuschung trafen in seinem täglichen Leben ebenso aufeinander wie in seinen chiliastischen Erwartungen. Als Dichter, der sich unerkannt sah, oder auch als Liebender wurden ihm Schmerz und Erniedrigungen in reichem Maße zuteil. Aber alle diese Dinge sind nicht schlechterdings Erscheinungsformen einer gesellschaftlichen Misere, deren Opfer der Dichter Hölderlin notwendigerweise werden mußte. Manches von diesem Leiden ist unter allen Verhältnissen gesellschaftlichen Zusammenlebens denkbar, und Hölderlins Disposition, das «zart besaitete Instrument» seiner Seele, von dem Schelling einmal im Hinblick auf ihn gesprochen hat, machte ihn erst empfänglich und verwundbar für solche Angriffe des Äußeren, wie es ihn jedoch auch gleichzeitig begabte, eben jene Entdeckungsreisen an den Rand des Denkbaren zu unternehmen, die in seiner Lyrik so großartig Gestalt gewannen.

## Der Entwicklungsgang von Hölderlins Lyrik

Hölderlins Anfänge als Lyriker stehen unter dem Einfluß Klopstocks, des Hainbunds – besonders Höltys und der Brüder Stolberg – sowie Schubarts, Matthissons und dann vor allem Schillers. Die Lyrik Goethes hingegen blieb ohne spürbare Wirkung. Beides aber verbindet Hölderlin, wie schon früher bemerkt, mit anderen jungen Lyrikern seiner Zeit, während die entschiedene Neigung zu antiken Formen, zu Oden, Hymnen und Elegien, ihn unterscheidet und bereits seinem Frühwerk einen eigenen Charakter gibt. Von Klopstock rührte die Neubelebung antiker Odenmaße her, und im *Messias* hatte er auch dem Hexameter deutsche Würde und Aktualität verliehen. Durch Schiller aber erhielt die Reimstrophe, vor allem die längere, als Ausdruck großer geistiger Entwürfe neue Kraft und neues Gewicht. Vom leichten artistischen Spiel der Rokokolyrik, das noch in den frühen Gedichten von Novalis eine nicht unbeträchtliche Rolle spielt, ist bei Hölderlin von Anfang an keine Spur zu finden.

Die ersten überlieferten Verse Hölderlins – er wurde 1770 geboren – sind die eines Vierzehnjährigen; sein eigentliches lyrisches Frühwerk jedoch entstand während der Jahre auf der Maulbronner Klosterschule (1786–88) und im Tübinger Stift (1788–93), wo er Theologie studierte, obwohl er dem Amt eines Pastors dann auswich. Freundschaftsenthusiasmus, Jugendliebe, religiöse Aufschwünge und weltumfassende oder auch apokalyptische Visionen kennzeichnen diese Anfänge, die zumeist nahe bei den Vorbildern stehen und ihren Stoff aus dem täglichen Lebens- und Erfahrungskreis des Studenten nehmen. In den religiösen wie politisch-vaterländischen Gedanken lassen sich die pietistischen Züge der häuslichen schwäbischen Umwelt ebenso wie das Vorbild der hainbündischen Bardendichtung erkennen. Natürlich und selbstverständlich erscheint für den jungen Mann der Ehrgeiz, etwas für die Ewigkeit zu tun:

Ists heißer Durst nach Männervollkommenheit?
Ists leises Geizen um Hekatombenlohn?
    Ists schwacher Schwung nach Pindars Flug? ists
    Kämpfendes Streben nach Klopstcksgröße?

Ach Freunde! welcher Winkel der Erde kan
Mich deken, daß ich ewig in Nacht gehüllt
    Dort weine? Ich erreich' ihn nie der
    Weltenumeilenden Flug der Großen.

heißt es in der Ode «Mein Vorsaz» aus dem Jahre 1787. Es sind Verse, die
bei aller Konventionalität des Wunsches doch auch schon von Eigenem geben, denn zu den wesentlichen Antriebskräften von Hölderlins Dichtertum
gehörte eben jener Ehrgeiz und Vorsatz, Außerordentliches aus sich zu machen, Hohes zu erreichen und Äußerstes, Gültiges zu sagen, verbunden jedoch mit dem depressiven Gefühl, dazu nicht gemacht oder bestimmt zu sein
und dadurch auch fremd bleiben zu müssen unter den Menschen. Manche
Kämpfe in seinem Inneren und manche Kollisionen mit der Außenwelt hatten in der daraus hervorgehenden Unsicherheit ihren Ursprung.

In Gotthold Friedrich Stäudlins *Musenalmanach für das Jahr 1792* erschienen Gedichte Hölderlins zum erstenmal im Druck, und Stäudlin war es dann
auch, der ihm in seinen verschiedenen Anthologien immer wieder am zuverlässigsten eine wenn auch bescheidene Öffentlichkeit verschaffte. Der
*Musenalmanach* und ein Jahr später Stäudlins *Poetische Blumenlese für das
Jahr 1793* enthielten die meisten der später so benannten Tübinger Hymnen
Hölderlins – umfangreiche Preisgedichte in achtzeiligen Reimstrophen auf
die Tugenden, Ideale und Errungenschaften des Zeitalters, also Hymnen gerichtet an die «Freiheit», «Schönheit», «Freundschaft», «Liebe», «Harmonie», «Unsterblichkeit» und «Wahrheit», an den «Genius der Kühnheit»,
der «Jugend», «Griechenlands» und schließlich auch eine «Hymne an die
Menschheit». Formal hatte Schiller Pate gestanden bei diesem kleinen Kosmos dichterischer Weltinterpretation, den ein junger deutscher Bürger in den
ersten Jahren der Französischen Revolution mit dem Blick auf die Zukunft
seinen Zeitgenossen anbot. Aber innerlich hatte sich Hölderlin bereits von
Schiller gelöst. Nicht Thesen werden entwickelt, sondern ein Ich spricht sich
aus, und nicht die Philosophie ist die bewegende Kraft hinter diesen Hymnen, sondern die auf das «Reich Gottes» gerichtete Religiosität, die freilich
nicht traditioneller Religion gleichgesetzt werden darf, sondern als poetische
Metapher zu verstehen ist für jene eschatologischen Erwartungen, die damals in vielen jungen Köpfen lebten. Schiller hingegen hielt sich bei aller
Überzeugung von der guten Kraft der Vernunft stets in Distanz zu solchen
Erwartungen; sein «Staat des schönen Scheins» war eine Idee, kein herauf-
dämmerndes Goldenes Zeitalter und Gottesreich, und das Weltgericht der
Vernunft setzte sich für den Dramatiker vorwiegend in Tragödien durch.

So zeigt sich in diesen frühen Hymnen Hölderlins bis hin zu ihrem Aufbau auch bereits jene Figur des Dreischritts, die dann allgemein das eschatologische Denken der neunziger Jahre bestimmte, nachdem ihr Fichte in der *Wissenschaftslehre* philosophische Gestalt gegeben und sie unmittelbar auf den zur «Tathandlung» fähigen, ja genötigten menschlichen Geist bezogen hatte. Angeregt wurde Hölderlin zu dieser Denkfigur vor allem von Rousseau, in dessen Forderung nach Rückkehr zur Natur bereits die Triade von ursprünglicher Einheit, folgendem Abfall und wiederzuerringender Harmonie vorgeprägt war.

> Kehret nun zu Lieb' und Treue wieder –
> Ach! es zieht zu langentbehrter Lust
> Unbezwinglich mich die Liebe nieder –
> Kinder! kehret an die Mutterbrust!
> Ewig sei vergessen und vernichtet,
> Was ich zürnend vor den Göttern schwur;
> Liebe hat den langen Zwist geschlichtet,
> Herrschet wieder! Herrscher der Natur!

lautet eine Strophe der «Hymne an die Freiheit» (wohl 1790), die zugleich eine Art Auftakt ist für die Kindheits- und Mutter-Metaphorik, die im geschichtsphilosophischen und geschichtstheologischen Kontext insbesondere bei Tieck, Novalis und Friedrich Schlegel auftrat. Im «Tempel der Natur» erfährt der Mensch, wie es in der Hymne weiter heißt, die Liebe; sie «zaubert Paradiese hin» und läßt die Seele sich aufschwingen zur «Unendlichkeit» («Hymne an die Liebe», 1792). Die Eschatologie tritt verstärkt hervor in Gedichten, die auf die geschichtliche Situation direkt oder indirekt Bezug nehmen. Am deutlichsten macht das die «Hymne an die Menschheit» (Ende 1791), der ein Motto von Jean Jacques Rousseau beigegeben ist und die den revolutionären Tagen unmittelbar Rechnung trägt:

> Schon fülen an der Freiheit Fahnen
> Sich Jünglinge, wie Götter, gut und groß,
> Und, ha! die stolzen Wüstlinge zu mahnen.
> Bricht jede Kraft von Bann und Kette los.

Charakteristisch für Hölderlin ist aber auch die metaphorische Verschmelzung von politischen Hoffnungen mit religiösem Aufschwung gerade in diesem Gedicht. Der Begeisterte, der «auf Gräbern hier Elysium» stiften will, ringt sich «zu Göttlichem empor», irdisches und himmlisches Vaterland gehen ineinander über, und der eigentlich wirksame Heldenkraft im Kampfe für die Menschheit ist «der Gott in uns», zu dessen Verteidiger sich Hölderlin auch in späteren Gedichten machte. Die ganze Dialektik dieser eschatologischen Geschichtsdeutung ist in den Schlußversen der Hymne zusammengefaßt:

> Vom Grab' ersteh'n der alten Väter Heere,
> Der königlichen Enkel sich zu freu'n;
> Die Himmel kündigen des Staubes Ehre,
> Und zur Vollendung geht die Menschheit ein.

In der «Dem Genius der Kühnheit» gewidmeten Hymne (1792 oder 1793) ist es eine zur Zeit der beginnenden Koalitionskriege sehr aktuelle Apotheose, mit der Hölderlin das Gedicht beschließt, wenn er den Genius bittet, zu mahnen, zu strafen und zu siegen,

> Bis aus der Zeit geheimnißvoller Wiege
> Des Himmels Kind, der ew'ge Friede geht.

Sehr im Unterschied zu Kants vernunftphilosophischer Begründung des ewigen Friedens (1795) erhält dieses Wunschziel also bei Hölderlin bereits jenes religiöse Fundament, auf das sich später ein Entwurf wie Novalis' Essay *Die Christenheit oder Europa* (1799) gründet. Auch die Lessingsche Prophetie eines neuen Evangeliums in der *Erziehung des Menschengeschlechts* (1780) – «Sie wird gewiß kommen, die Zeit eines neuen ewigen Evangeliums [...]» –, von der der Schluß der Novalisschen Schrift wörtlich geprägt ist, klingt sechs Jahre früher bei Hölderlin an, wenn es in der Hymne «Griechenland» (1793), an einen Freund gerichtet, heißt:

Harre nun! sie kömmt gewiß die Stunde.
Die das Göttliche vom Kerker trennt –

allerdings mit dem christlichen, auf eine jenseitige Erlösung bezogenen Nachgedanken:

Stirb! du suchst auf diesem Erdenrunde,
Edler Geist! umsonst dein Element

Hölderlin beschließt damit ein dem Lobpreis Griechenlands gewidmetes Gedicht, so daß der Eindruck entsteht, daß entweder die antiken oder die christlichen Züge nicht ganz beim Wort zu nehmen seien. In der Tat ist Hölderlins religiöse Sprache gelegentlich nur als eine Art Code für seine politisch-weltlichen Hoffnungen verstanden worden, als Versuch zu jener neuen Mythologie, von der das *Älteste Systemprogramm* spricht und die als «Mythologie der *Vernunft*» die abstrakte Hoffnung auf die «allgemeine Freiheit und Gleichheit der Geister» «sinnlich» und damit allen verständlich machen sollte. Dennoch entsprach die konsequente Säkularisation religiöser Sprache, so sehr sie sich in den Zeiten der Französischen Revolution ausbreitete, Hölderlins Denken nicht. Die Gründung irdischer Hoffnungen auf einem religiösen Fundament war eine innere Notwendigkeit für ihn und nicht nur das äußere Resultat einer christlichen Erziehung, wie ohnehin die scharfe Trennung zwischen beiden Bereichen eher eine moderne Denkgewohnheit ist als die des ausgehenden 18. Jahrhunderts. Insbesondere die Universalitätsvorstellungen der neunziger Jahre sind ohne die vorausgesetzte Einheit des Realen und des Transzendenten nicht zu verstehen. Eine solche Feststellung darf nun freilich nicht dazu führen, den starken gesellschaftlich-politischen Akzent von Hölderlins Lyrik zu übersehen. Die eben zitierte, dem Freunde Staudlin gewidmete Hymne «Griechenland» legt zum Beispiel – ganz im Gegensatz zu Schillers «Götter Griechenlands» – deutliche Betonung auf die Harmonie vergangener antiker Lebensweise allgemein und nicht nur, wie Schillers Gedicht, auf den Kontrast zwischen farbiger, menschenverbundener alter Götterwelt und christlicher Todesasketik.

Wo der brüderlichen Freude Ruf
Aus der lärmenden Agora schallte,
Wo mein Plato Paradiese schuf,

dort hätte einst der klagende Sänger im Volke jene Heimat und jene Gemeinschaft finden können, die er nun «auf diesem Erdenrunde» vergebens sucht. Hölderlins Griechenland-Bild ist bestimmt von dem Ideal einer Verbindung des Intellektuellen und Künstlers mit der größeren Gemeinschaft, wie diese Gemeinschaft selbst für ihn bestimmt ist durch ihre Nähe zur Natur. Der frühe Wunsch nach Anerkennung als Dichter vereinigt sich darin mit der Vorstellung vom einzelnen, der sich im größeren Ganzen der Menschengemeinschaft zu Hause fühlen kann. Hyperions Reflexionen vom gegenwärtigen auf das alte Griechenland und seine Beobachtungen über die Fragmentierung des Menschlichen im Deutschland seines Freundes Bellarmin haben wie der ganze Roman überhaupt in diesen frühen Meditationen über Griechenland ihren Ursprung.

In seiner letzten Schaffenszeit hat Hölderlin dann noch einmal versucht, dieses Griechenland und das, was es in ihm an Wünschen in Bewegung setzte, zum besonderen Gegenstand eines Gedichts zu machen, das allerdings Fragment geblieben ist. In dem Entwurf einer Hymne «Griechenland» sind Einklang der Elemente, Liebe, Kunst und Schönheit zusammengewoben zu einem im einzelnen nur noch schwer faßbaren Bild dieser Menschenheimat, wohin die «Wege des Wanderers» führen und wo wiederum «auf Höhen führte / Die Erde Gott»:

> [...] Ungemessene Schritte
> Begränzt er aber, aber wie Blüthen golden thun
> Der Seele Kräfte dann der Seele Verwandtschaften sich zusammen,
> Daß lieber auf Erden
> Die Schönheit wohnt und irgend ein Geist
> Gemeinschaftlicher sich zu Menschen gesellet.

Bei Hölderlins Berufung auf das antike Griechenland ist nun allerdings zu trennen zwischen einem geschichtsphilosophischen und einem ästhetischen Aspekt. Historisch gesehen stellt Hölderlins Griechenland das Ideal einer vergangenen Menschengemeinschaft dar, in dem sich eigene Erwartungen spiegeln und das somit über die Gegenwart hinaus auf die Zukunft gerichtet ist. Bedeutend für Hölderlin war insbesondere, daß der Kunst innerhalb einer solchen idealen Gemeinschaft die Rolle einer Wahrerin der Schönheit und des in der späten Hymne beschworenen «gemeinschaftlichen Geistes» zufiel, der Künstler also als nützliches und nötiges Glied in die Gemeinschaft integriert war. Das heißt jedoch nicht, daß Hölderlin gleichzeitig bedingungslos einem ästhetischen Klassizismus das Wort redete. In einem Brief an Casimir Ulrich Böhlendorff vom 4. Dezember 1801 hat er ausdrücklich gewarnt, daß es gefährlich sei, «die Kunstregeln einzig und allein von griechischer Vortreflichkeit zu abstrahiren». Hier galt für ihn durchaus – wie für Schiller oder Friedrich Schlegel – die Dualität von Klassischem und Modernem, das bei ihm unter den Begriffen des «Eigenen» oder «Vaterländischen» erscheint. Die Gegensätze verdichten sich bei Hölderlin auf die des Pathos und der Nüchternheit, wobei die Griechen jenes ursprünglich besaßen, während sie diese sich erwarben und ihre künstlerische Darstellung davon bestimmen ließen und damit ein Äußerstes an Formkunst erreichten. Für sich und die Deutschen überhaupt empfindet Hölderlin das Umgekehrte: «Gerade die Klarheit der Darstellung [ist] uns ursprünglich so natürlich wie den Griechen das Feuer vom Himmel», schreibt er an Böhlendorff und folgert daraus: «Eben deßwegen werden diese eher in schöner Leidenschaft [...] als in jener homerischen Geistesgegenwart und Darstellungsgaabe zu *übertreffen* seyn.» Die Sätze enthalten indirekt eine Begründung für die Rückwendung zu antiken Formen nach der Tübinger Reimlyrik, eine Rückwendung, die sich zu einem Zeitpunkt ereignet hatte, da für Hölderlin die «schöne Leidenschaft» eine besondere Rolle in seinem Leben zu spielen begann – zu Anfang des Jahres 1796.

Die Jahre seit dem Abgang aus dem Tübinger Stift waren so etwas wie philosophische Lehrjahre für ihn gewesen. Hölderlin hat sich, wie schon früher bemerkt, nie als Philosoph verstanden, aber seit der Bekanntschaft mit Schillers ästhetischen Schriften suchte er doch immer wieder, seine künstlerische Arbeit in Ansätzen zu Abhandlungen und in seinen Briefen theoretisch zu begründen und abzusichern. Eine weitere tief wirkende philosophische Anregung erhielt Hölderlin nach 1794 durch die *Wissenschaftslehre* Fichtes, für deren Dialektik er sich im Grunde schon in seinen Tübinger Hymnen disponiert gezeigt hatte. Bei seinem Besuch in Jena 1795 lernte er überdies außer Schiller auch Fichte persönlich kennen, und er soll dazu noch an einem Sommertag des Jahres 1795 in dessen Haus mit dem jungen Friedrich von Hardenberg (Novalis) zusammengetroffen sein, der gleich ihm damals von Fichtes apotheotischer Verkündung der Macht und Kraft des Ich begeistert war. Durch seinen Tübinger Freund Schelling gewann Hölderlin zugleich Einsicht in die naturphilosophischen Gedanken und Spekulationen, die dieser aus Fichtes Denkansatz zu entwickeln bestrebt war, und von ihnen führte dann der Weg weiter zu Hegels, Schellings und Hölderlins Entwurf des *Systemprogramms* ihres Idealismus. Denn Hölderlins eigene frühe Erwartungen einer kommenden Zeit der Freiheit und Menschenbrüderschaft gingen auf im universalistischen Verständnis von Natur und Geschichte, deren große, allgemeine Gesetze man damals mehr und mehr zu erkennen und mithin von der Vergangenheit auch auf die Zukunft schließen zu können glaubte. Hölderlin begab sich allerdings nicht in das Geschirr irgend eines Systems, aber seine Gedanken klärten sich, und so konnte er als Dichter bald kritisch auf die Zeit zurückblicken, da er «wortereicher und leerer war» («Menschenbeifall», 1798).

Dieses selbstkritische Wort schließt auch eine Spitze nach außen ein, denn es bedeutete die Absage an das große Reimgedicht, für das ihm nahezu sechs Jahre lang Schiller das Vorbild geboten hatte. Die anfänglichen Versuche in antiken Formen hatte Hölderlin nämlich bald zugunsten des großen geistigen Schwunges von Schillers Thesengedichten aufgegeben, so daß die Tübinger Hymnen tatsächlich bei äußerlicher Betrachtung als Dichtung eines Schiller-Epigonen erscheinen konnten. Paradoxerweise war es allerdings gerade Schiller, der Hölderlin vor der «Weitschweifigkeit» warnte. Der Rat war im Grunde bereits überflüssig. Unmittelbar bezog er sich auf zwei große Reimgedichte, die Hölderlin an Schiller für dessen *Musen-Almanach* gesandt hatte («Diotima», «An die klugen Rathgeber»), die aber bereits einer überwundenen künstlerischen Stufe angehörten, denn Hölderlin hatte sich inzwischen entschieden zu den antiken Formen zurückgewandt, zu Oden, Elegien und Hexameter-Hymnen und zu jener formalen Disziplin und Strenge, die sich die Griechen nach Hölderlins eigener Interpretation zur Beherrschung und Gestaltung ihres natürlichen Pathos erworben hatten. Ihres Maßes aber konnte man sich daher auch am vorteilhaftesten bedienen, wenn man sie «in schöner Leidenschaft» übertreffen wollte, wie es im Brief an Böhlendorff hieß. Hölderlins schon erwähnter Rat «An die jungen Dichter» lautet vollständig:

> Lieben Brüder! es reift unsere Kunst vielleicht,
>    Da, dem Jünglinge gleich, lange sie schon gegährt,
>      Bald zur Stille der Schönheit;
>        Seid nur fromm, wie der Grieche war!

> Liebt die Götter und denkt freundlich der Sterblichen!
> Haßt den Rausch, wie den Frost! lehrt und beschreibet nicht!
> Wenn der Meister euch ängstigt,
> Fragt die große Natur um Rath.

Es ist die Verbindung von äußerster Konzentration der Gedanken mit äußerster Einfachheit des Ausdrucks, zu der Hölderlin durch die beiden antiken Odenformen – die asklepiadeische, die er hier benutzt, und die alkäische – gelangte und die er zur eigenen, «vaterländischen» Meisterschaft fortgestaltete. Vieles verschmilzt in diesen acht Zeilen: die geschichtsphilosophische Perspektive mit der ästhetischen, das Ideal eines weltfrommen Griechenland mit der Hoffnung auf eine zukünftige Zeit schönen Daseins, die von einer harmonischen Kunst eingeleitet wird. Hinzu tritt die Abwehr übermächtiger Vorbilder durch den Verweis auf die Natur als einem großen Ganzen und die Ablehnung des Philosophierens zugunsten des künstlerischen Gestaltens, «jener homerischen Geistesgegenwart und Darstellungsgaabe», von der ebenfalls im Brief an Böhlendorff die Rede ist. Maß, Harmonie und Gleichgewicht sind es, die gegenüber den Extremen von «Rausch» und «Frost» durch das Gedicht in seiner Einheit von Gestalt und Gedanken vermittelt werden. Eine niedere Stufe führt zu einer höheren.

Hölderlin besaß nun allerdings noch einen weiteren, besonderen Grund, Leidenschaft im Maß der Kunst zum Ausdruck zu bringen, denn für eben jene ideale Diotima, die er bereits 1795 in einer frühen Fassung des Romans seinem Hyperion als Seelengefährtin zu geben beabsichtigte, hatte er Anfang 1796 in Susette Gontard, der Frau seines neuen, Frankfurter Dienstherrn, ein reales Abbild gefunden. Ihr galt denn auch jenes lange Gedicht, das er an Schiller geschickt hatte und in dem es hieß:

> Diotima! seelig Wesen!
> Herrliche, durch die mein Geist,
> Von des Lebens Angst genesen,
> Götterjugend sich verheißt!
> Unser Himmel wird bestehen,
> Unergründlich sich verwandt,
> Hat sich, eh wir uns gesehen,
> Unser Innerstes gekannt.
>
> Da ich noch in Kinderträumen,
> Friedlich, wie der blaue Tag,
> Unter meines Garten Bäumen
> Auf der warmen Erde lag,
> Und in leiser Lust und Schöne
> Meines Herzens Mai begann,
> Säuselte, wie Zephirstöne,
> Diotimas Geist mich an.

Ach! und da, wie eine Sage,
Mir des Lebens Schöne schwand,
Da ich vor des Himmels Tage
Darbend, wie ein Blinder, stand,
Da die Last der Zeit mich beugte,
Und mein Leben, kalt und blaich,
Sehnend schon hinab sich neigte
In der Schatten stummes Reich;

Da, da kam vom Ideale,
Wie vom Himmel, Muth und Macht,
Du erscheinst mit deinem Strahle,
Götterbild! in meiner Nacht;
Dich zu finden, warf ich wieder,
Warf ich den entschlafnen Kahn
Von dem todten Porte nieder
In den blauen Ocean. –

Schillers Warnung vor der Weitschweifigkeit besteht nur bei flüchtiger Betrachtung zu recht, denn Enthusiasmus und Pathos dieser Verse sind nicht repetitiv. Vielmehr bildet sich in ihnen die ganze Spannung zwischen Vergangenheit und Zukunft, zwischen verlorenem und wiederzufindendem Paradies ab, von der auch die Tübinger Hymnen bereits gesprochen hatten. Hölderlins Liebe zu Susette Gontard wuchs aus einem geistig gut vorbereitetem Boden hervor. In der frühen «Hymne an den Genius Griechenlands» (1791) standen die Verse:

Im Angesichte der Götter
Beschloß dein Mund
Auf Liebe dein Reich zu gründen.
Da staunten die Himmlischen alle.
Zu brüderlicher Umarmung,
Neigte sein königlich Haupt
Der Donnerer nieder zu dir.
Du gründest auf Liebe dein Reich.

Eschatologische Qualitäten zeichnen also Hölderlins Liebesbegriff von Anfang an aus, und sie bestimmen auch seine Reflexionen über die Liebe zu Diotima, ohne daß freilich darüber vergessen werden darf, daß hier zugleich zwei Menschen in aller Spontaneität und Gefühlsintensität eine tiefe Neigung zueinander faßten. Hölderlins schönste Liebesgedichte («Diotima» – mit den Anfängen «Komm und besänftige mir» sowie «Du schweigst und duldest» – «Abbitte», «Die Liebe», «Der Abschied», «Menons Klagen um Diotima») sind aus dem ganzen, reichen Einklang des Empfindens mit dem Denken hervorgewachsen.

Eschatologie bestimmte im übrigen auch die Liebesvorstellungen mancher deutscher Altersgefährten Hölderlins. Die Liebe schien ihnen der Schlüssel zu einer neuen Zeit zu sein, denn man verstand sie nicht nur als Erfahrung schöner Harmonie, sondern auch als Wiedererkennung des verlorenen Einklangs einer idealen Kindheit. Tieck, Friedrich Schlegel und Novalis haben solche Gedanken erwogen, und das urbildhafte, ewige Bekanntsein der Liebenden vor jeder ersten Begegnung, wie es Hölderlin besingt, wurde ein verbreiteter Topos romantisch-universalistischen Liebesverständnisses: «Mich dünkt», sagt Mathilde in Novalis' Roman zu Heinrich von Ofterdingen, «ich kennte dich seit undenklichen Zeiten.»

In Hölderlins bürgerlichem Dasein allerdings galt solche Idealität nicht. Die Neigung zwischen Hauslehrer und Hausherrin konnte letztlich nur tiefer in «der Schatten stummes Reich», in Schmerz und Zerrissenheit führen, wenn sie sich nicht darauf beschränkte, eine frivole oder sentimentale Affäre zu sein. Die ganze innere Notwendigkeit antiker Formenstrenge wird deutlich, wo das Gedicht statt des freudigen Überschwanges zum Ausdruck des Konfliktbewußtseins wird. Aus dem Jahre 1798, dem letzten Sommer der Frankfurter Zeit, bevor Hölderlin das Haus Gontard verlassen mußte, stammt die Ode «Abbitte», die Hölderlins schwäbischer Freund Neuffer in seinem *Taschenbuch für Frauenzimmer von Bildung, auf das Jahr 1799* abdruckte:

> Heilig Wesen! gestört hab' ich die goldene
> Götterruhe dir oft, und der geheimeren,
>     Tiefern Schmerzen des Lebens
>     Hast du manche gelernt von mir.
>
> O vergiß es, vergieb! gleich dem Gewölke dort
> Vor dem friedlichen Mond, geh' ich dahin, und du
>     Ruhst und glänzest in deiner
>     Schöne wieder, du süßes Licht!

Es wird für die Nachwelt immer schwer verständlich bleiben, wie solche Verse, und seien sie auch nur eben in einem Taschenbuch «für Frauenzimmer» erschienen, haben übersehen werden können als ein Beweisstück lyrischer Meisterschaft sondergleichen, als ein Gedicht, das mit jedem Wort und Bild die tiefe Empfindung ausstrahlt, von der es spricht, und das dennoch zugleich eine sorgfältig abgemessene und ausgewogene Kunstleistung darstellt, in der freilich die antike Form so sehr ins «Eigene» verwandelt ist, daß die Frage nach der Formentreue belanglos wird. Wie sehr Hölderlin allen Klassizismus transzendiert, wird nirgends deutlicher als hier. Es bleibt lediglich zu fragen, ob nicht die Bekanntschaft mit Hölderlins Lebensschicksal und seinem Werk als Ganzem es erst einer späteren Zeit ermöglichte, die Kraft und Tiefe dieser einzelnen Aussagen wirklich zu spüren und zu schätzen.

Insgesamt waren Hölderlins Frankfurter Jahre eine Zeit fruchtbarer dichterischer Tätigkeit. Der *Hyperion* erschien, in einer Reihe von Hexameter-Hymnen («Die Eichbäume», «An den Aether») wurde das Ich in Bezug zur «großen Natur» gesetzt, und kurze, miniaturhafte Oden wie die zitierte «Abbitte» entstanden («Lebenslauf», «Stimme des Volks», «An die Deutschen», «An unsre großen Dichter», «Die Liebenden», «Diotima»), zum Teil als Kern für spätere Umgestaltungen und Erweiterungen. Schiller druckte einige der Gedichte in den *Horen* und Musenalmanachen, Neuffer andere in dem *Taschenbuch für Frauenzimmer,* so daß Hoffnung auf wachsende öffentliche Aufmerksamkeit und auf Anerkennung als Autor bestand. Aber es war ein Zustand, der nicht lange anhielt. Schillers Interesse erlahmte, der eigene Plan zu einer «poëtischen Monatschrift» (an Neuffer, 4.6. 1799) scheiterte schon in den Anfängen, und obwohl nach der Ausweisung aus dem Hause Gontard der Freund Isaac von Sinclair Hölderlin für knapp zwei Jahre ein freundliches Refugium in Homburg gab, waren die Tage doch überschattet von starker «Hypochondrie», wie der Arzt damals feststellte, und vom tiefen Gefühl der Unsicherheit über Richtung und Ziel des eigenen Lebens. Aber auch die Homburger Jahre waren eine gute Zeit für den Schriftsteller Hölderlin. Die Entwürfe zum *Empedokles*-Drama entstanden damals zusammen mit einigen der schönsten Oden und Elegien. Reiche Ernte brachte vor allem die zweite Hälfte des Jahres 1799 und das Jahr 1800, das Hölderlin teils noch in Homburg, teils in der schwäbischen Heimat zubrachte. Eine Reihe der kurzen Oden aus dem Jahre 1798 wurde umgestaltet zu umfangreichen Gedichten («Lebenslauf», «An die Deutschen», «Der Abschied» – vorher «Die Liebenden» genannt –, «Stimme des Volks» sowie die Diotima-Ode «Du schweigst und duldest»). Andere, neue Oden kamen hinzu («Mein Eigentum», «Gesang des Deutschen», «Der Frieden», «Rousseau», «Heidelberg», «Die Götter»). Im Frühjahr 1800 schrieb Hölderlin den Hexameter-Hymnus «Der Archipelagus» und zwischen Ende 1799 und Anfang 1801 die großen Elegien «Menons Klagen um Diotima», «Stutgard», «Brod und Wein» sowie die zweite Fassung von «Der Wanderer». Danach folgten Jahre der Wanderschaft und Unrast, verbunden mit Versuchen, sich bürgerlich im alten Metier des Hauslehrers zu verankern. Es waren Versuche, die rasch abgebrochen wurden und wonach der Weg stets wieder zurück in die Heimat führte. Dort aber erschien Hölderlin dann in den Augen der Mutter und der wenigen Freunde nicht mehr als Suchender, sondern als Kranker. «Ich überzeugte mich bald», schrieb Schelling, nachdem er ihn Anfang Juni 1803 getroffen hatte, «daß dieses zart besaitete Instrument auf immer zerstört sei.» Welche Musik diesem Instrument jedoch immer noch zu entlocken war, davon gibt ein so vollkommenes Gedicht wie «Hälfte des Lebens», das Ende 1803 entstand, die beste Auskunft, und das erweisen auch jene großen hymnischen Dichtungen, die zwischen 1801 und 1803 entstanden und die eine Sprachkunst darstellen an der äußersten Grenze des Denkbaren, Sagbaren und Verstehbaren.

Hölderlins Lyrik seit 1799 ist gern als prophetische Dichtung bezeichnet und er selbst zum Seher und Künder erhoben worden. Solche Ansicht stützt sich auf Hölderlins eigene Vorstellungen vom Amt des Dichters, die er in seinen Versen verkündete. Die «Zeichen» und «Thaten der Welt», so hieß es in der Hymne «Wie wenn am Feiertage …» hätten «jezt ein Feuer angezündet in Seelen der Dichter», und die Begeisterten sollten nun göttliche Botschaft, «des Vaters Stral», «ins Lied gehüllt» dem Volke darreichen. Verwandte Gedanken finden sich in anderen Gedichten, und es kann in der Tat kein Zweifel daran herrschen, daß Hölderlin mehr und mehr das literarische Werk als seinen eigentlichen Lebensinhalt und seine Lebensaufgabe betrachtete – mit einer Ausschließlichkeit, wie sie kaum ein anderer seiner schreibenden Altersgefährten in Anspruch nahm, aber auch, anderer Lebensumstände wegen, nicht zu nehmen brauchte.

> Und daß mir auch zu retten mein sterblich Herz,
>     Wie andern eine bleibende Stätte sei
>         Und heimathlos die Seele mir nicht
>             Über das Leben hinweg sich sehne,
>
> Sei du, Gesang, mein freundlich Asyl! [...]

bittet er in der Ode «Mein Eigentum» (Herbst 1799). Ein derartiges Verständnis des «Dichterberufes» – so lautet der Titel einer Ode, die zwischen 1800 und 1801 entstand – bedeutet nun freilich noch nicht Prophetie im herkömmlichen Sinne, und es ist ratsam, bei Hölderlin nicht zu freigebig mit dem Begriffe umzugehen. Einmal bezeichnet er, im literarhistorischen Zusammenhang gesehen, nichts besonderes, denn die Literatur am Übergang von einem Jahrhundert zu einem anderen und noch dazu in Zeiten großer politischer Umwälzungen und Wirren, die zur Klärung drängten, war voll von Prophetien und Propheten aller Art. Gedichte Schillers, Tiecks oder Friedrich Schlegels lassen sich hier ebenso nennen wie das Werk von Novalis, dessen Vorstellung vom Dichter als Erlöser der Natur und Geburtshelfer eines neuen goldenen Zeitalters im Zentrum seines Denkens und Schreibens stand. Auf die vielen kleineren poetischen Talente wird im folgenden Abschnitt noch zu verweisen sein. Hölderlin empfand sich jedoch gewiß nicht als Prophet; die seherische Attitüde, wie man sie aus späterer Zeit etwa von Stefan George kennt, fehlte ihm in seiner Bescheidenheit ganz und gar, und die Nachwelt hat dem sachlichen Verständnis seines Werkes keinen besonderen Dienst getan, wenn sie ihn aus dem nachträglichen Wissen um die heraufziehende Krankheit bereits vorher zu einem entrückten, in die Tiefen des Ichs und der Welt blickenden Seher stilisierte.

Hölderlins Dichtung seit 1799 ist der Versuch zu einer allumfassenden künstlerischen Weltinterpretation in den Dimensionen von Gegenwart, Vergangenheit und Zukunft. In ihr sollte dem einzelnen ein Sinn für sein Dasein und dem Dichter ein Sinn für sein Schreiben entstehen. Die bedeutendsten Themen der Zeit treffen darin aufeinander, und jedes Gedicht ist der Versuch, sie in großen, sinnvollen und schönen Bildern erhellend zusammenzubringen. Als Sohn des Jahrhunderts der Aufklärung dachte Hölderlin historisch, und als Schüler eines dialektisch argumentierenden Jahrzehnts teilte er mit allen besseren Zeitgenossen die Hoffnungen auf ewigen Frieden und Anerkennung der Menschenwürde. Als deutscher Dichter, dessen einziges Ausdrucksmittel die deutsche Sprache und dessen einziges Publikum seine deutschen Landsleute waren, galt seine Sorge und seine Erwartung aber zugleich dem Schicksal seines Vaterlandes. Hyperions Verachtung der Deutschen bezog sich auf die eine Seite des Charakters und Zustandes dieser Nation; in der lyrischen Sprache durfte man auch an die guten Kräfte erinnern:

> Spottet ja nicht des Kinds, wenn es mit Peitsch' und Sporn
> Auf dem Rosse von Holz muthig und groß sich dünkt,
> Denn, ihr Deutschen, auch ihr seyd
> Thatenarm und gedankenvoll.

> Oder kömmt, wie der Stral aus dem Gewölke kömmt,
> Aus Gedanken die That? Leben die Bücher bald?

Das «Vaterländische», das in diesen Versen «An die Deutschen» (1793, umgearbeitet und erweitert 1800) zum Ausdruck kommt, nimmt viel Verschiedenes in sich auf. Zu ihm gehört die deutsche Selbstdefinition einer besonderen geistigen Rolle innerhalb der anderen Nationen, aber auch realer politischer Patriotismus, der sich in pietistischen genauso wie in republikanischen Traditionen herausbildete. Denn dem politischen Vaterland lag damals das himmlische nicht fern, das metaphorisch das Ideal einer Menschenheimat bezeichnete, die jenseits der nationalen Unterschiede dem einzelnen seine Erfüllung im Ganzen geben sollte. Wenn man sich ihr im Irdischen nähern wollte, dann nur, nach allgemeiner deutscher Überzeugung, durch Kräfte des Geistes.

Für Hölderlin blieb immer die Hoffnung, daß der für sich bestehende, auf sich angewiesene einzelne mit einem großen Lebenszusammenhang verschmelzen möge. Im Bereiche der Natur sind es die Elemente – Wasser, Erde, Feuer und vor allem der «Vater Äther» –, die ihm dieses Ganze zusammenwirkend vorstellen und überall in den Gedichten wie auch im *Hyperion* und *Empedokles* vorzufinden sind. Was darüber hinaus bei Hölderlin im Bilde der Götter oder «Himmlischen» ausgedrückt wird, das ist nichts anderes als die mythologisch-anschauliche Repräsentation eines solchen höheren Zusammenhanges selbst, der jedem einzelnen Schutz, Heimat und sinnvolles Leben sichert, sofern er seiner im Glauben habhaft werden kann. Denn Religiosität, die Notwendigkeit des Glaubens ist erst die letzte, entscheidende Voraussetzung für ein wirksames Verständnis dieses real nicht faßbaren, sondern nur eben bildlich vorstellbaren Ganzen. Deshalb war es Hölderlin auch darum zu tun, die Kontinuität religiösen Empfindens in seinem Verständnis geschichtlichen Ablaufs zu wahren. Wie Schiller, Schlegel oder Novalis bewegten ihn die Gegensätze antiker und moderner Kunst und Religiosität, aber von ihnen allen war er am wenigsten geneigt, diese Gegensätze scharf einander gegenüberzustellen. In der Kunstform führte er Antikes am reinsten und meisterhaftesten in Eigenes über; in seinen religiösen Vorstellungen aber machte er Christus zum Nachfahren des alten Götterhimmels. Griechentum stellte für ihn stets den Ausdruck eines idealen Daseins dar, wie es die Welt seither nicht wieder erreicht hatte – eine Zeit, in der die Bücher «lebten», Geist und Tat miteinander verbunden waren und die Götter solches Dasein stifteten und hüteten. Als Erbe des Olymps aber wurde nun Christus zum Helden einer neuen, heraufkommenden Zeit, die sich dialektisch auf eine schöne Vergangenheit beziehen konnte. Damit jedoch erhielt das Christus-Bild Hölderlins paradoxerweise säkulare Züge, die erst verstehbar werden, wenn man sich an Romanhelden wie Werther oder Siebenkäs erinnert, die ihr Leben durch die Transposition auf die Erlöser-Gestalt aufzuwerten versuchten, und wenn man zugleich Novalis' Lehre vom allgemeinen Mittlertum bedenkt, wo sich der Dichter mit seiner transzendenten Erfahrung gleichberechtigt neben den Gottessohn stellt und diesem nur eine Rolle für alle zuweist, die der Dichter für sich selbst in seinem eigenen Leben spielen kann. Auch wenn Hölderlin derartige Identifikationen nicht mitvollzieht, so spielen sie doch bei ihm ebenfalls mit herein, wenn er Christus in den Gang seines poetischen Denkens einschließt, dem Dichter eine göttliche Mission zuweist und schließlich den im Irdischen Gedemütigten durch ein im Leiden errungenes Heldentum über sich erhebt.

In seinen Gedichten hat Hölderlin versucht, solche vielfältigen, aus der Analyse der Zeit und ihrer intellektuellen Tendenzen gewonnenen Gedanken zu einer dichterischen Synthese zu führen, die eine neue Qualität bilden und bisher Unerkanntes sichtbar machen sollte. Diese an sich schon monumentale Arbeit wurde noch dadurch erschwert, daß viele der Tendenzen nur zum Scheine aufeinander zuliefen, während sie in Wirklichkeit auseinanderstrebten. Daß es Hölderlin dennoch gelang, in diesem geschichtlichen Moment einen wahren Kosmos von Gedanken, Empfindungen und Hoffnungen zur Sprache und Anschauung zu bringen und ihm Form zu geben, bezeichnet seinen einzigartigen Rang unter den deutschen Lyrikern seiner Zeit. Indem er Auseinanderstrebendes sinnvoll verband, so wie es danach im Zeitalter der Fragmentierung und Spezialisierung nie mehr wieder zu verbinden war, gab er zugleich der Nachwelt einen Besitz in die Hand, von dem sie lange zehren kann.

Den Gipfel von Hölderlins lyrischem Werk bildet eine Reihe umfangreicher Hymnen und Elegien. An manchen davon hat er immer weiter und weiter gearbeitet, so daß die Manuskripte die Gestalt eines Palimpsests annahmen, auf dem das Ursprüngliche vom Späteren, das Gültige vom nicht mehr Gültigen oft schwer zu unterscheiden ist. Was also die Editionen als voneinander abweichende Fassungen darbieten müssen, stellt in der Handschrift nicht selten ein ineinander verlaufendes Ganzes von Grundtext und Korrekturen aus verschiedener Zeit dar. Manche von Hölderlins späten Hymnen sind außerdem über Fragmente oder gar nur Ansätze nicht mehr hinausgediehen, als nach 1804 die Krankheit Herrschaft über ihn gewann. Kaum etwas von dieser Dichtung der letzten Schaffensjahre ist den Zeitgenossen bekanntgeworden.

Vollständig veröffentlicht wurde 1804 nur der im Frühjahr 1800 entstandene mächtige Hexameter-Hymnus «Der Archipelagus». Mit seinen 296 Langzeilen gibt das Gedicht geradezu den Eindruck eines kleinen Epos, und es trägt auch tatsächlich epische Züge. Denn bildkräftig und wirklichkeitsgesättigt schildert Hölderlin vergangene griechische Herrlichkeit als glückliches, aber auch geschichtliches und damit eben vergängliches Dasein. Im fernen Archipelagus, der Inselwelt zwischen Griechenland und Kleinasien, spiegelt sich für den späteren Betrachter schönes Leben in der Einheit der Menschen mit den «Himmlischen», aber auch der Menschen untereinander in ihren gemeinschaftlich nützlichen gesellschaftlichen Tätigkeiten:

> Siehe! da löste sein Schiff der fernhinsinnende Kaufmann,
> Froh, denn es wehet' auch ihm die beflügelnde Luft und die Götter
> Liebten so, wie den Dichter, auch ihn, dieweil er die guten
> Gaaben der Erd' ausglich und Fernes Nahem vereinte.

Geist und Geschäft also waren noch nicht die Gegensätze, die der junge Deutsche im ausgehenden 18. Jahrhundert vor sich sah. Heroisches Handeln in den Schlachten zur Verteidigung des Staates und gemeinsame Arbeit in der Natur banden die «Kinder des Glücks» zusammen – «und bringt kein Sehnen sie wieder?» «Mit der Stimme des Herzens», so verkündet der Dichter,

> Will ich, mit frommem Gesang euch sühnen, heilige Schatten!
> Bis zu leben mit euch, sich ganz die Seele gewöhnet.

Aber statt des Tones elegischer Resignation gewinnt am Ende doch die Kraft des Glaubens an Neues die Oberhand. Noch herrscht sinnloses, zielentfremdetes Tun:

> [...] Ans eigene Treiben
> Sind sie geschmiedet allein, und sich in der tosenden Werkstatt
> Höret jeglicher nur und viel arbeiten die Wilden
> Mit gewaltigem Arm, rastlos, doch immer und immer
> Unfruchtbar, wie die Furien, bleibt die Mühe der Armen.

Dem steht die Erkenntnis entgegen:

> Aber länger nicht mehr!

Ein ferner «Festtag» dämmert herauf, und in der Vorstellung eines solchen Festes drängt sich dann Hölderlins Hoffnung auf eine neue Zeit zusammen, in der «Ein Geist allen gemein sei». Dennoch klingt der «Archipelagus» nicht in Prophetie aus, sondern in der bescheidenen Selbstreflexion Hölderlins, die allem Visionären erst ihren realistisch menschlichen Grund aus der Kraft des «fühlenden Herzens» gibt. Nicht in dem Blick auf eine Utopie findet Hölderlin innere Erfüllung, sondern in dem Verständnis der «Göttersprache» des Naturgesetzes, des «Wechselns» und «Werdens»

[...] und wenn die reißende Zeit mir
Zu gewaltig das Haupt ergreifft und die Noth und das Irrsaal
Unter Sterblichen mir mein sterblich Leben erschüttert,
Laß der Stille mich dann in deiner Tiefe gedenken.

Aus dem episch vollen Bild des Schönen ist das lyrische Bekenntnis hervorgewachsen,
nicht als Stimme des Propheten, sondern des Dichters allein.
In enger Verwandtschaft zum «Archipelagus» steht Hölderlins Elegie «Brod und
Wein», die er im Sommer 1801 begann und deren Reinschrift dann im folgenden Jahr
hergestellt wurde. Die erste Strophe erschien unter dem Titel «Die Nacht» in Leo von
Seckendorfs *Musenalmanach für das Jahr 1807;* das gesamte Gedicht wurde erst Ende
des 19. Jahrhunderts bekannt. Im Dezember 1816 schrieb Clemens Brentano an Luise
Hensel über «Die Nacht»:

> «Es ist dieses eine von den wenigen Dichtungen, an welchen mir das Wesen eines
> Kunstwerks durchaus klar geworden. Es ist so einfach, daß es alles sagt: das gan-
> ze Leben, der Mensch, seine Sehnsucht nach einer verlorenen Vollkommenheit,
> und die bewußtlose Herrlichkeit der Natur ist darin. Ist das alles? Wo ist denn
> die Erbarmung und die Erlösung? fragt sie vielleicht, und ich sage: sie lese es als
> ein Ebenbild aller Geschichte, und sie wird auch Erbarmung und Erlösung darin
> finden.»

Hölderlin hatte einen Leser gefunden, wie er ihn sich nur wünschen konnte: In diesen
wenigen feinfühligen Worten nämlich gab Brentano nicht nur eine Charakteristik der
ersten achtzehn Zeilen des Gedichtes, sondern eine divinatorische Interpretation der
ganzen Elegie, die ihm noch unbekannt war. Die erste Strophe aber lautet:

Rings um ruhet die Stadt; still wird die erleuchtete Gasse,
Und, mit Fakeln geschmükt, rauschen die Wagen hinweg.
Satt gehn heim von Freuden des Tags zu ruhen die Menschen,
Und Gewinn und Verlust wäget ein sinniges Haupt
Wohlzufrieden zu Haus; leer steht von Trauben und Blumen,
Und von Werken der Hand ruht der geschäfftige Markt.
Aber das Saitenspiel tönt fern aus Gärten; vieleicht, daß
Dort ein Liebendes spielt oder ein einsamer Mann
Ferner Freunde gedenkt und der Jugendzeit; und die Brunnen
Immerquillend und frisch rauschen an duftendem Beet.
Still in dämmriger Luft ertönen geläutete Gloken,
Und der Stunden gedenk rufet ein Wächter die Zahl.
Jezt auch kommet ein Wehn und regt die Gipfel des Hains auf,
Sieh! und das Schattenbild unserer Erde, der Mond
kommet geheim nun auch: die Schwärmerische, die Nacht kommt,
Voll mit Sternen und wohl wenig bekümmert um uns,
Glänzt die Erstaunende dort, die Fremdlingin unter den Menschen
Über Gebirgeshöhn traurig und prächtig herauf.

Betrachtet man allein die Metaphern dieser Zeilen, so läßt sich in ihnen einiges aus
dem Katalog jener gern als romantisch deklarierten Bilder wiedererkennen, die insbesondere durch die Gedichte Tiecks, Eichendorffs und Wilhelm Müllers allgemeines
Gut deutscher Lyrik wurden: stille Stadt, rauschende Brunnen, duftende Gärten, einsame Sänger und mondhelle Sternennacht. Was allerdings an Hölderlins Versen auf-
fällt, ist die Konkretheit seiner Darstellung städtischer Öffentlichkeit. Das «sinnige»
Kaufmannshaupt und der Markt bestimmen die Stadt als Bürgerzentrum, aber, wie
auch im «Archipelagus», ohne die bei Eichendorff oder Müller dominierende Kritik

am Philistertum. Gewiß wäre «satte Zufriedenheit» bereits ironisch, wenn man die Wendung aus dem Kontext löste, aber vor Hölderlins innerem Auge schwebt hier doch eher das Bild einer nützlichen Gemeinsamkeit, wie es für ihn einst der antike Stadtstaat dargestellt hatte. Nach und nach aber baut das Gedicht seine eigener zeitlichen und räumlichen Dimensionen auf. Die Gedanken des einsamen Mannes gehen in beide Richtungen, den Raum, wo die Freunde sind, und die Vergangenheit, aus der er kommt. Töne werden mit den Turmglocken und dem zeitsetzenden Ruf des Nachtwächters verbunden, die Gärten als Raum stehen in Beziehung zum Wachstum der Natur in «duftendem Beet» sowie der rauschenden Brunnen, die wie Mühlrad und Ströme, zu den häufigsten Zeitmetaphern gehören. Beisammen sind aber auch die Elemente Wasser, Luft und Erde, zu denen durch Fackeln und Mond noch Feuer beziehungsweise Licht treten. Die letzten sechs Zeilen erweitern das Gedicht schließlich über das Gesellschaftliche, Natürliche, Historische hinaus ins Kosmische und drängen den Menschen in die Rolle des überwältigten, nicht begreifenden Bewunderers dieser Erscheinungen: die Nacht ist die «Erstaunende», Erstaunen Erregende, die «Schwärmerische» und «Fremdlingin unter den Menschen», «traurig und prächtig» zugleich. Große Gegensätze eröffnen sich, die im Bilde des Gedichtes wiedergegeben und geordnet sind. Alles, was sich über das Dasein des Menschen im Universum sagen läßt, ist darin zusammengefaßt. Ein vollkommener Raum aus Nähe und Ferne, Höhe und Tiefe, Vergangenheit und Gegenwart ist entstanden. Das Ganze der Strophe ruht in sich selbst, aber es gewinnt freilich seine fortwirkende Kraft erst dadurch, daß es über sich hinausweist und den Wunsch nach einer Aufhebung des Gegensätzlichen im elegischen Wert der Adjektive «einsam», «fremd» und «traurig» durchscheinen läßt, einen Wunsch nach der Aussöhnung von Tag und Nacht, der auf jene Erbarmung und Erlösung verweist, die Brentano so feinfühlig vorausempfand. Denn darauf zielt tatsächlich die Elegie «Brod und Wein» in ihrem weiteren Verlauf.

Wiederum wie im «Archipelagus» geht die Erinnerung zurück an den «Isthmos», das vergangene Griechenland, in dem Götter, Natur und Menschen in glücklicher Einheit lebten:

> Vater Aether! so riefs und flog von Zunge zu Zunge
> Tausendfach, es ertrug keiner das Leben allein;

«Aber Freund! wir kommen zu spät.» Die historische Stunde «Hesperiens», des europäisch-christlichen Abendlandes gegenüber dem antiken Morgenland wird von Hölderlin deutlich in Erinnerung gerufen und die entscheidende, seine eigene Existenz zutiefst treffende Frage gestellt.

> So zu harren und was zu thun indeß und zu sagen,
> Weiß ich nicht und wozu Dichter in dürftiger Zeit?

Die Antwort darauf bleibt nicht elegischer Zweifel, sondern geht auf die besondere Mittlerrolle des Dichters hinaus, der aus der Überschau des geschichtlichen Ablaufs die Gewißheit kommenden Heils abzuleiten vermag. Es ist Christus, der «Syrier», der im mythischen Geschichtsbild dieser Elegie den antiken Weingott Dionysos ablöst. «Der Weingott» hatte ursprünglich die Elegie doppeldeutig heißen sollen; wie Dionysos war Christus Sohn eines Gottes und einer irdischen Mutter, und wie er brachte er den Wein als Symbol seiner selbst zu den Menschen. Brot aber «ist der Erde Frucht», und beide, «Brod und Wein», werden nun zum Zeichen für die Kontinuität der Natur und des Göttlichen, der dauernden Verbindung zwischen Göttern und Menschen. In dieser wahrhaft kühnen Metamorphose eucharistischer Gaben liegt aber zugleich Hölderlins Tröstung «in dürftiger Zeit».

> Ja! sie sagen mit Recht, er söhne den Tag mit der Nacht aus,

verkündet der Dichter von Christus.

Hölderlins Gedanken stehen nahe bei denjenigen, die Novalis in den gleichen Tagen und Wochen in seinen *Hymnen an die Nacht* ausdrückte. Romantischer Chiliasmus spricht aus beiden Werken, aber was Hölderlin von Novalis unterscheidet, ist der stärkere Akzent auf einer gesellschaftlich gedachten Versöhnung, während Novalis durch die persönliche Todesmystik bestimmt wird. Außerdem aber besteht bei Hölderlin aus seiner Verehrung einer idealen Antike heraus doch ein sehr viel geringerer qualitativer Unterschied zwischen den antiken Göttern und Christus, der Novalis hingegen deutlich über sie erhob. Dennoch hat auch Hölderlin in den folgenden Jahren die Rolle und das Wesen Christi immer enger umkreist und in den Mittelpunkt einer Reihe von Hymnen gerückt.

Hymnendichtung wurde die dominierende Ausdrucksform von Hölderlins letzten Schaffensjahren. Als Vorbild stand ihm dabei Pindar vor Augen, aber so sehr Hölderlin griechisches Maß in der Strophengestalt und dem Gesamtaufbau der Gedichte zu bewahren suchte, so frei bewegte er sich sprachlich im Metrischen und Rhythmischen. Wie in der Oden- und Elegiendichtung, so bot auch hier antikes Maß hauptsächlich einen Halt für den auf Erkenntnis und poetische Versinnlichung des Äußersten zielenden Dichter. Die Satzzusammenhänge freilich wurden immer komplizierter, die Verweise und Bezüge nicht überall mehr von gewöhnlicher Sprachlogik faßbar, und die Metaphernsprache begann sich immer freier zwischen Wirklichkeit, alter und neuer Mythologie sowie der Allegorese des Abstrakten zu bewegen. Wie schwer ihm die schöpferische Arbeit geworden ist, hat Hölderlin selbst bekannt:

Singen wollt ich leichten Gesang, doch nimmer gelingt mirs,
Denn [es] machet mein Glük nimmer die Rede mir [leicht].

So lautet ein fragmentarisches Epigramm, das Hölderlin auf den Rand des Manuskripts der Elegie «Der Gang aufs Land» (wohl Anfang 1801) schrieb.

Ein besonderes Motiv für die wachsende Anteilnahme an dem Schicksal und der Mission Christi ist aus der Hymne «Der Rhein» zu erschließen, die im Frühjahr oder Sommer 1801 entstand und die Hölderlin seinem Freunde Isaak von Sinclair widmete. Inspiration dazu war ihm wohl von der Reise gekommen, die ihn nach Hauptwil in der Nähe des Bodensees zu kurzer Hauslehrertätigkeit Anfang des Jahres geführt hatte. Nicht um äußere Landschaft geht es ihm freilich in diesem Gedicht, sondern um die sinnbildliche Gestalt für einen Lebensprozeß, und zwar für denjenigen eines «Göttersohnes», wofür ihm der «freigeborene Rhein» gilt. Wenn der Fluß auf die Apotheose eines «Brautfestes» von Menschen und Göttern zurinnt, so nicht ohne daß er sich vorher in Ufer hat zwingen lassen. Was dem Rhein als Naturwesen jedoch letztlich ein «wohlbeschiedenes Schiksaal» ist, weil er sich «an die Grenzen / Die bei der Geburt ihm Gott / Zum Aufenthalte gezeichnet», halten kann, das bedeutet eine grundsätzliche Gefahr für den menschlichen Vermittler von Göttlichem:

[...] Denn weil
Die Seeligsten nichts fühlen von selbst,
Muß wohl, wenn solches zu sagen
Erlaubt ist, in der Götter Nahmen
Theilnehmend fühlen ein Andrer,

Den brauchen sie; jedoch ihr Gericht
Ist, daß sein eigenes Haus
Zerbreche der und das Liebste
Wie den Feind schelt' und sich Vater und Kind
Begrabe unter den Trümmern,
Wenn einer, wie sie, seyn will und nicht
Ungleiches dulden, der Schwärmer.

Es sind Verse aus der achten Strophe, der zentralen in dieser fünfzehrstrophigen Hymne, und sie bezeichnen das Opferschicksal dessen, der als «Göttersohn» den Menschen Sinn und Wege zu weisen versucht. In diesem ohne Zweifel auf der «Dichterberuf» und das eigene Leben bezogenen Gedanken bestand für Hölderlin die Verwandtschaft des eigenen Daseins mit demjenigen Christi. Mittlerschaft höheren Wissens und Verkündung des Kommenden brachten Gottessohn und Dichter in enge Verwandtschaft miteinander.

Christusschicksal allerdings war nicht Thema der «Rhein»-Hymne, die im Bildbereich der Naturmythologie bleibt, sondern solcher Hymnen wie «Der Einzige» (1801/1802), «Patmos» (1801/02) und des Fragments «An die Madonna» (1801). Geht «Der Einzige» dem Verhältnis zwischen antiker und christlicher Gottheit nach, so ist das Thema von «Patmos» dichterische Offenbarung. Patmos ist jene Insel im Ägäschen Meer, wo Johannes seine Apokalypse geschrieben haben soll, und ein neuer Himmel und eine neue Erde sind auch das Thema Hölderlins in seinem Gedicht. In hinreißender Schönheit und wenigen kraftvollen Zügen schildert er südliche Landschaft, die er nie gesehen hat, und läßt aus ihr Urlandschaft werden als Folie für biblische wie poetische Verheißung. «Denn noch lebt Christus» – nicht unter den Menschen, aber durch sie, durch «seine Söhne», die erneut «heilige Schriften» verfassen in götterferner Zeit und gleich ihm Opfer auf sich nehmen müssen:

Zu lang, zu lang schon ist
Die Ehre der Himmlischen unsichtbar.
Denn fast die Finger müssen sie
Uns führen und schmählich
Entreißt das Herz uns eine Gewalt.
Denn Opfer will der Himmlischen jedes,
Wenn aber eines versäumt ward,
Nie hat es Gutes gebracht.
Wir haben gedienet der Mutter Erd'
Und haben jüngst dem Sonnenlichte gedient,
Unwissend, der Vater aber liebt,
Der über allen waltet,
Am meisten, daß gepfleget werde
Der veste Buchstab und bestehendes gut
Gedeutet. Dem folgt deutscher Gesang.

Nicht sogleich erkennbar, aber dennoch genau hat Hölderlin mit der Schlußstrophe seiner «Patmos»-Hymne die geistige Situation der eigenen Zeit gekennzeichnet. Auf die naturwissenschaftlichen und naturphilosophischen Versuche und Konzepte wird verschlüsselt ebenso angezielt wie auf die religiösen Prophetien der Jahrhundertwende. Im Zentrum aber steht die Besonderheit «deutschen Gesangs», die Kulturmission, die der Deutschheit aufgegeben ist bei der Herbeiführung eines Zustands allgemeiner Versöhnung. Um seines dauernden Bestandes willen ist er jedoch nicht als Menschenfrieden, sondern allein als Gottesfrieden vorgestellt. Das Verlangen danach hat Hölderlin gleichzeitig zum besonderen Gegenstand seiner «Friedensfeier» gemacht, einer bildmagischen und gedankenmächtigen Hymne, an der er ebenfalls zwischen 1801 und 1802 gearbeitet hat.

Die endgültige Fassung der «Friedensfeier» ist erst 1954 bekanntgeworden; sie hat seitdem der Gelehrsamkeit viele Rätsel aufgegeben und wird es wohl auch weiterhin tun. In dieser Hymne nämlich vollendete Hölderlin seine Kunst des Zueinanderfügens verschiedener Perspektiven und Bildebenen in einer Weise, daß es schwer ist, die einzelnen Steine aus dem Mosaik des Ganzen zu lösen, ohne daß sie ihren Sinn und ihre Leuchtkraft verlieren, die sie erst aus dem Zusammenhang gewinnen. Es besteht die Vermutung, daß Hölderlin zu seinem Gedicht durch den Frieden von Lunéville (9. 2. 1801) angeregt wurde, der den zweiten Koalitionskrieg zwischen Frankreich und Österreich beendete und einen – vorübergehenden – Frieden im ganzen Reiche herbeiführte. Das ist nicht von der Hand zu weisen, erklärt andererseits aber wenig, denn die Hymne setzt nicht Zeitgeschehen in dichterische Bilder um, sondern drückt in einer vielstimmigen Gedankenführung jene allgemeinen eschatologischen Erwartungen eines ewigen Friedens aus, die Hölderlins Dichtung überhaupt bestimmten und die zugleich seit Kants Schrift zu diesem Thema Gegenstand vielfältiger Diskussionen geworden waren.

Hölderlin hat seinen Lesern und Interpreten in der Tat Schweres aufgegeben mit dem Bild eines »Fürsten des Fests«, den das lyrische Ich, der im Gedicht Sprechende, gleich anfangs zu sehen erhofft, der «allbekannt» ist, sein «Ausland gern verläugnet» und, «vom langen Heldenzuge müd», nun «Freundesgestalt» annimmt, in sich aber Unsterblich-Göttliches trägt, denn «wo aber / Ein Gott noch auch erscheint, / Da ist doch andere Klarheit». Die Deutungen dieses «Fürsten» reichen von Napoleon über Christus, Dionysos, Saturn und Gottvater bis zum Genius des deutschen Volkes. In seiner tiefen Demut hat Hölderlin der Reinschrift eine Vorbemerkung vorausgestellt:

> «Ich bitte dieses Blatt nur gutmüthig zu lesen. So wird es sicher nicht unfaßlich, noch weniger anstößig seyn. Sollten aber dennoch einige eine solche Sprache zu wenig konventionell finden, so muß ich ihnen gestehen: ich kann nicht anders. An einem schönen Tag läßt sich ja fast jede Sangart hören, und die Natur, wovon es her ist, nimmts auch wieder.»

Blickt man, auf diese Weise ermutigt, auf den Ablauf des Geschehens der Hymne – denn auch sie trägt, wie viele von Hölderlins späten Gedichten, durchaus epische Züge –, so läßt sich zwar nicht eine Antwort auf jede einzelne Frage finden, die der Text stellt, wohl aber eine Überschau über den geistigen Gang des Ganzen.

Wie in eine zum Erntefest geschmückte Kirche wird der Betrachtende und Berichtende zur Friedensfeier in einen Saal geführt, wo er die Epiphanie des Friedens selbst erwartet, eben jenen «Fürsten des Fests» der sein Göttliches, sein «Ausland», gern verleugnet, aber es vor ihm, dem Beobachter, der tiefer sieht, nicht mehr tun kann. «Nicht unverkündet» ist dieser Friedensfürst, wohl aber den Menschen längst entschwunden mit den «Tagen der Unschuld». Christus war es, der «unter syrischer Palme» die Erinnerung an ihn mit sich brachte und lebendig hielt, auch wenn er selbst ein Opfer von «tödtlichem Verhängniß» wurde. Denn Göttliches kommt nur selten und vorübergehend, sein Wirken jedoch ist erkennbar in den Elementen und Kräften der Natur wie des Lebens überhaupt. «Der hohe, der Geist» macht göttliches Gesetz als Natur-gesetz und geschichtliches Gesetz bewußt –

> Und das Zeitbild, das der große Geist entfaltet,
> Ein Zeichen liegts vor uns, daß zwischen ihm und andern
> Ein Bündniß zwischen ihm und andern Mächten ist.

Im *Ältesten Systemprogramm* hatte es sinnentsprechend gelautet:

> «Ein höherer Geist, vom Himmel gesandt, muß diese neue Religion unter uns stiften, sie wird das letzte, größte Werk der Menschheit sein.»

Eine neue Mythologie hatten die Tübinger Freunde dafür gefordert: in der Sprache solcher neuen Mythologie bewegte sich nun Hölderlins «Friedensfeier».

Wenn der Sprechende später Christus als Teilnehmer der Friedensfeier «zum Fürsten des Fests» ruft, so tut er es auf ganz untheologische Weise, denn er ruft ihn als «Geist», als einen, der sich einst geopfert hat – wovon früher im Gedicht die Rede gewesen war – und damit als glaubhaftesten, faßbarsten Bürgen eines Friedens, der nicht im Handeln der menschlichen Vernunft, sondern nach Hölderlins Überzeugung allein im Glauben an die Wahrheit Gottes seine Garantie findet. Christus wird mit seinem Schicksal zum Vorläufer einer erneuten Herabkunft der Götter. Der Festtag naht sich und mit ihm schöne Harmonie, wie sie die Kunst präfiguriert: «Bald sind wir aber Gesang». Hölderlin krönt in diesem Sinne seine «Friedensfeier» mit einer Apotheose der Unio mystica von Göttern und Menschen, von Natur und Geist, Zeit und Ewigkeit, Einzelnem und der Gemeinschaft. Wie eine Verbindung von Worten aus Klopstocks «Frühlingsfeier» und Hyperions tragischem «Schicksaalslied» klingt es, wenn der letzte Teil der Dichtung eingeleitet wird mit der Vision eines goldenen, friedlichen Zeitalters, in dem die «Unsterblichen» wieder zu den Menschen kommen:

> Leichtathmende Lüfte
> Verkünden euch schon,
> Euch kündet das rauchende Thal
> Und der Boden, der vom Wetter noch dröhnet,
> doch Hoffnung röthet die Wangen,
> Und vor der Thüre des Haußes
> Sizt Mutter und Kind,
> Und schauet den Frieden [...]

Die «Friedensfeier» erscheint geradezu als eine Summe dessen, was Hölderlin aus der Beobachtung seiner Zeit und seiner Welt an Gedanken gewann und, ihr zum Heile, «ins Lied gehüllt» zurückgab. Wenn die Zeit selbst von dieser Gabe nicht Gebrauch gemacht hat, so haben die Nachkommenden immerhin erkannt, daß hier ein junger Dichter, auf dem Höhepunkt der Gedanken seiner Zeit stehend, zugleich weit über sie hinausblicke und die Sprache fand, dem Geschauten kunstvollen, reichen, gültigen Ausdruck zu verleihen. Sein Wort zielte immer auf Klarheit, an der jeder Anteil haben kann, der sich die Mühe macht, sich in dieses Werk hineinzubegeben.

## 6. Der Antritt des neuen Jahrhunderts

Wenn schon gewöhnliche Jahreswenden zu Prophezeiungen und Kassandrarufen freizügig einladen, so bilden Jahrhundertwenden erst recht einen günstigen Tummelplatz für sie. Am Übergang des 18. ins 19. Jahrhundert gab es überdies besonders reichlich Anlaß, Vergangenheit und Zukunft hoffnungsvoll oder kritisch zu mustern. Eine Revolution, wie man sie sich in solchen Ausmaßen und Konsequenzen bisher nicht hatte vorstellen können, war vorüber und in sich zusammengesunken, aber es blieb Grund genug, die Funken zu fürchten, die vielleicht noch unter der Asche glimmten. Die einstigen Träger dieser Revolution, die Armeen des republikanischen Frankreich, hatten sich über Europa auszubreiten begonnen. Ihre Mission allerdings war nicht mehr weltbürgerlicher Idealismus, sondern nationaler Imperialismus: die Freiheitsbringer wandelten sich zur Besatzungsarmee. Jedoch führte sie immerhin ein General als «erster Konsul», das heißt ein Bürger mit den Würden eines Titels aus der Zeit des römischen Republikanismus bekleidet; erst 1804 trennte er sich davon, als er dem Zauber aristokratischen Ranges erlag und sich zum Kaiser krönte.

Für Warnungen und Erwartungen bot also die europäische Welt genügend Anlaß in diesen Tagen. Ein neuer Krieg hatte 1799 nach kurzer Pause angehoben, der Österreich, Rußland, England, Portugal, Italien und die Türkei in Kämpfe mit den Franzosen verwickelte. Nur der preußische Teil des Heiligen Römischen Reiches blieb neutral in den letzten sechs Jahren, in denen dieses Staatenkonglomerat mittelalterlichen Ursprungs noch bestand. Dieser neue Krieg freilich war von kurzer Dauer, und der Frieden von Lunéville im Februar 1801 ließ vorübergehend Hoffnungen aufblühen, der langerwartete ewige Frieden möchte nun doch bald heraufziehen. Hölderlin schrieb damals seine «Friedensfeier», aber Schiller, die Weltgeschichte als ein in Tragödien fortschreitendes Weltgericht betrachtend, sah die Dinge zweifelnder:

> Edler Freund! Wo öfnet sich dem Frieden,
> Wo der Freiheit sich ein Zufluchtsort?
> Das Jahrhundert ist im Sturm geschieden,
> Und das neue öfnet sich mit Mord.

Franzosen und Briten – so sieht es der Deutsche – überziehen die Welt mit Krieg auf Land und Meer, obwohl sie das Paradies dabei nicht auffinden werden:

> Ach umsonst auf allen Ländercharten
> Spähst du nach dem seligen Gebiet,
> Wo der Freiheit ewig grüner Garten,
> Wo der Menschheit schöne Jugend blüht.

Endlos liegt die Welt vor deinen Blicken,
Und die Schiffahrt selbst ermißt sie kaum,
Doch auf ihrem unermeßnen Rücken
Ist für zehen Glückliche nicht Raum.

In des Herzens heilig stille Räume
Mußt du fliehen aus des Lebens Drang,
Freiheit ist nur in dem Reich der Träume,
Und das Schöne blüht nur im Gesang.

Zum «Antritt des neuen Jahrhunderts» war dieses Gedicht geschrieben, der
weite Blick auf die Unterwerfung des Erdballs unter die Macht der europäischen Staaten verbindet sich in ihm charakteristisch mit deutscher Introspektion, sehr skeptischer allerdings. Bildete es ein Signal für das Ende der
«Kunstperiode», der Schiller zehn Jahre früher erst philosophische Dignität
gegeben hatte?

In seinem Poem *Deutschland. Ein Wintermärchen* (1844) hat Heinrich Heine später
ein spöttisches, deutsche biedermeierliche Schöngeistigkeit karikierendes Seitenstück
zu Schillers Versen geliefert:

Franzosen und Russen gehört das Land,
Das Meer gehört den Briten,
Wir aber besitzen im Luftreich des Traums
Die Herrschaft unbestritten.

Hier üben wir die Hegemonie,
Hier sind wir unzerstückelt;
Die andern Völker haben sich
Auf platter Erde entwickelt.

Es hat ihn freilich nicht davon abgehalten, am gleichen Ort von der «Universal-
herrschaft» eines geistigen Deutschland zu träumen, das einstmals verwirklichen
werde, was «unsere großen Meister» über «freies Menschentum» «gesagt und gesungen».

Neben den großen Problemen ihrer Zeit gab es für die Bürger des Jahres
1799 ein kleines, aber hinsichtlich des neuen Jahrhunderts entscheidendes:
Waren die Zentenarfeiern am 1. Januar 1800 oder 1801 abzuhalten? Zwei
Parteien hatten sich herausgebildet, die Achter und die Einser, solche also,
die den Beginn in der Umwandlung der 17 in die 18 sahen, und solche, für
die erst die Eins und nicht die Null einen Neuanfang darstellen sollte. Nur
für die französischen Republikaner bestand die Sorge nicht, denn ihre Zeit-
rechnung hatte 1792 neu begonnen – allerdings waren nicht nur deren vergangene, sondern auch die zukünftigen Tage bereits gezählt. Die Mehrzahl
der Zeitgenossen entschied sich damals für den 1. Januar 1801 als Jahrhun-
dertbeginn. Lichtenberg hatte schon 1798 in einer *Rede der Ziffer 8 am
jüngsten Tage des 1798sten Jahres, im grossen Rat der Ziffern gehalten* die
Argumente für und gegen eine solche Datierung ausgespielt und sich für

1801 entschieden, bei dieser Gelegenheit allerdings auch gleich seine Ahnungen über jenes kommende wissenschaftlich-technische Jahrhundert mitgeteilt,

> «das vermutlich die Zahl der Planeten verdoppeln und die der Trabanten und der Metalle vervierfachen wird, des Jahrhunderts, worin vermutlich die Luftschlachten der Völker sich zu den Land- und Seeschlachten wie 580 zu 1 verhalten werden, so daß die Zeitungsschreiber von Paris bis Hamburg sie mit hundertfüßigen Teleskopen aus dem Kontor selbst bevisieren, bephantasieren und als Augenzeugen beschreiben können, und worin man die hoch vorübersausenden Helden und ihre Sänger wie Raubvögel und Lerchen aus der Luft schießen wird.»

Rückblicke und Prognosen ließ sich in diesen Tagen kaum ein deutscher Schriftsteller nehmen, ganz gleich welcher Generation er angehörte. Von den bekanntesten poetischen Veteranen des Jahrhunderts war «Vater» Gleim mit 81 der älteste; als der brave preußische Grenadier dichtete er denn auch seiner Königin ein Carmen zum «1. Jänner 1801». Michael Denis, dessen dichterische Anfänge in die Zeit Maria Theresias zurückreichen, überschaute nun, einundsiebzigjährig, das ganze Panorama des Jahrhunderts im odischen Schwung seiner Jugend und mit einer aufklärerischen Sachlichkeit, die bereits einem Barthold Hinrich Brockes gut angestanden hätte – der große Denk- und Geschmackswandel von drei oder vier Jahrzehnten wird deutlich greifbar. Systematisierung der Natur, Pockenimpfung, Blitzableiter, Himmelsflug und Australien hat für Denis das Jahrhundert gebracht, und so verdient es denn auch wohl, in der «Aeonenhalle» besungen zu werden:

> Ein fünfter Welttheil, Brüder! euch unbekannt
> Sieht Wimpel wähen, hört des Geschützes Knall.
>   Ein kühner Britte Cook (o klaget!)
>   Fand und begoß ihn mit eignem Blute.
>
> [...]
>
> Der Wesen Wunderkette, durch die genau
> Stein, Pflanze, Thier zum Menschen hinauf sich ringt,
>   Ergriff ein Schwede, wie noch keiner,
>   Folgte mit Namen und Zahl den Ringen.
>
> Das jugendfeinde, tödtliche Blatterngift
> Entlehnt von angesteckten, und eingeflößt
>   Gesunden Leibern sah ich tausend
>   Mütter von harrender Angst befreyen.

Mit Eisenspitzen, welche von thürmenden
Gebäuden ragen, sah ich den Feuerstrom
Der Blitze leitsam niederfließen,
Menschen, und Werke der Menschen schonen.

Und saht ihr, Brüder! Menschen, der Erde satt,
Und satt des Wassers, durch das gemessene
Gewicht der Luft zum Himmel steigen,
Wolken durchirren, ein Spiel der Winde?

Aber neben den Errungenschaften stehen die Gefahren, das Abtrünnigwerden vom «Christengott» und der «Flammenschwall» der Revolution; Nebel
verbirgt, was der «neue Aeon» bringen wird. Der alte Poet hat sich nicht
mehr als Prophet versucht. Denis' Gedicht stellt jedenfalls ein charakteristisches Muster für viele der retrospektiven Säkulargedichte einer additiven
Zweckpoesie dar, bei der die Autoren nicht selten ihre eigenen Verse mit Erläuterungen versahen, um sicher zu gehen, daß die poetischen Anspielungen
und Bilder auch wirklich auf die rechten Tatsachen bezogen wurden.

Der poetischen Kulturgeschichte gegenüber standen die Warnungen,
Fluchtphantasien und schließlich die Ausblicke ins Kommende. Angesichts
von Napoleons ägyptischem Feldzug hatte Matthisson schon 1799 ein «Basrelief am Sarkofage des Jahrhunderts» gemeißelt.

Von Afrika bis zu des Gotthardts Wolkenpfaden
Ras't furchtbar der Zerstörung Wuth

lautet der Auftakt des Gedichts: ein «Paradies» ist zur «Schädelstäte» geworden und der «Altar der Menschlichkeit» wohnt vielleicht nur noch «im
Schirm des Brotbaums und der Kokuspalme». Aber die Träume von den Wilden, die «doch beßre Menschen» sind, wie es in Johann Gottfried Seumes
Gedicht «Der Wilde» (1793) geheißen hatte, verklingen um die Jahrhundertwende immer mehr. Wie Schiller so setzt auch Matthisson nicht mehr seine
Hoffnungen auf ferne Inseln der Seligen, sondern auf den schlummernden
Mut der Väter von «Thuiskons Volk». Vaterländisches und damit konkrete
politische Erwartungen lösen den utopischen Idealismus der vorausgehenden
Jahrzehnte allmählich ab. Hölderlins Freund Christian Ludwig Neuffer
schreibt zum Beispiel einen aus vier Oden bestehenden «Säkularischen Gesang», an dessen Ende die Forderung steht:

Weggetilgt sey jegliche Spur der Selbstsucht,
Daß am vesten Bundesaltar der Eintracht
Sich die deutschen Völker zu Einem Volke
Muthig vereinen.

Das ist ohne nationalistische Überheblichkeit gesagt und noch ganz ohne
den militanten Haß, der die Lyrik der napoleonischen Kriege späterhin prägte. Aber die Konzentration auf nationale Realitäten läßt sich dennoch allge-

mein bemerken. Neben ihr entsteht allerdings auch ein europäisches Identitätsbewußtsein, das sich gerade in den Kriegen von Koalitionen herausbildete und zunächst nichts anderes herbeiführte als den Ruf nach Versöhnung und Frieden zwischen den kriegführenden Staaten. So etwa meint es Gerhard Anton von Halem in seinem «Sekularischen Lied«, wenn er einen europäischen Frieden vom Nordpol bis zum «Tagus», dem Fluß Tajo auf der Pyrenäenhalbinsel, beschwört und dabei zugleich den wohl originellsten, wenn auch nicht geistvollsten Reim der Jahrhundertwende liefert:

> Jahr, Tausend Achthundert versöhne die Völker,
> Vom Tagus bis hin zu der Rennthiere Melker!

Eine Schrift wie Novalis' *Die Christenheit oder Europa* – auch wenn sie damals nur wenigen bekannt war – bezeichnete weit über derartige Unitätsbekundungen hinaus zugleich ein neues Bewußtsein von Konflikten zwischen Nationalität und christlicher Gemeinsamkeit der meisten europäischen Staaten. Dieses wiederum stand in ursächlichem Zusammenhang mit dem Widerspruch von gegenseitiger Konkurrenz und ökonomischer Abhängigkeit voneinander im kommenden industriellen Zeitalter, wovon man sich allerdings konkret noch wenig vorstellen konnte. Immerhin ließ August Wilhelm Schlegel in seinem «Schön kurzweilig Fastnachtsspiel vom alten und neuen Jahrhundert», das er in seinen und Tiecks *Musen-Almanach für das Jahr 1802* aufnahm, einen «Alten» sagen:

> Was nützt die wilde Vaterlandsliebe?
> Nein, wir beherrschen unsre Triebe.
> Bey uns zielt alles auf den Nutzen;
> Will eins nicht, weiss mans zurecht zu stuzen.
> Da sind zum Beyspiel die Hirngespinnste,
> Die sogenannten schönen Künste:
> Die dürften nun finden gar nicht statt,
> Denn vom Schönen wird niemand satt,
> Gebraucht' ich nicht zu Handlangern sie
> Bey meinen Fabriken und Industrie.

Dergleichen entsprach natürlich nicht der Meinung des Autors, dem die Hoffnung auf die Kraft des Geistigen und der Poesie noch keinesfalls abhanden gekommen war. Aber das Bewußtsein einer Duplizität von Nationalismus und Internationalismus im Industriezeitalter ist dennoch deutlich spürbar hier und in einer Reihe anderer literarischer Exerzitien angesichts der Jahrhundertwende. Friedrich Schlegel erweiterte sogar noch den Blick über die europäischen Grenzen hinaus. Im *Athenaeum* hatte er sich 1800 in einem großen Terzinengedicht bereits «An die Deutschen» gewandt und sie auf Grund ihrer intellektuellen und künstlerischen Errungenschaften «zu Herrn und *Fürsten* jeder Kunst» ernannt, so daß sich durch sie eine neue «Kirche sichtbar» erheben werde:

Eur Tempel wachse groß zu Deutschlands Ruhme.
Der Grund ist fest, und hoch im Centrum sprießt
In königlicher Pracht der Dichtkunst Blume.
Europa's Geist erlosch; in Deutschland fließt
Der Quell der neuen Zeit. [...]

Das war noch aus dem Überschwang romantischer Erhebung gesagt. Drei Jahre später, als Schlegel sich, nun dem Katholizismus entschieden zugeneigt, in Paris niedergelassen hatte, ergänzte und modifizierte er mit dem Bericht über die «Reise nach Frankreich» in seiner neuen Zeitschrift *Europa* die früheren Ansichten in bemerkenswerter Weise. Denn da war er sich der Kraft der «Deutschheit» nicht mehr sicher. In Europa, so meinte er vielmehr, habe «die Trennung» ihr Äußerstes erreicht und der Mensch sei «selbst fast zur Maschine geworden». «Wuchergeist» und «Geschwätzigkeit» beherrsche sie, und es sei sogar am wahrscheinlichsten, «daß das Geschlecht der Menschen in Europa sich keineswegs zum Bessern erheben» werde. «Sollte es wirklich Ernst seyn mit einer Revolution, so müßte sie uns wohl vielmehr aus Asien kommen, als daß wir fähig wären, wie wir zu voreilig wähnen, den Geist der Menschen über den ganzen Erdkreis von hieraus lenken zu wollen.» Denn eine solche Revolution könne nur «aus dem Mittelpunkte der vereinigten Kraft hervorgehen», wie sie allein noch «im Orient» zu finden sei. Ideen zu einer politischen Einigung Europas, die Schlegel gleichzeitig erwog, widersprachen dieser Skepsis hinsichtlich der inneren Kraft des abendländischen Lebenskreises nicht, sondern waren eher eine Ergänzung um dessen Erhaltung willen. Schlegel schwebte keine weitausholende Prophetie vor, sondern er hatte bei seiner Deutung des Orients eher die Vision von einer durch Schismen und lange Säkularisationsprozesse noch nicht völlig verbrauchten Religiosität, in deren Zeichen er seine katholischen Neigungen mit seinen wissenschaftlichen Arbeiten gut vereinbaren konnte. Rund zehn Jahre später hat sich dann auch Goethe als Dichter des *West-östlichen Divans* aufgemacht, «im reinen Osten Patriarchenluft zu kosten»: «Glaube weit, eng der Gedanke.» Denn Europazweifel und Europamüdigkeit suchten auch ihn auf, frei allerdings von den konfessionellen Voraussetzungen, von denen sich Schlegel bestimmen ließ.

Dem neuen Jahrhundert jedoch hat Goethe damals keine poetischen Loblieder gesungen. Ende 1800 verfaßte er lediglich aus Anlaß einer Geburtstagsfeier der Herzogin Anna Amalie ein kleines allegorisch-symbolisches Spiel *Paläophron und Neoterpe*, in dem er freundlich den Gegensatz von Altem und Neuem zur gegenseitigen Unterstützung und Förderung gedeihen ließ:

Es habe niemand recht, als wer den Widerspruch
Mit Geist zu lösen, andre zu verstehen weiß.
Wenn er auch gleich von andern nicht verstanden wird.

Mit einem der jungen Kuratoren solch dialektischen Denkens hat Goethe denn auch den letzten Abend des 18. Jahrhunderts zugebracht. Große Säkularfeiern waren in Weimar vom Herzog abgesagt worden, aus Gründen der politischen Not, wie man zumindest vorgab, und Goethe umgab sich in der Silvesternacht des Jahres 1800 nur mit zwei Gästen: mit Schelling, dem er unter den jungen Jenaern besonders zugetan war, und mit Schiller, dem Freund aus dem vergangenen Jahrzehnt. Zu gleicher Zeit jedoch hatten sich in Weimar oder Jena die Spötter ans Werk gemacht und eine Farce entworfen, ein «Lustspiel das Göthe krönen wird» und das den Titel trug: *Der Thurm zu Babel oder die Nacht vor dem neuen Jahrhundert*. Darin sitzt auf dem Parnaß Goethe, «während der ganzen Handlung steif wie ein Jovisbild. Zu beyden Seiten unten auf zwey hohen Maulwurfshügeln sind zu sehn *die Schlegel*», während ihm im Stücke Wieland, Schiller, Jean Paul, Tieck, Falk, Böttiger, Merkel, Gries, Schelling und Brentano ihre Aufwartung machen, bis der «Geist des künftigen Jahrhunderts» am Schlusse verkündet:

> Du ew'ge Wiederschöpferin Natur,
> Wenn du gebeutst, so düngt auch Schutt die Flur.
> Nimm auf in dein Grab die *deutsche Litteratur*!

Die Geschichte freilich pflegt sich nicht um derartige Wünsche zu kümmern. Der literarische Reichtum des alten Jahrhunderts ist lebendig geblieben, und das neue hat ihn beträchtlich vermehrt.

# BIBLIOGRAPHIE

# REGISTER

# BIBLIOGRAPHIE

*Vorbemerkung*

Die wissenschaftliche Literatur zu dem in diesem Band dargestellten Abschnitt der deutschen Literaturgeschichte ist wahrhaft unübersehbar. Forschungsgeschichte läßt sich also in dieser Bibliographie nicht demonstrieren. Stattdessen habe ich mich in meiner Auswahl hauptsächlich auf die mir am anregendsten erscheinenden neueren Untersuchungen beschränkt und mir nur hin und wieder eine Ausnahme gestattet, wo es die Bedeutung des älteren Werkes gebot oder wo die Forschung seitdem wenig Neues beigetragen hat. Im «Allgemeinen Teil» sind Werke mit ausführlichen Bibliographien ausdrücklich gekennzeichnet, damit auf diese Weise das hier Gebotene leicht ergänzt werden kann. Jeder Titel wird normalerweise nur einmal genannt, auch wenn es sich um vergleichende Untersuchungen handelt. Im «Speziellen Teil» habe ich außerdem nicht erneut auf die im «Allgemeinen Teil» genannten umfassenden Darstellungen verwiesen. Eine Ergänzung der Abschnitte untereinander wird dem aufmerksamen Benutzer jedoch keine Schwierigkeiten bereiten.

Bei Büchern und Aufsätzen, die zuerst in einer fremden Sprache erschienen sind, habe ich, soweit sie mir bekannt war, nur die deutsche Fassung verzeichnet. Buchveröffentlichungen sind gewöhnlich mit dem Jahr der ersten Auflage aufgeführt; spätere Auflagen werden nur genannt, wenn sie von der ersten Fassung wesentlich abweichen. In einzelnen Fällen mußte ich mich an das mir Verfügbare halten. Bei mehrfach publizierten Aufsätzen zitiere ich nach Möglichkeit den letzten oder zugänglichsten Abdruck. Das Verzeichnis von Werkausgaben einzelner Autoren beschränkt sich auf die wichtigsten Gesamtausgaben oder kritischen Editionen sowie auf einige leicht erreichbare, zum Teil gut kommentierte Leseausgaben. Einzelveröffentlichungen von Texten, auch wenn sie kommentiert sind, habe ich grundsätzlich ausgelassen, es sei denn, daß bei einem Autor keine Gesamtausgabe existiert.

Ich bitte schließlich zu bedenken, daß Primär- und Sekundärliteratur nur im Hinblick auf die Rolle der Autoren im behandelten Zeitabschnitt ausgewählt wurden und die Bibliographie nicht ihr gesamtes Werk dokumentieren soll, soweit es außerhalb dieser Periode liegt. Für Korrekturen oder für Hinweise auf wichtige Arbeiten, die man sich genannt wünscht, bin ich dankbar.

G. S.

# ABKÜRZUNGEN

| | |
|---|---|
| AUMLA | = AUMLA. Journal of the Australasian Universities Language and Literature Association |
| Dt. Dichter des 18. Jh. | = Wiese, Benno von (Hrsg.): Deutsche Dichter des 18. Jahrhunderts. Ihr Leben und Werk. Berlin 1977 |
| Dt. Dichter der Romantik | = Wiese, Benno von (Hrsg.): Deutsche Dichter der Romantik. Ihr Leben und Werk. Berlin 1971 |
| DU | = Deutschunterricht |
| DVjs | = Deutsche Vierteljahrsschrift für Literaturwissenschaft und Geistesgeschichte |
| Fs. | = Festschrift |
| GLL | = German Life & Letters |
| Goethe | = Neue Folge des Jahrbuchs der Goethegesellschaft |
| GoetheJb. | = Goethe-Jahrbuch |
| GQ | = The German Quarterly |
| GR | = Germanic Review |
| GRM | = Germanisch-Romanische Monatsschrift |
| Jb. | = Jahrbuch |
| JbDSG | = Jahrbuch der Deutschen Schillergesellschaft |
| JbFDH | = Jahrbuch des Freien Deutschen Hochstifts |
| JEGP | = Journal of English and Germanic Philology |
| MLN | = Modern Language Notes |
| MLR | = Modern Language Review |
| Monatshefte | = Monatshefte für deutschen Unterricht, deutsche Sprache und Literatur |
| PEGS | = Publications of the English Goethe Society |
| PMLA | = Publications of the Modern Language Association of America |
| SuF | = Sinn und Form |
| WB | = Weimarer Beiträge |
| WW | = Wirkendes Wort |
| ZfdPh | = Zeitschrift für deutsche Philologie |

# ALLGEMEINER TEIL

## I. BIBLIOGRAPHIEN UND NACHSCHLAGEWERKE

### *1. Allgemeine Bibliographien*

Goedeke, K.: Grundriß zur Geschichte der deutschen Dichtung. Aus den Quellen. 3., neubearbeitete Aufl. Nach dem Tode des Verfassers in Verb. mit Fachgelehrten fortgef. von E. Goetze. Bd. 4 ff. Dresden 1896 ff. Nachdr. Nendeln 1975.

Wilpert, G. von/Gühring, A.: Erstausgaben deutscher Dichtung. Eine Bibliographie zur deutschen Literatur 1600–1960. Stuttgart 1967.

Körner, J.: Bibliographisches Handbuch des deutschen Schrifttums. Unveränderter Nachdr. der 3. Aufl. Bern 1966.

Köttelwesch, C.: Bibliographisches Handbuch der deutschen Literaturwissenschaft. 3 Bde. Frankfurt 1973–79.

Bibliographie der deutschen Literaturwissenschaft. Hrsg. von H. W. Eppelsheimer. Frankfurt a. M. 1957 ff. Ab Bd. 2 bearb. von C. Köttelwesch, ab Bd. 9 unter dem Titel: Bibliographie der deutschen Sprach- und Literaturwissenschaft.

Internationale Bibliographie zur Geschichte der deutschen Literatur von den Anfängen bis zur Gegenwart. Redaktion G. Albrecht und G. Dahlke. Bd. 2/1. München 1971.

Koch, H.-A./Koch, U.: Internationale Germanistische Bibliographie 1980. München/New York/London/Paris 1981.

Hansel, J.: Personalbibliographie zur deutschen Literaturgeschichte. Berlin 1967.

Internationale Bibliographie zur deutschen Klassik. 1750–1850. Bearbeitet von K. Hammer [u. a.] F. 1 ff. Weimar 1960 ff.

The romantic movement. A selective and critical bibliography. In: Philological Quarterly 1949 ff. – English Language Notes 1965 ff.

Osborne, J.: Romantik. Bern 1971 (Handbuch der deutschen Literaturgeschichte. Abt. 2, Bd. 8).

### *2. Bibliographien zu Gattungen*

Geschichts- und Romanen-Litteratur der Deutschen. Nachdr. der Ausgabe 1798. Nachwort von H.-J. Koppitz. München 1973.

Germer, H.: The German novel of education. 1792–1805. A complete bibliography and analysis. Bern 1968.

Hadley, M.: The German novel in 1790. A descriptive account and critical bibliography. Bern 1973.

Hadley, M.: Romanverzeichnis. Bibliographie der zwischen 1750–1800 erschienenen Erstausgaben. Bern 1977.

Heinsius, W.: Alphabetisches Verzeichnis der von 1700 bis zu Ende 1810 erschienenen Romane und Schauspiele welche in Deutschland und in den durch Sprache und Literatur damit verwandten Ländern gedruckt worden sind. Nachdr. der Ausgabe 1813, Leipzig 1972.

Hocks, P./Schmidt, P.: Literarische und politische Zeitschriften 1789–1805. Von der politischen Revolution zur Literaturrevolution. Stuttgart 1975.

Hocks, P./Schmidt, P.: Index zu deutschen Zeitschriften der Jahre 1773–1830. Abt. 1: Zeitschriften der Berliner Spätaufklärung. 3 Bde. Nendeln 1979.
Houben, H.H.: Zeitschriften der Romantik. Berlin 1904.
Kayser, C.G.: Vollständiges Verzeichnis der von 1750 bis zu Ende des Jahres 1832 in Deutschland und in den angrenzenden Ländern gedruckten Romane und Schauspiele. Nachdr. der Ausgabe 1836. Leipzig 1972.
Lanckorónska, M.M./Rümann, A.: Geschichte der deutschen Taschenbücher und Almanache aus der klassisch-romantischen Zeit. München 1954.
Meyer, R.: Das deutsche Trauerspiel des 18.Jahrhunderts. Eine Bibliographie. München 1977.
Pissin, R.: Almanache der Romantik. Berlin 1910.
Plaul, H.: Bibliographie deutschsprachiger Veröffentlichungen über Unterhaltungs- und Trivialliteratur vom letzten Drittel des 18.Jahrhunderts bis zur Gegenwart. München 1980.

## 3. Biographische und literarische Lexika

Albrecht, G. [u.a.]: Lexikon deutschsprachiger Schriftsteller von den Anfängern bis zur Gegenwart. 2 Bde. Leipzig 1972.
Allgemeine Deutsche Biographie. Hrsg. durch die Historische Commission bei der Königlichen Akademie der Wissenschaften. 56 Bde. Leipzig 1875–1912
Deutsches Literatur-Lexikon. Biographisch-bibliographisches Handbuch, begründet von W. Kosch, völlig neu bearbeitete Aufl. hrsg. von B. Berger und H. Rupp. Bern/München 1968 ff.
Hamberger, G.C./Meusel, J.G.: Das gelehrte Teutschland oder Lexikon der jetzt lebenden teutschen Schriftsteller. Nachdr. der 5.Aufl. 1796. 23 Bde. und Registerbd. Hildesheim 1965/66.
Kluge, M./Radler, R. (Hrsg.): Hauptwerke der deutschen Literatur. Darstellungen und Interpretationen. München 1974.
Neue deutsche Biographie. Hrsg. von der Historischen Kommission bei der Bayrischen Akademie der Wissenschaften. Berlin 1953 ff.
Wilpert, G. von (Hrsg.): Lexikon der Weltliteratur. Bd.I: Biographisch-bibliographisches Handwörterbuch nach Autoren und anonymen Werken. Stuttgart 1975[2]; Bd.II: Hauptwerke der Weltliteratur in Charakteristiken und Kurzinterpretationen. Stuttgart 1958[2].
Wilpert, G. von (Hrsg.): Deutsches Dichterlexikon. Biographisch-bibliographisches Handwörterbuch zur deutschen Literaturgeschichte. Stuttgart 1976[2].
Wilpert, G. von: Sachwörterbuch der Literatur. Stuttgart 1979[2].

## II. TEXTSAMMLUNGEN

Deutsche Literatur in Entwicklungsreihen. Hrsg. von H.Kindermann [u.a.]
Reihe Klassik 4 Bde., Leipzig 1932 ff.
Reihe Romantik 23 Bde., Leipzig 1930 ff.
Klassische deutsche Dichtung. Hrsg. von F.Martini/W.Müller-Seidel. 22 Bde. Freiburg 1961–69.
Sturm und Drang. Klassik. Romantik. Texte und Zeugnisse. Hrsg. von H.-E.Hass. 2 Bde. München 1966.
Die deutsche Literatur. Ein Abriß in Text und Darstellung. Hrsg. von O.F.Best [u.a.]
Bd.7: Klassik. Bd.8/9: Romantik. Stuttgart 1974.

## III. AUTOREN

Die Titel sind geordnet nach:
(a) Ausgaben
(b) Briefe und Lebenszeugnisse
(c) Bibliographien, Forschungsberichte und andere wissenschaftliche Hilfsmittel
(d) Biographien, Gesamtdarstellungen und allgemeine Forschungsliteratur

### Arnim

(a) Sämmtliche Werke. Hrsg. von W. Grimm. 22 Bde. Berlin 1839–1856.
Werke. Hrsg. von A. Schier. Kritisch durchges. und erl. Ausg. 3 Bde. Leipzig/Wien [1920].
Sämtliche Romane und Erzählungen. Auf Grund der Erstdrucke hrsg. von W. Migge. 3 Bde. München 1962–66.
(b) Achim von Arnim und die ihm nahestanden. Hrsg. von R. Steig und H. Grimm. 3 Bde. Stuttgart 1894–1914. Nachdr. Bern 1970.
(c) Achim von Arnim 1781–1831. Katalog zur Ausstellung im Freien Deutschen Hochstift. Frankfurt a. M. 1981.
Mallon, O.: Arnim-Bibliographie. Berlin 1925. Nachdr. Hildesheim 1965.
Hoffmann, V.: Die Arnim-Forschung 1945–1972. In: DVjs 47 (1973), Sonderh. Forschungsreferate, 270–342.
(d) Kastinger-Riley, H. M.: Achim von Arnim in Selbstzeugnissen und Bilddokumenten. Reinbek 1979 (mit Bibliographie).
Rasch, W. D.: Achim von Arnims Erzählkunst. In DU 7 (1959), H. 2, 38–55.
Vordtriede, W.: Achim von Arnim. In: Dt. Dichter der Romantik, 253–79.

### Brentano

(a) Gesammelte Schriften. Hrsg. von C. Brentano. 9 Bde. Frankfurt 1852–55.
Werke. Hrsg. von F. Kemp/W. Frühwald/B. Gajek. 4 Bde. München 1963–68.
Sämtliche Werke und Briefe. Historisch-kritische Ausgabe. Veranstaltet vom Freien Deutschen Hochstift. Hrsg. von J. Behrens/W. Frühwald/D. Lüders, Stuttgart 1975 ff.
(b) Clemens Brentanos Frühlingskranz aus Jugendbriefen ihm geflochten, wie er selbst schriftlich verlangte. Hrsg. von B. v. Arnim. Charlottenburg 1844. Neuausgabe 1967.
Clemens Brentano. Hrsg. von W. Vordtriede. München 1970 (Dichter über ihre Dichtungen).
Das unsterbliche Leben. Unbekannte Briefe. Hrsg. von W. Schellberg/F. Fuchs. Jena 1939.
Briefe. Hrsg. von F. Seebaß. 2 Bde. Nürnberg 1951.
Briefwechsel zwischen Clemens Brentano und Sophie Mereau. Hrsg. von Heinz Amelung. Potsdam 1939.
(c) Clemens Brentano. Freies Deutsches Hochstift – Frankfurter Goethemuseum. Ausstellung 1970 [Katalog]. Bad Homburg 1970.
Clemens Brentano 1778–1842. Ausstellung. Freies Deutsches Hochstift – Frankfurter Goethemuseum [Katalog]. Frankfurt a. M. 1978.
Mallon, O.: Brentano-Bibliographie. Berlin 1926. Nachdr. Hildesheim 1965.

Fetzer, J.: Old and new directions in Clemens Brentano research (1931–1968). In: Literaturwissenschaftliches Jb. NF 11 (1970), 87–119. NF 12 (1971), 113–203.

Frühwald, W.: Stationen der Brentano-Forschung 1924–1972. In: DVjs 47 (1973), Sonderh. Forschungsreferate, 182–269.

Gajek, B.: Die Brentano-Literatur 1973–1978. Ein Bericht. In: Euphorion 72 (1978), 439–502.

(d) Böckmann, P.: Clemens Brentano. In: Die großen Deutschen. Bd. 1 Berlin 1957, 532–47.

Feilchenfeldt, K.: Brentano-Chronik. Daten zu Leben und Werk. München 1978.

Fetzer, J. F.: Romantic Orpheus. Profiles of Clemens Brentano. Berkeley 1974.

Frühwald, W.: Clemens Brentano. In: Dt. Dichter der Romantik, 280–309.

Gajek, B.: Homo poeta. Zur Kontinuität der Problematik bei Clemens Brentano. Frankfurt 1971.

Hoffmann, W.: Clemens Brentano. Leben und Werk. Bern/München 1966.

Migge, W.: Clemens Brentano. Leitmotive seiner Existenz. Pfullingen 1968.

Mittag, S.: Clemens Brentano. Eine Autobiographie in der Form. Heidelberg 1978.

Pfeiffer-Belli, W.: Clemens Brentano. Ein romantisches Dichterleben. Freiburg i. Br. 1947.


## Bürger

(a) Sämtliche Werke. Hrsg. von W. von Wurzbach. 4 Bde. Leipzig 1902.

Gedichte in zwei Teilen. Hrsg. von E. Consentius. Berlin/Leipzig/Wien/Stuttgart 1909, Volksausgabe 1920.

Werke und Briefe. Hrsg. von W. Friedrich. Leipzig 1958.

(d) Kluge, G.: Gottfried August Bürger. In: Dt. Dichter des 18.Jh., 594–618.


## Claudius

(a) Sämtliche Werke. Hrsg. von J. Perfahl/W. Pfeiffer-Belli/H. Platschek. München 1968.

(d) Berglar, P.: Matthias Claudius in Selbstzeugnissen und Bilddokumenten. Reinbek 1972 (mit Bibliographie).

Zimmermann, R. C.: Matthias Claudius. In: Dt. Dichter des 18.Jh., 429–45.


## Fichte

(a) Sämmtliche Werke. Hrsg. von J. H. Fichte. 11 Bde. Bonn 1834–35 und Berlin 1845–46. Nachdr. Berlin 1971.

Gesamtausgabe der Bayerischen Akademie der Wissenschaften. Hrsg. von R. Lauth/H. Jacob/H. Glawitzky. Stuttgart/Bad Cannstatt 1962 ff.

Schriften zur Revolution. Hrsg. von B. Willms. Berlin 1973.

(b) Briefwechsel. Hrsg. von H. Schulz. Leipzig 1930. Nachdr. Hildesheim 1967.

(c) Baumgartner, H. M./Jacobs, W. G.: Fichte-Bibliographie. Stuttgart/Bad Cannstatt 1968.

## Forster

(a) Werke. Sämtliche Schriften, Tagebücher, Briefe. Hrsg. von der Deutschen Akademie der Wissenschaften zu Berlin. Institut für deutsche Sprache und Literatur. Berlin 1958 ff.
Werke. Hrsg. von G. Steiner. 4 Bde. Frankfurt 1967–70.
Philosophische Schriften. Hrsg. von G. Steiner. Berlin 1958.

(b) Johann Georg Forster's Briefwechsel. Nebst einigen Nachrichten von seinem Leben hrsg. von T. Huber. 2 Bde. Leipzig 1829.
Tagebücher. Hrsg. von P. Zincke/A. Leitzmann. Berlin 1914. Nachdr. Nendeln 1968.

(c) Fiedler, H.: Georg-Forster-Bibliographie. 1767–1970. Berlin 1971.

(d) Enzensberger, U.: Georg Forster. Weltumsegler und Revolutionär. Ansichten von der Welt und vom Glück des Menschen. Berlin 1979.
Saine, T. P.: Georg Forster. New York 1972.
Saine, T. P.: Georg Forster. In: Dt. Dichter des 18. Jh., 861–80.
Schlaffer, H.: Friedrich Schlegel über Georg Forster. Zur gesellschaftlichen Problematik des Schriftstellers im nachrevolutionären Bürgertum. In: J. Bark (Hrsg.), Literatursoziologie. Bd. 2. Stuttgart 1974, 118–38.
Steiner, G.: Georg Forster. Stuttgart 1977 (mit Bibliographie).
Uhlig, L.: Georg Forster. Einheit und Mannigfaltigkeit in seiner geistigen Welt. Tübingen 1965.
Wuthenow, R.-R.: Vernunft und Republik. Studien zu Georg Forsters Schriften. Bad Homburg 1970.

## Gentz

(a) Historisches Journal. Hrsg. von Friedrich Gentz. 6 Bde. (1799–1800). Nachdr. 1972.
Ausgewählte Schriften. Hrsg. von W. Weick. 5 Bde. Stuttgart 1836–38.

(b) Briefwechsel zwischen Friedrich Gentz und Adam Heinrich Müller. 1800–1829. Stuttgart 1857.
Briefe von und an Friedrich Gentz. Hrsg. von F. C. Wittichen. 2 Bde. München 1909–10.

(d) Baxa, J.: Friedrich von Gentz. Wien 1965.
Mann, G.: Friedrich Gentz. Geschichte eines europäischen Staatsmannes. Zürich/Wien 1947.

## Görres

(a) Gesammelte Schriften. Hrsg. von M. Görres. 9 Bde. München 1854–74.
Gesammelte Schriften. Hrsg. im Auftrage der Görres-Gesellschaft von W. Schellberg [u. a.]. Köln 1926 ff.
Ausgewählte Werke. Hrsg. von W. Frühwald. 2 Bde. Freiburg/Basel/Wien 1978.

(c) Stein, R./Schreiber, H.: 25 Jahre Görres-Schriften. 1911–1936. In: Jahresbericht der Görres-Gesellschaft 1938.

(d) Isler, J.: Das Gedankengut der Aufklärung und seine revolutionäre Auswertung in Görres' Frühschriften (1795–1800). In: Historisches Jb. der Görres-Gesellschaft 96 (1976), 1 ff.
Kunisch, H.: Joseph Görres. In: Handwörterbuch der Sozialwissenschaften. Bd. 4. Göttingen 1965, 606 ff.

Mann, G.: Joseph Görres. In: Die großen Deutschen. Bd. 2. Berlin 1956, 518–31.
Raab, H.: Joseph Görres. In: Dt. Dichter der Romantik, 341–70.
Schultz, F.: Joseph Görres als Herausgeber, Literarhistoriker, Kritiker in Zusammenhange mit der jüngeren Romantik. Berlin 1902. Nachdr. New York 1967.

## Goethe

(a) Werke. Hrsg. im Auftrage der Großherzogin Sophie von Sachsen. Abt. I–IV. 133
in 143 Bden. Weimar 1887ff.
Gedenkausgabe der Werke, Briefe und Gespräche. Hrsg. von E. Beutler. 24 Bde.,
2 Erg. Bde. Zürich 1948ff.
Werke in 14 Bden. Hrsg. von E. Trunz. Hamburg 1948ff./München 1981¹² (mit
Bibliographie).
(b) Briefe in 4 Bden. Hrsg. von K. R. Mandelkow und B. Morawe. München 1963–76².
Briefe an Goethe in 2 Bden. Hrsg. von K. R. Mandelkow. München 1982².
Begegnungen und Gespräche. Hrsg. von E. und R. Grumach. Berlin 1955 ff.
Goethes Gespräche. Eine Sammlung zeitgenössischer Berichte aus seinem Umgang auf Grund der Ausg. und des Nachlasses von F. Frhr. von Biedermann hrsg.
von W. Herwig. 4 Bde. Zürich 1965–72.
Goethe über seine Dichtungen. Hrsg. von H. G. Gräf. 3 Tle. in 9 Bden. Frankfurt
a. M. 1901–14. Nachdr. Darmstadt 1967ff.
Goethe im Urtheile seiner Zeitgenossen. 3 Bde. Hrsg. von J. W. Braun. 1883–85.
Nachdr. Hildesheim 1969.
Goethe und seine Kritiker. Die wesentlichen Rezensionen aus der periodischen Literatur seiner Zeit, begleitet von Goethes eigenen und seiner Freunde Äußerungen
zu deren Gehalt. In Einzeldarstellungen, mit einem Anhang: Bibliographie der
Goethe-Kritik bis zu Goethes Tod. Hrsg. von Oscar Fambach. Düsseldorf 1953.
Goethe im Urteil seiner Kritiker. Dokumente zur Wirkungsgeschichte Goethes in
Deutschland. Hrsg. von K. R. Mandelkow. München 1975 ff.
(c) Pyritz, H.: Goethe-Bibliographie. Fortgef. von H. Nicolai und G. Burkhardt.
2 Bde. Heidelberg 1965–68.
Nicolai, H.: Goethe-Bibliographie. In: Goethe 14/15–33 (1952/53–71)
Henning, H.: Goethe-Bibliographie. In: Goethe Jb. 89 ff. (1972 ff.)
Hagen, W.: Die Drucke von Goethes Werken. Berlin 1971.
Goethe-Handbuch. Goethe, seine Welt und Zeit in Werk und Wirkung. 2 Aufl.
Stuttgart 1955 ff.
Goethe-Wörterbuch. Hrsg. von der Akademie der Wissenschaften der DDR, der
Akademie der Wissenschaften in Göttingen und der Heidelberger Akademie der
Wissenschaften. Stuttgart 1978 ff.
(d) Börner, P.: Johann Wolfgang von Goethe in Selbstzeugnissen und Bilddokumenten. Reinbek 1964 (mit Bibliographie).
Brion, M.: Goethe. Paris 1949.
Dieckmann, L.: Johann Wolfgang Goethe. Boston 1974.
Eissler, K. R.: Goethe. A psychoanalytic study. 1775–1786. Detroit 1963.
Fairley, B.: Goethe. München 1963.
Friedenthal, R.: Goethe. Sein Leben und seine Zeit. München 1963.
Fuchs, A.: Goethe. Un homme face à la vie. Paris 1946.
Götting, F.: Chronik von Goethes Leben. Frankfurt 1963.
Graham, I.: Goethe. Portrait of the artist. Berlin 1977.
Gundolf, F.: Goethe. Berlin 1916.
Lukács, G.: Goethe und seine Zeit. Berlin 1947.
Mayer, H.: Goethe. Ein Versuch über den Erfolg. Frankfurt 1973.

Nicolai, H.: Zeittafel zu Goethes Leben und Werk. München 1977.
Robertson, J. G.: Goethe. London/New York 1927.
Spranger, E.: Goethe. Seine geistige Welt. Tübingen 1967.
Staiger, E.: Goethe. 3 Bde. Zürich 1952.
Viëtor, K.: Goethe. Dichtung, Wissenschaft. Weltbild. Bern 1949.

## Karoline von Günderrode

(a) Günderrode, Karoline von: Gesammelte Werke. Hrsg. von Leopold Hirschberg.
    3 Bde. Berlin 1920–22.
    Günderrode, Karoline von: Der Schatten eines Traumes. Gedichte, Prosa, Briefe,
    Zeugnisse von Zeitgenossen. Hrsg. und mit einem Essay von Christa Wolf. Darm-
    stadt und Neuwied 1979.
(b) Preisendanz, K. (Hrsg.): Die Liebe der Günderode. Friedrich Creuzers Briefe an
    Caroline von Günderode. München 1912. Nachdr. Bern 1975.
    Preitz, M.: Karoline von Günderrode in ihrer Umwelt. In: Jb.FDH. 1962,
    208–306.
(d) Arnim, Bettine von: Die Günderode (1840). Mit einem Essay von Christa Wolf.
    Frankfurt 1982.
    Burwick, R.: Liebe und Tod in Leben und Werk der Günderrode. In: German
    Studies Review 3 (1980), 2, 207–23.
    Wilhelm, R.: Die Günderode. Dichtung und Schicksal. Frankfurt 1938. Nachdr.
    Bern 1975.

## Hegel

(a) Sämtliche Werke. Jubiläumsausgabe. Neu hrsg. von H. Glockner. Bd. 1–26. Stutt-
    gart 1949–59.
    Gesammelte Werke. In Verb. mit der Deutschen Forschungsgemeinschaft hrsg.
    von der Rheinisch-westfälischen Akademie der Wissenschaften. Hamburg 1968 ff.
(b) Briefe von und an Hegel. Hrsg. von J. Hoffmeister. 4 Bde. Hamburg 1969–81.
(c) Steinhauer, K.: Hegel-Bibliographie. Material zur Geschichte der internationalen
    Hegel-Rezeption und Philosophie-Geschichte. München 1980.
(d) Helferich, C.: Georg Wilhelm Friedrich Hegel. Stuttgart 1979 (mit Bibliographie).
    Wiedmann, F.: Georg Wilhelm Friedrich Hegel in Selbstzeugnissen und Bilddo-
    kumenten. Reinbek 1965 (mit Bibliographie).

## Heinse

(a) Sämmtliche Werke. Hrsg. von C. Schüddekopf. Bd. 8: von A. Leitzmann. 10 Bde.
    Leipzig 1902–25.
    Ardinghello und die glückseligen Inseln. Kritische Studienausgabe. Hrsg. von
    M. L. Baeumer. Stuttgart 1975.
(b) Baeumer, M. L.: Heinse-Bibliographie. In: M. L. B., Heinse-Studien. Stuttgart 1966.
(d) Dick, M.: Wilhelm Heinse. In: Dt. Dichter des 18. Jh., 551–76.
    Magris, C.: Wilhelm Heinse. Trieste 1968.

# Herder

(a) Sämtliche Werke. Hrsg. von B. Suphan. 33 Bde. Berlin 1877–1913. Nachdr. Hildesheim 1967–68.
    Werke. Hrsg. von R. Otto. 5 Bde. Berlin/Weimar 1978⁵.
(b) Briefe. Gesamtausgabe. 1763–1803. Unter Leitung von K.-H. Hahn hrsg. von den Nationalen Forschungs- und Gedenkstätten der klassischen deutschen Literatur in Weimar (Goethe- und Schiller-Archiv). Bearb. von W. Dobbek/G. Arnold. Weimar 1977 ff.
(c) Günther, G./Volgina, A. A./Seifert, S.: Herder-Bibliographie. Berlin Weimar 1978.
    Irmscher, H. D.: Probleme der Herder-Forschung. In: DVjs. 37 (1963), 266–317.
(d) Adler, E.: Herder und die deutsche Aufklärung. Wien Frankfurt a. M./Zürich 1968.
    Haym, R.: Herder. Mit einer Einl. von W. Harich. 2 Bde. Berlin 1954.
    Irmscher, H. D.: Johann Gottfried Herder. In: Dt. Dichter des 18. Jh., 524–49.
    Kantzenbach, F. W.: Johann Gottfried Herder in Selbstzeugnissen und Bilddokumenten. Reinbek 1970 (mit Bibliographie).

# Hölderlin

(a) Sämtliche Werke. Große Stuttgarter Ausgabe. Hrsg. von F. Beißner. Bd. 1–7. Stuttgart 1943–77.
    Sämtliche Werke. Frankfurter Ausgabe. Hrsg. von D. E. Sattler. Frankfurt 1975 ff.
    Sämtliche Werke und Briefe. Hrsg. von G. Mieth. München 1981².
    Sämtliche Gedichte. Studienausgabe in 2 Bden. Hrsg. von D. Lüders. Königstein 1970.
(b) Friedrich Hölderlin. Hrsg. von F. Beißner. München 1973 (Dichter über ihre Dichtungen).
(c) Seebass, F.: Hölderlin-Bibliographie. München 1922.
    Kohler, M./Kelletat, A.: Hölderlin-Bibliographie. 1938–50. Stuttgart 1953.
    Kohler, M.: Hölderlin-Bibliographie. In: Hölderlin-Jb. 9 ff. (1955/56 ff.)
    Pellegrini, A.: Hölderlin. Sein Bild in der Forschung. Berlin 1965.
    Hamlin, C.: Hölderlin in perspective: 1770–1970. In: Seminar 7 (1971), 123–43.
(d) Beck, A./Raabe, P.: Hölderlin. Eine Chronik in Text und Bild. Frankfurt 1970.
    Beck, A.: Hölderlin. Chronik seines Lebens mit ausgewählten Bildnissen. Frankfurt 1975.
    Beißner, F.: Hölderlin. Reden und Aufsätze. Weimar 1961.
    Bertaux, P.: Friedrich Hölderlin. Frankfurt a. M. 1978.
    Binder, W.: Hölderlin-Aufsätze. Frankfurt a. M. 1970.
    Böschenstein, B.: Friedrich Hölderlin. In: Dt. Dichter des 18. Jh., 995–1029.
    Hamburger, M.: Hölderlin. In: M. H., Reason and Energy: Studies in German Literature. London 1957, 11–67.
    Häussermann, U.: Friedrich Hölderlin in Selbstzeugnissen und Bilddokumenten. Reinbek 1961 (mit Bibliographie).
    Heidegger, M.: Erläuterungen zu Hölderlins Dichtung. Frankfurt a. M. 1951.
    Kelletat, A. (Hrsg.): Hölderlin. Beiträge zu seinem Verständnis in unserem Jahrhundert. Tübingen 1961.
    Lüders, D.: Die Welt im verringerten Maasstab. Hölderlin-Studien. Tübingen 1968.
    Mason, E. C.: Hölderlin and Goethe. Bern/Frankfurt 1975.

Michel, W.: Das Leben Friedrich Hölderlins. Frankfurt 1967.
Mieth, G.: Friedrich Hölderlin. Dichter der bürgerlich-demokratischen Revoluti-
on. Berlin 1978.
Nägele, R.: Literatur und Utopie. Versuche zu Hölderlin. Heidelberg 1978.
Riedel, I. (Hrsg.): Hölderlin ohne Mythos. Göttingen 1973.
Ryan, L.: Friedrich Hölderlin. Stuttgart 1962 (mit Bibliographie).
Schmidt, J. (Hrsg.): Über Hölderlin. Aufsätze. Frankfurt 1970.
Szondi, P.: Hölderlin-Studien. Frankfurt 1967.
Walser, M.: Hölderlin zu entsprechen. Biberach 1970.

## Wilhelm von Humboldt

(a) Gesammelte Schriften. Hrsg. von der Königlich-Preußischen Akademie der Wissenschaften. 17 Bde. Berlin 1903. Nachdr. Berlin 1968.
Werke in 5 Bden. Hrsg. von A. Flitner/K. Giel. Stuttgart 1960.
(b) Briefe. Hrsg. von W. Rößle. München 1952.
(c) Berglar, P.: Wilhelm von Humboldt in Selbstzeugnissen und Bilddokumenten.
Reinbek 1970 (mit Bibliographie).
Kähler, S. A.: Wilhelm v. Humboldt und der Staat. Ein Beitrag zur Geschichte
deutscher Lebensgestaltung um 1800. München 1927.
Kessel, E.: Wilhelm von Humboldt, Idee und Wirklichkeit. Stuttgart 1967.

## Iffland

(a) Theater. 24 Bde. Prag/Wien 1813–19.
(b) Meine theatralische Laufbahn. Heilbronn 1886. Neudr. Nendeln 1968 und Stuttgart 1976.
(d) Klingenberg, K.-H.: Iffland und Kotzebue als Dramatiker. Weimar 1962.
Wierlacher, A.: August Wilhelm Iffland. In: Dt. Dichter des 18. Jh., 911–30.

## Jacobi

(a) Werke. 6 Bde. Leipzig 1812–25. Nachdr. Darmstadt 1968.
Eduard Allwills Papiere. Faksimiledruck der erw. Fassung von 1776 aus Chr.
M. Wielands «Teutschem Merkur». Nachw. von H. Nicolai. Stuttgart 1962.
Woldemar. Faksimiledruck nach der Ausg. von 1779. Nachw. von H. Nicolai.
Stuttgart 1969.
(b) Briefwechsel. Gesamtausgabe. Hrsg. von M. Brüggen/S. Sudhof. Stuttgart 1981 ff.
(d) Hammacher, K. (Hrsg.): Friedrich Heinrich Jacobi. Philosoph und Literat der
Goethezeit. Frankfurt 1971.
Wiese, B. von: Friedrich Heinrich Jacobi. In: Dt. Dichter des 18. Jh., 507–23.

## Jean Paul

(a) Jean Paul's sämmtliche Werke. Hrsg. von R. O. Spazier und E. Forster. 65 Bde.
Berlin 1826–38.
Sämtliche Werke. Historisch-kritische Ausgabe. [Hrsg. von E. Berend.] Abt. 1–4,
Bd. 1 ff. Weimar 1927 f. Abt. 3 ff. Berlin 1952 ff.
Werke. Hrsg. von N. Miller, 12 Bde. München 1975.
(b) Berend, E. (Hrsg.): Jean Pauls Persönlichkeit in Berichten der Zeitgenossen. Ber-
lin/Weimar 1956.
Berend, E.: Jean-Paul-Bibliographie. Neu bearb. und erg. von J. Krogoll. Stuttgart
1963.

(c) Krogoll, J.: Probleme und Problematik der Jean-Paul-Forschung. In: JbFDH 1968, 425–523.
Periodische Bibliographie. In: Jean Paul Jb. 1966 ff.
Schweickert, U. (Hrsg.): Jean Paul. Darmstadt 1974.
(d) Arnold, H.L. (Hrsg.): Jean Paul. München 1974².
Berend, E.: Jean Pauls Ästhetik. Berlin 1909.
Bruyn, G.de: Das Leben des Jean Paul Friedrich Richter. Eine Biographie. München 1978.
Harich, W.: Jean Paul. Leipzig 1925.
Harich, W.: Jean Pauls Revolutionsdichtung. Versuch einer neuen Deutung seiner heroischen Romane. Hamburg 1974.
Kommerell, M.: Jean Paul (1933). Frankfurt 1977⁵.
Lindner, B.: Jean Paul. Scheiternde Aufklärung und Autorrolle. Berlin 1976.
Mayer, H.: Jean Pauls Nachruhm. In: H.M., Zur deutschen Klassik und Romantik. Pfullingen 1963, 243–262.
Minder, R.: Jean Paul oder die Verlassenheit des Genius. In: U.Schweickert (Hrsg.), Jean Paul. Darmstadt 1974, 266–76.
Schneider, H.J.: Jean Paul. In: Dt. Dichter der Romantik, 13–54.
Schulz, G.: Zwischen Kleinstadt und Gottesstadt. Bemerkungen zu Jean Paul. In: W.Hinderer (Hrsg.), Literarische Profile. Königstein 1982, 67–85.
Schweikert, U./Schmidt-Biggemann, W./Schweikert, G.: Jean-Paul-Chronik. Daten zu Leben und Werk. München 1975.
Schweikert, U.: Jean Paul. Stuttgart 1970 (mit Bibliographie).
Sprengel, P.: Innerlichkeit. Jean Paul oder Das Leiden an der Gesellschaft. München 1977.
Vollmann, R.: Das Tolle neben dem Schönen. Jean Paul. Ein biographischer Essay. Tübingen 1975.

## Jung-Stilling

(a) Sämmtliche Schriften. 13 Bde. Stuttgart 1835–37. Nachdr. 1979.
Lebensgeschichte. Vollständige Ausgabe. Mit Anm. hrsg. von G.A.Benrath. Darmstadt 1976.
(b) Briefe an Verwandte, Freunde und Fremde aus den Jahren 1787–1816. Hrsg. von H.W.Panthel. Hildesheim 1978.
(d) Gutzen, D.: Johann Heinrich Jung-Stilling. In: Dt. Dichter des 18.Jh., 446–61.

## Kant

(a) Gesammelte Schriften. 25 Bde. Berlin 1910–55.
Werke in 6 Bden. Hrsg. von W.Weischedel. Wiesbaden 1956–64.
(c) Eisler, R.: Kant-Lexikon. Nachschlagewerk zu Kants sämtlichen Schriften, Briefen und handschriftlichem Nachlass. Berlin 1930. Nachdr. Hildesheim 1964.
(d) Schultz, U.: Immanuel Kant in Selbstzeugnissen und Bilddokumenten. Reinbek 1965 (mit Bibliographie).

## Klinger

(a) Sämtliche Werke. 12 Tle. Stuttgart und Tübingen 1842. Nachdr. Hildesheim 1976.
Werke. Historisch-kritische Gesamtausgabe. Hrsg. von S.L.Gilman u.a. Tübingen 1978 ff.
Werke. Hrsg. von H.J.Geerdts. 2 Bde. Berlin 1970³.

(d) Hering, C.: Friedrich Maximilian Klinger. Der Weltmann als Dichter. Berlin 1966.
Martini, F.: Friedrich Maximilian Klinger. In: Dt. Dichter des 18.Jh., 816–42.

## Klopstock

(a) Werke und Briefe. Historisch-kritische Ausgabe. Hamburger Klopstock-Ausgabe. Begr. von A.Beck/K.L.Schneider/H.Tiemann. Hrsg. von H.Gronemeyer/ E.Höpker-Herberg. Berlin 1974 ff.
Ausgewählte Werke. Hrsg. von K.A.Schleiden. München 1962.
(d) Kaiser, G.: Klopstock. Religion und Dichtung. Gütersloh 1963.
Krummacher, H.-H.: Friedrich Gottlieb Klopstock. In: Dt. Dichter des 18.Jh., 190–209.

## Kotzebue

(a) Theater. 40 Bde. Leipzig/Wien 1840 ff.
(b) Aus August von Kotzebue's hinterlassenen Papieren. Leipzig 1821.
(d) Klingenberg, K.-H.: Iffland und Kotzebue als Dramatiker. Weimar 1962.
Maurer, D.: August von Kotzebue. Ursachen seines Erfolges. Konstante Elemente der unterhaltenden Dramatik. Bonn 1979.
Stock, F.: August von Kotzebue. In: Dt. Dichter des 18.Jh., 958–71.

## Lafontaine

(a) Klara du Plessis und Klairant. Mit einem Vorwort von H.-F.Foltin. Hildesheim 1976.
(d) Gruber, J.G.: August Lafontaine's Leben und Wirken. Halle 1833.
Ishorst, H.: August Heinrich von Lafontaine. Berlin 1935. Nachdr. Nendeln 1967.
Naumann, D.: Das Werk August Lafontaines und das Problem der Trivialität. In: H.O.Burger (Hrsg.), Studien zur Trivialliteratur. Frankfurt 1968, 82–100.

## Lichtenberg

(a) Schriften und Briefe. Hrsg. von W.Promies. 4 Bde. München 1967 ff.
Werke. Hrsg. von H.Friederici. Berlin/Weimar 1978[3].
(c) Jung, R.: Lichtenberg-Bibliographie. Heidelberg 1972.
(d) Mautner, F.H.: Georg Christoph Lichtenberg. In: Dt. Dichter des 18.Jh., 482–506.
Promies, W.: Georg Christoph Lichtenberg in Selbstzeugnissen und Bilddokumenten. Reinbek 1964 (mit Bibliographie).

## Sophie Mereau

(a) Das Blüthenalter der Empfindung. Roman. Gotha 1794. Nachdr. hrsg. und mit Nachwort und Auswahlbibliographie versehen von H.Moens. Stuttgart 1982.
Kalathiskos. Berlin 1801–02. Nachdr. mit einem Nachwort von P.Schmidt. Heidelberg 1968.
(b) Der Briefwechsel zwischen Clemens Brentano und Sophie Mereau. 2 Bde. Hrsg. von H.Amelung. Leipzig 1908.
(d) Hang, A.: Sophie Mereau in ihren Beziehungen zur Romantik. Frankfurt a.M. 1934.

Moritz

(a) Werke. Hrsg. von J.Jahn. 2 Bde. Berlin 1973.
Werke. Hrsg. von H.Günther. 3 Bde. Frankfurt 1981.
Schriften zur Ästhetik und Poetik. Hrsg. von J.Schrimpf. Tübingen 1964.
(d) Boulby, M.: Karl Philipp Moritz: At the fringe of genius. Toronto 1979.
Mülher, R.: Karl Philipp Moritz und die dichterische Phantasie. In: R. M., Dt.
Dichter der Klassik und Romantik. Wien 1976, 79–259.
Schrimpf, H.J.: Karl Philipp Moritz. Stuttgart 1981 (mit Bibliographie).
Schrimpf, H.J.: Karl Philipp Moritz. In: Dt. Dichter des 18.Jh., 881–910.

Adam Müller

(a) Kritische, ästhetische und philosophische Schriften. Kritische Ausgabe. Hrsg. von
W.Schroeder und W.Siebert. 2 Bde. Neuwied 1967.
Zwölf Reden über die Beredsamkeit und deren Verfall in Deutschland. Hrsg. von
W.Jens. Frankfurt 1967.
(b) Briefwechsel zwischen Friedrich Gentz und Adam Heinrich Müller 1800–1829.
Stuttgart 1857.
Adam Müllers Lebenszeugnisse. Hrsg. von J.Baxa. 2 Bde. Paderborn 1966.
(d) Baxa, J.: Adam Müller. Ein Lebensbild aus den Befreiungskriegen und aus der
deutschen Restauration. Jena 1930.
Köhler, B.: Ästhetik der Politik. Adam Müller und die politische Romantik. Stuttgart 1980.
Künzli, R.F.: Adam Müller. Ästhetik und Kritik. Ein Versuch zum Problem der
Wende der Romantik. Winterthur 1972.

Novalis

(a) Schriften. Die Werke Friedrich von Hardenbergs. Hrsg. von P.Kluckhohn und
R.Samuel in Zusammenarbeit mit H.-J.Mähl und G.Schulz. Stuttgart 1960 ff.
Werke. Hrsg. und kommentiert von G.Schulz. München 1969.
(b) Mähl, H.J. (Hrsg.): Novalis. München 1976 (Dichter über ihre Dichtungen).
(c) Samuel, R.: Zur Geschichte des Nachlasses Friedrich von Hardenbergs (Novalis).
In: JbDSG 2 (1958), 301–47.
Schulz, G. (Hrsg.): Novalis. Beiträge zu Werk und Persönlichkeit Friedrich von
Hardenbergs. Darmstadt 1970.
(d) Gaier, U.: Krumme Regel. Novalis' Konstruktionslehre des schaffenden Geistes
und ihre Tradition. Tübingen 1970.
Haering, T.: Novalis als Philosoph. Stuttgart 1954.
Heftrich, E.: Novalis. Vom Logos der Poesie. Frankfurt a.M. 1969.
Hiebel, F.: Novalis. Der Dichter der blauen Blume. München 1972².
Kohlschmidt, W.: Der Wortschatz der Innerlichkeit bei Novalis. In W. K., Form
und Innerlichkeit. München 1955, 120–56.
Link, H.: Abstraktion und Poesie im Werk des Novalis. Stuttgart 1971.
Mähl, H.-J.: Die Idee des goldenen Zeitalters im Werk des Novalis. Studien zur
Wesensbestimmung der frühromantischen Utopie und zu ihren ideengeschichtlichen Voraussetzungen. Heidelberg 1965.
Mähl, H.-J.: Friedrich von Hardenberg (Novalis). In: Dt. Dichter der Romantik,
190–224.
Mähl, H.-J.: Goethes Urteil über Novalis. Ein Beitrag zur Geschichte der Kritik
an der deutschen Romantik. In: JbFDH 1967, 130–270.

Neubauer, J.: Novalis. Boston 1980.
Paschek, C.: Novalis und Böhme. In: JbFDH 1976, 138–67.
Ritter, H.: Der unbekannte Novalis. Friedrich von Hardenberg im Spiegel seiner Dichtungen. Göttingen 1967.
Schmid, M. E.: Novalis. Dichter an der Grenze des Absoluten. Heidelberg 1976.
Schulz, G.: Die Berufslaufbahn Friedrich von Hardenbergs (Novalis). In: G. S. (Hrsg.), Novalis, Darmstadt 1970, 283–356.
Schulz, G.: Novalis in Selbstzeugnissen und Bilddokumenten. Reinbek 1969 (mit Bibliographie).
Schulz, G.: Der Fremdling und die blaue Blume. Zur Novalis-Rezeption. In: Romantik heute. Bonn/Bad Godesberg 1972, 31–47.
Vordtriede, W.: Novalis und die französischen Symbolisten. Zur Entstehungsgeschichte des dichterischen Symbols. Stuttgart 1963.

## Ritter

(a) Fragmente aus dem Nachlass eines jungen Physikers. Faksimiledruck nach der Ausgabe 1810. Nachwort H. Schipperges. Heidelberg 1969.
(b) Briefe eines romantischen Physikers. Briefe an G. H. Schubert und an Karl von Hardenberg. Hrsg. von F. Klemm und A. Hermann. München 1966 (mit Bibliographie).
(d) Wetzels, W. D.: Johann Wilhelm Ritter. Physik im Wirkungsfeld der deutschen Romantik. Berlin/New York 1973.

## Caroline Schelling

(b) Caroline. Briefe aus der Frühromantik. Nach Georg Waitz vermehrt hrsg. von Erich Schmidt. 2 Bde. Leipzig 1913. Nachdr. 1970.
Buchwald, R. (Hrsg.): Carolines Leben in ihren Briefen. Eingeleitet von Ricarda Huch. Leipzig 1923.
(c) Dischner, G.: Caroline und der Jenaer Kreis. Ein Leben bürgerlicher Vereinzelung und romantischer Geselligkeit. Berlin 1979.
Kleßmann, E.: Caroline. Das Leben der Caroline Michaelis-Böhmer-Schlegel-Schelling. 1763–1809. München 1975.
Mangold, E.: Caroline. Ihr Leben, ihre Zeit, ihre Briefe. Kassel 1973.
Murtfeld, R.: Caroline Schlegel-Schelling. Moderne Frau in revolutionärer Zeit. Bonn 1973.
Ritchie, G. F.: Caroline Schlegel-Schelling in Wahrheit und Dichtung. Bonn 1968.

## Friedrich Wilhelm Joseph Schelling

(a) Werke. Nach der Original-Ausgabe in neuer Anordnung hrsg. von M. Schröter. 6 Bde., 6 Erg. Bde und Nachlaßbd. München 1927–54.
Historisch-kritische Ausgabe. Im Auftrag der Schelling-Kommission der Bayerischen Akademie der Wissenschaften hrsg. von H. M. Baumgartner [u. a.]. Stuttgart 1976 ff.
(b) Briefe und Dokumente. Hrsg. von H. Fuhrmann. 3 Bde. Bonn 1962–75.
(c) Schneeberger, G.: Friedrich Wilhelm Joseph von Schelling. Eine Bibliographie. Bern 1954.
Zeltner, H.: Schellingforschung seit 1954. Darmstadt 1975.
(d) Baumgartner, H. M. (Hrsg.): Schelling. Einführung in seine Philosophie. Freiburg/München 1975.

Dietzsch, S.: Friedrich Wilhelm Joseph Schelling. Köln 1978.
Sandkühler, H.J.: Friedrich Wilhelm Joseph Schelling. Stuttgart 1970 (mit Biblio-
graphie).
Zeltner, H.: Schelling. Stuttgart 1954.

## Schiller

(a) Sämtliche Werke. Säkularausgabe. Hrsg. von E.v.d. Hellen. 16 Bde Stuttgart
1904–05.
Schillers Werke. Nationalausgabe. Begründet von J.Petersen, fortgeführt von
L.Blumenthal und B.von Wiese. Hrsg. im Auftrag der Nationalen Forschungs-
und Gedenkstätten der klassischen deutschen Literatur in Weimar und des Schil-
ler-Nationalmuseums in Marbach von N. Oellers und S. Seidel. Weimar 1943 ff.
Sämtliche Werke. Hrsg. von G.Fricke und H.G.Göpfert. 5 Bde. München
1965–67[4].
(b) Schillers Briefe. Hrsg. von F.Jonas. Kritische Gesamt-Ausgabe. 7 Bde. Stuttgart
1892–96.
Hecker, M./Petersen, J. (Hrsg.): Schillers Persönlichkeit. Urtheile der Zeitgenos-
sen und Documente. 3 Bde. Weimar 1904–1909.
Lecke, B. (Hrsg.): Friedrich Schiller. 2 Bde. München 1969 (Dichter über ihre
Dichtungen).
Oellers, N. (Hrsg.): Schiller – Zeitgenosse aller Epochen. Dokumente zur Wir-
kungsgeschichte Schillers in Deutschland. 2 Bde. Frankfurt/München 1970–76.
(c) Vulpius, W.: Schiller-Bibliographie. 1893–1958. Weimar 1959.
Vulpius, W.: Schiller-Bibliographie. 1959–1963. Berlin/Weimar 1967.
Wersig, P.: Schiller-Bibliographie. 1964–1974. Berlin/Weimar 1977.
Raabe, P./Bode, I.: Schiller-Bibliographie. In: JbDSG 6 (1962), 10 (1965), 14
(1970), 18 (1974), 23 (1979).
Koopmann, H.: Schiller-Forschung 1970–1980. Ein Bericht. Marbach 1982.
(d) Berghahn, K.L. (Hrsg.): Friedrich Schiller. Zur Geschichtlichkeit seines Werkes.
Kronberg 1975.
Buchwald, R.: Schiller. 2 Bde. Frankfurt 1966[5].
Burschell, F.: Friedrich Schiller in Selbstzeugnissen und Bilddokumenten. Reinbek
1958 (mit Bibliographie).
Cysarz, H.: Schiller (1934). Mit kritischem Nachwort. Tübingen 1957.
Garland, H.B.: Schiller. London 1949.
Gerhard, M.: Schiller. Bern 1950.
Kaiser, G.: Vergötterung und Tod. Die thematische Einheit von Schillers Werk.
Stuttgart 1979.
Koopmann, H.: Friedrich Schiller. 2 Bde. Stuttgart 1977[2] (mit Bibliographie).
Koopmann, H.: Schiller-Kommentar. 2 Bde. München 1969.
Kraft, H.: Um Schiller betrogen. Pfullingen 1978.
Lahnstein, P.: Schillers Leben. München 1981.
Mann, T.: Versuch über Schiller. Frankfurt a.M. 1955.
Middell, E.: Friedrich Schiller. Leben und Werk. Leipzig 1980.
Raabe, A.: Idealistischer Realismus. Eine genetische Analyse der Gedankenwelt
Friedrich Schillers. Bonn 1962.
Staiger, E.: Friedrich Schiller. Zürich 1967.
Storz, G.: Der Dichter Friedrich Schiller. Stuttgart 1963[4].
Wiese, B. von: Friedrich Schiller. Stuttgart 1959.
Wilpert, G. von: Schiller-Chronik. Sein Leben und Schaffen. Stuttgart 1958.
Zeller, B.: Schillers Leben und Werk in Daten und Bildern. Frankfurt 1966.

## August Wilhelm Schlegel

(a) Sämmtliche Werke. Hrsg. von E. Böcking. 12 Bde. Leipzig 1846–47. Neudr. Hildesheim 1971.
Kritische Schriften und Briefe. Hrsg. von E. Lohner. 7 Bde. Stuttgart 1962–74.

(b) Briefe von und an August Wilhelm Schlegel. Hrsg. von J. Körner. 2 Bde. Wien 1930.
August Wilhelm und Friedrich Schlegel im Briefwechsel mit Schiller und Goethe. Hrsg. von J. Körner und E. Wieneke. Leipzig 1926.
Krisenjahre der Frühromantik. Briefe aus dem Schlegelkreis. J. Körner (Hrsg.). 3 Bde. Wien/Leipzig 1936. Bern 1958.

(d) Lohner, E.: August Wilhelm Schlegel. In: Dt. Dichter der Romantik, 135–62.
Richter, W. A.: A. W. Schlegel. Wanderer zwischen Weltpoesie und altdeutscher Dichtung. Bonn 1954.
Wellek, R.: A. W. Schlegel. In: R. W., Geschichte der Literaturkritik 1750–1830. Neuwied 1959.

## Dorothea Schlegel

(a) Florentin. Ein Roman hrsg. von Friedrich Schlegel. Lübeck/Leipzig 1801. Nachdr. in: Deutsche Literatur in Entwicklungsreihen. Reihe Romantik, Bd. 7. Leipzig 1933, 89–244.

(b) Dorothea von Schlegel und deren Söhne Johannes und Philipp Veit. Briefwechsel. Hrsg. von J. M. Raich. 2 Bde. Mainz 1881.
Briefe von und an Friedrich und Dorothea Schlegel. Gesammelt und eingeleitet durch J. Körner. Berlin 1926.
Briefe von Dorothea und Friedrich Schlegel an die Familie Paulus. Hrsg. von R. Unger, Berlin 1913 (Deutsche Literaturdenkmale Bd. 146).

(d) Deibel, F.: Dorothea Schlegel als Schriftstellerin. Leipzig 1905.
Finke, H.: Über Friedrich und Dorothea Schlegel. Köln 1918.

## Friedrich Schlegel

(a) Kritische Friedrich-Schlegel-Ausgabe. Hrsg. von E. Behler unter Mitwirkung von J.-J. Anstett und H. Eichner. Paderborn 1958 ff.
Friedrich Schlegel 1794–1802. Seine prosaischen Jugendschriften. Hrsg. von J. Minor. 2 Bde. Wien 1802.
Kritische Schriften. Hrsg. von W. Rasch. München 1964.
Friedrich Schlegel. Literarische Notizen 1797–1801. Hrsg., eingeleitet und kommentiert von H. Eichner. Frankfurt a. M./Berlin/Wien 1980.

(b) Friedrich Schlegels Briefe an seinen Bruder August Wilhelm. Hrsg. von H. Walzel. Berlin 1890.
Friedrich Schlegel und Novalis. Biographie einer Romantikerfreundschaft in ihren Briefen. Hrsg. von M. Preitz. Darmstadt 1957.

(c) Deubel, V.: Die Friedrich-Schlegel-Forschung 1945–1972. In: DVjs 47 (1973), Sonderh. Forschungsreferate, 48–181.

(d) Behler, E.: Friedrich Schlegel in Selbstzeugnissen und Bilddokumenten. Reinbek 1966 (mit Bibliographie).
Behler, E.: Friedrich Schlegel. In: Dt. Dichter der Romantik, 163–189.
Eichner, H.: Friedrich Schlegel. New York 1970.
Peter, K.: Friedrich Schlegel. Stuttgart 1978 (mit Bibliographie).

Polheim, K.K.: Die Arabeske. Ansichten und Ideen aus Friedrich Schlegels Foezk. Paderborn 1966.

## Schleiermacher

(a) Kleine Schriften und Predigten. Hrsg. von J.Gerdes und E.Hirsch. 3 Bde. Berlin 1969–70.
Über die Religion. Reden an die Gebildeten unter ihrer Verächtern. Stuttgart 1969.
(b) Aus Schleiermachers Leben. In Briefen. Hrsg. von L.Jonas/W.Dilthey. 4 Bde. Berlin 1858–63.
(c) Tice, T.: Schleiermacher Bibliography. Princeton 1966.
(d) Kantzenbach, F.W.: Friedrich Daniel Ernst Schleiermacher in Selbstzeugnissen und Bilddokumenten. Reinbek 1967 (mit Bibliographie).
Redeker, M.: Friedrich Schleiermacher. Leben und Werk Berlin 1968.

## Seume

(a) Prosaische und poetische Werke. 10 Teile. Berlin 1879.
Prosaschriften. Hrsg. von W.Kraft. Köln 1962.
Werke in zwei Bänden. Hrsg. von A. und K.H.Klingenberg. Berlin/Weimar 1965.
(d) Pikulik, L.: Johann Gottfried Seume. In: Dt. Dichter des 13.Jh., 972–94.
Stephan, I.: Johann Gottfried Seume. Ein politischer Schriftsteller der deutschen Spätaufklärung. Stuttgart 1973.

## Tieck

(a) Schriften. 28 Bde. Berlin 1828–54. Nachdr. Berlin 1966.
Kritische Schriften. 4 Bde. Leipzig 1848–52. Nachdr. Berlin/New York 1974.
Nachgelassene Schriften. Hrsg. von R.Köpke. 2 Bde. Leipzig 1855. Nachdr. Berlin/New York 1974.
Werke. 4 Bde. Hrsg. von M.Thalmann. München 1963–66.
Franz Sternbalds Wanderungen. Studienausgabe. Hrsg. von A.Anger. Stuttgart 1966.
(b) Briefe. Ludwig Tieck und die Brüder Schlegel. Auf Grund der von H.Lüdeke besorgten Edition hrsg. von E.Lohner. München 1972.
Briefe an Ludwig Tieck. Hrsg. von K. von Holtei. 4 Bde. Breslau 1864.
Letters of Ludwig Tieck. Hitherto unpublished (1792–1853). Ed. by E. E.Zeydel/P.Matenko/R.H.Fife. New York/London 1937.
Letters to and from Ludwig Tieck and his circle. Unpublished letters from the period of German romanticism including the unpublished correspondence of Sophie and Ludwig Tieck. Ed. by P.Matenko/E.H.Zeydel/B.Hasche. Chapel Hill 1967.
Ludwig Tieck. Hrsg. von U.Schweikert. 3 Bde. München 1971 (Dichter über ihre Dichtungen).
(c) Thalmann, M.: Hundert Jahre Tieckforschung. In: Monatshefte 46 (1953), 113–23.
Segebrecht, W. (Hrsg.): Ludwig Tieck. Darmstadt 1975.
(d) Günzel, K. (Hrsg.): König der Romantik. Das Leben des Dichters Ludwig Tieck in Briefen, Selbstzeugnissen und Berichten. Tübingen 1981.
Hillmann, H.: Ludwig Tieck. In: Dt. Dichter der Romantik, 111–32.
Kern, J.P.: Ludwig Tieck. Dichter einer Krise. Heidelberg 1977.
Köpke, R.: Ludwig Tieck. Erinnerungen aus dem Leben des Dichters nach dessen

mündlichen und schriftlichen Mitteilungen. Leipzig 1855. Nachdr. Darmstadt 1970.

Klussmann, P. G.: Ludwig Tieck. In: Dt. Dichter des 19. Jh., 15–52.

Minder, R.: Un poète romantique allemand. Ludwig Tieck. Paris 1936 (mit Bibliographie).

Minder, R.: Wandlungen des Tieck-Bildes. In: Romantik heute. Bonn-Bad Godesberg 1972, 60–76.

Ribbat, E.: Ludwig Tieck. Studien zur Konzeption und Praxis romantischer Poesie. Kronberg/Ts. 1978.

Staiger, E.: Ludwig Tieck und der Ursprung der deutschen Romantik. In: E. S., Stilwandel. Zürich 1963, 175–204.

Thalmann, M.: Ludwig Tieck. Der romantische Weltmann aus Berlin. München 1955.

Trainer, J.: Ludwig Tieck. From Gothic to Romantic. London/The Hague/Paris 1964.

## Rahel Varnhagen von Ense

(b) Rahel. Ein Buch des Andenkens für ihre Freunde. [Hrsg. von Karl August Varnhagen von Ense.] 3 Tle. Berlin 1834. Nachdr. 1972.
Briefwechsel zwischen Varnhagen und Rahel. Hrsg. von Ludmilla Assing-Grimelli. 6 Bde. Leipzig 1874–75.
Rahel Varnhagen im Umgang mit ihren Freunden. Hrsg. von F. Kemp. München 1967.

(d) Arendt, H.: Rahel Varnhagen. Lebensgeschichte einer deutschen Jüdin aus der Romantik. München 1959.
Scurla, H.: Rahel Varnhagen. Die große Frauengestalt der deutschen Romantik. Hamburg 1978.

## Johann Heinrich Voss

(a) Sämmtliche poetische Werke. Hrsg. von A. Voss. Nebst einer Lebensbeschreibung und Charakteristik von F. E. T. Schmid. Leipzig 1835.
Werke in 1 Bd. Hrsg. von H. Voegt. Berlin/Weimar 1966.
Idyllen. Faksimiledruck der Ausgabe von 1801. Heidelberg 1968.

(b) Briefe. Hrsg. von A. Voss. 3 Bde. Halberstadt 1829–32. Nachdr. Hildesheim 1971.

(d) Schneider, H. J.: Johann Heinrich Voss. In: Dt. Dichter des 18. Jh., 782–815.

## Vulpius

(a) Rinaldo Rinaldini der Räuber Hauptmann. Mit einem Vorwort von H. F. Foltin. 3 Bde. Hildesheim 1974.

(c) Vulpius, W./Bergmann, A.: Bibliographie der selbständig erschienenen Werke von Christian August Vulpius. 1762–1827. In: Jb. der Sammlung Kippenberg 6 (1927), 65–127 und 10 (1935), 311–15.

(d) Kühnlenz, F.: Der Romanschriftsteller C. A. Vulpius. In: F. K., Weimarer Porträts. Rudolstadt 1970, 256–66.

# Wackenroder

(a) Werke und Briefe. Hrsg. von F. von der Leyen. 2 Bde. Jena 1910.
Werke und Briefe. Berlin 1938. Neuaufl. Heidelberg 1967.
Sämtliche Schriften. Hamburg 1968.
(d) Kohlschmidt, W.: Der junge Tieck und Wackenroder. In: H. Steffen (Hrsg.), Die deutsche Romantik. Göttingen 1967, 30–44.
Sudhoff, S.: Wilhelm Heinrich Wackenroder. In: Dt. Dichter der Romantik, 86–110.
Tecchi, B.: Wilhelm Heinrich Wackenroder. Bad Homburg 1962.
Zipes, J. O.: Wilhelm Heinrich Wackenroder. In defense of his romanticism. In: GR 44 (1969), 247–58.

# Wieland

(a) Gesammelte Schriften. Hrsg. von der Deutschen Kommission der Königlich-Preußischen Akademie der Wissenschaften. Berlin 1909 ff.
Werke. Hrsg. von F. Martini und H. W. Seiffert. 5 Bde. München 1964–68.
(d) McCarthy, J. A.: Christoph Martin Wieland. Boston 1979.
Pütz, P.: Christoph Martin Wieland. In: Dt. Dichter des 18. Jh., 340–70.
Schelle, H. (Hrsg.): Christoph Martin Wieland. Darmstadt 1981.

# Zschokke

(a) Gesammelte Schriften. 36 Bde. Aarau 1856–59.
Werke. Auswahl aus den Erzählungen. Hrsg. von H. Bodmer. 12 Teile in 4 Bden. Berlin/Leipzig 1910.
(d) Bongart, K. H.: Heinrich Zschokke – Volksschriftsteller und Volkserzieher. In: Analecta Helvetica et Germanica 1979, 137–53.

# SPEZIELLER TEIL

## I. KAPITEL: DEUTSCHE VERHÄLTNISSE 1789–1815

### Geschichte und Kulturgeschichte

Abegg, J.F.: Reisetagebuch von 1798. Hrsg. von W. und J.Abegg. Frankfurt a.M. 1976.

Barth, I.-M.: Literarisches Weimar. Kultur – Literatur – Sozialstruktur im 16. bis 20.Jahrhundert. Stuttgart 1971.

Bergk, J.A.: Die Kunst, Bücher zu lesen nebst Bemerkungen über Schriften und Schriftsteller. Jena 1799. Nachdr. Leipzig.

Böttiger, K.W. (Hrsg.): Karl August Böttiger. Literarische Zustände und Zeitgenossen. 2 Bde. Leipzig 1838. Nachdr. Frankfurt a.M. 1972.

Bruford, W.H.: Deutsche Kultur der Goethezeit. Konstanz 1965.

Bruford, W.H.: Kultur und Gesellschaft im klassischen Weimar. 1775–1806. Göttingen 1966.

Bruford, W.H.: Die gesellschaftlichen Grundlagen der Goethezeit. Berlin 1975.

Brunschwig, H.: Gesellschaft und Romantik in Preußen im 18.Jahrhundert. Berlin 1976.

Drewitz, I.: Berliner Salons: Gesellschaft und Literatur zwischen Aufklärung und Industriezeitalter. Berlin 1965.

Eberhardt, H.: Goethes Umwelt. Forschungen zur gesellschaftlichen Struktur Thüringens. Weimar 1951.

Engelsing, R.: Der Bürger als Leser. Lesergeschichte in Deutschland. 1500–1800. Stuttgart 1974.

Engelsing, R.: Zur Sozialgeschichte deutscher Mittel- und Unterschichten. Göttingen 1973.

Engelsing, R.: Sozial- und Wirtschaftsgeschichte Deutschlands. Göttingen 1976.

Gerth, H.H.: Bürgerliche Intelligenz um 1800. Zur Soziologie des deutschen Frühliberalismus. Mit Vorwort und Bibliographie von U.Hermann. Göttingen 1976.

Habermas, J.: Strukturwandel der Öffentlichkeit. Untersuchungen zu einer Kategorie der bürgerlichen Gesellschaft. Neuwied/Berlin 1968.

Hobsbawm, J.: Europäische Revolutionen. Zürich 1962.

Das Jahrhundert Goethes: Kunst, Wissenschaft, Technik und Geschichte zwischen 1750 und 1850. Redaktion: A.Klingenberg. Berlin/Weimar 1967.

Kiesel, H./Münch, P.: Gesellschaft und Literatur im 18.Jahrhundert. Voraussetzungen und Entstehung des literarischen Markts in Deutschland. München 1977.

Lutz, B. (Hrsg.): Deutsches Bürgertum und literarische Intelligenz 1750–1800. Stuttgart 1974.

Raumer, K. von: Deutschland um 1800. Krise und Neugestaltung 1788–1815. Handbuch der deutschen Geschichte. Bd. 3. Konstanz 1969.

Rudé, G.F.: Europa im Umbruch 1783–1815. München 1981.

Rumohr, K.F. von: Geist der Kochkunst. Hrsg. von W.Koeppen. Frankfurt a.M. 1966.

Schenda, R.: Volk ohne Buch. Studien zur Sozialgeschichte der populären Lesestoffe 1770–1910. Frankfurt a.M. 1970.

Staël, G. de: Über Deutschland. Hrsg. von S. Metken. Stuttgart 1962.
Tümmler, H.: Das klassische Weimar und das große Zeitgeschehen. Historische Studien. Köln/Wien 1975.
Weis, E.: Der Durchbruch des Bürgertums 1776–1847. Berlin 1978.

## Literaturgeschichte

Bartel, K. J.: German literary history 1777–1835. An annotated bibliography. Bern/Frankfurt a. M. 1976.
Butler, E.-M.: Deutsche im Banne Griechenlands. Berlin 1948.
Corngold, S. A. [u. a.] (Hrsg.): Aspekte der Goethezeit. Göttingen 1977.
Curtius, E. R.: Kritische Essays zur europäischen Literatur. Bern 1963.
Danzel, T. W.: Zur Literatur und Philosophie der Goethezeit. Gesammelte Aufsätze zur Literaturwissenschaft. Neu hrsg. von H. Mayer. Stuttgart 1962.
Erläuterungen zur deutschen Literatur: Klassik, Berlin 1978[8]; Zwischen Klassik und Romantik. Berlin 1977[8]; Romantik, Berlin 1977[3].
Fambach, O.: Ein Jahrhundert deutscher Literaturkritik. 1750–1850. Ein Lesebuch und Studienwerk. 5 Bde. Berlin 1955–63.
Geschichte der deutschen Literatur von den Anfängen bis zur Gegenwart. Bd. 7: 1789 bis 1830. Hrsg. von H.-D. Dahnke und T. Höhle. Berlin 1978.
Glaser, H. (Hrsg.): Zwischen Revolution und Restauration: Klassik, Romantik. Hamburg 1980.
Gundolf, F.: Shakespeare und der deutsche Geist. Stuttgart 1959[11].
Horn, F.: Umrisse zur Geschichte und Kritik der schönen Literatur Deutschlands während der Jahre 1790 bis 1818. Berlin 1819.
Kindermann, H.: Theatergeschichte der Goethezeit. Wien 1948.
Klotz, G. [u. a.] (Hrsg.): Literatur im Epochenumbruch. Funktionen europäischer Literaturen im 18. und beginnenden 19. Jh. Berlin/Weimar 1977.
Kluckhohn, P.: Die Auffassung der Liebe in der Literatur des 18. Jahrhunderts und in der deutschen Romantik. Halle 1922.
Kohlschmidt, W.: Form und Innerlichkeit. Beiträge zur Geschichte und Wirkung der deutschen Klassik und Romantik. Bern 1955.
Kohlschmidt, W.: Geschichte der deutschen Literatur vom Barock bis zur Klassik. Stuttgart 1965.
Kohlschmidt, W.: Geschichte der deutschen Literatur von der Romantik bis zum späten Goethe. Stuttgart 1974.
Korff, H. A.: Geist der Goethezeit. Versuch einer ideellen Entwicklung der klassisch-romantischen Literaturgeschichte. 5 Bde. Leipzig 1958–62.
Kreuzer, H.: Gefährliche Lesesucht. Bemerkungen zu politischer Lektürekritik im 18. Jahrhundert. In: Leser und Lesen im 18. Jahrhundert. Heidelberg 1977, 62–75.
Lukács, G.: Fortschritt und Reaktion in der deutschen Literatur. Berlin 1945.
Markwardt, B.: Geschichte der deutschen Poetik. Bd. 3: Klassik und Romantik. Berlin 1958.
Mayer, H.: Zur deutschen Klassik und Romantik. Pfullingen 1963.
Menhennet, A.: Order and freedom. Literature and society in Germany from 1720 to 1805. London 1973.
Mühlher, R.: Deutsche Dichter der Klassik und Romantik. Wien 1976.
Oppel, H.: Englisch-deutsche Literaturbeziehungen. 2 Bde. Berlin 1971.
Rehm, W.: Griechentum und Goethezeit. Geschichte eines Glaubens. Bern 1952.
Schultz, F.: Klassik und Romantik der Deutschen. 2 Bde. Stuttgart 1935–40.
Sengle, F.: Biedermeierzeit. Deutsche Literatur im Spannungsfeld zwischen Restauration und Revolution 1815–1848. 3 Bde. Stuttgart 1971–80.

Storz, G.: Klassik und Romantik. Eine stilgeschichtliche Darstellung. Mannheim 1972.
Strich, F.: Deutsche Klassik und Romantik oder Vollendung und Unendlichkeit. Ein Vergleich. Bern 1962[5].
Strich, F.: Die Mythologie in der deutschen Literatur von Klopstock bis Wagner. 2 Bde. Halle 1910.
Tgahrt, R. (Hrsg.): Weltliteratur. Die Lust am Übersetzen im Jahrhundert Goethes. Marbach 1982.
Thalheim, H.G.: Zur Literatur der Goethezeit. Berlin 1969.
Wellek, R.: Geschichte der Literaturkritik 1750–1830. Bd. 1: Das späte 18. Jahrhundert – Das Zeitalter der Romantik. Darmstadt/Berlin/Neuwied 1959.
Wiese, B. von (Hrsg.): Deutsche Dichter des 18. Jahrhunderts. Ihr Leben und Werk. Berlin 1977.
Wiese, B. von (Hrsg.): Deutsche Dichter der Romantik. Ihr Leben und Werk. Berlin 1981[2].
Wiese, B. von (Hrsg.): Deutsche Dichter des 19. Jahrhunderts. Ihr Leben und Werk. Berlin 1971.
Žmegač, V. (Hrsg.): Geschichte der deutschen Literatur vom 18. Jahrhundert bis zur Gegenwart. Königstein/Ts. 1979.

## II. KAPITEL: KRAFTFELDER UND TENDENZEN

### Klassik

Baeumer, M.L.: Der Begriff ‹klassisch› bei Goethe und Schiller. In: R. Grimm/J. Hermand (Hrsg.), Die Klassik-Legende. Frankfurt a.M. 1971, 17–49.
Benz, R.: Die Zeit der deutschen Klassik. Kultur des 18. Jahrhunderts 1750–1800. Stuttgart 1953.
Borchmeyer, D.: Die Weimarer Klassik. Eine Einführung. 2 Bde. Königstein 1980.
Burger, H.O. (Hrsg.): Begriffsbestimmung der Klassik und des Klassischen. Darmstadt 1972.
Conrady, K.O. (Hrsg.): Deutsche Literatur zur Zeit der Klassik. Stuttgart 1977.
Conrady, K.O.: Anmerkungen zum Konzept der Klassik. In: K.O.C. (Hrsg.), Deutsche Literatur zur Zeit der Klassik. Stuttgart 1977, 7–29.
Grimm, R./Hermand, J. (Hrsg.): Die Klassik-Legende. Frankfurt a.M. 1971.
Heussler, A.: Klassik und Klassizismus in der deutschen Literatur. Studie über zwei Begriffe. Bern 1952.
Koopmann, H.: Zur Entwicklung der literaturtheoretischen Position der Klassik. In: K.O. Conrady (Hrsg.), Deutsche Literatur zur Zeit der Klassik. Stuttgart 1977, 30–43.
Krauss, W.: Zur Periodisierung Aufklärung, Sturm und Drang, Weimarer Klassik. In: V. Žmegač (Hrsg.), Marxistische Literaturkritik. Bad Homburg 1970, 274–302.
Malsch, W.: Klassizismus, Klassik und Romantik der Goethezeit. In: K.O. Conrady (Hrsg.), Deutsche Literatur zur Zeit der Klassik. Stuttgart 1977, 381–408.
Reed, T.J.: The classical centre. Goethe and Weimar 1775–1832. London/New York 1980.
Sengle, F.: Die klassische Kultur von Weimar, sozialgeschichtlich gesehen. In: Internationales Archiv f. Sozialgesch. der dt. Lit. 3 (1978), 68–86.
Träger, C.: Zur Stellung und Periodisierung der deutschen Literatur im europäischen Kontext. In: H. Rupp/H.G. Roloff (Hrsg.), Akten des VI. Internationalen Germanisten-Kongresses Basel 1980. Bern 1981, 144–65.
Willoughby, L.: The classical age of German literature 1748–1805. New York 1966.
Windfuhr, M.: Kritik des Klassikbegriffs. In: Études Germaniques 29 (1974), 302–18.

## Romantik

Ayrault, R.: La genèse du romantisme allemand. Situation spirituelle de l'Allemagne dans la deuxième moitié du 18ᵉ siècle. 3 Bde. Paris 1961–70

Bänsch, D. (Hrsg.): Zur Modernität der Romantik. Stuttgart 1977.

Benz, R.: Die deutsche Romantik. Geschichte einer geistigen Bewegung. Leipzig 1956⁵.

Brinkmann, R. (Hrsg.): Romantik in Deutschland. Ein interdisziplinäres Symposium. Stuttgart 1978.

Cardinal, R.: German romantics in context. London 1975.

Echtermeyer, T./Ruge, A.: Der Protestantismus und die Romantik. Zur Verständigung über die Zeit und ihre Gegensätze. Ein Manifest. Halle 1839–40. Nachdruck Hildesheim 1972

Eichner, H. (Hrsg.): Romantic and its cognates. The European history of a word. Toronto 1972.

Die europäische Romantik. Mit Beiträgen von Ernst Behler [u.a.]. Frankfurt a. M. 1972.

Furst, L. R.: Romanticism. London 1969.

Grassl, H.: Aufbruch zur Romantik. Bayerns Beitrag zur deutschen Geistesgeschichte 1765–1785. München 1968.

Haym, R.: Die romantische Schule. Ein Beitrag zur Geschichte des deutschen Geistes. Berlin 1870. Nachdr. Darmstadt 1961.

Heine, H.: Die romantische Schule. Kritische Ausgabe. Hrsg. von H. Weidmann. Stuttgart 1976.

Henkel, A.: Was ist eigentlich romantisch? In: Fs. Richard Alewyn. Köln/Graz 1967, 292–308.

Hoffmeister, G.: Deutsche und europäische Romantik. Stuttgart 1978.

Huch, R.: Die Romantik. Blütezeit, Ausbreitung und Verfall. 2 Bde. Leipzig 1920. Nachdr. Tübingen 1964.

Immerwahr, R.: Romantisch. Genese und Tradition einer Denkform. Frankfurt a. M. 1972.

Kermode, F.: Romantic image. Glasgow 1976.

Kluckhohn, P.: Das Ideengut der deutschen Romantik. Tübingen 1966⁵.

Krauss, W.: Französische Aufklärung und deutsche Romantik. In: W. K., Perspektiven und Probleme. Zur französischen und deutschen Aufklärung und andere Aufsätze. Neuwied/Berlin 1965, 266–84.

Lion, F.: Romantik als deutsches Schicksal. Stuttgart 1963².

Lovejoy, A. O.: On the discrimination of romanticisms (1924). In: A. O L. Essays in the history of ideas. Baltimore 1948, 228–53.

Mason, E. C.: Deutsche und englische Romantik. Eine Gegenüberstellung. Göttingen 1970.

Mayer, H.: Fragen der Romantikforschung. In: H. M., Zur deutschen Klassik und Romantik. Pfullingen 1963, 263–305.

Menhennet, A.: The romantic movement. London 1981.

Peter, K. (Hrsg.): Romantikforschung seit 1945. Königstein/Ts. 1980 (mit Bibliographie).

Pikulik, L.: Romantik als Ungenügen an der Normalität. Frankfurt a. M. 1979.

Pöggeler, O.: Die neue Mythologie. Grenzen der Brauchbarkeit des deutschen Romantik-Begriffs. In: R. Brinkmann (Hrsg.), Romantik in Deutschland. Stuttgart 1978, 341–54.

Prang, H. (Hrsg.): Begriffsbestimmung der Romantik. Darmstadt 1968.

Prawer, S.S. (Hrsg.): The romantic period in Germany. Essays by members of the London University Institute of Germanic Studies. London 1970.

Praz, M.: Liebe, Tod und Teufel. Die schwarze Romantik. 2 Bde. München 1970.

Remak, H.H.H.: European Romanticism: definition and scope. In: N.P. Stallknecht/ H.Franz (Hrsg.), Comparative Literature: method and perspective. Carbondale 1961, 223–59.

Ribbat, E. (Hrsg.): Romantik. Ein literaturwissenschaftliches Studienbuch. Königstein/Ts. 1979.

Romantik heute. Friedrich Schlegel. Novalis. E.T.A. Hoffmann. Ludwig Tieck. Bonn/ Bad Godesberg 1972.

Steffen, H. (Hrsg.): Die deutsche Romantik. Poetik, Formen und Motive. Göttingen 1967.

Steinbüchel, T. (Hrsg.): Romantik. Ein Zyklus Tübinger Vorlesungen. Tübingen/ Stuttgart 1948.

Thalmann, M.: Romantik und Manierismus. Stuttgart 1963.

Thalmann, M.: Romantiker entdecken die Stadt. München 1965.

Tymms, R.: German romantic literature. London 1965.

Ullmann, R./Gotthard, H.: Geschichte des Begriffs «romantisch» in Deutschland. Vom ersten Aufkommen des Wortes bis ins dritte Jahrzehnt des 19.Jahrhunderts. Berlin 1927. Nachdr. Nendeln 1967.

Wellek, R.: Konfrontationen. Vergleichende Studien zur Romantik. Frankfurt a.M. 1964.

Wellek, R.: Der Begriff Romantik in der Literaturwissenschaft. In: R.W., Grundbegriffe der Literaturkritik. Stuttgart 1965, 95–143.

Willoughby, L.A.: The romantic movement in Germany. New York 1966.

## III. KAPITEL: DEUTSCHE LITERATUR UND FRANZÖSISCHE REVOLUTION

### Zur Geschichte

Furet, F.: 1789 – Vom Ereignis zum Gegenstand der Geschichtswissenschaft. Frankfurt/Berlin/Wien 1980.

Furet, F./Richet, D.: Die Französische Revolution. München 1981.

Gooch, G.O.: Germany and the French Revolution. London 1920.

Grab, W. (Hrsg.): Die Debatte um die Französische Revolution. München 1975.

Schmitt, E.: Einführung in die Geschichte der Französischen Revolution. München 1980².

Schmitt, E. (Hrsg.): Die Französische Revolution. Anlässe und langfristige Ursachen. Darmstadt 1973.

Soboul, A./Mathiez, A./Lefèbre, G.: Die französische Revolution. 5 Teile in 3 Bdn. Hamburg 1950.

Soboul, A.: Die Große Französische Revolution. Ein Abriß ihrer Geschichte (1789–1799). 2 Bde. Frankfurt a.M. 1973.

### Quellen

Campe, J.H.: Briefe aus Paris zur Zeit der Revolution geschrieben (1790). Nachdr. Hildesheim 1977.

Engels, H.W. (Hrsg.): Gedichte und Lieder deutscher Jakobiner. Stuttgart 1971.

Garber, J. (Hrsg.): Revolutionäre Vernunft. Texte zur jakobinischen und liberalen Revolutionsrezeption in Deutschland 1789–1810. Kronberg/Ts. 1974.

Garber, J. (Hrsg.): Kritik der Revolution. Theorien des deutschen Frühkonservatismus 1790–1810. Bd. I. Dokumentation. Kronberg/Ts. 1976.

Grab, W. (Hrsg.): Deutsche revolutionäre Demokraten. Eine Dokumentation des deutschen Jakobinismus in 5 Bdn. Stuttgart 1971–1978.

Grab, W. (Hrsg.): Die Französische Revolution. Eine Dokumentation. München 1973.

Hermand, J. (Hrsg.): Von deutscher Republik 1775–1795. 2 Bde., Frankfurt a. M. 1967.

Körner, A. (Hrsg.): Die Wiener Jakobiner. Stuttgart 1972.

Kuhn, A. (Hrsg.): Linksrheinische deutsche Jakobiner. Aufrufe, Reden, Protokolle, Briefe und Schriften 1794 bis 1801. Stuttgart 1978.

Steiner, G.: Jakobinerschauspiel und Jakobinertheater. Stuttgart 1973.

Träger, C. (Hrsg.): Mainz zwischen Rot und Schwarz. Die Mainzer Revolution 1792–1793 in Schriften, Reden und Briefen. Berlin 1963

Träger, C. (Hrsg.): Die Französische Revolution im Spiegel der deutscher Literatur. Leipzig 1975.

## Zeitschriften

Annalen der leidenden Menschheit, in zwanglosen Heften. Hrsg. von A. H. F. Hennings. Altona 1795–1801. Nachdr. Nendeln 1972.

Beyträge zur Geschichte der Französischen Revolution. Leipzig 1795–1796: fortgesetzt u. d. T.: Humaniora. 1796–1797. Nachdr. Nendeln 1972.

Braunschweigisches Journal philosophischen, philologischen und pädagogischen Inhalts. Hrsg. von E. C. Trapp u. a. Braunschweig 1792–1793; fortgesetzt u. d. T.: Schleswigisches Journal 1792–1793. Nachdr. Nendeln 1972.

Brutus, oder der Tyrannenfeind, eine Zehntagsschrift um Licht und Patriotismus zu verbreiten. Hrsg. von F. T. Biergans. Köln 1795. Nachdr. Nendeln 1972.

Deutschland. Hrsg. von J. F. Reichardt. Berlin 1796. Nachdr. Nendeln 1971.

Eudämonia, oder Deutsches Volksglück. Ein Journal für Freunde von Wahrheit und Recht. Leipzig 1795/Frankfurt a. M. 1796–1797/Nürnberg 1798. Nachdr. Nendeln 1972.

Frankreich im Jahre 1795. Aus den Briefen Deutscher Männer in Paris. 1795–1805. Nachdr. Nendeln 1972.

Friedens-Präliminarien. Hrsg. von dem Verfasser des heimlichen Gerichts [L. F. Huber]. 1793–1796. Nachdr. Nendeln 1972.

Die Geissel. Hrsg. von Freunden der Menschheit [A. G. F. Rebmann]. Uppsala 1797–1799. Nachdr. Nendeln 1972.

Der Genius des neunzehnten Jahrhunderts. Hrsg. von A. Hennings. Altona 1801–1802. Nachdr. Nendeln 1972.

Genius der Zeit. Hrsg. von A. Hennings. Altona 1794–1800. Beilage: Der Musaget. 1798–1799. Nachdr. Nendeln 1972.

Historisches Journal. Hrsg. von F. Gentz 1799–1800. Nachdr. Nendeln 1972.

Kameleon, oder Das Thier mit allen Farben. Eine Zeitschrift für Fürstentugend und Volksglück. Hrsg. von A. G. F. Rebmann. Köln 1798–1801. Nachdr. Nendeln 1972.

Klio. Eine Monatsschrift für die französische Zeitgeschichte (1795–1801), fortgesetzt u. d. T.: Neue Klio. Eine Monatsschrift für die französische Zeitgeschichte (1796–1797). Nachdr. Nendeln 1972.

Lyceum der schönen Künste. Hrsg. von J. F. Reichardt. Berlin 1797. Nachdr. Nendeln 1971.

Das neue graue Ungeheuer. Hrsg. von einem Freund der Menschheit [G. F. Rebmann]. Altona 1795–1797. Nachdr. Nendeln 1972.

Das neueste graue Ungeheuer. Der politische Thierkreis oder die Zeichen unserer Zeit. Hrsg. von A. G. F. Rebmann. 1796–1798. Nachdr. Nendeln 1972.

Der neue Protheus. Altona 1793. Nachdr. Nendeln 1973.

Niedersächsischer Merkur. Altona 1792–1793. Nachdr. Nendeln 1973. Neuer niedersächsischer Merkur als Beylage zum Neuen grauen Ungeheuer. Hrsg. von F. W. von Schütz. Mainz/Altona/Uppsala 1797–1799. Nachdr. Nendeln 1972.

Der Patriot. Hrsg. von G. Wedekind und G. Forster. Mainz 1792–1793. Nachdr. Nendeln 1972.

Der Patriotische Volksredner. Hrsg. von H. Würtzer. Altona 1796. Nachdr. Nendeln 1972.

Politische Unterhaltungen am linken Rheinufer. Hrsg. von M. Metternich. Bingen 1797–1798. Fortgesetzt u. d. T.: Neue Politische Unterhaltungen am linken Rheinufer. Mainz 1798. Nachdr. Nendeln 1972.

Das Rothe Blatt. Eine Dekadenschrift. Hrsg. von J. Görres. Koblenz 1798, fortgesetzt u. d. T.: Der Rübezahl. Eine Monatsschrift. 1799. Nachdr. Nendeln 1972.

Die Schildwache. Hrsg. von G. F. Rebmann. Paris 1796–1797, fortgesetzt u. d. T.: Die neue Schildwache. Paris [d. i. Altona] 1798. Nachdr. Nendeln 1972.

Vaterländisches Museum. Hrsg. von F. Perthes. Hamburg 1810. Nachdr. Nendeln 1971.

## Literatur

Bodi, L.: Tauwetter in Wien. Zur Prosa der österreichischen Aufklärung 1781–1795. Frankfurt a. M. 1977.

Brinkmann, R.: Frühromantik und Französische Revolution. In: Deutsche Literatur und Französische Revolution. 7 Studien. Göttingen 1974, 172–91.

Cocalis, S. L.: Prophete rechts, Prophete links, Ästhetik in der Mitten. Die amerikanische und die französische Revolution in ihrem Einfluß auf die Romanform der deutschen Klassik und Romantik. In: W. Paulsen (Hrsg.), Der deutsche Roman und seine historischen und politischen Bedingungen. Bern/München 1977, 73–89.

Jäger, H.-W.: Gegen die Revolution. Beobachtungen zur konservativen Dramatik in Deutschland um 1790. In: JbDSG 22 (1978), 362–403.

Jäger, H.-W.: Politische Metaphorik im Jakobinismus und im Vormärz. Stuttgart 1971.

Kaiser, G.: Über den Umgang mit Republikanern, Jakobinern und Zitaten. In: G. K., Neue Antithesen eines Germanisten 1974–1975. Kronberg/Ts. 1976.

Mattenklott, G./Scherpe, K. R.: Demokratisch-revolutionäre Literatur in Deutschland: Jakobinismus. Kronberg/Ts. 1975.

Müller-Seidel, W.: Deutsche Klassik und Französische Revolution. Zur Entstehung einer Denkform. In: Deutsche Literatur und Französische Revolution. Göttingen 1974, 39–62.

Reinalter, H. (Hrsg.): Jakobiner in Mitteleuropa. Innsbruck 1977.

Sauer, E.: Die französische Revolution von 1789 in zeitgenössischen deutschen Flugschriften und Dichtungen. Weimar 1913. Nachdr. Hildesheim 1976.

Segeberg, H.: Deutsche Literatur und Französische Revolution. Zum Verhältnis von Weimarer Klassik, Frühromantik und Spätaufklärung. In: K. O. Conrady (Hrsg.), Deutsche Literatur zur Zeit der Klassik. Stuttgart 1977, 243–66.

Stephan, I.: Literarischer Jakobinismus in Deutschland (1789–1806). Stuttgart 1976.

Stern, A.: Der Einfluß der französischen Revolution auf das deutsche Geistesleben. Stuttgart/Berlin 1928.

Voegt, H.: Die deutsche jakobinische Literatur und Publizistik 1789–1800. Berlin 1955.

## Autoren

### Forster

Krüger, C.: Georg Forsters und Friedrich Schlegels Beurteilung der Französischen Revolution als Ausdruck des Problems einer Einheit von Theorie und Praxis. Göppingen 1974.

Peitsch, H.: Georg Forsters «Ansichten vom Niederrhein». Frankfurt a. M. 1978.

Rödel, W.: Georg Forsters Beurteilung der Französischen Revolution. In WB 2 (1956), 182–213.

Schirok, E.: Georg Forster und die französische Revolution. Eine Untersuchung zum Verhältnis von theoretischer Beurteilung und politischer Aktivität. Freiburg 1972.

Wuthenow, R.-R.: Zur Form der Reisebeschreibung. Georg Forsters «Ansichten vom Niederrhein». In: Lessing-Yearbook 1 (1969), 234–54.

Wuthenow, R.-R.: Das Problem der Revolution in Forsters Schriften. In: GRM 25 (1973), 422–38.

### Goethe

Blumenthal, L.: Goethes «Grosskophta». In: WB 7 (1961), 1–26.

Borchmeyer, D.: Höfische Gesellschaft und Französische Revolution bei Goethe. Adliges und bürgerliches Wertsystem im Urteil der Weimarer Klassik. Kronberg/Ts. 1977.

David, C.: Goethe und die Französische Revolution. In: Deutsche Literatur und Französische Revolution. Göttingen 1974, 63–86.

Demetz, P.: Goethes «Die Aufgeregten». Zur Frage der politischen Dichtung in Deutschland. Hannoversch–Münden 1952.

Goldmann, L.: Goethe et la Révolution française. In: Etudes Germaniques 4 (1949), 187–202.

Krauss, W.: Goethe und die Französische Revolution. In: Goethe-Jb. 94 (1977), 127–36.

Kreutzer, L.: Die kleineren Dramen zum Thema Französische Revolution: «Der Gross-Cophta», «Der Bürgergeneral», «Die Aufgeregten», «Das Mädchen von Oberkirch». In: W. Hinderer (Hrsg.), Goethes Dramen. Neue Interpretationen. Stuttgart 1980, 197–209.

Magill, C. P.: «Der Groß-Cophta» and the problem of German comedy. In: German studies. Presented to W. H. Bruford [...]. London 1962, 102–11

Muschg, A.: Um einen Goethe von außen bittend. Adolf Muschg über seine Bearbeitung von Goethes «Die Aufgeregten» und seine Inszenierungsvorschläge. In: Theater heute 11 (1970) H. 11, 41–44.

Waidson, H. M.: Goethe, «Die Aufgeregten», und Adolf Muschg. In: Goethe Society N. S. 43 (1973), 96–116.

### Hölderlin

Beck, A.: Hölderlin als Republikaner. In: Hölderlin-Jb (1967/68), 28–52.

Beck, A.: Hölderlins Weg zu Deutschland. Fragmente und Thesen. I. Teil: Vor- und Zugänge. In: JbFDH (1977), 196–250. II. Teil: Die Liebe der Deutschen. In: JbFDH (1978), 420–87.

Berteaux, P.: Hölderlin und die Französische Revolution. Frankfurt a. M. 1969.

Böckmann, P.: Die Französische Revolution und die Idee der ästhetischen Erziehung in Hölderlins Dichten. In: W. Paulsen (Hrsg.), Der Dichter und seine Zeit. Heidelberg 1970, 83–112.

Minder, R.: Hölderlin unter den Deutschen. In: R. M., Dichter in der Gesellschaft. Erfahrungen mit deutscher und französischer Literatur. (1966), 63–83.

Prignitz, C.: Friedrich Hölderlin. Die Entwicklung seines politischen Denkens unter dem Einfluß der Französischen Revolution. Hamburg 1976.

Prignitz, C.: Hölderlin als Kritiker des Jakobinismus und als Verkünder einer egalitären Gesellschaftsutopie. In: Jb. des Instituts für Deutsche Geschichte 8 (1979), 102–23.

Ryan, L. J.: Hölderlin und die Französische Revolution. In: Deutsche Literatur und Französische Revolution, Göttingen 1974, 129–48.

Scharfschwerdt, J.: Die pietistisch-kleinbürgerliche Interpretation der Französischen Revolution in Hölderlins Briefen. Erster Versuch zu einer literatursoziologischen Fragestellung. In: JbDSG 15 (1971), 174–230.

Szondi, P.: Der Fürstenmord, der nicht stattfand. Hölderlin und die Französische Revolution. In: P. S., Einführung in die literarische Hermeneutik. Frankfurt a. M. 1975.

## Jean Paul

Wölfel, K.: Zum Bild der Französischen Revolution im Werk Jean Pauls. In: Deutsche Literatur und Französische Revolution. Göttingen 1974, 149–71.

Wuthenow, R.-R.: Ein roter Faden. Jean Pauls politische Schriften und sein Verhältnis zur Französischen Revolution. In: Jb. der Jean-Paul-Gesellschaft 3 (1968), 49–68.

## Klopstock

Molzan, A.: Klopstocks Revolutionsoden. In: Friedrich Gottlieb Klopstock – Werk und Wirkung. Wissenschaftliche Konferenz der Martin-Luther-Universität Halle-Wittenberg. Berlin 1978, 153–77.

## Wieland

Fink, G.-L.: Wieland und die Französische Revolution. In: Deutsche Literatur und Französische Revolution. Göttingen 1974, 5–38.

Hinderer, W.: Wielands Beiträge zur deutschen Klassik. In: K. O. Conrady (Hrsg.), Deutsche Literatur zur Zeit der Klassik. Stuttgart 1977, 44–64.

Samuel, R.: Wieland als Gesellschaftskritiker: eine Forschungsaufgabe. In: Seminar 5 (1969), 45–53.

Weyergraf, B.: Der skeptische Bürger. Wielands Schriften zur Französischen Revolution. Stuttgart 1972.

### Der Fall Charlotte Corday

Minor, R.: Charlotte Corday in der deutschen Dichtung. Diss. Wien 1909 (handschr.).

## IV. KAPITEL: THEORETISCHE GRUNDLAGEN FÜR DIE LITERARISCHE ENTWICKLUNG NACH 1789

### Allgemeine Darstellungen

Abrams, M. H.: Spiegel und Lampe. Romantische Theorie und die Tradition der Kritik. München 1978.

Arendt, D.: Der «poetische Nihilismus» in der Romantik. Studien zum Verhältnis von Dichtung und Wirklichkeit in der Frühromantik. 2 Bde. Tübingen 1971.

Batscha, Z./Garber, J. (Hrsg.): Von der ständischen zur bürgerlichen Gesellschaft. Politisch-soziale Theorien im Deutschland der zweiten Hälfte des 18. Jahrhunderts. Frankfurt a. M. 1981.

Batscha, Z./Saage, R. (Hrsg.): Friedensutopien des ausgehenden 18. Jahrhunderts. Frankfurt a. M. 1978.

Behler, E.: Die Auffassung der Revolution in der Frühromantik. In: Essays in European Literature. St. Louis 1972, 191–215.

Benjamin, W.: Der Begriff der Kunstkritik in der deutschen Romantik. Frankfurt a. M. 1973.

Bobeth, J.: Die Zeitschriften der Romantik. Leipzig 1911.

Bohrer, K. H.: Der Mythos vom Norden. Studien zur romantischen Geschichtsprophetie. Heidelberg 1961.

Bubner, R. (Hrsg.): Das älteste Systemprogramm. Studien zur Frühgeschichte des deutschen Idealismus. Bonn 1973.

Dieckmann, L.: Hieroglyphics. The History of a Literary Symbol. St. Louis 1970.

Frank, M.: Das Problem «Zeit» in der deutschen Romantik. Zeitbewußtsein und Bewußtsein von Zeitlichkeit in der frühromantischen Philosophie und in Tiecks Dichtung. München 1972.

Frank, M.: Die Philosophie des sogenannten «magischen Idealismus». In: Euphorion 63 (1969), 88–116.

Gebhardt, J. (Hrsg.): Die Revolution des Geistes. Politisches Denken in Deutschland 1770–1830. München 1968.

Heiner, H.-J.: Das «goldene Zeitalter» in der deutschen Romantik. Zur sozial-psychologischen Funktion eines Topos. In: ZfdPh 91 (1972), 206–34.

Heinrich, G.: Geschichtsphilosophische Positionen der deutschen Frühromantik (Friedrich Schlegel und Novalis). Kronberg/Ts. 1977.

Hörisch, J.: Die fröhliche Wissenschaft der Poesie. Der Universalitätsanspruch von Dichtung in der frühromantischen Poetologie. Frankfurt a. M. 1976.

Kapitza, P.: Die frühromantische Theorie der Mischung. Über den Zusammenhang der romantischen Dichtungstheorie und zeitgenössischer Chemie. München 1968.

Kluckhohn, P.: Persönlichkeit und Gemeinschaft. Studien zur Staatsauffassung der deutschen Romantik. Halle 1925.

Kohlschmidt, W.: Nihilismus der Romantik. In: W. K., Form und Innerlichkeit. München 1955, 157–76.

Kozielek, G. (Hrsg.): Mittelalterrezeption. Texte zur Aufnahme altdeutscher Literatur in der Romantik. Tübingen 1977.

Leibbrand, W.: Die spekulative Medizin der Romantik. Hamburg 1956.

Lindemann, K.: Geistlicher Stand und religiöses Mittlertum. Ein Beitrag zur Religionsauffassung der Frühromantik in Dichtung und Philosophie. Frankfurt a. M. 1971.

Link, H.: Zur Fichte-Rezeption in der Frühromantik. In: R. Brinkmann (Hrsg.), Romantik in Deutschland. Ein interdisziplinäres Symposium. Stuttgart 1978, 355–68.

Naumann, D.: Literaturtheorie und Geschichtsphilosophie. Teil 1: Aufklärung, Romantik, Idealismus. Stuttgart 1979.

Neubauer, J.: Dr. John Brown (1735–88) and Early German Romanticism. In: Journal of the History of Ideas 28 (1967), 367–82.

Neubauer, J.: Intellektuelle, intellektuale und ästhetische Anschauung. Zur Entstehung der romantischen Kunstauffassung. In: DVjs 46 (1972), 294–319.

Neumann, G.: Ideenparadiese. Untersuchungen zur Aphoristik von Lichtenberg, Novalis, Friedrich Schlegel und Goethe. München 1976.

Nivelle, A.: Frühromantische Dichtungstheorie. Berlin 1970.

Paul, F.: Heinrich Steffens. Naturphilosophie und Universalromantik. München 1973.

Polheim, K.K. (Hrsg.): Der Poesiebegriff der deutschen Romantik. Paderborn 1972.

Prang, H.: Die romantische Ironie. Darmstadt 1972.

Reiss, H.: Politisches Denken in der deutschen Romantik. Bern 1966.

Robson-Scott, W.: The literary background of the Gothic revival in Germany. A chapter in the history of taste. Oxford 1965.

Scheuner, U.: Staatsbild und politische Form in der romantischen Anschauung in Deutschland. In: R.Brinkmann (Hrsg.), Romantik in Deutschland. Ein interdisziplinäres Symposium. Stuttgart 1978, 70–89.

Schlaffer, Hannelore: Frauen als Einlösung der romantischen Kunsttheorie. In: JbDSG 21 (1977), 274–96.

Schmitt-Dorotic, C.: Politische Romantik. München/Hamburg 1919.

Schrimpf, H.J.: Das «Magazin zur Erfahrungsseelenkunde» und sein Herausgeber. In: ZfdPh 99 (1980), 161–87.

Stoljar, M.: Athenaeum: a critical commentary. Bern/Frankfurt a.M. 1973.

Strohschneider-Kohrs, I.: Die romantische Ironie in Theorie und Gestaltung. Tübingen 1977².

Thalmann, M.: Das Märchen und die Moderne. Zum Begriff der Surrealität im Märchen der Romantik. Stuttgart 1961.

Timm, H.: Die heilige Revolution. Das religiöse Totalitätskonzept der Frühromantik. Schleiermacher-Novalis-Friedrich Schlegel. Frankfurt a.M. 1978.

Unger, R.: Heilige Wehmut. Zum geistes- und seelengeschichtlichen Verständnis einer romantischen Begriffsprägung. In: R.U., Gesammelte Studien. Darmstadt 1966. Bd. 3, 181–254.

Willson, A.L.: A mythical image. The ideal of India in German Romanticism. Durham 1964.

## Autoren

### Goethe

Bürger, C.: Der Ursprung der bürgerlichen Institution Kunst im höfischen Weimar. Literatursoziologische Untersuchungen zum klassischen Goethe. Frankfurt a.M. 1977.

Graham, I.: «Zweiheit im Einklang». Der Briefwechsel zwischen Schiller und Goethe. In: GoetheJb. 95 (1979), 29–64.

Hamm, H.: Der Theoretiker Goethe. Grundpositionen seiner Weltanschauung, Philosophie und Kunsttheorie. Kronberg/Ts. 1976.

Heisenberg, W.: Das Naturbild Goethes und die technisch-naturwissenschaftliche Welt. In: Goethe 29 (1967), 27–42.

Heller, E.: Goethe and the idea of scientific truth. In: E.H., The disinherited mind. Essays in modern German literature and thought. London 1975, 1–34.

Jolles, M.: Goethes Kunstanschauung. Bern 1957.

Kuhn, D.: Über den Grund von Goethes Beschäftigung mit der Natur und ihrer wissenschaftlichen Erkenntnis. In: JbDSG 15 (1971), 157–73.

Kuhn, D.: Grundzüge der Goetheschen Morphologie. In: GoetheJb.95 (1978) 199–212.

Neubauer, J.: «Die Abstraktion vor der wir uns fürchten»: Goethes Auffassung der Mathematik und das Goethebild in der Geschichte der Naturwissenschaft. In: Versuche zu Goethe. Fs. Erich Heller. Heidelberg 1976, 305–20.

Nisbet, H.B.: Goethe and the scientific tradition. London 1972.

Schöne, A.: Über Goethes Wolkenlehre. In: Berliner Germanistentag 1968. Heidelberg 1970, 24–41.

Thalheim, H.G.: Zu den kunsttheoretischen Schriften Goethes an der Wende vom 18. zum 19. Jahrhundert. In: WB 23 (1977), 5–45.

Trevelyan, H.: Goethe and the Greeks. Cambridge 1941.

## Görres

Just, L.: Joseph Görres und die Friedensidee des 18. Jahrhunderts. In: Historisches Jb. der Görres-Gesellschaft 96 (1976), 25 ff.

## Herder

Dietze, W. [u.a.] (Hrsg.): Herder-Kolloquium 1978. Referate und Diskussionsbeiträge. Weimar 1980.

Scheel, H. (Hrsg.): Johann Gottfried Herder. Zum 175. Todestag am 18. Dezember 1978. Berlin 1978.

## Hölderlin

Binder, W.: Sprache und Wirklichkeit in Hölderlins Dichtung. In: W.B., Hölderlin-Aufsätze. Frankfurt a.M. 1970, 27–46.

Buhr, G.: Hölderlins Mythenbegriff. Eine Untersuchung zu den Fragmenten «Über Religion» und «Das Werden im Vergehen». Frankfurt a.M. 1972.

Gaier, U.: Der gesetzliche Kalkül. Hölderlins Dichtungslehre. Tübingen 1962.

George, E.E.: Hölderlins Ars Poetica. The Hague 1973.

Hof, W.: Hölderlins Stil als Ausdruck seiner geistigen Welt. Meisenheim 1956.

Strack, F.: Nachtrag zum «Systemprogramm» und zu Hölderlins Philosophie In: HölderlinJb. 24 (1978/79), 67–87.

Michael, K.: Hölderlins Philosophie im Grundriß. Bonn 1967.

Ryan, L.: Hölderlins Lehre vom Wechsel der Töne. Stuttgart 1960.

## Humboldt

Bruford, W.H.: Wilhelm von Humboldt in his letters. In: W.H.B., The German tradition of self-cultivation. «Bildung» from Humboldt to Thomas Mann. London 1975, 1–28.

Kaehler, S.A.: Wilhelm von Humboldt und der Staat. Ein Beitrag zur Geschichte deutscher Lebensgestaltung um 1800. Göttingen 1963[3].

Müller-Vollmer, K.: Poesie und Einbildungskraft. Zur Dichtungstheorie Wilhelm von Humboldts. Stuttgart 1967.

Price, C.L.: Wilhelm von Humboldt und Schillers Briefe «Über die ästhetische Erziehung des Menschen». In: JbDSG 11 (1967), 358–73.
Wachsmuth, A.B.: Goethe und die Brüder von Humboldt. In: A.Schaefer (Hrsg.), Goethe und seine großen Zeitgenossen. München 1968, 53–85.

## Novalis

Berglar, P.: Geschichte und Staat bei Novalis. In: JbFDH. Tübingen 1974, 143–208.
Dick, M.: Die Entwicklung des Gedankens der Poesie in den Fragmenten des Novalis. Bonn 1967.
Dyck, M.: Novalis and mathematics. A study of Friedrich von Hardenberg's Fragments on mathematics and its relation to magic, music, religion, philosophy, language and literature. Chapel Hill 1960.
Faber, R.: Novalis: Die Phantasie an die Macht. Stuttgart 1970.
Fauteck, H.: Die Sprachtheorie Friedrich von Hardenbergs (Novalis). Berlin 1940.
Hamburger, K.: Novalis und die Mathematik. Eine Studie zur Erkenntnistheorie der Romantik. In: K.H., Philosophie der Dichter. Stuttgart 1966, 11–82.
Hegener, J.: Die Poetisierung der Wissenschaft bei Novalis. Bonn 1975.
Kuhn, H.W.: Der Apokalyptiker und die Politik. Studien zur Staatsphilosophie des Novalis. Freiburg i.Br. 1961.
Kuhn, H.: Poetische Synthesis oder ein kritischer Versuch über romantische Philosophie und Poesie aus Novalis' Fragmenten. In: G.Schulz (Hrsg.), Novalis. Darmstadt 1970, 203–58.
Mähl, H.-J.: Novalis und Plotin. Untersuchungen zu einer neuen Edition und Interpretation des «Allgemeinen Brouillon». In: JbFDH (1963), 139–250.
Malsch, W.: «Europa». Poetische Rede des Novalis. Deutung der französischen Revolution und Reflexion auf die Poesie in der Geschichte. Stuttgart 1965.
Molnár, G. von: Novalis' «Fichte Studies». The Foundations of his Aesthetics. The Hague/Paris 1970.
Neubauer, J.: Bifocal vision. Novalis' philosophy of nature and disease. Chapel Hill 1971.
Samuel, R.: Die poetische Staats- und Geschichtsauffassung Friedrich von Hardenbergs (Novalis). Studien zur romantischen Geschichtsphilosophie. Frankfurt a.M. 1925.
Samuel, R.: Die Form von Friedrich von Hardenbergs Abhandlung «Die Christenheit oder Europa». In: A.Fuchs [u.a.] (Hrsg.), Stoffe, Formen, Strukturen. München 1962, 284–302.
Schanze, H.: «Dualismus unsrer Symphilosophie». Zum Verhältnis Novalis – Friedrich Schlegel. In: JbFDH (1966), 309–35.
Stadler, U.: Die Auffassung vom Gelde bei Friedrich von Hardenberg (Novalis). In: R.Brinkmann (Hrsg.), Romantik in Deutschland. Ein interdisziplinäres Symposium. Stuttgart 1978, 147–56.
Träger, C.: Novalis und die ideologische Restauration. Über den romantischen Ursprung einer methodischen Apologetik. In: SuF 13 (1961), 618–60.
Volkmann-Schluck, K.H.: Novalis' magischer Idealismus. In: H.Steffen (Hrsg.), Die deutsche Romantik. Poetik, Formen und Motive. Göttingen 1967, 45–53.

## Schelling

Fackenheim, E.L.: Schelling's philosophy of literary arts. In: Philosophical Quarterly 4 (1954), 310–26.
Jähnig, D.: Schelling. Die Kunst in der Philosophie. 2 Bde. Stuttgart 1969.

Ruben, P.: Schelling und die romantische deutsche Naturphilosophie. In: Natur – Kunst – Mythos. Berlin 1978, 37–51.

Zimmerli, W. C.: Schellings «Deduktion eines allgemeinen Organons der Philosophie» als Bindeglied zwischen romantischer Kunstauffassung und der Neubegründung der Dialektik in Hegels Jenaer Philosophie. In: R. Brinkmann (Hrsg.), Romantik in Deutschland. Ein interdisziplinäres Symposium. Stuttgart 1978, 404–20.

## Schiller

Binder, W.: Ästhetik und Dichtung in Schillers Werk. In: K. L. Berghahn/R. Grimm (Hrsg.), Schiller. Zur Theorie und Praxis der Dramen. Darmstadt 1972, 206–32.

Doppler, A.: Schiller und die Frühromantik. In: GoetheJb. Wien 64 (1960), 71–91.

Düsing, W.: Ästhetische Form als Darstellung der Subjektivität. Zur Rezeption Kantischer Begriffe in Schillers Ästhetik. In: K. L. Berghahn (Hrsg.), Friedrich Schiller. Zur Geschichtlichkeit seines Werkes. Kronberg/Ts. 1975, 197–239.

Emrich, W.: Schiller und die Antinomien der menschlichen Gesellschaft. In: W. E., Protest und Verheißung. Frankfurt a. M. 1968, 95–103.

Hahn, K. H.: Schiller und die Geschichte. In: K. L. Berghahn (Hrsg.), Friedrich Schiller. Zur Geschichtlichkeit seines Werkes. Kronberg/Ts. 1975, 25–54.

Henrich, D.: Der Begriff der Schönheit in Schillers Ästhetik. In: Zeitschrift für philosophische Forschung 11 (1957), 527–47.

Hermand, J.: Schillers Abhandlung «Über naive und sentimentalische Dichtung» im Lichte der Popularphilosophie des 18. Jahrhunderts. In: K. L. Berghahn (Hrsg.), Friedrich Schiller. Zur Geschichtlichkeit seines Werkes. Kronberg/Ts. 1975, 253–75.

Janz, R.-P.: Autonomie und soziale Funktion der Kunst. Studien zur Ästhetik von Schiller und Novalis. Stuttgart 1973.

Koopmann, H.: Schiller und die Komödie. In: JbDSG 13 (1969), 272–85.

Latzel, S.: Die ästhetische Vernunft. Bemerkungen zu Schillers «Kallias» mit Bezug auf die Ästhetik des 18. Jahrhunderts. In: K. L. Berghahn (Hrsg.), Friedrich Schiller. Zur Geschichtlichkeit seines Werkes. Kronberg/Ts. 1975, 241–52.

Lukács, G.: Schillers Theorie der modernen Literatur. In: G. L., Goethe und seine Zeit. Berlin 1950, 118–70.

Mann, G.: Schiller als Historiker. In: B. Zeller (Hrsg.), Schiller. Reden im Gedenkjahr 1959. Stuttgart 1961, 102–23.

Mettler, H.: Entfremdung und Revolution. Studien zu Schillers «Briefe über die ästhetische Erziehung des Menschen» im Hinblick auf die Begegnung mit Goethe. Bern/München 1977.

Meyer, H.: Schillers philosophische Rhetorik. In: Euphorion 53 (1959), 313–50.

Neumann, T.: Der Künstler in der bürgerlichen Gesellschaft. Entwurf einer Kunstsoziologie am Beispiel der Künstlerästhetik Friedrich Schillers. Stuttgart 1968.

Nitschak, H.: Kritik der ästhetischen Wirklichkeitskonstitution. Eine Untersuchung zu den ästhetischen Schriften Kants und Schillers. Frankfurt a. M. 1976.

Price, G. L.: Wilhelm von Humboldt und Schillers Briefe über die ästhetische Erziehung des Menschen. In: JbDSG 11 (1967), 358–78.

Rohrmoser, G.: Zum Problem der ästhetischen Versöhnung. Schiller und Hegel. In: Euphorion 53 (1959), 351–66.

Schieder, T.: Schiller als Historiker. In: T. S., Begegnungen mit der Geschichte. Göttingen 1962, 56–79.

Schulz, Günther: Schillers Horen. Politik und Erziehung. Heidelberg 1960.

Strube, W.: Schillers Kallias-Briefe oder über die Objektivität des Schönen. In: Literaturwissenschaftliches Jb. 18 (1977), 115–31.

Szondi, P.: Das Naive ist das Sentimentalische. Zur Begriffsdialektik in Schillers Abhandlung. In: P.S., Lektüre und Lektionen. Frankfurt a. M. 1973, 47–99.
Ueding, G.: Schillers Rhetorik. Idealistische Wirkungsästhetik und rhetorische Tradition. Tübingen 1971.
Wentzlaff-Eggebert, F. W.: Schillers Weg zu Goethe. Berlin 1963.
Wentzlaff-Eggebert, F. W.: Schiller und die Antike. In: F. W. W.-E., Belehrung und Verkündigung. Berlin 1975, 254–67.
Wiese, B. von: Die Utopie des Ästhetischen bei Schiller. In: B. v. W., Zwischen Utopie und Wirklichkeit. Düsseldorf 1963, 81–101.
Wiese, B. von: Schiller als Geschichtsphilosoph und Geschichtsschreiber. In: B. v. W., Von Lessing bis Grabbe. Düsseldorf 1968, 41–57.
Wilkinson, E. W./Willoughby, A.: Schillers «Ästhetische Erziehung des Menschen». Eine Einführung. München 1977.

## August Wilhelm Schlegel

Dahnke, H.-D.: August Wilhelm Schlegels Berliner und Wiener Vorlesungen und die romantische Literatur. Zum Problem einer europäischen Romantik. In: WB 14 (1968), 782–95.
Ewton, R. W.: The literary theories of August Wilhelm Schlegel. The Hague 1972.
Grosse-Brockhoff, A.: Das Konzept des Klassischen bei Friedrich und August Wilhelm Schlegel. Köln/Wien 1981.
Guthke, K. S.: Benares am Rhein – Rom am Ganges. Die Begegnung von Orient und Okzident im Denken A. W. Schlegels. In: K. S. G., Das Abenteuer der Literatur. Bern/München 1981, 242–58.
Lindemann, K.: Theorie-Geschichte-Kritik. August Wilhelm Schlegels Prinzipienreflexion als Ansatz für eine neue Literaturtheorie? In: ZfdPh 93 (1974), 560–79.
Osborne, J. C.: August Wilhelm Schlegel as a historian of German literature 1786–1804. Evanston 1962.

## Friedrich Schlegel

Behler, E.: Friedrich Schlegels Theorie der Universalpoesie. In: JbDSG 1 (1957), 211–52.
Belgardt, R.: Romantische Poesie. Begriff und Bedeutung bei Friedrich Schlegel. The Hague/Paris 1969.
Bräutigam, B.: Eine schöne Republik. Friedrich Schlegels Republikanismus im Spiegel des Studiums-Aufsatzes. In: Euphorion 70 (1976), 316–39.
Briegleb, K.: Ästhetische Sittlichkeit. Versuch über Friedrich Schlegels Systementwurf zur Begründung der Dichtungskritik. Tübingen 1962.
Brinkmann, R.: Romantische Dichtungstheorie in Friedrich Schlegels Frühschriften und Schillers Begriffe des Naiven und Sentimentalischen. In: DVjs 32 (1958), 344–71.
Eichner, H.: Friedrich Schlegel's theory of romantic poetry. In: PMLA 71 (1956), 1018–41.
Eichner, H.: Friedrich Schlegels Theorie der Literaturkritik. In: Romantik heute. Bonn-Bad Godesberg 1972, 18–30.
Heine, R.: Transzendentalpoesie. Studien zu Friedrich Schlegel, Novalis und E. T. A. Hoffmann. Bonn 1974.
Hendrix, G. P.: Das politische Weltbild Friedrich Schlegels. Bonn 1962.
Huge, E.: Poesie und Reflexion in der Ästhetik des frühen Friedrich Schlegel. Stuttgart 1971.

Jauß, H.-R.: Schlegels und Schillers Replik auf die «Querelle des Anciens et des Modernes». In: H.-R. J., Literaturgeschichte als Provokation. Frankfurt a. M. 1970, 67–106.

Keller, E.: Kritische Intelligenz: G. E. Lessing – F. Schlegel – L. Börne. Studien zu ihren literaturkritischen Werken. Bern/Frankfurt a. M. 1976.

Mennemeier, F. N.: Fragment und Ironie beim jungen Friedrich Schlegel. Versuch der Konstruktion einer nicht geschriebenen Theorie. In: Poetica 2 (1968), 348–470.

Mennemeier, F. N.: Friedrich Schlegels Poesiebegriff. Dargestellt anhand der literaturkritischen Schriften. Die romantische Konzeption einer objektiven Poesie. München 1971.

Mennemeier, F. N.: Klassizität und Progressivität. Zu einigen Aspekten der Poetik des jungen Friedrich Schlegel. In: K. O. Conrady (Hrsg.), Deutsche Literatur zur Zeit der Klassik. Stuttgart 1977, 283–96.

Oesterle, G.: Entwurf einer Monographie des Häßlichen. Die Geschichte einer ästhetischen Kategorie von Friedrich Schlegels Studium-Aufsatz bis zu Karl Rosenkranz' Ästhetik des Häßlichen als Suche nach dem Ursprung der Moderne. In D. Bänsch (Hrsg.), Zur Modernität der Romantik. Stuttgart 1977, 217–97.

Oesterle, I.: Der «glückliche Anstoß» ästhetischer Revolution und die Anstößigkeit politischer Revolution. Ein Denk- und Belegversuch zum Zusammenhang von politischer Formveränderung und kultureller Revolution im Studium-Aufsatz Friedrich Schlegels. In: D. Bänsch (Hrsg.), Zur Modernität der Romantik. Stuttgart 1977, 167–216.

Peter, K.: Idealismus als Kritik. Friedrich Schlegels Philosophie der unvollendeten Welt. Stuttgart 1973.

Polheim, K. K.: Die Arabeske. Ansichten und Ideen aus Friedrich Schlegels Poetik. Paderborn 1966.

Schanze, R.: Romantik und Aufklärung. Untersuchungen zu Friedrich Schlegel und Novalis. Nürnberg 1966.

Schillemeit, J.: Systematische Prinzipien in Friedrich Schlegels Literaturtheorie. Mit textkritischen Anmerkungen. In: JbFDH (1972), 137–176.

Szondi, P.: Friedrich Schlegels Theorie der Dichtarten. Versuch einer Rekonstruktion auf Grund der Fragmente aus dem Nachlaß. In: Euphorion 64 (1970), 181–99.

Szondi, P.: Friedrich Schlegel und die romantische Ironie. In: P. S., Satz und Gegensatz. Frankfurt a. M. 1964, 5–24.

Weber, H.-D.: Friedrich Schlegels «Transzendentalpoesie». Untersuchungen zum Funktionswandel der Literaturkritik im 18. Jahrhundert. München 1973.

Weiland, W.: Der junge Friedrich Schlegel oder Die Revolution in der Frühromantik. Stuttgart 1968.

## Tieck und Wackenroder

Fricke, G.: Wackenroders Religion der Kunst. In: G. F., Studien und Interpretationen. Frankfurt a. M. 1956, 186–213.

Kohlschmidt, W.: Bemerkungen zu Wackenroders und Tiecks Anteil an den «Phantasien über die Kunst». In: Philologia Deutsch. Bern 1965, 89–99.

Lippuner, H.: Wackenroder/Tieck und die bildende Kunst. Grundlegung der romantischen Ästhetik. Zürich 1965.

Schrimpf, H.-J.: Wilhelm Heinrich Wackenroder und Karl Philipp Moritz. Ein Beitrag zur frühromantischen Selbstkritik. In: ZfdPh 83 (1964), 385–409.

Strack, F.: Die «göttliche» Kunst und ihre Sprache. Zum Kunst- und Religionsbegriff bei Wackenroder, Tieck und Novalis. In: R. Brinkmann (Hrsg.), Romantik in Deutschland. Ein interdisziplinäres Symposium. Stuttgart 1978, 369–97.

## V. KAPITEL: ERZÄHLENDE LITERATUR

### Allgemeine Darstellungen

Anton, B.: Romantisches Parodieren. Eine spezifische Erzählform der ceutschen Romantik. Bonn 1979.

Behler, D.: The theory of the novel in early German romanticism. Bern 1978.

Jacobs, J.: Das Verstummen der Muse. Zur Geschichte der epischen Dichtungsgattungen im 18. Jahrhundert. In: Arcadia 10 (1975), 129–46.

Kimpel, D./Wiedemann, C. (Hrsg.): Theorie und Technik des Romans im 17. und 18. Jahrhundert. 2 Bde. Tübingen 1970.

Kreutzer, H. J.: Der Mythos vom Volksbuch. Studien zur Wirkungsgeschichte des frühen deutschen Romans seit der Romantik. Stuttgart 1977.

Kunz, J.: Die deutsche Novelle zwischen Klassik und Romantik. Berlin 1966.

Lützeler, P. M. (Hrsg.): Romane und Erzählungen der deutschen Romantik. Stuttgart 1981.

Michelsen, P.: Laurence Sterne und der deutsche Roman des 18. Jahrhunderts. Göttingen 1962.

Miller, N.: Der empfindsame Erzähler. Untersuchungen an Romananfängen des 18. Jahrhunderts. München 1968.

Müller, J. D.: Wielands späte Romane. München 1971.

Paulsen, W. (Hrsg.): Der deutsche Roman und seine literarischen und politischen Bedingungen. Bern 1977.

Poser, M. von: Der abschweifende Erzähler. Bad Homburg 1969.

Romberg, B.: Studies in the narrative technique of the first-person novel. Lund 1962.

Schulz, G.: The lonely hero, or: The Germans and the novel. In: AUMLA 43 (1975), 5–23.

Schulz, G.: Bürgerliche Epopöen? Fragen zu einigen deutschen Romanen zwischen 1790 und 1800. In: K. O. Conrady (Hrsg.), Deutsche Literatur zur Zeit cer Klassik. Stuttgart 1977, 189–210.

Thalmann, M.: Das Märchen und die Moderne. Zum Begriff des Surrealistischen im Märchen der Romantik. Stuttgart 1961.

Vörster, E.: Märchen und Novellen im klassisch-romantischen Roman. Bonn 1966.

### Unterhaltungsliteratur

Beaujean, M.: Der Trivialroman der zweiten Hälfte des 18. Jahrhunderts Die Ursprünge des modernen Unterhaltungsromans. Bonn 1964.

Beaujean, M. (Hrsg.): Erzählende Prosa der Goethezeit. 2 Bde. Hildesheim 1979.

Flessau, K.-I.: Der moralische Roman. Studien zur gesellschaftskritischen Trivialliteratur der Goethezeit. Köln/Graz 1968.

Greiner, M.: Die Entstehung der modernen Unterhaltungsliteratur. Studien zum Trivialroman des 18. Jahrhunderts. Heidelberg 1964.

Hadley, M.: The undiscovered genre: a search for the German gothic novel. Bern 1978.

Kunze, H. (Hrsg.): Lieblingsbücher von dazumal. München 1973.

Lichius, F.: Schauerroman und Deismus. Frankfurt a. M. 1978.

Müller-Fraureuth, C.: Die Ritter- und Räuberromane. Halle 1894. Nachdr. 1965.

Reincke, O. (Hrsg.): O Lust, allen alles zu sein. Deutsche Modelektüre um 1800. Leipzig 1978.

Riha, K.: Der Roman von Räuber Rinaldini – sein Autor, sein historisches Vorbild,

seine Wirkung. In: C.A.Vulpius, Rinaldo Rinaldini, Der Räuberhauptmann. Frankfurt a.M. 1980, 541–52.
Schulte-Sasse, J.: Die Kritik an der Trivialliteratur seit der Aufklärung. München 1971.

## Autoren

### Bonaventura

Brinkmann, R.: «Nachtwachen» von Bonaventura. Kehrseite der Frühromantik? In:
H.Steffen (Hrsg.), Die deutsche Romantik – Poetik, Formen und Motive. Göttin-
gen 1967, 134–58.
Finger, E.: Bonaventura through Kreuzgang: «Nachtwachen» as autobiography. In:
GQ 53 (1980), 282–97.
Hunter-Longheed, R.: Warum eigentlich nicht Hoffmann? Ein Beitrag zur Verfasser-
frage der «Nachtwachen». In: Mittlg. d. E.T.A. Hoffmann-Gesellschaft, 23. Heft
(1977), 22–43.
Paulsen, W.: Bonaventuras «Nachtwachen» im literarischen Raum. Sprache und
Struktur. In: JbDSG 9 (1965), 309–27.
Proß, W.: Jean Paul und der Autor der «Nachtwachen» – eine Hypothese. In: Auro-
ra 34 (1974), 65–74.
Sammons, J.L.: The «Nachtwachen von Bonaventura». A structural interpretation.
London/Den Haag/Paris 1965.
Scherzer, M.: Zur Diskussion um die «Nachtwachen» des Bonaventura: Johann Ben-
jamin Erhard. In: Aurora 37 (1977), 115–33.
Schillemeit, J.: Bonaventura. Der Verfasser der «Nachtwachen». München 1973.
Sölle-Nipperdey, D.: Untersuchungen zur Struktur der «Nachtwachen» von Bona-
ventura. Göttingen 1959.
Terras, R.: Juvenal und die satirische Struktur der «Nachtwachen». In: GQ 52 (1979),
18–31.
Thiele, J.: Untersuchungen zur Frage des Autors der «Nachtwachen von Bonaventu-
ra» mit Hilfe einfacher Textcharakteristiken. In: Grundlagen aus Kybernetik und
Geisteswissenschaft IV (1963), 36–44.
Wickemann, D.: Eine mathematisch-statistische Methode zur Untersuchung der Ver-
fasserfrage literarischer Texte. Durchgeführt am Beispiel der «Nachtwachen. Von
Bonaventura» mit Hilfe der Wortartübergänge. Köln/Opladen 1969.

### Brentano

Bellmann, W.: Brentanos Lore Lay-Ballade und der antike Echo-Mythos. In: D.Lü-
ders (Hrsg.), Clemens Brentano. Tübingen 1980, 1–9.
Hayer, H.D.: Brentanos «Godwi». Ein Beispiel des frühromantischen Subjektivismus.
Bern 1977.
Kerr, A.: Godwi – ein Kapitel deutscher Romantik. Berlin 1898.
Kunz, J.: Clemens Brentanos «Godwi». Ein Beitrag zur Erkenntnis des Lebensgefühls
der Frühromantik. Frankfurt a.M. 1947.
Meixner, H.: Denkstein und Bildersaal in Clemens Brentanos «Godwi». Ein Beitrag
zur romantischen Allegorie. In: JbDSG 11 (1967), 435–64.
Reed, E.E.: The union of the arts in Brentano's «Godwi». In: GR 29 (1954), 102–18.
Wiese, B. von: Brentanos «Godwi». Analyse eines «romantischen» Romans. In: B. v.
W., Von Lessing bis Grabbe. Düsseldorf 1968, 191–247.

## Goethe

Ammerlahn, H. H.: Wilhelm Meisters Mignon – ein offenbares Rätsel. Name, Gestalt, Symbol, Wesen und Werden. In: DVjs 42 (1968), 89–116.

Baioni, F.: «Märchen» – «Wilhelm Meisters Lehrjahre» – «Hermann und Dorothea». Zur Gesellschaftsidee der deutschen Klassik. In: GoetheJb. 92 (1975), 73–127.

Baumgart, W.: Wachstum und Idee. Schillers Anteil an Goethes «Wilhelm Meister». In: ZfdPh 71 (1951–52), 2–22.

Berger, A.: Ästhetik und Bildungsroman. Goethes «Wilhelm Meisters Lehrjahre». Wien 1977.

Blackall, E. A.: Sense and nonsense in «Wilhelm Meisters Lehrjahre». In: Deutsche Beiträge zur geistigen Überlieferung 5 (1965), 49–72.

Blackall, E. A.: Goethe and the novel. Ithaka/London 1976.

Blessin, S.: Die radikal-liberale Konzeption von «Wilhelm Meisters Lehrjahren». In: S. B., Goethes Romane. Königstein/Ts. 1979.

Bonds, M. R.: Die Funktion des Hamlet-Motivs in «Wilhelm Meisters Lehrjahre». In: GoetheJb. 96 (1979), 101–10.

Bräutigam, B.: Die ästhetische Erziehung der deutschen Ausgewanderten. In: ZfdPh 96 (1977), 508–39.

Brown, J. K.: Goethe's cyclical narratives. «Die Unterhaltungen deutscher Ausgewanderter» and «Wilhelm Meisters Wanderjahre». Chapel Hill 1975.

Emmel, H.: Was Goethe vom Roman der Zeitgenossen nahm. Zu Wilhelm Meisters Lehre. Bern/München 1972.

Fairley, B.: Goethe, dargestellt in seiner Dichtung. Frankfurt a. M. 1968.

Fink, G.-L.: «Das Märchen». Goethes Auseinandersetzung mit seiner Zeit. In: GoetheJb. 33 (1971), 96–122.

Fink, G.-L.: Die Bildung des Bürgers zum ‹Bürger›. Individuum und Gesellschaft in «Wilhelm Meisters Lehrjahre». In: Recherches Germaniques 2 (1972), 3–37.

Gilby, W.: The structural significance of Mignon in «Wilhelm Meisters Lehrjahre». In: Seminar 26 (1980), 136–50.

Gille, K. F. (Hrsg.): Goethes «Wilhelm Meister». Zur Rezeptionsgeschichte der Lehr- und Wanderjahre. Königstein/Ts. 1979.

Haas, R.: Die Turmgesellschaft in «Wilhelm Meisters Lehrjahren». Bern/Frankfurt a. M. 1975.

Hahn, K.-H.: Adel und Bürgertum im Spiegel Goethescher Dichtungen zwischen 1790 und 1810 unter besonderer Berücksichtigung von «Wilhelm Meisters Lehrjahren». In: GoetheJb. 95 (1978), 150–62.

Hass, H. E.: Goethe. «Wilhelm Meisters Lehrjahre». In: B. von Wiese (Hrsg.), Der deutsche Roman, Bd. I. Düsseldorf 1963, 132–210.

Heselhaus, C.: Die Wilhelm Meister-Kritik der Romantiker und die romantische Romantheorie. In: H. R. Jauß (Hrsg.), Nachahmung und Illusion. München 1964, 113–27.

Jakobs, J.: Wilhelm Meister und seine Brüder. Untersuchungen zum deutschen Bildungsroman. München 1972.

Janz, R.-P.: Zum sozialen Gehalt der «Lehrjahre». In: H. Arntzen (Hrsg.), Literaturwissenschaft und Geschichtsphilosophie. Fs. W. Emrich. Berlin/New York 1975, 320–40.

Kittler, F. A.: Über die Sozialisation Wilhelm Meisters. In: G. Kaiser/F. A. Kittler, Dichtung als Sozialisationsspiel. Studien zu Goethe und Gottfried Keller. Göttingen 1978, 13–124.

Kommerell, M.: Wilhelm Meister. In: M.K., Essays, Notizen, poetische Fragmente. Freiburg i.Br. 1969.

Kreuzer, I.: Strukturprinzipien in Goethes Märchen. In: JbDSG 21 (1977), 221–35.

Kuhl, W.-U.: Bild und Spiegelbild. Überlegungen zur Genrestruktur von Goethes «Wilhelm Meisters Lehrjahre». In: WB 24 (1978), H. 10, 61–89.

Leroux, R.: La Révolution Française dans «Hermann und Dorothea». In: Etudes Germaniques (1949), 174–86.

Lukács, G.: «Wilhelm Meisters Lehrjahre». In: G.L., Goethe und seine Zeit. Berlin 1950, 41–67.

Mannack, E.: Der Roman zur Zeit der Klassik: «Wilhelm Meisters Lehrjahre». In: K.O. Conrady (Hrsg.), Deutsche Literatur zur Zeit der Klassik. Stuttgart 1977, 211–25.

May, K.: «Wilhelm Meisters Lehrjahre», ein Bildungsroman? In: DVjs 31 (1957), 1–37.

Mayer, G.: «Wilhelm Meisters Lehrjahre». Gestaltbegriff und Werkstruktur. In: GoetheJb. 92 (1975), 140–64.

Mayer, H.: Vergebliche Renaissance. Das Märchen bei Goethe und Gerhart Hauptmann. In: H.M., Von Lessing bis Thomas Mann. Pfullingen 1959, 356–82.

Molnár, G. von: «Wilhelm Meister» from a romantic perspective. Aspects of Novalis' predispositions that resulted in the initial preference for Goethe's novel. In V Dürr/ G. von Molnár (Hrsg.), Versuche zu Goethe. Heidelberg 1976, 235–47.

Müller, J.: Zur Entwicklung der deutschen Novelle. Die Rahmenhandlung in Goethes «Unterhaltungen deutscher Ausgewanderten» und die Thematik der französischen Revolution. In: H.Kreuzer/K.Hamburger (Hrsg.), Gestaltungsgeschichte und Gesellschaftsgeschichte. Stuttgart 1969, 152–75.

Müller, J.: Goethes Romantheorie. In: R.Grimm (Hrsg.), Deutsche Romantheorien. Frankfurt a.M. 1974², Bd.1, 61–104.

Øhrgaard, P.: Die Genesung des Narcissus. Eine Studie zu Goethe: «Wilhelm Meisters Lehrjahre». Kopenhagen 1978.

Pfaff, P.: Das Horen-Märchen. Eine Replik Goethes auf Schillers Briefe über die ästhetische Erziehung. In: H.Anton [u.a.] (Hrsg.), Geist und Zeichen. Heidelberg 1977, 320–32.

Reiss, H.S.: Goethes Romane. Bern 1963.

Reiss, H.: «Wilhelm Meisters Theatralische Sendung» – Ernst oder Ironie. In: JbDSG 11 (1967), 268–96.

Roberts, D.: The indirections of desire. Hamlet in Goethes «Wilhelm Meister». Heidelberg 1980.

Roeder, G.: Glück und glückliches Ende im deutschen Bildungsroman. eine Studie zu Goethes «Wilhelm Meister». München 1968.

Schlaffer, Hannelore: Wilhelm Meister. Das Ende der Kunst und die Wiederkehr des Mythos. Stuttgart 1980.

Schlaffer, Heinz: Exoterik und Esoterik in Goethes Romanen. In GoetheJb. 95 (1978), 212–26.

Schlechta, K.: Goethes «Wilhelm Meister». Frankfurt a.M. 1953.

Schumann, D.W.: Die Zeit in «Wilhelm Meisters Lehrjahren». In: JbFDH (1968), 130–65.

Schweitzer, C.E.: Wilhelm Meister und das Bild vom kranken Königssohn. In: PMLA 72 (1957), 419–32.

Seidlin, O.: Über Hermann und Dorothea. In: Klassische und moderne Klassiker. Göttingen 1972, 20–37.

Solbrig, I.H.: Symbolik und ambivalente Funktion des Goldes in Goethes «Märchen». In: GoetheJb. Wien 73 (1979), 40–59.

Storck, J. W.: Das Ideal der klassischen Gesellschaft in «Wilhelm Meisters Lehrjahren». In: V. Dürr/G. von Molnár (Hrsg.), Versuche zu Goethe. Heidelberg 1976, 212–34.

Storz, G.: «Wilhelm Meisters Lehrjahre». In: G. S., Goethe-Vigilien. Stuttgart 1953.

Storz, G.: Zur Komposition von «Wilhelm Meisters Lehrjahren». In: K. Gaiser (Hrsg.), Das Altertum und jedes neue Gute. Stuttgart 1980, 157–67.

Vaget, H. R.: Liebe und Grundeigentum in «Wilhelm Meisters Lehrjahren». Zur Physiognomie des Adels bei Goethe. In: P. U. Hohendahl/P. M. Lützeler (Hrsg.), Legitimationskrisen des deutschen Adels 1200–1900. Stuttgart 1979, 137–57.

## Hölderlin

Aspetsberger, F.: Welteinheit und epische Gestaltung. Studien zur Ichform von Hölderlins Roman «Hyperion». München 1971.

Beißner, F.: Über die Realien des «Hyperion». In: Hölderlin-Jb. 1954, 93–109.

Brose, I.: Natur und Geschichte. Studien zur Geschichtsauffassung in Hölderlins «Hyperion» und «Empedokles». Göttingen 1968.

Gaier, U.: Hölderlins «Hyperion»: Compendium, Roman, Rede. In: Hölderlin-Jb. 21 (1978/79), 88–143.

Lepper, G.: Zeitkritik in Hölderlins «Hyperion». In: Literatur und Geistesgeschichte. Fs. H. O. Burger. Berlin 1968, 188–207.

Link, J.: «Hyperion» als Nationalepos in Prosa. In: Hölderlin-Jb. (1969). 158–94.

Lukács, G.: Hölderlins «Hyperion». In: G. L., Goethe und seine Zeit. Berlin 1950, 171–99.

Prignitz, C.: Die Bewältigung der Französischen Revolution in Hölderlins «Hyperion». In: JbFDH (1975), 189–211.

Ryan, L.: Hölderlins «Hyperion»: ein ‹romantischer› Roman? In: J. Schmidt (Hrsg.), Über Hölderlin. Frankfurt a. M. 1970, 175–212.

Siekmann, A.: Die ästhetische Funktion von Sprache, Schweigen und Musik in Hölderlins «Hyperion». In: DVjs 54 (1980), 1, 47–57.

Silz, W.: Hölderlin's «Hyperion». A critical reading. Philadelphia 1969.

## Jean Paul

Berend, E.: Jean Pauls Ästhetik. Berlin 1909.

Berend, E.: Jean Paul der meistgelesene Schriftsteller seiner Zeit? In: U. Schweikert (Hrsg.), Jean Paul. Darmstadt 1974, 155–69.

Böckmann, P.: Die drei Wege des Glücks in den Romanen Jean Pauls. In: Akzente 10 (1963), 407–24.

Böschenstein, B.: Grundzüge von Jean Pauls dichterischem Verfahren, dargestellt am «Titan». In: Jb. der Jean-Paul-Gesellschaft 3 (1968), 27–47.

Böschenstein, B.: Jean Pauls Romankonzeption. In: R. Grimm (Hrsg.), Deutsche Romantheorien. Frankfurt a. M. 1968, 111–26.

Bosse, H.: Der offene Schluß der «Flegeljahre». In: Jb. der Jean-Paul-Gesellschaft 2 (1967), 73–84.

Bosse, H.: Theorie und Praxis bei Jean Paul. § 74 der «Vorschule der Ästhetik» und Jean Pauls erzählerische Technik, besonders im «Titan». Bonn 1970.

Brandi-Dohrn, B.: Der Einfluß Laurence Sternes auf Jean Paul. München 1964.

Brose, K.: Jean Pauls Verhältnis zu Fichte. Ein Beitrag zur Geistesgeschichte. In: DVjs 49 (1975), 66–93.

Dahler, H.: Jean Pauls «Siebenkäs». Struktur und Gesamtbild. Bern 1962.

Diergarten, F.: Die Funktion der religiösen Bilderwelt in den Romanen Jean Pauls. Köln 1967.

Endres, E.: Jean Paul Die Struktur seiner Einbildungskraft. Zürich 1961.

Gamper, H.: Jean Pauls «Siebenkäs». Beitrag zu einer Interpretation. Winterthur 1967.

Gansberg, M.-L.: Welt-Verlachung und «das rechte Land». Ein literatursoziologischer Beitrag zu Jean Pauls «Flegeljahren». In: U. Schweikert (Hrsg.), Jean Pau. Darmstadt 1974, 353–88.

Hamburger, K.: Das Todesproblem bei Jean Paul. In: DVjs (1929), 446–74.

Harich, W.: Jean Pauls Kritik des philosophischen Egoismus. Frankfurt a. M. 1968.

Hedinger-Fröhner, D.: Jean Paul. Der utopische Gehalt des «Hesperus». Bonn 1977.

Hermand, J.: Jean Pauls «Seebuch». In: Euphorion 60 (1966), 91–109.

Markschies, L.: Zur Form von Jean Pauls «Titan». In: J Müller (Hrsg.), Gestaltung, Umgestaltung. Fs. H.A. Korff. Leipzig 1957, 189–205.

Meyer, H.: Jean Paul. «Flegeljahre». In: B. von Wiese, Der deutsche Roman. Bd. I. Düsseldorf 1963, 211–51.

Müller, V.U.: Die Krise aufklärerischer Kritik und die Suche nach Naivität. Eine Untersuchung zu Jean Pauls «Titan». In: B. Lutz (Hrsg.), Deutsches Bürgertum und literarische Intelligenz 1750–1800. Stuttgart 1974, 455–507.

Naumann, U.: Predigende Poesie. Zur Bedeutung von Predigt, geistlicher Rede und Predigertum für das Werk Jean Pauls. Nürnberg 1976.

Neumann, P.H.: Jean Pauls «Flegeljahre». Göttingen 1966

Neumann, P.H.: Streckverse und poetische Enklave. Zur Entstehungsgeschichte und Form der Prosagedichte Jean Pauls. In: Jb. der Jean-Paul-Gesellschaf 2 (1967), 13–36.

Profitlich, U.: Der seelige Leser. Untersuchungen zur Dichtungstheorie Jean Pauls. Bonn 1968.

Rasch, W.: Die Poetik Jean Pauls. In: H. Steffen (Hrsg.), Die deutsche Romantik. Göttingen 1967, 98–111.

Rehm, W.: Jean Paul – Dostojewski. Eine Studie zur dichterischen Gestaltung des Unglaubens. Göttingen 1962.

Rehm, W.: Roquairol. Eine Studie zur Geschichte des Bösen. In: Orbis Litterarum 8 (1950), 161–258

Schlaffer, Heinz: Epos und Roman. Tat und Bewußtsein Jean Pauls «Titan». In: H.S., Der Bürger als Held. Sozialgeschichtliche Auflösungen literarischer Widersprüche. Frankfurt a. M. 1973.

Schreinert, K.: Jean Pauls «Siebenkäs». Berlin 1929.

Schulz, G.: Jean Pauls «Siebenkäs». In: S.A. Corngold [u.a.] (Hrsg.), Aspekte der Goethezeit. Göttingen 1977, 215–39.

Schweikert, U. (Hrsg.): Jean Paul. Darmstadt 1974.

Smeed, J.W.: Jean Paul's dreams. In: F. Norman (Hrsg.), Essays in German literature I. London 1965, 92–116.

Staiger, E.: Jean Pauls «Titan». Vorstudien zu einer Auslegung. In: U Schweikert (Hrsg.), Jean Paul. Darmstadt 1974, 5–54.

Stern, M.: Jean Paul und Weimar. In: Colloquia Germanica 1 (1967), 156–73.

Storz, L.: Studien zu Jean Pauls «Clavis Fichtiana». Zürich 1951.

Unger, R.: Jean Paul und Novalis. In: Jb. der Jean-Paul-Gesellschaft 1 (1925), 134–48.

Verschuren, H.: Jean Pauls «Hesperus» und das zeitgenössische Lesepublikum. Assen 1980.

Wilkending, G.: Jean Pauls Sprachauffassung in ihrem Verhältnis zu seiner Ästhetik. Marburg 1968.

Wölfel, K.: «Ein Echo, das sich selber in das Unendliche nachhallt». Eine Betrachtung von Jean Pauls Poetik und Poesie. In: U. Schweikert (Hrsg.), Jean Paul. Darmstadt 1974, 277–313.

# Novalis

Beck, H.J.: Friedrich von Hardenberg «Oeconomie des Styls». Die «Wilhelm Meister»-Rezeption im «Heinrich von Ofterdingen». Bonn 1976.
Diez, M.: Metapher und Märchengestalt. III.Novalis und das allegorische Märchen. In: G.Schulz (Hrsg.), Novalis. Darmstadt 1970, 131–59.
Ehrensperger, O.S.: Die epische Struktur in Novalis' «Heinrich von Ofterdingen». Eine Interpretation des Romans. Winterthur 1965.
Kittler, F.A.: Die Irrwege des Eros und die «absolute Familie». Psychoanalytischer und diskursanalytischer Kommentar zu Klingsohrs Märchen in Novalis' «Heinrich von Ofterdingen». In: B.Urban/W.Kudszus (Hrsg.), Psychoanalytische und psychopathologische Literaturinterpretation. Darmstadt 1981, 421–73.
Kreuzer, I.: Novalis: «Die Lehrlinge zu Sais». Fragen zur Struktur, Gattung und immanenten Ästhetik. In: JbDSG 23 (1979), 276–308.
Mähl, H.-J.: Novalis' Wilhelm Meister-Studien des Jahres 1797. In: Neophilologus 47 (1963), 286–305.
Mahr, J.: Übergang zum Endlichen. Der Weg des Dichters in Novalis' «Heinrich von Ofterdingen». München 1970.
Molnár, G. von: The Composition of Novalis' «Die Lehrlinge zu Sais». A Reevaluation. In: PMLA 85 (1970), 1002–14.
Ritchie, J.M.: Novalis' «Heinrich von Ofterdingen» and the romantic novel. In: Periods in German Literature. Bd.2: Texts and Contexts. London 1969, 117–44.
Ritter, H.: Die Entstehung des «Heinrich von Ofterdingen». In: Euphorion 55 (1961), 163–95.
Samuel, R.: Novalis. Heinrich von Ofterdingen. In: B. von Wiese (Hrsg.), Der deutsche Roman. Bd.I. Düsseldorf 1963, 252–300.
Schanze, H.: Index zu Novalis' «Heinrich von Ofterdingen». Frankfurt a.M. 1968.
Schulz, G.: Poetik des Romans bei Novalis. In: R.Grimm (Hrsg.), Deutsche Romantheorien. Bd.I, Frankfurt a.M. 1974², 125–54.
Stadler, U.: Die theuren Dinge. Studien zu Bunyan, Jung-Stilling und Novalis. Bern/München 1980.
Striedter, J.: Die Komposition der «Lehrlinge zu Sais». In: G.Schulz (Hrsg.), Novalis. Darmstadt 1970, 259–82.

# Friedrich Schlegel

Anstett, J.-J.: Lucinde. Eine Reflexion. Essai d'interprétation. In: Etudes Germaniques 3 (1948), 241–50.
Becker-Cantarino, G.: Schlegels «Lucinde». Zum Frauenbild der Frühromantik. In: Colloquia Germanica 10 (1976/77), 128–39.
Flavell, M.K.: Women and individualism. A re-examination of Schlegel's «Lucinde» and Gutzkow's «Wally die Zweiflerin». In: MLR 70 (1975), 550–66.
Mattenklott, G.: Der Sehnsucht eine Form. Zum Ursprung des modernen Romans bei Friedrich Schlegel, erläutert an der «Lucinde». In: D.Bänsch (Hrsg.), Zur Modernität der Romantik. Stuttgart 1977, 143–66.
Paulsen, W.: Friedrich Schlegels «Lucinde» als Roman. In: GR 21 (1946), 173–90.
Polheim, K.K.: Friedrich Schlegels «Lucinde». In: ZfdPh 88 (1969), 61–90.

## Tieck und Wackenroder

Alewyn, R.: Ein Fragment der Fortsetzung von Tiecks «Sternbald». In: JbFDH (1962), 58–68.

Brans, W.: Der Einzelne und die Gesellschaft in Ludwig Tiecks ersten selbständigen Schriften. Zur Entstehung des frühromantischen Individualismus. Frankfurt a. M. 1957.

Bürger, C.: «Der blonde Eckbert»: Tiecks romantischer Antikapitalismus. In J.Bark (Hrsg.), Literatursoziologie II. Beiträge zur Praxis. Stuttgart 1974, 139–58.

Corkhill, A.: The motif of «Fate» in the works of Ludwig Tieck. Stuttgart 1978.

Ewton, R.W.: Life and death of the body in Tieck's «Der Runenberg». In: GR 50 (1975), 19–33.

Fink, G.L.: L'ambiguité du message romantique dans «Franz Sternbalds Wanderungen» de L.Tieck. In: Recherches Germaniques 4 (1974), 16–70.

Fink, G.L.: Volk und Volksdichtung in der ersten Berliner Romantik. In: R. Brinkmann (Hrsg.), Romantik in Deutschland. Ein interdisziplinäres Symposium. Stuttgart 1978, 532–49.

Fricke, G.: Wackenroders Religion der Kunst». In: G.F., Studien und Interpretationen. Frankfurt a. M. 1956, 186–213.

Gellinek, J.L.: «Der blonde Eckbert»: A Tieckian Fall from Paradise. In: J.L. Sammons/E. Schürer (Hrsg.), Fs. Heinrich Henel. München 1970, 147–66.

Geulen, H.: Zeit und Allegorie im Erzählvorgang von Tiecks Roman «Franz Sternbalds Wanderungen». In: GRM 18 (1968), 281–98.

Hertrich, E.: Joseph Berglinger. Eine Studie zu Wackenroders Musikerdichtung. Berlin 1969.

Hubbs, V.C.: Tieck, Eckbert und das kollektive Unbewußte. In: PMLA 71 (1956), 686–93.

Immerwahr, R.: «Der blonde Eckbert» as a poetic confession. In GQ 34 (1961), 103–17.

Kahn, R.L.: Tieck's «Franz Sternbalds Wanderungen» und Novalis' «Heinrich von Ofterdingen». In: Studies in Romanticism 7 (1967), 40–64.

Klussmann, P.G.: Die Zweideutigkeit des Wirklichen in Ludwig Tiecks Märchennovellen. In: ZfdPh 83 (1964), 426–52.

Kohlschmidt, W.: Bemerkungen zu Wackenroders und Tiecks Anteil an der Phantasien über die Kunst. In: Philologia deutsch. Fs. W.Henzen. Bern 1965, 89–99.

Kreutzer, H.J.: Der Mythos vom Volksbuch. Studien zur Wirkungsgeschichte des frühen deutschen Romans seit der Romantik. Stuttgart 1977.

Lillyman, W.J.: Reality's dark dream. The narrative fiction of Ludwig Tieck. Berlin/ New York 1979.

Münz, W.: Individuum und Symbol in Tiecks «William Lovell». Materialien zum frühromantischen Subjektivismus. Bern 1975.

Rasch, W.: Blume und Stein: Zur Deutung von Ludwig Tiecks Erzählung «Der Runenberg». In: P.F.Ganz (Hrsg.), The discontinuous tradition. Oxford 1971, 113–28.

Richards, R.: Joseph Berglinger: «A radical composer». In: GR (1975), 124–39

Rippere, V.L.: Ludwig Tieck's «Der blonde Eckbert»: A psychological reading. In: PMLA 85 (1970), 473–86.

Sammons, J.L.: Tieck's «Franz Sternbald»: The loss of thematic control. In: Studies in Romanticism 5 (1965), 30–43.

Sanford, D.B.: Dürer's role in the «Herzensergießungen». In: Journal of Aesthetics and Art Criticism 30 (1971/72), 441–48.

Schlaffer, H.: Roman und Märchen. Ein formtheoretischer Versuch über Tiecks «Blonden Eckbert». In: H.Kreuzer (Hrsg.), Gestaltungsgeschichte und Gesellschaftsgeschichte. Stuttgart 1969, 224–41.

Vredeveld, H.: Ludwig Tieck's «Der Runenberg». An archetypal interpretation. In: GR 49 (1974), 200–14.

Weigand, K.: Tiecks «William Lovell». Studie zur frühromantischen Antithese. Heidelberg 1975.

## VI. KAPITEL: DRAMATISCHE LITERATUR

### Allgemeine Darstellungen

Behler, E.: Die Theorie der Tragödie in der deutschen Frühromantik. In: R.Brinkmann (Hrsg.), Romantik in Deutschland. Stuttgart 1978, 572–83.

Bruford, W.H.: Theatre, drama and audience in Goethe's Germany. London 1950.

Buchwald, R.: Herzog Karl Eugen gründet ein Nationaltheater. In: Gestaltung – Umgestaltung. Fs. Hermann August Korff. Leipzig 1957, 76–91.

Burkhardt, C.A.H. (Hrsg.): Das Repertoire des Weimarischen Theaters unter Goethes Leitung 1791–1817. Hamburg/Leipzig 1891.

Carl, R.-P.: Sophokles und Shakespeare? Zur deutschen Tragödie um 1800. In: K.O. Conrady (Hrsg.), Deutsche Literatur zur Zeit der Klassik. Stuttgart 1977, 296–318.

Feldmann, H.: Die Fiabe Carlo Gozzis. Die Entstehung einer Gattung und ihre Transposition in das System der deutschen Romantik. Köln/Wien 1971.

Frenzel, H.A.: Geschichte des Theaters. Daten und Dokumente 1470–1840. München 1979.

Galle, R.: Hegels Dramentheorie und ihre Wirkung. In: W.Hinck (Hrsg.), Handbuch des deutschen Dramas. Düsseldorf 1980, 259–72.

Glaser, H.A.: Das bürgerliche Rührstück. Analekten zum Zusammenhang von Sentimentalität mit Autorität der trivialen Dramatik Schröders, Ifflands, Kotzebues und anderer Autoren am Ende des 18. Jahrhunderts. Stuttgart 1969.

Gundolf, F.: Shakespeare und der deutsche Geist. Berlin 1911.

Kayser, W.: Formtypen des deutschen Dramas um 1800. In: W.K., Die Vortragsreise. Bern 1958.

Kindermann, H.: Theatergeschichte der Goethezeit. Wien 1948.

Kluge, G.: Das Lustspiel der deutschen Romantik. In: H.Steffen (Hrsg.), Das deutsche Lustspiel. Bd. 1. Göttingen 1968, 181–203.

Kluge, G.: Das romantische Drama. In: W.Hinck (Hrsg.), Handbuch des deutschen Dramas. Düsseldorf 1980, 186–99.

Patsch, H.: Friedrich Asts «Krösus» – ein vergessenes Trauerspiel aus dem Kreis der Jenaer Romantik. In: H.Anton [u.a.] (Hrsg.), Geist und Zeichen. Heidelberg 1977, 305–19.

Schmidt, P.: Das romantische Drama. In: R.Grimm (Hrsg.), Deutsche Dramentheorien. Bd. 1. Frankfurt 1971, 245–69.

Scholl, M.: The Bildungsdrama of the age of Goethe. Bern 1976.

Thalmann, M.: Provokation und Demonstration in der Komödie der Romantik. Berlin 1974.

Ulshöfer, R.: Die Theorie des Dramas in der deutschen Romantik. Berlin 1935.

Wiese, B. von: Die deutsche Tragödie von Lessing bis Hebbel. Hamburg 1973.

## Autoren

### Brentano

Arntzen, H.: Das Spiel des Maskierten. Brentanos «Ponce de Leon». In: H.A., Die ernste Komödie. München 1963, 156–68.

Bellmann, W.: Eine unbekannte Selbstanzeige Brentanos zum «Gustav Wasa». In: D.Lüders (Hrsg.), Clemens Brentano. Tübingen 1980, 331–33.

Heininger, F.: Clemens Brentano als Dramatiker. Breslau 1916.

Maurer-Adam, R.: Deklamatorisches Theater. Dramaturgie und Inszenierung von Clemens Brentanos Lustspiel «Ponce de Leon». In: Aurora 40 (1980), 71–92.

Rothe, G.: Brentanos «Ponce de Leon», eine Säcularstudie. Berlin 1901.

Schultz, H.: Brentanos «Gustav Wasa» und seine versteckte Schöpfungsgeschichte der romantischen Poesie. In: D.Lüders (Hrsg.), Clemens Brentano. Tübingen 1980, 295–330.

### Goethe

Flemming, W.: Goethe und das Theater seiner Zeit. Stuttgart 1968.

Heller, E.: Goethe und die Vermeidung der Tragödie. In: E.H., Enterbter Geist. Berlin 1954, 61–98.

Hinderer, W. (Hrsg.): Goethes Dramen. Neue Interpretationen. Stuttgart 1980 (mit Bibliographie).

Keller, W.: Das Drama Goethes In: W.Hinck (Hrsg.), Handbuch des deutschen Dramas. Düsseldorf 1980, 133–56.

Müller, J.: Goethes Dramentheorie. In: R.Grimm (Hrsg.), Deutsche Dramentheorien. Bd. 1. Frankfurt a.M. 1971, 167–213.

Peacock, R.: Goethe's major plays. Manchester 1959.

Sichardt, G.: Das Weimarer Liebhabertheater unter Goethes Leitung. Weimar 1958.

Das Weimarer Hoftheater unter Goethes Leitung. Aus neuen Quellen bearbeitet von Julius Wahle. Goethe-Gesellschaft Weimar 1892.

#### Tasso

Atkins, S.: Observations on Goethe's «Tasso». In: Husbanding the golden grain. Studies in honor of Henry W.Nordmeyer. Ann Arbor 1973, 5–23.

Blumenthal, L.: Arkadien in Goethes «Tasso». In: Goethe 21 (1959), 1–24.

Bürger, C.: Der bürgerliche Schriftsteller im höfischen Mäzenat. Literatursoziologische Bemerkungen zu Goethes «Tasso». In: K.O.Conrady (Hrsg.), Deutsche Literatur zur Zeit der Klassik. Stuttgart 1977, 141–53.

Graham, I.: Torquato Tasso. A poet's no man's land. In: I.G., Goethe and Lessing. London 1973, 137–63.

Grawe, C. (Hrsg.): Johann Wolfgang Goethe. «Torquato Tasso». Erläuterungen und Dokumente. Stuttgart 1981.

Grimm, R.: Dichter-Helden: Tasso, Empedokles und die Folgen. In: Basis 7 (1977), 7–25.

Hinderer, W.: «Torquato Tasso». In: W.H. (Hrsg.), Goethes Dramen. Stuttgart 1980, 169–96.

Kaiser, G.: Der Dichter und die Gesellschaft in Goethes «Torquato Tasso» In: G.K., Wandrer und Idylle. Göttingen 1977, 175–208.

Neumann, G.: Konfiguration. Studien zu Goethes «Torquato Tasso». München 1965.

Rasch, W.: Goethes «Torquato Tasso». Die Tragödie des Dichters. Stuttgart 1954.

Ryan, L.: Die Tragödie des Dichters in Goethes «Torquato Tassc». In: JbDSG 9 (1965), 283–322.

Vaget, H.R.: Um einen Tasso von außen bittend: Kunst und Dilettantismus am Musenhof von Ferrara. In: DVjs 54 (1980), 232–58.

Wilkinson, E.M.: «Torquato Tasso». In: B. von Wiese (Hrsg.), Das Deutsche Drama. Bd. 1. Düsseldorf 1958, 195–216.

Williams, J.R.: Reflections on Tasso's final speech. In: PEGS N.S. 47 (1977), 47–67.

*Die natürliche Tochter*

Abbé, D. van: Truth and illusion about «Die natürliche Tochter». In: PEGS N.S. 41 (1971), 1–20.

Bahr, E.: Goethes «Natürliche Tochter». Weimarer Hofklassik und Französische Revolution. In: K.O. Conrady (Hrsg.), Deutsche Literatur zur Zeit der Klassik. Stuttgart 1977, 226–42.

Bänniger, V.: Goethes «Natürliche Tochter». Bühnenstil und Gehalt. Zürich 1957.

Böckmann, P.: Die Symbolik in der «Natürlichen Tochter» Goethes. In: Wort und Werte. Bruno Markwardt zum 60. Geburtstag. Berlin 1961, 11–23.

Boeschenstein, H.: Goethe's «Natürliche Tochter». In: PEGS N.S. 25 (1956), 21–40.

Burckhardt, S.: «Die natürliche Tochter», Goethes Iphigenie in Aulis? In: GRM 41 (1960), 12–34.

Emrich, W.: Goethes Trauerspiel «Die natürliche Tochter». Zur Ursprungsgeschichte der modernen Welt. In: S.A. Corngold [u.a.] (Hrsg.), Aspekte der Goethezeit. Göttingen 1977, 163–82.

Gerhard, M.: Goethes Erleben der französischen Revolution im Spiegel der «Natürlichen Tochter». In: M.G., Leben im Gesetz. Fünf Goethe-Aufsätze. Bern 1966, 7–33.

Grabowsky, A.: Goethes «Natürliche Tochter» als Bekenntnis. In: Goethe 13 (1951), 1–27.

Hass, H.-E.: «Die natürliche Tochter». In: B. von Wiese (Hrsg.), Das Deutsche Drama. Bd. 1. Düsseldorf 1958, 217–49.

Jenkins, S.P.: Goethe's «Die Natürliche Tochter». In: PEGS N.S. 28 (1958/59), 40–63.

May, K.: Goethes «Natürliche Tochter». In: K.M., Form und Bedeutung. Interpretationen deutscher Dichtung des 18. und 19. Jahrhunderts. Stuttgart 1957, 89–106.

Moenkemeyer, H.: Das Politische als Bereich der Sorge in Goethes Drama «Die natürliche Tochter». In: Monatshefte 48 (1956), 137–48.

Peacock, R.: Goethes «Die natürliche Tochter» als Erlebnisdichtung. In: DVjs 36 (1962), 1–25.

Stammen, T.: Goethe und die Französische Revolution. Eine Interpretation der «Natürlichen Tochter». München 1966.

Staroste, W.: Symbolische Raumgestaltung in Goethes «Natürlicher Tochter». In: JbDSG 7 (1963), 235–52.

Vaget, H.R.: «Die natürliche Tochter». In: W. Hinderer (Hrsg.), Goethes Dramen. Stuttgart 1980, 210–25.

*Die Zauberflöte*

Koch, H.-A.: Goethes Fortsetzung der Schikanederschen «Zauberflöte». Ein Beitrag zur Deutung des Fragments und zur Rekonstruktion des Schlusses In: JbFDH 1969, 121–63.

Samuel, R.: Goethe and «Die Zauberflöte». In: GLL N.S. 10 (1956/57), 31–37.

Seidlin, O.: Goethes «Zauberflöte». In: Monatshefte 35 (1943), 49–61.

## Hölderlin

Beißner, F.: Hölderlins Trauerspiel «Der Tod des Empedokles» in seinen drei Fassungen. In: F. B., Hölderlin. Reden und Aufsätze. Weimar 1961, 67–91.

Beißner, F.: Hölderlins «Empedokles» auf dem Theater. In: studi germanici N.S. 2 (1964), 46–61.

Binder, W.: Hölderlin und Sophokles. In: Hölderlin-Jb. 16 (1969/70), 19–37.

Cornelissen, M.: Die Manes-Szene in Hölderlins Trauerspiel «Der Tod des Empedokles». In: Hölcerlin-Jb. 14 (1965/66), 97–109.

Gerlach, I.: Natur und Geschichte. Studien zur Geschichtsauffassung in Hölderlins «Hyperion» und «Empedokles». Frankfurt a. M. 1973.

Hoffmeister, J.: Hölderlins «Empedokles». Aus dem Nachlaß hrsg. von R. M. Müller. Bonn 1963.

Müller, J.: Goethes «Faust» und Hölderlins «Empedokles». Vision und Utopie in der Dichtung. In: Goethe 20 (1958), 118–39.

Pezold, K.: Zur Interpretation von Hölderlins «Empedokles»-Fragmenten. In: Wissenschaftliche Zeitschrift der Karl-Marx-Universität Leipzig. Gesellschafts- und sprachwissenschaftliche Reihe 12 (1963), 519–24.

Schadewaldt, W.: Die Empedokles-Tragödie Hölderlins. In: W. S., Hellas und Hesperien. Gesammelte Schriften zur Antike und zur neueren Literatur. Bd. 2. Zürich/ Stuttgart 1970², 261–75.

Schrader, H.: Hölderlins Deutung des «Oedipus» und der «Antigone». Die «Anmerkungen» im Rahmen der klassischen und romantischen Deutungen des Antik-Tragischen. Bonn 1933.

Staiger, E.: Der Opfertod von Hölderlins Empedokles. In: Hölderlin-Jb. 13 (1963/64), 1–20.

Wöhrmann, K.-R.: Hölderlins Wille zur Tragödie. München 1967.

## Schiller

Berghahn, K. L.: Formen der Dialogführung in Schillers klassischen Dramen. Münster 1970.

Berghahn, K. L.: Das Pathetischerhabene. Schillers Dramentheorie. In: R. Grimm (Hrsg.), Deutsche Dramentheorien. Frankfurt a. M. 1971, 214–44.

Berghahn, K. L./R. Grimm (Hrsg.): Schiller. Zur Theorie und Praxis der Dramen. Darmstadt 1972.

Berghahn, K. L. (Hrsg.): Friedrich Schiller. Zur Geschichtlichkeit seines Werkes. Kronberg/Ts. 1975.

Berghahn, K. L.: Zum Drama Schillers. In: W. Hinck (Hrsg.), Handbuch des deutschen Dramas. Düsseldorf 1980, 157–73.

Böckmann, P.: Schillers Dramenübersetzungen. In: Studien zur Goethezeit. Fs. Lieselotte Blumenthal. Weimar 1968, 30–52.

Borchmeyer, D.: Tragödie und Öffentlichkeit. Schillers Dramaturgie im Zusammenhang seiner ästhetisch-politischen Theorien und die rhetorische Tradition. München 1973.

Fuhrmann, H.: Revision des Parisurteils. ‹Bild› und ‹Gestalt› der Frau im Werk Friedrich Schillers. In: JbDSG 25 (1981). 316–66.

Garland, H. B.: Schiller. The dramatic writer. A study of style in the plays. Oxford 1969.

Graham, I.: Schiller, ein Meister der tragischen Form. Darmstadt 1974.

Hinderer, W. (Hrsg.): Schillers Dramen. Neue Interpretationen. Stuttgart 1979 (mit Bibliographie).

Jöns, D.: Das Problem der Macht in Schillers Dramen von den «Räubern» bis zum «Wallenstein». In: K.O.Conrady (Hrsg.), Deutsche Literatur zur Zeit der Klassik. Stuttgart 1977, 76–92.

Martini, F.: Schillers Abschiedsszenen. In: Über Literatur und Geschichte. Fs. Gerhard Storz. Frankfurt a.M. 1973, 151–84.

May, K.: Friedrich Schiller. Idee und Wirklichkeit im Drama. Göttingen 1948.

Mayer, H.: Schillers Dramen – für die Gebildeten unter ihren Verächtern. In: Schillers Werke Bd.2. Frankfurt a.M. 1966, 481–95.

Prader, F.: Schiller und Sophokles. Zürich 1954.

Sautermeister, G.: Idyllik und Dramatik im Werk Friedrich Schillers. Zum geschichtlichen Ort seiner klassischen Dramen. Stuttgart 1971.

Stahl, E.L.: Friedrich Schiller's drama. Theory and practise. Oxford 1954.

Steck, P.: Schiller und Shakespeare. Idee und Wirklichkeit. Frankfurt a.M. 1977.

Sternberger, D.: Macht und Herz oder Der politische Held bei Schiller. In: D.S., Kriterien. Frankfurt a.M. 1965, 110–29.

Storz, G.: Das Drama Friedrich Schillers. Frankfurt a.M. 1938.

Thalheim, H.-G.: Schillers Dramen von «Maria Stuart» bis «Demetrius». In: WB 20 (1974), H.1, 5–33; H.2, 99–130.

Ueding, G.: Schillers Rhetorik. Idealistische Wirkungsästhetik und rhetorische Tradition. Tübingen 1971.


*Wallenstein*

Barnouw, J.: Das Problem der Aktion und «Wallenstein». In JbDSG 16 (1972), 330–408.

Braemer, E./Wertheim, U.: Einige Hauptprobleme zu Schillers «Wallenstein». In: E.B./U.W. (Hrsg.), Studien zur deutschen Klassik. Berlin 1960, 189–214.

Diwald, H.: Friedrich Schiller. «Wallenstein». Dokumentation. Berlin 1972.

Gille, K.F.: Das astrologische Motiv in Schillers «Wallenstein». In: Amsterdamer Beiträge zur neueren Germanistik 1 (1972), 103–18.

Glück, A.: Schillers «Wallenstein». Illusion und Schicksal. München 1976.

Guthke, K.S.: Die Sinnstruktur des «Wallenstein». In: Neophilologus 42 (1958), 109–27.

Hartmann, H.: Schillers «Wallenstein»-Trilogie. Eine Analyse. In: WB 11 (1965), 29–54.

Heuer, F./Keller, W. (Hrsg.): Schillers «Wallenstein». Darmstadt 1977.

Hill, H.C.: Astrology and friendship. The net of commitment in «Wallenstein». In: MLN 91 (1976), 467–77.

Hinderer, W.: «Wallenstein». In: W.H. (Hrsg.), Schillers Dramen. Stuttgart 1979, 126–73.

Hinderer, W.: Der Mensch in der Geschichte. Ein Versuch über Schillers «Wallenstein». Königstein 1980.

Kaiser, G.: «Wallensteins Lager». Schiller als Dichter und Theoretiker der Komödie. In: JbDSG 14 (1970), 323–46.

Koopmann, H.: Schillers «Wallenstein». Antiker Mythos und moderne Geschichte. Zur Begründung der klassischen Tragödie um 1800. In: Teilnahme und Spiegelung. Fs. Horst Rüdiger. Berlin/New York 1975, 263–74.

Lange, B.: Die Sprache von Schillers «Wallenstein». Berlin 1973.

Mann, T.: Schillers «Wallenstein». In: Die neue Rundschau 66 (1955), 278–93.

Müller-Seidel, W.: Episches im Theater der deutschen Klassik. Eine Betrachtung über Schillers «Wallenstein». In: JbDSG 20 (1976), 338–86.

Neubauer, J.: Die Geschichtsauffassung in Schillers «Wallenstein». In: E.Neubuhr (Hrsg.), Geschichtsdrama. Darmstadt 1980, 171–88.

Paulsen, W.: Goethes Kritik am «Wallenstein». Zum Problem des Geschichtsdramas in der deutschen Klassik. In: DVjs 28 (1954), 61–83.
Reinhardt, H.: Schillers «Wallenstein» und Aristoteles. In JbDSG 20 (1976), 278–337.
Rothmann, K. (Hrsg.): Friedrich Schiller. «Wallenstein». Erläuterungen und Dokumente. Stuttgart 1977.
Schulz, G.: Schillers «Wallenstein» zwischen den Zeiten. In: W. Hinck (Hrsg.), Geschichte als Schauspiel. Frankfurt a. M. 1981, 116–32.
Singer, H.: Dem Fürsten Piccolomini. In: Euphorion 53 (1959), 281–302.
Streller, S.: Entwurf und Gestaltung in Schillers «Wallenstein». Wandlungen in Schillers Wallensteinbild. In: WB 6 (1960), 221–39.
Sudhof, S.: Der Begriff der Tragödie und des Tragischen bei Schiller. In: Literaturwissenschaftliches Jb. N.F. 19 (1978), 65–76.
Wells, G. A.: Villainy and guilt in Schillers «Wallenstein» and «Maria Stuart». In: Deutung und Bedeutung. The Hague 1973, 100–17.
Wiese, B. von: «Wallenstein». In: B. v. W. (Hrsg.), Das deutsche Drama. Bd. 1. Düsseldorf 1960, 269–304.
Wittkowski, W.: Theodizee oder Nemesistragödie? Schillers «Wallenstein» zwischen Hegel und politischer Ethik. In: JbFDH 1980, 177–237.

*Maria Stuart*
Beck, A.: Schiller. «Maria Stuart». In: B. v. Wiese (Hrsg.), Das deutsche Drama. Bd. 1, Düsseldorf 1958, 167–87.
Grawe, C. (Hrsg.): Friedrich Schiller. «Maria Stuart». Erläuterungen und Dokumente. Stuttgart 1978.
Sautermeister, G.: «Maria Stuart». In W. Hinderer (Hrsg.), Schillers Dramen. Stuttgart 1979, 174–216.
Schlaffer, Hannelore: Widerstände gegen Klassikerlektüre. Ein Unterrichtsmodell zu Schillers «Maria Stuart». In: Projekt Deutschunterricht 7, 9 Literatur der Klassik. I. Stuttgart 1974/75, 125–61.
Witte, W.: Schillers «Maria Stuart» and Mary, Queen of Scots. In: A. Fuchs [u. a.] (Hrsg.), Stoffe, Formen, Strukturen. München 1962, 238–50.

*Die Jungfrau von Orleans*
Braemer, E.: Schillers romantische Tragödie «Die Jungfrau von Orleans». In: E. B./ U. Wertheim. Studien zur deutschen Klassik. Berlin 1960, 215–96.
Fowler, F. M.: Sight and insight in Schiller's «Die Jungfrau von Orleans». In: MLR 68 (1973), 367–79.
Gutmann, A.: Schillers «Jungfrau von Orleans»: Das Wunderbare und die Schuldfrage. In: ZfdPh 88 (1969), 560–83.
Kaiser, G.: Johannas Sendung. Eine These zur «Jungfrau von Orleans». In: G. K., Von Arkadien nach Elysium. Schiller-Studien. Göttingen 1978, 104–36.
Müller, G.: Brechts «Heilige Johanna der Schlachthöfe» und Schillers «Jungfrau von Orleans». Zur Auseinandersetzung des modernen Theaters mit der klassischen Tradition. In: Orbis litterarum 14 (1960), 182–200.
Reinhardt, K.: Sprachliches zu Schillers «Jungfrau von Orleans». In: K. R., Tradition und Geist. Göttingen 1960, 366–80.
Sauder, G.: «Die Jungfrau von Orleans». In: W. Hinderer (Hrsg.), Schillers Dramen. Stuttgart 1979, 217–41.
Sellner, T. F.: The Lionel-scene in Schiller's «Jungfrau von Orleans». A psychological interpretation. In: GQ 50 (1977), 264–32.
Storz, G.: Schiller. «Jungfrau von Orleans». In: B. v. Wiese (Hrsg.), Das deutsche Drama. Bd. 1. Düsseldorf 1958, 322–38.

*Die Braut von Messina*

Atkins, S.: Gestalt als Gehalt in Schillers «Braut von Messina». In: DVjs 33 (1959), 529–64.

Kaiser, G.: Die Idee der Idylle in der «Braut von Messina». In: G. K., Von Arkadien nach Elysium. Schiller-Studien. Göttingen 1978, 137–66.

Kluge, G.: «Die Braut von Messina». In: W. Hinderer (Hrsg.), Schillers Dramen. Stuttgart 1979, 242–70.

Mackay, A. T.: Fate and «hybris» in «Die Braut von Messina». In: Forum for Modern Language Studies 6 (1970), 213–25.

Schadewaldt, W.: Antikes und Modernes in Schillers «Braut von Messina». In: JbDSG 13 (1969), 286–307.

Seidler, H.: Schillers «Braut von Messina». In: Literaturwissenschaftliches Jb. N.F. 1 (1960), 27–52.

Sengle, F.: «Die Braut von Messina». In: DU 12 (1960), H. 2, 72–89.

Weigand, H.: «Oedipus Tyrannos» und «Die Braut von Messina». In: H. W., Surveys and soundings in European literature. Princeton 1966, 73–123.


*Wilhelm Tell*

Braemer, E.: «Wilhelm Tell». In: E. B./U. Wertheim, Studien zur deutschen Klassik. Berlin 1960, 297–330.

Hinderer, W.: Jenseits von Eden: Zu Schillers «Wilhelm Tell». In: W. Hinck (Hrsg.), Geschichte als Schauspiel. Frankfurt a. M. 1981, 133–46.

Kaiser, G.: Idylle und Revolution. Schillers «Wilhelm Tell». In: Deutsche Literatur und Französische Revolution. Göttingen 1974, 87–128.

Kraft, H. (Hrsg.): Friedrich Schiller. «Wilhelm Tell». Quellen, Dokumente, Rezensionen. Reinbek 1967.

Martini, F.: Wilhelm Tell. Der ästhetische Staat und der ästhetische Mensch. In: DU 12 (1960), H. 2, 90–118.

Richards, D. B.: Tell in the dock. Forensic rhetoric in the monologue and Parricida-scene in «Wilhelm Tell». In: GQ 48 (1975), 472–88.

Ruppelt, G.: Die Ausschaltung des «Wilhelm Tell». Dokumente zum Verbot des Schauspiels in Deutschland 1941. In: JbDSG 20 (1976), 402–19.

Schmidt, J. (Hrsg.): Friedrich Schiller. «Wilhelm Tell». Erläuterungen und Dokumente. Stuttgart 1969.

Seidlin, O.: Das Vorspiel zum «Wilhelm Tell». In: Untersuchungen zur Literatur als Geschichte. Fs. B. von Wiese. Berlin 1973, 112–28.

Stunzi, L. (Hrsg.): Tell. Werden und Wandern eines Mythos. Bern/Stuttgart 1973.

Ueding, G.: «Wilhelm Tell». In: W. Hinderer (Hrsg.), Schillers Dramen. Stuttgart 1979, 271–93.

Van der Meulen, R.: The theological texture of Schiller's «Wilhelm Tell». In: GR 53 (1978), 56–62.

Völker, L.: Tell und der Samariter. Zum Verhältnis von Ästhetik und Geschichte in Schillers Drama. In: ZfdPh 95 (1976), 185–203.


*Demetrius*

Binder, W.: Schillers «Demetrius». In: Euphorion 53 (1959), 252–80.

Dyck, J. W.: Deceit and conviction in the false Demetrius: Schiller – Pushkin – Hebbel. In: Probleme der Komparatistik und Interpretation. Fs. André von Gronicka. Bonn 1978, 96–110.

Fowler, F. M.: The riddle of Schiller's «Demetrius». In: MLR 61 (1966), 448–54.

Hahn, K.-H.: Dramatische Dichtung. Schillers «Demetrius». In: K.-H. H., Aus der Werkstatt deutscher Dichter. Halle 1963, 195–361.

Kraft, H.: Schillers «Demetrius» als Schicksalsdrama. Mit einer Bibliographie: Demetrius in der deutschen Dichtung. In: U. Gaier/W. Volke (Hrsg.), Fs. Friedrich Beißner. Bebenhausen 1974, 226–36.

Martini, F.: «Demetrius». In: W. Hinderer (Hrsg.), Schillers Dramen. Stuttgart 1979, 316–48.

Szondi, P.: Der tragische Weg von Schillers «Demetrius». In: Die neue Rundschau 72 (1961), 162–77.

Thalheim, H.-G.: Schillers «Demetrius» als klassische Tragödie. In: WB: (1955), 22–86.

Wittkowski, W.: Demetrius – Schiller und Hebbel. In: JbDSG 3 (1959), 142–79.

## August Wilhelm Schlegel

Atkinson, M. E.: August Wilhelm Schlegel as a translator of Shakespeare. Oxford 1958.

Ehrlich, L.: Die frühromantische Dramaturgie August Wilhelm Schlegels. In: Wissenschaftliche Zeitschrift der Universität Halle 18 (1969), H. 2, 157–70.

Gebhardt, P.: August Wilhelm Schlegels Shakespeare-Übersetzung. Untersuchungen zu seinem Übersetzungsverfahren am Beispiel des «Hamlet». Göttingen 1970.

Reavis, S. A.: August Wilhelm Schlegels Auffassung der Tragödie im Zusammenhang mit seiner Poetik und ästhetischen Theorien seiner Zeit. Bern 1978

## Friedrich Schlegel

Anstett, J. J.: A propos d'Alarcos. In: Etudes Germaniques 20 (1965), 151–60.

Eichner, H.: Friedrich Schlegel's «Alarcos» in the light of his unpublished notebooks. In: MLN 71 (1956), 119–22.

Mittenzwei, J.: A. W. Schlegels Vokal-Farbleiter und ihre Auswirkungen auf F. Schlegels Drama «Alarcos». In: J. M., Das Musikalische in der Literatur. Halle 1962, 118–20.

Paulsen, W.: Friedrich Schlegels «Alarcos». In: MLN 56 (1941), 513–21.

## Tieck

Beyer, H. G.: Ludwig Tiecks Theatersatire «Der gestiefelte Kater» und ihre Stellung in der deutschen Literatur- und Theatergeschichte. München 1960.

Bodensohn, A.: Ludwig Tiecks «Kaiser Oktavian» als romantische Dichtung. Frankfurt a. M. 1937. Nachdr. Hildesheim 1973.

Halter, E.: «Kaiser Octavianus». Eine Studie über Tiecks Subjektivität. Zürich 1967.

Immerwahr, R. M.: The esthetic intent of Tieck's fantastic comedies. St. Louis 1953.

Kreuzer, H.: Tiecks «Gestiefelter Kater». In: DU 15 (1963), H. 6, 33–44.

Marelli, A.: Ludwig Tiecks Märchenspiele und die Gozzische Manier. Köln 1968.

Nef, E.: Das Aus-der-Rolle-Fallen bei Tieck und Brecht. In: ZfdPh 83 (1964), 191–215.

Pestalozzi, K.: Ludwig Tieck «Der gestiefelte Kater». In W. Hinck (Hrsg.), Die deutsche Komödie. Düsseldorf 1977, 110–26.

Ranftl, J.: Ludwig Tiecks Genoveva als romantische Dichtung betrachtet. Graz 1899. Nachdr. Hildesheim 1977.

Szondi, P.: Friedrich Schlegel und die romantische Ironie. Mit einer Beilage über Tiecks Komödien. In: P. S., Satz und Gegensatz. Frankfurt a. M. 1976, 5–24.

## VII. KAPITEL: LYRIK

### Allgemeine Darstellungen

Bornscheuer, L.: Sprache als lyrisches Motiv. In: WW 19 (1969), H.4, 217–31.

Fülleborn, U.: Das deutsche Prosagedicht. München 1970.

Hillmann, H.: Bildlichkeit der deutschen Romantik. Frankfurt a.M. 1971.

Hinck, W.: Die deutsche Ballade von Bürger bis Brecht. Göttingen 1978.

Kayser, W.: Geschichte der deutschen Ballade. Berlin 1936.

Killy, W.: Wandlungen des lyrischen Bildes. Göttingen 1956.

Krummacher, H.-H.: Das «Als ob» in der Lyrik. Erscheinungen und Wandlungen einer Sprachfigur der Metaphorik von der Romantik bis zu Rilke. Köln/Graz 1965.

Laufhütte, H.: Die deutsche Kunstballade. Heidelberg 1979.

Sauer, A. (Hrsg.): Die deutschen Säculardichtungen an der Wende des 18. und 19. Jahrhunderts. Berlin 1901. Nachdr. Nendeln 1968.

Schulz, G.: Die metaphorische Darstellung des Gegensatzes Einsamkeit – Öffentlichkeit in der deutschen romantischen Lyrik. In: R.Brinkmann (Hrsg.), Romantik in Deutschland. Stuttgart 1978, 611–24.

Schwab, H.W.: Sangbarkeit, Popularität und Kunstlied. Studien zu Lied und Liedästhetik der mittleren Goethezeit 1770–1814. Regensburg 1965.

Trunz, E.: Die Formen der deutschen Lyrik in der Goethezeit. In: DU 16 (1964), H.6, 17–32.

Yates, W.E.: Tradition in the German Sonnet. Bern/Frankfurt a.M. 1981.

### Autoren

#### Brentano

Bhatti, A.: Clemens Brentano und die Barocktradition. München 1971.

Enzensberger, H.M.: Brentanos Poetik. München 1973.

Frühwald, W.: Das Wissen und die Poesie. Anmerkungen zu Leben und Werk Clemens Brentanos. In: D.Lüders (Hrsg.), Clemens Brentano. Tübingen 1980, 47–73.

Frühwald, W.: Leben im Zitat. In: W.Böhme (Hrsg.), Lieb, Leid und Zeit – über Clemens Brentano. Karlsruhe 1979, 27–42.

Mittenzwei, I.: Kunst als Thema des frühen Brentano. In: D.Lüders (Hrsg.), Clemens Brentano. Tübingen 1980, 192–215.

Neureuter, H.P.: Das Spiegelmotiv bei Clemens Brentano. Frankfurt a.M. 1972.

Schultz, H. (Hrsg.): Clemens Brentano. Gedichte nach kürzlich entdeckten Handschriften und Plänen des Dichters. Aschaffenburg 1979.

Schultz, H.: Einsamkeit und Liebe. In: W.Böhme (Hrsg.), Lieb, Leid und Zeit – über Clemens Brentano. Karlsruhe 1979, 43–56.

Wille, K.: Die Signatur der Melancholie im Werk Clemens Brentanos. Bern 1970.

Wollenberg, F.W.: Brentanos Jugendlyrik. Studien zur Struktur seiner dichterischen Persönlichkeit. Hamburg 1964.

## Goethe

Albertsen, L. L.: Goethes Lieder und andere Lieder. In: K. O. Conrady (Hrsg.), Deutsche Literatur zur Zeit der Klassik. Stuttgart 1977, 172–88.

Feise, E.: Die Gestaltung von Goethes «Braut von Korinth». In: MLN 76 (1961), 150–54.

Feise, E.: Goethes Ballade «Der Gott und die Bajadere»: Gehalt und Gestalt. In: Monatshefte 53 (1961), 49–58.

Feuerlicht, I.: Goethes Balladen. In: Monatshefte 45 (1953), 419–30.

Haile, H. G.: Prudery in the publication history of Goethe's «Roman Elegies». In: GQ 49 (1976), 287–94.

Jost, D.: Deutsche Klassik – Goethes «Römische Elegien». Pullach bei München 1974.

Kaiser, G.: Wandrer und Idylle. Die zyklische Ordnung der «Römischen Elegien». In: G. K., Wandrer und Idylle. Göttingen 1977, 1–27.

Klinger, F.: Liebeselegien. Goethes römische Vorbilder. In: F. K., Römische Geisteswelt, München 1965, 419–29.

Lee, M.: Studies in Goethe's lyric cycles. Chapel Hill 1978.

Malsch, W.: Vorzeit und Gegenwart des Liebesglücks in den «Römischen Elegien» Goethes. In: H. Anton [u. a.], Geist und Zeichen. Fs. A. Henkel. Heidelberg 1977, 241–67.

Mitchells, K.: Nur nicht lesen! Immer singen!: Goethe's «Lieder» into Schubert Lieder. In: PEGS N.S. 44 (1974), 63–82.

Rasch, W.: Die Gauklerin Bettine. Zu Goethes «Venetianischen Epigrammen». In: S. A. Corngold [u. a.] (Hrsg.), Aspekte der Goethezeit. Göttingen 1977, 115–36.

Richter, K.: Morphologie und Stilwandel. Ein Beitrag zu Goethes Lyrik. In: JbDSG 21 (1977), 192–215.

Rodger, G.: Goethe's «Ur-Ei» in theory and practice. In: MLR 59 (1964), 225–35.

Rüdiger, H.: Goethes «Römische Elegien» und die antike Tradition. In: GoetheJb. 95 (1978), 174–98.

Schlütter, H. J.: Goethes Sonette. Anregung – Entstehung – Intention. Bad Homburg/Berlin/Zürich 1969.

Schöne, A.: Goethes «Alexis und Dora» – Rätsel oder das Mißverständnis als rezeptionsgeschichtliche Kategorie. In: J. Brummack [u. a.] (Hrsg.), Literaturwissenschaft und Geistesgeschichte. Tübingen 1981, 201–43.

Seiferth, W. S.: Goethes Balladen des Jahres 1797 und ihr Verhältnis zum «Faust». In: GQ 34 (1961), 1–10.

Sternfeld, F. W.: The musical springs of Goethe's poetry. In: The Musical Quarterly 35 (1949), 511–27.

Träger, C.: Die Ballade als Modellfall genretheoretischer Erörterung bei Goethe. In: GoetheJb. 94 (1977), 49–68.

Zeman, H.: Goethes Elegiendichtung in der Tradition der Liebeslyrik des 18 Jahrhunderts. In: GoetheJb. 95 (1978), 163–73.

## Hölderlin

Bachmaier, H.: Hölderlin. Transzendentale Reflexion der Poesie. Stuttgart 1979.

Beißner, F.: «Friedensfeier». In: F. B., Hölderlin. Reden und Aufsätze. Köln/Wien 1969², 167–91.

Beißner, F.: Rückblick auf den Streit um Hölderlins «Friedensfeier». In: F. B., Hölderlin. Reden und Aufsätze. Köln/Wien 1969², 192–210.

Binder, W.: Hölderlins «Friedensfeier». In: W. B., Hölderlin-Aufsätze. Frankfurt a. M. 1970, 294–326.

Böschenstein, B.: Hölderlins Rheinhymne. Zürich 1959.

Böschenstein, B.: Konkordanz zu Hölderlins Gedichten nach 1800. Göttingen 1964.

Böschenstein, B.: Hölderlins späteste Gedichte. In: J. Schmidt (Hrsg.), Über Hölderlin. Frankfurt a. M. 1970, 153–74.

Gaskill, P. H.: Hölderlin's «Friedensfeier» and the «living building». In New German Studies 8 (1980), 169–88.

Groddeck, W.: Die Nacht. Überlegungen zur Lektüre der späten Gestalt von «Brod und Wein». In: Hölderlin-Jb. 21 (1978/79), 206–24.

Hauschild, H.-U.: Die idealistische Utopie. Untersuchungen zur Entwicklung des utopischen Denkens Friedrich Hölderlins. Frankfurt a. M. 1977.

Häussermann, U.: Friedensfeier. Eine Einführung in Hölderlins Christushymnen. München 1959.

Kudszus, W.: Sprachverlust und Sinnwandel. Zur späten und spätesten Lyrik Hölderlins. Stuttgart 1969.

Laplanche, J.: Hölderlin und die Suche nach dem Vater. Stuttgart 1978.

Lepper, G.: Friedrich Hölderlin. Geschichtserfahrung und Utopie in seiner Lyrik. Hildesheim 1972.

Mahr, J.: Mythos und Politik in Hölderlins Rheinhymne. München 1972.

Mittner, L.: Motiv und Komposition. Versuch einer Entwicklungsgeschichte der Lyrik Hölderlins. In: Hölderlin-Jb. 10 (1957), 73–159.

Scharfschwerdt, J.: Die Revolution des Geistes in Hölderlins «Hymne an die Menschheit». In: Hölderlin-Jb. (1971/72), 56–73.

Scharfschwerdt, J.: Hölderlins ‹Interpretation› des ‹Contrat social› in der «Hymne an die Menschheit». In: JbDSG 14 (1970), 397–436.

Schmidt, J.: Die innere Einheit von Hölderlins «Friedensfeier». In: Hölderlin-Jb. (1965/66), 125–75.

Schmidt, J.: Hölderlins Elegie «Brod und Wein». Die Entwicklung des hymnischen Stils in den elegischen Dichtungen. Berlin 1968.

Schmidt, J.: Hölderlins letzte Hymnen. Tübingen 1970.

Schmidt, J.: Hölderlins später Widerruf in den Oden «Chiron», «Blödigkeit» und «Ganymed». Tübingen 1978.

Schottmann, H.-H.: Metapher und Vergleich in der Sprache Friedrich Hölderlins. Bonn 1960.

Stoll, R. T.: Hölderlins Christushymnen. Grundlagen und Deutung. Basel 1952.

Viëtor, Karl: Die Lyrik Hölderlins. Eine analytische Untersuchung. Frankfurt a. M. 1921. Nachdr. 1967.

Wittkowski, W.: Hölderlin, Kleist und die deutsche Klassik. In: K. O. Conrady (Hrsg.), Deutsche Literatur zur Zeit der Klassik. Stuttgart 1977, 319–36.

Zuberbühler, R.: Hölderlins Erneuerung der Sprache aus ihren etymologischen Ursprüngen. Berlin 1969.

## Novalis

Frye, L.: Spatial Imagery in Novalis' «Hymnen an die Nacht». In: DVjs 41 (1967), 568–91.

Kamla, H.: Novalis' «Hymnen an die Nacht». Zur Deutung und Datierung. Kopenhagen 1945.

Kommerell, M.: Novalis' «Hymnen an die Nacht». In: G. Schulz (Hrsg.), Novalis. Darmstadt 1970, 174–202.

Kudszus, W.: Geschichtsverlust und Sprachproblematik in den «Hymnen an die Nacht». In: Euphorion 65 (1971), 298–311.

Ritter, H.: Novalis' «Hymnen an die Nacht». Ihre Deutung nach Inhalt und Aufbau auf textkritischer Grundlage. Heidelberg 1974².

Seidel, M.: Die «Geistlichen Lieder» des Novalis und ihre Stellung zum Kirchenlied. Bonn 1973.

Unger, R.: Das Visionserlebnis der 3. Hymne an die Nacht und Jean Paul. In: Euphorion 30 (1929), 112–21.

Wolf, A.: Zur Entwicklungsgeschichte der Lyrik von Novalis. Ein stilkritischer Versuch. Uppsala 1928.

Ziegler, K.: Die Religiosität des Novalis im Spiegel der «Hymnen an die Nacht». In: ZfdPh 70 (1948/49), 396–418 und 71 (1951/52), 256–77.

## Schiller

Bergmann, C.: Weltgeschichte und Weltgericht in Schillers Balladen. In: WB 13 (1967), H. 1, 76–108.

Cohn, H. D.: Die «Grundlose Tiefe». Eine Studie zu Schillers «Taucher» In: GQ 32 (1959), 199–210.

Dyck, M.: Die Gedichte Schillers. Bern 1967.

Forster, L.: A cool fresh look at Schillers «Das Lied von der Glocke». In: FEGS 42 (1972), 90–115.

Frühwald, W.: Die Auseinandersetzung um Schillers Gedicht «Die Götter Griechenlands». In: JbDSG 13 (1969), 251–71.

Kaiser, G.: «Als ob die Gottheit nahe wär ...». Mensch und Weltlauf in Schillers Balladen. In: G. K., Von Arkadien nach Elysium. Schiller-Studien. Göttingen 1978, 59–78.

Mayer, H.: Schillers Gedichte und die Tradition deutscher Lyrik. In: K. L. Berghahn (Hrsg.), Friedrich Schiller. Zur Geschichtlichkeit seines Werkes. Kronberg/Ts. 1975, 379–97.

Müller-Seidel, W.: Schillers Kontroverse mit Bürger und ihr geschichtlicher Sinn. In: W. M.-S./W. Preisendanz (Hrsg.), Formenwandel. Fs. P. Böckmann. Hamburg 1964, 294–328.

Oellers, N.: Der ‹umgekehrte Zweck› der ‹Erzählung› «Der Handschuh». In: JbDSG 20 (1976), 387–401.

Politzer, H.: Szene und Tribunal. Schillers Theater der Grausamkeit. In: H. P., Das Schweigen der Sirenen. Stuttgart 1968, 234–53.

Seeba, H. C.: Das wirkende Wort in Schillers Balladen. In: JbDSG 14 (1970), 275–322.

Stenzel, J.: «Zum Erhabenen tauglich». Spaziergang durch Schillers «Elegie». In: JbDSG 19 (1975), 167–91.

Storz, G.: Gesichtspunkte für die Betrachtung von Schillers Lyrik. In: JbDSG 12 (1968), 259–74.

Voßkamp, W.: Emblematisches Zitat und emblematische Struktur in Schillers Gedichten. In: K. L. Berghahn (Hrsg.), Friedrich Schiller. Zur Geschichtl chke t seines Werkes. Kronberg/Ts. 1975, 355–77.

Wentzlaff-Eggebert, F. W.: Friedrich von Schiller: «Das Glück». In: F. W. W.-E., Belehrung und Verkündigung. Berlin 1975, 246–53.

Wiese, B. von: Schillers «Die Kraniche des Ibykus». In: B. v. W. (Hrsg.), Die deutsche Lyrik. Bd. I. Düsseldorf 1956, 347–63.

## Tieck

Greiner, M.: Das frühromantische Naturgefühl in der Lyrik von Tieck und Novalis. Leipzig 1930.

Kluge, G.: Idealisieren – Poetisieren. Anmerkungen zu poetologischen Begriffen und zur Lyriktheorie des jungen Tieck. In: JbDSG 13 (1969), 308–60

Miessner, W.: Ludwig Tiecks Lyrik – eine Untersuchung. Berlin 1902. Nachdr. Nendeln 1976.

# REGISTER

## Vorbemerkung

Das Register verzeichnet sämtliche im Textteil des Bandes erwähnten Personen sowie sämtliche dort genannten Werke der innerhalb des Zeitabschnitts von 1789 bis 1806 bedeutendsten deutschen Autoren. Von den übrigen im Text genannten Titeln wurden nur die für diese Periode wichtigeren unter den Autorennamen gesondert aufgeführt. In allen anderen Fällen sind die Werke in den Seitenangaben zu den jeweiligen Verfassernamen einbegriffen. Gedichte werden mit ihren Überschriften oder, wo diese fehlen, mit der ersten Zeile bzw. einem Teil der ersten Zeile aufgeführt.
Das Register wurde in Gemeinschaft mit Ingrid Barker und Denise Ryan hergestellt.

G. S.

BUCHANZEIGEN

# BIBLIOTHEK DES 18. JAHRHUNDERTS

«Die Bibliothek des 18. Jahrhunderts zeigt, daß Bücher mehr sind als eben jene Ansammlung von weißen Blättern mit schwarzen Buchstaben und dennoch nicht exklusiv respektive unerschwinglich zu sein brauchen. Für durchschnittlich zwanzig bis dreißig DM pro Band erwirbt der Leser Werke aus der europäischen (und gelegentlich auch außereuropäischen) Literatur des 18. Jahrhunderts, wie sie ihm angemessener wohl kaum dargeboten werden können: Leinenausstattung mit geschmackvoll illustriertem, dezentem Schutzumschlag; festes, weißes Papier mit großzügigem, lesefreundlichem Druck; dem Textverständnis dienende Anmerkungen, zeitgenössische Illustrationen, die das Lesen auf angenehme Weise gleichsam bebildern; ausführliche, Autor und Werk betreffende Nachworte; ungekürzte, vollständige Texte; gediegene und gewissenhafte Übersetzungen.» *Deutsches Allgemeines Sonntagsblatt*

VERLAG C. H. BECK MÜNCHEN